中國歷代貨幣大系

10

民國時期商業銀行紙幣

《中國歷代貨幣大系》編輯委員會

馬飛海總主編

中國歷代貨幣大系

10

民國時期商業銀行紙幣

黄朝治　吴籌中　張繼鳳　主編

上海辭書出版社

序

中國是最早使用貨幣的文明古國之一。約在四千多年前的新石器時代晚期，隨着社會分工和商品交换的發展，已經出現了用牲畜、穀物等作爲充當一般等價物的實物貨幣。三四千年前的夏商時期，中原地區使用了海貝，而在商代晚期一些墓葬中發現了青銅貝。春秋戰國時期，在東周王室及主要諸侯國統治區内，流通着中國特有的由生產工具演變而來的布幣、刀幣和圜錢等青銅鑄幣。秦朝始以方孔圓形的型制統一貨幣，爲歷代所因襲。北宋時期，在四川地區出現的"交子"是世界上最早的紙幣。元、明、清三代，紙幣、銀錠和銅錢並行。清末機製銀元和銅元代替了銀錠和方孔圓錢。歷代不同幣材、型制和版別的貨幣浩如烟海，其數量之多世所罕見。在幾千年的複雜發展過程中，各族人民共同創造了表現東方文化特徵的中國貨幣體系。這是光輝奪目的中華文化中的一簇奇葩。

長期以來，貨幣給予每個時代的政治、經濟、文化和人民生活以很大的影響，同時它本身也打上了各個時代的歷史烙印。中國歷代貨幣的研究涉及中國各個時代的政治、經濟、歷史、地理、文字學、美學、金屬冶煉和書法藝術等廣泛領域。錢幣是考古學上斷代的可靠依據之一。中國傳世的和出土的大量貨幣是珍貴的文物和實物資料。一千多年以來，很多錢幣學家和歷史學家、考古學家也爲我們留下了大量的著作。這些豐富的文物資料和研究成果都急待我們進一步認真地整理、研究和總結。爲此，我們决定編纂一套《中國歷代貨幣大系》，爲研究中國貨幣史和錢幣學等提供比較系統的科學資料，爲振興中華、發揚中國燦爛的貨幣文化服務。

《中國歷代貨幣大系》的編纂，力求聯繫各個時代的歷史背景，對歷代貨幣的制度、體系、幣材、型制和結構的變化，以及貨幣分佈、流通規律等進行科學分析。全書按照歷史發展順序，依據朝代的先後和歷史貨幣情況，分爲先秦貨幣、秦漢三國兩晉南北朝貨幣、隋唐五代十國貨幣、宋遼西夏金貨幣、元明貨幣、清錢幣、清紙幣、清民國銀錠銀元銅元、民國時期國家銀行地方銀行紙幣、民國時期商業銀行紙幣、新民主主義革命時期人民貨幣、錢幣學與貨幣文化等十二卷。各卷内容包括四個部分：一是總論，是對這一時期貨幣的總的論述；二是圖録，是這一時期各種貨幣拓片(照片)的滙總；三是專論，是對這一時期貨幣的重要方面或重要問題的專門論述；四是資料，收録這一時期貨幣的研究資料。有關貨幣史方面的内容，如各個歷史時期的財政、信用、貨幣購買力、貨幣理論等，本書除各卷總論或專論有所涉及以外，不再作專門介紹。

《中國歷代貨幣大系》被列入上海市哲學社會科學"七五"、"八五"規劃重點研究項目。《中國歷代貨幣大系》是大協作的產物，它由上海市錢幣學會發起，並組織專家、學者、專業工作者和錢幣收藏家等進行編纂。在編纂過程中，得到了中國人民銀行上海分行、上海博物館、上海市社會科學界聯合會、中國錢幣學會、各專業銀行和上海印鈔廠、造幣廠的大力支持；得到了各地博物館、錢幣學會、銀行、金融研究所、文物考古部門、高等院校等單位和很多熱心人士的積極支持。在此表示衷心感謝。

編纂本書，是一項頗爲艱巨的工程。我們雖然勉力爲之，但書中疏漏、訛誤仍難避免，謹希望讀者不吝指教。

馬飛海

1986年12月撰寫
2003年8月修訂

凡　例

一、本卷内容包括中華民國自1912年1月至1949年9月的中國商業銀行紙幣，中外合辦銀行紙幣，外資銀行在中國發行的紙幣，日本侵華時期的軍用票和傀儡政權銀行紙幣，英佔香港、葡佔澳門、日佔臺灣時期的紙幣，以及民國時期中國地方行政機構及經營性部門發行的紙幣和其他紙幣。國家銀行、地方銀行發行的紙幣和軍政機構等發行的軍用票，另見《中國歷代貨幣大系》第九卷。

二、"總論"是就這一歷史時期發行的各種紙幣的發展過程、歷史背景、特點、作用等，綜合國内外研究成果作總的論述。

三、"專論"是就這一歷史時期貨幣的一些重要方面或問題，進行比較深入、系統的介紹和分析研究。本着"百家争鳴"的方針，各抒不同的創見。"專論"按内容性質來排列次序。

四、本卷"圖録"共收紙幣1,936種。圖版按中國商業銀行紙幣、中外合辦銀行紙幣、外資銀行在中國發行的紙幣、民國時期中國地方行政機構及經營性部門發行的紙幣以及附録所列紙幣的次序排列。

五、圖版按紙幣原尺寸彩色印製。圖版下的説明，内容依次是編號、收藏者或提供者、等級。

六、紙幣等級按其在歷史上的作用、學術上的價值、稀見的程度、經歷年代的長短、傳統的和目前社會的評價等方面的情況劃分爲五級，以四星級爲最高，依次爲三星級、二星級、一星級和無星級，供研究參考。民國時期中國地方行政機構及經營性部門發行的紙幣和附録部份的紙幣不標星級。

七、"資料"包括大事記和各種紙幣的概況表。

八、"索引"以本卷涉及的紙幣名稱爲主要詞目，採用筆劃查檢法。按詞目第一個字的筆劃簡繁爲序，第一個字相同的，依次以後一個字的筆劃爲序。詞目起首的單字筆劃相同的，以起筆的筆形一、丨、丿、丶、乛爲序。

九、本卷使用的紙幣名稱，均以實物上所寫的名稱爲準。

十、本卷紀年兼用公元紀年和民國紀年，公元紀年用阿拉伯數字表示，民國紀年用中文數字表示。如公元1937年7月7日爲民國二十六年七月七日。

目　　録

- 民國時期商業銀行歷史概述
- 中國商業銀行發行紙幣的歷史背景和特點
- 商業銀行紙幣在民國紙幣中的地位和作用
- 民國時期中國商業銀行發行的紙幣
- 民國時期中外合辦銀行發行的紙幣
- 民國時期外資銀行在中國發行的紙幣
- 民國時期中國地方行政機構及經營性部門發行的紙幣
- 日本侵華時期發行的軍用票和傀儡政權銀行發行的紙幣
- 英佔香港、葡佔澳門、日佔臺灣時期發行的紙幣
- 其他組織機構發行的流通券或證券
- 新疆喀什、和闐地區的民族分裂主義組織發行的票券
- 結束語

壹 總論

總　　論

張繼鳳

民國時期，中國的貨幣制度大致分爲兩個階段：第一階段自 1912 年 1 月 1 日至 1935 年 11 月 3 日止，是以銀兩和銀元爲本位，銀行對所發行的紙幣負兑現責任。當時，享有發行權的銀行有國家銀行、各省地方銀行、商業銀行、特種銀行（有殖業、邊業、實業、勸業、農商、農工等，實際都是以特種銀行之名行商業銀行之實）、中外合辦銀行等。此外，在市面上流通的尚有外國銀行在中國境内擅自發行的紙幣和各地中小商業銀行未經批准所發行的鈔券等。第二階段自 1935 年 11 月 4 日起，國民政府實行法幣政策，白銀收歸國有，紙幣發行權集中於中央銀行、中國銀行、交通銀行、中國農民銀行四家國家銀行，他們所發行的紙幣稱爲法幣，除法幣以外流通的紙幣依法陸續收回，停止流通。

在日本侵華時期，日軍在華發行的軍用票和其傀儡政權銀行發行的紙幣在淪陷區也曾大量流通。

此外，中國的香港、澳門和臺灣地區，當時分别爲英國、葡萄牙、日本所佔據，各當地銀行按當地幣制發行的紙幣也收入附録。這些都是中國遭受資本主義列强侵略的歷史見證。

除國家銀行和地方銀行紙幣已見於《中國歷代貨幣大系》第九卷外，上述商業銀行紙幣和其他各種紙幣均編入本卷。

一、民國時期商業銀行歷史概述

民國時期的商業銀行一般指經政府批准設立，按股份有限公司組織形式成立的私營金融企業。其基本業務是存款、放款、結算和國内外滙兑等，其中部分銀行獲得發行紙幣的特權。中國近代商業銀行的産生，以清光緒二十三年（1897 年）成立的中國通商銀行爲嚆矢，它距英國設於上海的麗如銀行正好遲了半個世紀。

在中國通商銀行成立十年之後，出現了一家純粹由私人資本創辦的商業銀行——信成商業儲蓄銀行。創辦人是無錫富商周廷弼，總行設在上海。接着，鎮江尹壽人於光緒三十三年在該地設立信義銀行（兩年後倒閉）。同年，浙江興業銀行在杭州成立。光緒三十四年浙江李雲書等人在上海創辦四明銀行。中國自 1897 年至 1911 年的十五年中，先後創設銀行三十家，其中商業銀行二十四家，[①]佔總數的 80%。總的來講，銀行業尚處於萌芽狀態。

民國成立後，中國銀行業開始呈現活躍狀態。商業銀行的增設似雨後春笋，同時還有一批冠以殖業、邊業、實業、勸業、農商、農工等名號的特種銀行相繼設立。據資料統計，自 1912 年至 1926 年的十五年中，新開設的商業銀行（包括特種銀行）共計二百四十六家，較前十五年間開設的商業銀行增加 10.25 倍。前十五年平均每年添設商業銀行一點六家，後十五年平均每年添設商業銀行十六點四家。特别是 1921 年和 1922 年分别新設商業銀行三十六家和三十八家，[②]平均每月增設三家，可謂盛極一時。

這個時期，新設商業銀行如此興盛的原因是：第一，由於第一次世界大戰期間，中國民族工業因外力壓迫減少而蓬勃一時，遂刺激了銀行業務的發展；第二，由於當時政府增發國内公債，低價推銷，銀行從事公債投資獲利豐厚，故新設者十分踴躍。但這些銀行良莠不齊，在市場動蕩、競争劇烈的環境裏大多不能維持，宣告歇業。自 1912 年至 1927 年，新設銀行之倒閉者達總數三分之二以上。[③]與此同時，一批資力較厚、背景較强、經營比較得法的銀行則迅速成長，如 1915 年設立的聚興誠銀行、上海商業儲蓄銀行、鹽業銀行,1916 年設立的中孚銀行,1917 年設立的金城銀行,1919 年設立的大陸銀行、大中銀行、中國實業銀行,1921 年設立的中南銀行、農商銀行等。其中,金融界習稱的"南三行"、"北四行"聲譽更著,"南三行"是上海商業儲蓄銀行和清末設立的浙江興業銀行與浙江實業銀行;"北四行"爲鹽業、金城、中南、大陸四銀行。它們在業務上互相支持,並在一定程度上實行了聯合,如"北四行"成立聯營事務所,組織四行準備庫和四行儲蓄會,聯合發行中南銀行兑换券等。這些銀行對傳統的金融業務進行了較大的改革,擺脱了舊式錢莊的窠臼,使中國金融業走上了近代化的道路。

1927 年南京國民政府成立後,中國銀行業又呈活躍態勢。自 1927 年至 1937 年的十一年間,新設商業銀行達一百三十七家,停業者三十二家,尚存一百零五家,佔現有銀行三分之二强。④這十一年中,不但新設的商業銀行逐年增加,同時舊有的商業銀行亦多擴張範圍,增强實力。首先是銀行資本有了很大增加,如上海商業儲蓄銀行 1915 年成立時,資本不足 10 萬元,分支行僅限於上海一地;到 1919 年資本增至 100 萬元,1931 年增至 500 萬元,抗日戰争前分支機構已遍佈全國各地,達八十八處之多。浙江興業銀行 1916 年才收足資本 100 萬元,到 1935 年增至 400 萬元,分支機構達三十餘處。全國銀行的資本總額 1925 年時是 15,800 萬元,到 1934 年增至 35,600 萬元(包括國家銀行,因當時的國家銀行也兼營商業銀行業務),⑤十年之内增長了 1.25 倍。與此同時,商業銀行的業務亦有很大擴展,存放款數額均有大幅度上昇。以上海商業儲蓄銀行和金城銀行爲例,前者 1926 年存款 3,244 萬元、放款 1,919 萬元,到 1936 年存款 19,588 萬元、放款 14,091 萬元,分别增長 5.04 倍和 6.34 倍;後者 1926 年存款 3,380 萬元、放款 2,583 萬元,到 1936 年存款 18,314 萬元、放款 14,355 萬元,亦分别增長 4.42 倍和 4.56 倍。兹將抗日戰争前十年(1927—1936)全國二十五家主要商業銀行的存放款數列表如下,可見它們業務發展之一斑。⑥

年　份	存　款		放　款	
	金額(萬元)	比上年增長百分比	金額(萬元)	比上年增長百分比
1927	48,731		45,963	
1928	56,932	16.83	53,353	16.08
1929	67,171	17.98	60,821	14.00
1930	83,393	24.15	70,448	15.83
1931	97,157	16.50	80,656	14.49
1932	102,607	5.61	86,146	6.81
1933	119,373	16.34	94,501	9.70
1934	139,593	16.94	109,300	15.66
1935	124,726	−10.65	99,654	−8.83
1936	136,370	9.34	109,999	10.38

注: 上表除 1935 年因美國白銀政策造成中國的金融恐慌而使銀行存放款有所下降外,其餘年份都是穩步上昇。

商業銀行除了經營存放款和國内滙兑業務以外,很多銀行並舉辦儲蓄業務,有的還設立信託部,開辦信託和倉庫業務。一批大銀行還開始經營國際滙兑業務。由於以上各種業務的舉辦,使中國商業銀行逐漸成爲綜合性的、多功能的金融機構,加强了它們在金融市場上的活動能力。

1927 年以後,國民政府逐步形成以國家壟斷資本爲主的金融體系。其主要金融機構爲: 中央銀行、中國銀行、交通銀行、中國農民銀行、中央信託局、郵政儲金滙業局(簡稱"四行二局"),後來又成立中央合作金庫。這個國家壟斷資本的金融體系形成後,憑借政治上的特殊權力,集中了大量貨幣資本,並加强了對商業銀行的控制。1935 年春,受美國提高銀價政策的影響,中國白銀大量外流,國内存銀嚴重下降,銀根奇緊,金融梗塞,物價下跌,工商各業資金周轉困難,導致民族金融業岌岌可危。在這次風浪中,有三家歷史悠久的商業銀行: 中國通商銀行、中國實業銀行和四明銀行發行的纸幣發生擠兑。隨後,國民政府財政部乘機對它們實行加股,把三行原有的股本按 15% 折成新股,另以政府公債預約劵充作官股,使這三家銀行中的官股一下子佔了很大比重(中國通商銀行爲 86.87%、中國實業銀行爲 86.85%、四明銀行爲 91.56%),從而使其人事和業務完全由政府控制。對其他商業銀行,通過行政和經濟手段也加强了控制,並由中國、交通兩行成立儲蓄部和信託部,廣泛開展儲蓄、信託業務,排擠商業銀行在這兩方面的業務。1936 年時,中央、中國、交通、中國農民四大國家銀行在全國一百六十四家銀行中,實收資本額佔 42%,資産總值佔 59%,存款金額(不包括儲蓄)佔 59%,發行貨幣量佔 78%,純益佔 44%,⑦基本上控制了全國的金融命脉。連一向靠攏政府的上海商業儲蓄銀行總經理陳光甫也説:"……現在中、交收歸國有,儲蓄、滙水均爲攬去,吾人以二十年之努力,辛苦經營,始能樹立今日之基礎，而政府以債票增加資本，奪取商業銀行之地位，以致商業銀行不易存在……"⑧

此後，經過八年抗戰，以中央銀行爲首的國家壟斷資本集團的金融力量又有了新的更高的增長。以存放款爲例，戰後的 1946 年末，其存款合計爲 54.881 億元，佔全部本國銀行存款總額的 91.7%；⑨ 1947 年 6 月末放款所佔的比重更高達 93.3%。⑩全國銀行的存放款幾乎悉被囊括。與此同時，隨着政府惡性通貨膨脹的日益發展，商業銀行的資力更加削弱，其存款與放款實值若折合黄金與戰前比較，已微不足道。以最大的兩家商業銀行爲例，上海商業儲蓄銀行抗戰前的存款折合黄金 171 萬餘兩，到抗戰結束時，衹折合黄金 1 萬餘兩；放款，戰前折合黄金 124 萬餘兩，抗戰結束時衹折合黄金 4,000 餘兩。金城銀行抗戰前的存款折合黄金 139 萬餘兩，抗戰結束時亦僅折合黄金 1,000 餘兩。⑪從以上情况看，可見商業銀行運用社會貨幣資本作用的衰退，以及與工商業聯繫的縮減和銀行業務的萎縮程度。根據中國人民銀行華東區行 1949 年 6 月底的統計，上海二百零三家行莊的存款總額共計 433,961 元(折合新人民幣)，合當時黄金 31,711 兩，僅及抗戰前上海七十六家行莊存款總額的 0.67%。業務内容也極爲簡單，儲蓄和信託業務已接近於消失，一般的存、放、滙業務也很衰落，每天通過行莊收付的數字要比其存款餘額大 30 倍左右，私營金融業實質上成爲一種票據與現金的收付機構。⑫商業銀行基本上已没有能力支持與扶植民族工商業了。

二、中國商業銀行發行紙幣的歷史背景和特點

中國雖然早在北宋初期就發明和使用紙幣——"交子"，但由於中國長期處於封建社會，商品經濟發展遲緩，未能像西方那樣較早形成近代銀行制度，産生近代銀行紙幣——兑换券。

鴉片戰爭後，特别是清朝末年，帝國主義國家在中國境内紛紛開設銀行並肆意發行紙幣。外國銀行在華發行的紙幣，主要分爲兩類：一類以中國貨幣爲單位；另一類以外國貨幣爲單位。外國銀行的紙幣在中國境内流通，不僅侵犯中國的主權，而且使中國的幣制日益混亂，其危害波及整個國家和社會經濟，使當時新興的民族資産階級及其代表人物深感憂慮，認爲有必要發行本國銀行的紙幣，以抵制外幣勢力。一時間，朝野上下鑒於發行紙幣利權之旁落，亟思所以挽回之法。在洋務派官吏盛宣懷等人的倡議下，清光緒二十三年(1897 年)成立國人自辦的第一家銀行中國通商銀行，翌年即仿照英國滙豐銀行的辦法發行紙幣，開中國近代銀行發行兑换券的先河。光緒三十一年户部(大清)銀行成立，作爲清朝政府的國家銀行享有發行紙幣的特權；但對商業銀行發行兑换券則採取放任態度。光緒三十二年以後，陸續出現了一批純粹私人資本的銀行，如前述的信成商業銀行(上海)、信義工商儲蓄銀行(鎮江)、浙江興業銀行(杭州)、四明銀行(上海)等，這些銀行在成立之初都發行紙幣。據統計，辛亥革命前成立的二十四家商業銀行(其中官辦十一家、商辦和官商合辦十二家、中外合辦一家)中，除一家情况不明外，其餘二十三家均發行紙幣。⑬可以説："當時的銀行，不論是官商合辦的或商辦的股份銀行，差不多全是着眼在發行鈔票，也可以説全靠發行鈔票來維持和賺錢。"⑭原因是：(一)外國銀行侵佔中國金融陣地已達數十年之久，資力雄厚，無法與之競爭；(二)錢莊在金融市場上依然處於優勢地位，保持其原來特有的金融勢力；(三)中國産業資本的發展尚處於幼稚階段，資力薄弱，游離不出多少貨幣資本充作銀行存款，同時也難取得銀行信用。盛宣懷在上報清廷關於中國通商銀行一年來經營情况的奏摺中説："如滙豐之設已三十餘年，氣勢既盛，根底已深，不特洋商款項往來網羅殆盡，中行决不能分其杯羹，即華商大宗貿易，亦與西行相交日久，信之素深，中國銀行新造之局，勢力未充，非可粉飾鋪張，驟與西人爭勝。"可見當時銀行創業之艱難。中國通商銀行尚且如此，其他銀行更不用説了。在資本不足、存款難求的情况下，初生的銀行業紛紛以發行紙幣增加啓動資金，也是不得已的辦法。當時清政府對新設銀行發行紙幣開放緑燈，從某種意義上説，對推動近代中國銀行業的興起具有一定的積極作用。當然也留下了後患，引發了不少軍閥、官僚控制的地方銀行濫發紙幣所造成的混亂局面。

經政府核准有紙幣發行權的中國商業銀行所發行的紙幣是一種隨時可以兑换現金的銀行兑换券，屬於信用貨幣的範疇。實施法幣政策以前，商業銀行的紙幣和中國、交通兩行的紙幣性質是基本相同的。但是，商業銀行發行紙幣有它自己的特點：

首先，紙幣發行與業務開拓密切結合。商業銀行的紙幣，一般是通過存、放、滙等業務投放市場。正常的發行可以增加自己的信貸力量，擴大經營規模。是純粹屬於業務性的發行，不存在國家銀行財

政性發行的弊端,也不會像地方銀行那樣成爲提供軍政費用的工具。

其次,重視紙幣信用和維持兑現。信譽是商業銀行的生命綫,對發行銀行來説,紙幣信用是銀行信譽的核心。一旦幣信發生問題,銀行也就信譽掃地了。所以有事業心、責任心的銀行經理們都十分重視自己銀行發行紙幣的信用。而當時維持幣信最好的也是唯一的辦法就是堅持兑現。一般地説,中國幾家大商業銀行發行的紙幣,都能維持兑現,幣信較好。

再次,發行準備金的情況比較良好。在1935年國民政府實行法幣政策前,商業銀行的發行準備比各省地方銀行要好,基本上都能遵守政府關於六成現金準備、四成保證準備的規定;建立和健全内部管理制度,聘請著名會計師檢查準備金帳目並定期公佈。據國民政府國防委員會的財政報告,1935年實行法幣政策前夕,中國實業、中國農工、中國墾業、浙江興業、四行準備庫(上海)、中國通商、四明等銀行的準備金檢查情況,現金準備與發行額的比率,最低爲60.23%,最高爲95.14%,平均爲80.63%。詳見下表:

行　名	檢查日期			發行額(單位: 銀元)	現金準備(單位: 銀元)	保證準備(單位: 銀元)	現金準備與發行額的百分比
	月	日	星期				
中國實業	6	30	3	28,822,913	27,422,807	1,400,106	95.14
中國農工	9	2	1	5,602,412	4,006,806	1,595,606	71.52
中國墾業	8	10	6	5,751,500	3,464,000	2,287,500	60.23
浙江興業	9	17	2	7,980,773	5,323,523	2,657,250	66.70
四行準備庫(上海)	9	21	6	18,639,073	16,327,073	2,312,000	87.59
中國通商	8	31	6	20,378,800	15,343,552	5,035,248	75.29
四　明	8	31	6	12,744,300	8,674,300	4,070,000	68.06
合　計				99,919,771	80,562,061	19,357,710	80.63

注: 係上海地區紙幣發行額,非全國數字。⑮

最後,商業銀行紙幣流通的地區與其分支機構的設置有關。分支機構多,流通地區就廣;反之就小。鹽業、金城、中南、大陸四家銀行在全國共有分支機構五十四處,因此四行準備庫聯合發行的中南銀行紙幣流通面最廣、發行額也最大,截至1935年11月3日止,該準備庫報財政部的發行數爲72,282,400元。中國實業銀行,有分支機構三十二處,其紙幣的流通地區遍及大江南北,發行數僅次於四行準備庫,爲54,211,809元。其他發行銀行的分支機構,浙江興業爲十七處、中國農工爲十三處、中國通商爲八處、中國墾業爲六處、四明與農商各爲四處。它們的紙幣就是通過這些分支機構的渠道,隨着業務的開展流向各地。據中央銀行調查,實行法幣政策前,江蘇省内商業銀行紙幣的流通區域是: 中南票四十八縣,中實票四十七縣,四明和中國通商銀行票各二十八縣,浙江興業票十九縣,中國農工和中國墾業銀行票各十一縣。⑯在河北省,中南票八十五縣,中國農工票二十九縣,中國實業票二十二縣,其餘則僅在少數縣份使用。⑰在山東、福建、山西、廣東、綏遠等省,很少有以上各家商業銀行的分支機構,因此也很少見到它們的紙幣流通,至於邊陲各地,更難見其踪迹了。

三、商業銀行紙幣在民國紙幣中的地位和作用

民國紙幣,在1935年11月4日國民政府實施法幣政策以前,主要由三方面組成,即國家銀行紙幣、地方銀行紙幣和商業銀行紙幣。國家銀行紙幣是主體,商業銀行紙幣衹是國家銀行紙幣的補充。二者的區別在於,國家銀行發行紙幣着重於貫徹國家貨幣政策,調節全國貨幣流通,而商業銀行發行紙幣主要考慮自身業務開拓的需要;國家銀行紙幣的投放面向全國,是全國性的,而商業銀行紙幣的投放衹是在它們設有分支機構的地方,是區域性的。雖然如此,商業銀行紙幣的補充作用,在一定時間内或一定條件下是有其客觀需要,並能取得良好的效果和影響。它的作用主要表現在以下幾個方面:

(一) 爲中國近代銀行紙幣信用的建立作出了貢獻。如前所述,中國近代銀行紙幣的産生起源於商業銀行。在辛亥革命以前已經有一批商業銀行在發行紙幣,它們開風氣之先,雖然在中國通商銀行

以後，最早發行紙幣的兩家商業銀行信成和信義銀行不久相繼停業清理，但他們率先發行紙幣一事在中國的金融史上將永遠記載着。由於商業銀行勇於克服困難，盡力做好紙幣的發行業務，才逐步建立起中國近代銀行的紙幣信用制度。經過三十餘年的慘淡經營，到 1935 年實行法幣政策前夕，經財政部核准的十一家商業銀行的紙幣發行額已達 219,190,820 元，⑱佔中國國内銀行紙幣發行總額的 33.26%。商業銀行發行的紙幣隨着商業銀行分支機構的普遍設立，流通區域不僅遍及滬、津、漢等大商埠及其周邊地區，而且在全國許多城鎮也暢通無阻。

（二）增加了商業銀行的信貸資金力量。由於中國産業資本長期處於低迷狀態，銀行可吸收的社會資金有限，不能滿足工商業資金的需求。有發行權的商業銀行適當發行一些紙幣，以增加自身信貸資金力量，對支持工商業的發展是有利的。據統計，1935 年末中國商業銀行吸收的定活期存款總數爲 12.64 億元，同年 11 月 3 日，十一家商業銀行的發鈔額爲 2.19 億元，兩者合計共爲 14.83 億元。這就是説，通過發行，中國商業銀行的信貸資金力量增加了 17.33%。

（三）有利於促進城鄉物資交流與埠際貿易。中國是一個農業國家，金融運行有其季節性的規律，每年 4、5、6 三個月中，絲、茶、小麥上場，8、9、10 三個月中，秋收作物上市，農村需要大量資金收購農産品。當時商業銀行的總行大多設在上海，資金照例由上海流到内地，其中有發行權的商業銀行，這時一般都增加發行，把紙幣投向農村。農民出售農産品拿到紙幣後購買工業品，錢又輾轉流回到銀行，這樣一來一往，既搞活了金融，又促進了城鄉物資交流。而且，這些發行紙幣的銀行，在中國重要商埠一般都設有分支機構，通過發行紙幣搞活當地金融，對促進埠際貿易也有好處。

（四）削弱了外國銀行在中國發行紙幣的經濟入侵勢力。1898 年中國通商銀行第一版銀兩票、銀元票面世後，打破了外國在華銀行紙幣長期侵佔中國貨幣市場的局面。經過數十年的努力，中外銀行在激烈的競争和較量中，雙方的貨幣流通情況發生了根本的變化。著名經濟學家王亞南説："以全國貨幣金融集中的上海一地而言，清末外國銀行紙幣流通額，計達國幣一億數千萬元，至一九三四年，僅及三百萬元。又在一九一〇年前後的上海紙幣流通額中，百分之七十爲外國紙幣，至一九三四年，則在全流通額三億二千三百萬元中，中國銀行券竟達百分之九十九，外國銀行紙幣僅達百分之一。"⑲因此，外國銀行在中國發行紙幣力量的削弱是顯而易見的。當然，這主要是中國人民反帝愛國鬬争的蓬勃發展以及"法幣政策"的實施起了重要作用。但不可否認，商業銀行紙幣的發行也有其一份功勞。

（五）有助於打破人爲的貨幣畛域和促進地方銀行改善紙幣信用。民國以來，特别是北洋軍閥統治時期，地方封建割據，各自爲政，造成貨幣流通區域的嚴重分割，甲省地方銀行發行的紙幣不能流通於乙省，乙省地方銀行發行的紙幣不能流通於甲省；而商業銀行的紙幣可以跨省區流通，有助於打破人爲的貨幣畛域。另外，各省軍政當局大多靠發行紙幣作爲籌款工具，濫發與貶值成爲各省的普遍現象；而商業銀行着重信用，它們發行的紙幣一般能維持兑現、十足行使，也有利於促進地方銀行紙幣信用狀況的改善。

（六）有利於遏制私票流通。民國時期，雖然近代銀行紙幣的使用已相當普及，但是正如資本主義社會中有封建殘餘一樣，私票的流通在某些地區還相當嚴重。政府雖一再明令取締，但收效甚微，原因是貨幣金融還不夠發達。商業銀行紙幣的擴張在一定程度上可以減少私票的産生和流通。

但是，總起來説，商業銀行紙幣長期存在下去，不利於國家貨幣發行權的統一，也會影響一國經濟的發展。世界上一些先進國家都曾先後用法令限制或取消了某些商業銀行的貨幣發行權，紙幣的發行逐漸集中由少數發行銀行辦理，最後再由行使中央銀行職權的國家銀行獨家發行。1935 年，國民政府實施了法幣政策，中國也進入了貨幣由國家銀行集中發行的階段。

四、民國時期中國商業銀行發行的紙幣

民國時期，發行紙幣的商業銀行數以百計，但真正具有資力和規模的衹是中國通商、浙江興業、四明、中南、中國實業、農商、中國農工、中國墾業等八家銀行。它們發行的紙幣，合稱爲"八大商業銀行紙幣"，流通面較廣，隨時可以兑現，信用甚佳，爲商民樂用。這八家銀行加上大中、邊業銀行等，均爲國民政府實施法幣政策時公佈的有紙幣發行業務的商業銀行，其發行額合計爲 219,190 萬元（其中中國通商等八行佔 96%），超過任何一家國家銀行的發行額，可見其舉足輕重的地位。總起來説，這十家銀行是民國時期商業銀行發行紙幣的主力軍。

(一) 中國通商銀行

中國通商銀行創立於清光緒二十三年四月二十六日(1897 年 5 月 27 日),由清朝政府督辦全國鐵路大臣盛宣懷奏准清廷設立。是中國人自辦的第一家銀行,總行設在上海。成立時,資本總額定爲 500 萬兩,實收爲 250 萬兩。1898 年,清政府授予發行紙幣特權。隨即於光緒二十四年和光緒三十年兩次發行紙幣,有銀兩券和銀元券。宣統三年(1911 年)時實際發行額爲 1,732,342.61 元。辛亥革命後,繼續營業和發行紙幣。在北洋政府時期,歷年發行額一般在 200 萬元左右。國民政府成立後,獲得加發新鈔的權利。1934 年發行額猛增至 2,900 多萬元,接近同期存款的水平。在 1935 年的白銀風潮中發生擠兑,釀成信用危機。1937 年,由財政部加入官股,改組爲"官商合辦"銀行。

該行發行的紙幣有伍錢、壹兩、伍兩、拾兩、伍拾兩、壹百兩六種面額的銀兩票,壹圓、伍圓、拾圓、伍拾圓、壹百圓五種面額的銀元票。截至 1935 年 11 月 3 日止,該行的發行額爲 28,608,000 元。國民政府實施法幣政策後,其發行準備金由中央銀行接收。

(二) 浙江興業銀行

浙江興業銀行創立於清光緒三十三年(1907 年),由浙江鐵路公司倡議設立。資本總額初定爲 100 萬元,先收四分之一。總行設在杭州。1914 年浙江鐵路公司收歸國有,股份出讓,由杭州蔣姓商人承購。翌年總行遷至上海。該行成立之初,即由清政府核准發行兑换券,先後於光緒三十三年和宣統元年(1909 年)發行兩種銀元票,面額均爲壹圓、伍圓、拾圓三種,流通於杭州、上海、南京、天津、漢口等各大埠,信用頗佳。1915 年,改與中國銀行訂立特約,收回前所發行的紙幣,領用中國銀行兑换券,代爲發行;其前所發行的舊券於 1916 年會同中國銀行銷毁。1921 年因業務擴展,領券不夠應用,再次呈請財政部繼續發行紙幣,有壹圓、伍圓、拾圓三種面額的國幣券。截至 1935 年 11 月 3 日止,該行的發行額爲 9,448,773 元。國民政府實施法幣政策後,其發行準備金由交通銀行接收。

(三) 四 明 銀 行

四明銀行,後稱"上海四明銀行",創立於清光緒三十四年(1908 年)。額定資本銀爲 150 萬兩,先收半數 75 萬兩,1927 年調整爲國幣 200 萬元。總行設在上海。營業範圍,除經營一般商業銀行的業務外,另設儲蓄部,辦有四明儲蓄會。二十世紀三十年代擁有存款 4,000 餘萬元,爲上海較大的商業儲蓄銀行之一。資金運用,側重於投資房地産。該行創辦之初,就經清政府核准,享有紙幣發行權,民國後仍特許繼續發行,發行額最高時達 1,900 餘萬元。1935 年 6 月發生擠兑,後得同業支援度過難關。國民政府實施法幣政策時,該行以中央銀行墊款作收回紙幣基金。翌年,由財政部加入官股,以與中國通商銀行同樣的方式,改組爲官商合辦銀行。

該行發行的紙幣有壹圓、伍圓、拾圓、伍拾圓、壹百圓五種面額的銀元票。截至 1935 年 11 月 3 日止,該行的發行額爲 19,220,800 元。國民政府實施法幣政策後,其發行準備金由中國銀行接收。

(四) 中 南 銀 行

中南銀行創立於 1921 年 6 月,爲南洋華僑巨商黄奕住發起創設。資本總額爲 2,000 萬元,開辦時實收資本爲 500 萬元。總行設在上海,在天津、北京、漢口、厦門等地設立分行。當時北洋政府已明文規定禁止新設的金融機構發行紙幣。由於該行係歸僑投資,特准予享有紙幣發行權。該行聘原交通銀行北京分行經理胡筆江任總經理,參加"北四行"集團。1922 年 9 月,與鹽業、金城、大陸銀行合組"四行準備庫",發行中南銀行紙幣。自 1922 年至 1935 年的十四年間,四行準備庫發行的中南銀行紙幣總額僅次於中國、交通兩行,一直在商業銀行中居於首位。

該行發行的紙幣有壹圓、伍圓、拾圓、伍拾圓、壹百圓五種面額的銀元票。截至 1935 年 11 月 3 日止,四行準備庫中南券的發行額爲 72,282,400 元。國民政府實施法幣政策後,其滬、漢兩分庫的發行準備金由中央銀行接收,津分庫發行準備金由中國、交通兩行共同接收。

（五）中國實業銀行

中國實業銀行創立於 1919 年 4 月，主要發起人爲曾任北洋政府財政總長的周學熙和中國銀行總裁李士偉等人。總行設在天津，1932 年遷至上海。額定資本爲 2,000 萬元，開辦時實收資本爲 350 萬元。名爲實業銀行，實際經營一般商業銀行及儲蓄、信託、倉庫等業務。成立之初，亦由北洋政府特准發行紙幣，流通甚廣。後來紙幣越發越多，到 1935 年國民政府實行法幣政策前發行額高達 4,400 萬元，與該行當時的存款額相差無幾。在 1935 年的白銀風潮中發生擠兑。1937 年，國民政府財政部對其實行加股，採取與中國通商銀行、四明銀行同樣的方式改組爲官商合辦銀行。

該行發行的紙幣有壹圓、伍圓、拾圓、伍拾圓、壹百圓五種面額的銀元票。截至 1935 年 11 月 3 日止，該行的發行額爲 54,211,809 元。國民政府實施法幣政策後，其發行準備金由交通銀行接收。

（六）農商銀行

農商銀行創立於 1921 年 8 月，由齊耀珊奉前農商部令籌辦。募集商股 123 萬元、官股 50 萬元，共計實收資本爲 173 萬元。設總管理處於北京，在上海、天津、漢口等地設立分行。開辦時，經政府特准發行兑换券，但發行額不大。1929 年因受時局影響停業，嗣於 1934 年 8 月秋恢復營業，改設總管理處於上海。

該行發行的紙幣有壹圓、伍圓、拾圓三種面額的銀元票。截至 1935 年 11 月 3 日止，該行的發行額爲 2,824,300 元。國民政府實施法幣政策後，其發行準備金由中央銀行接收。

（七）中國農工銀行

原名大宛農工銀行，創立於 1918 年 12 月。總行設在北京。成立時資本總額僅爲 20 萬元，後陸續增至爲 100 萬元。1927 年改組爲中國農工銀行，成立總管理處，並於上海、天津添設分行。1928 年呈准發行紙幣並辦理儲蓄業務，1929 年再度增資爲 1,000 萬元，實收半數。1931 年將總管理處移設上海。

該行發行的紙幣有壹角、貳角、伍角三種面額的輔幣券和壹圓、伍圓、拾圓三種面額的國幣券。截至 1935 年 11 月 3 日止，該行的發行額爲 16,454,517 元。國民政府實施法幣政策後，其發行準備金由中央銀行接收。

（八）中國墾業銀行

中國墾業銀行創立於 1927 年。總行設在天津。1929 年 6 月，由上海金融界秦潤卿、王伯元、李馥蓀等人集議接辦，一次收足股本 250 萬元，並加以改組，遷總行於上海，天津改爲分行。改組後，中國墾業銀行除經營一般商業銀行業務外，並獲得兑换券發行權。

該行發行的紙幣有壹圓、伍圓、拾圓三種面額的國幣券。截至 1935 年 11 月 3 日止，該行的發行額爲 7,496,000 元。國民政府實施法幣政策後，其發行準備金由交通銀行接收。

（九）大中銀行

大中銀行創立於 1919 年。總行設在重慶。創辦時資本總額爲 100 萬元，後增至爲 400 萬元。1921 年呈奉財政部、農商部核准，發行兑换券。1929 年改設總管理處於天津，1934 年將總管理處遷至上海，1947 年改總管理處爲總行制。該行除在四川發行紙幣外，還在北京、上海、漢口、天津、青島等地發行。

該行發行的紙幣有壹角、貳角、伍角三種面額的輔幣券和壹圓、伍圓、拾圓三種面額的國幣券。截至 1935 年 11 月 3 日止，該行的發行額爲 1,712,521 元。國民政府實施法幣政策後，其發行準備金由交通銀行接收。

（十）邊業銀行

邊業銀行創立於 1919 年 7 月，原爲北洋政府西北籌邊使徐樹錚創辦。總行設在庫倫，後遷往北京。

資本總額爲1,000萬元,實收資本爲250萬元,享有發行紙幣的特權。1925年由奉系軍閥張作霖接辦進行改組,成爲張氏家族的私人銀行,增資爲525萬元,總行設在天津,1926年移至瀋陽,九一八事變後又遷回天津。

該行發行的紙幣有壹角、貳角、伍角三種面額的輔幣券和壹圓、伍圓、拾圓、伍拾圓、壹百圓五種面額的國幣券。截至1935年11月3日止,該行的發行額爲351,700元。國民政府實施法幣政策後,其發行準備金由天津交通銀行接收。

民國時期,除上述十家商業銀行發行的紙幣外,還有百餘家中小商業銀行發行的紙幣。它們具有如下一些特點:

(一)面廣量大。據統計,民國時期中小商業銀行有一百餘家,分佈在江蘇(包括上海)、浙江、江西、湖南、湖北(包括漢口)、四川、雲南、福建、廣東、山東、河北(包括北京、天津)、山西、陝西、奉天(今遼寧)、吉林、綏遠(今内蒙古)等省市。其中以山東省最多,有二十餘家;其次是山西和奉天各十餘家;陝西和綏遠最少,僅爲一至數家。到1935年實行法幣政策前夕,這一百餘家銀行中有八十九家已先後停業;尚在營業的數十家也都停止了紙幣的發行。

(二)資力小。除設在北京、天津、上海、重慶等大城市的銀行外,設在中國内地省份的銀行資本總額一般在一二十萬元之譜,低於10萬元的也有好幾家,最小的一家是山東惠民商業銀行,資本總額僅2萬元。

(三)發行量低。除少數幾家規模較大的銀行如勸業銀行、殖邊銀行、中國絲茶銀行、淮海實業銀行等外,其餘大多數中小商業銀行的發行額都很低,一次發行紙幣超過10萬元的僅少數幾家。有的銀行一次發行額僅幾千元,最少的一家山西河東商業銀行1913年發行紙幣爲350元。

(四)紙幣種類以輔幣券(角票、分票、銅元票等)居多。如江西境内有九家商業銀行,發行的紙幣都是銅元票。據不完全的統計,散處各省的中小商業銀行中,約有三分之一的單位發行的是各類輔幣券。

(五)流通範圍狹隘。一般中小商業銀行的紙幣衹是在省内流通,有的甚至衹能在某些指定地區行使,如雲南箇碧鐵路銀行發行的紙幣,衹能在該鐵路沿綫各縣使用。

(六)正式獲得發行權的銀行不多。據現有資料統計,由政府財政部門授予發行權的爲二十五家銀行,僅佔總數的小部分,其餘大部分未見有政府批准文字。

兹將中國各地曾經發行紙幣的商業銀行按省(市)别簡述如下:

北京市　北洋政府時期的首都,1927年國民政府定都南京後改稱北平。據《中華民國史檔案資料彙編》第三輯金融(二)所載,北洋政府時期在北京發行紙幣的銀行有蒙古銀行、殖邊銀行、崇華殖業銀行、明華銀行、勸業銀行、華北銀行、蒙藏銀行、富國銀行和豫豐銀行(行址在大興縣)等。但到北洋政府後期,这些銀行均已先後停業。1935年9月昌平農工銀行(曾發行紙幣)和通縣農工銀行合併成立北平農工銀行,發行銅元票和角票,流通於北平、天津、包頭等地,七七事變後亦停業。

天津市　曾經發行紙幣的中小商業銀行有:中國興業銀行、中元實業銀行和中國絲茶銀行等。後來都先後停業。

上海市　上海是舊中國最大的經濟中心、貿易中心和金融中心。銀行機構密集,國家銀行和幾家有發行業務的大商業銀行的總行基本上都在上海。但上海亦曾有少數中小商業銀行發行過紙幣,如早期的信成銀行、信義工商儲蓄銀行、殖邊銀行上海分行、上海興華銀行,以及後來的上海永亨銀行、中華國寶銀行、美華銀行、上海通和商業銀行、浦東銀行等,但發行量很小,時間短暫,無足輕重。

江蘇省　1912年成立的松江銀行(松江)及1919年成立的裕沛銀行(沛縣)均曾發行紙幣,但數量極少。1920年,南通張謇家族創辦淮海實業銀行,北洋政府授予發行紙幣的權利,曾發行壹圓、伍圓、拾圓三種面額的國幣券,流通於南通地區。

浙江省　見有温州甌海實業銀行發行紙幣,爲通用銀元壹圓票。

江西省　曾經發行紙幣的商辦和官商合辦銀行有全贛公共銀行、江西惠通銀行、振華銀行、振商銀行、裕贛商業銀行、華泰銀行、同益銀行(以上設在南昌),福利商業銀行(河口鎮),修銅農工銀行(修水)等。

湖南省　民國初年有湖南實業銀行、湖南寶興礦業銀行(長沙)、岳州商業銀行(岳陽)、六六銀行(慈利)發行紙幣,有銀兩票、銀元票、銅元票等。1921年1月在長沙成立的湖南通商銀行,有票據發行權,曾印了480多萬張紙幣,但當年3月8日湖南省政府下令限制該行紙幣兑現,至5月便宣告倒閉,前後歷時僅五個月。該行所發紙幣面額有銅元票貳拾枚、叁拾枚、壹百枚和銀元票壹圓、伍圓等五種票額。1935年成立的湖南醴陵農民銀行,亦曾發行面額爲壹角、貳角、貳角伍分、伍角的輔幣券。

湖北省　民國早期有黄陂實業銀行、鄂州興業銀行、泰豐銀行(總行均設於漢口)發行紙幣,金額均在三四十萬元之譜。

四川省　歷史上發行過紙幣的商業銀行有：聚興誠銀行、四川建設銀行、重慶市民銀行(官商合辦)、萬縣市市民銀行(商辦)、重慶中和銀行、川康殖業銀行等。所發紙幣有的稱"銀元票"、"大洋券"，有的稱"無息存票"、"無息存單"。其中信譽較好、發行量較大的有聚興誠銀行的無息存單，頗受社會歡迎，發行總額達200萬元。1928年，中國銀行渝行在該地發行兑换券300餘萬元後，該行的無息存單遂停止發行，已發的全部收回。

雲南省　見有兩家商業銀行發行紙幣：一是雲南官商合辦殖邊銀行，曾發行多種面額銀元票80萬元，流通於昆明、蒙自、箇舊等地；二是雲南箇碧鐵路銀行於1922年和1927年分別發行多種面額的銀元票，行使於箇碧鐵路沿綫各縣，總額達1,000萬元之巨。

福建省　見有三家商業銀行發行紙幣：東南銀行(福州)、辛泰銀行福州分行及莆仙農工銀行，其中以東南銀行發行額110萬元最高，紙幣面額有壹圓、伍圓、拾圓三種，1935年實行法幣政策後以一元比七角二分的比率用法幣收回。

廣東省　民國初年有廣東大信銀行(南海)和廣東實業銀行(廣州)發行過少量紙幣。1924年汕頭陳源大銀行曾發行面額壹圓、伍圓、拾圓三種銀元票。

山東省　發行紙幣的商業銀行有：山東豐大銀行、山東工商銀行、山東當業銀行(濟南)，商辦青島地方銀行、青島市農工銀行(青島)，齊魯銀行、通惠銀行、阜豐銀行(歷城)，周村商業銀行、長山商業銀行、豫豐銀行(長山)，龍口商業銀行(黄縣)，惠民商業銀行，山東聊城農工銀行，商河試辦農商銀行，魚台縣地方農民銀行等。以上這些銀行的紙幣發行額很小，僅在當地流通。其中青島市農工銀行發行的是銅元票。

河北省　曾經發行紙幣的商業銀行其總行都在北京、天津兩地，已見前述。

山西省　有十餘家商業銀行發行過紙幣，它們是：裕豐銀行(朔縣)、儲濟銀行(定襄)、河東商業銀行分局(新絳)、道濟銀行(沂縣)、永裕商業銀行(離石)、山西裕華銀行(太谷)、同泰銀行(崞縣)、汾陽農工銀行、交城農工銀行、太谷農工銀行、離石農工銀行。這些銀行發行的紙幣大多是角票，發行額在萬元左右，發行時間都在民國早期。

陜西省　陜北地方實業銀行曾發行紙幣，有銀元券、角票和銅元票，行使於榆林、綏德、米脂、安邊、安定、府谷、葭縣等地。

奉天省(今遼寧)　自1912年至1917年之間，有多家商業銀行發行過紙幣，它們是：奉天興業銀行(瀋陽)、裕新銀行(鎮安)、豫豐銀行(鎮安)、洮南銀行(洮南)、廣寗廣益銀行、廣濟銀行(北鎮)、奉省商業銀行(瀋陽)、法庫商業銀行、法庫儲蓄銀行、遼中零集總銀行。其中以奉天興業銀行的發行額最大，達580餘萬元，其餘都在10萬元上下，少的僅數千元。紙幣種類有大洋券、小洋券、滙兑券、輔幣券等。

吉林省　民國初年有裕通銀行(伊通)、滙豐長銀行(五常)、榆樹儲蓄銀行、吉林裕華殖業銀行(長春)、方正滿蒙殖業銀行等發行紙幣。除裕通銀行1917年發行133萬元外，其餘發行額均不大。該省大都流通永衡官銀錢號發行的紙幣，中小商業銀行紙幣流通較少。

綏遠省(今内蒙古)　開設於歸綏的豐業銀行於1921年發行壹圓、伍圓、拾圓三種面額的兑换券。

以上是各地中小商業銀行發行紙幣的簡略情況。由於這些銀行的文獻資料與存世實物一般都很少，且大部分銀行存世時間不長，目前僅能依據現有零星資料略作闡述，以供參考。

此外，總行設在香港的四家華僑銀行：廣東銀行有限公司、香港國民商業儲蓄銀行有限公司、工商銀行有限公司和東亞銀行，在上海、廣州、漢口、汕頭等地分别設有分行，並曾在各該地發行紙幣，但時間不長，數額有限。另華僑實業銀行，爲吉隆坡華僑在内地開設，具體情況不詳，見有壹圓、伍圓、拾圓紙幣三種，票上有"上海、福州、福清"字樣。

五、民國時期中外合辦銀行發行的紙幣

中外合辦銀行在華設立機構、發行紙幣與在華外資銀行是不同的。前者須向中國政府申請，並經批准，發給執照，才能享有紙幣發行權。而後者憑借帝國主義在華勢力及其享有所謂"治外法權"而擅自開設，並發行紙幣。

中國與外人合資創辦銀行並給予發行兑换券特權者，起始於清光緒二十二年(1896年)成立的華

俄道勝銀行。隨後又有宣統二年(1910年)中、日、德合辦的北洋保商銀行。辛亥革命後,這兩家銀行繼續營業和發行紙幣。北洋政府時期又陸續出現了一批中外合辦銀行,中法合辦的有中法實業銀行和中法振業銀行;中美合辦的有四川、福建兩家美豐銀行和中華懋業銀行;中意合辦的有震義銀行;中日合辦的有中華滙業銀行;中國與挪威、丹麥合辦的有華威銀行。這些合辦銀行的外國資本,大多由帝國主義金融寡頭和壟斷資本參與,如華俄道勝銀行名義上是俄方投資,實際上有巴黎四家銀行參加,與法國金融寡頭有很多關係;中法實業銀行的法方股東是東方滙理銀行;中華滙業銀行的日方股東是台灣銀行、朝鮮銀行和日本興業銀行;中華懋業銀行的主要股東是美國大通銀行等等。至於中國參加的資本,多半屬於政府和一些官僚、軍閥以及有聲望的買辦商人。所謂"合辦",實際上管理銀行的權力全由外方掌握,中國政府和華人股東則處於無發言權的僕從地位。中外合辦銀行成立後,中國政府均允許它們享有發行兑换券的特權。現將這些銀行的發行情況分述如下:

(一) 華俄道勝銀行

華俄道勝銀行,又稱俄華道勝銀行,成立於清光緒二十一年(1895年)。總行設在聖彼得堡,翌年即在上海開設分行,以後又在北京、天津、漢口及東北和新疆很多地方設立分支機構。成立時資本總額爲600萬盧布。光緒二十一年簽訂的"中俄密約"規定,中方在"俄法四釐借款"的4億法郎約合近1億銀兩中,撥出庫平銀500萬兩,作爲清政府投入華俄道勝銀行的資本。這500萬兩數額相當於俄法投資總額的70%,但中方没有一個董事席位,也無權過問該行的事務。

華俄道勝銀行條例共九章,長達數千言,有權在華鑄造貨幣,發行兑换券。該行在中國發行的紙幣共有三類:一是盧布票,俗稱"羌帖",在東北地區流通;二是金票,在新疆寧遠、喀什、塔城等地區流通;三是銀兩票、銀元票,在上海、北京、天津、漢口、牛莊、哈爾濱等城市流通。面額有壹圓、伍圓、拾圓、伍拾圓、壹佰圓五種銀元票,以及壹分、貳分、壹錢、伍錢、壹兩五種金票。

1917年俄國十月革命後,該行總行自彼得格勒遷至巴黎。1926年宣告清理,在中國各地的分行隨之停閉。同年9月30日,中國政府派王寵惠爲清理督辦,於1929年6月30日清理始告結束。

(二) 中法實業銀行

中法實業銀行成立於1913年1月,由中國和法國的商人雙方共同籌組。總行設在巴黎,在中國北京、天津、上海、漢口、廣州、福州、汕頭、瀋陽、昆明、濟南、香港等地設立分行。該行最初資本總額爲4,500萬法郎,分作九萬股,法方認股三分之二,中方認股三分之一。中方雖佔有一定股份,但無實權,故名爲合資銀行,實際上是法國企圖在中國擴展各種經濟權利的機構。

該行成立後,即取得紙幣發行權。1914年發行的紙幣,面額爲壹圓、伍圓、拾圓、伍拾圓、壹佰圓、伍佰圓六種,地名有天津、北京、上海、漢口、廣州、汕頭、濟南等。該行在1920年曾發行奉天地名的紙幣,但未見實物。

1921年,中法實業銀行巴黎總行因營業虧損宣告停業,在華各分行亦奉總行命令同時停止營業。當時北京銀行公會以該行紙幣流通市面爲數較巨,突然停兑於各埠金融關係至大。中國政府爲維持金融秩序,由中國和交通兩銀行代兑,風波得以解決。1925年該行復業,改名爲中法工商銀行,此後不再發行紙幣。

(三) 北洋保商銀行

北洋保商銀行成立於清宣統二年(1910年),原爲清理天津商人積欠洋商款項,維持該地華洋商務而設。額定資本銀爲400萬兩,由華洋商人各籌資百分之五十。設總行於天津。創設之始,即發行500餘萬兩的債票,以銀行的盈利按年攤付,歸還洋商的欠款。開辦後業務發達,至1919年所有債票幾全數收回,所欠洋商款項均已還清,股本也全部清償,乃於1920年7月改組爲純粹的華資商業銀行。

該行發行的紙幣有壹兩、叁兩、伍兩、拾兩、伍拾兩、壹百兩、伍百兩七種面額的銀兩票和壹圓、伍圓、拾圓三種面額的銀元票。

（四）中法振業銀行

中法振業銀行成立於1921年9月，由中國和法國的商人合資創設。總行設在北京，在上海、天津、漢口等地設立分行。資本總額號稱1,000萬元，實收資本爲250萬元。該行在1923年9月，借給財政部25萬元爲先決條件之一，取得紙幣發行權。隨即委託財政部印刷局印製壹圓、伍圓、拾圓三種國幣券。二十世紀三十年代早期該行即停業。

（五）中華滙業銀行

中華滙業銀行成立於1918年，由中國和日本的兩國銀行及商人共同合辦。資本總額爲1,000萬日元，先收二分之一，中、日各半分擔。日方出資者爲日本興業銀行、朝鮮銀行、臺灣銀行及其他銀行；中方由中國、交通兩銀行認購十分之一，其餘由親日派官僚陸宗輿等出資。總行設在北京，在天津、上海、瀋陽等地設立分行。該行成立後，由北洋政府授予兑换券發行權。其紙幣發行額最高年份爲90餘萬元，平常均在五六十萬元之譜。1928年初因濟南慘案發生，中國人民反日情緒高漲，該行發生擠兑及提存風潮，終因資金竭蹶，於是年12月10日宣告停業。該行發行的紙幣有壹角、貳角兩種面額的輔幣券和壹圓、伍圓、拾圓、伍拾圓、壹百圓五種面額的銀元票。

（六）中華懋業銀行

中華懋業銀行成立於1919年12月，1920年2月正式開業，由中國和美國的商人合辦。額定資本爲1,000萬美元，實收資本爲750萬美元，中、美各半。總行設在北京，在上海、天津、漢口、濟南、石家莊、哈爾濱等地設立分行。該行成立後，經北洋政府特許有紙幣發行權。其所發行的紙幣，以上海分行較多，北京次之。據1925年上半年營業報告記載，在外流通額總計爲2,129,289元。1929年蔣桂戰爭桂系失敗後，因該行漢口分行有桂系資本，遂被蔣介石下令查封。上海、北京等分行業務大受影響，該行旋即停業清理。該行發行的紙幣，其圖案均爲自由女神像，面額有壹圓、伍圓、拾圓、壹百圓四種。

（七）四川美豐銀行

四川美豐銀行由四川商人鄧芝如、康心如等人與美國商人雷文合資開設。1922年2月向美國康涅狄格州注册，同年4月在重慶開業。注册資本爲25萬元，雷文出資13萬元，華商出資12萬元。前者佔資本金的52%，後者佔48%。1927年3月，華方買下全部美股，此後該行即由中美合資經營轉爲華人經營的銀行。

該行開業後即發行壹圓、拾圓兩種兑换券。當時，東川道尹和重慶海關以該行未向中國注册申請紙幣發行權，曾禁止其流通。後該行提出聲明係向美國注册，並由美國駐漢口領事出面作證，事後雖允予發行，但所發紙幣在市面上未能得到廣泛流通。1927年該行改組由中國人經營後，仍准許繼續發行紙幣，[20]發行數曾達到200萬元左右。直至1935年四川省政府遵照財政部整理川省紙幣的指示，令飭重慶各商業銀行停止發行紙幣後，該行紙幣才於是年12月全部自行收回。[21]

（八）福建美豐銀行

福建美豐銀行由福建商人與美國商人雷文合資開設。1921年6月開始籌備，1922年9月正式營業，資本總額爲100萬美元，美方認股52%，中方認股48%。總行設在福州，中方經理陳之麟，另在厦門設立分行。後因營業上過失，美方經理抽走其資金，以致銀行資金周轉不靈而在1929年倒閉。該行發行的紙幣有伍員和拾圓券各一種。

（九）華 威 銀 行

華威銀行成立於1922年，由中國商人、挪威商人及丹麥商人合資創設。資本總額爲1,000萬元，實收資本爲250萬元。向北京政府注册，在挪威政府備案。總行設在北京，在上海、天津、漢口、重慶、廣州、香港等地設立分行。該行經北洋政府財政部核准享有發行紙幣的特權，先後在北京、張家口、綏遠、赤峰、天津、秦皇島等地發行。據 1929 年 1 月的上海《銀行週報》記載，該行發行的大洋票及角票共計約 70 餘萬元，其中角票 30 餘萬元。1929 年因經營證券失敗而倒閉。該行發行的紙幣有拾陸枚、貳拾枚、叁拾枚、叁拾貳枚、肆拾捌枚、捌拾枚等面額的銅元券，壹角、貳角面額的輔幣券和壹圓、伍圓、拾圓面額的銀元券。

（十）震義銀行

震義銀行成立於 1921 年 5 月，由中國和意大利的商人合資創辦。資本總額爲 1,000 萬元，實收資本爲 250 萬元。總行設在北京，在上海、天津、漢口等地設立分行。幣制局曾以該行未向中國政府立案注册，曾咨請税務處查禁該行紙幣。次年幣制局覆財政部文又批准該行發行紙幣。但僅見有未完成的紙幣兩版：一爲財政部印刷局印製的民國十年（1921 年）版壹圓、伍圓、拾圓券三種；二爲同年美國鈔票公司印製的壹圓、伍圓、拾圓、伍拾圓、壹百圓券五種，均爲未發行券。1925 年，該行停業清理。

六、民國時期外資銀行在中國發行的紙幣

清朝末年，帝國主義列强依恃其不平等條約和治外法權的庇護，在中國許多地方開設銀行發行紙幣，民國成立後這種情況繼續存在。

民國期在中國境内發行紙幣的外資銀行有：英國的麥加利銀行 (The Chartered Bank of India, Australia and China)、滙豐銀行 (Hongkong & Shanghai Banking Corporation)、有利銀行 (The Mercantile Bank of India, Ltd.)，美國的花旗銀行 (The National City Bank of New York)、友華銀行 (Asia Banking Corporation)、美豐銀行 (American Oriental Banking Corporation)、滙興銀行 (Park–Union Banking Corporation)，法國的東方滙理銀行 (Banque de L′ indochine)，德國的德華銀行 (Deutsch–Asiatische Bank)，日本的横濱正金銀行 (The Yokohama Specie Bank)、臺灣銀行 (The Bank of Taiwan, Ltd.)、朝鮮銀行 (The Bank of Chosen)，荷蘭的荷蘭銀行 (Netherlands Trading Society)，比利時的華比銀行 (Banque Belge pour L′ Etranger)，英國和比利時合辦的英比實業銀行 (The British & Belgian Industrial Bank of China Ltd.)。現將各行在中國發行紙幣的情況簡述如下：

麥加利銀行　在香港稱“渣打銀行”。1853 年英皇發佈敕令，准其設立。1858 年 2 月倫敦總行正式開始營業，同年 7 月在上海設立分行。由於其首任經理名叫麥加利 (John Mackellar)，因而以後其在内地的機構統稱麥加利銀行。同時在香港設立代理處，次年改爲分行。十九世紀六十年代後，又陸續在漢口、福州、厦門、天津等地設立分行。從 1863 年開始，上海分行就在中國境内發行紙幣，隨後漢口分行和天津分行亦相繼發行。民國時期，這三個分行發行的銀元券，計有面額壹圓、伍圓、拾圓、貳拾伍圓、伍拾圓、壹佰圓、伍佰圓七種，其紙幣發行額在二十世紀三十年代時估計爲 60 餘萬英鎊，折合國幣爲 300 餘萬元。

滙豐銀行　成立於 1864 年，總行設在香港。1865 年 3 月正式開業，4 月即在上海成立分行。接着又在福州、寧波、漢口、汕頭、厦門、芝罘（烟臺）、九江、廣州、海門、天津等地設立分行。十九世紀八十年代已在上海、福州、厦門等地發行紙幣。民國時期，它是在華外資銀行中資金實力最雄厚、紙幣發行量最多的一家。據該行行史記載，1926 年在其 4,295 萬港元的總發行額中，在其他國家流通的僅佔 4.6%，在香港流通的衹佔 24.2%，而在以上海爲重點的中國内地流通的則佔 71.2%。在當時上海的金融市場上，滙豐有操縱金融的力量，它擁有充足的外滙儲備，在庫房中存有數量龐大的黄金與白銀。滙豐銀行在民國時期發行的銀元券，面額有壹圓、伍圓、拾圓、伍拾圓、壹百圓、伍百圓六種，地名有上海、北京、天津、漢口、烟臺等。

有利銀行　成立於 1857 年，總行設在英國倫敦。十九世紀五十年代已在上海設立分行。1881 年開始在上海發行紙幣，面額壹員，注明“憑票取鷹洋”，後來又在上海、漢口兩地發行當地通用銀兩票、銀元票多種。民國時期，上海有利銀行發行的紙幣有 1916 年版面額伍員、拾員、伍拾員、壹佰員券和 1924 年版面額壹員券等共計五種票額。該行在中國境内的紙幣流通額 1918 年爲 869,252 元，1924 年

爲 1,280,692 元。[22]

花旗銀行　成立於 1812 年，總行設在紐約。1902 年 1 月在上海設立分行，隨後在香港、廣東、北京、漢口、天津、哈爾濱等地陸續設立分行。1905 年，上海分行首先發行銀元券，接着廣東分行（稱萬國寶通銀行）、北京分行也相繼發行。民國成立後，在漢口、上海、天津、北京的分行均發行紙幣，面額有壹圓、伍圓、拾圓、伍拾圓、壹佰圓五種銀元券。上海分行亦發行過烇規元銀兩券，面額有壹兩、伍兩、拾兩、伍拾兩、壹伯兩五種。1925 年 6 月底，花旗銀行在華的紙幣發行額爲 3,791,641 美元[23]，合當時中國的國幣 7,583,282 元。1926 年該行一度採取收縮方針，基本上衹收不發。1930 年恢復發行，到 1934 年又停止發行並陸續收回。

友華銀行　成立於 1918 年，總行設在紐約。1919 年即在上海、北京、天津、漢口、長沙、廣州等地設立分行。該行發行的紙幣，面額有壹圓、伍圓、拾圓、貳拾圓、伍拾圓、壹佰圓六種銀元券。1920 年底發行額爲 721,624 美元[24]。1921 年後紙幣發行業務開始收縮，1923 年 6 月停止發行。1924 年 2 月友華銀行歸併於花旗銀行。

上海美豐銀行　成立於 1918 年，由在滬美國商人雷文發起組織，在美國康涅狄格州注册。總行設在上海，在天津設有分行。實收資本爲 389 萬元，主要業務是存款、放款、滙兑和證券買賣，並發行兑换券。1935 年因經營不善倒閉。該行發行的兑换券計有：1919 年版銀元券面額伍圓、拾圓、壹百圓三種（其中伍圓券一種票子正面有 5 字，一種無 5 字）；1924 年版銀元券面額伍圓一種。

滙興銀行　成立於 1919 年，爲紐約派克銀行與加拿大合衆銀行合資組織。總行設在紐約，上海分行於 1919 年 10 月 1 日成立。曾在華發行紙幣，見有伍圓一種。1922 年該行董事會在紐約議决，歇業清理，各地分行業務由友華銀行接收。

東方滙理銀行　法國政府特許設立的海外殖民地銀行，成立於 1875 年 1 月。總行設在巴黎。1888 年根據法國政府的法令，業務範圍擴展到中國、日本與太平洋等地。1894 年在香港設立分行，1899 年在上海設立分行。隨後又在昆明、廣州、天津、漢口、北京、湛江等地設立分行。該行在華的主要業務活動之一是發行紙幣。從 1920 年至 1949 年間，發行面額爲壹元、伍元、拾元、貳拾元、壹百元、伍百元六種票額的紙幣，在中國的廣東、雲南、廣西、貴州等西南地區廣泛流通，甚至遠及西藏、青海、西康等地。

德華銀行　成立於 1889 年。總行設在上海。資本總額初定爲銀 500 萬兩，實收資本爲 125 萬兩，其股份全部屬於德國的十三家銀行和企業。上海總行成立後，在天津、漢口、濟南、北京、廣州、香港等地設立分行。該行發行的紙幣有銀元券和銀兩券。銀元券面額爲壹圓、伍圓、拾圓、貳拾伍圓、伍拾圓、壹佰圓、貳佰圓七種；銀兩券面額爲壹兩、伍兩、拾兩、貳拾兩四種。流通範圍主要在山東。1912 年 12 月底的紙幣發行額爲 2,081,384.60 元[25]。第一次世界大戰爆發後，北洋政府於 1917 年對德宣戰，該行停業。戰後雖恢復營業，但發行額已較前大減，實際上處於衹收不發的狀態。第二次世界大戰結束後，由國民政府指定中國銀行接收清理。

横濱正金銀行　成立於 1880 年 2 月 28 日。總行設在横濱。創設時實收資本爲 300 萬日元，日本政府投資三分之一，並存放數百萬日元的國庫準備基金，供其周轉使用。該行成立後就在中國許多城市特别是東北地區廣設分支機構，貫徹執行日本政府對華的經濟侵略政策。這家銀行在日本國内是没有貨幣發行權的，但在中國境内却大發特發。抗日戰爭以前，它在中國設有分行的地區大多發行紙幣，共計發行了八十餘種之多。據估計，發行數量以 1918 年爲最高，達到 2,469 萬元[26]。所發紙幣以銀元券爲主，面額有拾錢、伍拾錢、壹圓、伍圓、拾圓、伍拾圓、壹百圓七種。1945 年 8 月日本無條件投降後，該行在中國境内的分支機構由國民政府指定中國銀行接管，整個横濱正金銀行被盟國總部撤銷機構。

臺灣銀行　中日甲午之戰後臺灣被强行割讓予日本，按照當時日本皇家的特許，臺灣銀行於 1898 年在臺北開設。該行是日本官商合辦的股份有限公司。開辦時資本總額爲 500 萬日元，總行設在臺北。發行臺灣貨幣，掠奪臺灣資源，擴展臺灣對外貿易等，爲其殖民統治服務。但它的觸角也伸向中國東南沿海一帶。臺灣銀行在中國内地發行的紙幣，以福州、厦門兩地爲主，其他包括廣東省的汕頭以及漢口、九江、上海等地。曾發行甲券、乙券等，面額有壹圓、五圓、拾圓、五拾圓、百圓五種。1918 年 12 月 31 日，該行在華南及長江流域各城市流通的紙幣共計爲 1,997,554 日元[27]。日本投降後，臺灣回歸中國。臺灣銀行在中國大陸以及在臺灣省本島的機構經國民政府指定由中國農民銀行接管清理。（編者注：臺灣銀行在中國内地發行的紙幣，爲便於表述起見，其圖録放在臺灣銀行總行發行的紙幣之後。）

朝鮮銀行　原名“韓國銀行”，成立於 1909 年。1911 年日本政府頒佈“朝鮮銀行法”，將該行改名爲"朝鲜銀行",並任命日本銀行總理松尾臣善等進行籌組。總行設在漢城。資本總額定爲1,000萬日元,而其擴張和改組的矛頭則針對中國東三省。從1913年起陸續在瀋陽、大連、撫順、長春、天津、北京、青島、濟南、上海等地設立分行,並於1916年在華發行與日金相聯繫的所謂金票。1917年後,日本横濱正金銀行在中國東三省的發行權移歸該行,到1919年發行量增至5,854萬餘元[28],它利用發行的紙幣和吸收的存款,全力扶植日本在中國東北的殖民事業。九一八事變日軍佔領中國東北成立"滿洲中央銀行"後,該行於1935年起在中國東北發行的"金票"量逐漸收縮。以後日僞推行"産業開發"計劃,將該行與另兩家日本系統銀行合併爲"滿洲興業銀行",負責供應産業開發的長期資金,該行金票的發行和流通遂告中止。朝鮮銀行在中國發行的紙幣,俗稱"老頭票",有面額壹圓、五圓、拾圓、百圓、千圓五種;另有拾錢、伍拾錢金票兩種。

荷蘭銀行　成立於1824年,屬於荷蘭貿易會所組織,爲荷蘭政府特許設立的銀行。總行設於阿姆斯特丹。1903年來上海開設分行。1909年發行以中國銀元爲單位的銀行券,面額有壹元、伍元、拾元、伍拾元、壹百元五種,全部在上海流通。發行額不大,估計約60萬元。

華比銀行　成立於1902年。總行設於布魯塞爾,同年12月在上海設立分行,後來又在天津、北京、漢口等地陸續設立分行。曾在中國境内發行以銀元爲單位的紙幣,面額有壹圓、伍圓、拾圓、伍拾圓、壹佰圓五種,地名爲漢口、上海、天津、北京等。1925年6月底的流通額爲1,499,666.8元[29]。1935年11月中國政府實行法幣政策後,該行即停止發行。

英比實業銀行　據《上海金融志》記載,該行曾在上海設立,但開設年月及基本情况均付闕如。現存世的僅有該行長沙分行印製的湖南通用銀幣券,面額爲伍兩、拾兩兩種。

上列外資銀行在中國境内發行的紙幣,1912年的總量爲43,948,359元,當時中國本國銀行的發行總額爲52,675,375元,前者低於後者16.57%。到了1921年,外資銀行在華發行紙幣的總額已高達212,384,806元,而同期中國本國銀行的發行總額爲95,948,965元,前者已超過後者1.2倍。從1916年至1921年的五年中,外資銀行的發行額增長2.25倍,而中國本國銀行僅增長41.65%。在這期間,正是中國銀行和交通銀行發生擠兑,兩行京鈔停止兑現致使幣值下跌的時候,這就給外資銀行以可乘之機,大肆擴張其在中國境内的發行額。此後,隨着中國本國銀行業的進步,特别是一些有發鈔業務的大銀行紙幣信譽的逐步提高、發行制度的逐漸完善,紙幣發行量遂有明顯增加。與此同時,1925年發生在上海的"五卅"慘案,激起中國人民的反帝義憤,在中國國内掀起了抵制英貨、日貨並拒用該國銀行紙幣的鬬争,使外資銀行紙幣的流通大受影響。外資銀行在中國境内擅自發行和流通紙幣,歷來受到中國人民的反對、抵制和拒用,"五卅"慘案發生後達到了高潮。由於以上種種原因,到1934年底中國本國銀行的紙幣發行額已達7.48億元,而外資銀行仍停留在3億元左右的水平上。力量對比,中國本國銀行已佔絶對優勢。國民政府實施法幣政策後,除東三省及少數邊疆地區外,已基本上看不到外資銀行在華發行的紙幣了。

七、民國時期中國地方行政機構及經營性部門發行的紙幣

民國時期中國地方行政機構及經營性部門發行的紙幣是一種傳統的信用貨幣,它的主要載體是縣政府、縣財政局、縣餉捐局、縣教育局等地方行政機構以及銀號、錢莊、滙兑局、銀樓、當鋪或其他商號發行的銀票或錢票,用以代替白銀或銅錢進行流通。其中,有些單位因未取得發行權,故其擅自發行的紙幣又稱爲"私票"、"私帖"。早在十九世紀中葉,銀、錢票在中國南北各省都已相當普遍。例如:上海南市原錢業公所内一塊石碑上所刻道光二十一年(1841年)上海縣告示:"據監生徐渭仁……稟稱:生等在治錢莊生意或買賣豆、麥、花、布,皆憑銀票往來。"[30]十九世紀中葉的福建,據當時人記載:"閩中錢多用紙票,……自四百以上至千萬,或總或分,聽人自便。四百以下,則不用票。"[31]北方各省,銀、錢票的使用更盛於南方。當時,清朝政府曾令各省督撫議論應否禁止銀、錢票。各地方官的答覆都認爲,銀、錢票流行已久,對社會有利,除虚票(即不兑現紙幣)外不應禁止。毫無疑問,在清朝末年,銀票和錢票已構成全國流通貨幣量中相當顯著的一部分。[32]

民國時期,雖然現代銀行兑换券的使用已相當普及,國家銀行和商業銀行發行的紙幣已爲中國人所廣泛接受;但由於經濟的、社會的和歷史的原因,銀票、錢票在許多省份仍嚴重存在。兹略述如下:

山東省　全省一百零七個縣,營銀錢業者不下千餘家,各縣多則百餘家,少則數拾家、拾餘家。各

家皆自行發行銀、錢票，所發紙幣主要是大洋輔幣票(即角洋票)及銅元票兩種。銀、錢票信用一般尚佳，爲民間所樂用。

山西省　“各縣之銀號、錢莊，發行亦頗可觀，不但如此，即當鋪質店，以至糧行布莊、商會機關，亦莫不有紙幣之發行，其流通範圍，雖或僅一縣數縣，而發行總額，達數百萬元，省府雖屢次整頓，無如終鮮成效。”㉝

廣東省　汕頭發行銀、錢票最盛，屢鬧風潮。到 1935 年經整頓後，銀、錢票被稱爲保證貨幣，“仍照常流通市面者有阜豐、同元、黄藏元、陳成記、陳成有、鄭綿發、吕興合、陳實源、協裕、黄松興、仁元、林萬泰、永孚、陳榮記、林仁發、利東、鄭永成、廣泰、鼎泰、漢記、瓊南豐等莊三四十萬元”。㉞到 1936 年保證貨幣才被禁用。

陜西省　在 1936 年以前，有人“計經陜南僅十一縣，共得私票八十餘種”。㉟

東三省　流行制錢兑换券，俗稱“錢帖”。據《中華民國貨幣史資料》的統計，民國五年左右，遼寧鐵嶺等十九個縣發行銀、錢票的商號數爲九百八十家。莊河公集財團發行紙幣數達 21.09 萬餘元，岫岩公共財團發行額達 24 萬餘元。第一次世界大戰期間，遼寧省銀、錢票流行額數約爲小洋 1,500 萬元。㊱截至 1921 年時，吉林榆樹一縣，市上流行之銀、錢票尚有三百餘種之多。㊲

察哈爾省　調查了十六個縣，其中十個縣發行有銀、錢票。㊳

江蘇省　該省的銀、錢票“或由商會發行，或由商號發行，……江北各縣發行銅元券最多。而尤以徐州爲最，該地發行機關竟有十七八處之多”。㊴

貴州省　1935 年貴州發行銀、錢票的情况大略是：“餘慶、湄潭二縣所用鈔票係由銅仁縣錢莊所發，餘慶所用者爲銅仁德泰隆一莊所發，湄潭所用者爲德泰隆、德盛隆、盛裕隆三莊所發。”㊵銅元票“僅有松桃、赤水二縣使用，松桃係由餉捐局、教育局及松裕順錢莊發行；赤水係由義成、裕泰、大義祥、榮盛昌四錢莊發行。此外，有制錢票一種係在桐梓行使，由該縣財政局發行”。㊶此外，貴州著名的銀、錢票尚有：貴陽總商會錢票、貴陽商錢局錢票、貴州裕黔公司錢票、貴州義安公司制錢票、遵義商會銅元票、修文縣税捐稽征券、桐梓縣錢票等等㊷。

福建省　福州發行銀、錢票最盛，1932 年福州十八家錢莊共製票 2,155,100 元，流通者 679,300 元强。㊸除福州外，各縣亦銀、錢票充斥。

江西省　1934 年，江西三十個縣發行 180,750 元銀票、204,586,600 枚銅元票。發行單位爲商會、錢莊、錢業公會、區辦公處、商店、築路委員會、平民公質所、紙業公會、財務委員會、縣政府、財政局、金融維持會等機關。㊹

湖南省　銀、錢票亦多，較著名的發行機構爲：湘潭商會、湖南和豐火柴公司、湖南電燈公司等。

湖北省　宜昌、襄陽、樊城、江陵等處人民曾公開抗議本地私票發行。1924 年 8 月，漢口總商會與銀錢局公會曾發行“漢口錢業公會維持流通券”165 萬元，行使市面。

甘肅省　甘肅的銅元票信用較好，反在銅元之上。“甘肅之偏僻縣份，恒有類似期條之油布錢票流通市面，大都係殷實商鋪所發，以補籌碼之不足者。”㊺

四川省　“各縣府與商會發行之角票與銅元券，按是項票券之發，緣於大額鈔票之流失，現金匿迹，市場交易找零困苦，遂由各縣財政科或當地商會議決發行小額票券，以資調濟，此作彼效，幾至無縣無之，所印票券質料低劣，花紋又簡，易於摹仿，僞爲假票，層出不窮，雖各券流通，限於當地，然小民受累，已屬不少。”㊻

安徽省　僅潁州就有益萃恒、滙昌和、道生恒、慶和祥、和興、阜興公、三義合、協和、際昌隆等錢莊發行銀、錢票。

河北省　抗日戰争以前，各縣基本上都發行紙幣、錢帖等，人們稱之爲土票。有“各種名稱的銀號、錢莊、官錢局、官銀號等發行的紙幣、錢帖以及其他形式的票據證券，這些銀錢業當時大都設在天津、北平或保定等大中城市，而它發行紙幣、錢帖等，都能流通在華北各地”。㊼

内蒙古自治區　包頭一地，在光緒末年至 1921 年之間，“各殷實商號也和其他地方一樣發行憑帖，憑帖同現在的紙幣一樣，它以銅錢爲計算單位，分壹仟文和伍佰文兩種，一千文銅制錢合銀洋一元三角，流通市面”。㊽

新疆省　據新疆省行政公署於 1913 年至 1914 年的調查：清末民初，新疆各地商號多有發行布、紙幣者，這些布、紙幣大都不能兑現，但經過當地允許却可以在本地納税，然而也有少數不能納税的。據統計，當時發行布、紙幣的商號全疆共三十八家，共約發行 55,200 兩。其中：迪化(今烏魯木齊)十二家共發行 21,500 兩，吐魯番一家發行 1,000 兩，拜城一家發行 1,000 兩，莎車一家發行 500 兩，昌吉二家共發行 1,000 兩，哈密一家發行 1,000 兩，綏來(今瑪納斯)二十家共發行 29,200 兩。㊾

以上是部分省份的情况，足以反映民國時期銀、錢票發行的泛濫。

銀、錢票在歷史上起過積極作用。長期以來，中國的貨幣制度實際上是實行銀銅複本位制。十九世紀在流通的貨幣中，除銀和銅錢以外，更出現了一種紙幣（即"銀票"、"錢票"），這就大大增加了複本位制的彈性。因爲以一兩白銀或一串銅錢（一千文）作準備，銀號、錢莊或商號通常可發行面額數兩的銀票或數串的錢票以流通市面，既可刺激市場交易活動，又可促進工商業的發展。但是銀、錢票也有其消極的一面，主要是發行不受政府控制，任由發行錢鋪或銀號各自爲政，濫發、擠兑之事層出不窮，導致金融的不穩定，加深了經濟危機。到了民國時期，其積極的一面已經消失，而消極面更加突出，終於成爲國家貨幣統一發行的障礙。後來，由於 1935 年法幣政策的實施和 1942 年將紙幣發行集中於中央銀行以及加强金融管理等措施，銀、錢票遂失去生存基礎，逐漸趨於消失。

銀、錢票作爲半封建半殖民地經濟不可缺少的一部分，在民國時期存在了三十多年，對它的研究有助於深入了解民國時期的社會經濟，也有利於了解中國獨特的貨幣文化。

八、日本侵華時期發行的軍用票和傀儡政權銀行發行的紙幣

日本侵華時期發行的軍用票和傀儡政權銀行發行的紙幣，不屬於中國銀行紙幣的範疇；但在一段時間裏，在中國國土上確實存在。爲了反映這一實際情況，並作爲侵略者的罪證，本卷特加以輯録和揭露（其圖版見附録）。

（一）日本侵華時期發行的軍用票

民國時期，日本在華發行并强行流通軍用票主要有三次：

第一次，在 1914 年 8 月。日本乘第一次世界大戰之際，出兵强佔中國的山東半島，其間在青島發行大正三年銀拾錢、銀貳拾錢、銀五拾錢、銀壹圓、銀五圓、銀拾圓等六種軍用票。至 1927 年發行總量已達 11,812,197 日元。後回收 11,650,241 日元，餘下的 161,956 日元没有收回。

第二次，在 1918 年 8 月。日本與中國東北的奉系軍閥産生矛盾，發動事變强佔中國北滿地區，其間在當地發行大正七年金拾錢、金貳拾錢、金五拾錢、金壹圓、金五圓、金拾圓等六種軍用票。

第三次，在 1937 年 7 月日本發動全面侵華戰争以後。該年 11 月，在杭州灣登陸的日軍首先攜帶大量軍用票，在其鐵蹄所到之處强迫中國人民使用。此後隨着日本軍隊的大規模入侵，又發行了多種軍用票，品種如下：

1. 甲號軍用票：1937 年（昭和 12 年）由日本内閣印刷局印刷並標有"内閣印刷局製造"字樣。直式，面額爲拾錢、五拾錢、壹圓、五圓、拾圓五種。發行額相當於日幣 300 萬元。

2. 乙號軍用票：1938 年 9 月（昭和 13 年）日本將"大日本帝國政府大藏省印刷局製造"的"日本銀行兑换券"壹圓券，"大日本帝國政府内閣印刷局製造"的"日本銀行兑换券"五圓券和拾圓券，"大日本帝國印刷局製造"的"日本銀行券"百圓券，改印成"大日本政府軍用手票"。横式，共四種票。發行額約 2,000 餘萬日元，其中的三分之一流通於日軍佔領下的上海虹口地區。[50]

3. 丙號軍用票：1938 年（昭和 13 年）日本正式印製"大日本政府軍用手票"。由"大日本帝國政府大藏省印刷局製造"壹圓券，"大日本帝國政府内閣印刷局製造"五圓券和拾圓券，"大日本帝國印刷局製造"百圓券。横式，共四種票，五種票色。規定在中國的華南佔領區内使用。

4. 丁號軍用票：1939 年 6 月（昭和 14 年）日本由"大日本帝國内閣印刷局製造""大日本帝國政府軍用手票"。横式，面額分别爲壹錢、五錢、拾錢、五拾錢、壹圓、五圓、拾圓等七種票。規定在中國的華中佔領區内使用。

5. 戊號軍用票：1939 年 9 月（昭和 14 年）日本由"大日本帝國内閣印刷局製造""大日本帝國政府"券，直式，面額爲貳厘五毛券；横式，面額有壹錢、五錢、拾錢、五拾錢、壹圓、五圓、拾圓、百圓券。由帝國政府印刷局印製"大日本帝國政府"券，横式，百圓券。共計九種票。規定在中國的華中佔領區内使用。

6. 己號軍用票：1940 年（昭和 15 年）日本由"大日本帝國内閣印刷局製造""大日本帝國政府"券。横式，面額有五拾錢、壹圓、五圓、拾圓和改版後的拾圓券，共計五種票。[51]

1943年日本大藏省和大東亞大臣發表講話，確定自4月1日起，停止日本軍用票在中國的華中、華南地區流通，改以“中央儲備銀行”發行的“中儲券”代替，其兑换率爲軍用票18元折合“中儲券”100元。

日本軍用票在中國的淪陷區内大量發行，强迫行使，瘋狂掠奪中國人民的財富，對中國的戰時經濟造成了巨大的損害。

（二）傀儡政權銀行發行的紙幣

1931年日本帝國主義發動九一八事變侵吞中國東三省後，接着於1937年7月7日發動對華全面戰争，在短短的幾年裏佔領了中國大片國土。在中國的淪陷區裏，日本侵略者利用一小撮漢奸建立傀儡政權，開辦銀行，發行紙幣，大肆搜括中國淪陷區物資，破壞中國貨幣金融。兹將這個時期各地傀儡政權銀行發行紙幣的情况略述如下：

1.“滿洲中央銀行”

1931年9月18日日軍侵佔中國東北後，於1932年3月1日成立“滿洲國”。同年6月15日建立“滿洲中央銀行”，總行設在長春，7月1日開業，隨即發行紙幣，名“中銀券”。該行最早的紙幣是在1929年的東三省官銀號壹圓、伍圓、拾圓券上加蓋“滿洲中央銀行”字樣後發行。以後在1932年12月發行以五色旗爲主圖的五角、壹圓、五圓、拾圓、壹百圓券五種。此後從1935年11月至1944年11月又陸續發行五分、壹角、五角、壹圓、五圓、拾圓、百圓、壹仟圓票券多種。截至1945年11月被國民政府中央銀行接收時，發行額已超過136億元。

2.“冀東銀行”

1935年11月25日，漢奸殷汝耕在通縣成立“冀東防共自治委員會”（後改爲“冀東防共自治政府”）。翌年11月在通縣設立“冀東銀行”，發行“冀東銀行券”，面額有伍角、壹圓、伍圓、拾圓、壹佰圓五種。1938年3月“中國聯合準備銀行”成立後，“冀東銀行券”遂停止發行。

3.“察南銀行”

1937年9月4日，在日本侵略軍的策劃下，“察南自治政府”成立。隨即在張家口設立“察南銀行”，10月1日開業，發行“察南銀行券”，面額爲壹圓、拾圓兩種。此券是在東三省官銀號紙幣上加蓋“滿洲中央銀行”，再加蓋“察南銀行”，故俗稱“雙加蓋票”。

4.“蒙疆銀行”

1937年10月15日，在日本侵略軍的策劃下，“晉北自治政府”在山西大同成立。隨即發行“晉北自治政府流通券”，此券在山西省銀行紙幣上加蓋“大同晉北自治政府”章，見有壹圓、拾圓各一種。同年12月27日在綏遠建立“蒙古聯盟自治政府”，管轄五盟二市。1937年11月22日，察南、晉北、蒙古三個僞組織合併爲“蒙疆聯合委員會”。23日將“察南銀行”改組爲“蒙疆銀行”，於12月1日在張家口開業，隨即發行紙幣，稱“蒙銀券”，面額有五分、壹角、五角、壹圓、五圓、拾圓、百圓等多種。

5.“中國聯合準備銀行”

1937年12月14日，漢奸王克敏在北平成立“華北臨時政府”。次年2月11日成立“中國聯合準備銀行”，3月10日開業，發行與日元等值的“聯銀券”，將華北經濟納入了所謂日元集團。發行的紙幣面額有半分、壹分、伍分、壹角、貳角、伍角、壹圓、伍圓、拾圓、伍拾圓、壹百圓、伍百圓、壹仟圓、伍仟圓等。至1945年日本無條件投降時，其發行總額已高達1,423億元。[52]

6.“華興商業銀行”

1938年3月，日本扶植的傀儡政權“維新政府”在南京成立。同年5月16日在上海設立“華興商業銀行”作爲它的發行銀行，發行“華興券”，面額有壹角、貳角、壹圓、伍圓、拾圓五種，總數約500餘萬元。1941年“中央儲備銀行”成立後，該行即結束發行。已發紙幣按“華興券”100元折合“中儲券”240元的比率，由該行回收。

7. “中央儲備銀行”

1940 年 3 月 20 日,汪僞國民政府在南京成立。同年 12 月 19 日公佈《中央儲備銀行法》。次年 1 月 6 日,“中央儲備銀行”在南京開業。隨即發行“中央儲備銀行券”(簡稱“中儲券”),面額有壹分、伍分、壹角、貳角、伍角、壹圓、伍圓、拾圓、壹百圓、貳百圓、伍百圓、壹仟圓、伍仟圓、壹萬圓、拾萬圓等,紙幣發行總額達 46,000 餘億元。1945 年 8 月 15 日日本無條件投降後,該行關閉。同年 11 月 1 日起,國民政府按法幣 1:200 的比率收兑“中儲券”。

8. “厦門勸業銀行”

1938 年 5 月日本侵略軍佔領厦門後,成立“厦門市特別政府”,授意殷雪圃、陳長福等人發起組織“厦門勸業銀行”,於 1942 年 2 月 26 日開業。後由日本侵略軍委任的“厦門特別市”市長李思賢任董事長、吴瑞昆任經理。該行發行壹分、伍分、壹角、貳角、伍角等輔幣券,還簽發本票作主幣流通。1945 年 9 月 28 日,日本侵略軍在厦門無條件投降,該銀行所發票券全部作廢。

除上述八家傀儡政權銀行發行紙幣外,尚有“厦門特別市政府”票券和“新京益發銀行”票券。

九、英佔香港、葡佔澳門、日佔臺灣時期發行的紙幣

(一) 英佔香港時期發行的紙幣

中國的香港地區包括香港島、九龍和新界。1840 年第一次鴉片戰争後,英國强佔了中國的香港,後又侵佔中國的九龍半島界街以南地區和石工島,强迫清政府永久割讓。1898 年,英國侵略者又强迫清政府簽訂租約,把新界(即界街以北、深圳河以南地區及附近島嶼)租借給英國,租期九十九年。1984 年 12 月 19 日,中英兩國政府簽署《關於香港問題的聯合聲明》,聲明規定中國政府於 1997 年 7 月 1 日對香港恢復行使主權,英國政府同日將香港地區交還中國。

在英國政府統治香港以後,這個地區的紙幣由下列三家銀行發行:

1. 香港有利銀行,前身爲“Mercantile Bank of India Limited”,中文名稱爲香港有利銀行,後來該行更名爲“The Mercantile Bank of India, Ltd .”,中文名稱仍爲香港有利銀行。該行按照 1911 年第 65 號《香港有利銀行發行鈔票》法案獲發行紙幣權,於 1912 年開始發行紙幣。紙幣面額有伍員、拾員、貳拾伍員、伍拾員、壹百員、伍百員六種。

2. 香港上海滙豐銀行,創立於 1864 年,香港總行於 1865 年 3 月開業。英文名稱原爲 Hongkong and Shanghai Banking Co., Ltd.,1866 年根據香港政府法令正式注册時改稱 Hongkong & Shanghai Banking Corporation,中文取名滙豐。1865 年 4 月開始在香港發行紙幣。1872 年香港總督特許該行發行壹圓票,限額爲 300 萬元。滙豐銀行在香港地區所發紙幣,有面額壹圓、伍圓、拾圓、伍拾圓、壹百圓、伍百圓六種。

3. 印度新金山中國渣打銀行(原名印度新金山中國滙理銀行,1911 年改現名,在中國内地稱爲麥加利銀行)。總行設在倫敦,香港是分行。成立於 1859 年,從 1862 年開始在香港地區發行紙幣,面額有伍員、拾員、貳拾伍員、伍拾員、壹佰員、伍佰員等。

以上三家銀行在香港發行的紙幣合稱爲港幣,亦稱港紙。根據 1929 年 10 月 31 日由三家銀行經理各自證明的銀行紙幣平均流通額和存放香港的現金準備報告如下:[53]

行　　名	平均流通額(元)	現金準備(元)
渣打銀行	15,286,351	6,000,000
滙豐銀行	49,573,709	34,000,000
有利銀行	1,882,594	660,000

1935 年,香港政府通過《貨幣法》確立壹圓紙幣保證基金,回收香港的銀元。按照壹圓紙幣法律,

香港政府在當年發行了喬治五世肖像的壹圓紙幣，流通市面。次年又發行喬治六世肖像的壹圓紙幣。1941 年 12 月日軍進攻香港時，市場上壹圓票奇缺，爲應急，香港政府將中國銀行 1941 年在港印製的伍圓紙幣改作面額壹圓，加印"香港政府"字樣投放市場，香港被日軍攻佔後便停止使用。此外，香港政府亦曾發行過壹仙、伍仙、壹毫、壹分、伍分、拾分面額的輔幣券。

（二）葡佔澳門時期發行的紙幣

澳門自古以來就是中國領土不可分割的一部分。1553 年，葡萄牙殖民者借口曝曬水漬貨物，强行上岸租點，鴉片戰爭後不斷擴大勢力範圍，於 1887 年强行租佔中國的整個澳門轄區。1987 年，葡萄牙政府與中國政府達成協議，於 1999 年將澳門歸還給中國。

葡佔澳門地區的紙幣，係由大西洋國海外滙理銀行發行。該行成立於 1864 年，總行設在里斯本，獲有在葡國和葡屬海外地區設立經營銀行和發行貨幣的特權。1901 年，澳門地方政府決定發行澳門本地貨幣。當年 11 月 30 日經簽訂合約，同意於 1902 年 8 月 8 日起，大西洋國海外滙理銀行在澳門設立分行，資本爲 2,511,985 元，同時授權於 1905 年發行澳門貨幣。從 1912 年至 1949 年間，大西洋國海外滙理銀行在澳門共發行有各種年份的，面額爲壹仙、伍仙、壹毫、貳毫、伍毫、壹圓、伍圓、拾圓、貳拾伍圓、伍拾圓、壹佰圓、伍佰圓等十二種紙幣。

（三）日佔臺灣時期發行的紙幣

臺灣自古以來即爲中國領土，清光緒二十一年（1895 年）爲日本侵略軍侵佔，1945 年抗日戰爭勝利後回歸中國。

日本佔據中國臺灣後，於 1897 年 4 月頒佈《臺灣銀行法》，1899 年 9 月正式成立臺灣銀行。總行設在臺北，負責臺灣地區的紙幣發行事務。1914 年（大正三年）以後，臺灣銀行發行的紙幣面額計有壹圓、五圓、拾圓、五拾圓、百圓、千圓共六種。截至 1945 年 8 月 10 日日本無條件投降前，臺灣銀行券發行額爲 141,521.9 萬元。從 8 月 10 日至 10 月 25 日，在中國政府正式接收臺灣的兩個多月時間内又加速增發了 148,265.4 萬元，到 10 月末的發行總額爲 289,787.3 萬元。由於大量增發，新券印製跟不上發行急需，該行遂以日本銀行仟圓券加蓋後代替。

日本統治臺灣時期，由於臺灣銀行不能發行輔幣，所有流通的輔幣，均係日本大藏省及日本銀行發行的各種硬幣及紙幣。1945 年 10 月止，該項輔幣流通額約爲 2,000 萬元。至於在臺灣的"日本銀行券"，因該券與臺灣銀行券等值使用，據估計，流通於臺灣市場的約在 6,000 萬元以上。[54]

十、其他組織機構發行的流通券或證券

其他機構發行的流通券或證券，是指各種自行發行的紙幣或變相紙幣。這種情況，在民國時期是屢見不鮮的，不可能一一列舉，兹就其中影響較大的幾宗略述如下：

1. 中東鐵路公司證券

1897 年，華俄道勝銀行在中國東北地區攫取了修建中東鐵路的特權後，成立了中東鐵路管理公司，並在中東鐵路沿綫的吉西、遼西一帶發行該公司的證券，規定沿綫商業交易（包括購買火車票）均用該公司的證券支付，從而强行擴充其盧布在中國的勢力範圍。中東鐵路公司證券有 1917 年印刷的 50 戈比、1 盧布、3 盧布、10 盧布、100 盧布等。1926 年華俄道勝銀行倒閉後，中東鐵路公司證券因無法回收而成爲廢紙，中國東北地區人民因而慘遭巨大損失。

2. 西伯利亞臨時政府流通券

俄國二月革命後，於 1917 年 7 月由俄國社會革命黨人組成的西伯利亞臨時政府發行了"克倫斯基票"，有 1918、1919 年發行的 1 戈比、2 戈比、3 戈比、50 戈比和 1 盧布、3 盧布、5 盧布、10 盧布、20 盧布、40 盧布、250 盧布、1,000 盧布、10 萬盧布等面額的流通券。這類票券印刷粗糙，紙張低劣，無限額

發行。中國東北人民稱作爲"大帖"、"緑帖"或"啤酒牌子"。該政府在被列寧領導的紅軍推翻後,所發票券全部作廢。

3. 鄂木斯克政府證券

俄國十月革命成功後,西伯利亞臨時政府垮臺,逃到俄國遠東地區的老沙皇餘孽、前白俄將軍高爾察克便成立鄂木斯克政府。爲維持其軍用開支遂發行證券,有 1919、1920 年發行的 1 盧布、5 盧布、10 盧布、25 盧布、50 盧布、250 盧布、500 盧布、1,000 盧布和 5,000 盧布等多種面額的證券。據統計,截至 1920 年發行已達 50 億盧布。當時,在中國境内,1,000 盧布衹合銀元 16 元左右。發行時規定,該證券作爲支付中東鐵路的客貨運費。1920 年 12 月 1 日起,中東鐵路公司不再承認這種證券,鄂木斯克政府所發證券全部成爲廢紙,從而引起中國東北地區的棉花、布匹等物價猛漲,僅哈爾濱市就有一百六十家貨莊破產。

4. 横道河銀行借款券

横道河在遼寧省境内,位於大連與營口之間。横道河銀行何時成立,投資者是誰,無從查考。從"借款券"上看,面額爲"盧布",行名及簽字均爲俄文,估計爲在華的俄羅斯人所開設。此種"借款券"面額有 1 盧布、3 盧布、5 盧布三種,用華文標明:"此券本横道河銀行兑换一元、三元、五元之零幣,惟兑换時皆付上等老貼,請至本行接洽可也"字樣。

5. 天津大英國工部局流通券

1937 年七七事變後,天津英國租界當局曾於 1939 年 9 月 1 日發行"天津大英國工部局流通券",面額爲壹角、伍角兩種。

十一、新疆喀什、和闐地區的民族分裂主義組織發行的票券

1. "東突厥斯坦伊斯蘭共和國"票券

1933 年 11 月,一小撮民族分裂主義分子乘南疆地區軍閥混戰之際,在中國新疆的喀什地區建立了"東突厥 (Turk) 斯坦伊斯蘭共和國"。並於 1933 年 12 月至 1934 年 2 月,在喀什舊城印製發行面額爲壹兩的紙幣和布幣,僅流通於喀什一帶。翌年 2 月 6 日,該政權被馬仲英部消滅,存在不足三個月,所發票券全部作廢。

2. "伊斯蘭共和國和闐政府"票券

"東突厥斯坦伊斯蘭共和國"政權滅亡後,其殘部逃至中國新疆的和闐地區,於 1934 年 2 月在和闐建立"伊斯蘭共和國和闐政府",並印製發行面額爲壹兩的紙幣和面額爲紅錢壹百文的布幣,流通於和闐一帶。後該政權被馬虎山部消滅,存在僅兩個月,所發票券全部作廢。

十二、結　束　語

商業銀行發行紙幣,在一定程度上可以調節貨幣流通,促進商品生產和商品交易的發展。但是,當一國國家銀行成立並擔當起統一的紙幣發行任務以後,其他銀行包括商業銀行就應停止紙幣發行,否則將破壞國家貨幣統一發行機制,勢必造成貨幣流通的混亂與失控。早在宣統元年(1909 年),清政府頒佈《通用銀錢章程》,規定嗣後官商銀錢行號未發紙幣者不准發行,已發者逐漸收回;宣統二年爲進一步統一紙幣,又頒佈《兑换紙幣則例》十九條,明確規定發行紙幣之權屬於中央,一切發行兑换事務統歸大清銀行辦理,所有官商銀錢行號一概不准擅自發行紙幣。但這些規定形同虚設,没有執行。辛亥革命後,清政府即告滅亡。

中華民國成立後，北洋政府爲了統一幣制，一方面明確中國銀行和交通銀行爲國家銀行，准予發行兑换券；一方面公佈《取締紙幣條例》，禁止新設的金融機構發行紙幣，停止原有的金融機構增發紙幣並限期收回，但收效甚微。在整個北洋政府統治時期，不但原有紙幣發行權的商業銀行依舊發行如故，而且還以特種銀行、中外合辦銀行名義授予一批新設的金融機構以紙幣發行權，使享有發行紙幣權的商業銀行非但不減反而增加。

國民政府定都南京後，逐漸加强對貨幣金融的統制，終於形成了以中央銀行爲首，包括中國銀行、交通銀行和中國農民銀行在内的國家銀行集團。在各種紙幣中，由國家銀行發行的紙幣已居主導地位。到 1934 年底，中國紙幣流通額(不包括外國銀行在華發行的紙幣)已達 74,800 萬元，而國家銀行直接發行和通過領券制度間接發行的數額合計 53,400 萬元，㊺佔全國紙幣流通額的 71%，國家銀行居於絶對優勢。從而在 1935 年實行法幣政策後，國家得以順利收回了商業銀行的紙幣發行權，結束了中國商業銀行長期發行紙幣的歷史。這從健全一個國家的貨幣發行制度而言是一大進步，也是歷史發展的必然。

然而，1935 年的法幣政策並未使國家的貨幣制度從此走上康莊大道。1937 年 7 月 7 日，日本侵略者製造蘆溝橋事變，發動對華全面戰争。隨着大批中國國土的淪陷，法幣制度遭到極大破壞。抗日戰争勝利以後，國民政府爲發動内戰，而實行惡性通貨膨脹的政策，導致外幣又捲土重來，古老的銀元亦沉渣泛起。據估計，當時在中國流通的美鈔約 3 億美元、港幣 5.8 億元，而上海一地的銀元販子竟多達三十萬人。這種混亂局面祇有到 1949 年新中國成立後才告徹底解決，統一的、健全的貨幣發行制度才得以確立。

---

①② 杜恂誠著:《民族資本主義與舊中國政府(1840—1937)》第 501—503、513—518 頁，上海社會科學院出版社 1991 年版。

③④ 沈春雷著:《中國金融年鑒(1939 年)》A106、107 頁，中國金融年鑒社 1939 年版。

⑤ 吴承禧著:《中國的銀行》第 18 頁，商務印書館 1935 年版。

⑥ 中國人民銀行上海市分行金融研究室編:《金城銀行史料》第 348、349 頁，上海人民出版社 1983 年版。

⑦ 中國銀行總管理處經濟研究室編:《全國銀行年鑒(民國廿五年)》。

⑧ 中國人民銀行上海市分行金融研究室編:《上海商業儲蓄銀行史料》第 867 頁，上海人民出版社 1990 年版。

⑨⑩⑪ 中國人民銀行金融研究所舊中國金融史編寫組編:《中國近代金融史稿》(討論稿)第 12 章第 8、12頁。

⑫ 上海市檔案館所藏人民銀行華東區行檔案:《1951 年上半年對上海公私合營及私營金融業的領導與管理工作總結》。

⑬ 中國第二歷史檔案館編:《中華民國史檔案資料彙編》第三輯金融(二)第 556—559 頁，江蘇古籍出版社 1991 年版。

⑭ 彭信威著:《中國貨幣史》第 673、674 頁，上海人民出版社 1958 年版。

⑮ 中國人民銀行總行參事室編:《中華民國貨幣史資料》第二輯第 233、234 頁，上海人民出版社 1991 年版。

⑯ 《江蘇省通用貨幣概況》，載《中央銀行月報(1937 年 7 月)》第 6 卷第 7 號。

⑰ 《河北省通用貨幣概況》，載《中央銀行月報(1936 年 4 月)》第 5 卷第 4 號。

⑱ 《中華民國貨幣史資料》第二輯第 234 頁表(3)中減去浙江地方銀行數字。

⑲ 王亞南著:《中國半封建半殖民地經濟形態研究》第 88、89 頁，人民出版社 1957 年版。

⑳㉑ 重慶金融編寫組編:《重慶金融》第 52、53 頁，重慶出版社 1991 年版。

㉒ 吴籌中著:《中國紙幣研究》第 57 頁，上海古籍出版社 1998 年版。

㉓㉔ 中國人民銀行總行參事室編:《中華民國貨幣史資料》第一輯第 898、1119 頁，上海人民出版社 1986 年版。

㉕ 獻可著:《近百年來帝國主義在華發行紙幣概況》第 56 頁，上海人民出版社 1958 年版。

㉖ 中國人民銀行金融研究所編:《日本横濱正金銀行在華活動史料》，1992 年版。

㉗ 江蘇錢幣學會主編:《中國近代紙幣史》第 1057 頁，中國金融出版社 2001 年版。

㉘ 上海金融志編纂委員會編:《上海金融志》第 198 頁。

㉙ 中國人民銀行總行參事室編:《中華民國貨幣史資料》第一輯第 1156 頁，上海人民出版社 1986 年版。

㉚ 中國人民銀行上海市分行編:《上海錢莊史料》第 12 頁，上海人民出版社 1960 年版。

㉛ 施鴻保著:《閩雜記(光緒乙亥序)》卷九，頁六下。

㉜ 王業鍵著:《中國近代貨幣與銀行的演進(1644—1937)》第 18 頁，載臺灣中央研究院經濟研究所《現代經濟探討叢書》。

㉝ 蔣學楷著:《山西省之金融業》，載《銀行週報(1936 年 2 月)》第 20 卷第 21 期。

㉞ 《中行月刊(1935 年 11 月)》第 15 卷第 5 期。

㉟ 吴小甫编:《中國貨幣問題叢論》第 218 頁,光明書局 1936 年版。
㊱ Economic History of Manchuria, by to Hoshine of the Bank of Chosen, 1921, P.256.
㊲ North Manchuria and Chinese Eastern Railway, by the Economic Bareau of Chinese Eastern Railway, 1924, P.340.
㊳ 吴小甫编:《中國貨幣問題叢論》第 218 頁,光明書局 1936 年版。
㊴ 《江蘇各縣貨幣情形》,載《工商半月刊》第 5 卷第 9 號。
㊵㊶ 《貴州通用貨幣概況》,載《中央銀行月報(1935 年 5 月)》第 4 卷第 5 號。
㊷ 戴建兵著:《中國近代紙幣》第 87 頁,中國金融出版社 1993 年版。
㊸ 王孝泉编:《福建財政史綱》第 402、403 頁,臺灣文海出版社出版。
㊹ 戴建兵著:《中國近代紙幣》第 87、88 頁,中國金融出版社 1993 年版。
㊺ 《甘肅之金融》,載《信託季刊(1937 年)》第 2 卷第 4期。
㊻ 《四川考察報告書》第 165 頁,全國經濟委員會經濟專刊第五種,1936 年版。
㊼ 《晋察冀邊區銀行》第 97 頁,中國金融出版社 1988 年版。
㊽ 《山西商人的生財之道》第 7 頁,文史出版社 1986 年版。
㊾ 新疆通志・金融志编纂委員會编:《新疆金融志》第 2 分册第 123頁。
㊿ 中國人民銀行金融研究所编:《資本主義國家在舊中國發行和流通的貨幣》,1992 年版。
51 《日本貨幣圖録》,日本貨幣商協同組合 2002 年版。
52 中國人民銀行北京市分行金融研究所编:《中國聯合準備銀行簡史》(内部資料)第 16 頁。
53 中國人民銀行總行參事室编:《中華民國貨幣史資料》第一輯第 907 頁,上海人民出版社 1986 年版。
54 中國人民銀行金融研究所舊中國金融史编寫組编:《中國近代金融史稿》(討論稿)附録:《臺灣近代金融(1840—1949)》第 29 頁。
55 中國銀行總管理處經濟研究室编:《全國銀行年鑒(民國廿六年)》。

- 民國時期中國商業銀行發行的紙幣
- 民國時期中外合辦銀行發行的紙幣
- 民國時期外資銀行在中國發行的紙幣
- 民國時期中國地方行政機構及經營性部門發行的紙幣
- 附録

貳 圖録

民國時期中國商業銀行發行的紙幣

一、中國通商銀行

0001
中國人民銀行上海分行 藏
★★

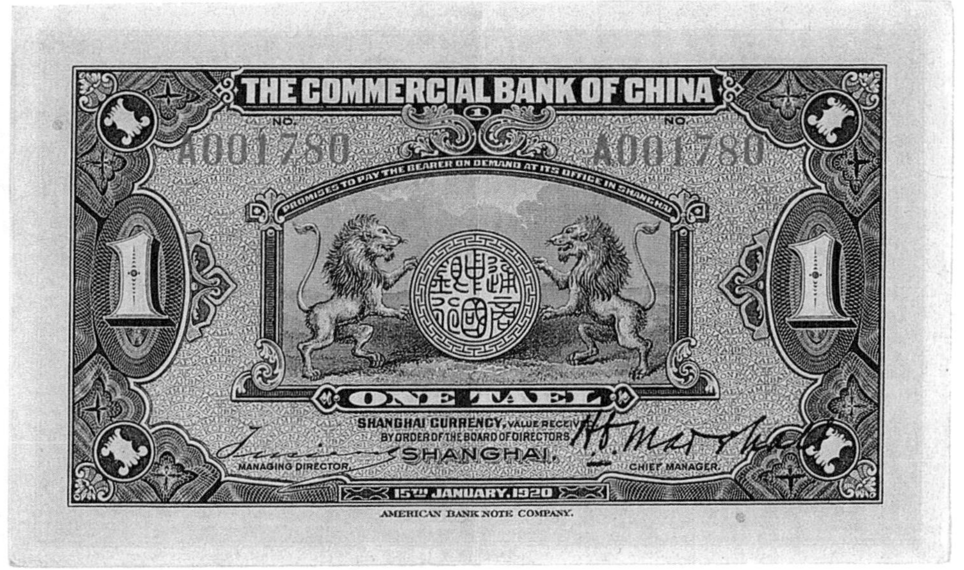

0002
苗培貴　藏
★★★

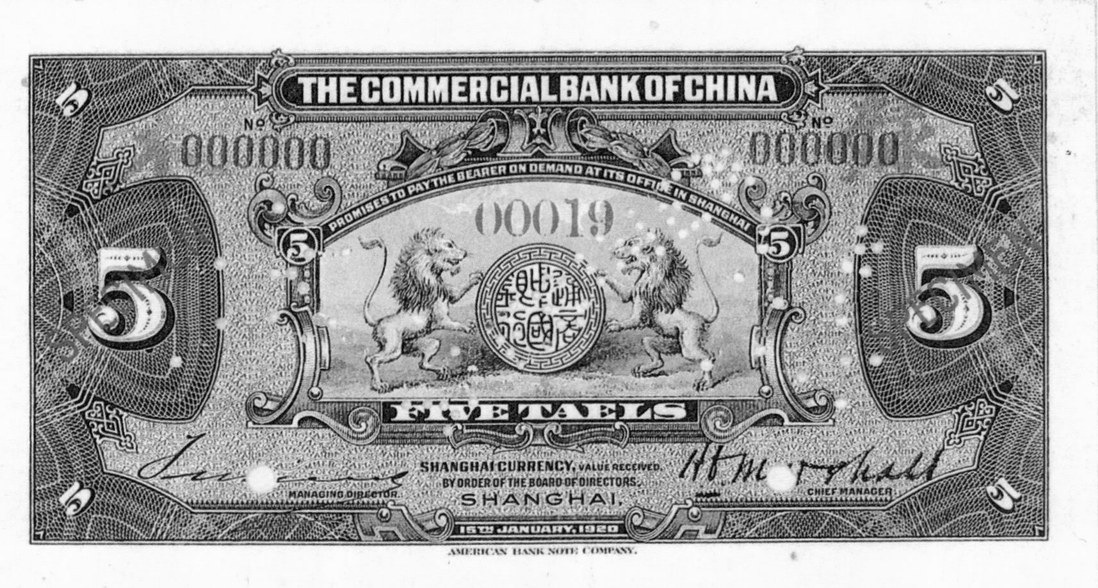

0003
中國人民銀行上海分行 藏
★★★

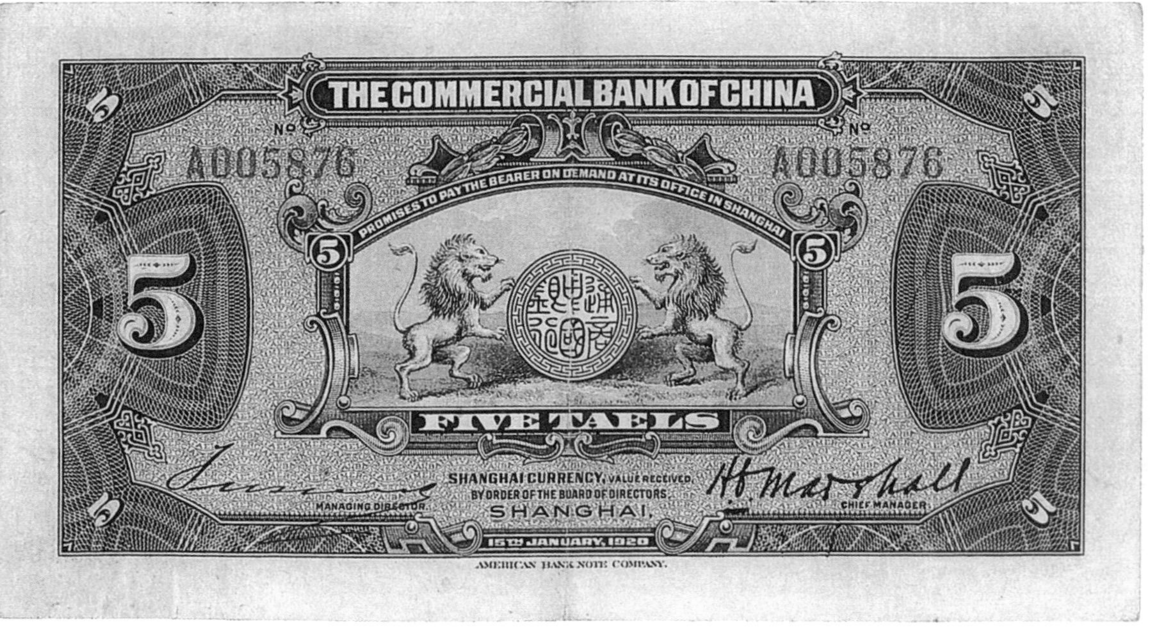

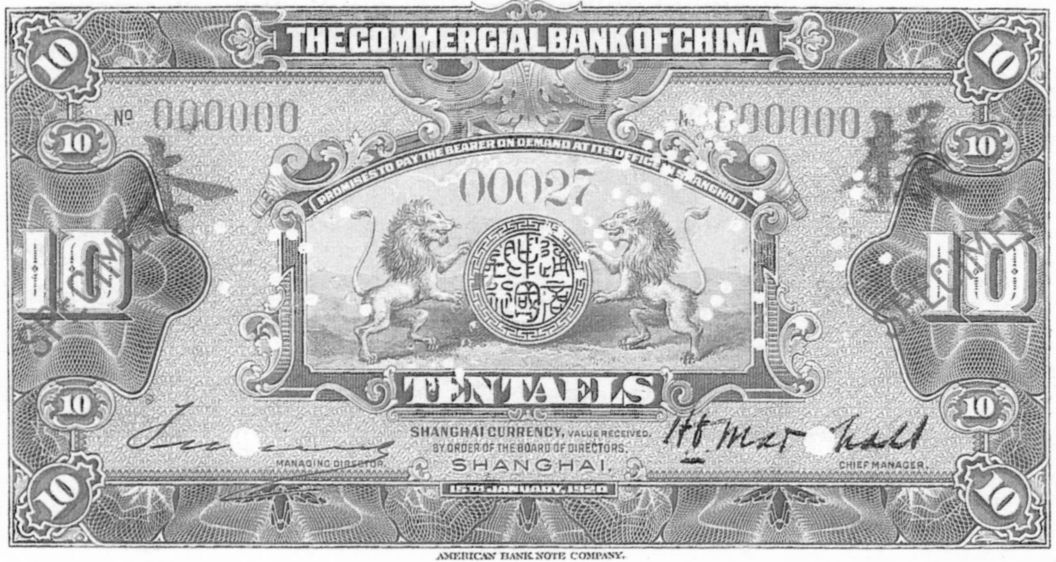

0004
孫彬 藏
★★★

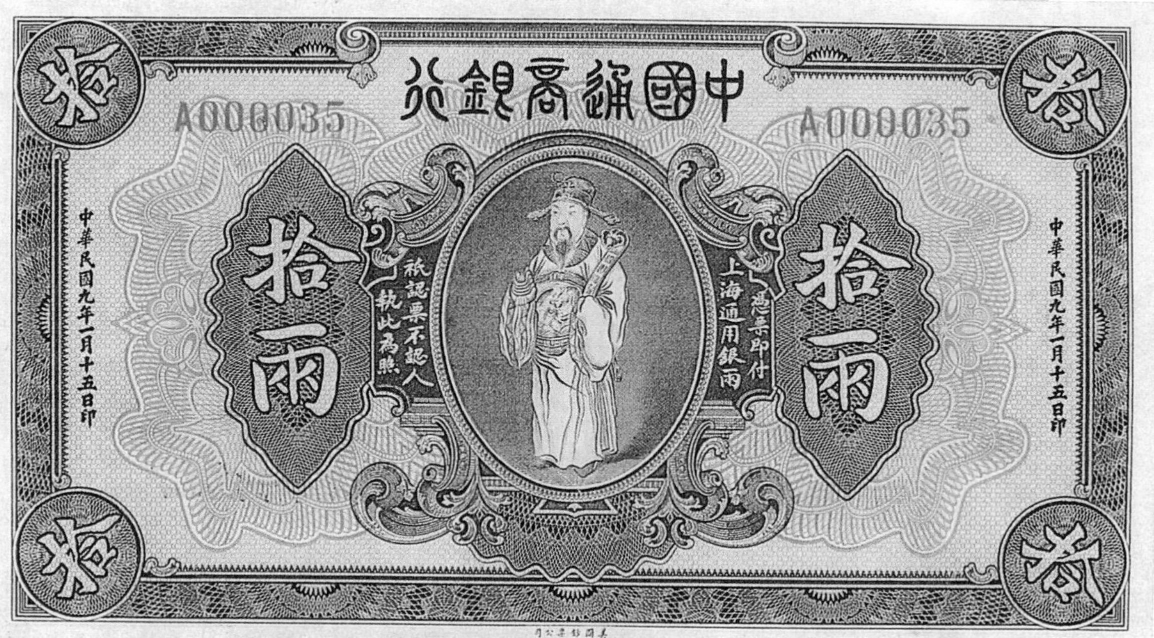

0005
中國人民銀行上海分行 藏
★★★

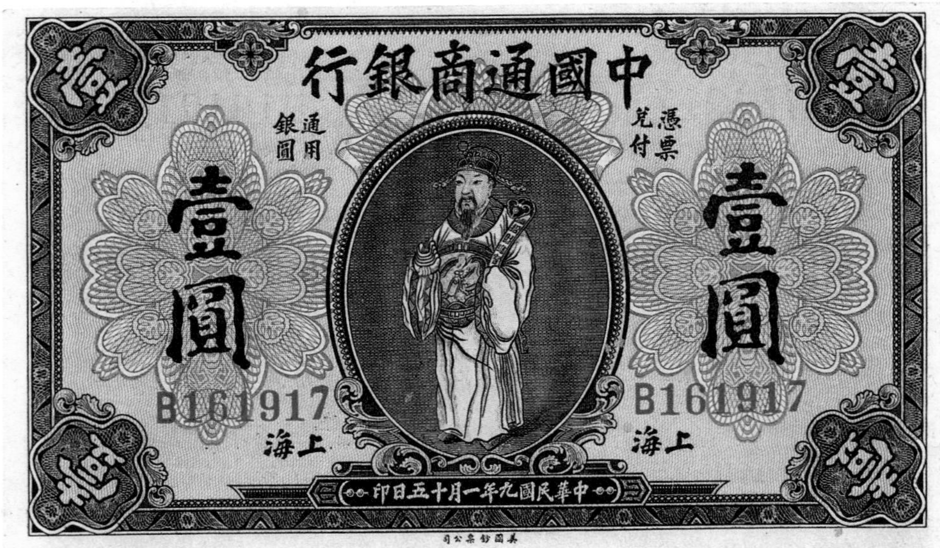

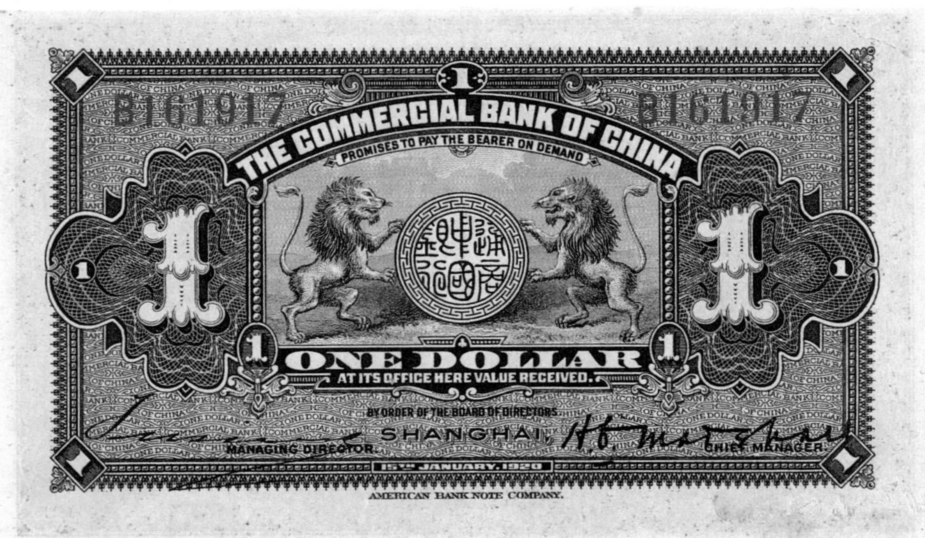

0006
上海博物館 藏
★★

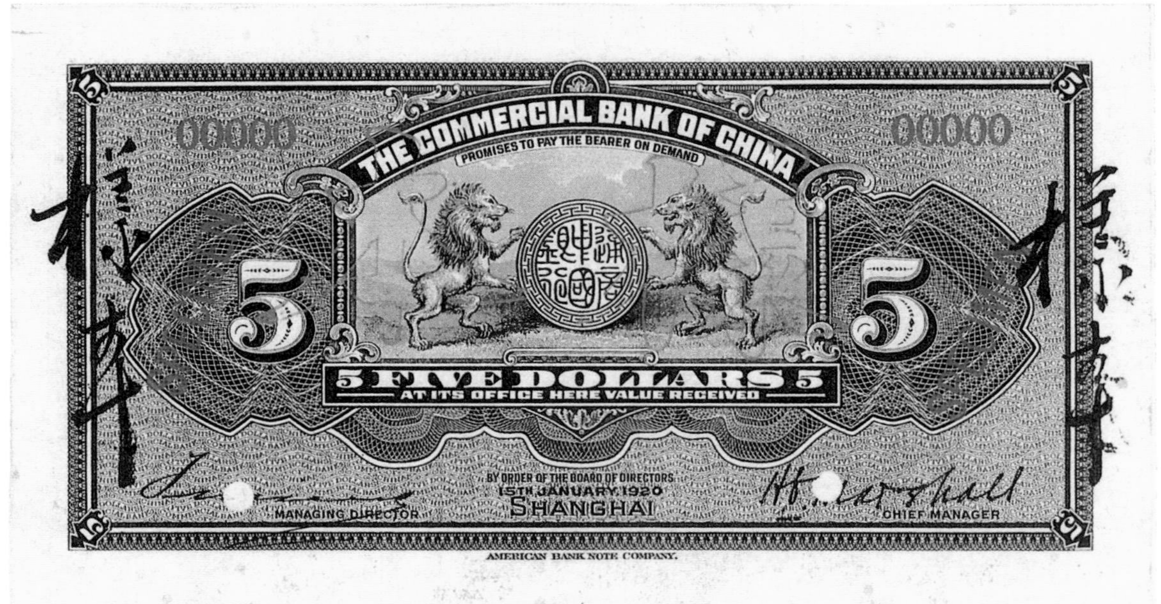

0007
苗培貴 藏
★★★

0008
上海博物館 藏
★★★

0009
中國人民銀行上海分行 藏
★

0010
上海博物館 藏
★★★

(背圖見下頁)

0011
吴籌中 藏
★★★

(0010 背圖)

0012
選自《老上海貨幣》
★★★★

0013
上海博物館 藏
★★★★

0014
中國人民銀行上海分行 藏

0015
上海博物館 藏
★★

0016
上海博物館 藏
★

0017
上海博物館 藏
★

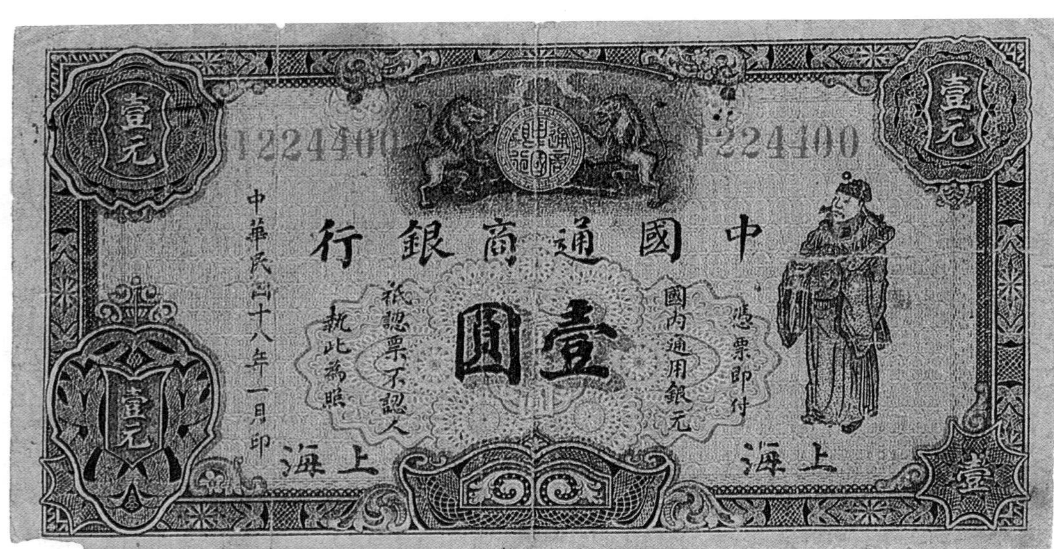

0018
中國人民銀行上海分行 藏
★

0019
上海博物館 藏
★★

0020
吴籌中 藏
★★

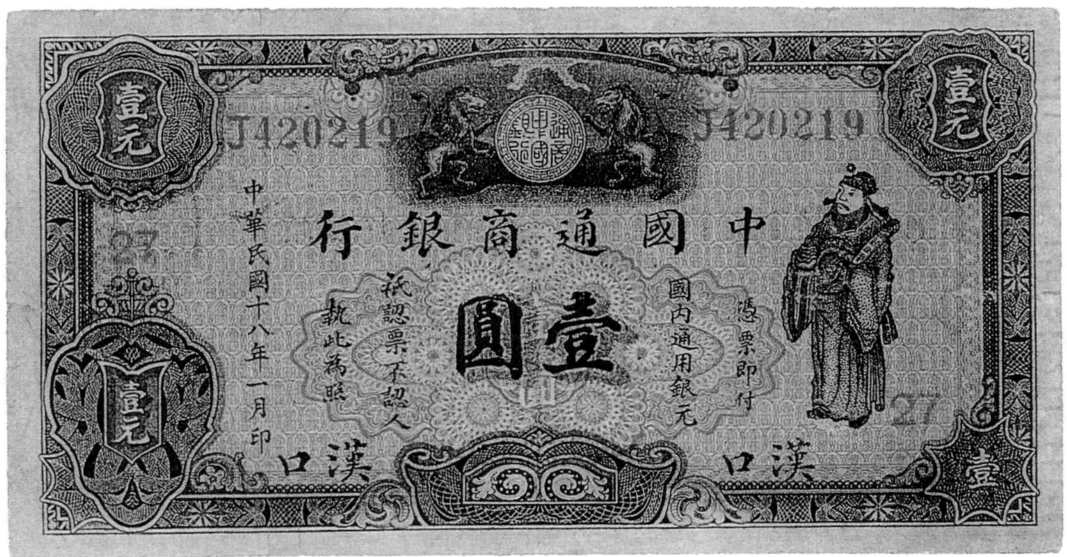

0021
吴籌中 藏
★★

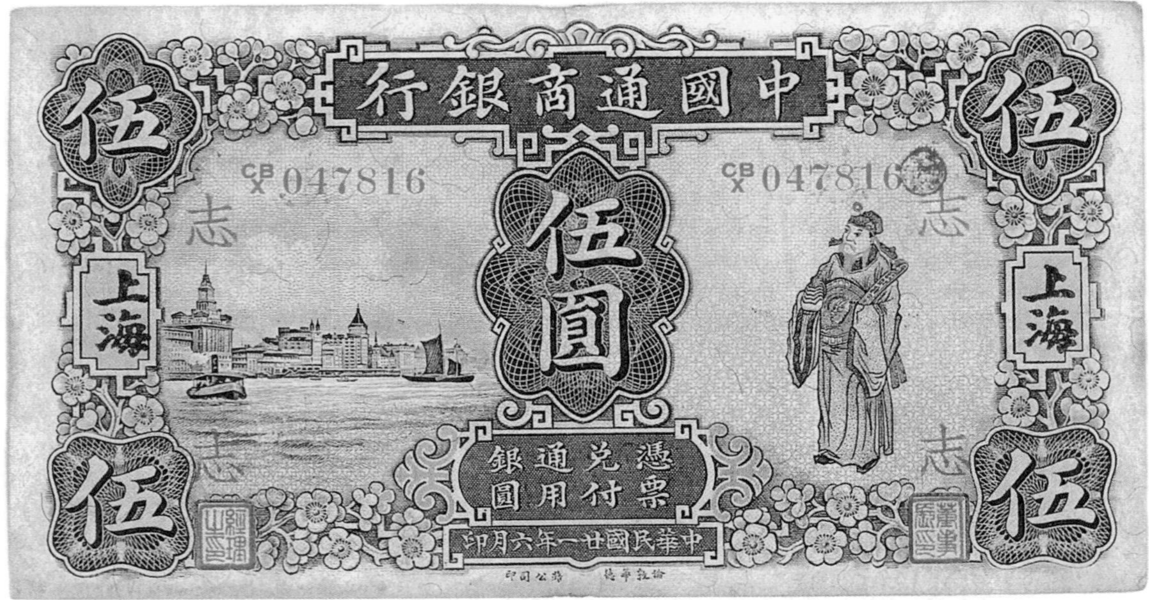

0022
苗培貴 藏
★

0023
上海博物館 藏
★

0024
苗培貴 藏
★★

0025
中國人民銀行上海分行 藏
★★

(背圖見下頁)

0026
吴籌中 藏
★★

(0025 背圖)

0027
吴籌中 藏
★★

二、浙江興業銀行

0028
吴籌中 藏
★★★★

（背圖見下頁）

0029
吴籌中 藏
★★★★

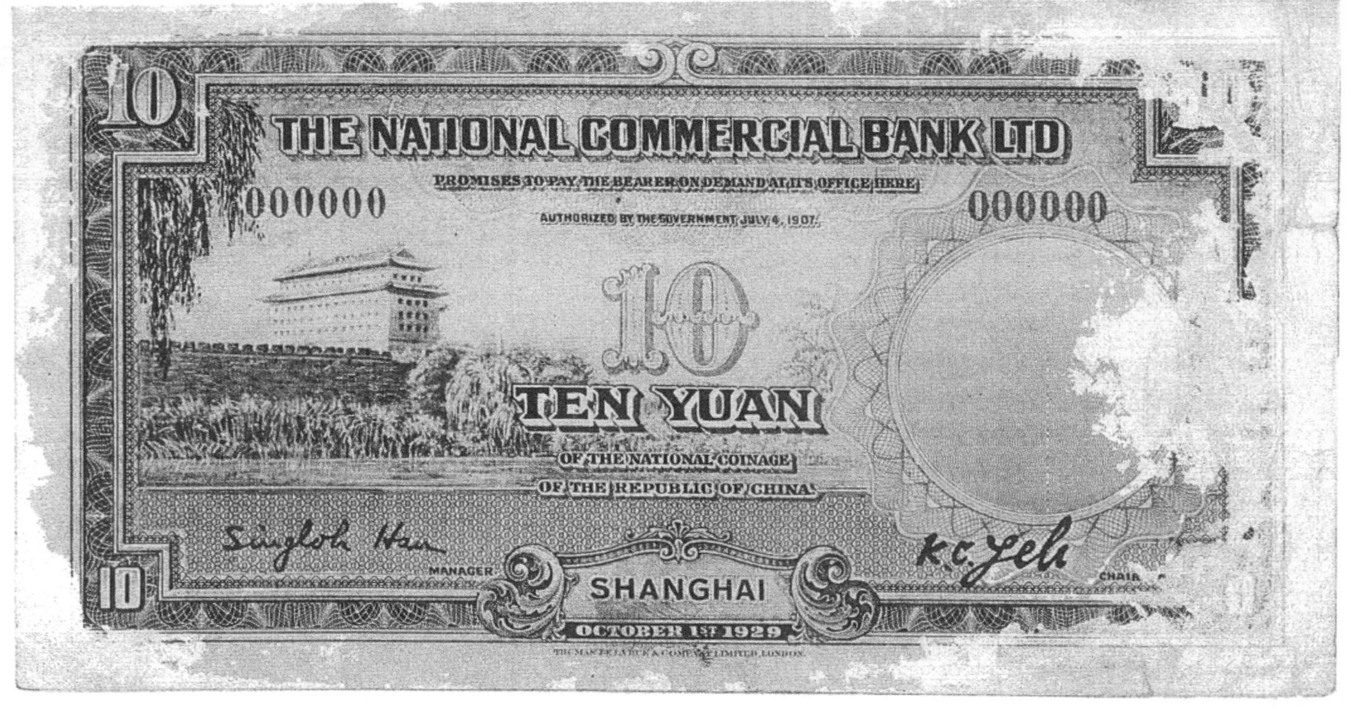

(0028 背圖)

0030
中國人民銀行上海分行 藏
★★

0031
中國人民銀行上海分行 藏
★★

0032
上海博物館 藏
★★

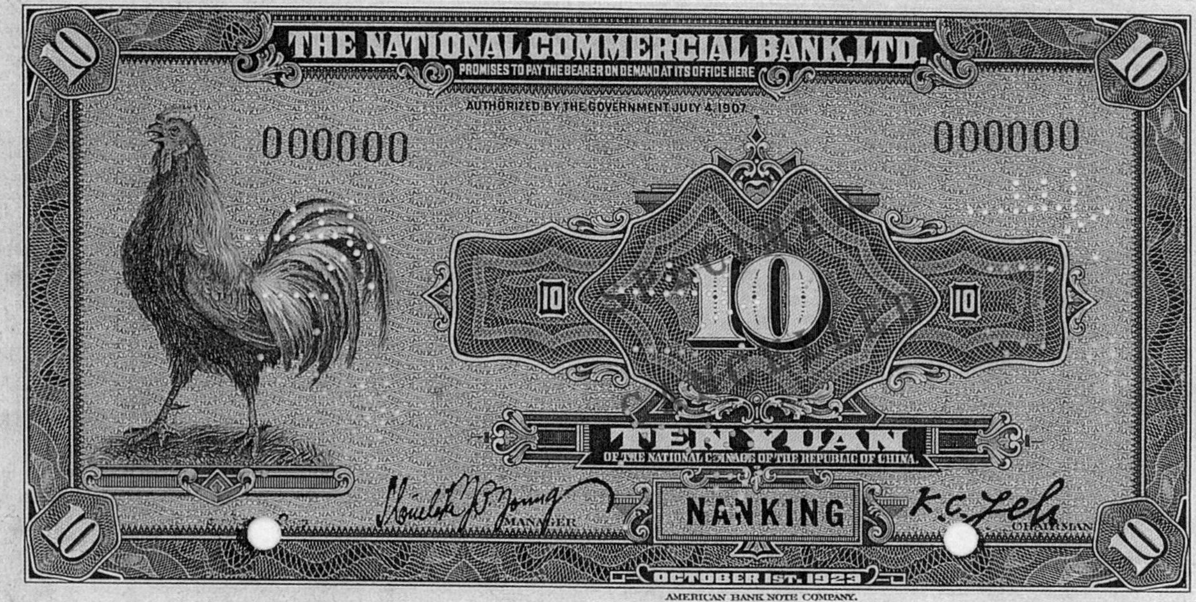

0033
中國人民銀行上海分行 藏
★★★

0034
中國人民銀行上海分行 藏
★★

0035
上海博物館 藏
★

0036
中國人民銀行上海分行 藏
★

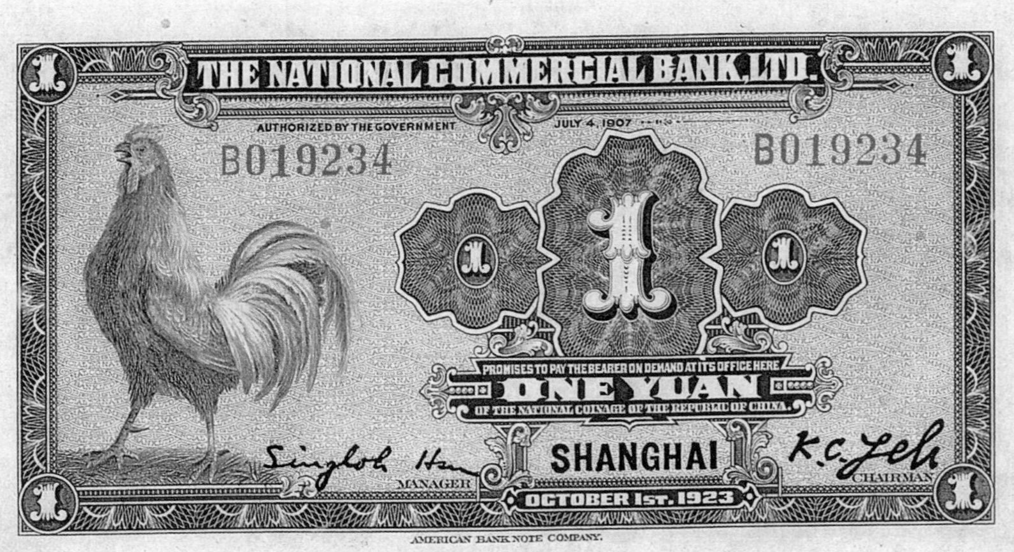

0037
中國人民銀行上海分行 藏
★★

0038
中國人民銀行上海分行 藏
★

0039
苗培貴 藏
★

0040
中國人民銀行上海分行 藏
★★★

0041
中國人民銀行上海分行 藏
★★★

0042
中國人民銀行上海分行 藏
★★

浙江興業銀行兌換券
192535 憑券即兌 國幣拾圓 192535
拾 拾圓 拾圓 拾
湖北 中華民國十二年印 湖北

0043
上海博物館 藏
★★★

(背圖見下頁)

0044
中國人民銀行上海分行 藏
★

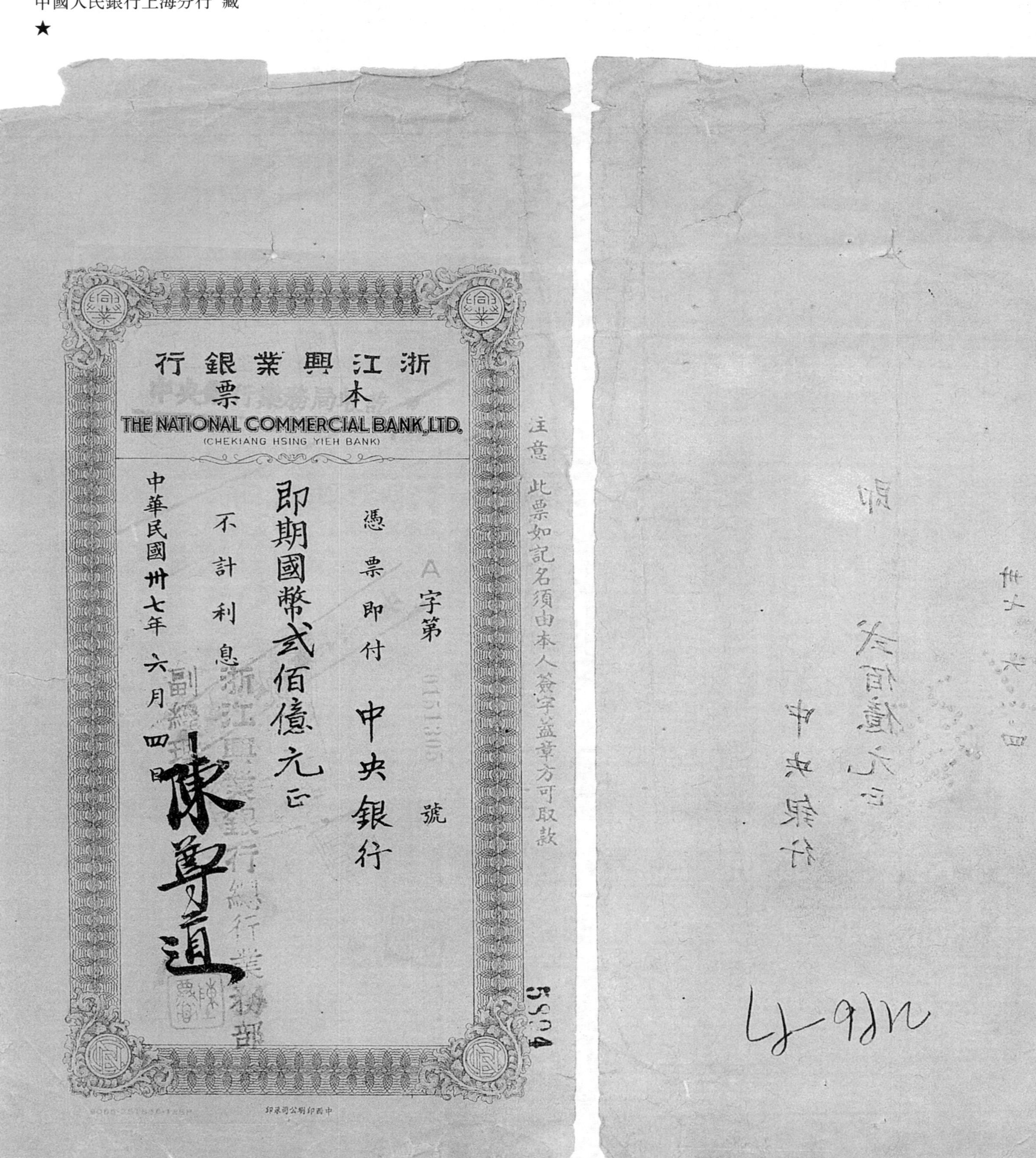

浙江興業銀行
本票
THE NATIONAL COMMERCIAL BANK, LTD.
(CHEKIANG HSING YIEH BANK)

A字第 0151305 號

憑票即付 中央銀行

即期國幣弍佰億元正

不計利息

中華民國卅七年六月四日

浙江興業銀行總行業務部

陳尊道

注意 此票如記名須由本人簽字蓋章方可取款

5894

（0043 背圖）

0045
中國人民銀行上海分行 藏
★

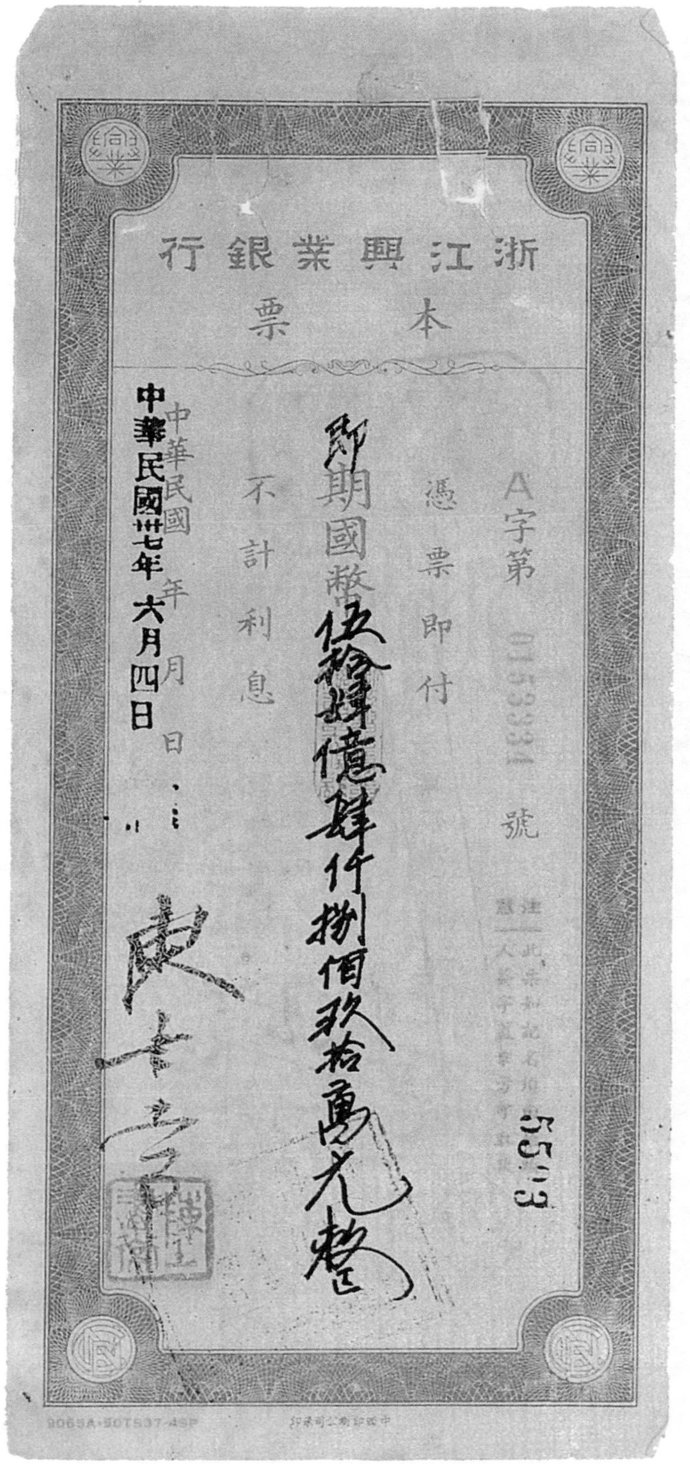

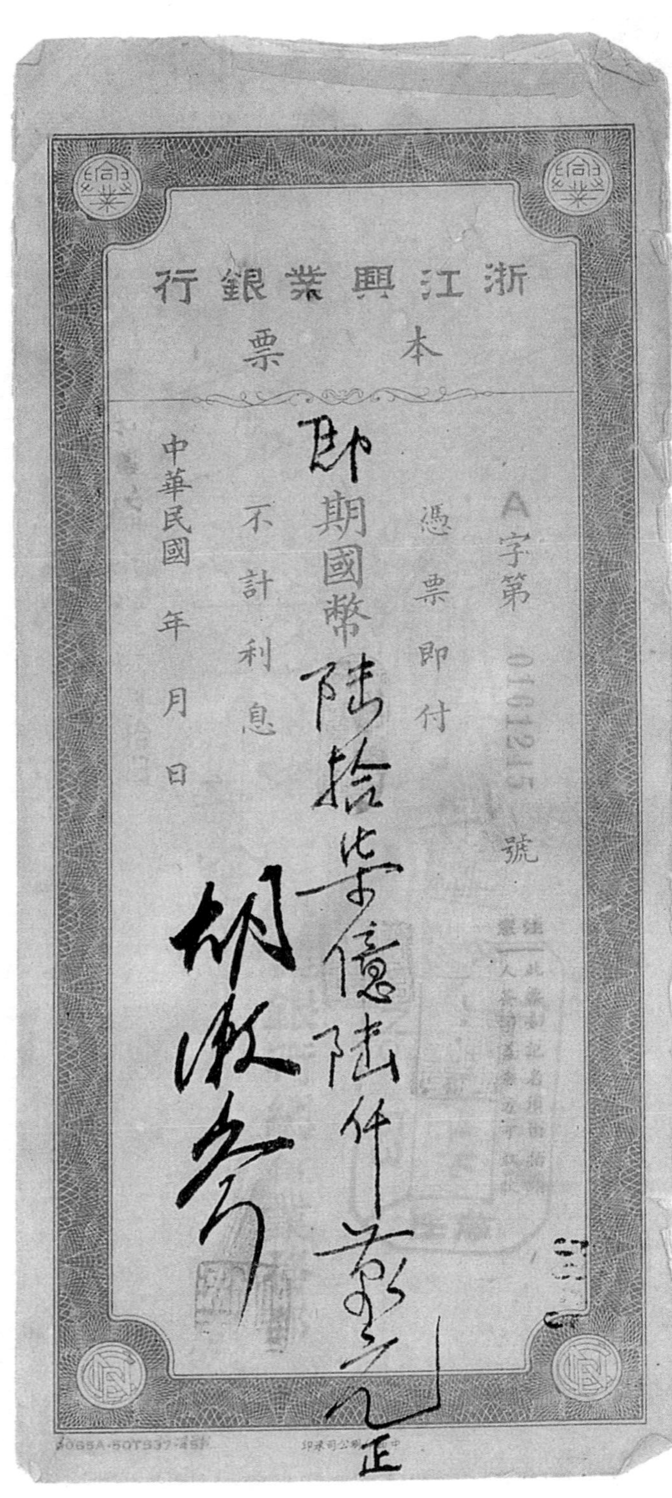
浙江興業銀行
本票
A字第 號
憑票即付
即期國幣陸拾柒億陸仟萬元正
不計利息
中華民國 年 月 日

0046
中國人民銀行上海分行 藏
★

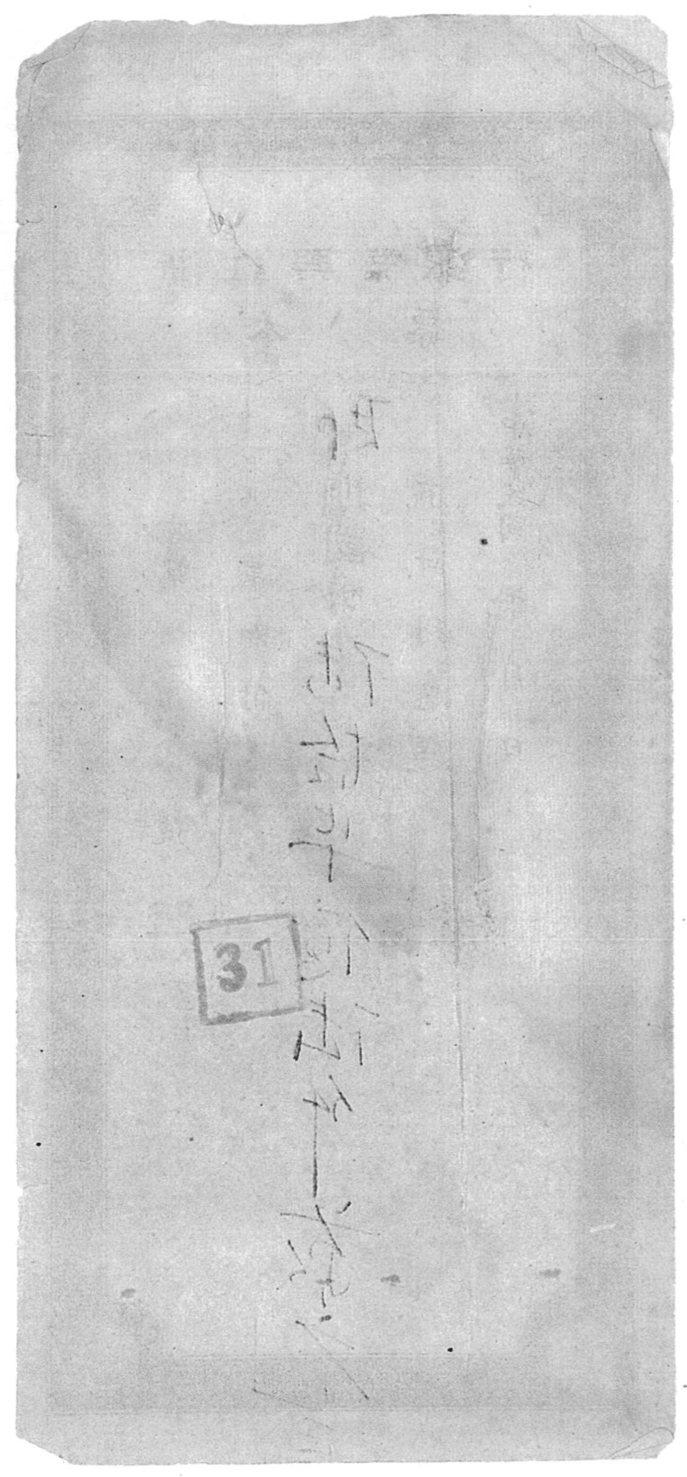

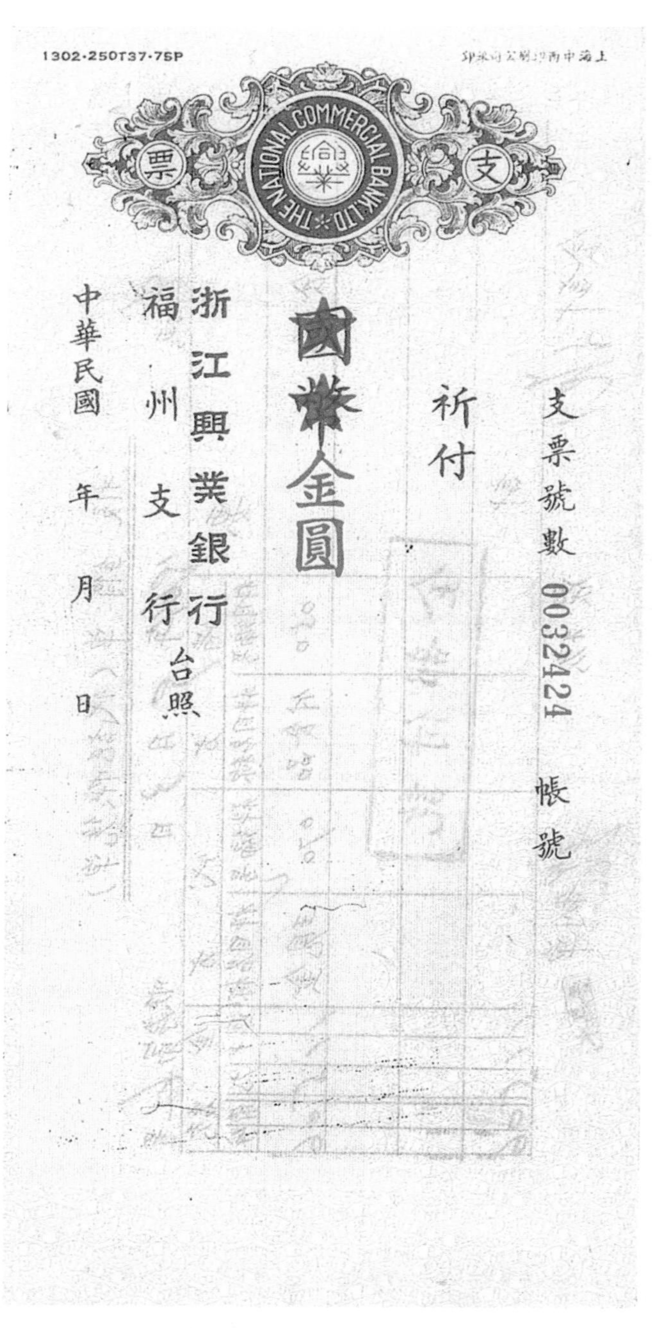

0047
存雲亭 藏

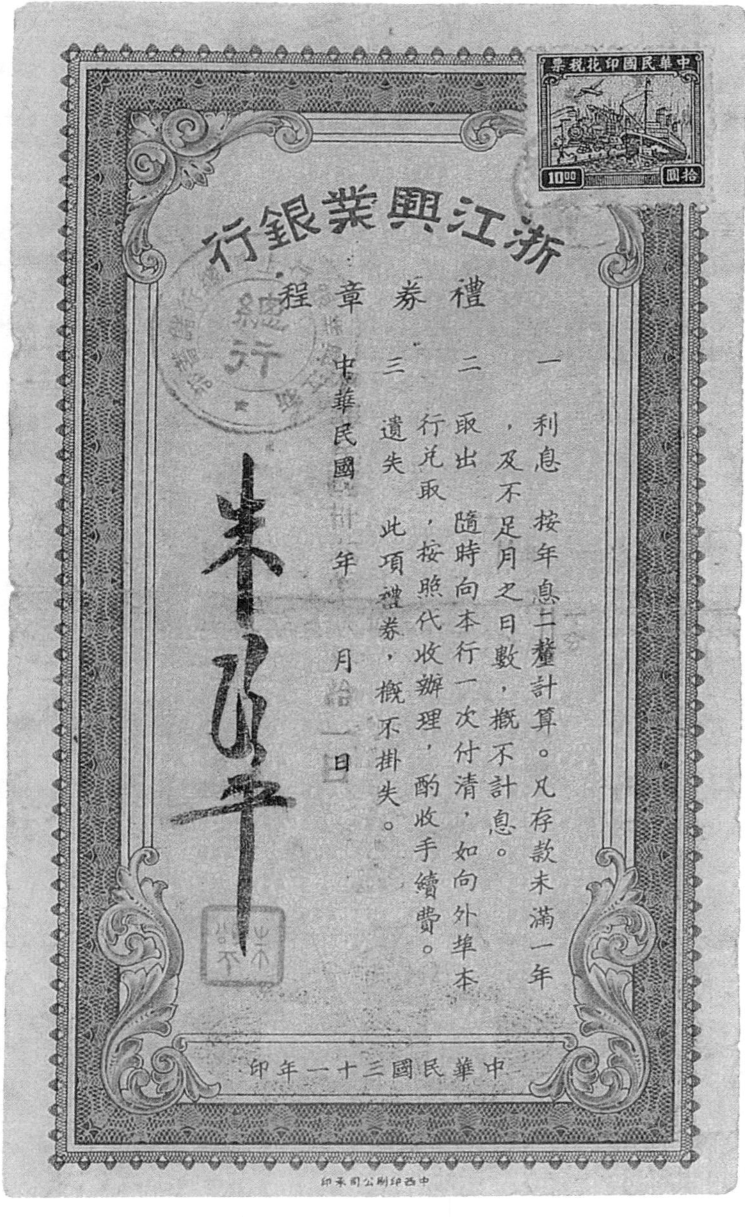

0048
中國人民銀行上海分行 藏

三、四明銀行

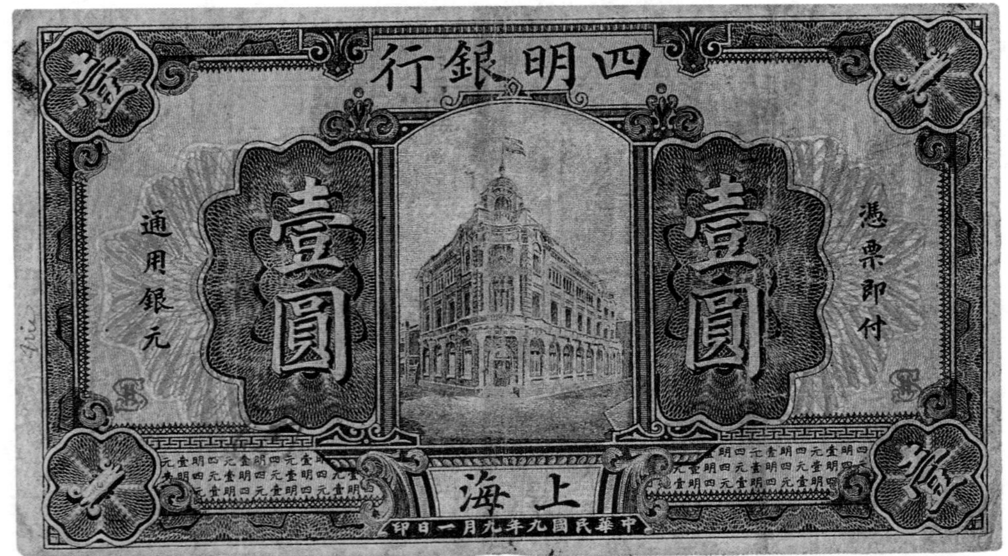

0049
上海博物館 藏
★★

0050
中國人民銀行上海分行 藏
★★

0051
吴籌中 藏
★

0052
中國人民銀行上海分行 藏
★

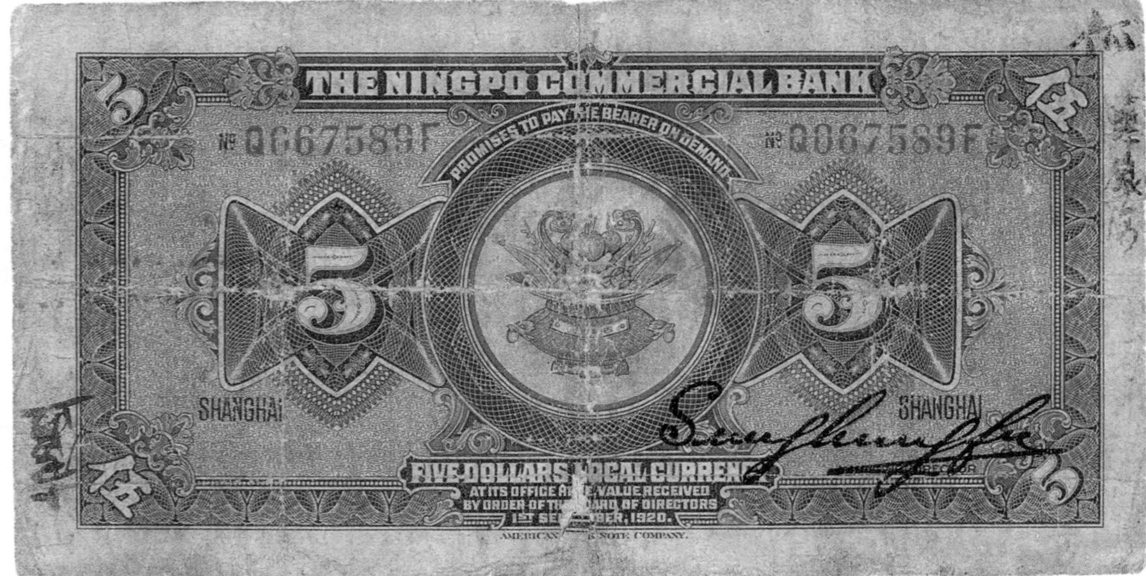

0053
上海博物館 藏
★★

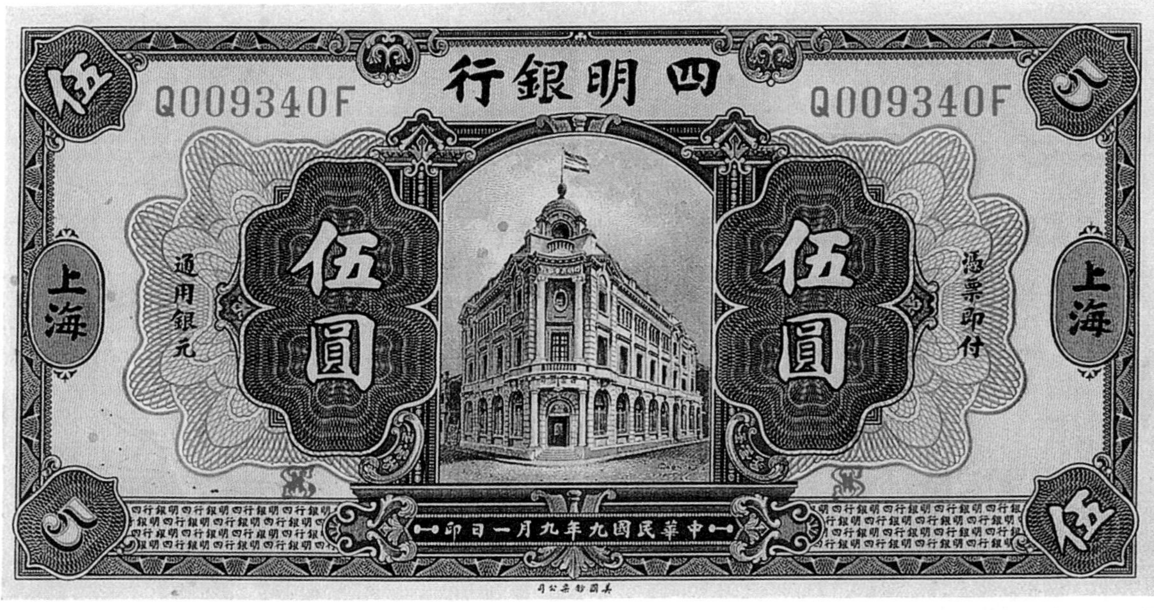

0054
中國人民銀行上海分行 藏
★★

0055
中國人民銀行上海分行 藏
★★

0056
上海博物館 藏
★★★★

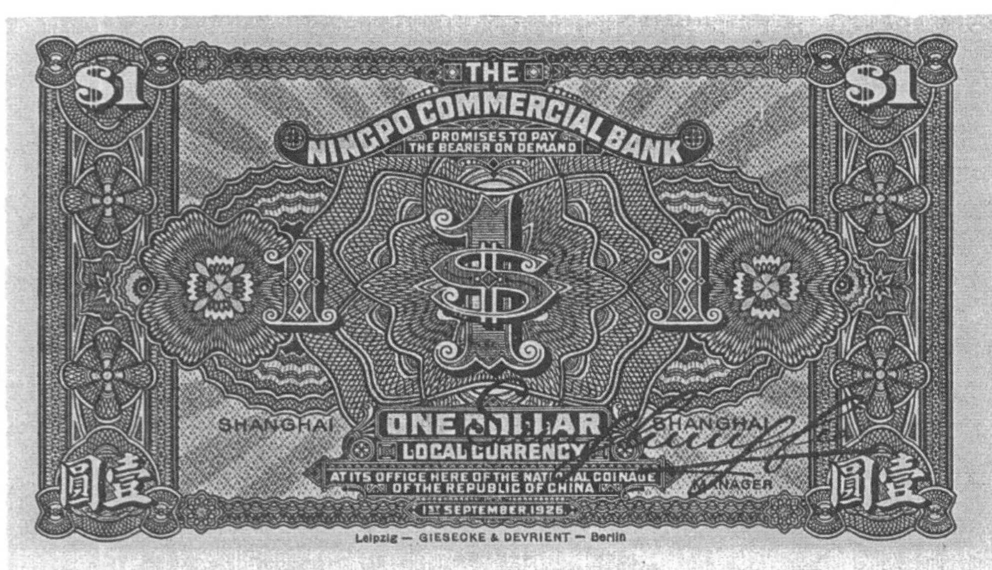

0057
吴籌中 藏
★★

0058
中國人民銀行上海分行 藏
★★

0059
吴籌中 藏
★★★

0060
吴籌中 藏
★★★

0061
中國人民銀行上海分行 藏
★★

0062
中國人民銀行上海分行 藏
★★

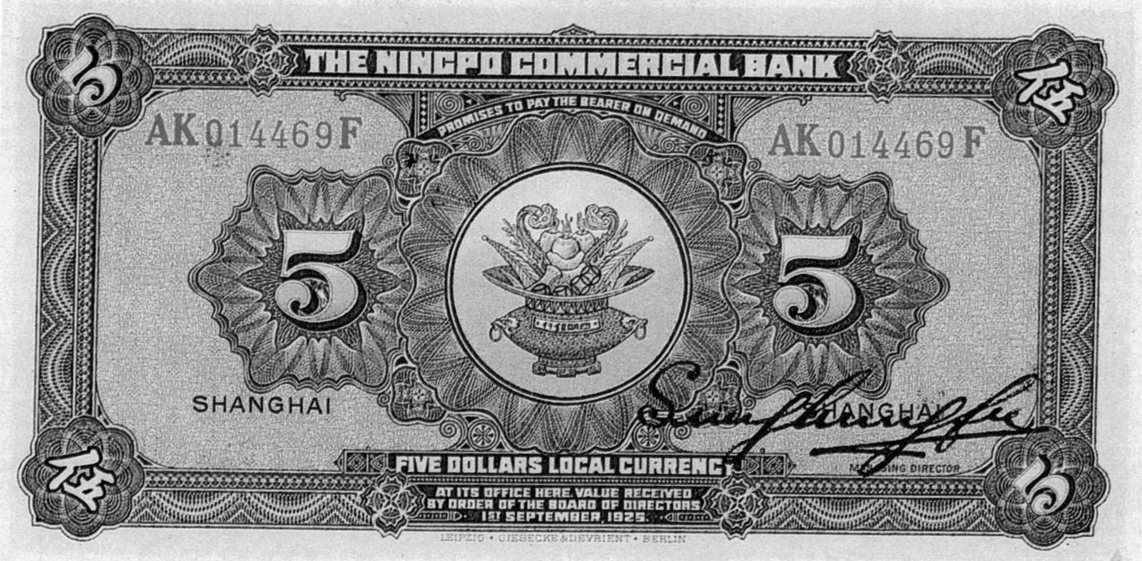

0063
中國人民銀行上海分行 藏
★★★

0064
中國人民銀行上海分行 藏
★★★

0065
選自《老上海貨幣》
★★★★

（背圖見下頁）

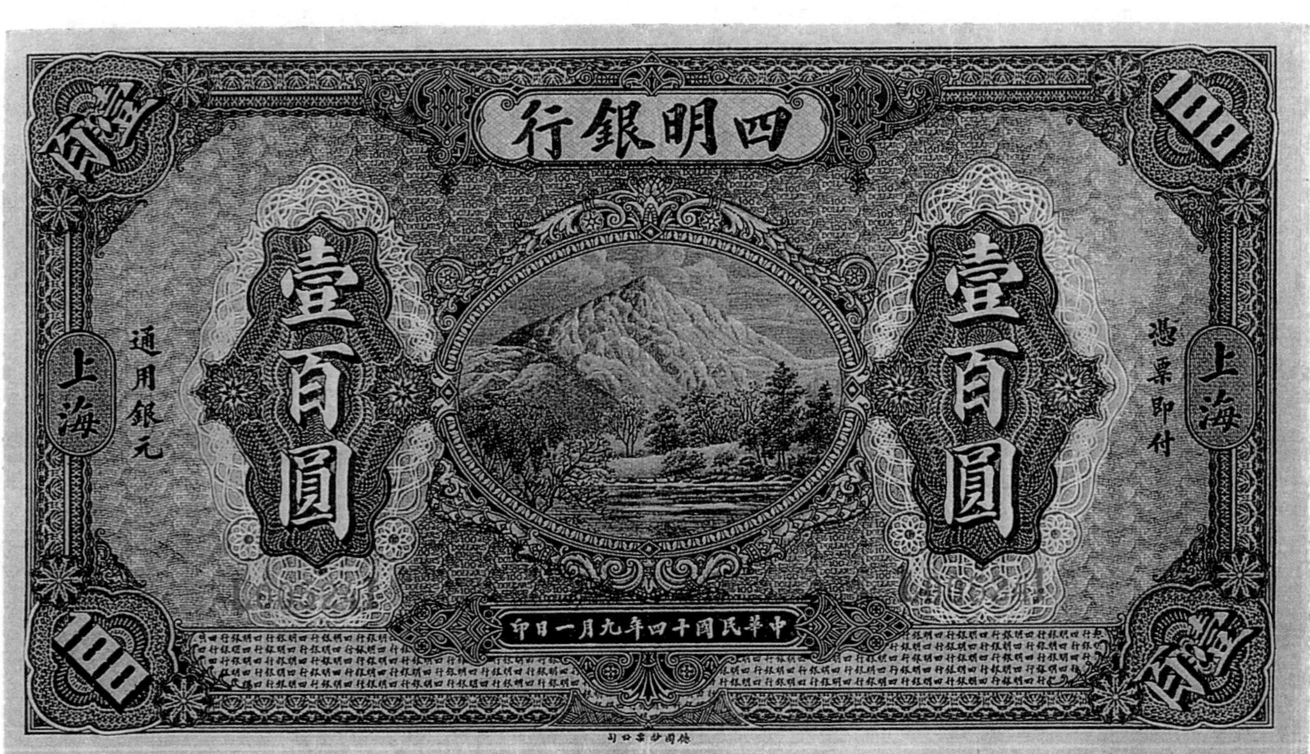

0066
吴籌中 提供
★★★★

(0065 背圖)

0067
中國人民銀行上海分行 藏
★★

0068
中國人民銀行上海分行 藏
★

0069
馮志苗 藏
★

0070
中國人民銀行上海分行 藏
★

0071
中國人民銀行上海分行 藏
★★★

0072
中國人民銀行上海分行 藏
★★★

0073
中國人民銀行上海分行 藏
★★

四、上海四明銀行

0074
上海博物館 藏
★★★

0075
中國人民銀行上海分行 藏
★★★

0076
中國人民銀行上海分行 藏
★★★

0077
中國人民銀行上海分行 藏
★★★

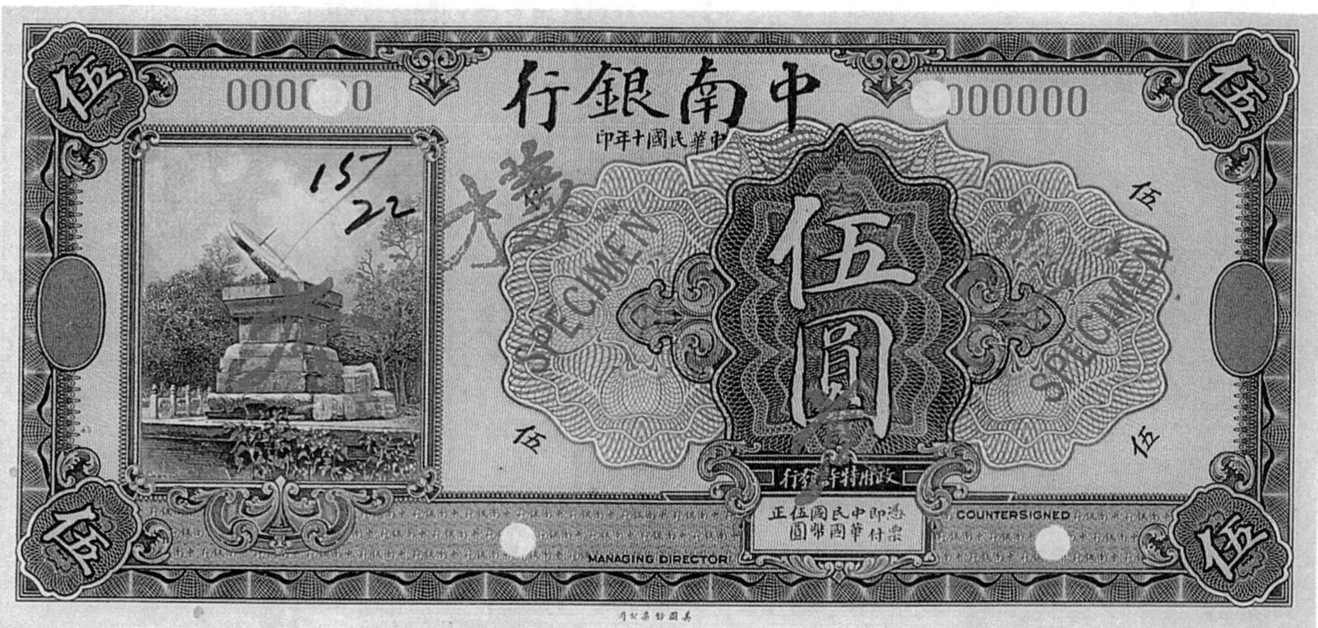

0078
中國人民銀行上海分行 藏
★★★

0079
中國人民銀行上海分行 藏
★★★

0080
中國人民銀行上海分行 藏
★★

0081
上海博物館 藏

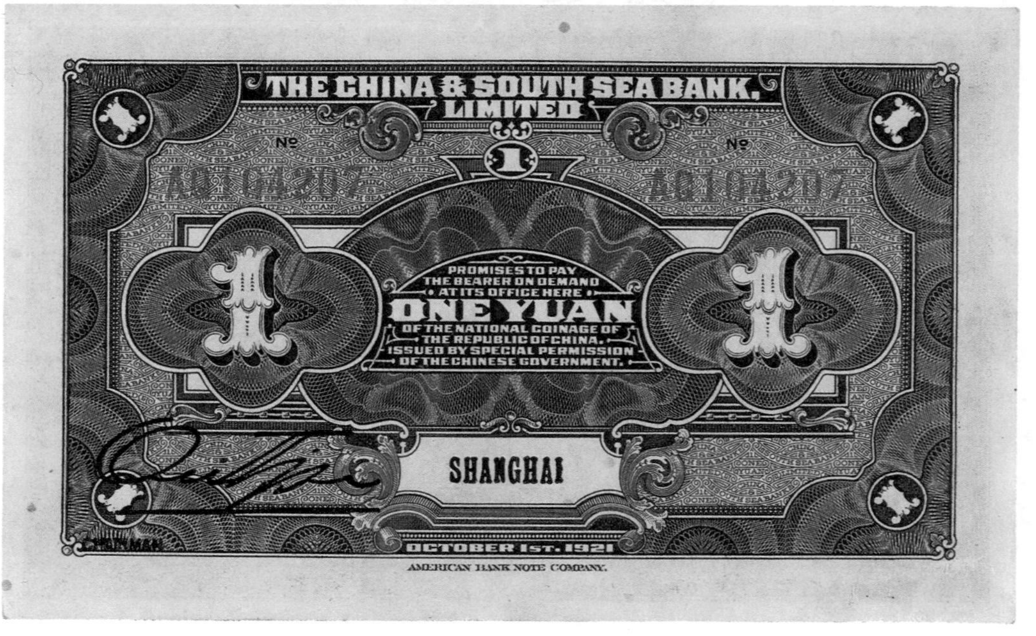

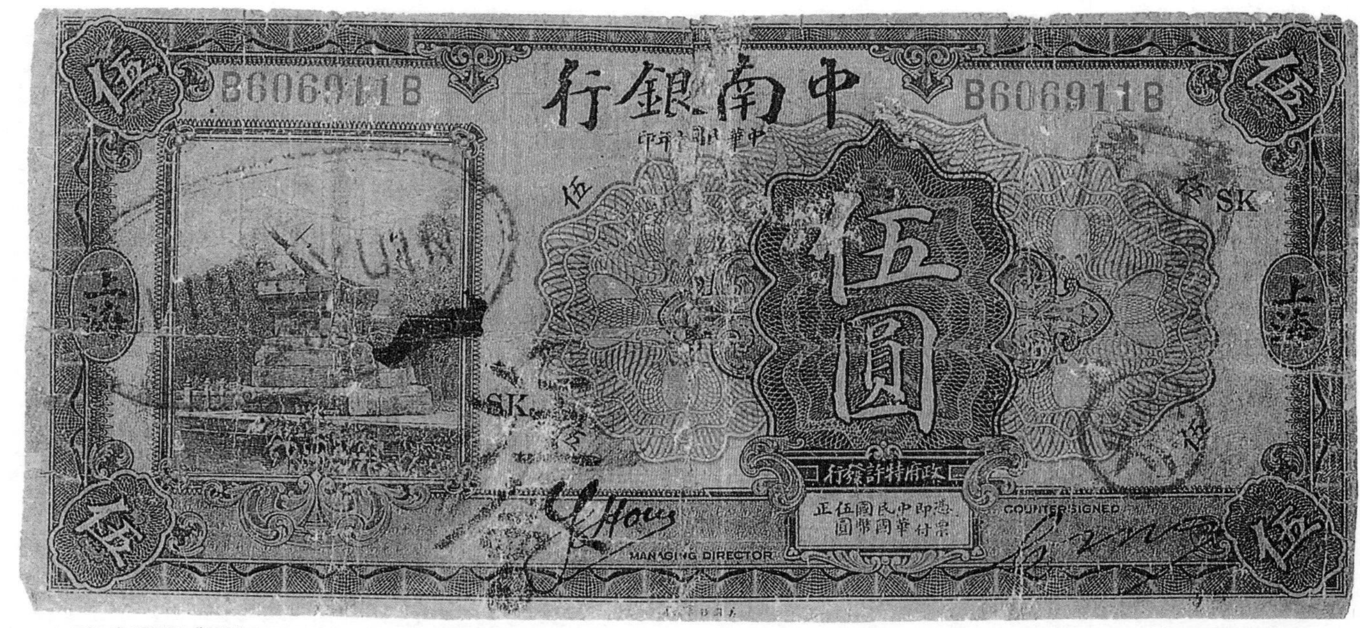

0082
中國人民銀行
上海分行　藏
★★

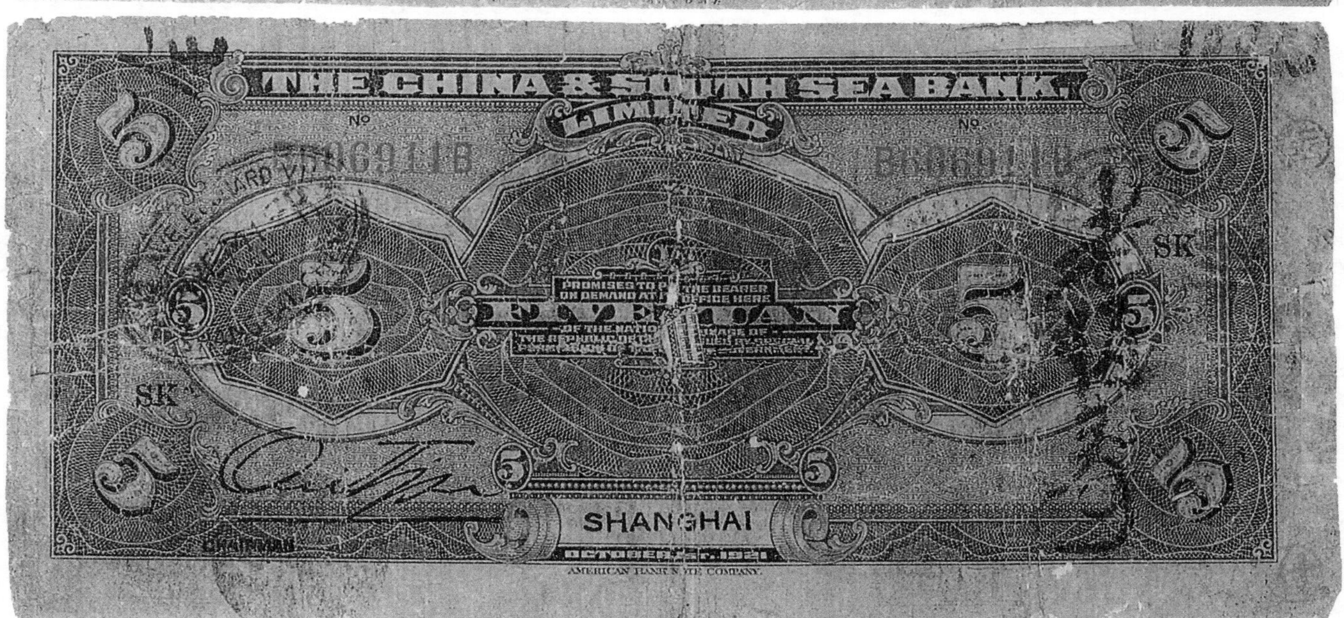

0083
中國人民銀行
上海分行　藏
★★★★

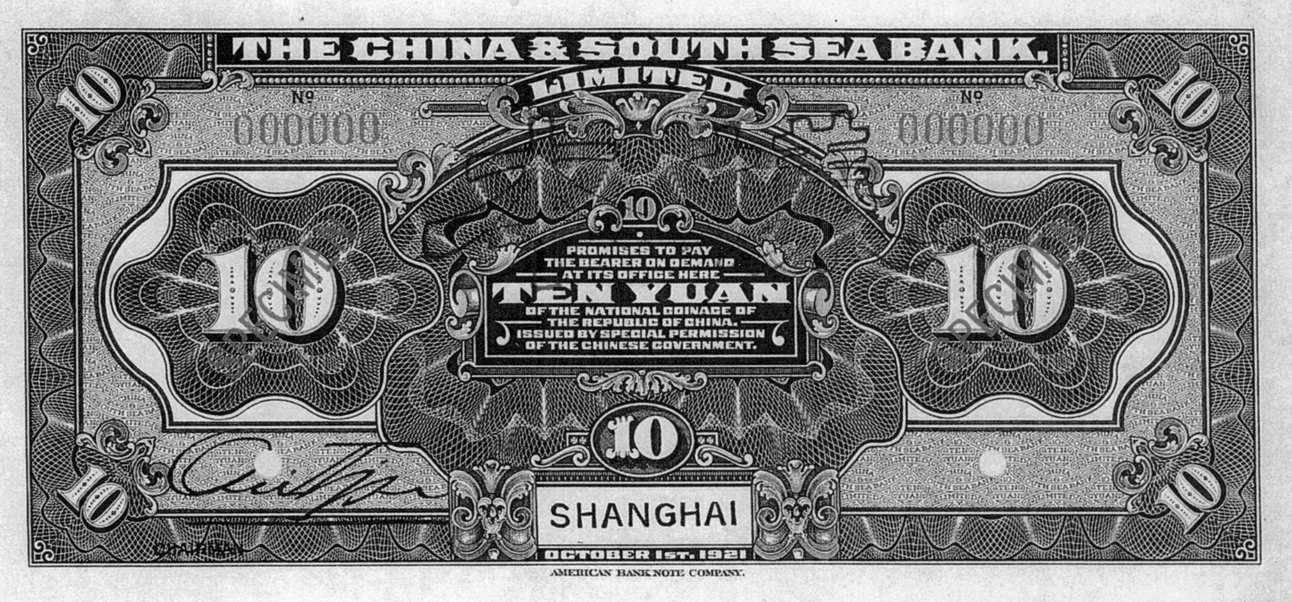

0084
上海博物館 藏
★★★

0085
中國人民銀行
上海分行 藏
★★★★

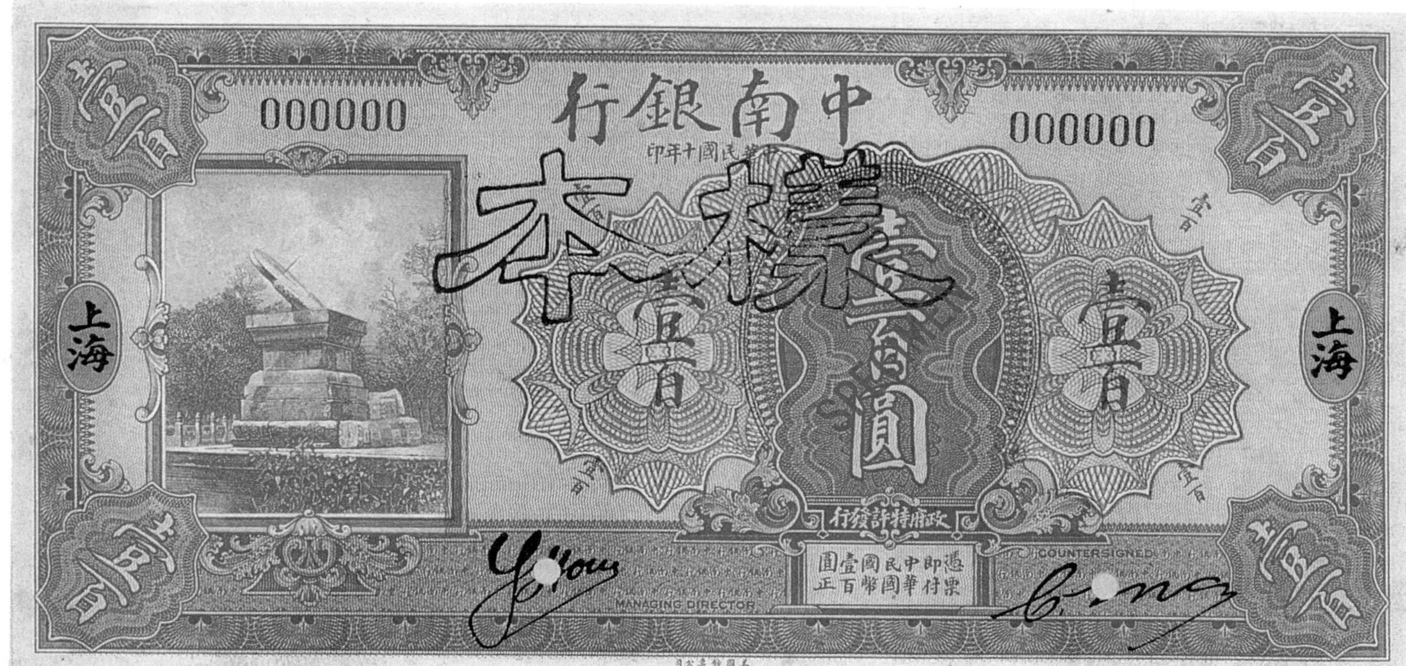

0086
中國人民銀行
上海分行　藏
★★★★

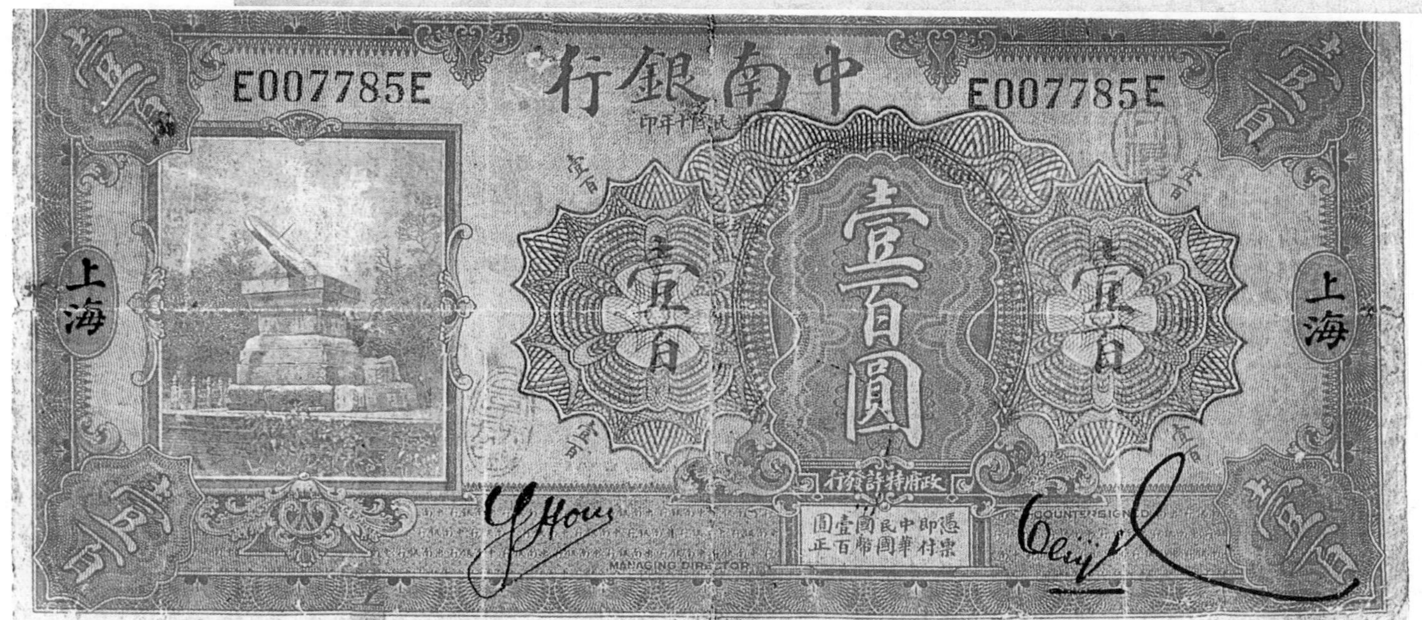

0087
吴籌中　藏
★★★★

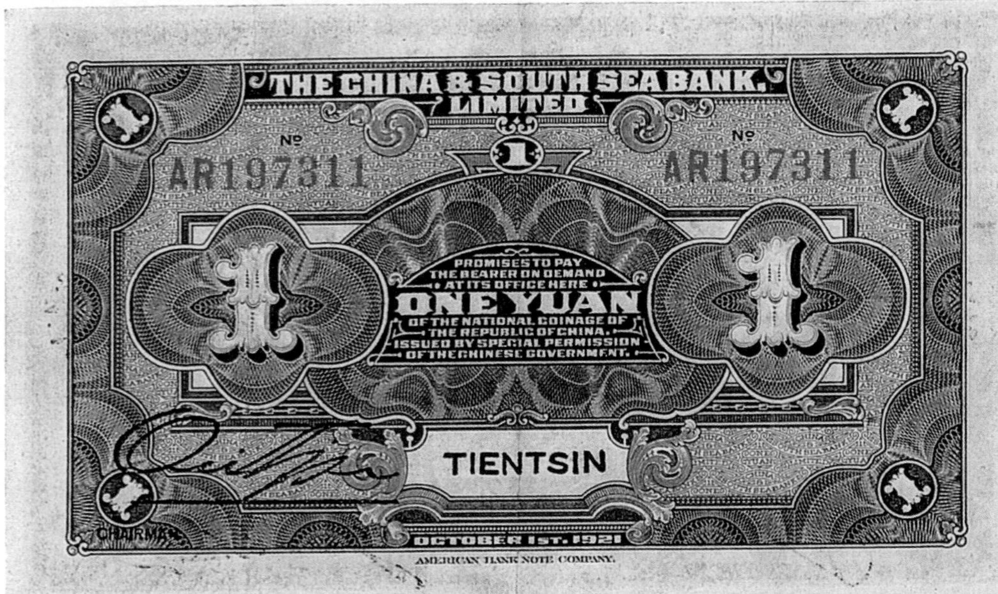

0088
中國人民銀行上海分行 藏
★

0089
上海博物館 藏
★★

0090
中國人民銀行
上海分行　藏
★★

0091
中國人民銀行
上海分行　藏
★★

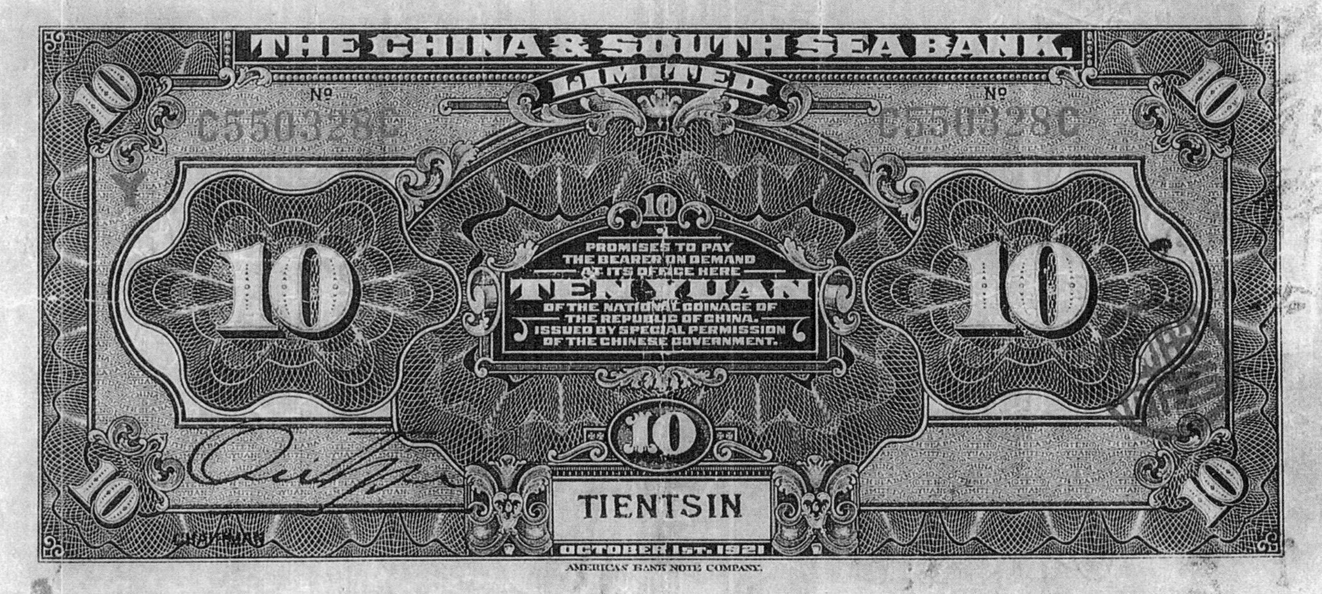

0092
吴籌中 藏
★★★★

0093
中國人民銀行上海分行 藏
★★★

0094
中國人民銀行
上海分行　藏
★★★★

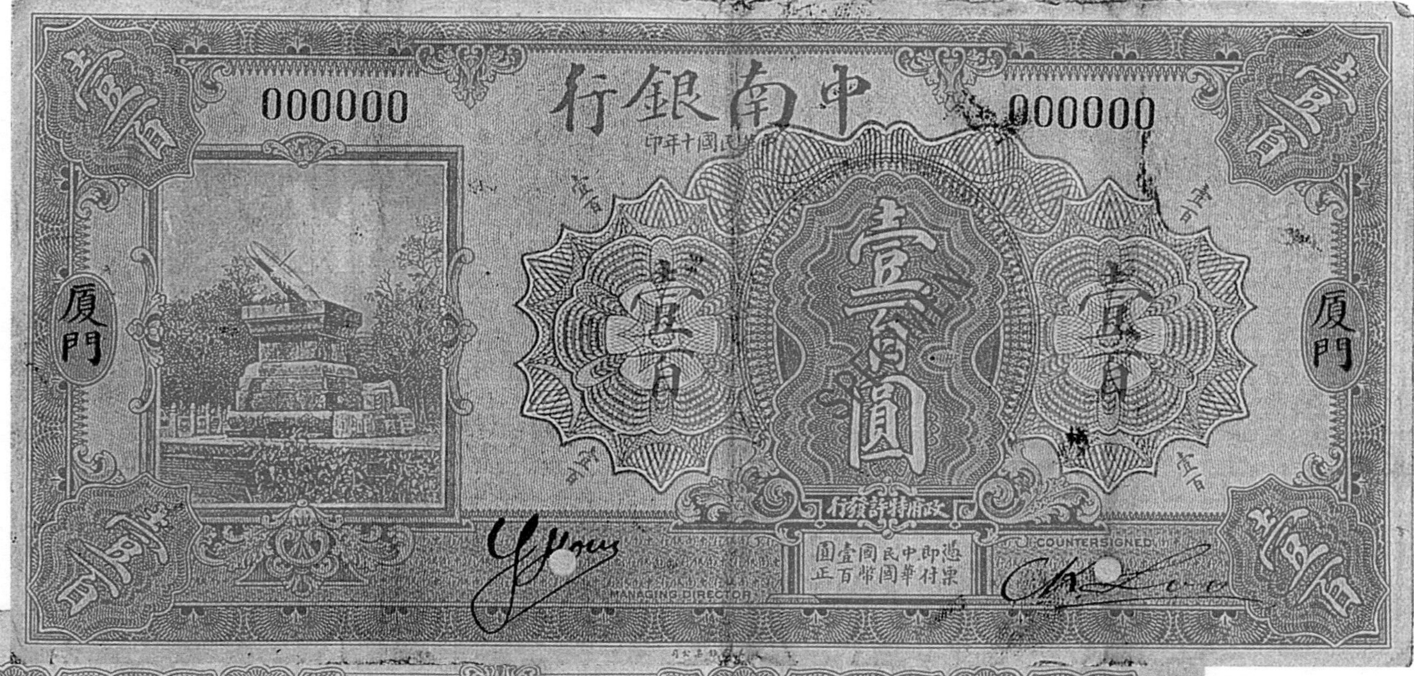

0095
中國人民銀行
上海分行　藏
★★★★

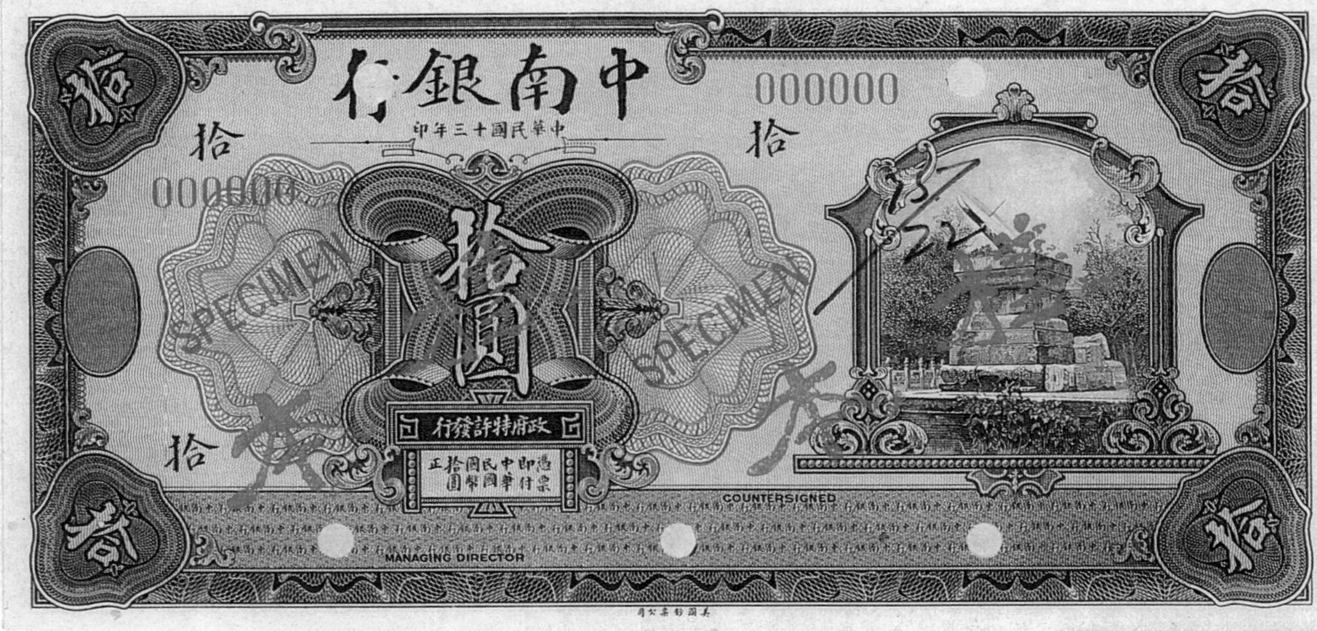

0096
中國人民銀行
上海分行　藏

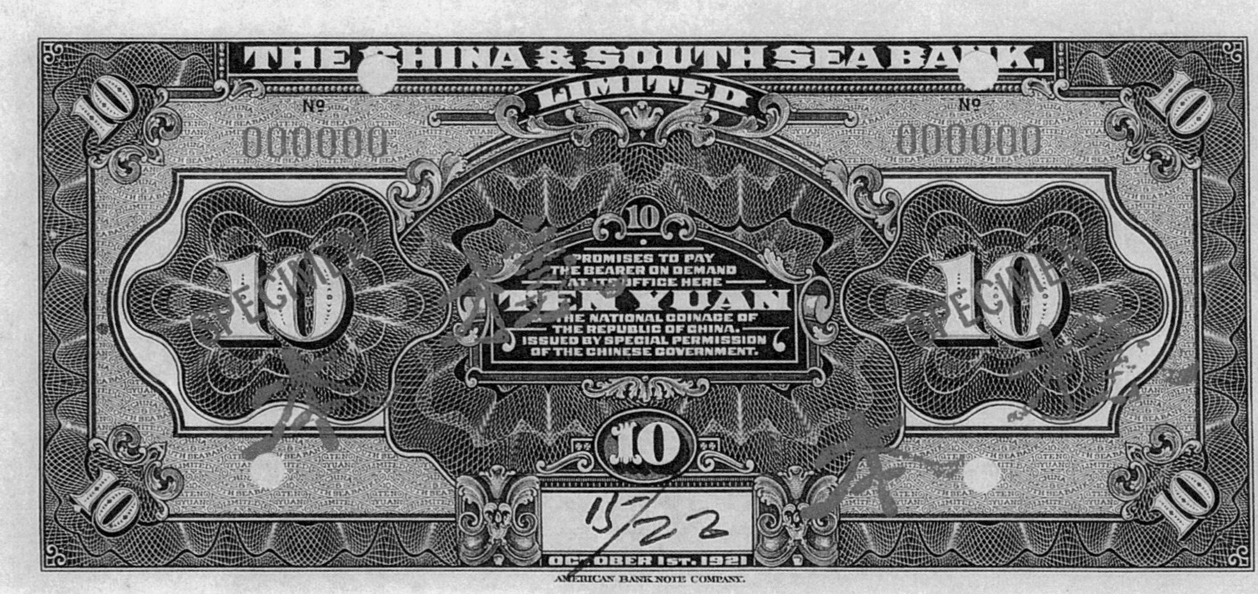

0097
中國人民銀行
上海分行　藏
★★★★

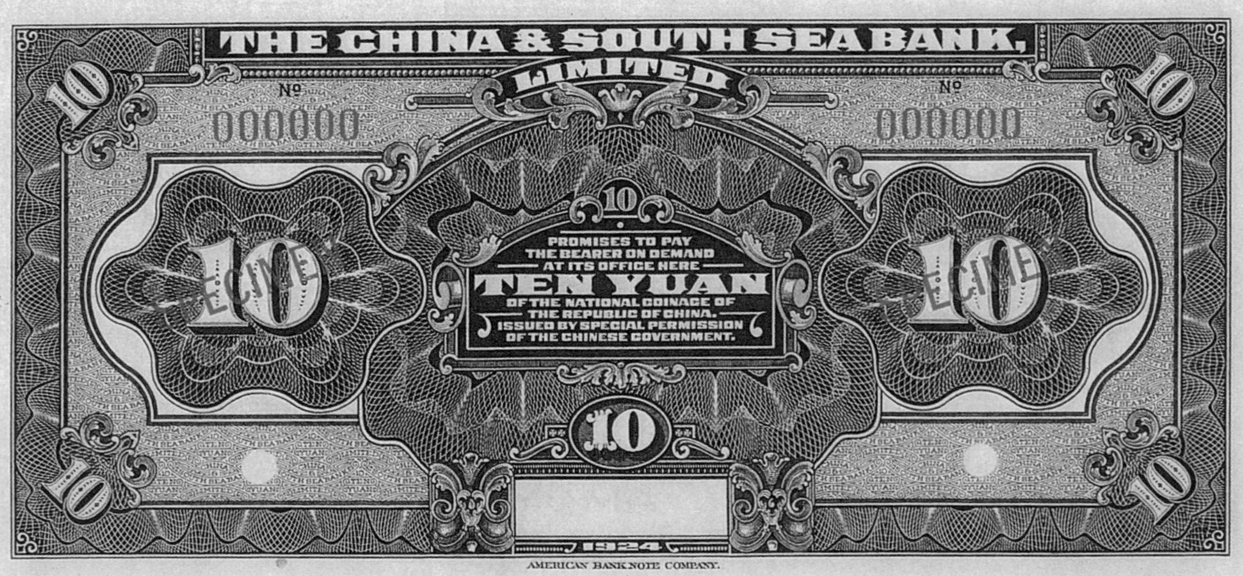

0098
上海博物館 藏
★★

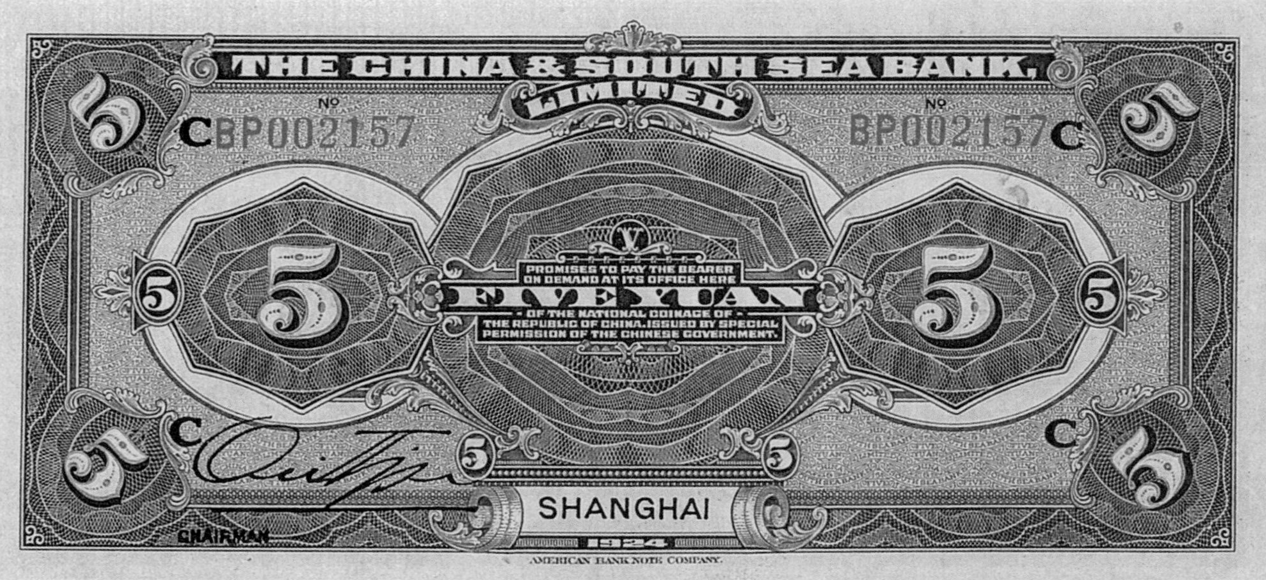

0099
中國人民銀行
上海分行 藏
★

0100
上海博物館 藏
★★

0101
中國人民銀行上海分行 藏
★★

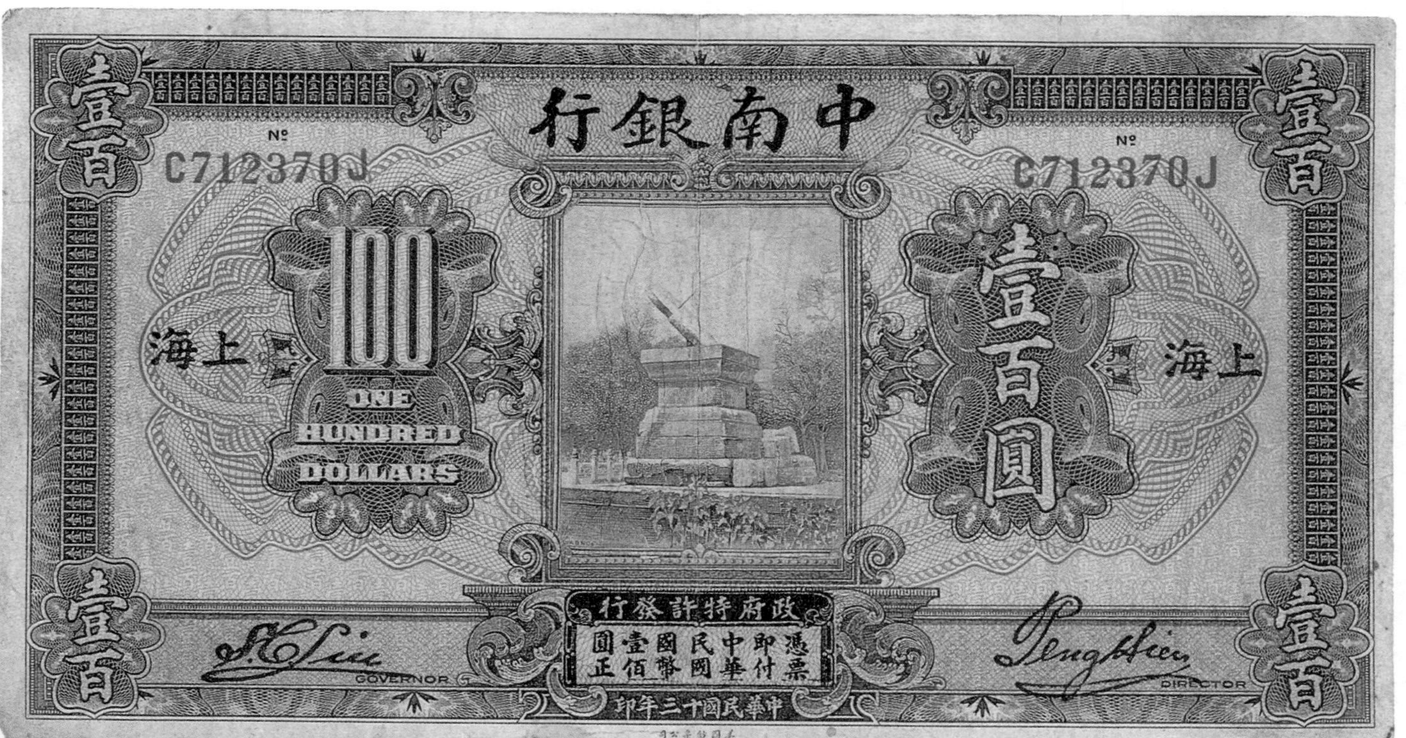

0102
上海博物館 藏
★★★★

0103
中國人民銀行上海分行 藏
★

0104
上海博物館 藏
★★

0105
上海博物館 藏
★

0106
上海博物館 藏
★

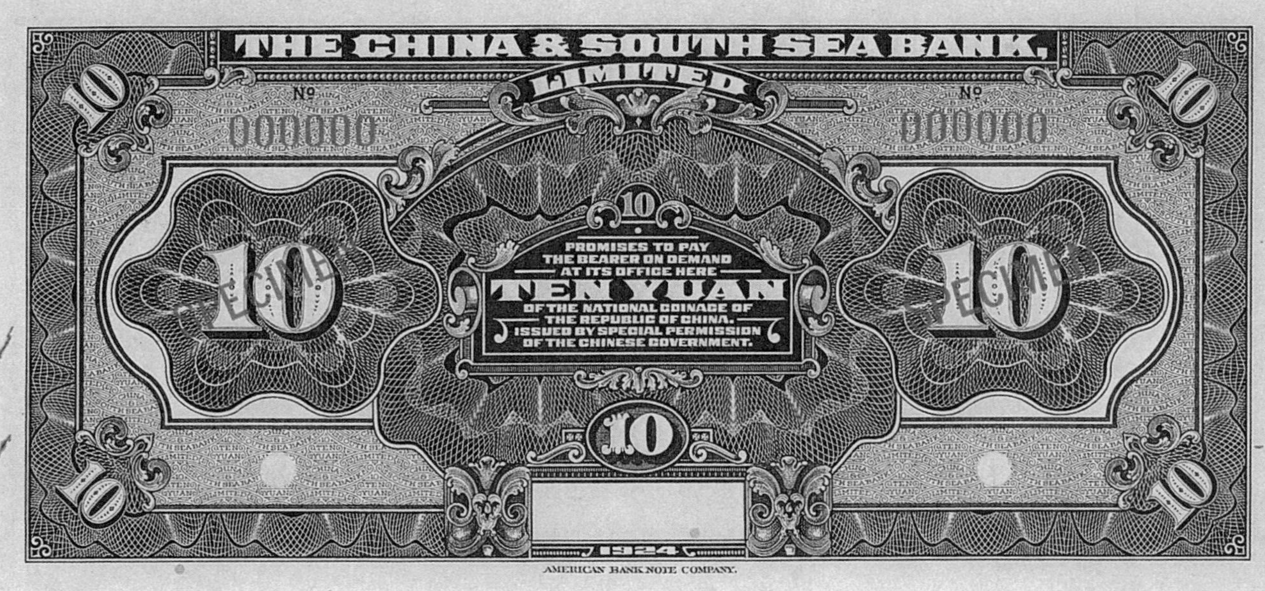

0107
中國人民銀行上海分行 藏
★★

0108
上海博物館 藏
★

0109
中國人民銀行上海分行 藏
★★★

0110
中國人民銀行
上海分行　藏
★★

0111
中國人民銀行
上海分行　藏
★★

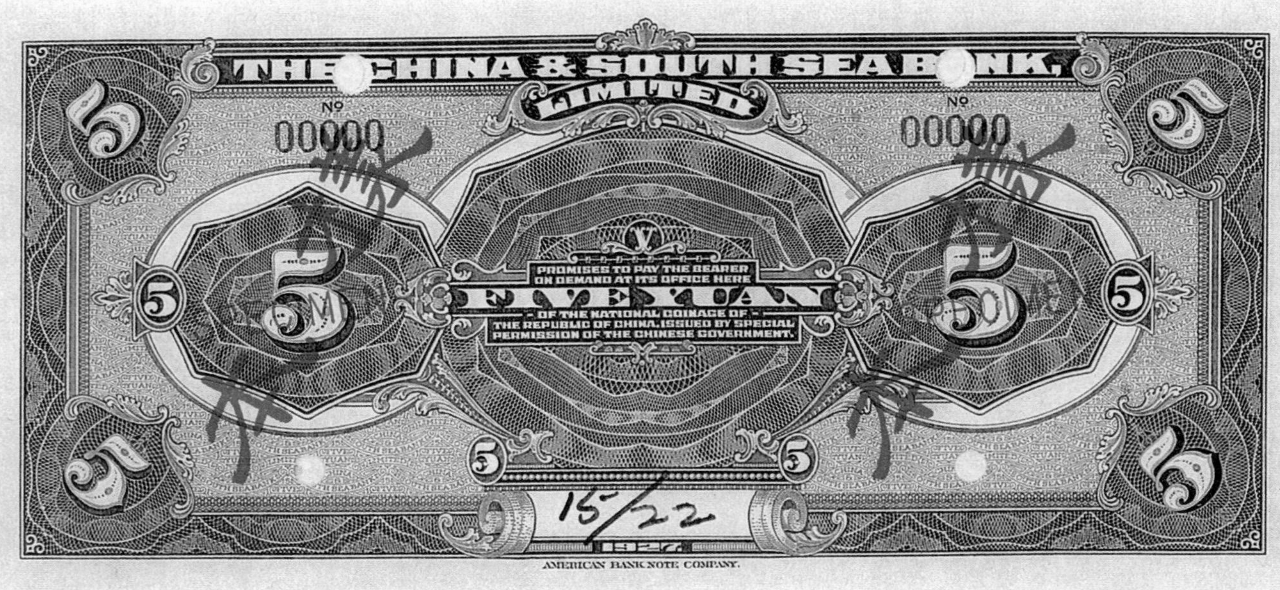

0112
中國人民銀行
上海分行　藏
★★

0113
中國人民銀行
上海分行　藏
★★

0114
中國人民銀行
上海分行　藏
★★★★

0115
上海博物館 藏
★★

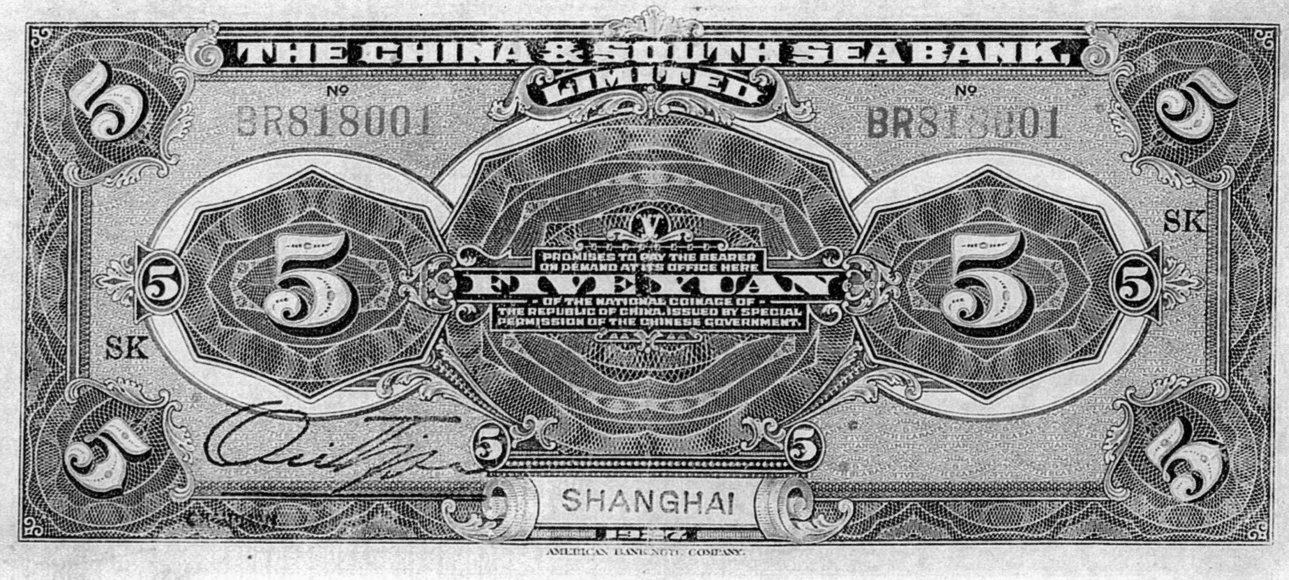

0116
中國人民銀行
上海分行　藏
★

0117
上海博物館 藏
★

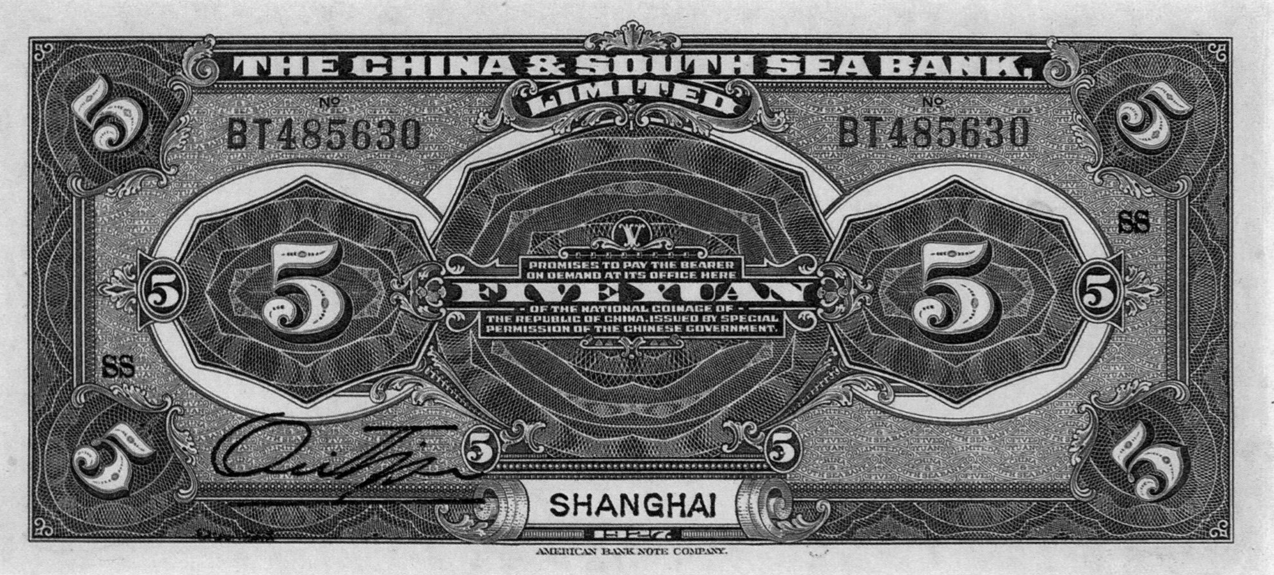

0118
中國人民銀行
上海分行　藏
★★★

0119
上海博物館 藏
★★★

0120
中國人民銀行上海分行 藏
★★

0121
中國人民銀行
上海分行　藏
★★★

0122
徐風 藏
★★

0123
徐風 藏
★★★

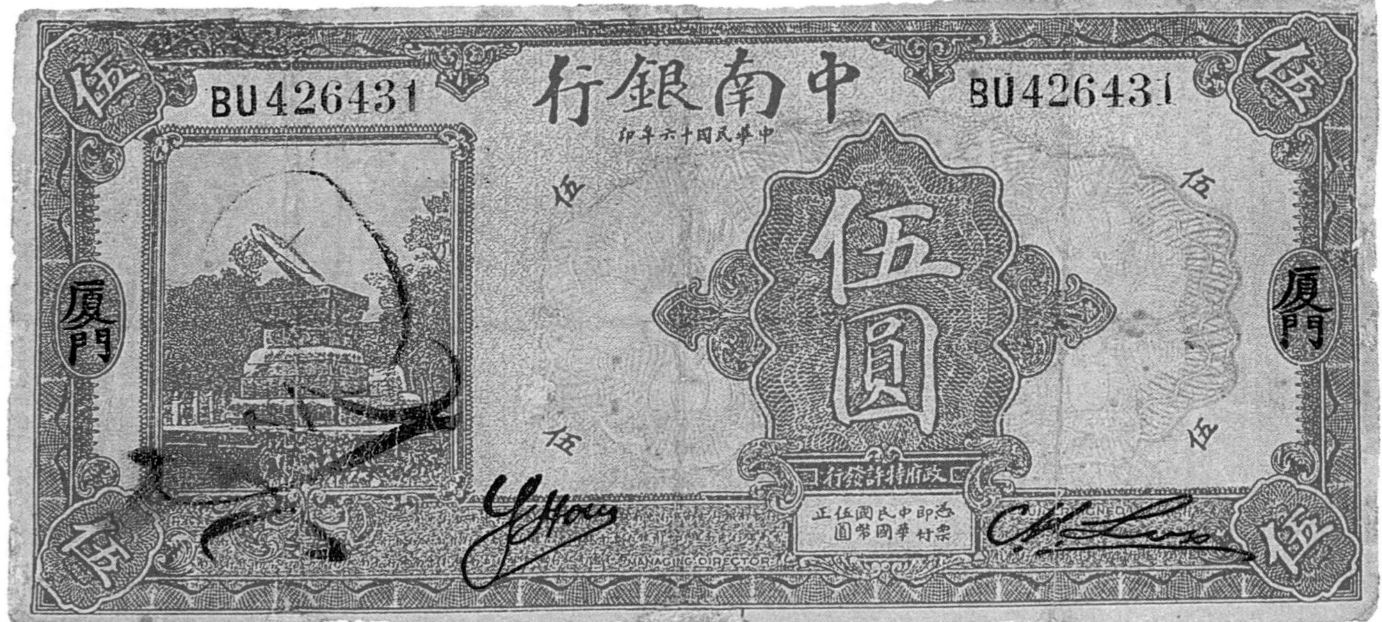

0124
陳亞元 藏
★★★

0125
中國人民銀行上海分行 藏
★★

0126
上海博物館 藏
★

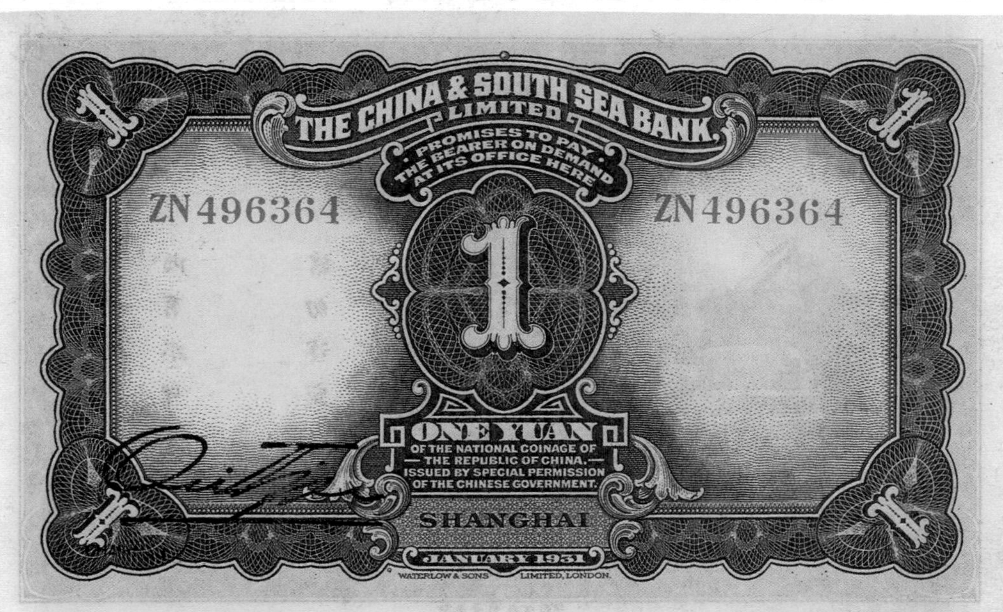

0127
上海博物館 藏
★

0128
中國人民銀行上海分行 藏

0129
中國人民銀行上海分行 藏
★

0130
中國人民銀行上海分行 藏
★

0131
吴籌中 藏
★

中南銀行
F585070
F585070
中華民國二十一年印
伍圓
上海
上海
請勿塗寫
內有水印
政府特許發行
憑票即付中華民國國幣伍圓
COUNTERSIGNED
MANAGING DIRECTOR

THE CHINA & SOUTH SEA BANK, LIMITED
PROMISES TO PAY THE BEARER ON DEMAND AT ITS OFFICE HERE
FIVE YUAN
OF THE NATIONAL COINAGE OF THE REPUBLIC OF CHINA ISSUED BY SPECIAL PERMISSION OF THE CHINESE GOVERNMENT
CHAIRMAN
F585070
F585070
SHANGHAI
JANUARY 1932

0132
上海博物館 藏
★★

六、中國實業銀行

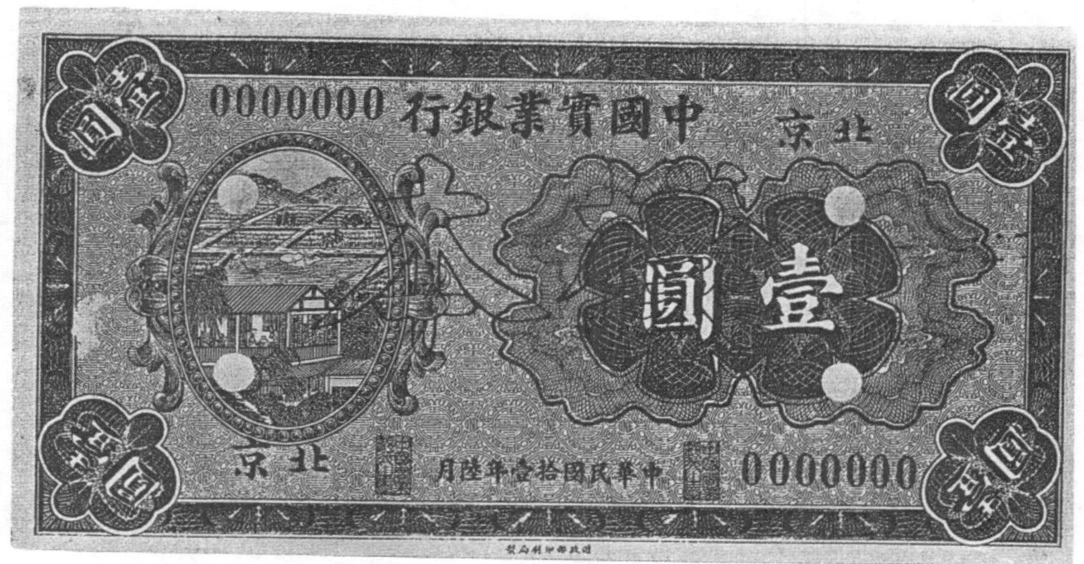

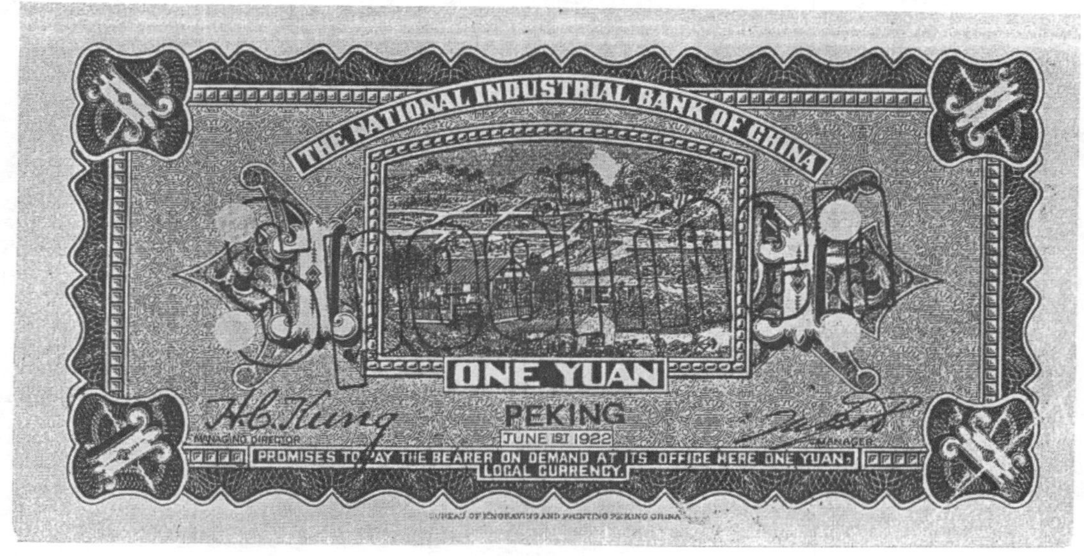

0133
吴籌中 藏
★★★

0134
江蘇省錢幣學會 提供
★★★

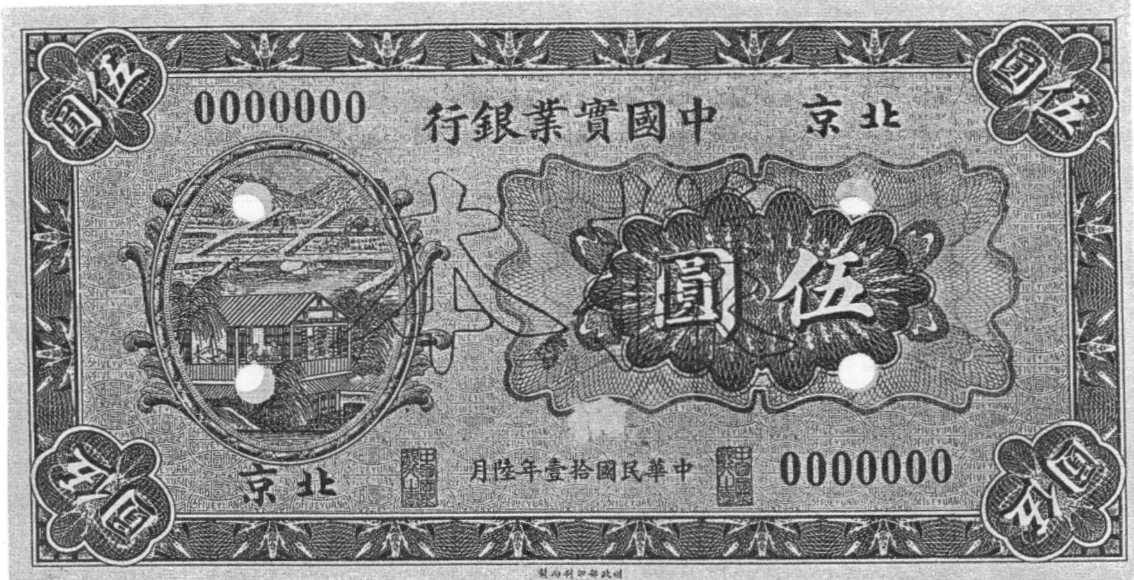

0135
吴籌中 藏
★★★

0136
吴籌中 藏
★★★

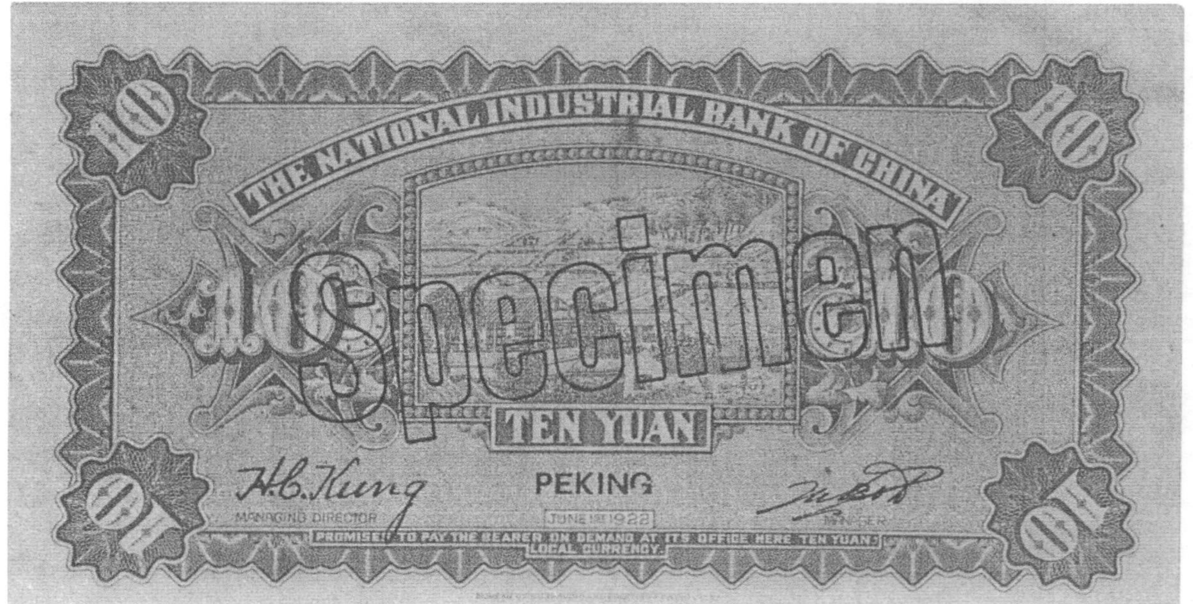

0137
江蘇省錢幣學會 提供
★★★

0138
吴籌中 藏
★★★

0139
吴籌中 藏
★★★★

0140
江蘇省錢幣學會 提供
★★★★

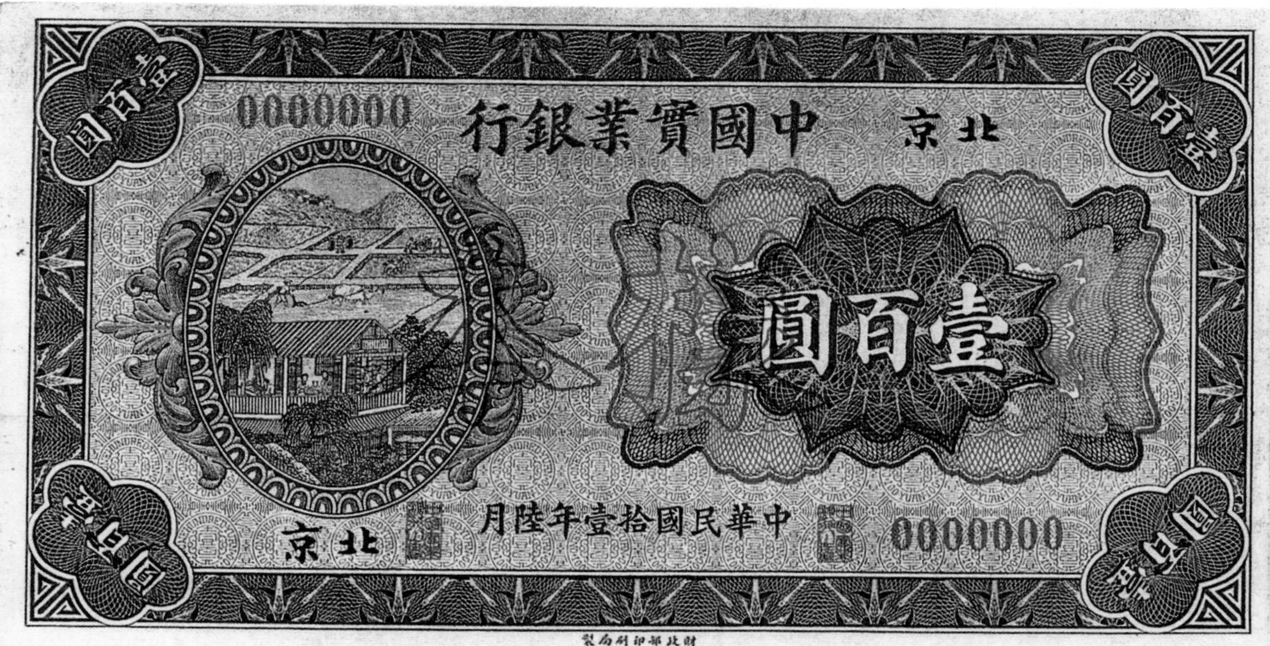

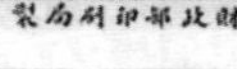

0141
吴籌中 藏
★★★★

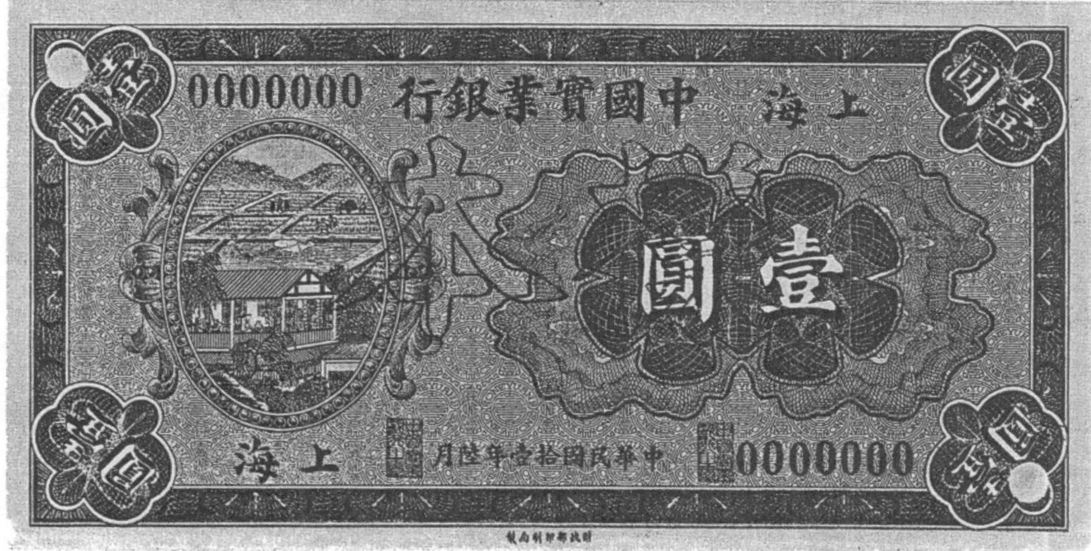

0142
吴籌中 藏
★★★

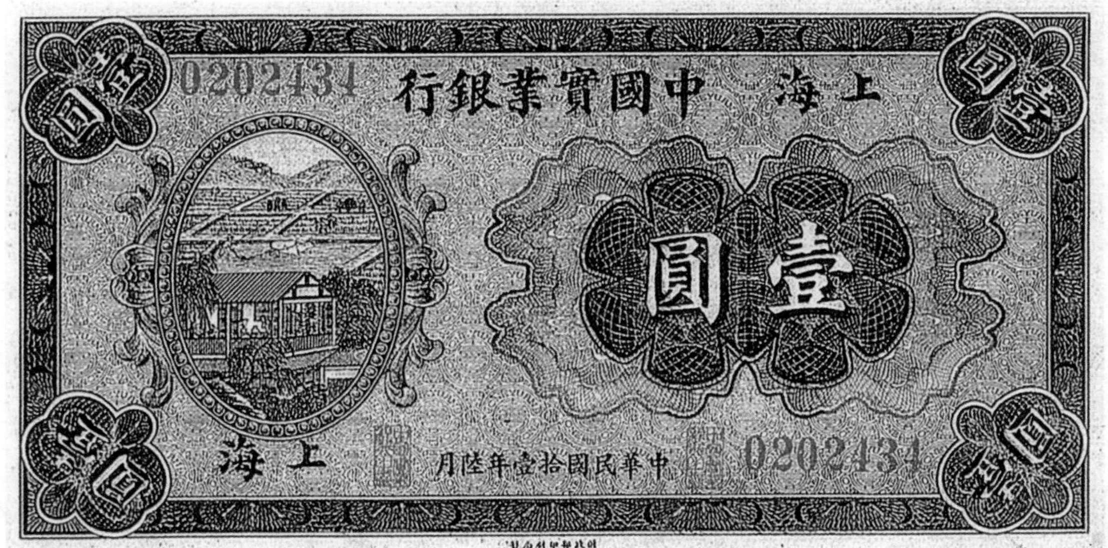

0143
選自《老上海貨幣》
★★★

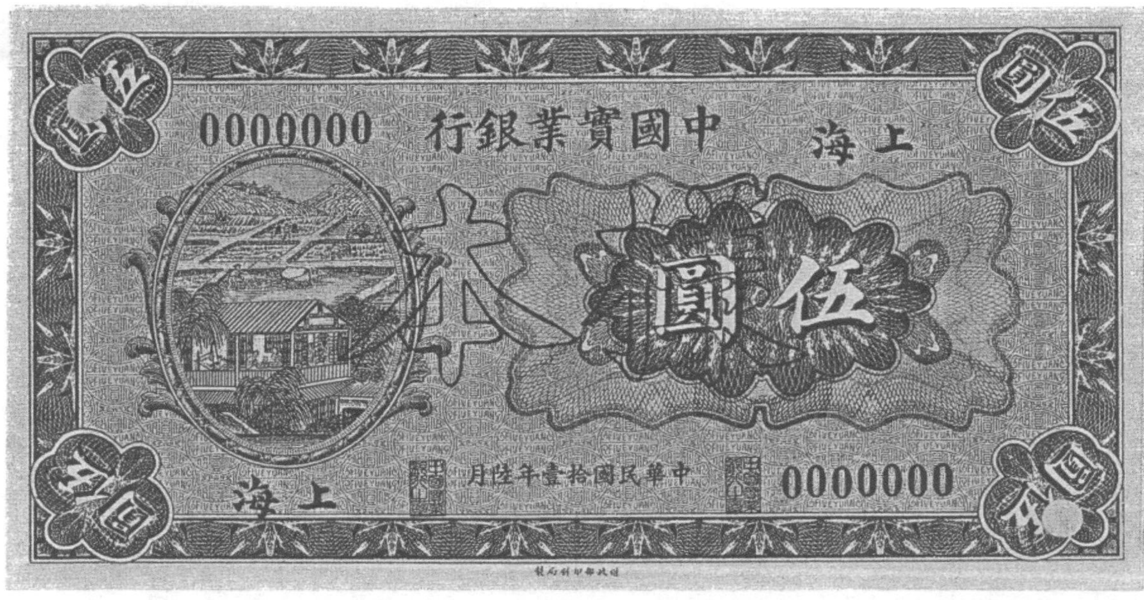

0144
吴籌中 藏
★★★

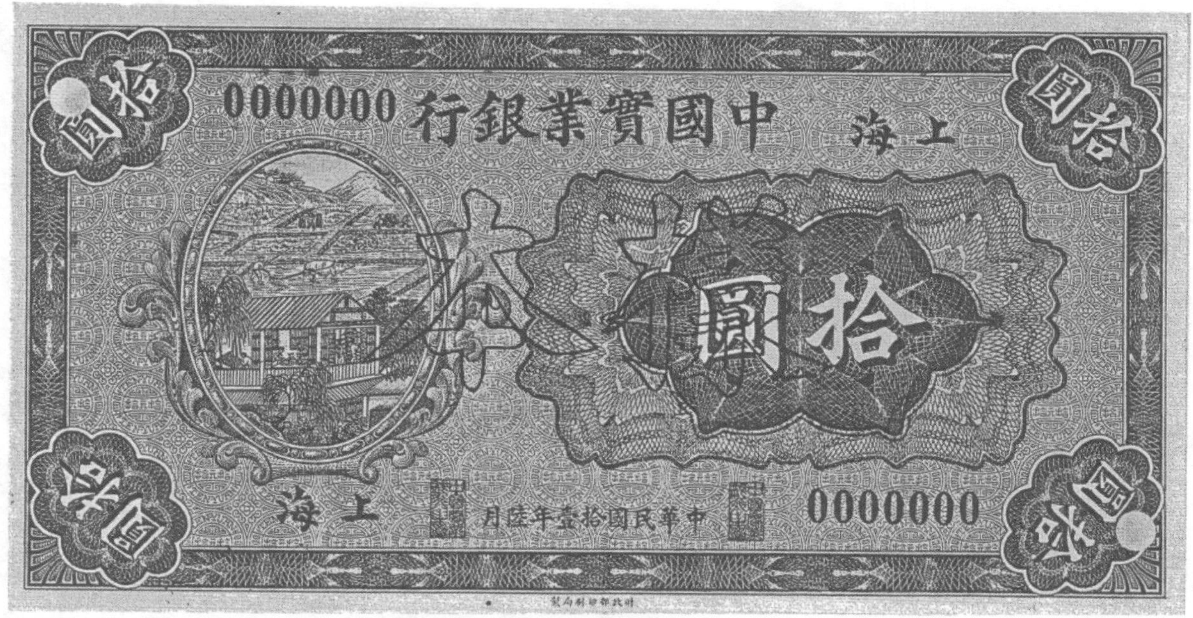

0145
吴籌中 藏
★★★

0146
吴籌中 藏
★★★

0147
吴籌中 藏
★★★★

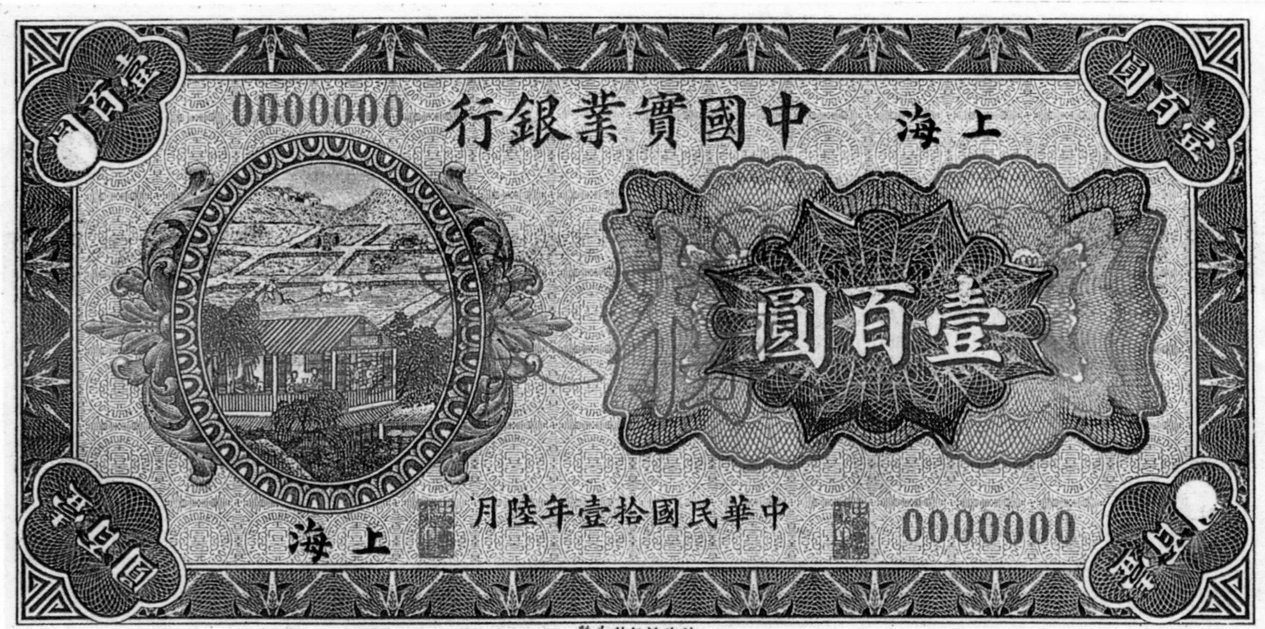

0148
吴籌中 藏
★★★★

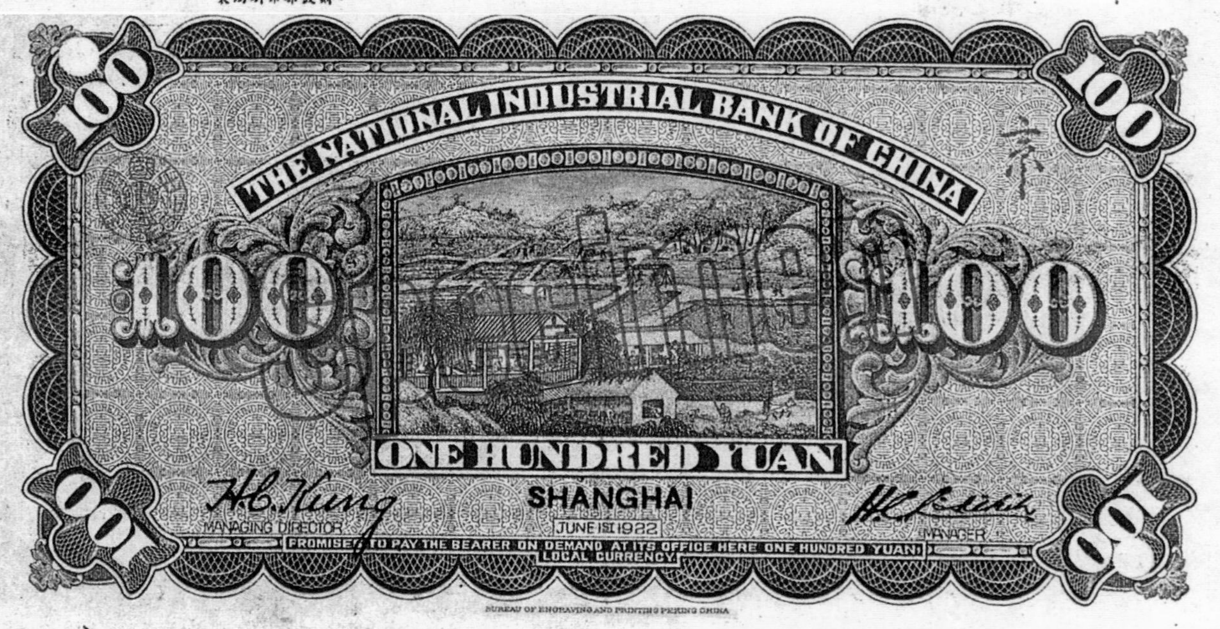

0149
江蘇省錢幣學會 提供
★★★

0150
吴籌中 藏
★★★

0151
中國人民銀行上海分行 藏
★★

0152
苗培貴 藏
★

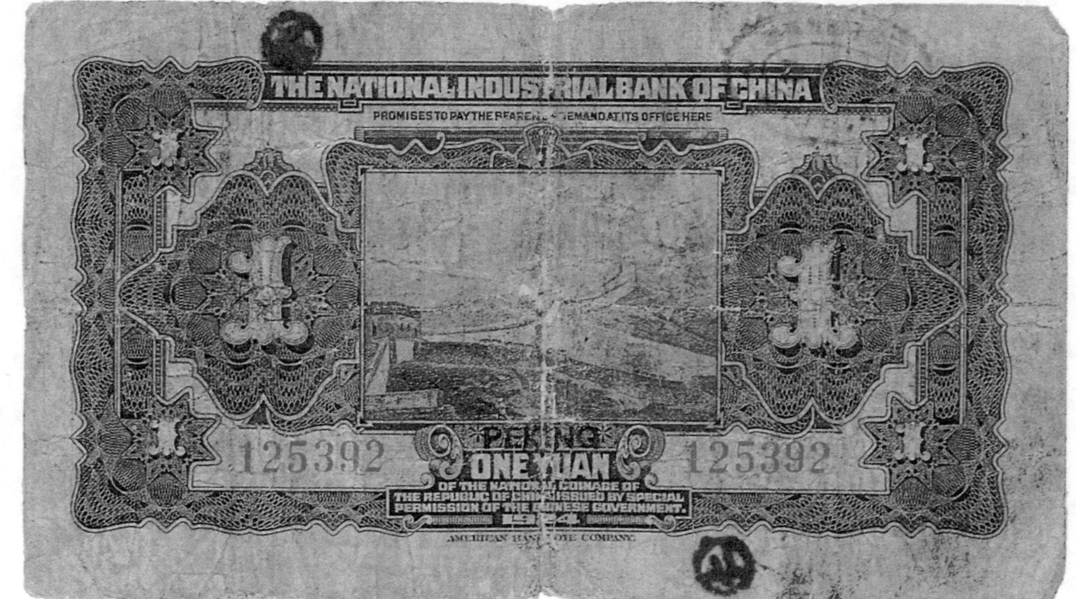

0153
中國人民銀行上海分行 藏
★★★

0154
中國人民銀行上海分行 藏
★★★

0155
中國人民銀行上海分行 藏
★★★★

0156
吴籌中 藏
★★

0157
上海市歷史博物館 藏
★★

0158
中國人民銀行上海分行 藏
★★

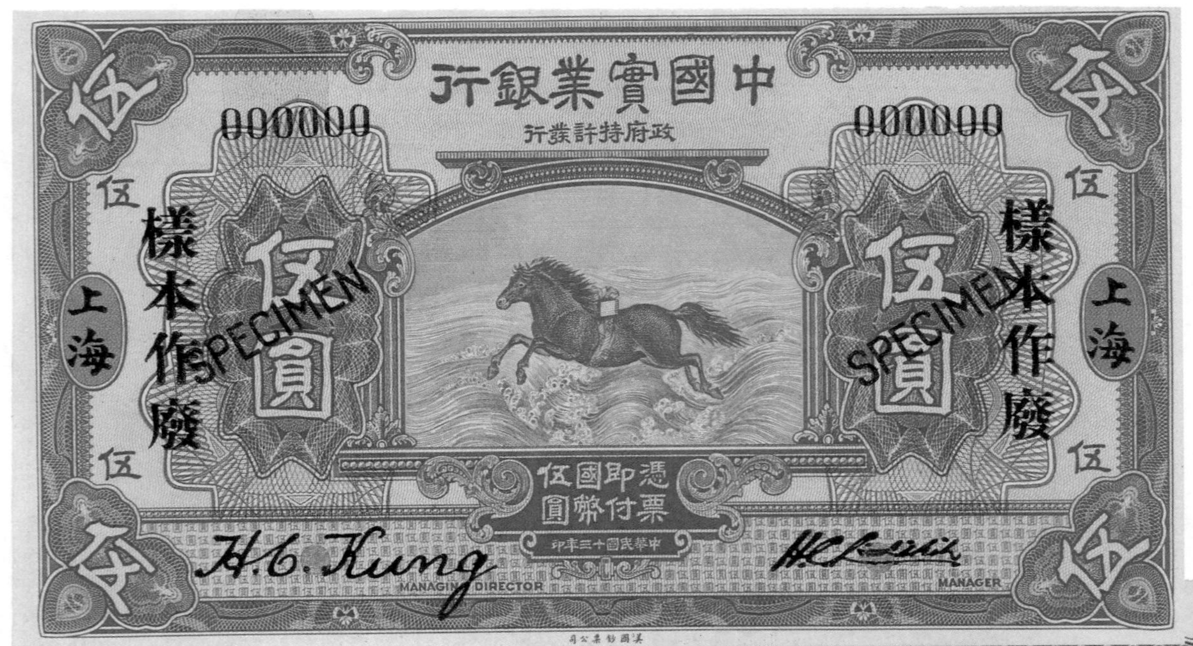

0159
上海博物館 藏
★★★

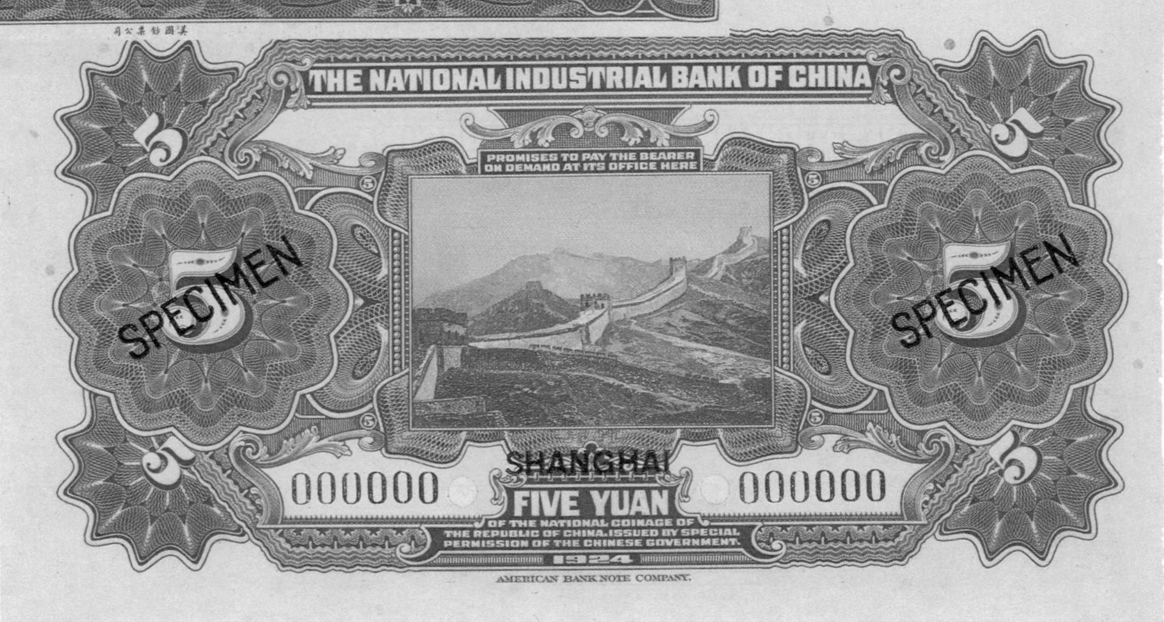

0160
上海博物館 藏
★★

0161
中國人民銀行上海分行 藏
★★

0162
中國人民銀行上海分行 藏
★★

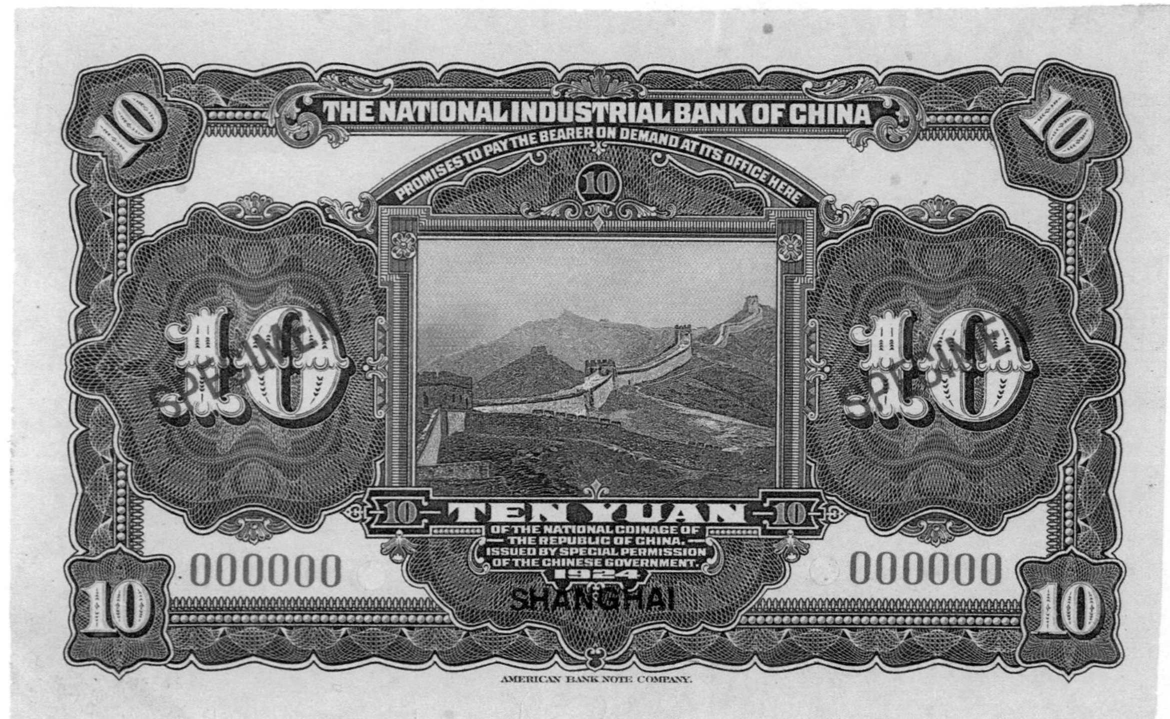

0163
上海博物館 藏
★★

0164
上海博物館 藏
★

（背圖見下頁）

0165
中國人民銀行上海分行 藏
★

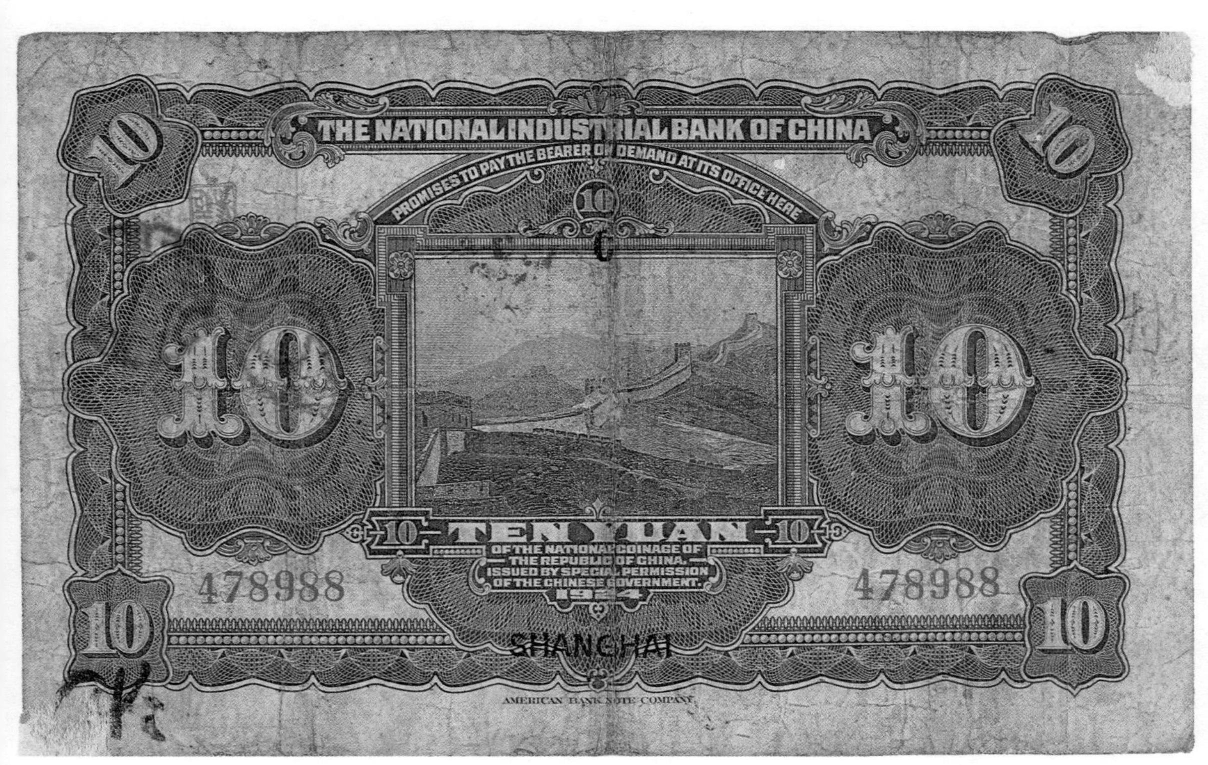

(0164 背圖)

0166
苗培貴 藏
★

0167
上海博物館 藏
★★★

（背圖見下頁）

0168
苗培貴 藏
★★★

(0167 背圖)

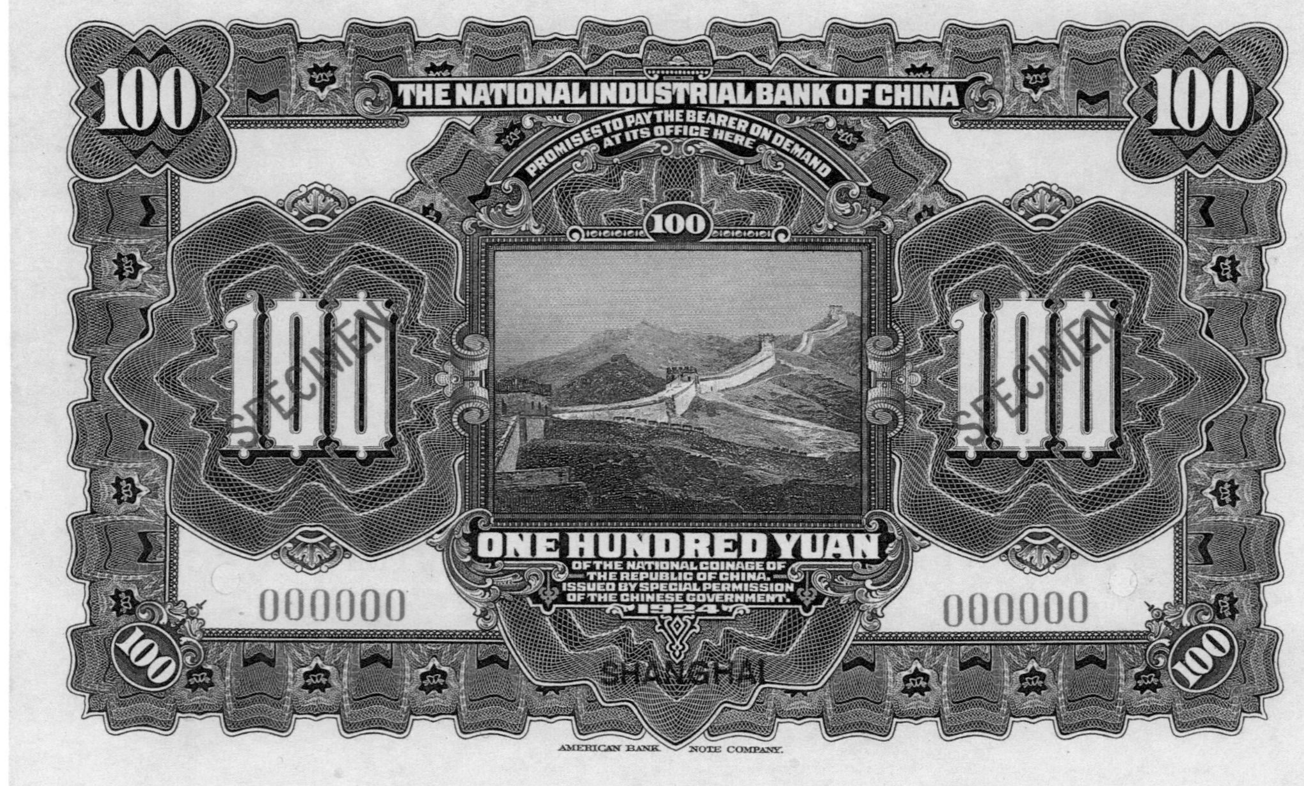

0169
上海博物館 藏
★★★★

0170
吴籌中 藏
★★★★

(背圖見下頁)

0171
中國人民銀行上海分行 藏
★★

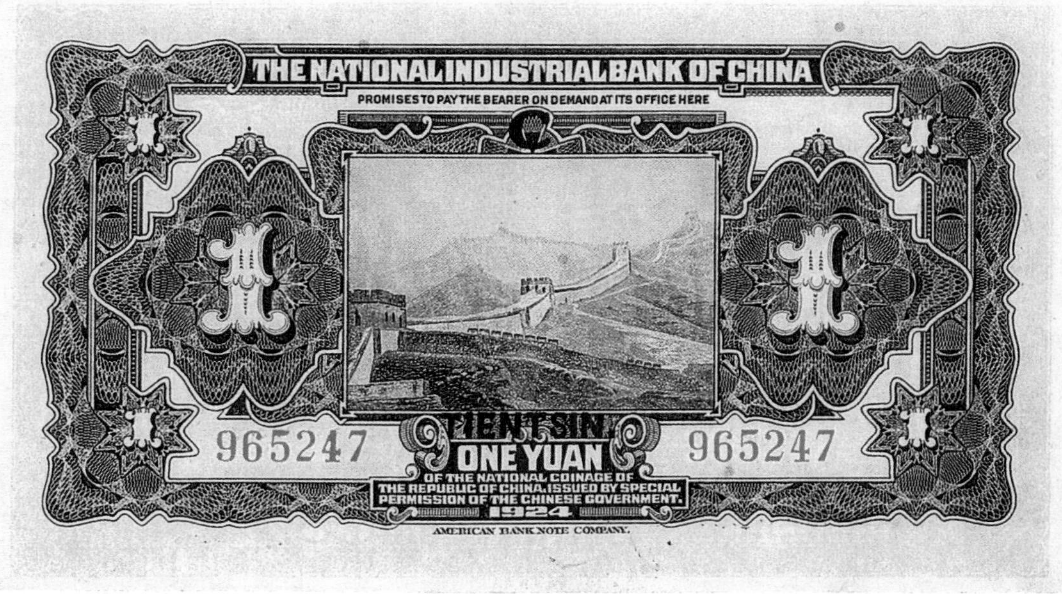

(0170 背圖)

0172
中國人民銀行上海分行 藏

0173
苗培貴 藏
★

0174
上海博物館 藏
★

0175
上海博物館 藏
★

0176
中國人民銀行上海分行 藏
★

0177
徐風 藏
★

0178
徐風 藏
★

0179
上海博物館 藏
★

0180
苗培貴 藏
★

0181
上海博物館 藏
★

0182
苗培貴 藏
★

0183
苗培貴 藏
★

0184
存雲亭 藏
★

0185
上海博物館 藏
★

（背圖見下頁）

0186
上海博物館 藏
★

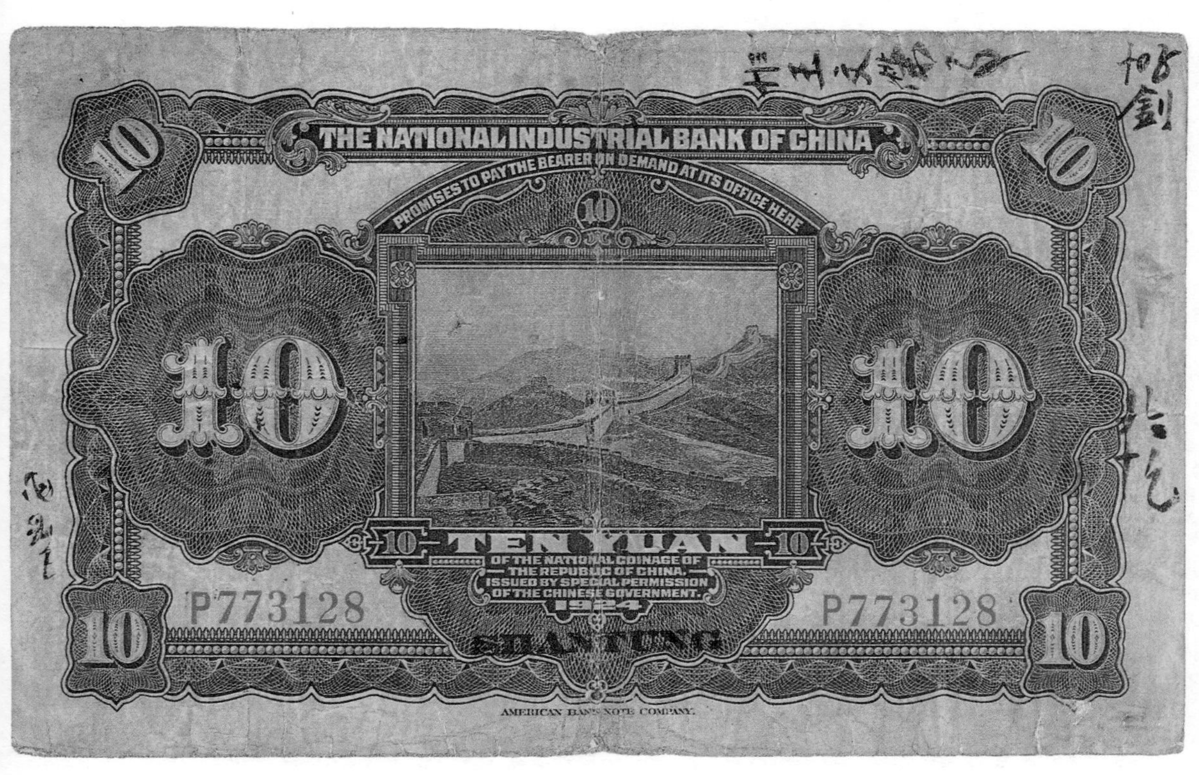

(0185 背圖)

0187
苗培貴 藏
★

0188
中國人民銀行上海分行 藏
★★

0189
中國人民銀行上海分行 藏
★★

0190
上海博物館 藏

0191
王煒 藏

0192
中國人民銀行上海分行 藏

0193
中國人民銀行上海分行 藏

0194
王煒 藏

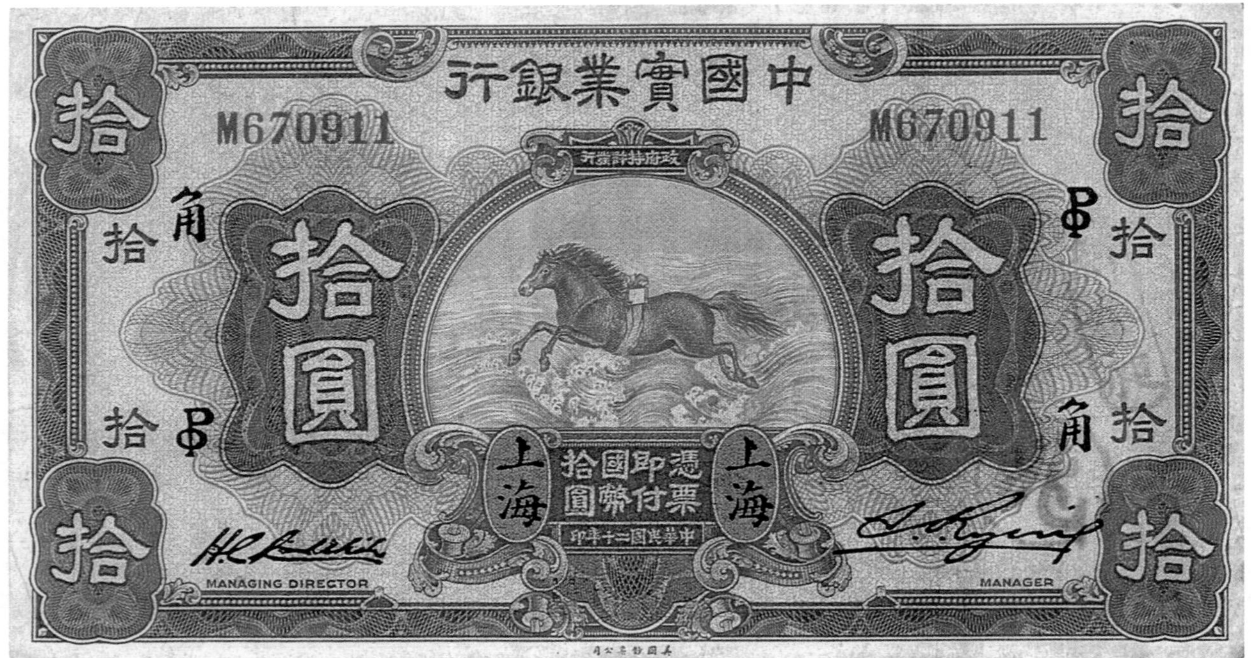

0195
中國人民銀行上海分行 藏

0196
中國人民銀行上海分行 藏
★

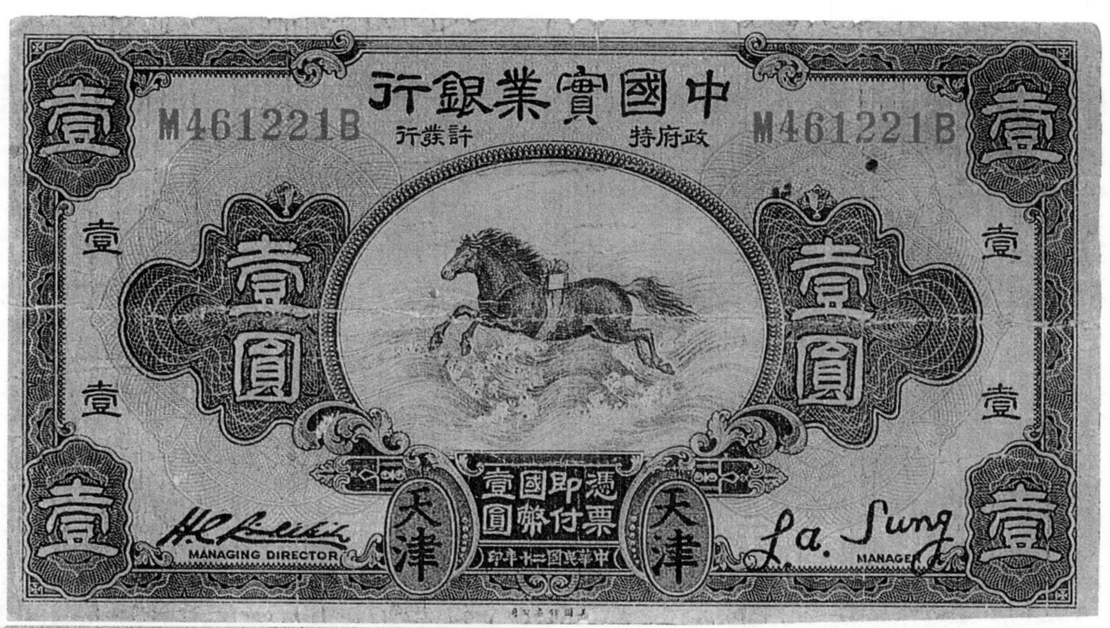

0197
吴籌中 藏
★

0198
中國人民銀行上海分行 藏
★

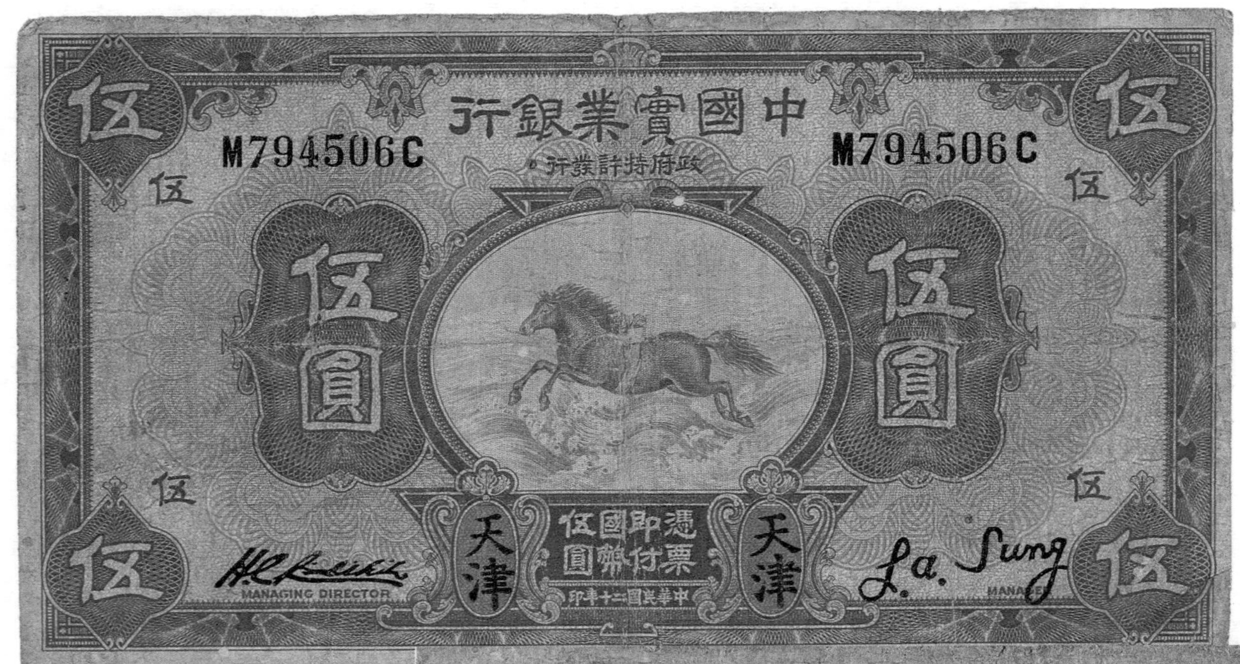

0199
上海博物館 藏

0200
中國人民銀行上海分行 藏
★★

0201
苗培貴 藏
★

0202
趙隆業 藏
★

0203
苗培貴 藏

0204
苗培貴 藏
★

0205
苗培貴 藏
★

0206
上海博物館 藏
★

0207
苗培貴 藏
★

0208
趙隆業 藏
★

0209
苗培貴 藏
★

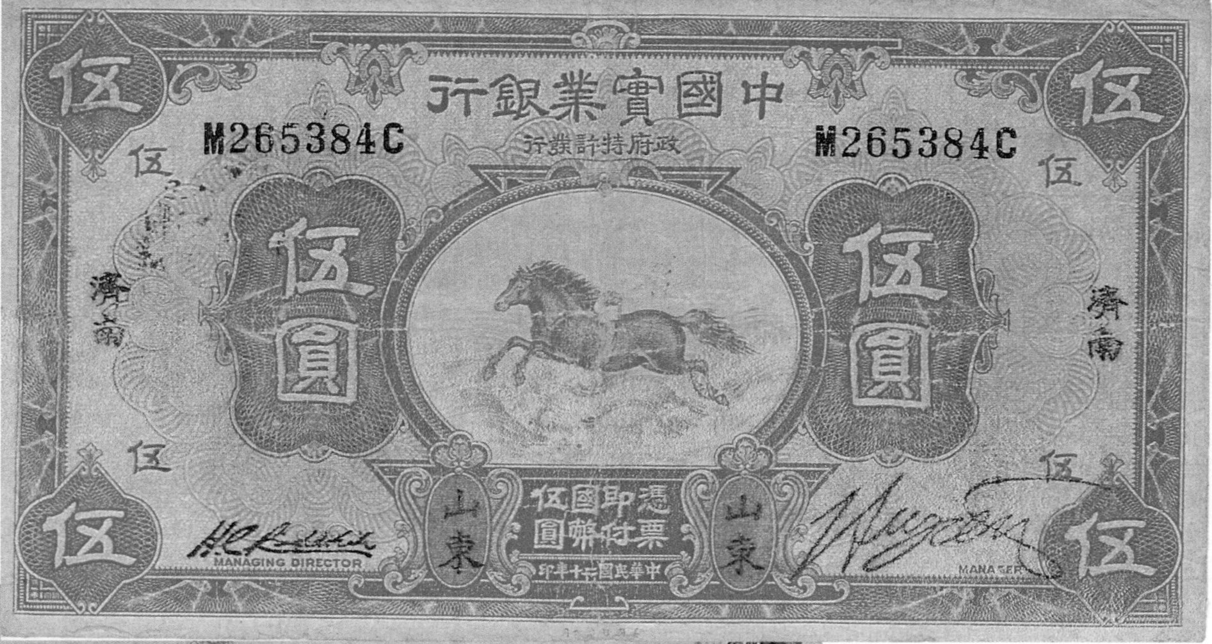

0210
苗培貴 藏
★

0211
吴籌中 藏
★

(背圖見下頁)

0212
苗培貴 藏
★

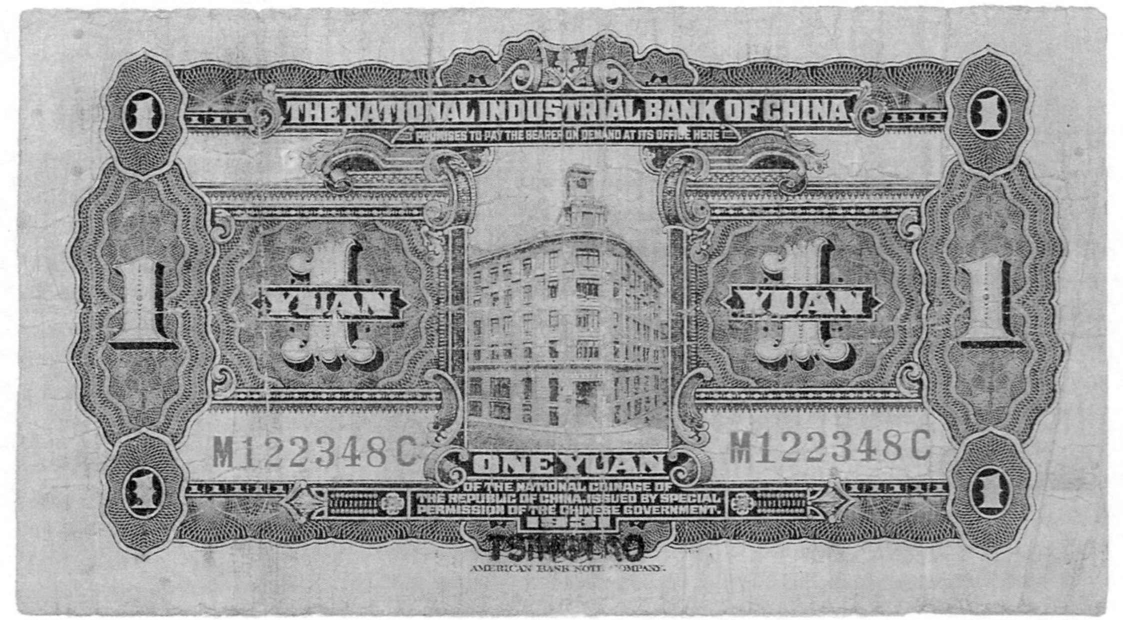

（0211 背圖）

0213
中國人民銀行上海分行 藏
★

七、農商銀行

0214
苗培貴 藏

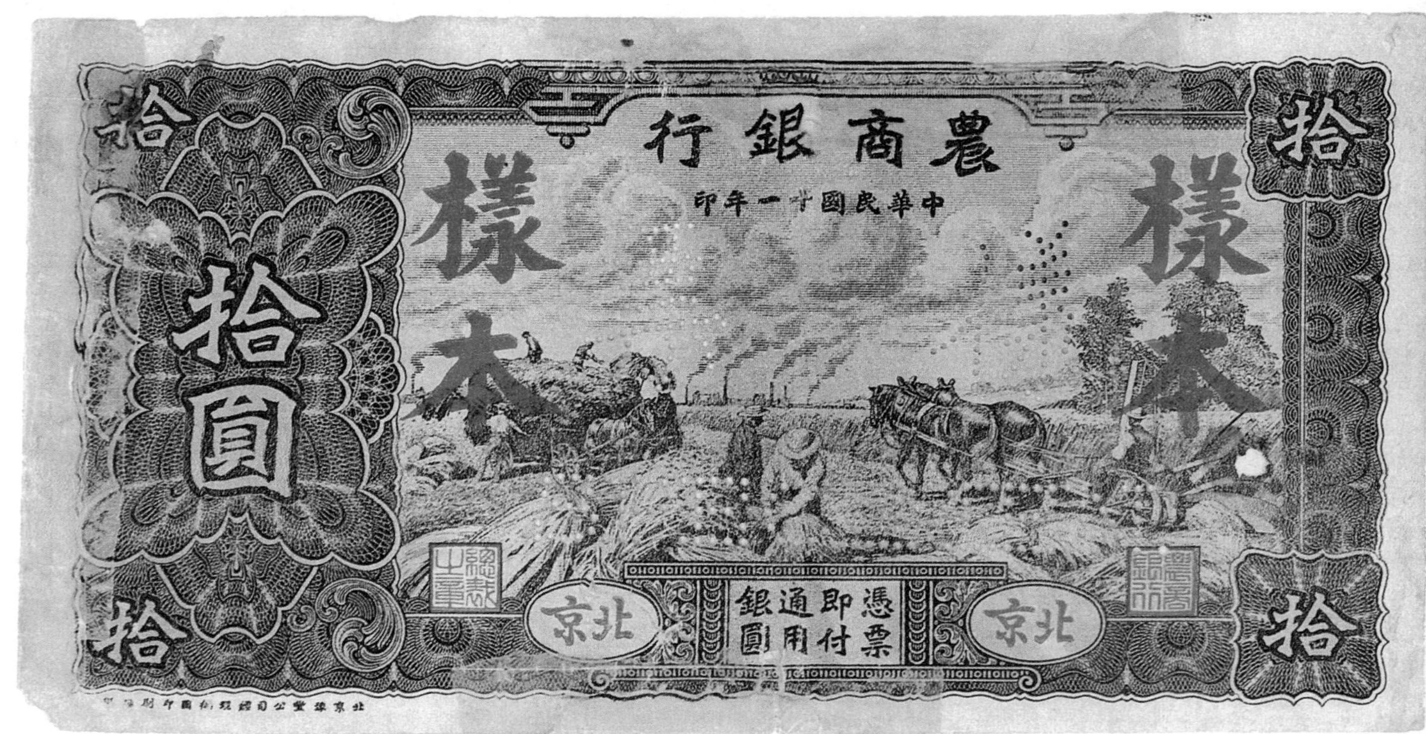

0215
苗培貴 藏
★★★★

(背圖見下頁)

0216
上海博物館 藏
★★★

（0215 背圖）

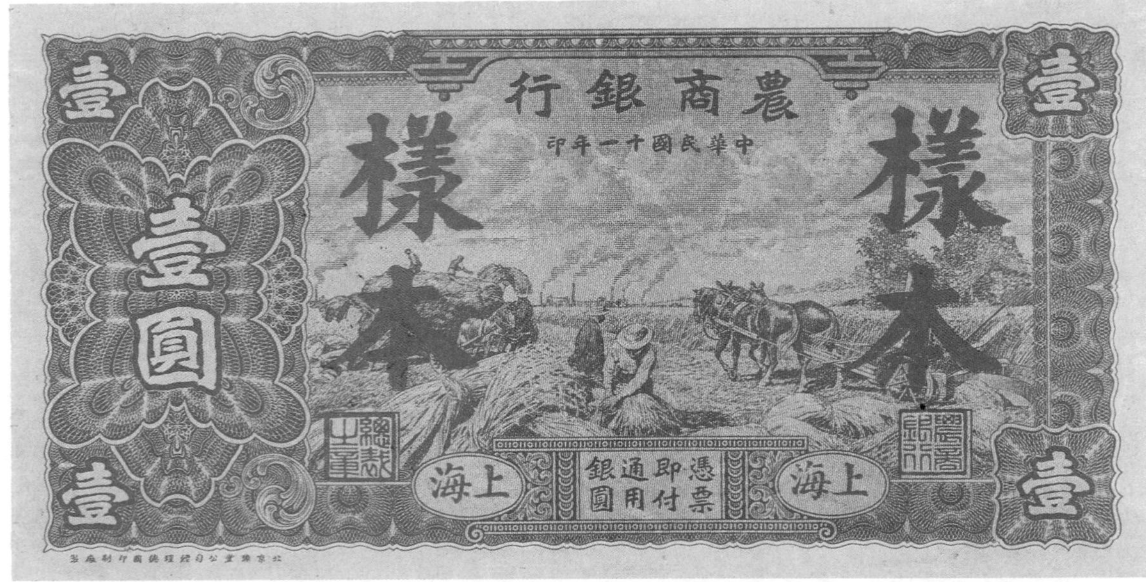

0217
上海博物館 藏
★★★

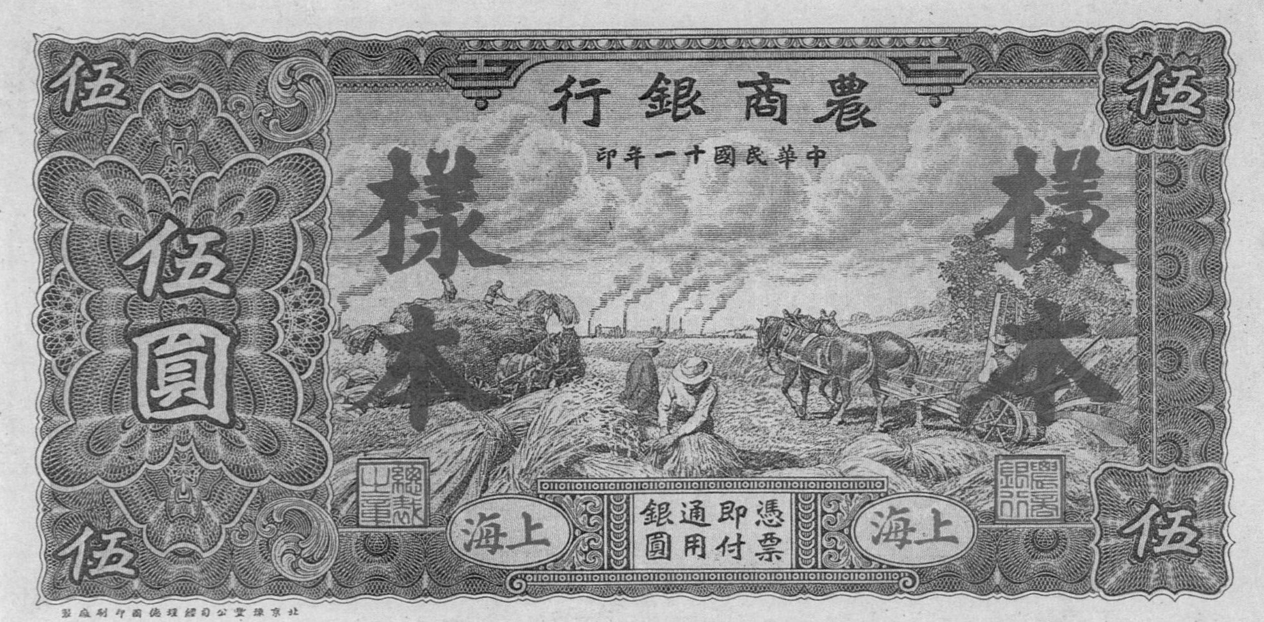

0218
上海博物館 藏
★★★

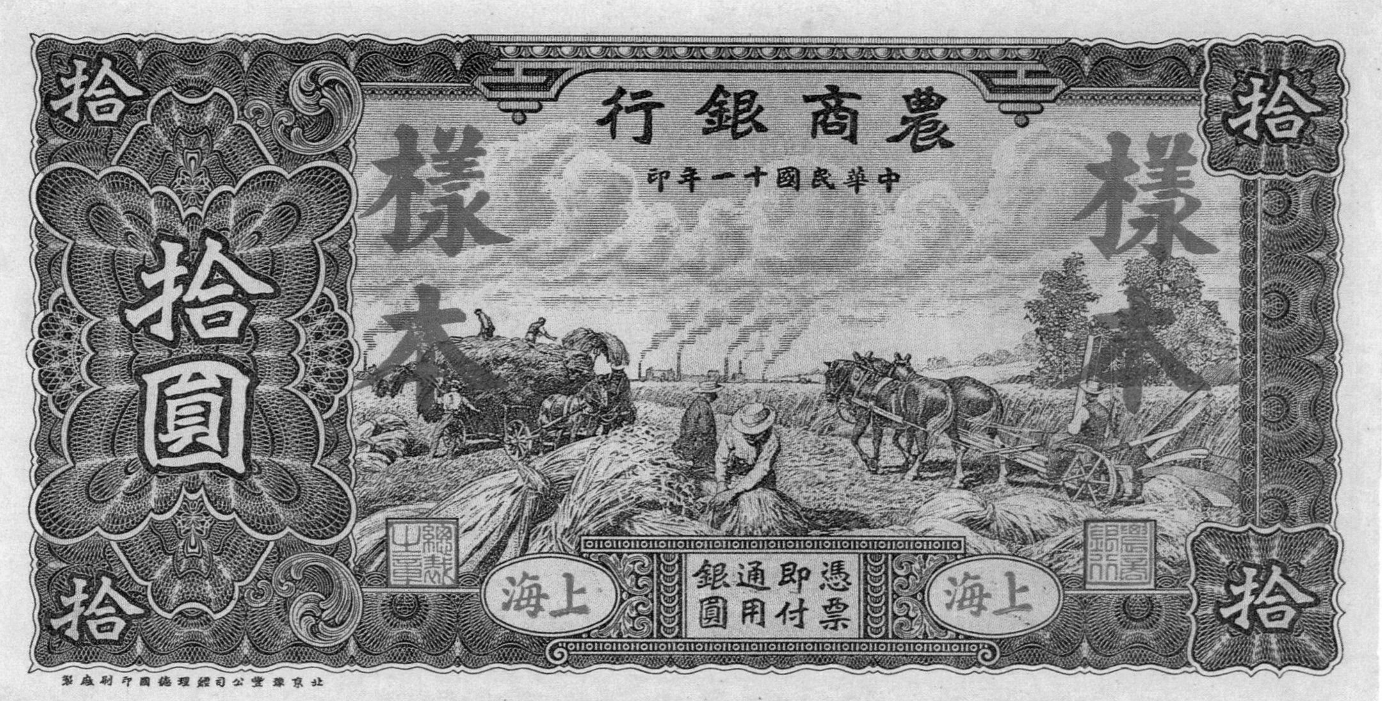

0219
上海博物館 藏
★★★★

0220
張傑 提供
★★★

0221
上海博物館 藏
★★★

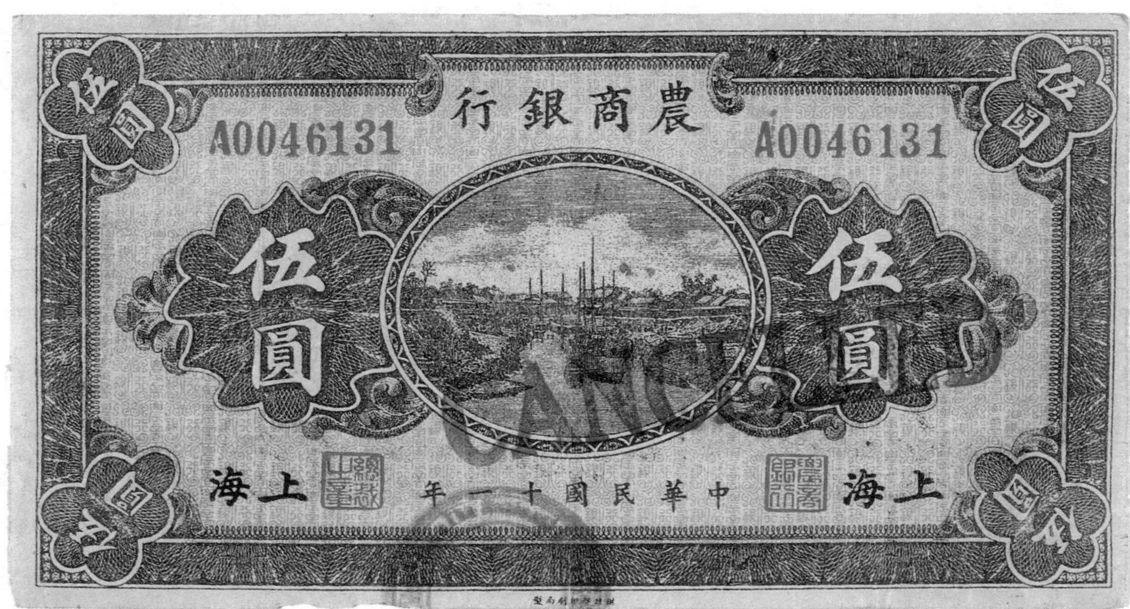

0222
上海博物館 藏
★★★

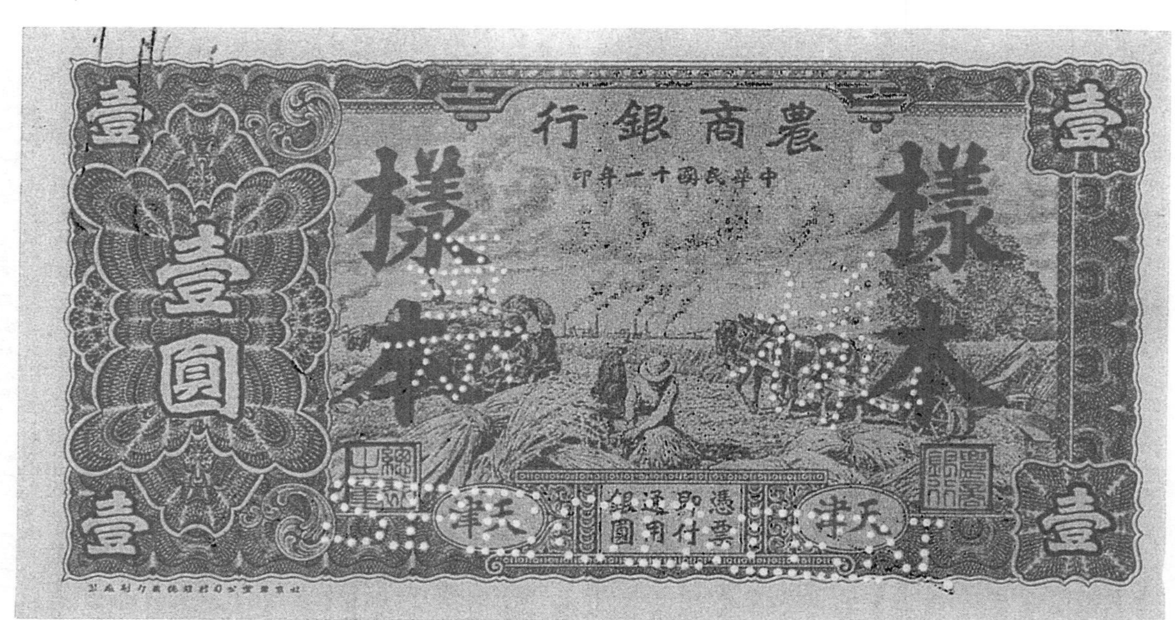

0223
張傑 提供
★★★

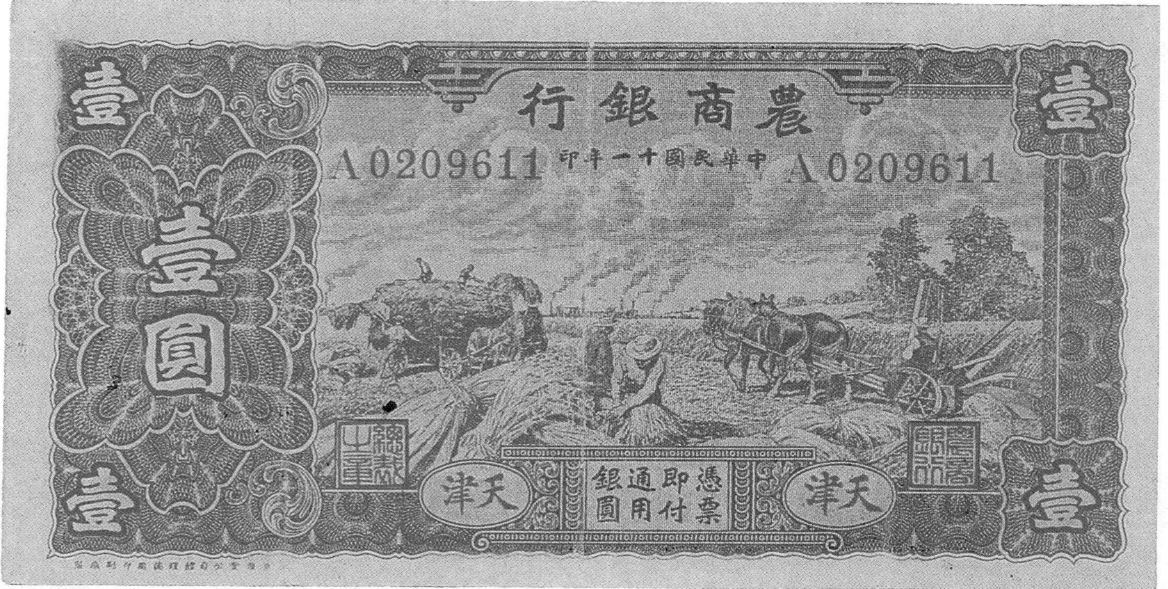

0224
中國人民銀行上海分行 藏
★★★

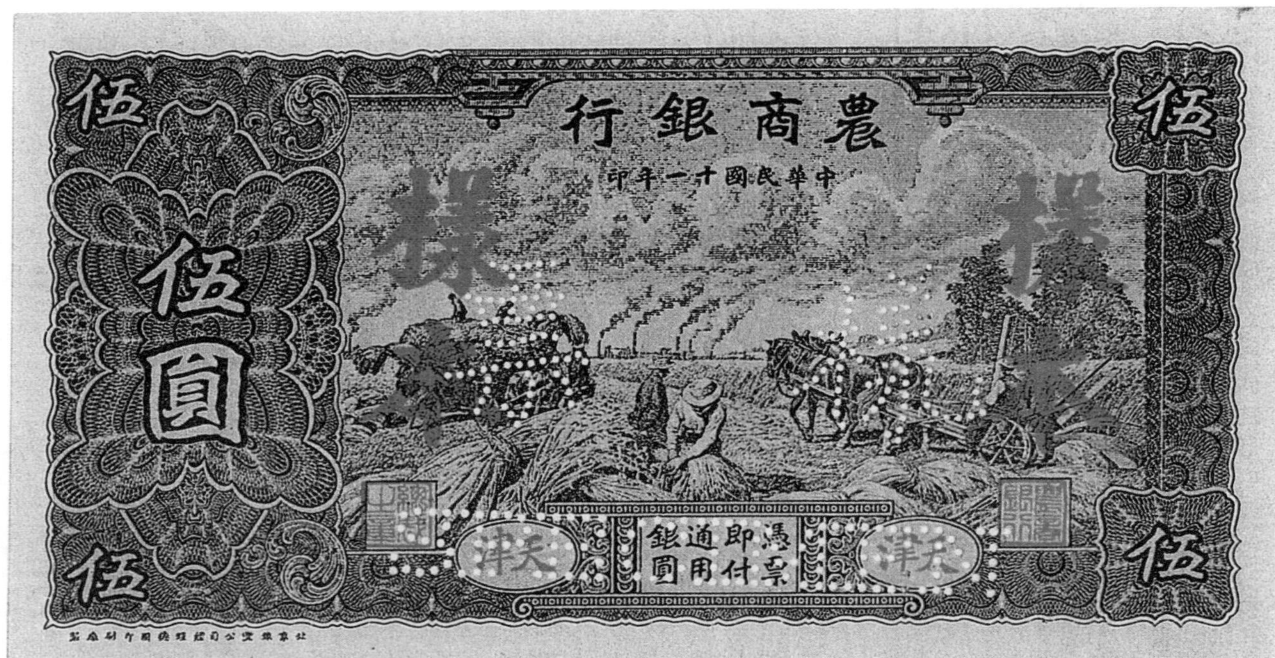

0225
張傑 提供
★★★

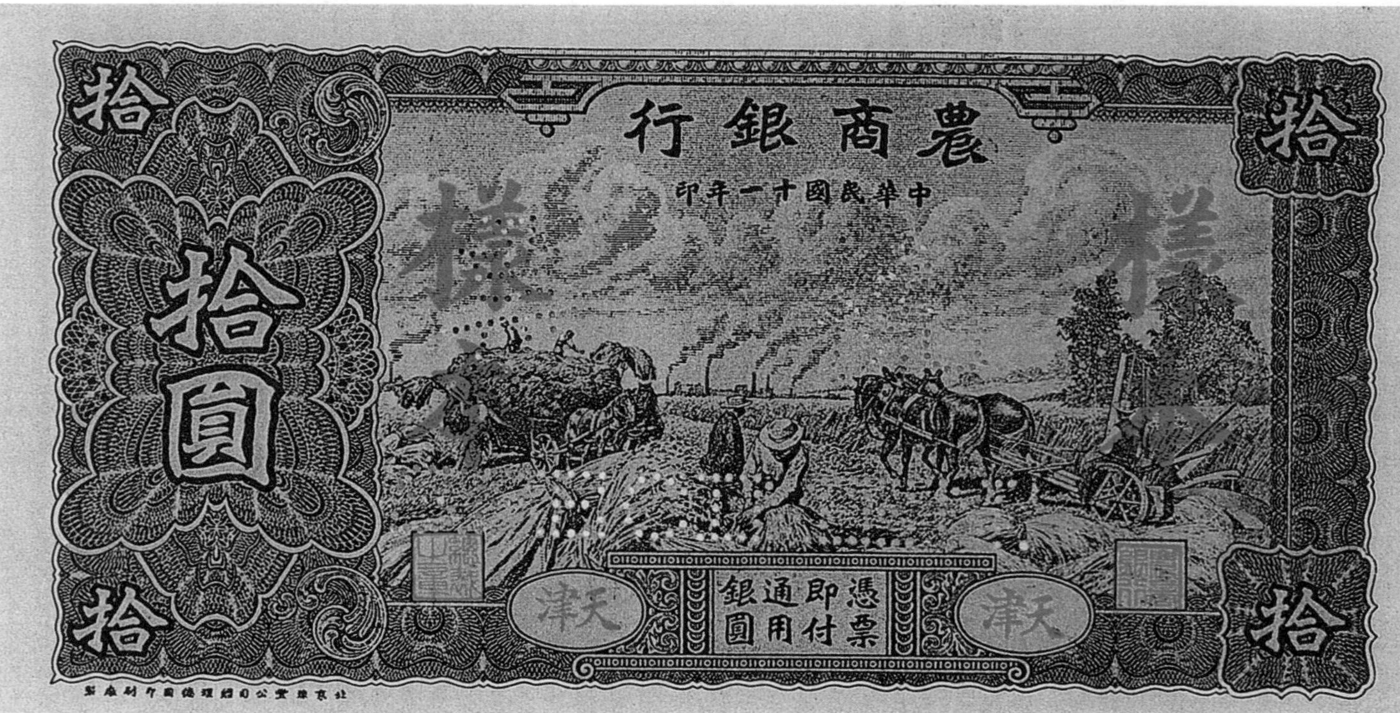

0226
張傑 提供
★★★★

（背圖見下頁）

0227
張傑 提供
★★★

(0226 背圖)

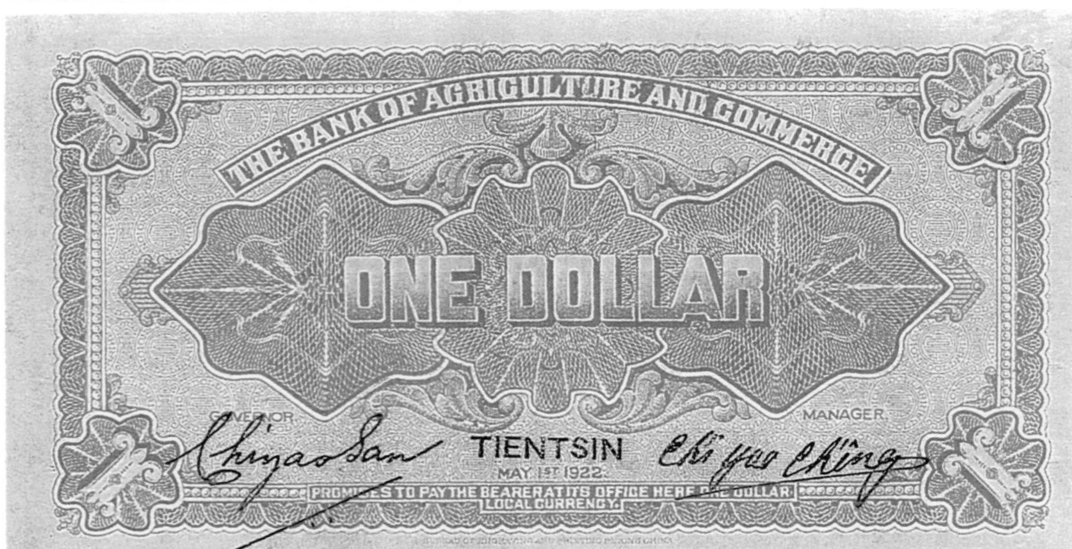

0228
江蘇省錢幣學會 提供
★★★

0229
張傑 提供
★★★

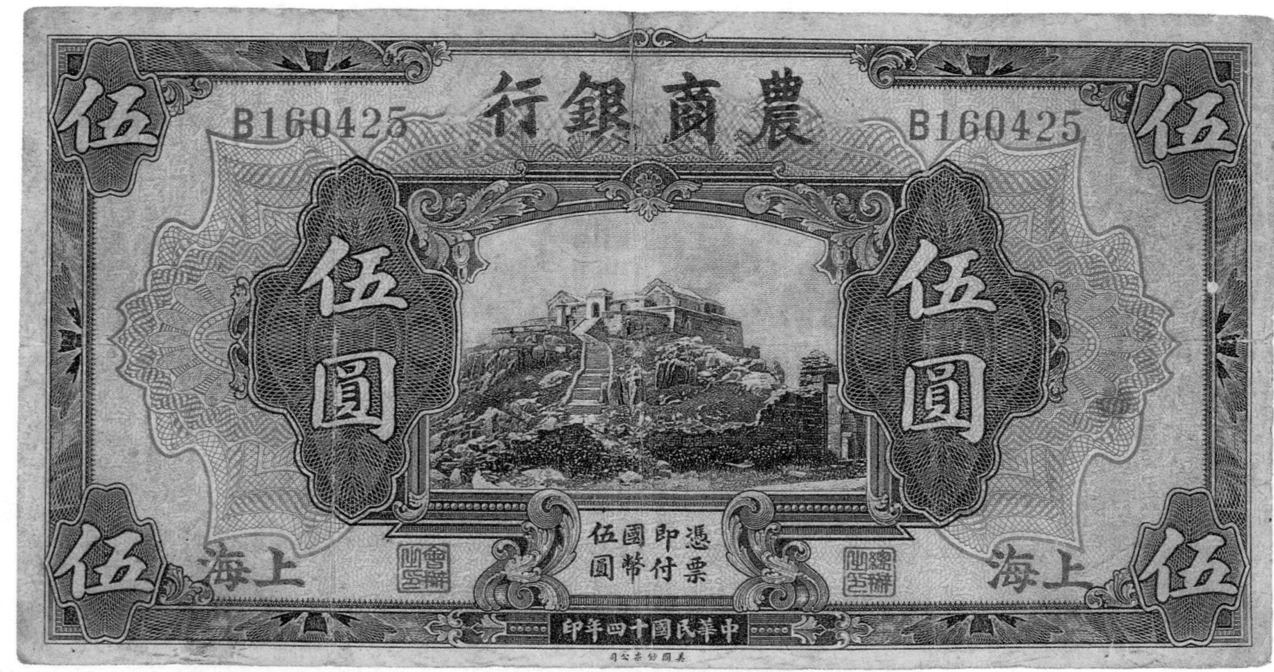

0230
上海博物館 藏
★★★★

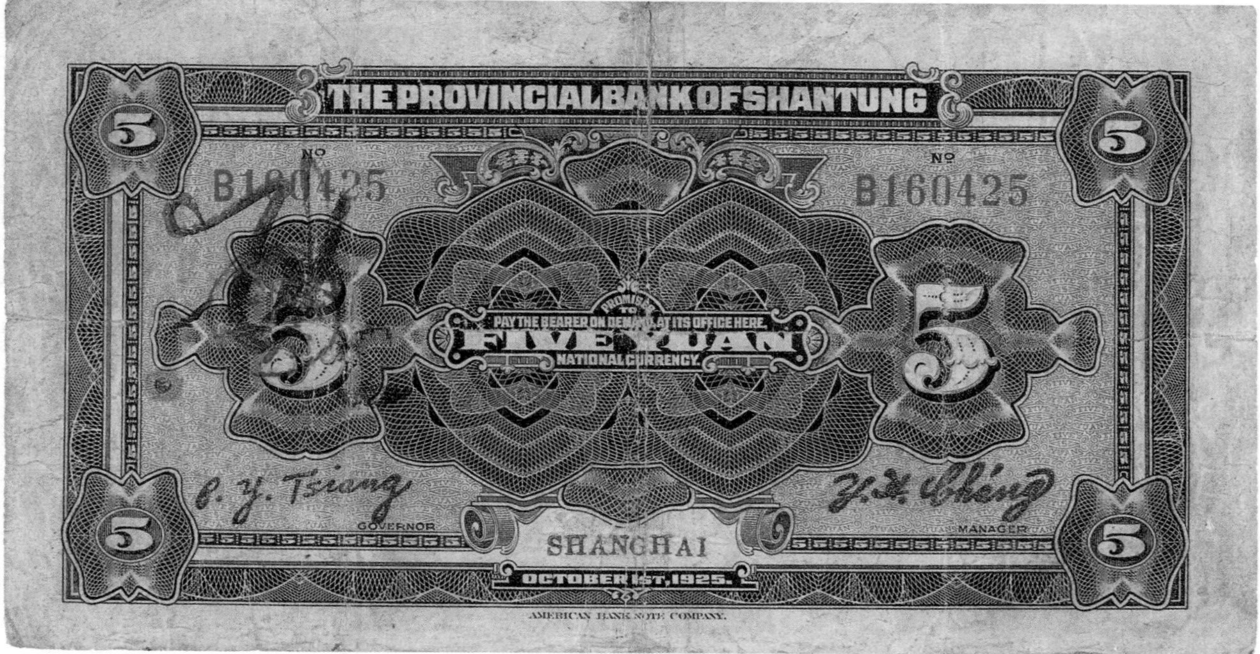

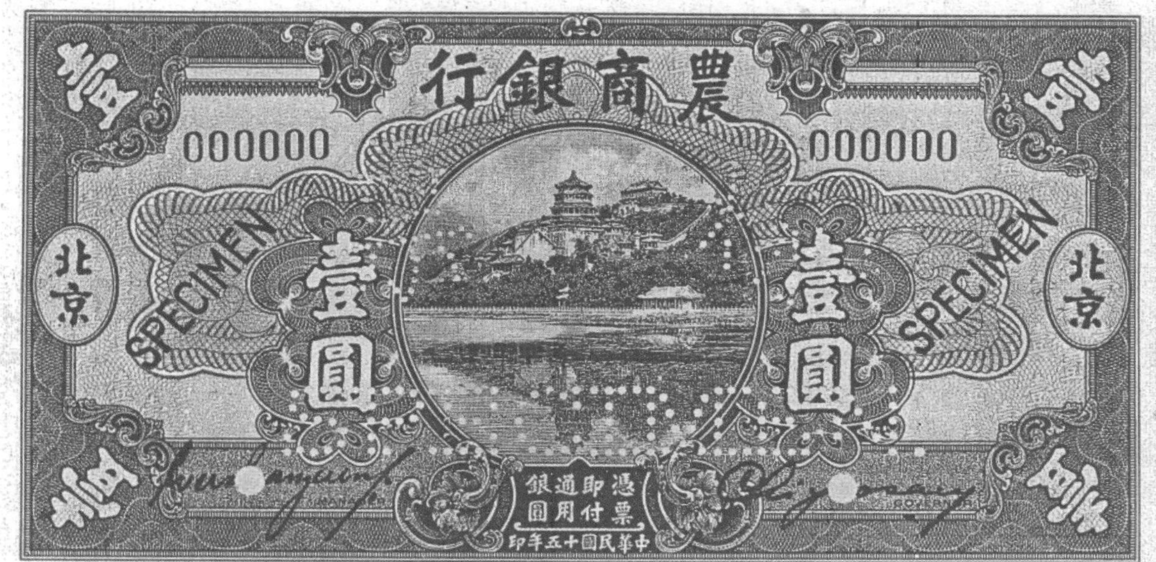

0231
吴籌中 藏
★★

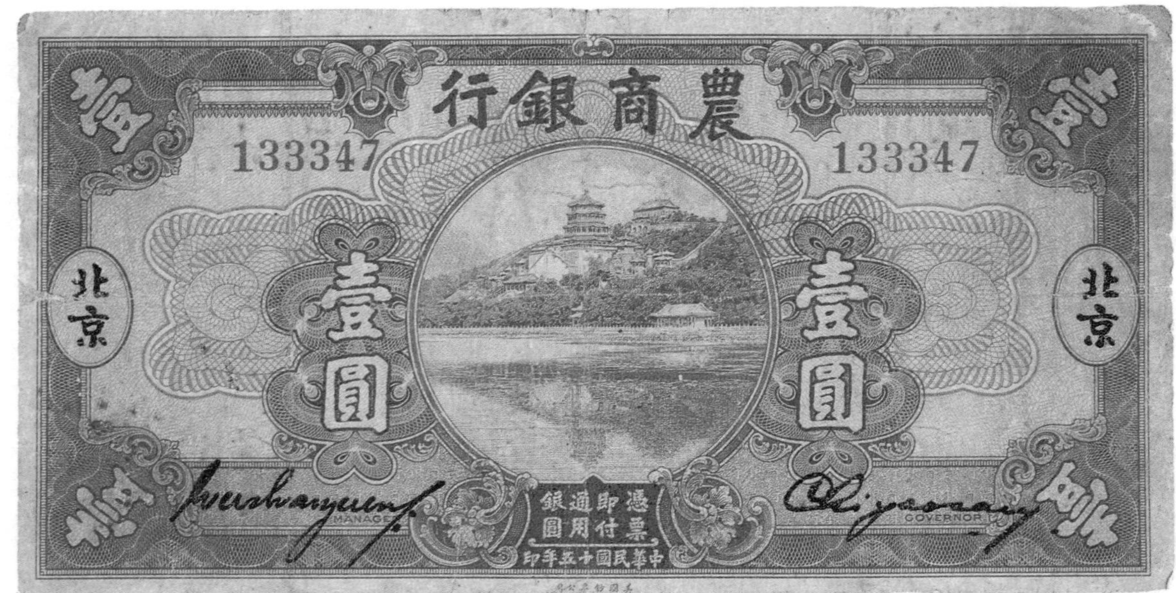

0232
上海博物館 藏

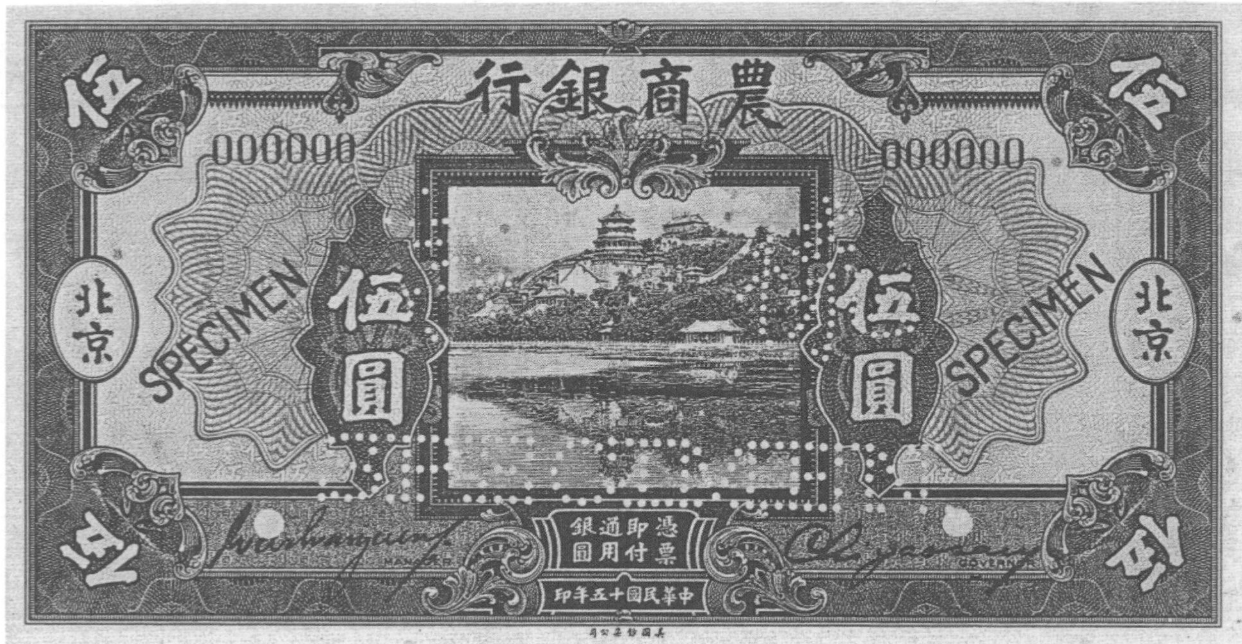

0233
吴籌中 藏

0234
吴籌中 藏
★★★

0235
上海博物館 藏
★★

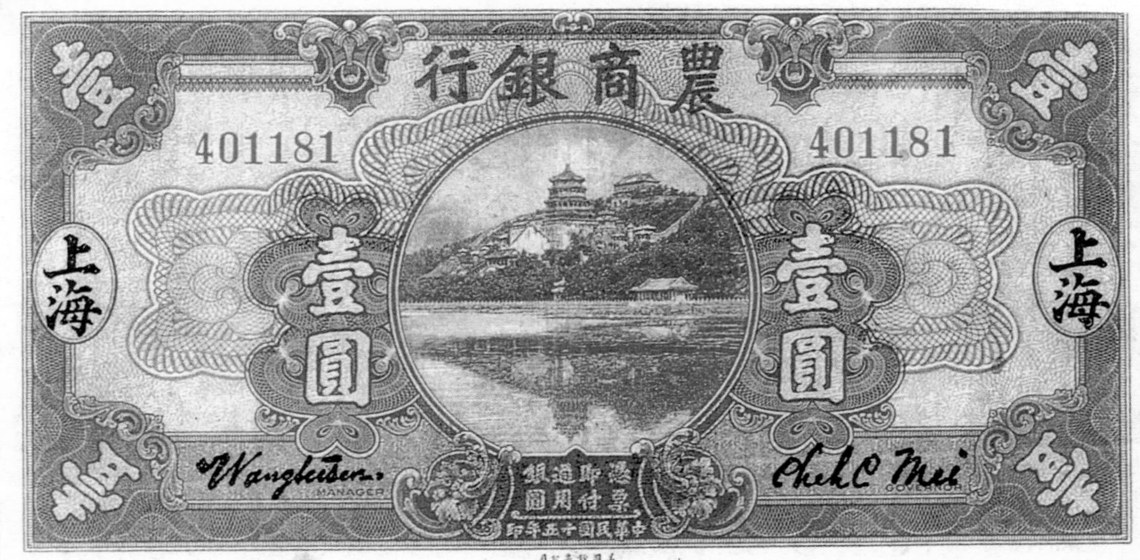

0236
吴籌中 藏
★★

0237
中國人民銀行上海分行 藏
★★

0238
上海博物館 藏
★★

0239
中國人民銀行上海分行 藏
★★★

0240
上海博物館 藏
★★★

0241
吴籌中 藏
★★

0242
上海博物館 藏
★★

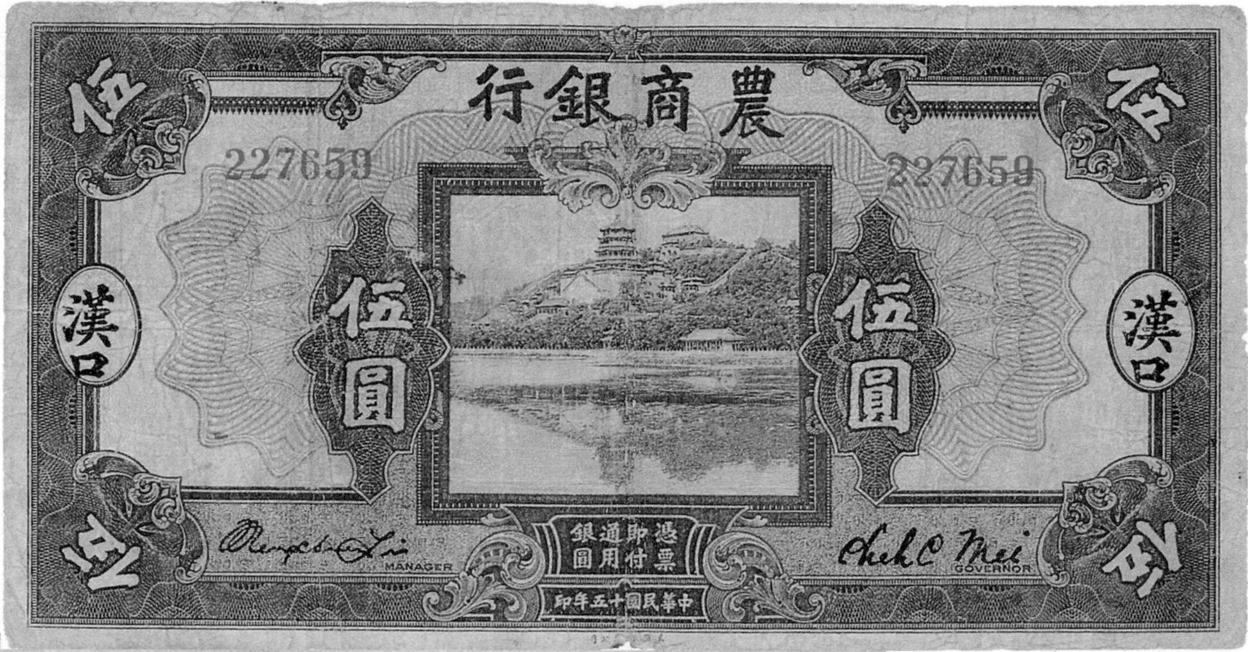

0243
苗培貴 藏
★★

0244
上海博物館 藏
★★★

0245
上海博物館 藏
★★

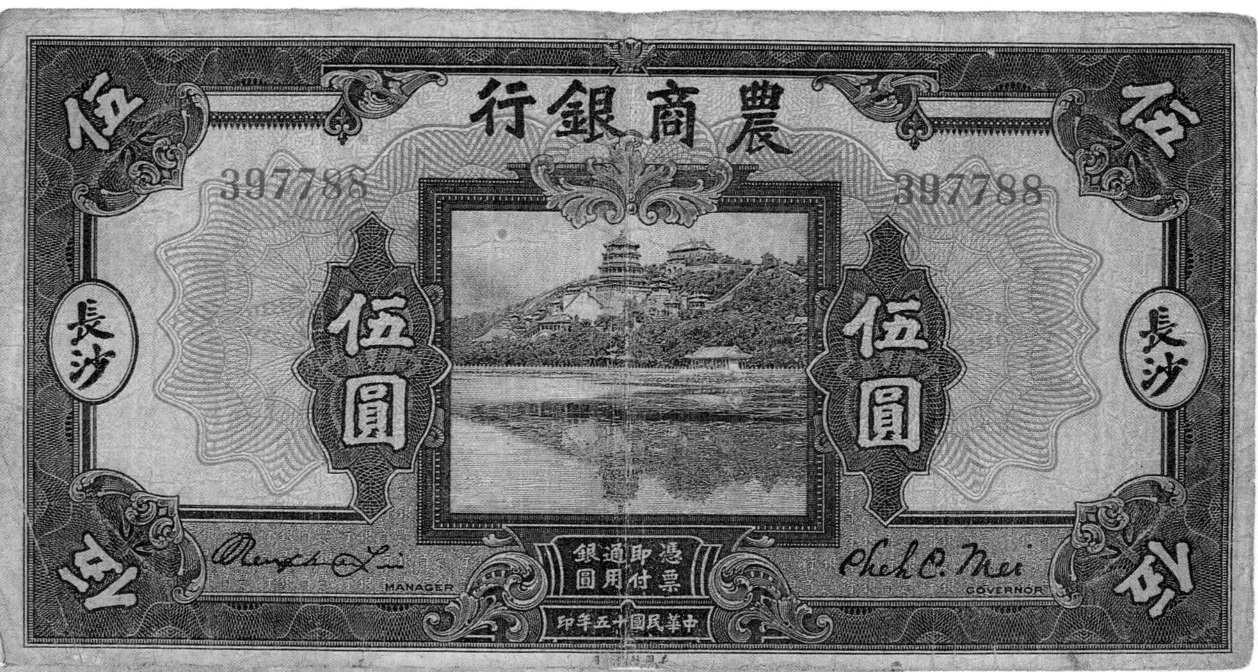

0246
上海博物館 藏
★★

0247
上海博物館 藏
★★★

八、中國農工銀行

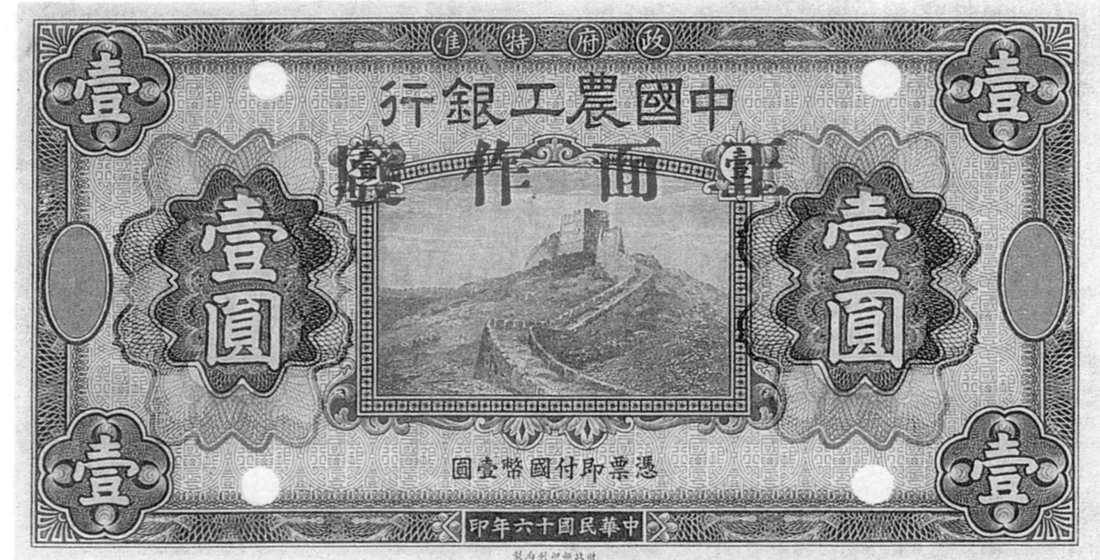

0248
中國人民銀行上海分行 藏
★★

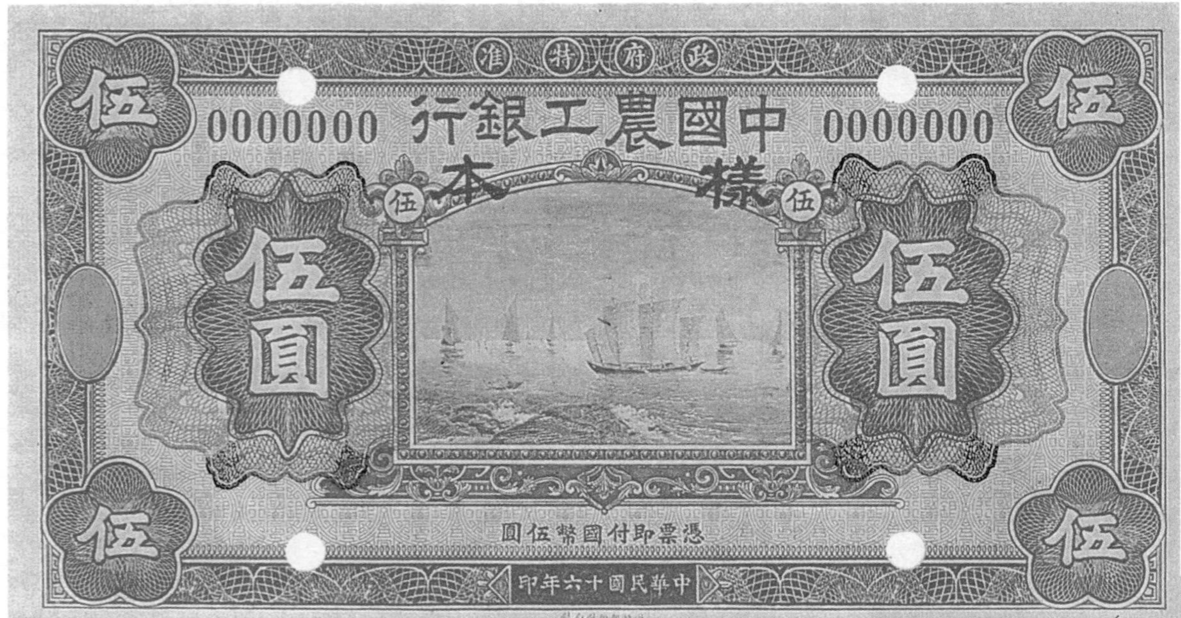

0249
中國人民銀行上海分行 藏
★★

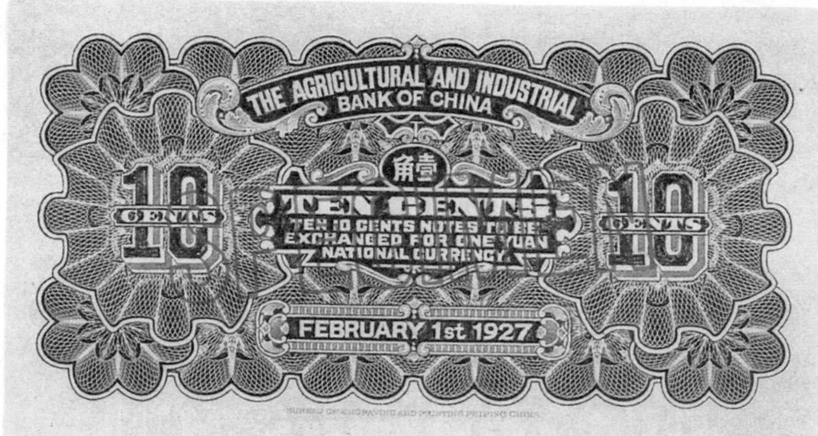

0250
馮志苗 藏
★★

0251
苗培貴 藏
★

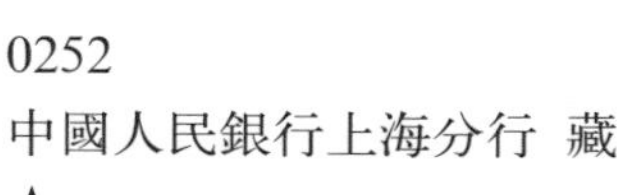

0252
中國人民銀行上海分行 藏
★

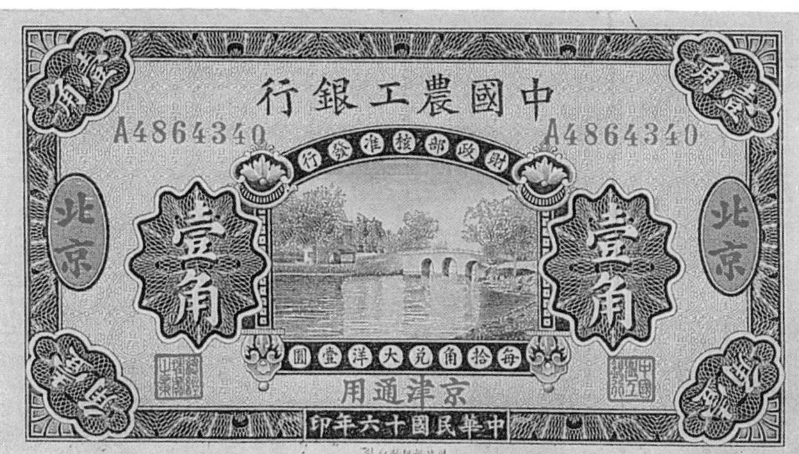

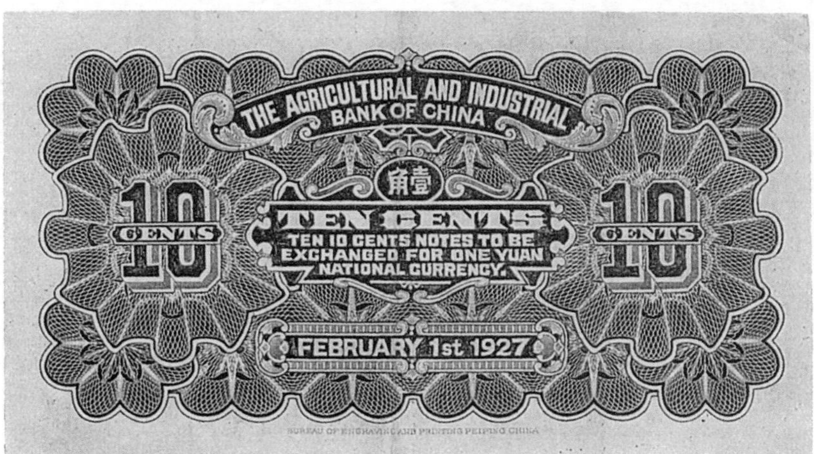

0253
上海博物館 藏
★★

0254
馮志苗 藏
★★

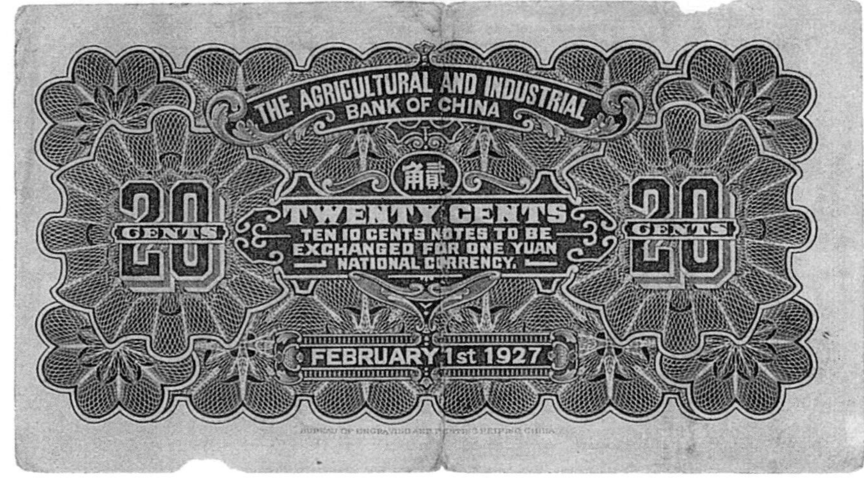

0255
中國人民銀行上海分行 藏
★

0256
上海博物館 藏
★

0257
上海博物館 藏
★

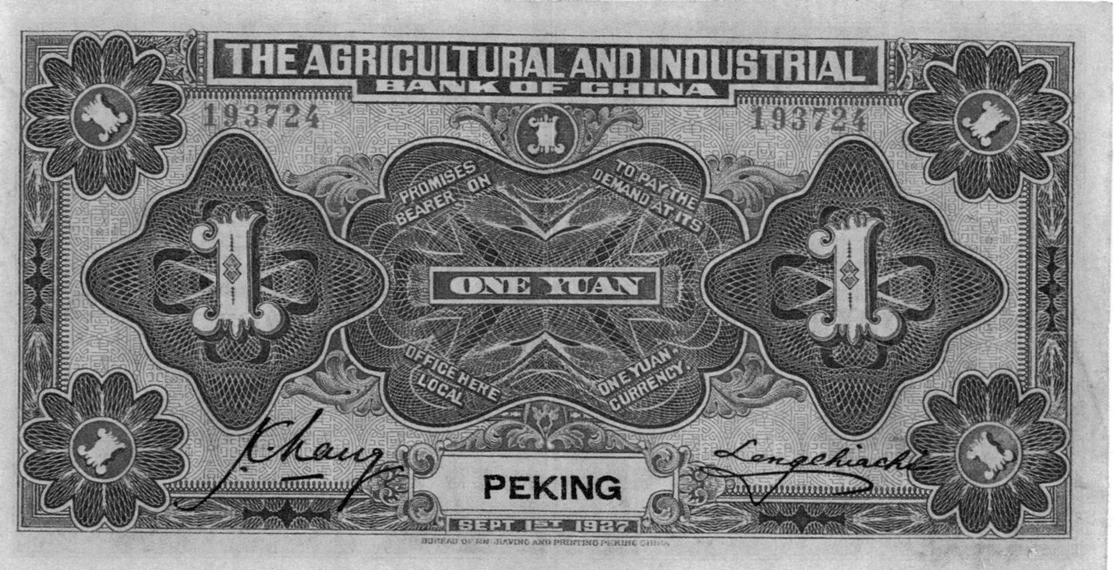

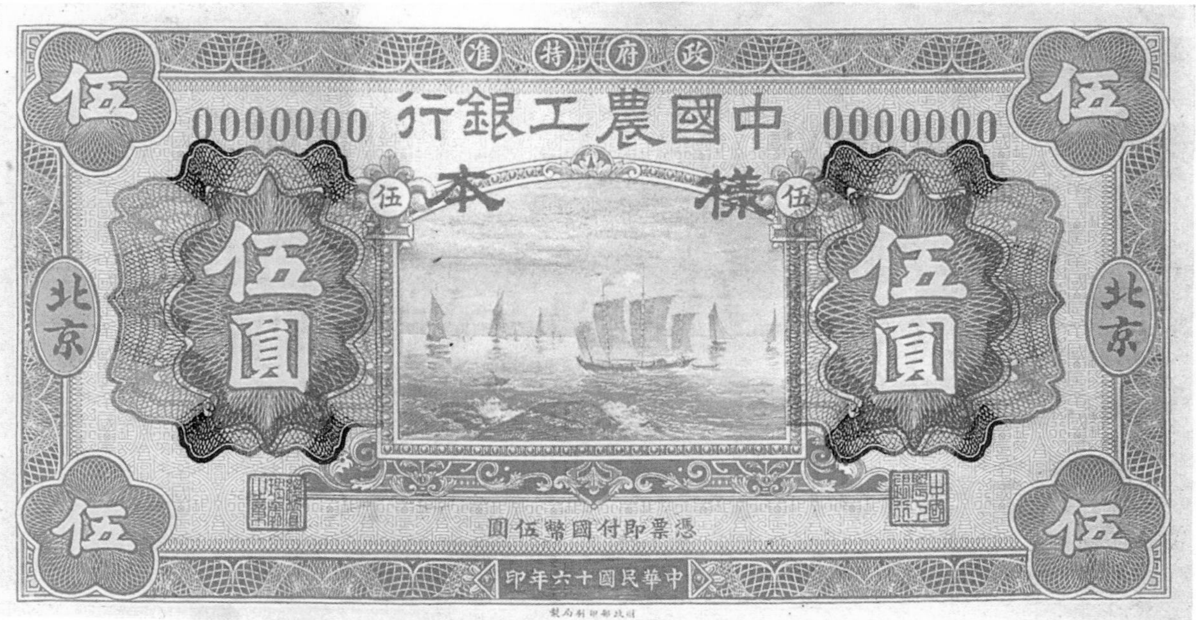

0258
中國人民銀行上海分行 藏
★★

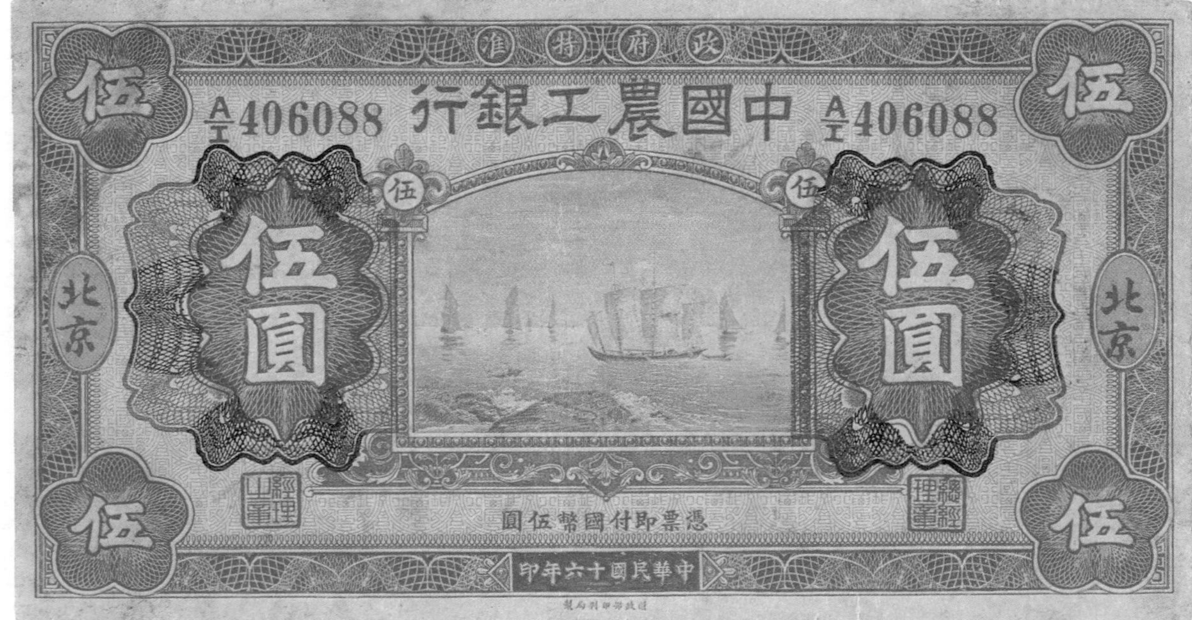

0259
上海博物館 藏
★★

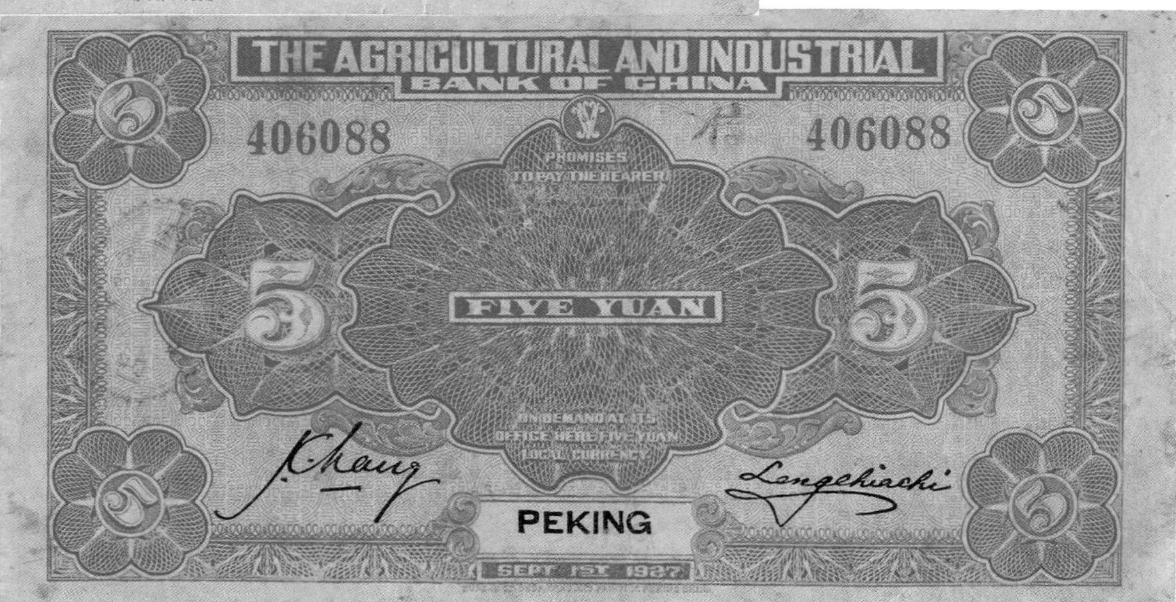

0260
中國人民銀行上海分行 藏
★★★

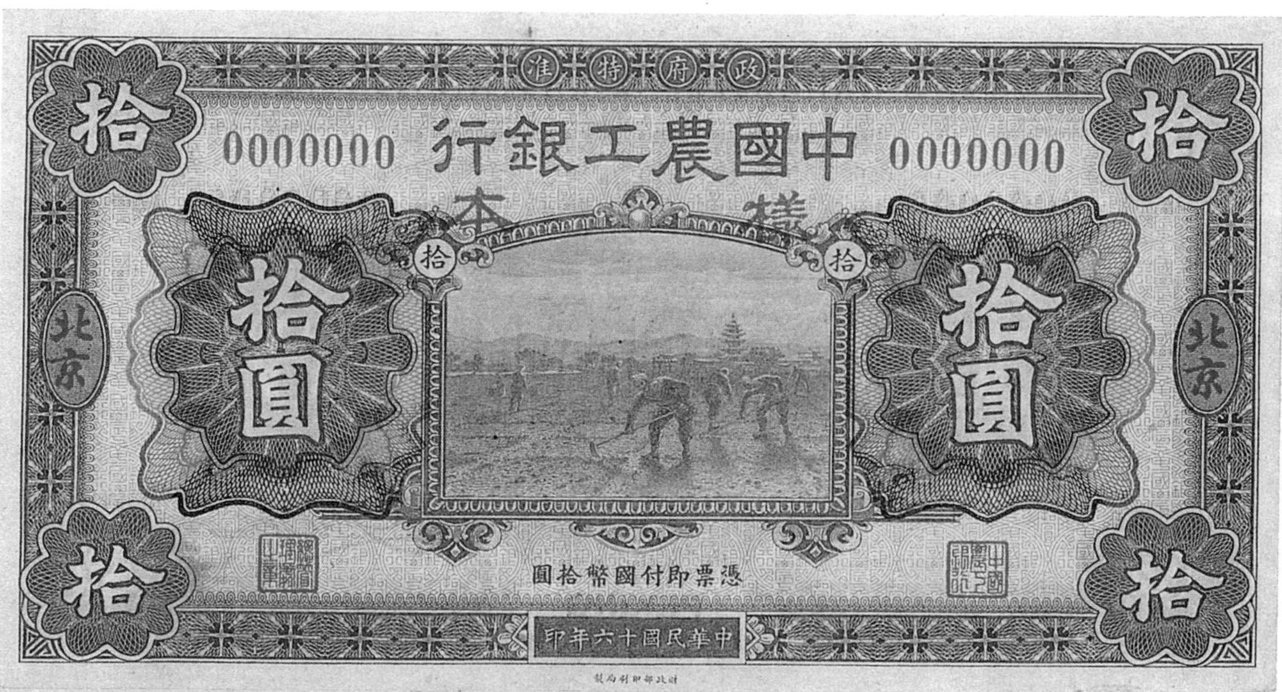

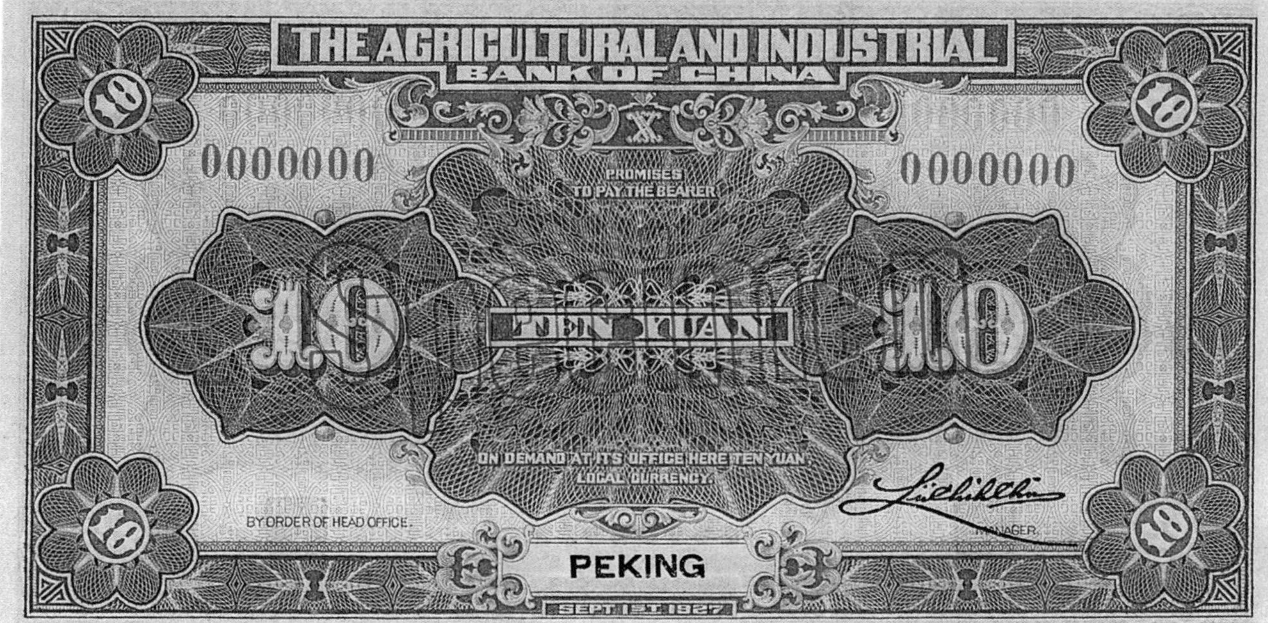

0261
中國人民銀行上海分行 藏
★★★

0262
中國人民銀行上海分行 藏
★★

0263
上海博物館 藏
★

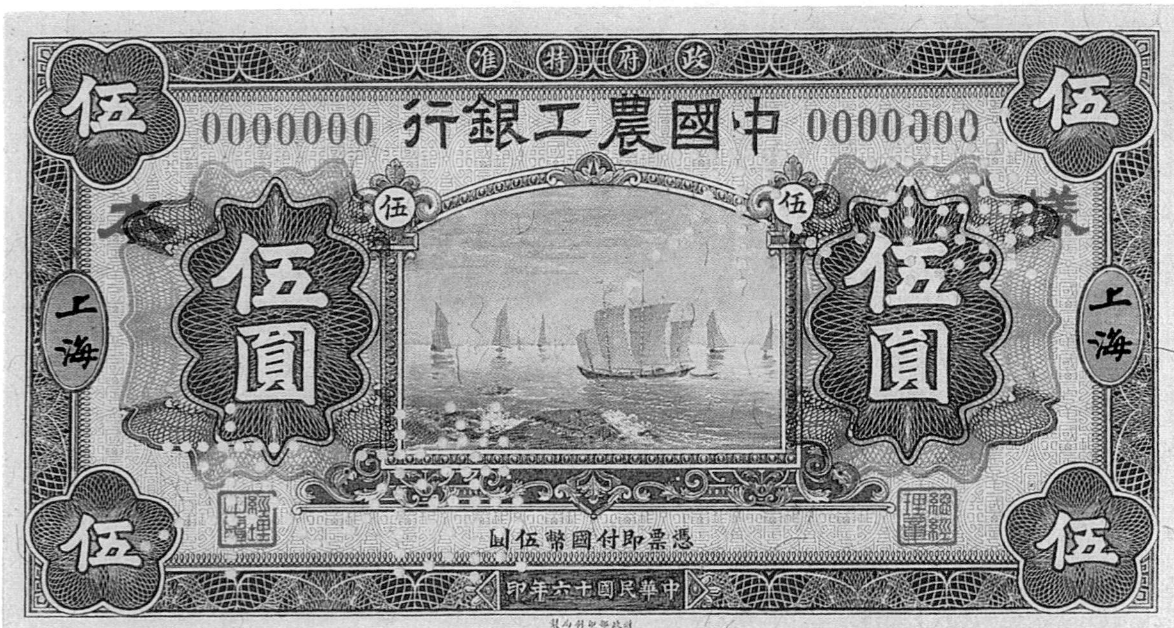

0264
中國人民銀行上海分行 藏
★★

0265
中國人民銀行上海分行 藏
★★★

0266
上海博物館 藏
★

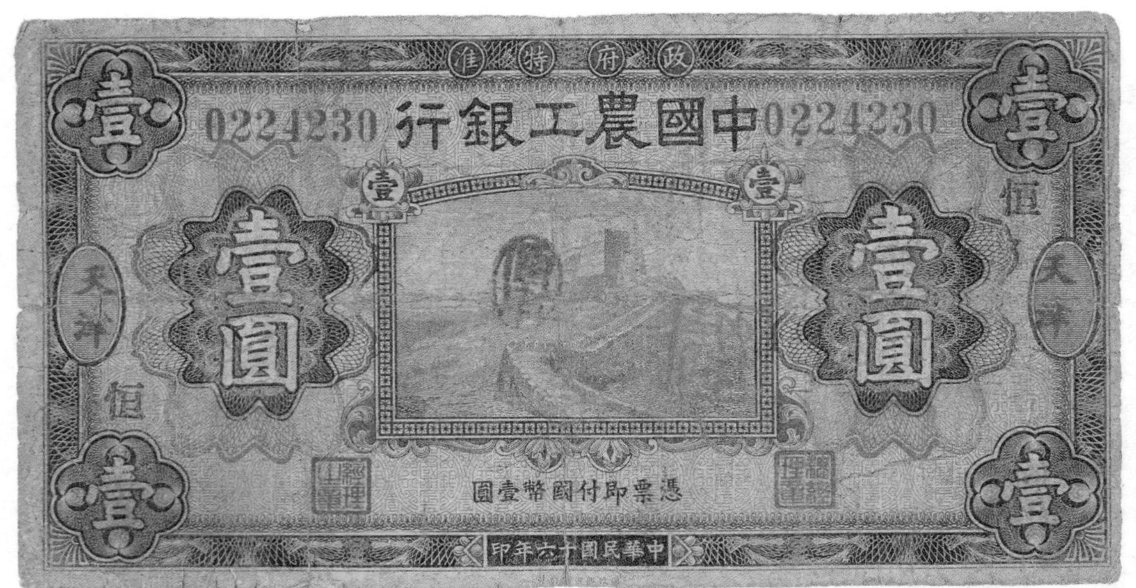

0267
上海博物館 藏
★

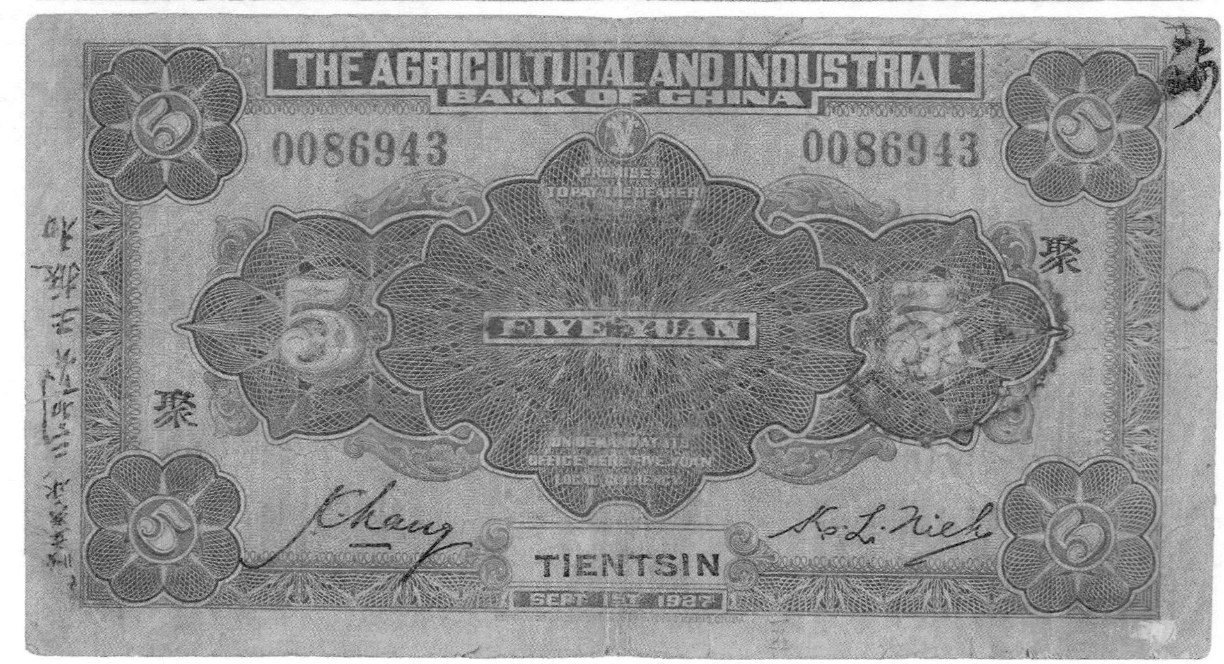

0268
上海博物館 藏
★★

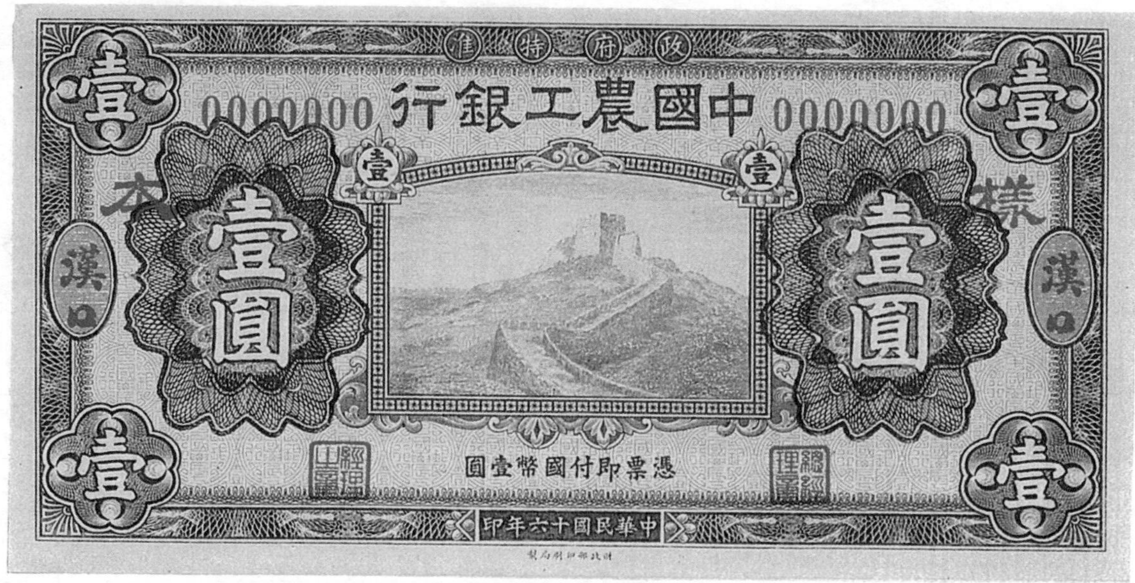

0269
中國人民銀行上海分行 藏
★★

0270
上海博物館　藏
★

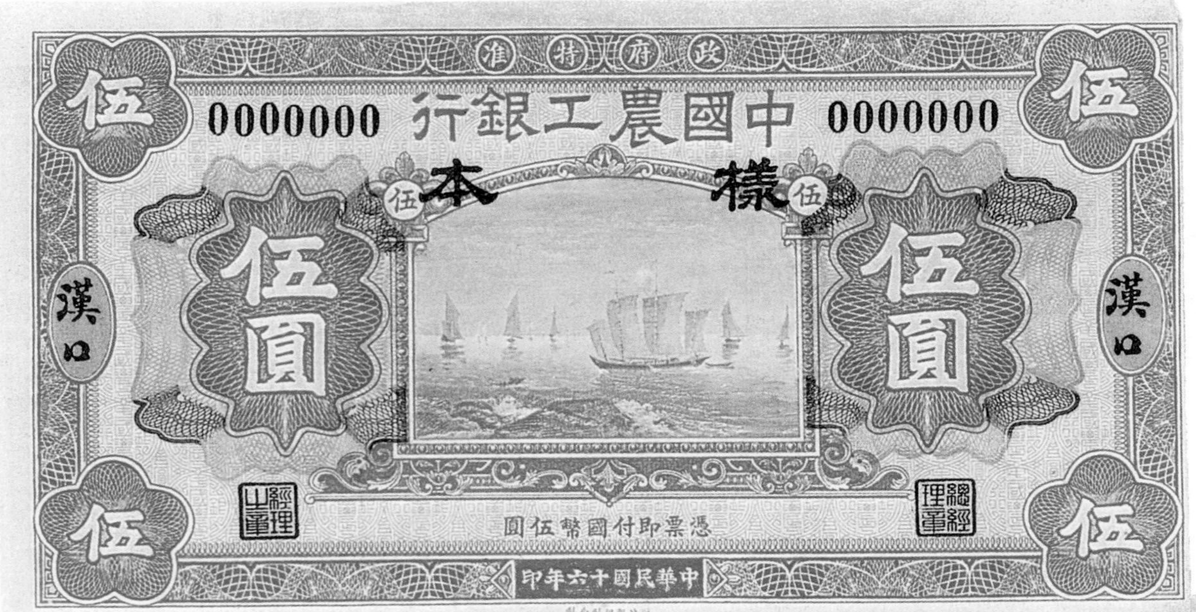

0271
中國人民銀行上海分行 藏
★★★

0272
中國人民銀行上海分行 藏
★★

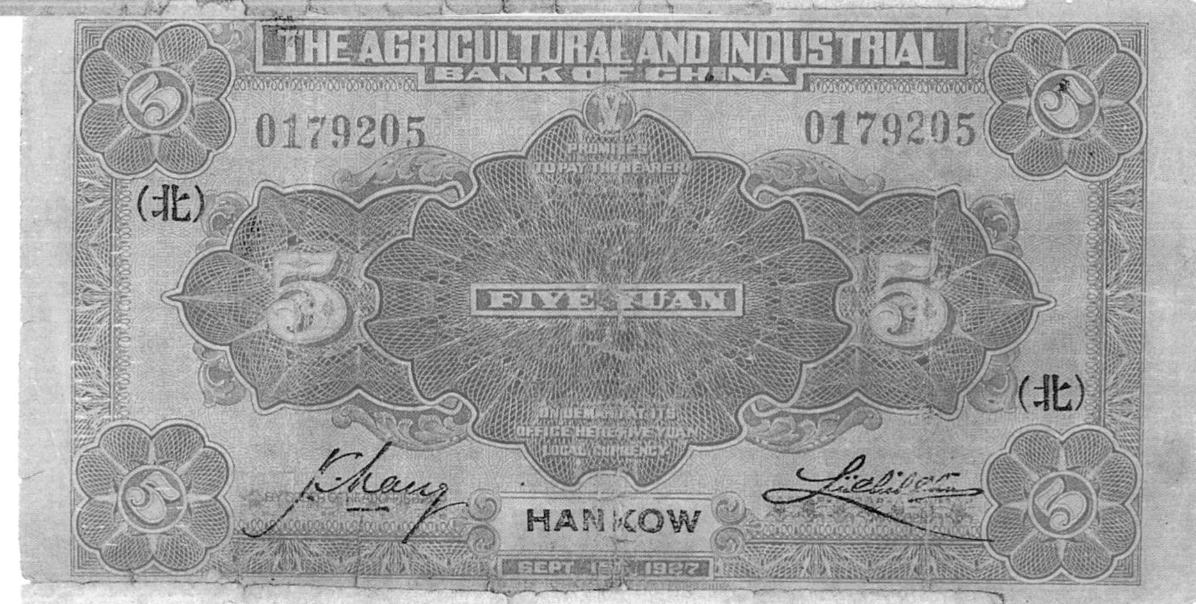

0273
吴籌中 藏
★★★

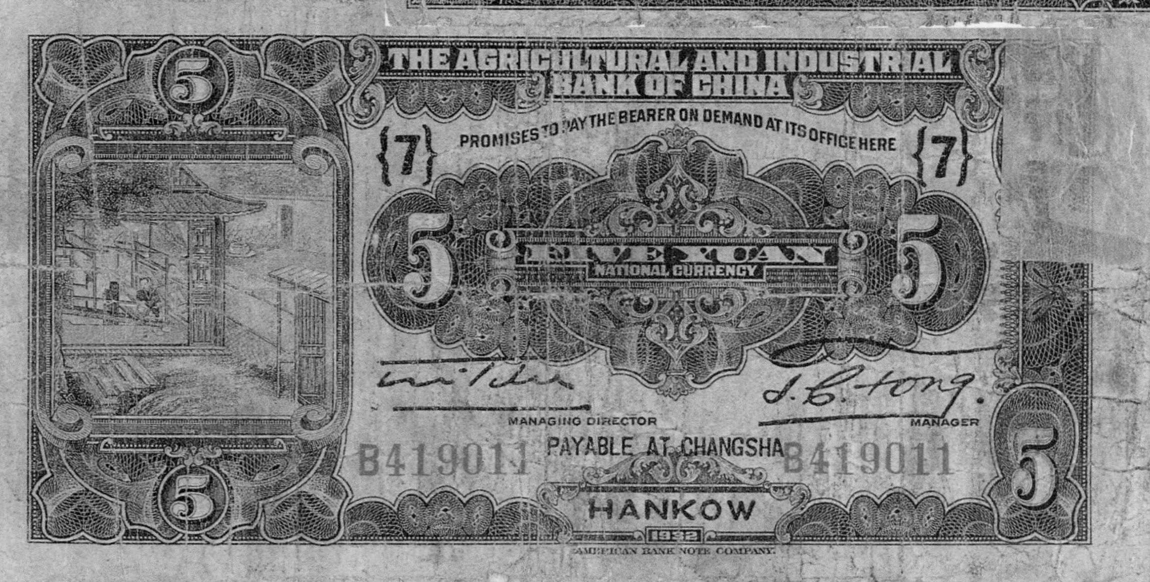

0274
上海博物館 藏
★

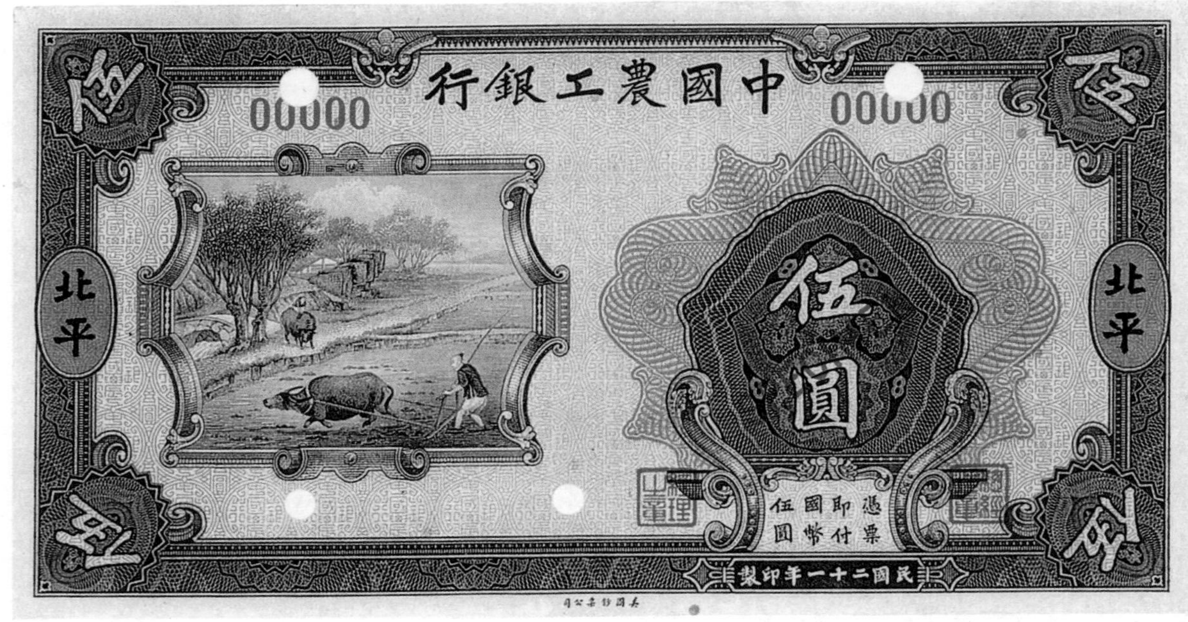

0275
中國人民銀行上海分行 藏
★★

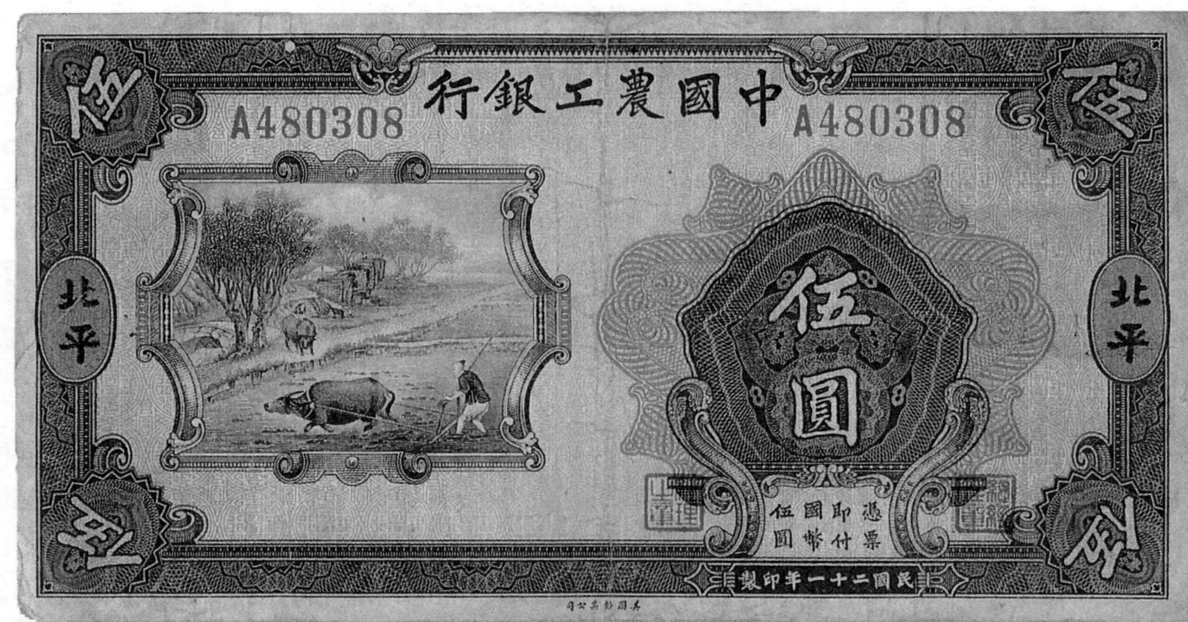

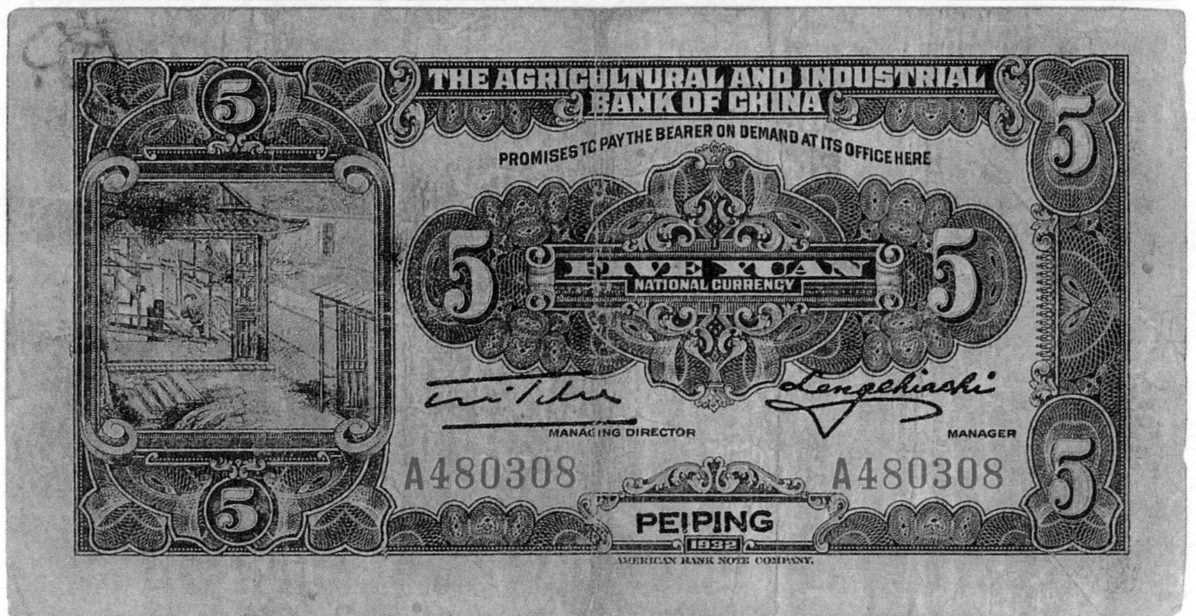

0276
苗培貴 藏
★

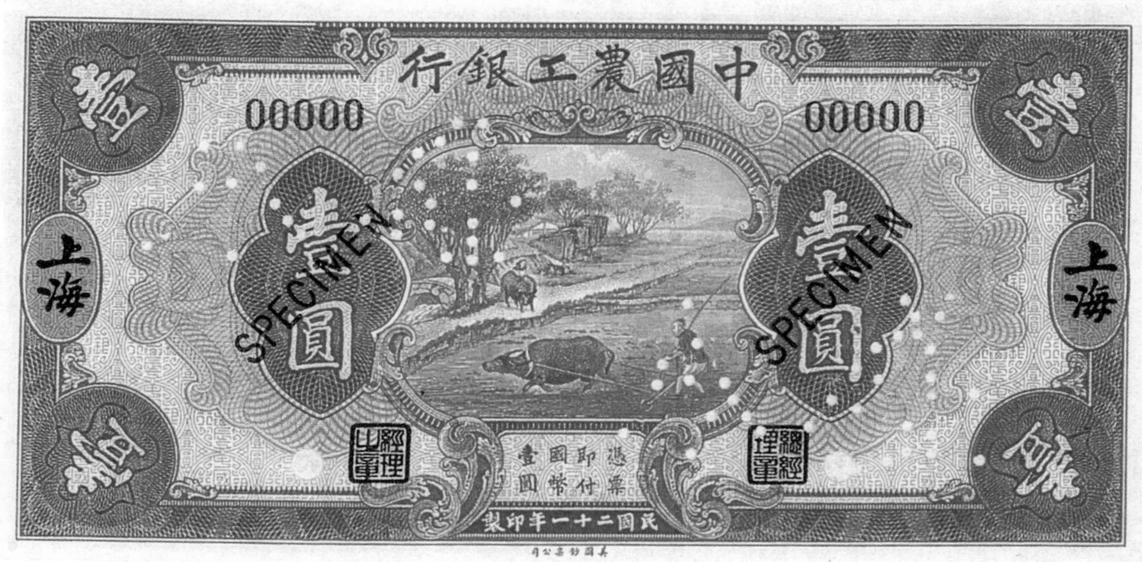

0277
中國人民銀行上海分行 藏
★★

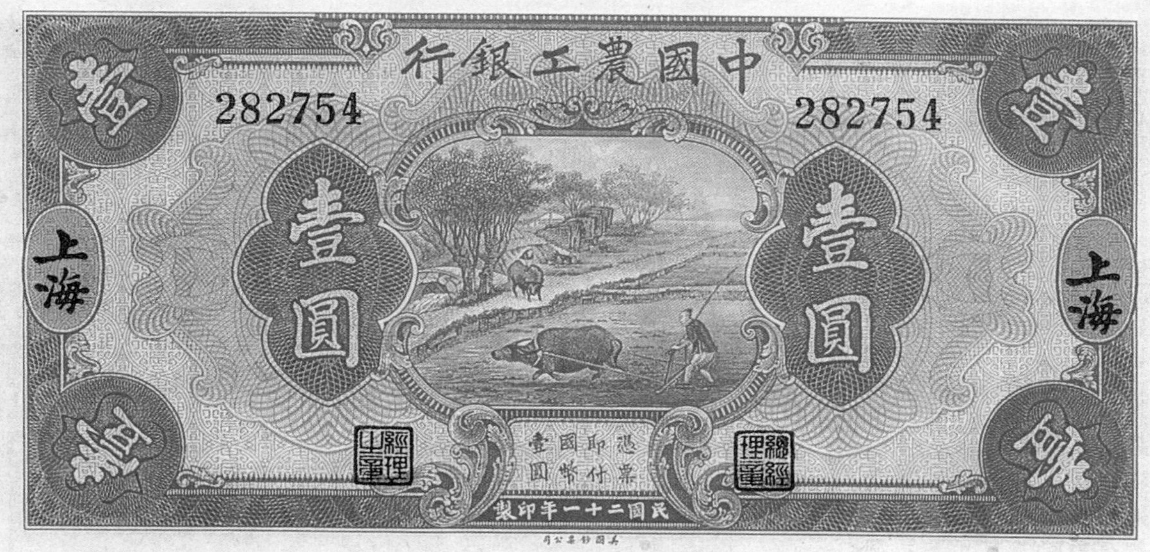

0278
中國人民銀行上海分行 藏
★

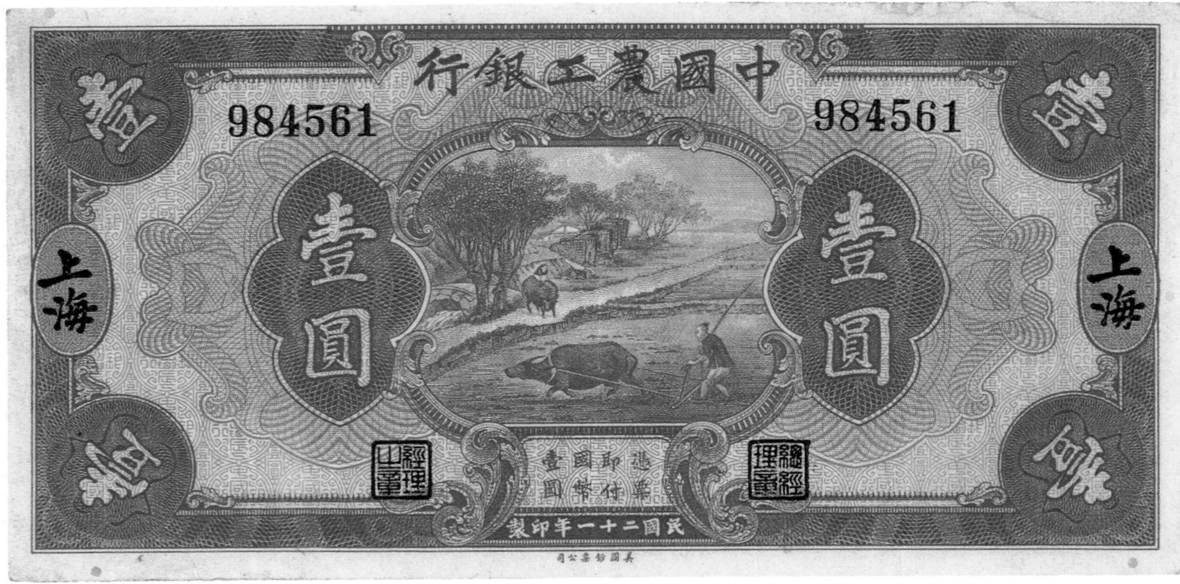

0279
上海博物館 藏
★

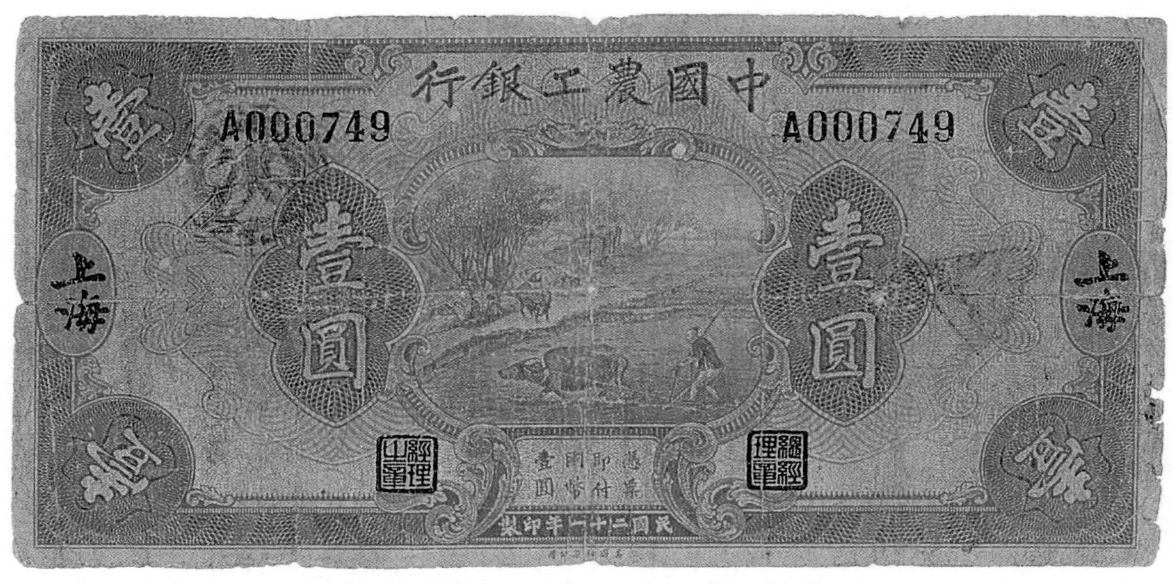

0280
中國人民銀行上海分行 藏
★

0281
中國人民銀行上海分行 藏
★★

0282
上海博物館 藏
★

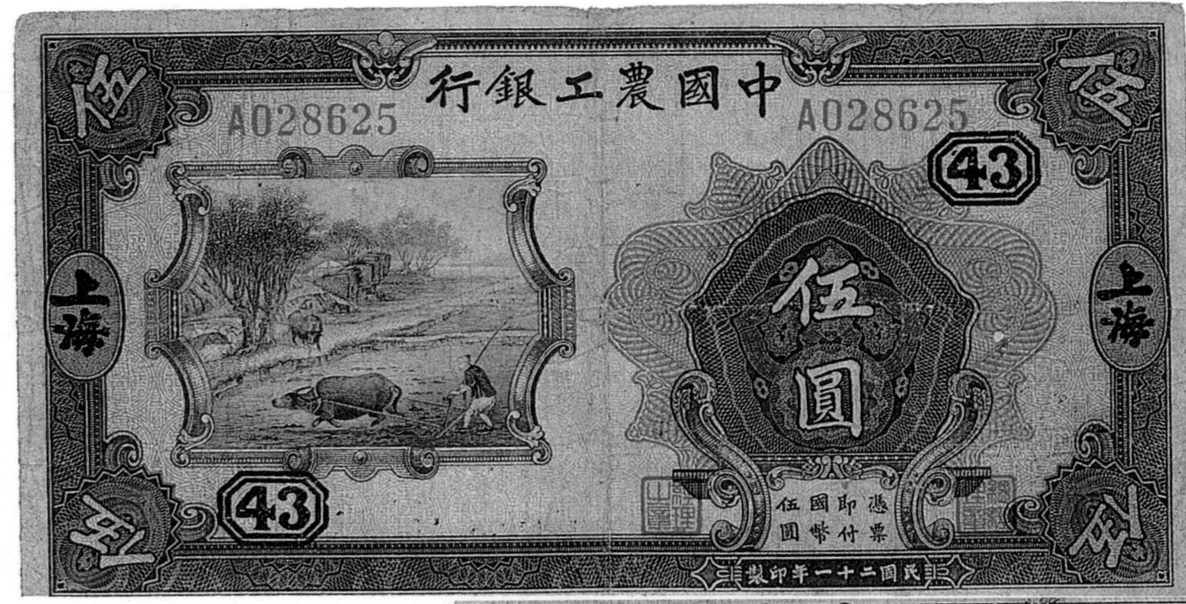

0283
中國人民銀行上海分行 藏
★

0284
中國人民銀行上海分行 藏
★★

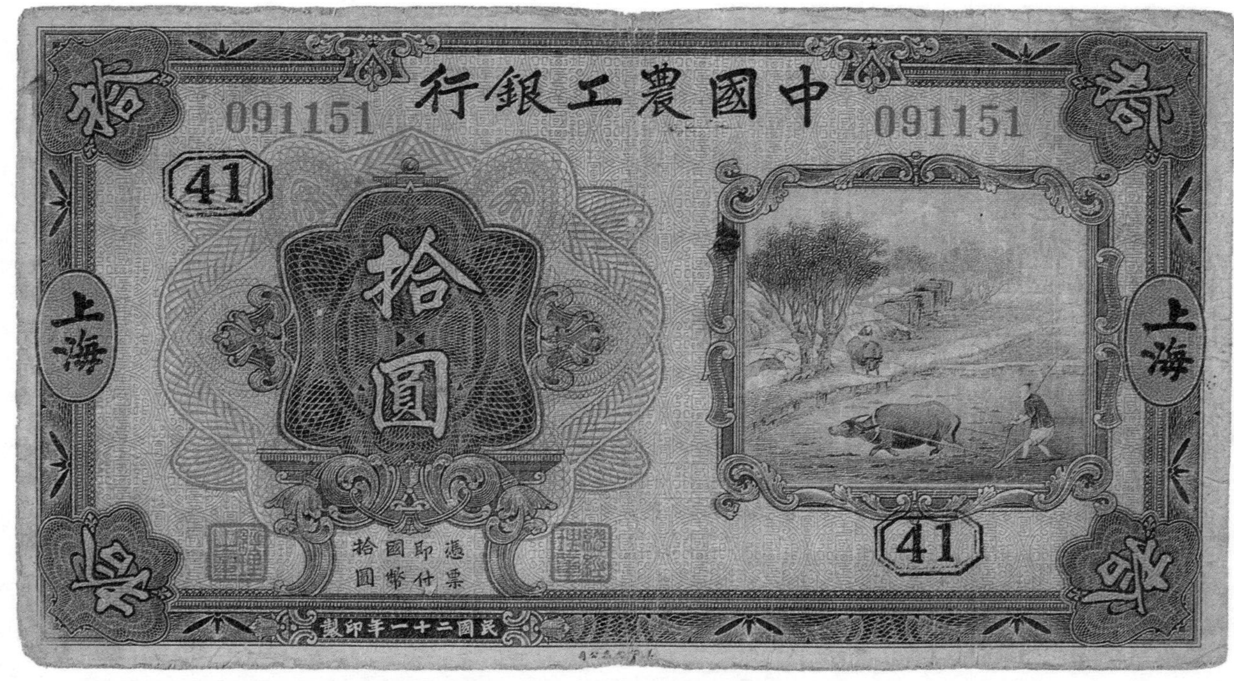

0285
上海博物館 藏
★★

0286
苗培貴 藏
★★

0287
中國人民銀行上海分行 藏
★

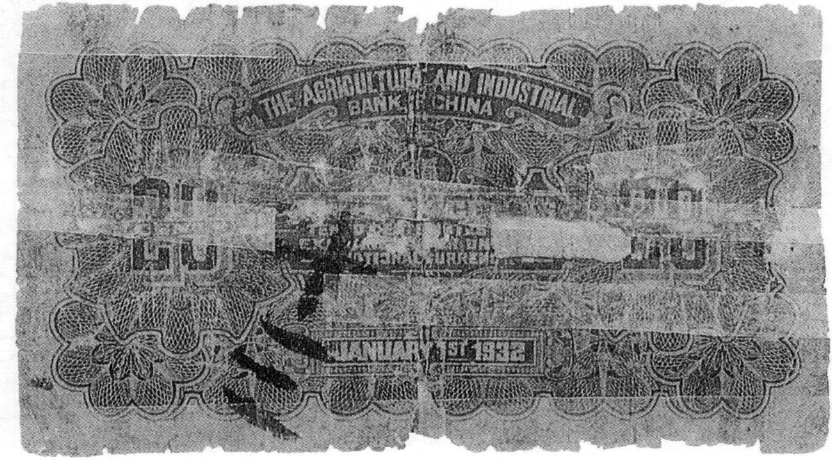

0288
中國人民銀行上海分行 藏
★★

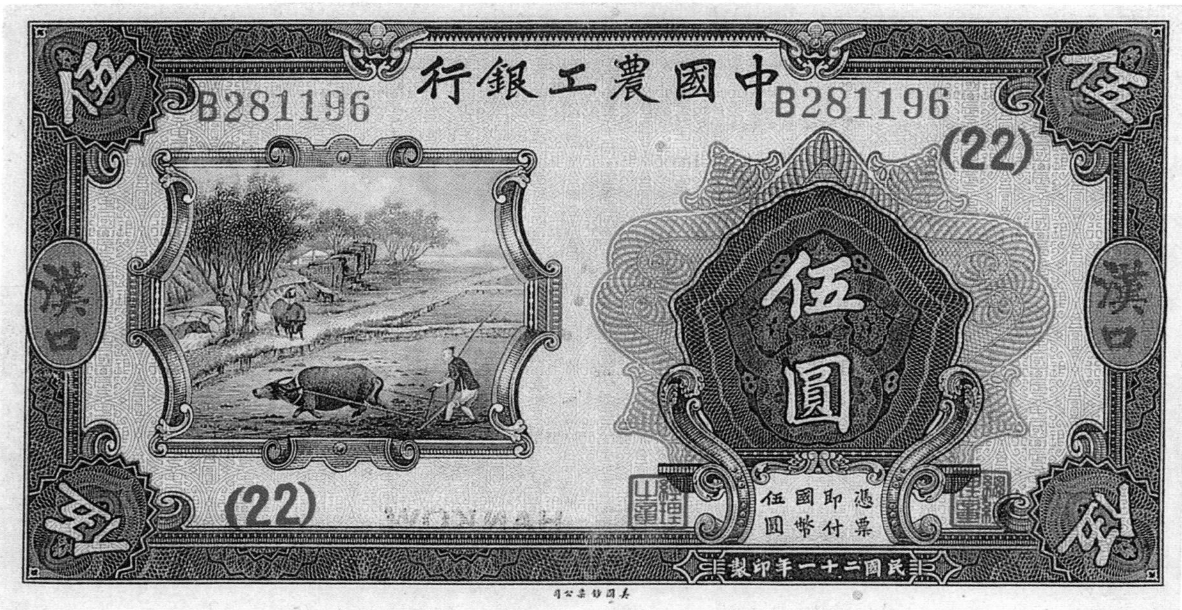

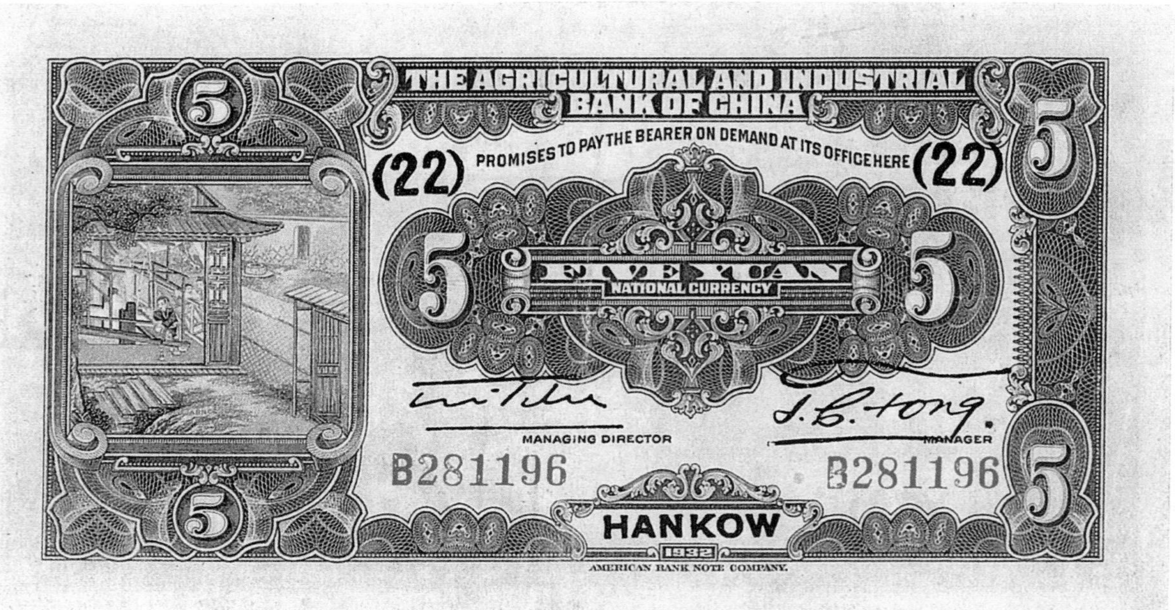

0289
中國人民銀行上海分行 藏
★

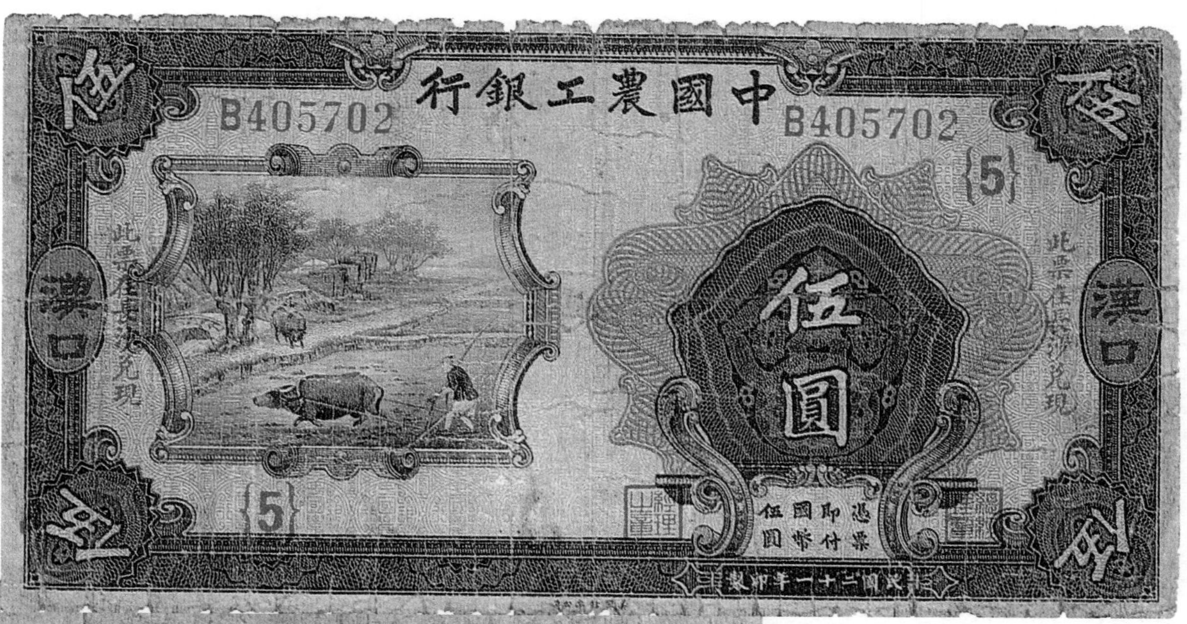

0290
徐風 藏
★

0291
中國人民銀行上海分行 藏
★★

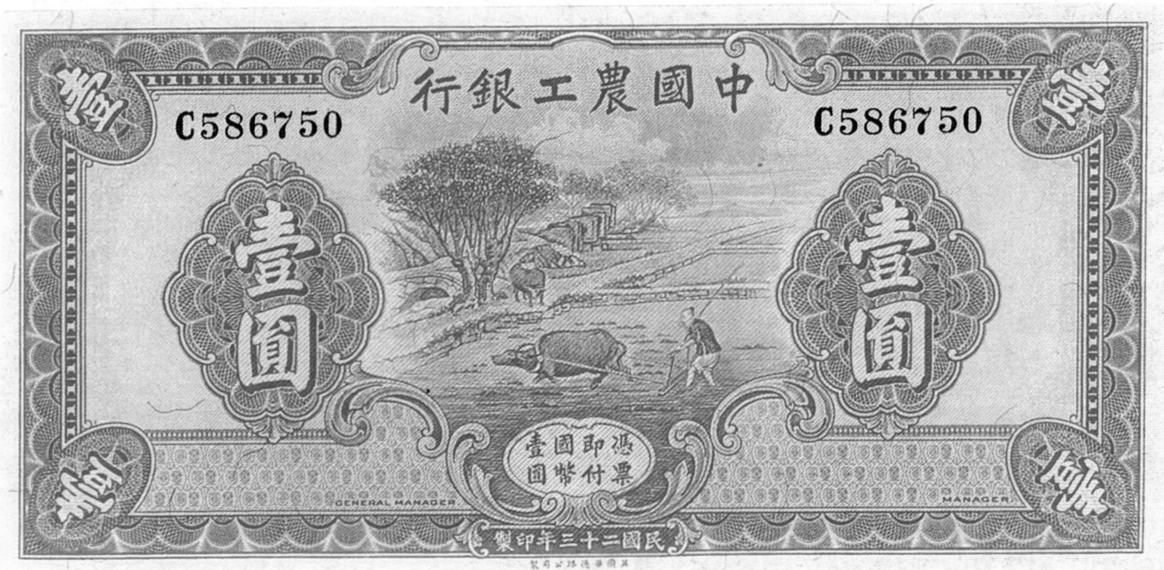

0292
中國人民銀行上海分行 藏
★

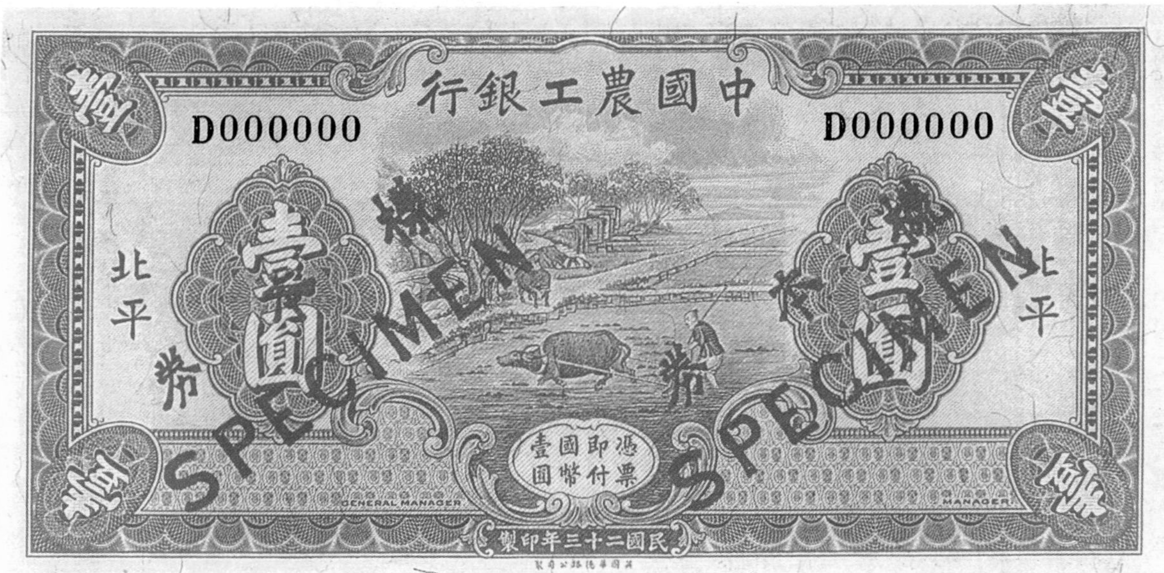

0293
中國人民銀行上海分行 藏
★★

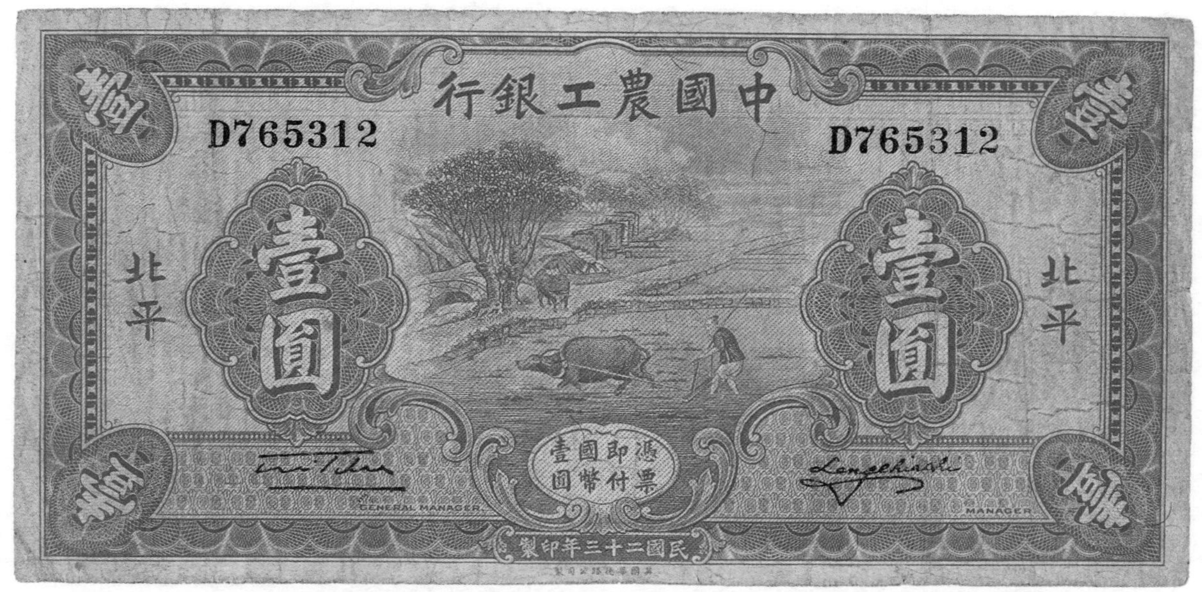

0294
上海博物館 藏
★

0295
選自《老上海貨幣》
★★

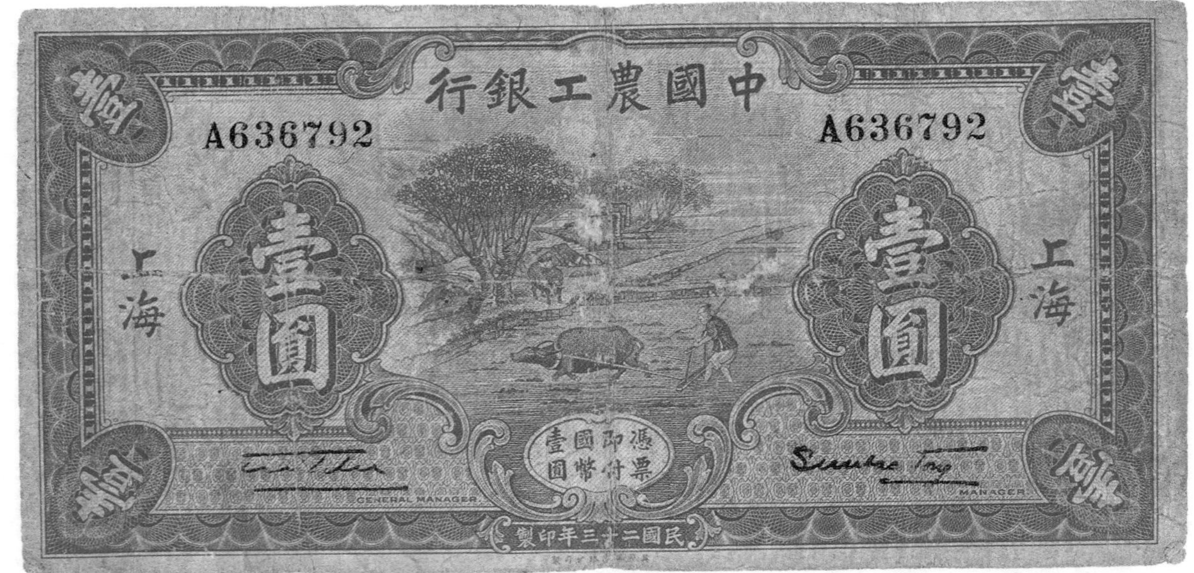

0296
上海博物館 藏
★

0297
中國人民銀行上海分行 藏
★

九、中國墾業銀行

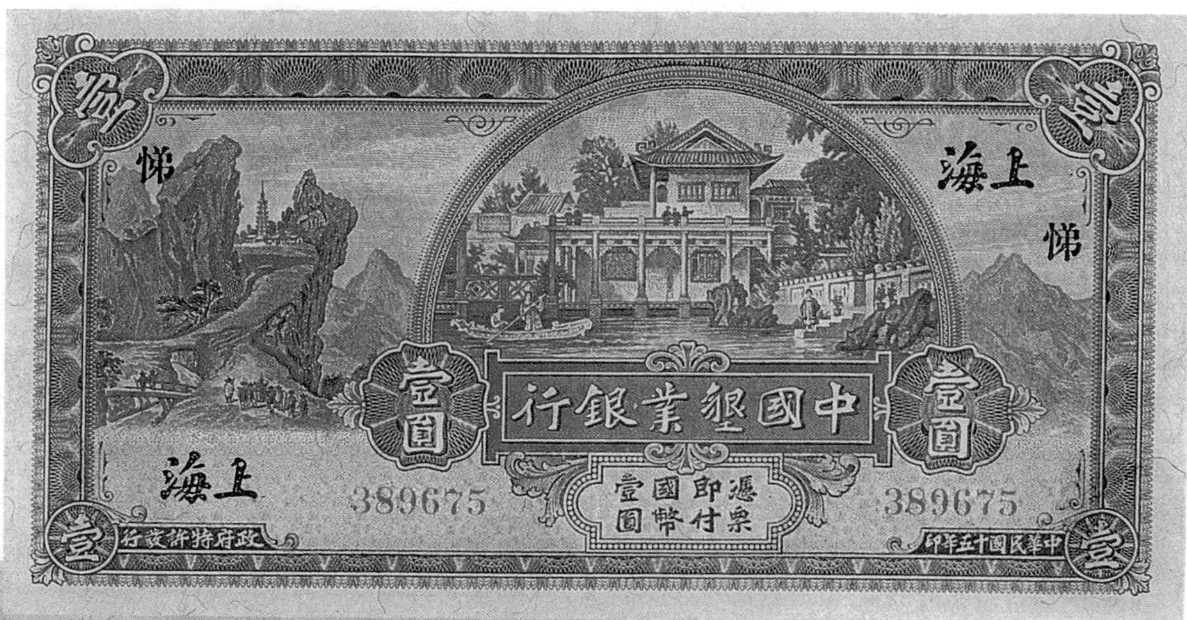

0298
中國人民銀行上海分行 藏
★★

0299
中國人民銀行上海分行 藏
★★

0300
中國人民銀行上海分行 藏
★★★

（背圖見下頁）

0301
上海博物館 藏
★★

(0300 背圖)

0302
上海博物館 藏
★★

0303
上海博物館 藏
★★★

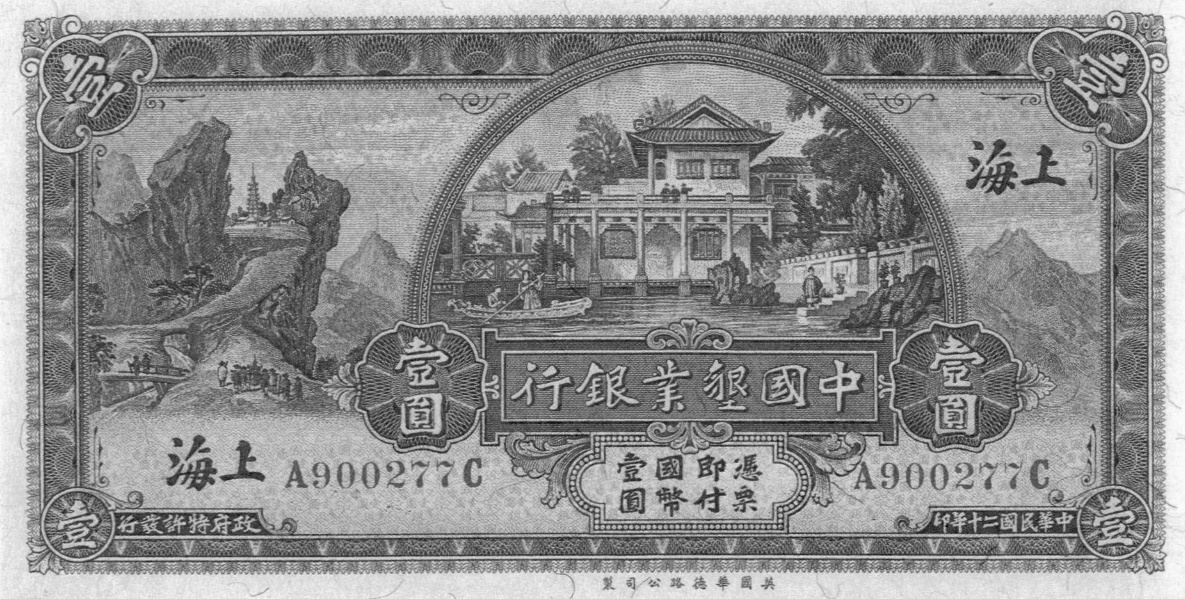

0304
上海博物館 藏
★★

0305
徐風 藏
★★

0306
中國人民銀行上海分行 藏
★★

0307
中國人民銀行上海分行 藏
★★★★

0308
苗培貴 藏
★★★

十、大中銀行

0309
上海博物館 藏
★★

0310
上海博物館 藏
★★

0311
上海博物館 藏
★★★

0312
上海博物館 藏
★★

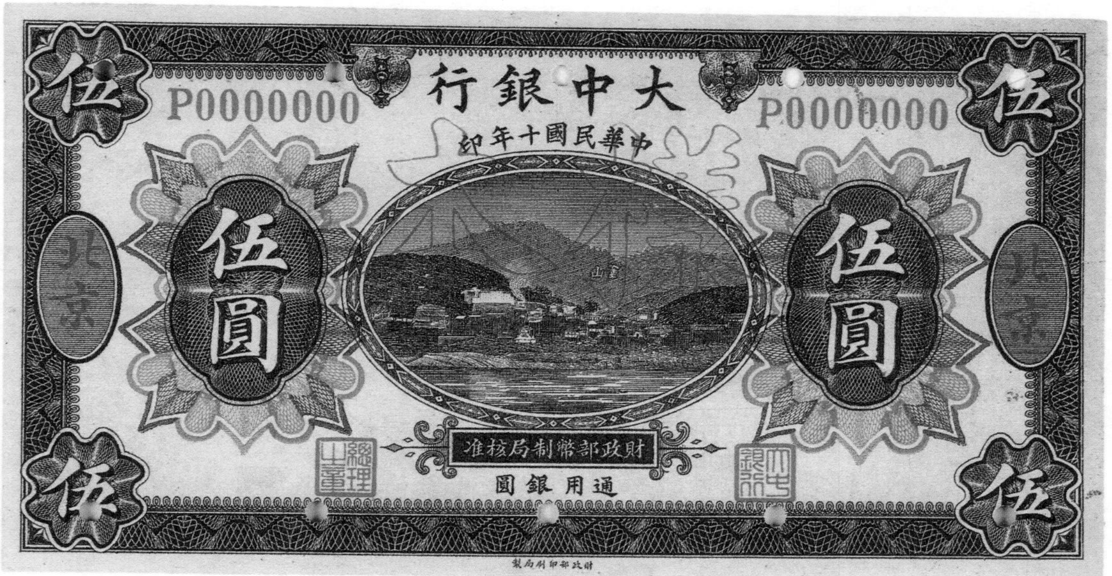

0313
上海博物館 藏
★★

0314
上海博物館 藏
★★★

0315
上海博物館 藏
★

0316
上海博物館 藏
★

0317
中國人民銀行上海分行 藏
★

0318
中國人民銀行上海分行 藏
★

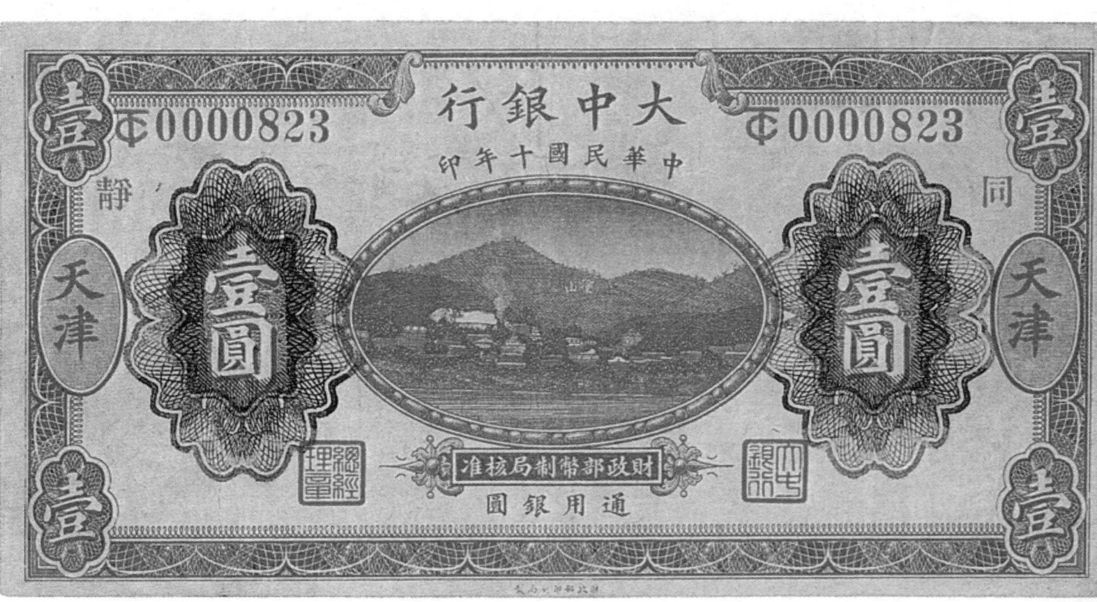

(背圖見下頁)

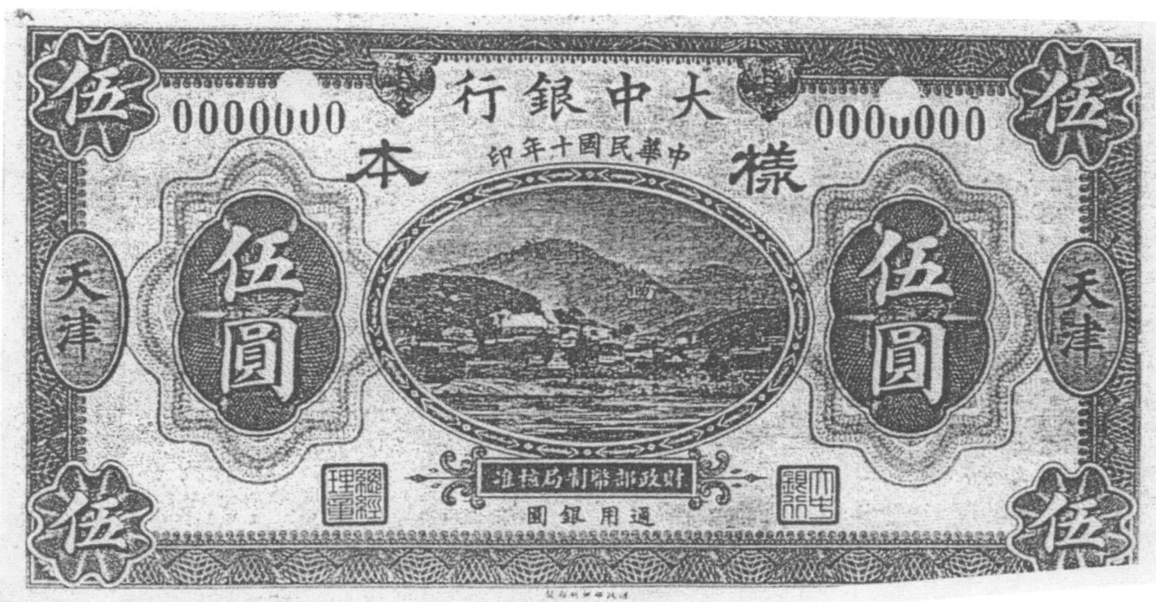

0319
上海市錢幣學會 提供
★

0320
上海博物館 藏
★

(0318 背圖)

0321
上海博物館 藏
★

0322
上海博物館 藏
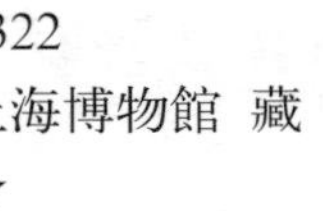
★

0323
上海博物館 藏

★

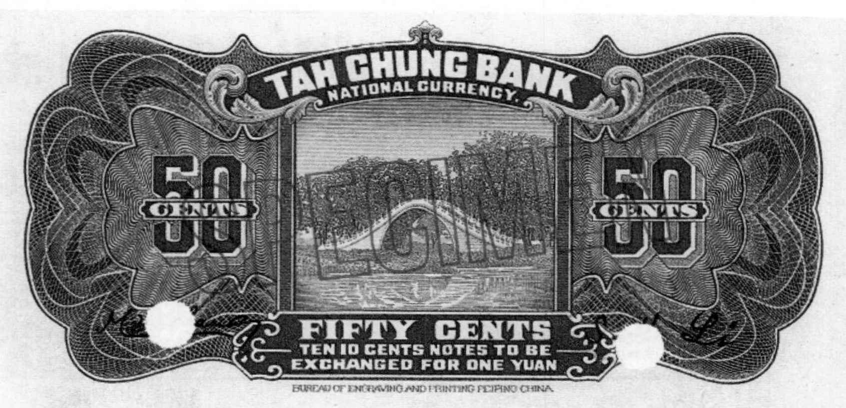

0324
上海博物館 藏
★

0325
上海博物館 藏
★★

0326
上海博物館 藏
★★

0327
上海博物館 藏
★★★

0328
中國人民銀行上海分行 藏
★

0329
中國人民銀行上海分行 藏
★

0330
中國人民銀行上海分行 藏
★

（背圖見下頁）

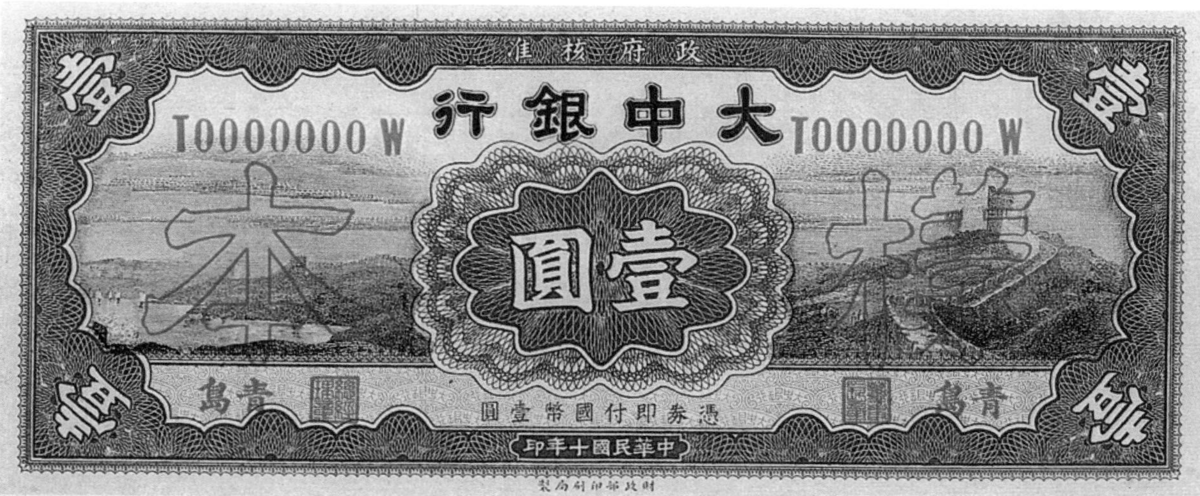

0331
中國人民銀行上海分行　藏
★★

0332
中國人民銀行上海分行 藏
★★

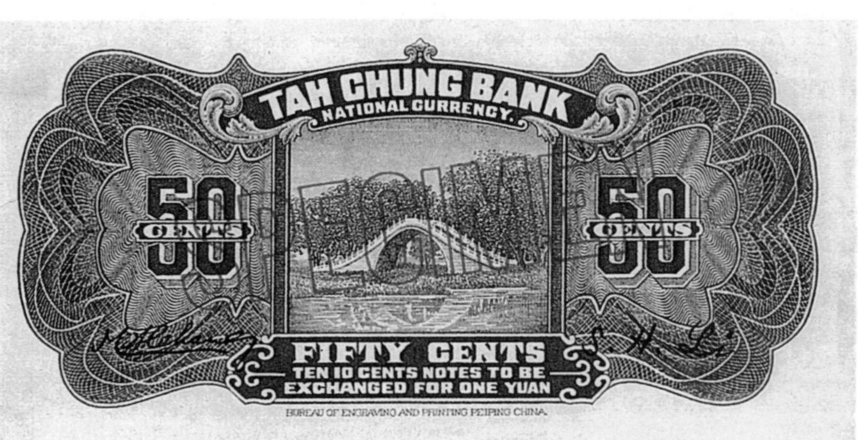

(0330 背圖)

0333
中國人民銀行上海分行 藏
★★★

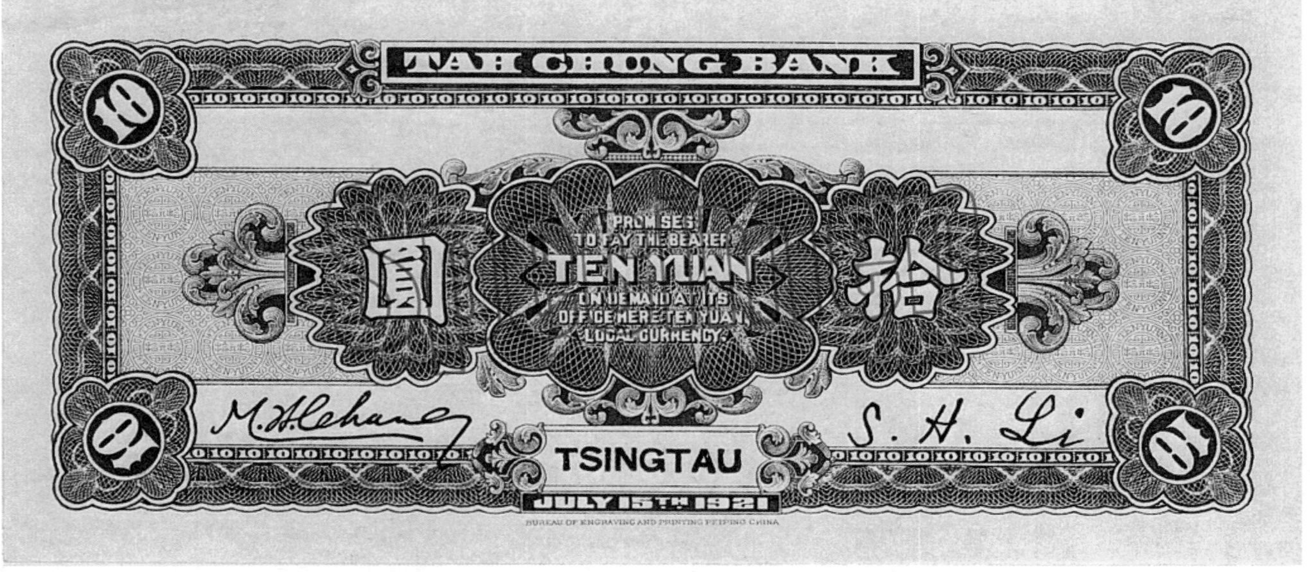

0334
上海博物館 藏
★★

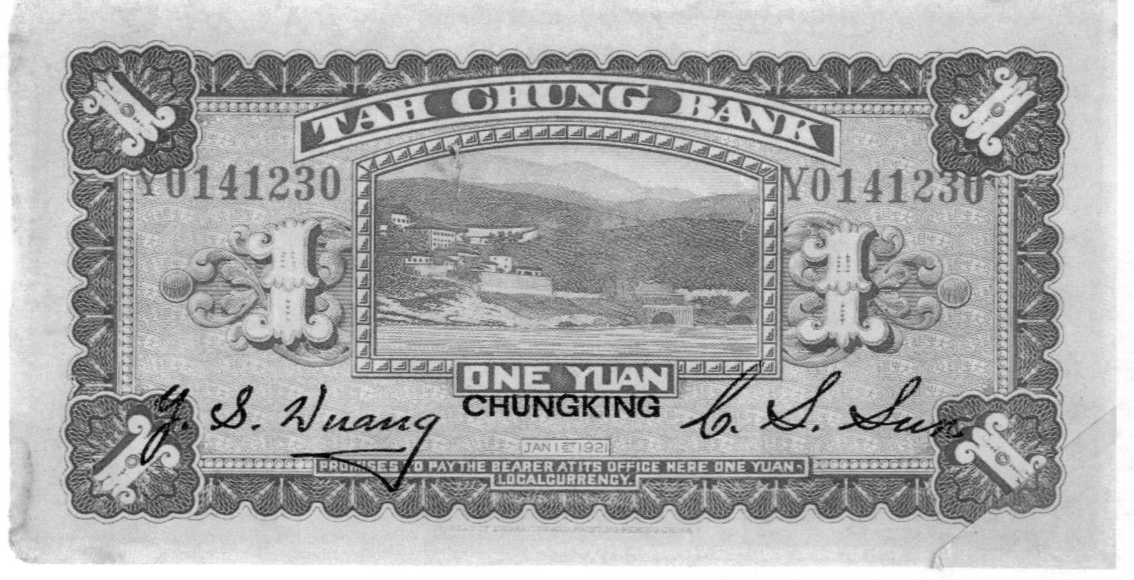

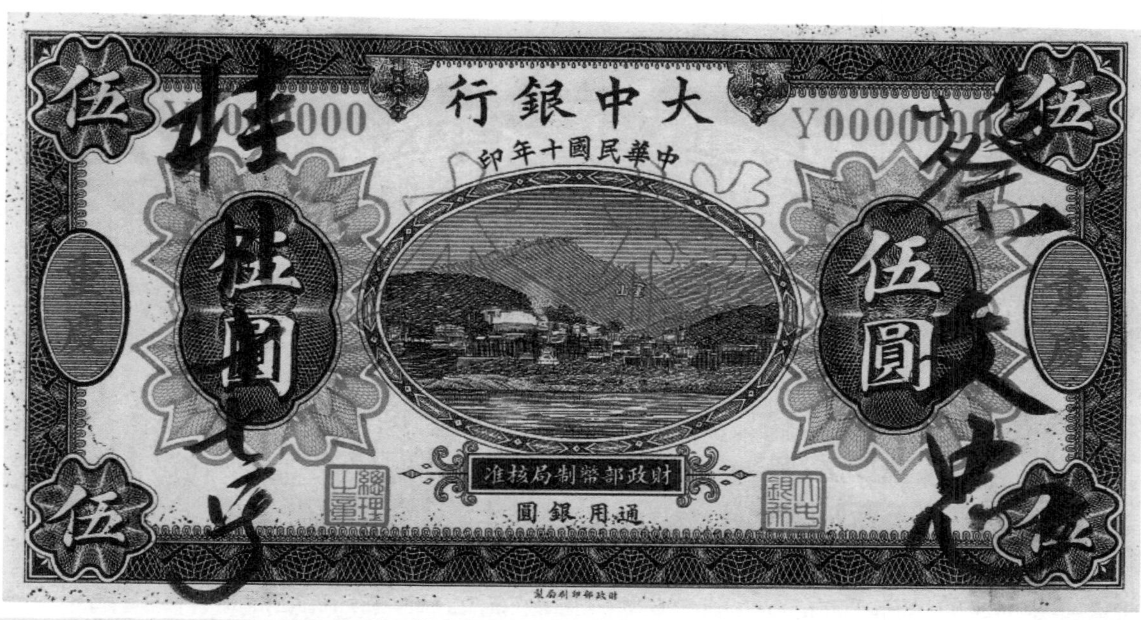

0335
上海博物館 藏
★★

0336
上海博物館 藏
★★★

0337
中國人民銀行上海分行 藏
★

0338
中國人民銀行上海分行 藏
★★

0339
上海博物館 藏
★★

0340
上海博物館 藏
★

0341
中國人民銀行上海分行 藏
★★

十一、勸業銀行

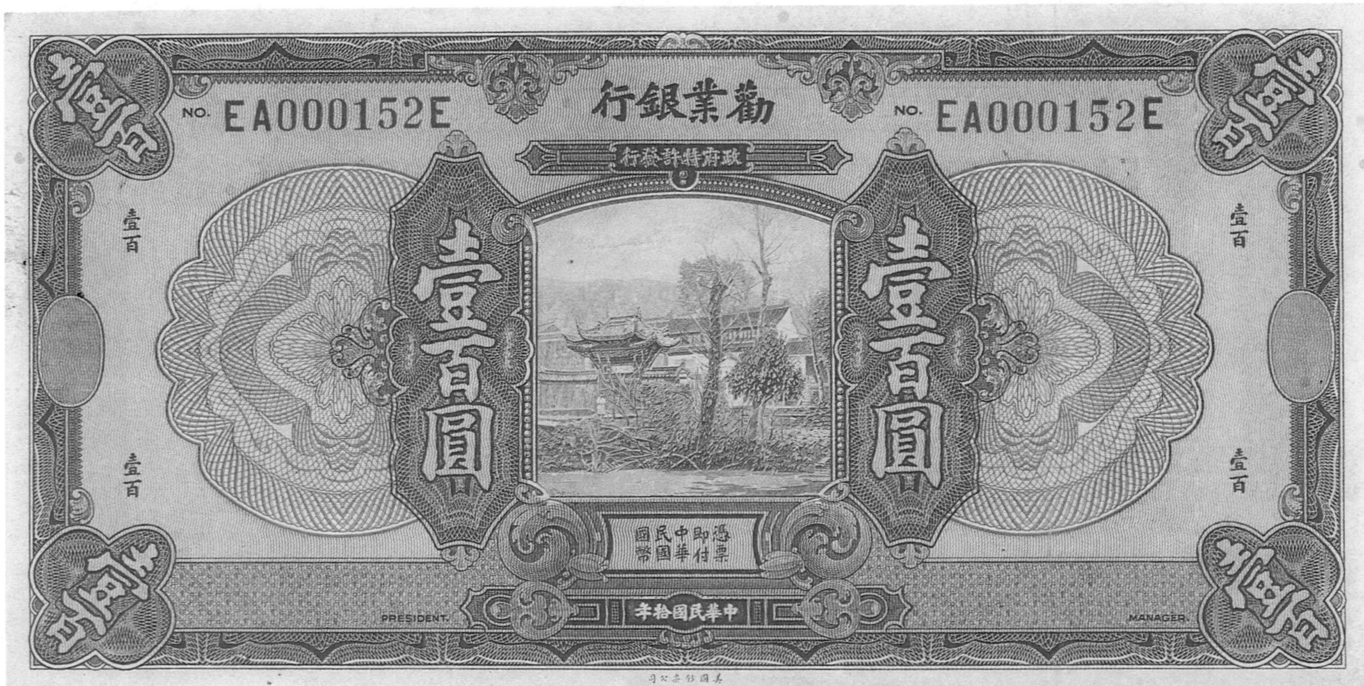

0342
上海博物館 藏
★★★★

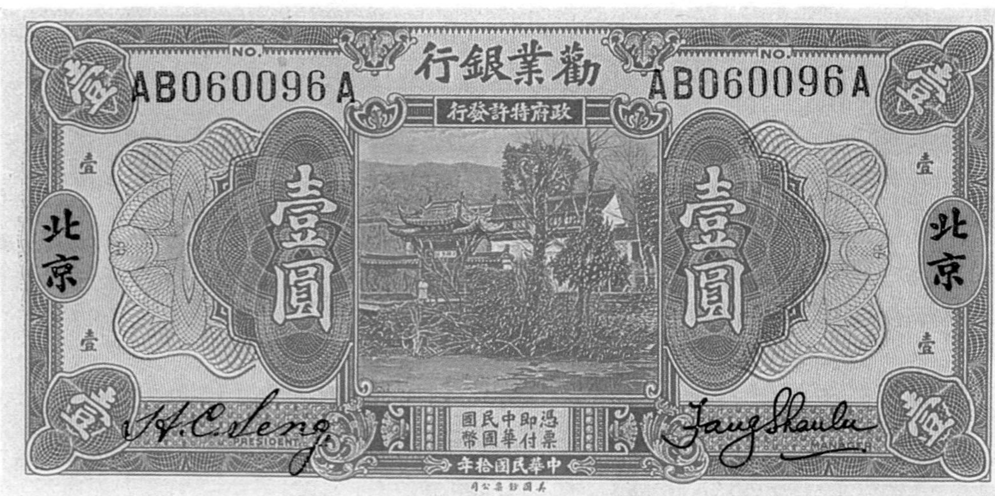

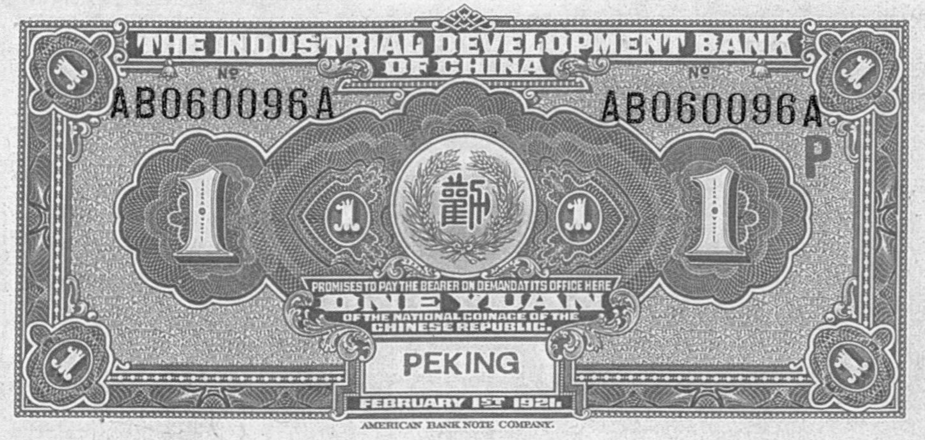

0343
中國人民銀行上海分行 藏
★★★

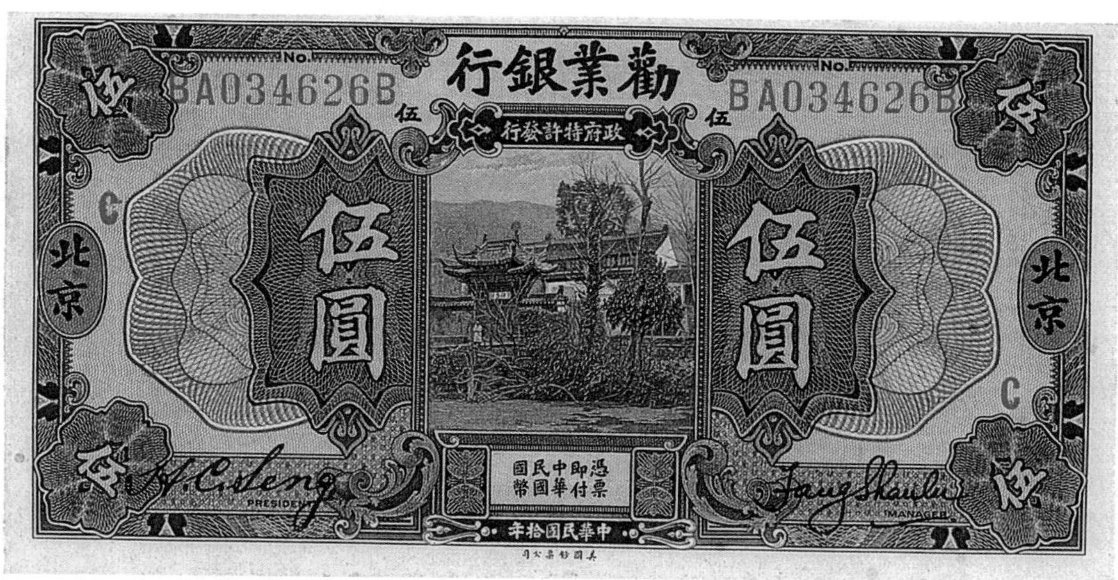

0344
中國人民銀行上海分行 藏
★★

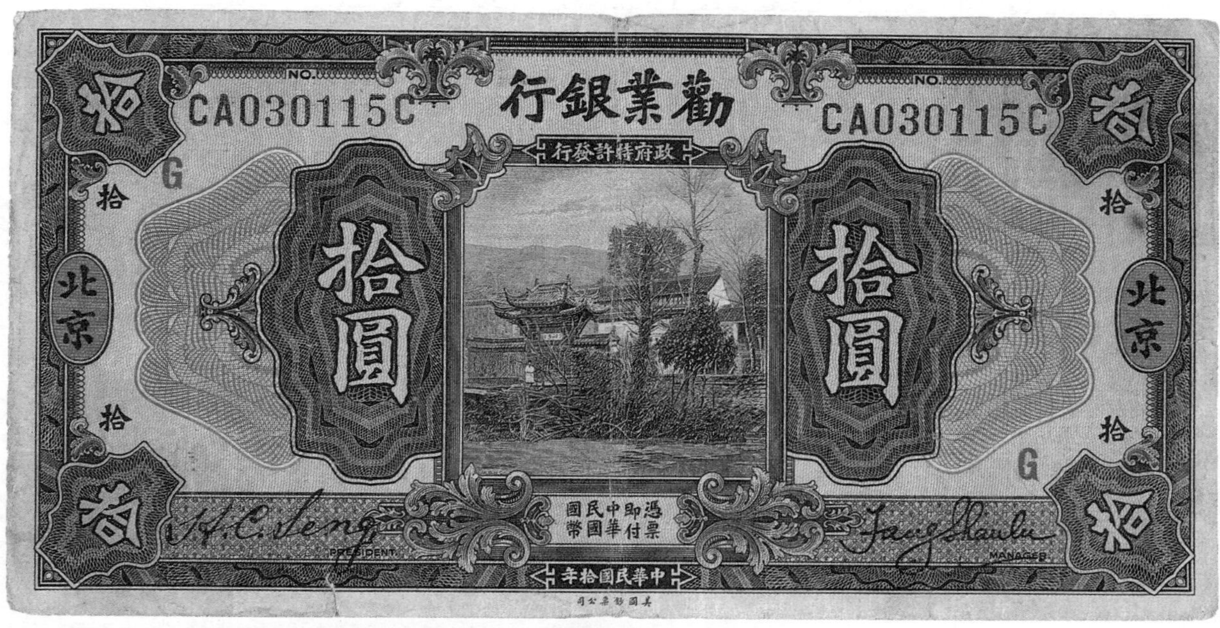

0345
上海博物館 藏
★★

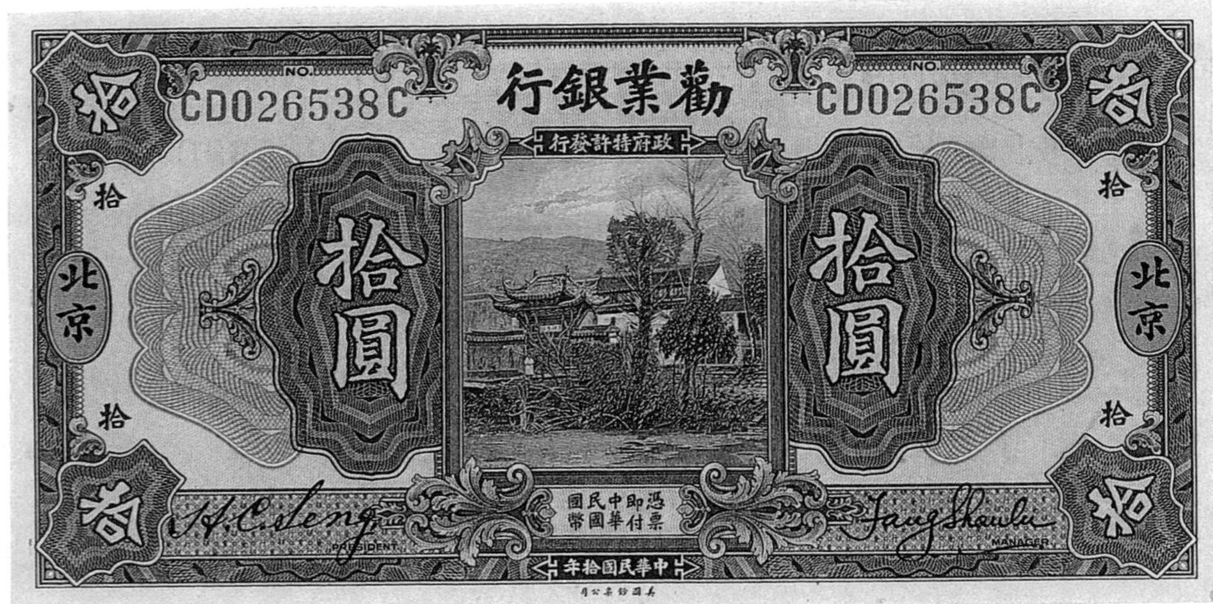

0346
中國人民銀行上海分行 藏
★★

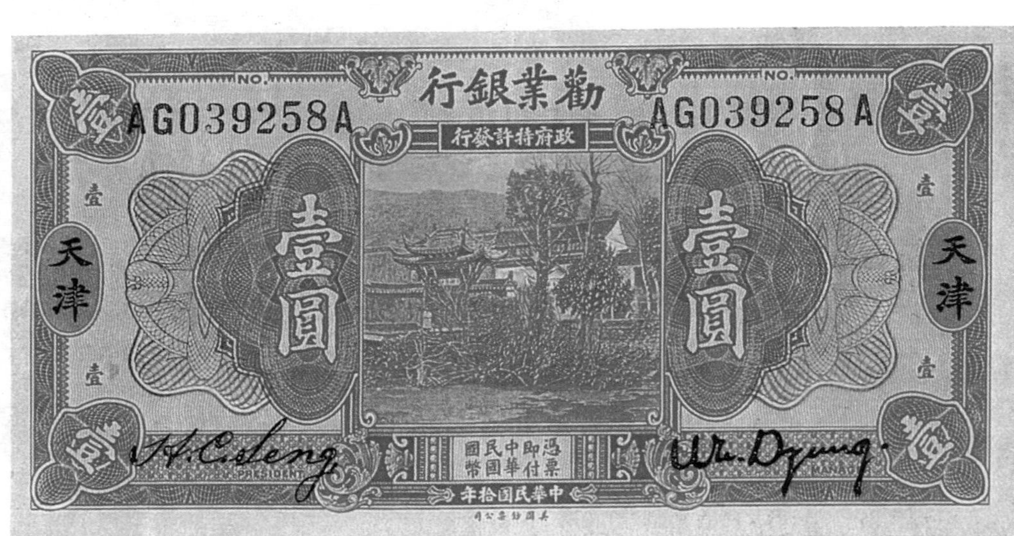

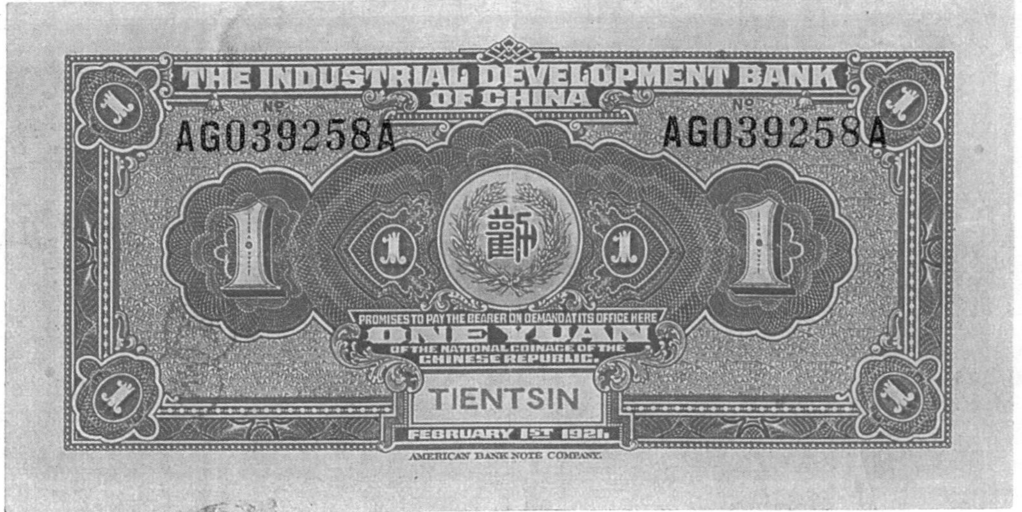

0347
中國人民銀行上海分行 藏
★★

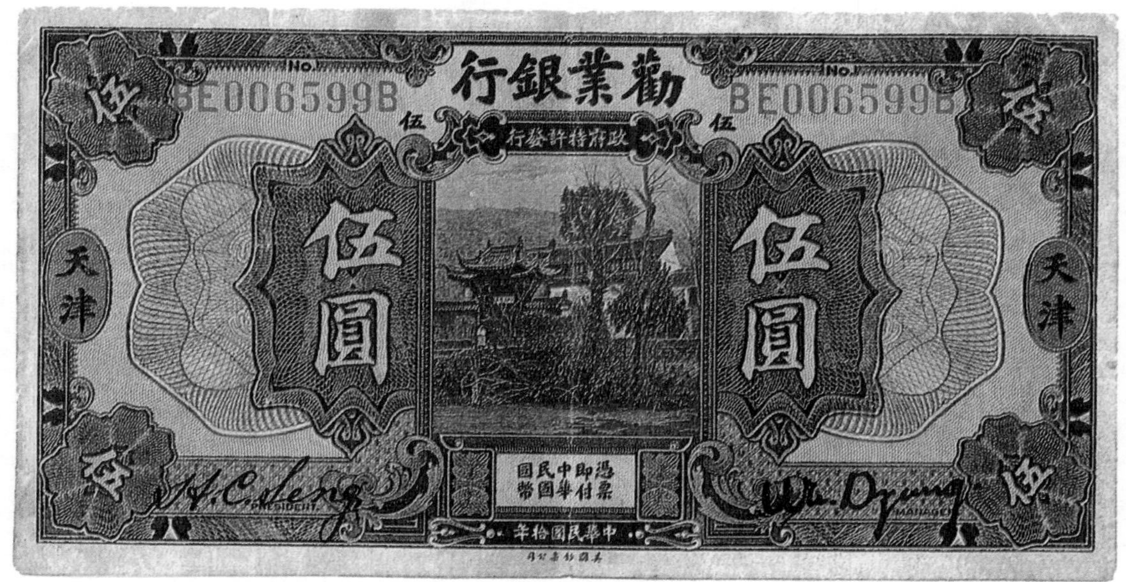

0348
徐風 藏
★★

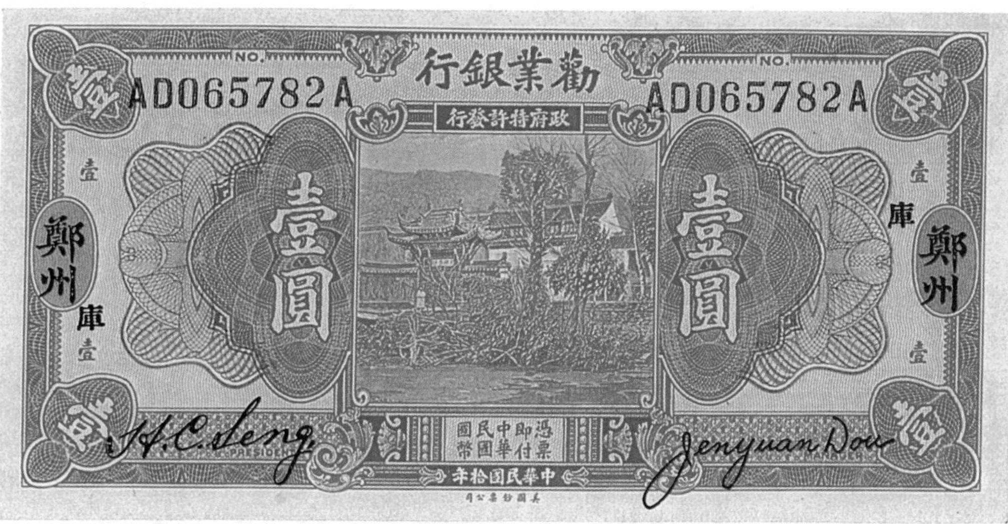

0349
中國人民銀行上海分行 藏
★★

0350
上海博物館 藏
★★

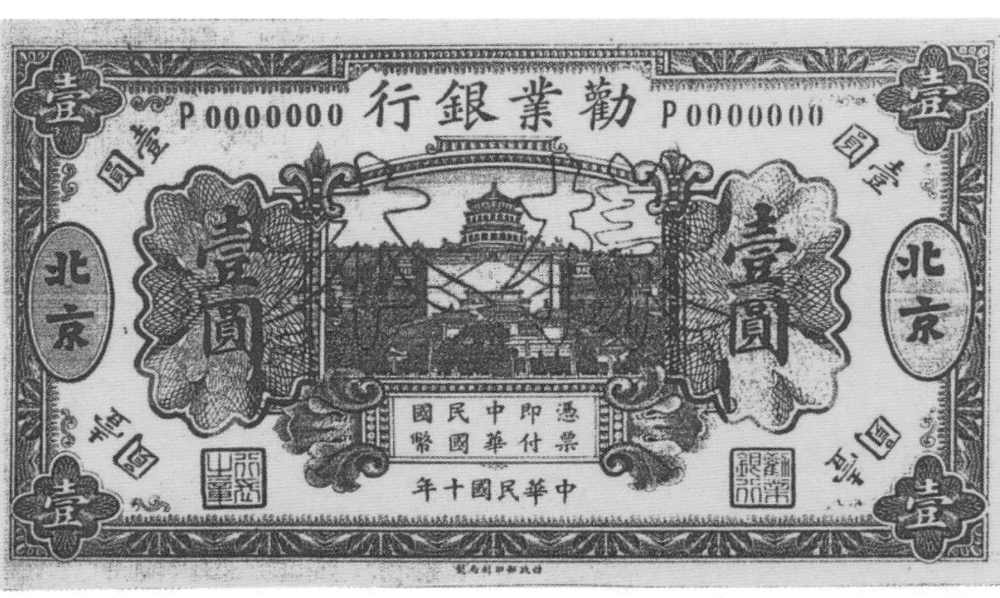

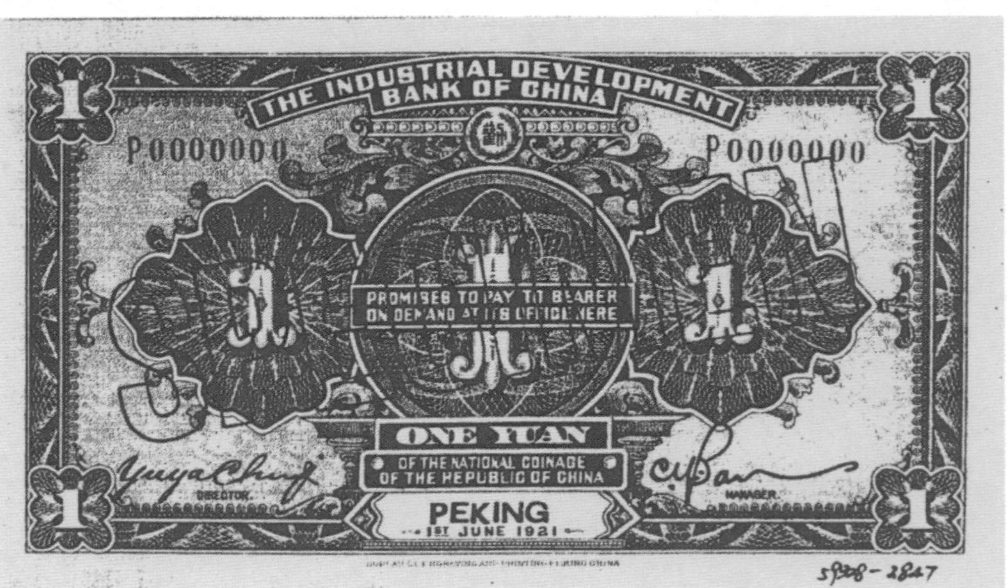

0351
上海市錢幣學會 提供
★★

0352
上海博物館 藏
★★

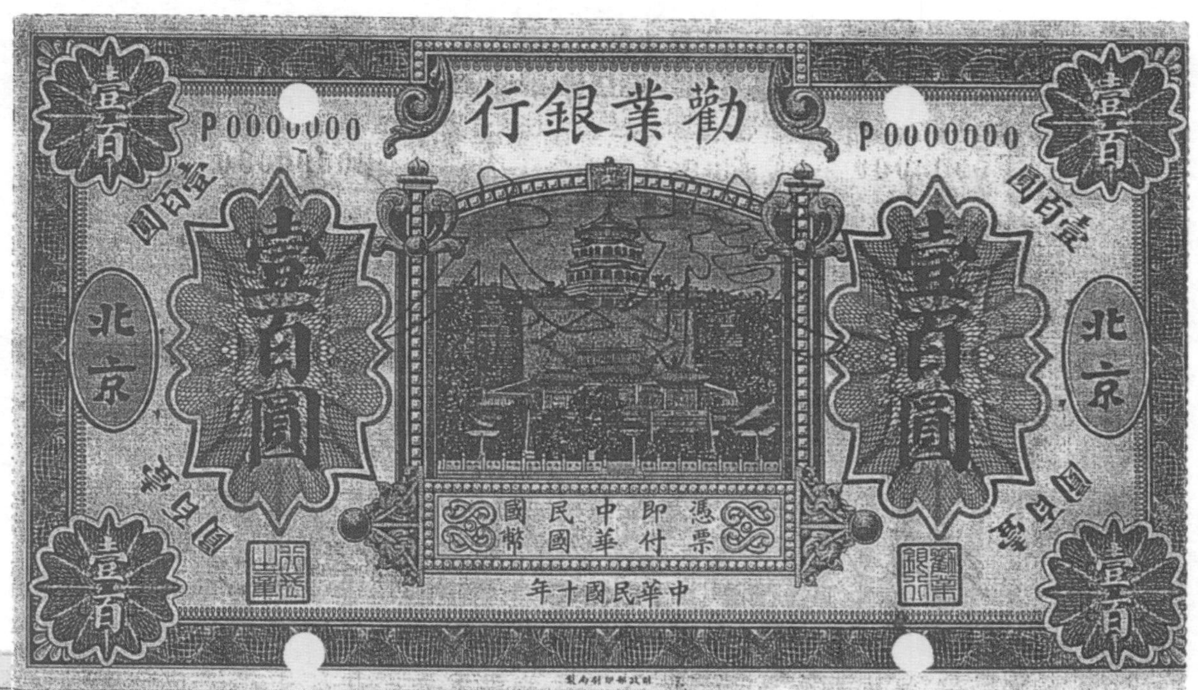

0353
上海市錢幣學會 提供
★★★★

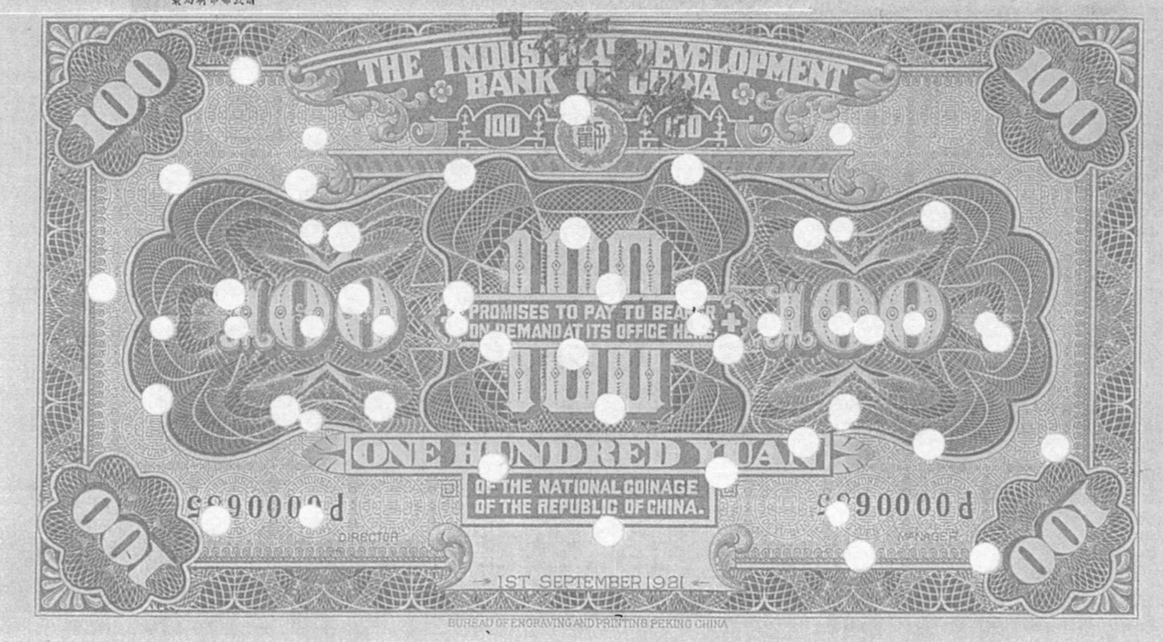

0354
中國人民銀行上海分行 藏
★★★★

0355
上海博物館 藏
★★

0356
上海博物館 藏
★★

0357
選自《老上海貨幣》
★★

0358
中國人民銀行上海分行 藏
★★★

0359
上海博物館 藏
★★

0360
中國人民銀行上海分行 藏
★★★

0361
選自《老上海貨幣》
★★★

0362
上海博物館 藏
★★

0363
上海博物館 藏
★★

0364
中國人民銀行上海分行 藏
★★

0365
上海市錢幣學會 提供
★★

0366
上海博物館 藏
★★

0367
上海市錢幣學會 提供
★★

0368
上海市錢幣學會 提供
★

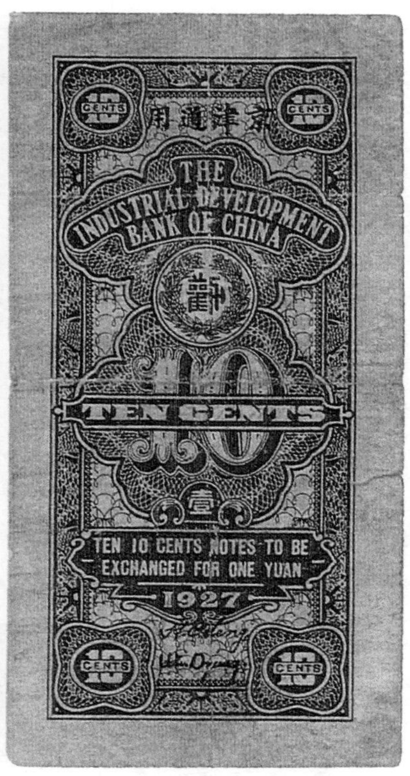

0369
劉文和 藏
★

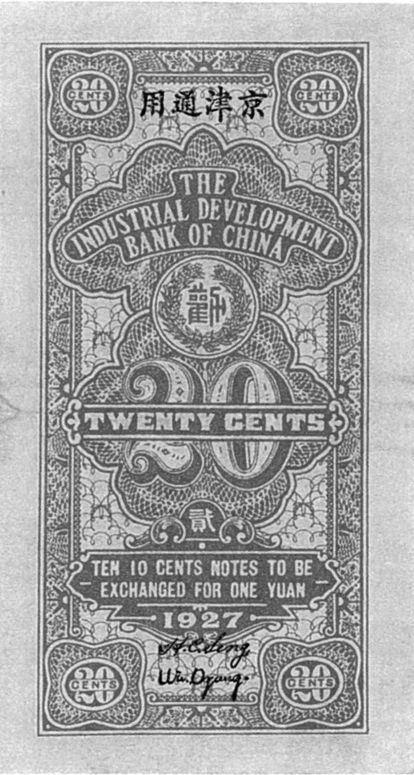

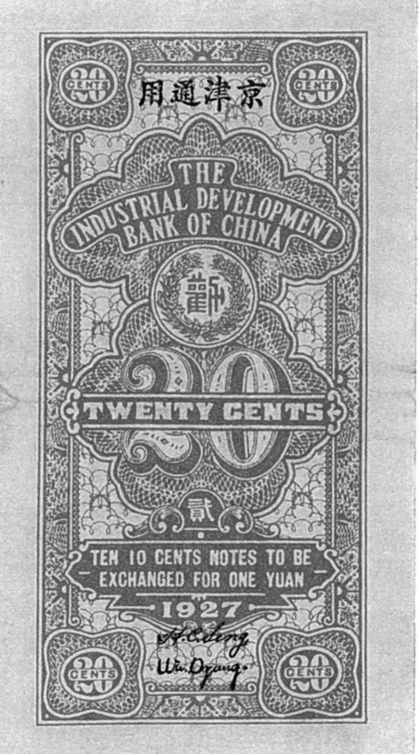

0370
中國人民銀行上海分行 藏
★

0371
劉文和 藏
★

0372
中國人民銀行上海分行 藏
★

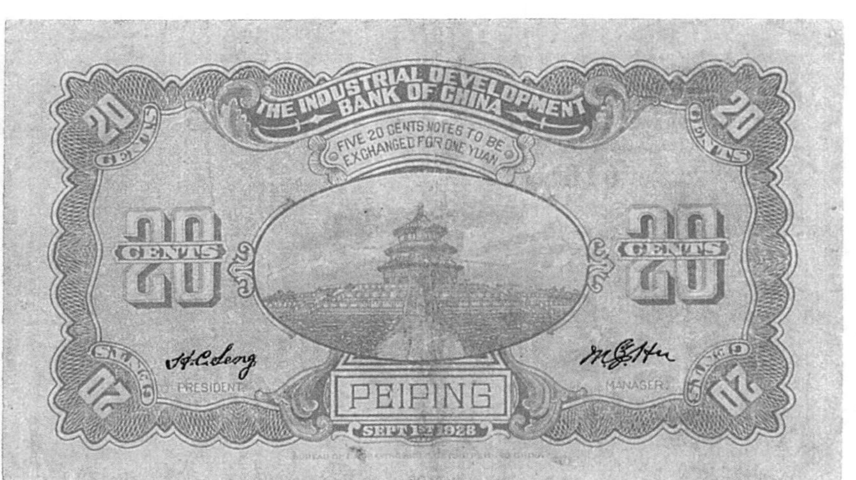

0373
上海博物館 藏
★

0374
上海博物館 藏
★

十二、邊業銀行

0375
中國人民銀行上海分行 藏
★★★

（背圖見下頁）

0376
上海博物館 藏

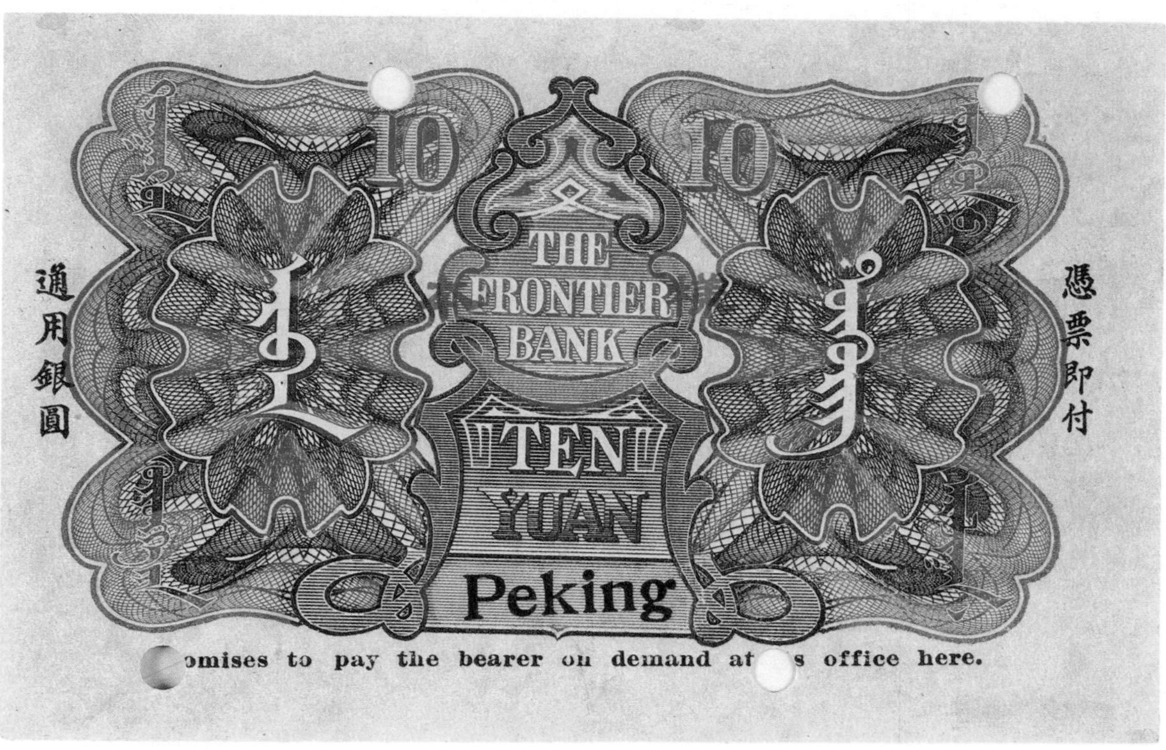

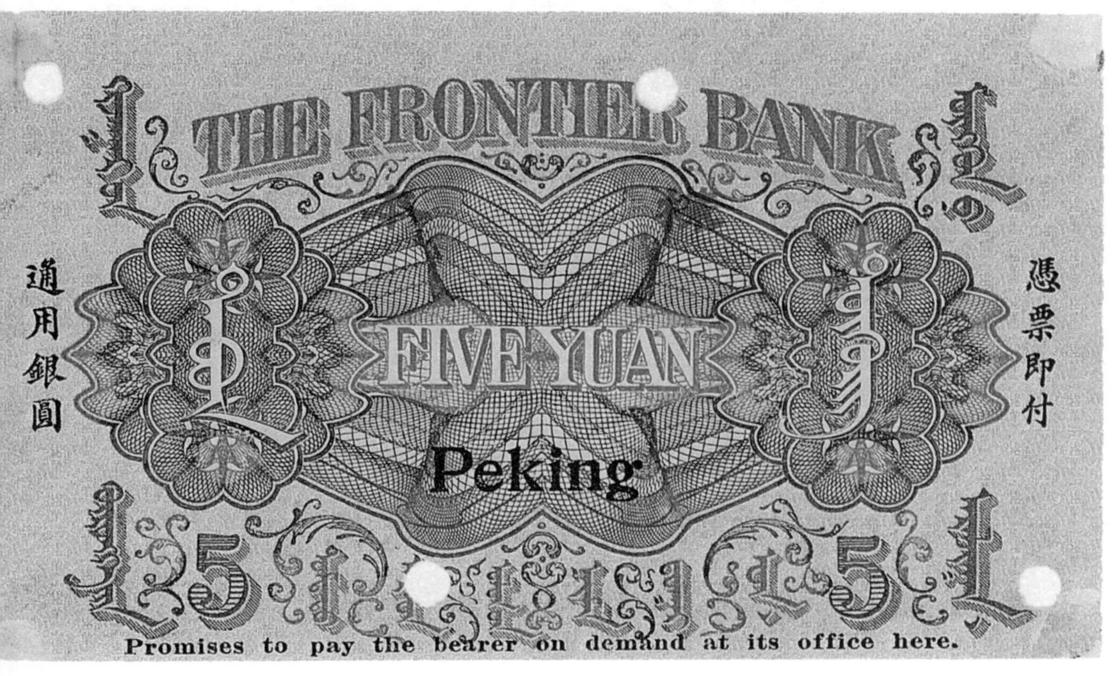

(0375 背圖)

0377
吴籌中 藏
★★

0378
上海博物館 藏
★★

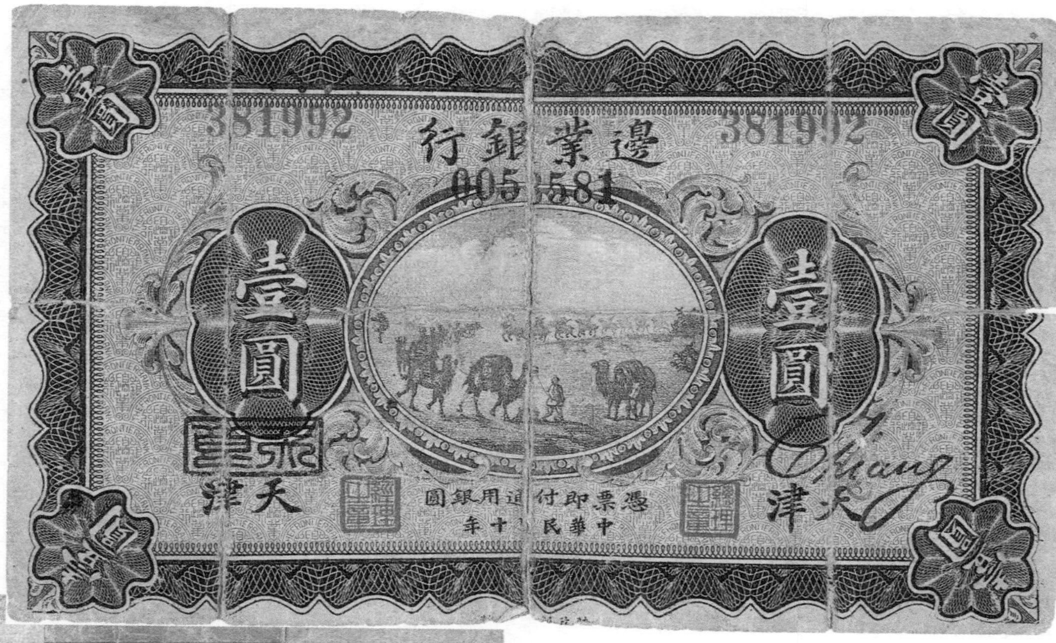

0379
上海博物館 藏
★★

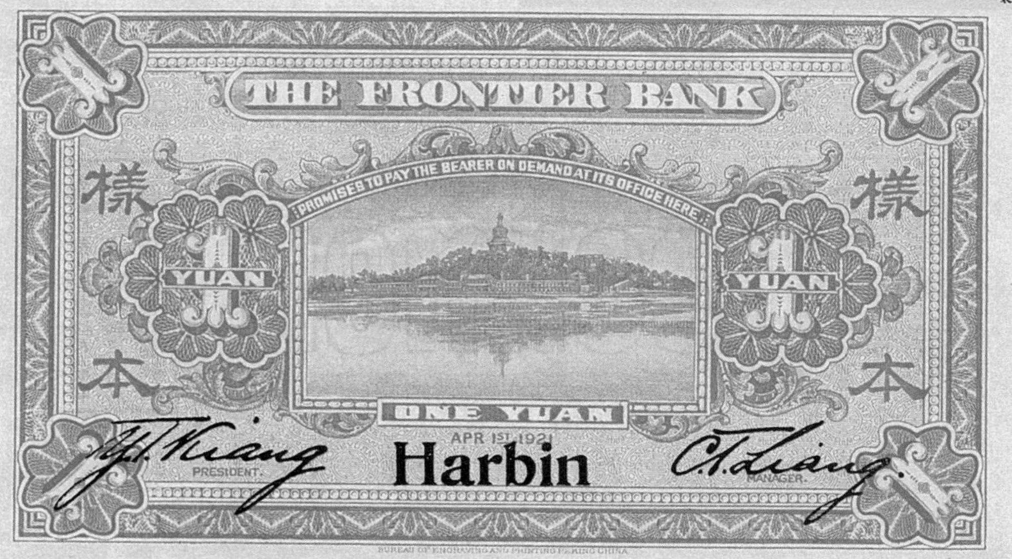

0380
中國人民銀行上海分行 藏
★★

0381
上海博物館 藏
★★

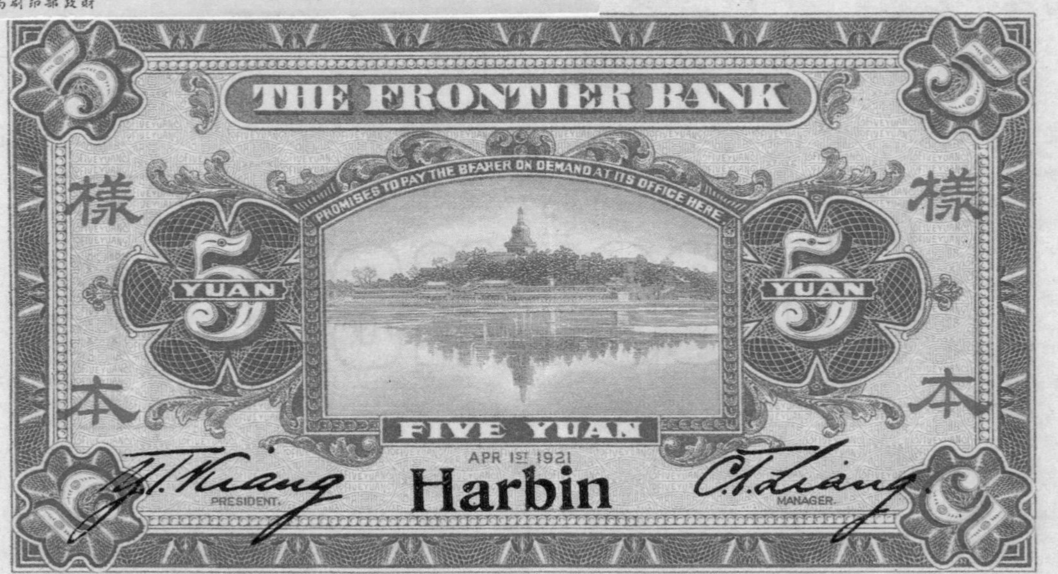

0382
上海博物館 藏
★★★

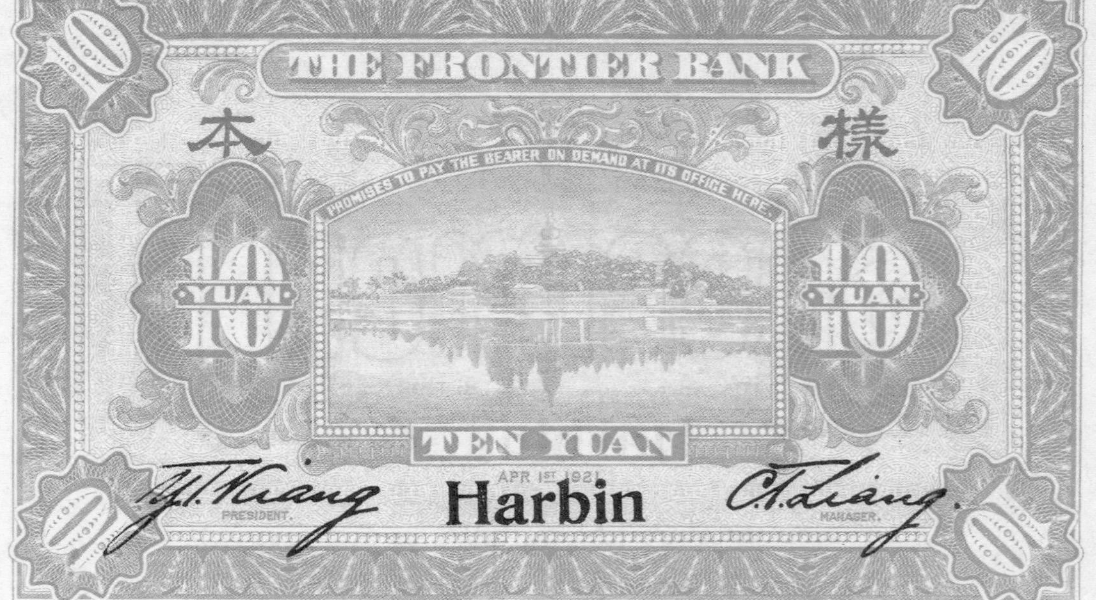

0383
中國人民銀行上海分行 藏
★★

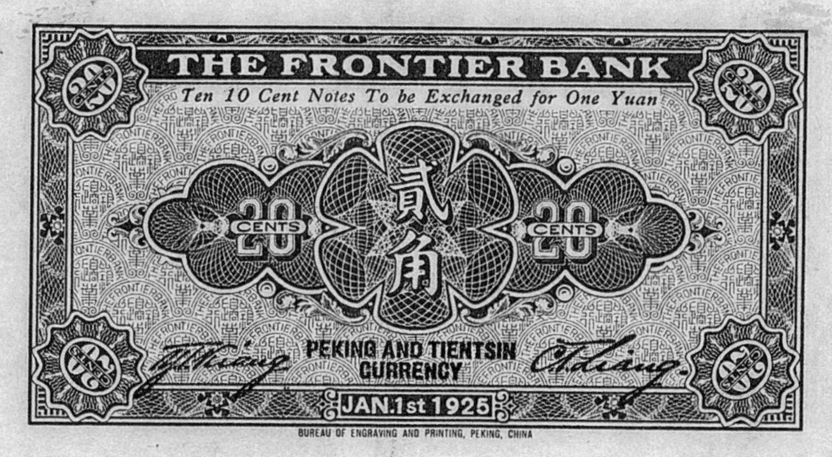

0384
中國人民銀行上海分行 藏
★★

0385
上海博物館 藏
★

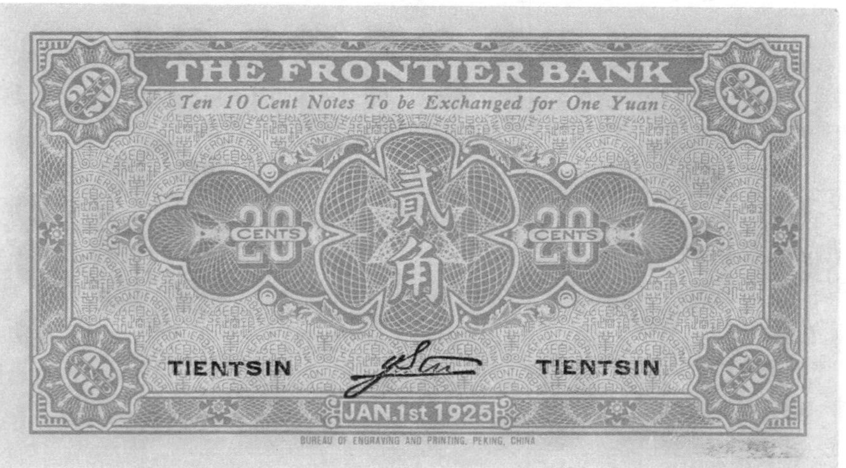

0386
上海博物館 藏
★

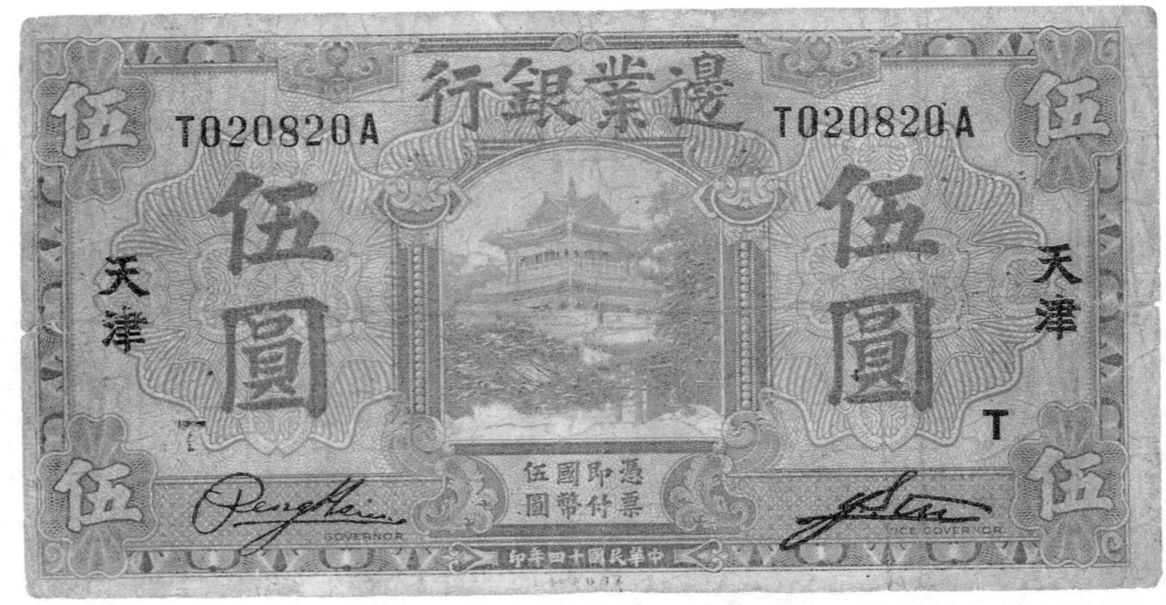

0387
上海博物館 藏
★★

0388
上海博物館 藏
★

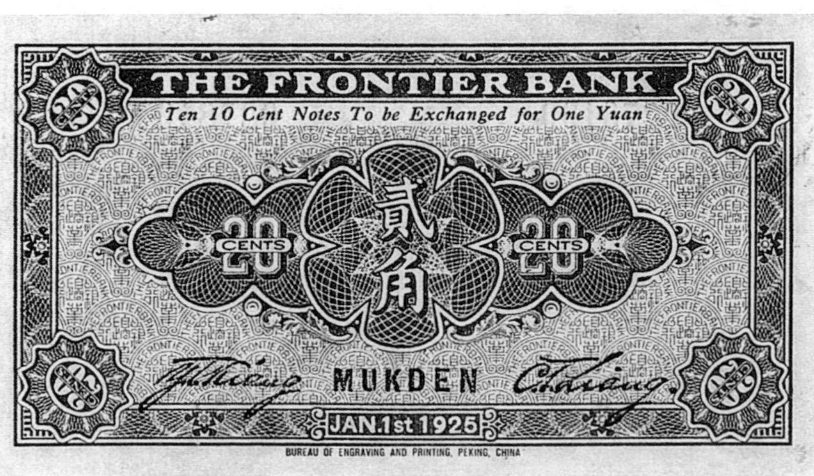

0389
中國人民銀行上海分行 藏
★

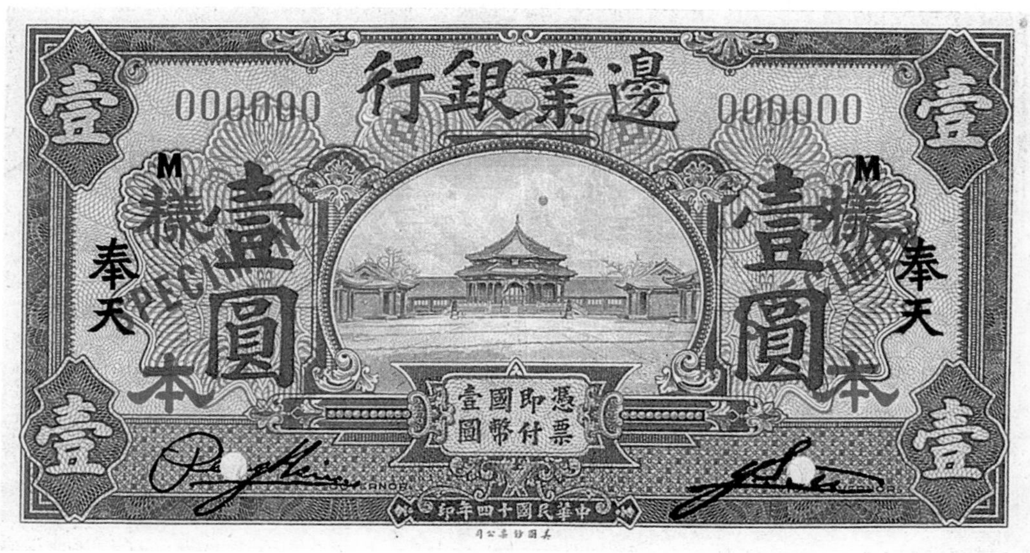

0390
中國人民銀行上海分行　藏
★★★

0391
中國人民銀行上海分行 藏
★★★

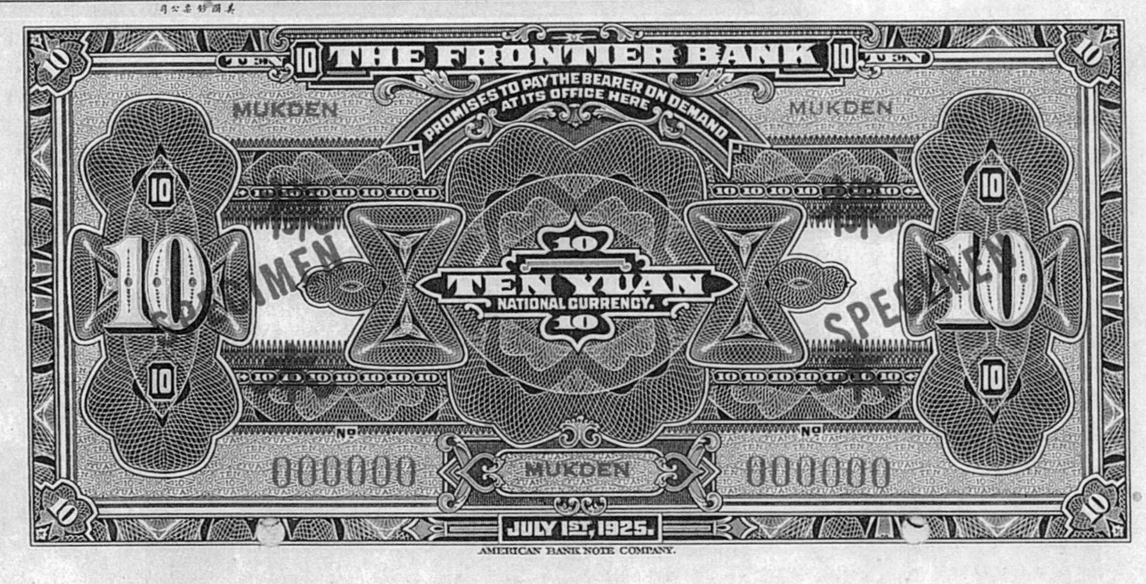

0392
中國人民銀行上海分行 藏
★★★

0393
上海博物館 藏
★★

0394
吴籌中 提供
★★

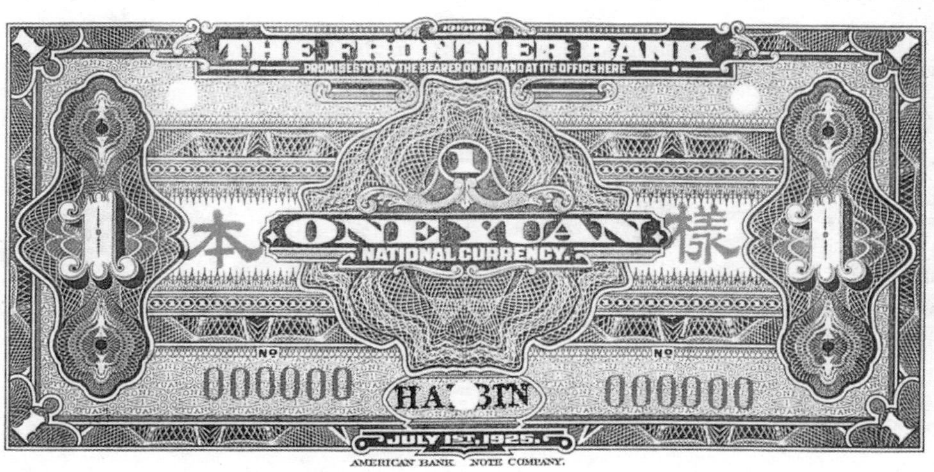

0395
吴籌中 藏
★★

0396
上海博物館 藏
★

0397
中國人民銀行上海分行 藏
★★

0398
中國人民銀行上海分行 藏
★

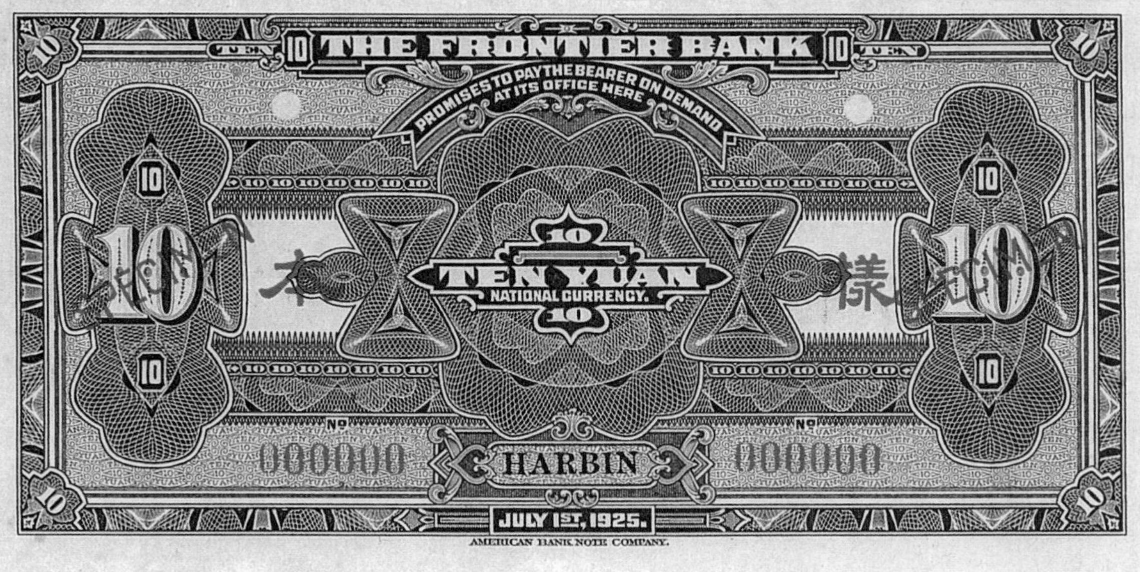

0399
中國人民銀行上海分行 藏
★★★

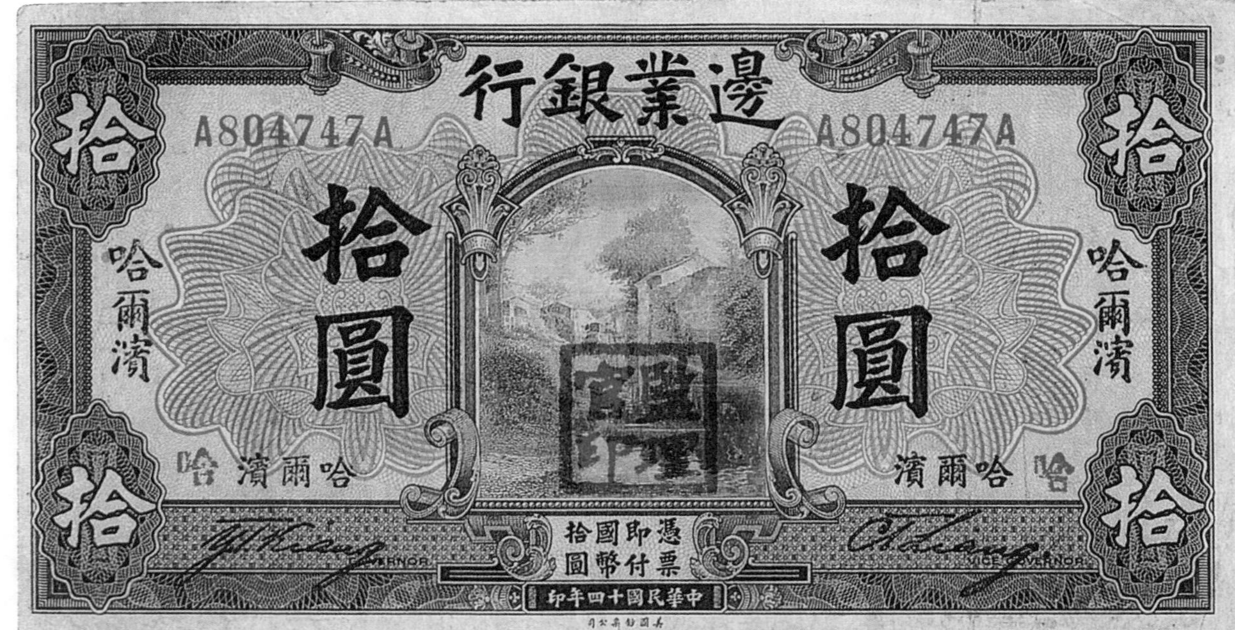

0400
中國人民銀行上海分行 藏
★★

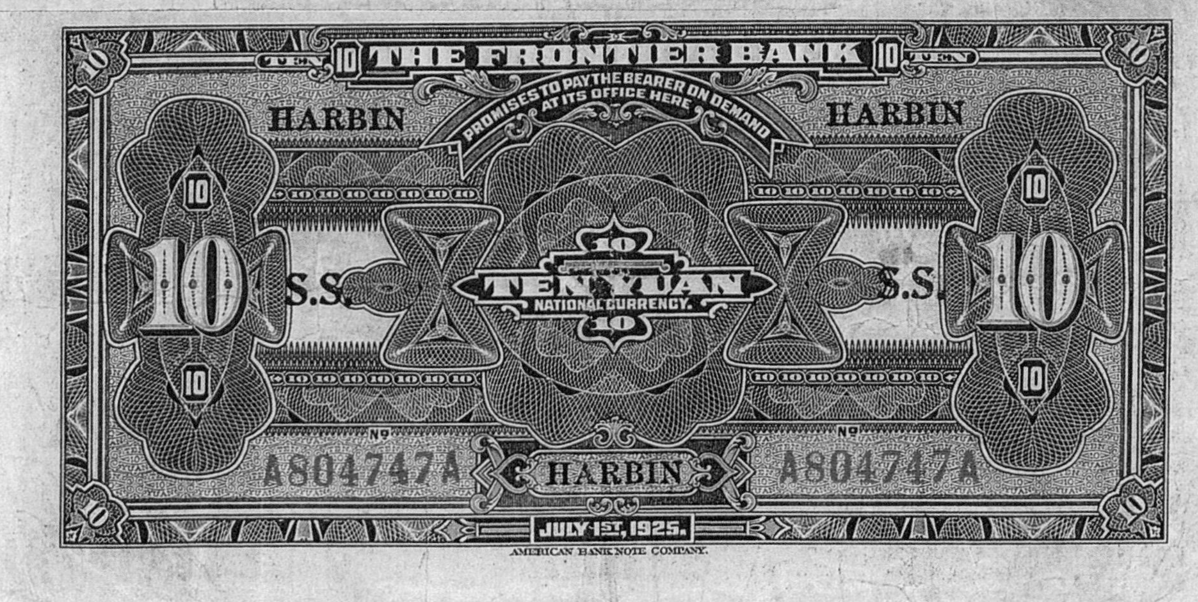

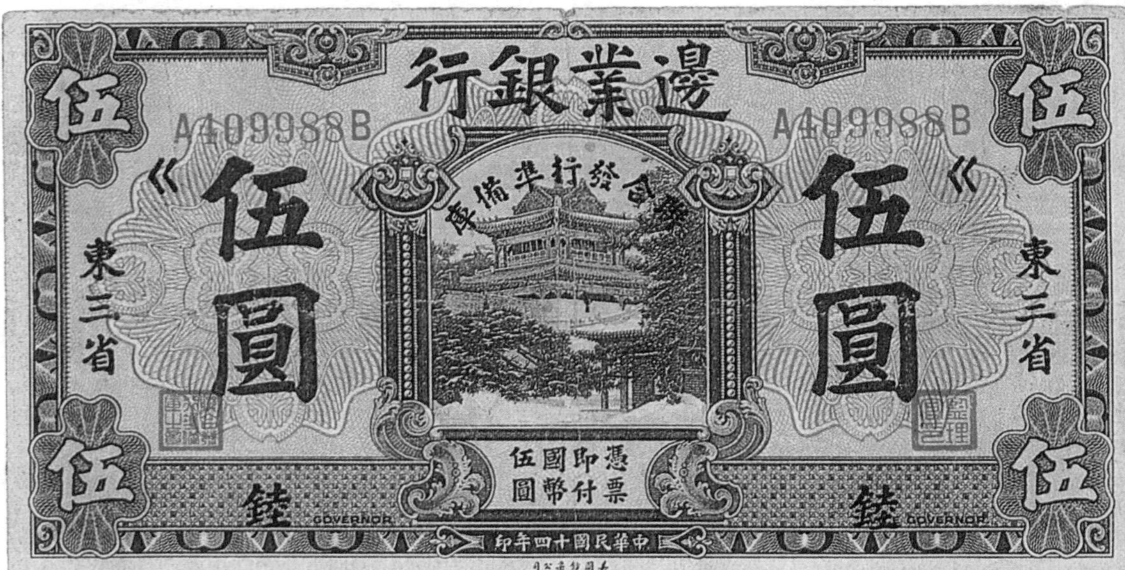

0401
中國人民銀行上海分行 藏
★★

0402
上海博物館 藏
★★

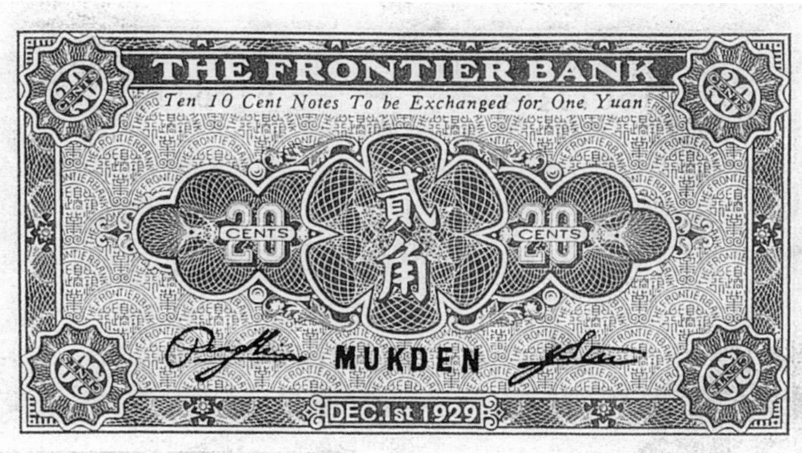

0403
中國人民銀行上海分行 藏
★

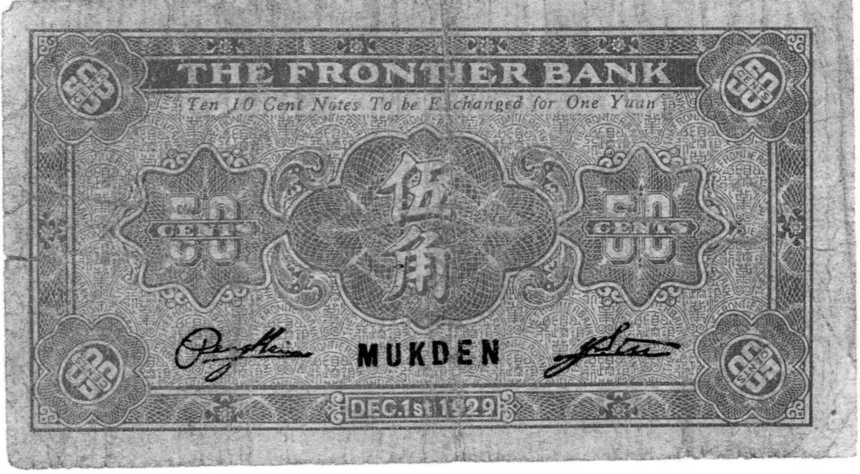

0404
上海博物館 藏
★

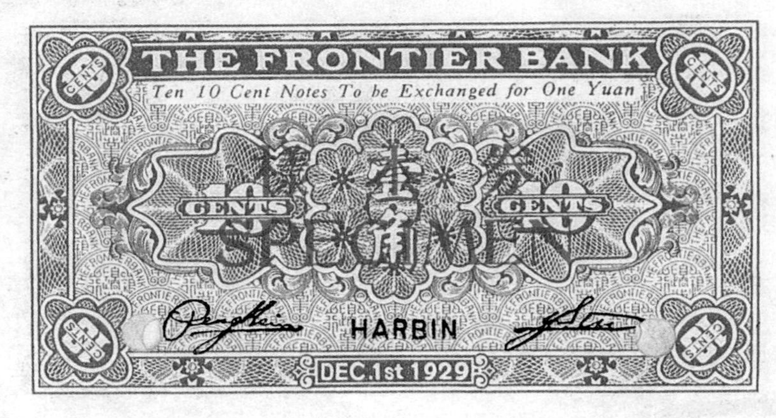

0405
中國人民銀行上海分行 藏
★★

0406
上海博物館 藏
★

0407
中國人民銀行上海分行 藏
★★

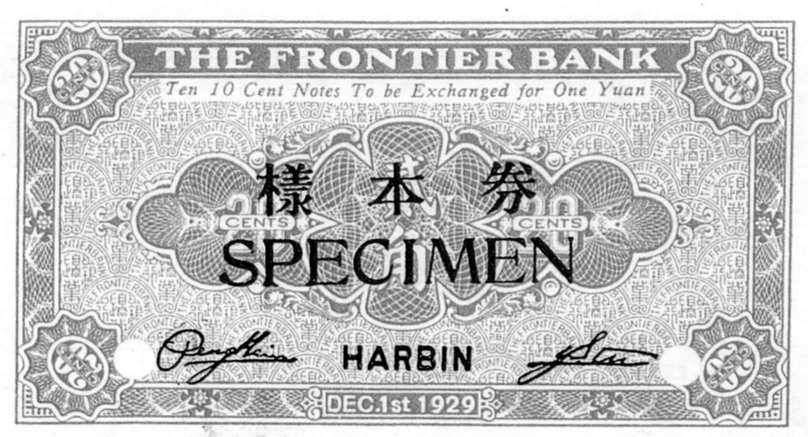

0106579 行銀業邊 0106579
貳角
貳角
濱爾哈
濱爾哈
(B)
THE FRONTIER BANK
Ten 10 Cent Notes To be Exchanged for One Yuan
20 CENTS
20 CENTS
貳角
HARBIN
DEC.1st 1929

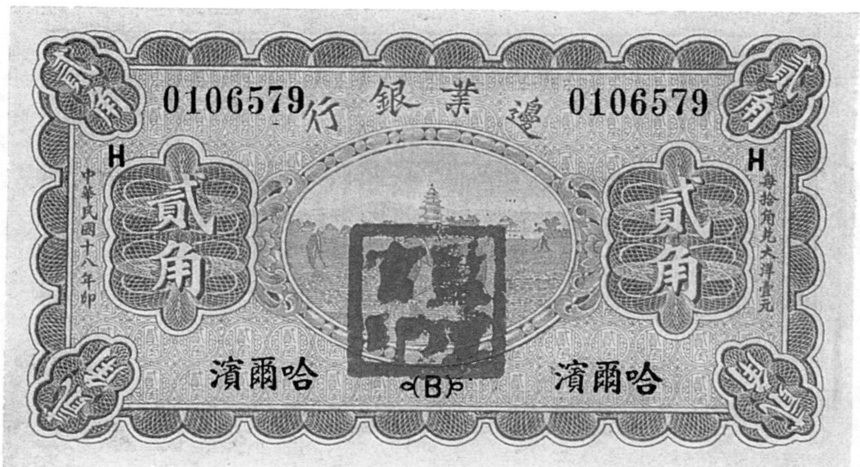

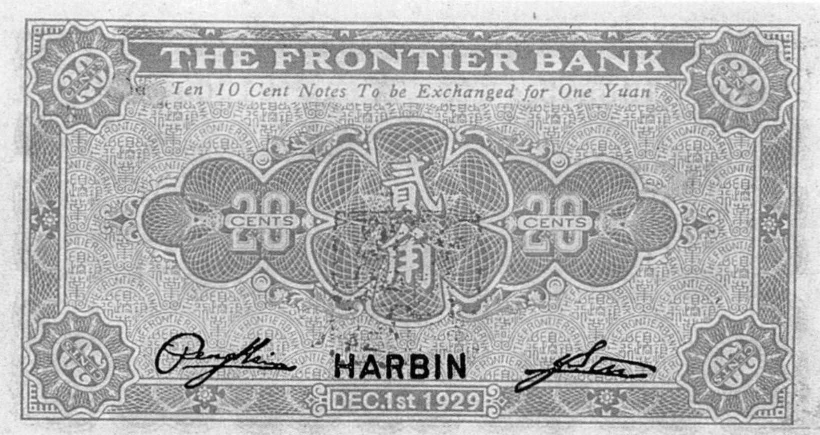

0408
中國人民銀行上海分行 藏
★

0000000 行銀業邊 0000000
伍角
伍角
樣本券
SPECIMEN
濱爾哈
濱爾哈
(B)
THE FRONTIER BANK
Ten 10 Cent Notes To be Exchanged for One Yuan
樣本券
SPECIMEN
50 CENTS
50 CENTS
HARBIN
DEC.1st 1929

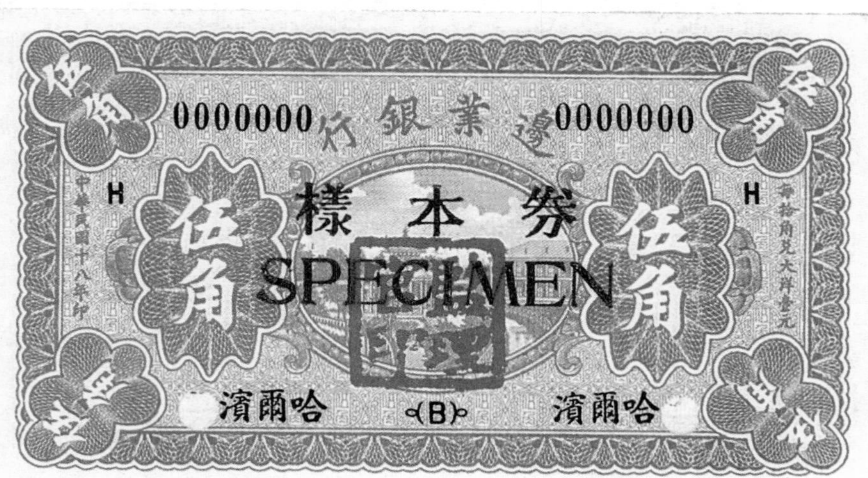

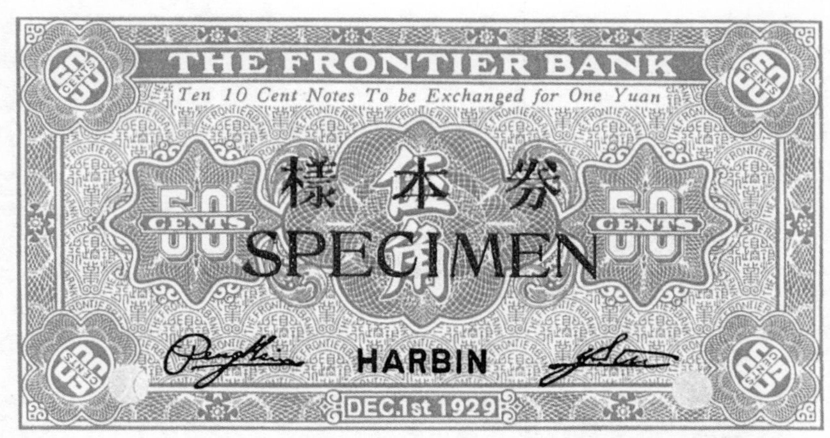

0409
中國人民銀行上海分行 藏
★★

0388326 行銀業邊 0388326
伍角
伍角
監理官印
濱爾哈
濱爾哈
(B)
THE FRONTIER BANK
Ten 10 Cent Notes To be Exchanged for One Yuan
伍角
50 CENTS
50 CENTS
HARBIN
DEC.1st 1929

0410
中國人民銀行上海分行 藏
★

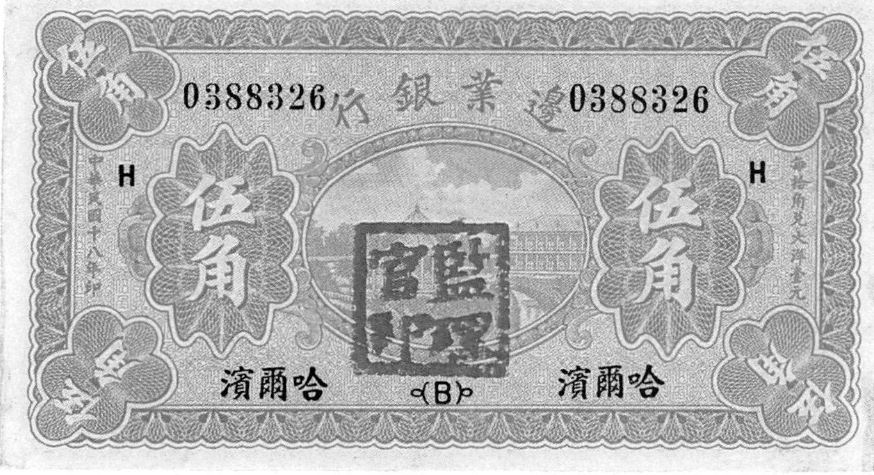

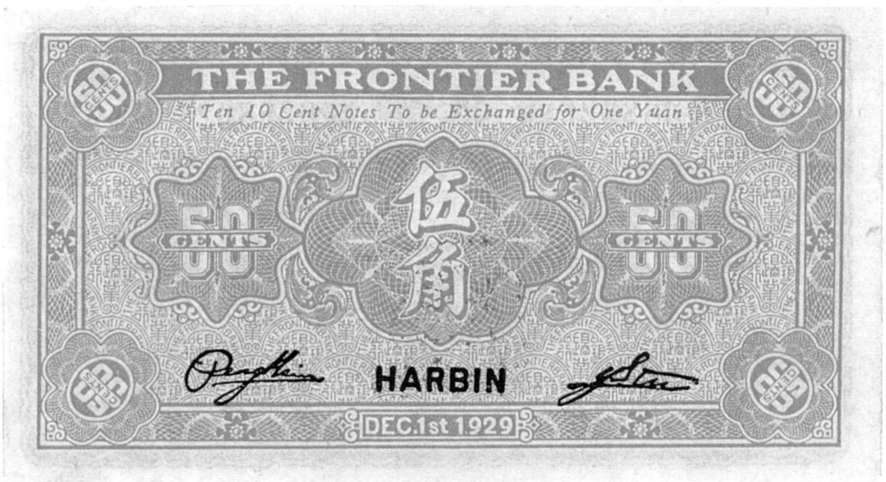

0411
上海博物館 藏
★

0412
上海博物館 藏
★★

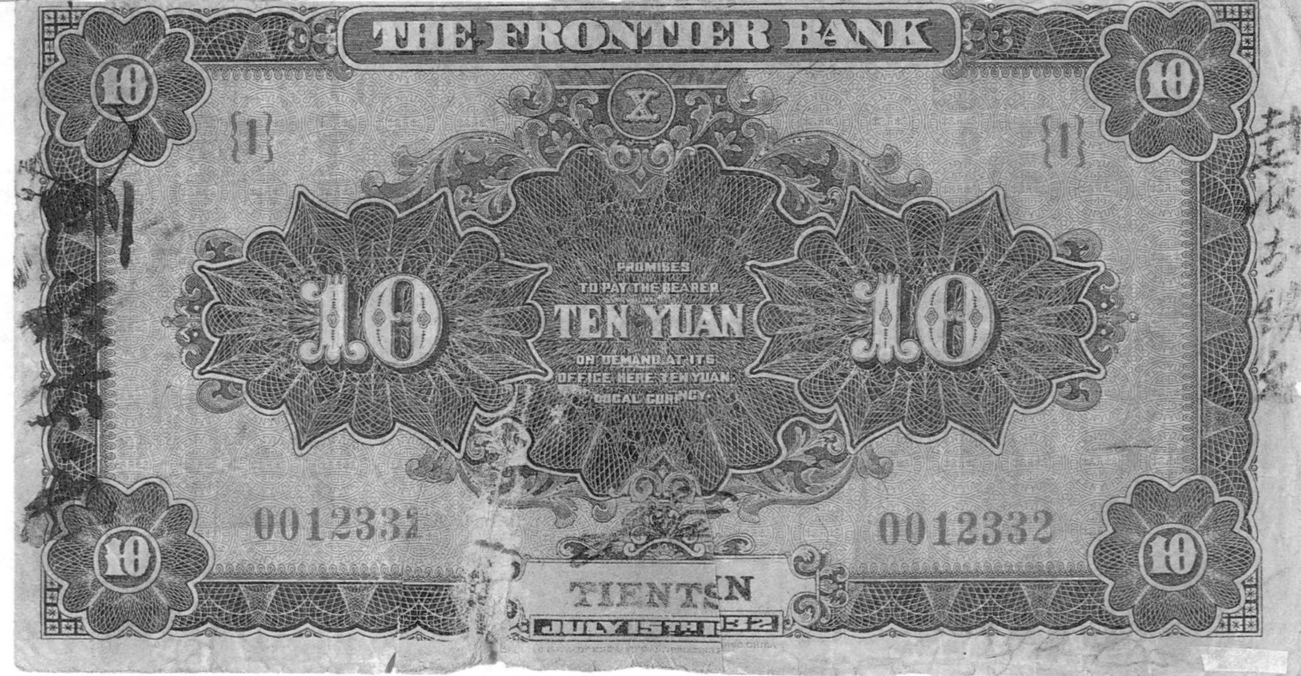

十三、殖邊銀行

0413
上海博物館 藏
★

0414
上海博物館 藏
★

0415
中國人民銀行上海分行 藏
★★

0416
中國人民銀行上海分行 藏
★

0417
吴籌中 藏
★

0418
中國人民銀行上海分行 藏
★★

0419
中國人民銀行上海分行　藏
★

0420
吴籌中 藏
★

0421
中國人民銀行上海分行 藏
★

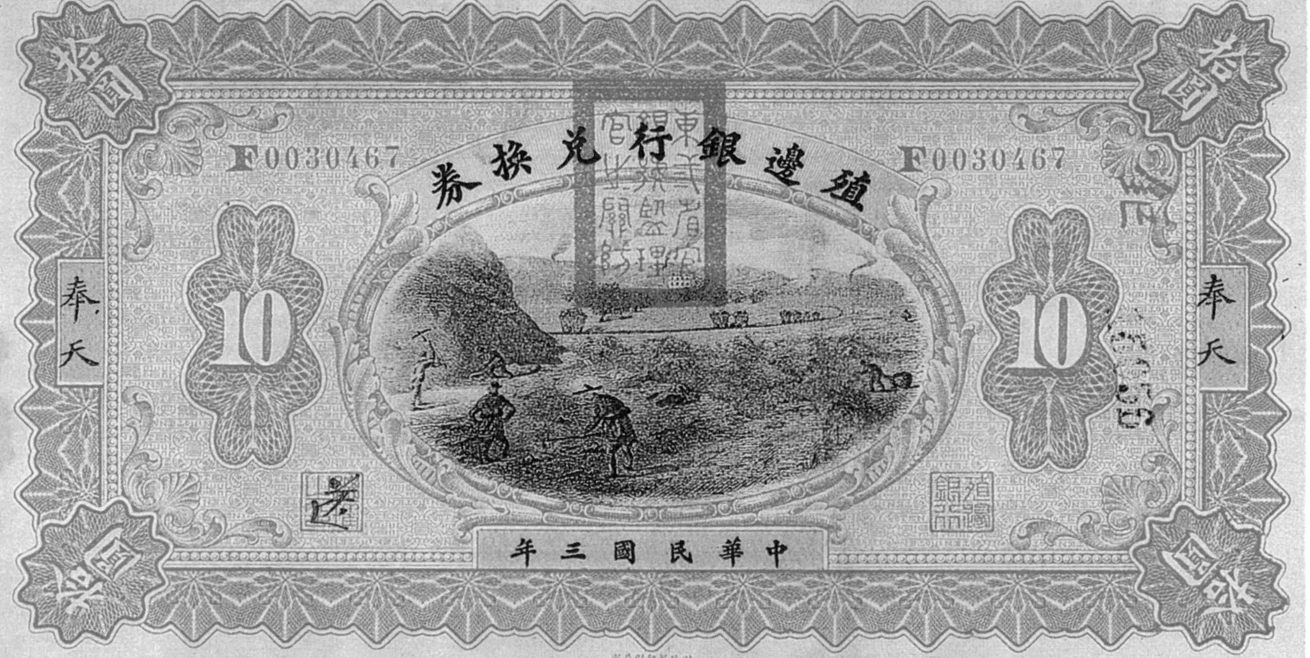

0422
中國人民銀行上海分行 藏
★★

0423
中國人民銀行上海分行 藏
★

0424
中國人民銀行上海分行 藏
★

（背圖見下頁）

0425
上海博物館 藏
★

(0424 背圖)

0426
上海博物館 藏
★★

0427
吴籌中 藏
★

0428
上海博物館 藏
★

0429
吴籌中 藏
★★

0430
吴籌中 藏
★

0431
吴籌中 藏
★★

0432
吴籌中 藏
★

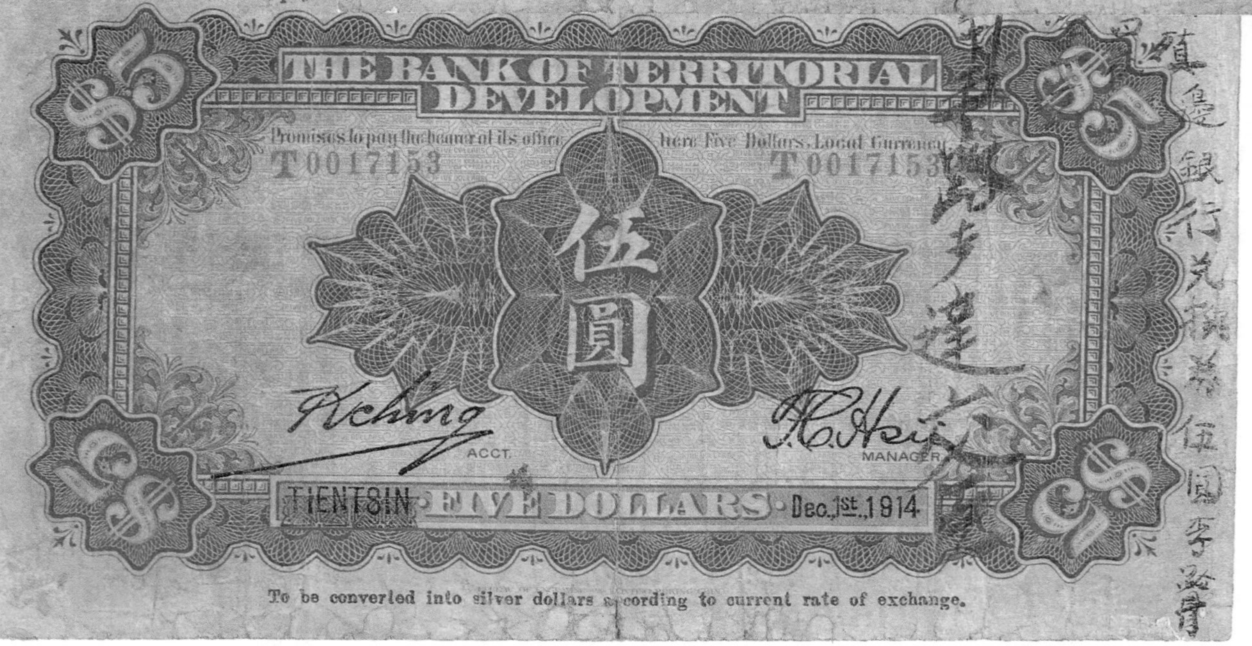

0433
上海博物館 藏
★

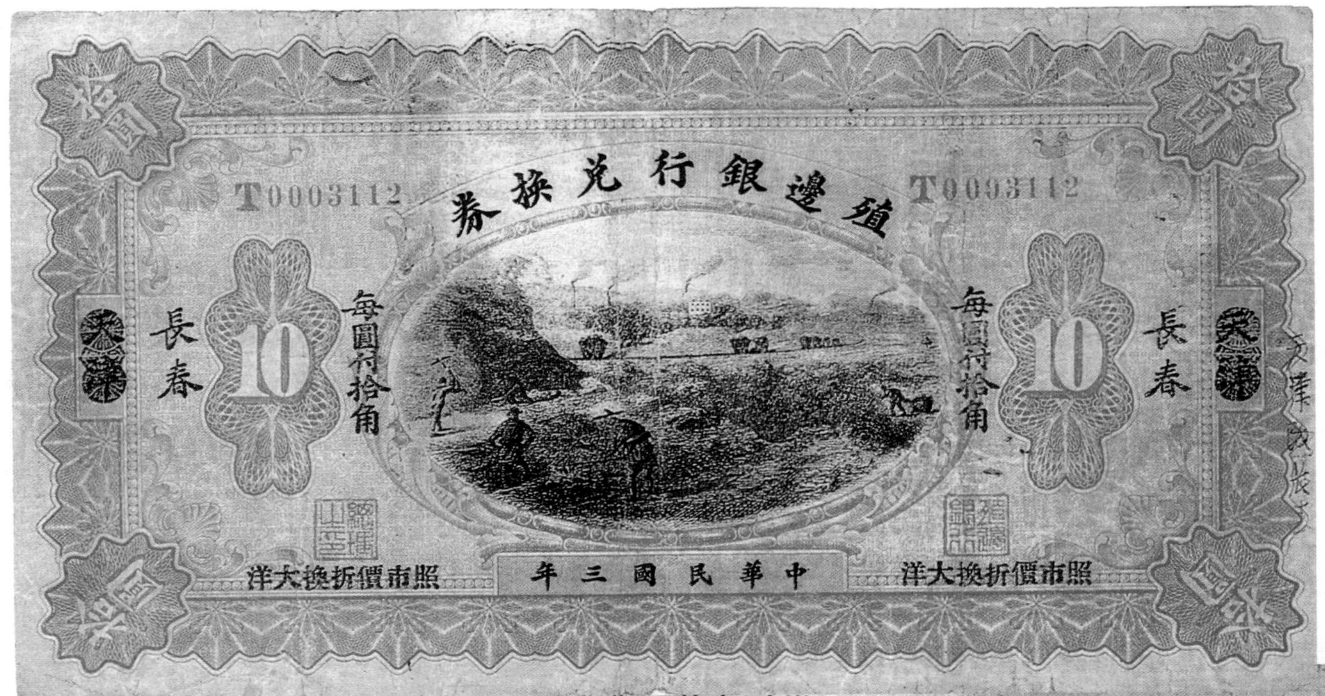

0434
吴籌中 藏
★★

0435
吴籌中 藏
★

0436
吴籌中 藏
★

0437
吴籌中 藏
★

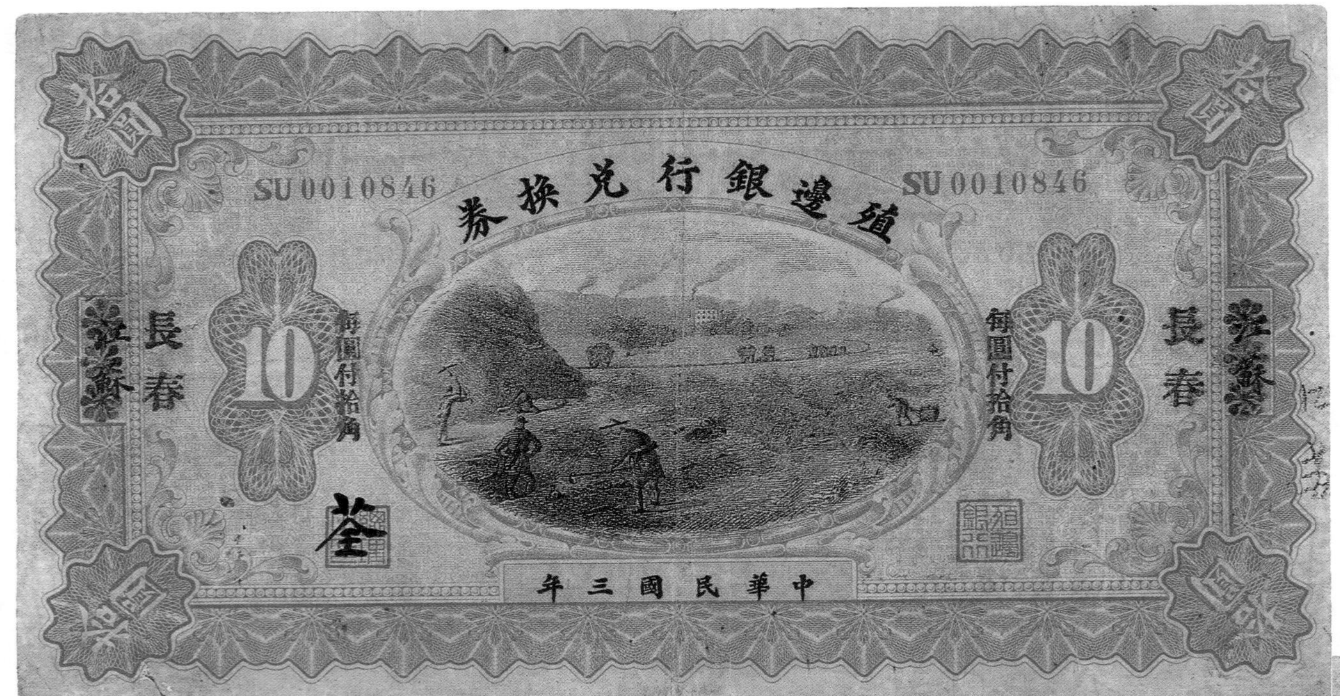

0438
上海博物館 藏

★★

0439
上海博物館 藏
★

0440
吴籌中 藏
★

N. B. Payable in subsidiary (silver) coins at par i. e. ten 10-cent coins to the dollar.
THE BANK OF TERRITORIAL DEVELOPMENT
Promises to pay the bearer at its office here Ten Dollars, Local Currency.
KG0001914 小洋 KG0001914
拾圓
MANAGER
CHANGCHUN
TEN DOLLARS · Dec., 1st., 1914

0441
吴籌中 藏
★★

0442
吴籌中 藏
★

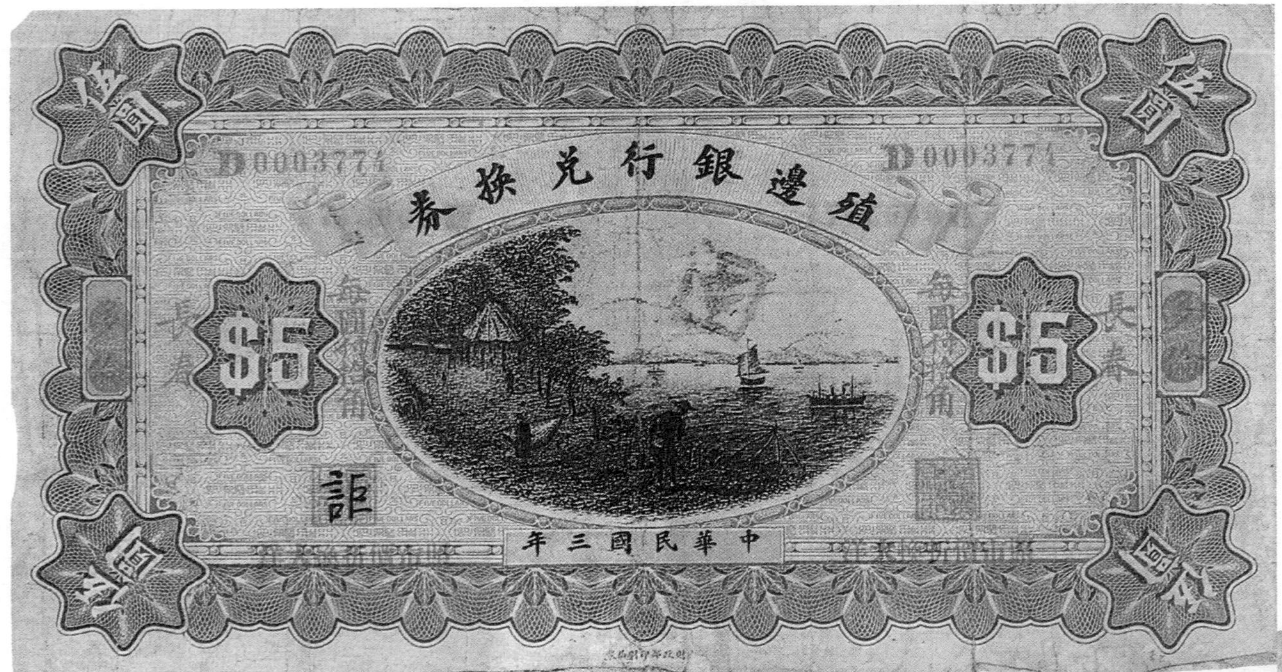

0443
吴籌中 藏
★

0444
吴籌中 藏
★★

0445
吴籌中 藏
★

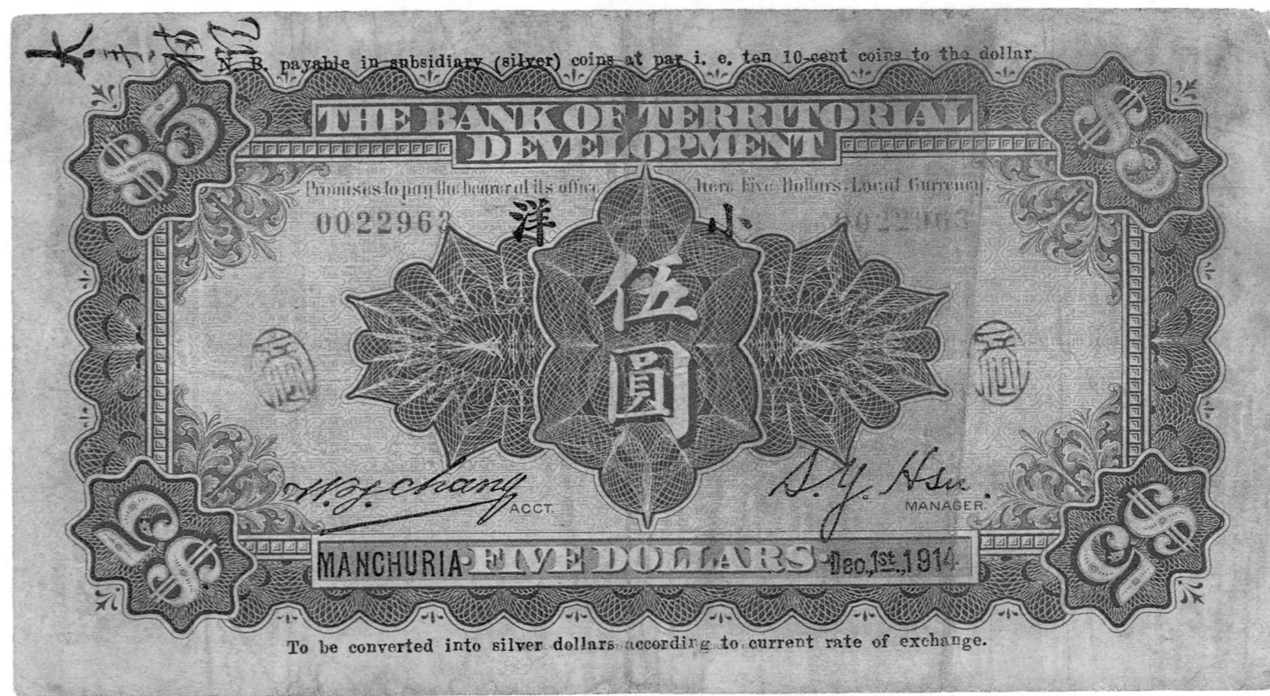

0446
上海博物館 藏
★

0447
上海博物館 藏
★★

(背圖見下頁)

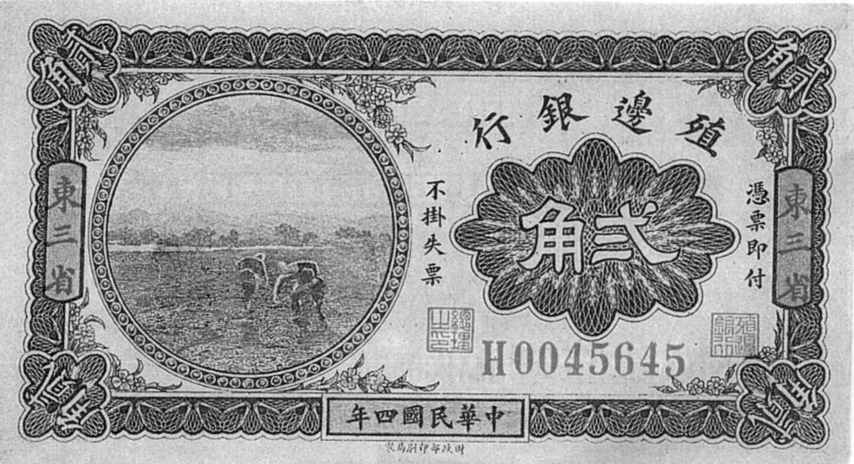

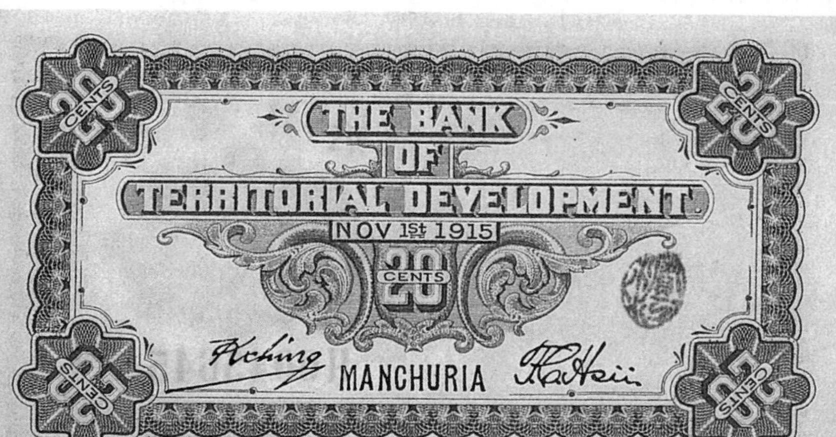

0448
中國人民銀行上海分行 藏
★

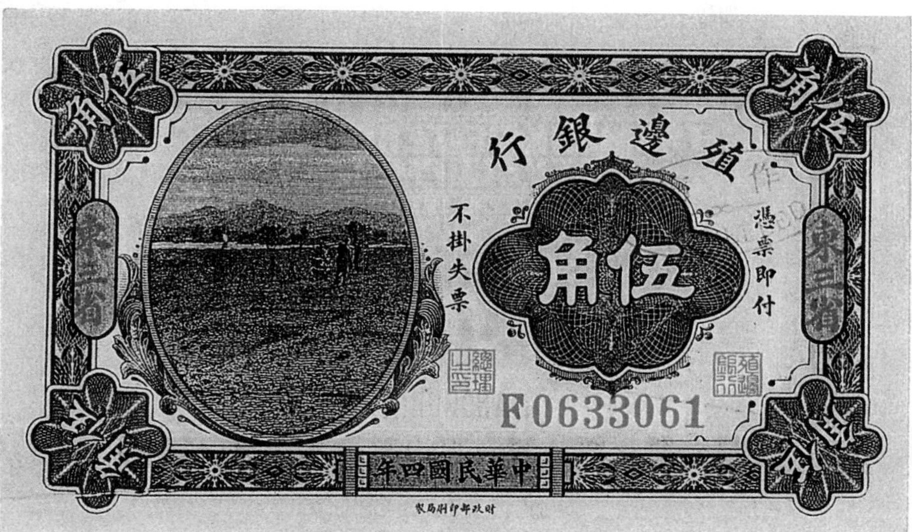

0449
中國人民銀行上海分行 藏
★

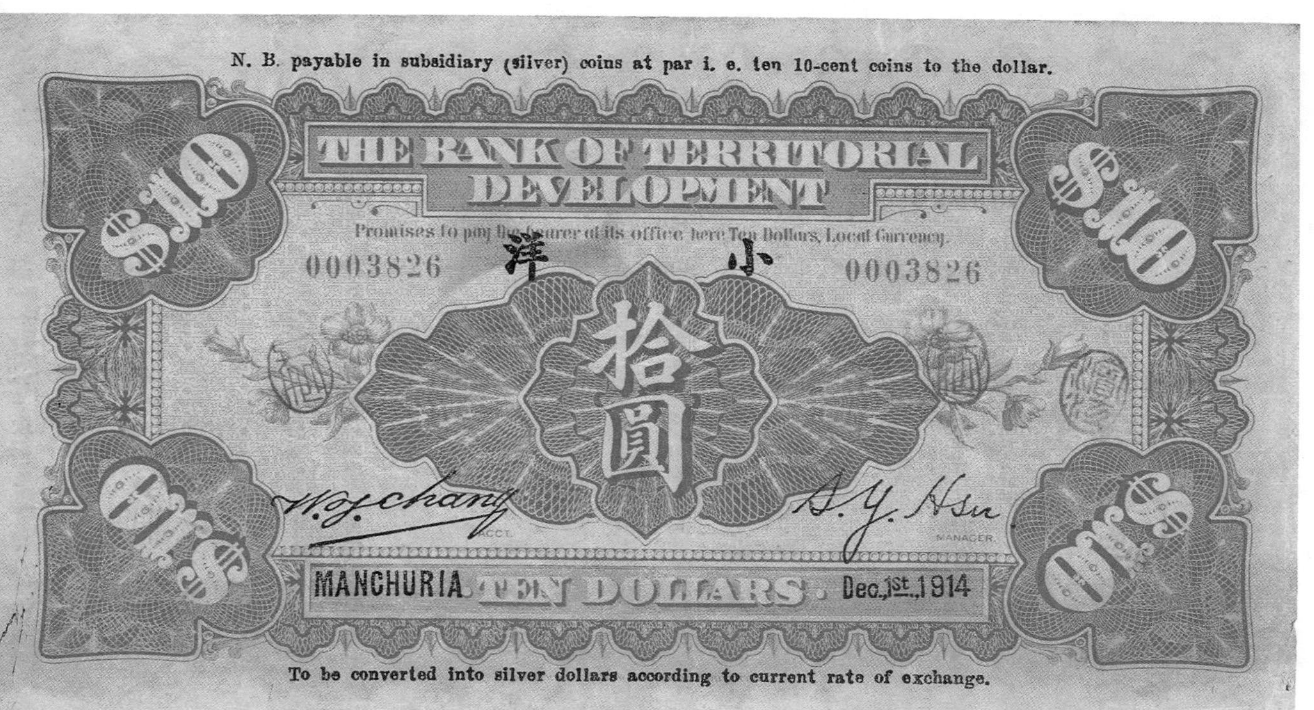

(0447 背圖)

0450
吴籌中 藏
★

0451
吴籌中 藏
★★

ТЕРРИТОРІАЛЬНО-ПРОМЫШЛЕННЫЙ
БАНКЪ ВЪ КИТАѢ
Обязуется уплатить предъявителю сего, по его требованію въ Отдѣленіи Банка въ Ургѣ, **десять долларовъ**, монетою мѣстнаго обращенія, стоимость получена.
№ 01742 * № 01742 *
拾圓
Контролеръ Управляющій
ДЕСЯТЬ ДОЛЛАРОВЪ

0452
中國人民銀行上海分行 藏
★★★

0453
上海博物館 藏
★

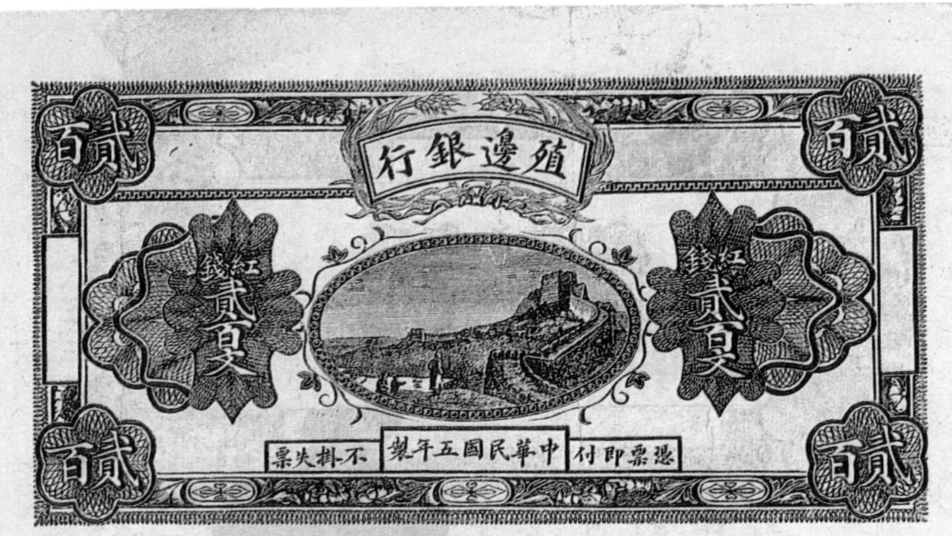

0454
徐風 藏
★★

0455
選自《新疆錢幣》
★★★

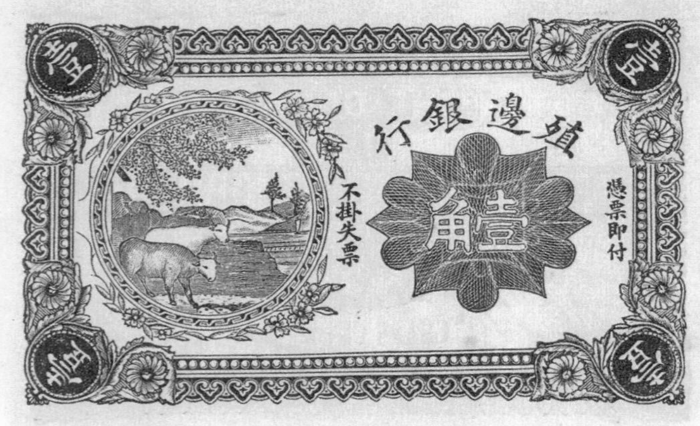

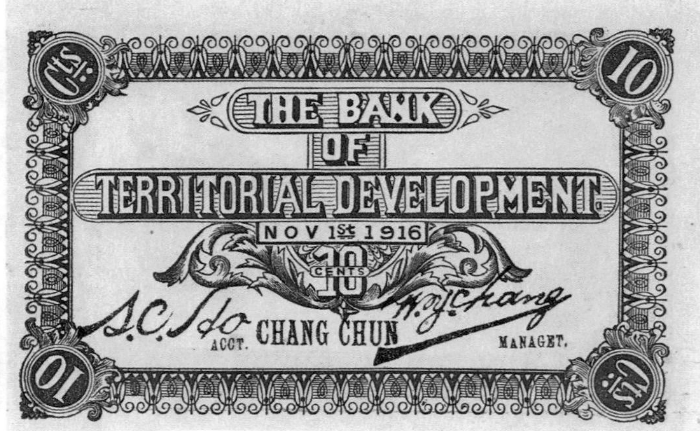

0456
上海博物館 藏
★

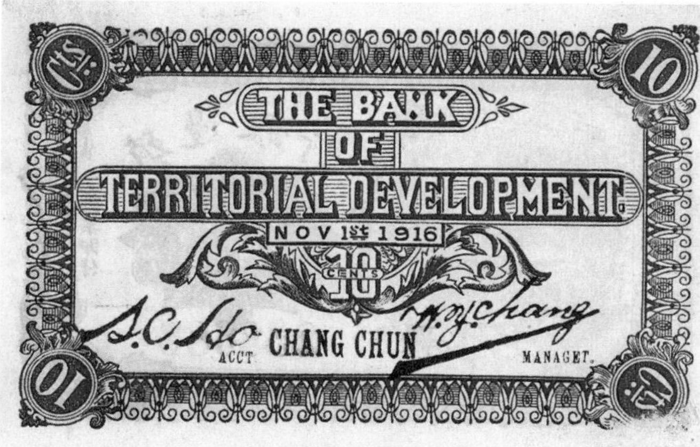

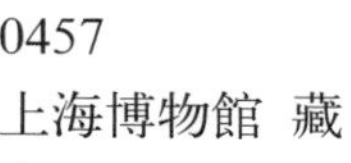

0457
上海博物館 藏
★

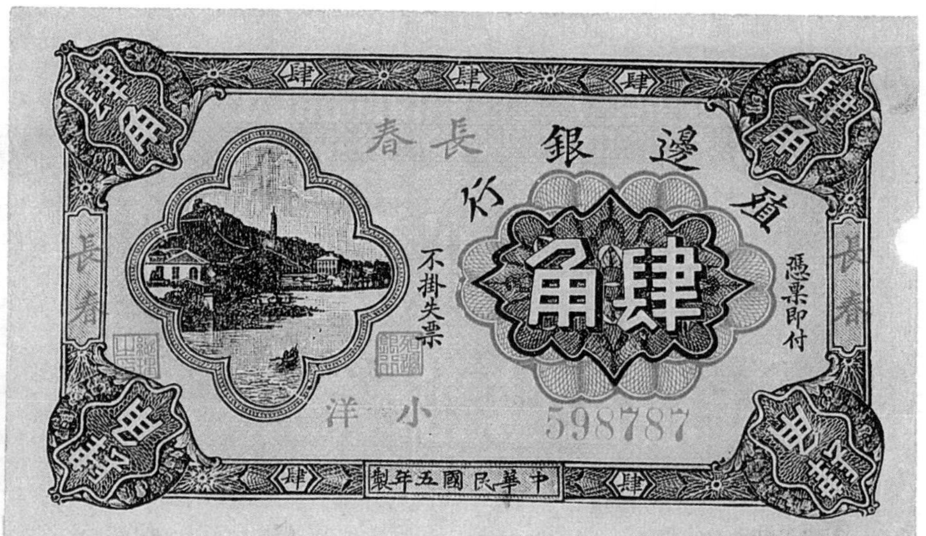

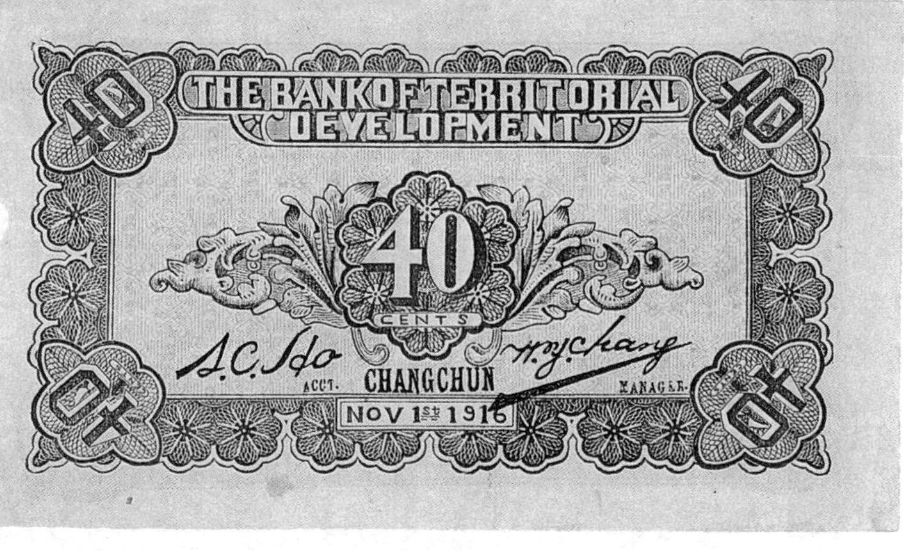

0458
中國人民銀行上海分行 藏
★

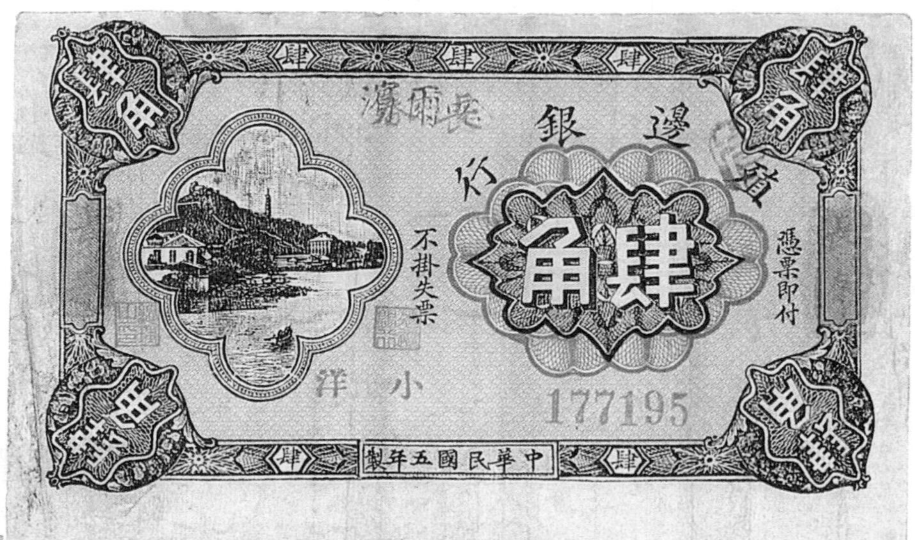

0459
張日炎 藏
★★

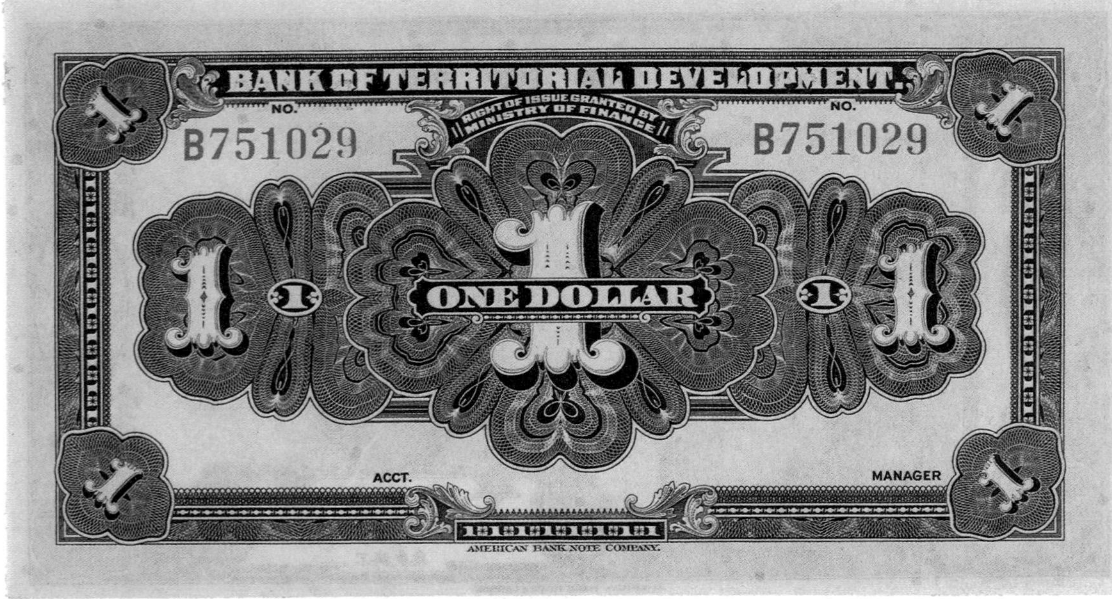

0460
上海博物館 藏
★

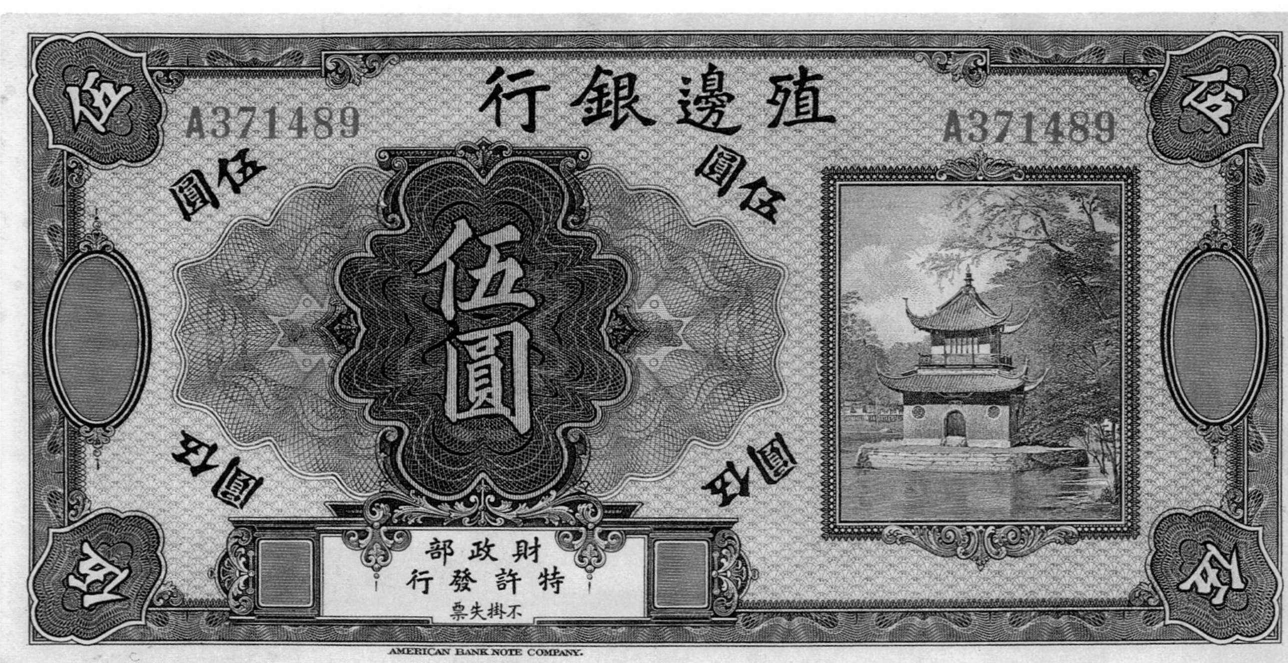

0461
上海博物館 藏
★★

（背圖見下頁）

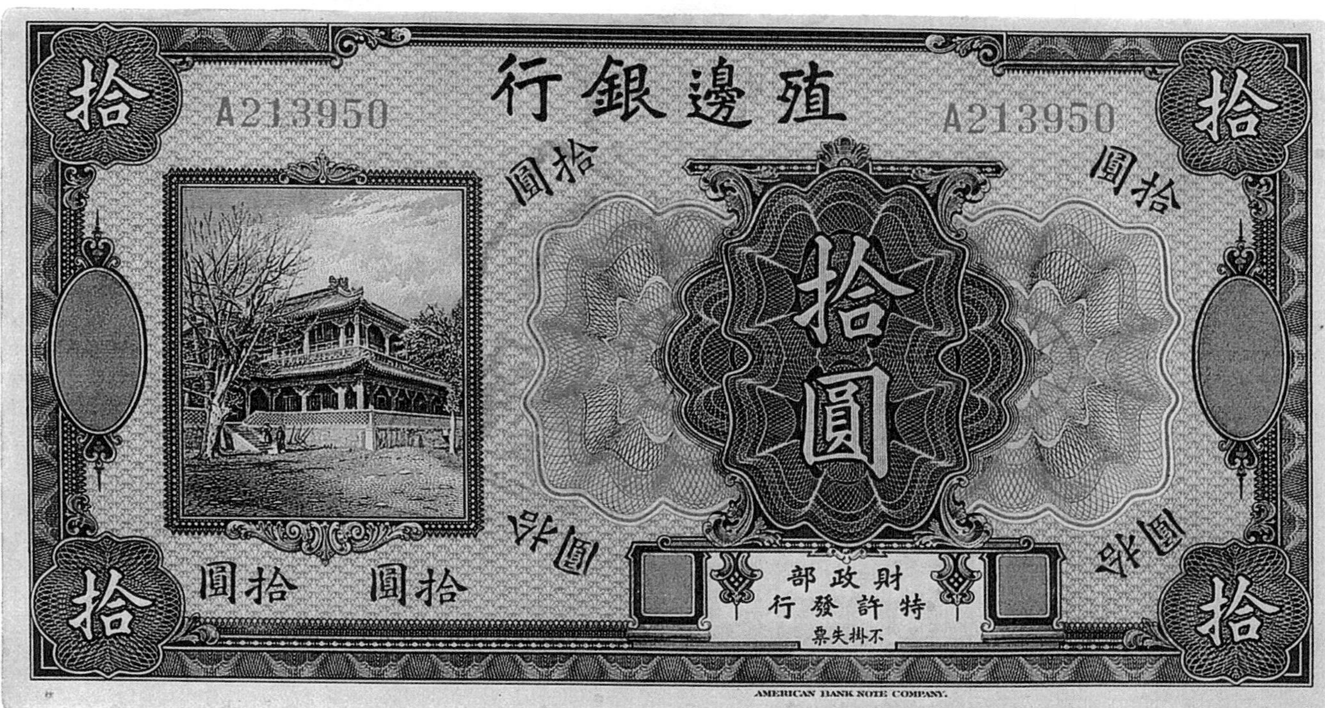

0462
中國人民銀行上海分行 藏
★★

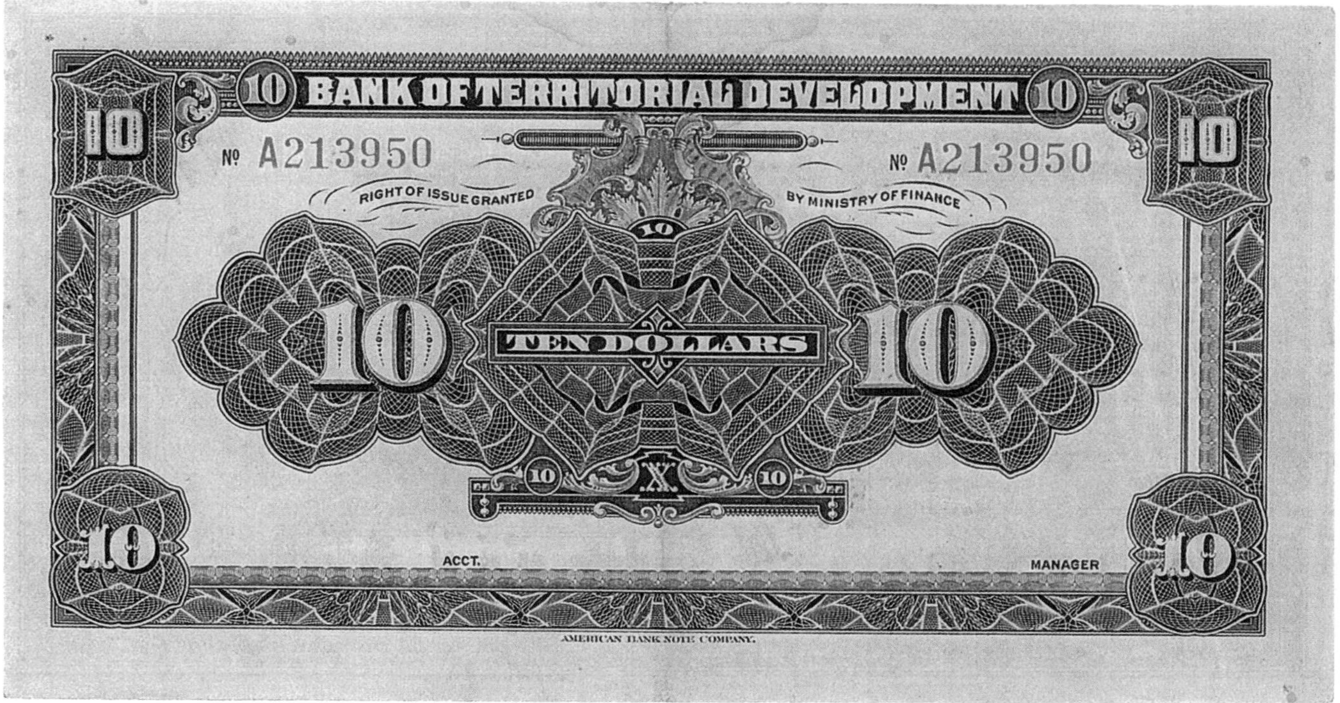

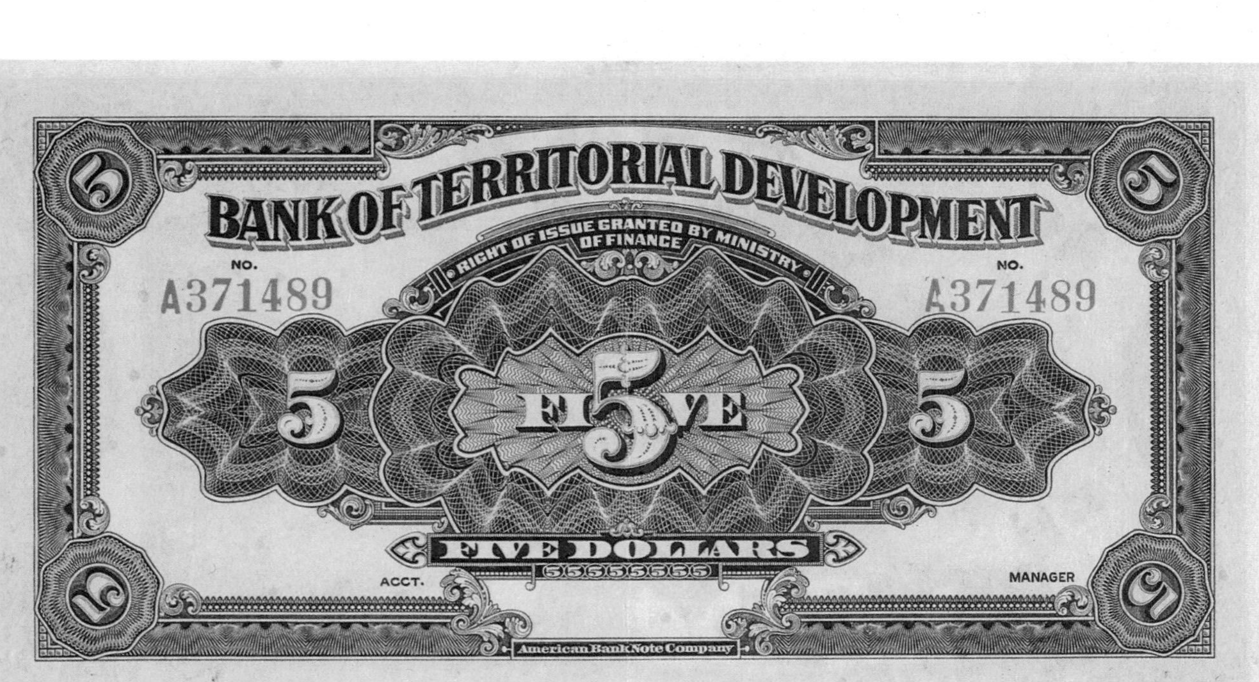

(0461 背圖)

0463
上海博物館 藏
★★★★

(背圖見下頁)

0464
吴籌中 藏
★

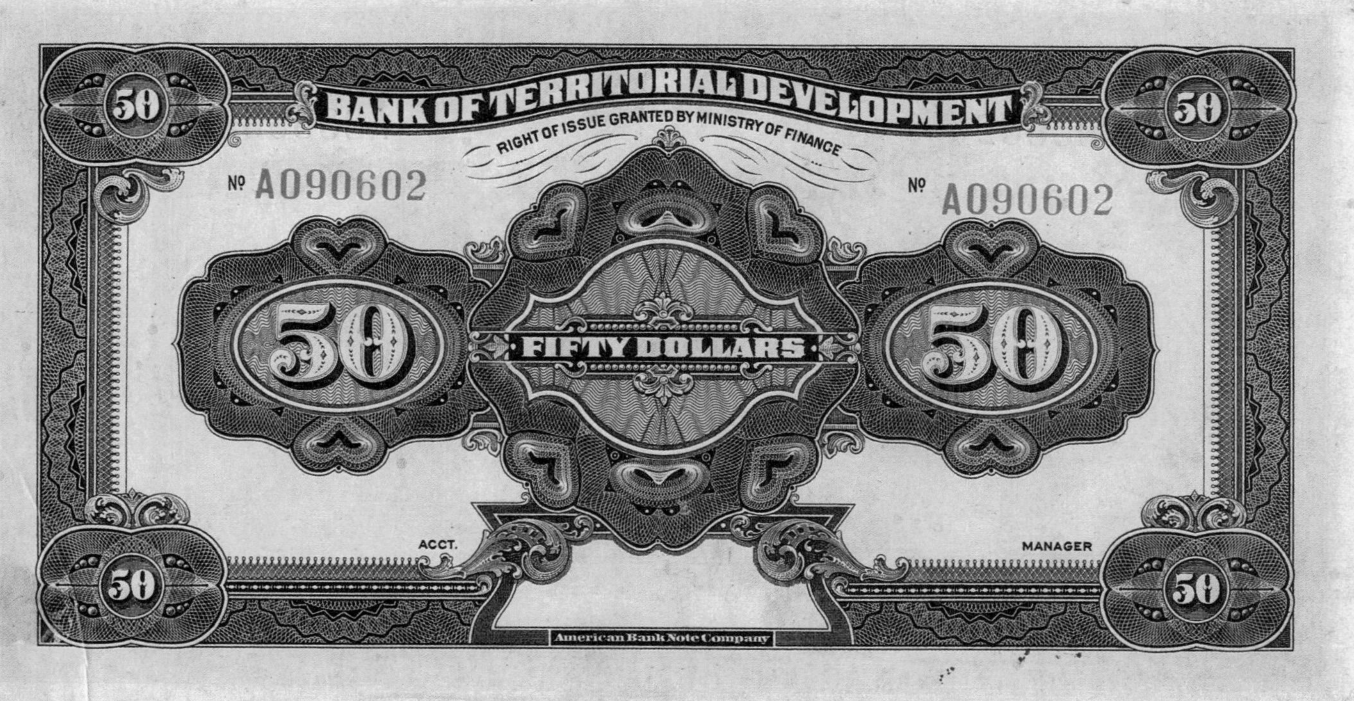

(0463 背圖)

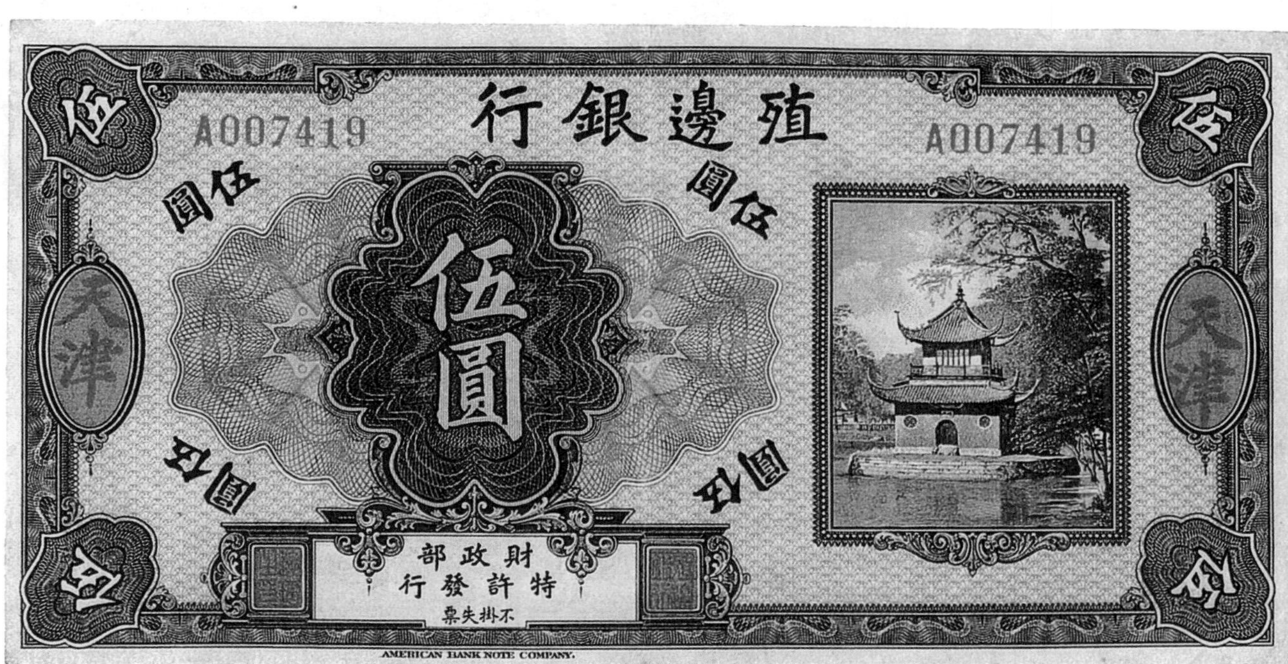

0465
中國人民銀行上海分行 藏
★★

0466
中國人民銀行上海分行 藏
★★

0467
上海博物館 藏
★

0468
中國人民銀行上海分行 藏
★

0469
中國人民銀行上海分行 藏
★★

十四、東南銀行

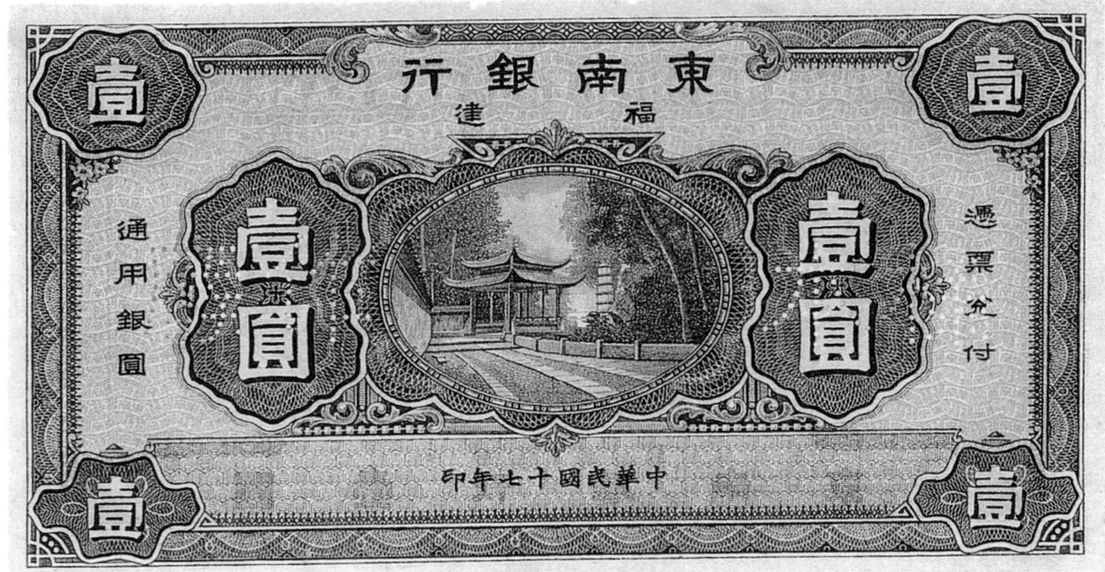

0470
中國人民銀行上海分行 藏
★★

0471
陳亞元 藏
★★

0472
中國人民銀行上海分行 藏
★★★

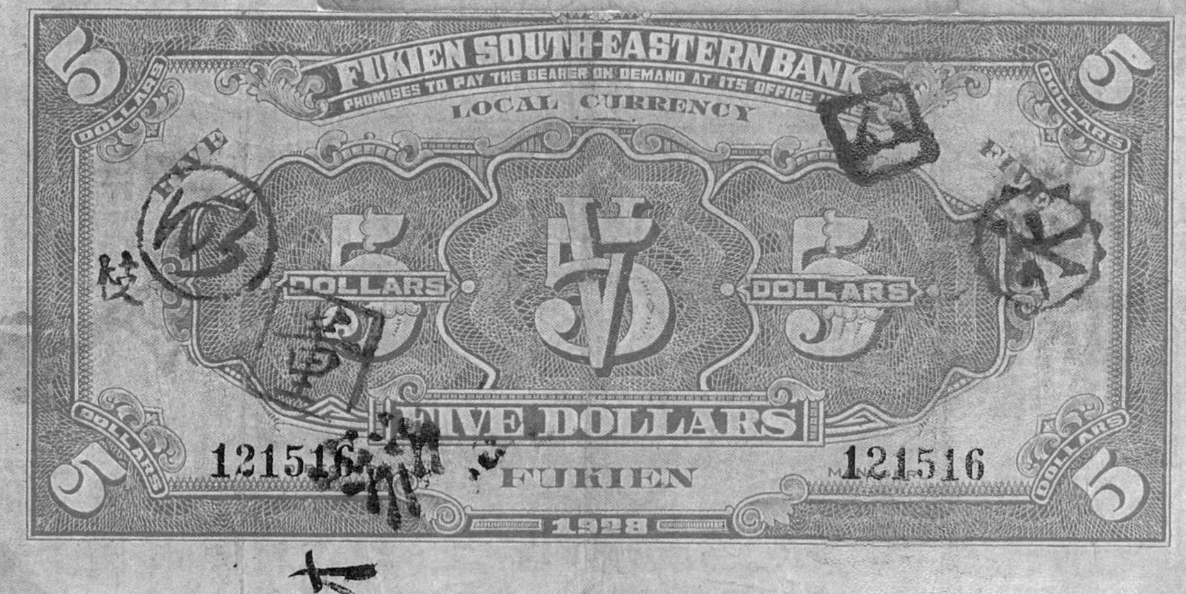

0473
苗培貴 藏
★★★

0474
中國人民銀行上海分行 藏
★★★

十五、中國絲茶銀行

0475
上海博物館 藏
★

0476
中國人民銀行上海分行 藏
★★

0477
上海博物館 藏
★

0478
上海博物館 藏
★★

0479
上海博物館 藏
★★★

0480
上海博物館 藏
★★

0481
上海博物館 藏
★★

十六、中華國寶銀行

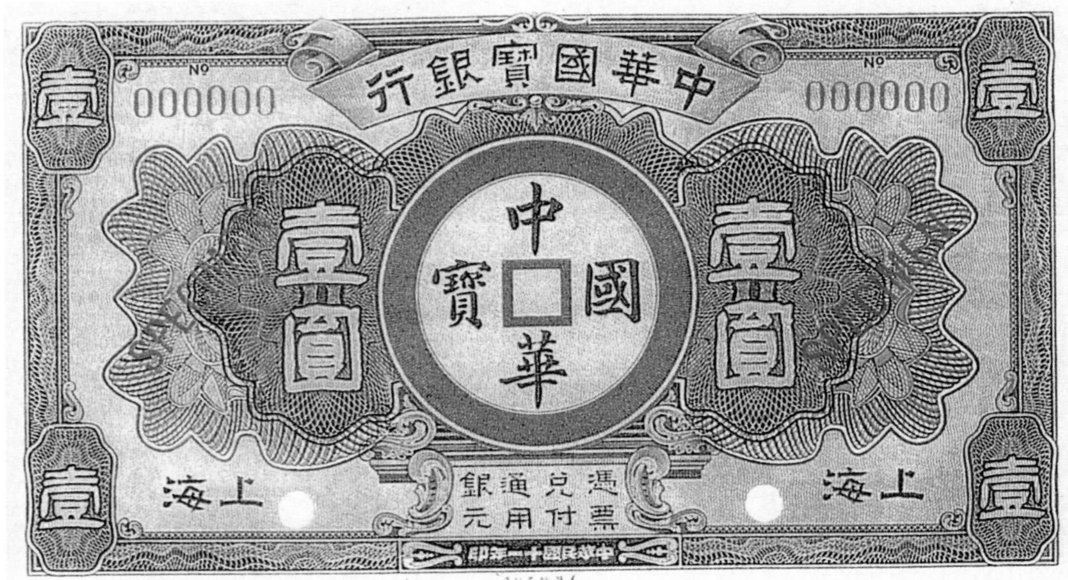

0482
張傑 提供
★★

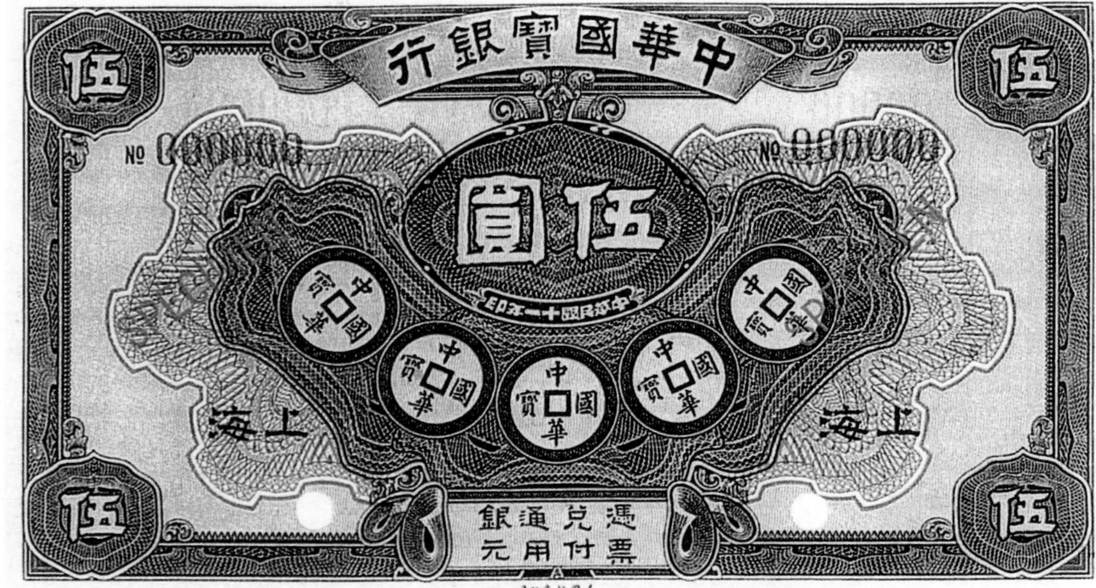

0483
張傑 提供
★★

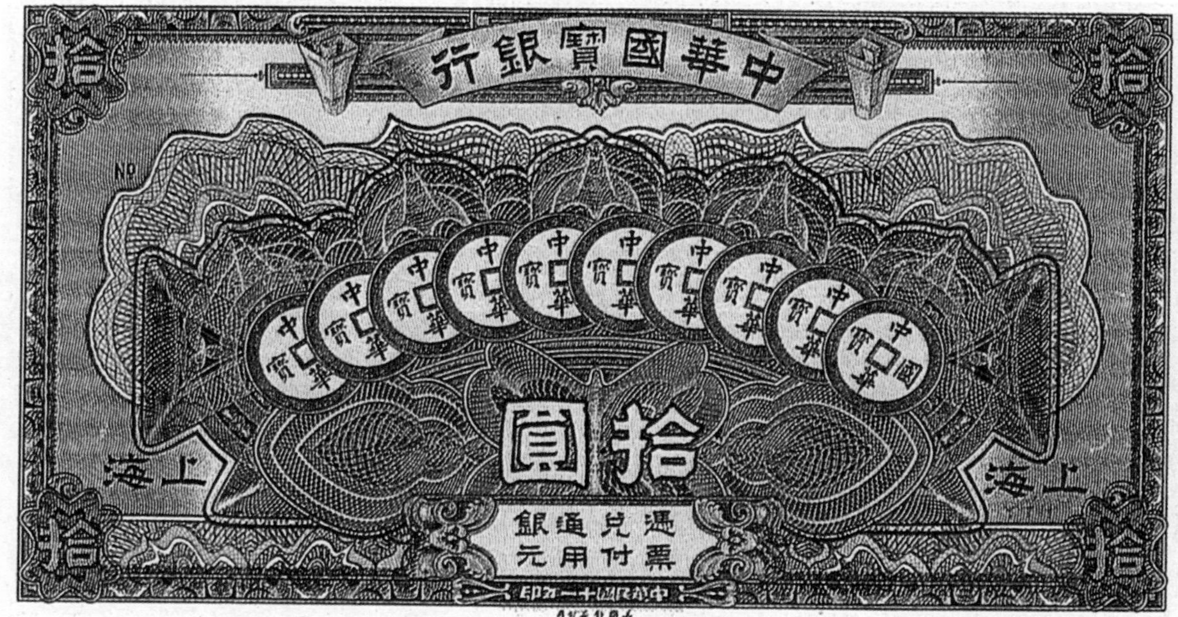

0484
選自《老上海貨幣》
★★★

0485
選自《老上海貨幣》
★★★★

0486
選自《老上海貨幣》
★★★★

十七、中華建設銀行

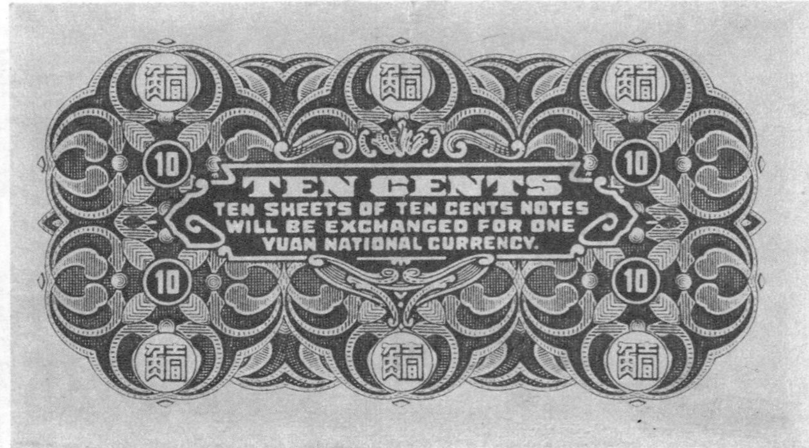

0487
上海博物館 藏
★★

十八、北平市銀行

0488
存雲亭 提供
★

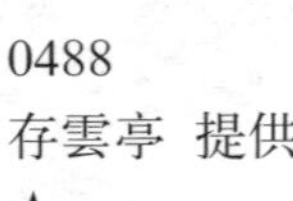

0489
存雲亭 提供
★

0490
存雲亭 提供
★

0491
存雲亭 提供
★★

0492
存雲亭 提供
★★

0493
孫彬 藏

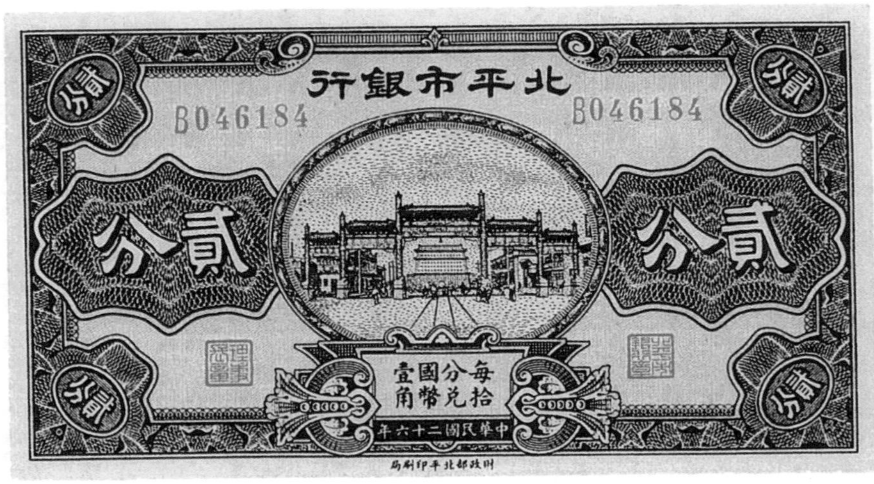

0494
中國人民銀行上海分行 藏

十九、北京德華銀行

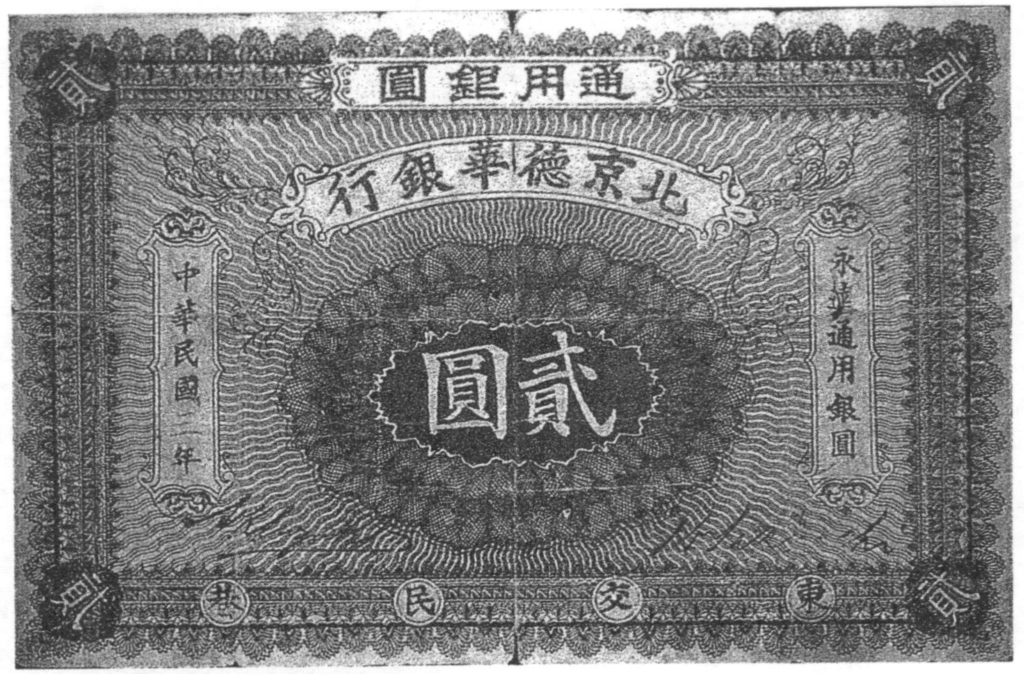

0495
存雲亭 提供
★★★

二十、明華銀行

0496
上海博物館 藏
★★

(背圖見下頁)

二十一、上海商業儲蓄銀行

0497
郭乃興 藏
★★

二十二、浦東銀行

0498
選自《老上海貨幣》
★★

二十三、上海永亨銀行

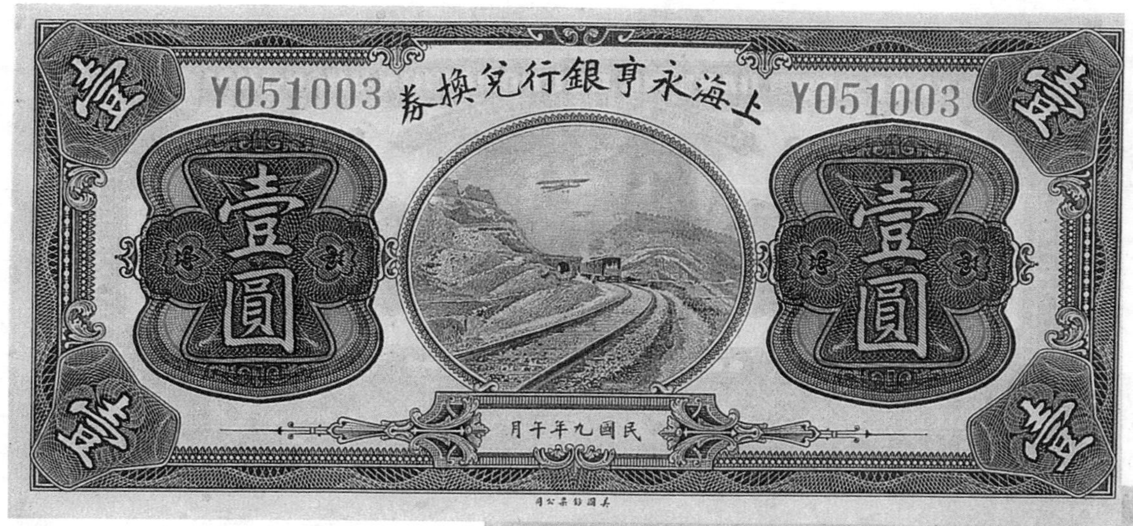

0499
中國人民銀行上海分行 藏
★★

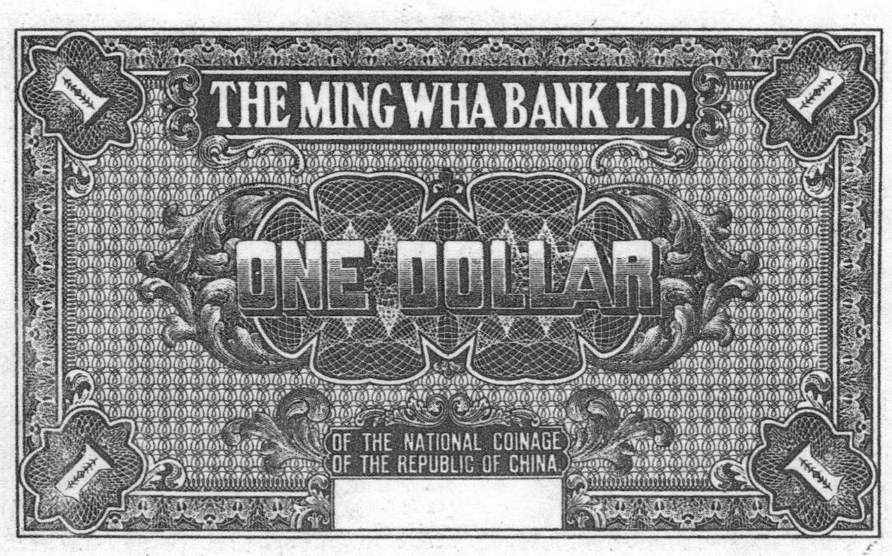

（0496 背圖）

0500
中國人民銀行上海分行 藏
★★★

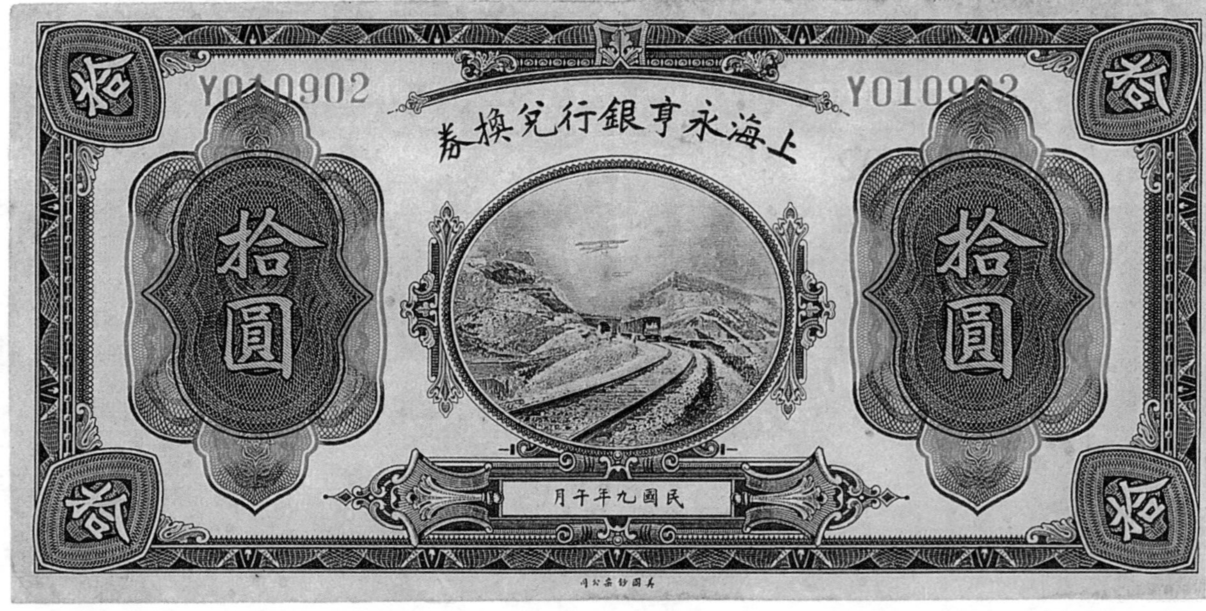

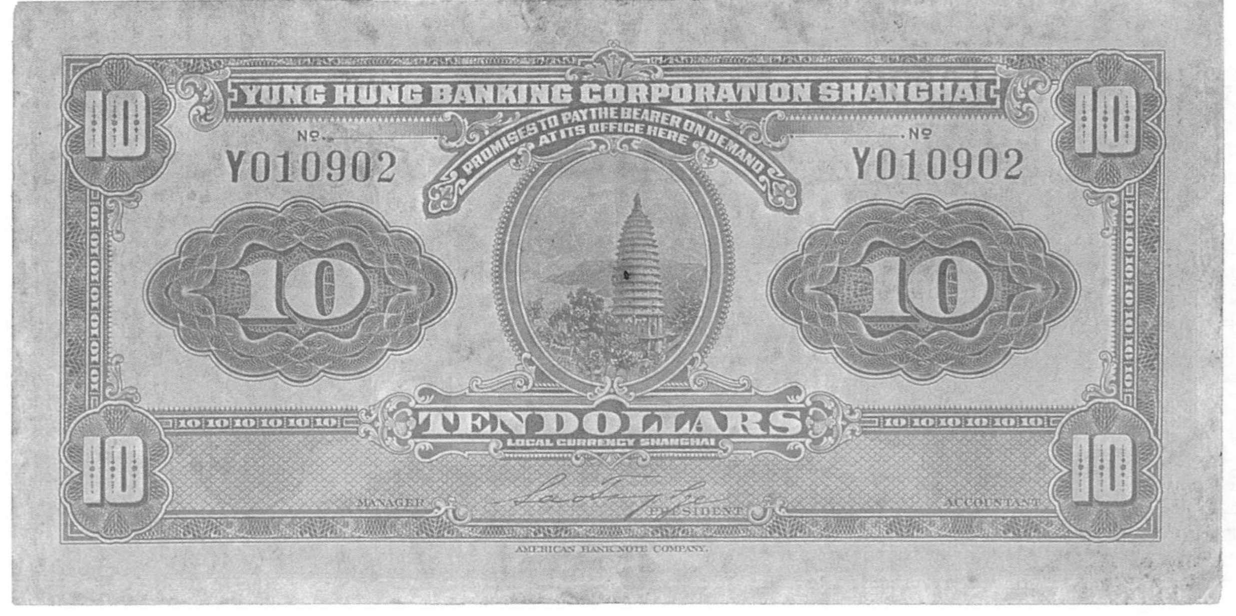

0501
中國人民銀行上海分行 藏
★★★

二十四、美華銀行

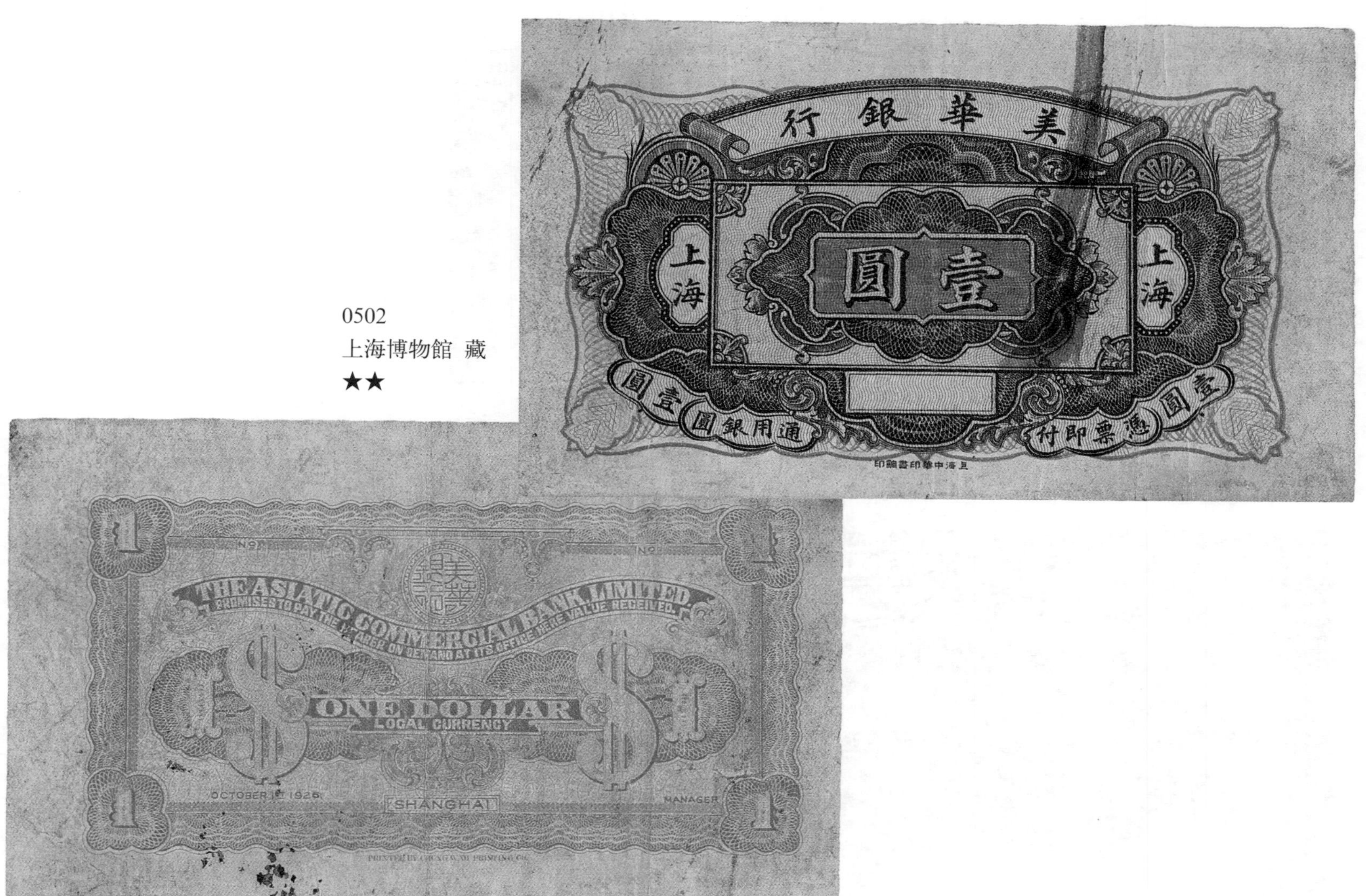

0502
上海博物館 藏
★★

二十五、上海興華銀行

0503
張傑 提供
★★★

二十六、道生銀行

0504
上海博物館 藏
★★

0505
上海博物館 藏
★★★

二十七、蒙藏銀行

0506
上海博物館 藏
★

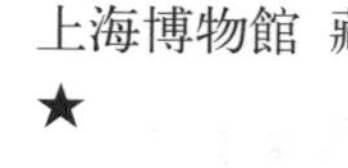

0507
上海博物館 藏
★

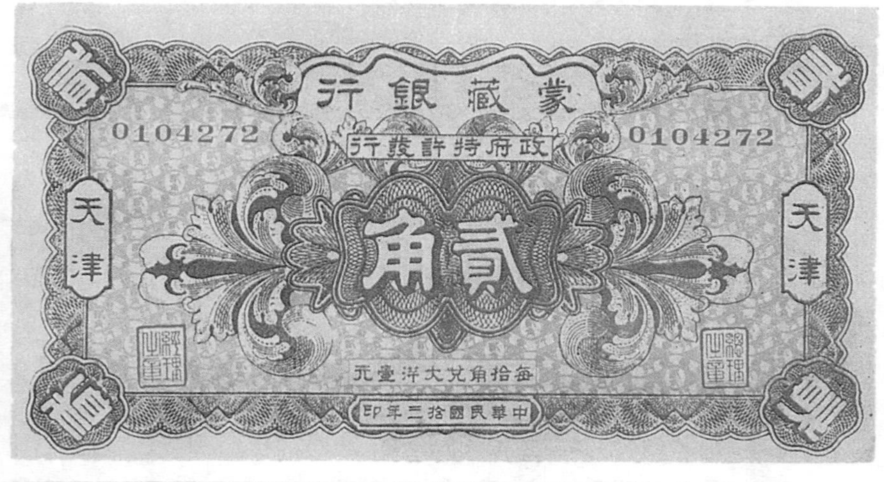

二十八、商辦青島地方銀行

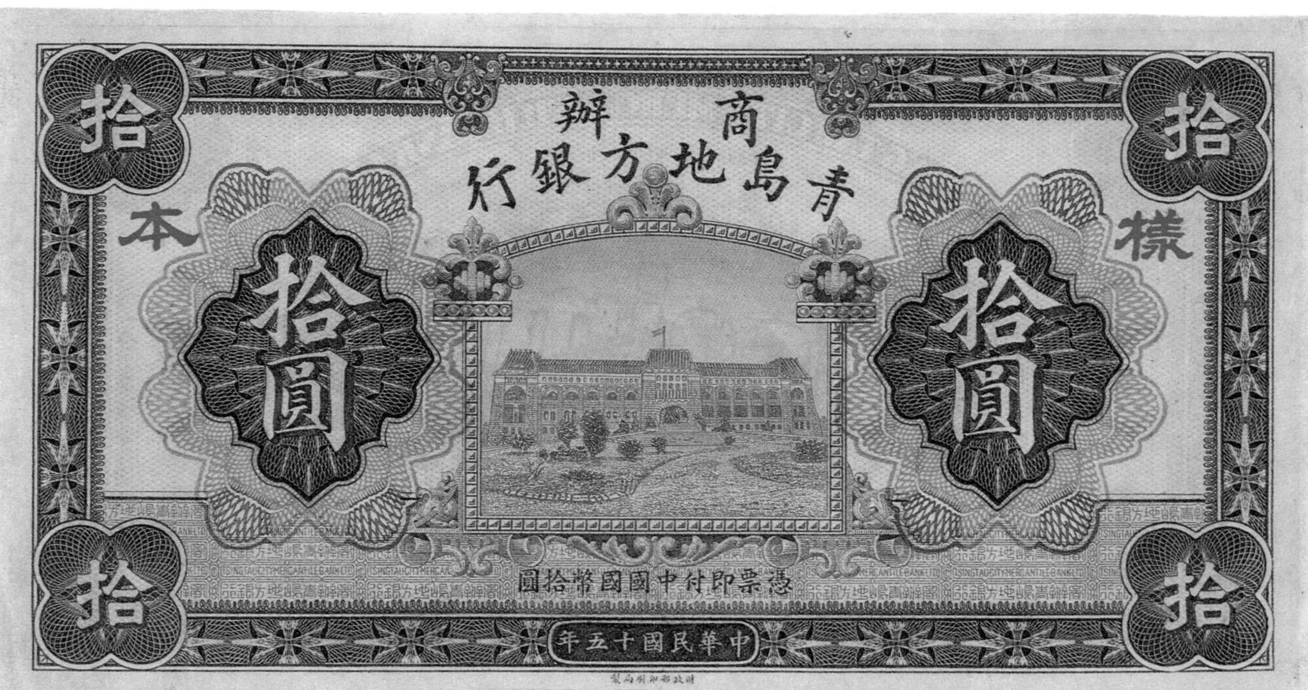

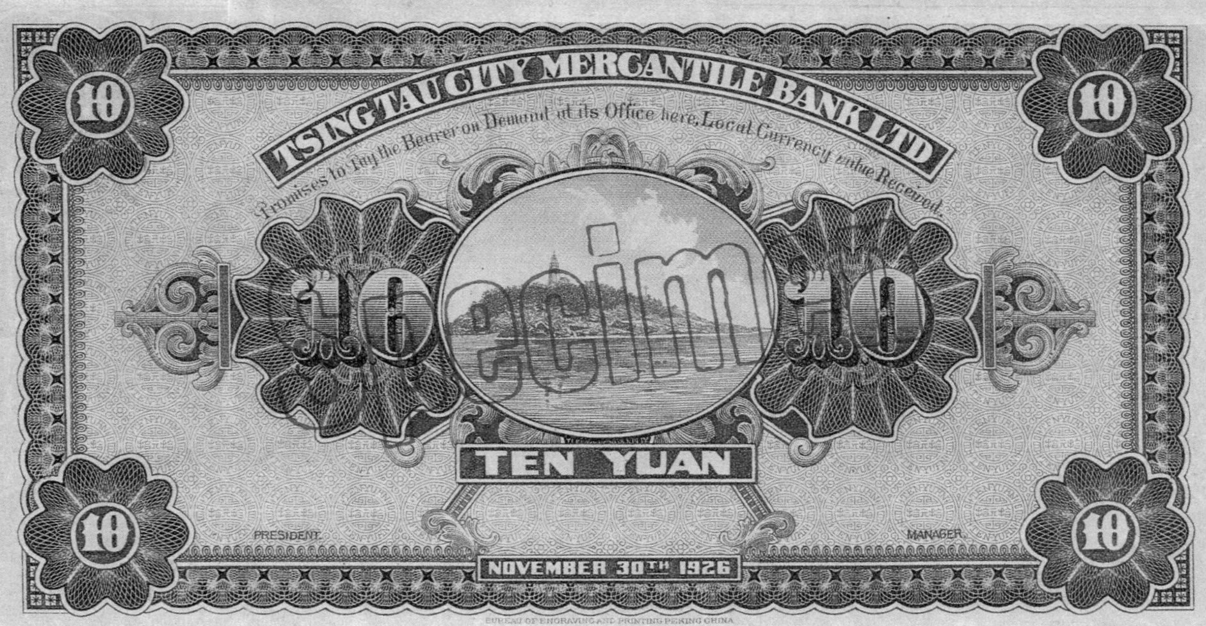

0508
上海博物館 藏
★★★

二十九、豐縣地方銀行

0509
石長有 藏
★

0510
石長有 藏
★

三十、贛省民國銀行

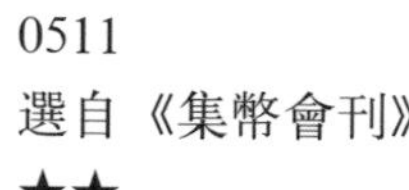

0511
選自《集幣會刊》
★★

0512
選自《集幣會刊》
★★

三十一、全贛公共銀行

0513
徐風 藏
★★

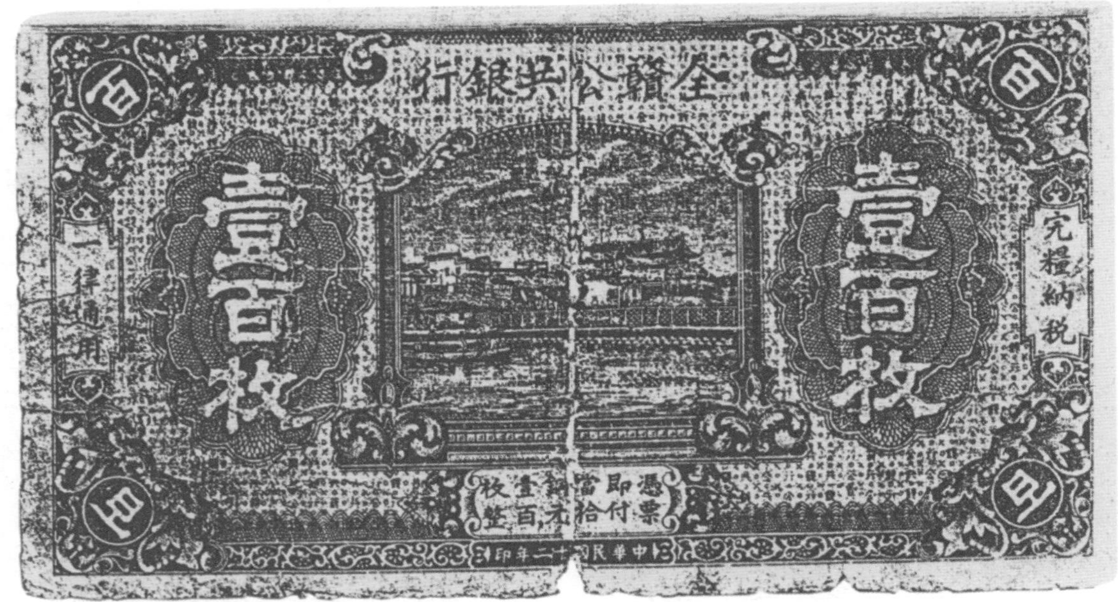

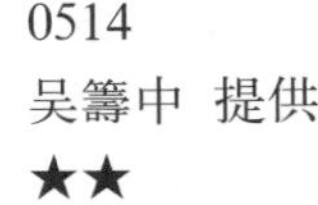

0514
吴籌中 提供
★★

三十二、江西惠通銀行

0515
徐風 藏
★

三十三、裕贛商業銀行

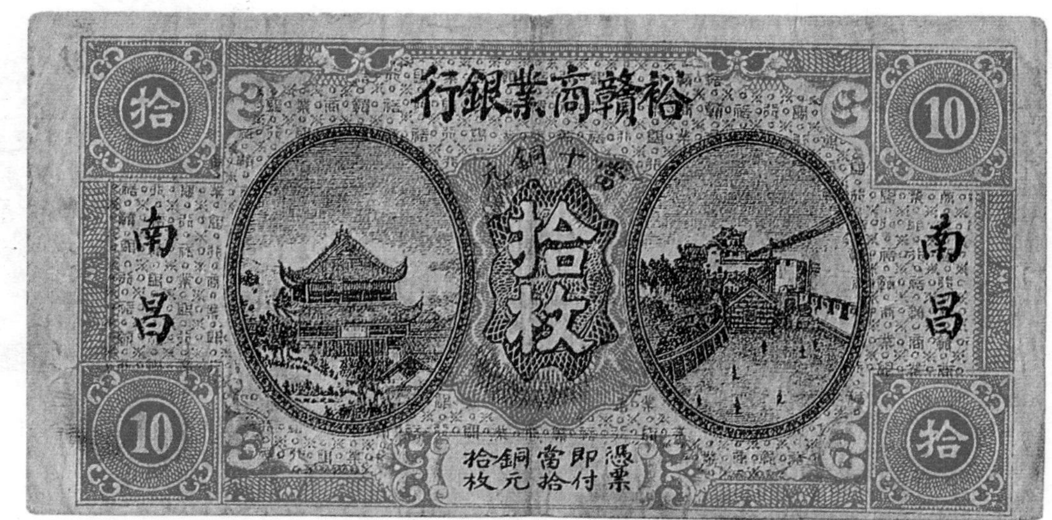

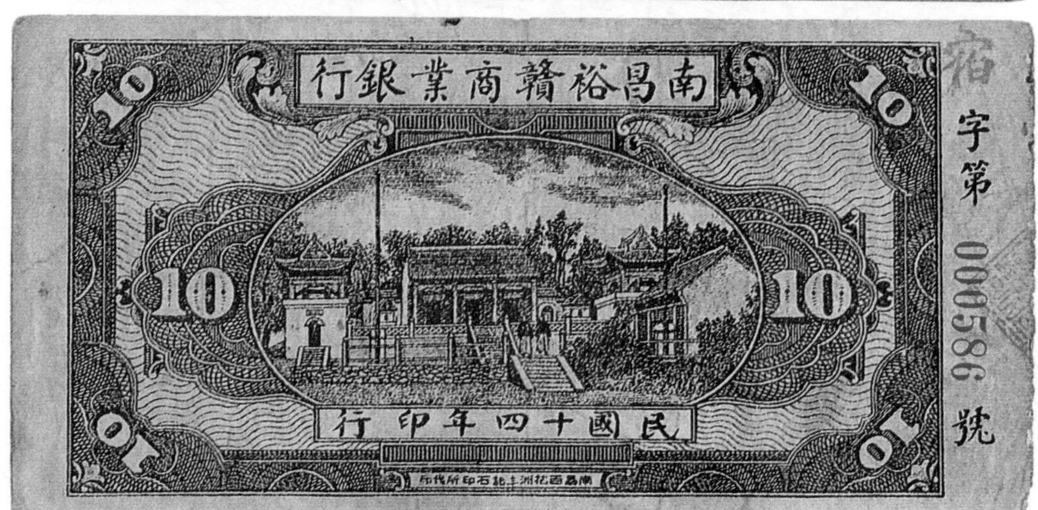

0516
徐風 藏
★

0517
劉文和 藏
★★

三十四、華泰銀行

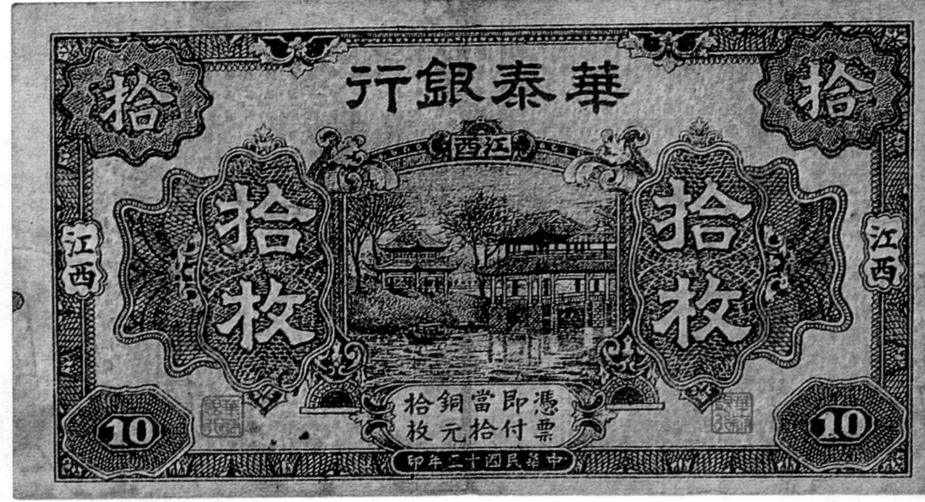

0518
徐風 藏
★

（背圖見下頁）

三十五、振華銀行

0519
江蘇省錢幣學會 提供
★

0520
郭乃興 藏
★

(0518 背圖)

三十六、振商銀行

0521
徐風 藏
★

0522
趙隆業 藏
★

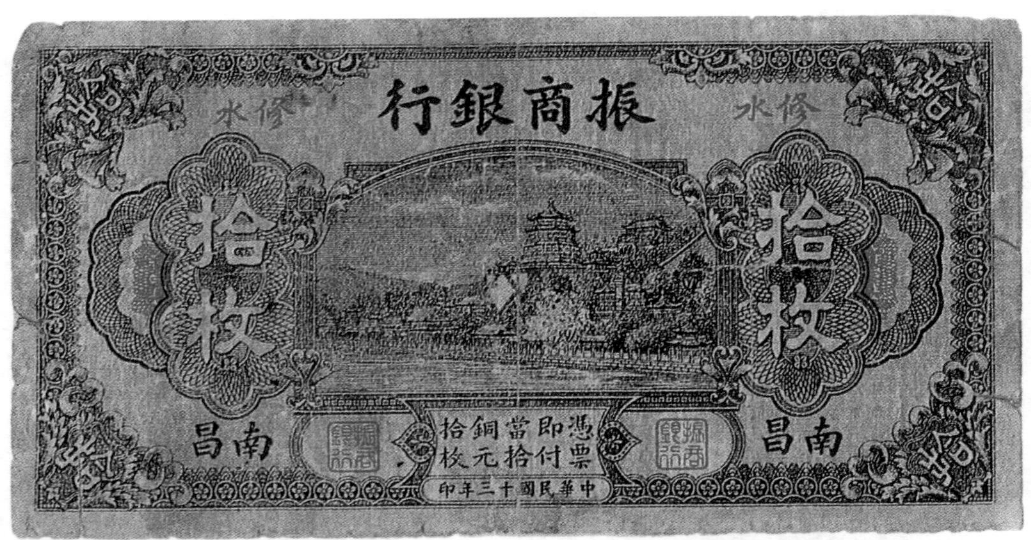

0523
徐風 藏
★

三十七、福利商業銀行

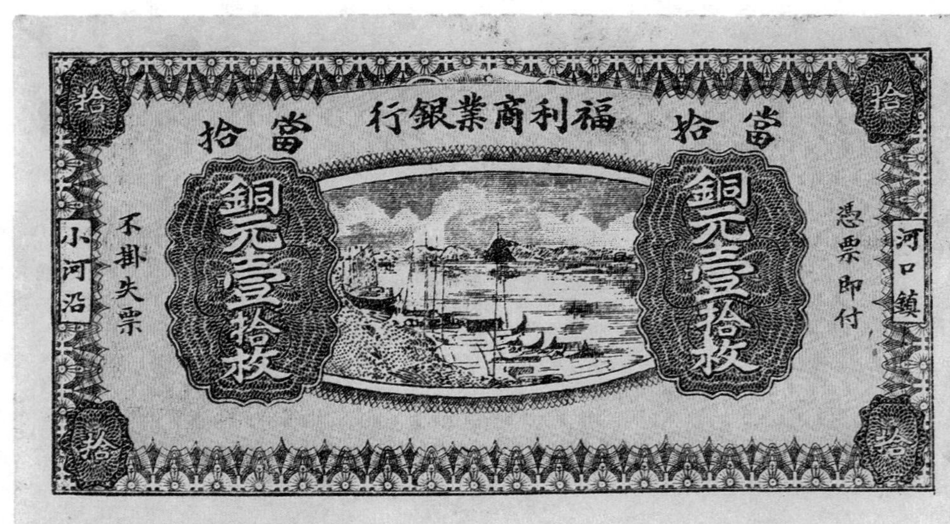

0524
上海博物館　藏
★

三十八、甯都縣銀行

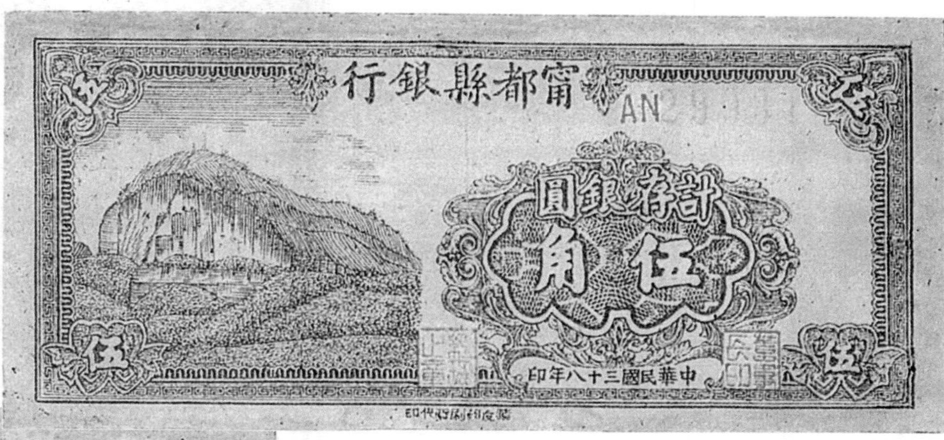

0525
郭乃興 藏

三十九、河南實業銀行

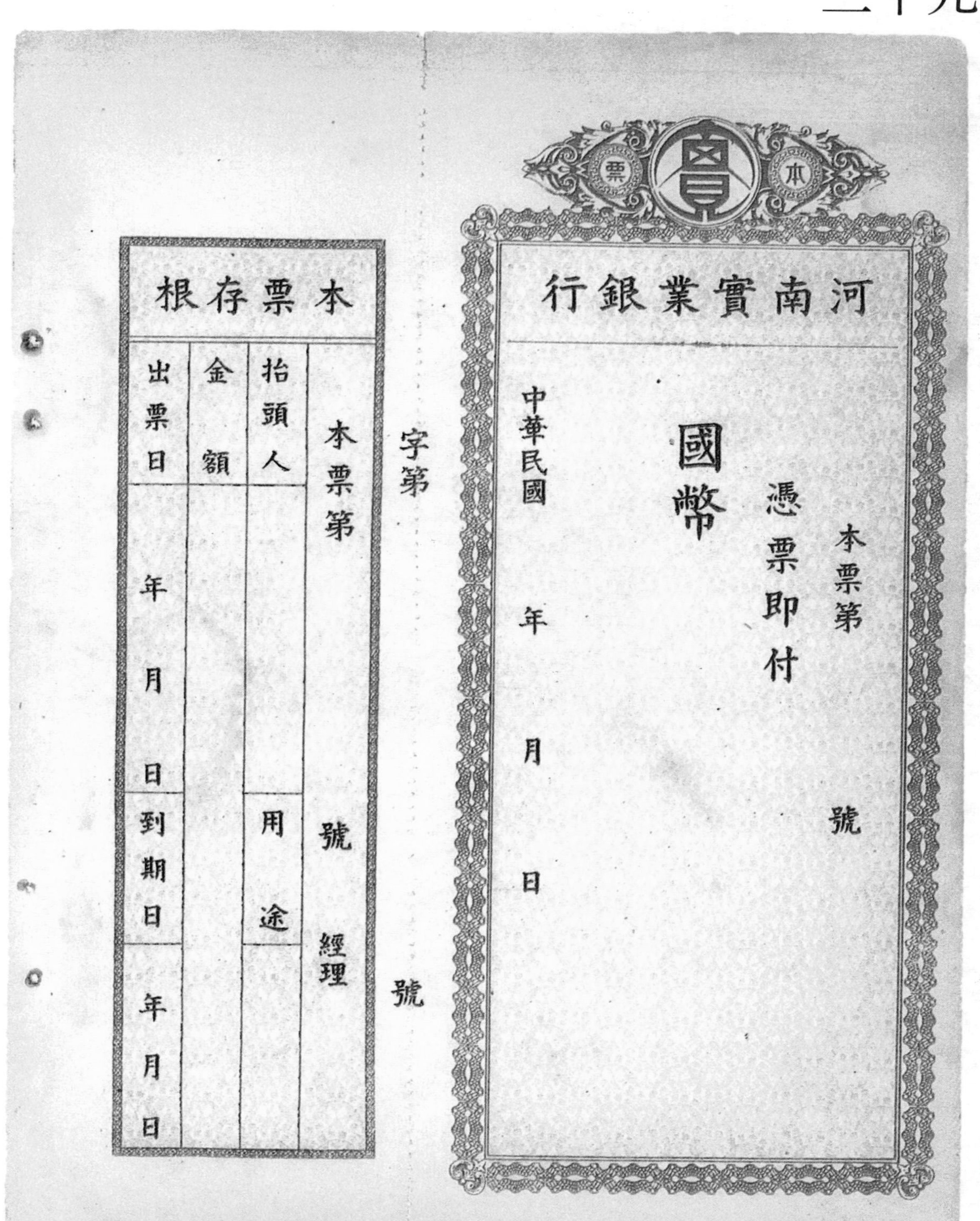

0526
孫彬 藏

四十、湖南通商銀行

0527
上海博物館 藏
★★

0528
吴籌中　藏
★★★

四十一、長沙銀行

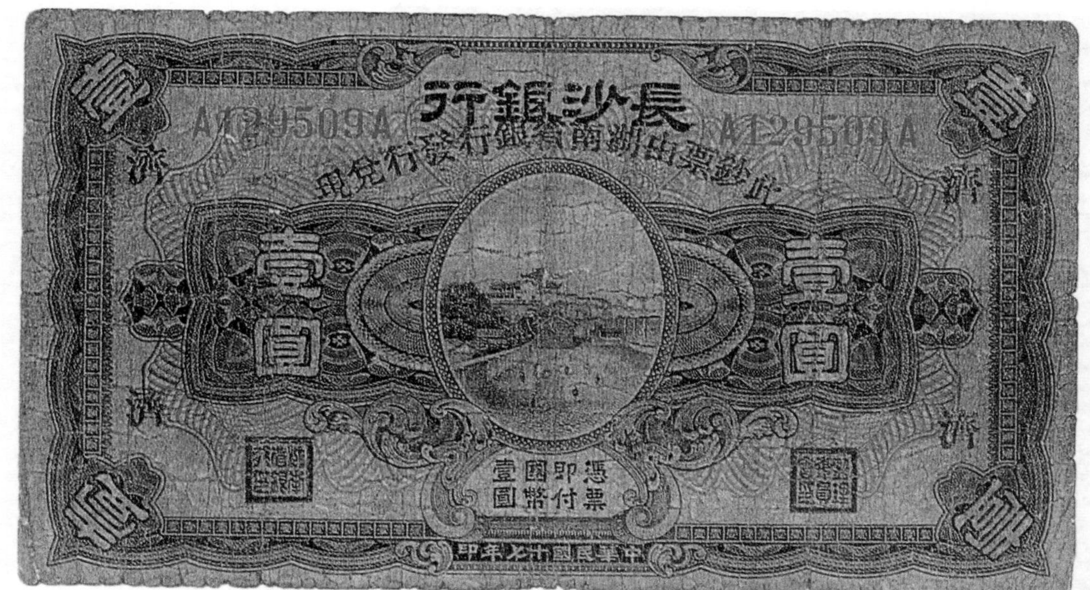

0529
徐風 藏
★

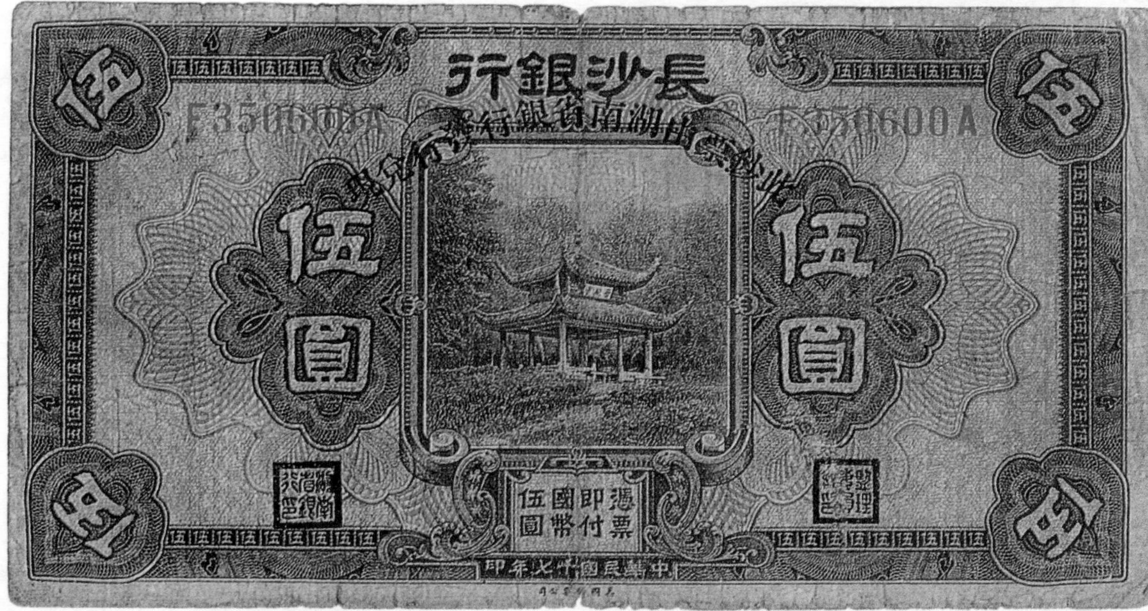

0530
徐風 藏
★★

0531
徐風 藏
★★

四十二、湖南瀏陽銀行

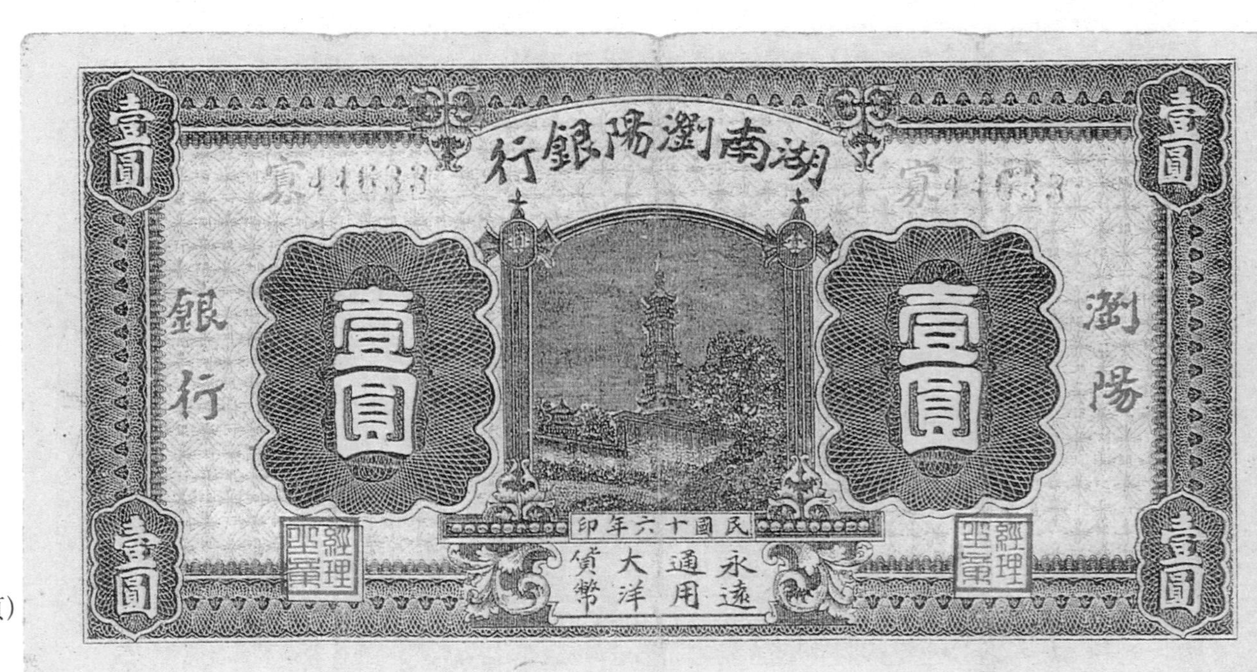

0532
劉文和 藏
★

(背圖見下頁)

四十三、瀏陽縣銀行

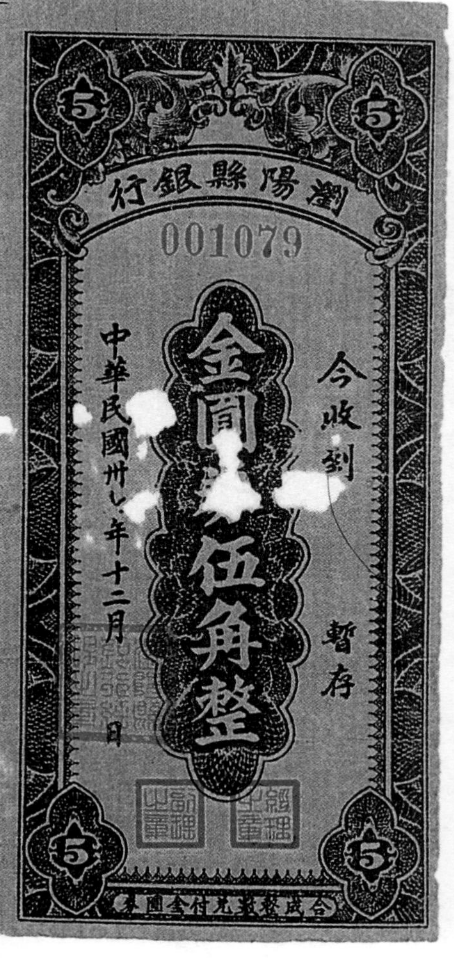

0533
郭乃興 藏
★

四十四、湘潭縣銀行

0534
江蘇省錢幣學會 提供
★

(0532 背圖)

四十五、四川商業銀行

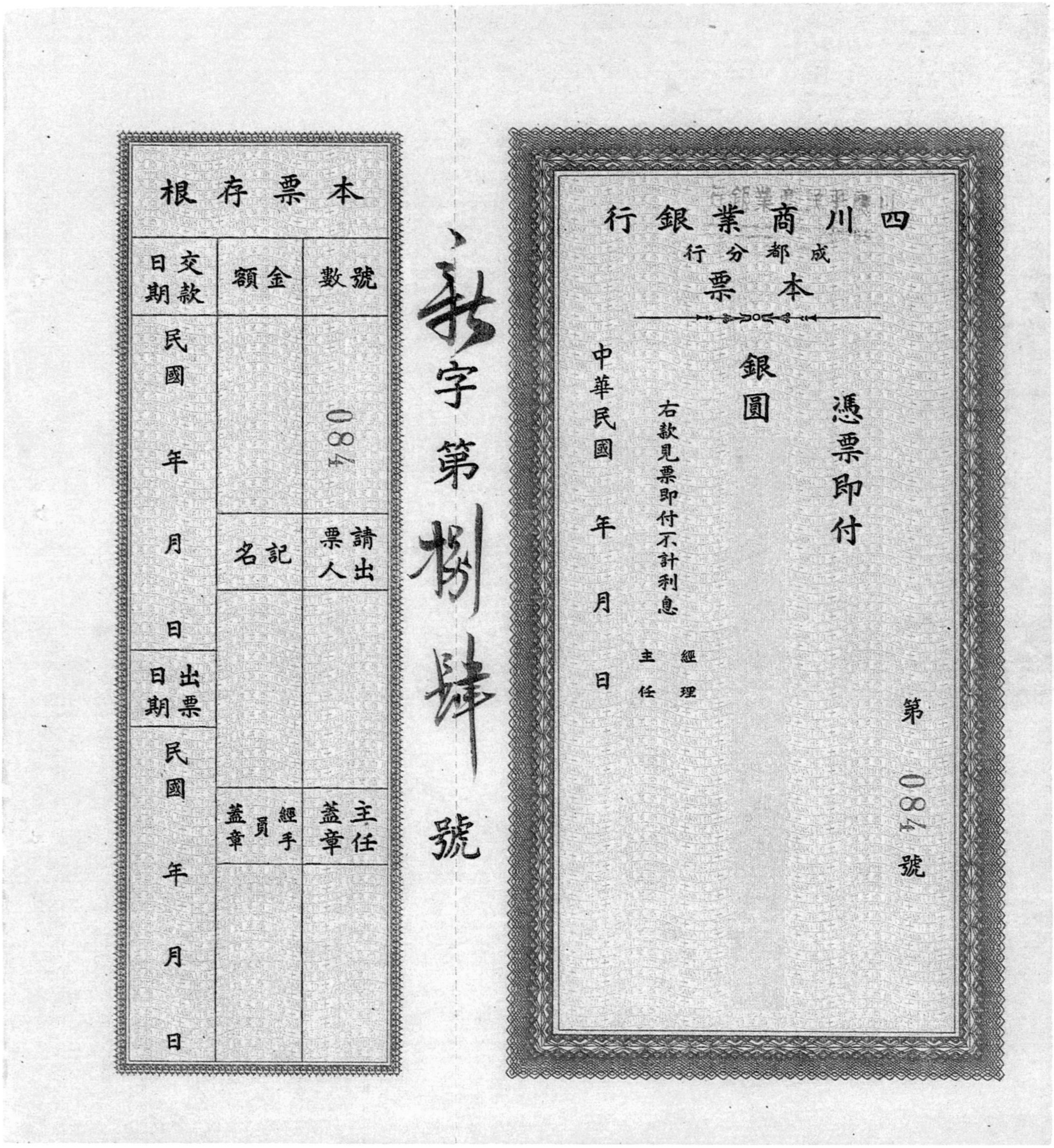

本票存根

號數 084

金額

交款日期 民國 年 月 日

請出票人

記名

出票日期 民國 年 月 日

主任蓋章

經手員蓋章

新字第捌肆號

四川商業銀行

成都分行

本票

憑票即付

銀圓

右款見票即付不計利息

中華民國 年 月 日

經理

主任

第 084 號

0535
孫彬 藏

四十六、四川建設銀行

0536
中國人民銀行上海分行 藏
★★

0537
上海博物館 藏
★★

四十七、重慶銀行

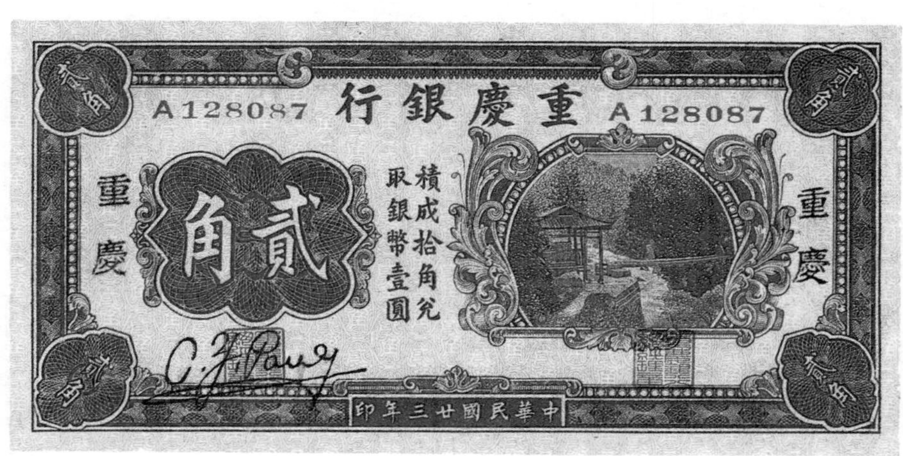

0538
上海博物館 藏
★★

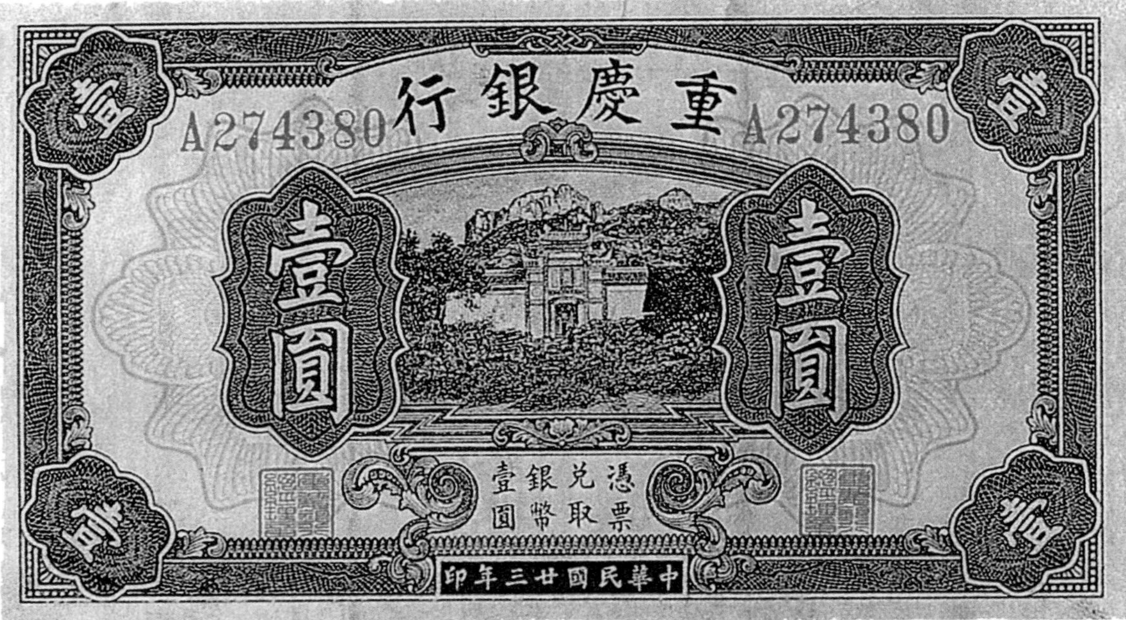

0539
胡誠 提供
★★★

四十八、重慶市民銀行

0540
中國人民銀行上海分行 藏
★★★

0541
上海博物館 藏
★★

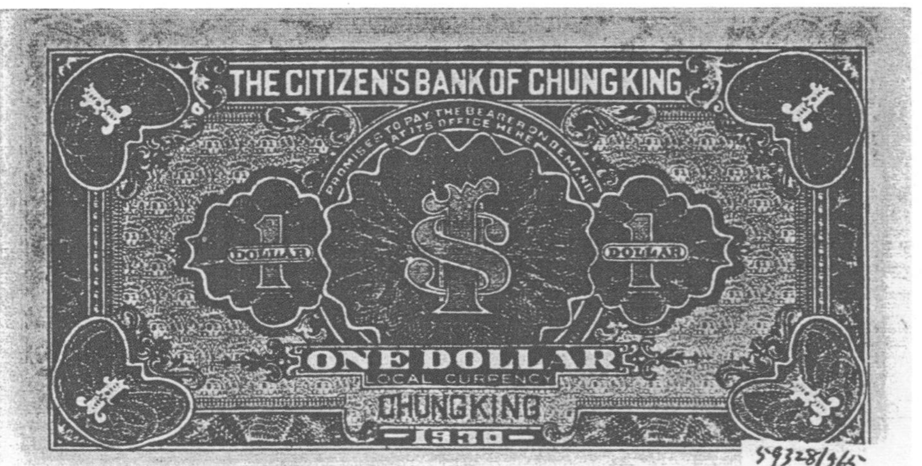

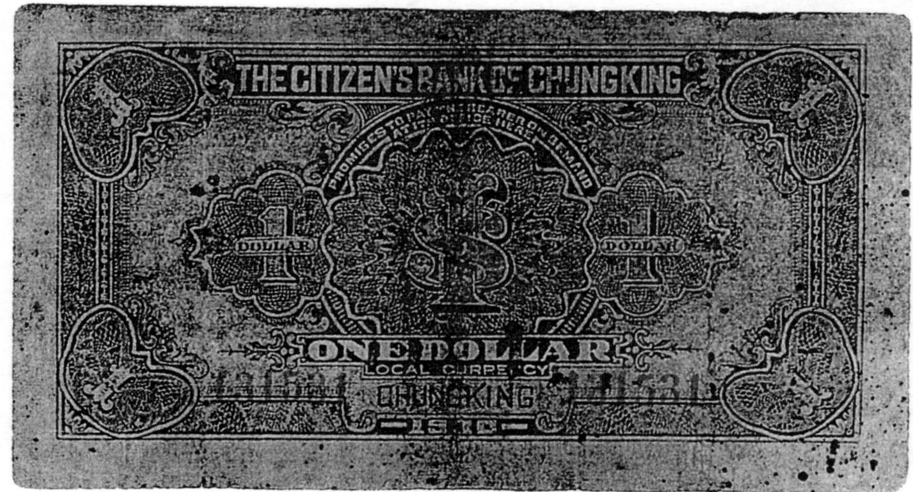

0542
張傑 提供
★★

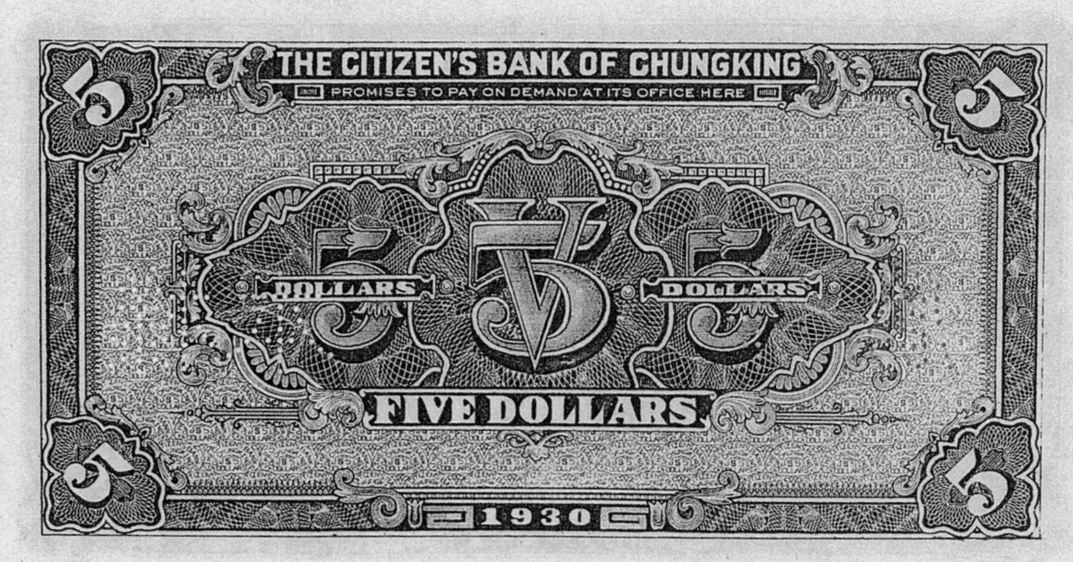

0543
中國人民銀行上海分行 藏
★★

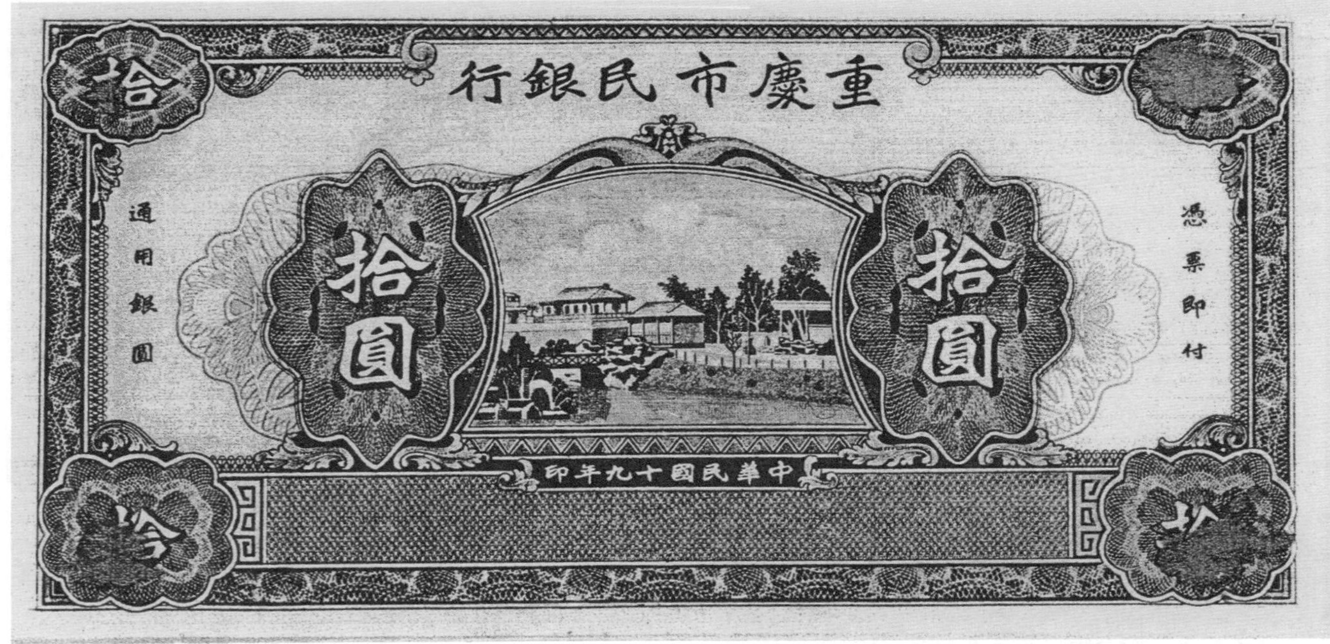

0544
上海博物館 藏
★★

四十九、重慶平民銀行

0545
中國人民銀行上海分行 藏
★★

五十、重慶中和銀行

0546
中國人民銀行上海分行 藏
★★

0547
中國人民銀行上海分行 藏
★★

0548
中國人民銀行上海分行 藏
★★★

五十一、萬縣市市民銀行

0549
上海博物館 藏
★★

0550
上海博物館 藏
★★

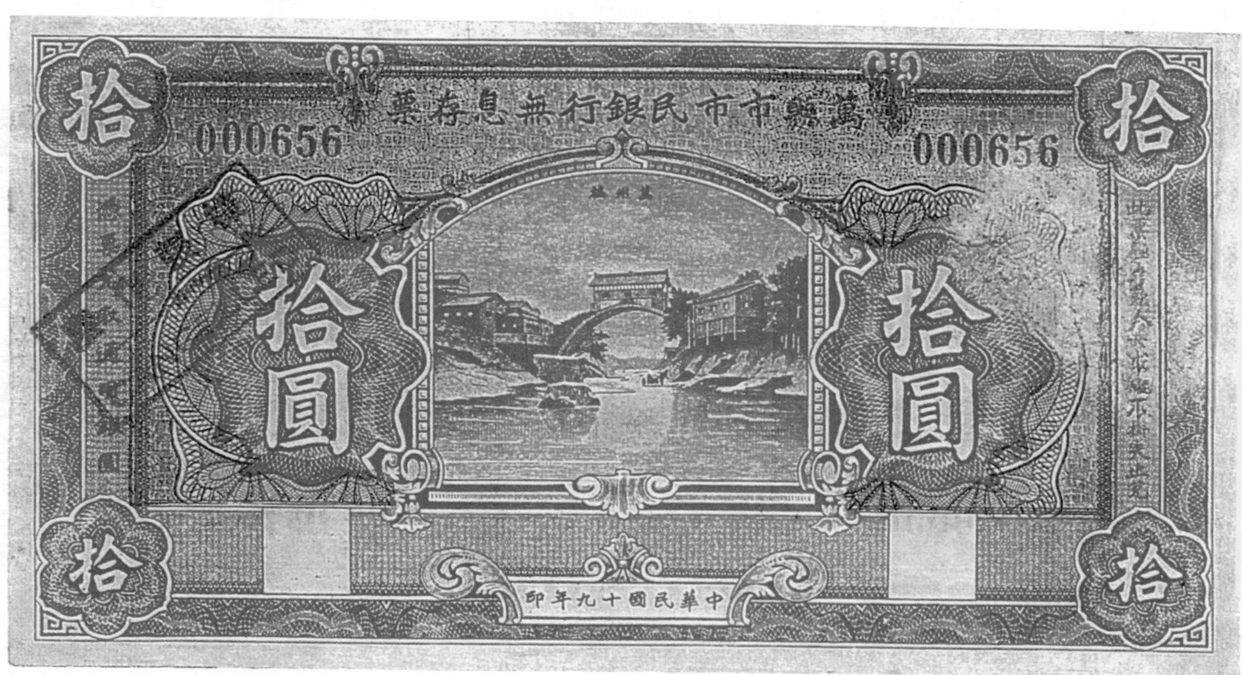

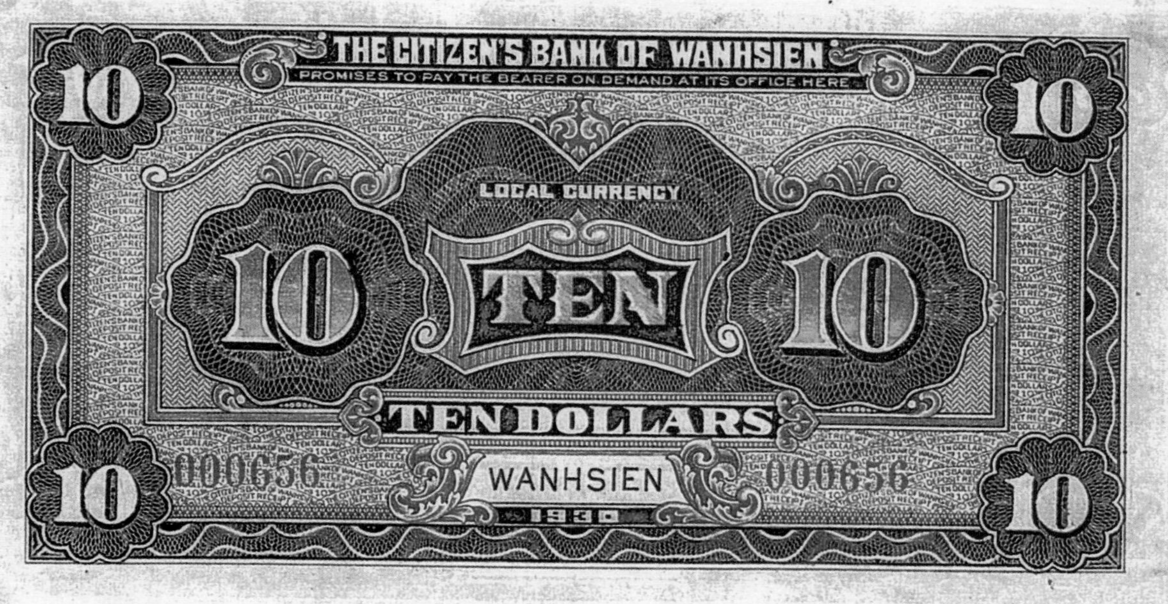

0551
吴籌中 藏
★★★

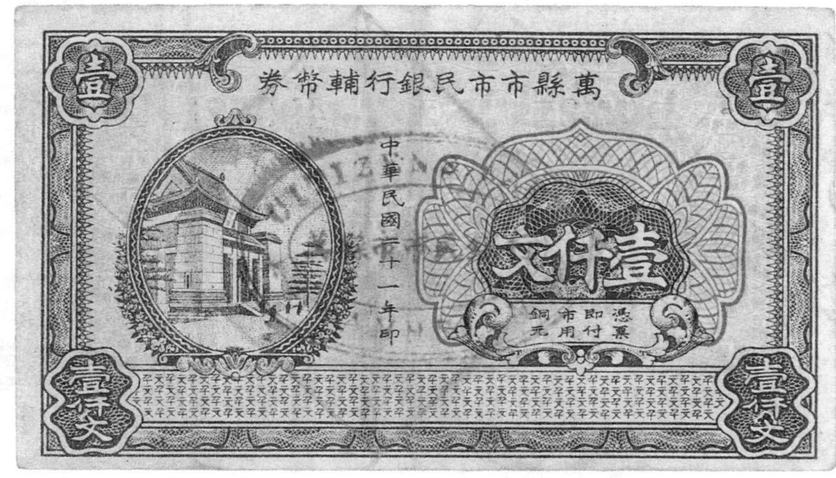

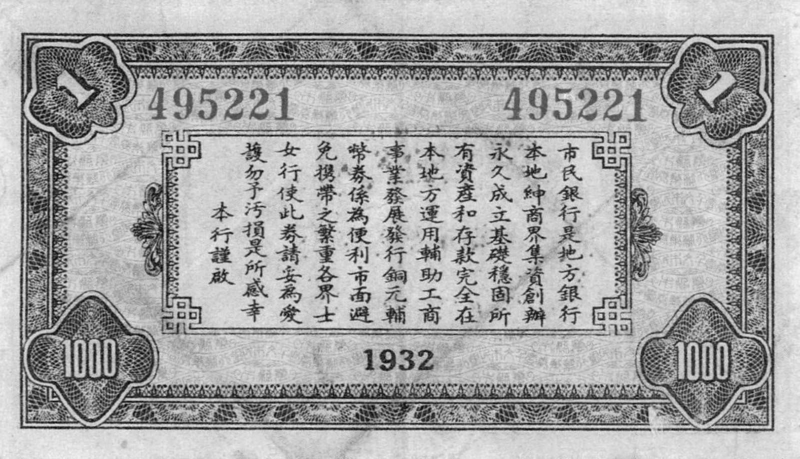

0552
上海博物館 藏
★★

五十二、忠縣縣銀行

五十三、裕通銀行

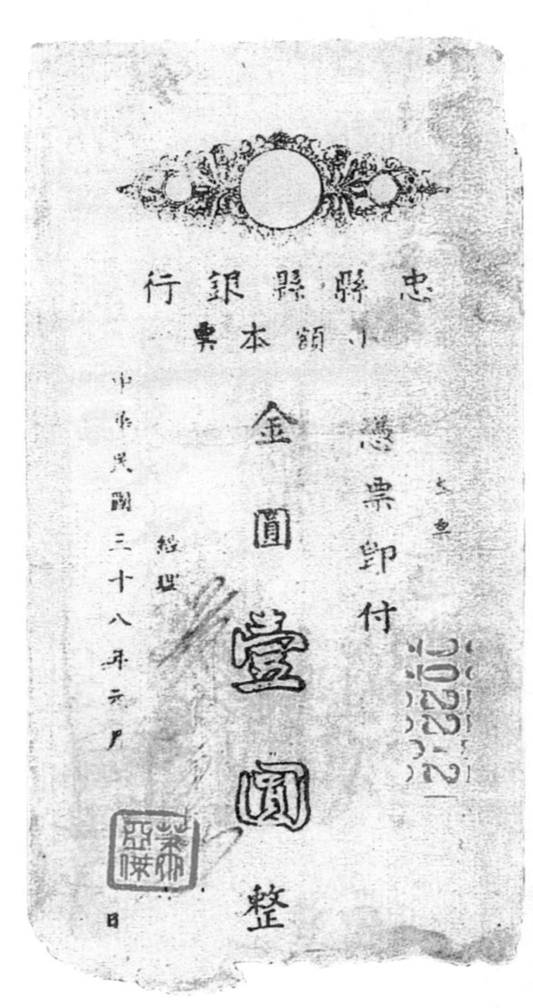

0553
江蘇省錢幣學會 提供

0554
上海博物館 藏
★★

0555
上海博物館 藏
★★

0556
上海博物館 藏
★★

0557
上海博物館 藏
★★

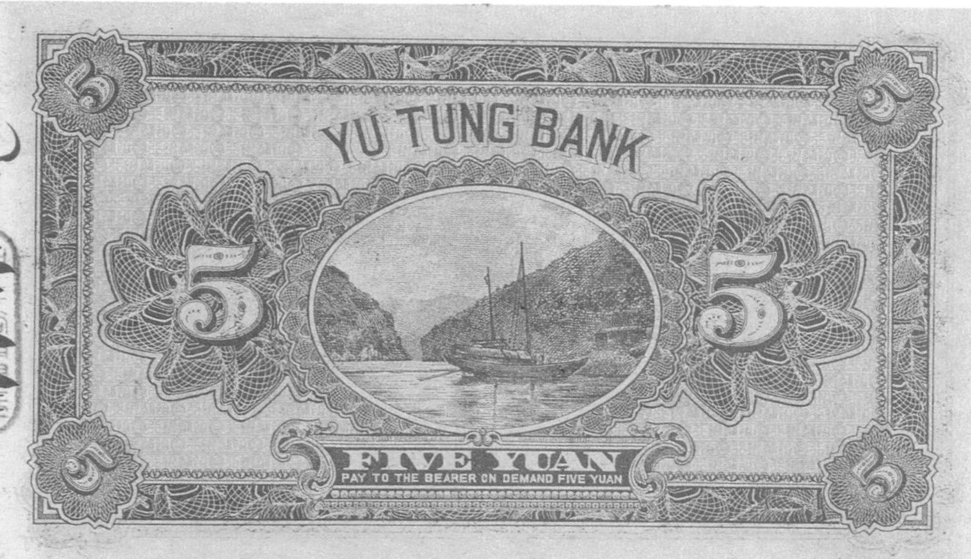

0558
吴籌中 藏
★★★

0559
上海博物館 藏
★★★★

五十四、辛泰銀行福州分行

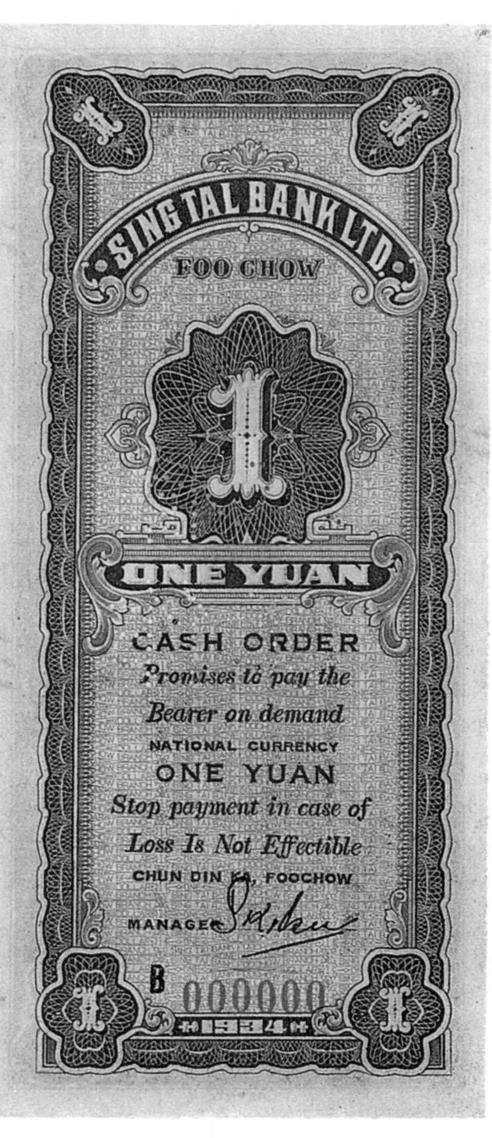

0560
中國人民銀行上海分行 藏
★★★

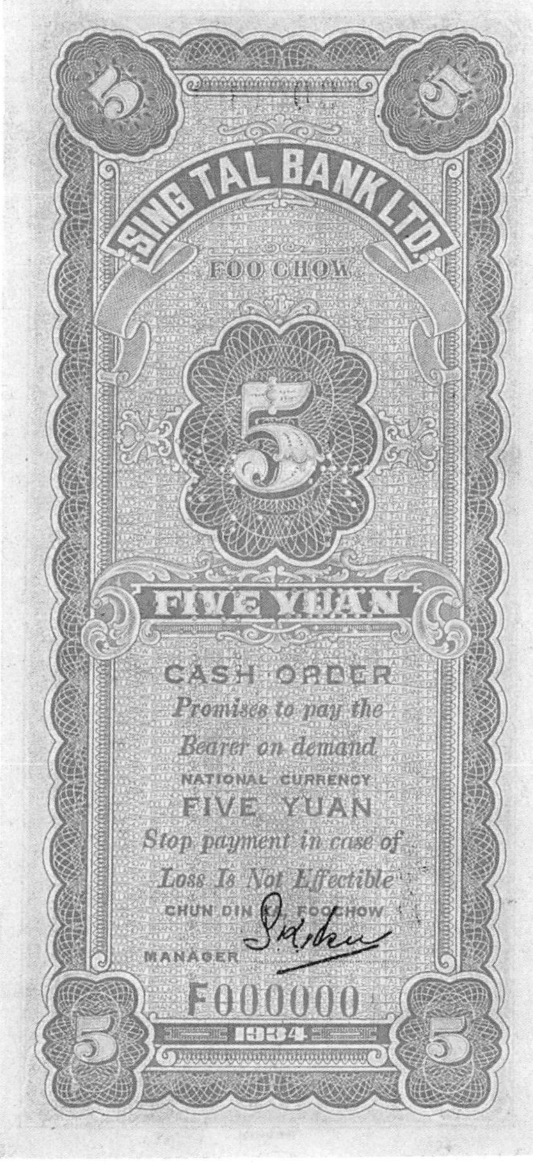

0561
中國人民銀行上海分行 藏
★★★

五十五、廣東大信銀行

0562
江蘇省錢幣學會 提供
★★

五十六、汕頭陳源大銀行

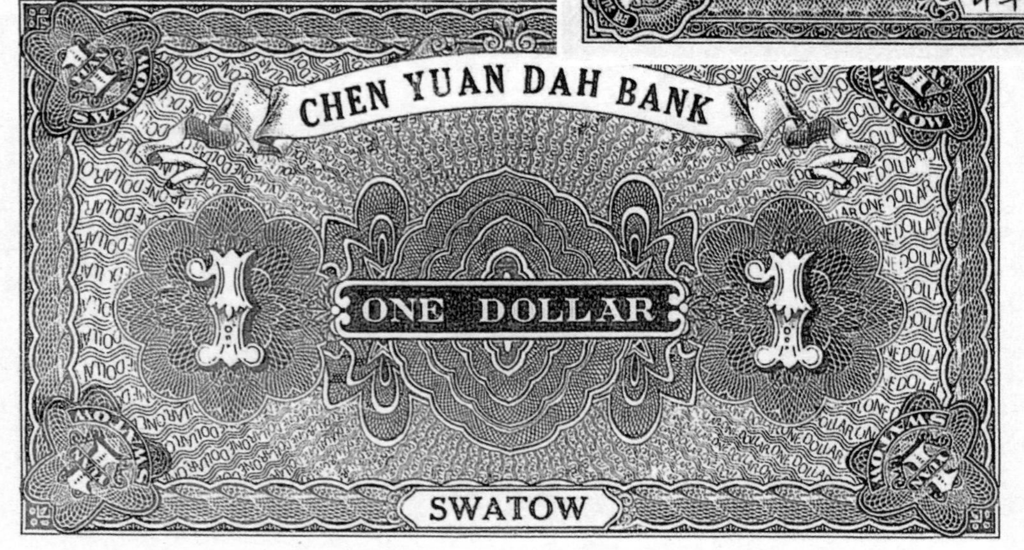

0563
張傑 提供
★★

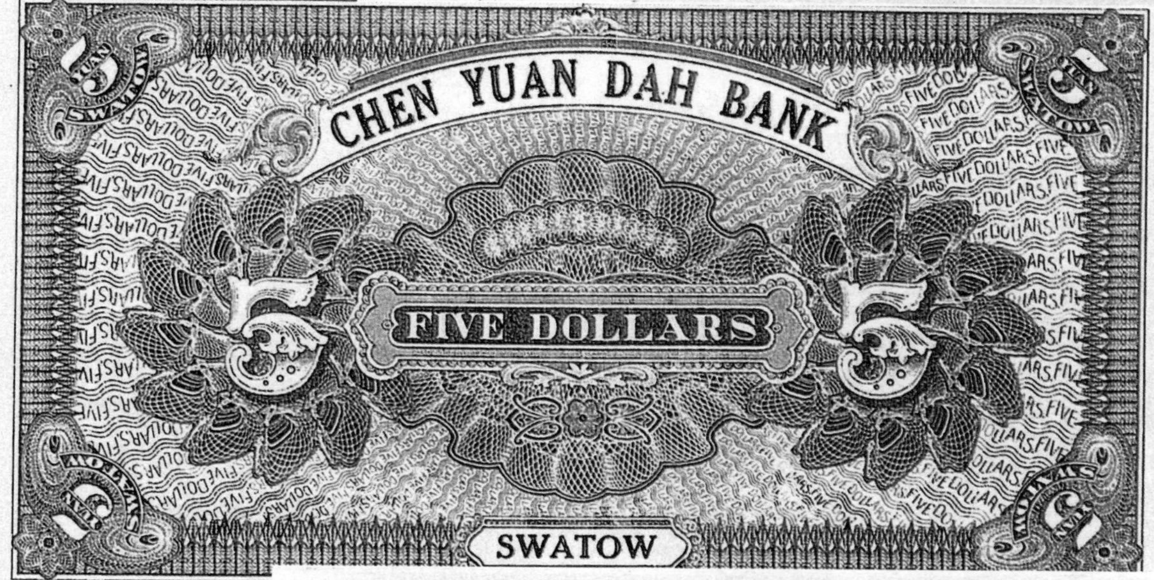

0564
張傑 提供
★★

0565
張傑 提供
★★★

五十七、桂林地方銀行

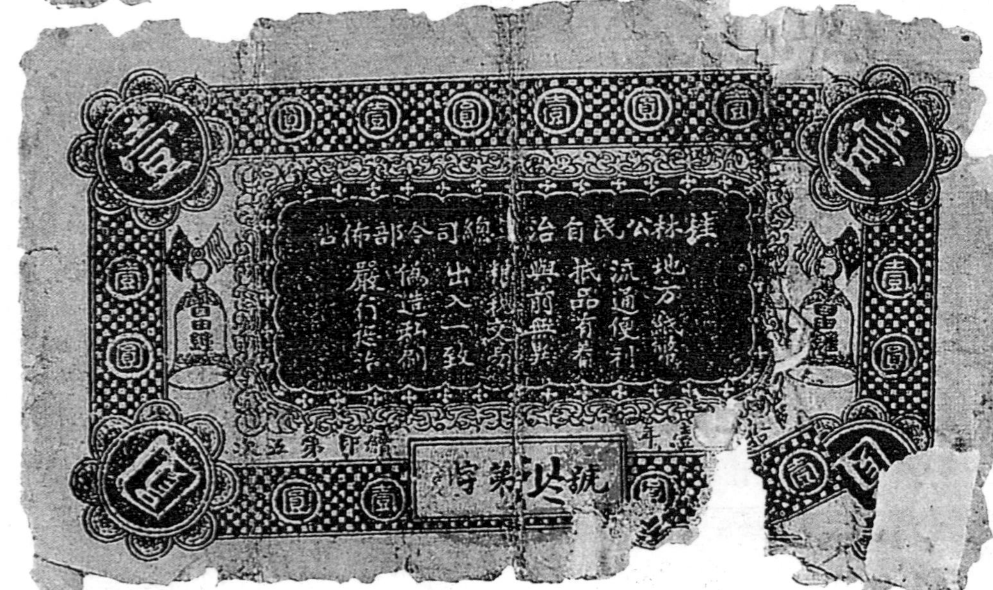

0566
選自《廣西歷史貨幣》
★

0567
選自《廣西歷史貨幣》
★

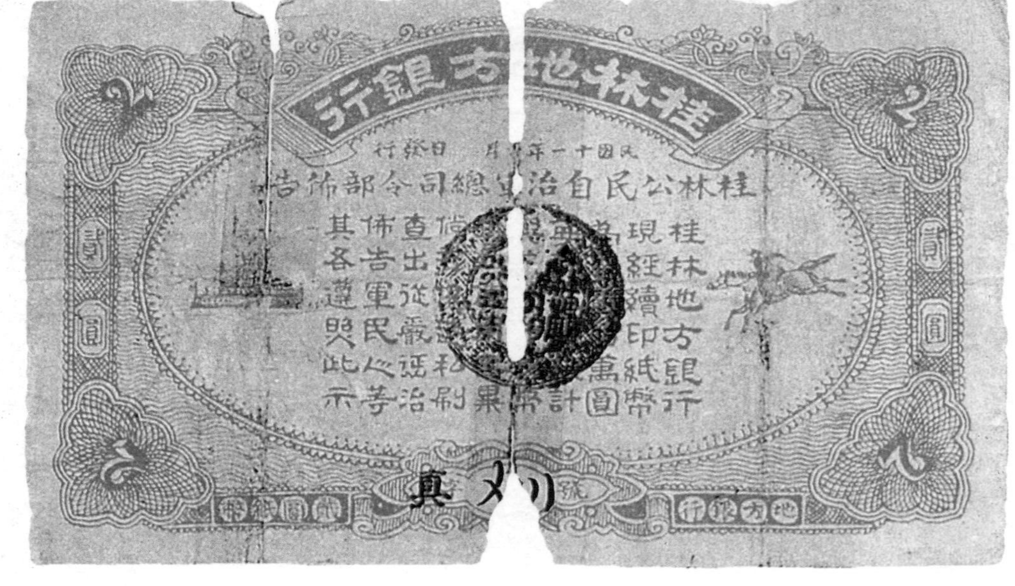

五十八、桂林市銀行

0568
江蘇省錢幣學會 提供
★★

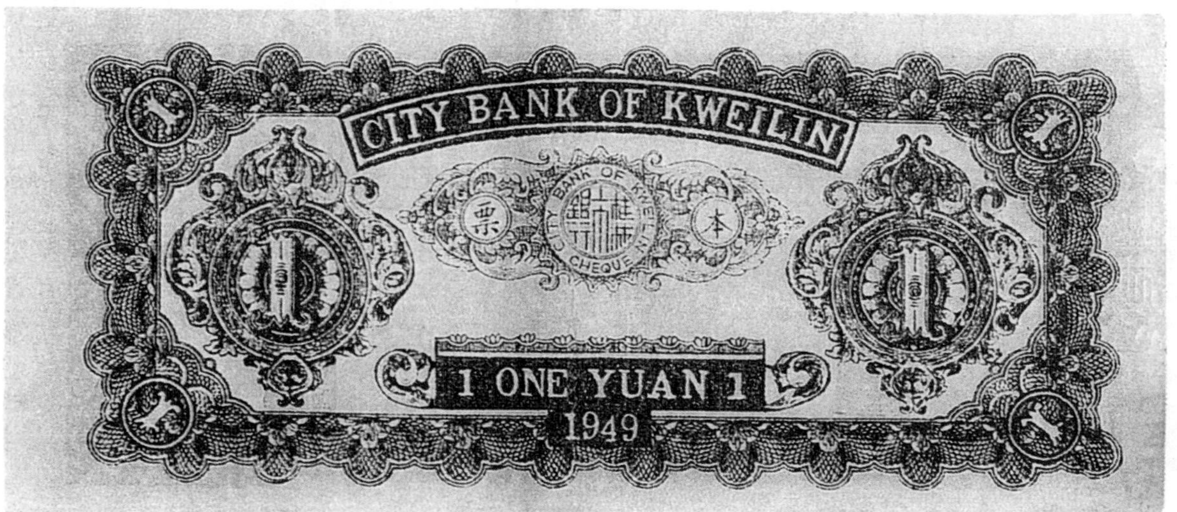

五十九、山東工商銀行

0569
趙隆業 藏
★★

0570
上海博物館 藏
★★★

（背圖見下頁）

六十、山東當業銀行

0571
選自《中國商業銀行紙幣目録》
★★★

六十一、山東豐大銀行

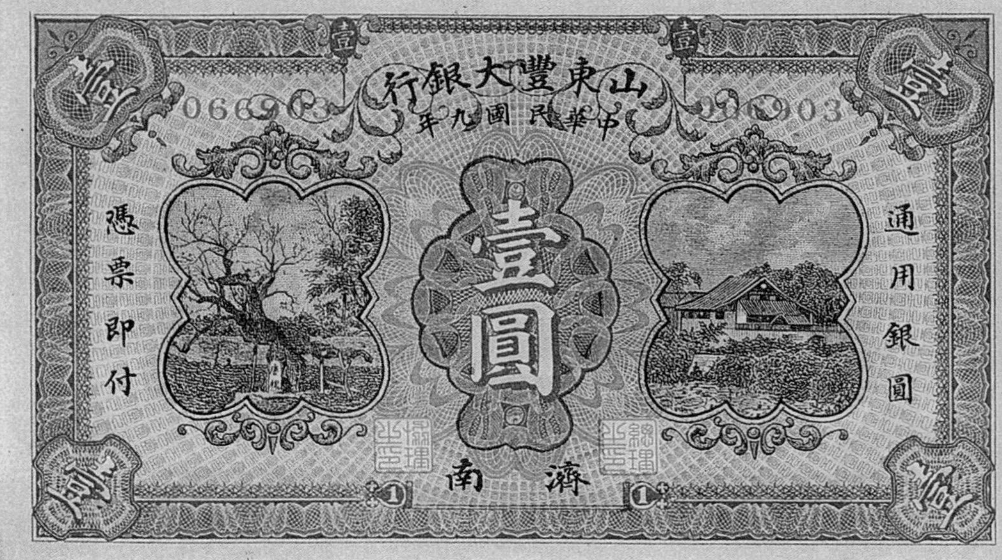

0572
中國人民銀行上海分行 藏
★★

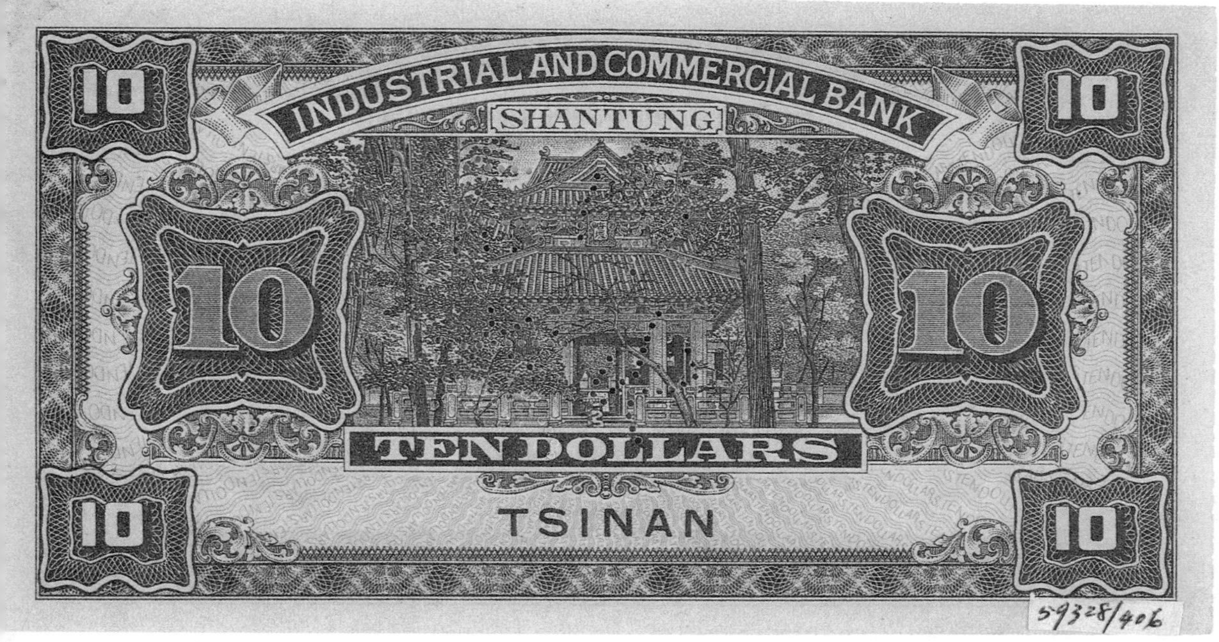

（0570 背圖）

六十二、企業銀行

0573
上海博物館 藏
★★★

0574
江蘇省錢幣學會 提供
★★★

六十三、周村商業銀行

0575
中國人民銀行上海分行 藏
★★

0576
上海博物館 藏
★★★

六十四、裕民銀行

0577
石長有 藏

0578
石長有 藏

0579
石長有 藏

0580
石長有 藏

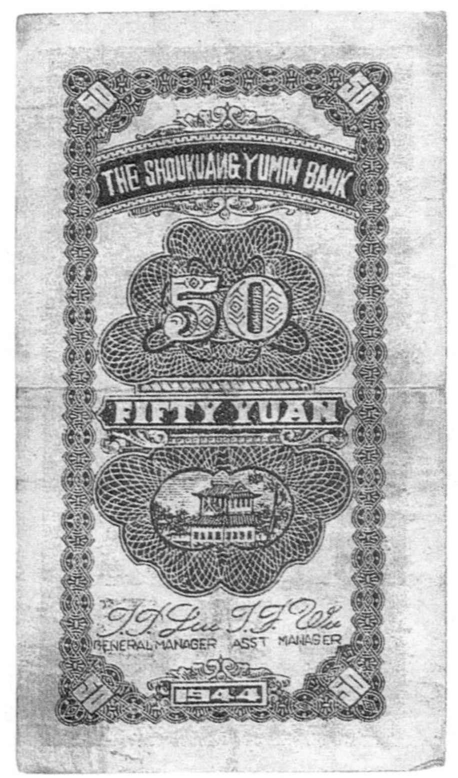

0581
石長有 藏

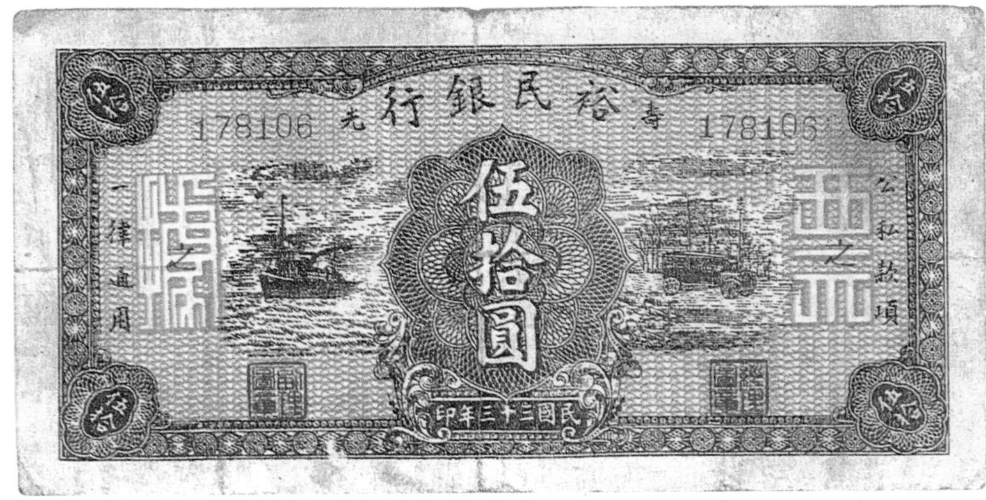

0582
石長有 藏

0583
石長有 藏

0584
石長有 藏

0585
石長有 藏

0586
石長有 藏

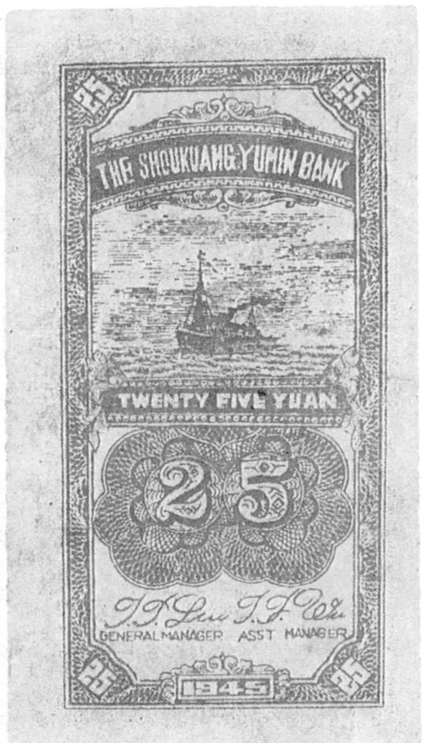

0587
石長有 藏

六十五、壽光縣裕民銀行

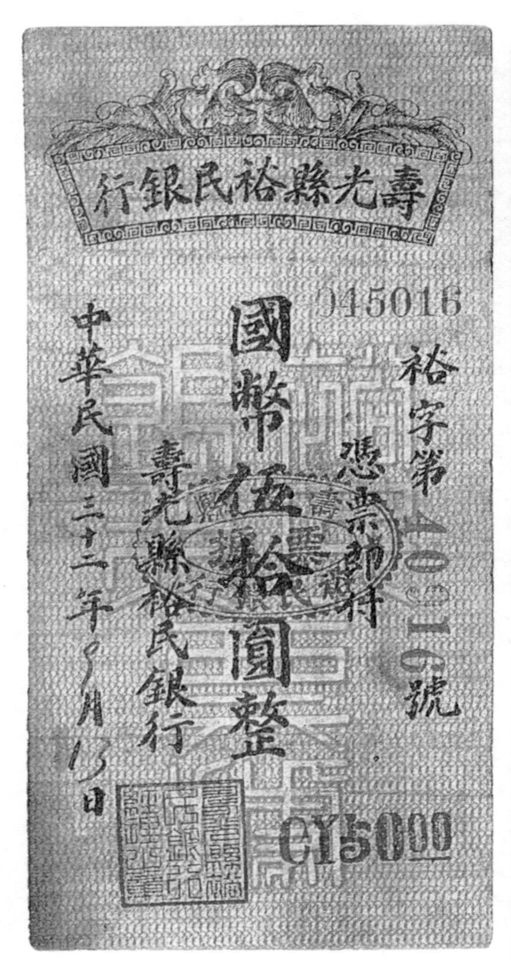

0588
石長有 藏

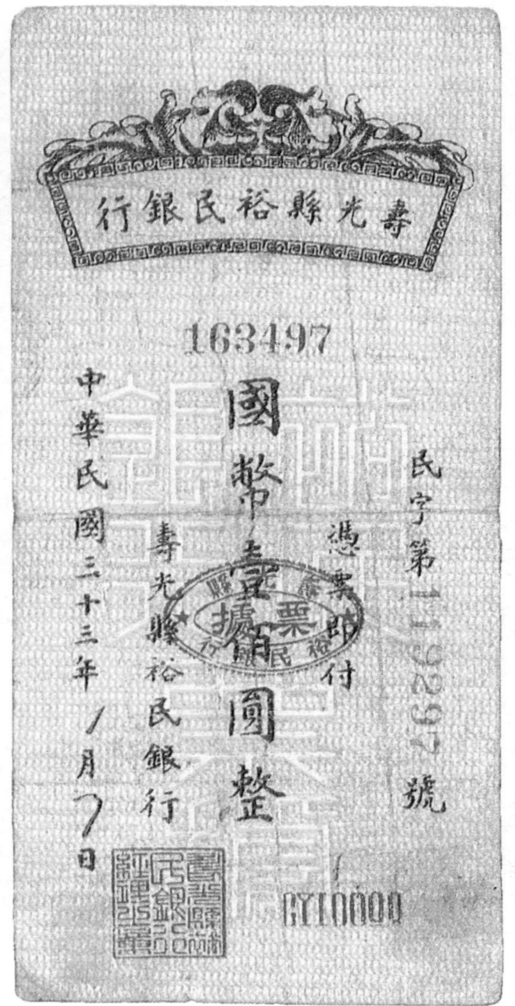

0589
石長有 藏

六十六、山西裕華銀行

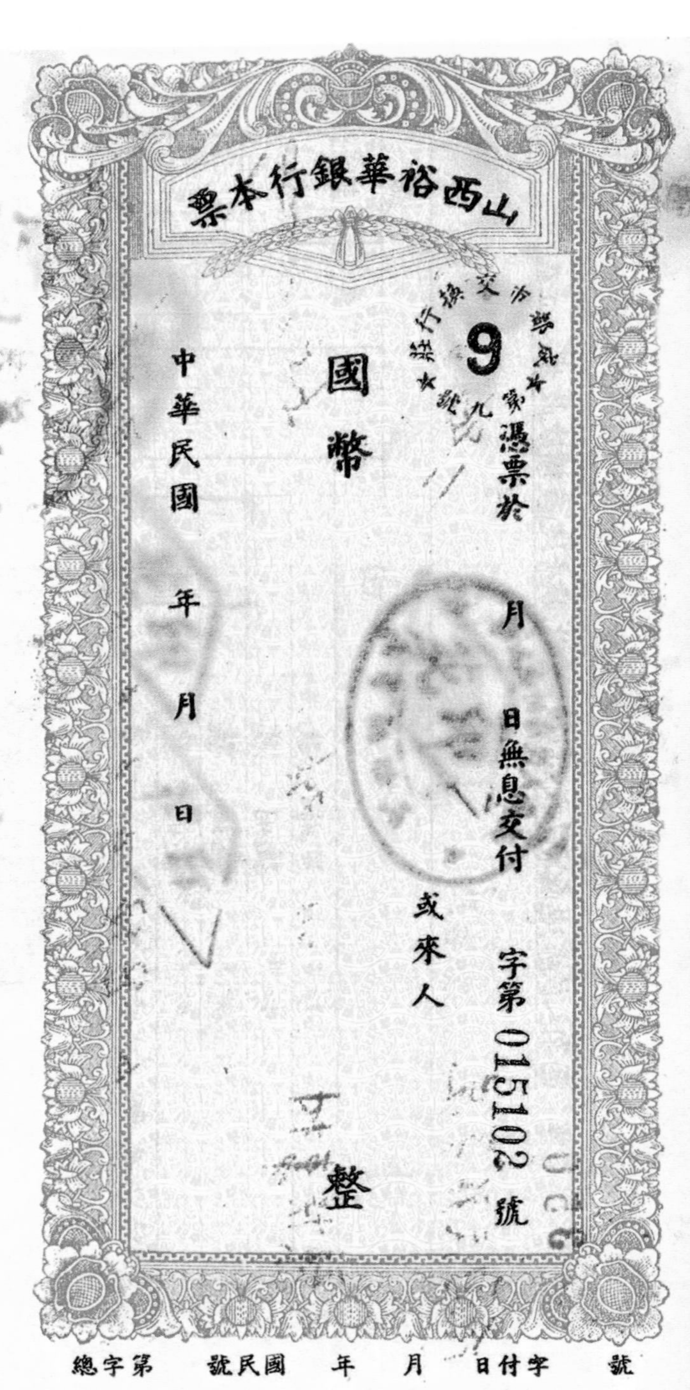

0590
石長有 藏

六十七、蔚豐商業銀行

0591
上海博物館 藏
★★

0592
上海博物館 藏
★★

六十八、奉省商業銀行

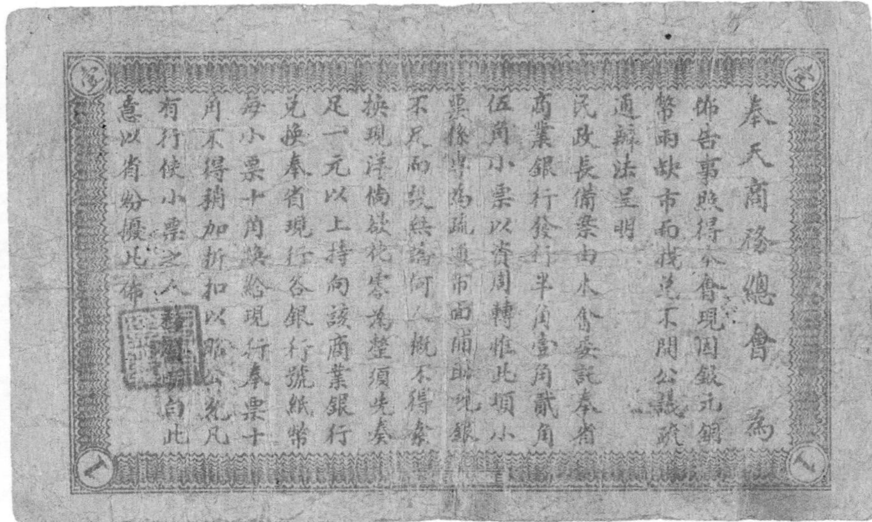

0593
上海博物館 藏
★★

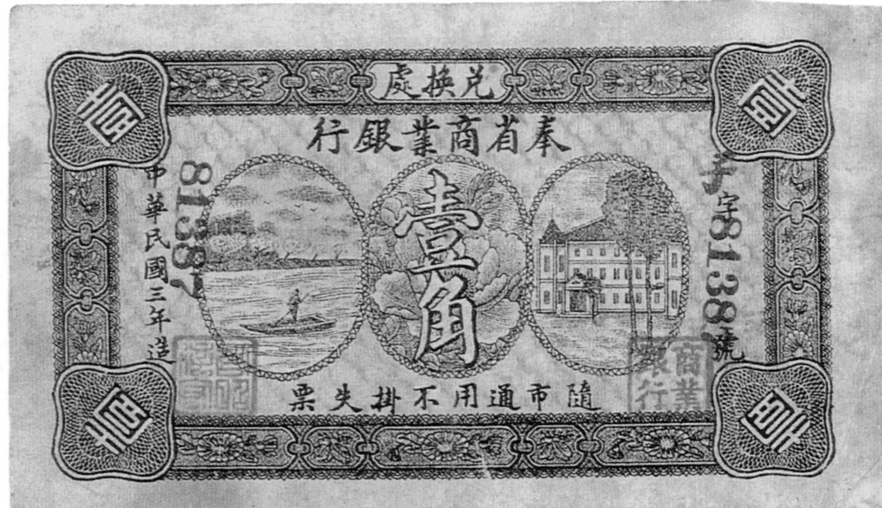

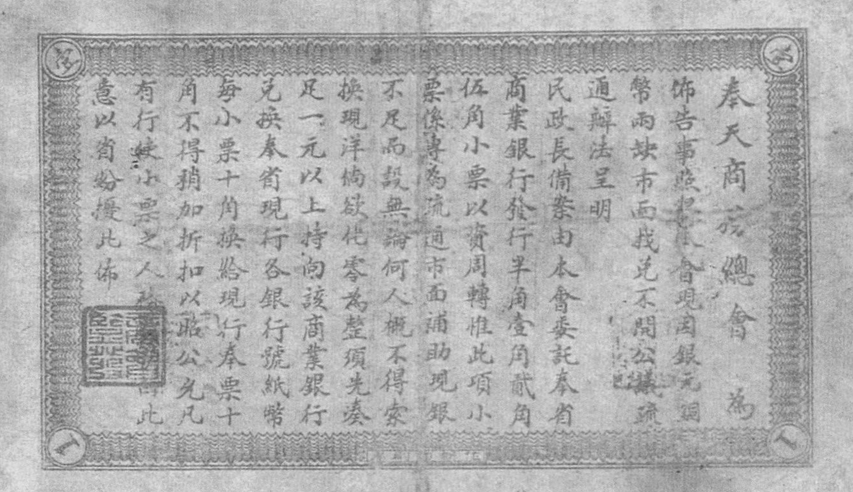

0594
劉文和 藏
★★

0595
上海博物館 藏
★★

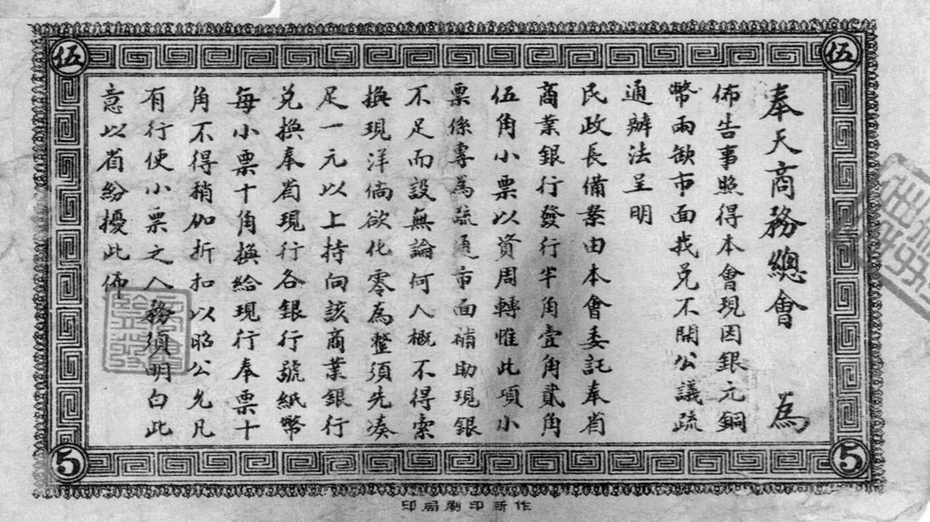

0596
上海博物館 藏
★★

0597
上海博物館 藏
★★

六十九、遼中零集總銀行

0598
上海博物館 藏
★★★

七十、廣濟銀行

0599
劉文和 藏

七十一、廣寗廣益銀行

0600
胡誠 提供
★★★★

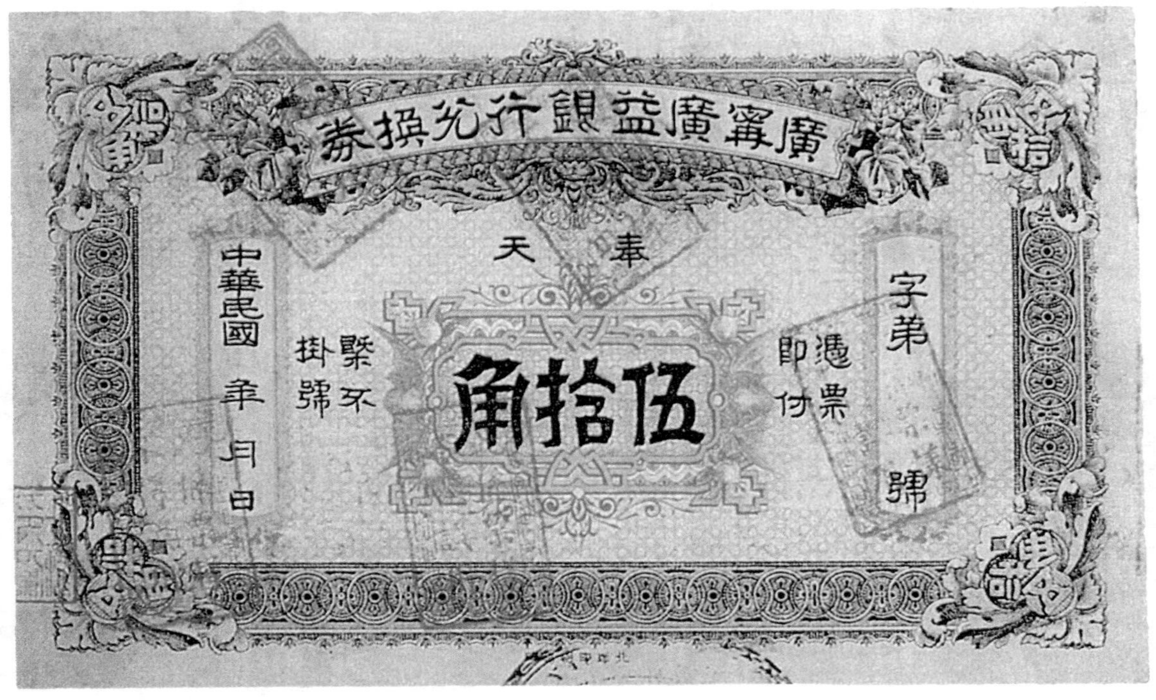

七十二、豐業銀行

0601
張傑 提供
★★

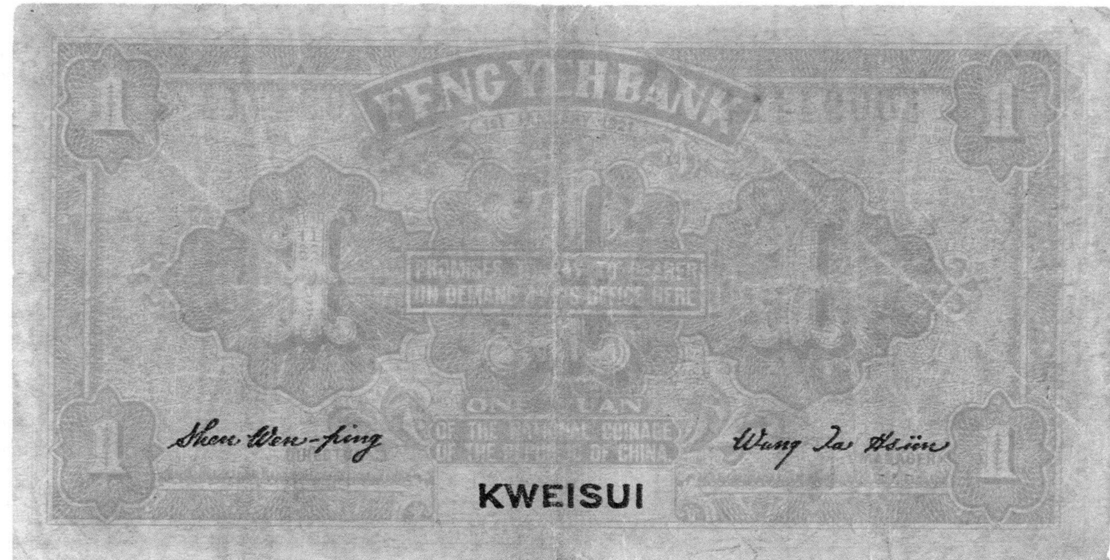

0602
上海博物館 藏
★★

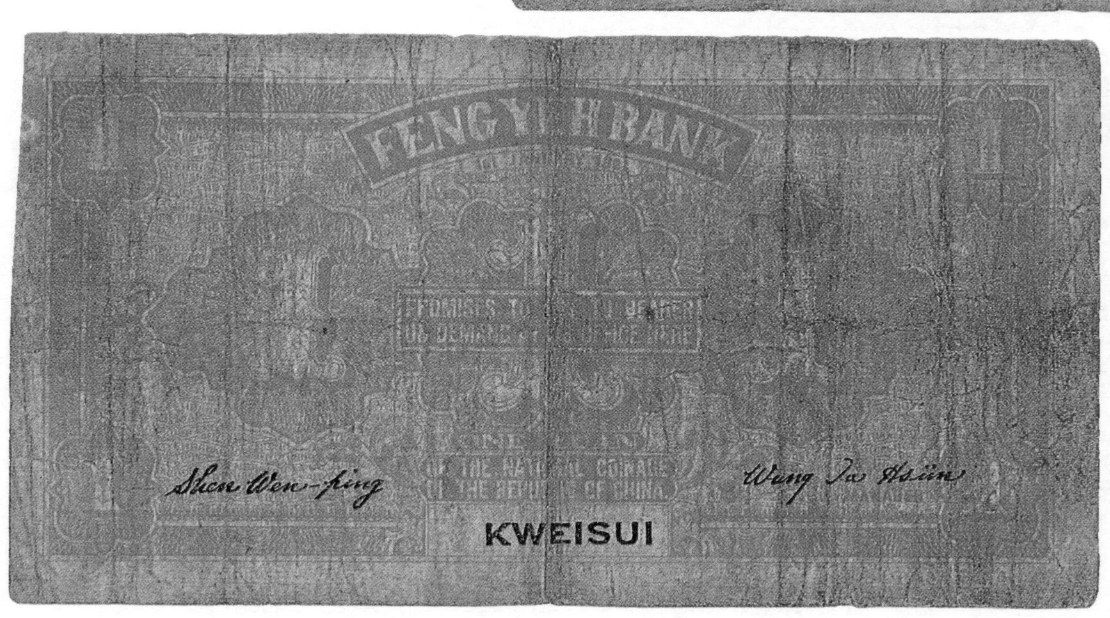

0603
徐風 藏
★★

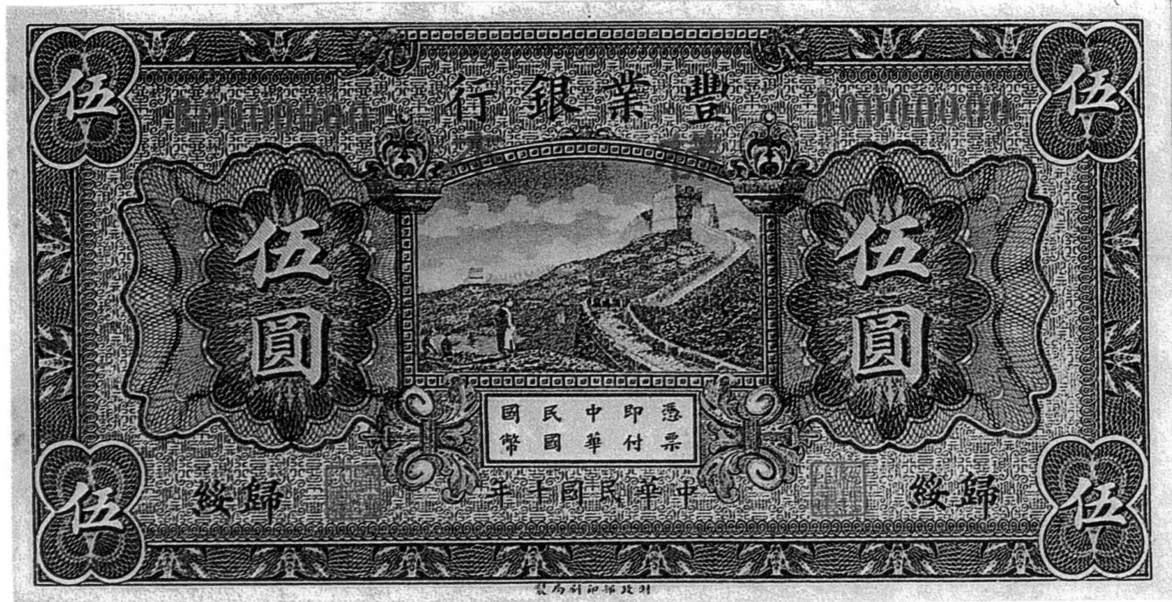

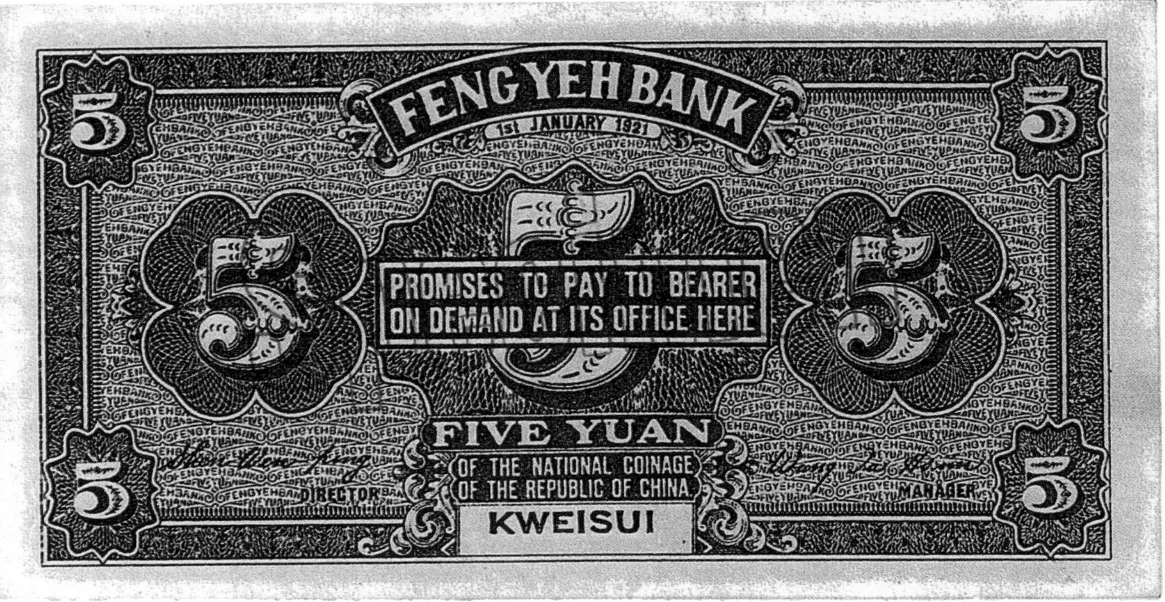

0604
張傑 提供
★★★

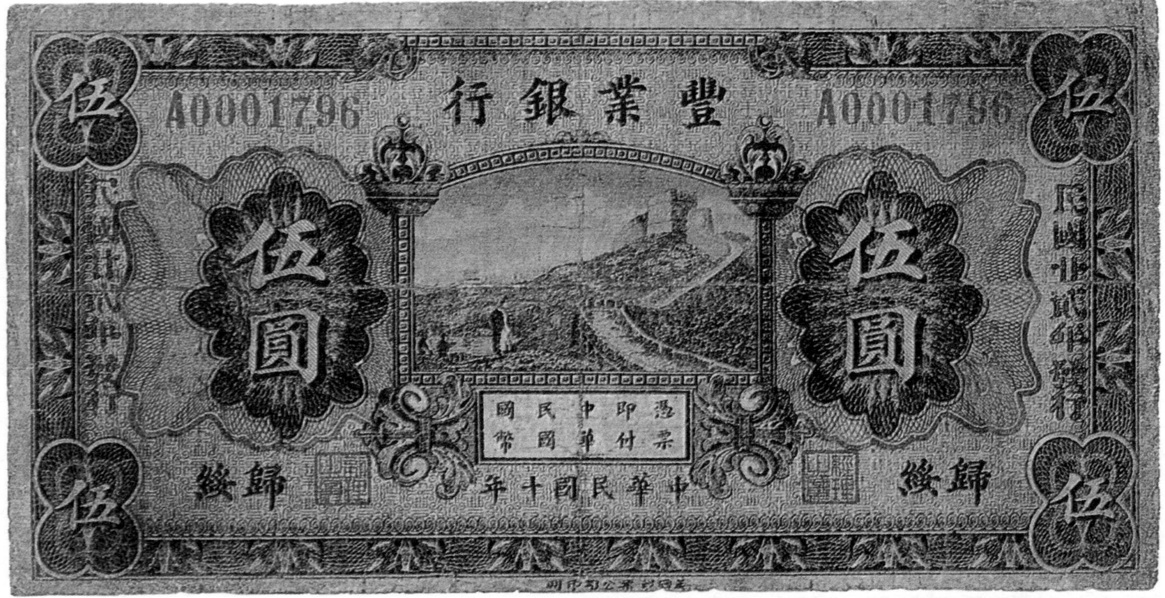

0605
徐風 藏
★★★

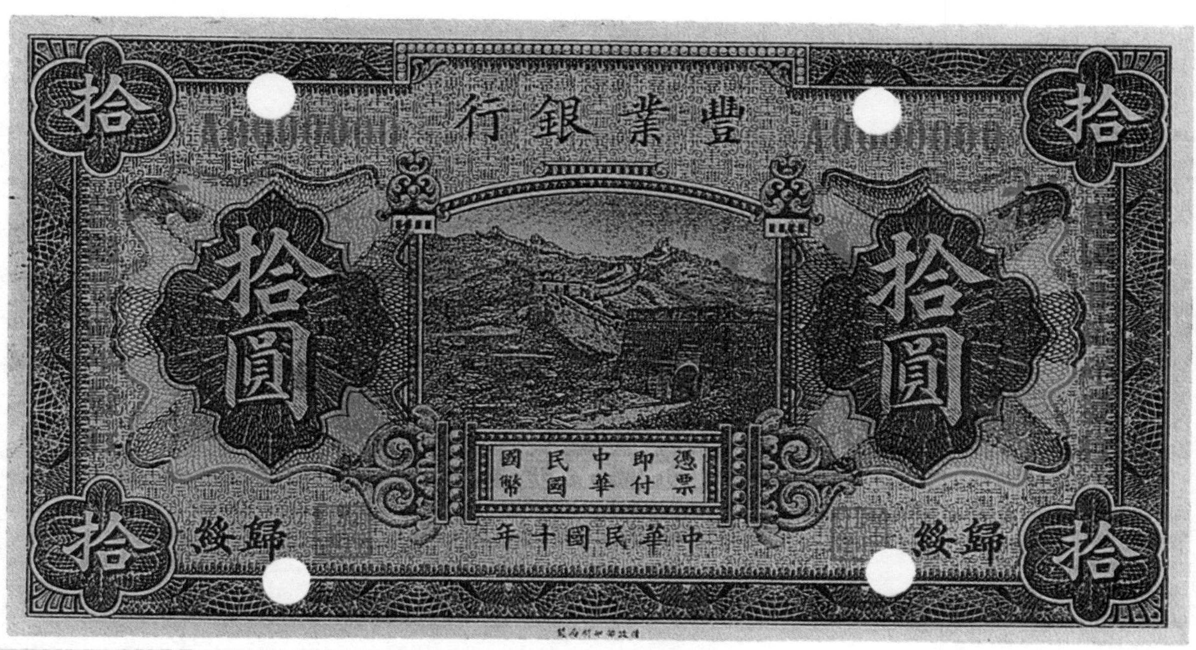

0606
張傑 提供
★★★

七十三、河口福利商業銀行

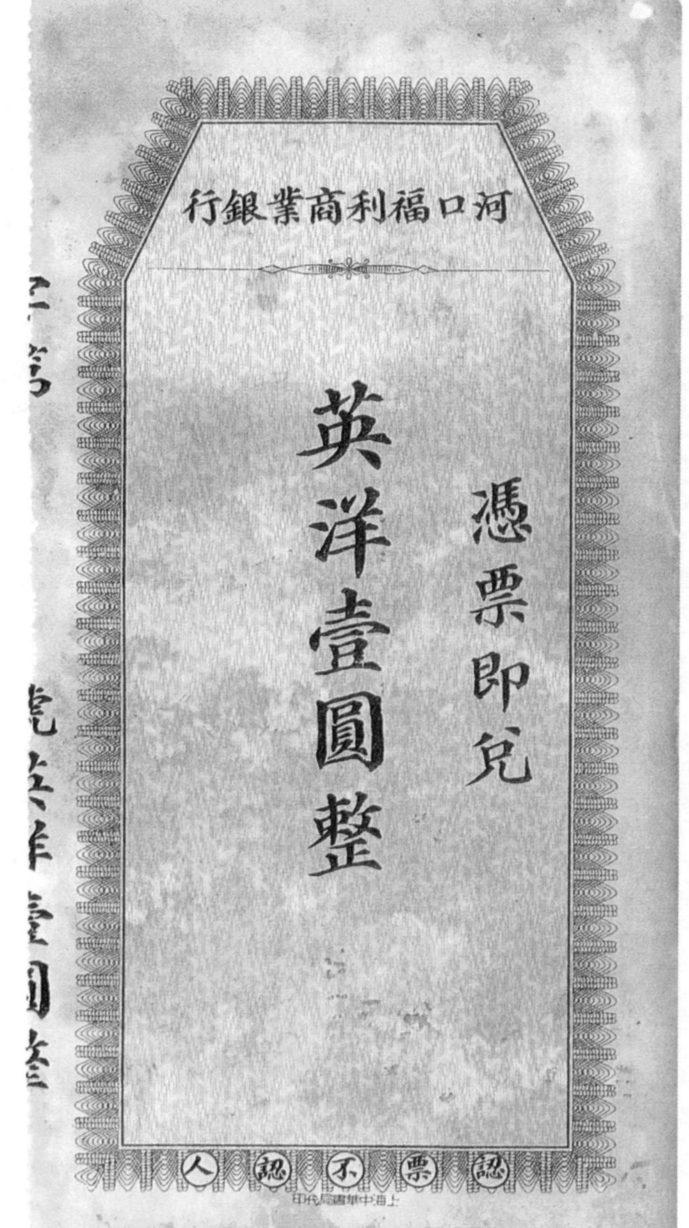

0607
劉文和 提供

七十四、西南商業儲蓄銀行

0608
劉文和 藏

七十五、湖南實業銀行

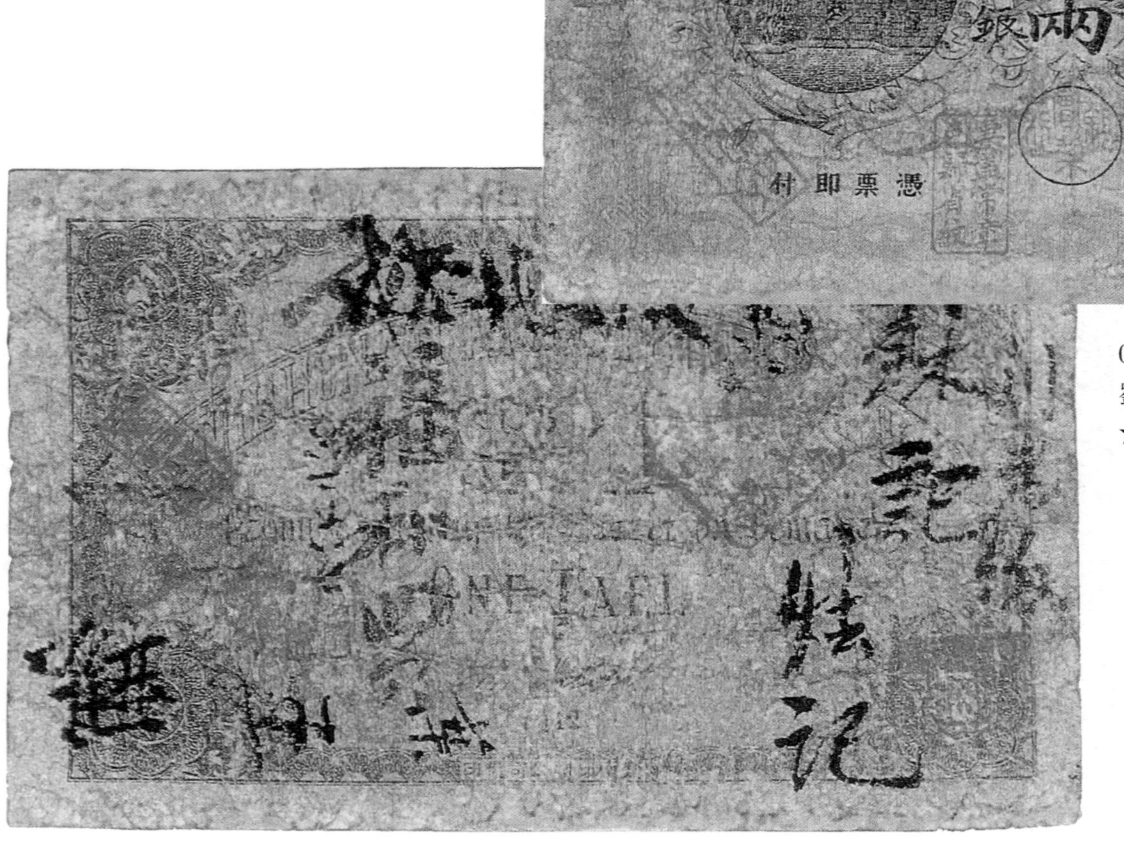

0609
劉文和 藏
★★★

0610
劉文和 藏
★★★

0611
上海博物館 藏
★★★

0612
劉文和 藏
★★

0613
中國人民銀行上海分行 藏
★★

0614
中國人民銀行上海分行 藏
★★★

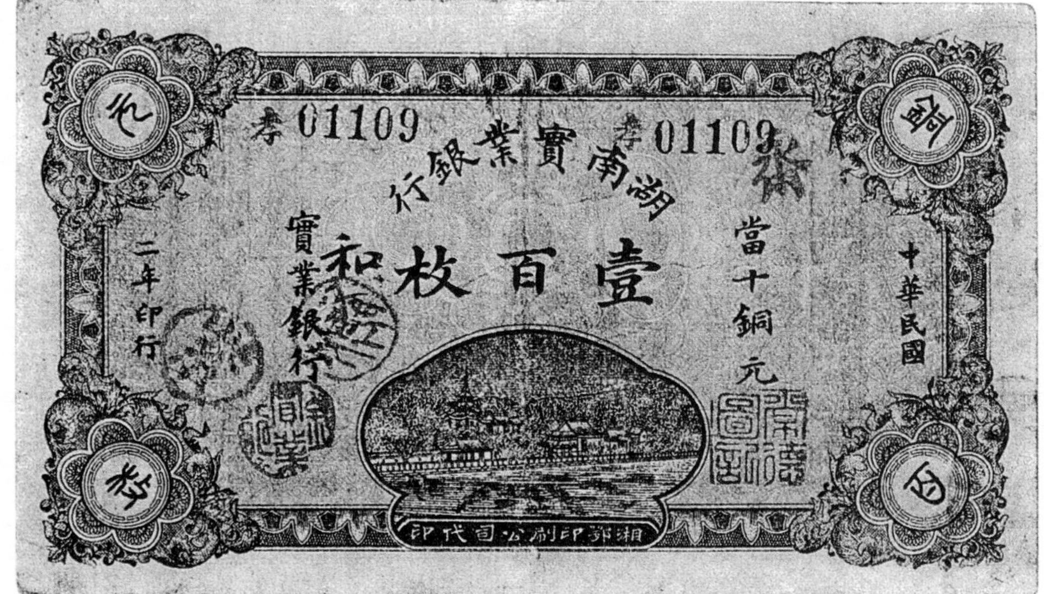

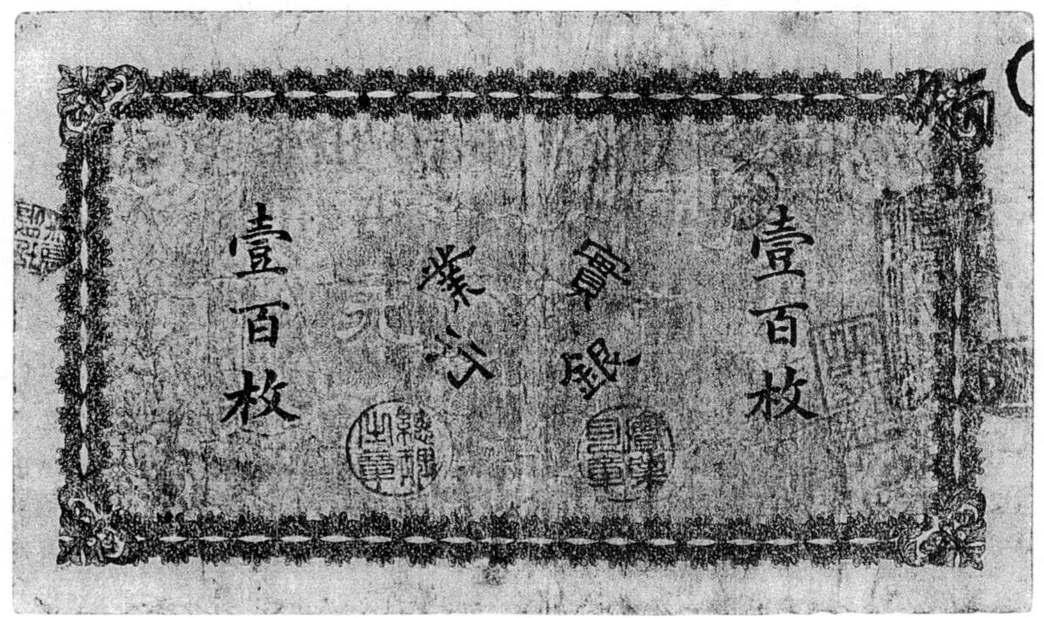

0615
吴籌中 藏
★★

0616
中國人民銀行上海分行 藏

0617
上海博物館 藏
★★

0618
中國人民銀行上海分行 藏
★★

0619
中國人民銀行上海分行 藏
★★★

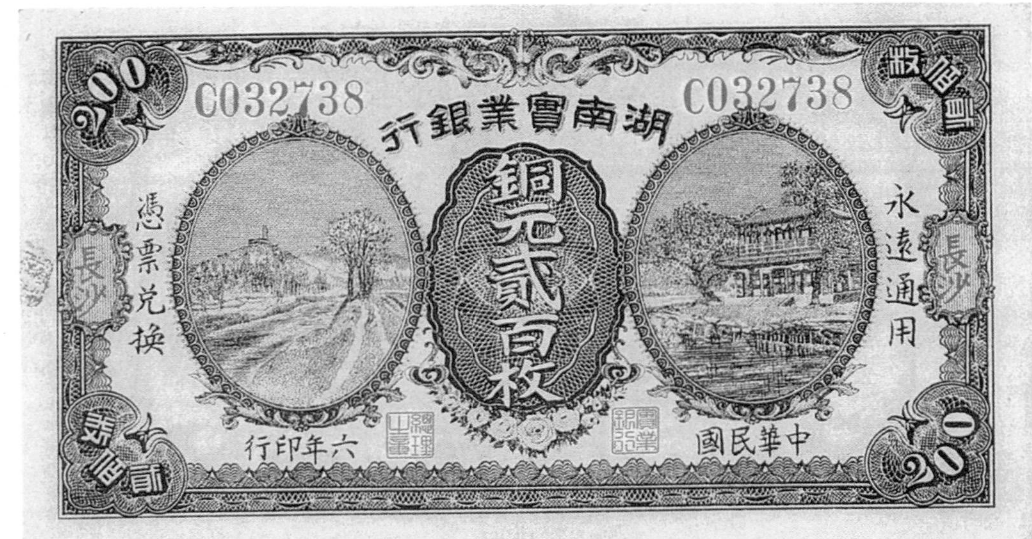

0620
中國人民銀行上海分行 藏
★★★

七十六、山東商辦實業銀行

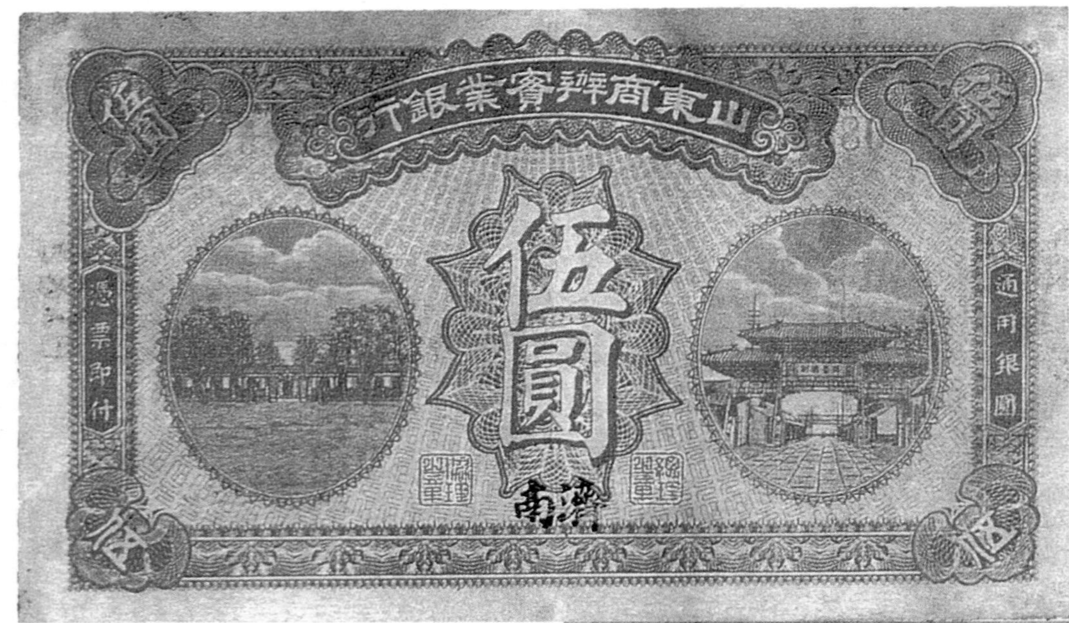

0621
江蘇省錢幣學會 提供
★★★

七十七、淮海實業銀行

0622
吴籌中 藏
★★

0623
吴籌中 藏
★★★

0624
吴籌中 藏
★★★★

七十八、粤南實業銀行

0625
黄福和 藏
★★

0626
上海博物館 藏
★★★

0627
黃福和 藏
★★

七十九、陝北地方實業銀行

0628
徐風 藏
★★

0629
徐風 藏
★★

0630
徐風 藏
★

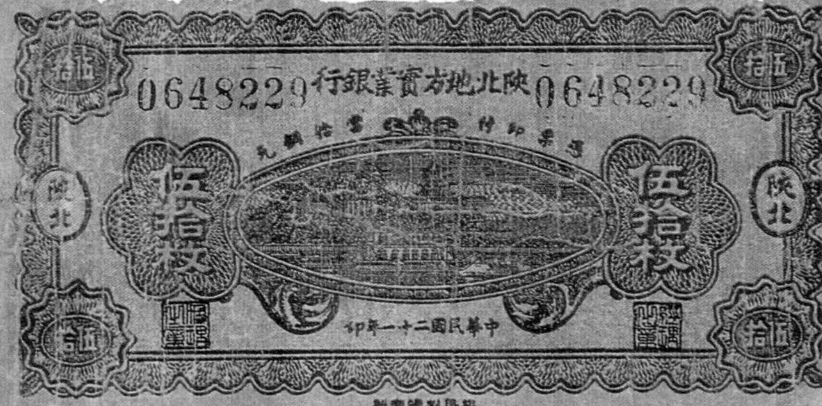

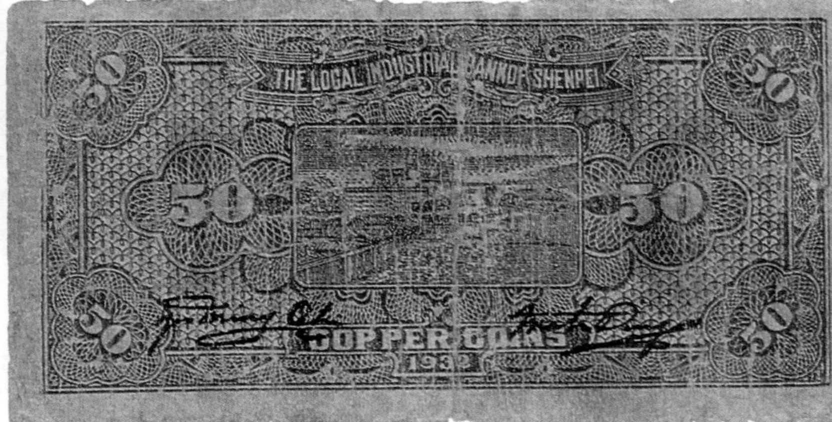

0631
上海博物館 藏
★★

（背圖見下頁）

0632
徐風 藏
★

0633
徐風 藏
★

(0631 背圖)

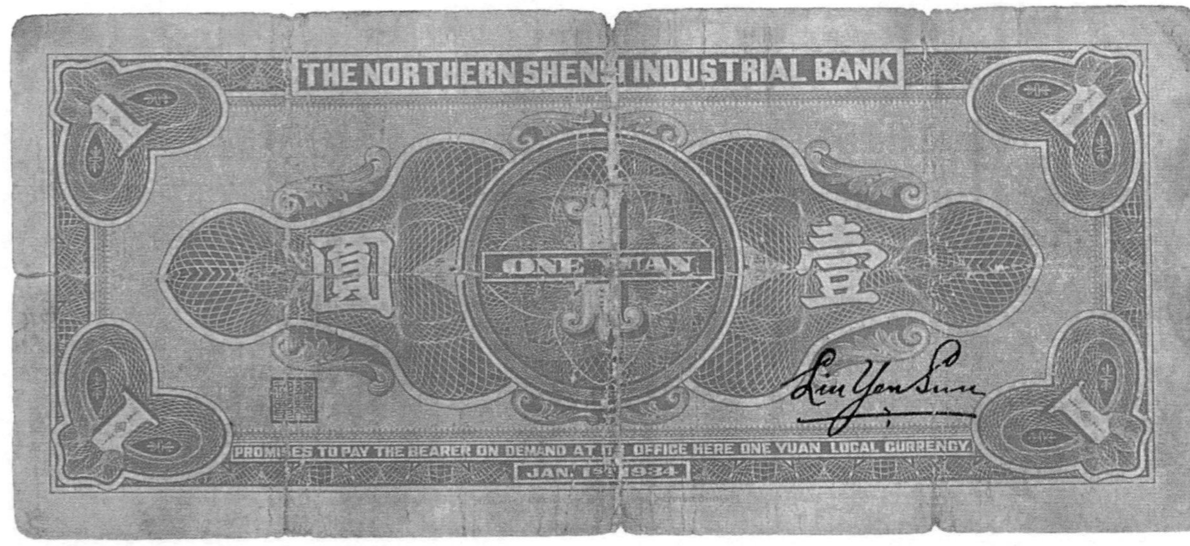

0634
徐風 藏
★

0635
徐風 藏
★

0636
徐風 藏
★

0637
徐風 藏
★

0638
中國人民銀行上海分行 藏
★

0639
中國人民銀行上海分行 藏
★

0640
中國人民銀行上海分行 藏
★

0641
徐風 藏
★

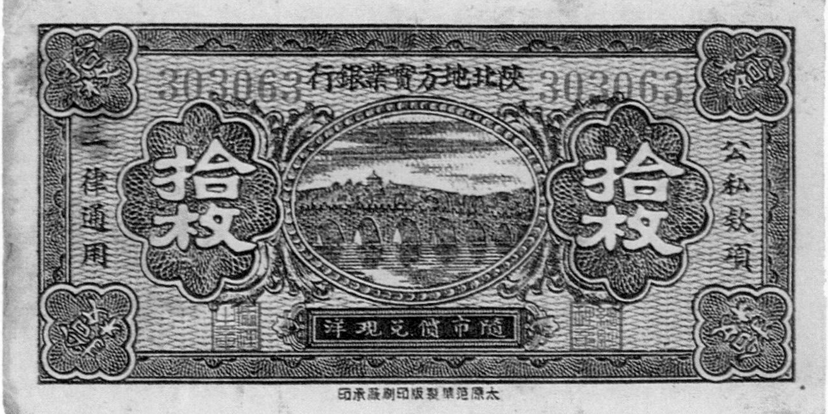

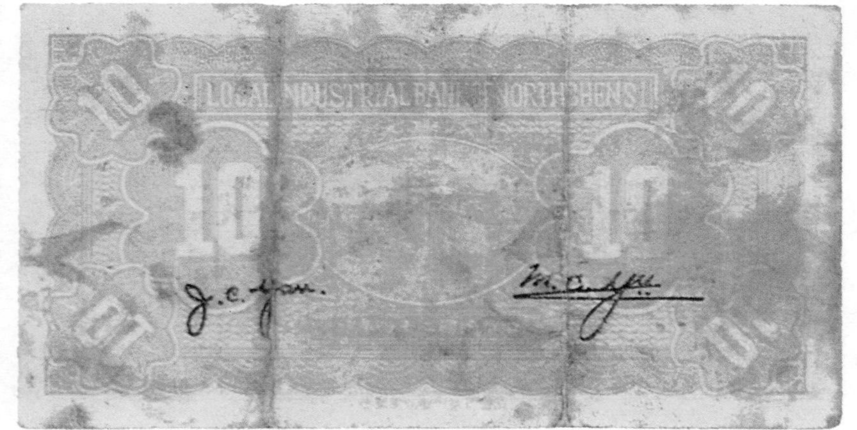

0642
徐風 藏
★

0643
徐風 藏
★

0644
張日炎 藏
★

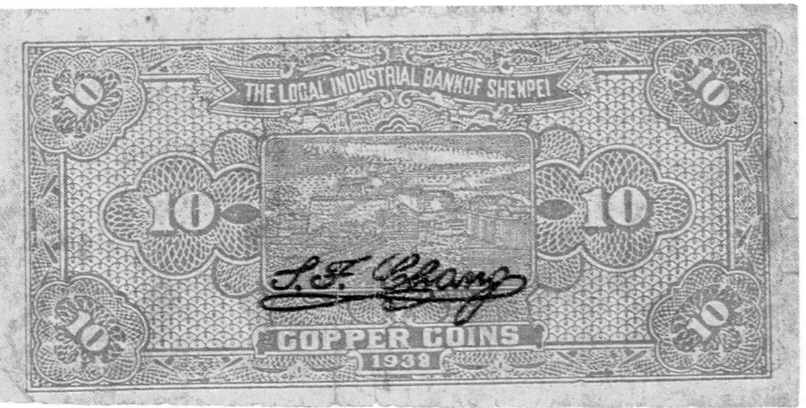

0645
徐風 藏
★★

0646
徐風 藏
★★

八十、甌海實業銀行

0647
吴籌中 藏
★★

八十一、中元實業銀行

0648
上海博物館 藏
★★★

八十二、湖南寶興礦業銀行

0649
劉文和 藏
★★

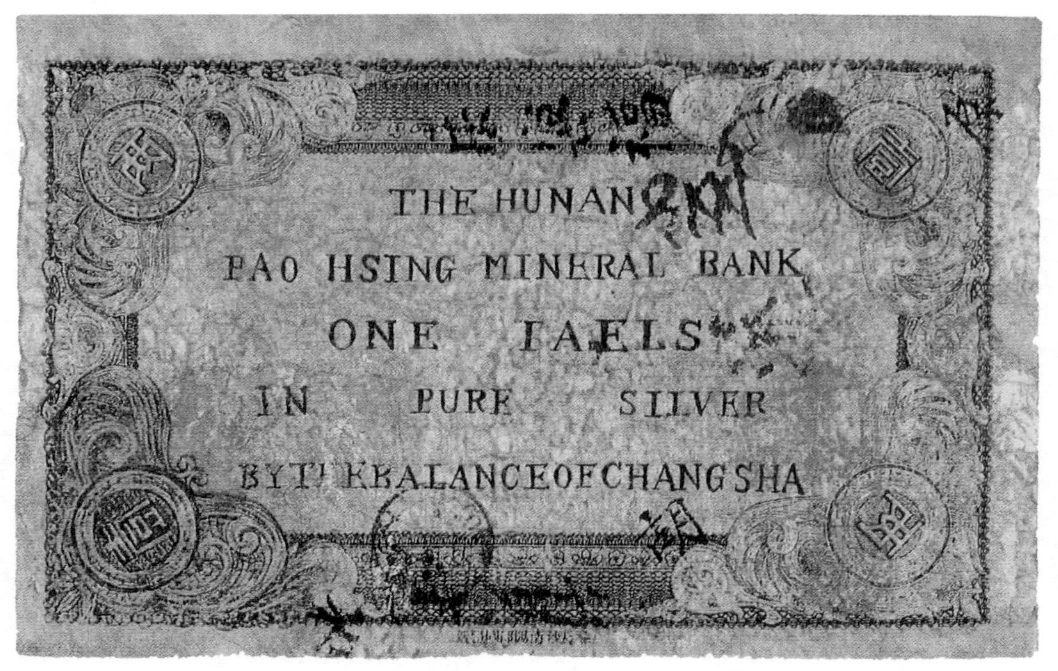

0650
吴籌中 藏
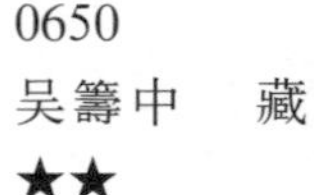
★★

(背圖見下頁)

0651
劉文和 藏
★★★

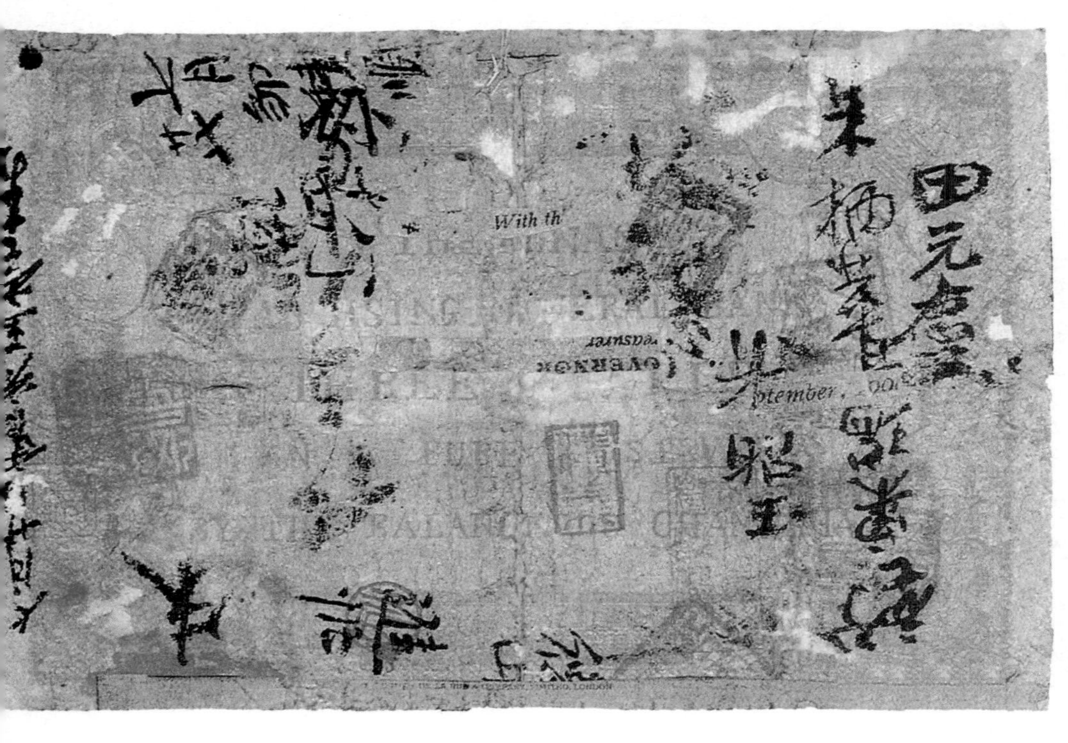

(0650 背圖)

0652
吴籌中 藏
★★★★

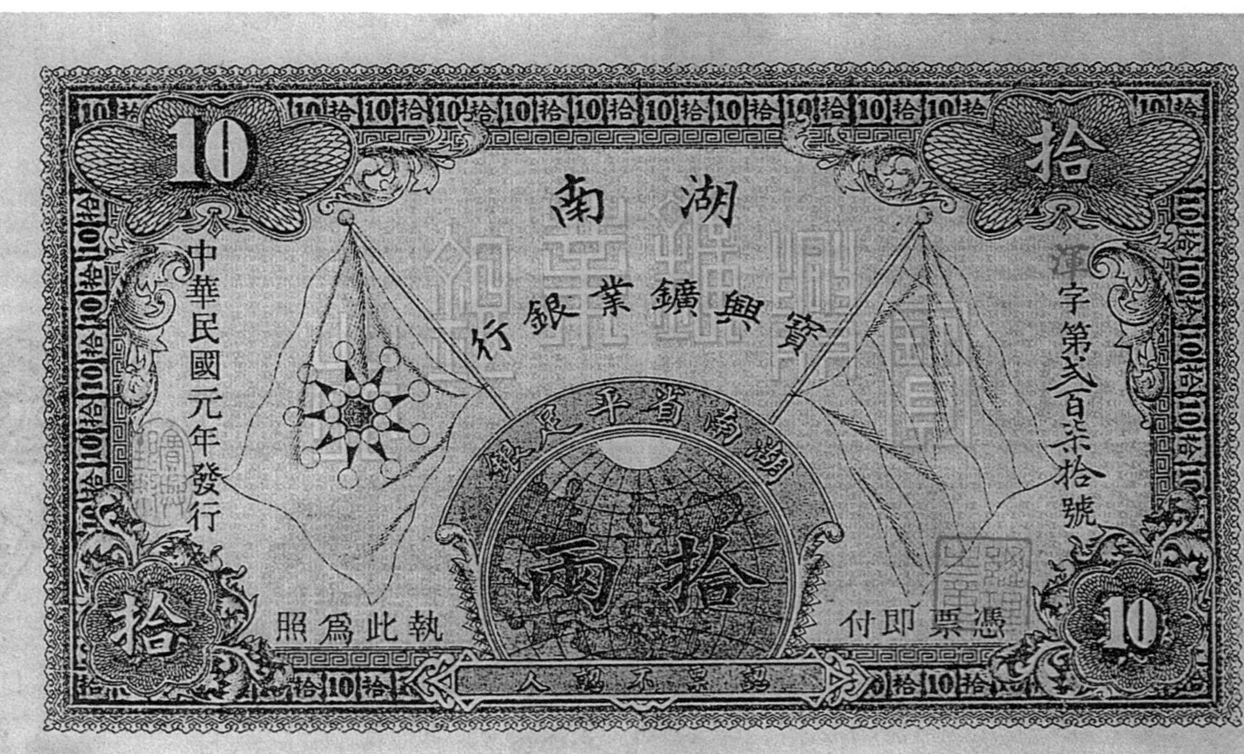

0653
張傑 提供
★★★★

(背圖見下頁)

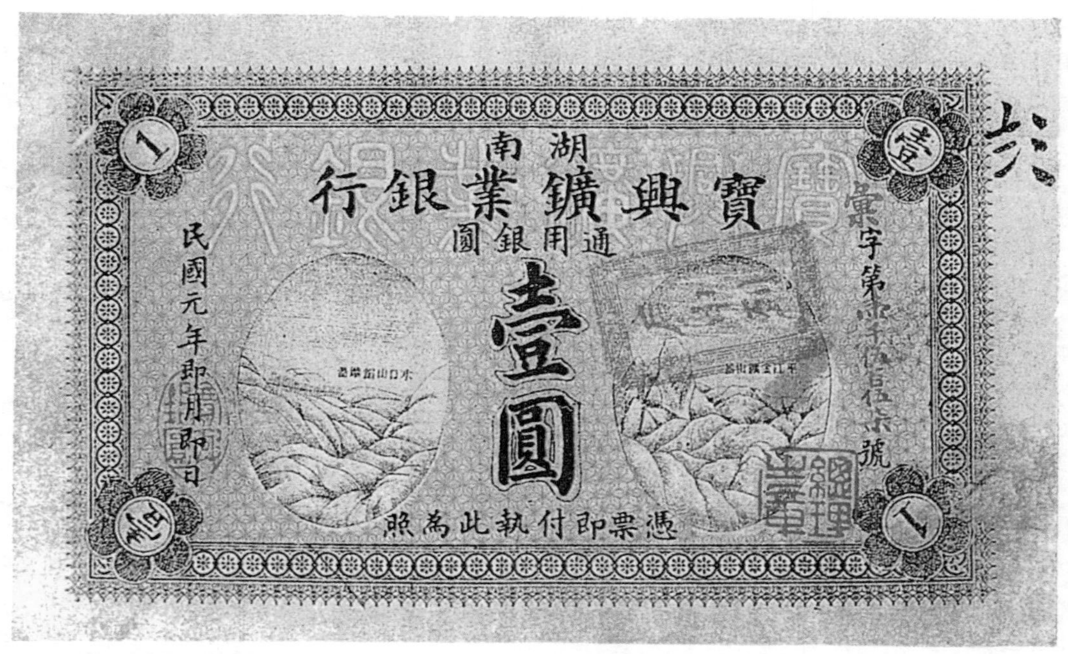

0654
張傑 提供
★★★★

(0653 背圖)

0655
劉文和 藏
★★

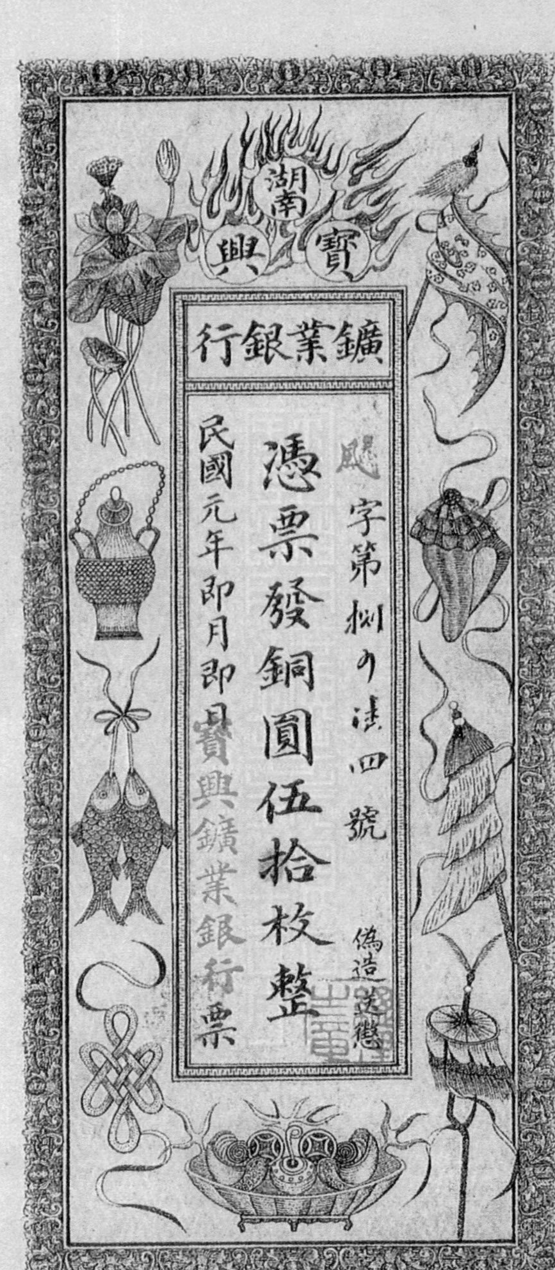

0656
劉文和 藏
★★

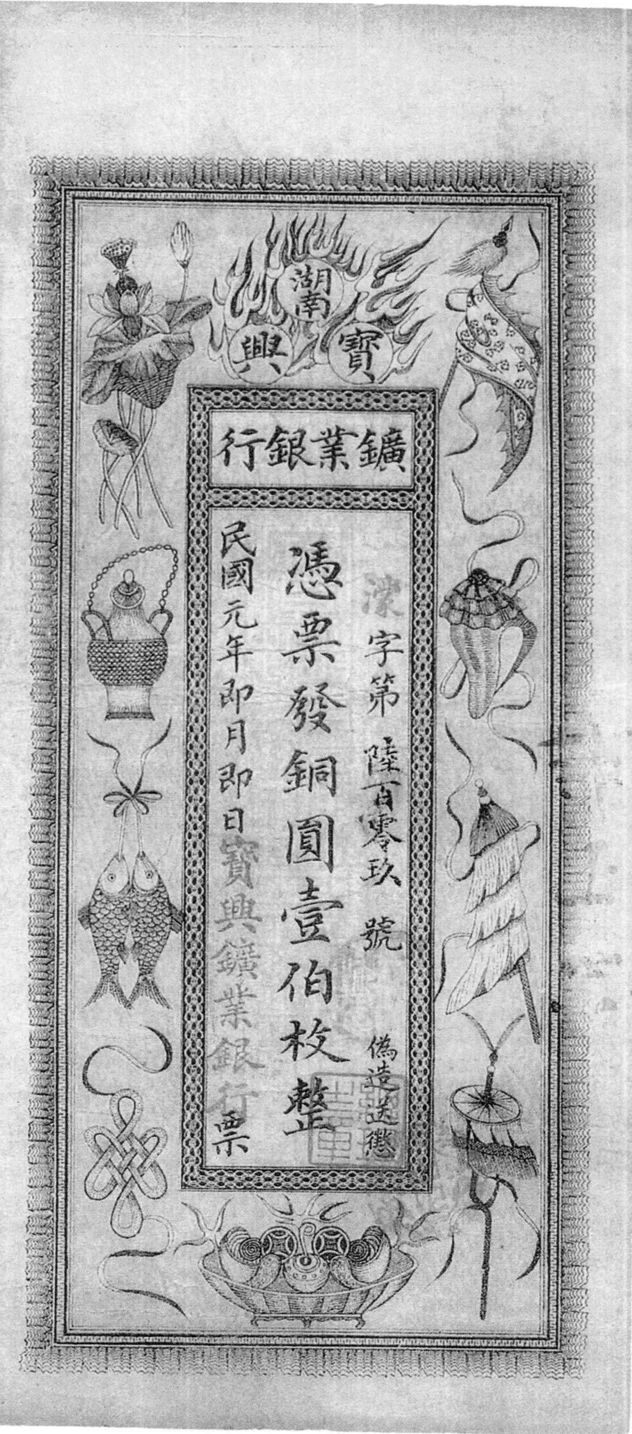

0657
中國人民銀行上海分行 藏
★★

八十三、雲南箇碧鐵路銀行

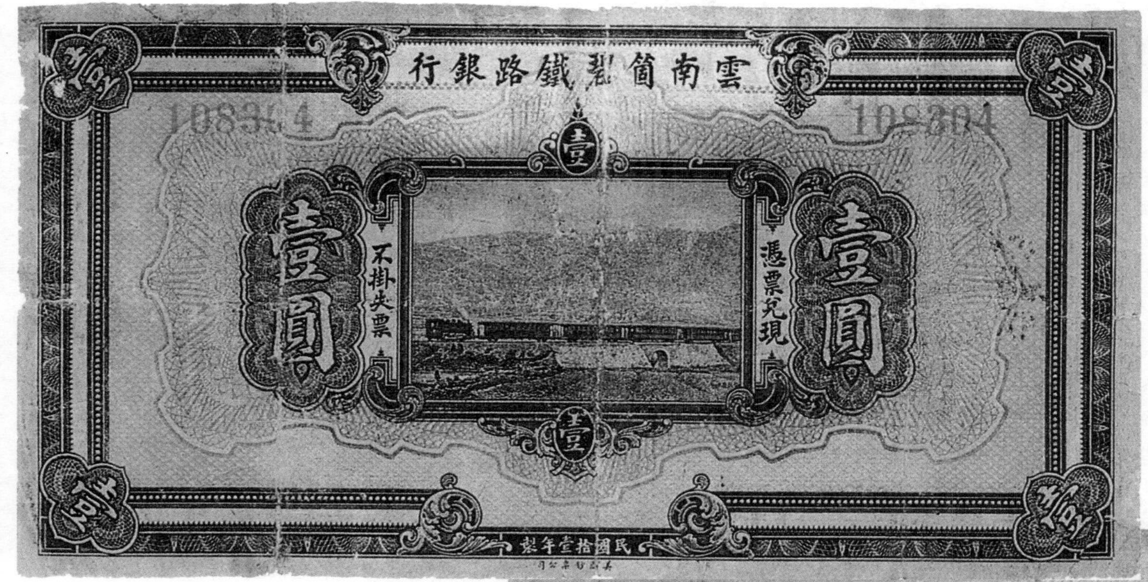

0658
中國人民銀行上海分行 藏
★★

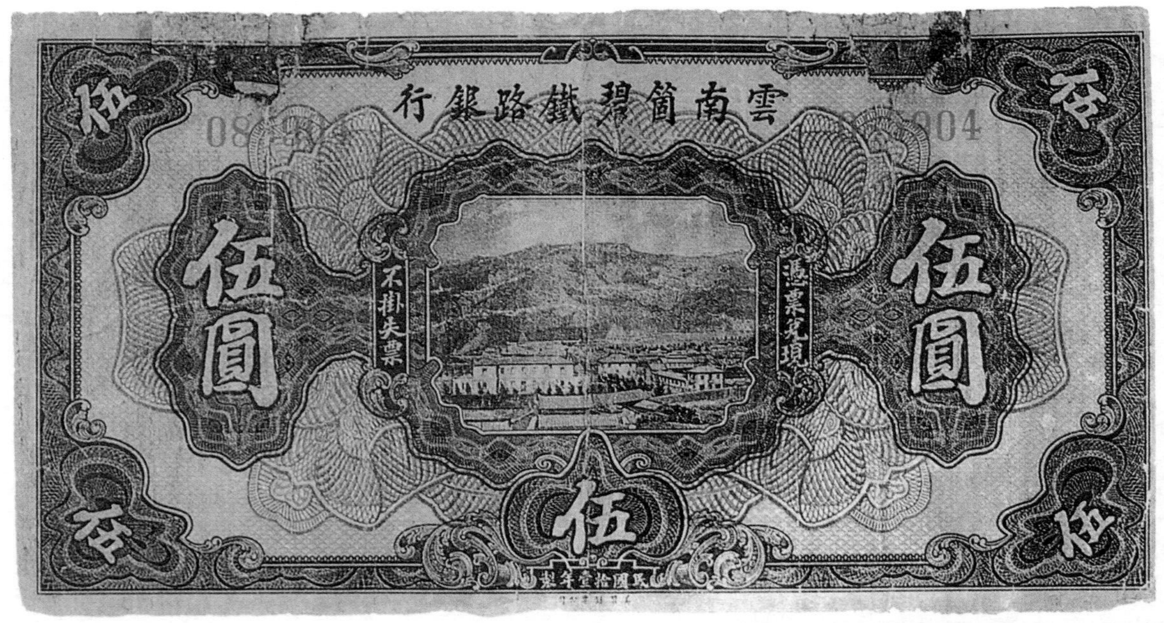

0659
中國人民銀行上海分行 藏
★★

0660
吴籌中 藏
★★★

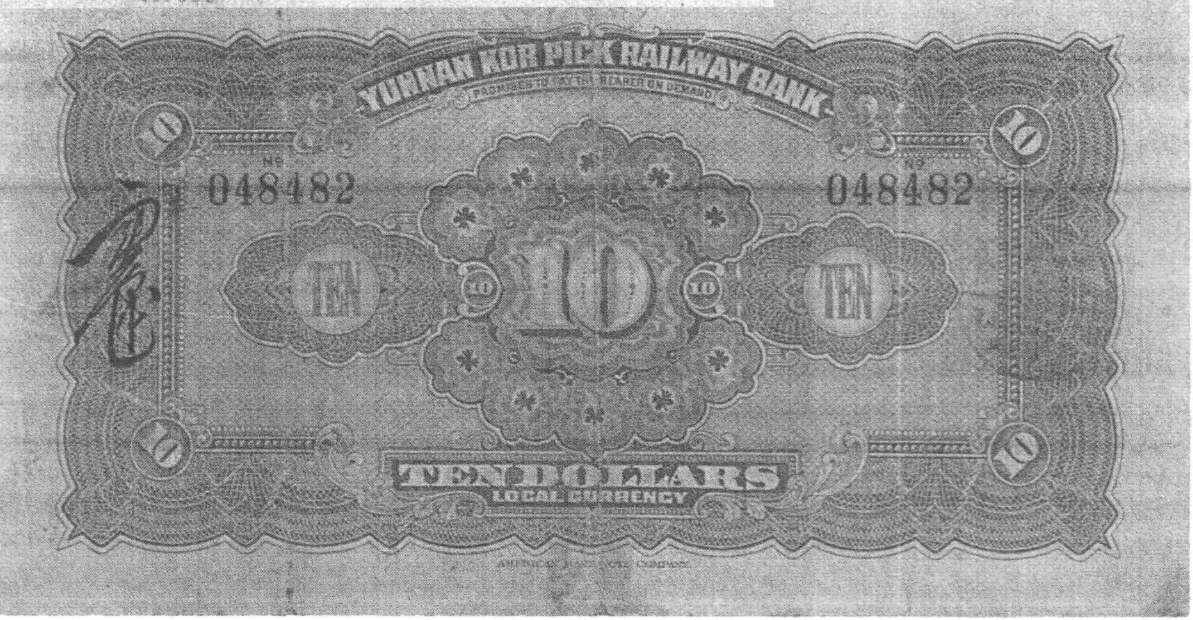

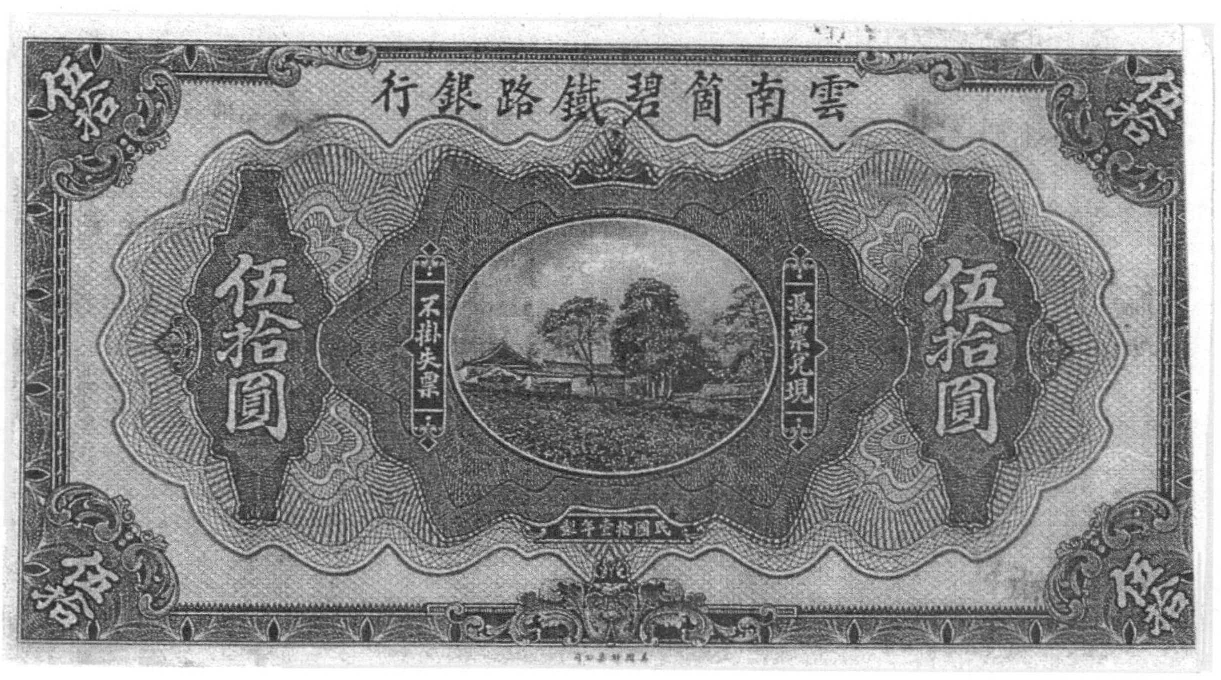

0661
黄中行 藏
★★★★

0662
上海博物館 藏
★★

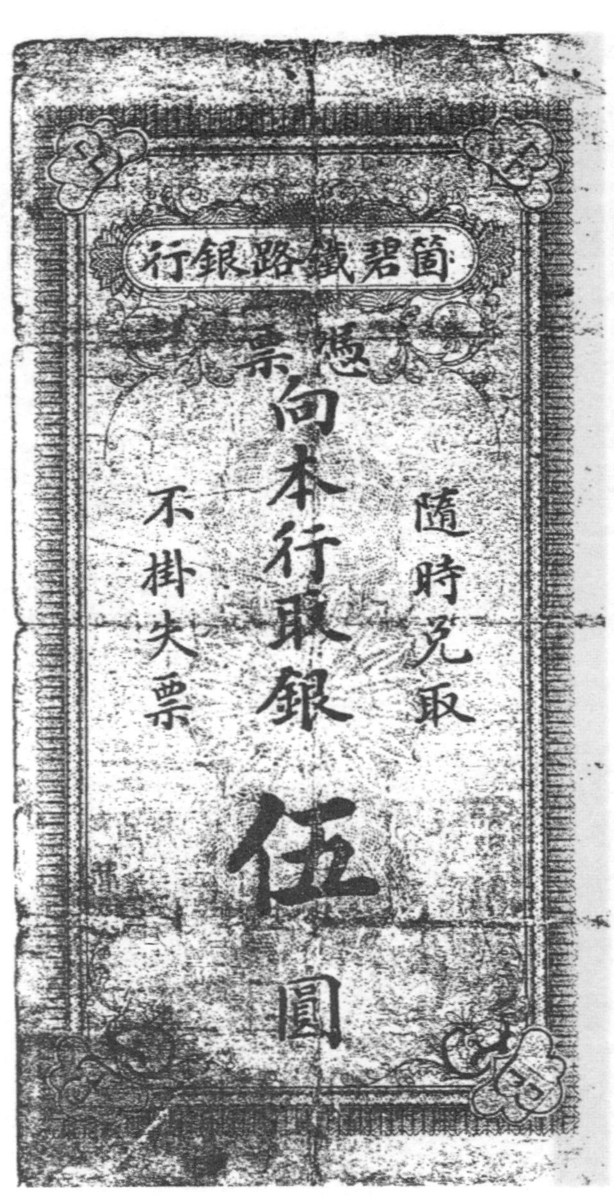

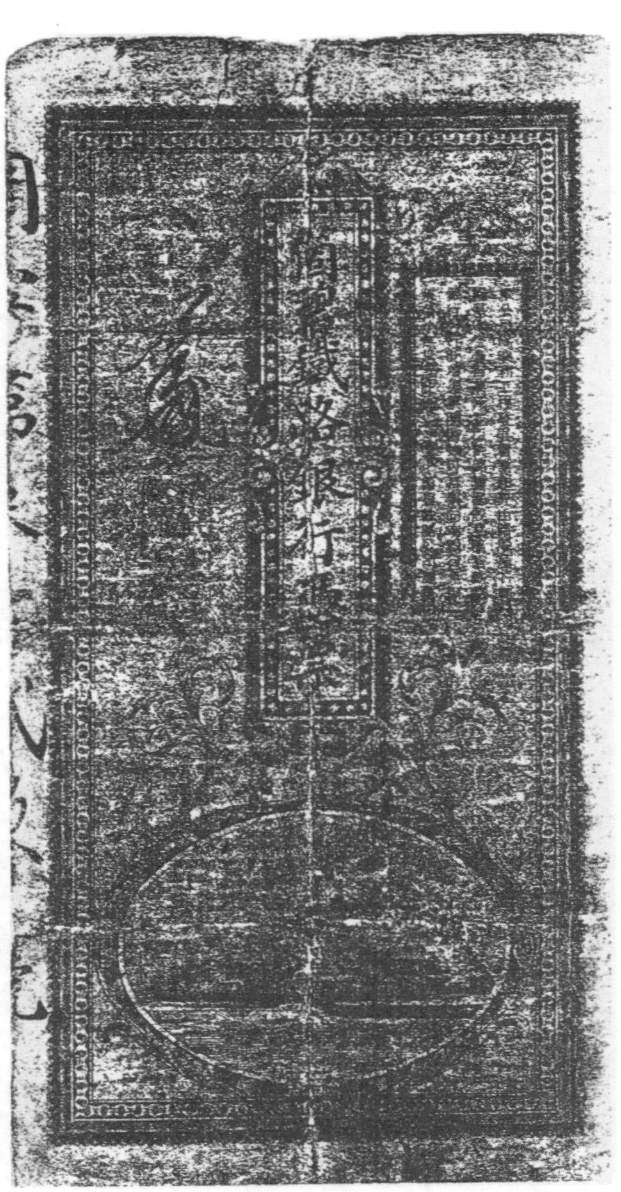

0663
黄中行 藏
★★★

八十四、雲南官商合辦殖邊銀行

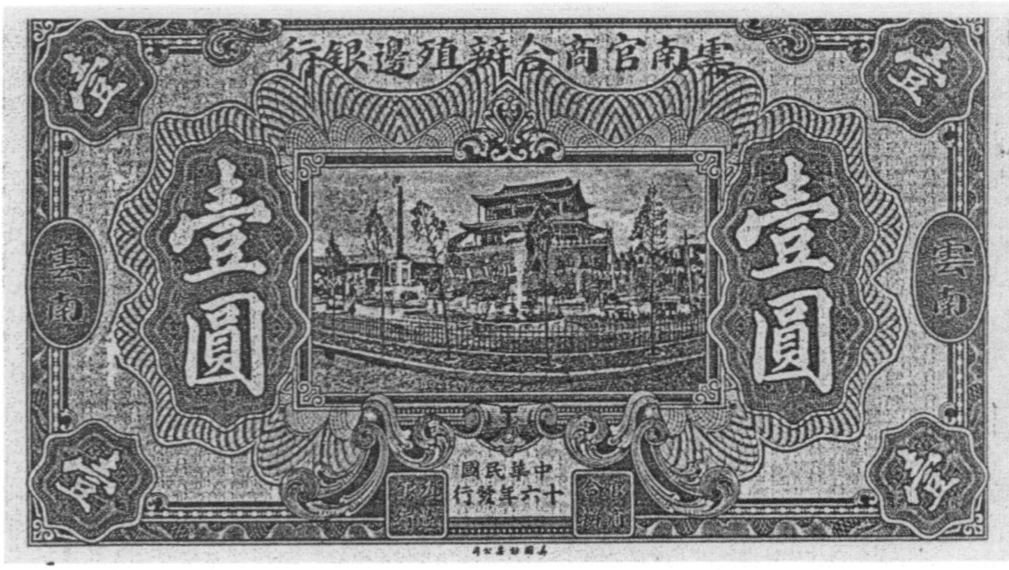

0664
《中國歷代貨幣大系》編輯委員會 提供
★★

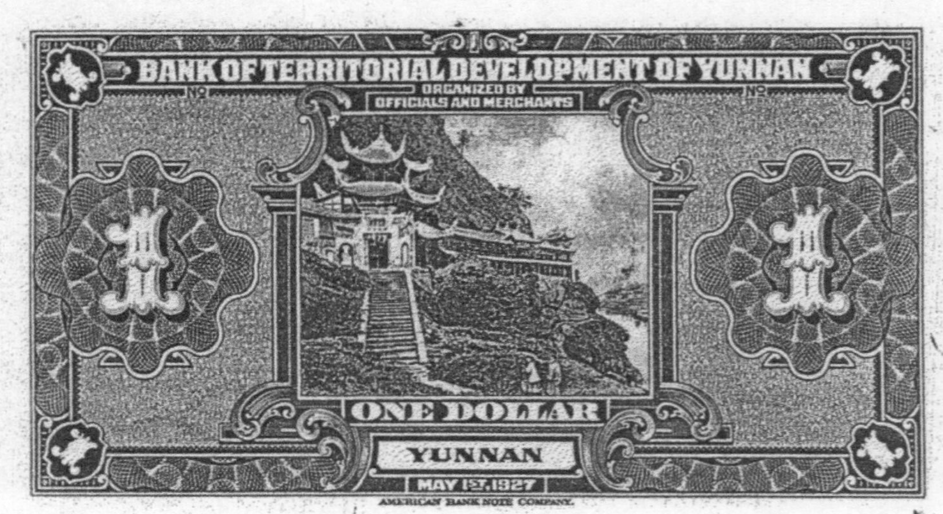

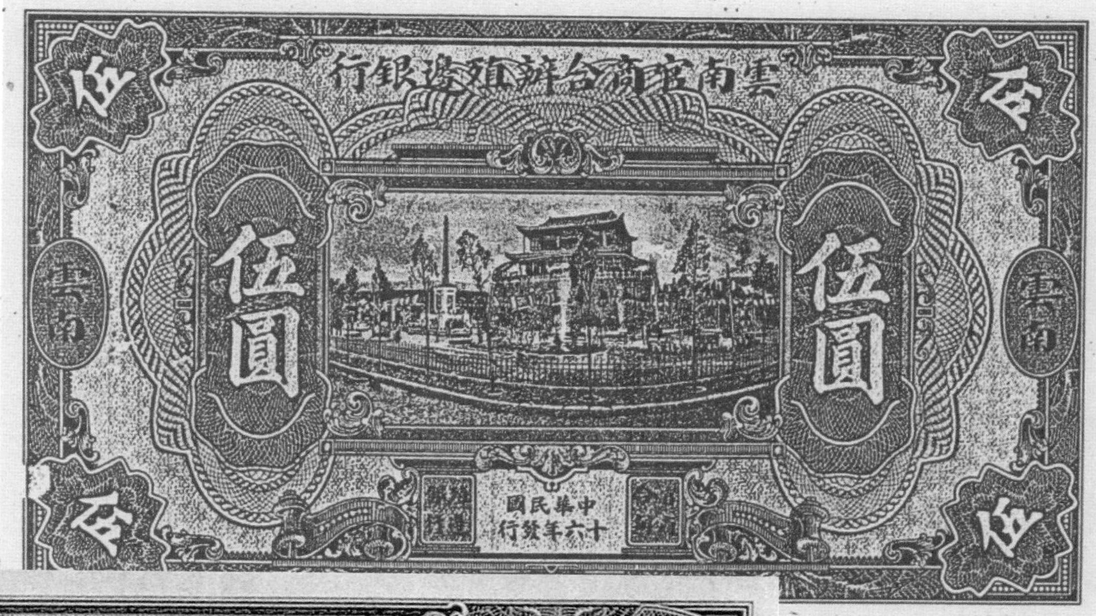

0665
《中國歷代貨幣大系》編輯委員會 提供
★★

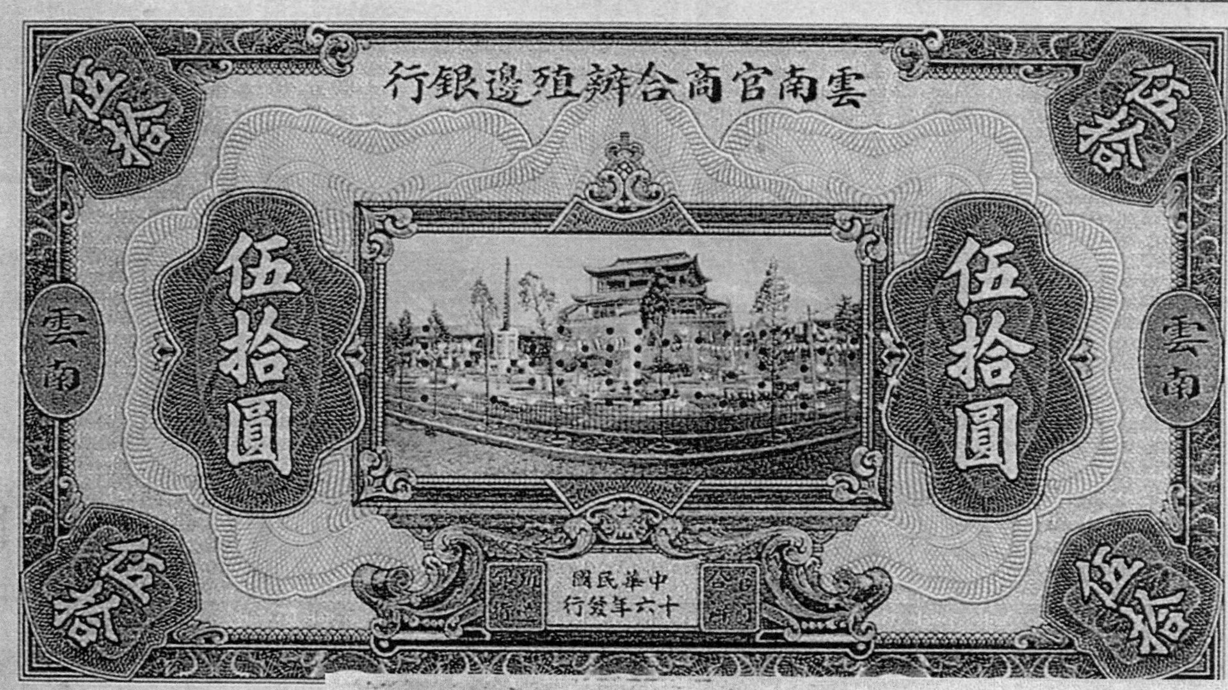

0666
胡誠 提供
★★

BANK OF TERRITORIAL DEVELOPMENT OF YUNNAN
ORGANIZED BY OFFICIALS AND MERCHANTS
100 100
ONE HUNDRED DOLLARS
YUNNAN
MAY 1ST, 1927

0667
《中國歷代貨幣大系》編輯委員會 提供
★★

八十五、華富殖業銀行

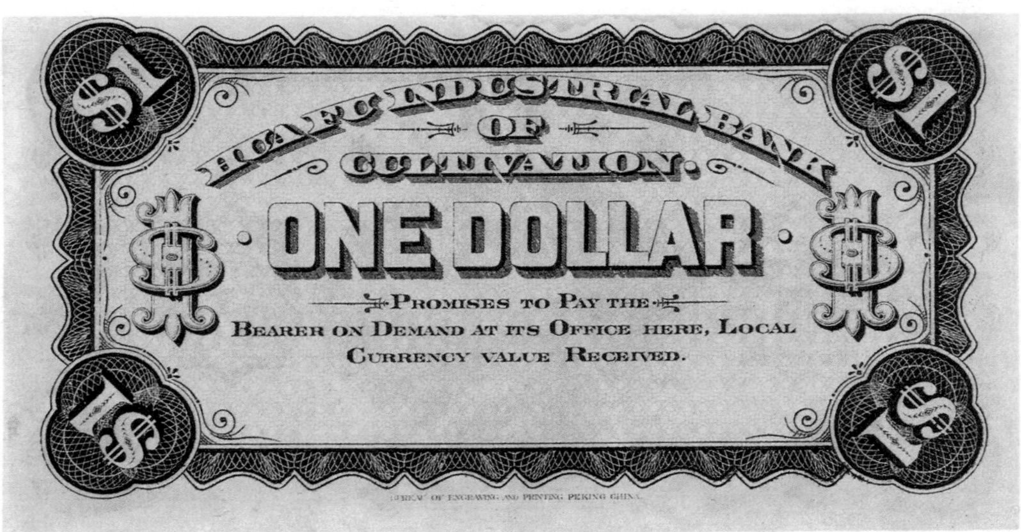

0668
上海博物館 藏
★★

0669
劉文和 藏
★★

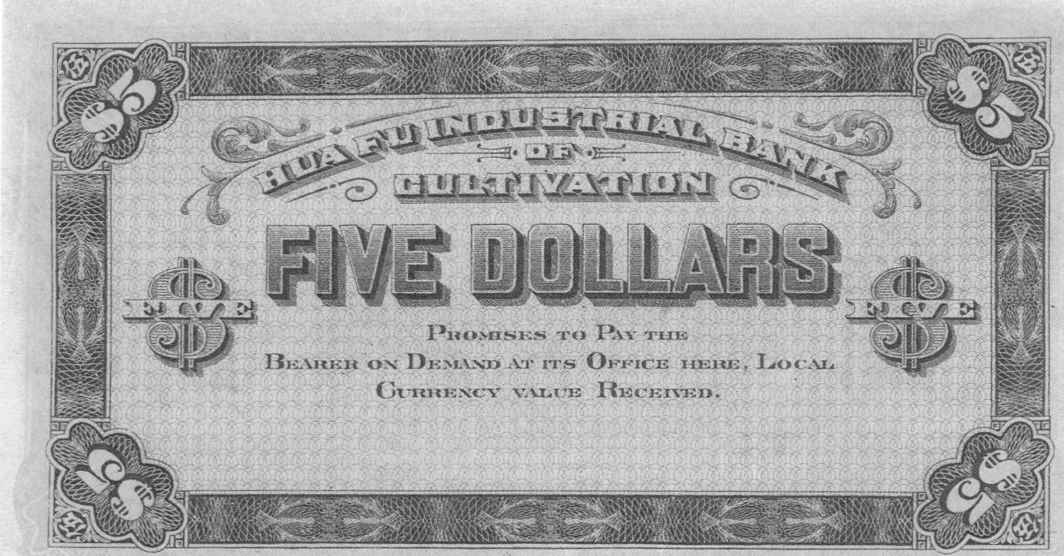

0670
上海博物館 藏
★★

0671
上海博物館 藏
★★

0672
上海博物館 藏
★★

八十六、吉林

裕華殖業銀行

0673
上海博物館 藏
★★

八十七、方正滿蒙殖業銀行

0674
選自《中國商業銀行紙幣圖録》
★★

八十八、川康殖業銀行

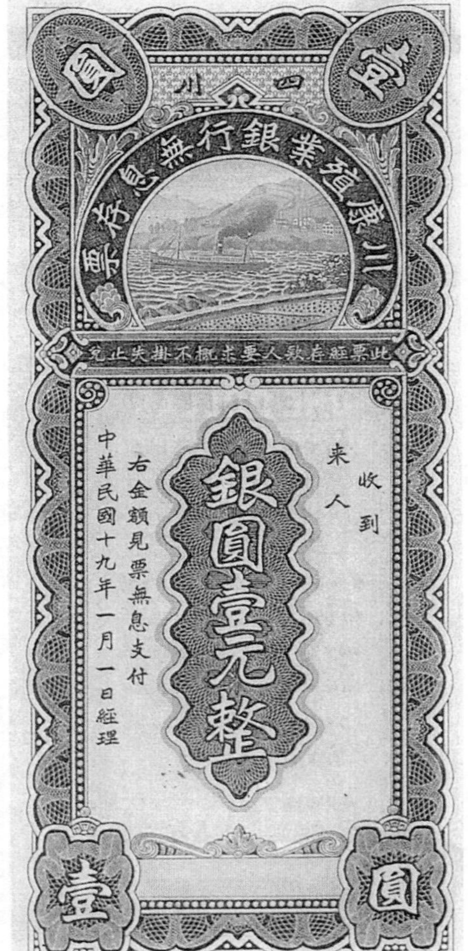

0675
中國人民銀行上海分行 藏
★★

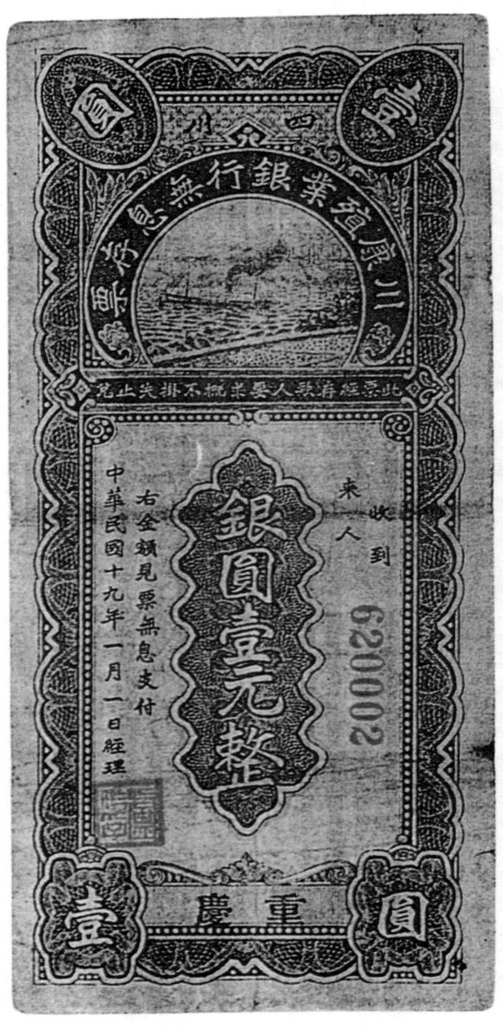

0676
張傑 提供
★★

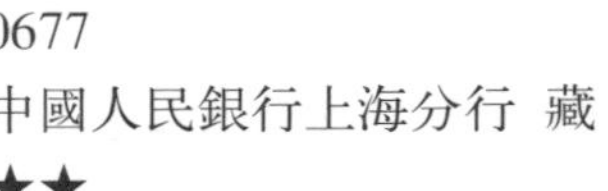

0677
中國人民銀行上海分行 藏
★★

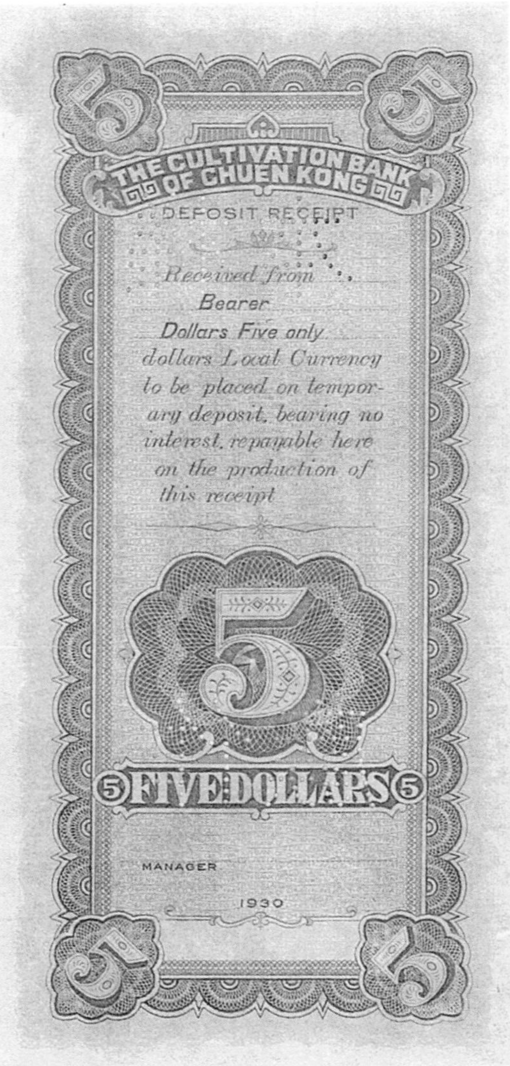

0678
中國人民銀行上海分行 藏
★★

八十九、山東聊城農工銀行

0679
上海博物館 藏
★★

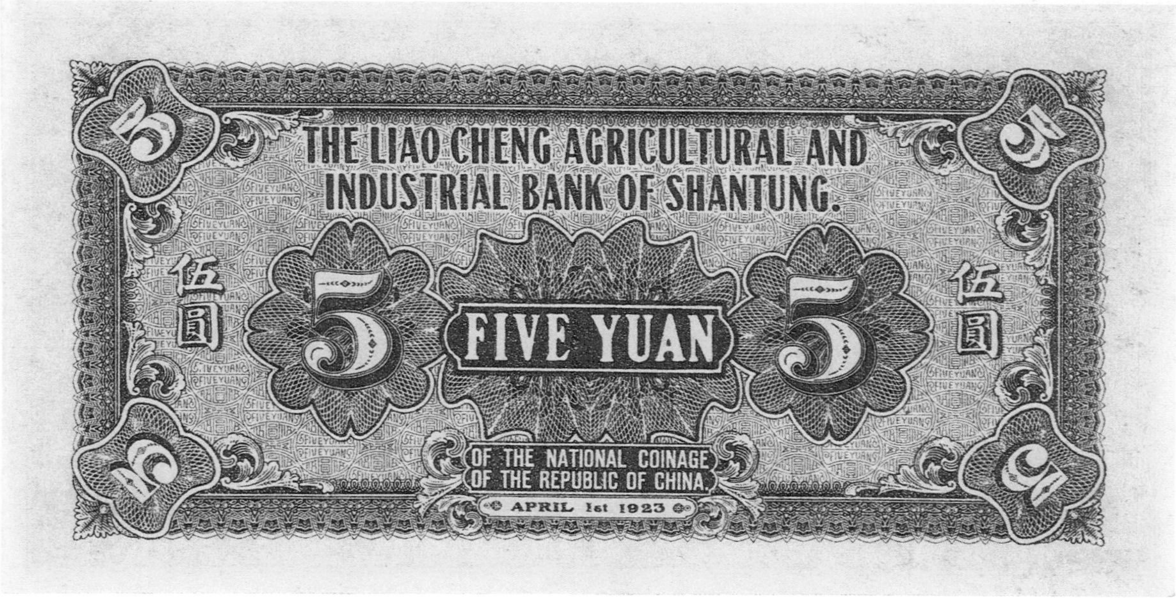

0680
上海博物館 藏
★★

九十、青島市農工銀行

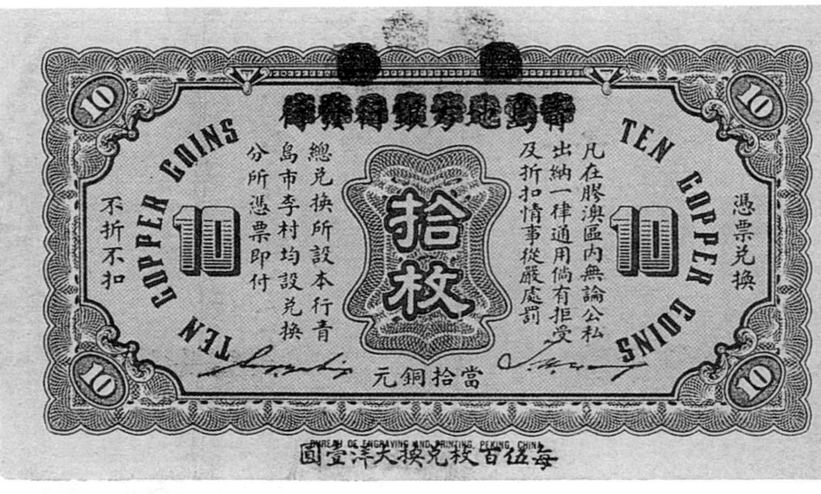

0681
中國人民銀行上海分行 藏
★★

0682
選自《中國商業銀行紙幣圖録》
★★

九十一、北平農工銀行

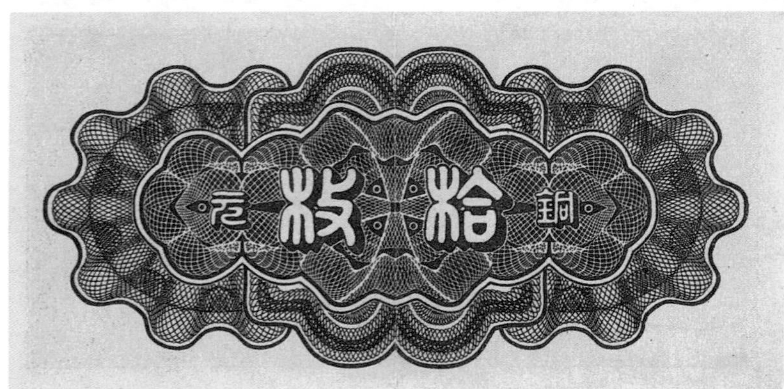

0683
上海博物館 藏
★★

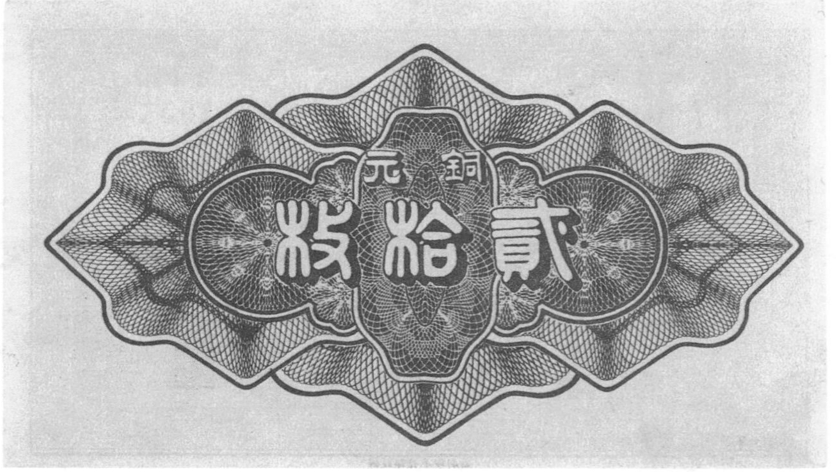

0684
上海博物館 藏
★★

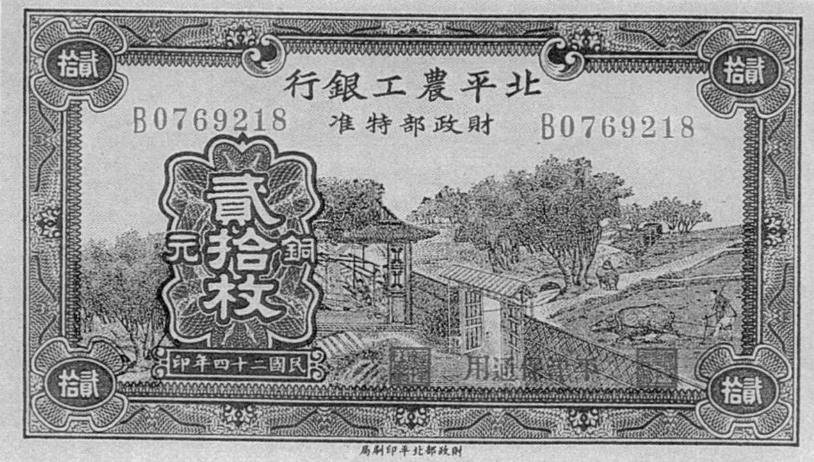

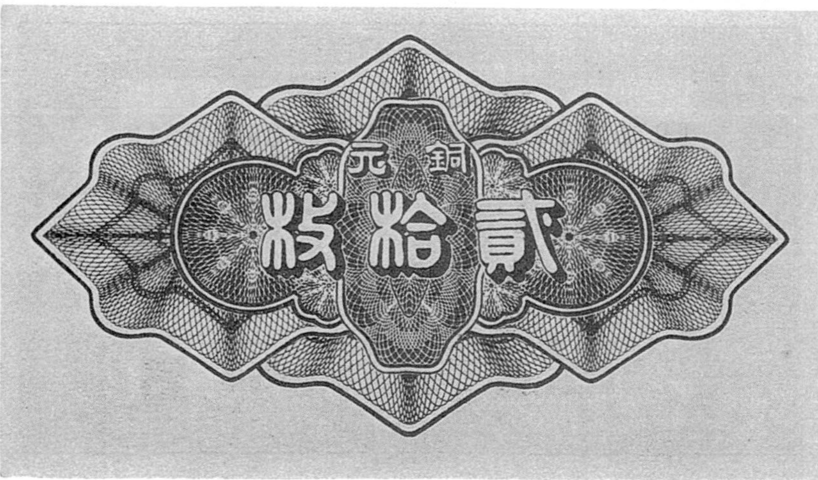

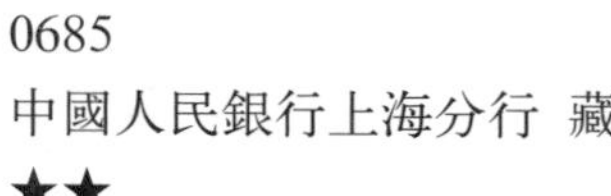
0685
中國人民銀行上海分行 藏
★★

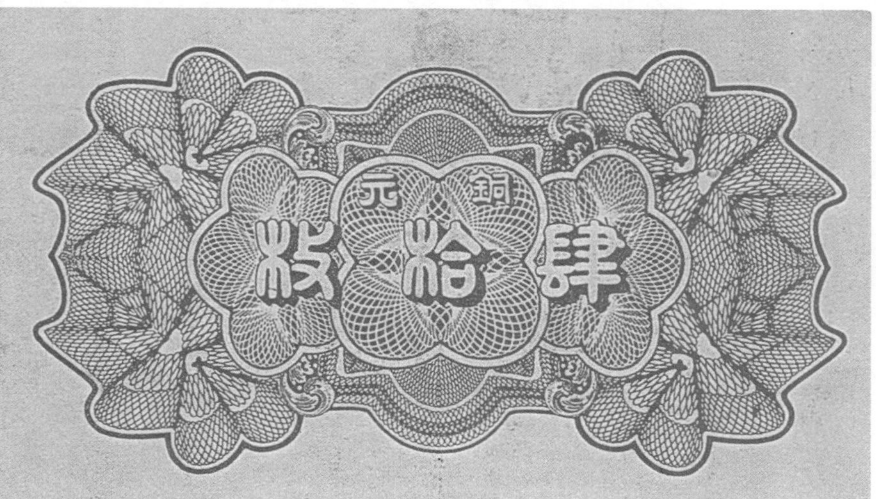

0687
郭乃全 藏
★★

0686
中國人民銀行上海分行 藏
★★

0688
中國人民銀行上海分行 藏
★★

0689
上海博物館 藏
★★

九十二、德惠縣農工銀行

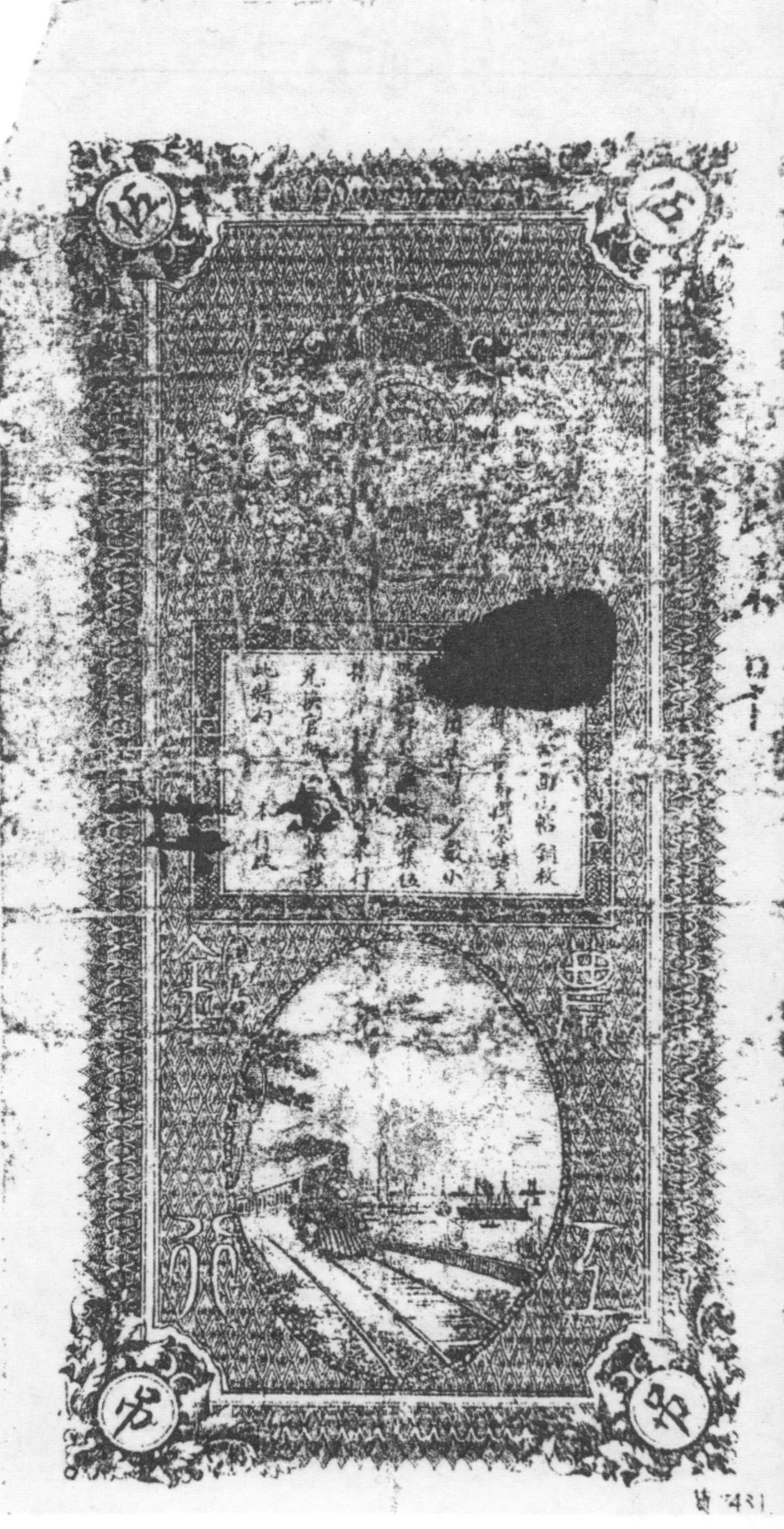

0690
上海市錢幣學會 提供
★★

九十三、莆仙農工銀行

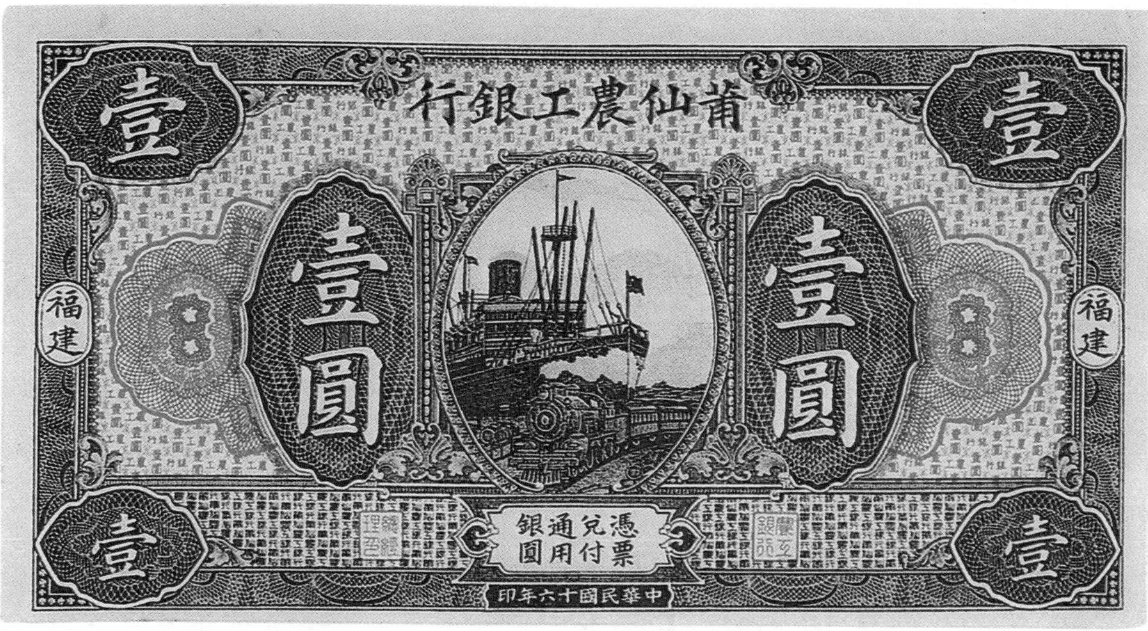

0691
上海博物館 藏
★★★

九十四、交城農工銀行

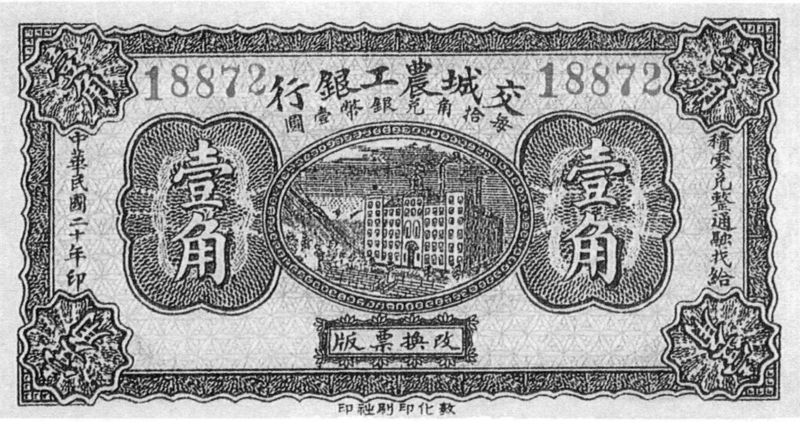

0692
徐風 藏
★

九十五、太谷農工銀行

0693
選自《山西歷史貨幣》
★★★

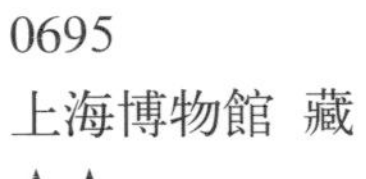

0695
上海博物館 藏
★★

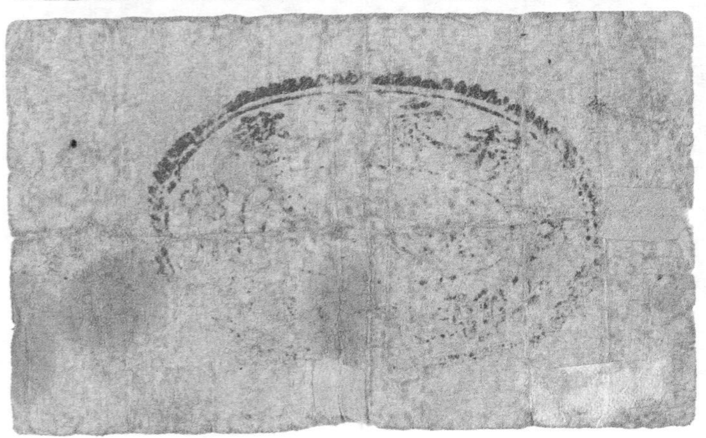

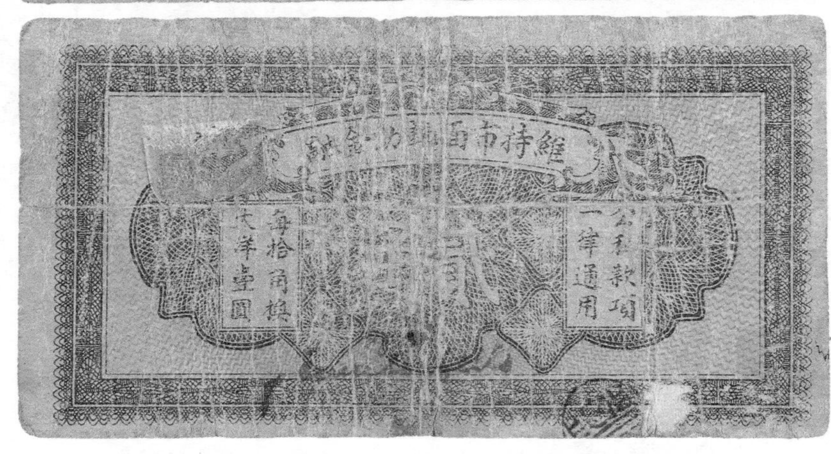

0694
上海博物館 藏
★

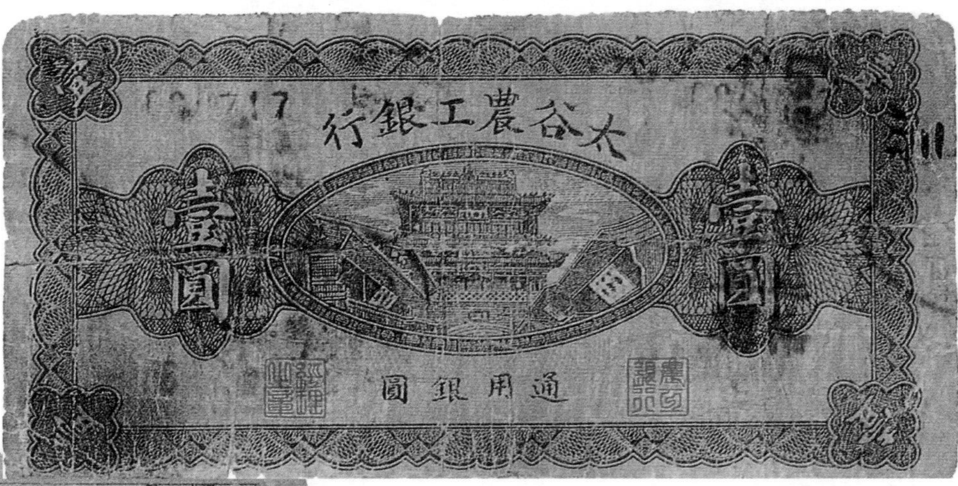

0696
徐風 藏
★★★

九十六、文水縣農工銀行

0697
徐風 藏
★★

九十七、沛縣農民銀行

0698
石長有 藏
★★

0699
江蘇省錢幣學會 提供
★★

九十八、醴陵農民銀行

0700
徐風 藏
★★

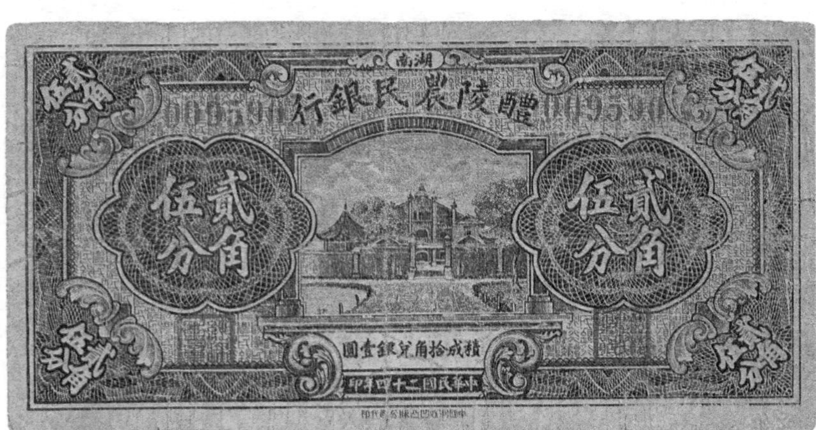

0701
上海博物館 藏
★★

0702
江蘇省錢幣學會 提供
★★

九十九、魚台縣地方農民銀行

0703
江蘇省錢幣學會 提供
★★

一百、威海農業儲蓄銀行

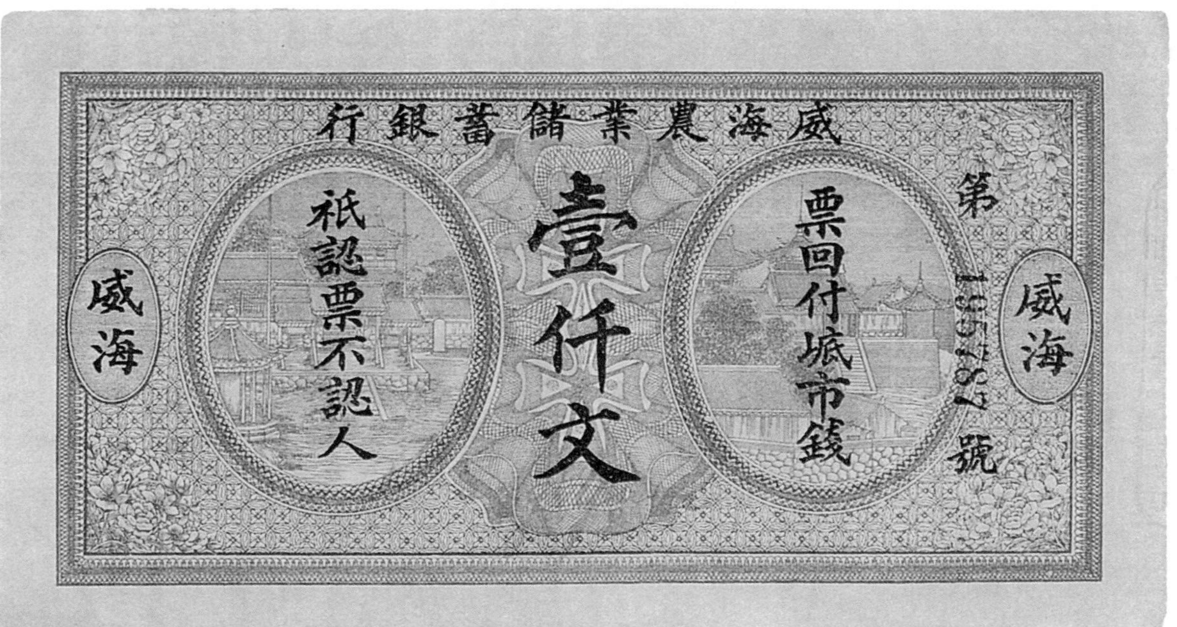

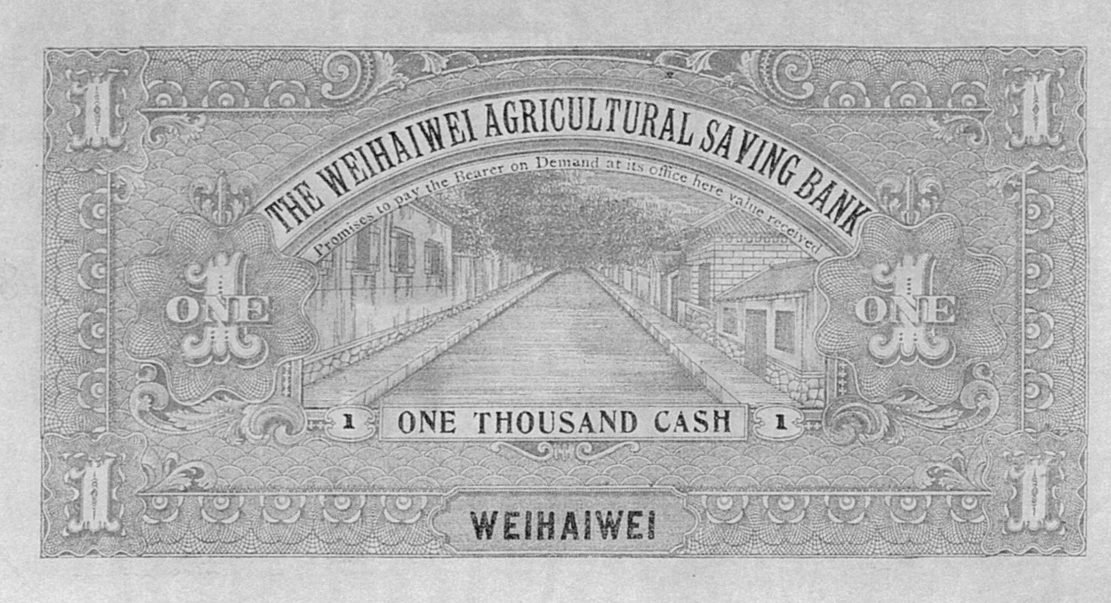

0704
李春曉 藏
★★

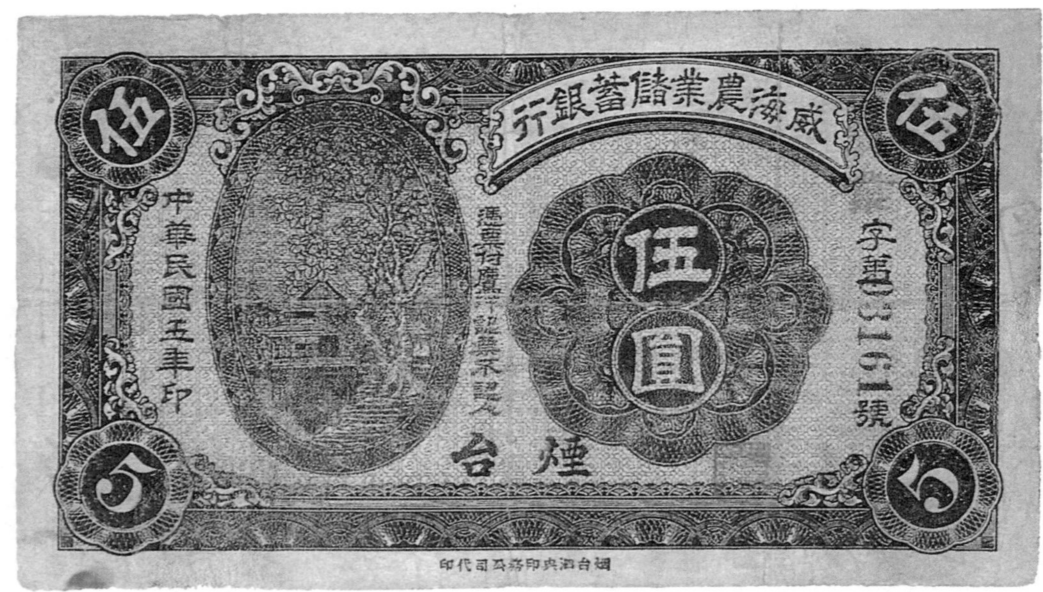

0705
郭乃興 藏
★★

一百零一、濱江農業銀行

0706
中國人民銀行上海分行 藏
★★

0707
上海博物館 藏
★★

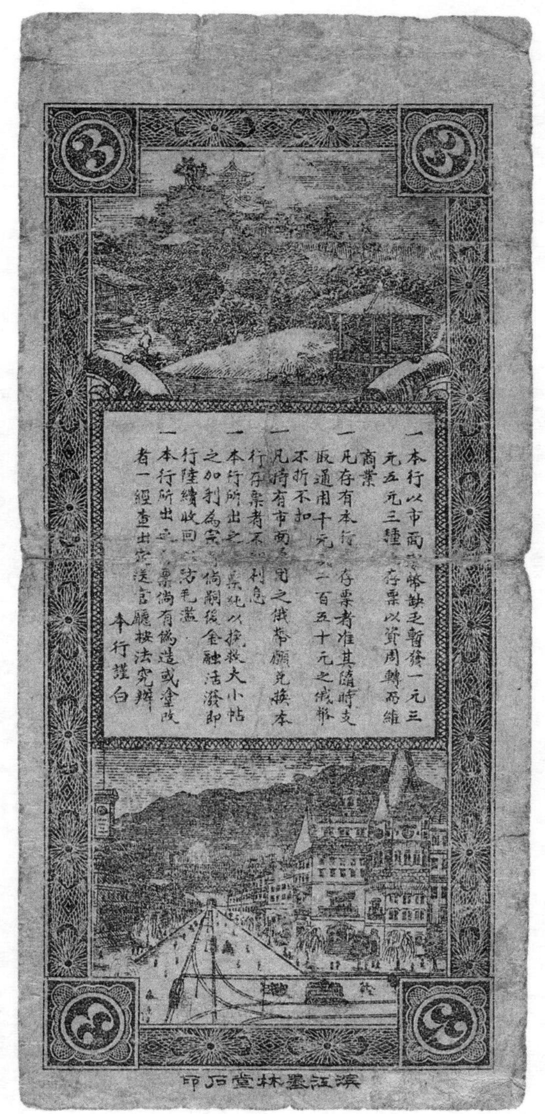

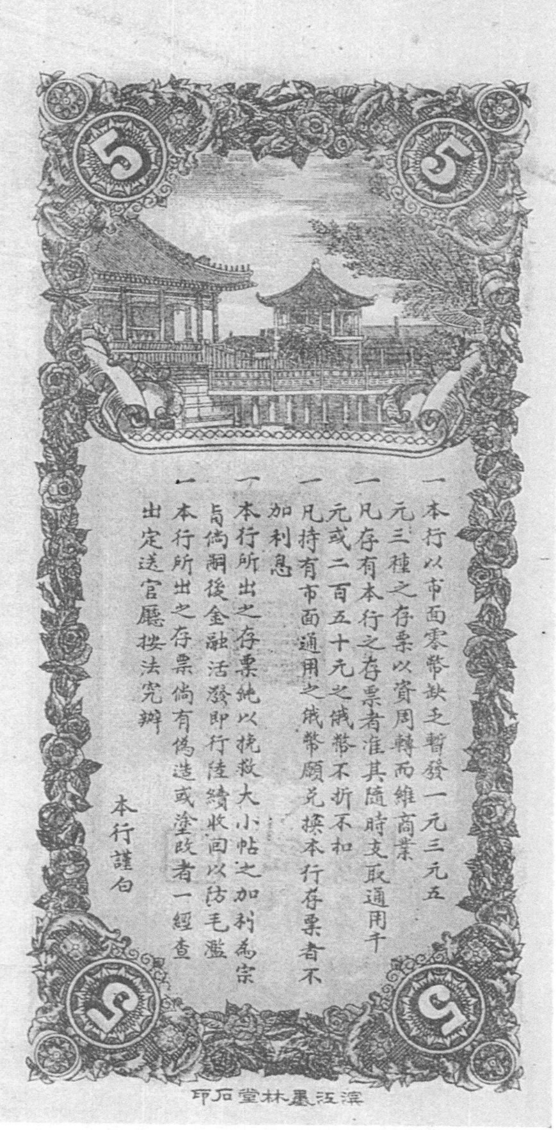

0708
中國人民銀行上海分行 藏
★★

一百零二、修銅農工銀行

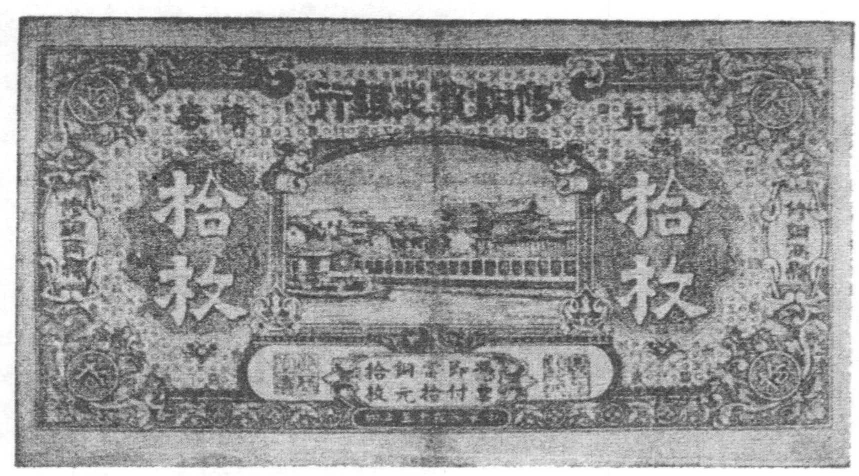

0709
選自《中國商業銀行紙幣圖録》
★★★

一百零三、廣東銀行有限公司

0710
張傑 提供
★★★

0711
上海博物館 藏
★★★

（背圖見下頁）

0712
張傑 提供
★★★★

0713
張傑 提供
★★★★

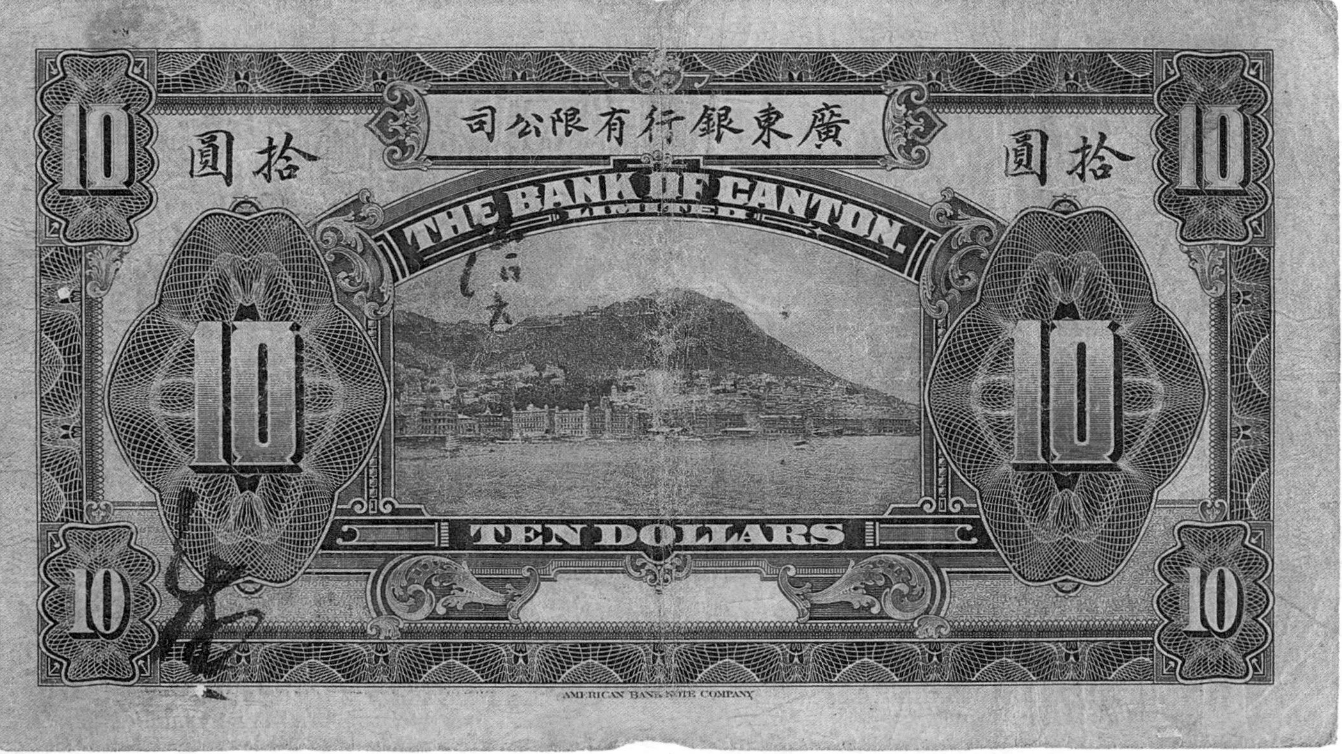

(0711 背圖)

0714
選自《老上海貨幣》
★★★★

(背圖見下頁)

0715
選自《老上海貨幣》
★★★

0716
趙隆業 藏
★★

(背圖見下頁)

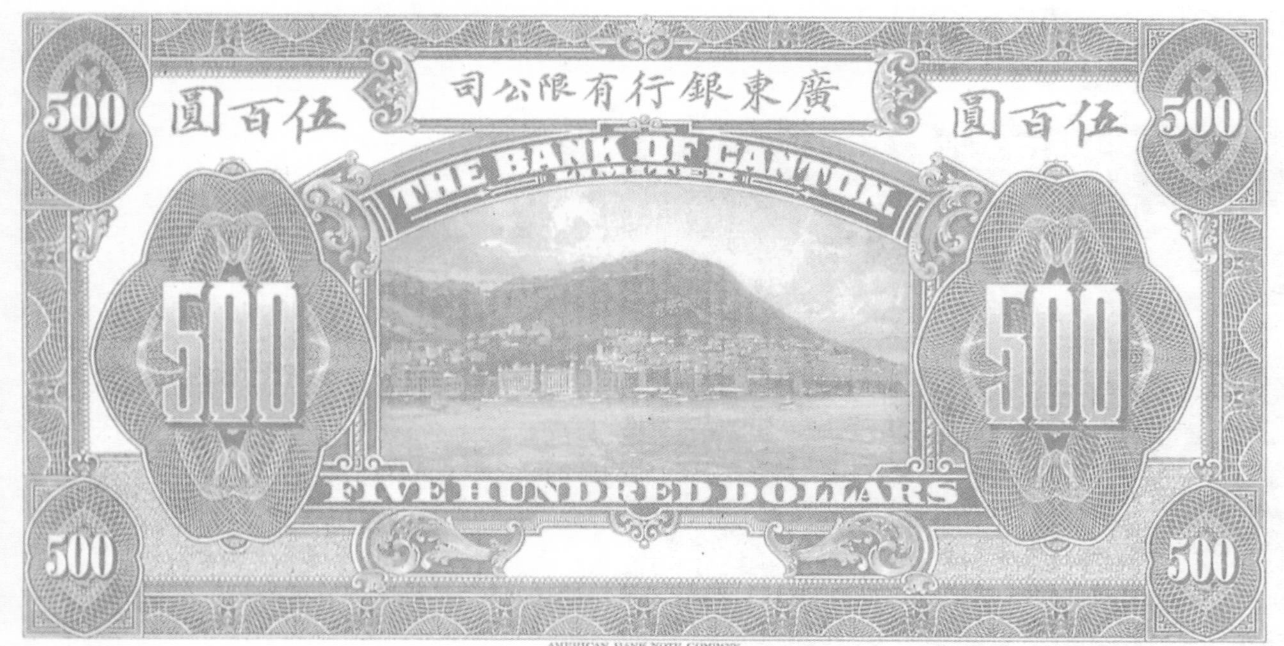

(0714 背圖)

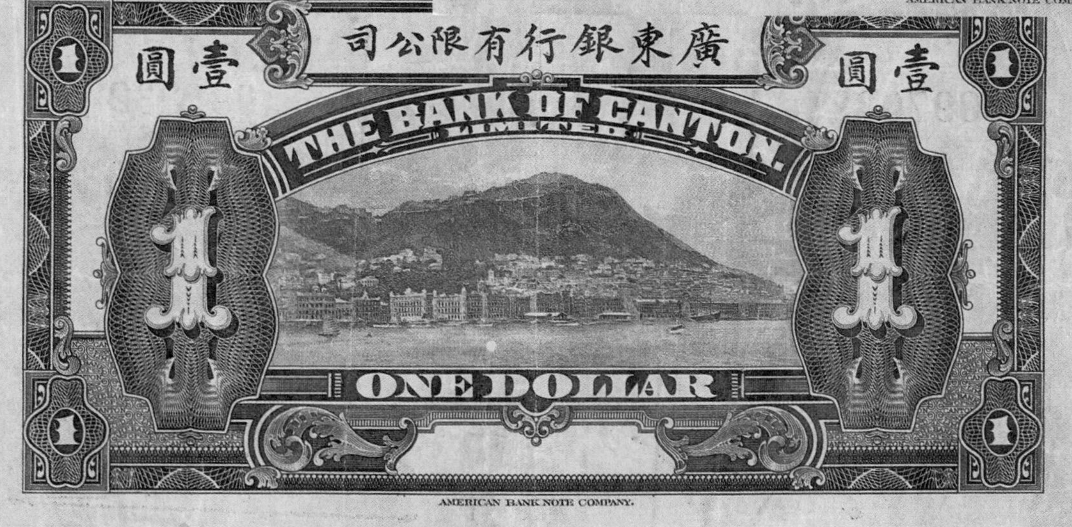

0717
上海博物館 藏
★★

(0716 背圖)

一百零四、工商銀行有限公司

0718
選自《老上海貨幣》
★★★

0719
張傑 提供
★★★

0720
選自《老上海貨幣》
★★★

0721
張傑 提供
★★★

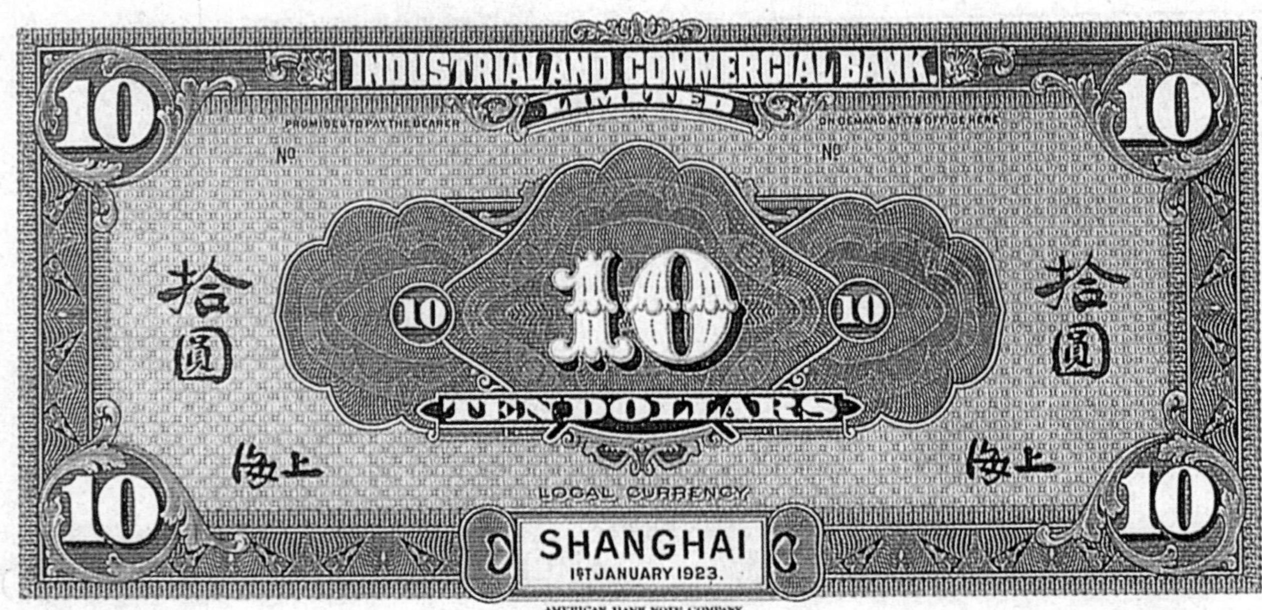

0722
選自《老上海貨幣》
★★★

0723
張傑 提供
★★★

(背圖見下頁)

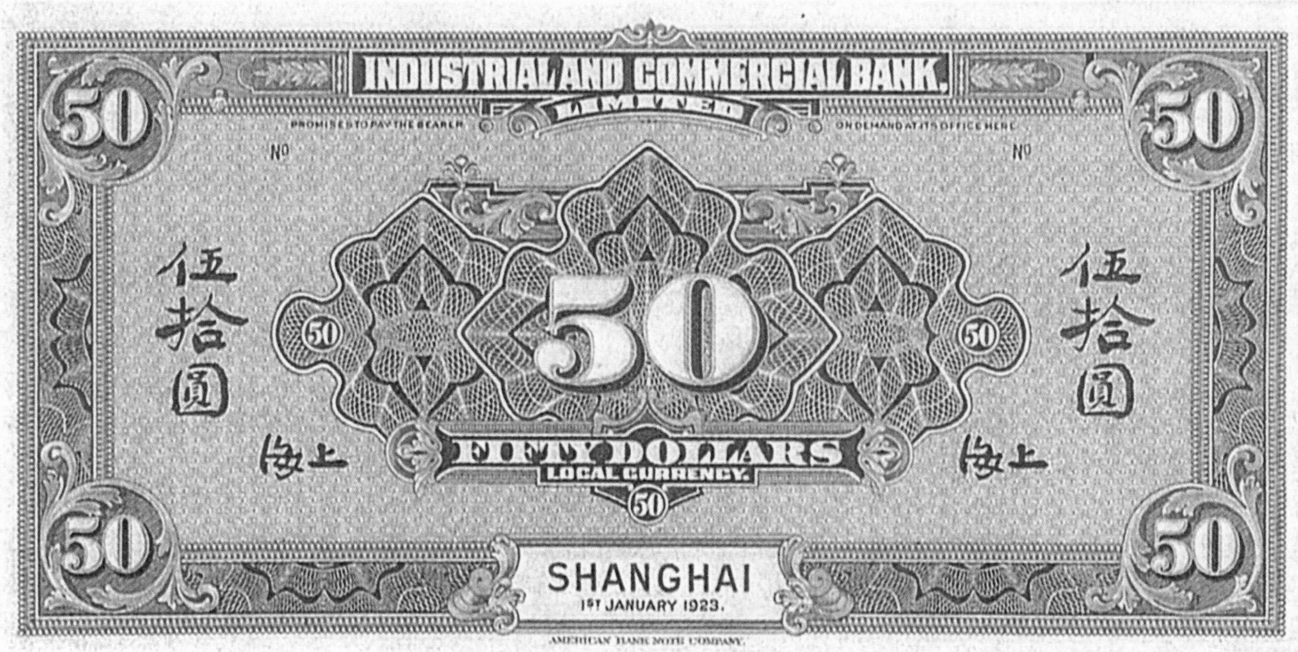

0724
選自《老上海貨幣》
★★★

(0723 背圖)

一百零五、香港國民商業儲蓄銀行有限公司

0725
中國人民銀行上海分行 藏
★★

0726
上海博物館 藏
★

0727
上海博物館　藏
★

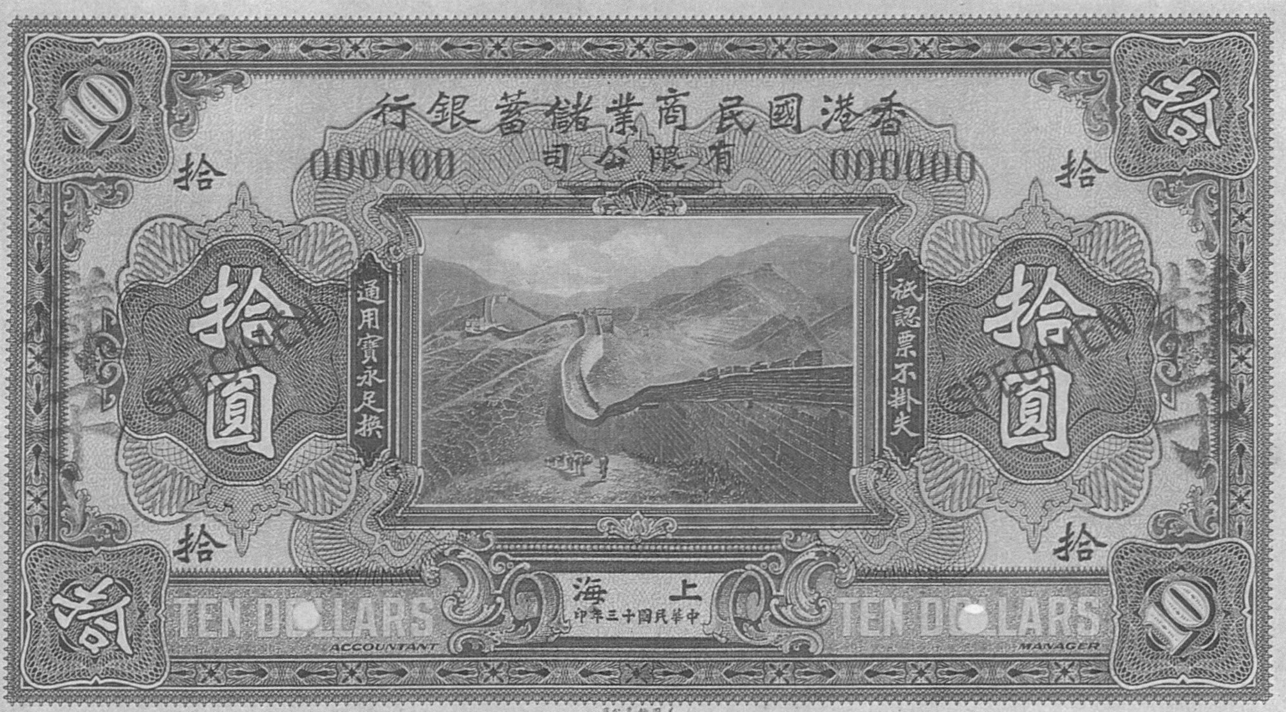

0728
中國人民銀行上海分行 藏
★★★

0729
上海博物館 藏
★★

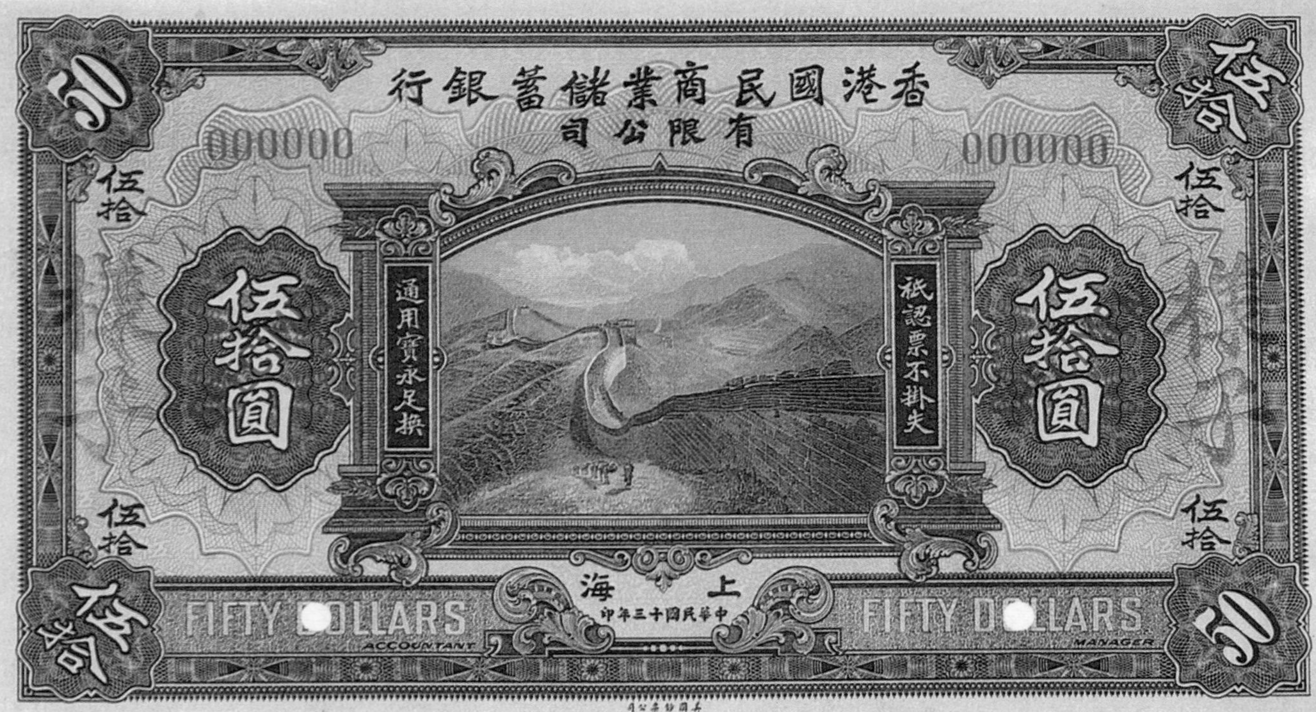

0730
中國人民銀行上海分行 藏
★★★★

0731
中國人民銀行上海分行 藏
★★★★

0732
中國人民銀行上海分行 藏
★★

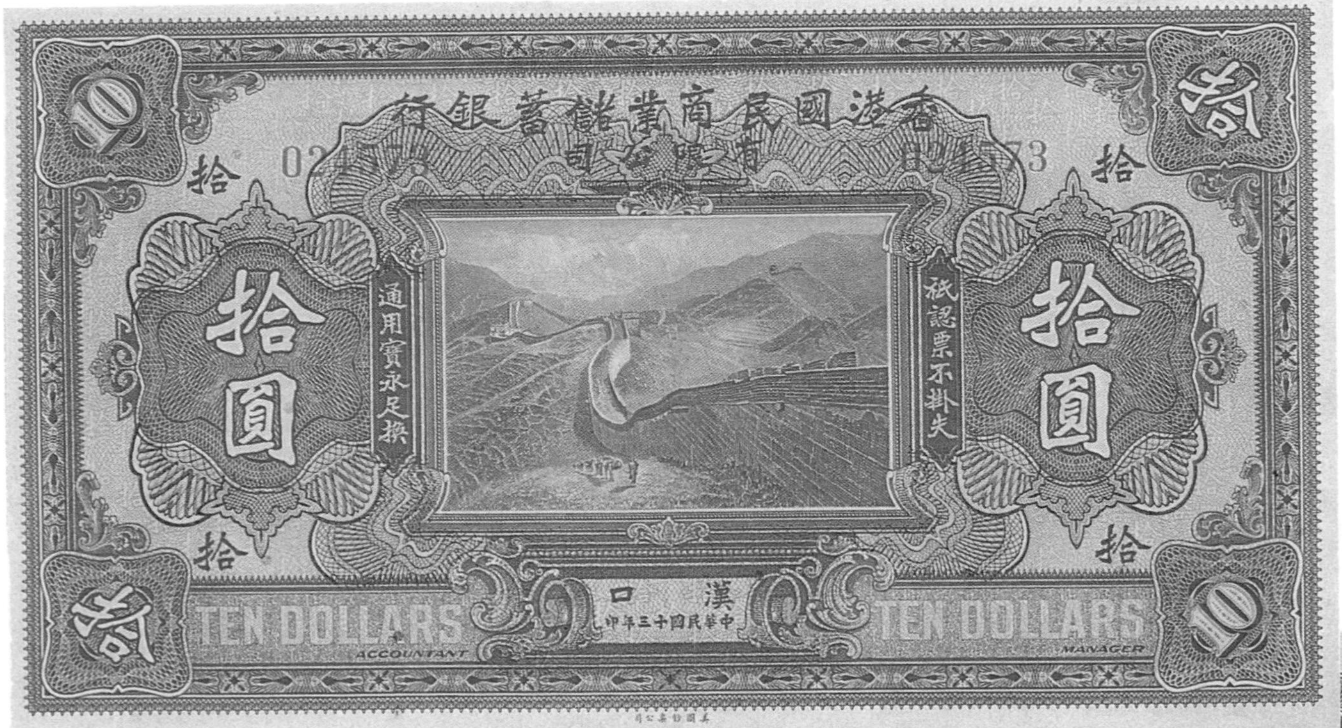

0733
中國人民銀行上海分行 藏
★★

0734
吴籌中 藏
★★★★

0735
吴籌中 藏
★★★★

一百零六、東亞銀行上海枝行有限公司

0736
徐風 提供
★★

0737
徐風 提供
★★★

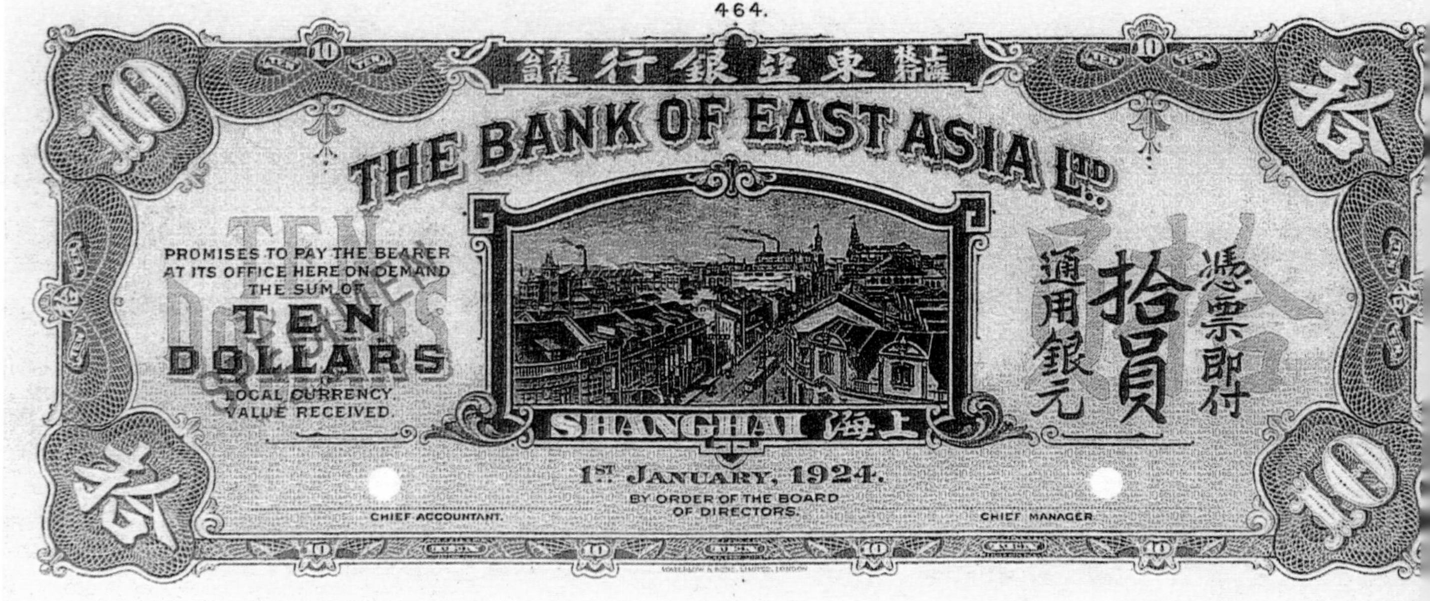

0738
徐風 提供
★★★★

（背圖見下頁）

0739
徐風 提供
★★★★

(0738 背圖)

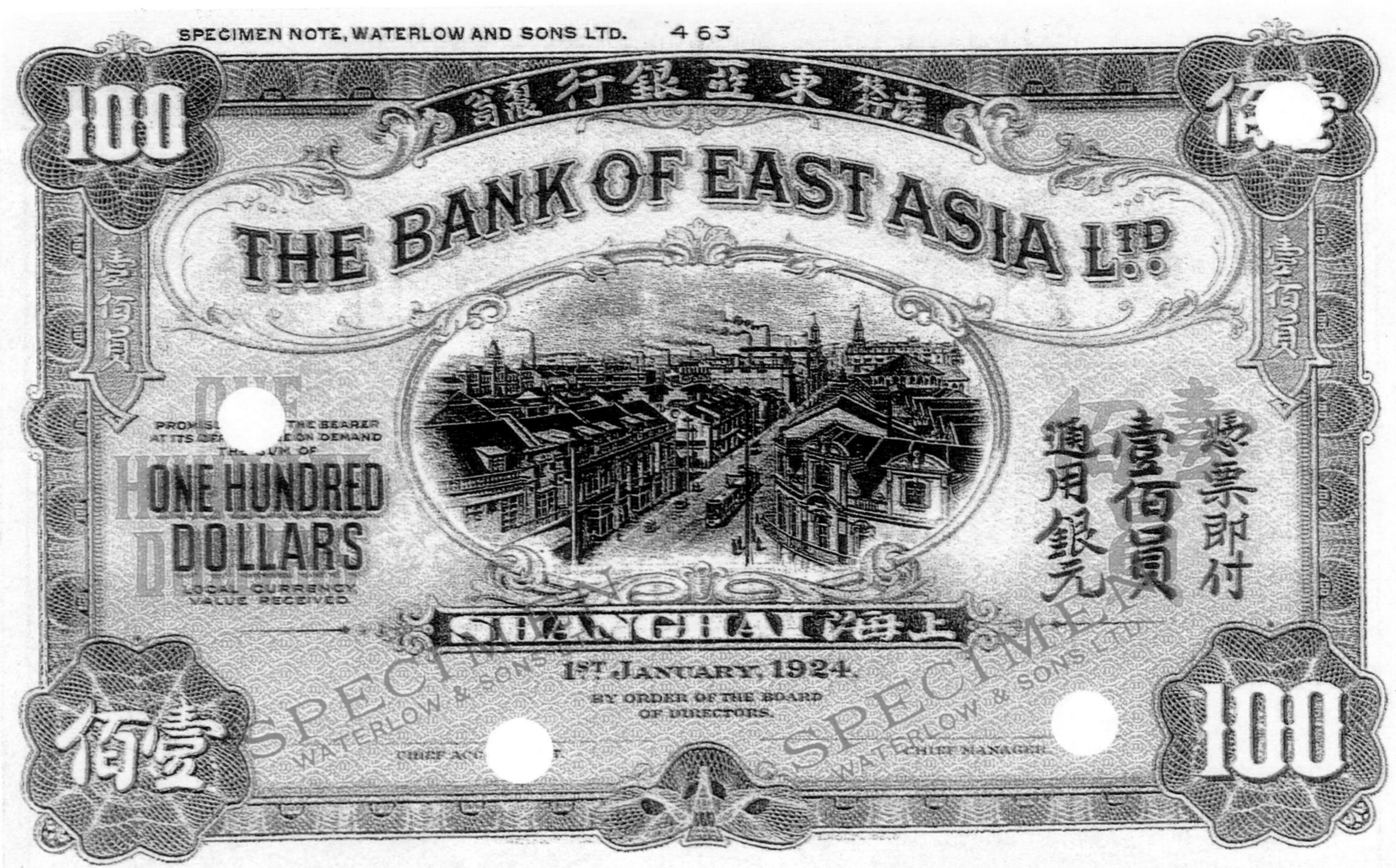
SPECIMEN NOTE, WATERLOW AND SONS LTD. 463
THE BANK OF EAST ASIA L^TD
ONE HUNDRED
DOLLARS
SHANGHAI 上海
1ST JANUARY, 1924.
BY ORDER OF THE BOARD
OF DIRECTORS.
憑票即付
壹佰員
通用銀元
100
SPECIMEN
WATERLOW & SONS LTD.

上海
100
DOLLARS
ONE HUNDRED
DOLLARS
THE BANK OF EAST ASIA L^TD
SHANGHAI

0740
徐風 提供
★★★★

一百零七、華僑實業銀行

0741
陳亞元 藏
★★★

0742
陳亞元 藏
★★★

0743
陳亞元 藏
★★★

民國時期中外合辦銀行發行的紙幣

一、俄華道勝銀行

0744
選自《新疆錢幣》
★★★

0745
中國人民銀行上海分行 藏
★★★

（背圖見下頁）

0746
中國人民銀行上海分行 藏
★★★

(0745 背圖)

0747
選自《新疆錢幣》
★★★

0748
中國人民銀行
上海分行 藏
★★★★

(背圖見下頁)

二、華俄道勝銀行

0749
劉文和 藏
★★★

(0748 背圖)

華俄道勝銀行
№ E95207
$5
№ E95207
ТЯНЬ-ЦЗИНЬ
РУССКО-КИТАЙСКІЙ БАНКЪ
ПЯТЬ
ПЯТЬ ДОЛЛАРОВЪ
РУССКО-КИТАЙСКІЙ БАНКЪ
КОНТРОЛЕРЪ
伍圓
天津
ТЯНЬ-ЦЗИНЬ

華俄道勝銀行
№ E95207
$5
№ E95207
TIENTSIN
RUSSO-CHINESE BANK
FIVE
FIVE DOLLARS
LOCAL CURRENCY
RUSSO-CHINESE BANK
CONTROLLER
伍圓
天津
TIENTSIN

0750
上海博物館 藏
★★★

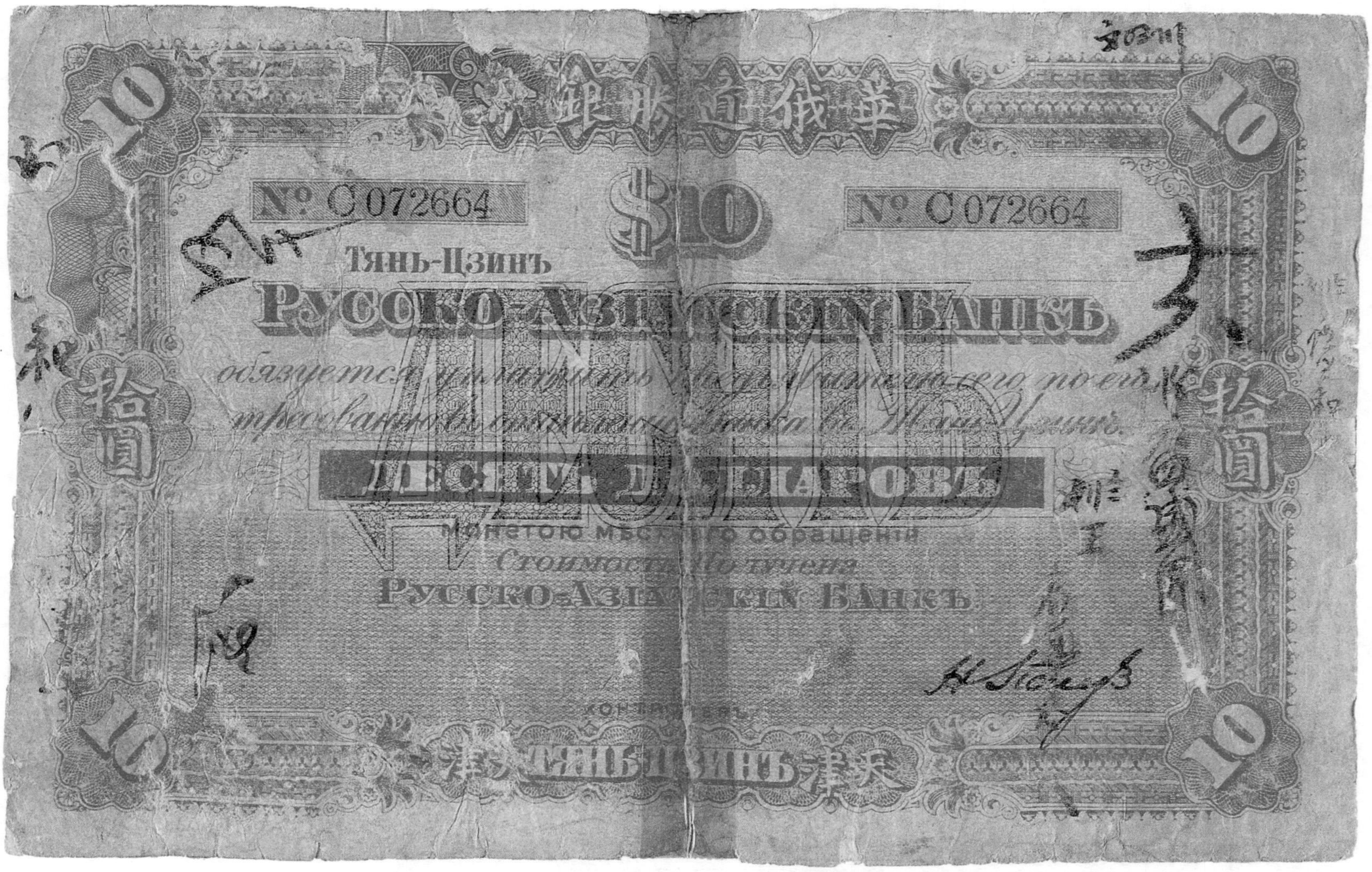

華俄道勝銀行
10
Nº C 072664
$10
Nº C 072664
TIENTSIN
拾圓
TEN DOLLARS
RUSSO-ASIATIC BANK
天津 TIENTSIN 天津

0751
上海博物館 藏
★★★

三、上海華俄道勝銀行

0752
中國人民銀行上海分行 藏
★★★

0753
上海博物館 藏
★★★★

（背圖見下頁）

0754
吴籌中 藏
★★★

(0753 背圖)

四、天津華俄道勝銀行

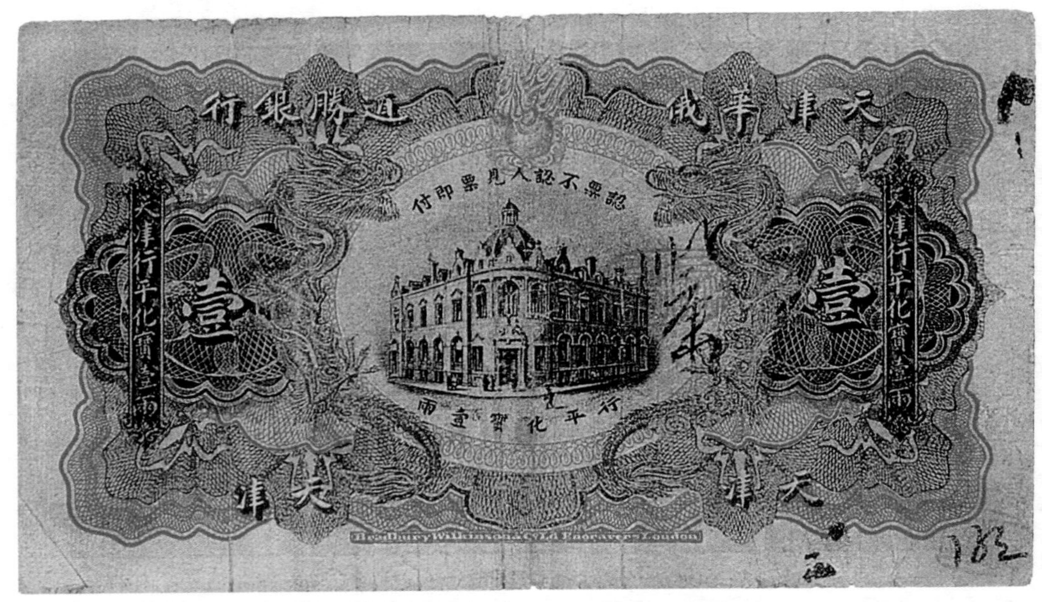

0755
中國人民銀行上海分行 藏
★★★

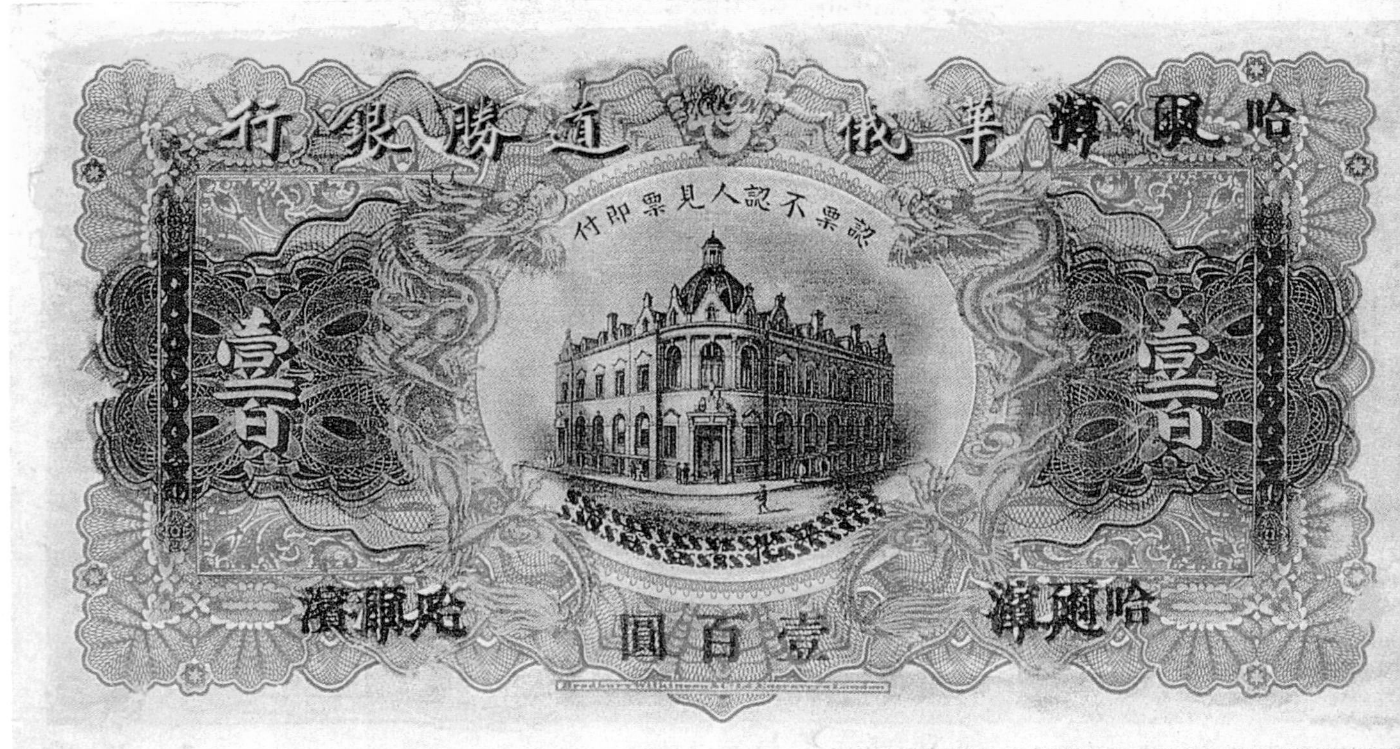

0756
江蘇省錢幣學會 提供
★★★★

（背圖見下頁）

五、中法實業銀行

0757
劉文和 藏
★★

(0756 背圖)

0758
劉文和 藏
★★★

0759
中國人民銀行上海分行 藏
★★★

(背圖見下頁)

0760
劉文和 藏
★★

(0759 背圖)

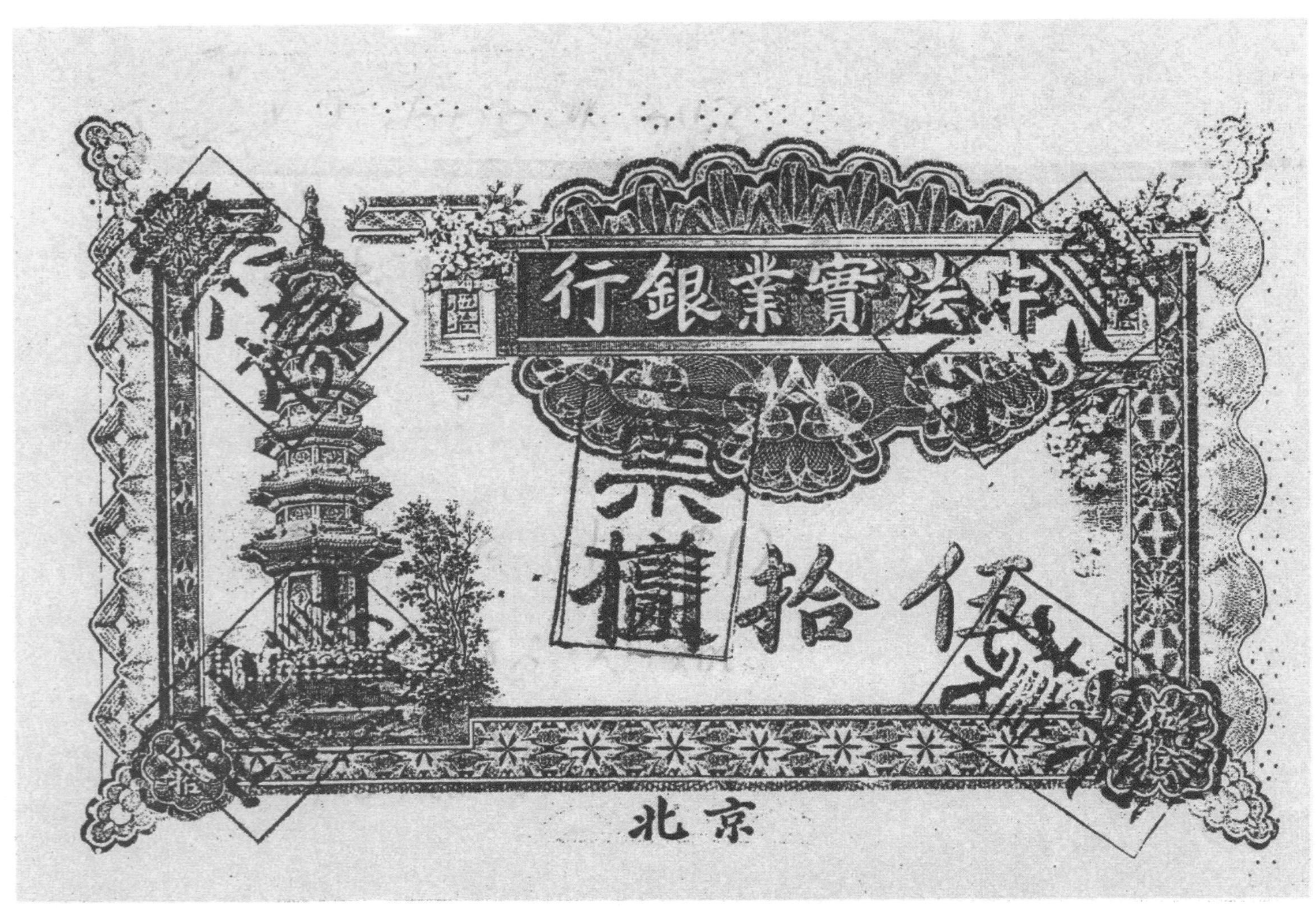

0761
吴籌中 藏
★★★★

0762
選自《資本主義國家在舊中國發行和流通的貨幣》
★★★★

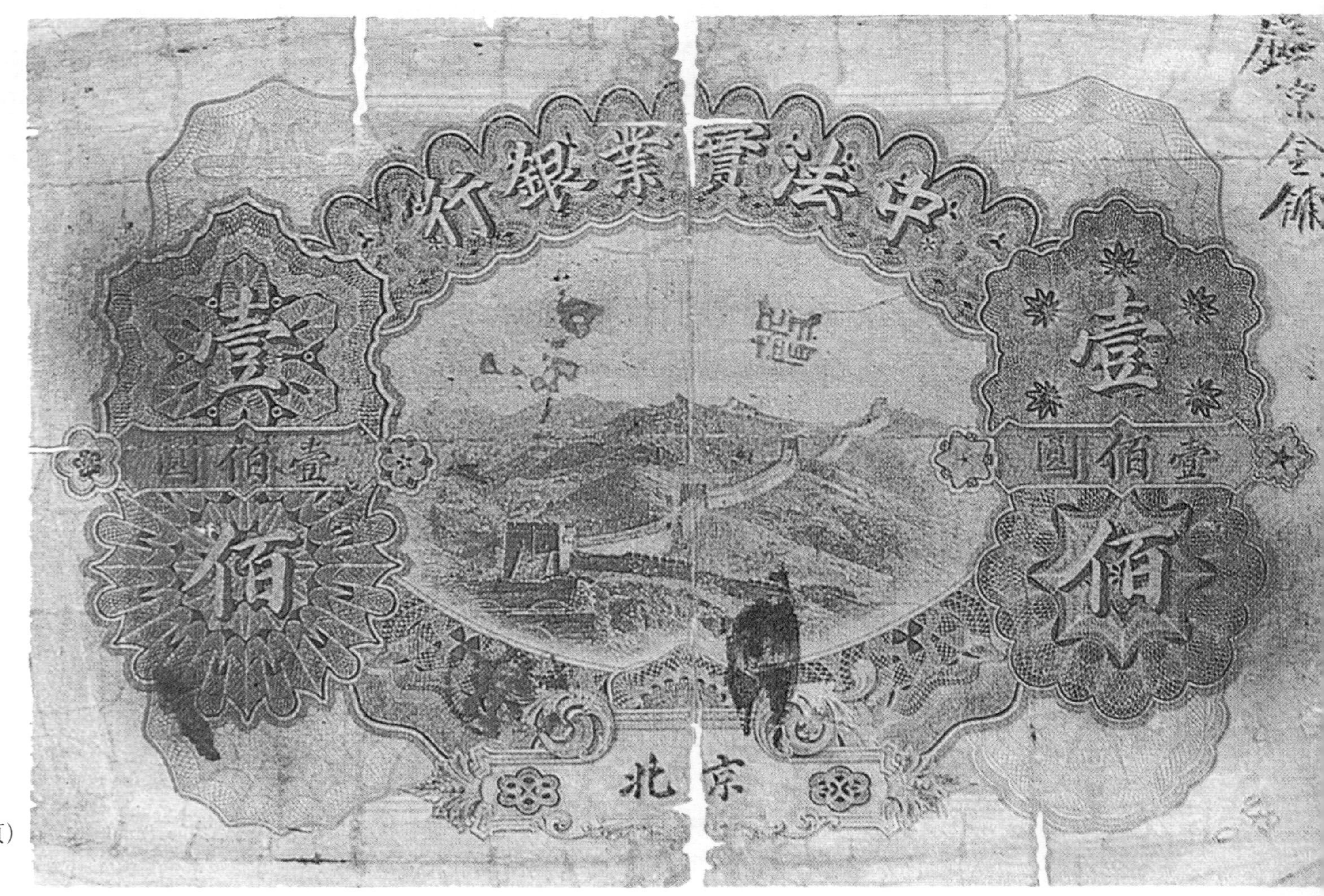

（背圖見下頁）

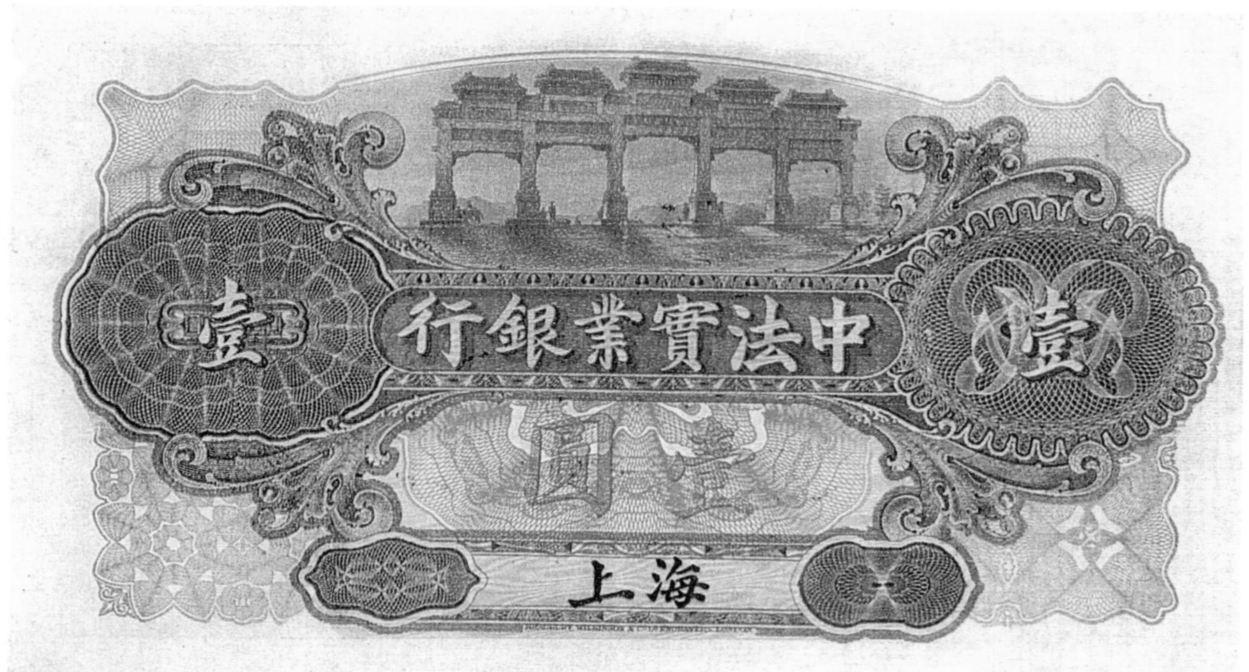

0763
吴籌中 藏
★★

（0762 背圖）

0764
選自《老上海貨
★★★

0765
選自《老上海貨幣》
★★★★

（背圖見下頁）

0766
選自《老上海貨幣》
★★★★

(0765 背圖)

0767
上海市錢幣學會　提供
★★

0768
上海市錢幣學會　提供
★★★

(背圖見下頁)

0769
吴籌中 藏
★★

(0768 背圖)

0770
劉文和 藏
★★★

0771
劉文和 藏
★★★

(背圖見下頁)

0772
孫彬 藏
★★★

(0771 背圖)

六、北洋保商銀行

0773
張傑 提供
★★★

0774
劉文和 藏
★★★

(背圖見下頁)

0775
張傑 提供
★★★

(0774 背圖)

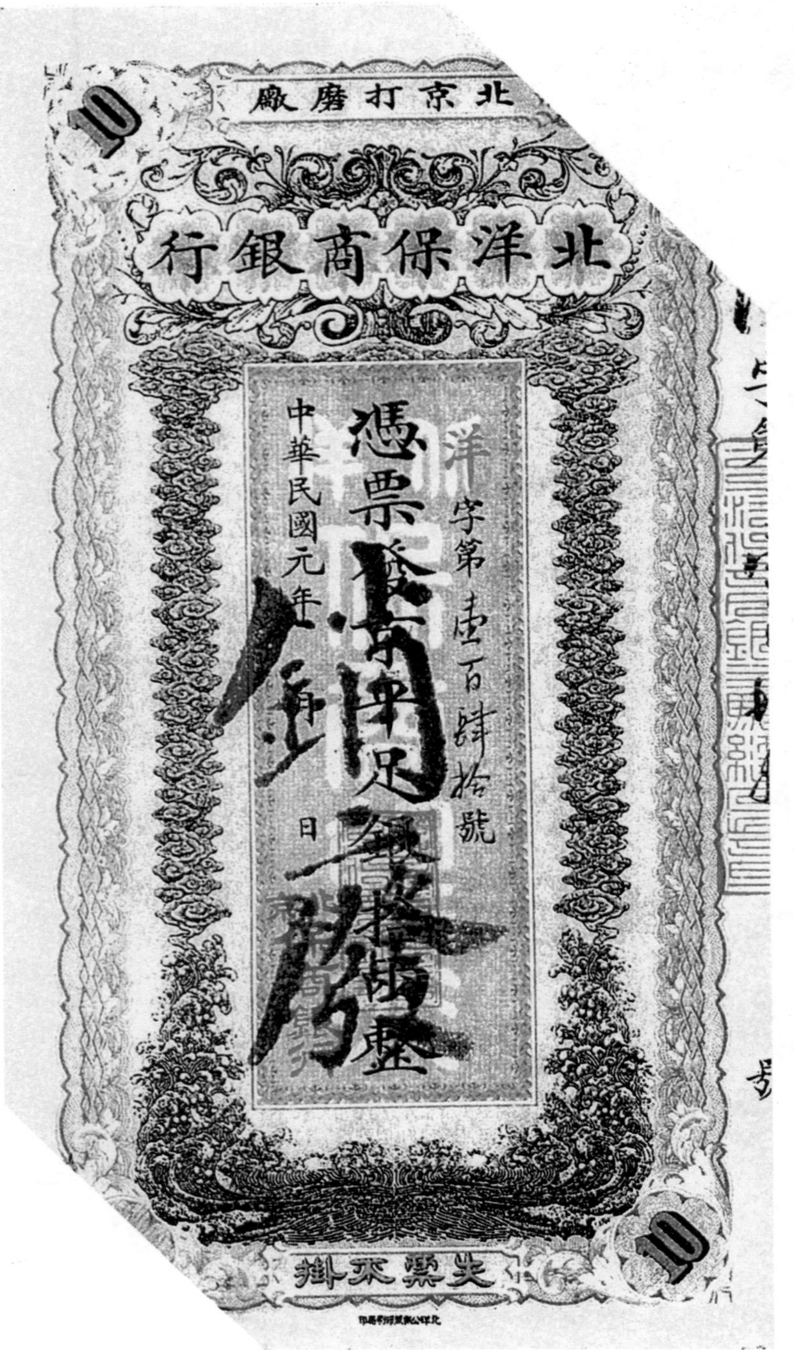

北京打磨廠
北洋保商銀行
洋字第壹百肆拾號
憑票發京平足銀拾兩
中華民國元年 月 日
失票不掛

THE COMMERCIAL GUARANTEE BANK OF CHIHLI
PEKING
№ 000140
PROMISES TO PAY THE BEARER ON DEMAND TEN CHINGPING
SHIHTZU TAELS LOCAL CURRENCY AT ITS OFFICE HERE
Manager

0776
張傑 提供
★★★

0777
中國人民銀行上海分行 藏
★★★★

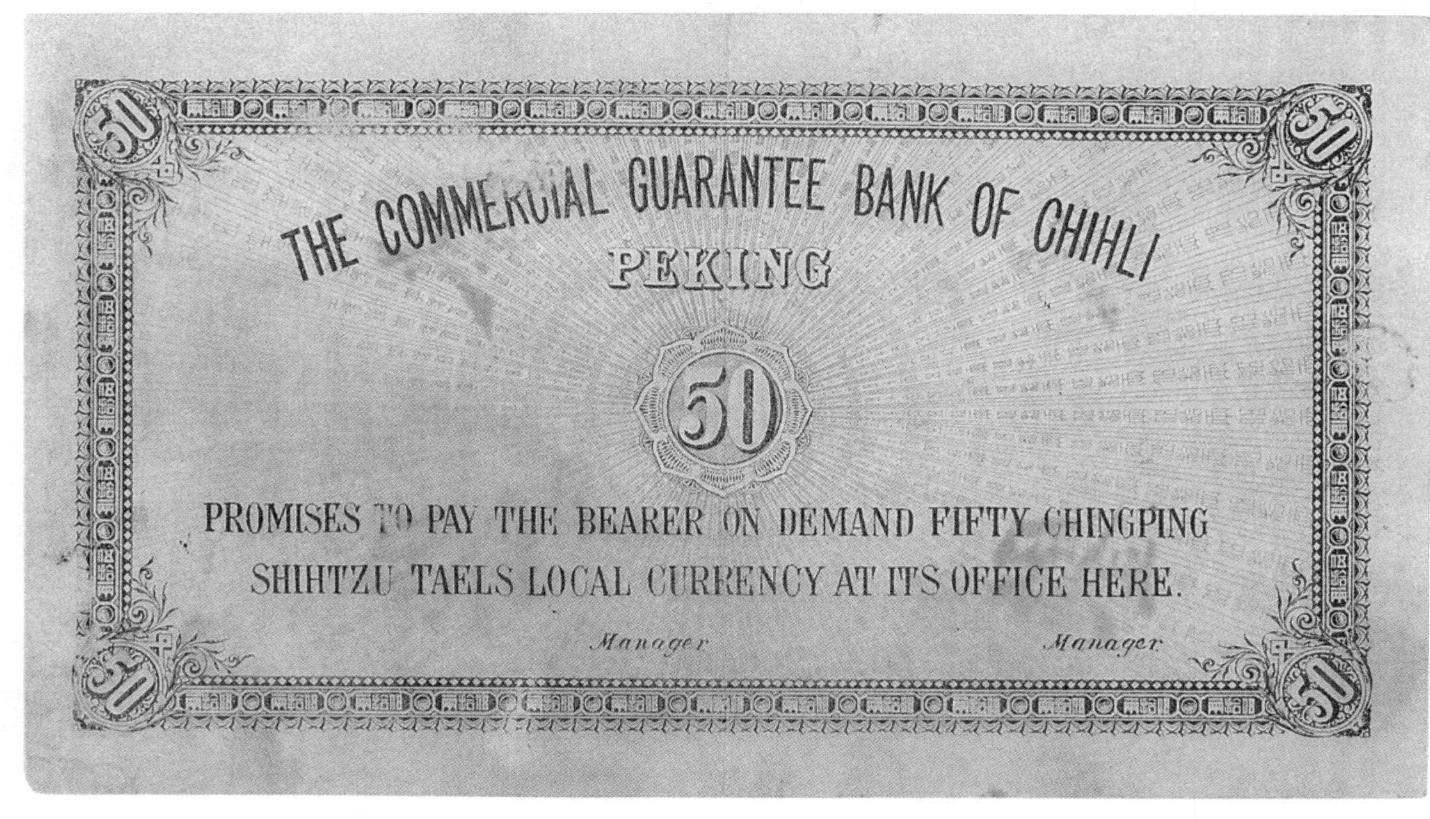

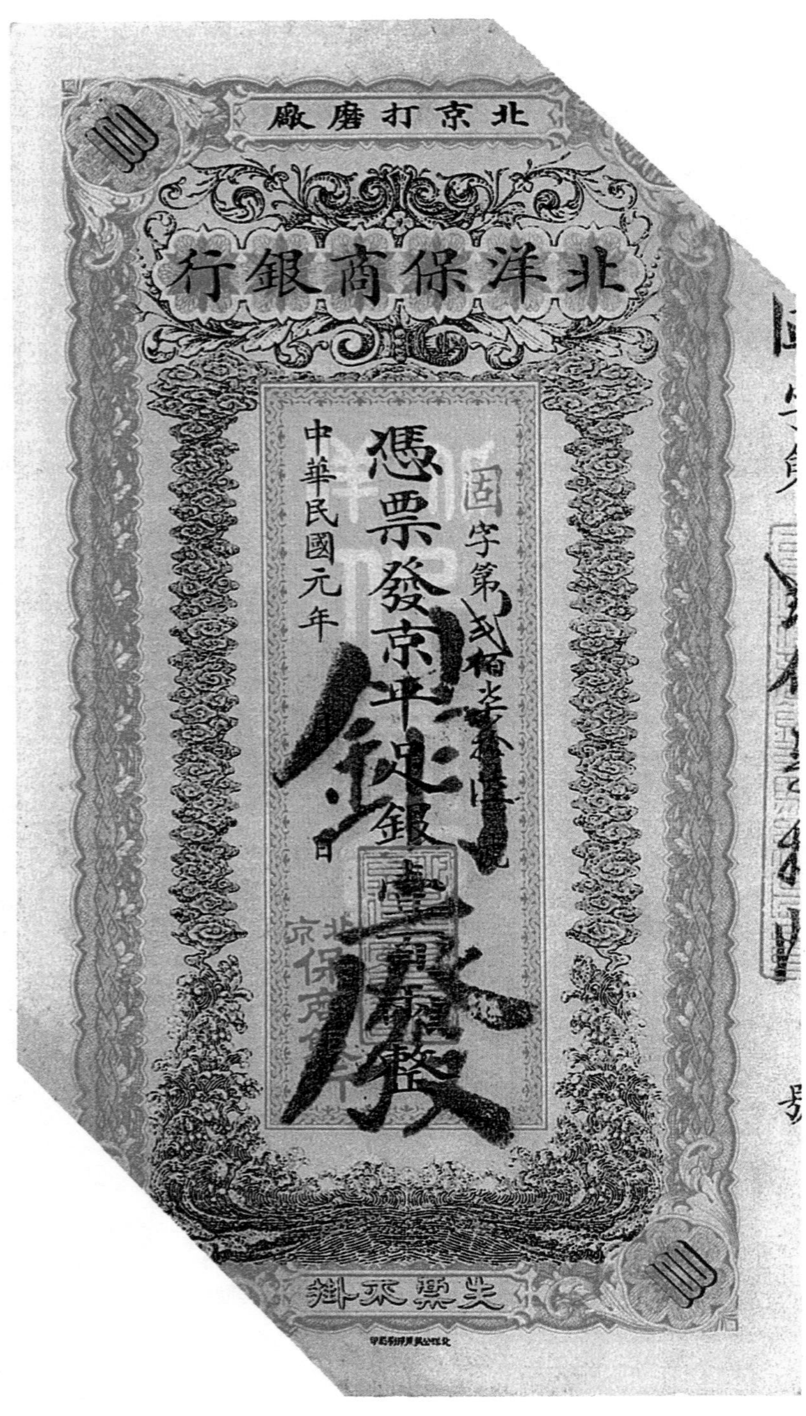
北京打磨廠
北洋保商銀行
憑票發京平足銀壹百兩整
中華民國元年
見票即付

0778
張傑 提供
★★★★

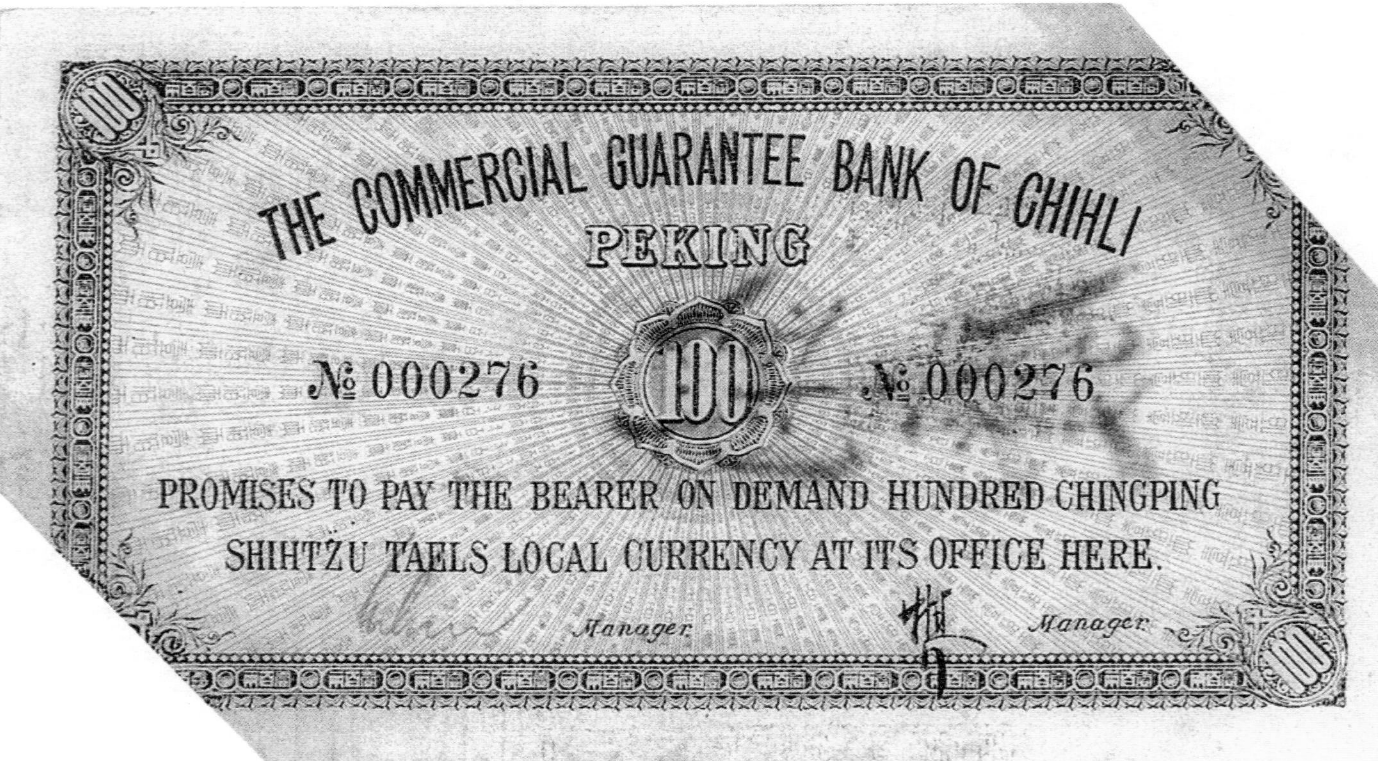
THE COMMERCIAL GUARANTEE BANK OF CHIHLI
PEKING
№ 000276
100
№ 000276
PROMISES TO PAY THE BEARER ON DEMAND HUNDRED CHINGPING
SHIHTZU TAELS LOCAL CURRENCY AT ITS OFFICE HERE.
Manager
Manager

北京打磨廠
北洋保商銀行
中字第貳伍玖拾貳號
憑票發京平足銀伍百兩
中華民國元年
500
失票不掛

0779
張傑 提供
★★★★

THE COMMERCIAL GUARANTEE BANK OF CHIHLI
PEKING
№ 000292
500
№ 000292
PROMISES TO PAY THE BEARER ON DEMAND FIVE HUNDRED
CHINGPING SHIHTZU TAELS LOCAL CURRENCY AT ITS OFFICE HERE.
Manager
Manager

0780
選自《資本主義國家在舊中國發行和流通的貨幣》
★★★★

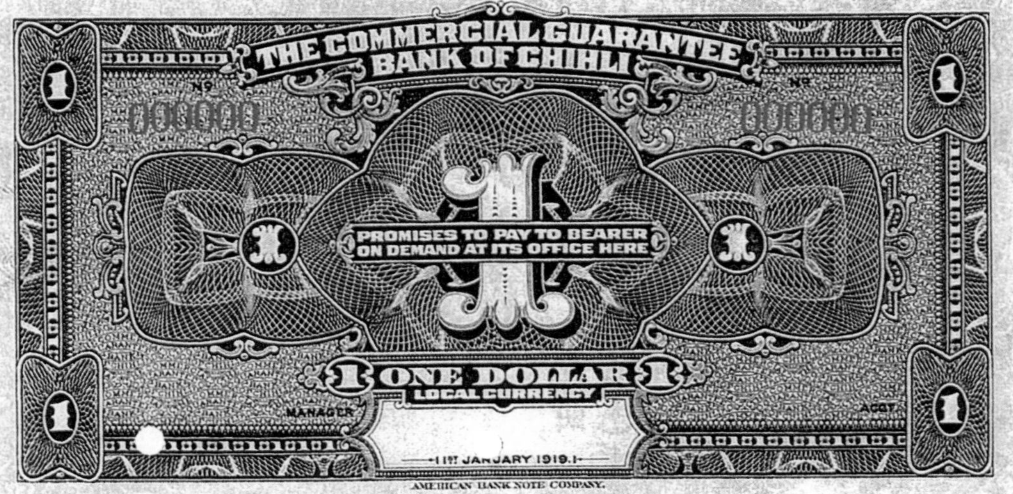

0781
張傑 提供
★★

0782
張傑 提供
★★

0783
中國人民銀行上海分行 藏
★★★

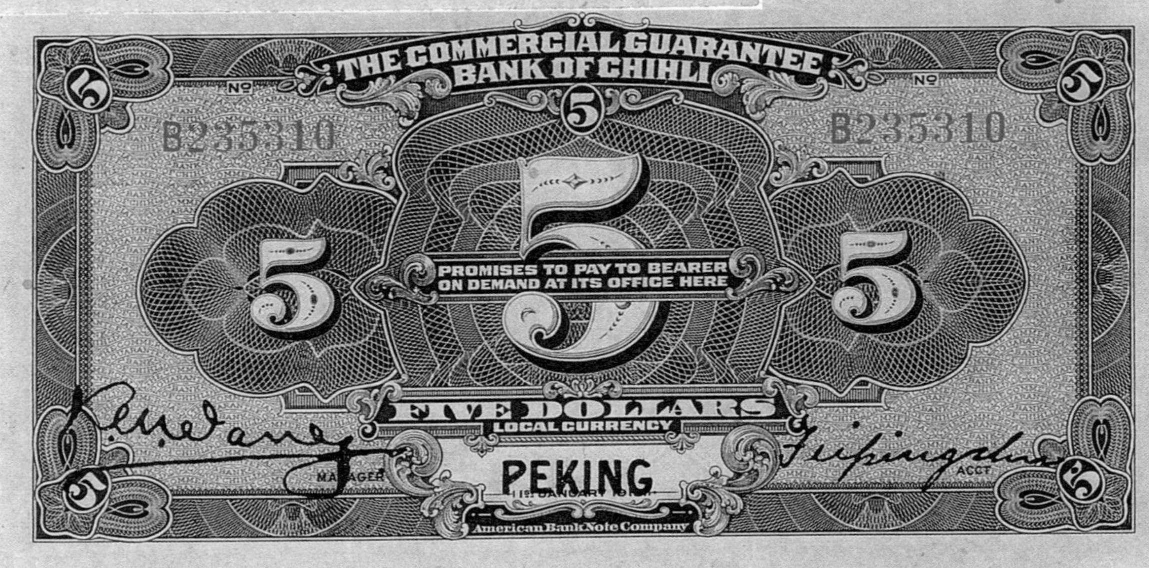

0784
中國人民銀行上海分行 藏
★

0785
劉文和 藏
★★

0786
吴籌中 藏
★

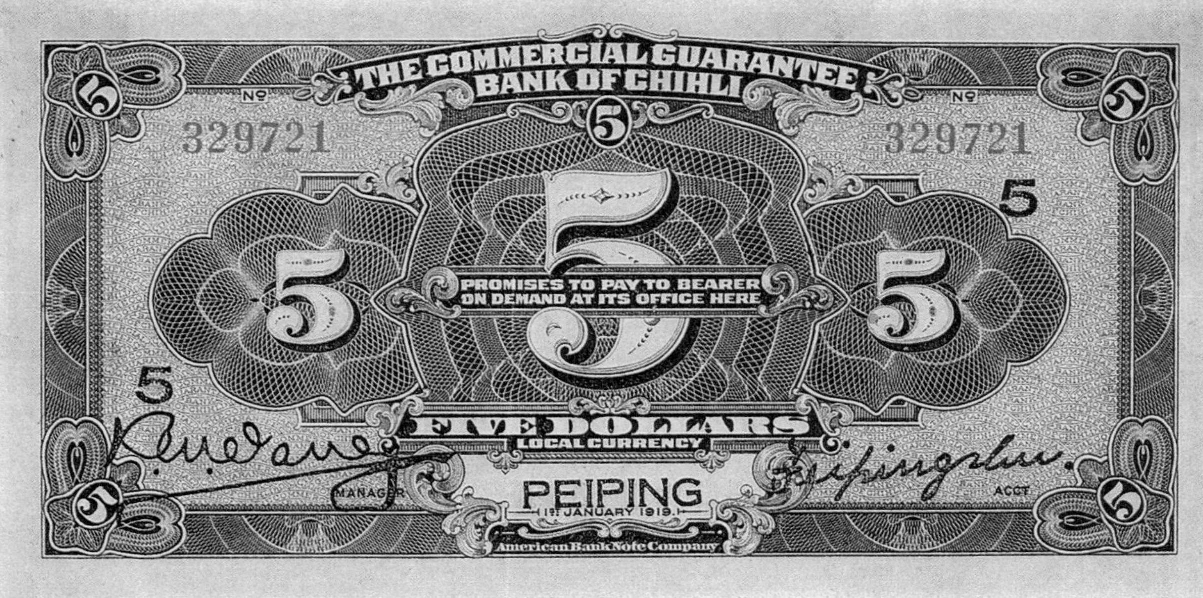

0787
中國人民銀行上海分行 藏
★

0788
中國人民銀行上海分行 藏
★★

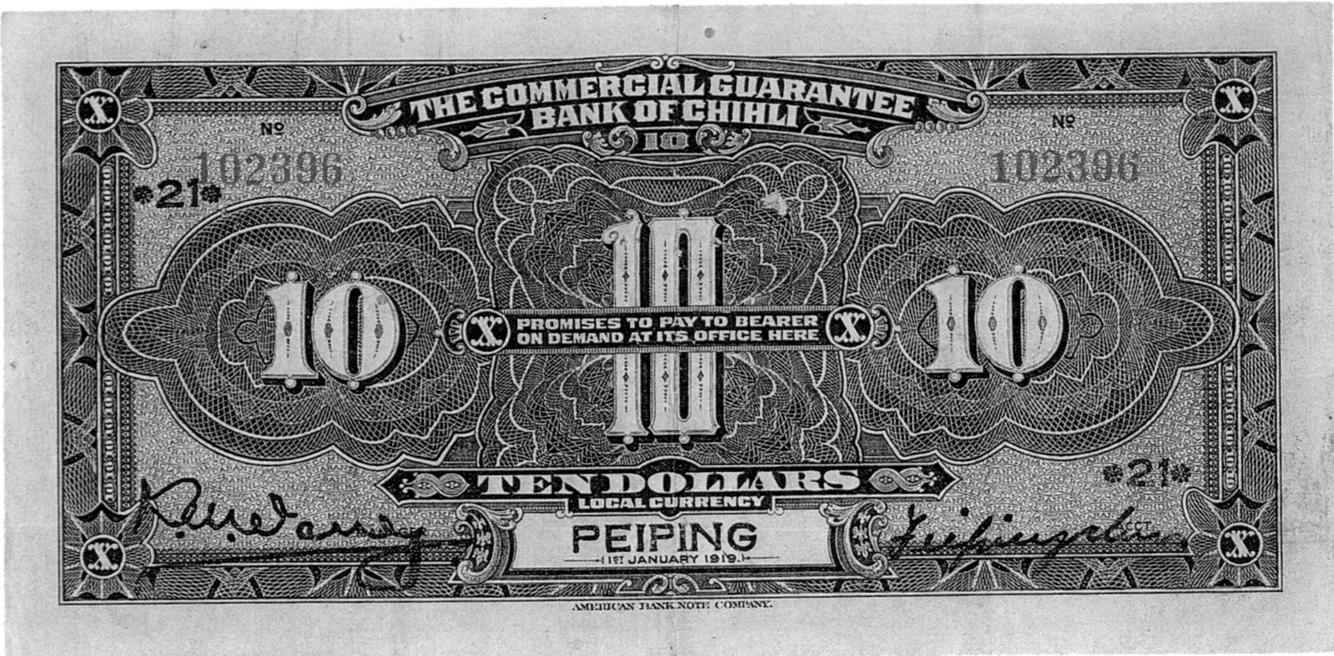

0789
中國人民銀行上海分行 藏
★

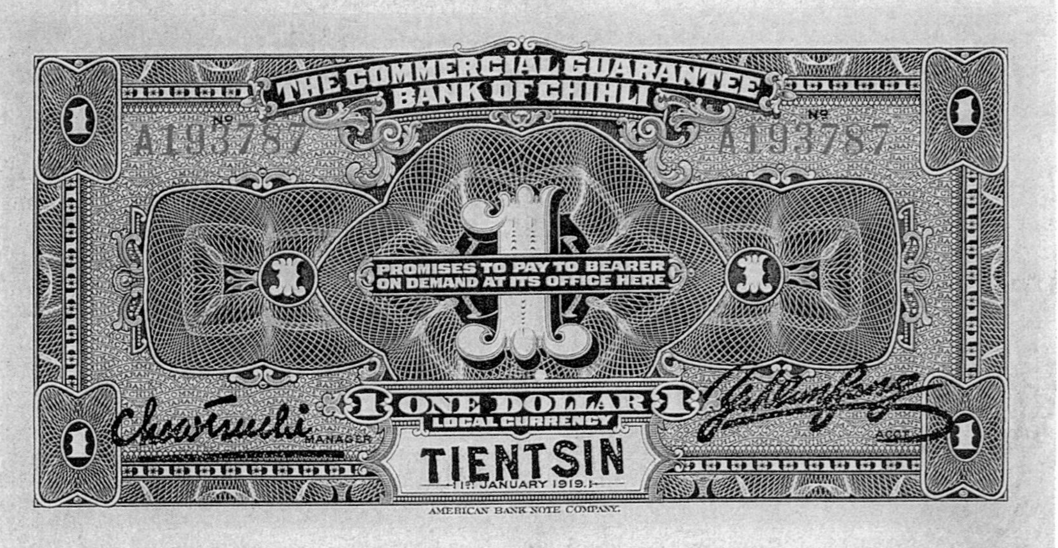

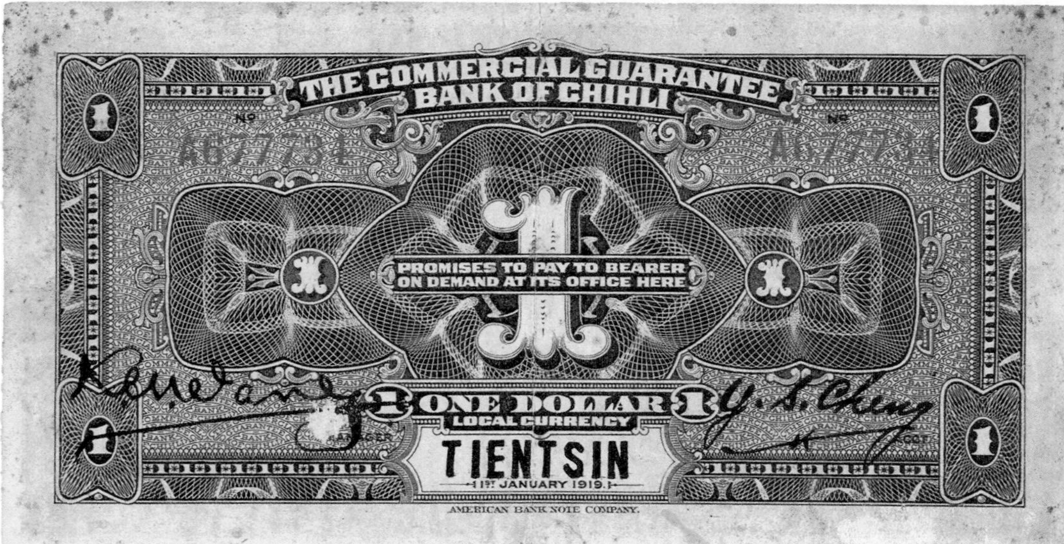

0790
上海博物館 藏
★

0791
上海博物館 藏
★

0792
吴籌中 藏
★

0793
選自《資本主義國家在舊中國發行和流通的貨幣》
★★

0794
孫彬 藏

0795
孫彬 藏

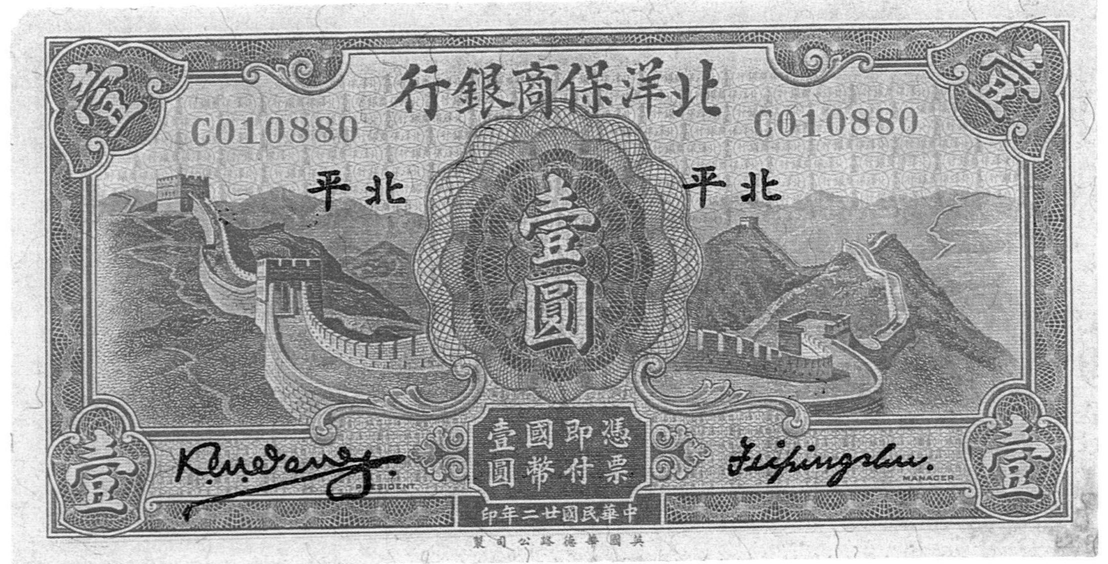

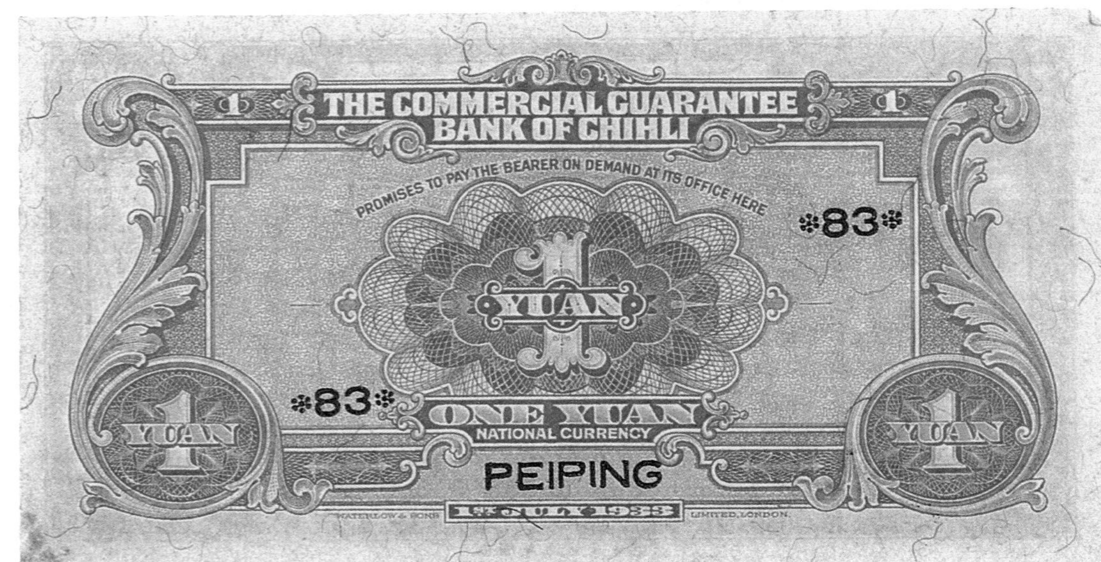

0796
中國人民銀行上海分行 藏

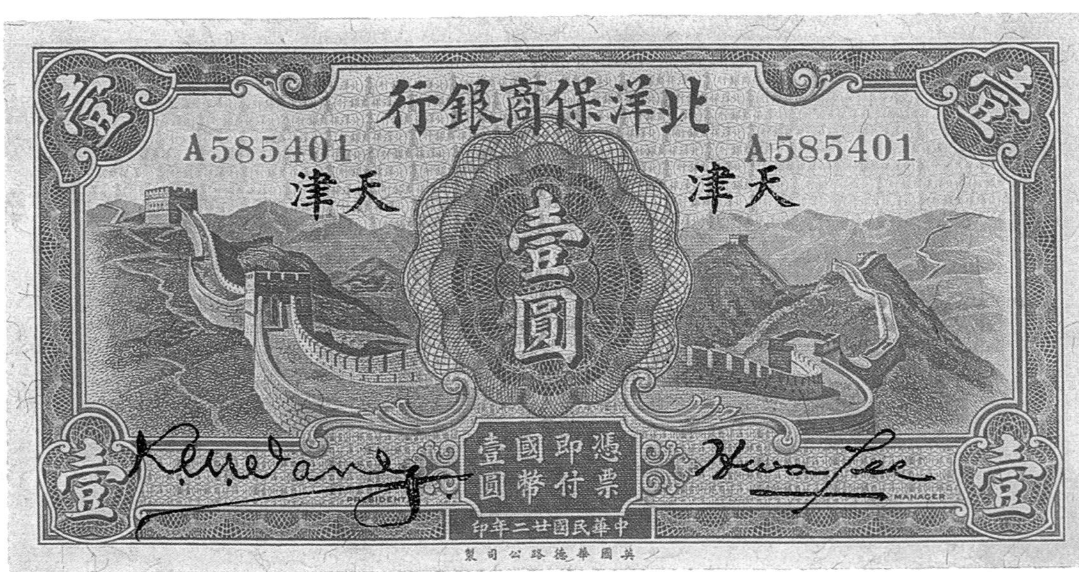

0797
中國人民銀行上海分行 藏

0798
劉文和 藏
★★★★

七、中法振業銀行

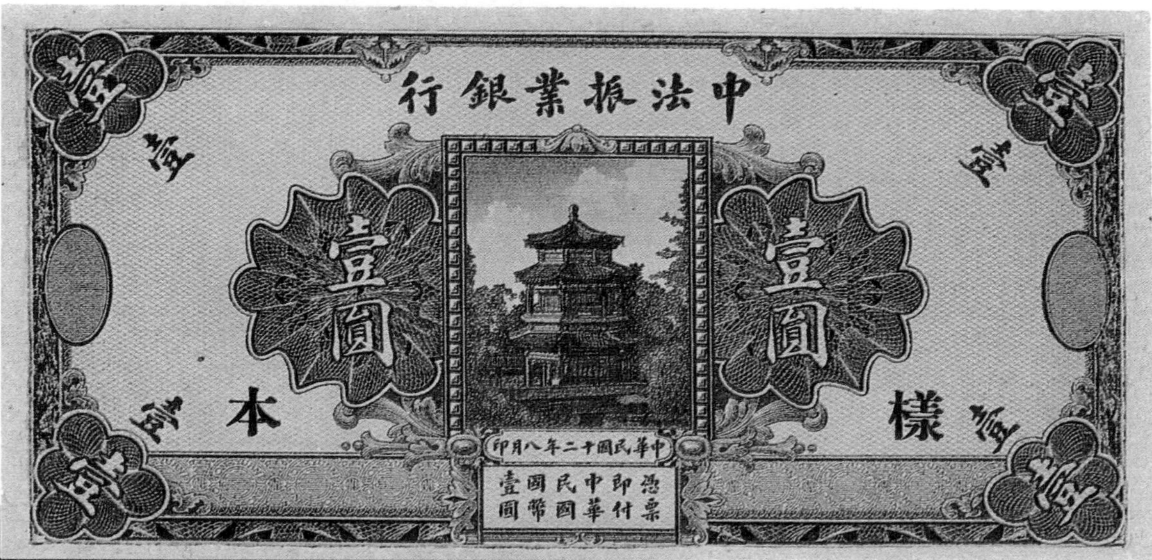

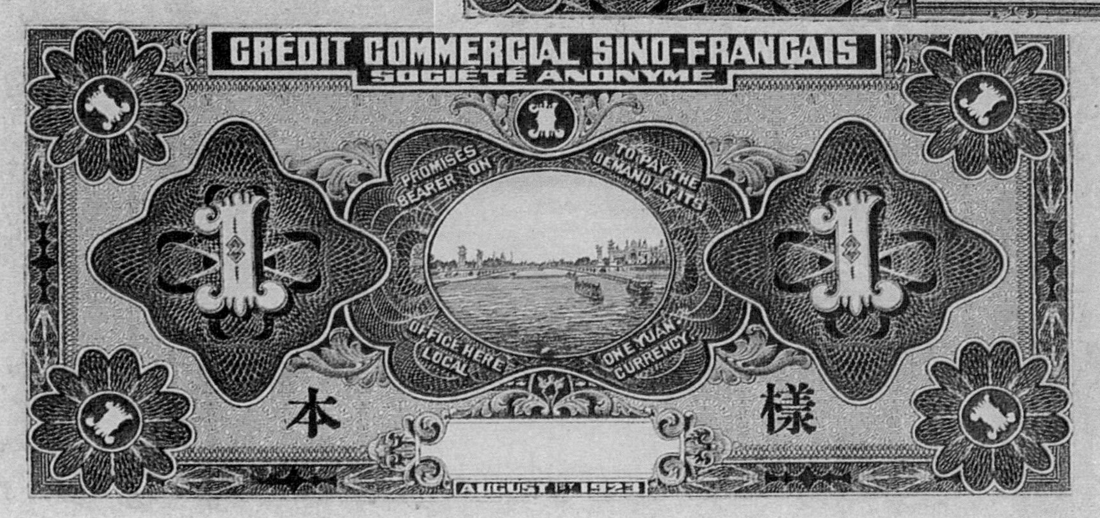

0799
徐風 藏
★★★

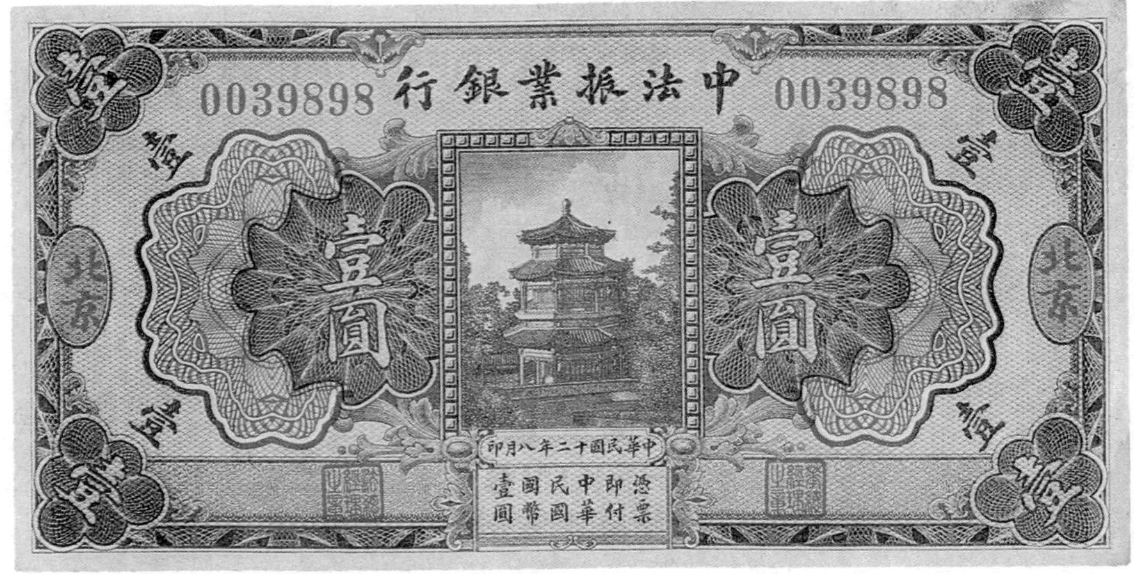

0800
中國人民銀行上海分行 藏
★★

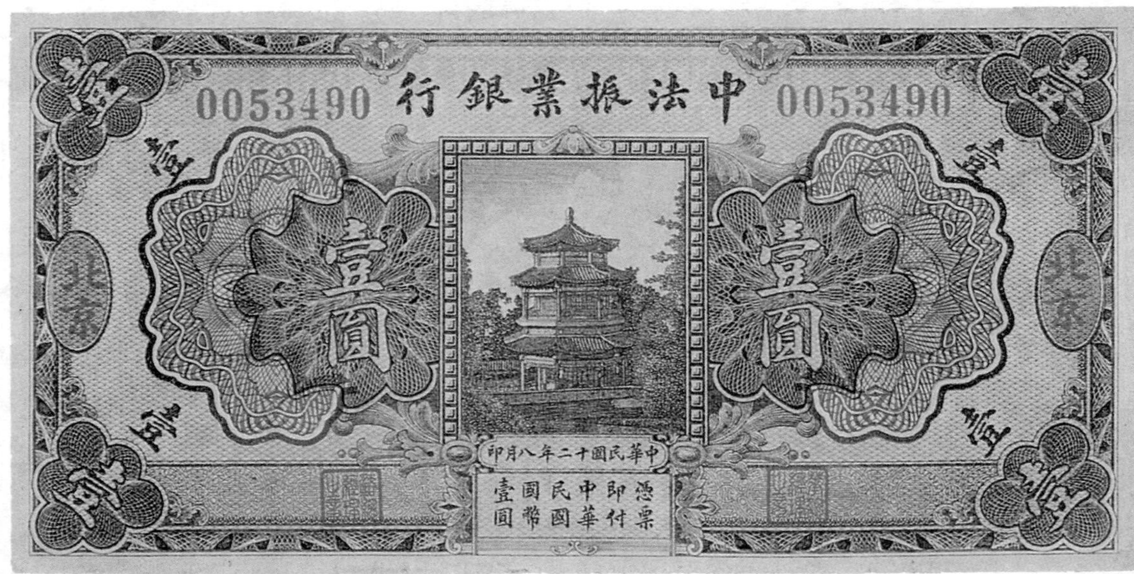

0801
中國人民銀行上海分行 藏
★★★

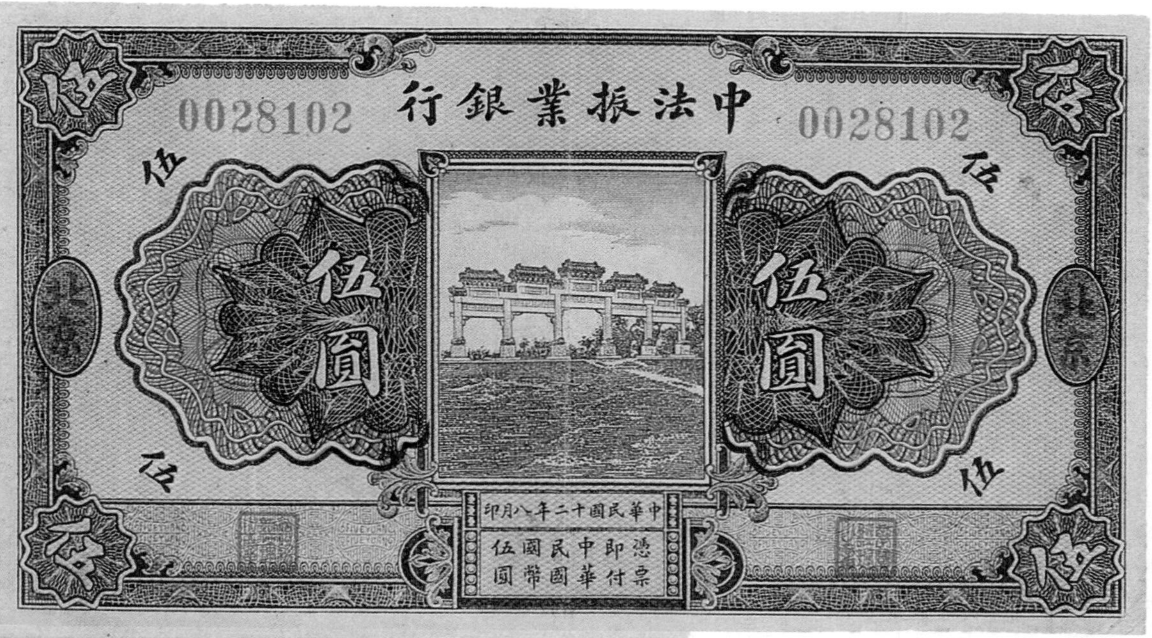

0802
中國人民銀行上海分行 藏
★★

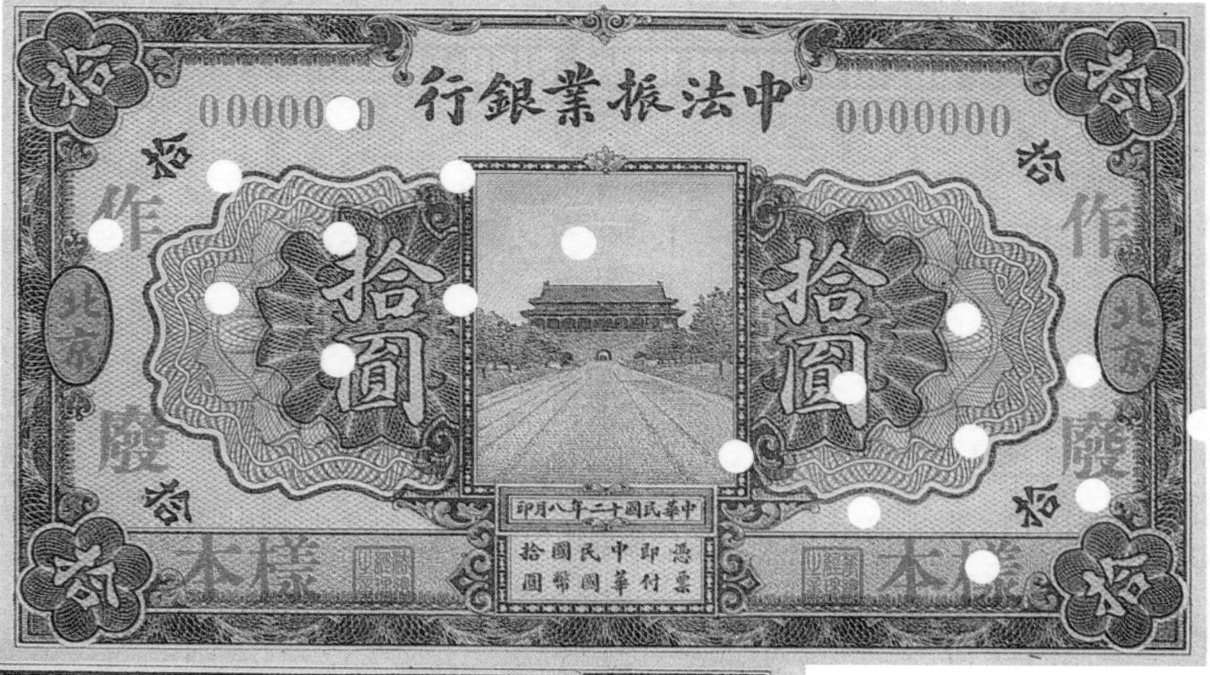

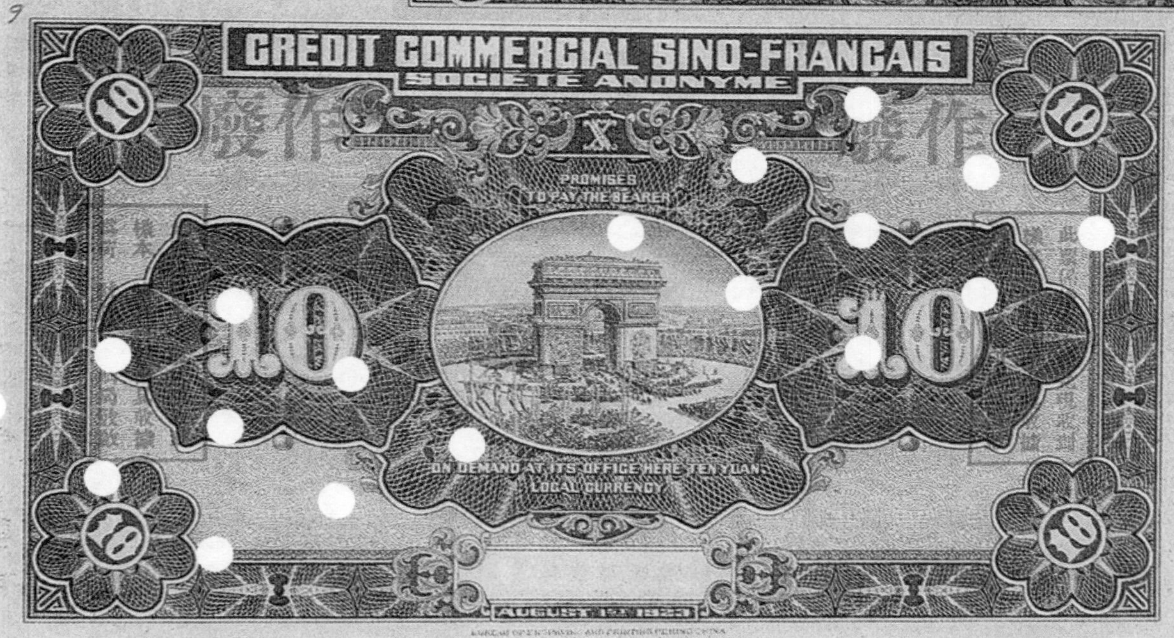

0803
選自《資本主義國家在舊中國發行和流通的貨幣》
★★★

0804
劉文和 藏
★★★

八、中華懋業銀行

0805
中國人民銀行 藏
★★★

0806
中國人民銀行 藏
★★★

0807
中國人民銀行上海分行 藏
★★★

0808
中國人民銀行上海分行 藏

★★

0809
上海博物館 藏
★★

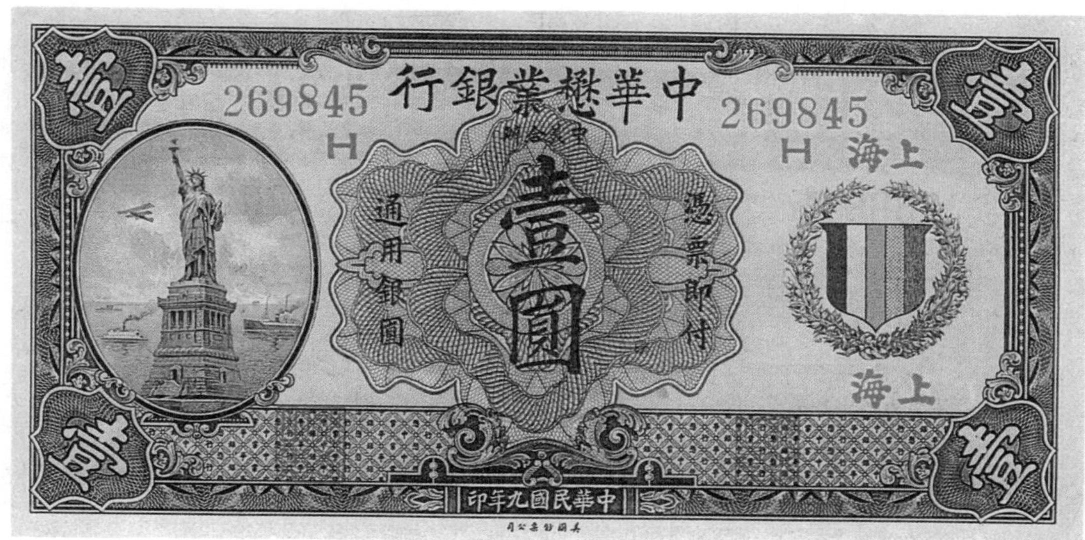

0810
中國人民銀行上海分行 藏
★★

0811
中國人民銀行上海分行 藏
★★★

0812
中國人民銀行上海分行 藏
★★★

0813
吴籌中 藏
★★★

0814
中國人民銀行 藏

0815
中國人民銀行 藏
★★★

0816
中國人民銀行 藏
★★★

0817
吴籌中 藏
★★

0818
胡誠 提供
★★★★

0819
胡誠 提供
★★★★

0820
中國人民銀行 藏
★★

0821
中國人民銀行 藏

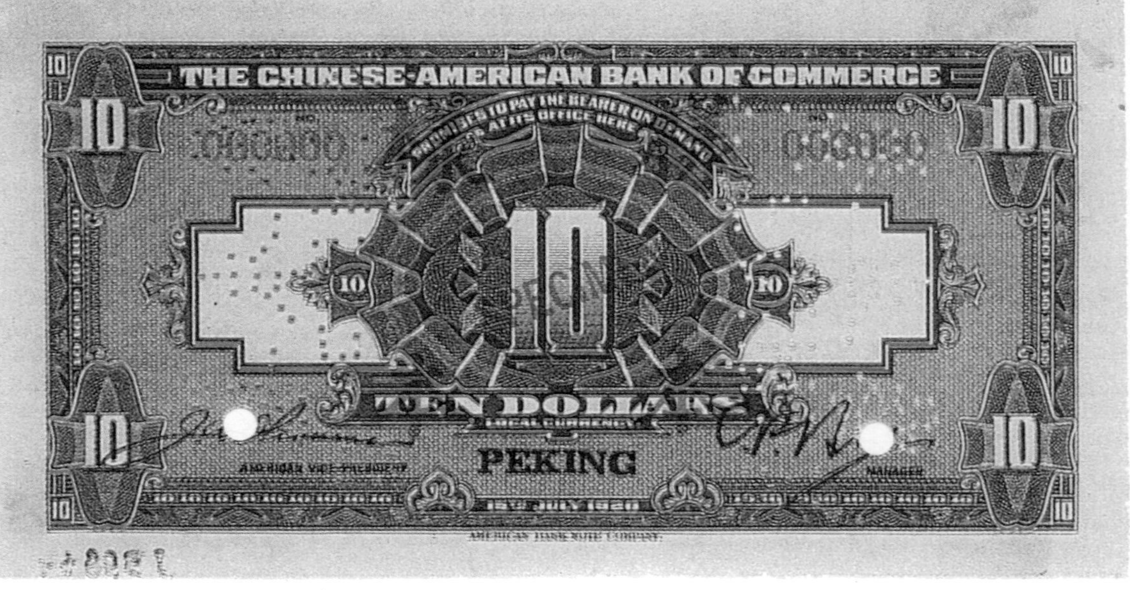

0822
中國人民銀行 藏
★★★

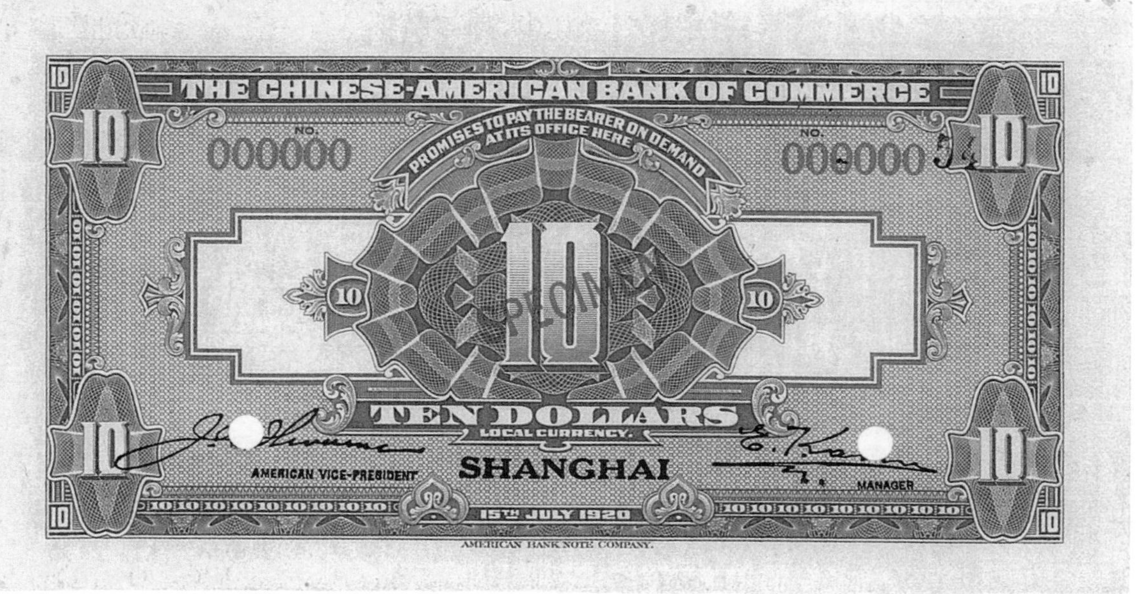

0823
中國人民銀行上海分行 藏
★★★

0824
張傑 提供
★★★

0825
中國人民銀行 藏
★★

0826
中國人民銀行 藏
★★★

0827
中國人民銀行 藏

0828
上海市錢幣學會 提供
★★★

0829
上海市錢幣學會 提供
★★★★

九、四川美豐銀行

0830
秦藝 提供
★★★★

0831
秦藝 提供
★★★★

十、福建美豐銀行

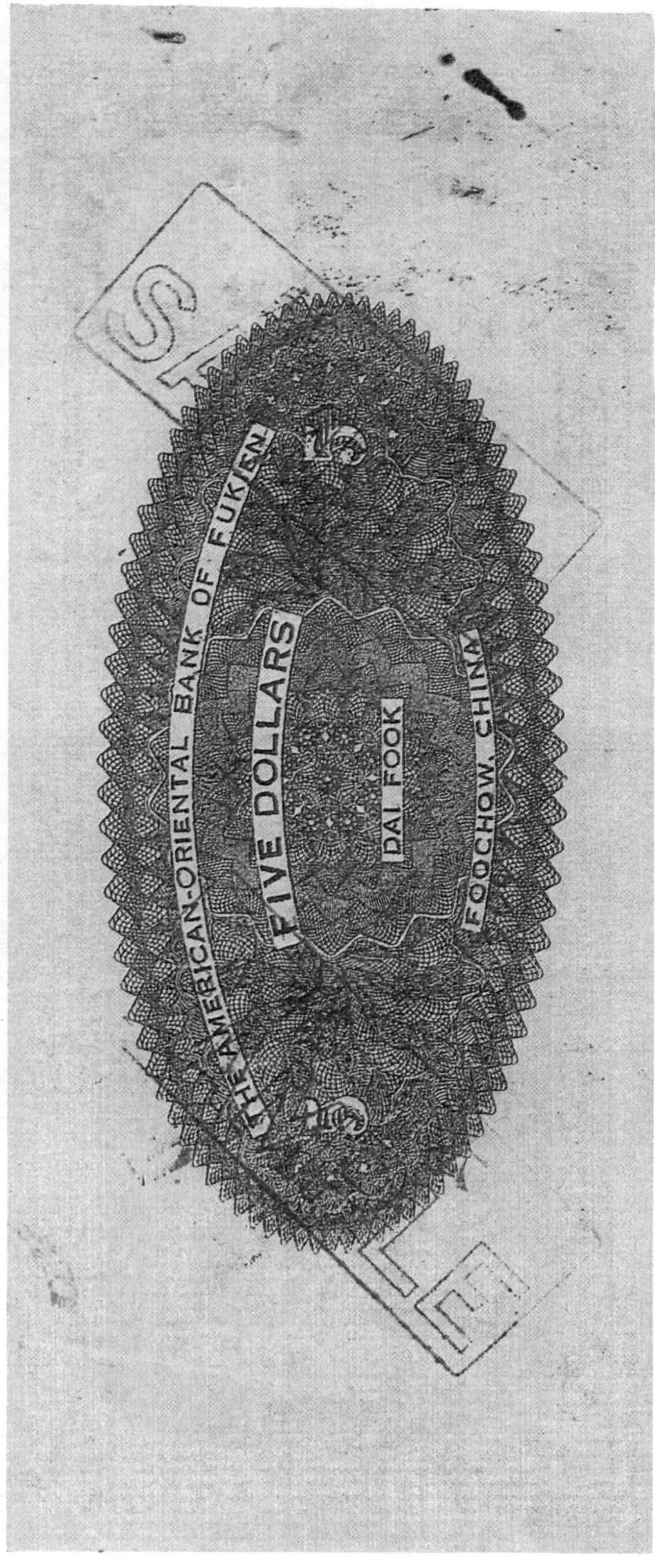

0832
存雲亭 提供
★★★★

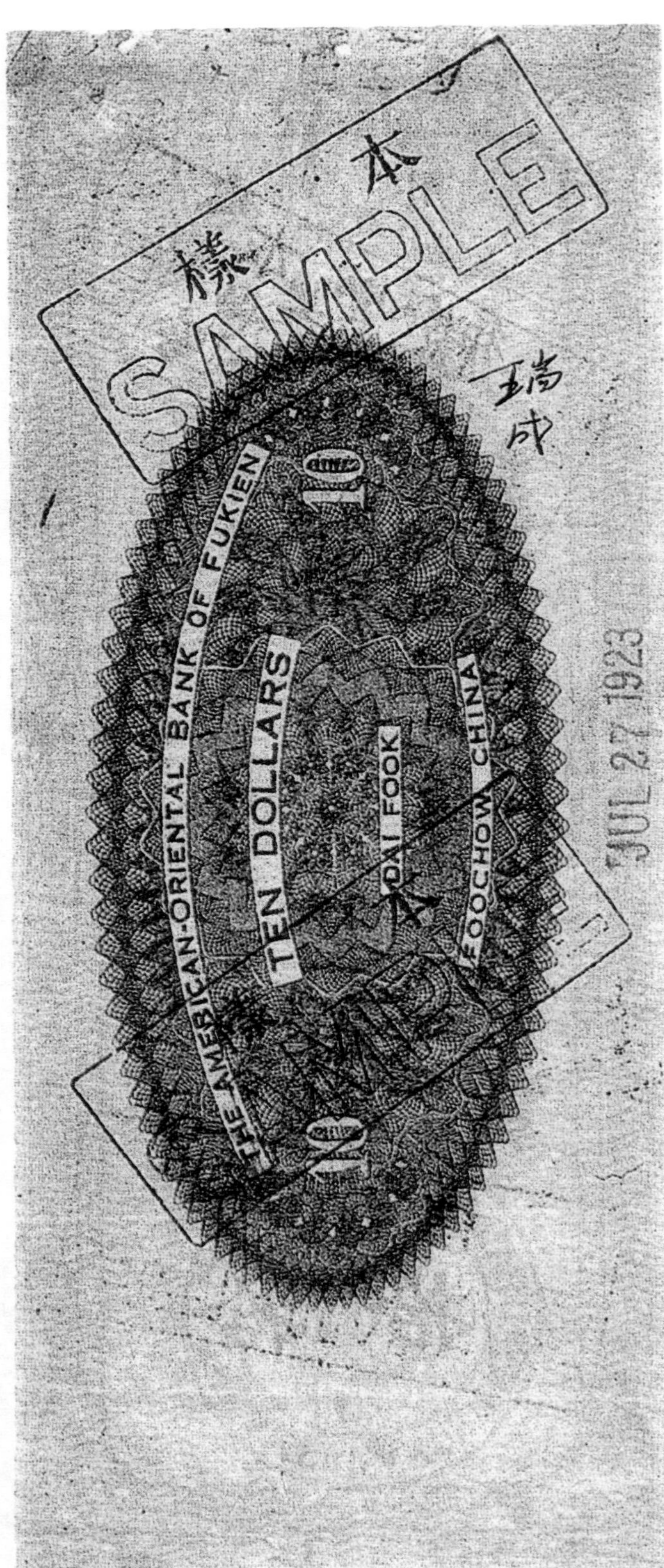

0833
存雲亭 提供
★★★★

0834
中國人民銀行上海分行 藏
★★

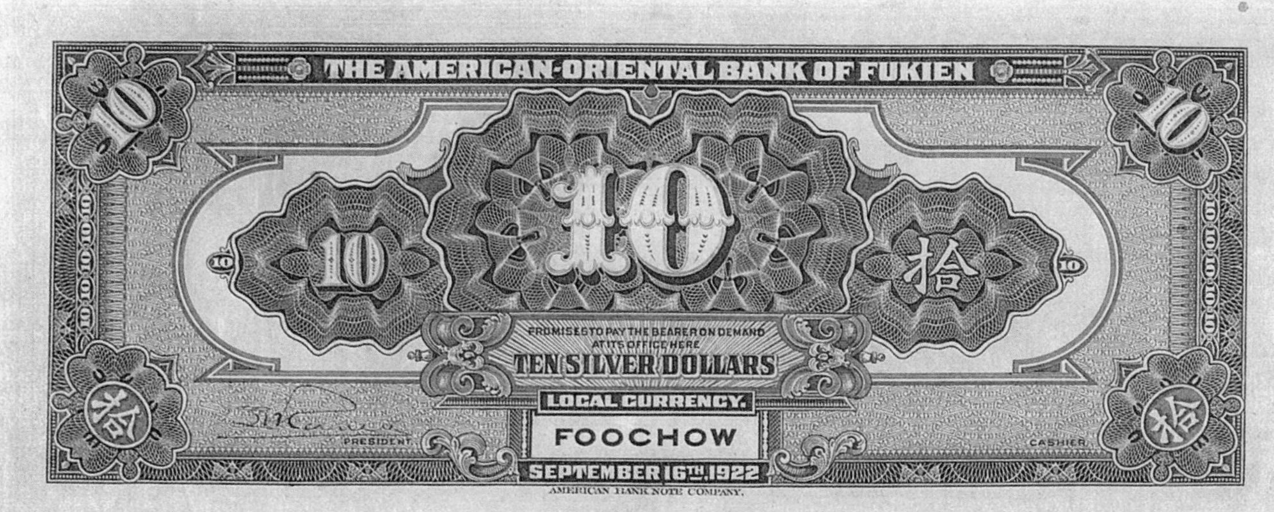

0835
中國人民銀行上海分行 藏
★★★

十一、華威銀行

0836
中國人民銀行上海分行 藏
★★

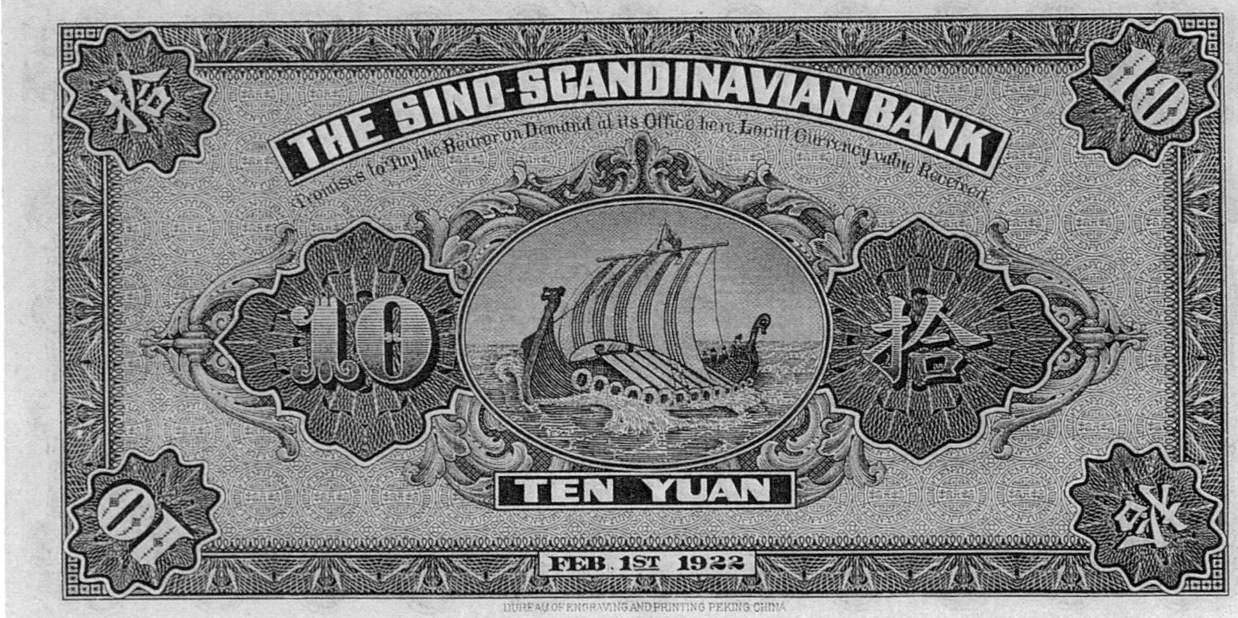

0837
中國人民銀行上海分行 藏
★★

0838
中國人民銀行上海分行 藏
★

0839
徐風 藏
★

0840
徐風 藏
★★

0841
上海博物館 藏
★

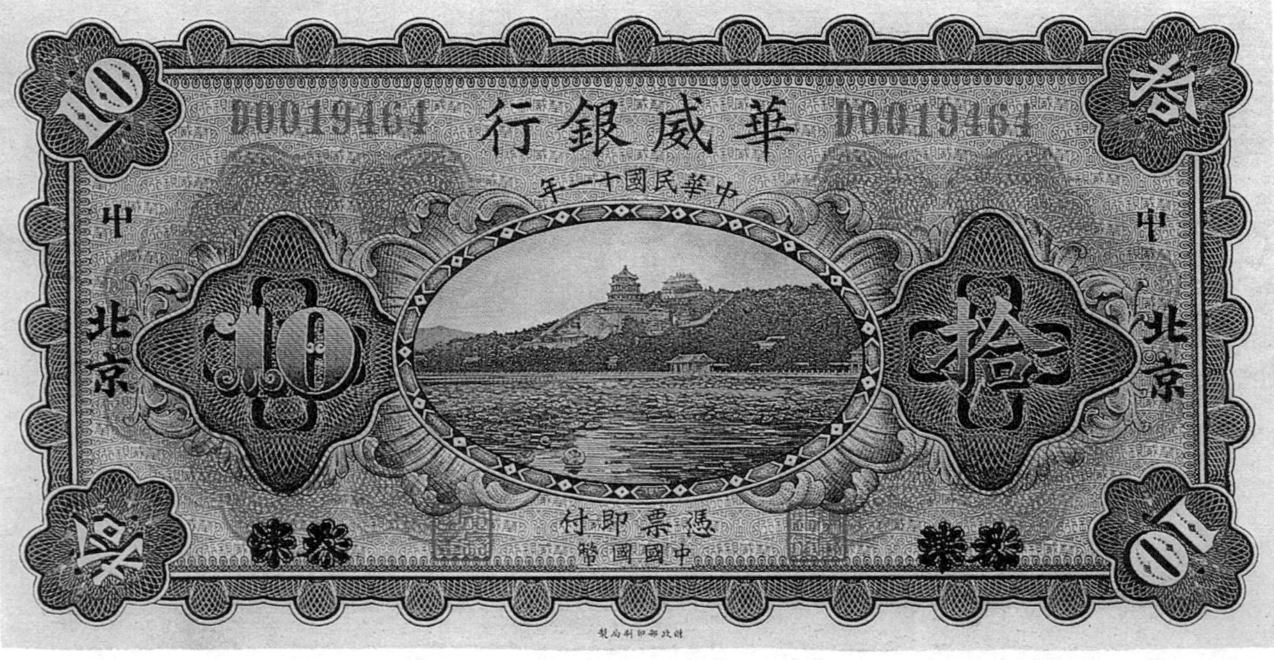

0842
中國人民銀行上海分行 藏
★★

0843
上海博物館 藏
★

0844
上海博物館 藏
★

0845
上海博物館 藏
★★

0846
選自《資本主義國家在舊中國發行和流通的貨幣》
★★

0847
徐風 藏
★★

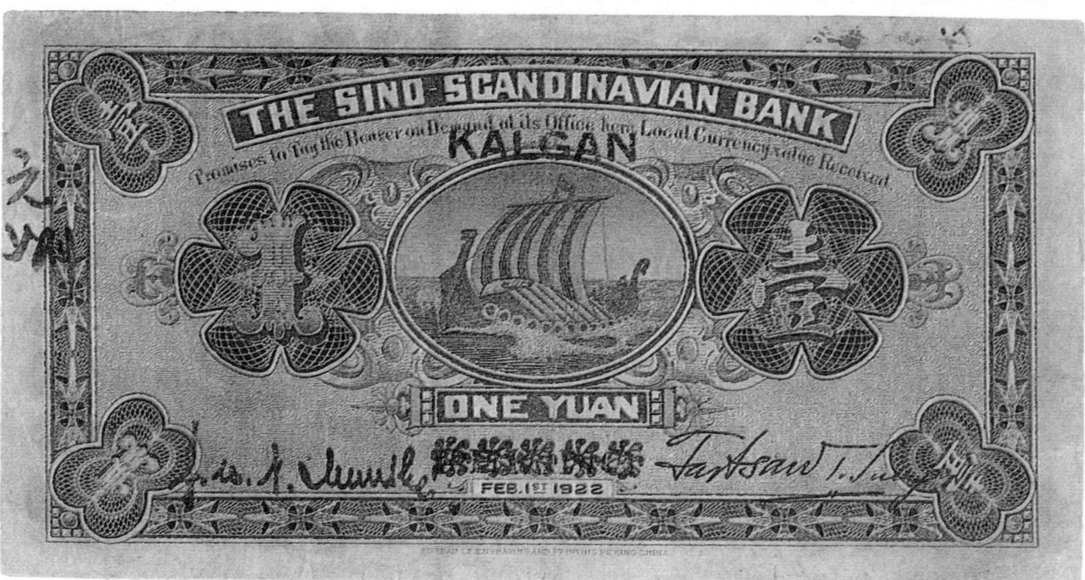

0848
中國人民銀行上海分行 藏
★

0849
選自《資本主義國家在舊中國發行和流通的貨幣》
★

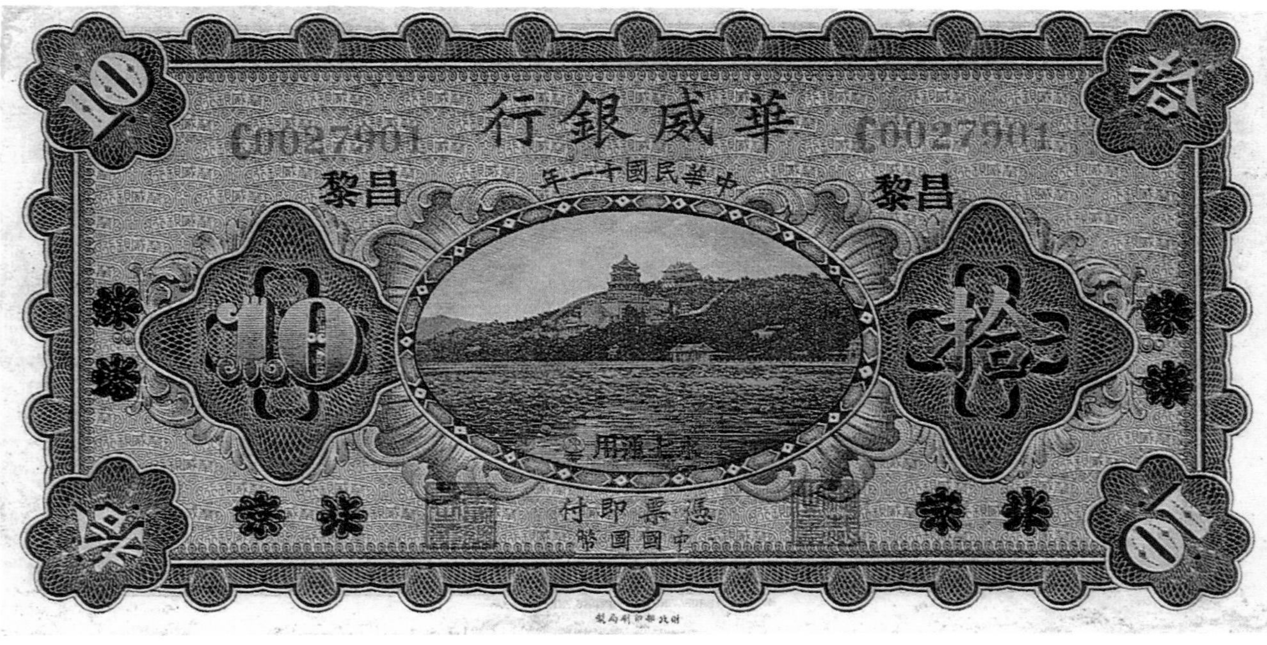

0850
徐風 藏
★★

0851
中國人民銀行上海分行 藏

0852
中國人民銀行上海分行 藏

0853
中國人民銀行上海分行 藏

0854
上海博物館 藏
★★

0855
上海博物館 藏
★★

0856
上海博物館 藏
★★

0857
中國人民銀行上海分行 藏
★★

(背圖見下頁)

0858
上海博物館 藏
★★

0859
中國人民銀行上海分行 藏
★★

(0857 背圖)

0860
上海博物館 藏
★★

0861
中國人民銀行上海分行 藏
★★

十二、震義銀行

0862
選自《資本主義國家在舊中國發行和流通的貨幣》
★

0863
選自《資本主義國家在舊中國發行和流通的貨幣》
★

0864
選自《資本主義國家在舊中國發行和流通的貨幣》
★

0865
上海博物館 藏
★

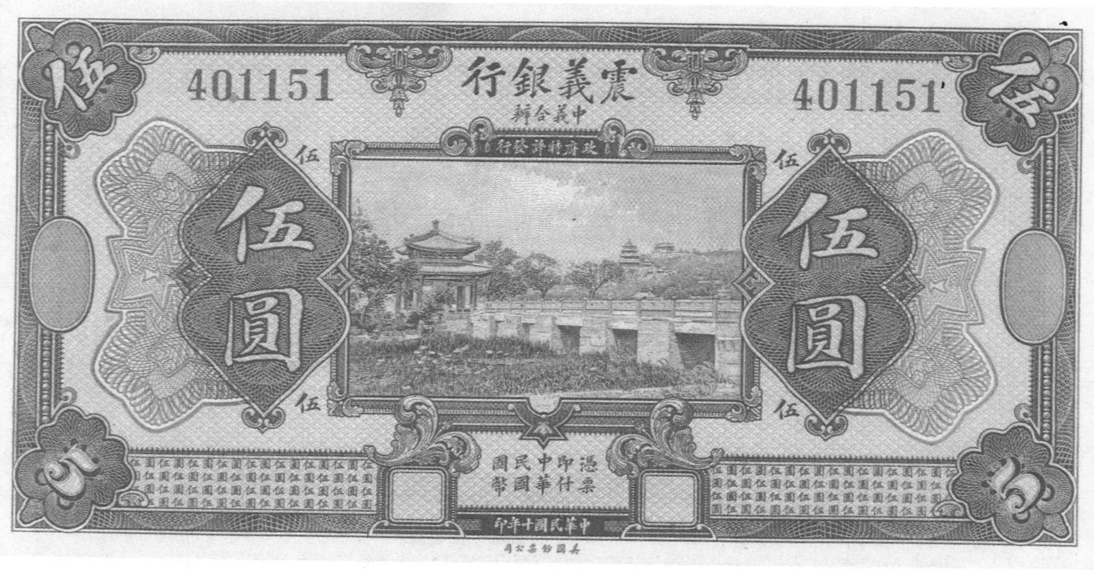

0866
上海博物館 藏
★

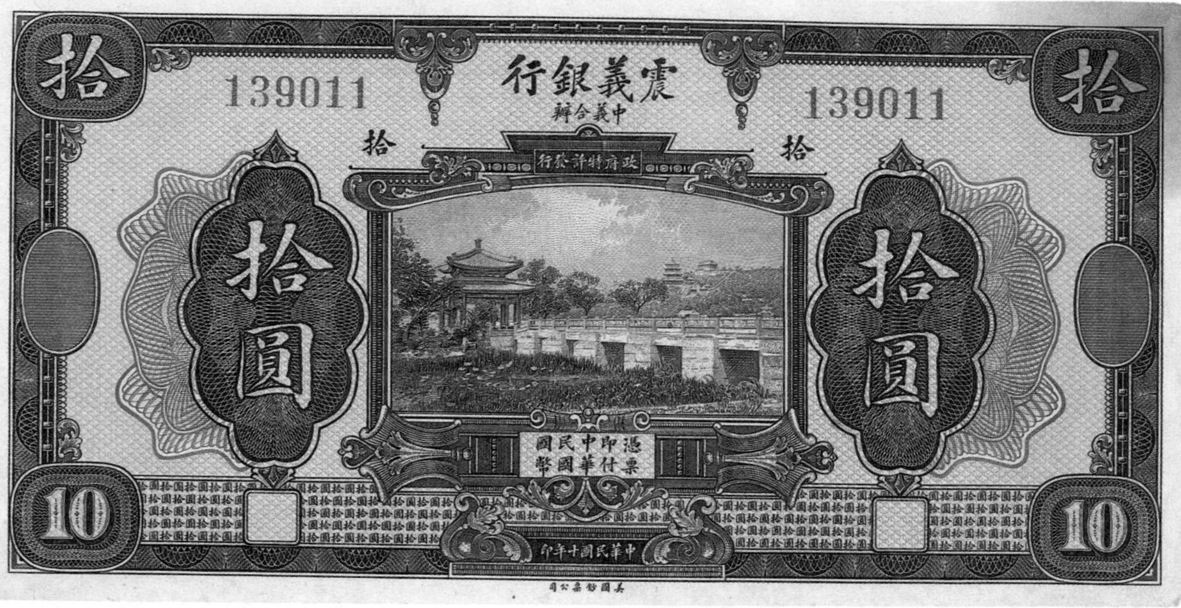

0867
上海博物館 藏
★

0868
上海博物館 藏

0869
中國人民銀行上海分行 藏
★★★★

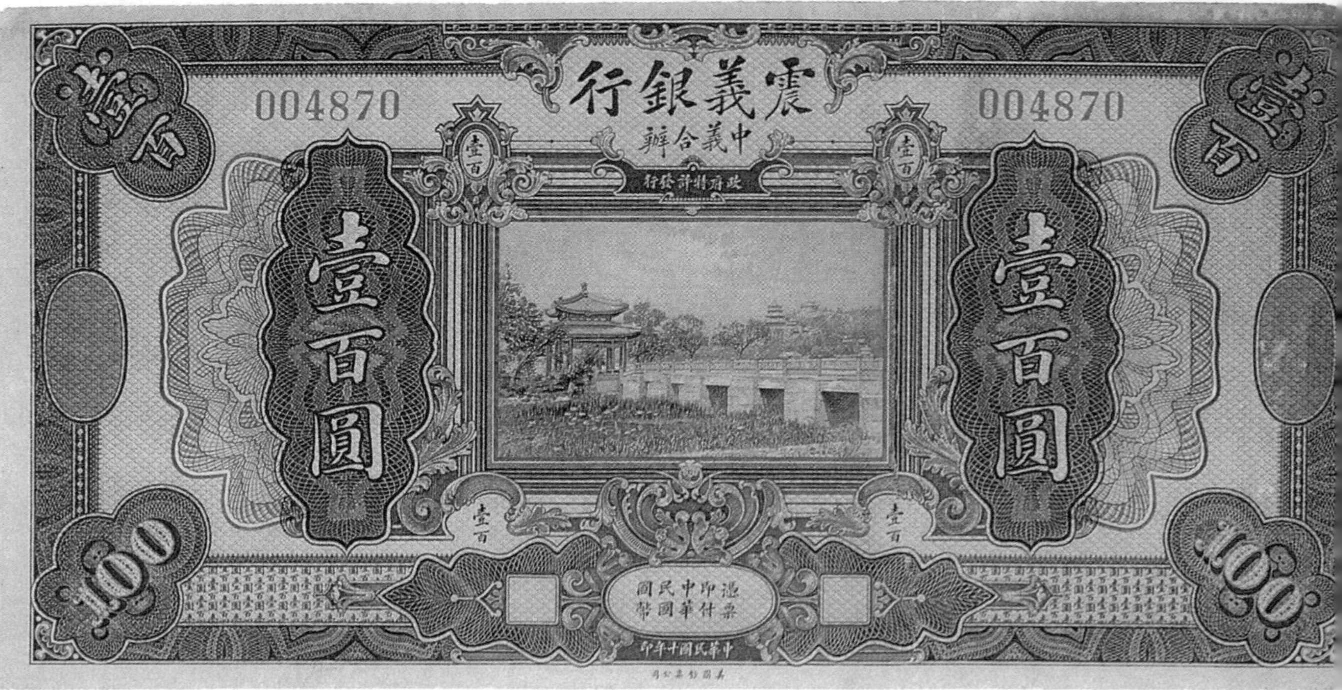

（背圖見下頁）

十三、中華滙業銀行

0870
上海博物館 藏
★★★

(0869 背圖)

0871
上海博物館 藏
★★★

0872
上海博物館 藏
★★★★

（背圖見下頁）

0873
上海博物館 藏
★★★★

(0872 背圖)

0874
上海博物館 藏
★★

0875
上海博物館 藏
★★★★

0876
上海博物館 藏
★★★★

0877
中國人民銀行上海分行 藏
★★

0878
中國人民銀行上海分行 藏
★★★

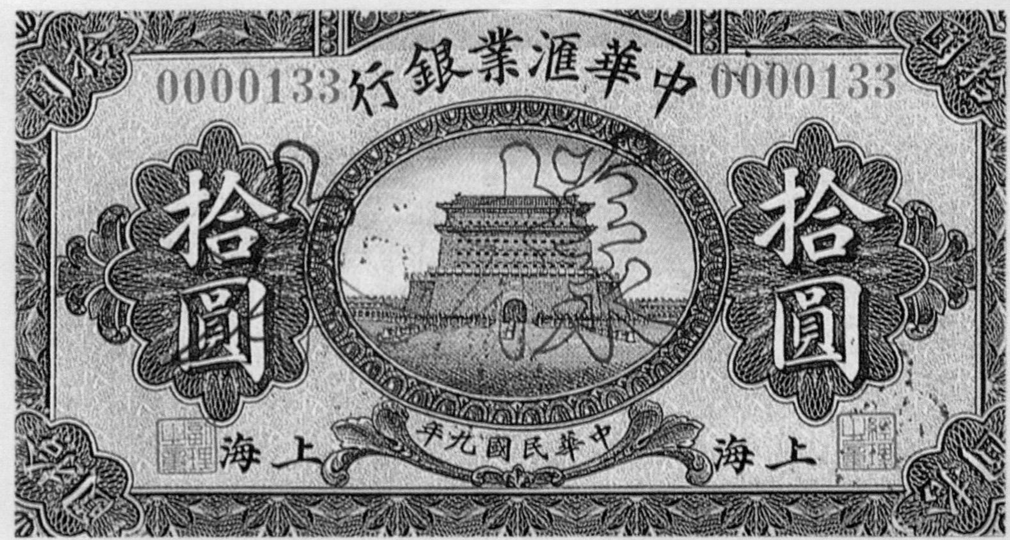

0879
選自《老上海貨幣》
★★★★

0880
中國人民銀行上海分行 藏
★

0881
中國人民銀行上海分行 藏
★

0882
中國人民銀行上海分行 藏
★

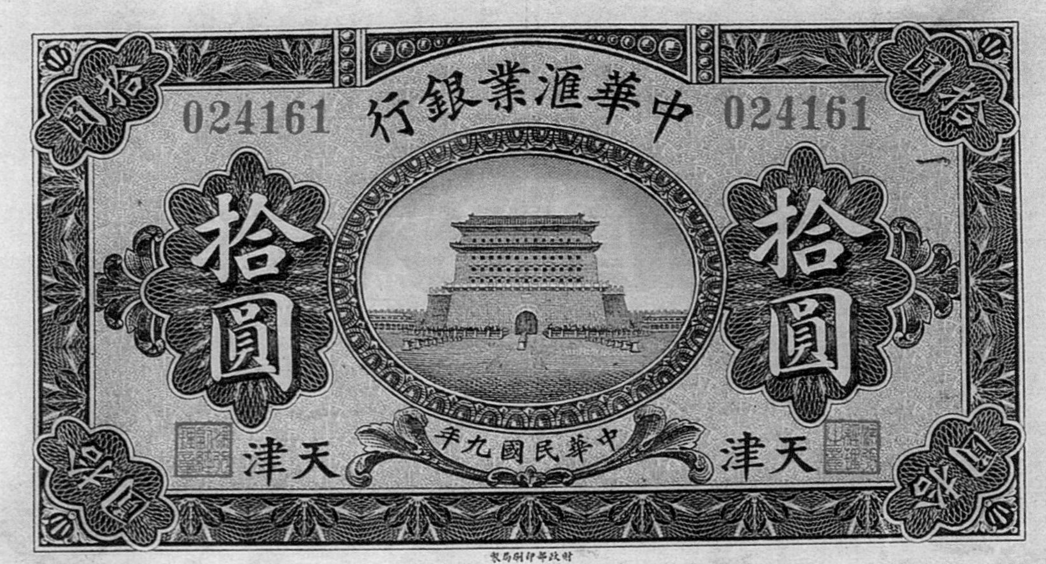

0883
中國人民銀行上海分行 藏
★★

0884
徐風 藏
★★★★

0885
上海博物館 藏
★★★★

0886
中國人民銀行上海分行 藏

0887
上海博物館 藏

民國時期外資銀行在中國發行的紙幣

一、印度新金山中國滙理銀行麥加利銀行

（背圖見下頁）

0888
上海市錢幣學會 提供
★★★

0889
中國人民銀行上海分行 藏
★★★

（背圖見下頁）

(0888 背圖)

(0889 背圖)

印度新金山中国滙理銀行
INCORPORATED BY ROYAL CHARTER
$5
$5
No. F/S 74940
伍
伍
No. F/S 74940
SHANGHAI,
APR 9 1912
THE CHARTERED BANK OF INDIA, AUSTRALIA & CHINA,
伍圓
伍圓
FIVE
FIVE MEXICAN DOLLARS
BY ORDER OF THE COURT OF DIRECTORS.
Entd.
Acct.
MANAGER
SHANGHAI
上海

5
5
FIVE
FIVE
THE CHARTERED BANK OF
FIVE
INDIA, AUSTRALIA AND CHINA
FIVE
FIVE
5
5

0890

吴籌中 藏

★★★

0891
中國人民銀行上海分行 藏
★★★

0892
中國人民銀行上海分行 藏
★★★

印度新金山中國滙理銀行
INCORPORATED BY ROYAL CHARTER
$5
$5
No. F/S 159652
伍
伍
No. F/S 159652
SHANGHAI,
THE CHARTERED BANK OF INDIA, AUSTRALIA & CHINA,
FIVE
FIVE DOLLARS
BY ORDER OF THE COURT OF DIRECTORS.
MANAGER.
伍圓
伍圓
SHANGHAI. 上海
麥加利銀行

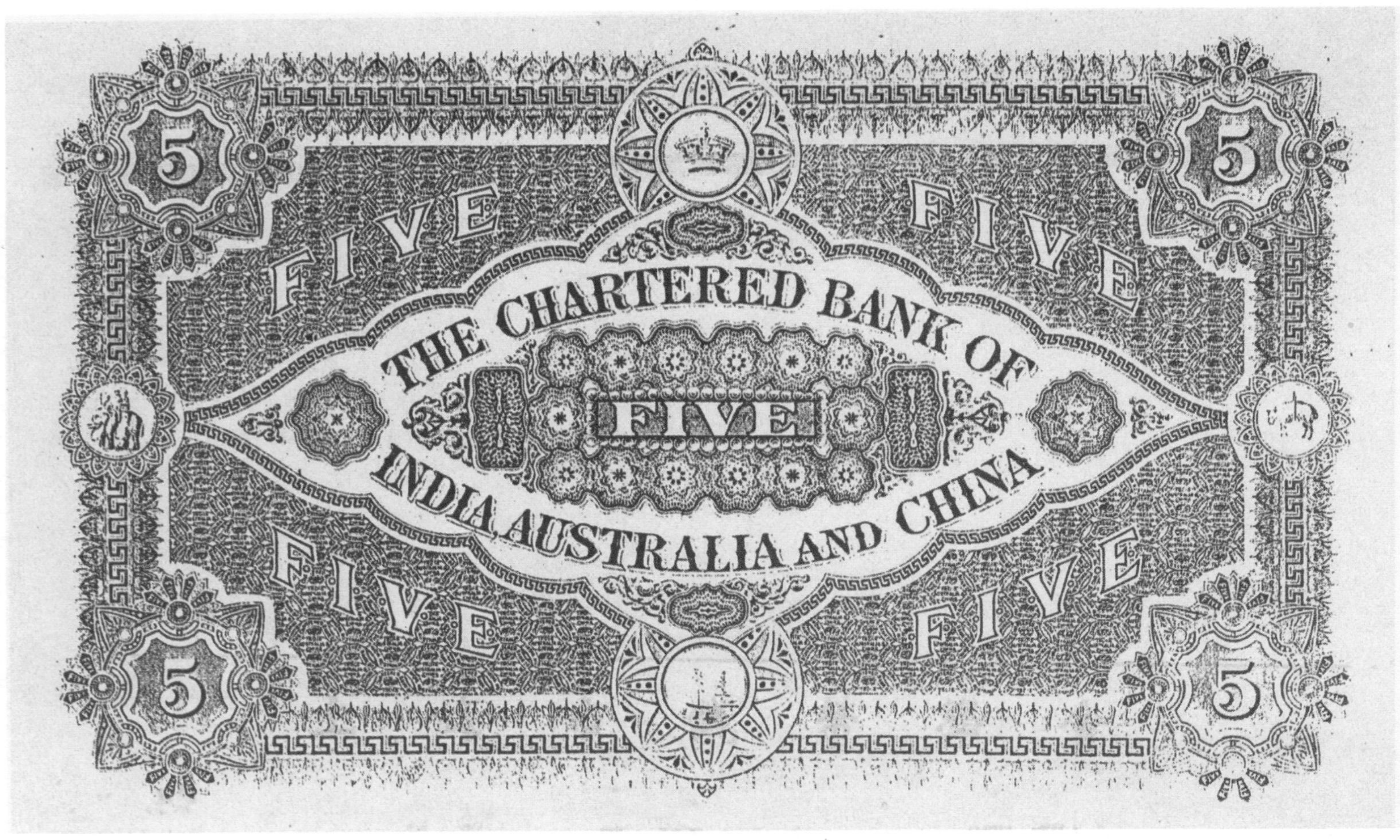
5
5
5
5
FIVE
FIVE
FIVE
FIVE
THE CHARTERED BANK OF
INDIA, AUSTRALIA AND CHINA
FIVE

0893
吴筹中 藏
★★

印度新金山中国汇理银行
$5
$5
INCORPORATED BY ROYAL CHARTER
No. F/S 70481
伍
伍
SHANGHAI
JUN 30 1
THE CHARTERED BANK OF INDIA, AUSTRALIA & CHINA
FIVE
FIVE MEXICAN DOLLARS
BY ORDER OF THE COURT OF DIRECTORS
Entd.
Acct.
MANAGER
伍圆
伍圆
麦加利银行
SHANGHAI
上海

0894
吴籌中 藏
★★

0895
中國人民銀行上海分行 藏
★★★

印度新金山中國滙理銀行
$50
INCORPORATED BY ROYAL CHARTER
伍拾
No. 1/W 8655
SHANGHAI, 19
THE CHARTERED BANK OF INDIA, AUSTRALIA & CHINA,
Promises to pay the Bearer on Demand
at its Office here FIFTY DOLLARS Local Currency
Value received.
BY ORDER OF THE COURT OF DIRECTORS.
Entd Acct MANAGER
伍拾圓
上海 SHANGHAI 麥加利銀行

50
FIFTY
THE CHARTERED BANK OF
FIFTY
INDIA, AUSTRALIA AND CHINA

0896
存雲亭 提供
★★★★

印度新金山中國滙理銀行
INCORPORATED BY ROYAL CHARTER
$5
$5
No. F/S 251466
伍
伍
No. F/S 251466
SHANGHAI,
1st June 1921
伍圓
伍圓
THE CHARTERED BANK OF INDIA, AUSTRALIA & CHINA,
Promises to pay the Bearer on Demand
at its Office here FIVE DOLLARS Local Currency
Value received.
FIVE
BY ORDER OF THE COURT OF DIRECTORS.
Entd
Acct.
MANAGER.
行銀利加麥
SHANGHAI.
上海

5
5
FIVE
FIVE
THE CHARTERED BANK OF
INDIA AUSTRALIA AND CHINA
FIVE
FIVE
FIVE
5
5

0897

上海博物館 藏

★★

印度新金山中國滙理銀行
INCORPORATED BY ROYAL CHARTER
$5
$5
No. F/S 277134
伍
伍
No. F/S 277134
SHANGHAI,
1st June 1921
THE CHARTERED BANK OF INDIA, AUSTRALIA & CHINA,
Promises to pay the Bearer on Demand
at its Office here FIVE DOLLARS Local Currency
Value received.
FIVE
BY ORDER OF THE COURT OF DIRECTORS.
Entd
Acct
MANAGER.
伍圓
伍圓
上海 SHANGHAI. 麥加利銀行

5
5
5
5
FIVE
FIVE
FIVE
FIVE
THE CHARTERED BANK OF
FIVE
INDIA AUSTRALIA AND CHINA

0898
徐風 藏
★★

0899
選自《老上海貨幣》
★★★

0900
選自《老上海貨幣》
★★★★

印度新金山中國滙理銀行
INCORPORATED BY ROYAL CHARTER
$5
$5
No. F/S 305331 伍
伍 No. F/S 305331
SHANGHAI,
1st September 1922.
THE CHARTERED BANK OF INDIA, AUSTRALIA & CHINA,
Promises to pay the Bearer on Demand
at its Office here FIVE DOLLARS Local Currency
Value received.
FIVE
BY ORDER OF THE COURT OF DIRECTORS.
MANAGER
伍圓
伍圓
行銀利加麥 SHANGHAI. 海上

THE CHARTERED BANK OF
INDIA, AUSTRALIA AND CHINA
FIVE
FIVE
FIVE
FIVE
FIVE
5
5
5
5

0901
徐風 藏
★★

印度新金山中國滙理銀行
INCORPORATED BY ROYAL CHARTER
$5
$5
No. F/S 331158 伍
伍 No. F/S 331158
SHANGHAI,
1st September 1922.
THE CHARTERED BANK OF INDIA, AUSTRALIA & CHINA,
Promises to pay the Bearer on Demand
at its Office here FIVE DOLLARS Local Currency
Value received.
FIVE
伍
圓
伍
圓
BY ORDER OF THE COURT OF DIRECTORS.
Entd.
ACCT.
MANAGER.
行銀利加麥 SHANGHAI. 海 上

5
5
5
5
FIVE
FIVE
FIVE
FIVE
THE CHARTERED BANK OF
FIVE
INDIA, AUSTRALIA AND CHINA

0902

上海博物館 藏

★★

0903
存雲亭 提供
★★★

0904
選自《老上海貨幣》
★★★★

0905

上海市錢幣學會 提供

★★★★

印度新金山中國滙理銀行
INCORPORATED BY ROYAL CHARTER
$5
$5
No. F/S 365536
伍
伍
No. F/S 365536
SHANGHAI,
2nd May 1927.
THE CHARTERED BANK OF INDIA, AUSTRALIA & CHINA,
Promises to pay the Bearer on Demand
at its Office here FIVE DOLLARS Local Currency
Value received.
FIVE
BY ORDER OF THE COURT OF DIRECTORS.
Entd
AccT
MANAGER.
伍圓
伍圓
行銀利加麥
SHANGHAI.
上海

5
5
5
5
FIVE
FIVE
FIVE
FIVE
THE CHARTERED BANK OF
INDIA, AUSTRALIA AND CHINA
FIVE

0906
上海博物館 藏
★★

印度新金山中國滙理銀行
INCORPORATED BY ROYAL CHARTER
$10
$10
No. G/T 264168
拾
拾
No. G/T 264168
SHANGHAI,
2nd May 1927.
THE CHARTERED BANK OF INDIA, AUSTRALIA & CHINA,
Promises to pay the Bearer on Demand
at its Office here TEN DOLLARS Local Currency
Value received.
TEN
拾圓
拾圓
BY ORDER OF THE COURT OF DIRECTORS.
Ent.
Acct.
MANAGER.
麥加利銀行
SHANGHAI.
上海

10
10
TEN
TEN
THE CHARTERED BANK OF
TEN
INDIA, AUSTRALIA AND CHINA
TEN
TEN
10
10

0907
上海博物館 藏
★★★

印度新金山中國滙理銀行
INCORPORATED BY ROYAL CHARTER
$50
$50
伍拾
伍拾
No. I/W 020211
No. I/W 020211
SHANGHAI
2nd May 1927.
伍拾圓
伍拾圓
THE CHARTERED BANK OF INDIA, AUSTRALIA & CHINA.
FIFTY
FIFTY DOLLARS
BY ORDER OF THE COURT OF DIRECTORS.
ACCT.
MANAGER.
麥加利銀行
SHANGHAI.
上海
50
50

50
50
FIFTY
FIFTY
THE CHARTERED BANK OF
FIFTY
INDIA AUSTRALIA AND CHINA
FIFTY
FIFTY
50
50

0908

存雲亭 提供

★★★★

0909
上海博物館 藏
★★★

（背圖見下頁）

0910
上海博物館 藏
★★

(0909 背圖)

0911
徐風 藏
★★

0912
上海博物館 藏
★★★★

二、印度新金山中國麥加利銀行

0913
吴籌中 藏
★★

0914
吴籌中 藏
★★★

0915
吴籌中 藏
★★

0916
中國人民銀行
上海分行 藏
★★★

(背圖見下頁)

0917
徐風 藏
★★

(0916 背圖)

0918
徐風 藏
★★★

三、上海有利銀行

0919
中國人民銀行
上海分行 藏
★★★

0920
中國人民銀行
上海分行 藏
★★★

（背圖見下頁）

0921
選自
《老上海貨幣》
★★★

0922
選自《老上海貨幣》
★★★★

(0920 背圖)

0923
中國人民銀行上海分行 藏
★★

（背圖見下頁）

四、英商香港上海滙豐銀行

0924
存雲亭 提供
★★

(0923 背圖)

0925
上海博物館 藏
★★

0926
馮志苗 藏
★★

0927
劉文和 藏
★★

(背圖見下頁)

0928
存雲亭 提供
★★

(0927 背圖)

0929
選自《資本主義國家在舊中國發行和流通的貨幣》
★

0930
劉文和 藏
★★★★

（背圖見下頁）

0931
選自《資本主義國家在舊中國發行和流通的貨幣》
★

(0930 背圖)

英商香港上海滙豐銀行
THE
HONG KONG & SHANGHAI BANKING CORPORATION
Shanghai
3RD SEPTEMBER, 1919.
316468
316468
Promises to pay the Bearer on Demand
TEN DOLLARS LOCAL CURRENCY
at its Office here, value received
BY ORDER OF THE BOARD OF DIRECTORS
拾圓
拾圓
10
10
10
10
SHANGHAI
MANAGER

THE HONG KONG & SHANGHAI
10
10
BANKING CORPORATION

0932
劉文和 藏
★★

0933

上海市錢幣學會 提供

★★★★

0934
吴籌中 藏
★

(背圖見下頁)

0935
張傑 提供
★★

(0934 背圖)

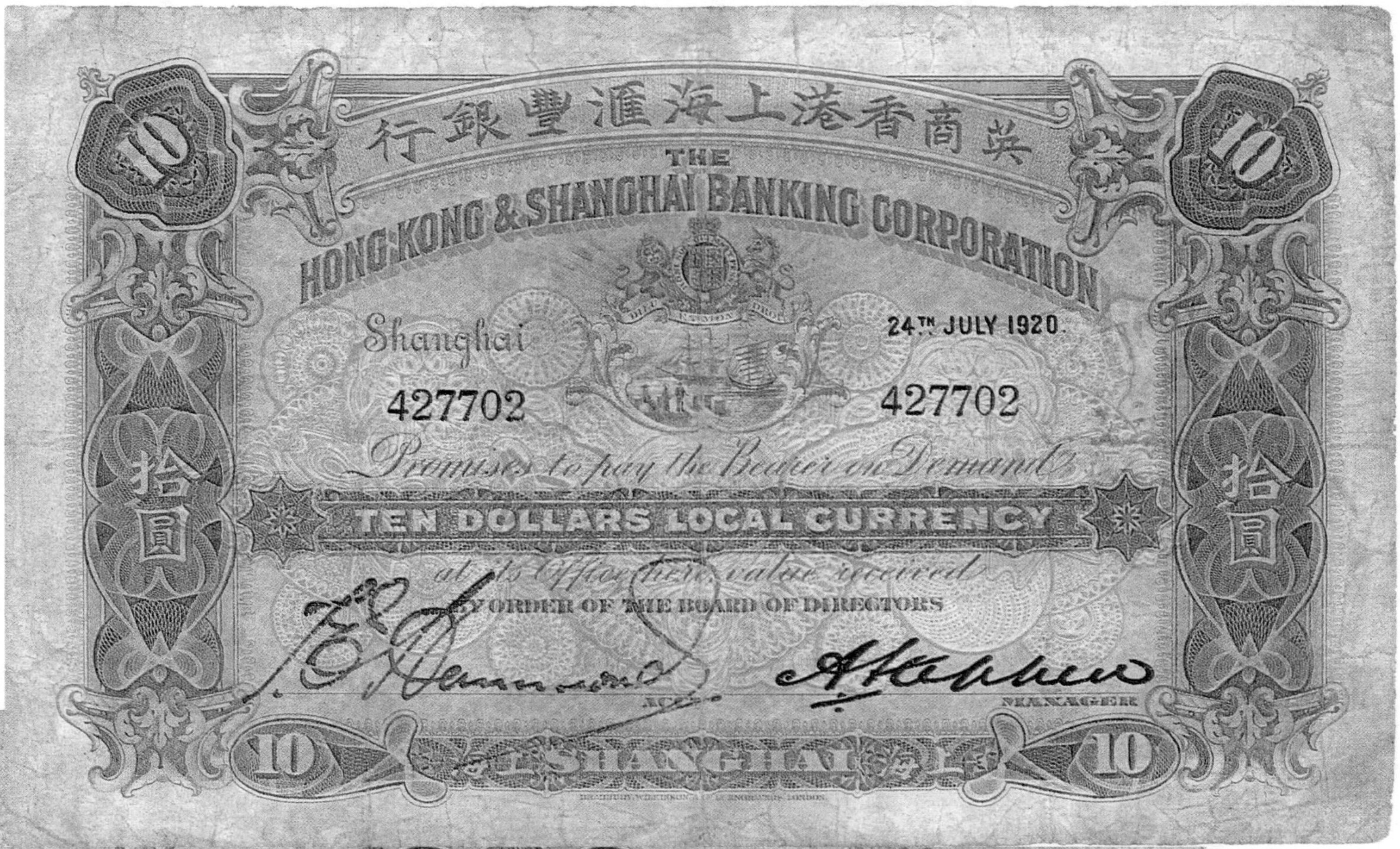

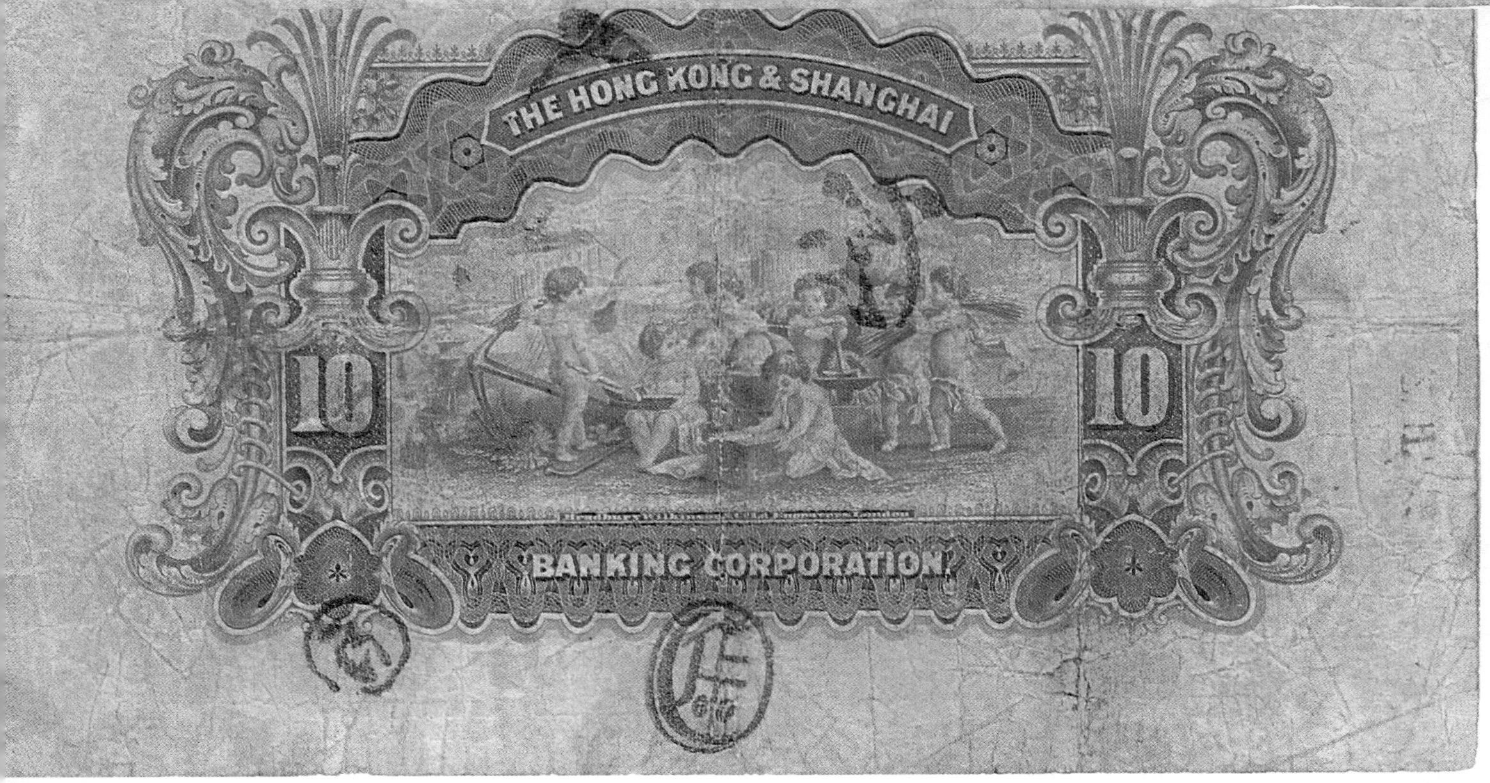

英商香港上海滙豐銀行
THE
HONG KONG & SHANGHAI BANKING CORPORATION
Shanghai 24TH JULY 1920.
427702 427702
Promises to pay the Bearer on Demand
TEN DOLLARS LOCAL CURRENCY
at its Office here value received
BY ORDER OF THE BOARD OF DIRECTORS
ACC. MANAGER
拾圓 拾圓
10 SHANGHAI 10

THE HONG KONG & SHANGHAI
BANKING CORPORATION.
10 10

0936
徐風 藏
★★

英商香港上海滙豐銀行
50
22406
22406
THE HONG KONG & SHANGHAI BANKING CORPORATION
伍拾圓
SHANGHAI
上海

THE HONG KONG & SHANGHAI BANKING CORPORATION
50

0937
吴籌中 藏
★★★★

英商香港上海滙豐銀行
100
11116
SHANGHAI,
24th July 1920
THE HONG KONG & SHANGHAI BANKING CORPORATION
PROMISES TO PAY THE BEARER ON DEMAND
ONE HUNDRED DOLLARS LOCAL CURRENCY
AT ITS OFFICE HERE. VALUE RECEIVED.
BY ORDER OF THE BOARD OF DIRECTORS
壹百圓
MANAGER
上海
SHANGHAI

THE HONG KONG & SHANGHAI BANKING CORPORATION
100

0938
劉文和 藏
★★★★

0939
馮志苗 藏
★

0940
郭乃興 藏
★

（背圖見下頁）

0941
上海博物館 藏
★

(0940 背圖)

英商香港上海滙豐銀行
THE
HONG KONG & SHANGHAI BANKING CORPORATION
Shanghai
1ST SEPTEMBER, 1923.
432657
432657
Promises to pay the Bearer on Demand
TEN DOLLARS LOCAL CURRENCY
at its Office here value received
BY ORDER OF THE BOARD OF DIRECTORS
ACCT
MANAGER
拾圓
拾圓
10
10
10
10
SHANGHAI

THE HONG KONG & SHANGHAI
BANKING CORPORATION
10
10

0942
存雲亭 提供
★★

英商香港上海滙豐銀行
THE
HONG KONG & SHANGHAI BANKING CORPORATION
Shanghai
1ST SEPTEMBER, 1923.
442928
442928
Promises to pay the Bearer on Demand
TEN DOLLARS LOCAL CURRENCY
at its office here, value received
BY ORDER OF THE BOARD OF DIRECTORS
拾圓
拾圓
10
10
10
10
SHANGHAI

THE HONG KONG & SHANGHAI
BANKING CORPORATION
10
10

0943

徐風 藏

★★

0944

選自《資本主義國家在舊中國發行和流通的貨幣》

★★

英商香港上海滙豐銀行
THE
HONG KONG & SHANGHAI BANKING CORPORATION
Shanghai
1ST SEPTEMBER, 1923.
448805
448805
Promises to pay the Bearer on Demand
TEN DOLLARS LOCAL CURRENCY
at its Office here value received
BY ORDER OF THE BOARD OF DIRECTORS
拾圓
拾圓
10
10
10
10
SHANGHAI

THE HONG KONG & SHANGHAI
BANKING CORPORATION
10
10

0945
上海博物館 藏
★★

0946
選自《老上海貨幣》
★★★★

0947
選自《老上海貨幣》
★★★★

0948
選自《老上海貨幣》
★

英商香港上海滙豐銀行
THE
HONGKONG & SHANGHAI BANKING CORPORATION
SHANGHAI
1st January 1924
Promises to pay the Bearer on Demand
TEN DOLLARS
TEN DOLLARS
拾圓
or the equivalent in Local Currency at its Office here.
Value received.
BY ORDER OF THE BOARD OF DIRECTORS.
ACCT
MANAGER.
上海
SHANGHAI
上海
拾
拾圓
10

THE
HONGKONG & SHANGHAI
BANKING CORPORATION
TEN DOLLARS
拾圓
$10

0949
上海博物館 藏
★★

0950
選自《資本主義國家在舊中國發行和流通的貨幣》
★

0951
吴籌中 藏
★

五、美商北京花旗銀行

0952
劉文和 藏
★★★★

50 FIFTY
美商北京花旗銀行
INTERNATIONAL BANKING CORPORATION
Nº 34048
PEKING,
1ST JANUARY, 1917.
Nº 34048
PROMISES TO PAY THE BEARER ON DEMAND
50
伍拾圓
50
50
FIFTY DOLLARS
LOCAL CURRENCY
AT ITS OFFICE HERE, VALUE RECEIVED
SERIE A
北京
SERIE A
北京
MANAGER
AMERICAN BANK NOTE COMPANY

美商北京花旗銀行
INTERNATIONAL BANKING CORPORATION
50
伍拾圓
50
50
FIFTY DOLLARS
北京
北京

0953
劉文和 藏
★★★★

六、美商花旗銀行

0954
張傑 提供
★★★★

（背圖見下頁）

0955
吴籌中 提供
★★★★

(0954 背圖)

0956
張傑 提供
★★★★

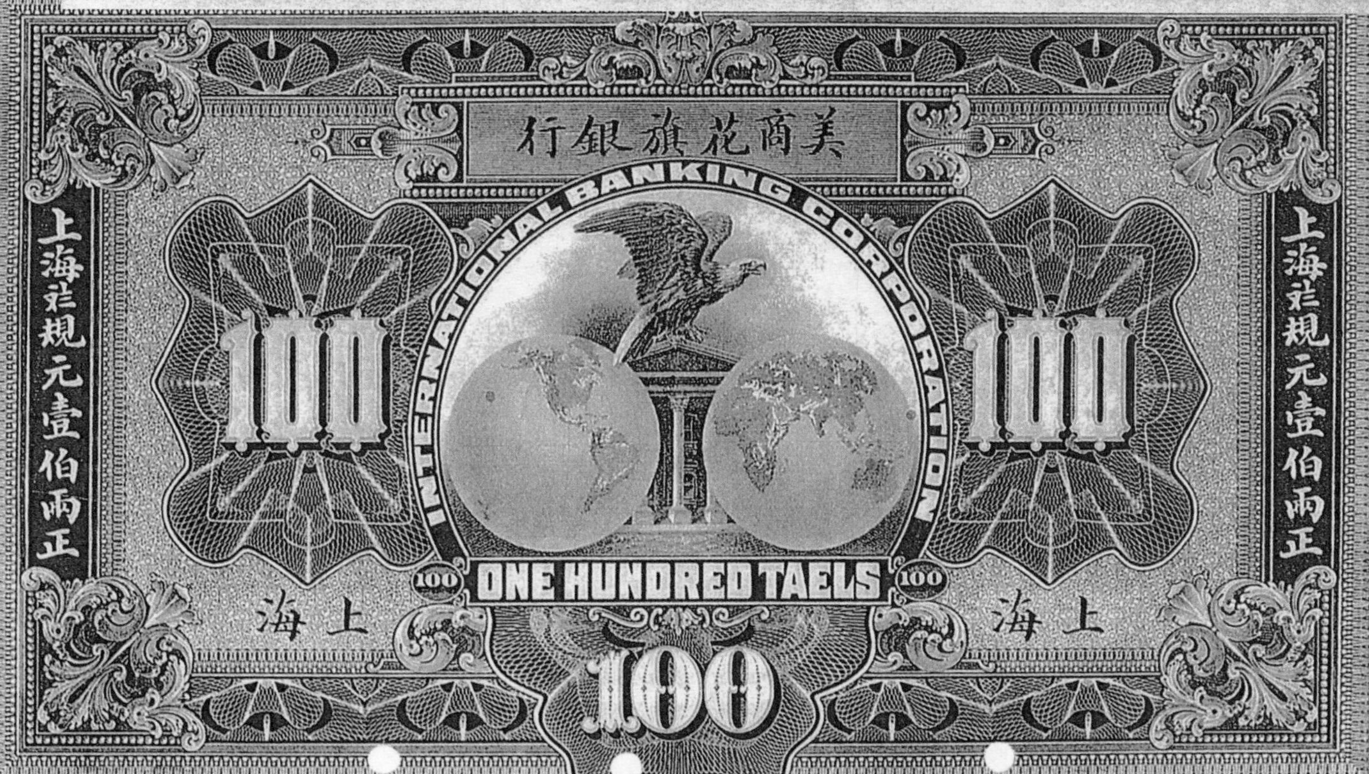

0957
張傑 提供
★★★★

（背圖見下頁）

0958
趙隆業 藏
★★

(0957 背圖)

0959
徐風 藏
★★

0960
徐風 藏
★★

0961
趙隆業 藏
★★

（背圖見下頁）

0962
劉文和 藏
★★

(0961 背圖)

0963
徐風 藏
★★

0964
趙隆業 藏
★★

（背圖見下頁）

0965
徐風 藏
★★

(0964 背圖)

0966
劉文和 藏
★★

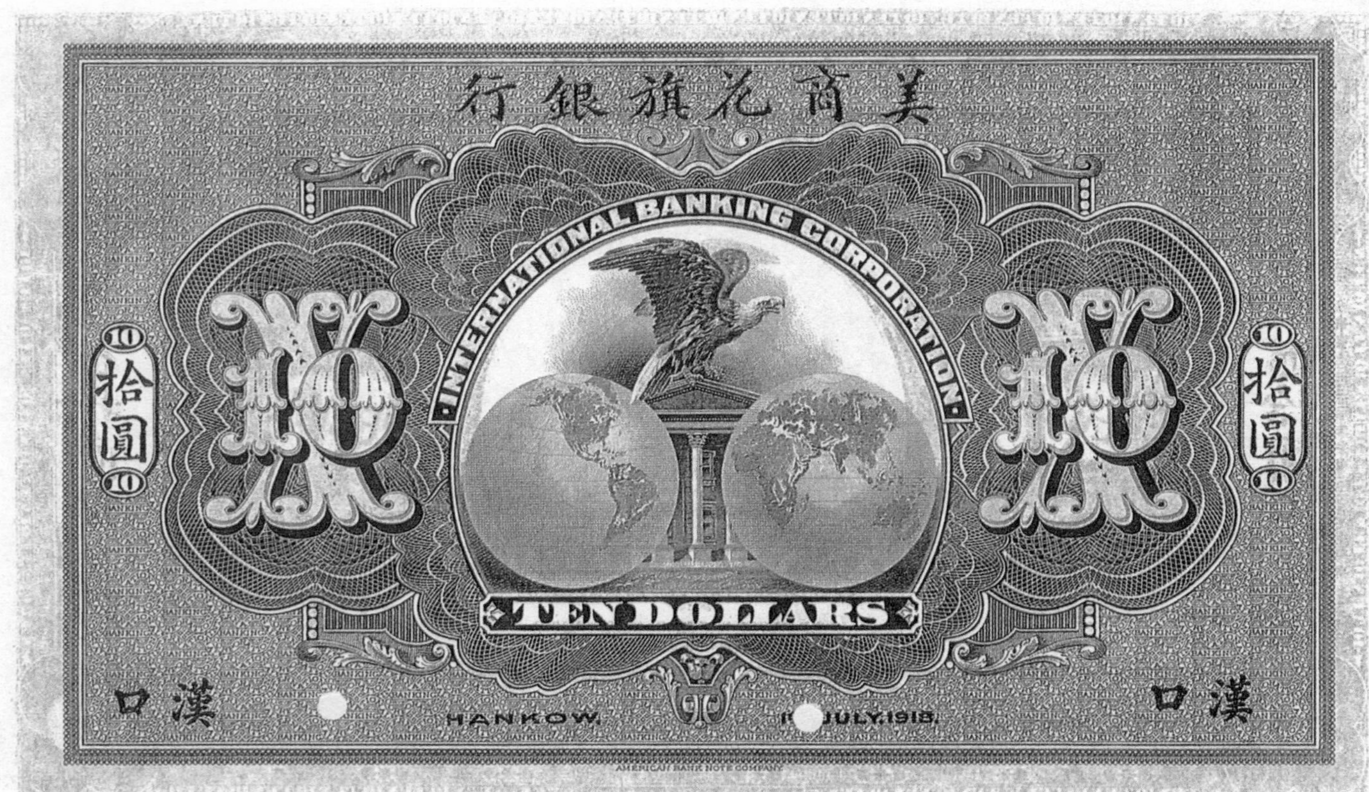

0967
上海博物館 藏
★★

（背圖見下頁）

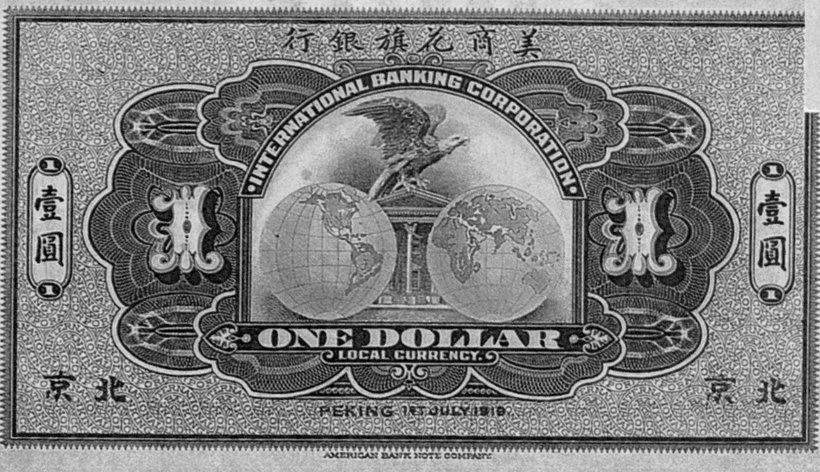

0968
中國人民銀行上海分行 藏
★

0969
中國人民銀行上海分行 藏
★

(0967 背圖)

0970
中國人民銀行上海分行 藏
★

0971
上海博物館 藏
★

0972
徐風 藏
★

七、美國友華銀行

0973
江蘇省錢幣學會 提供
★★★

0974
江蘇省錢幣學會 提供
★★★★

0975
劉文和 藏
★★★

0976
吴籌中 藏
★★★

0977
劉文和 藏
★★★

0978
吴籌中 藏
★★★

0979
劉文和 藏
★★★

0980
吴籌中 藏
★★★

0981
上海博物館 藏
★★★

0982
劉文和 藏
★★★

0983
吴籌中 藏
★★★

0984
劉文和 藏
★★★★

0985
劉文和 藏
★★★★

0986
上海市錢幣學會 提供
★★★

0987
選自《老上海貨幣》
★★★

0988
選自《老上海貨幣》
★★★

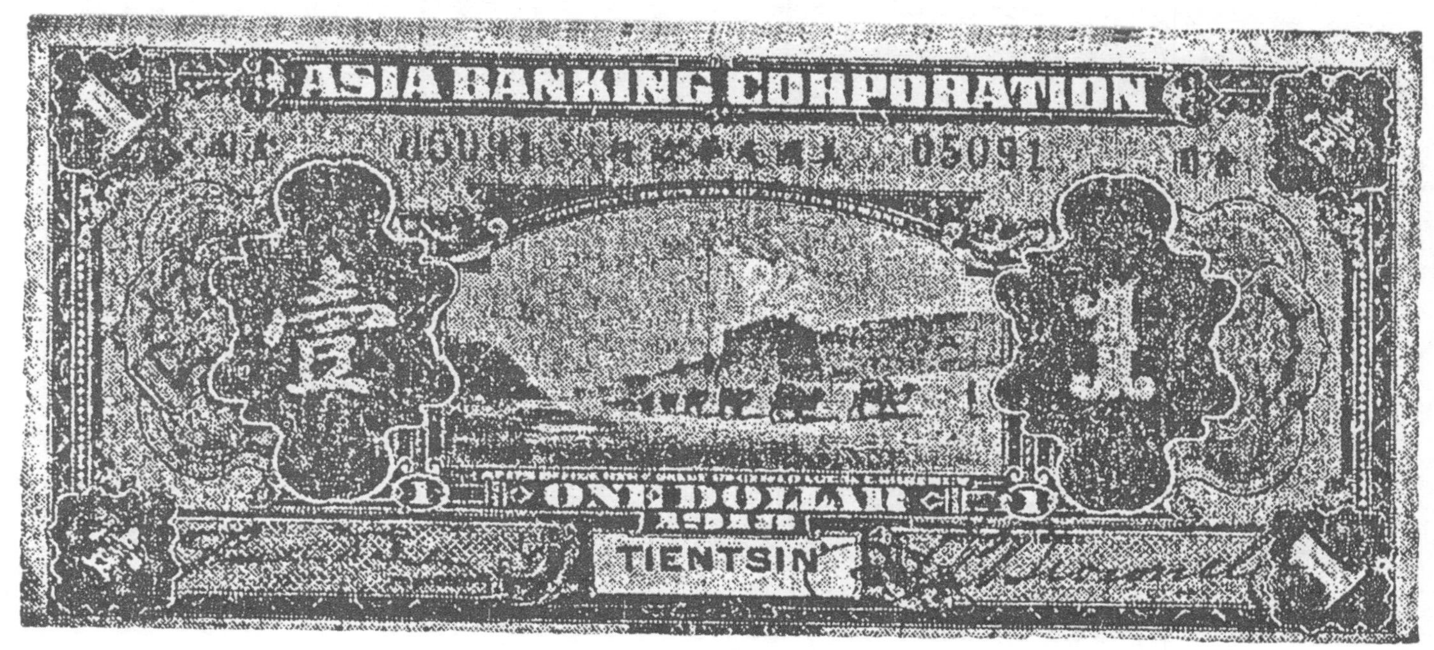

0989
《中國歷代貨幣大系》編輯委員會 提供
★★★

0990
存雲亭 提供
★★★

0991
劉文和 提供
★★★

0992
劉文和 提供
★★★

0993
劉文和 提供
★★★

0994
劉文和 提供
★★★

0995
劉文和 提供
★★★★

0996
劉文和 提供
★★★★

八、上海美豐銀行

0997
上海博物館 藏
★★

0998
上海博物館 藏
★★

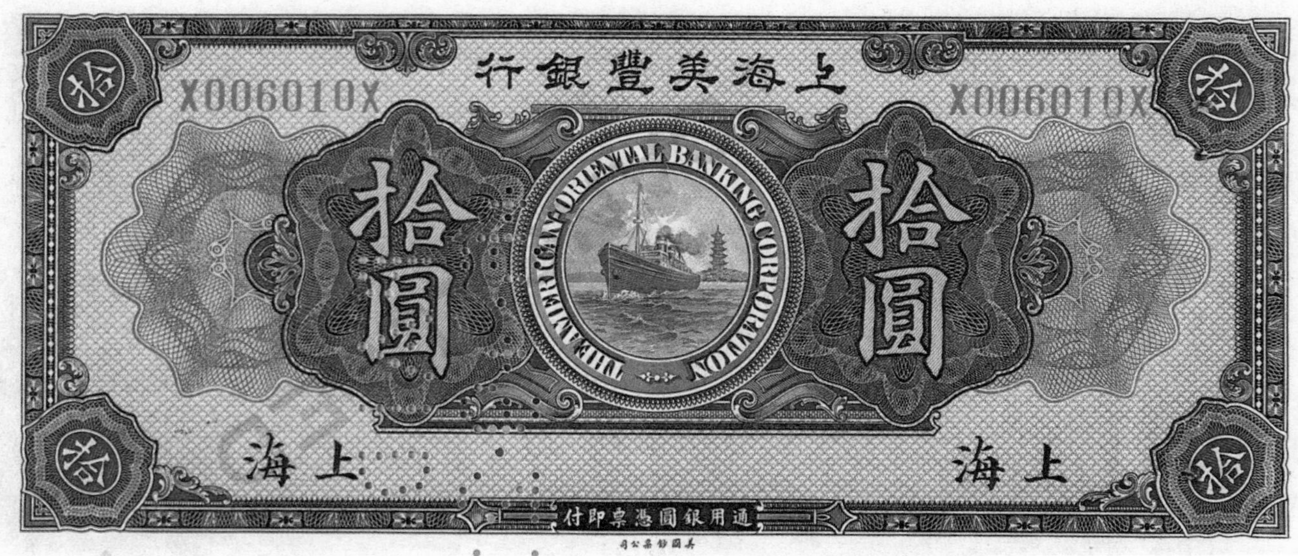

0999
上海博物館 藏
★★★

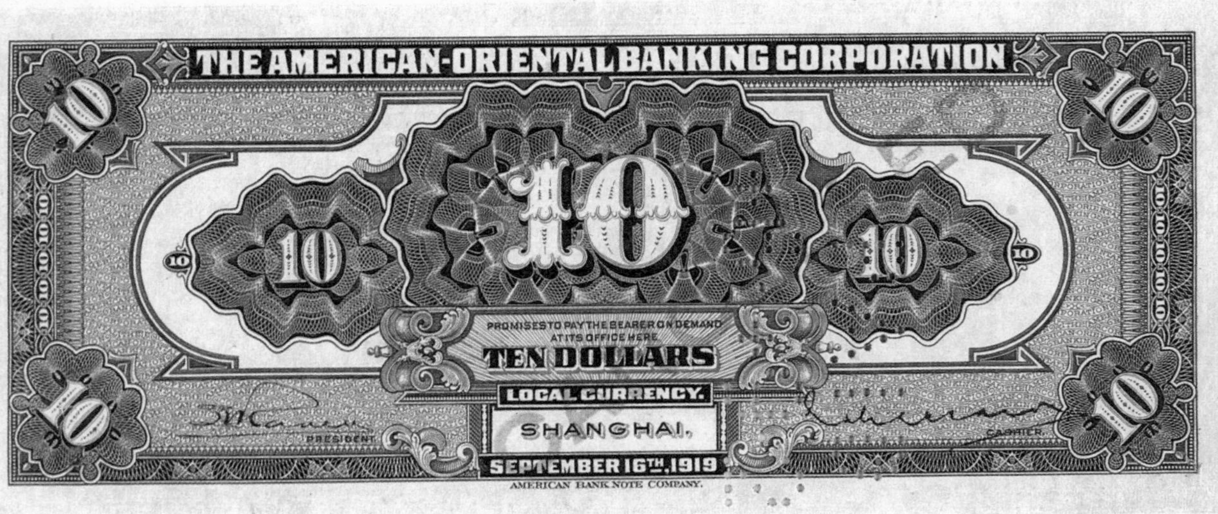

1000
中國人民銀行上海分行 藏
★★★★

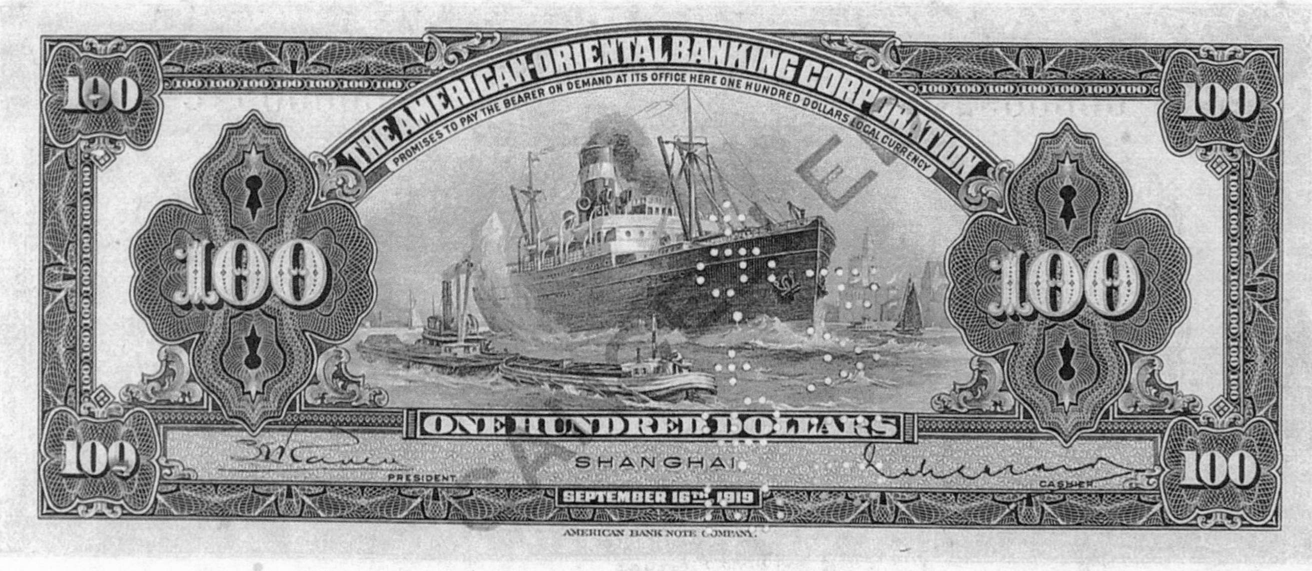

九、天津美豐銀行

1001
中國人民銀行上海分行 藏
★★

十、滙興銀行

1002
選自《老上海貨幣》
★★★★

十一、東方滙理銀行

1003
郭乃舆 藏
★★

1004
王煒 藏
★★

1005
中國人民銀行上海分行 藏
★

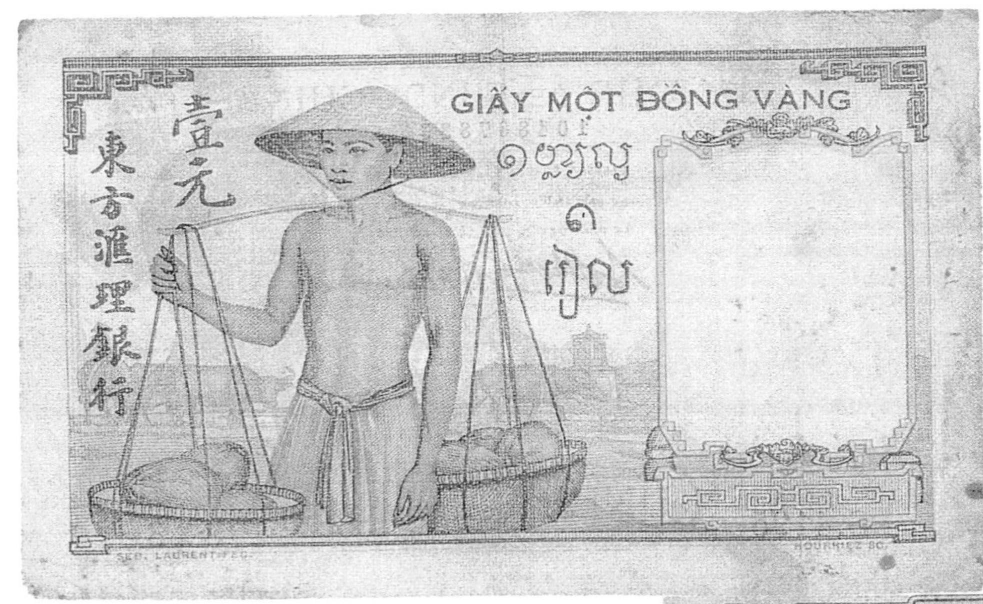

1006
王煒 藏

1007
中國人民銀行上海分行 藏
★★★

1008
劉文和 藏

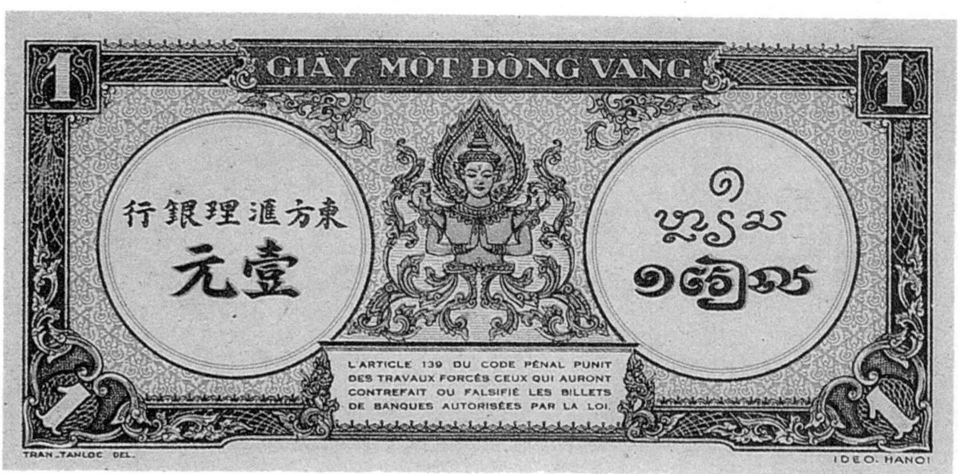

1009
選自《資本主義國家在舊中國發行和流通的貨幣》

1010
劉文和 藏
★

（背圖見下頁）

1011
中國人民銀行上海分行 藏

(1010背圖)

1012
選自《資本主義國家在舊中國發行和流通的貨幣》

1013
劉文和 藏

十二、德華銀行

1014
劉文和 提供
★★★★

海 SHANGHAI 上
海 SHANGHAI 上
德華銀行
200
200
№12461
BANKNOTE
über 200$.
ZWEIHUNDERT DOLLAR
ortsüblicher Handelsmünze zahlt die
DEUTSCH-ASIATISCHE BANK
dem Einlieferer dieser Banknote an ihrer hiesigen Kasse.
SHANGHAI, den 1. Juli 1914.
DEUTSCH-ASIATISCHE BANK.
貳佰圓
貳佰圓
200
海 SHANGHAI 上

№12461
THE DEUTSCH-ASIATISCHE BANK
PROMISES TO PAY THE BEARER
200
$
貳佰圓
貳佰圓
TWO HUNDRED DOLLARS
200
LOCAL CURRENCY
AT ITS OFFICE IN SHANGHAI.
200
№12461

1015
存雲亭 提供
★★★★

十三、上海和囒銀行

1016
徐風 提供
★★★★

(背圖見下頁)

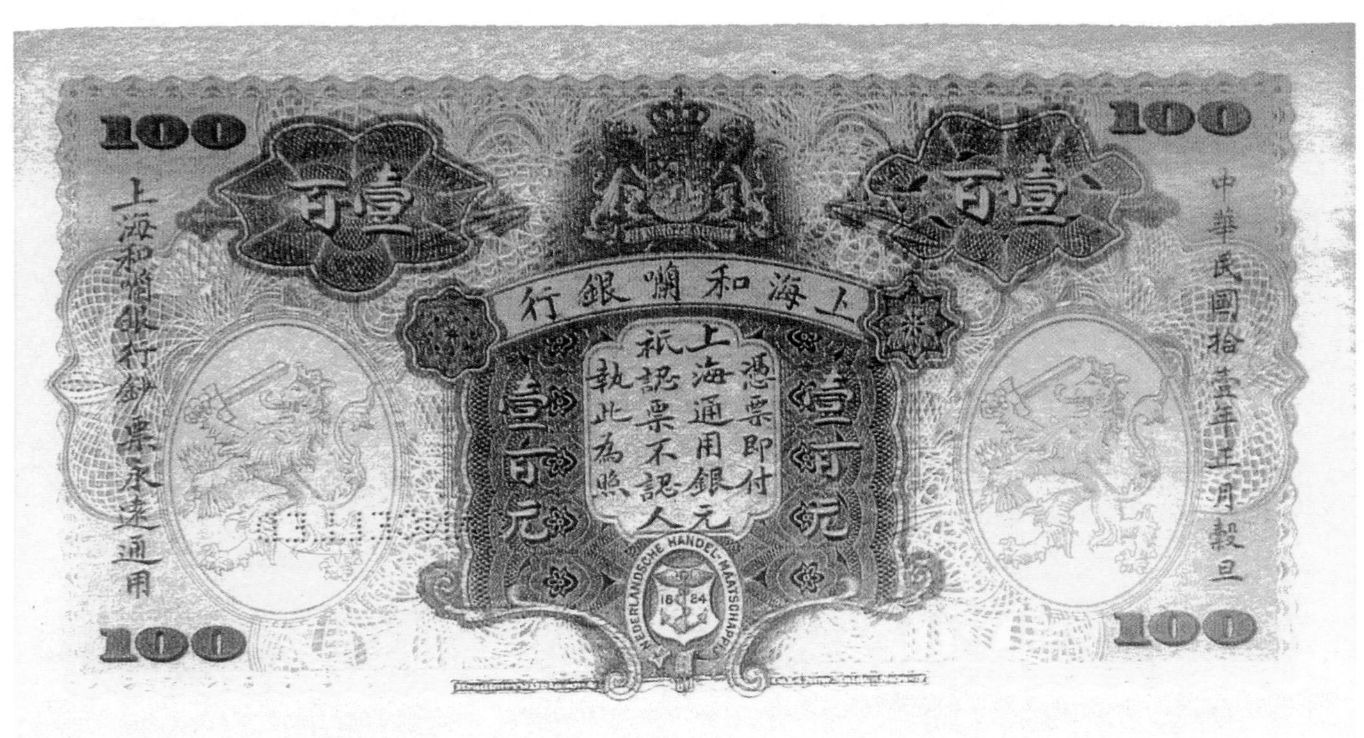

1017
劉文和 提供
★★★★

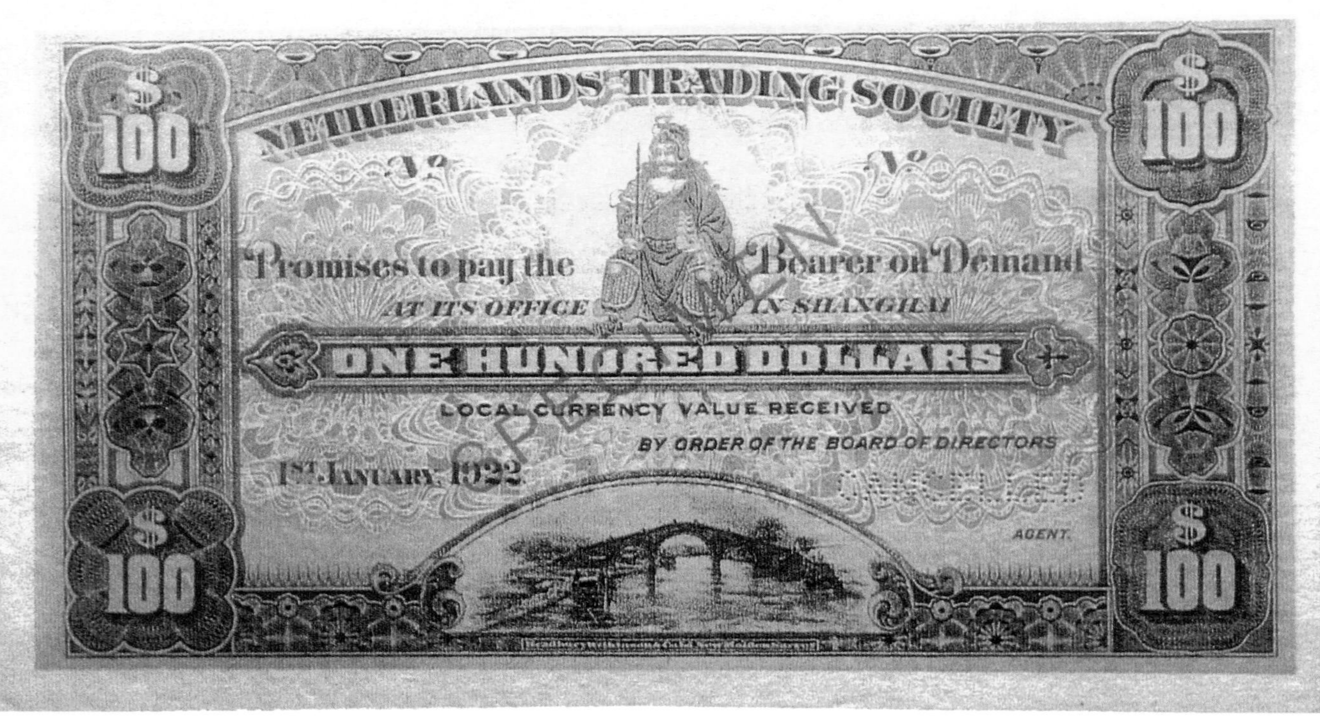

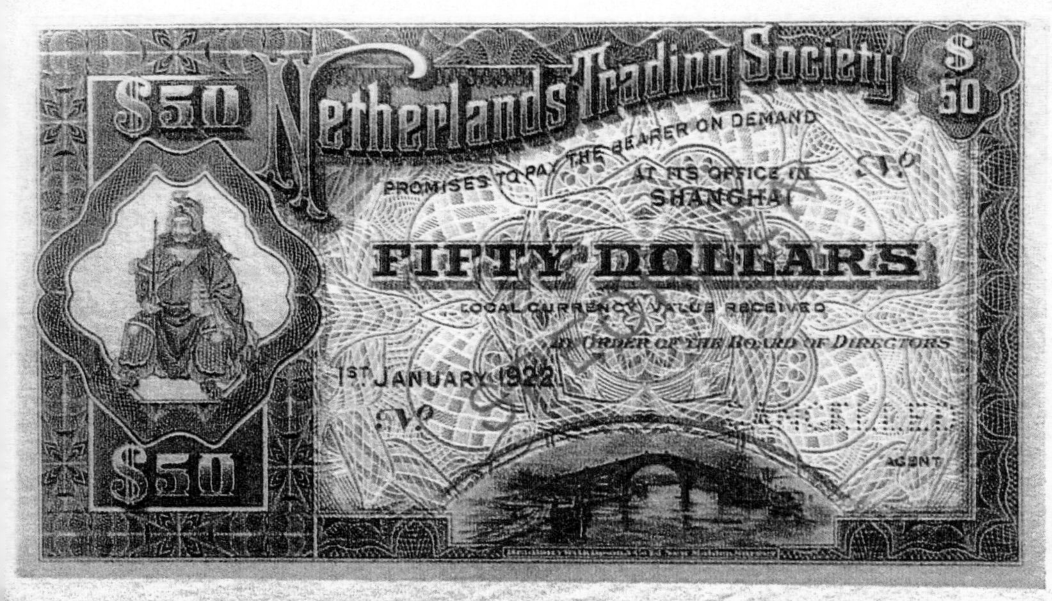

(1016 背圖)

十四、華比銀行

1018
吴籌中 提供
★★★★

1019
劉文和 藏
★★

1020
劉文和 藏
★★★

1021
劉文和 提供
★★★

1022
中國人民銀行上海分行 藏
★★

1023
上海市錢幣學會 提供
★★

1024
中國人民銀行上海分行 藏
★★★

1025
選自《老上海貨幣》
★★★

1026
趙隆業 藏
★★

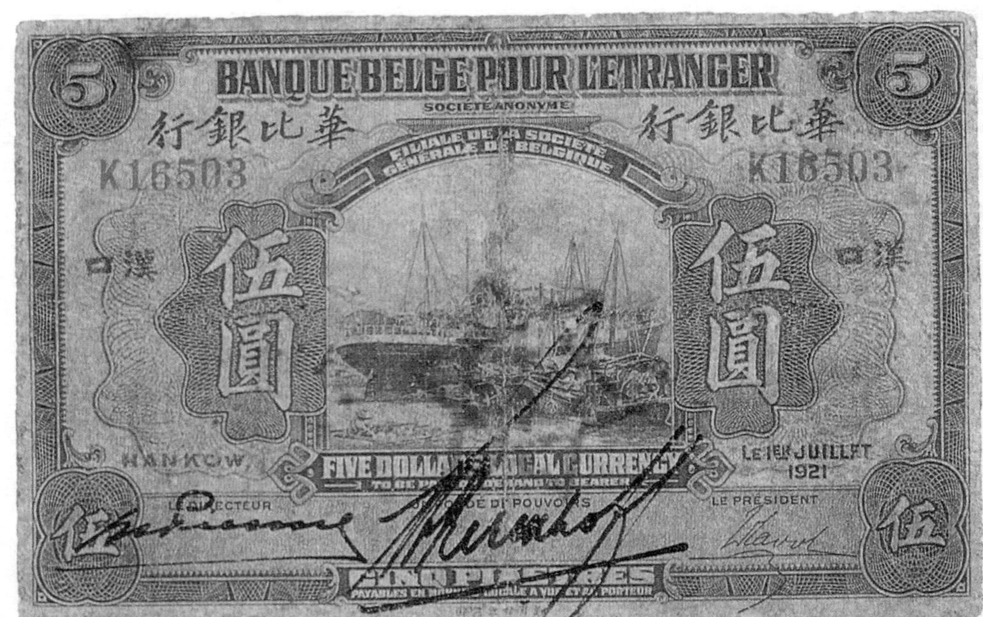

1027
劉文和 藏
★★

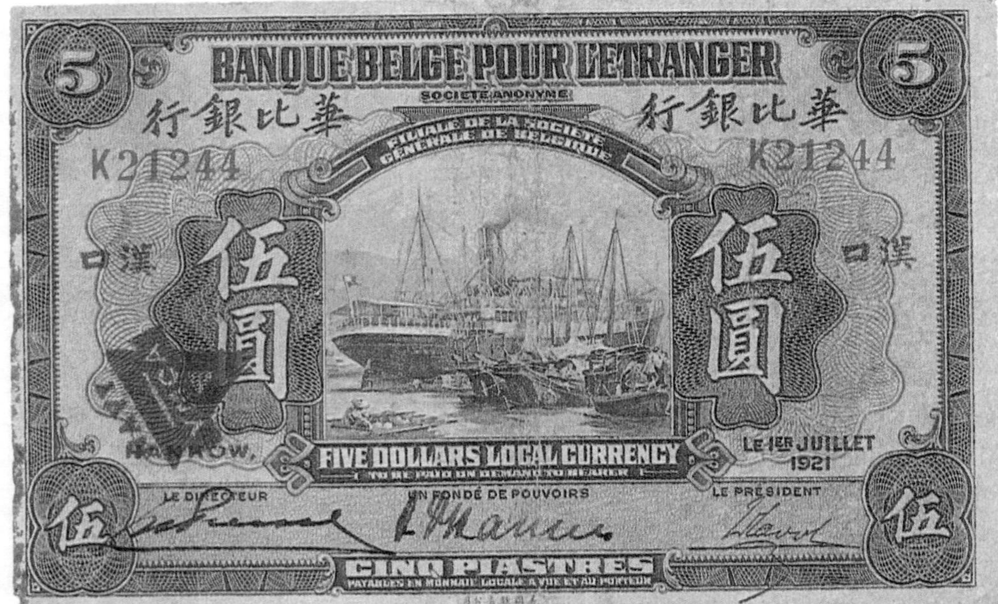

1028
徐風 藏
★★

1029
徐風 藏
★★★

1030
吴籌中 提供
★★★★

十五、横濱正金銀行

1031
選自《日本紙幣 · 在外銀行軍票圖鑑》
★★

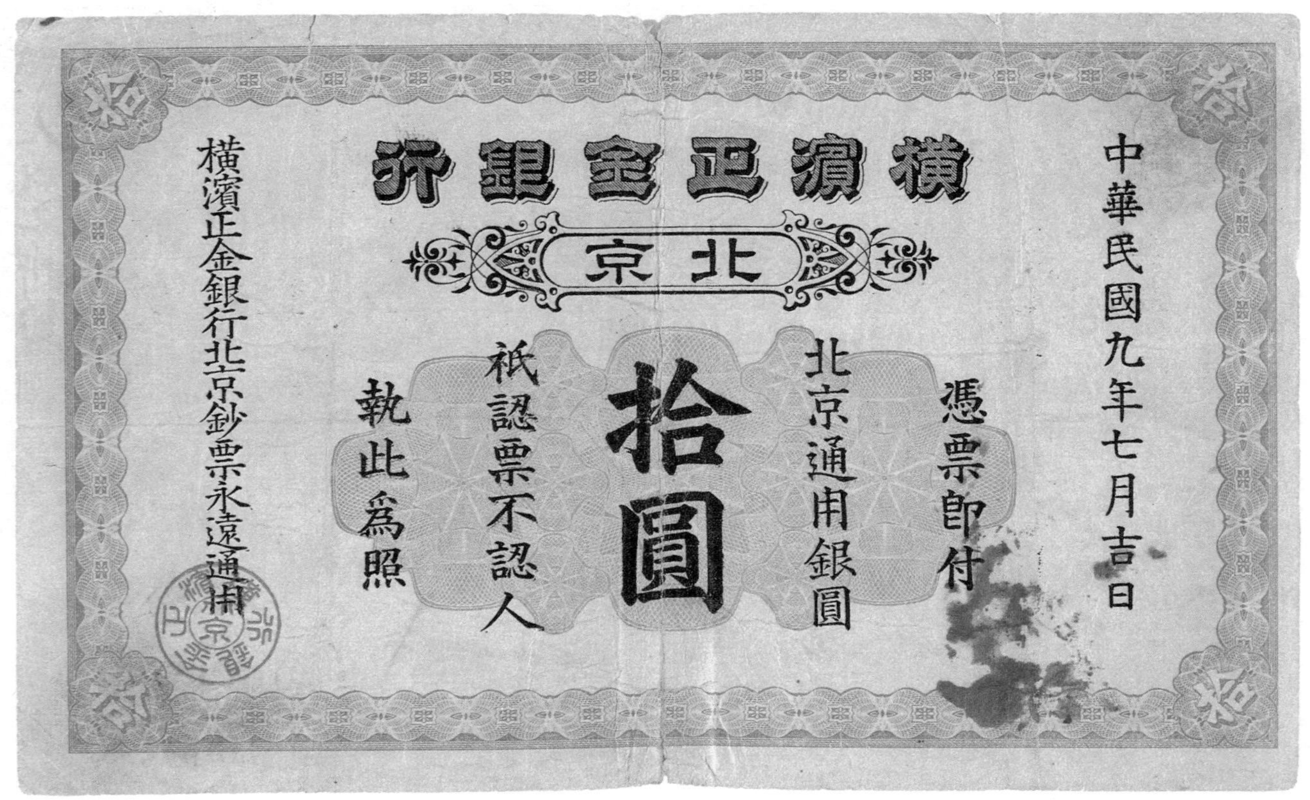

1032
上海博物館 藏
★★★

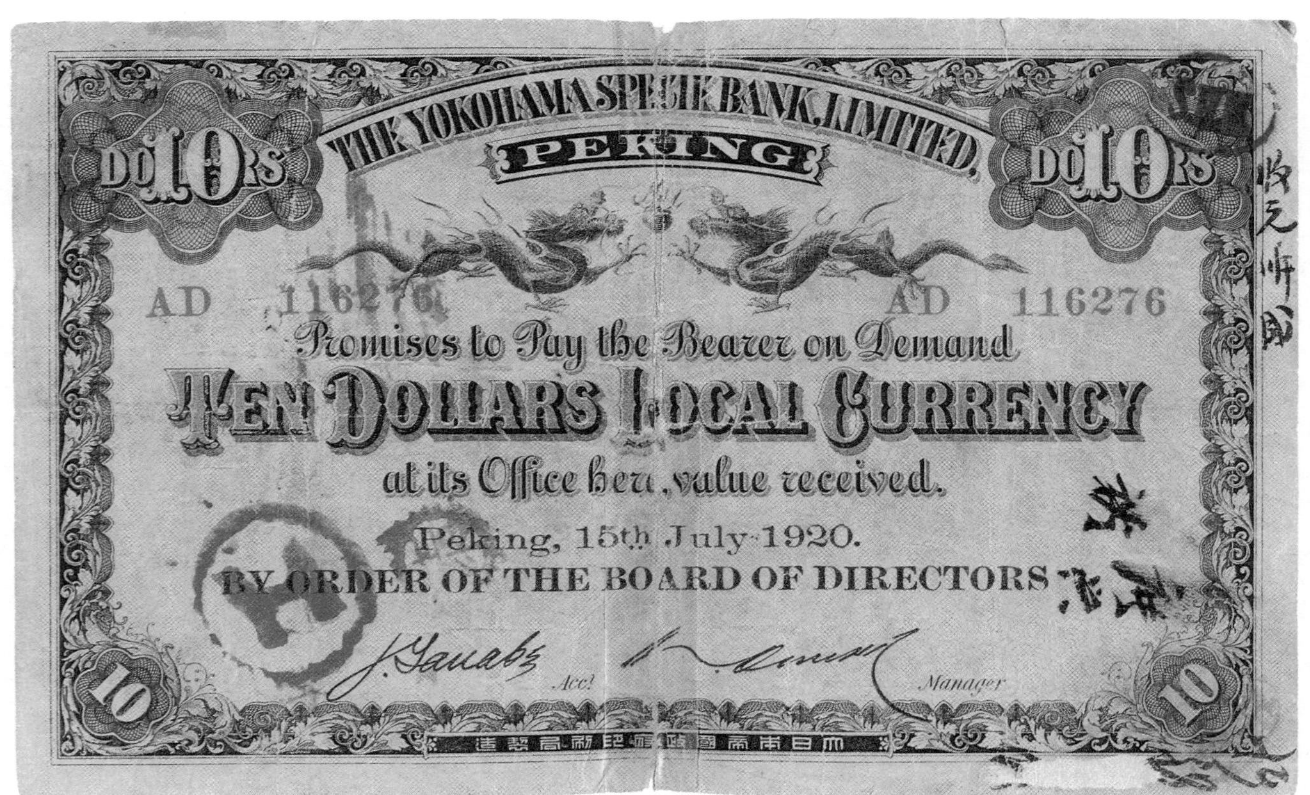

1033
中國人民銀行 藏
★★★★

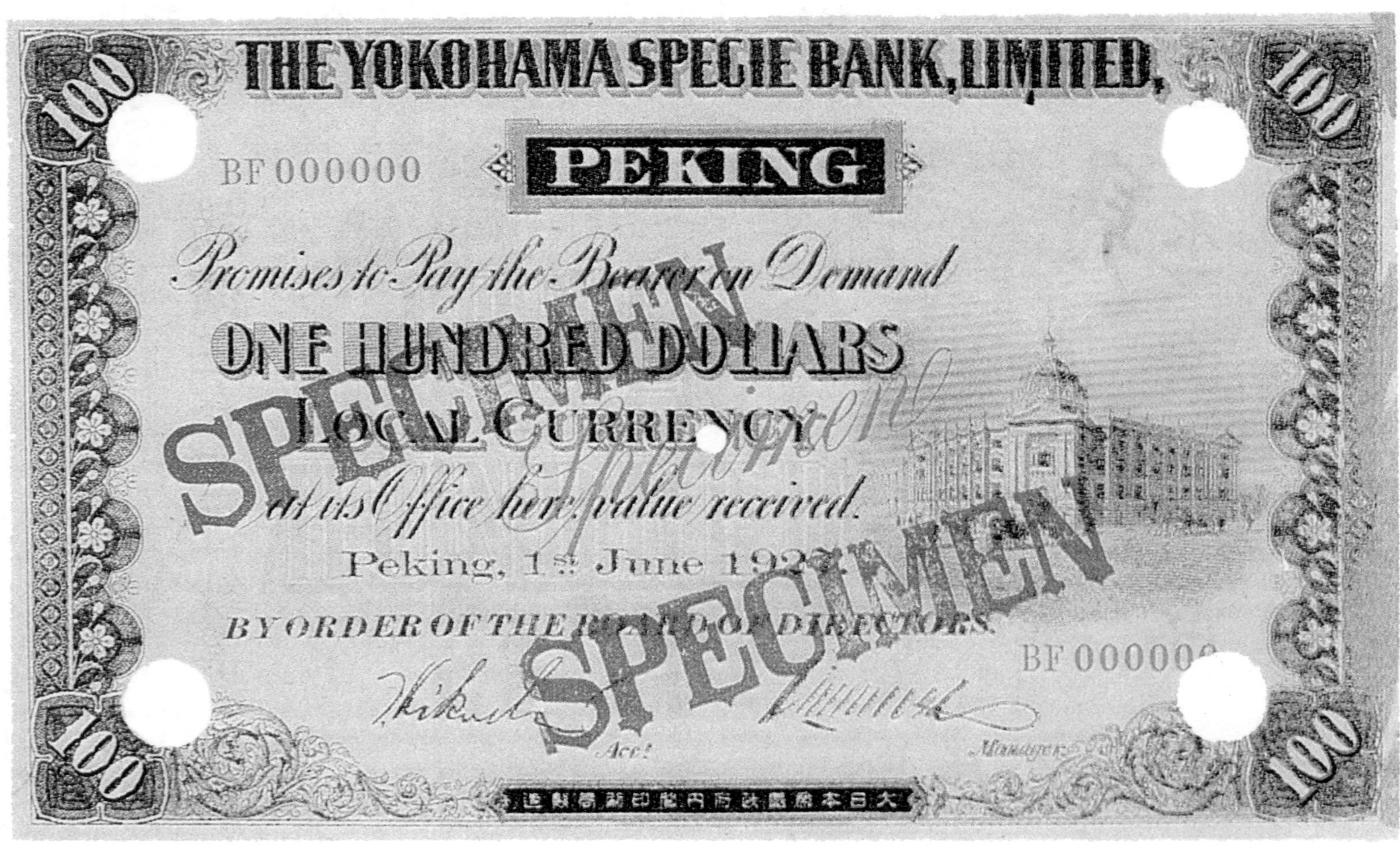

1034
中國人民銀行 藏
★★★★

1035
選自《日本紙幣·在外銀行軍票圖鑑》
★★★

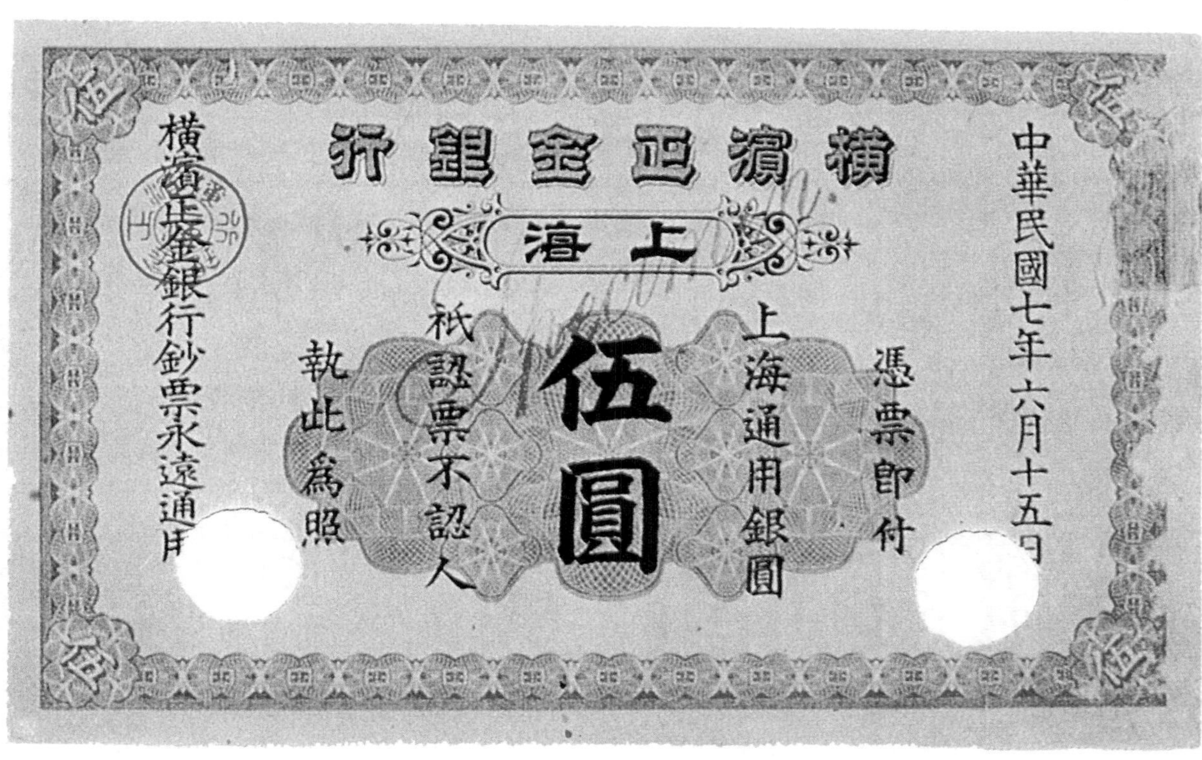

1036
選自《日本紙幣·在外銀行軍票圖鑑》
★★

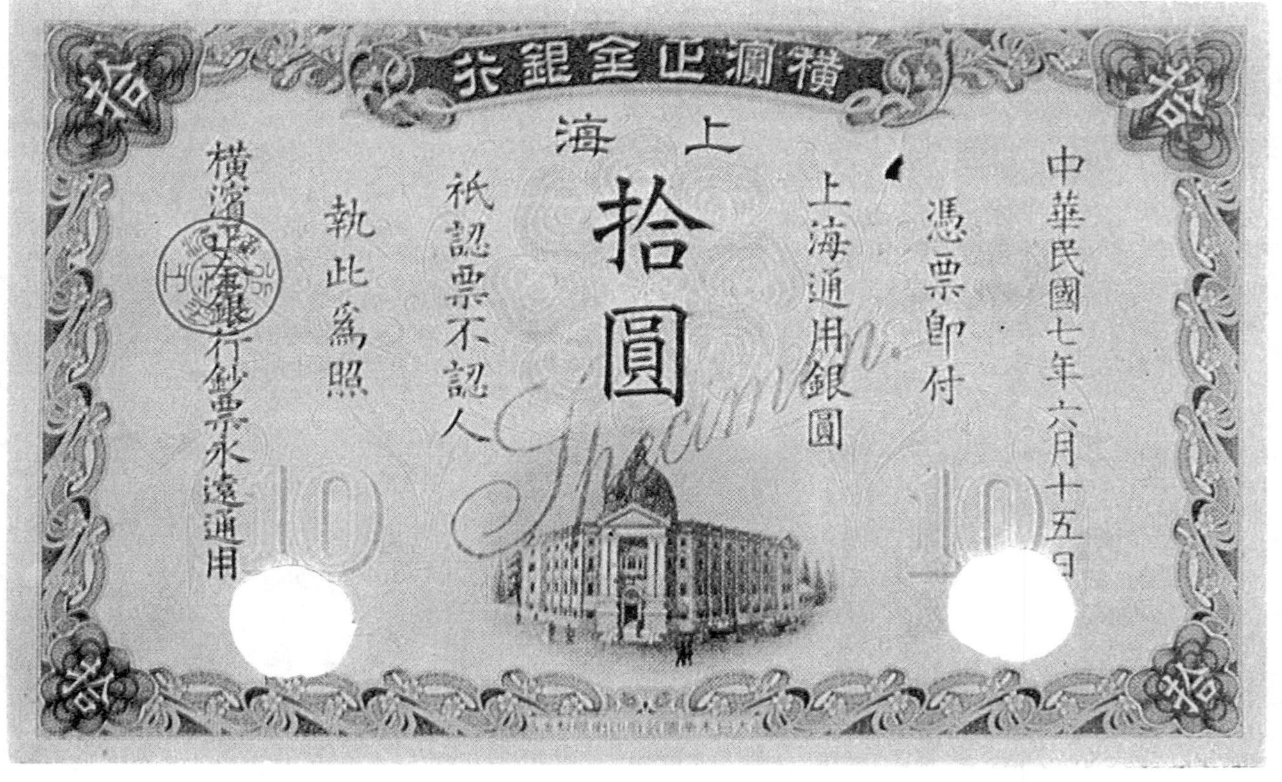

1037
選自《日本紙幣·在外銀行軍票圖鑑》
★★★

1038
選自《日本紙幣 · 在外銀行軍票圖鑑》
★★★★

1039
選自《日本紙幣 · 在外銀行軍票圖鑑》
★★★★

1040
堀本正 藏
★★

（背圖見下頁）

1041
選自《日本紙幣 · 在外銀行軍票圖鑑》
★★

1042
選自《日本紙幣 · 在外銀行軍票圖鑑》
★★★

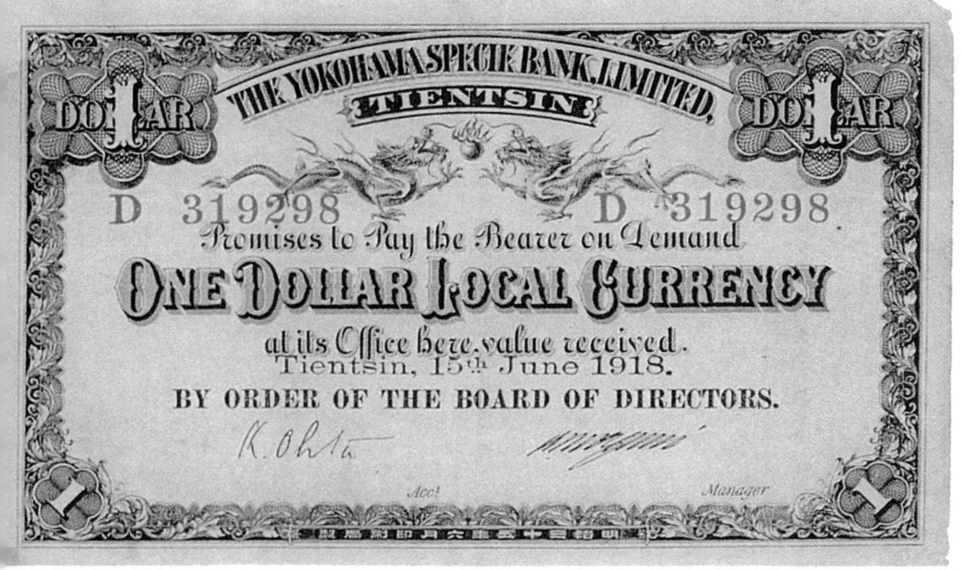

(1040 背圖)

橫濱正金銀行
天津
壹百圓
橫濱正金銀行鈔票
憑票卽付
天津通用銀圓
祇認票不認人
執此爲照
永遠通用
{0}
№000000

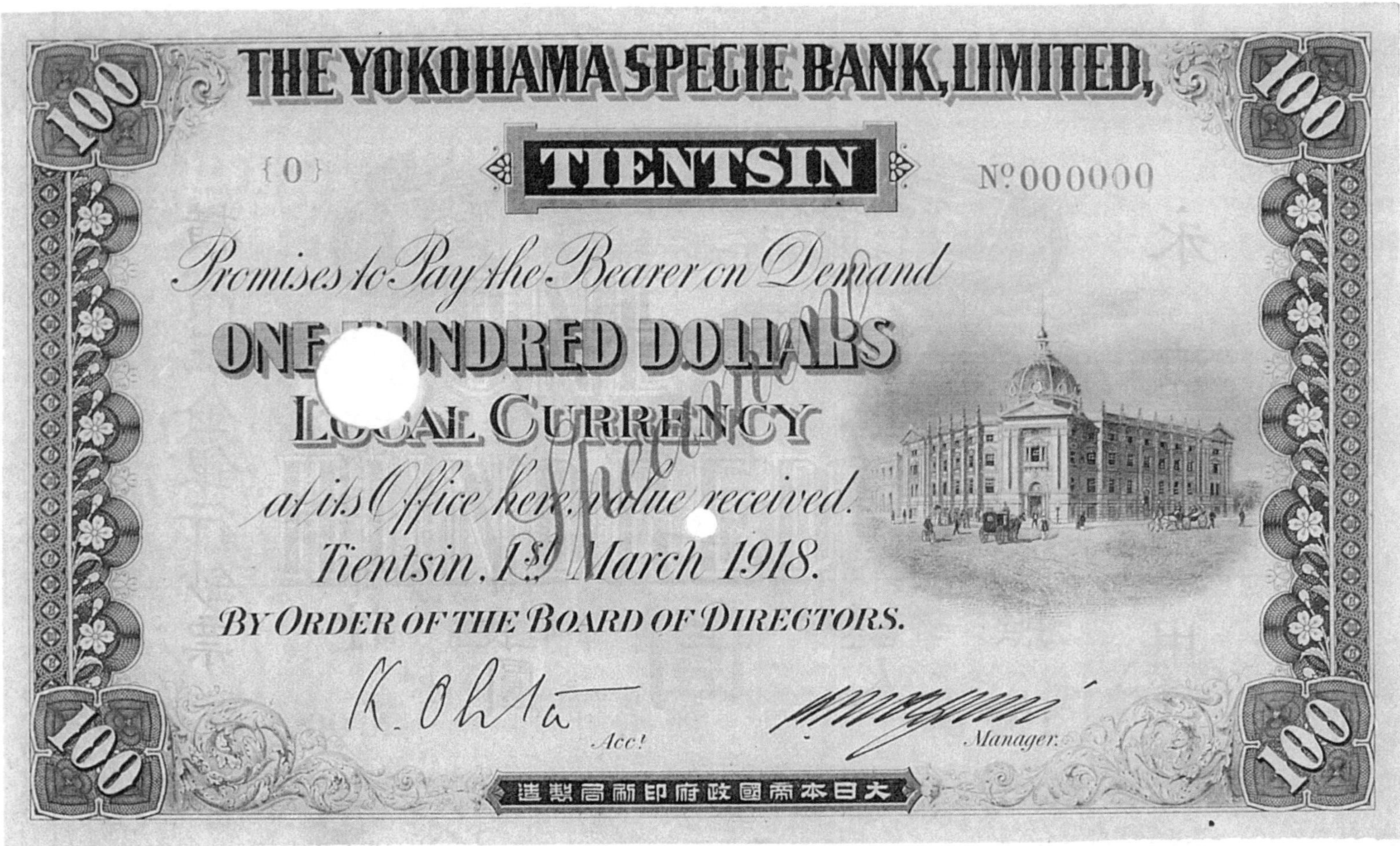
THE YOKOHAMA SPECIE BANK, LIMITED,
TIENTSIN
{0}
№000000
Promises to Pay the Bearer on Demand
ONE HUNDRED DOLLARS
LOCAL CURRENCY
at its Office here, value received.
Tientsin, 1st March 1918.
BY ORDER OF THE BOARD OF DIRECTORS.
Acc!
Manager.
100
大日本帝國政府印刷局製造

1043

堀本正 藏

★★★★

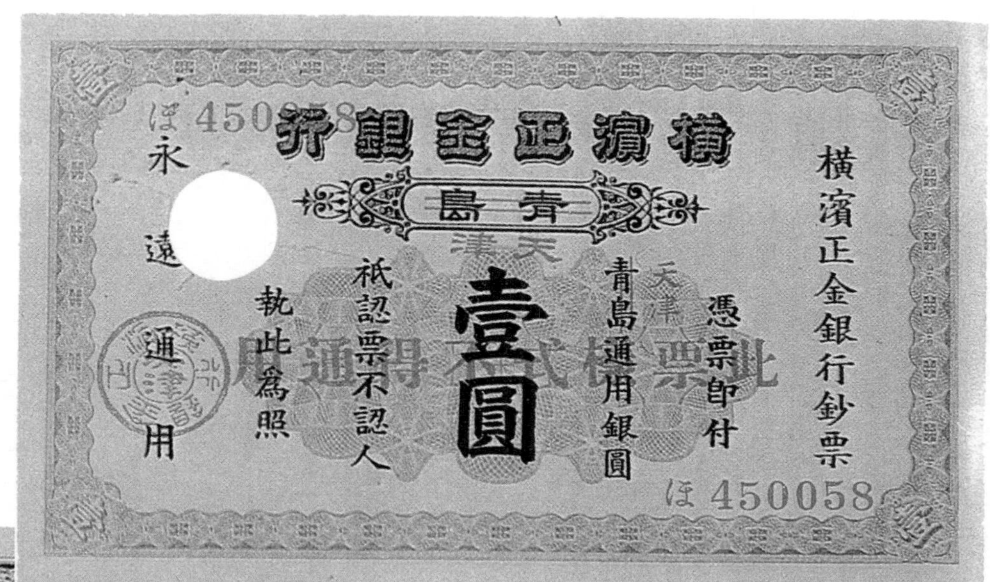

1044
中國人民銀行 藏
★★

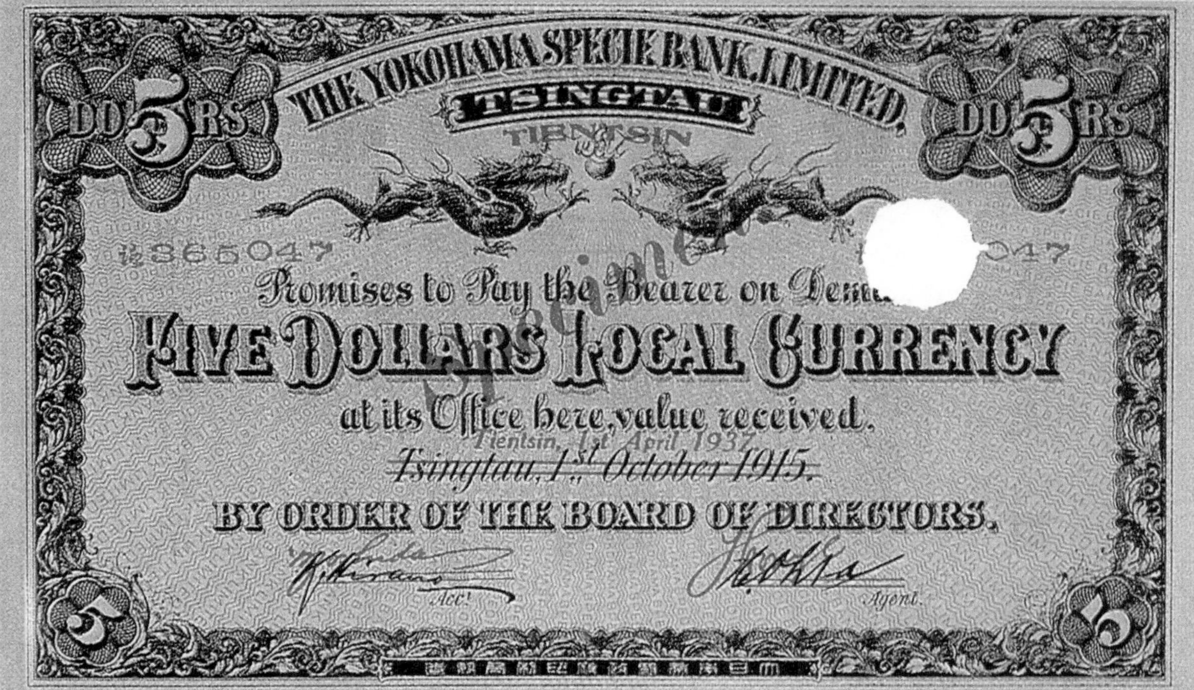

1045
中國人民銀行 藏
★★

1046
中國人民銀行 藏
★★★★

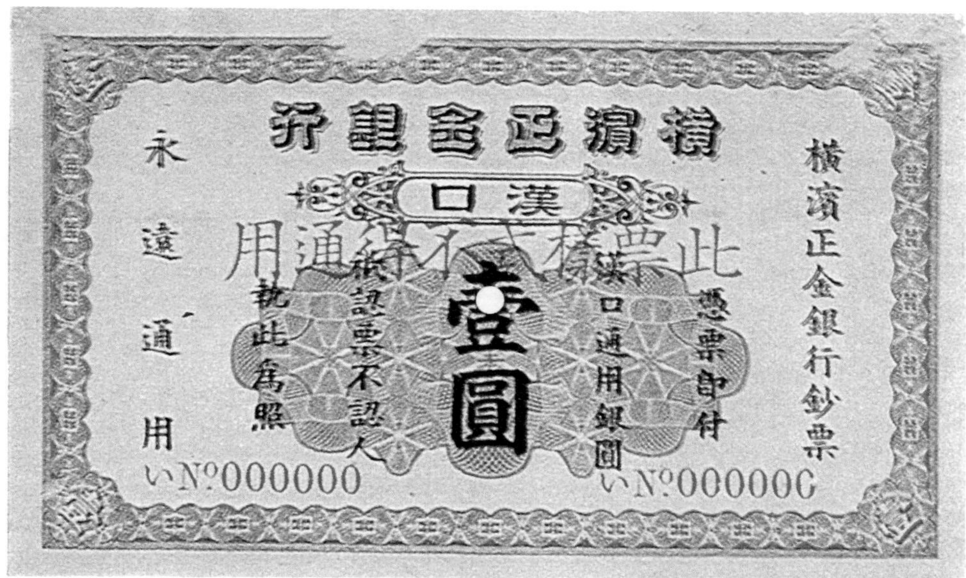

1047
選自《日本紙幣 · 在外銀行軍票圖鑑》
★★

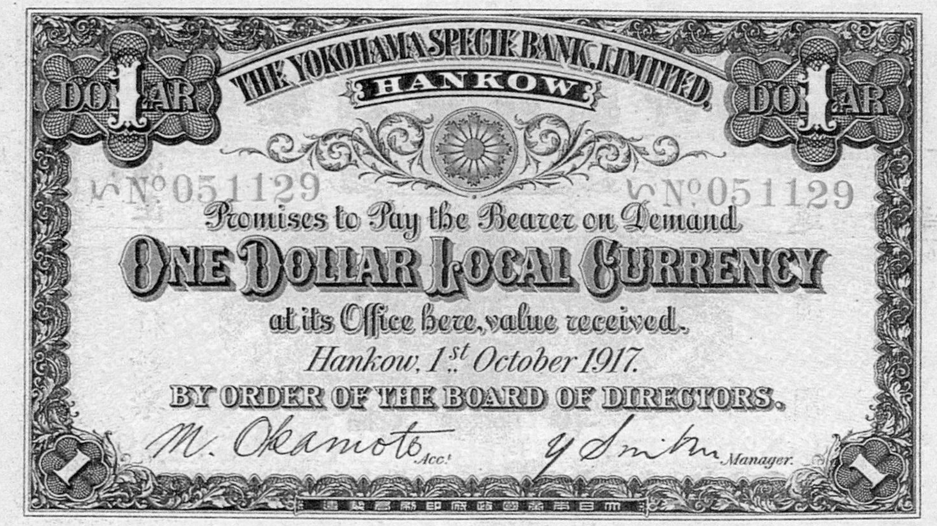

1048
趙隆業 藏
★★

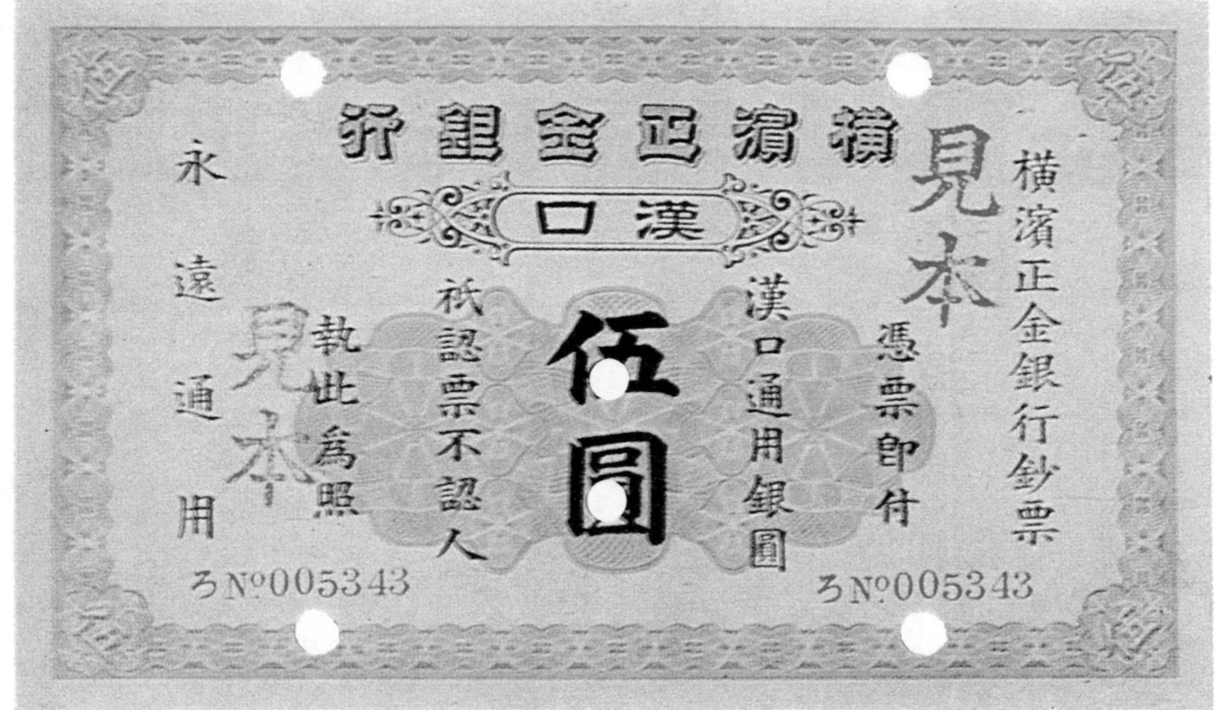

1049
選自《日本紙幣 · 在外銀行軍票圖鑑》
★★

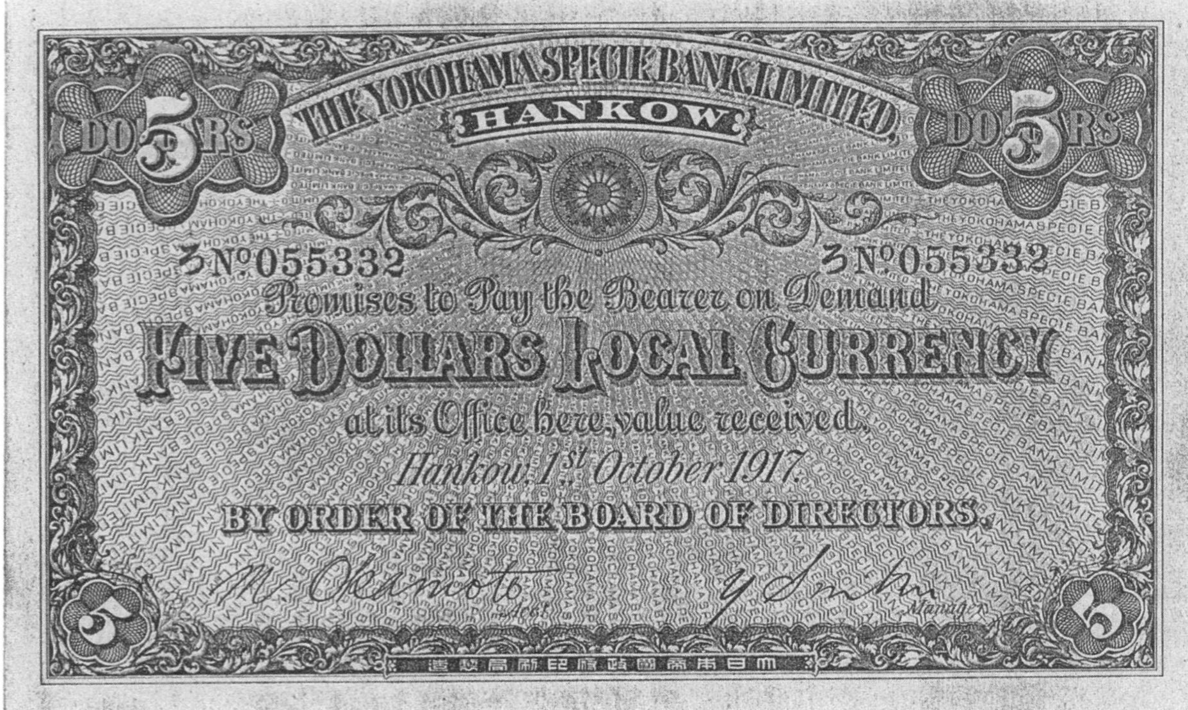

1050
上海市錢幣學會 提供
★★

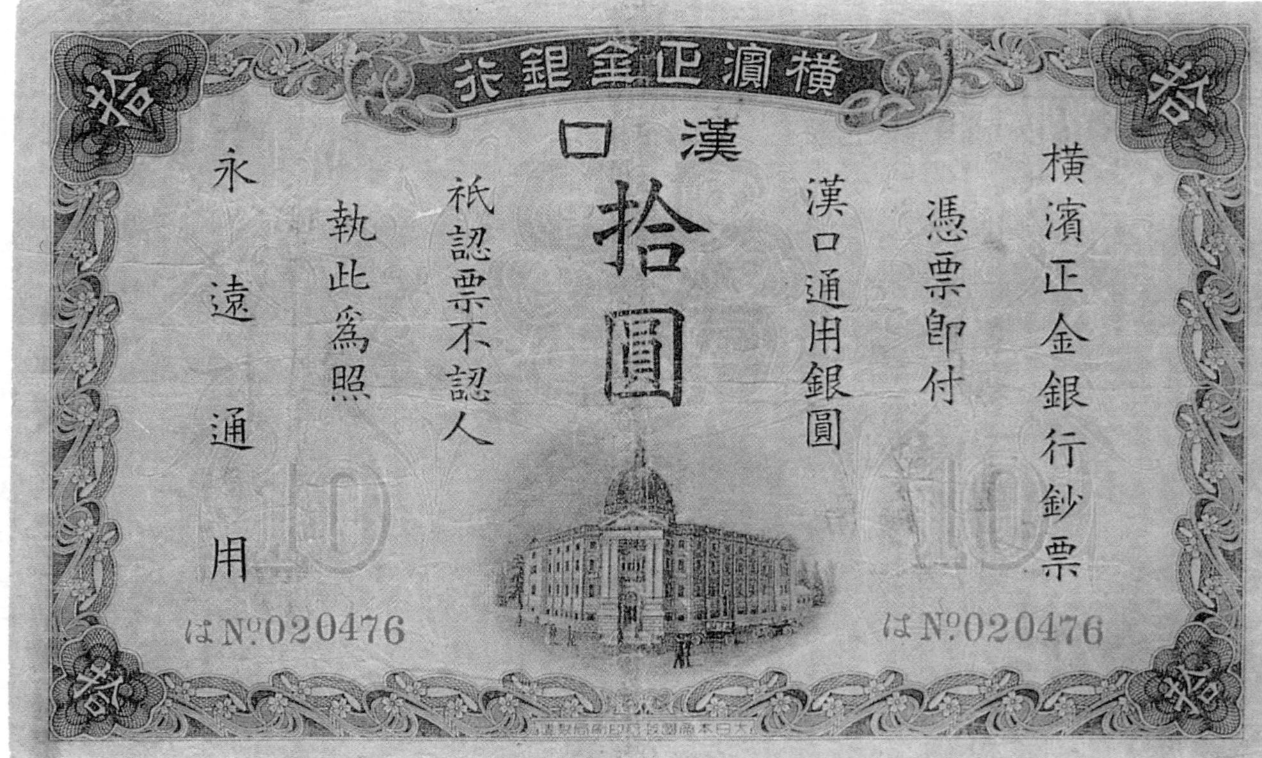

1051
堀本正 藏
★★★

(背圖見下頁)

1052
吴籌中 藏
★★★★

(1051 背圖)

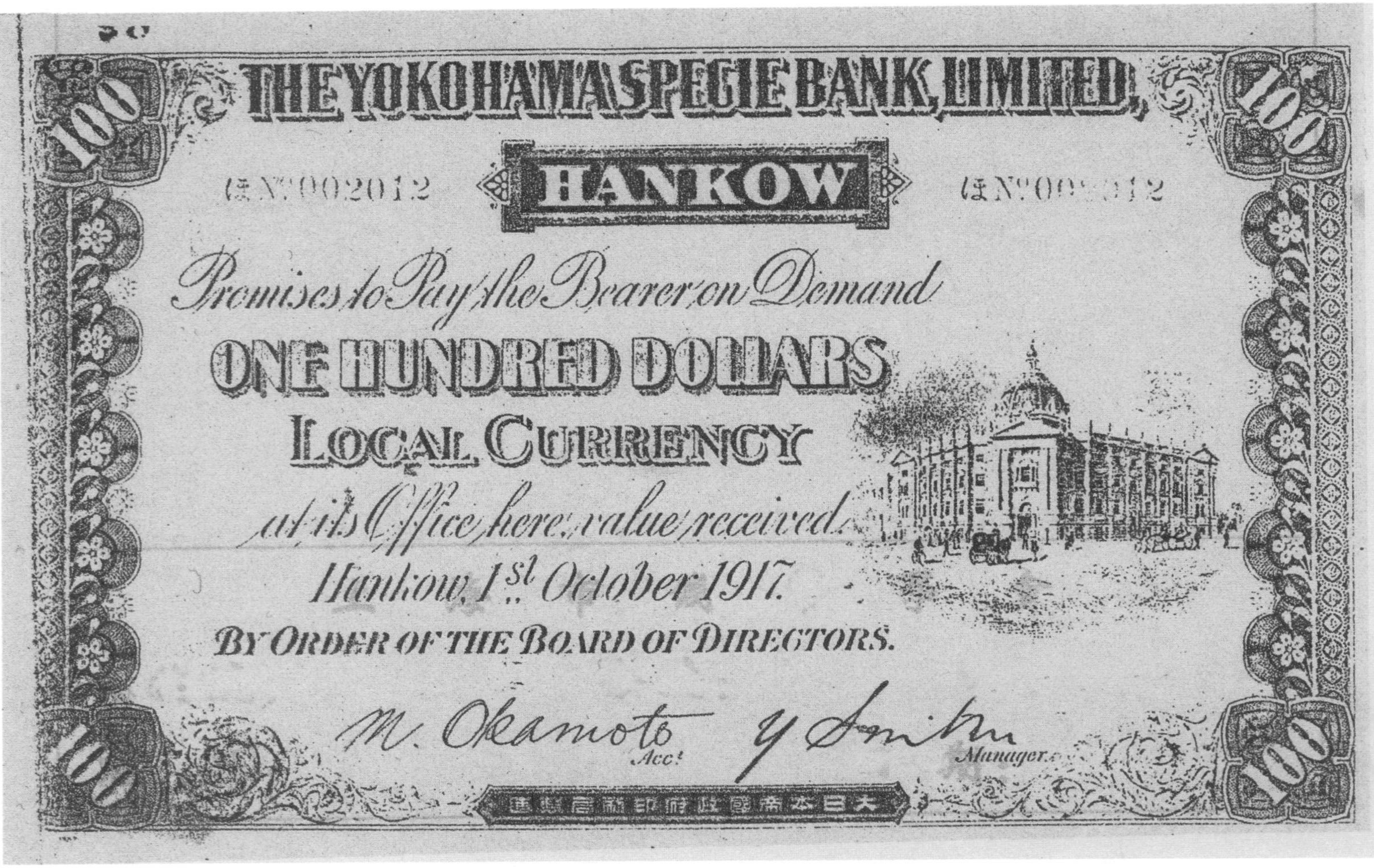

1053
上海市錢幣學會 提供
★★★★

1054
選自《日本紙幣 · 在外銀行軍票圖鑑》
★★

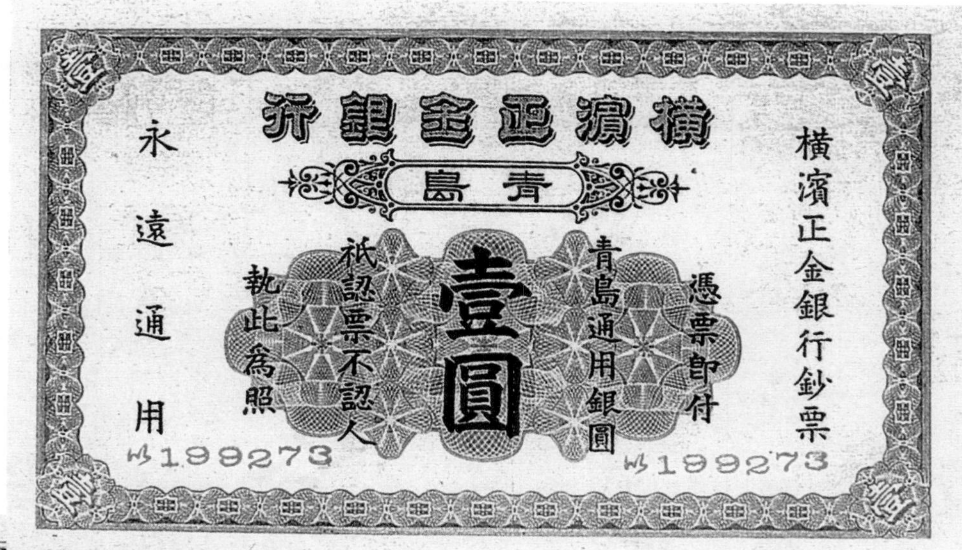

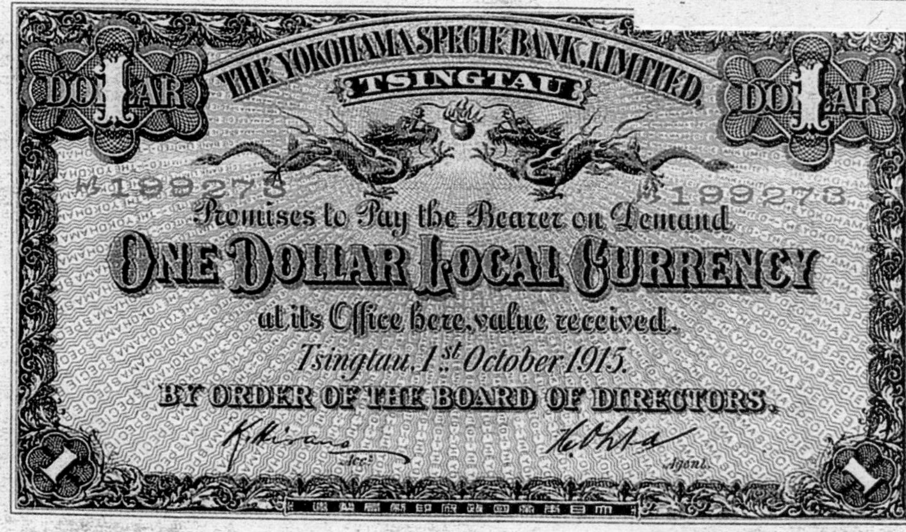

1055
張傑 提供
★★

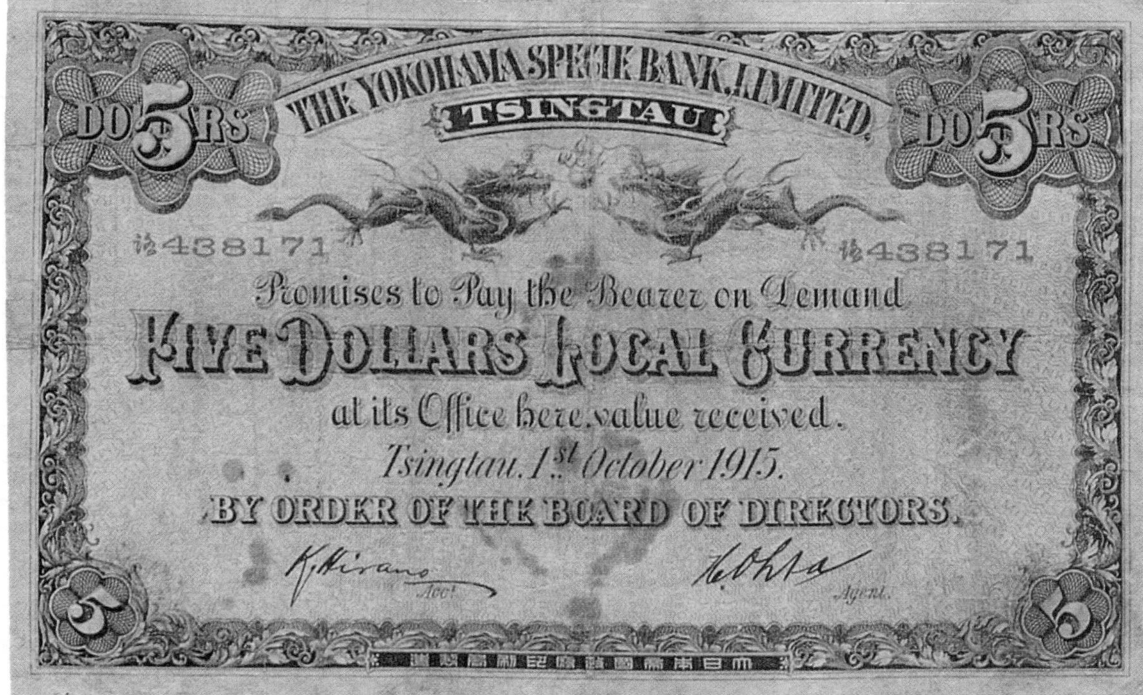

1056
堀本正 藏
★★

1057
選自《日本紙幣·在外銀行軍票圖鑑》
★★★

1058
選自《日本紙幣·在外銀行軍票圖鑑》
★★★★

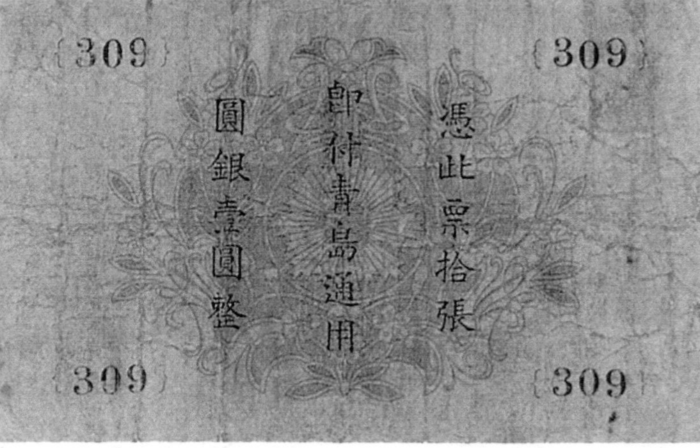

1059
堀本正 藏
★

1060
選自《日本紙幣 · 在外銀行軍票圖鑑》
★★

1061
選自《日本紙幣 · 在外銀行軍票圖鑑》
★★

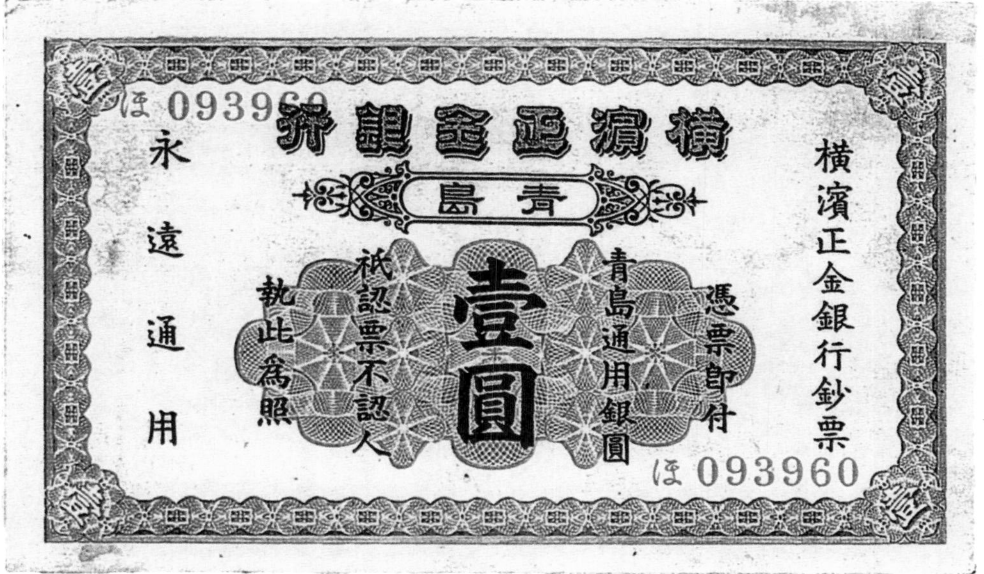

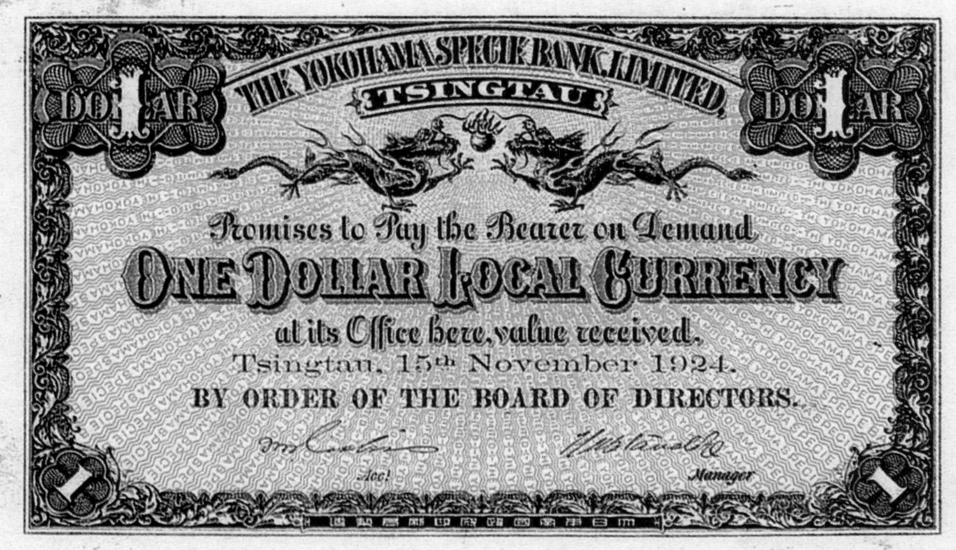

1062
張傑 提供
★★

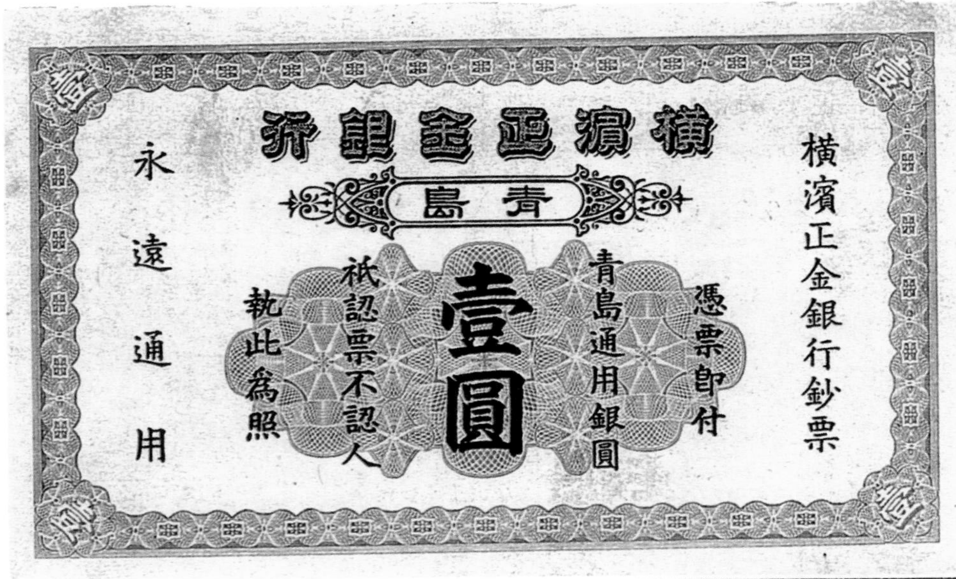

1063
張傑 提供
★★

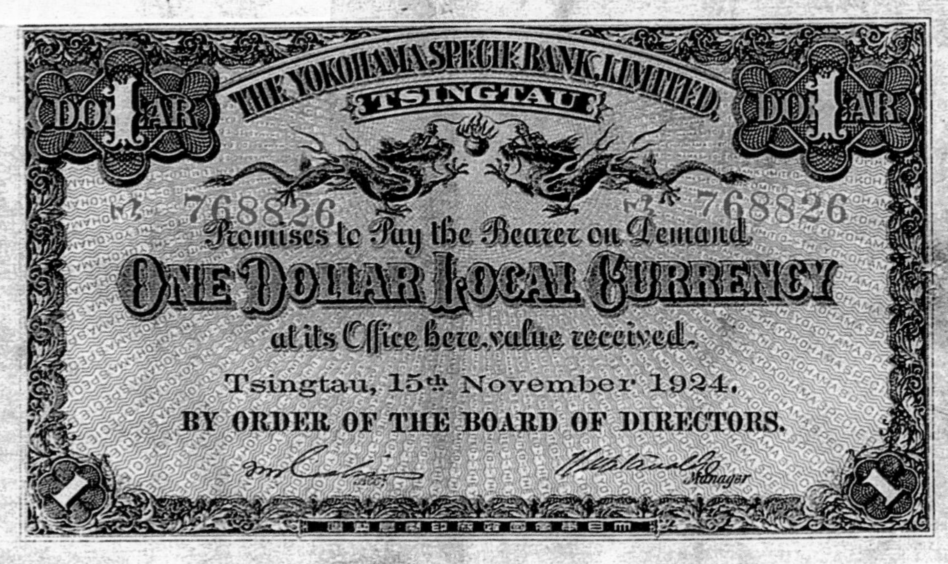

1064
選自《日本紙幣 · 在外銀行軍票圖鑑》
★★

1065
選自《日本紙幣 · 在外銀行軍票圖鑑》
★★★

1066
選自《日本紙幣·在外銀行軍票圖鑑》
★★★

1067
選自《日本紙幣·在外銀行軍票圖鑑》
★★

1068
選自《日本紙幣·在外銀行軍票圖鑑》
★★

1069
選自《日本紙幣 · 在外銀行軍票圖鑑》
★★★

1070
選自《日本紙幣 · 在外銀行軍票圖鑑》
★★★★

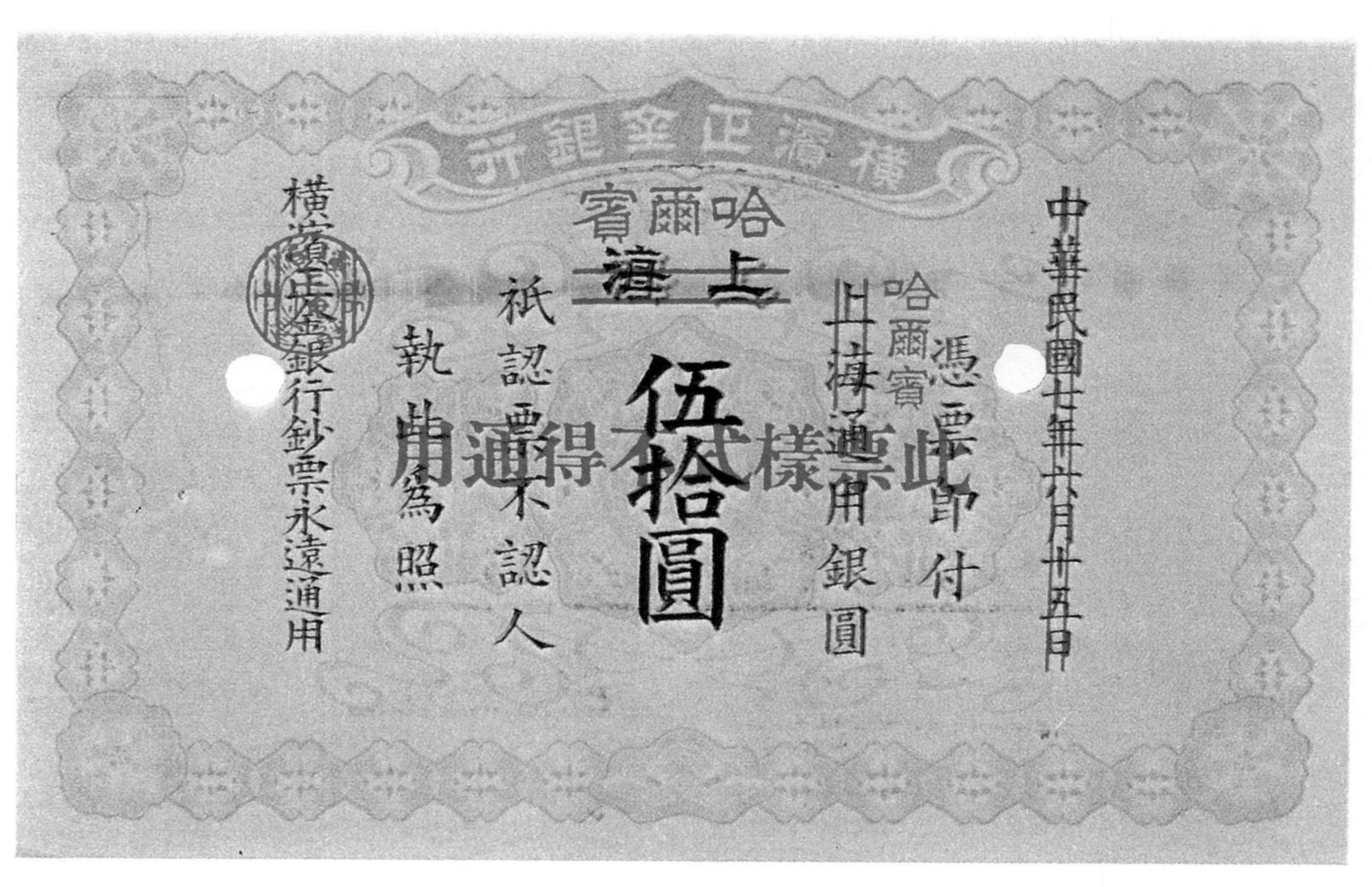

1071
選自《日本紙幣 · 在外銀行軍票圖鑑》
★★★★

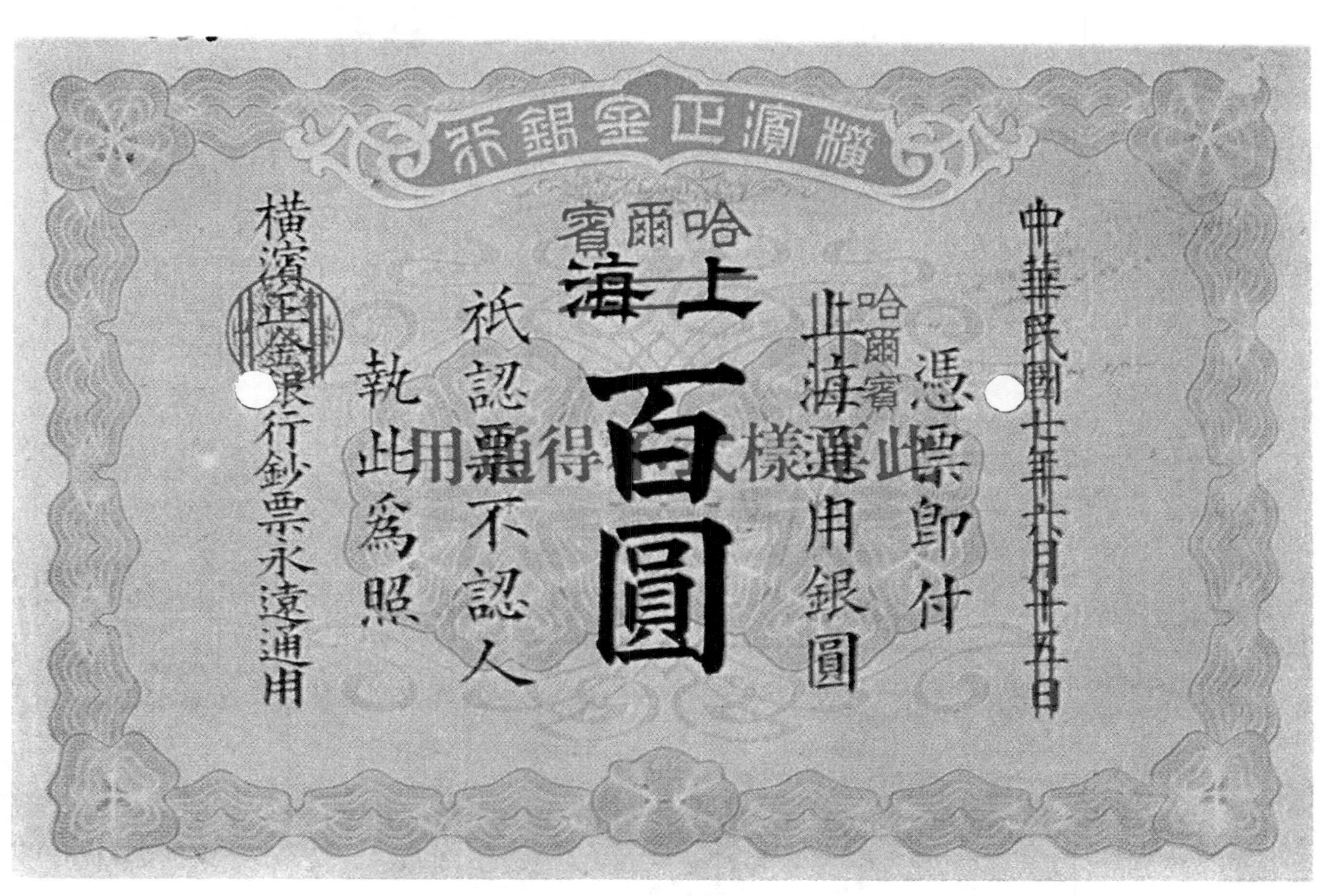

1072
選自《日本紙幣 · 在外銀行軍票圖鑑》
★★★★

1073
選自《日本紙幣·在外銀行軍票圖鑑》
★★

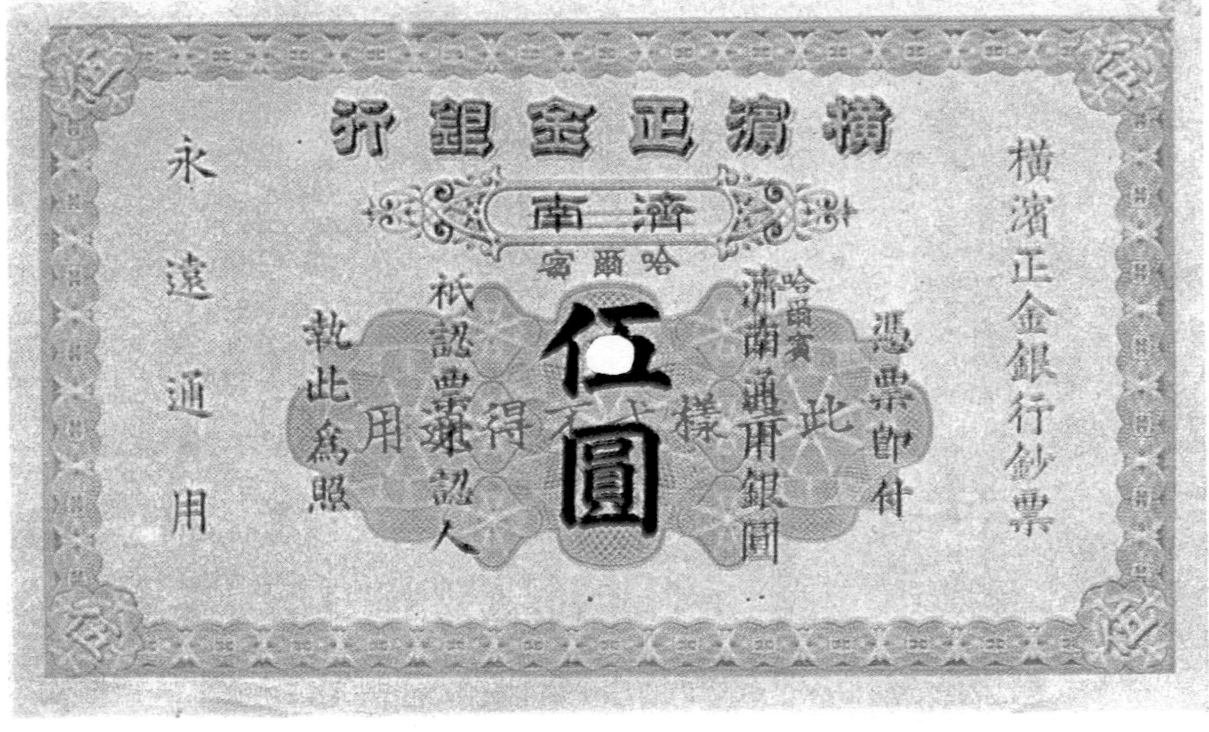

1074
選自《日本紙幣 · 在外銀行軍票圖鑑》
★★

1075
選自《日本紙幣·在外銀行軍票圖鑑》
★★★

1076
堀本正 藏
★★★★

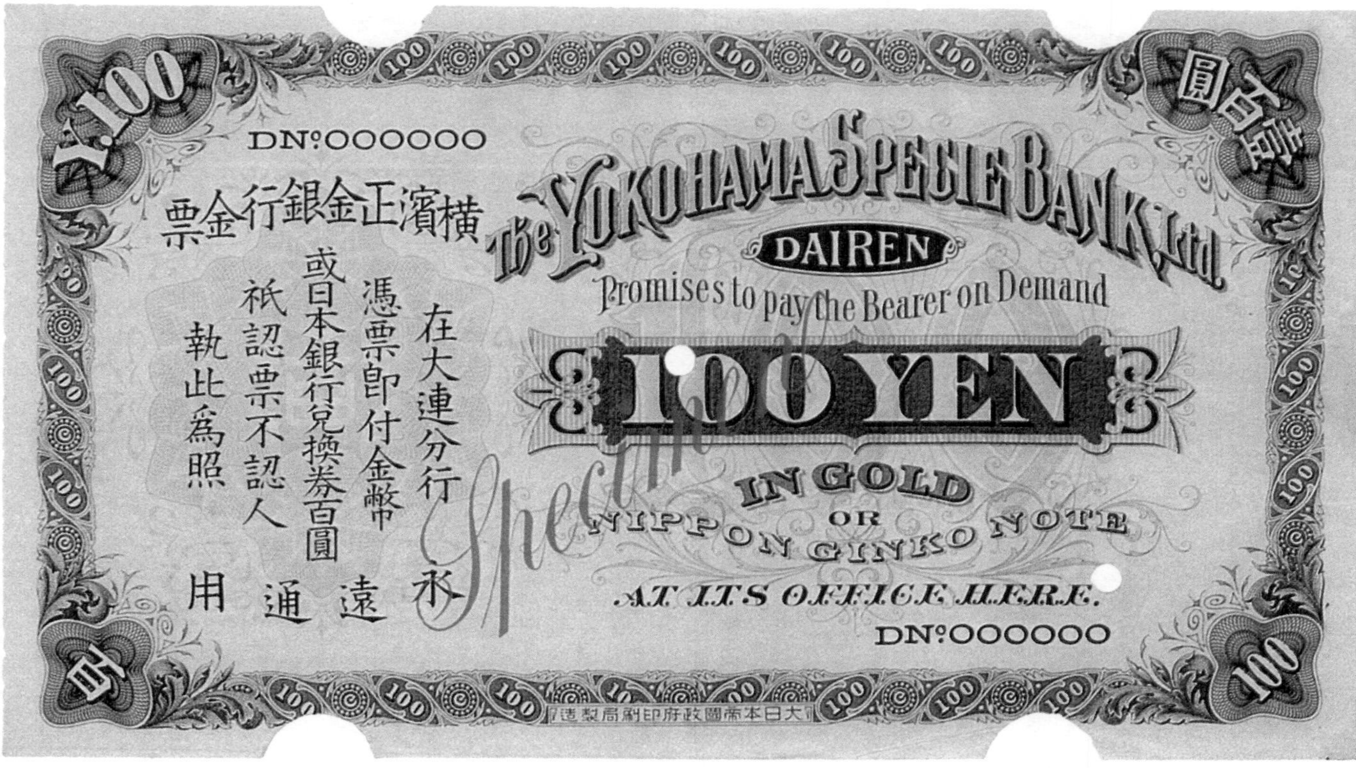

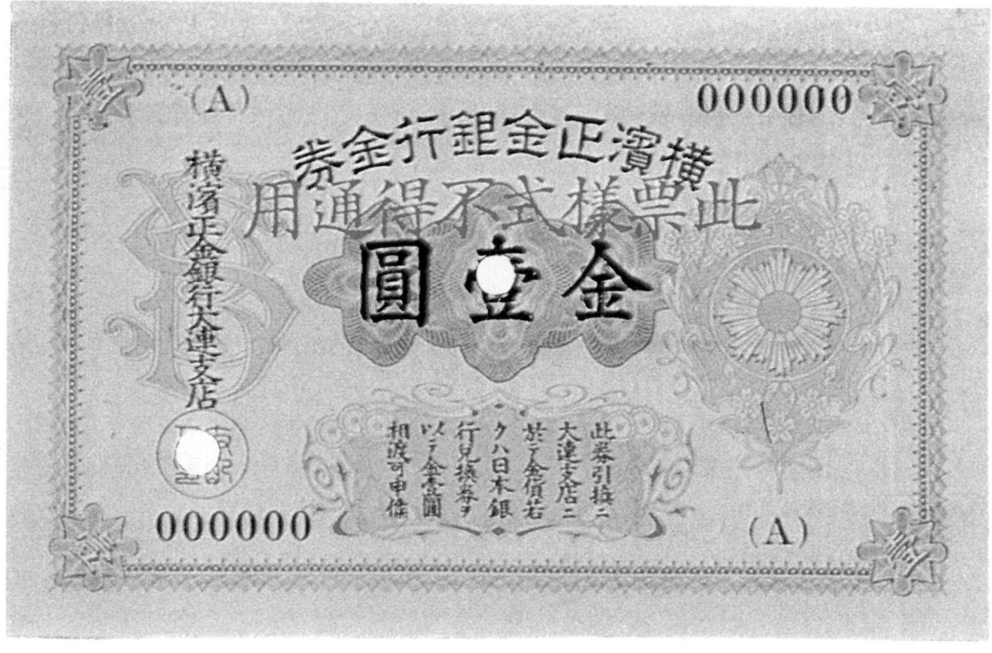

1077
選自《日本紙幣 · 在外銀行軍票圖鑑》
★★

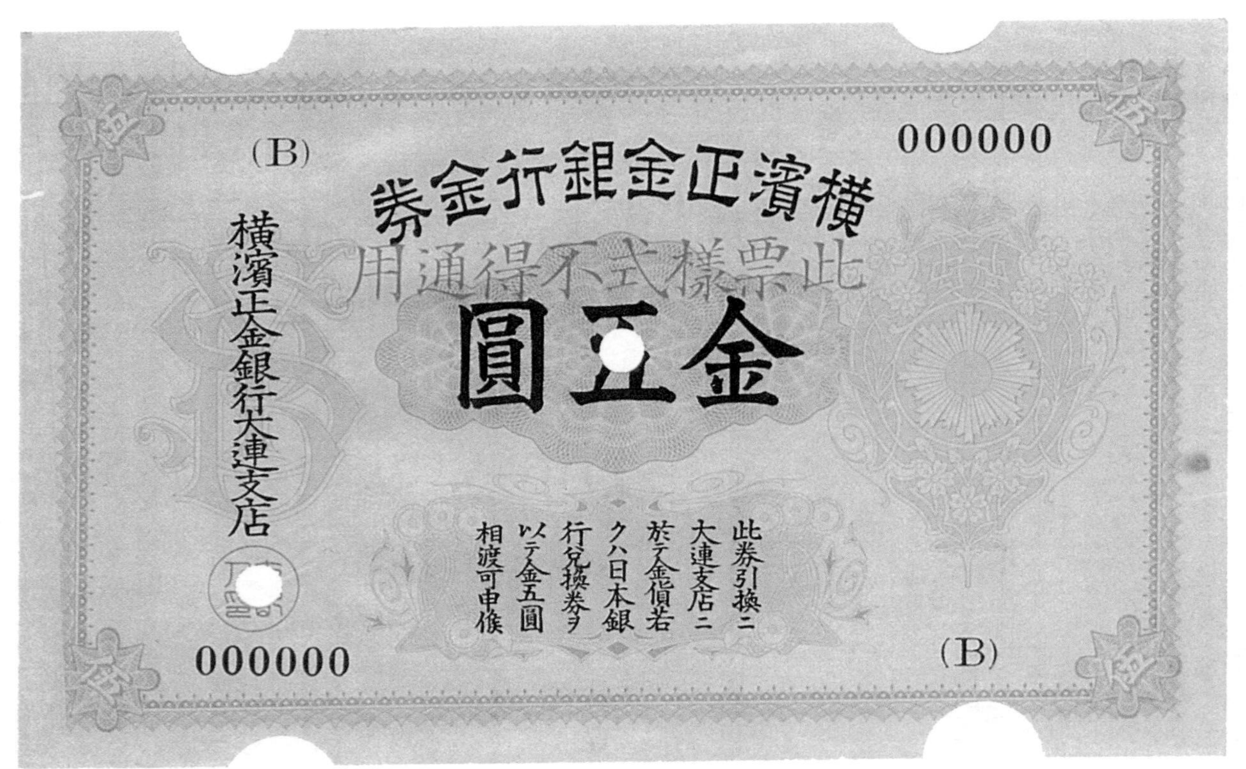

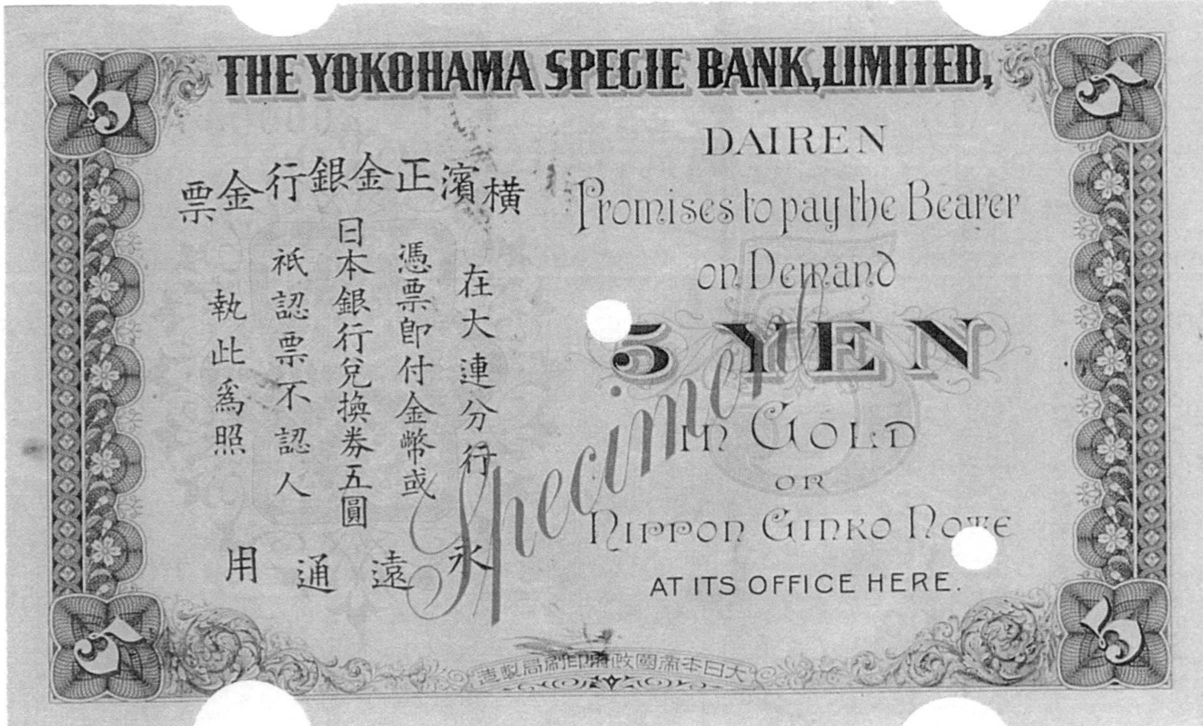

1078
上海市錢幣學會 提供
★★

1079
選自《日本紙幣·在外銀行軍票圖鑑》
★★★

1080
選自《日本紙幣 · 在外銀行軍票圖鑑》
★★★

1081
選自《日本紙幣 · 在外銀行軍票圖鑑》
★★★★

1082
選自《日本紙幣 · 在外銀行軍票圖鑑》
★★

1083
堀本正 藏
★★

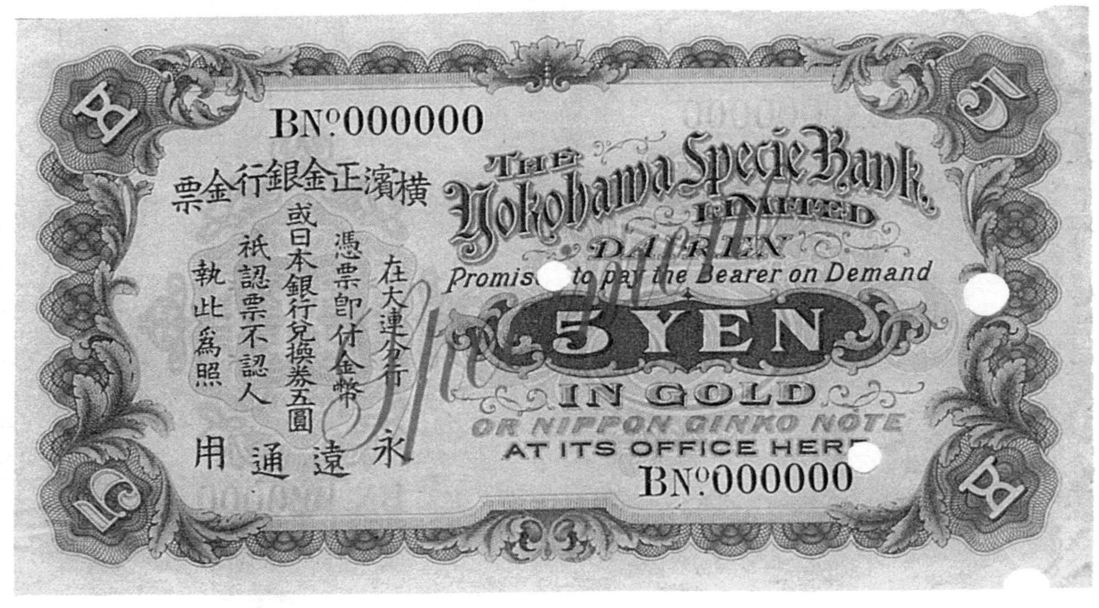

1084
選自《日本紙幣·在外銀行軍票圖鑑》
★★★★

1085
選自《日本紙幣 · 在外銀行軍票圖鑑》
★★★★

1086
選自《日本紙幣 · 在外銀行軍票圖鑑》
★★★★

1087
選自《日本紙幣 · 在外銀行軍票圖鑑》
★★★★

1088
選自《日本紙幣 · 在外銀行軍票圖鑑》
★★★★

1089
選自《日本紙幣 · 在外銀行軍票圖鑑》
★

1090
徐風 藏
★

1091
選自《日本紙幣 · 在外銀行軍票圖鑑》
★★

1092
選自《日本紙幣·在外銀行軍票圖鑑》
★★

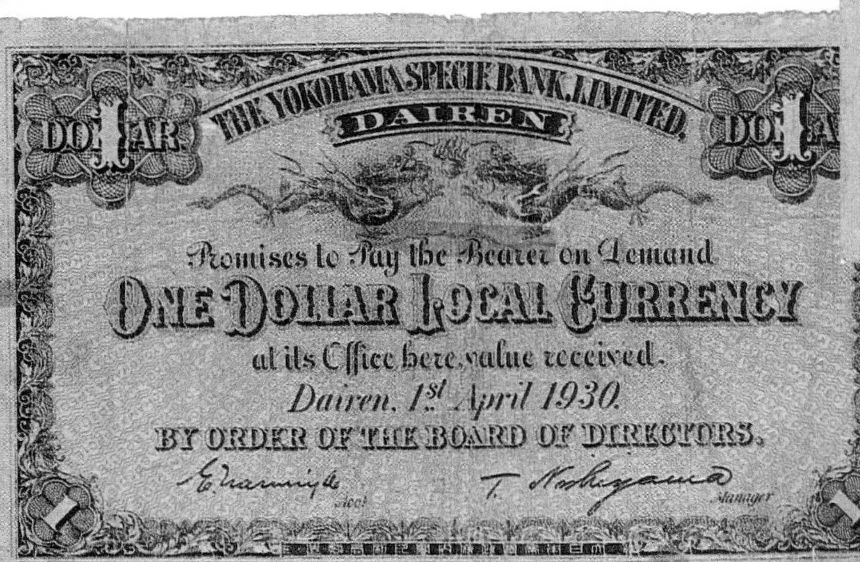

1093
徐風 藏
★★

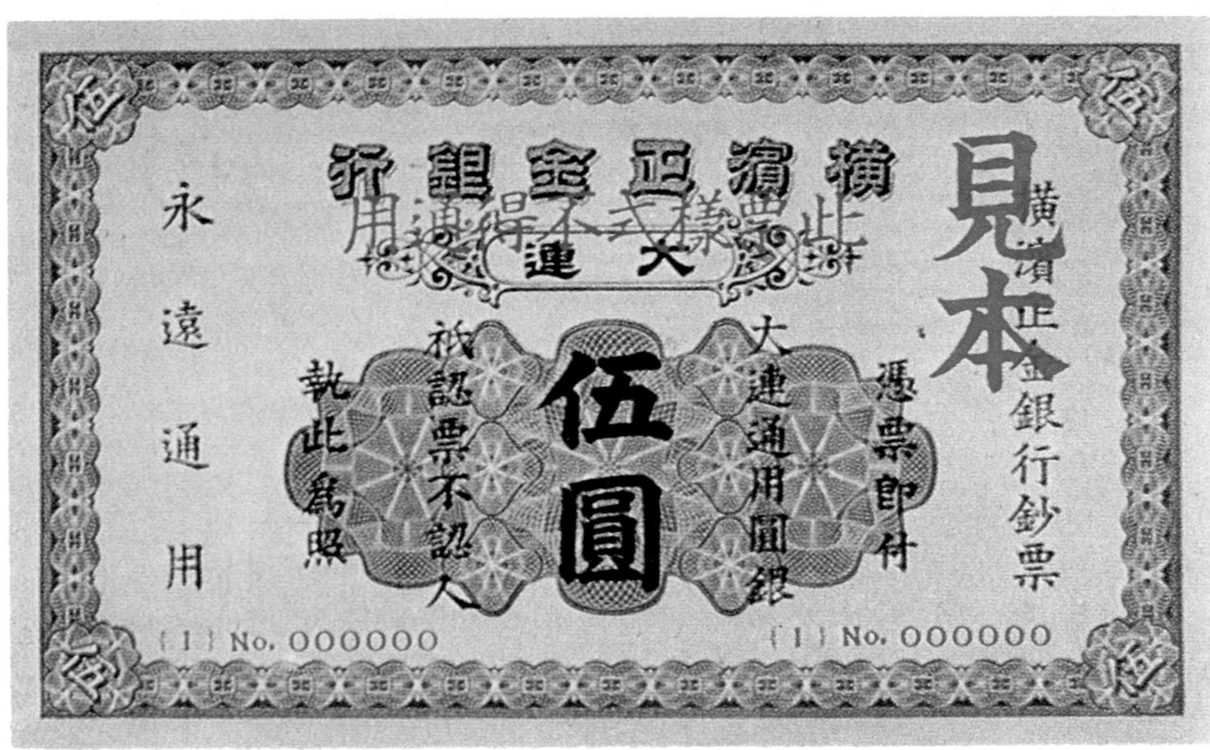

1094
選自《日本紙幣·在外銀行軍票圖鑑》
★★

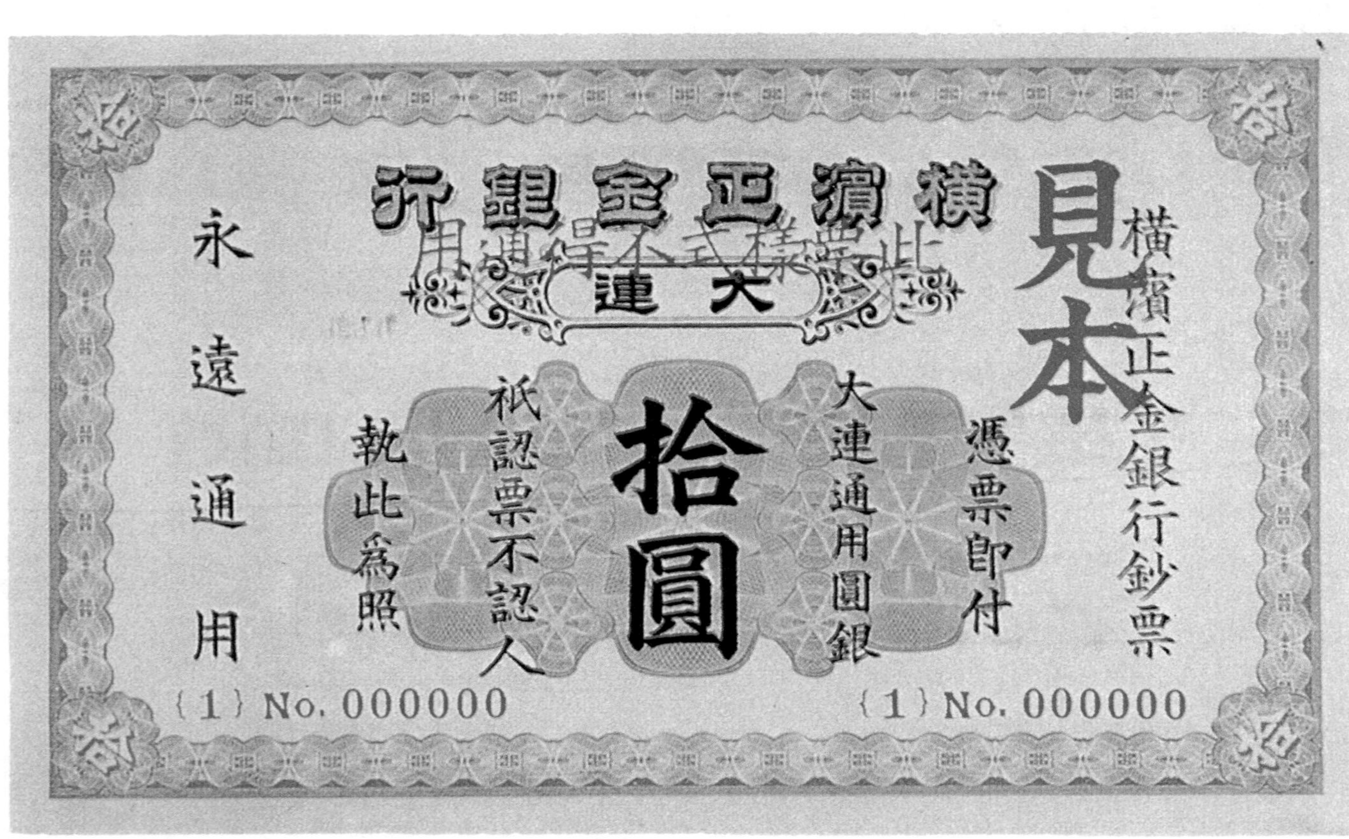

1095
選自《日本紙幣·在外銀行軍票圖鑑》
★★★

1096
存雲亭 藏

十六、朝鮮銀行

1097
郭乃興 藏
★★

1098
選自《日本貨幣》
★

1099
選自《資本主義國家在舊中國發行和流通的貨幣》
★★

1100
選自《日本貨幣》
★★

1101
選自《資本主義國家在舊中國發行和流通的貨幣》
★★

1102
選自《日本貨幣》
★★★

1103
選自《日本貨幣》
★★★

1104
選自《日本貨幣》
★

1105
中國人民銀行上海分行 藏
★★

1106
選自《日本貨幣》
★★

1107
王煒 藏
★★

1108
中國人民銀行上海分行 藏
★

1109
王煒 藏

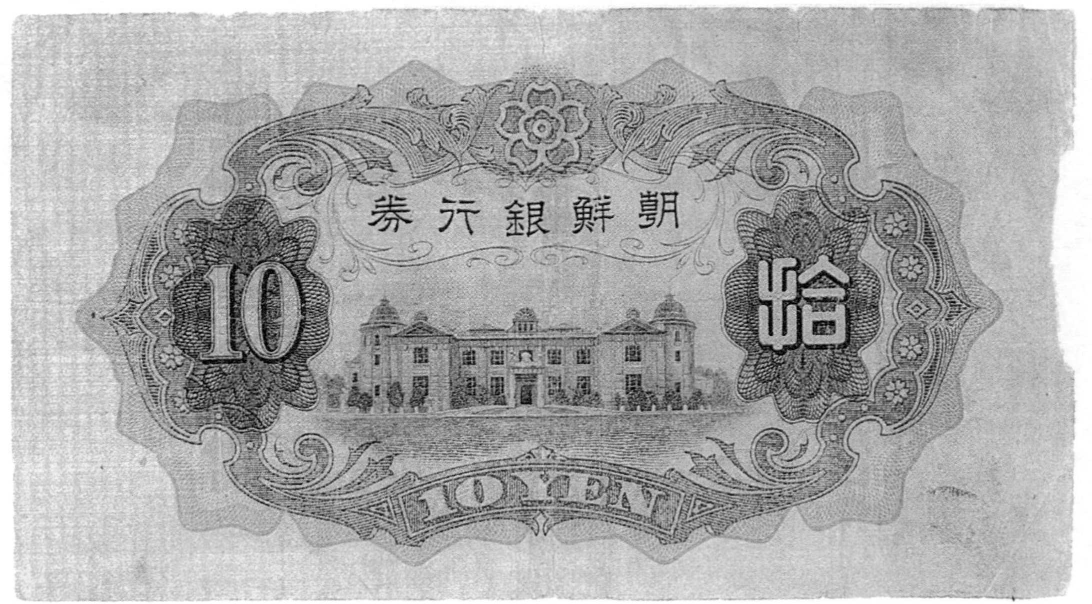

1110
選自《資本主義國家在舊中國發行和流通的貨幣》
★

1111
中國人民銀行上海分行 藏
★★

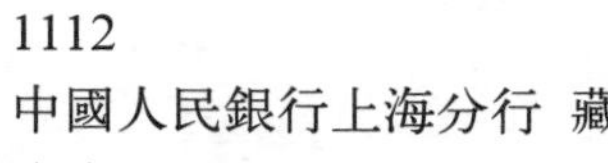

1112
中國人民銀行上海分行 藏
★★

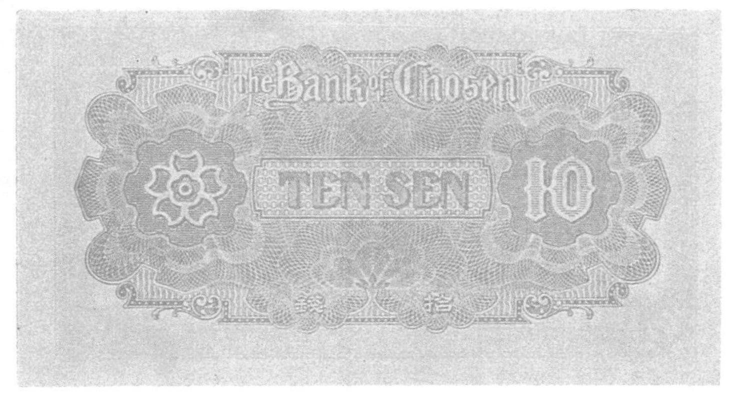

1113
選自《資本主義國家在舊中國發行和流通的貨幣》
★★

1114
選自《日本紙幣·在外銀行軍票圖鑑》

1115
選自《日本紙幣·在外銀行軍票圖鑑》
★

1116
選自《日本紙幣·在外銀行軍票圖鑑》
★

1117
中國人民銀行上海分行 藏
★

1118
中國人民銀行上海分行 藏
★

1119
選自《日本紙幣 · 在外銀行軍票圖鑑》
★

1120
選自《日本紙幣 · 在外銀行軍票圖鑑》
★

1121
選自《日本貨幣》

1122
王煒 藏

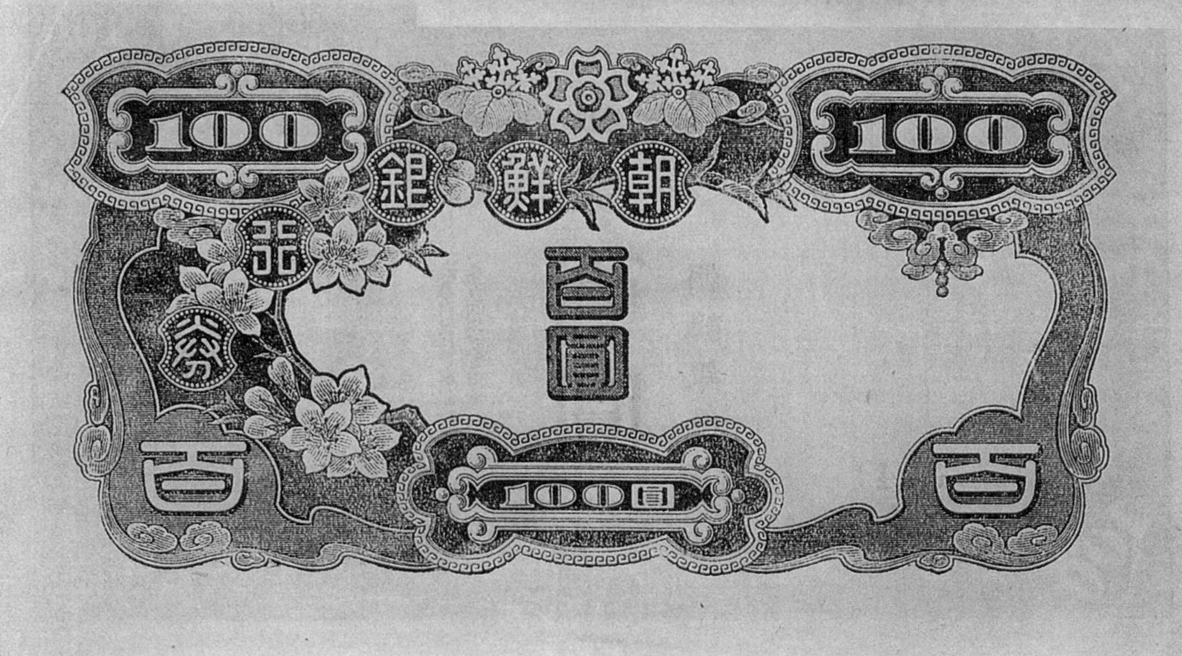

1123
中國人民銀行上海分行 藏

1124
選自《日本貨幣》

1125
選自《日本貨幣》

1126
選自《日本貨幣》
★★

1127
選自《日本貨幣》
★★

1128
選自《日本貨幣》

1129
選自《日本貨幣》

1130
中國人民銀行上海分行 藏

1131
郭乃興 藏

十七、英比實業銀行

1132
郭乃興 藏
★★★★

民國時期中國地方行政機構及經營性部門發行的紙幣

一、北京豫豐銀號

1133
劉文和 藏

二、南苑商民合作銀號

1134
石長有 藏

三、上海源昌茂記錢莊

1135
徐風 藏

（背圖見下頁）

四、上海仁泰銀號

1136
中國人民銀行上海分行 藏

五、天津乾亨當銀號

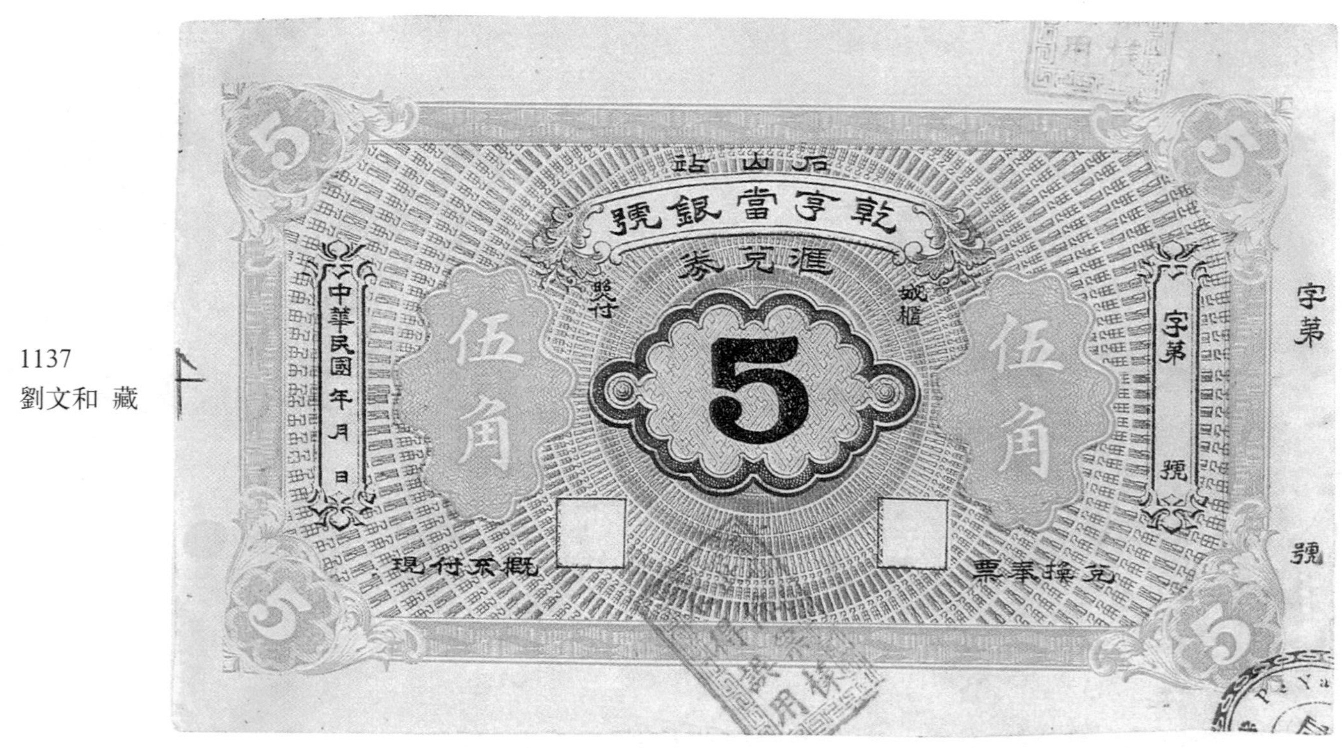

1137
劉文和 藏

(1135 背圖)

六、蘇州鴻盛錢莊

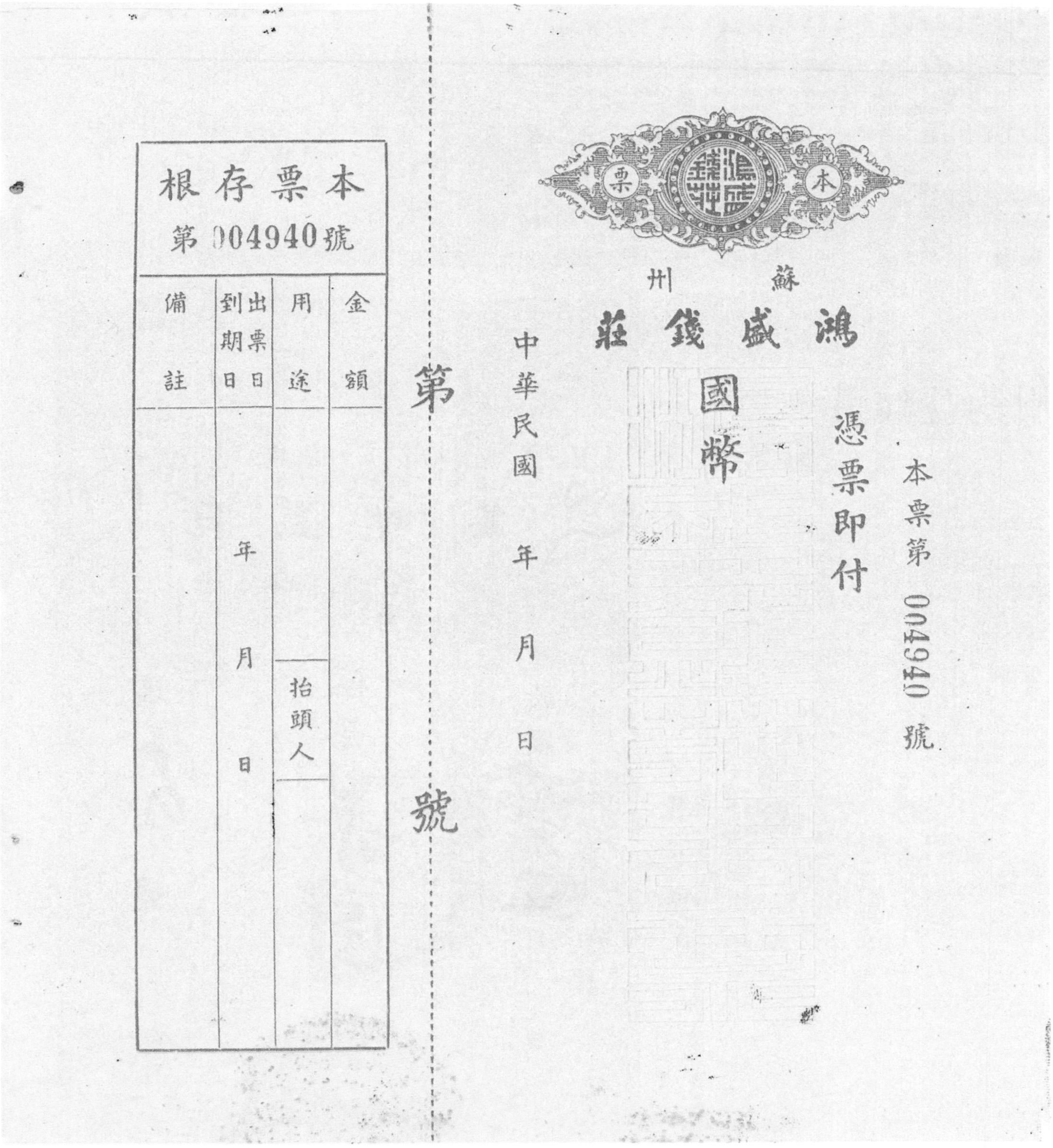

本票存根
第004940號

金額	用途	出票日 到期日	備註
	抬頭人	年 月 日	

第 號

本 票

鴻盛錢莊

蘇州
鴻盛錢莊

本票第004940號

憑票即付

國幣

中華民國 年 月 日

1138
孫彬 藏

七、揚州通惠銀號

1139
劉文和 藏

八、揚州鈞益錢莊

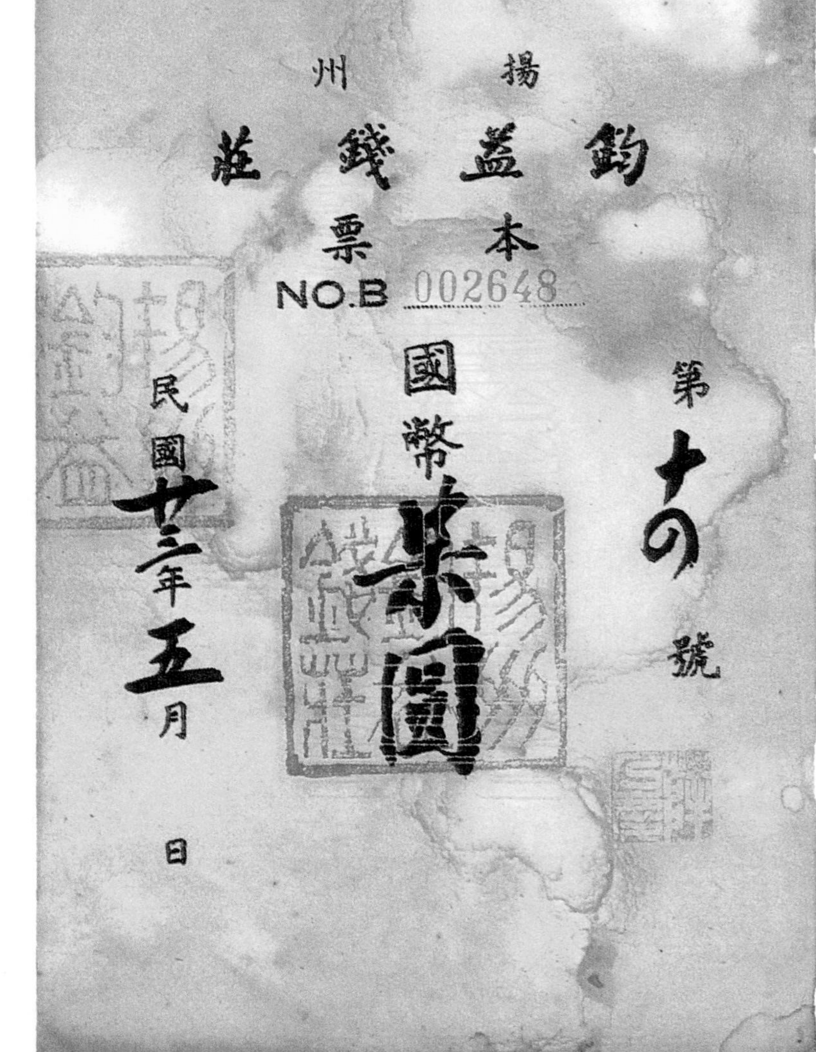

1140
孫彬 藏

九、鎮江通惠銀號

1141
劉文和 藏

1142
郭乃全 藏

十、六安縣地方銀號

1143
上海博物館 藏

十一、亳州萬豐源錢莊

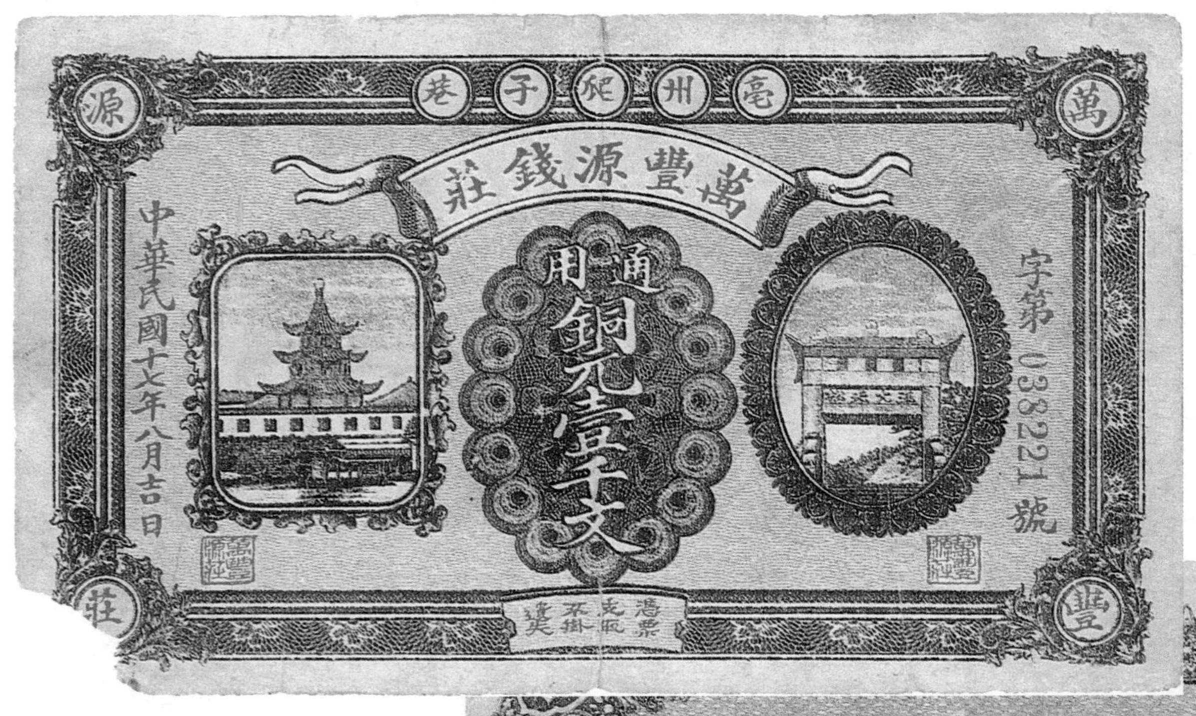

1144
石長有 藏

十二、湘陰米商錢局

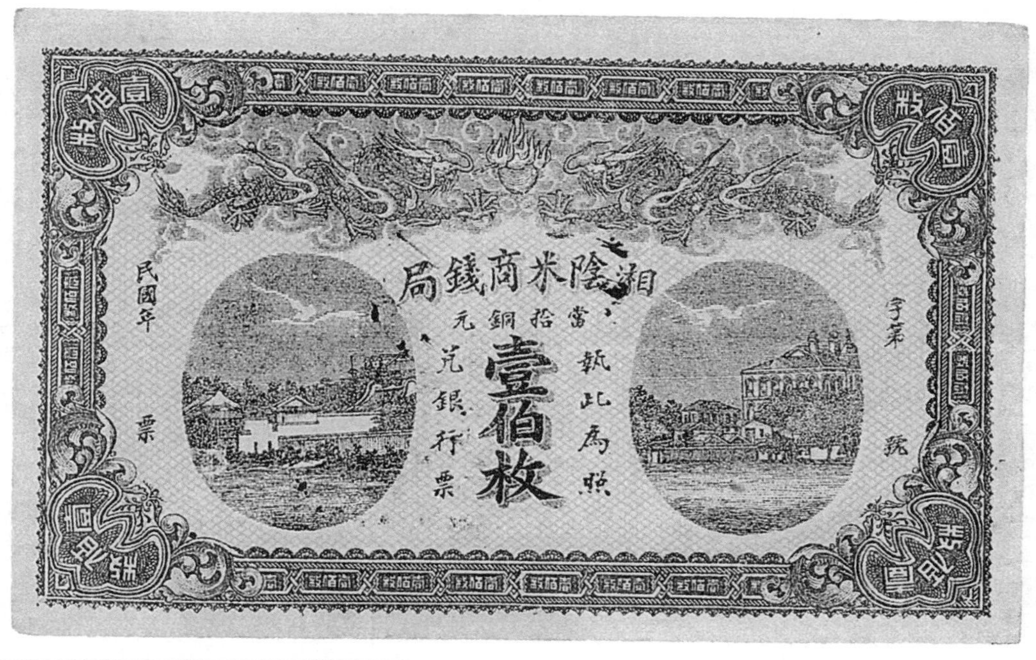

1145
郭乃興 藏

十三、瀏陽公錢局

1146
劉文和 藏

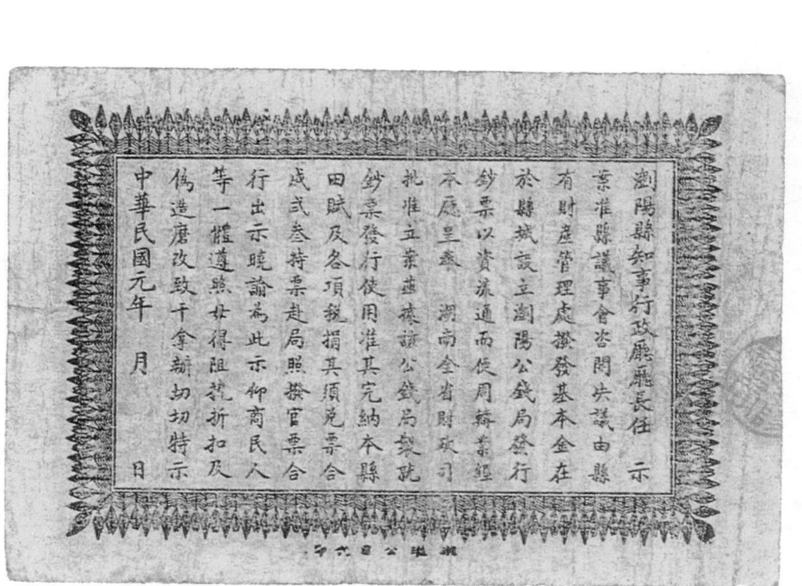

瀏陽縣知事行政廳廳長任 示
案准縣議事會咨開共議由縣
有財產管理處撥發基本金在
於縣城設立瀏陽公錢局發行
鈔票以資流通而便周轉業經
本廳呈奉 湖南全省財政司
批准立案並請公錢局製號
鈔票發行使用准其完納本縣
田賦及各項税捐其須兌票合
成弍叁特票赴局照撥官票合
行出示曉諭為此示仰商民人
等一體遵照毋得阻礙折扣及
偽造塗改致干拿辦切切特示
中華民國元年 月 日

十四、瀏陽商錢局

1147
劉文和 藏

十五、澧縣合口農錢局

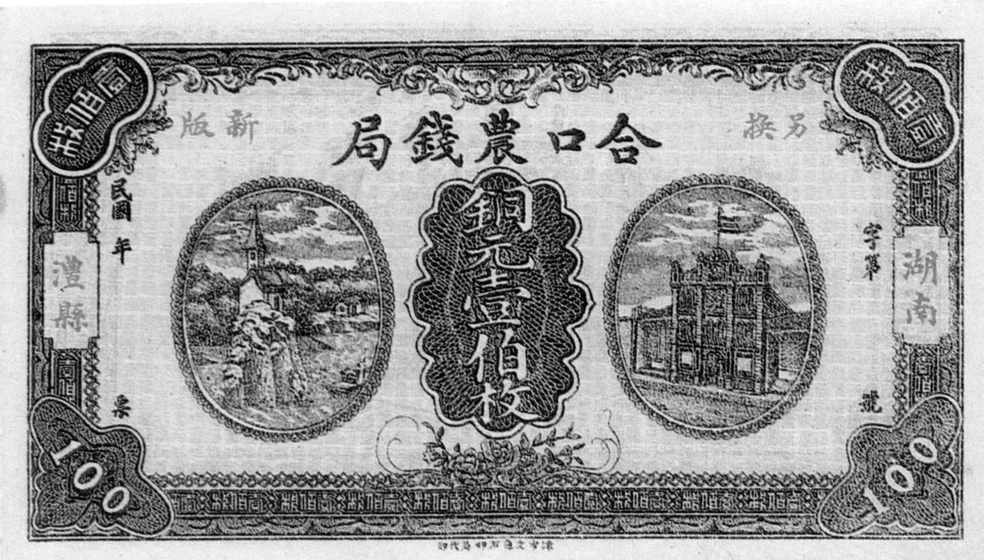

1148
孫彬 藏

十六、甯遠廣益錢局

1149
徐風 藏

十七、寧遠九疑錢局

1150
石長有 藏

十八、桃源積善堂錢莊

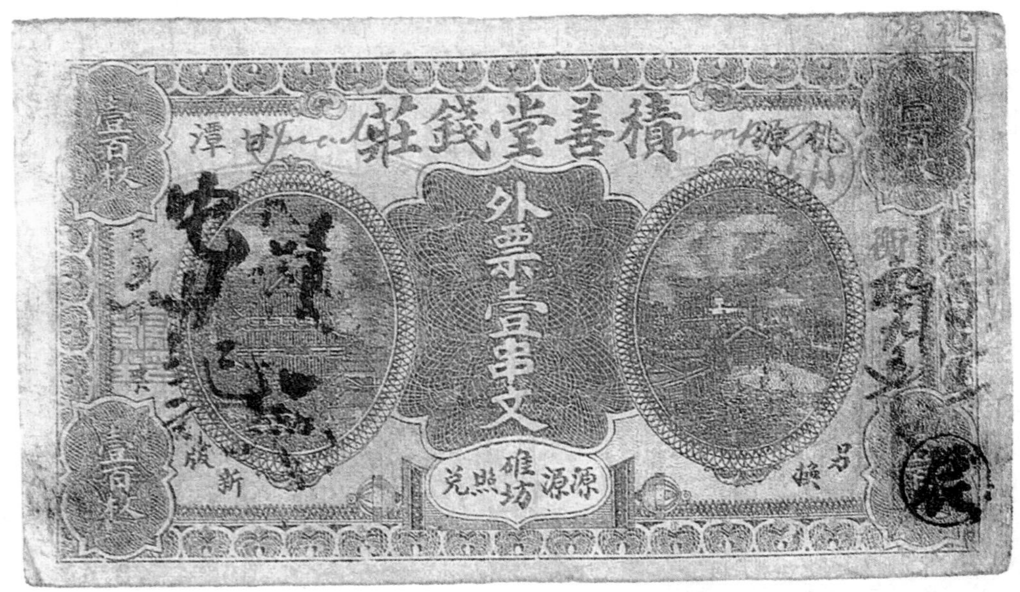

1151
石長有 藏

十九、公安兩儀錢號

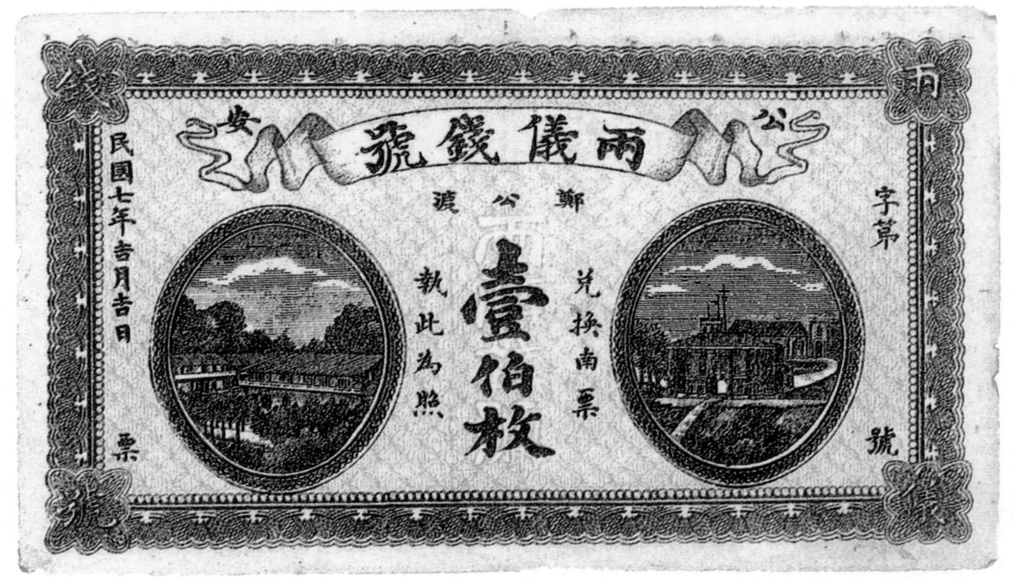

1152
石長有 藏

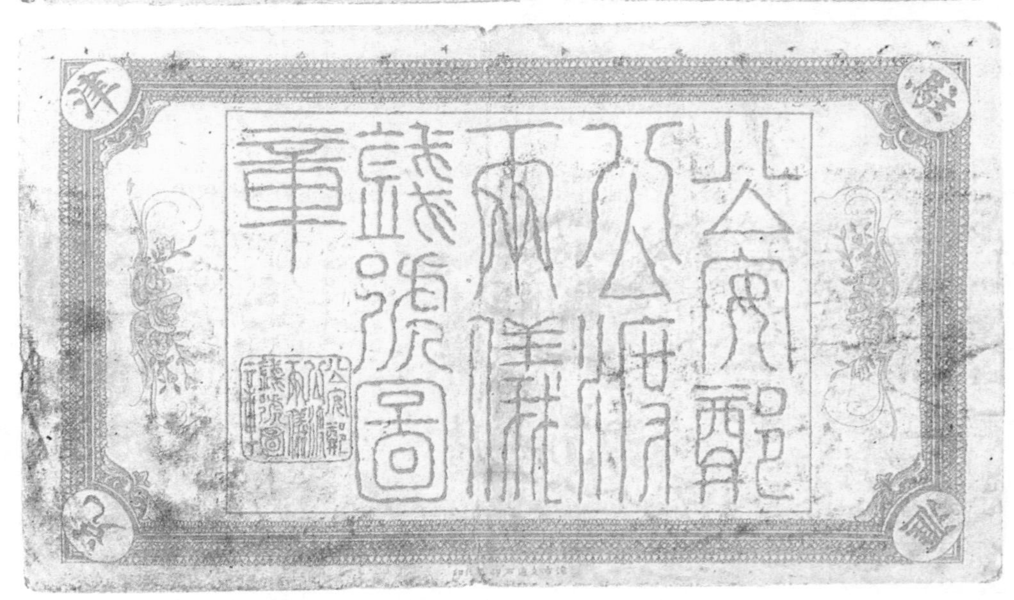

二十、成都公濟錢莊

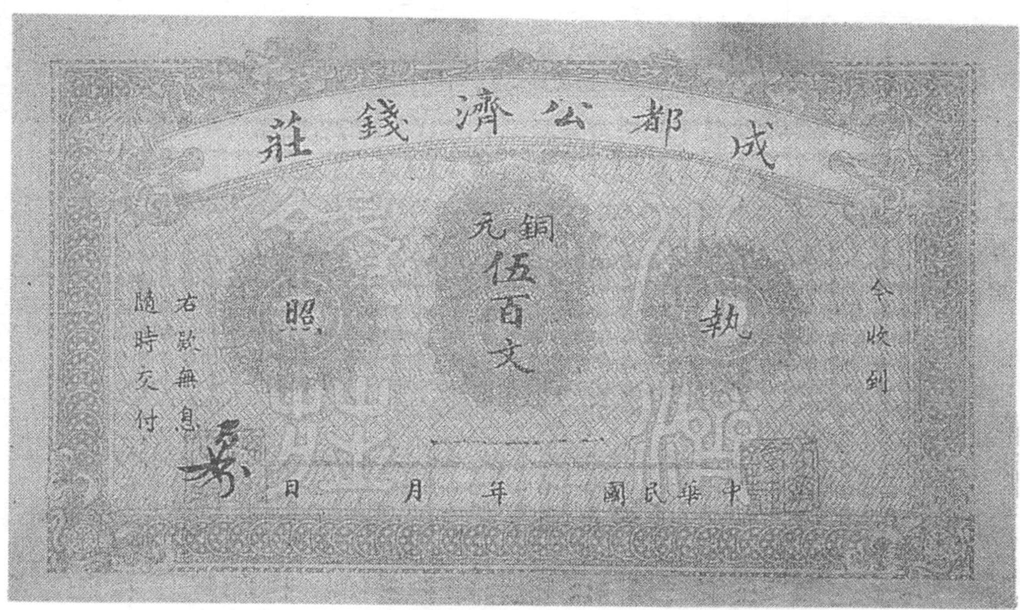

1153
存雲亭 提供

二十一、成都恒裕銀號

1154
張傑 提供

二十二、福建廣豫滙兑莊

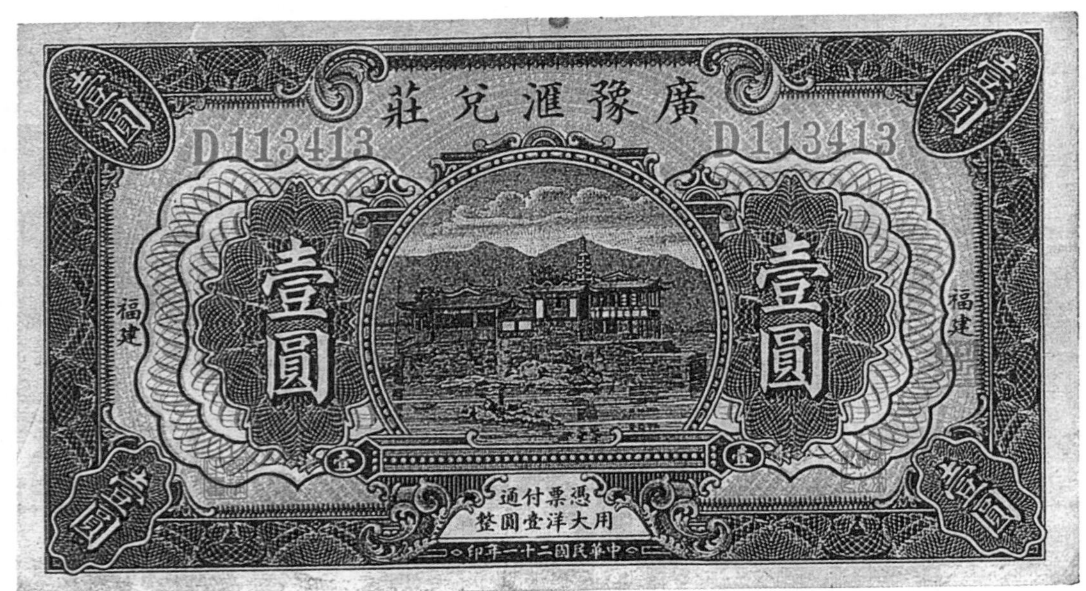

1155
王煒 提供

1156
陳亞元 藏

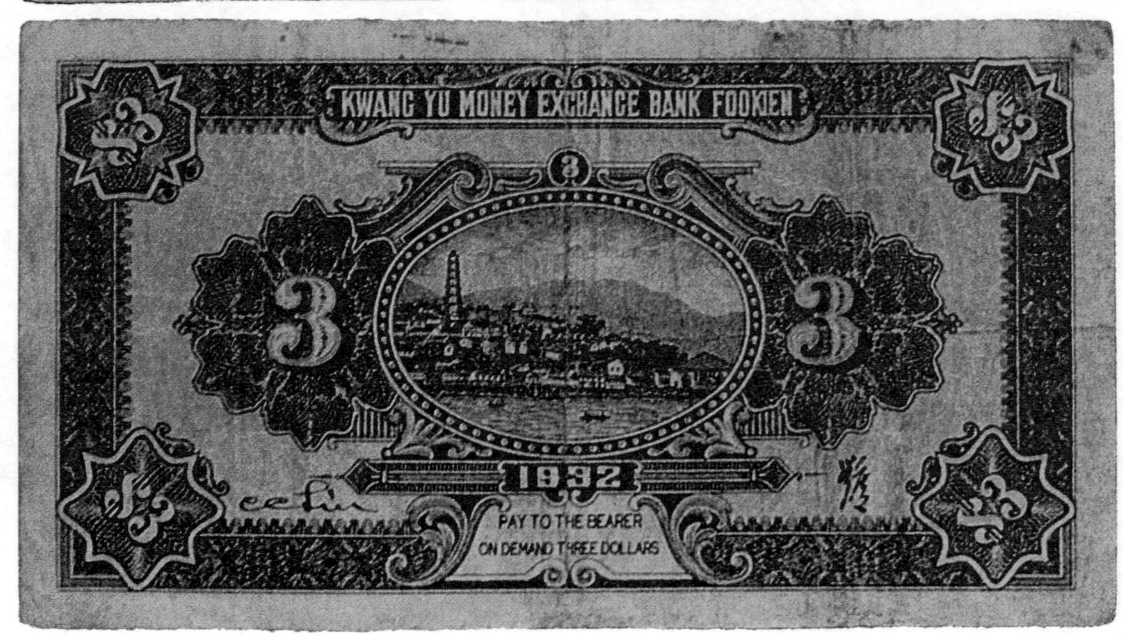

1157
陳亞元 藏

二十三、福州厚光錢莊

1158
王煒 藏

二十四、福州明興滙兑局

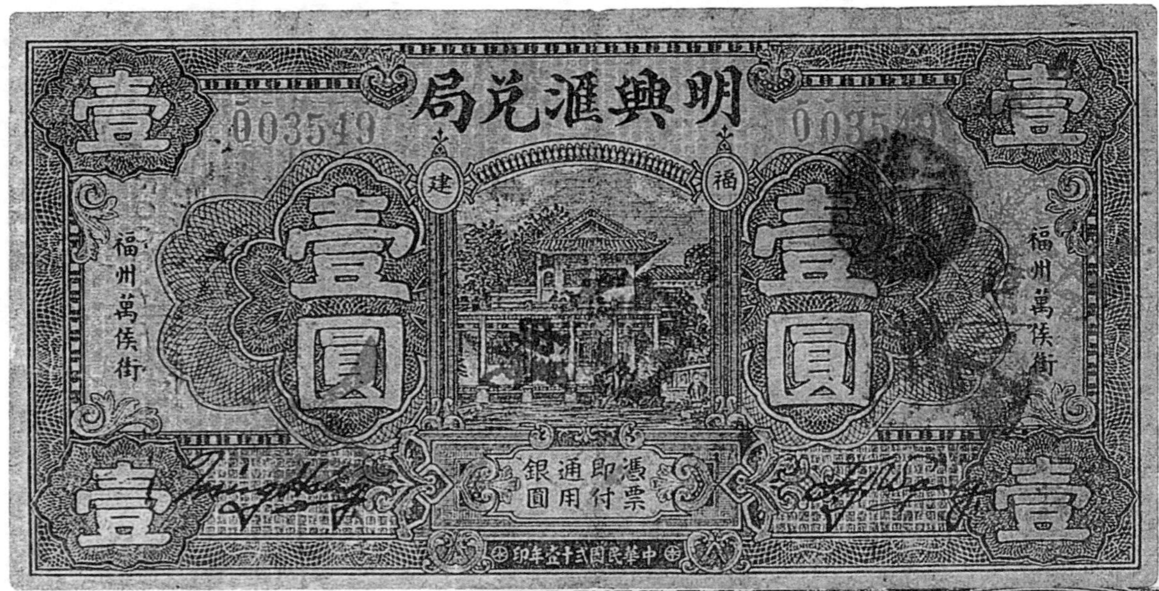

1159
王煒 提供

1160
王煒 提供

二十五、福州華通兑莊

1161
王煒 提供

二十六、厦門裕大銀莊

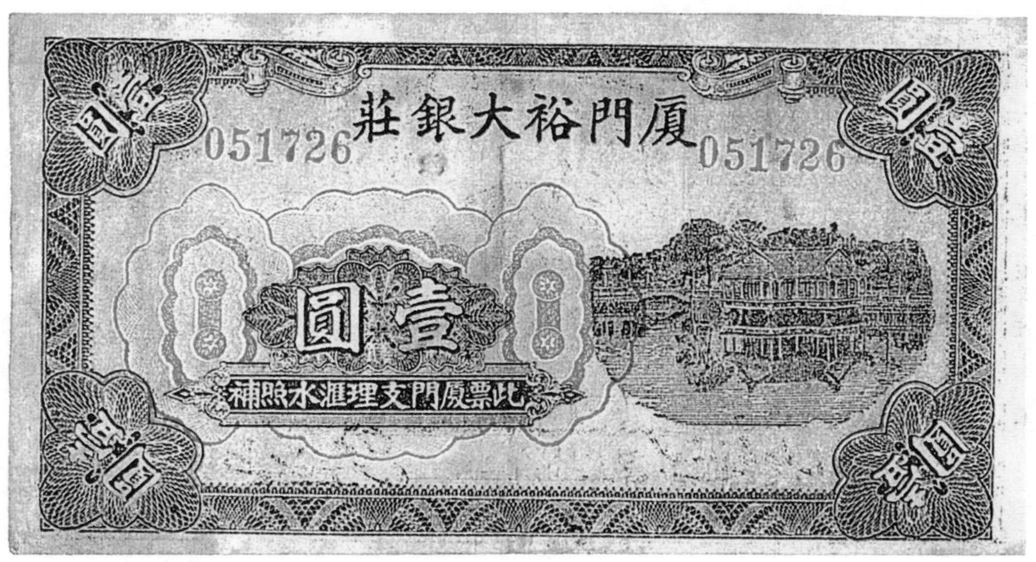

1162
王煒 提供

二十七、漳州民興股份有限銀公司

1163
王煒 提供

1164
王煒 提供

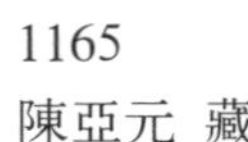
1165
陳亞元 藏

(背圖見下頁)

二十八、永泰縣逸珍滙兑局

1166
王煒 提供

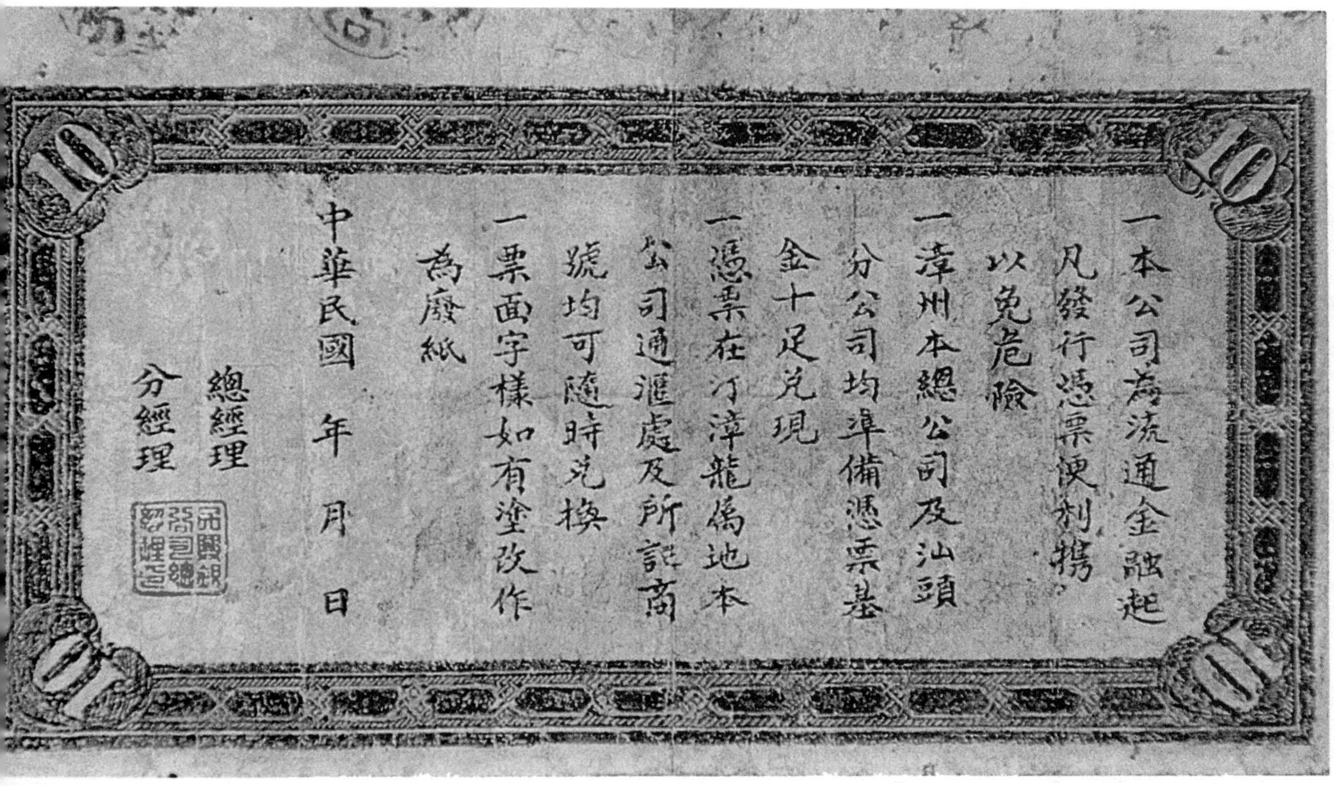

(1165 背圖)

二十九、莆田久大滙兑局

1167
王煒 提供

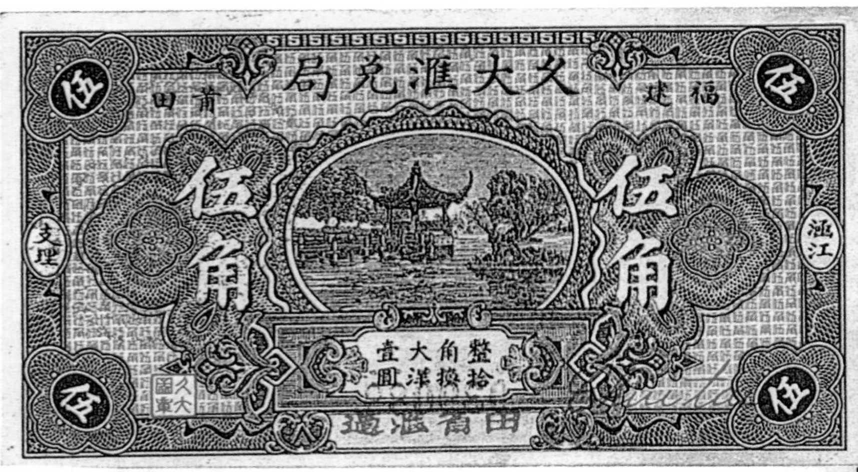

1168
王煒 提供

三十、莆田東升支票局

1169
王煒 提供

三十一、莆田永安滙兑局

1170
林學智 提供

三十二、莆仙源有滙兑局

1171
王煒 提供

三十三、僊遊長春滙兑局

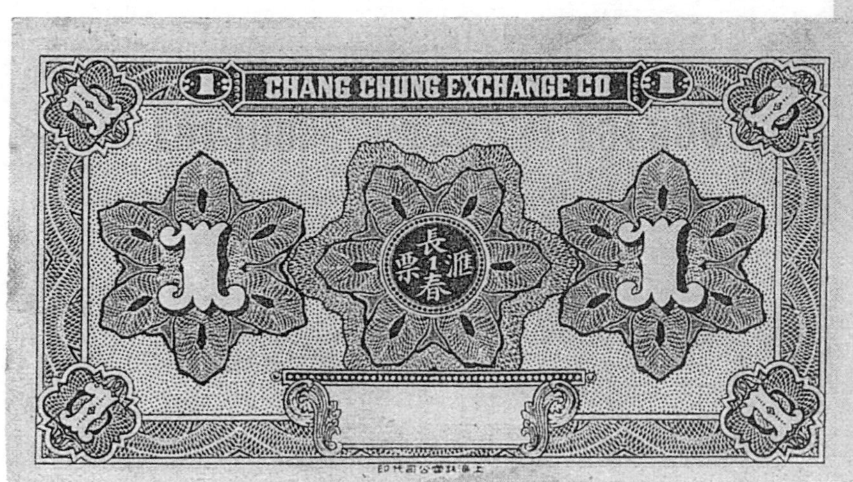

1172
王煒 提供

三十四、仙遊阜通滙兑局

1173
王煒 提供

三十五、興化信儀滙兑局

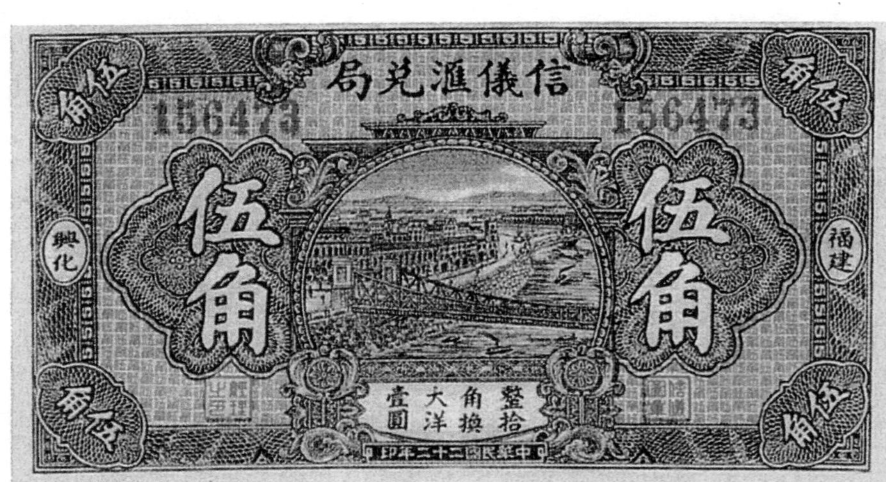

1174
林學智 提供

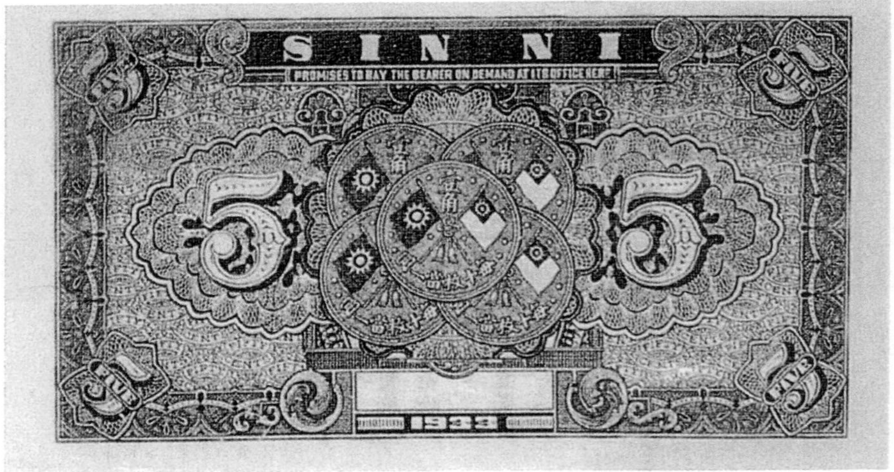

三十六、興化仙邑恒成滙兑局

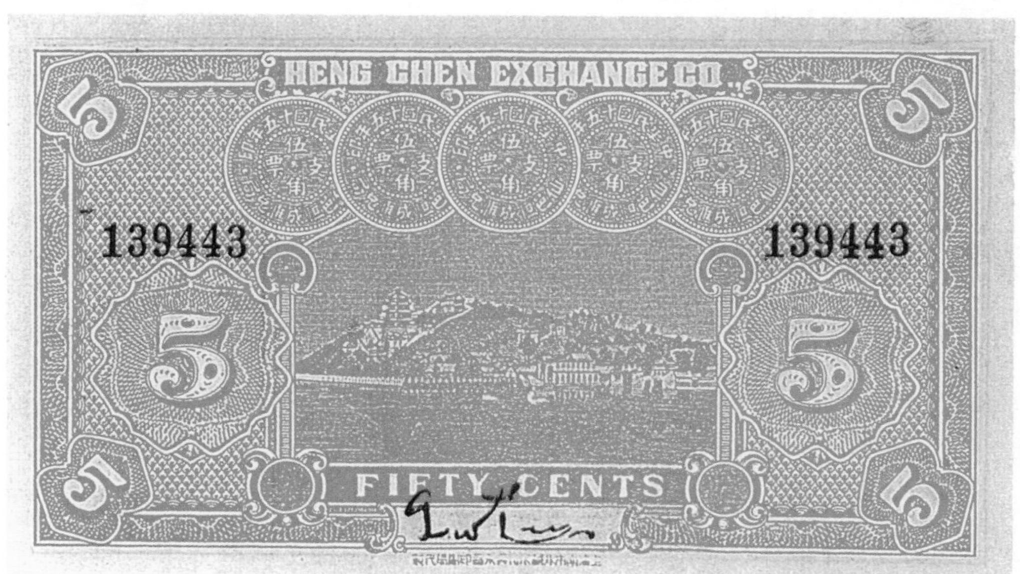

1175
王煒 提供

三十七、興化楓江美楓滙兑局

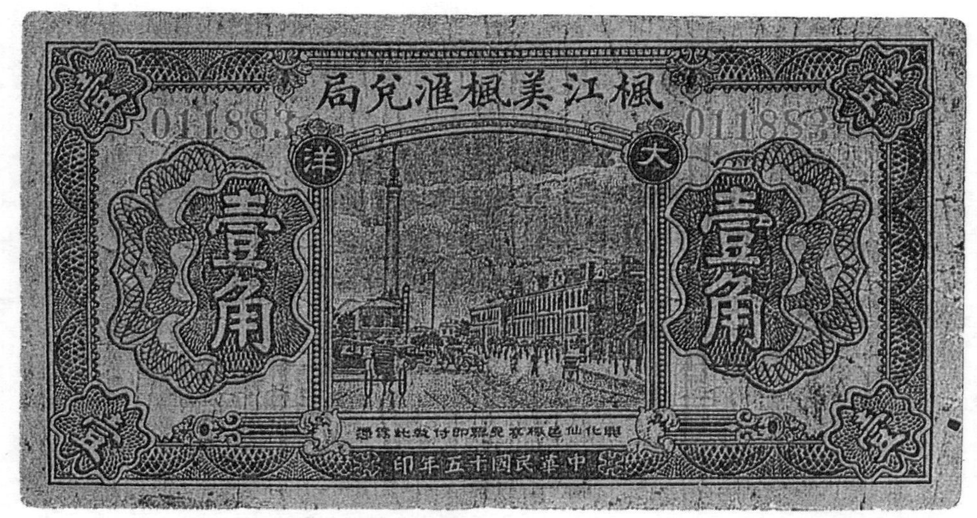

1176
王煒 提供

三十八、興化楓江大中滙兑局

1177
王煒 提供

三十九、興化楓江恒通滙兑局

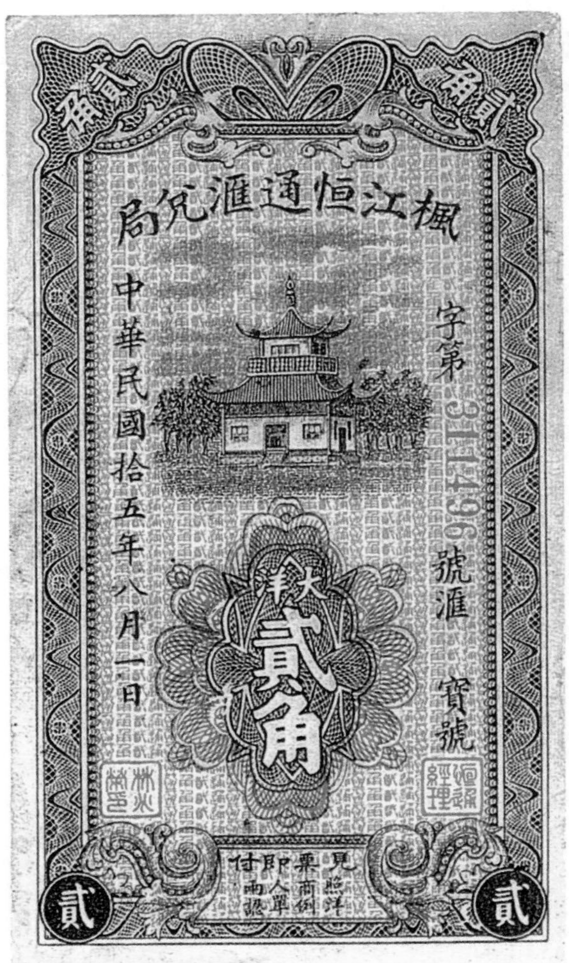

1178
王煒 提供

四十、興化利民滙兑局

1179
王煒 提供

四十一、興化民有滙兑局

1180
王煒 提供

四十二、中仙萬盛滙兑莊

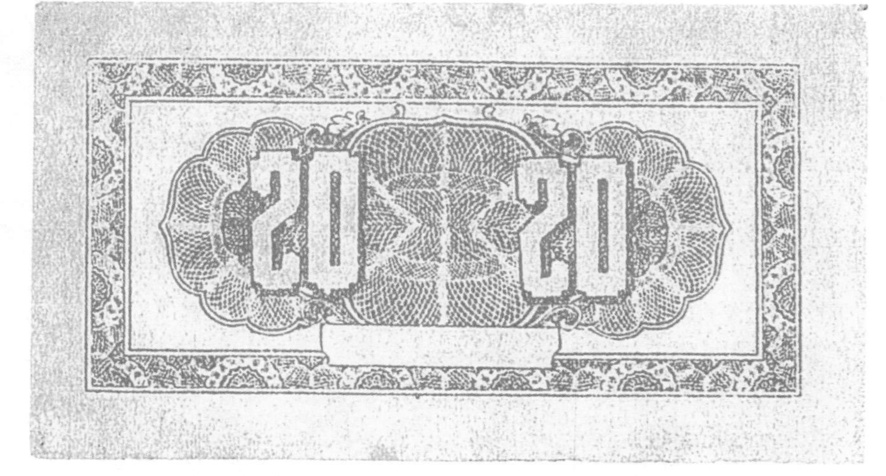

1181
王煒 提供

四十三、南安玉壺春

1182
張傑 提供

四十四、惠北德源公司滙兌局

1183
王煒 提供

（背圖見下頁）

四十五、惠北寶通滙兌局

1184
陳亞元 提供

（1183 背圖）

四十六、惠楓農民交換有價證券局

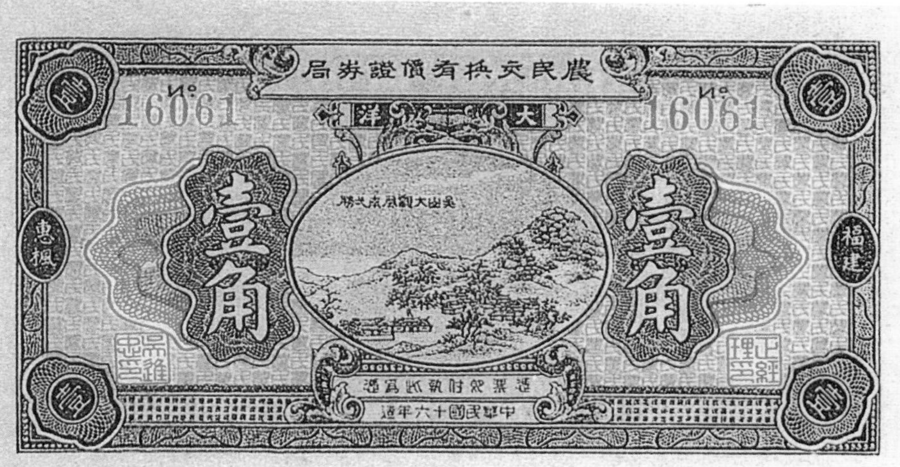

1185
王煒 提供

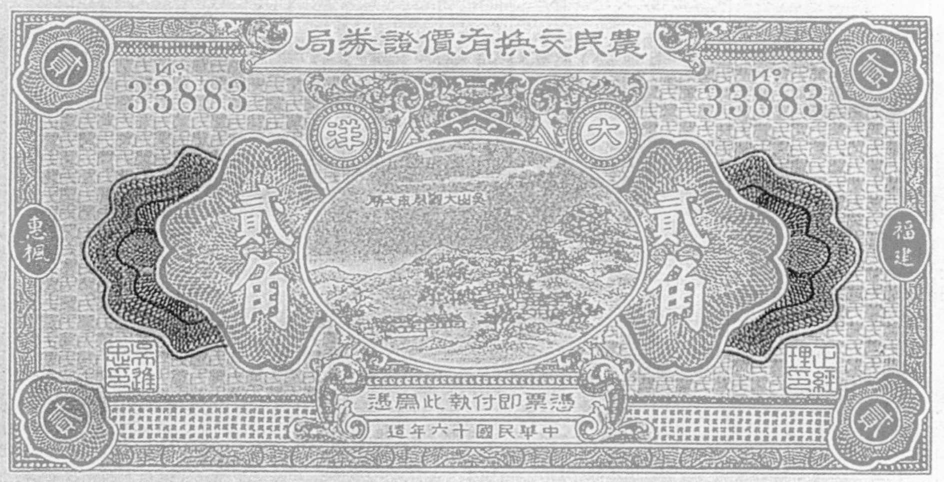

1186
王煒 提供

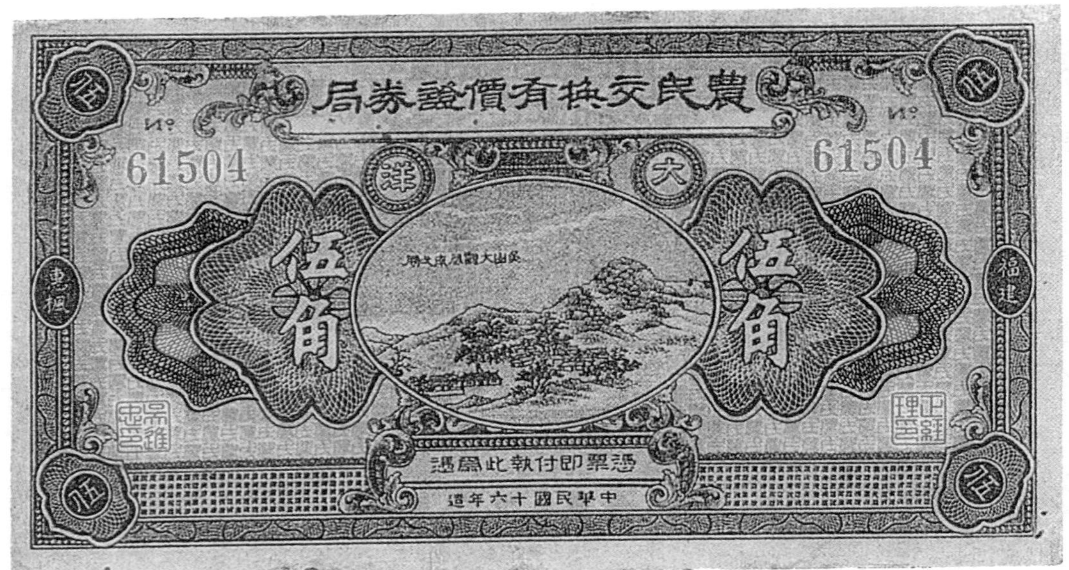

1187
王煒 提供

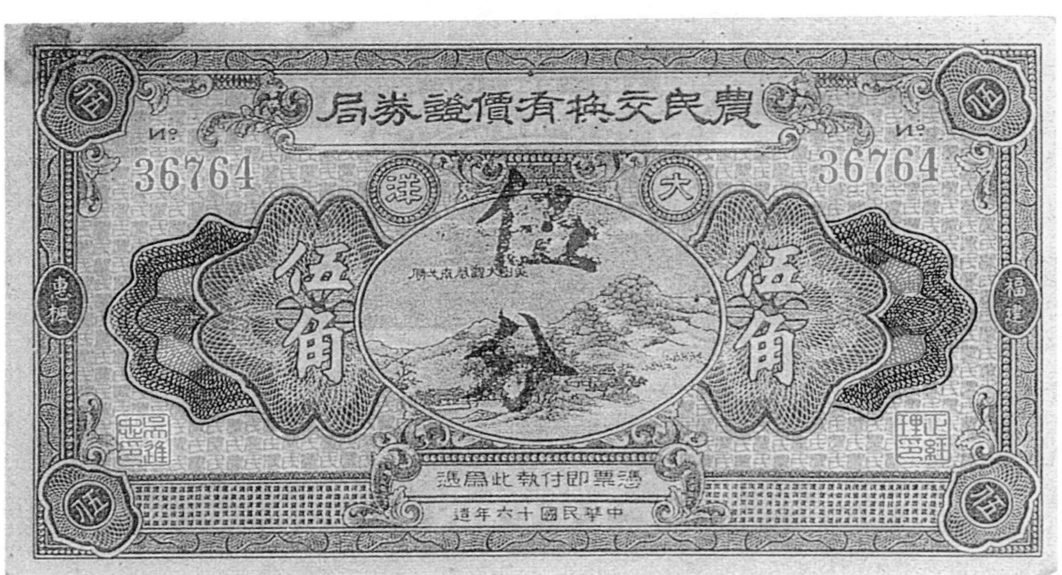

1188
王煒 提供

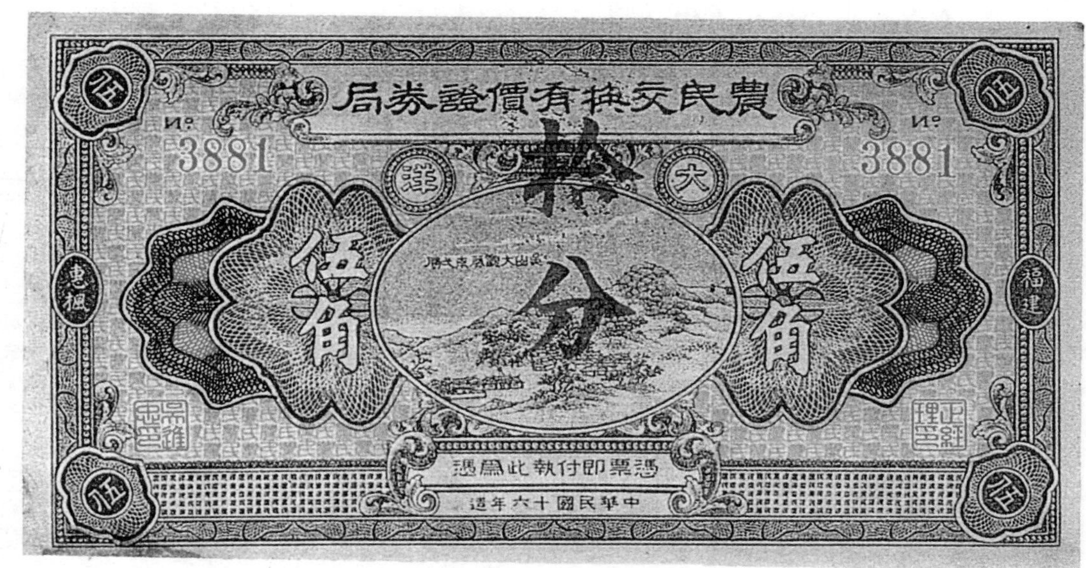

1189
王煒 提供

四十七、惠楓久善滙兑局

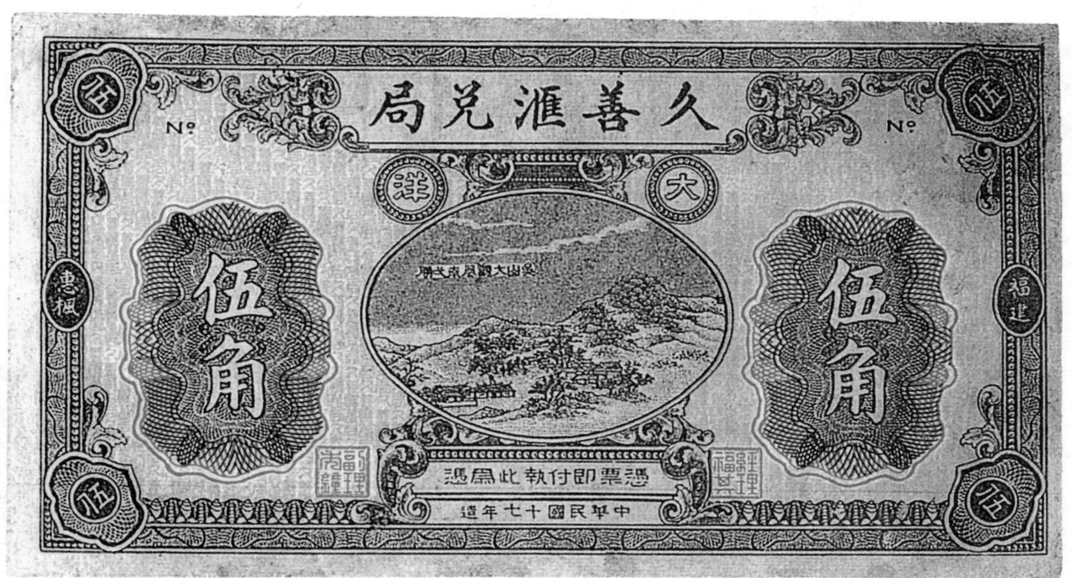

1190
王煒 提供

四十八、龍巖縣銀元輔幣代用券發行委員會

1191
王煒 提供

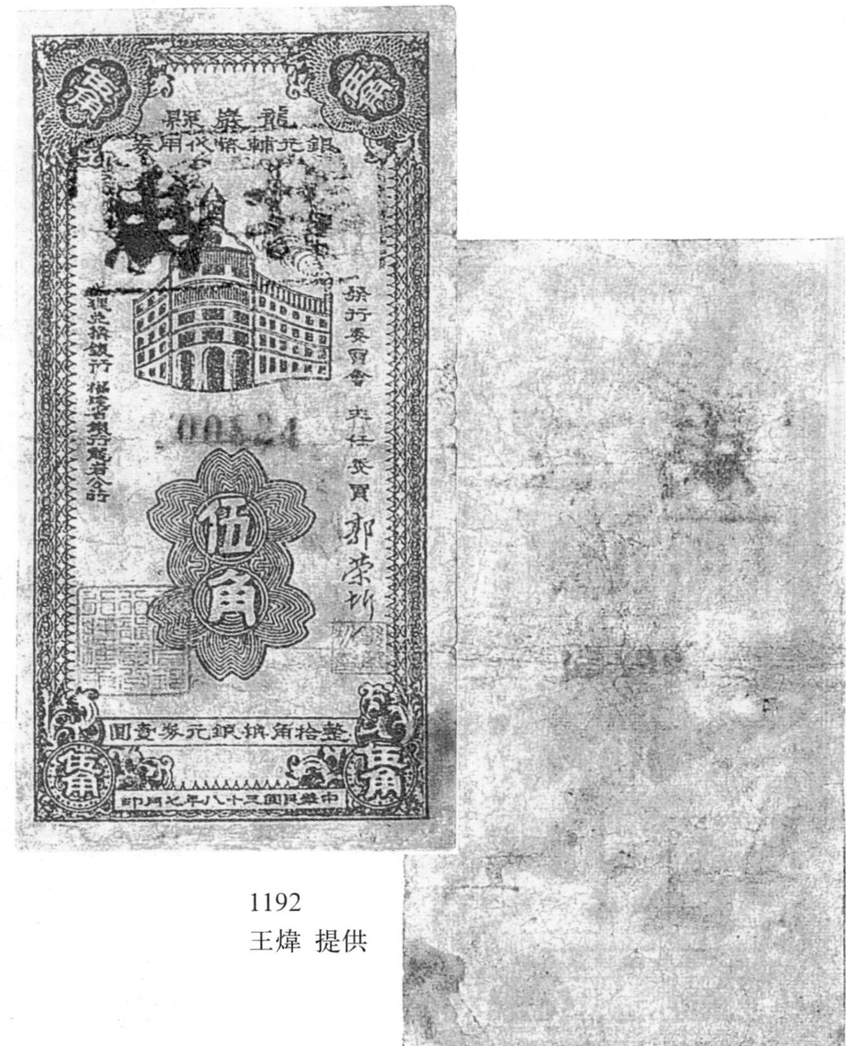

1192
王煒 提供

四十九、長汀汀南銀莊

1193
郭乃興 藏

1194
王煒 提供

(背圖見下頁)

五十、涵江寶豐滙兑局

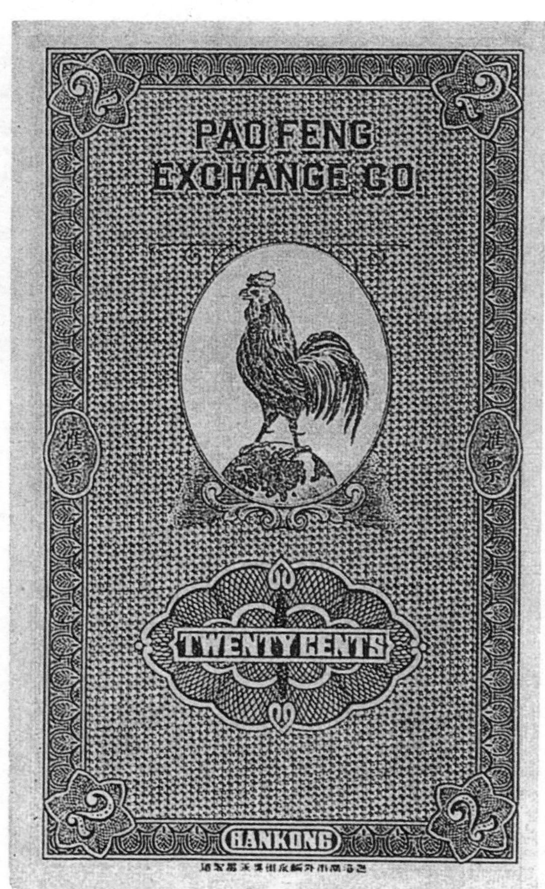

1195
王煒 提供

五十一、涵江滙通滙兑局

1196
王煒 提供

(1194 背圖)

五十二、三都建南滙兑局

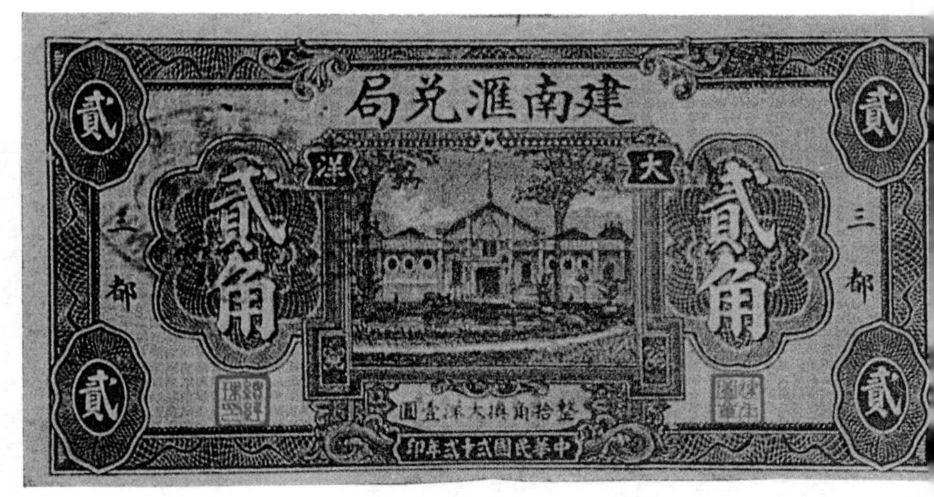

1197
陳亞元 提供

(背圖見下頁)

五十三、廣東裕廣銀號

1198
石長有 藏

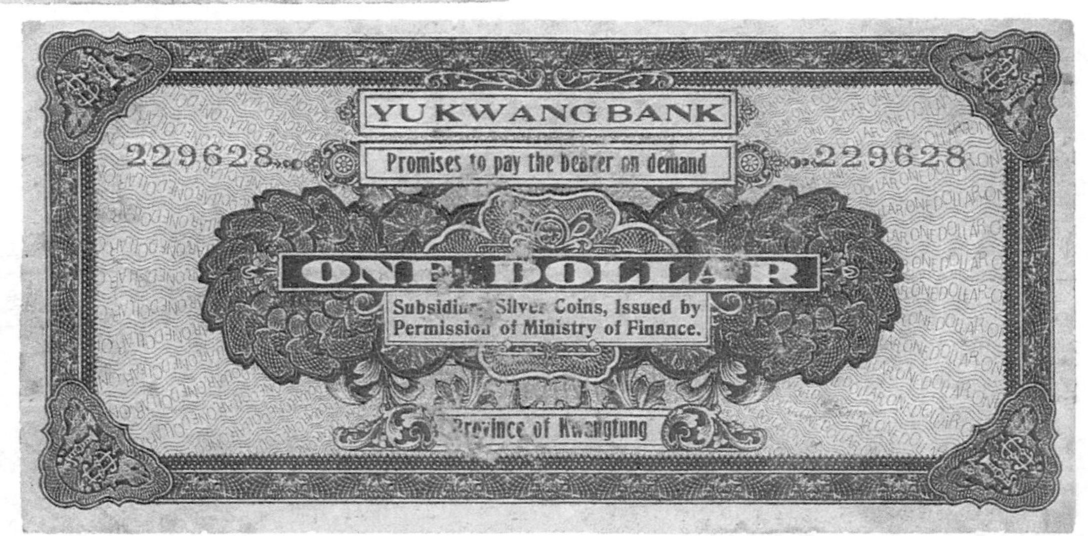

五十四、汕頭鼎新銀莊

1199
石長有 藏

(背圖見下頁)

（1197 背圖）

五十五、汕頭塔頭吳集成莊

1200
郭乃興 藏

（1199 背圖）

五十六、汕頭外砂利益昌銀莊

1201
王煒 藏

五十七、汕頭外砂萬益銀莊

1202
王煒 藏

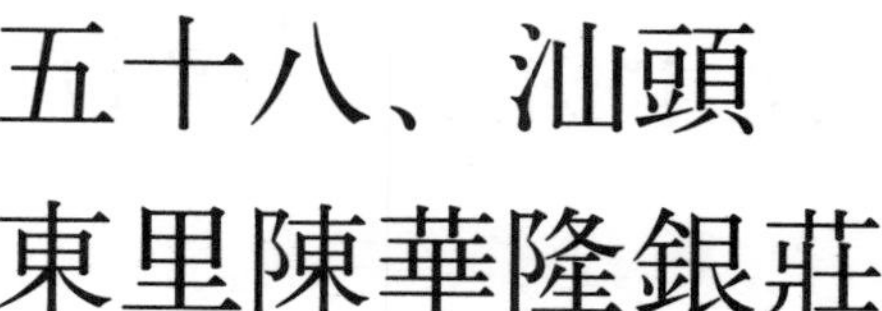

五十八、汕頭
東里陳華隆銀莊

1203
石長有 藏

五十九、澳門廣源銀號

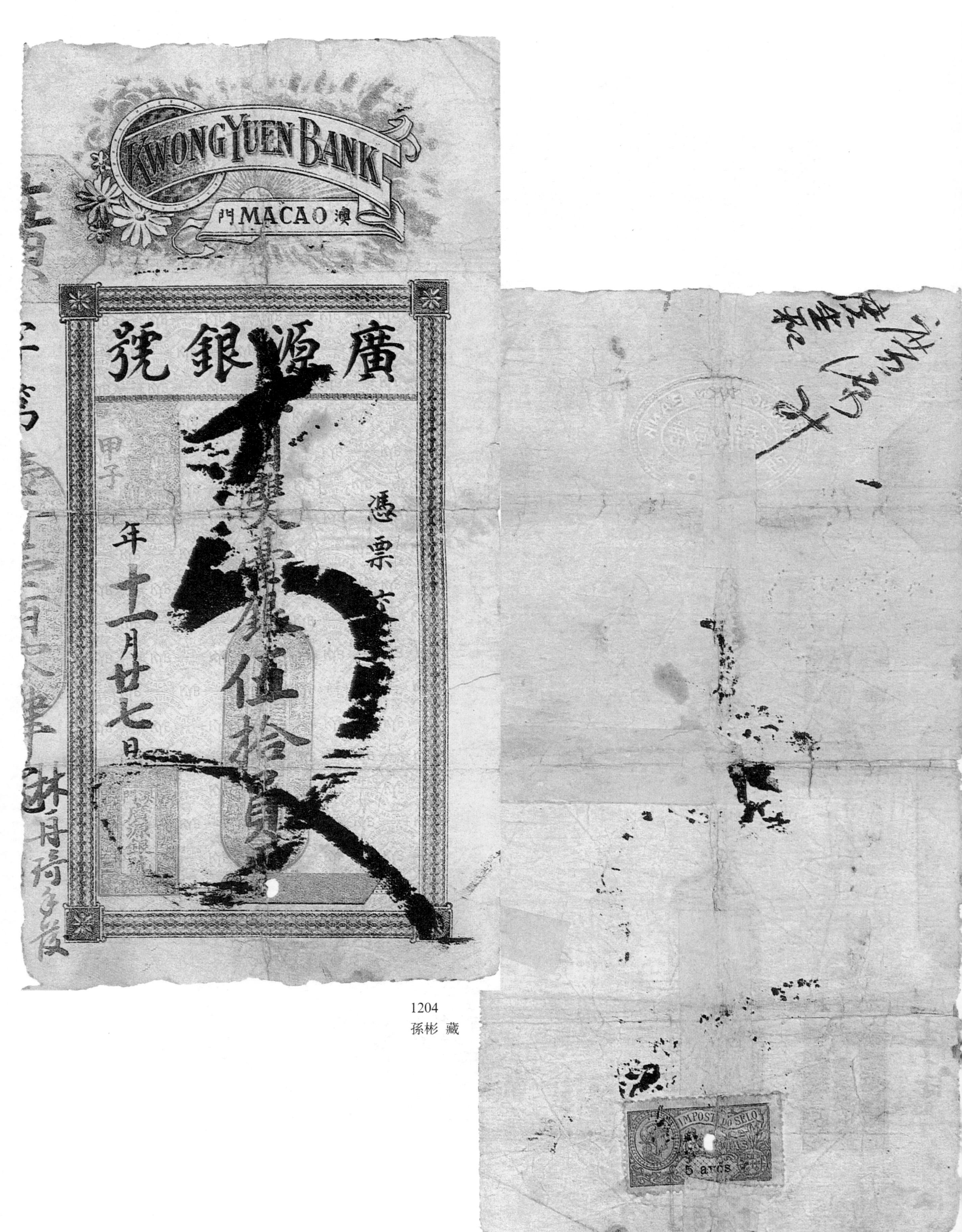

1204
孫彬 藏

1205
徐風 藏

六十、濟南華記鴻信銀號

1206
石長有 藏

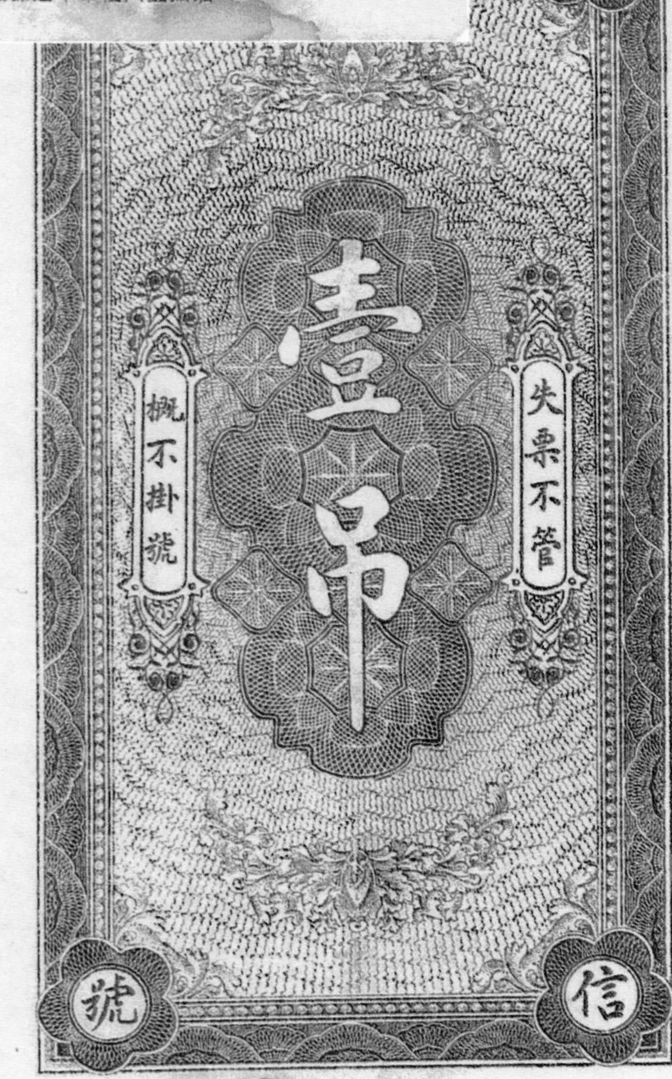

1207
戴建兵 藏

（背圖見下頁）

(1207 背圖)

六十一、濟南厚昌銀號

1208
石長有 藏

六十二、烟台市銀錢局

1209
郭乃興 藏

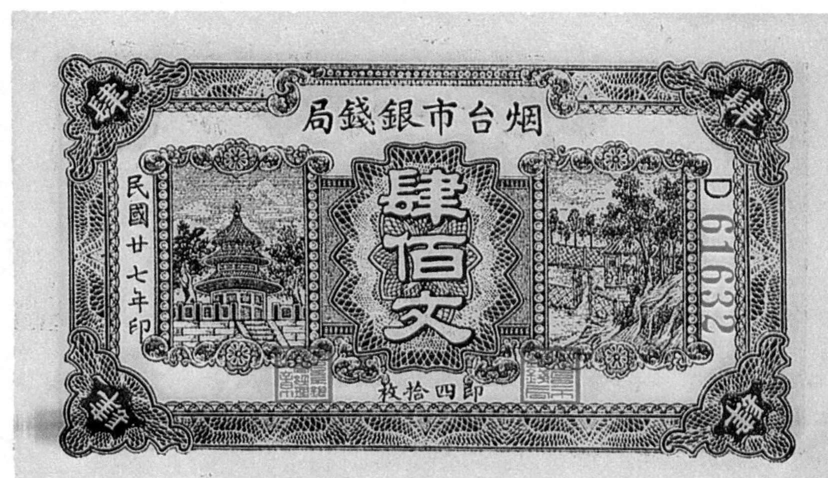

1210
王煒 藏

1211
李春曉 藏

六十三、烟臺德成公錢莊

1212
石長有 藏

六十四、烟台聚源湧錢莊

1213
郭乃興 藏

六十五、烟台餘積銀號

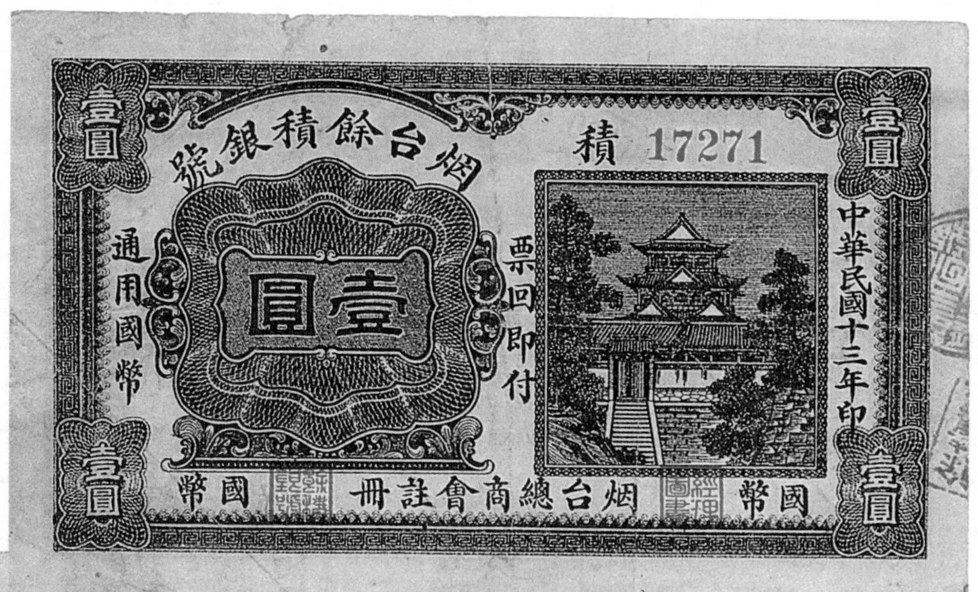

1214
李春曉 藏

六十六、煙台雙盛銀號

1215
李春曉 藏

（背圖見下頁）

六十七、威海威通錢莊

1216
李春曉 藏

六十八、威海衛復豐錢莊

1217
石長有 藏

（背圖見下頁）

(1215 背圖)

六十九、周村元興銀號

1218
石長有 藏

(1217 背圖)

七十、周村裕源錢局

1219
石長有 藏

（背圖見下頁）

七十一、膠東商業銀號

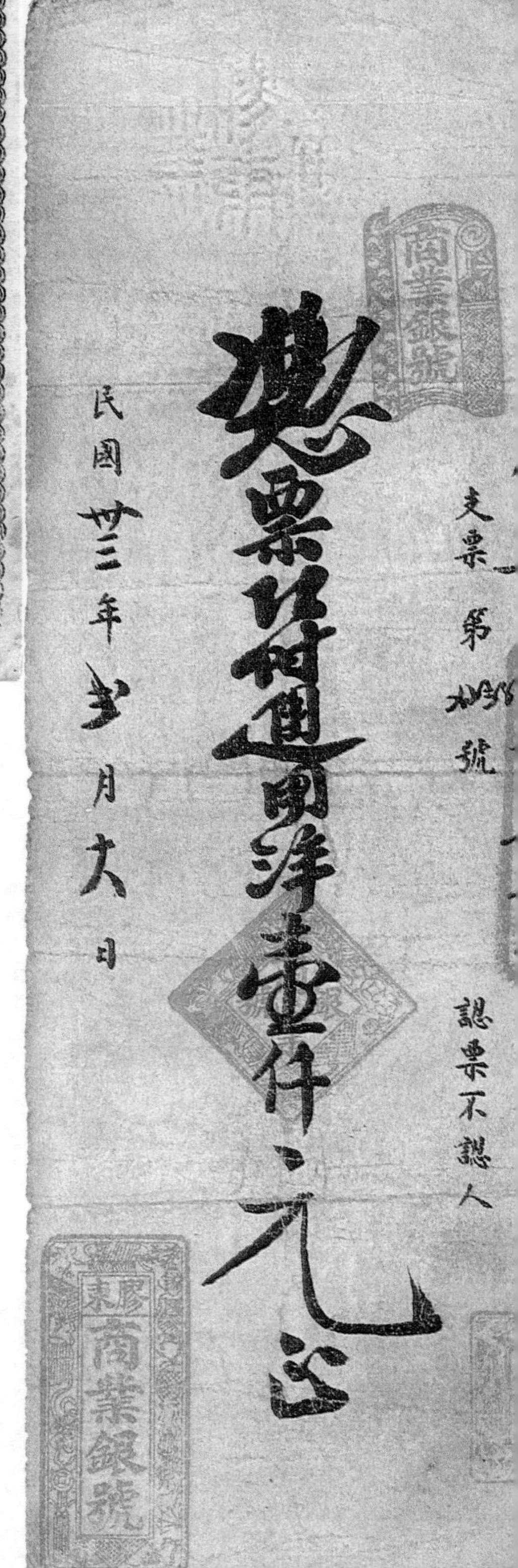

1220
石長有 藏

七十二、章丘裕泰銀號

（1220 背圖）

1221
李春曉 藏

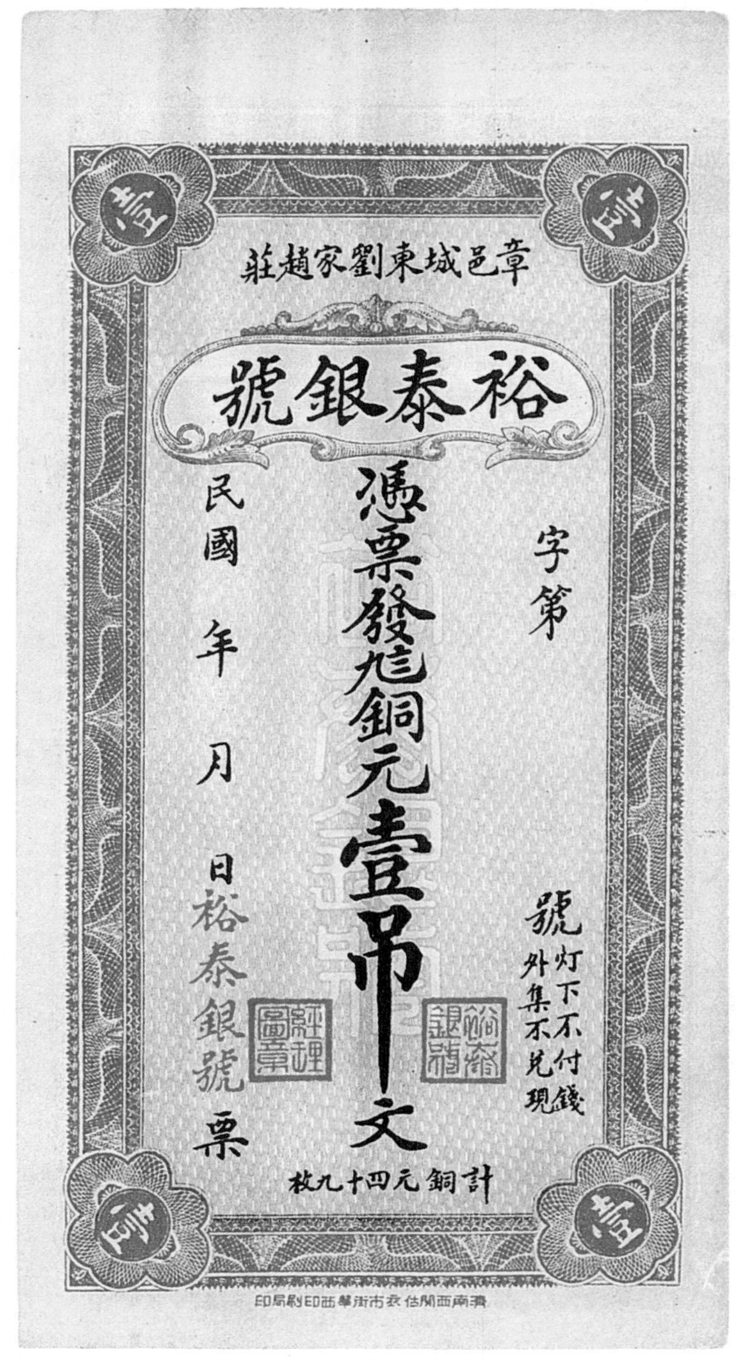

1222
石長有 藏

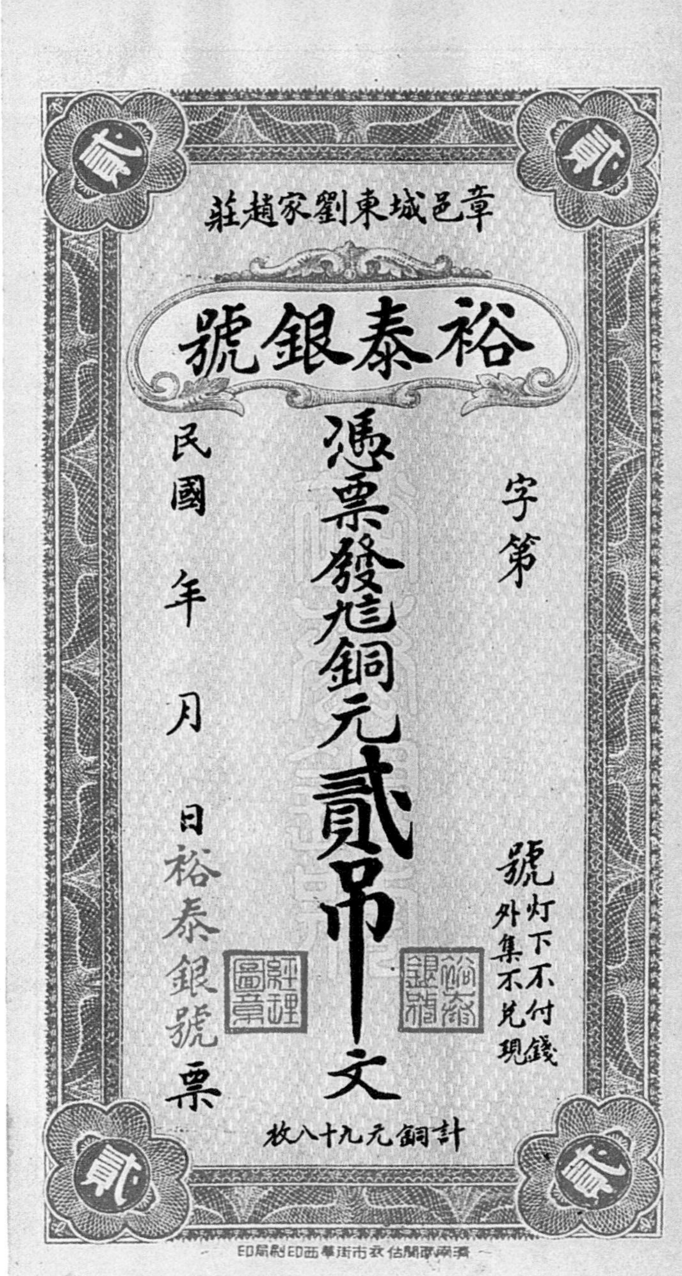

1223
李春曉 藏

（背圖見下頁）

(1223 背圖)

七十三、章丘源祥銀號

1224
石長有 藏

七十四、博興滙豐錢局

（背圖見下頁）

1226
石長有 藏

1225
李春曉 藏

(1226 背圖)

1227
石長有 藏

七十五、寗津縣財務局

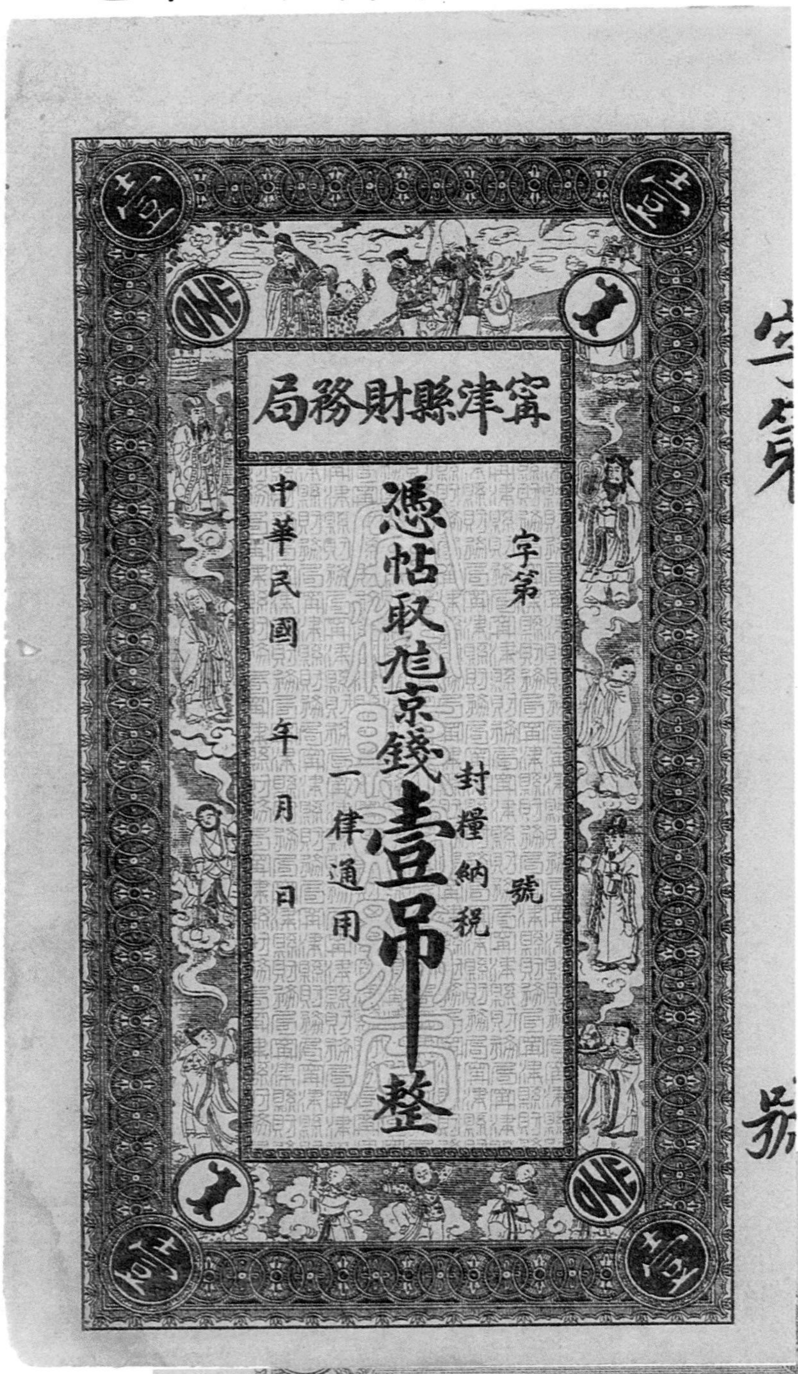

1228
石長有 藏

七十六、滕縣裕魯儲蓄社

1229　　(背圖見下頁)
石長有 藏

七十七、臨沂震東錢莊

(1229 背圖)

1230
石長有 藏

七十八、臨沂廣利銀號

1231
石長有 藏

七十九、曹縣濟美銀號

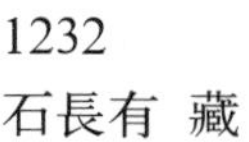
1232
石長有 藏

八十、堂邑縣農商銀號

1233
石長有 藏

八十一、博平永順錢莊

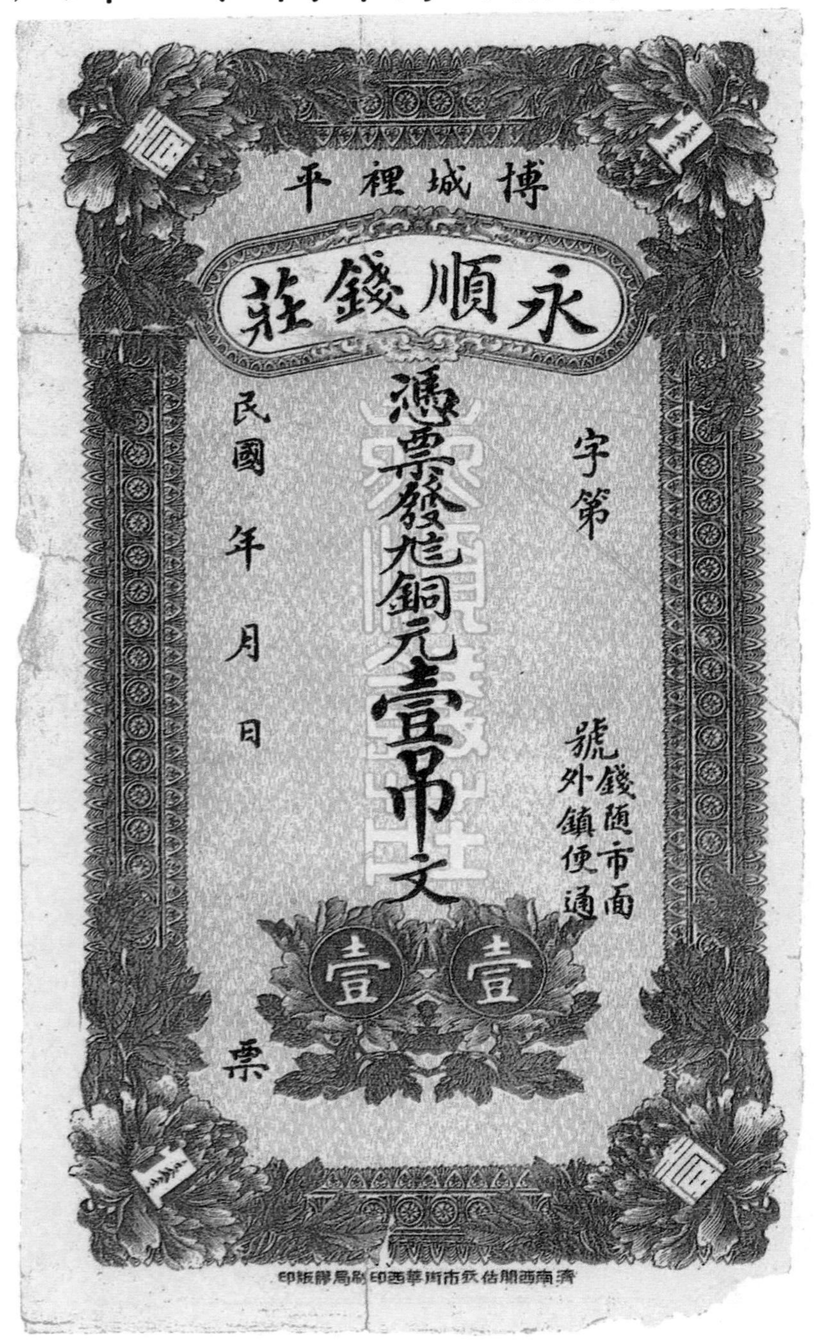

1234
石長有 藏

1235
石長有 藏

八十二、蓬萊東興錢莊

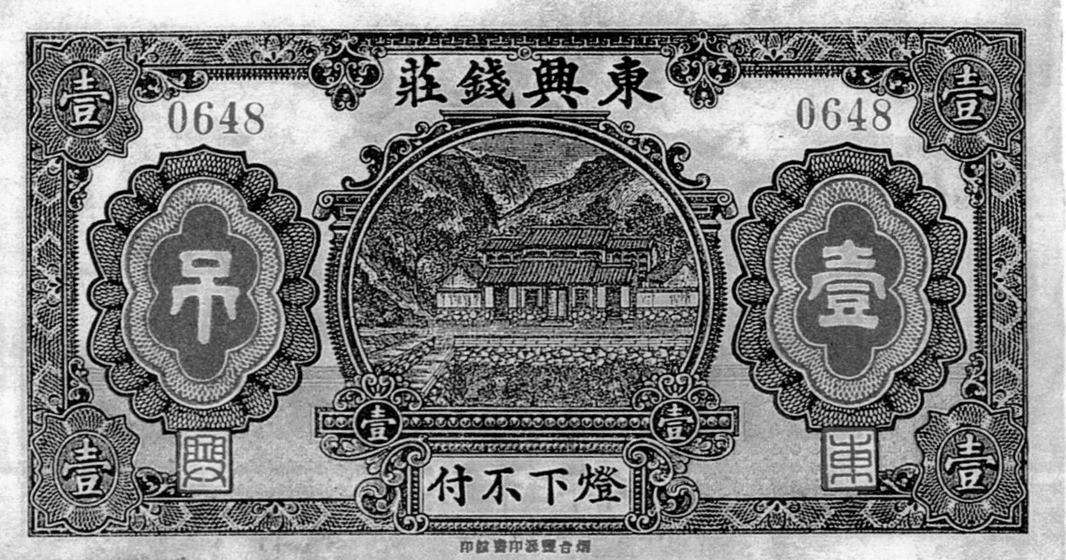

1236
李春曉 藏

八十三、蓬萊長生銀樓

1237
李春曉 藏

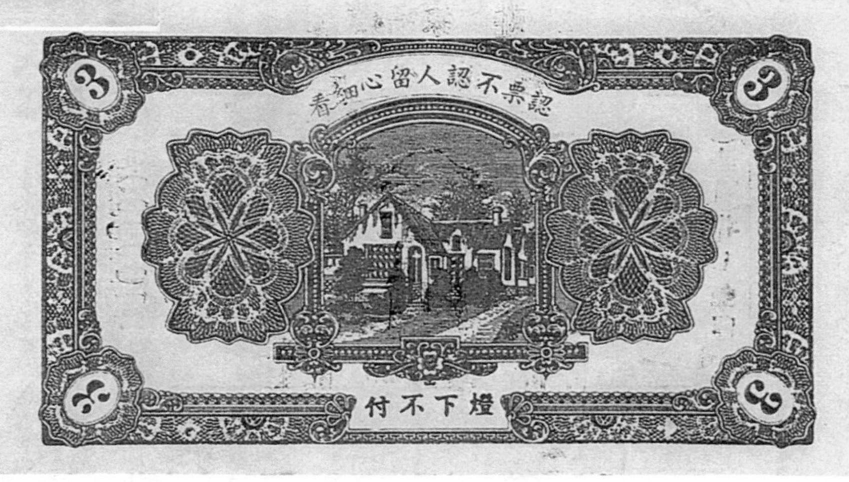

八十四、棲霞福記錢莊

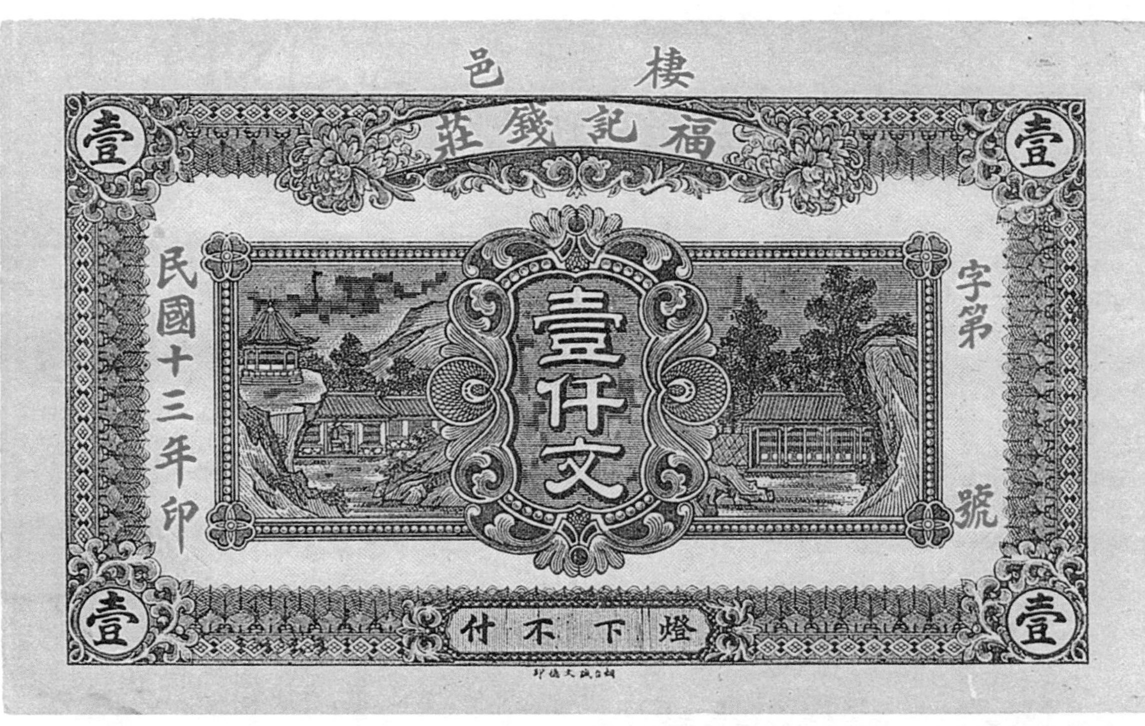

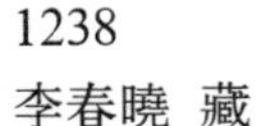

1238
李春曉 藏

八十五、棲霞華茂錢莊

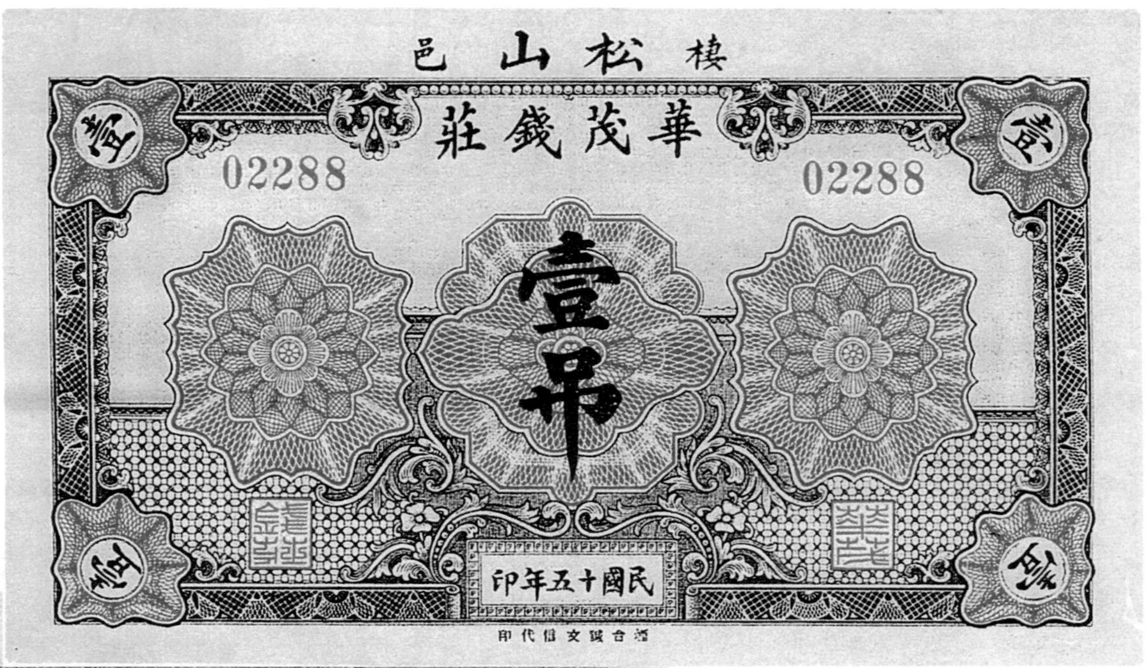

1239
李春曉 藏

八十六、招遠元興利錢莊

1240
石長有 藏

八十七、萊陽同茂錢莊

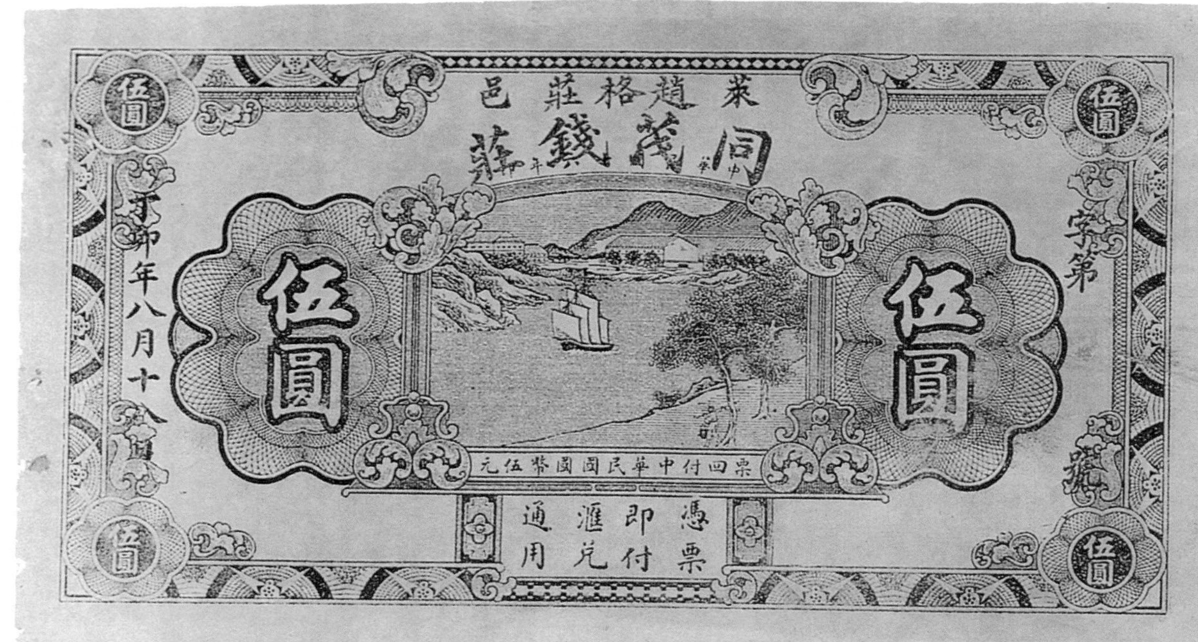

1241
王煒 藏

八十八、萊陽謙盛錢莊

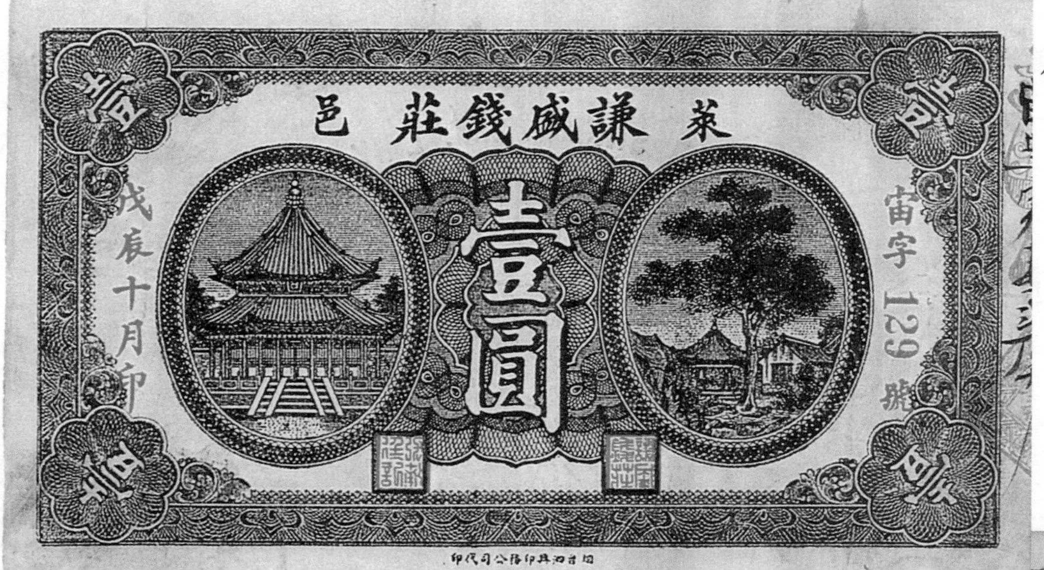

1242
李春曉 藏

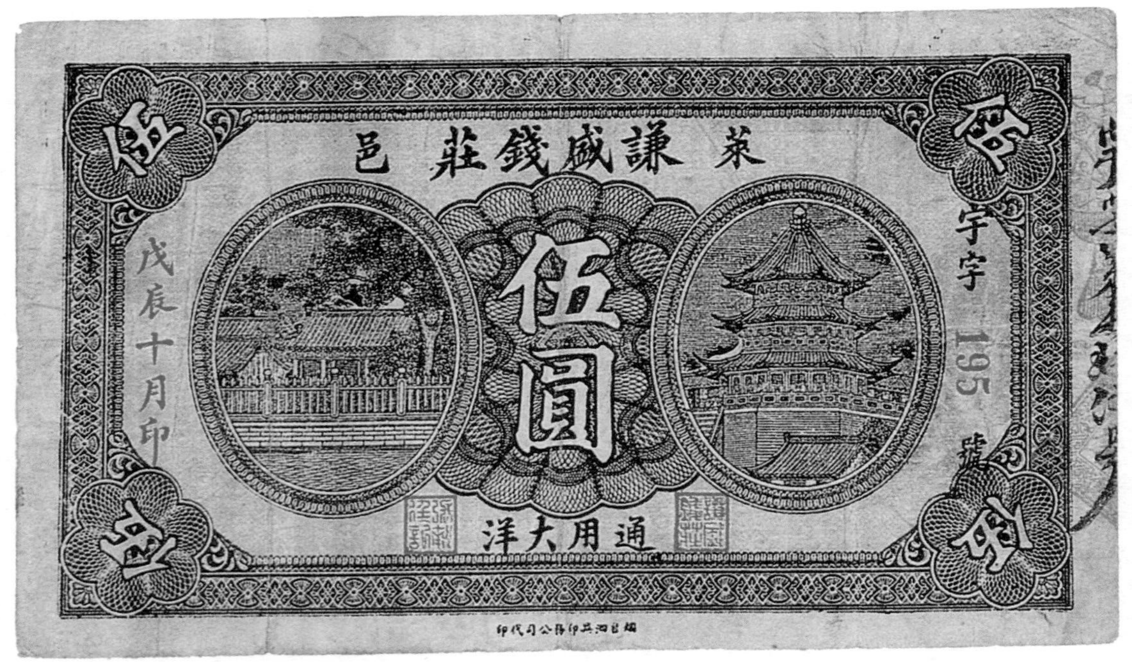

1243
李春曉 藏

八十九、牟平萬聚錢莊

1244
郭乃興 藏

（背圖見下頁）

九十、牟平福聚錢莊

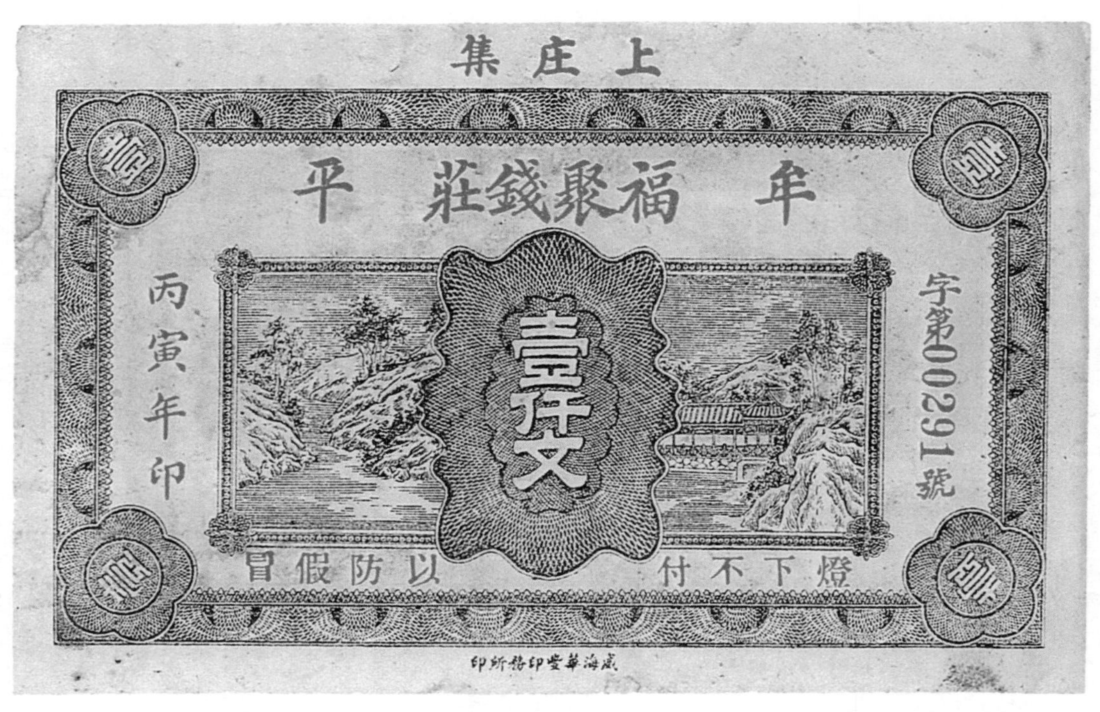

1245
王煒 藏

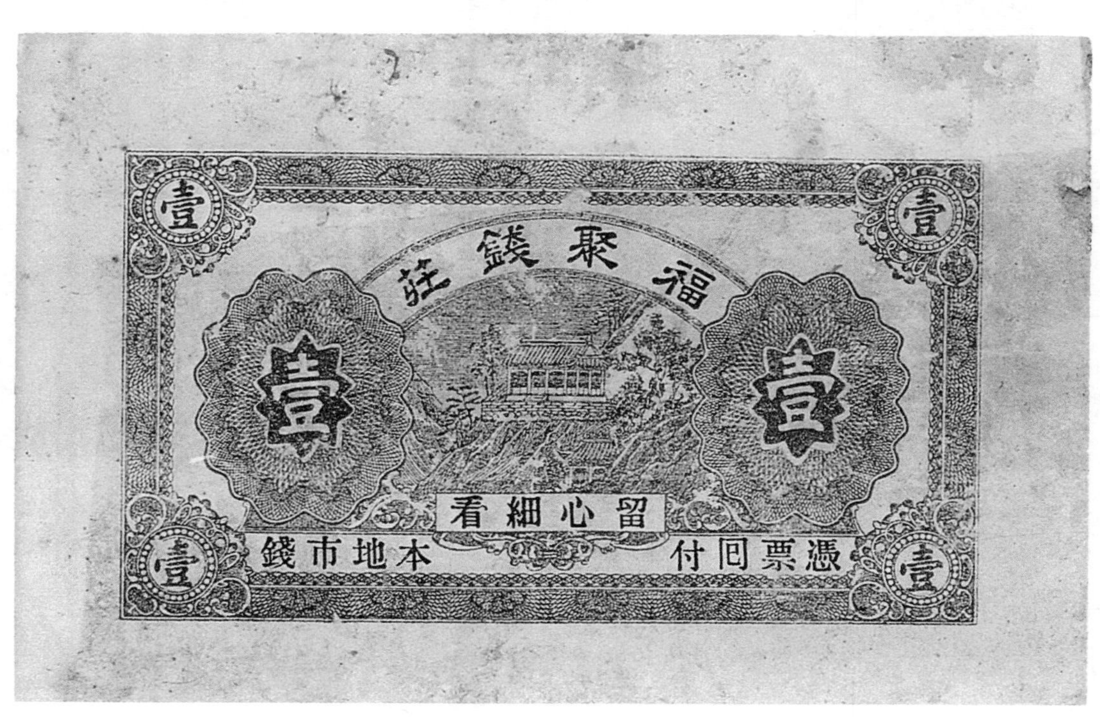

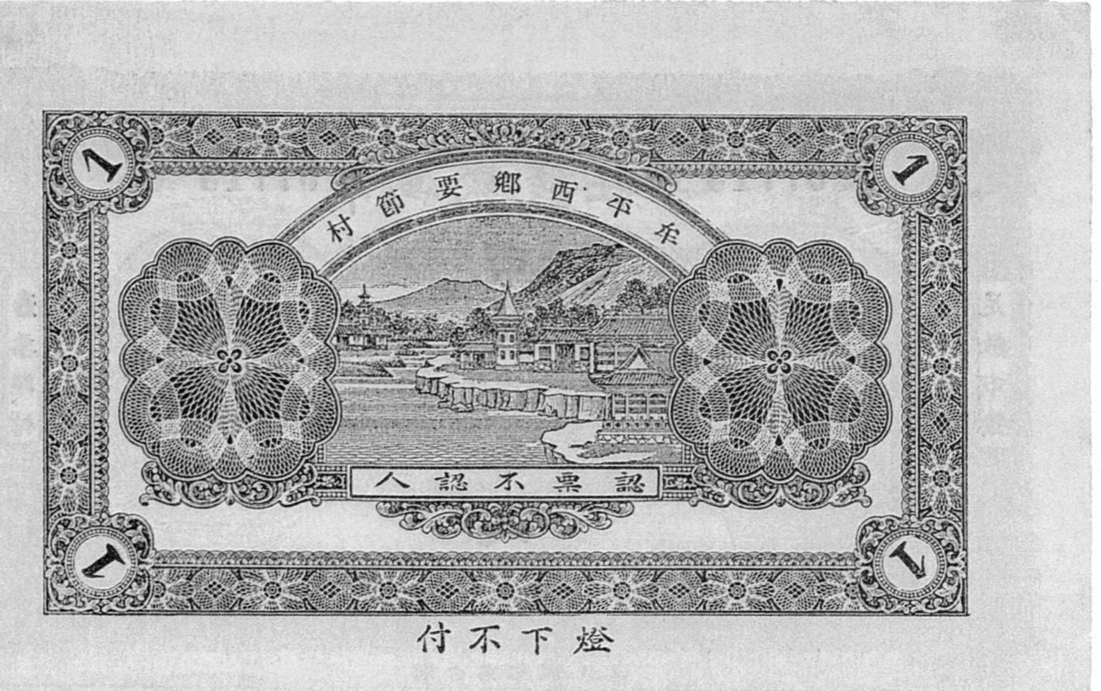

（1244 背圖）

九十一、文登永合銀樓

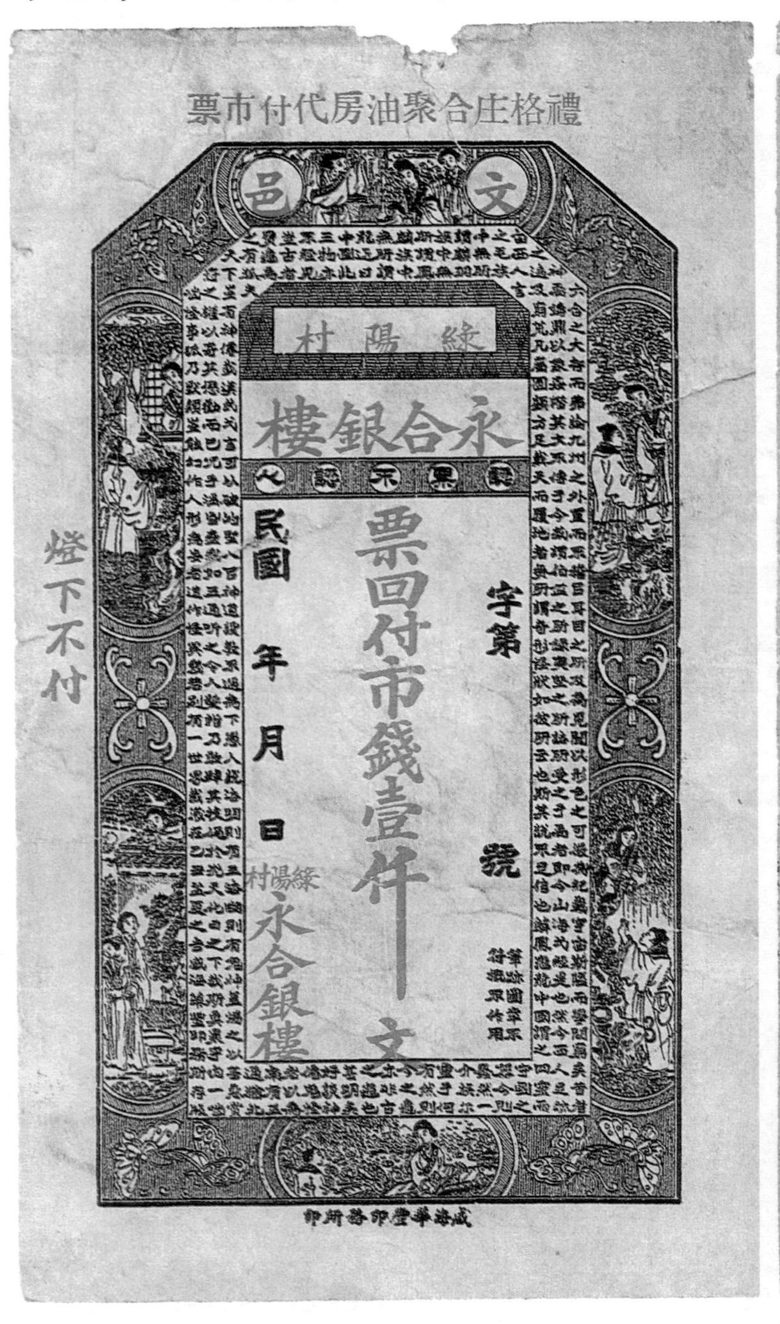

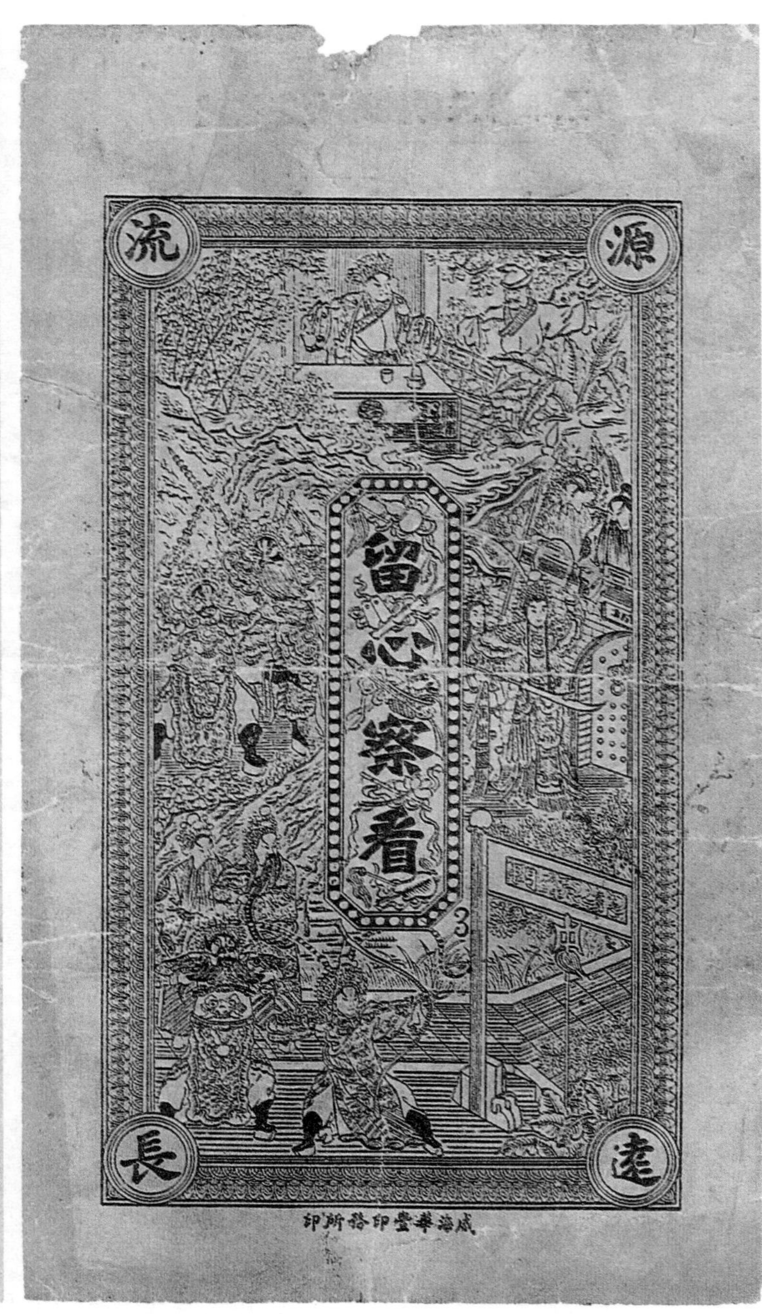

1246
石長有 藏

九十二、文登葛家滙通錢莊

1247
石長有 藏

九十三、濰縣濰東裕興誠銀號

1248
石長有 藏

九十四、濰縣濰東新華銀號

1249
石長有 藏

九十五、濰縣振東銀號

1250
石長有 藏

1251
石長有 藏

(背圖見下頁)

九十六、濰縣大中銀號

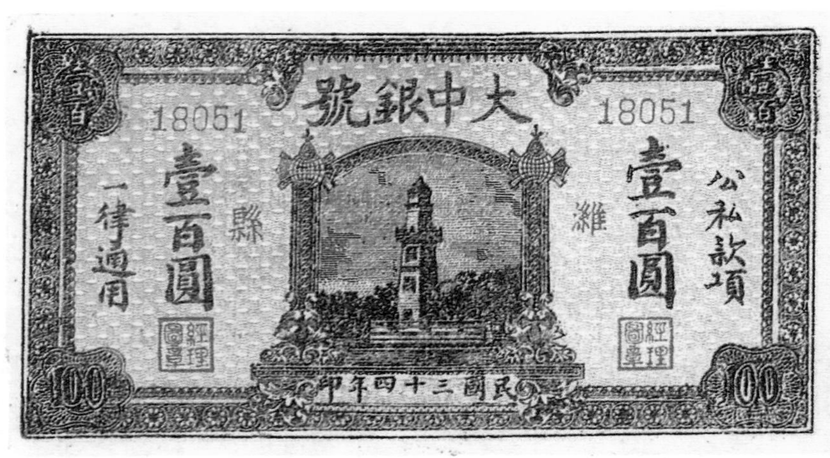

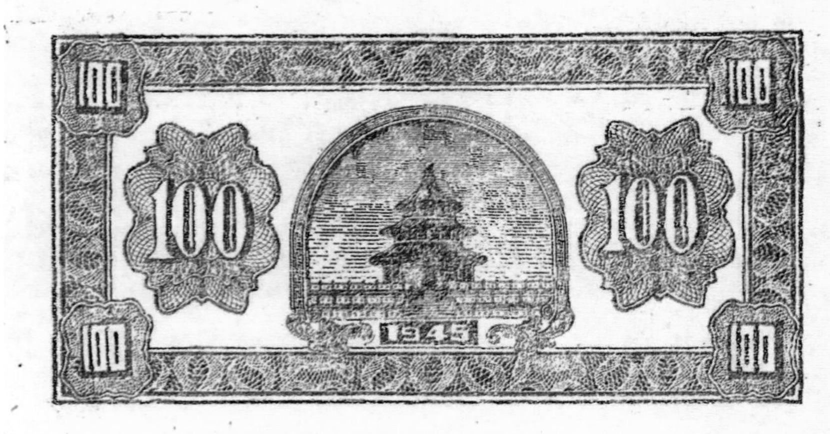

1252
石長有 藏

九十七、青州興業錢莊

1253
石長有 藏

(背圖見下頁)

(1251 背圖)

九十八、益都青州公立兑换所

(1253 背圖)

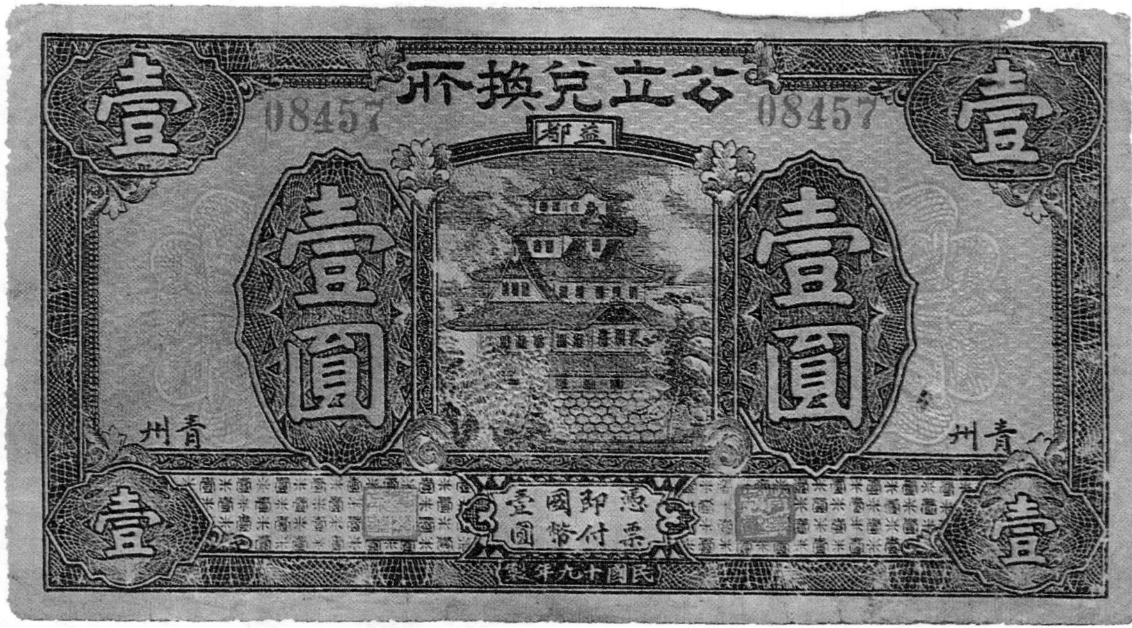

1254
石長有 藏

九十九、青州

裕寶銀樓

1255
石長有 藏

一百、益都

益豐銀號

1256
石長有 藏

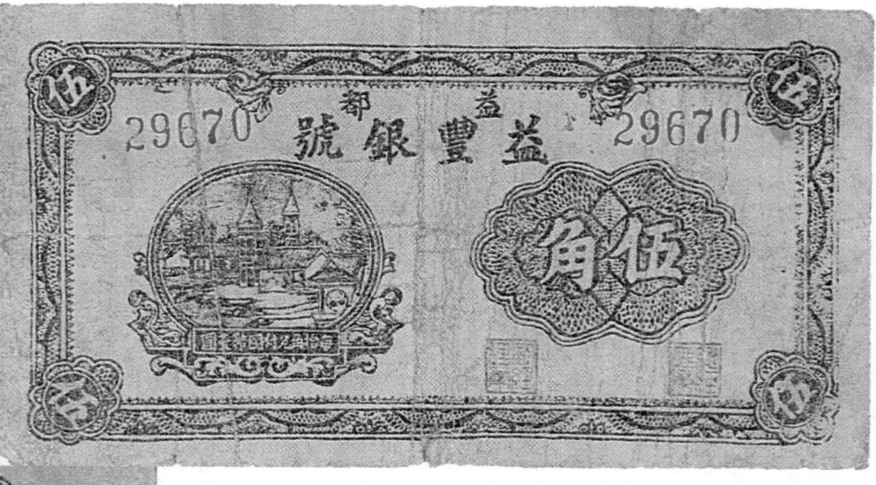

1257
郭乃興 藏

一百零一、壽光大有錢莊

1258
中國人民銀行上海分行 藏

一百零二、壽光農民錢局

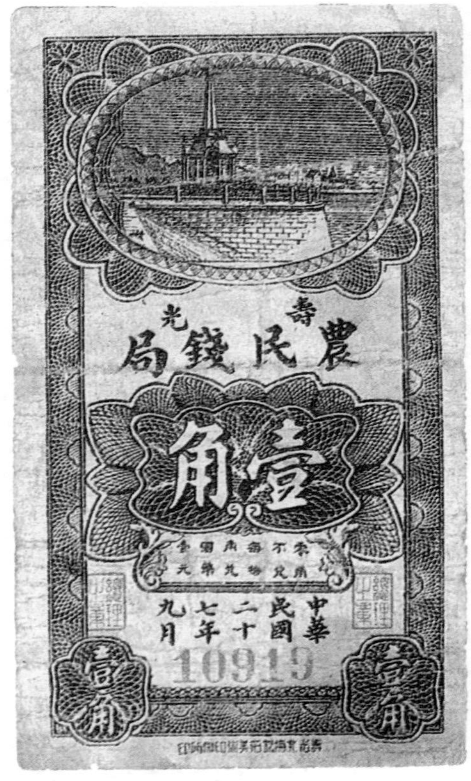

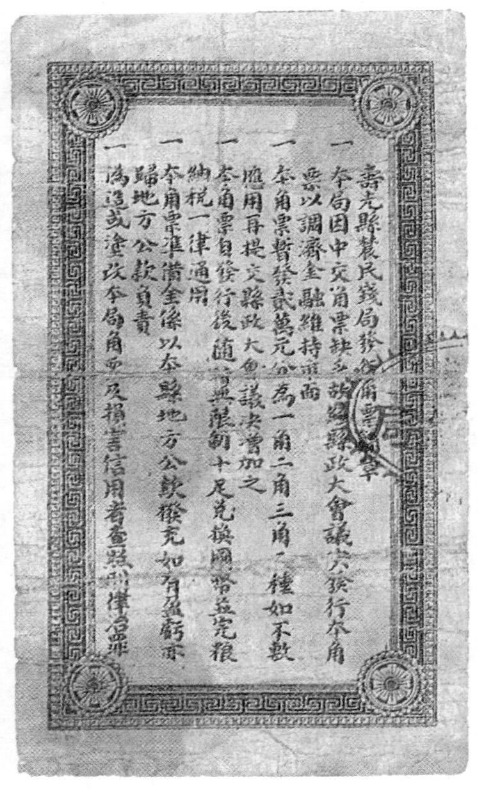

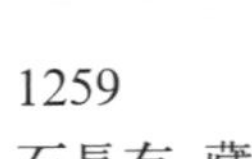
1259
石長有 藏

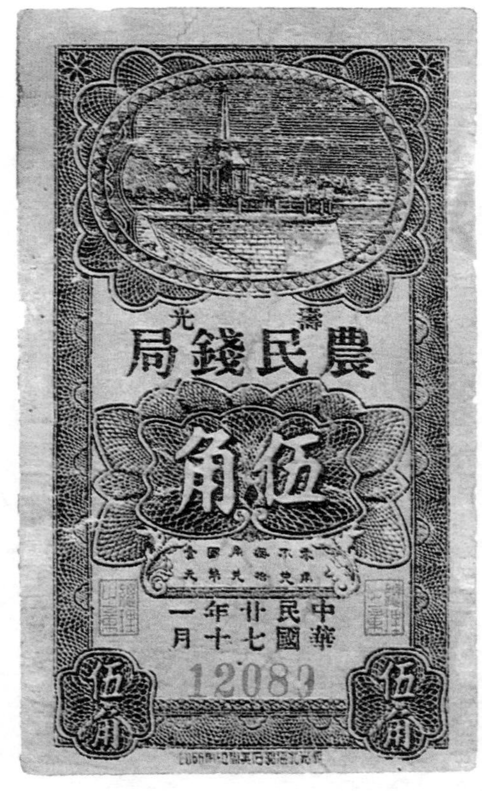

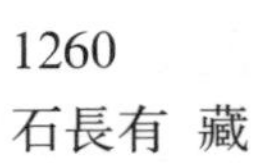
1260
石長有 藏

一百零三、內鄉縣地方合作金庫

1261
石長有 藏

一百零四、潢川蠶業銀號

1262
中國人民銀行上海分行 藏

一百零五、商城張隆慶錢店

1263
石長有 藏

商邑南鄉
盛家店
商
邑
張隆慶
温清字第四貳號
憑票發號票伍串文
民國十七年吉月曆

伍
伍
伍
伍
伍

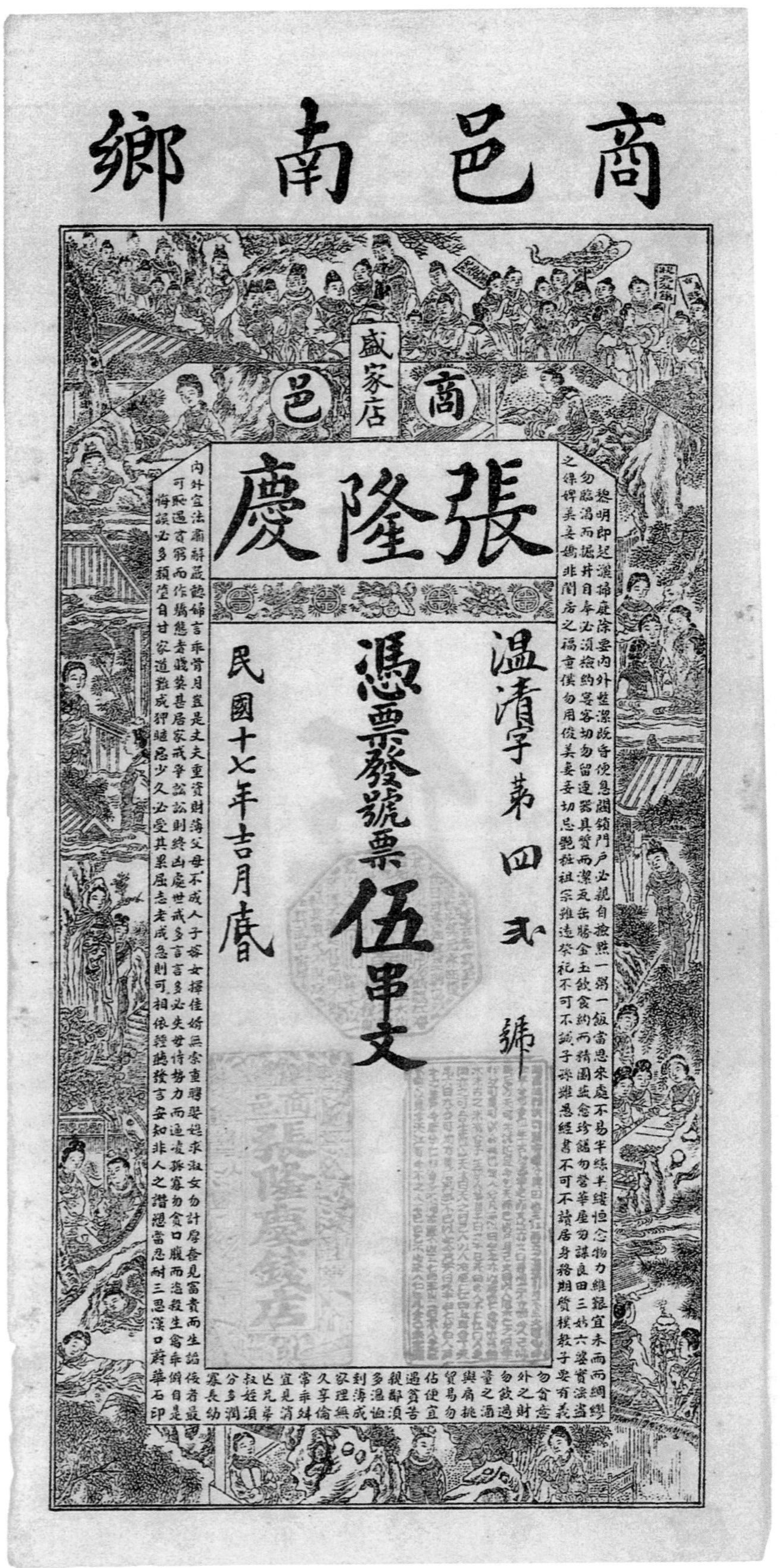

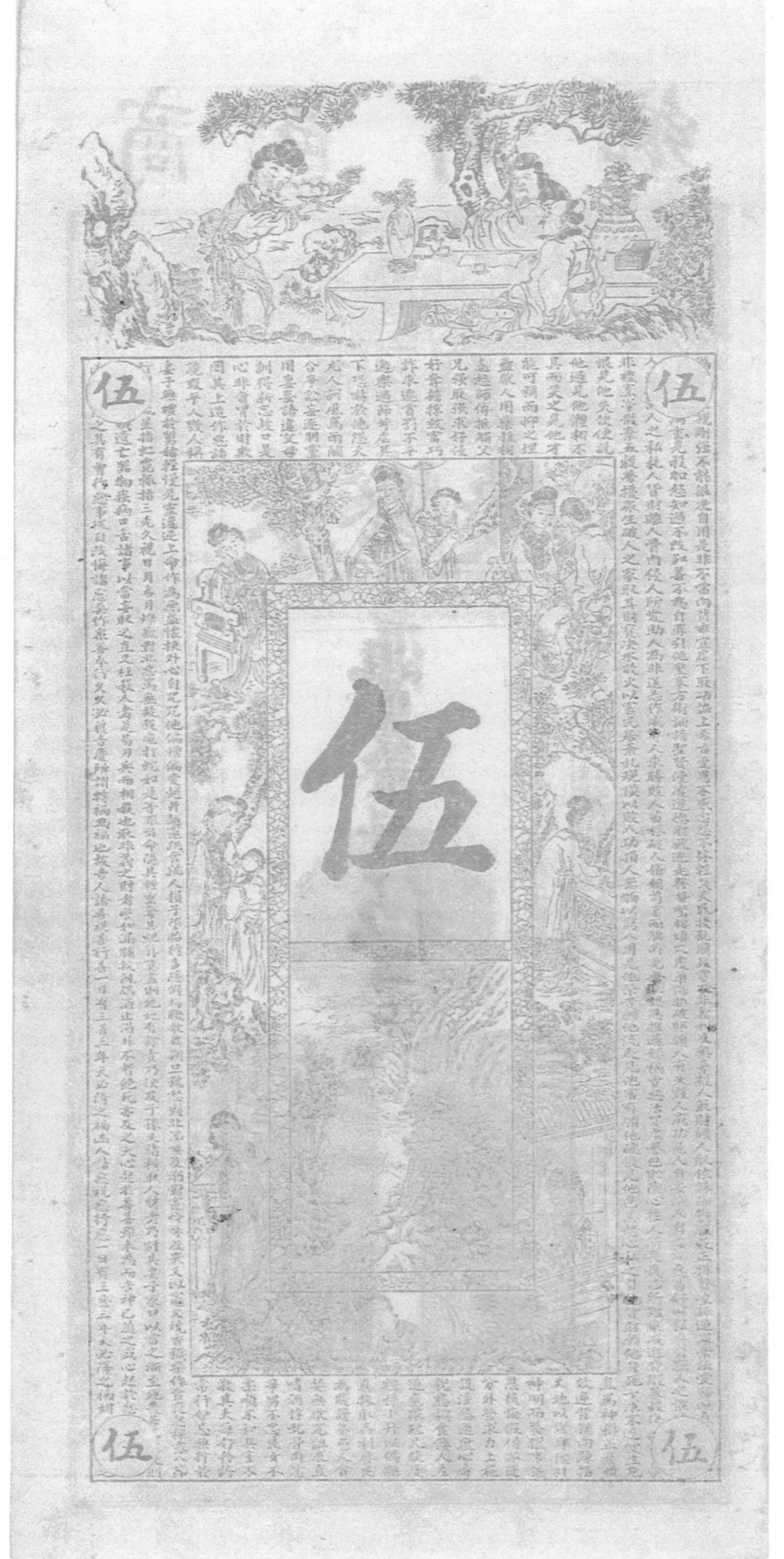

1264
惠泉 提供

商邑南鄉

商邑 盛家店

張隆慶

溫清字弟　號

憑票發號票 伍吊文

民國十七年吉月　日

1265
石長有 藏

一百零六、京兆銀錢局

1266
劉文和 藏

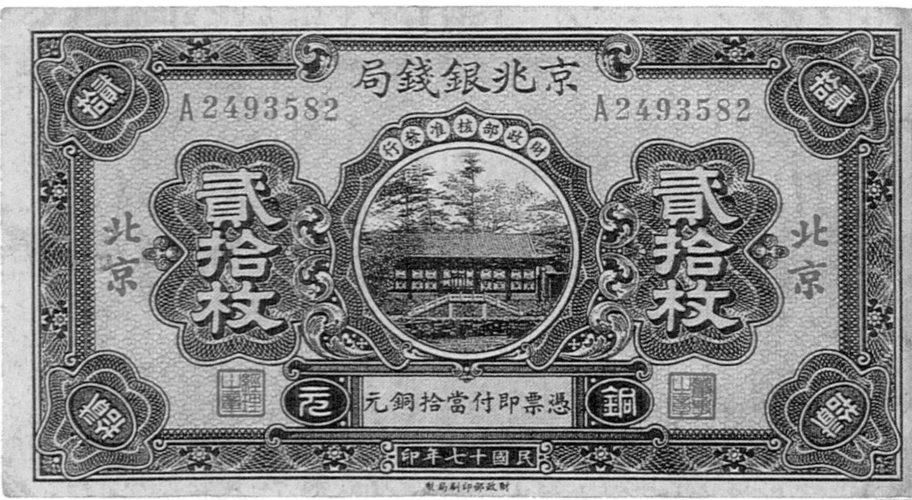

1267
劉文和 藏

1268
劉文和 藏

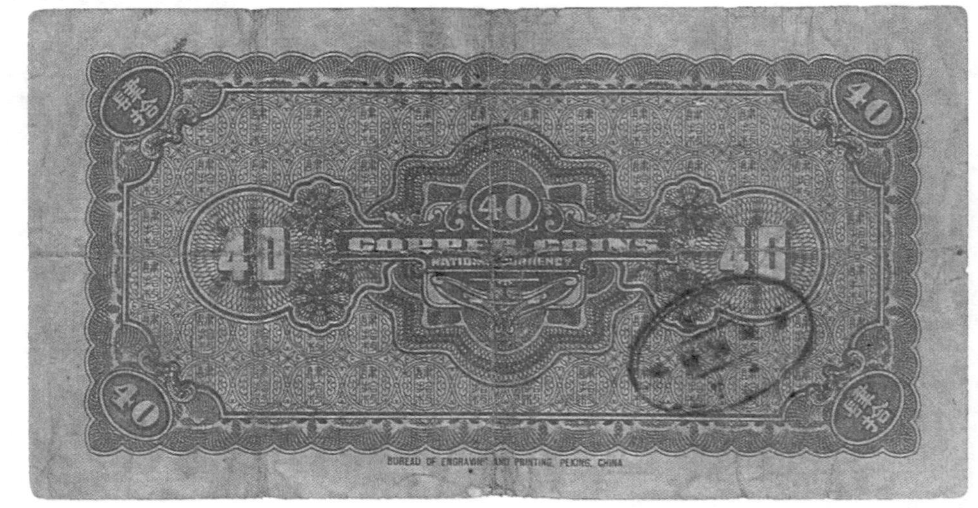

1269
劉文和 藏

一百零七、啟泰銀號

1270
石長有 藏

一百零八、京兆涿縣廣順錢號

1271
劉文和 藏

（背圖見下頁）

一百零九、通縣豫豐銀號

1272
劉文和 藏

1273
劉文和 藏

一百一十、慶雲德聚昌錢莊

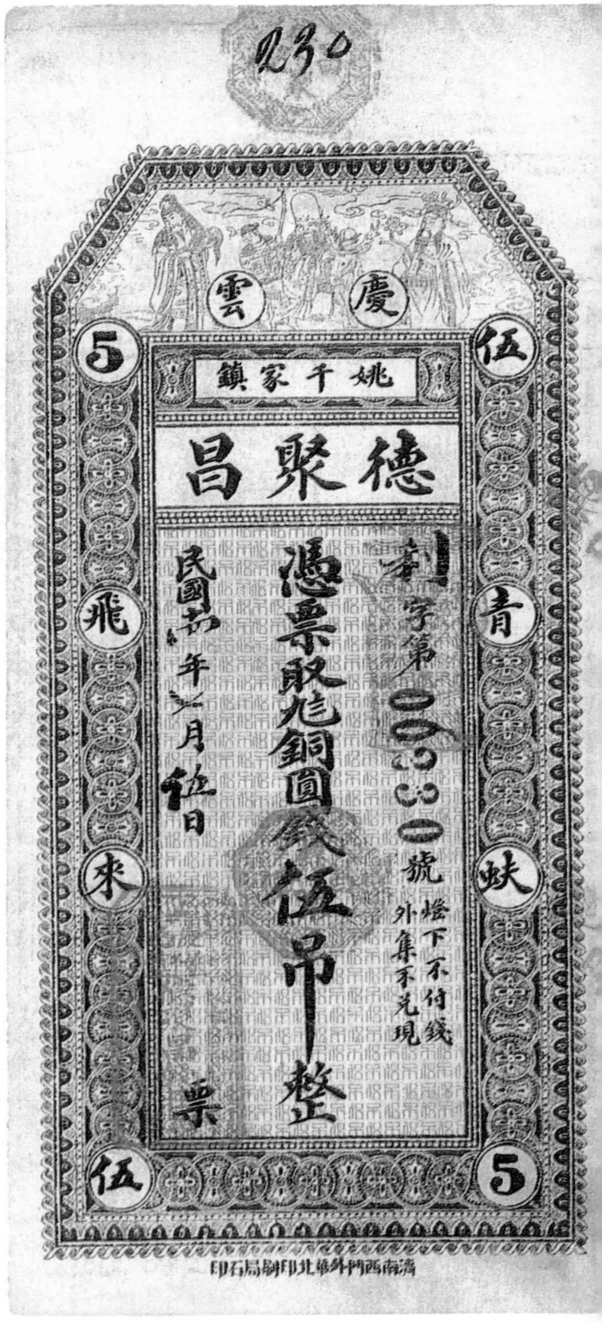

1274
石長有 藏

（背圖見下頁）

一百一十一、河間廣信銀號

(1271 背圖)

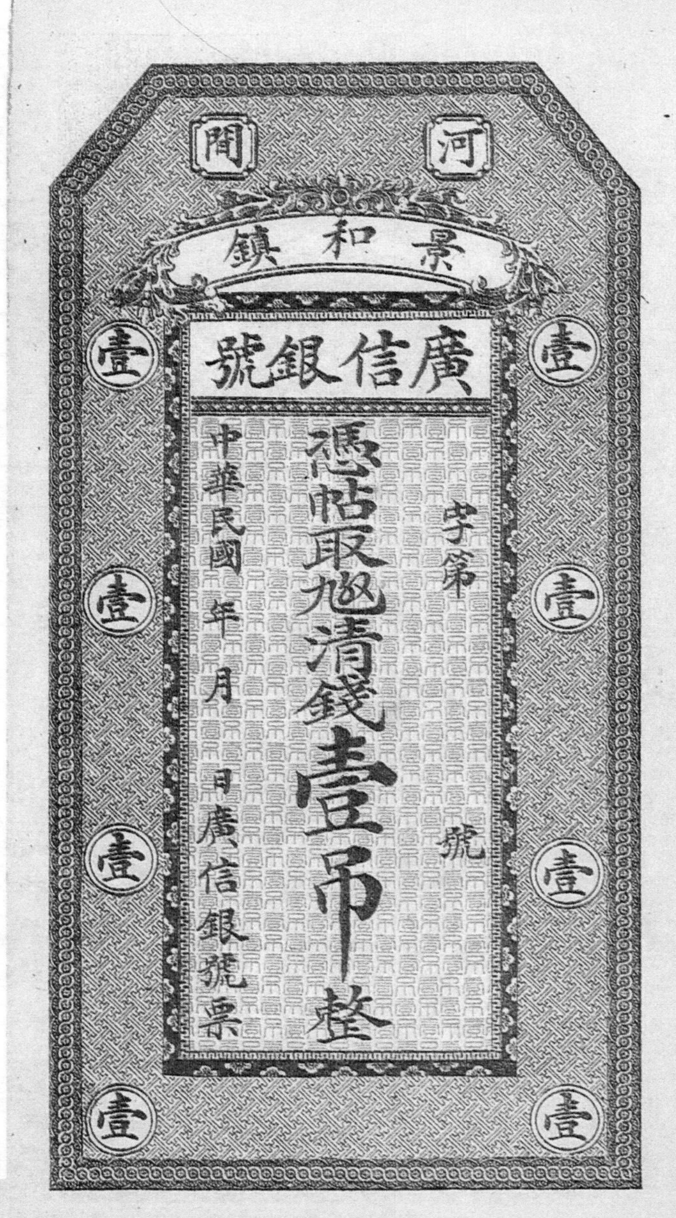

1275
石長有 藏

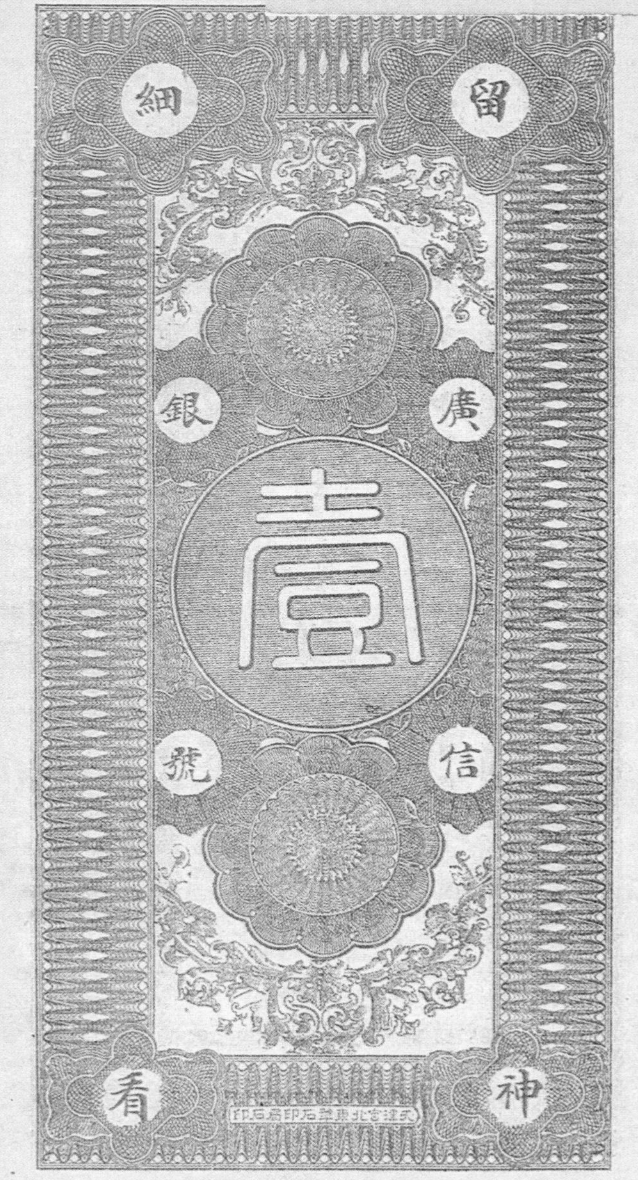

(1274 背圖)

一百一十二、河間榮昇銀局

1276
石長有 藏

一百一十三、任邱華成銀號

1277
郭乃興 藏

1278
石長有 藏

1279
徐風 藏

1280
石長有 藏

（背圖見下頁）

一百一十四、故城縣貸欵所

1281
石長有 藏

一百一十五、遷安縣公立錢局

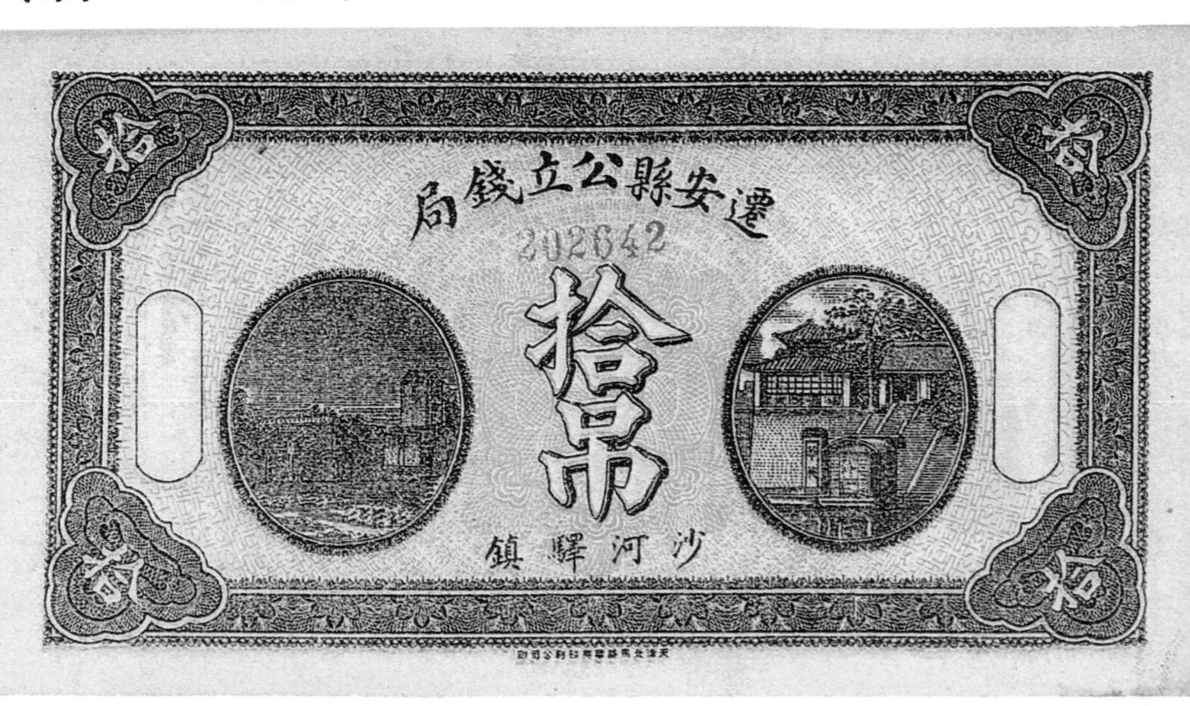

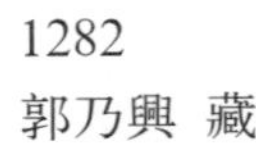
1282
郭乃興 藏

（背圖見下頁）

(1280 背圖)

一百一十六、昌黎公濟錢莊

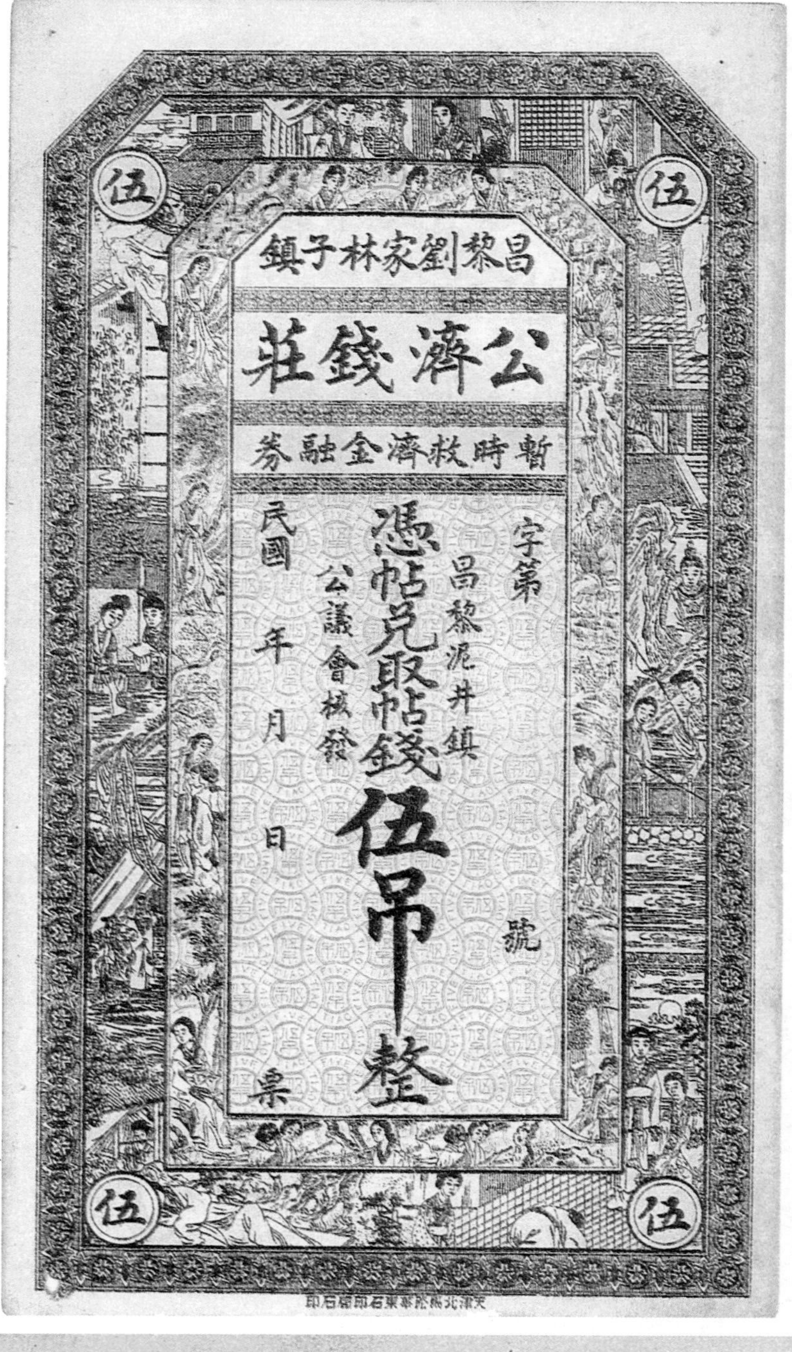

1283
石長有 藏

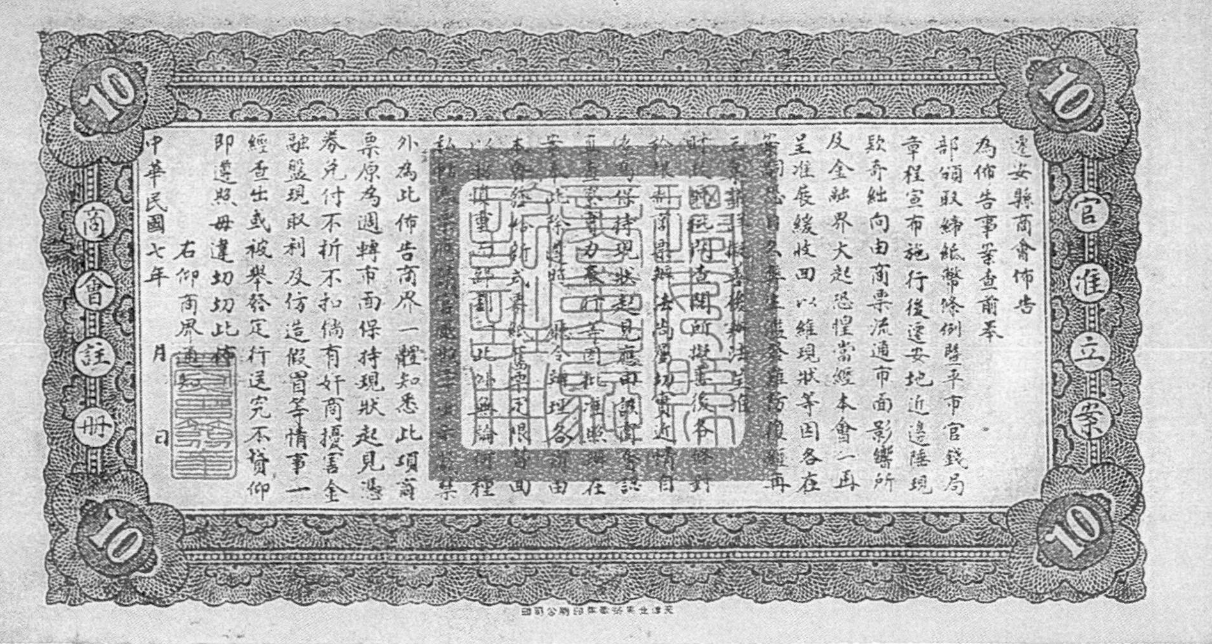

(1282 背圖)

一百一十七、東鹿福裕興銀號

1284
石長有 藏

1285
石長有 藏

一百一十八、晉縣蚨雲錢莊

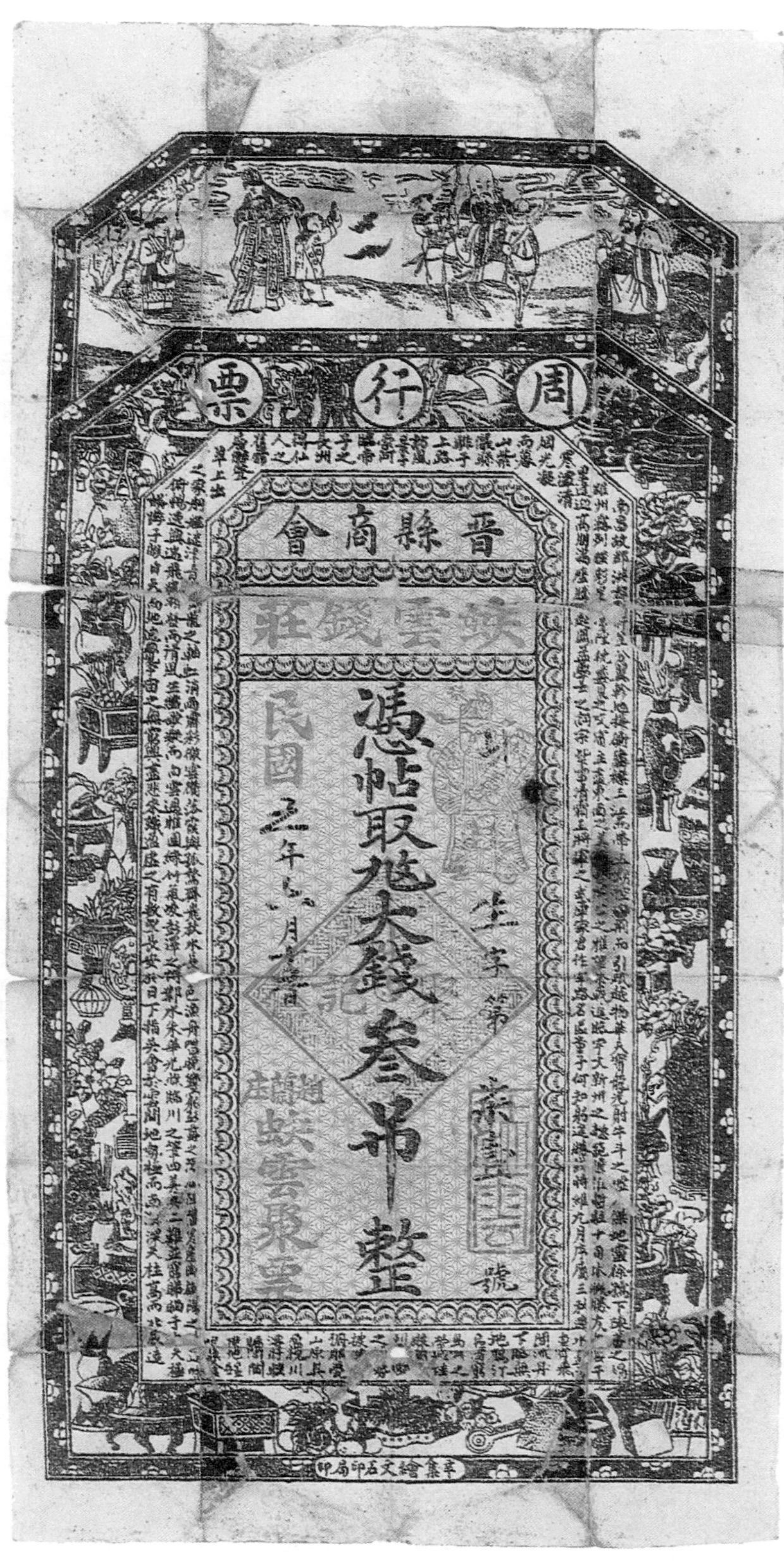

1286
石長有 藏

一百一十九、深縣志成銀號

1287
石長有 藏

一百二十、新河利新實業錢局

1288
石長有 藏

一百二十一、棗强縣錢業同業公會

1289
石長有 藏

一百二十二、聚寶銀樓

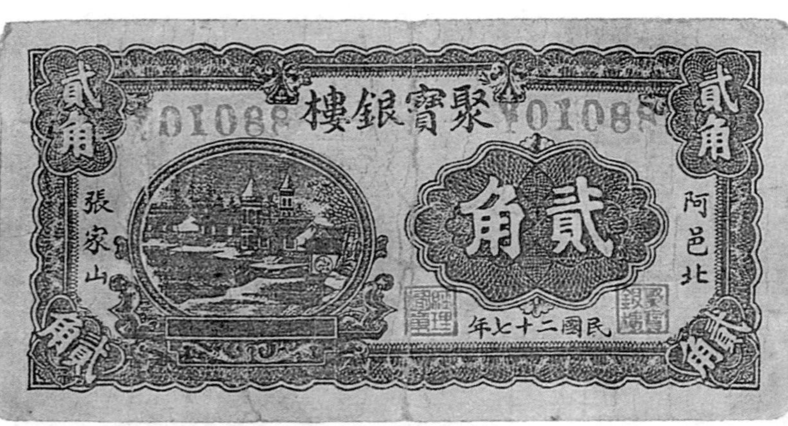

1290
郭乃興 藏

1291
郭乃興 藏

一百二十三、山西省縣銀號

1292
徐風 藏

1293
徐風 藏

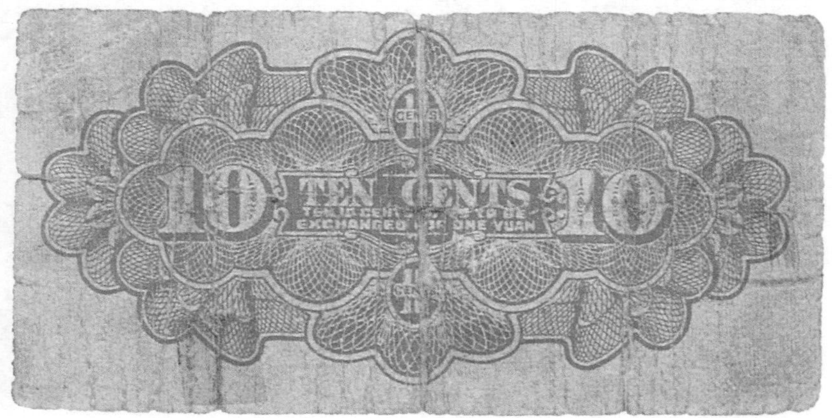

1294
石長有 藏

1295
徐風 藏

1296
徐風 藏

1297
徐風 藏

1298
徐風 藏

1299
徐風 藏

一百二十四、太原縣銀號

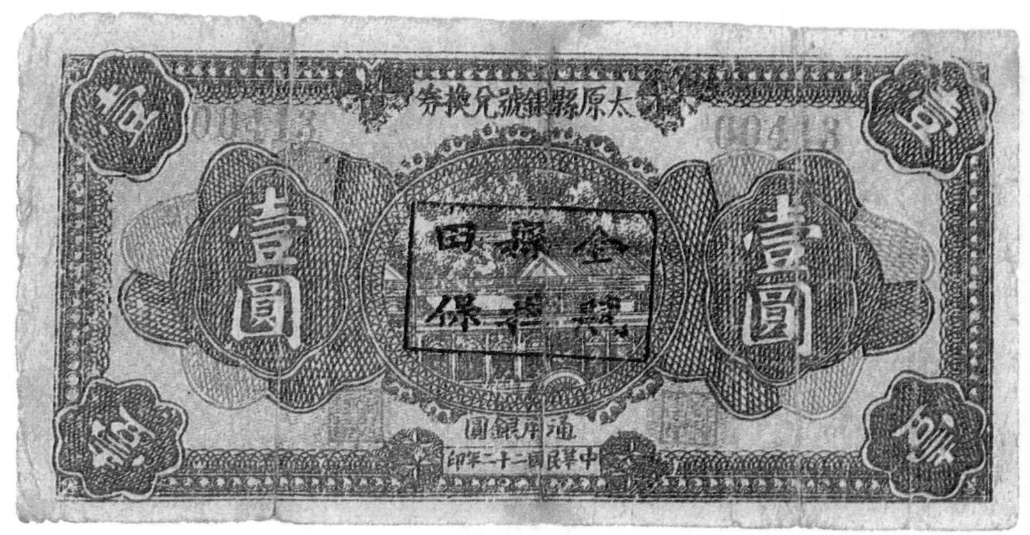

1300
徐風 藏

一百二十五、太谷縣縣銀號

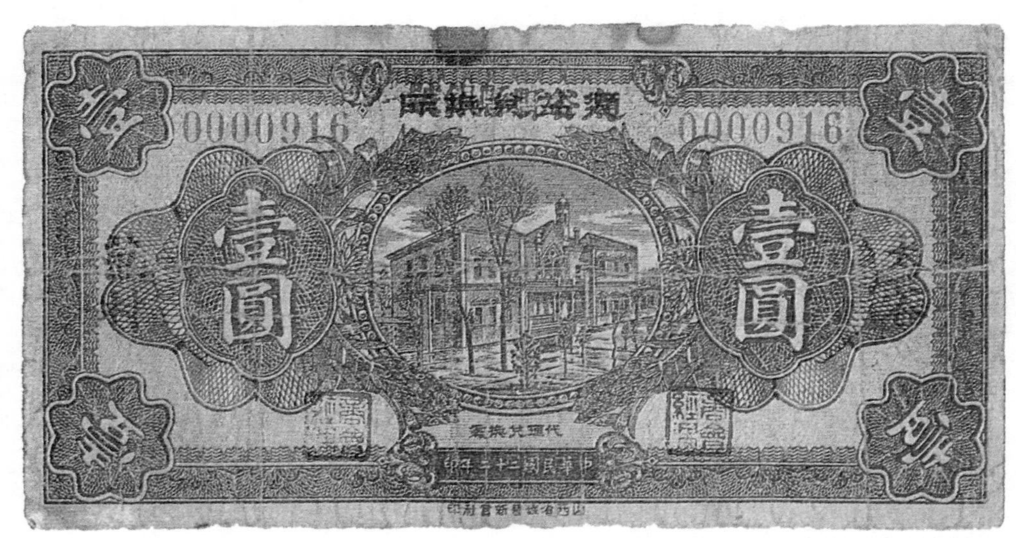

1301
徐風 藏

一百二十六、太谷實業銀號

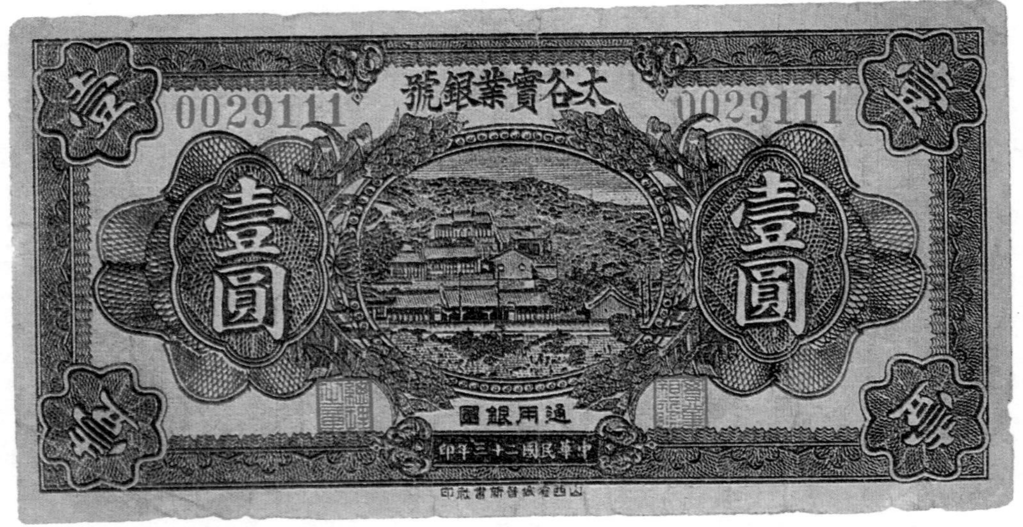

1302
徐風 藏

一百二十七、文水縣銀號

1303
選自《山西歷史貨幣》

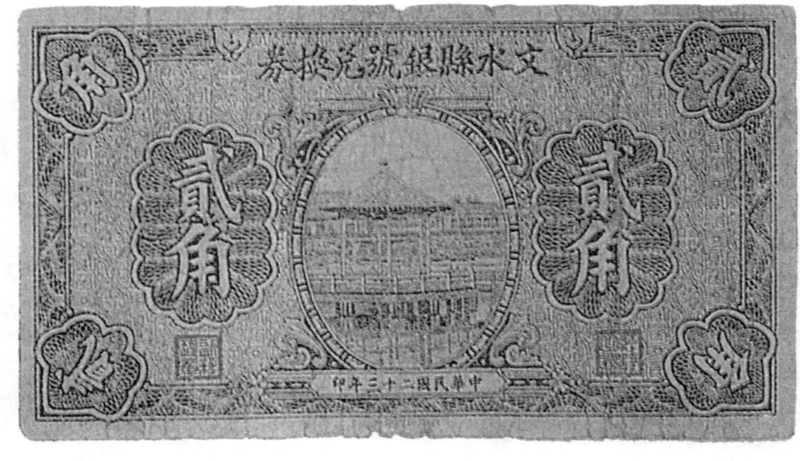

1304
選自《山西歷史貨幣》

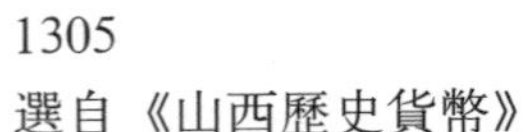

1305
選自《山西歷史貨幣》

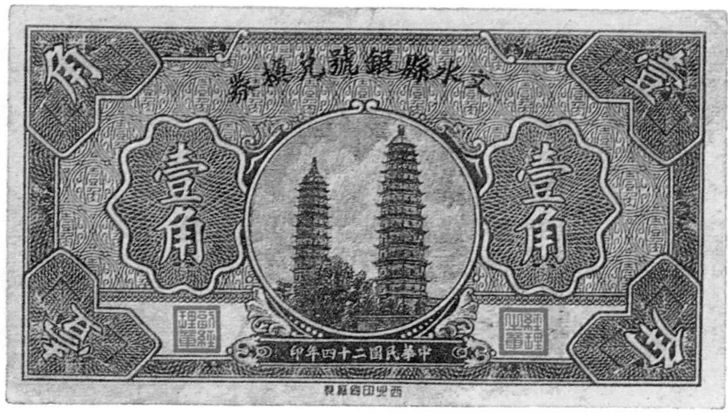

1307
徐風 藏

1306
徐風 藏

一百二十八、文水信義亨銀號

1308
選自《山西歷史貨幣》

1309
石長有 藏

1310
選自《山西歷史貨幣》

一百二十九、文水裕商銀號

1311
上海圖書館 藏

一百三十、興縣縣銀號

1312
石長有 藏

一百三十一、岢嵐縣縣銀號

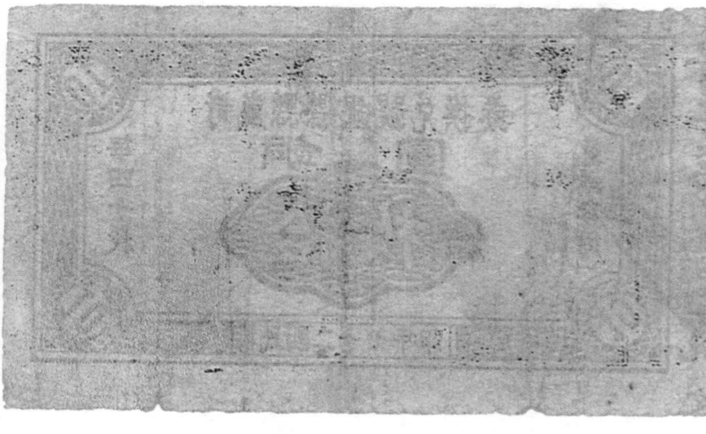

1313
徐風 藏

1314
徐風 藏

一百三十二、岢嵐縣銀號

1315
徐風 藏

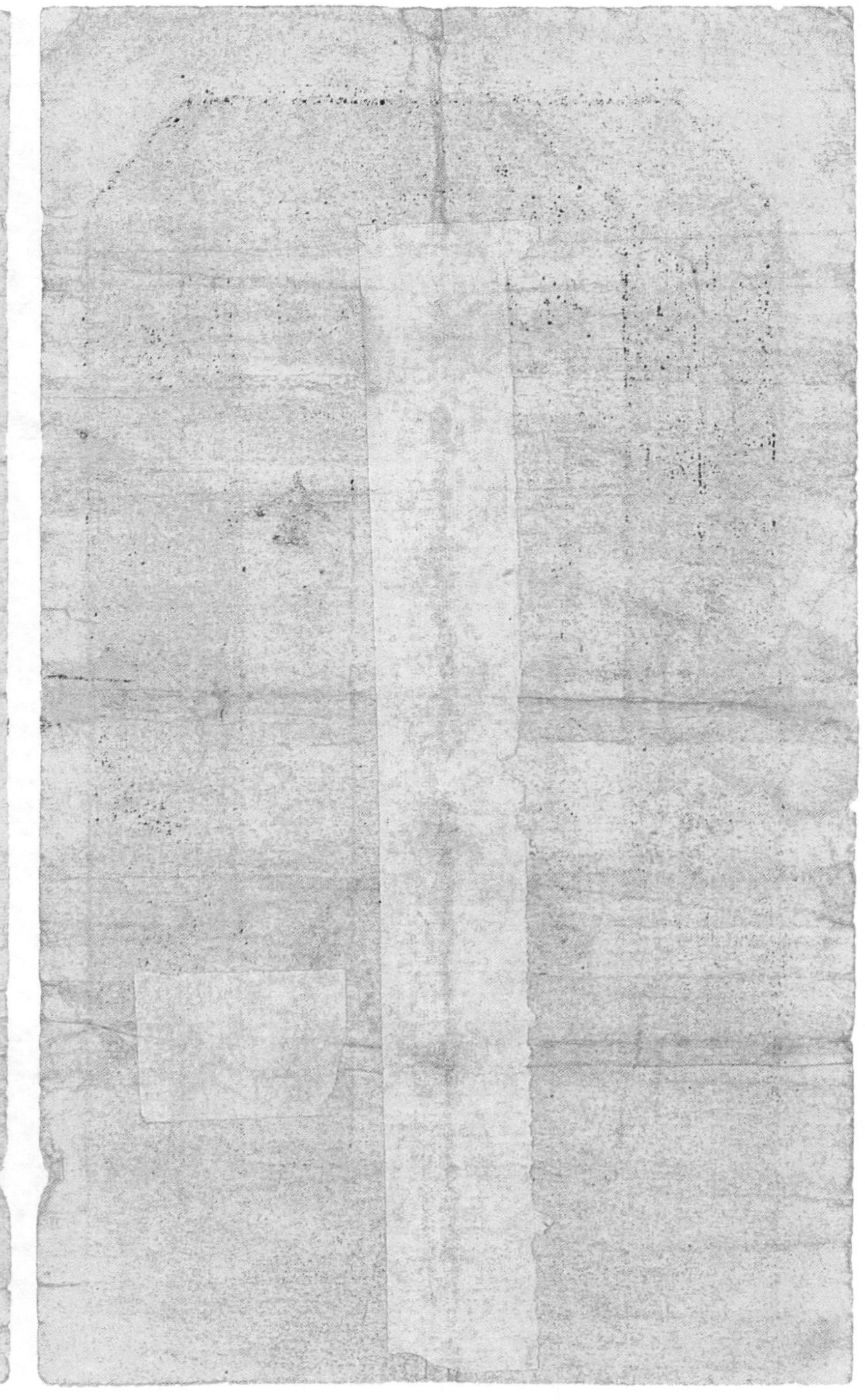

一百三十三、岢嵐勸業錢局

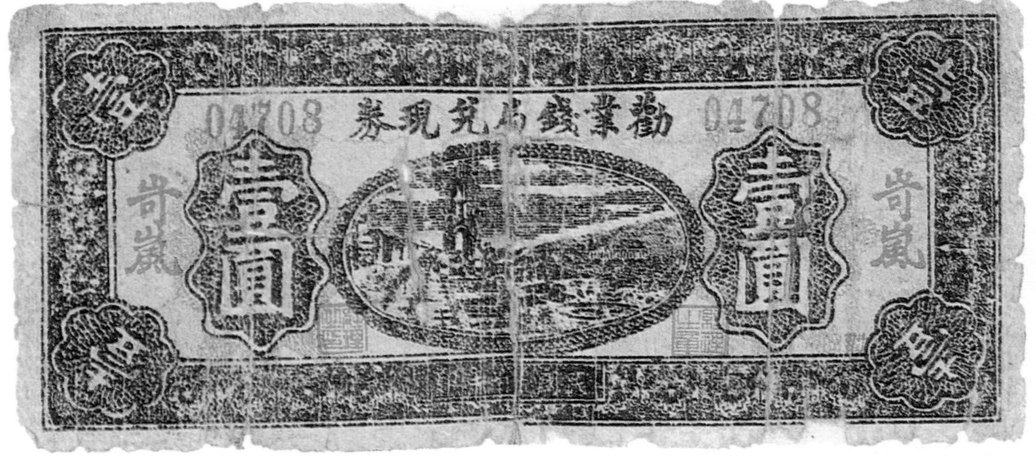

1316
石長有 藏

一百三十四、孝義縣縣銀號

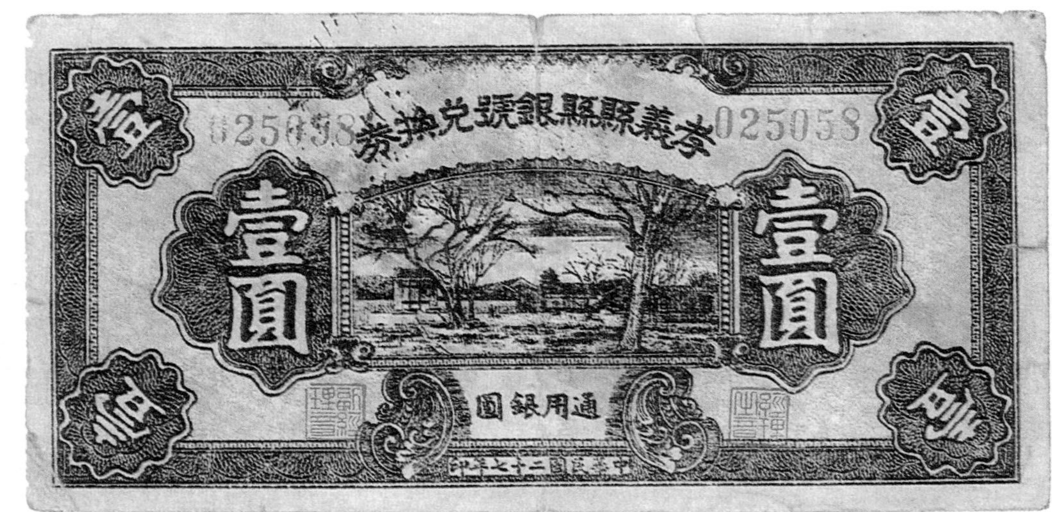

1317
徐風 藏

一百三十五、汾陽縣銀號

1318
石長有 藏

1319
石長有 藏

一百三十六、平遙縣銀號

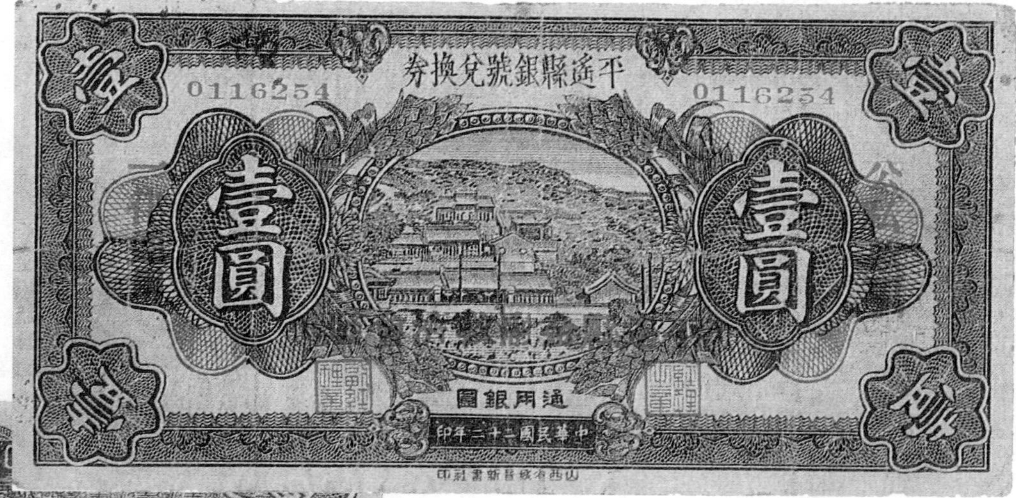

1320
徐風 藏

一百三十七、石樓縣銀號

1321
徐風 藏

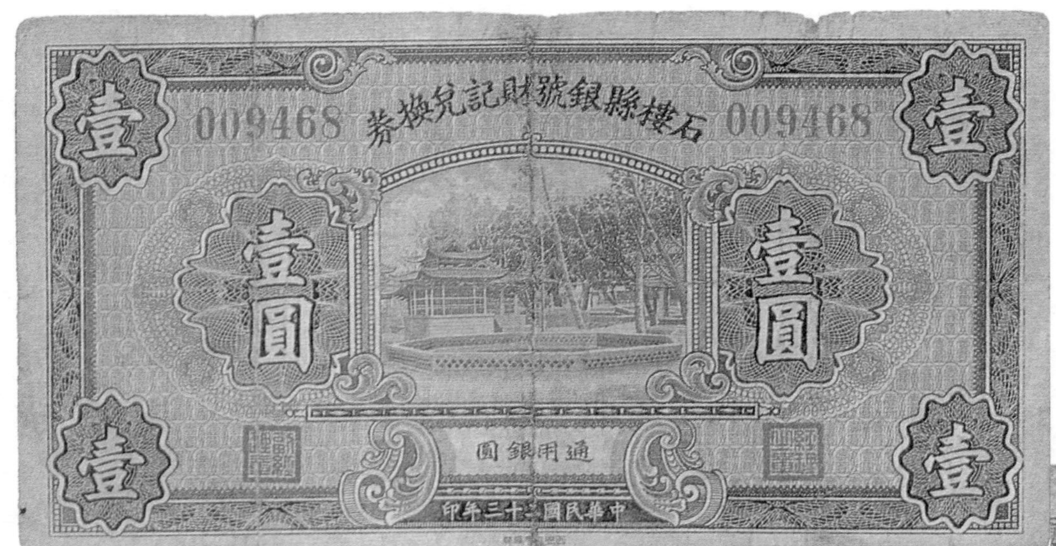

1322
徐風 藏

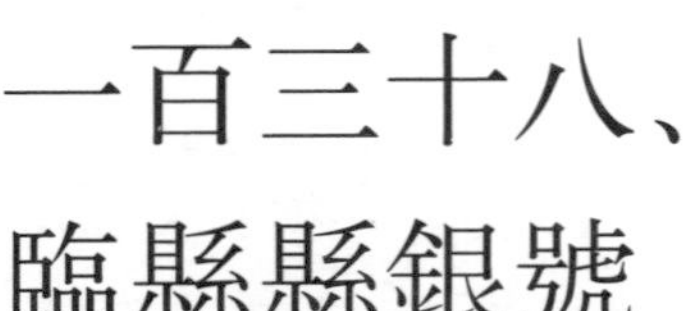

一百三十八、臨縣縣銀號

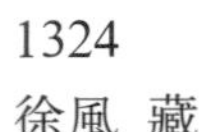

1324
徐風 藏

1323
徐風 藏

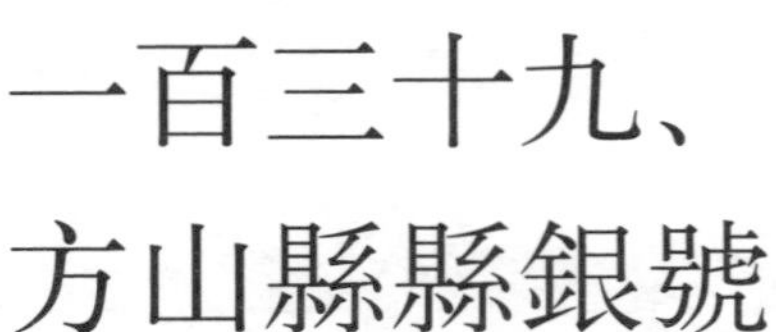

一百三十九、方山縣縣銀號

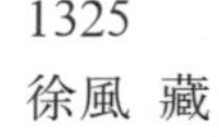

1325
徐風 藏

（背圖見下頁）

1326
徐風 藏

一百四十、長子縣銀號

1327
石長有 藏

1328
石長有 藏

(1325 背圖)

一百四十一、潞城縣銀號

1329
石長有 藏

一百四十二、陽城縣銀號

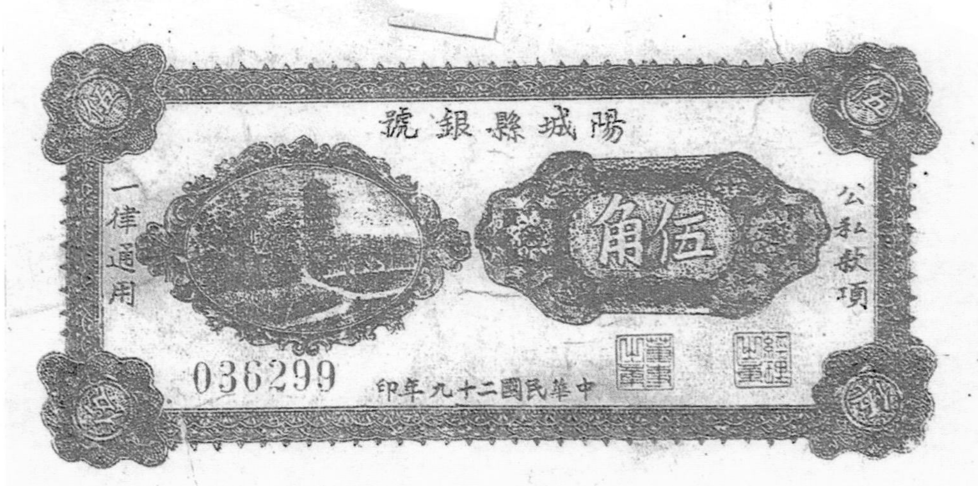

1330
石長有 藏

一百四十三、沁縣銀號

1331
石長有 藏

1332
石長有 藏

一百四十四、武鄉縣銀號

1333
石長有 藏

一百四十五、盂縣銀號

1334
徐風 藏

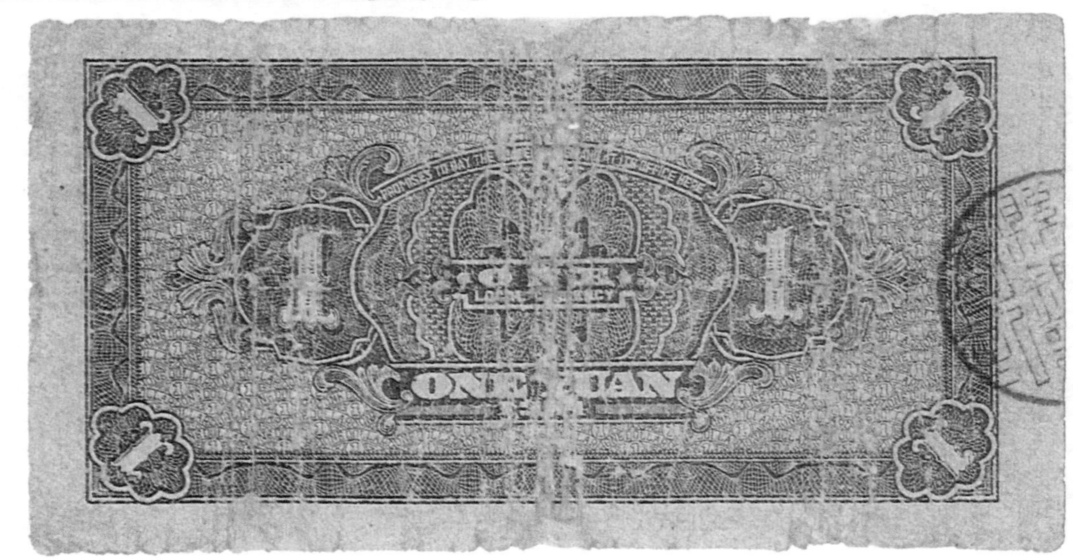

一百四十六、陽高縣銀號

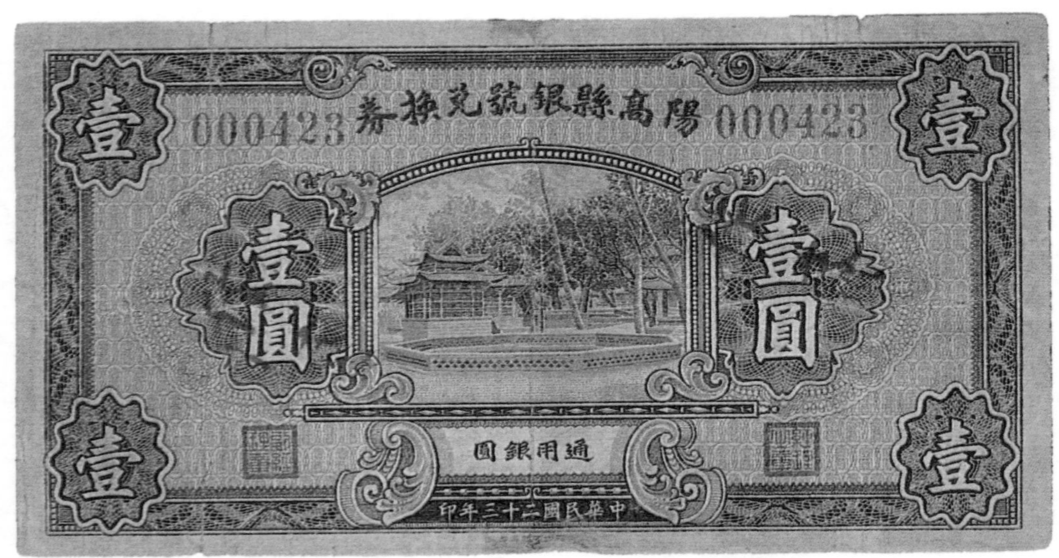

1335
徐風 藏

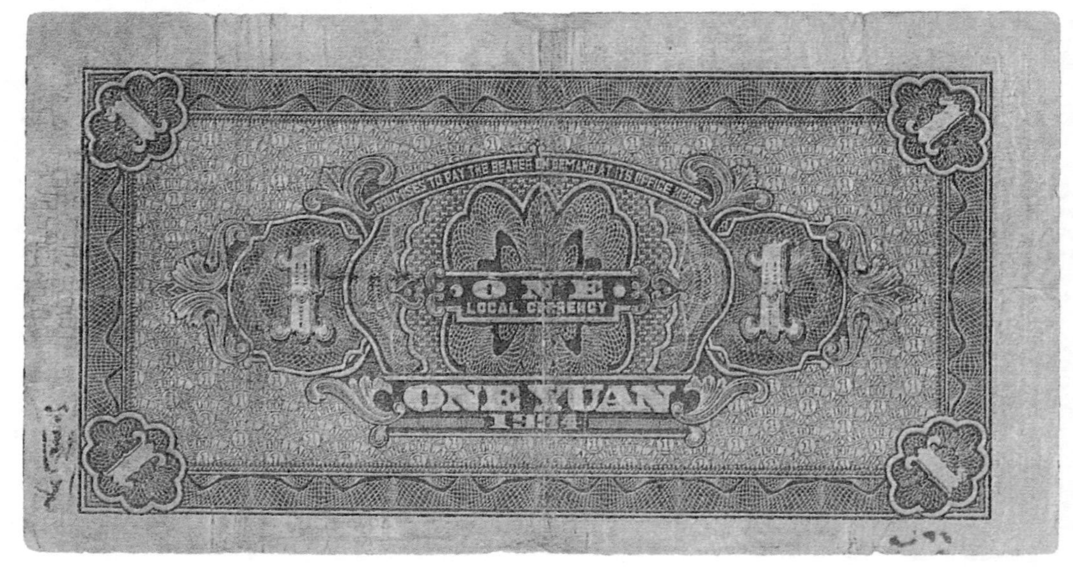

一百四十七、廣靈縣廣利錢局

1336
石長有 藏

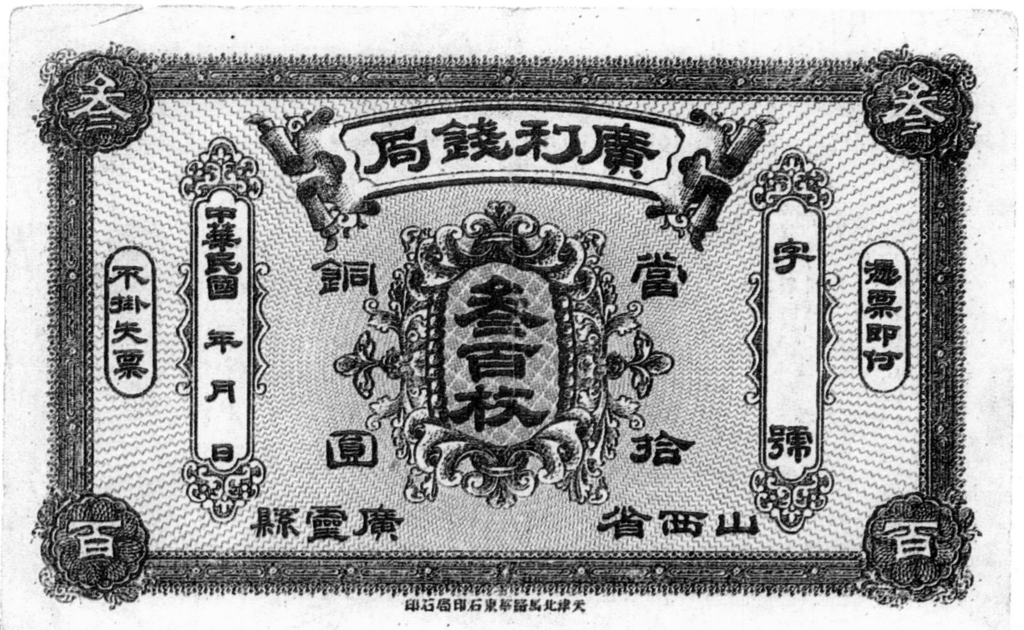

1337
石長有 藏

一百四十八、靈邱縣銀號

1338
徐風 藏

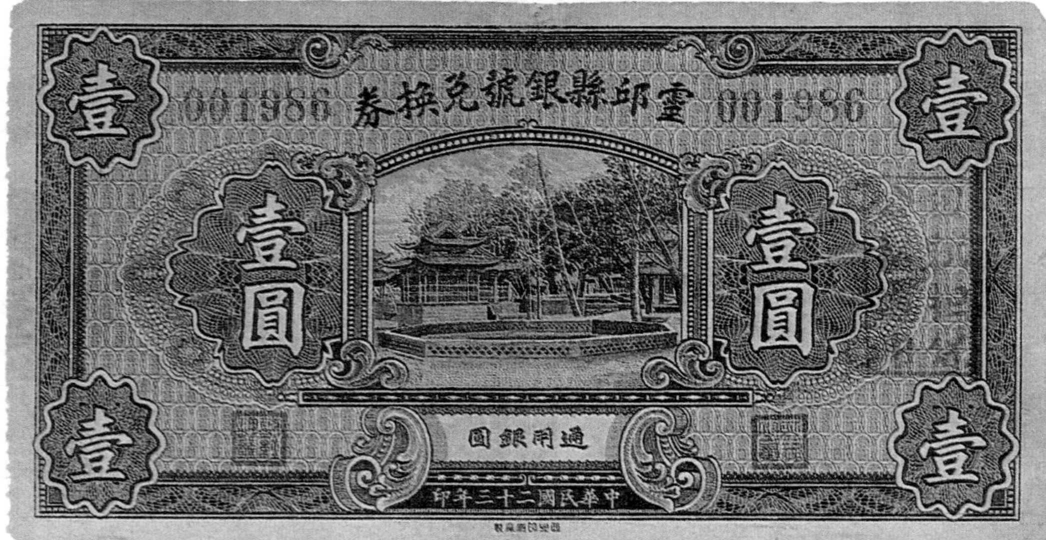

1339
徐風 藏

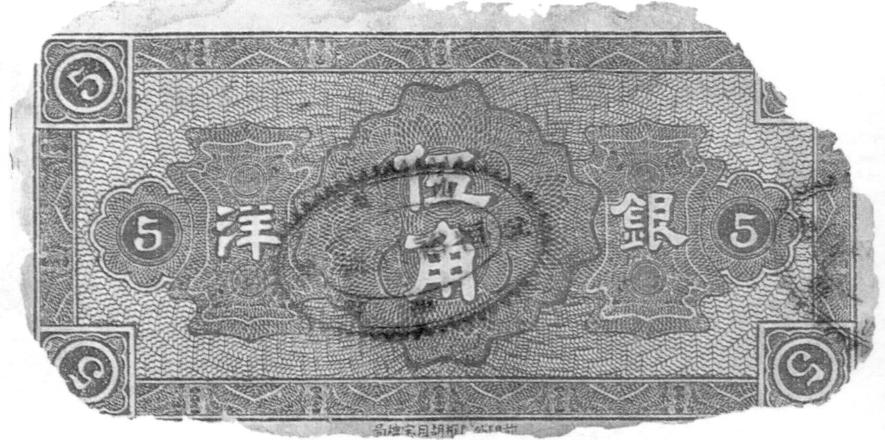

一百四十九、渾源恒裕銀號

1340
石長有 藏

一百五十、渾源恒興銀號

1341
石長有 藏

（背圖見下頁）

一百五十一、甯武縣銀號

1342
徐風 藏

1343
石長有 藏

1344
徐風 藏

（1341 背圖）

一百五十二、神池縣銀號

1345
徐風 藏

一百五十三、五寨縣銀號

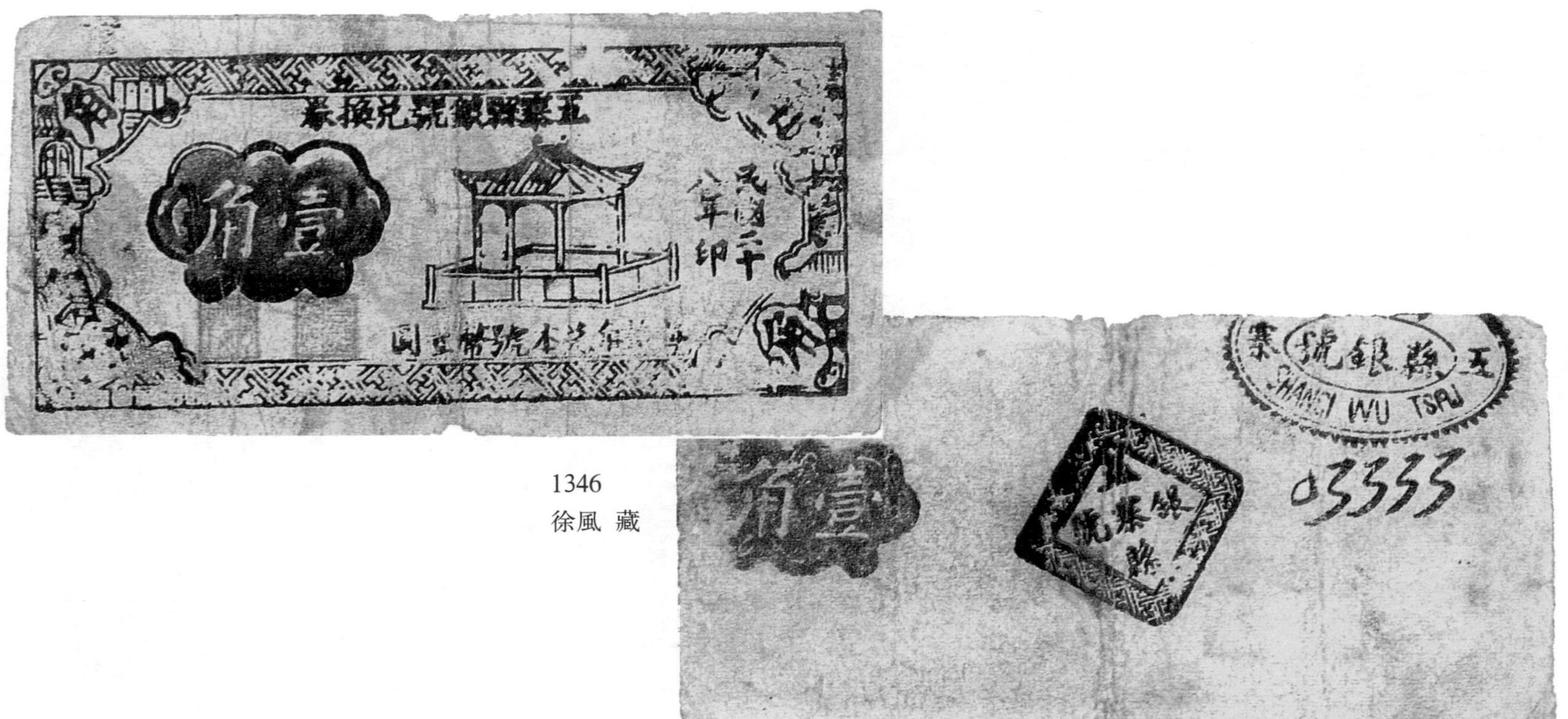

1346
徐風 藏

1347
徐風 藏

（背圖見下頁）

一百五十四、五寨縣縣銀號

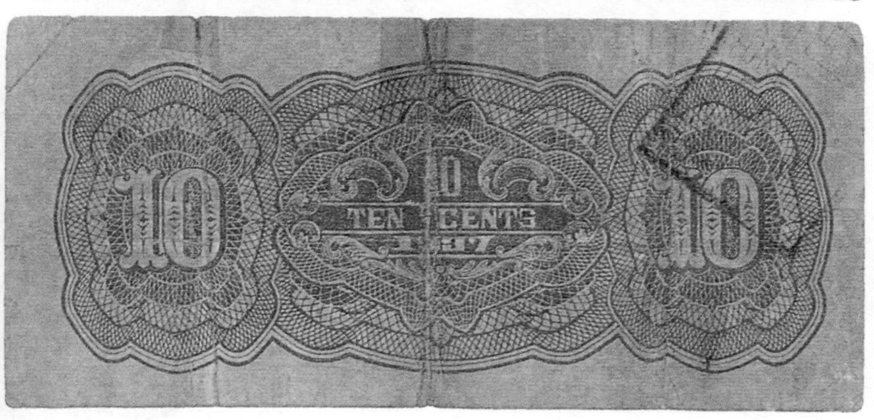

1348
徐風 藏

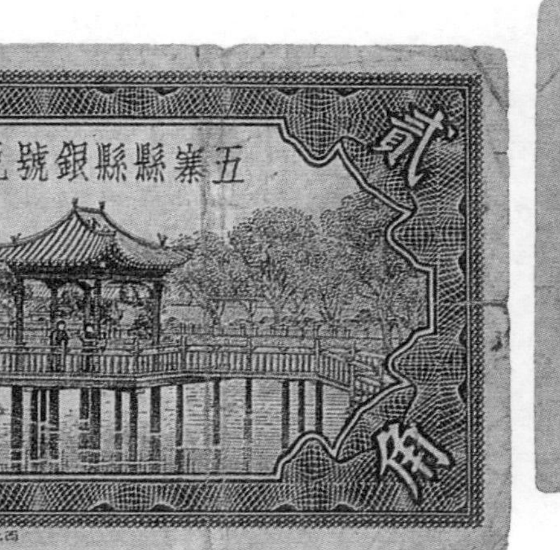

1349
徐風 藏

一百五十五、忻縣縣銀號

1350
石長有 藏

(1347 背圖)

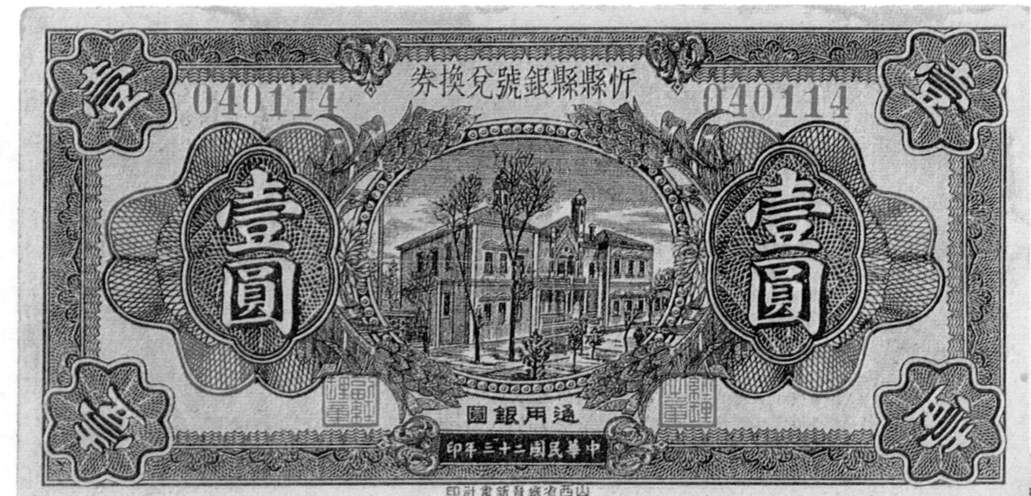

1351
徐風 藏

一百五十六、忻縣義興恒錢莊

1352
石長有 藏

一百五十七、五臺縣銀號

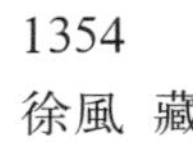

1354
徐風 藏

1353
石長有 藏

1355
徐風 藏

一百五十八、五臺廣生錢莊

1356
石長有 藏

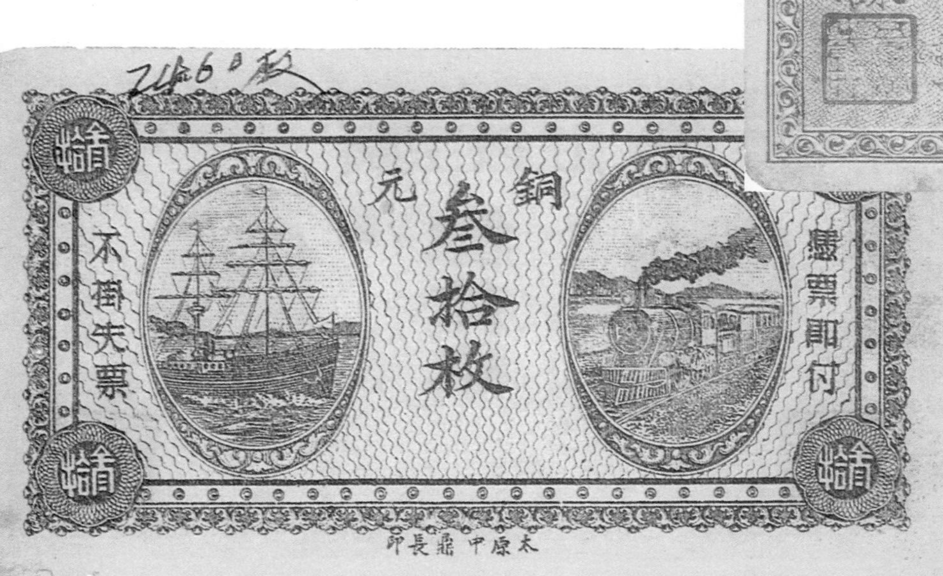

1357
徐風 藏

一百五十九、崞縣公立錢局

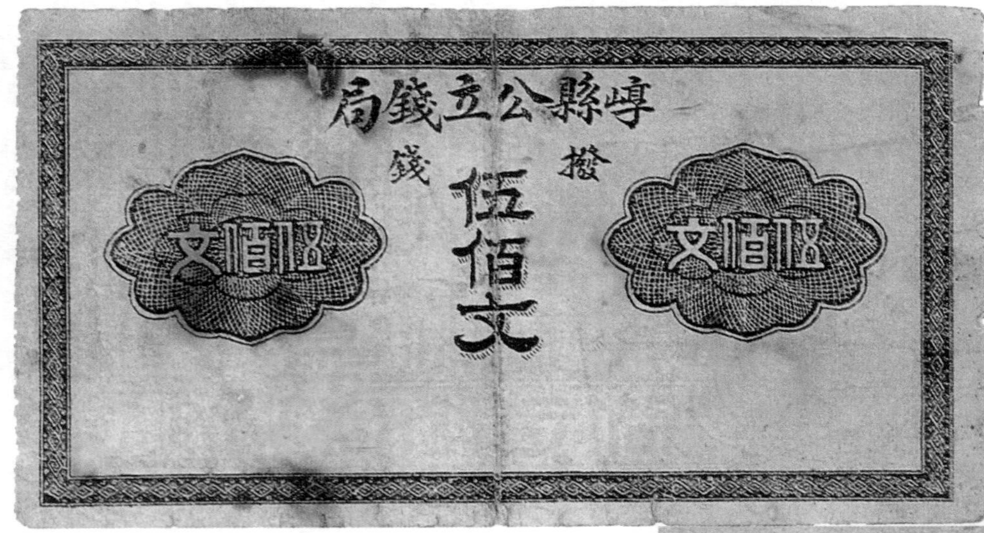

1358
徐風 藏

1359
徐風 藏

1360
徐風 藏

1361
徐風 藏

1362
徐風 藏

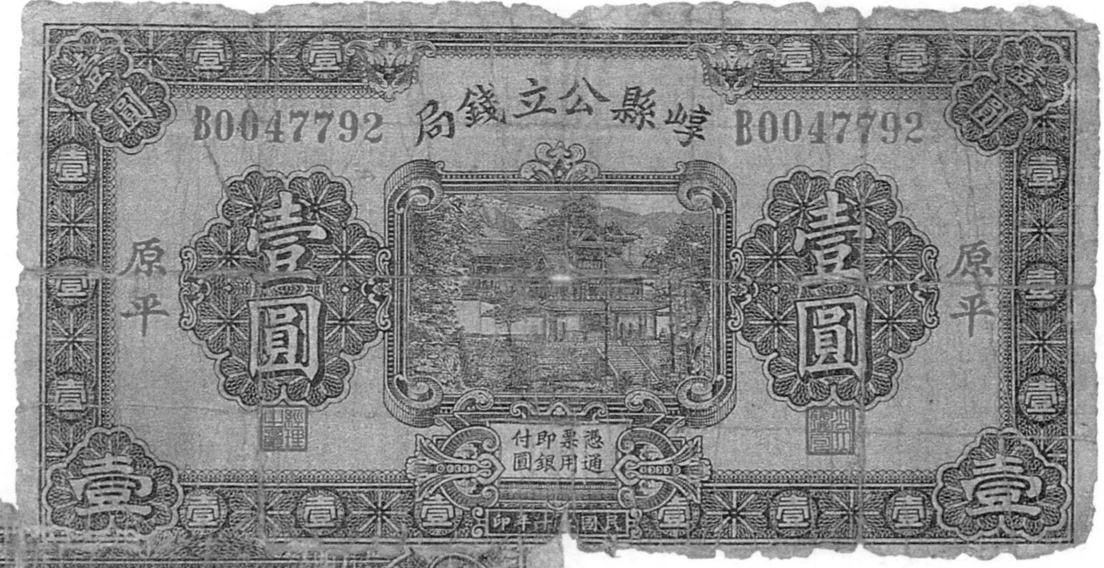

1363
戴建兵 藏

一百六十、崞縣縣銀號

1364
徐風 藏

一百六十一、繁峙縣銀號

1365
徐風 藏

一百六十二、保德縣銀號

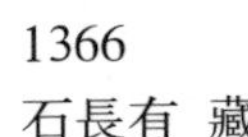

1366
石長有 藏

1367
石長有 藏

一百六十三、臨汾縣銀號

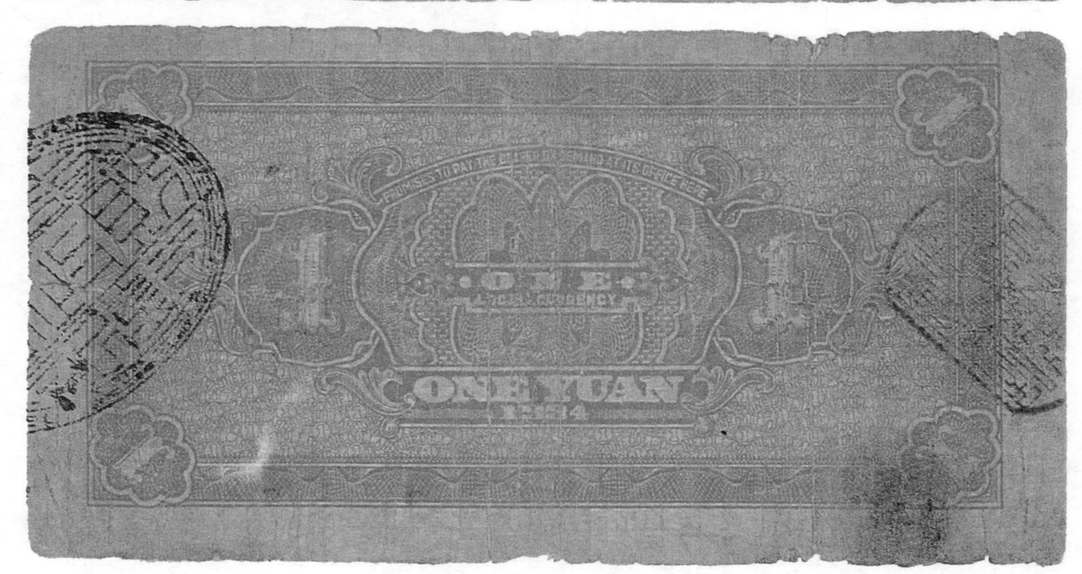

1368
徐風 藏

一百六十四、曲沃縣銀號

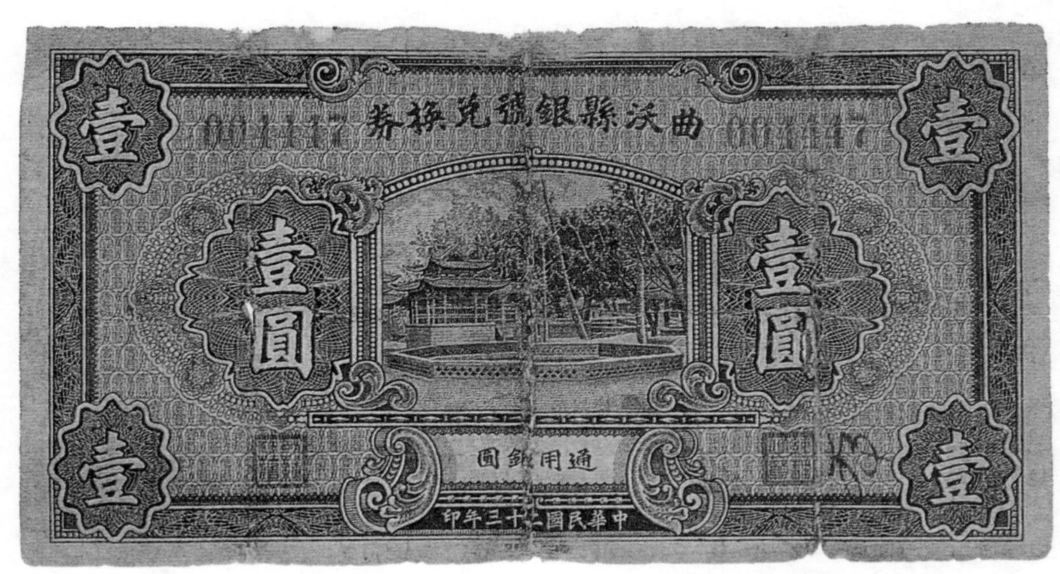

1369
徐風 藏

一百六十五、襄陵縣銀號

1370
徐風 藏

一百六十六、臨晉縣銀號

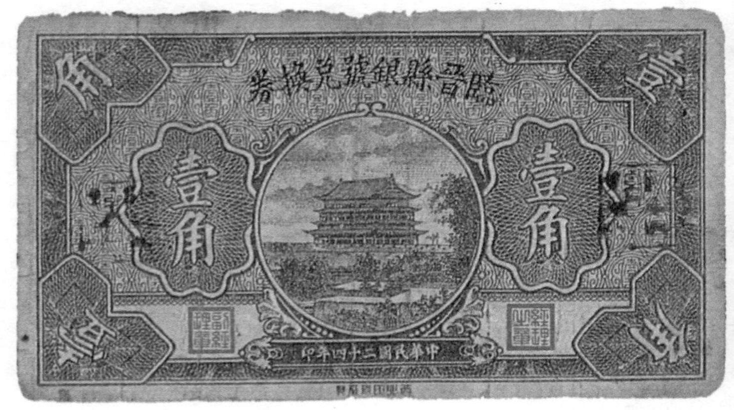

1371
徐風 藏

1372
徐風 藏

一百六十七、新絳縣銀號

1373
徐風 藏

一百六十八、聞喜縣銀號

1374
徐風 藏

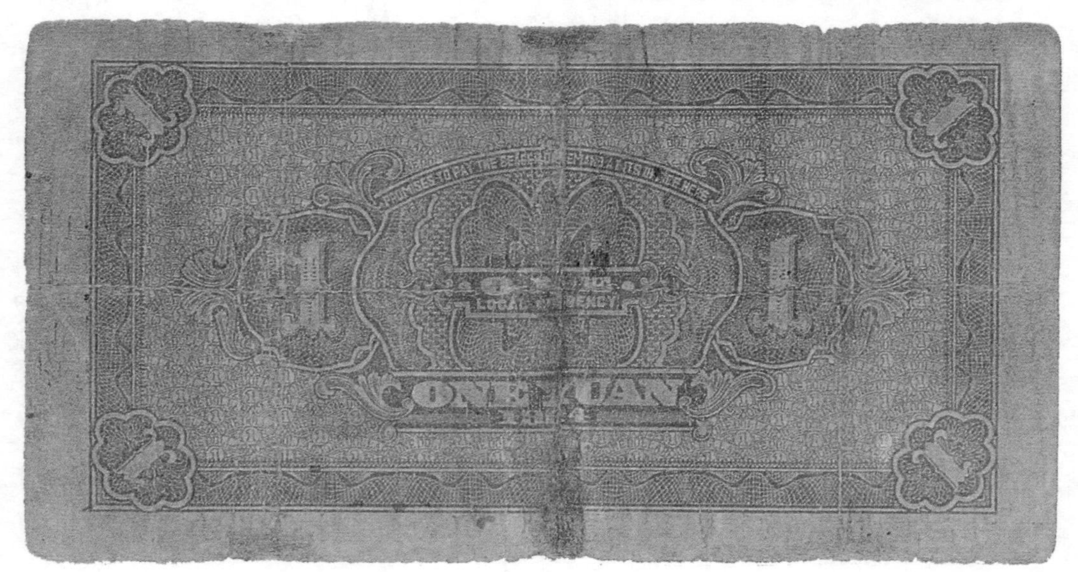

一百六十九、霍縣義聚恆錢局

1375
石長有 藏

一百七十、靈石公益銀號

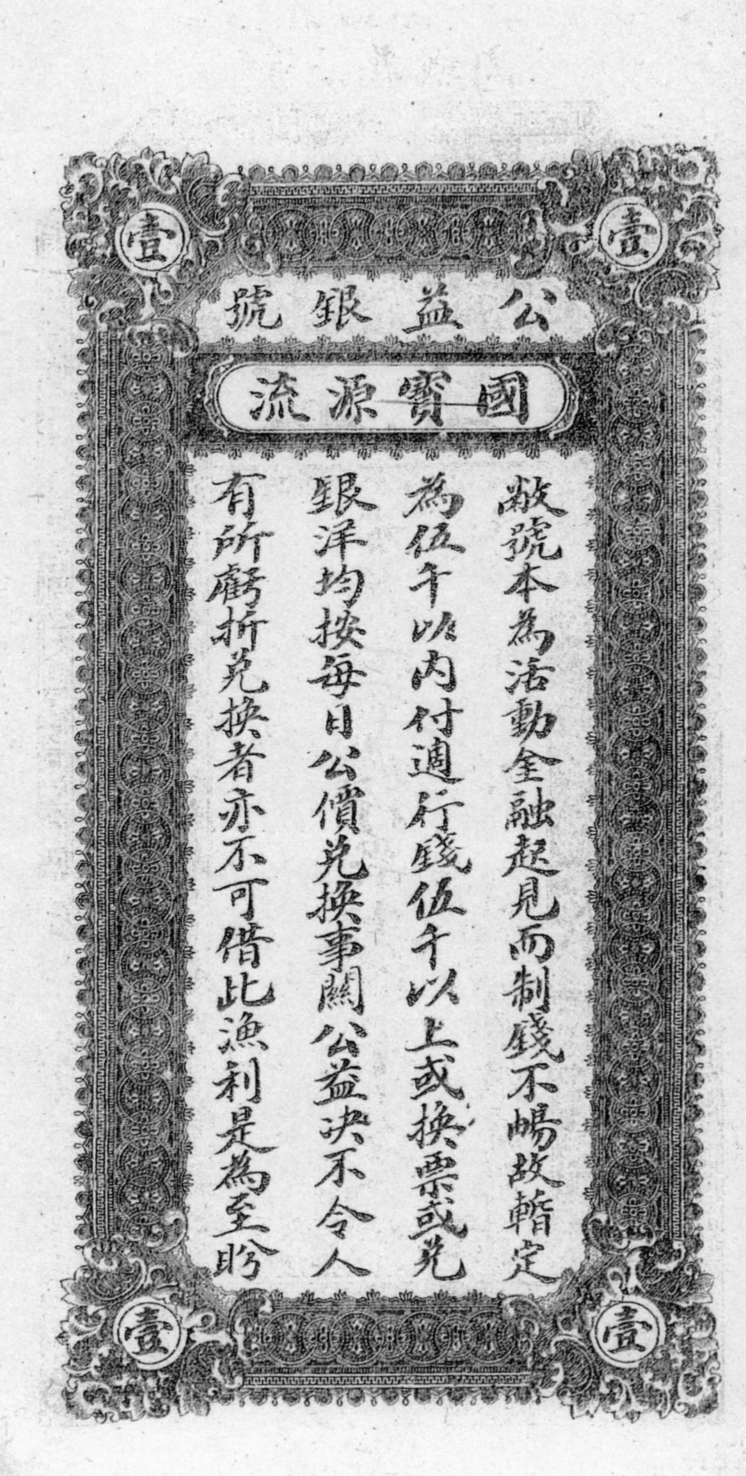

1376
石長有 藏

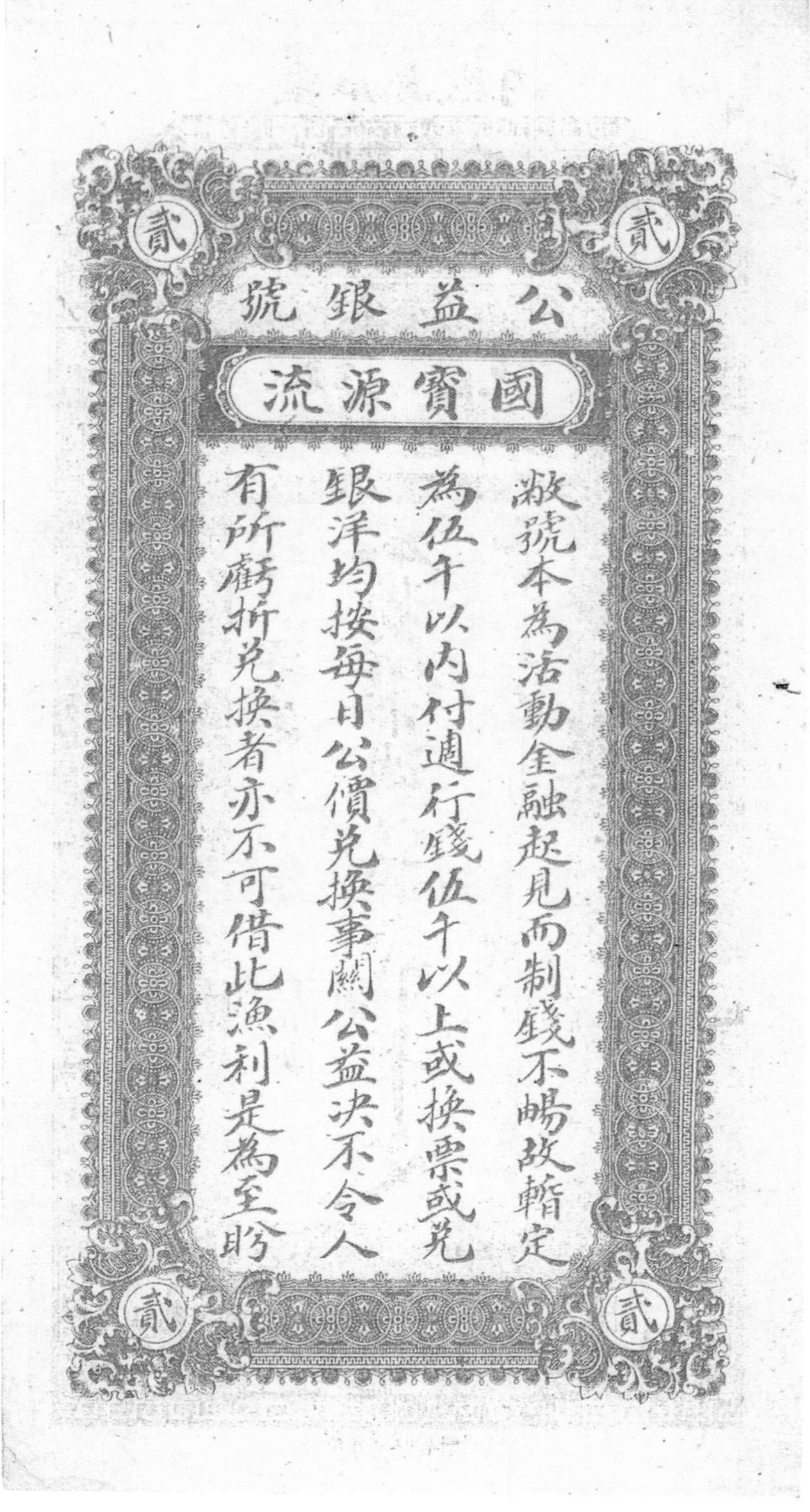

1377
石長有 藏

一百七十一、晉高長陵壺五縣銀號

1378
石長有 藏

1379
石長有 藏

一百七十二、銅盂郭聚茂銀號

1380
劉文和 藏

一百七十三、晉北鹽業銀號

1381
上海圖書館 藏

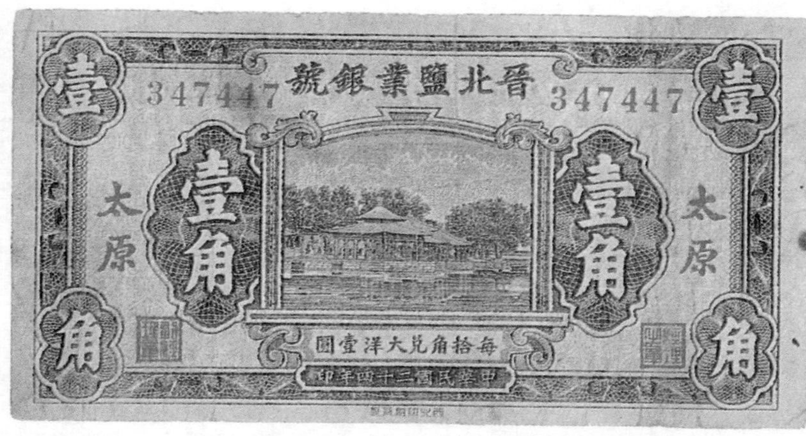

1382
徐風 藏

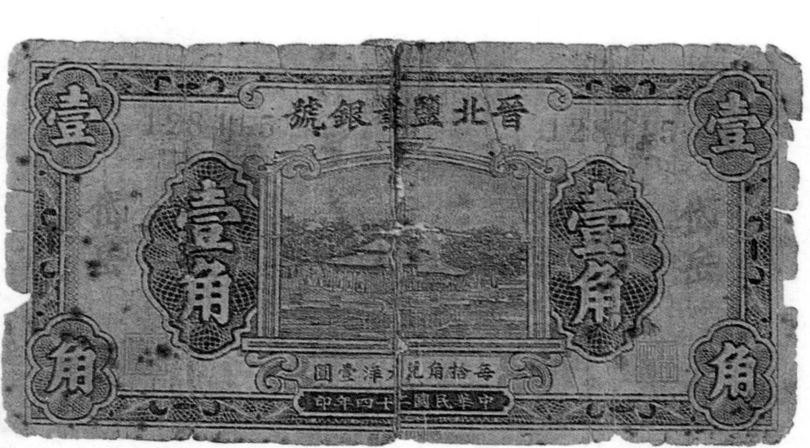

1383
石長有 藏

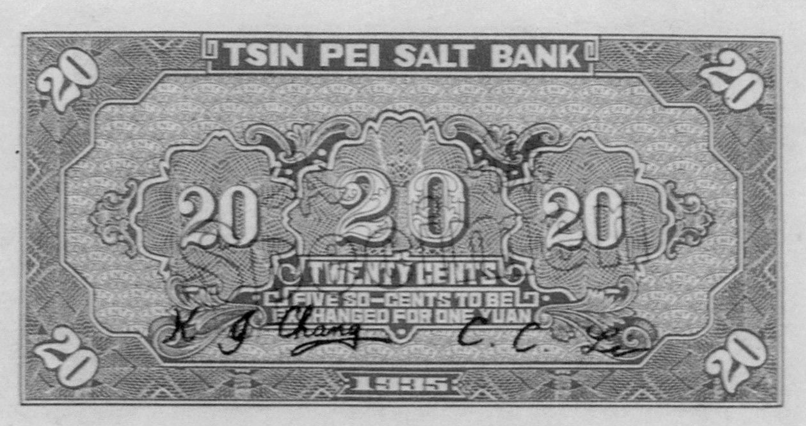

1384
上海圖書館 藏

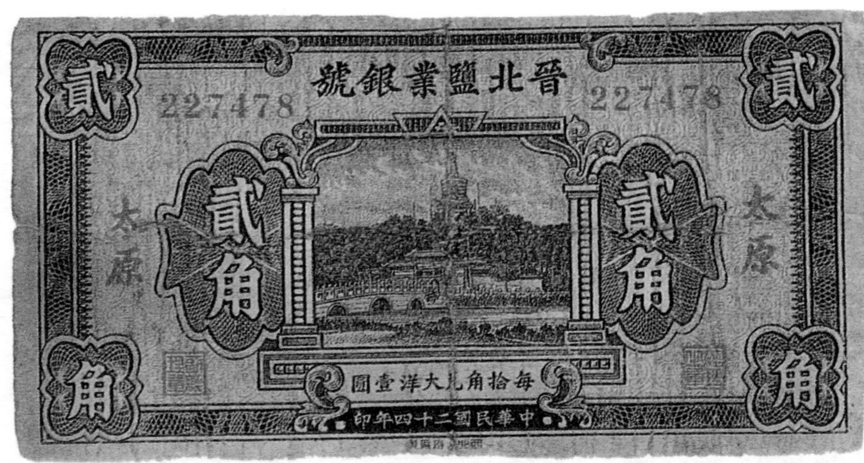

1385
徐風 藏

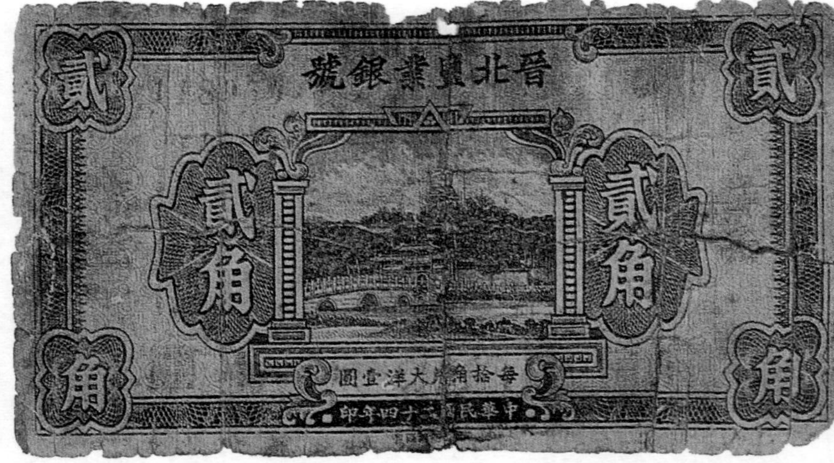

1386
石長有 藏

1387
上海圖書館 藏

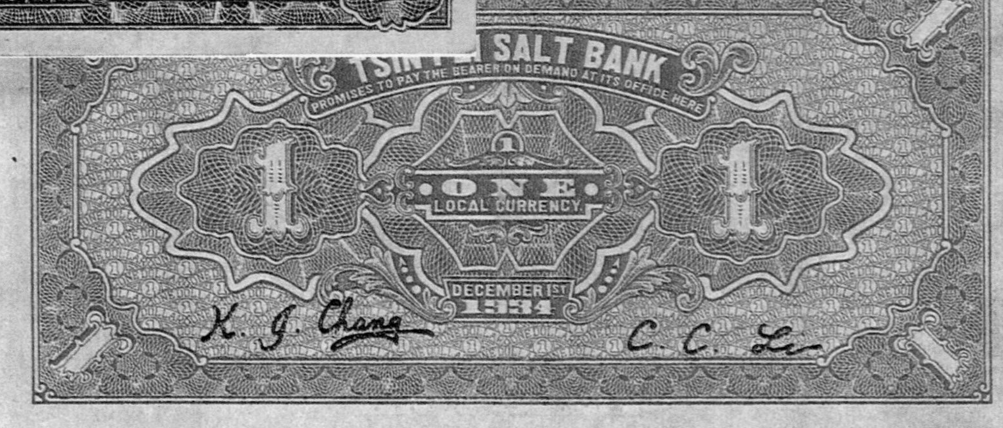

1388
徐風 藏

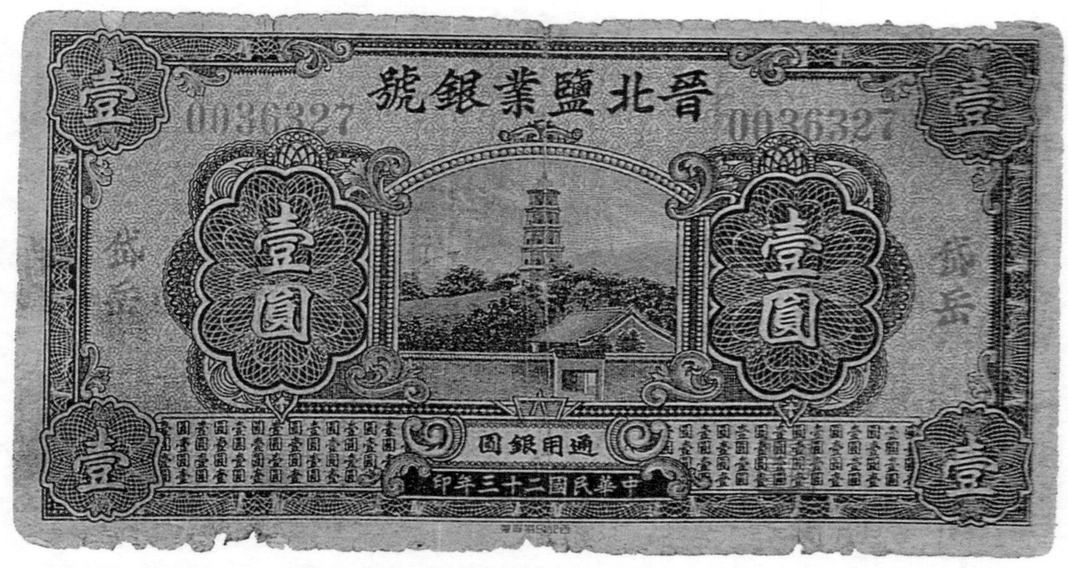

1389
張日炎 藏

1390
趙隆業 藏

1391
上海圖書館 藏

1392
石長有 藏

一百七十四、晉綏地方鐵路銀號

1393
中國人民銀行上海分行 藏

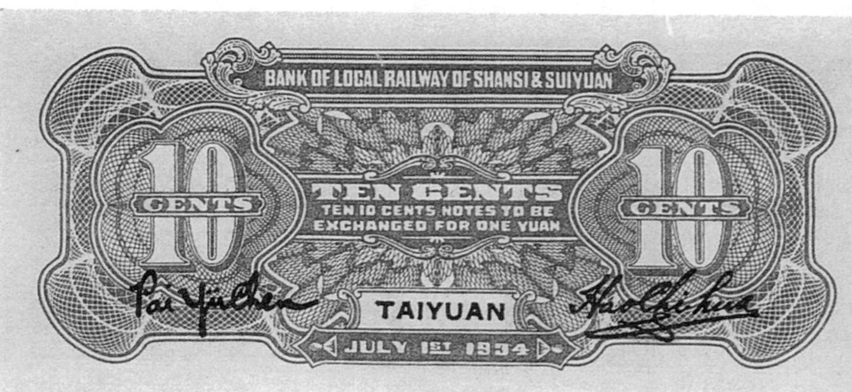

1394
選自《山西歷史貨幣》

1395
上海圖書館 藏

1396
徐風 藏

1397
上海圖書館 藏

1398
中國人民銀行上海分行 藏

1399
郭乃全 藏

1400
郭乃全 藏

（背圖見下頁）

1401
郭乃全 藏

1402
選自《山西歷史貨幣》

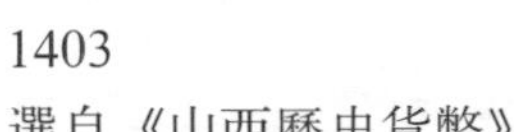
1403
選自《山西歷史貨幣》

(1400 背圖)

1404
中國人民銀行上海分行 藏

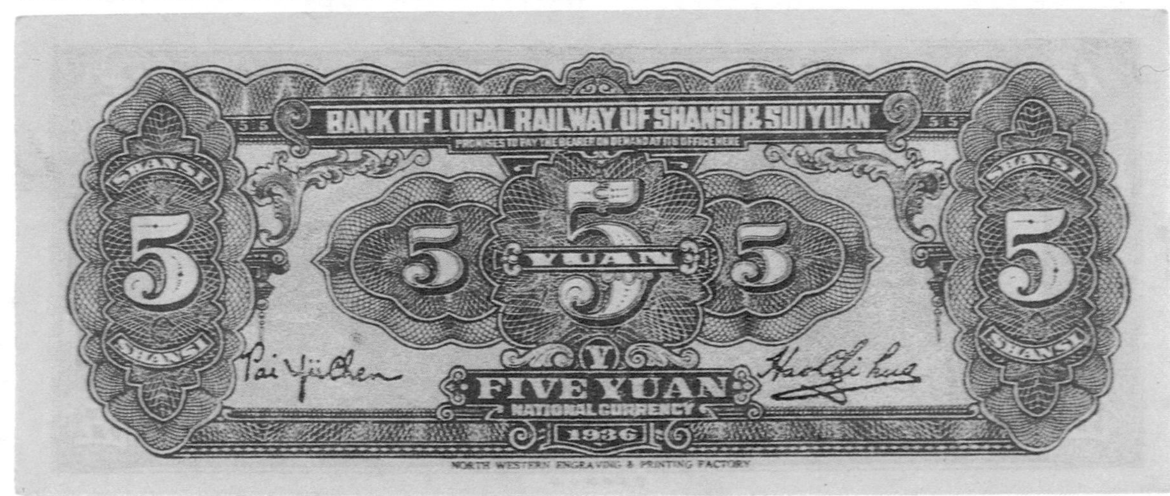

1405
上海圖書館 藏

一百七十五、綏西墾業銀號

1406
趙隆業

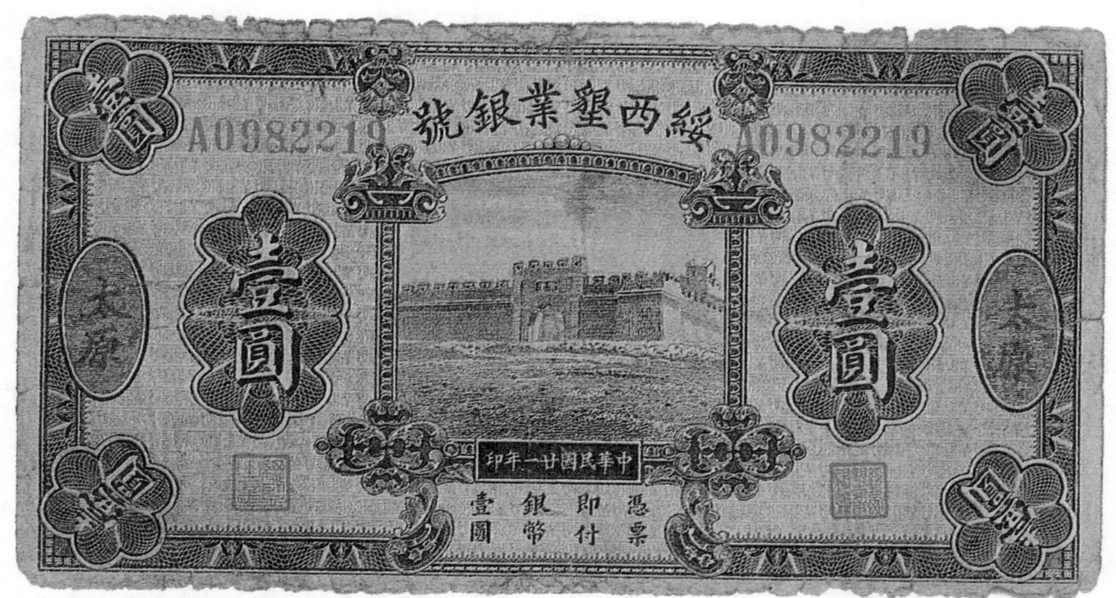

1407
徐風 藏

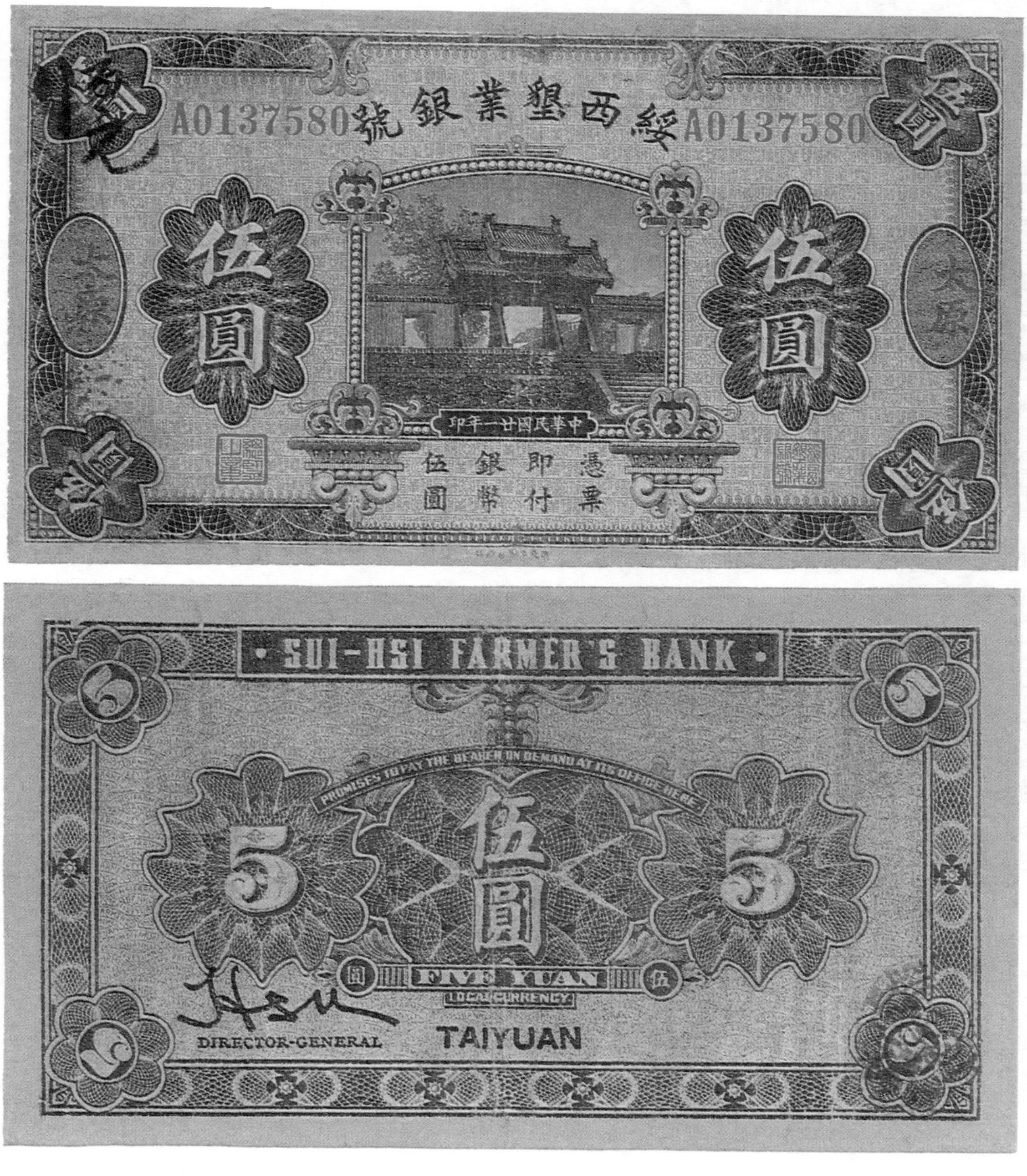

1408
石長有 藏

1409
趙隆業 藏

1410
徐風 藏

1411
徐風 藏

一百七十六、朝邑公和祥錢號

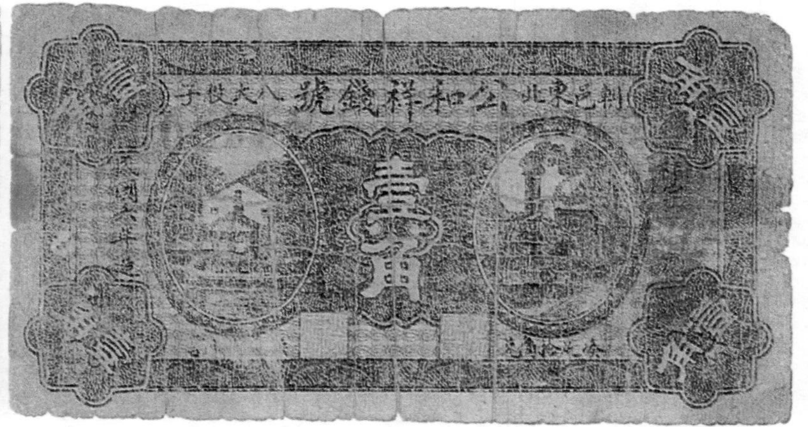

1412
石長有 藏

一百七十七、朝邑福興來錢號

1413
石長有 藏

一百七十八、平遥興隆信錢莊

1414
存雲亭 藏

一百七十九、錦縣寶興當錢號

1415
石長有 藏

一百八十、錦縣志同當錢號

1416
石長有 藏

一百八十一、法庫縣公益興總銀號

1417
郭乃興 藏

1418
郭乃興 藏

一百八十二、淩源福興德滙兌莊

1419
石長有 藏

一百八十三、舒蘭純聚永錢號

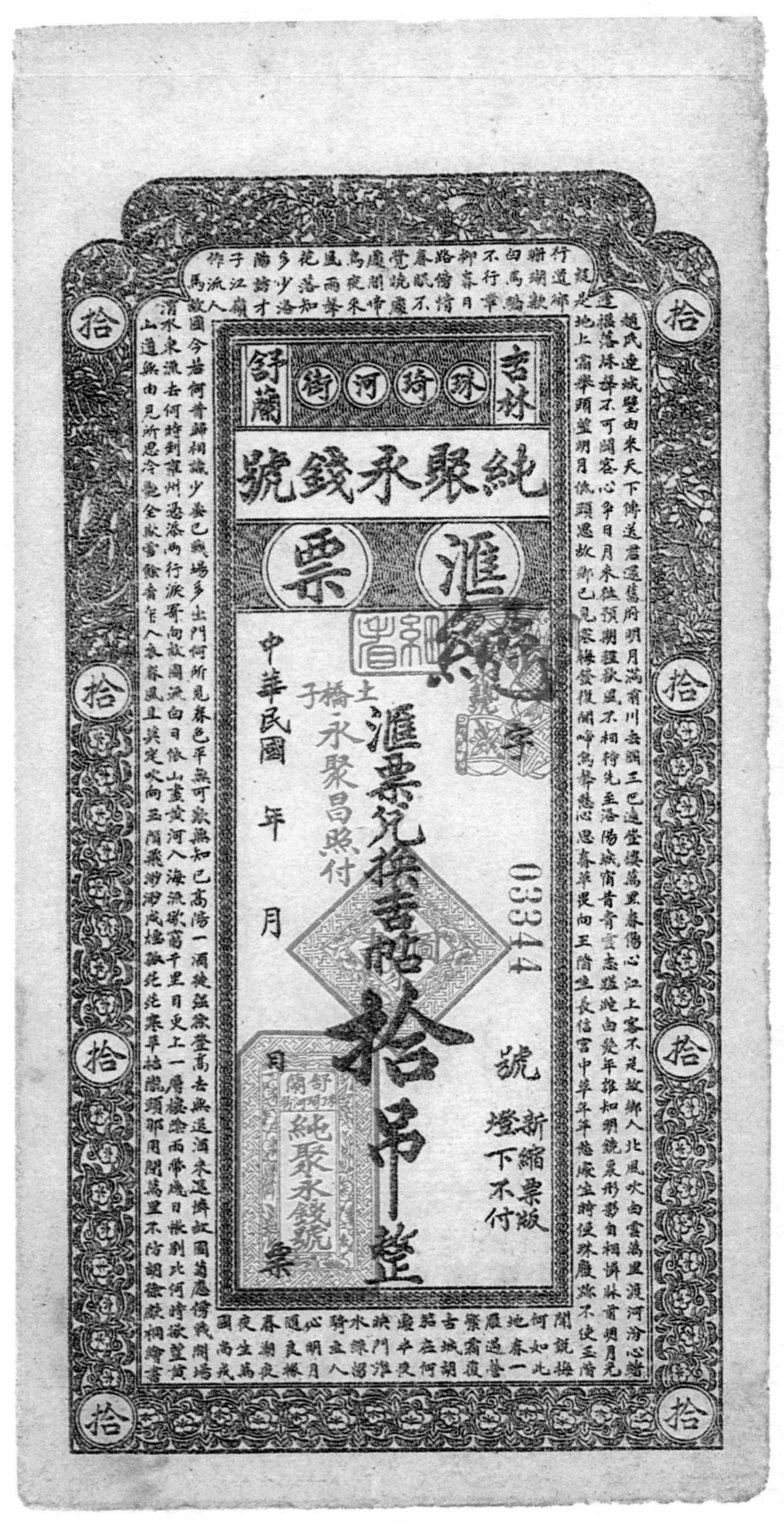

1420
石長有 藏

一百八十四、扶餘縣德興福錢號

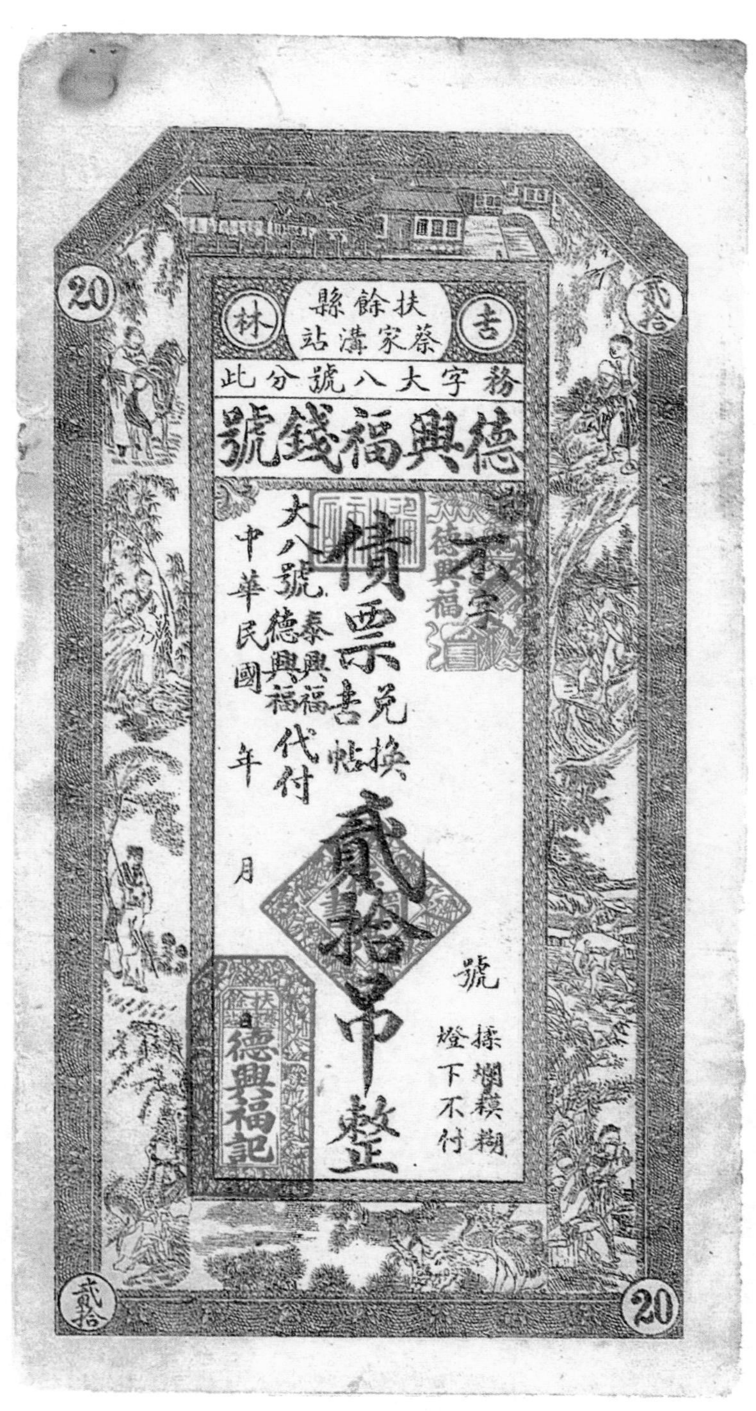

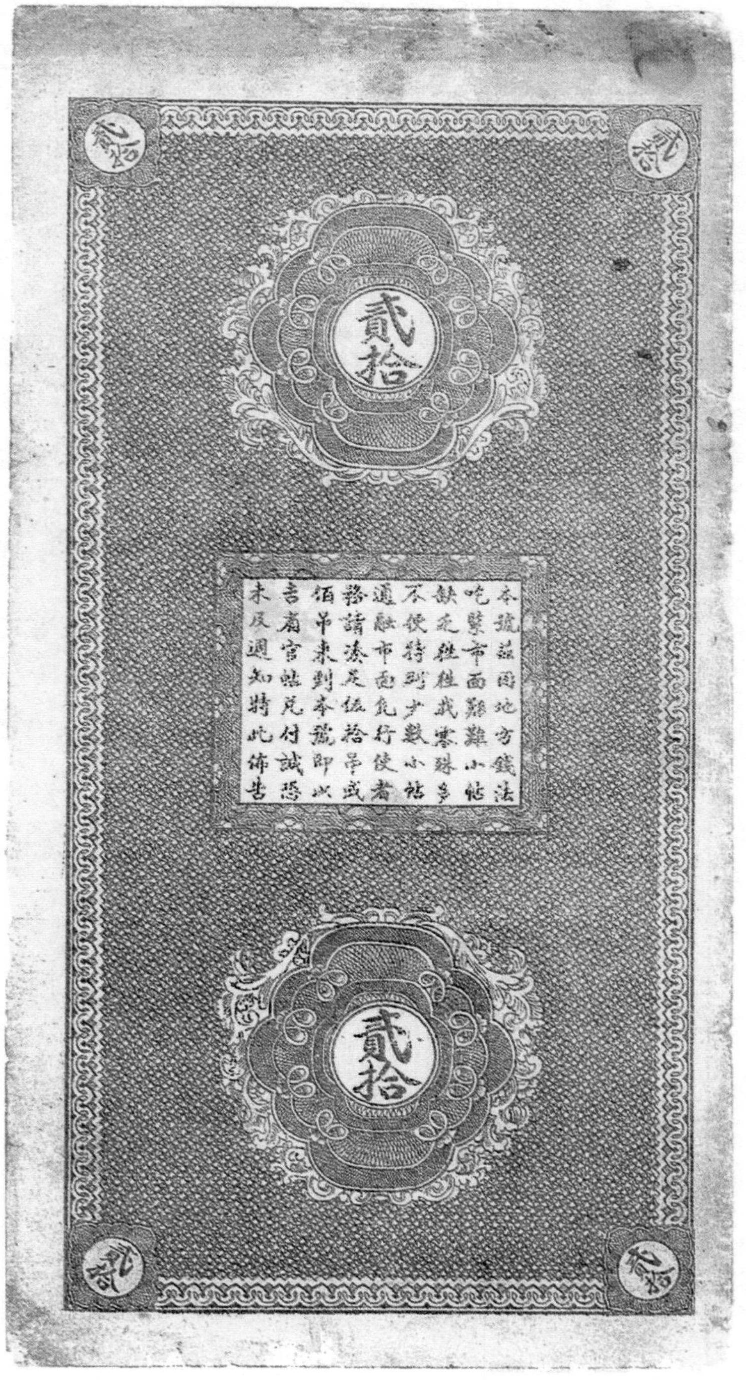

1421
石長有 藏

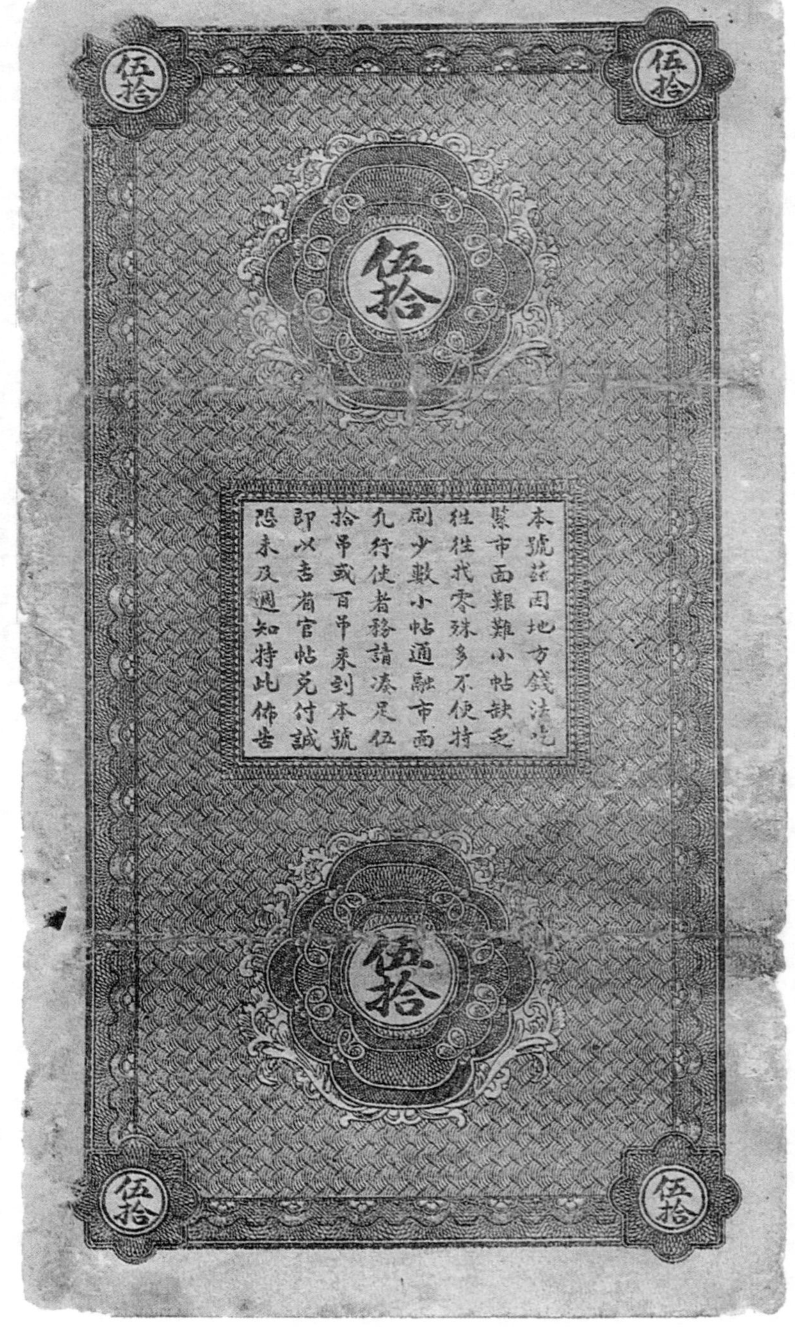

1422
石長有 藏

一百八十五、五常縣實業錢號

1423
石長有 藏

一百八十六、五常縣大德錢號

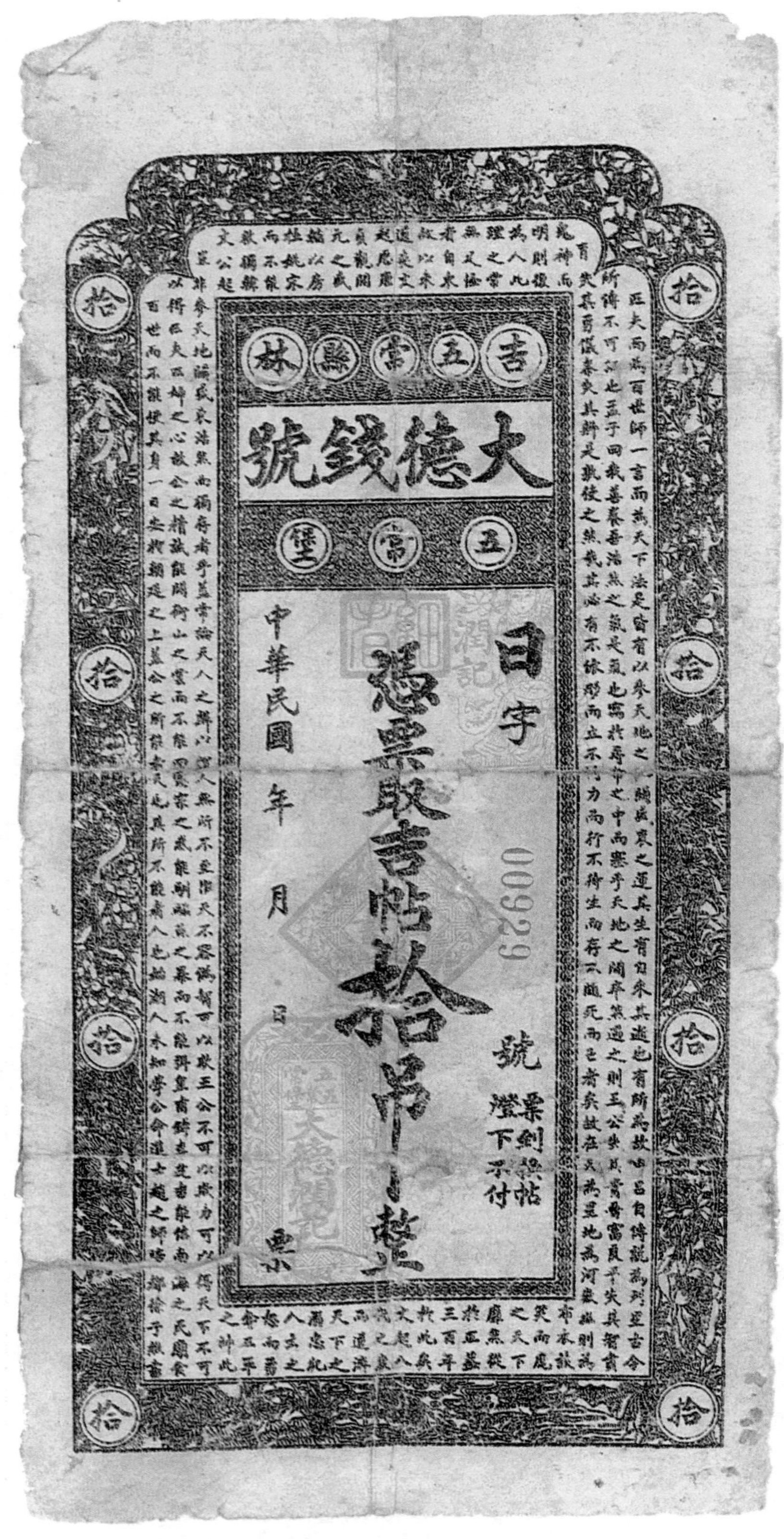

1424
石長有 藏

一百八十七、五常縣福生錢號

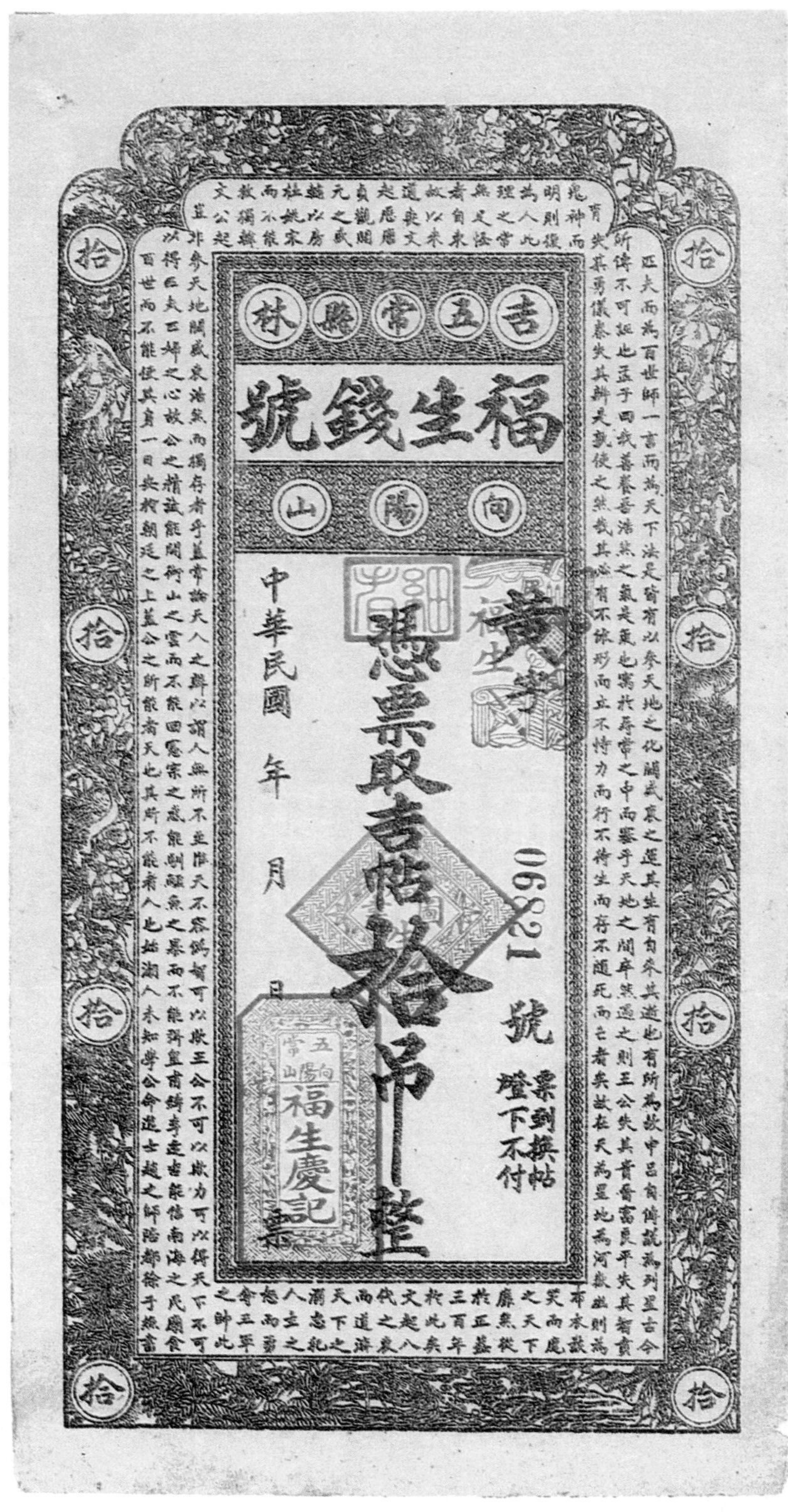

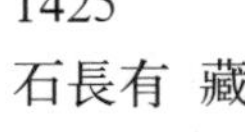

1425
石長有 藏

一百八十八、五常縣吉升錢號

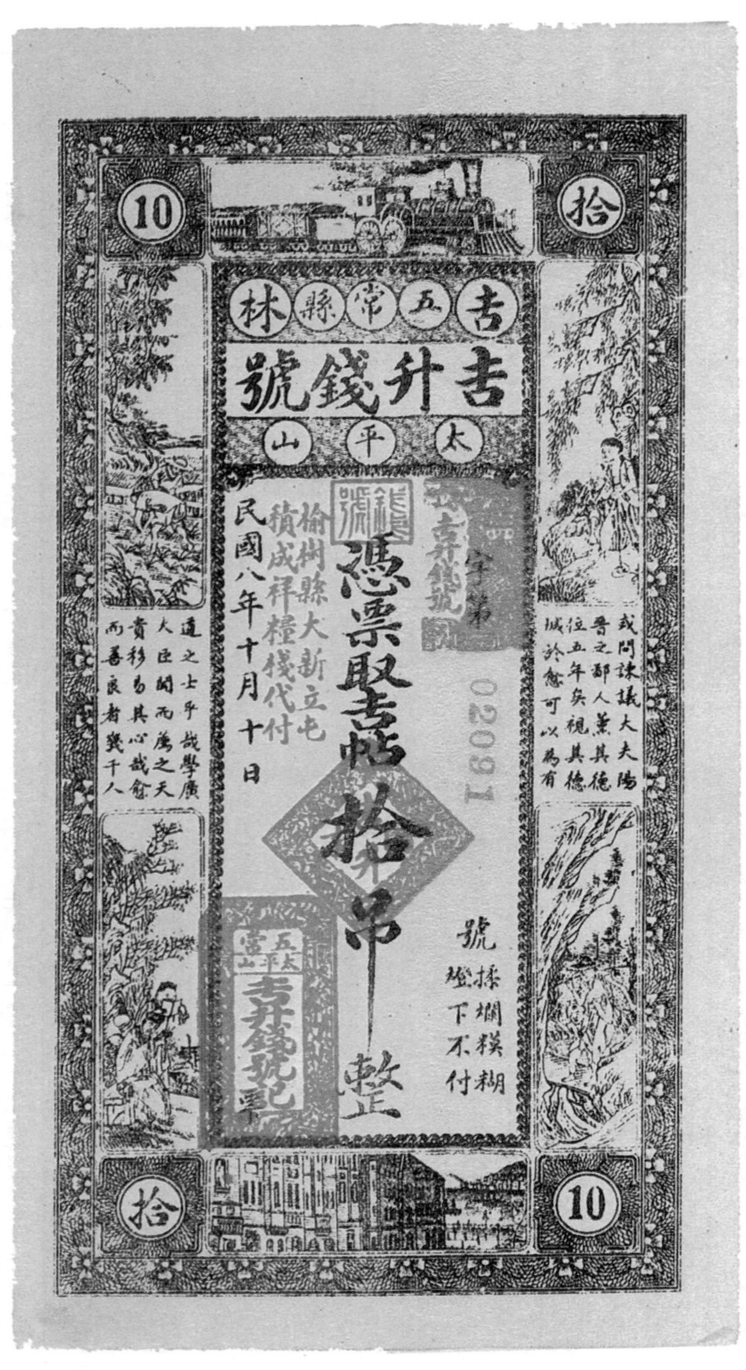

1426
惠泉 提供

一百八十九、五常縣東亞錢號

1427
石長有 藏

一百九十、榆樹縣天增錢號

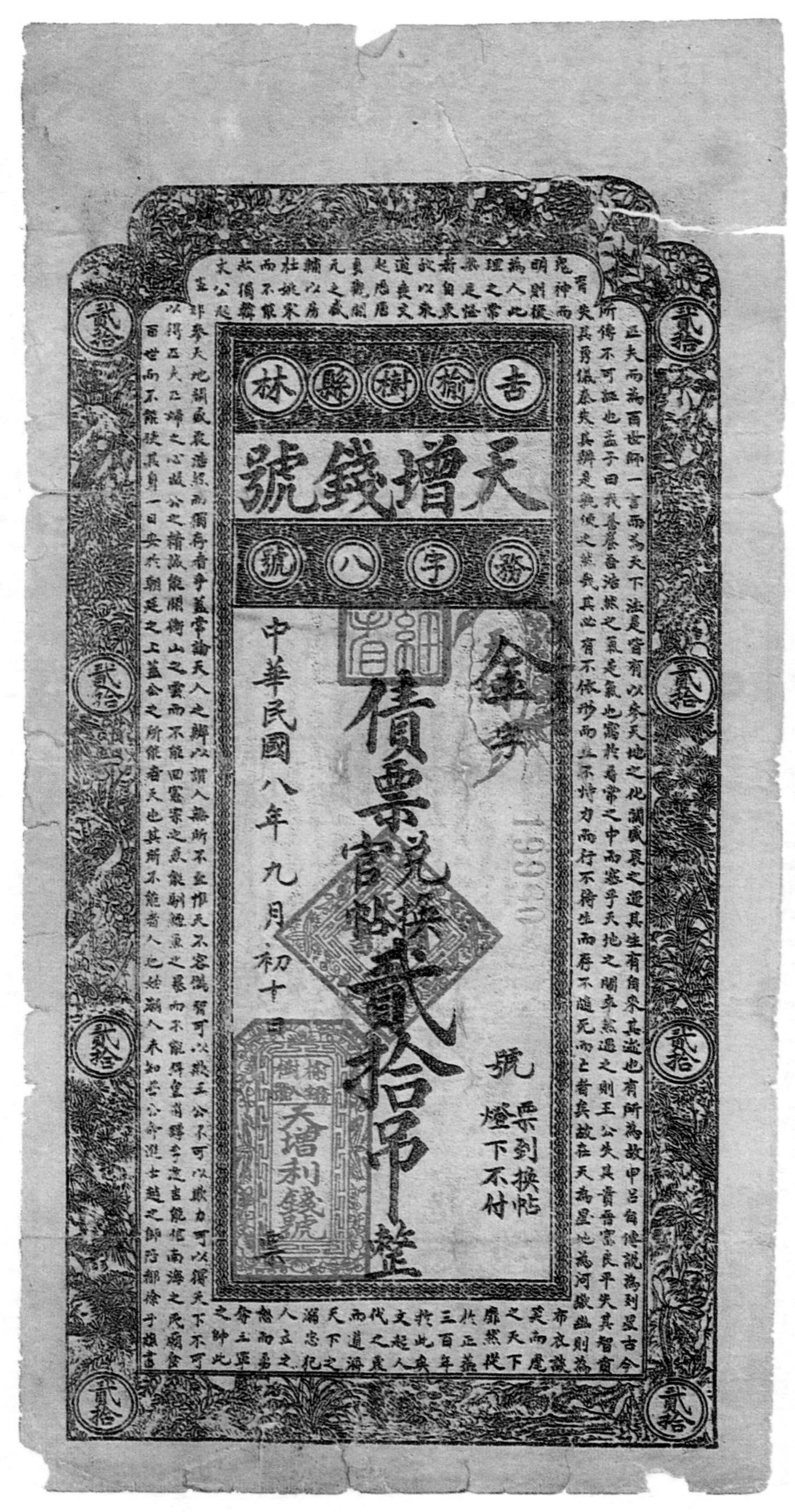

1428
石長有 藏

一百九十一、榆樹縣公興錢局

1429
石長有 藏

一百九十二、榆樹通遠錢號

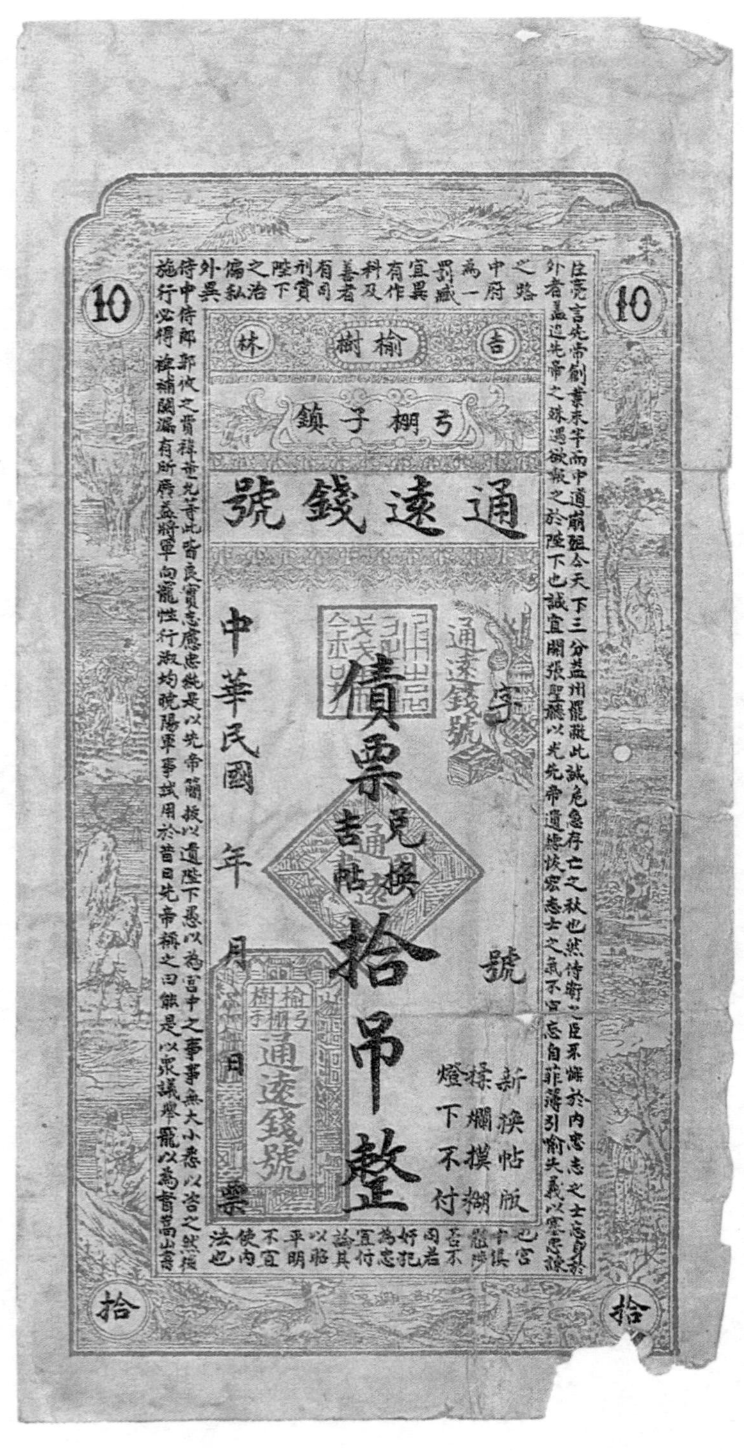

1430
石長有 藏

一百九十三、樺川縣濟樺錢號

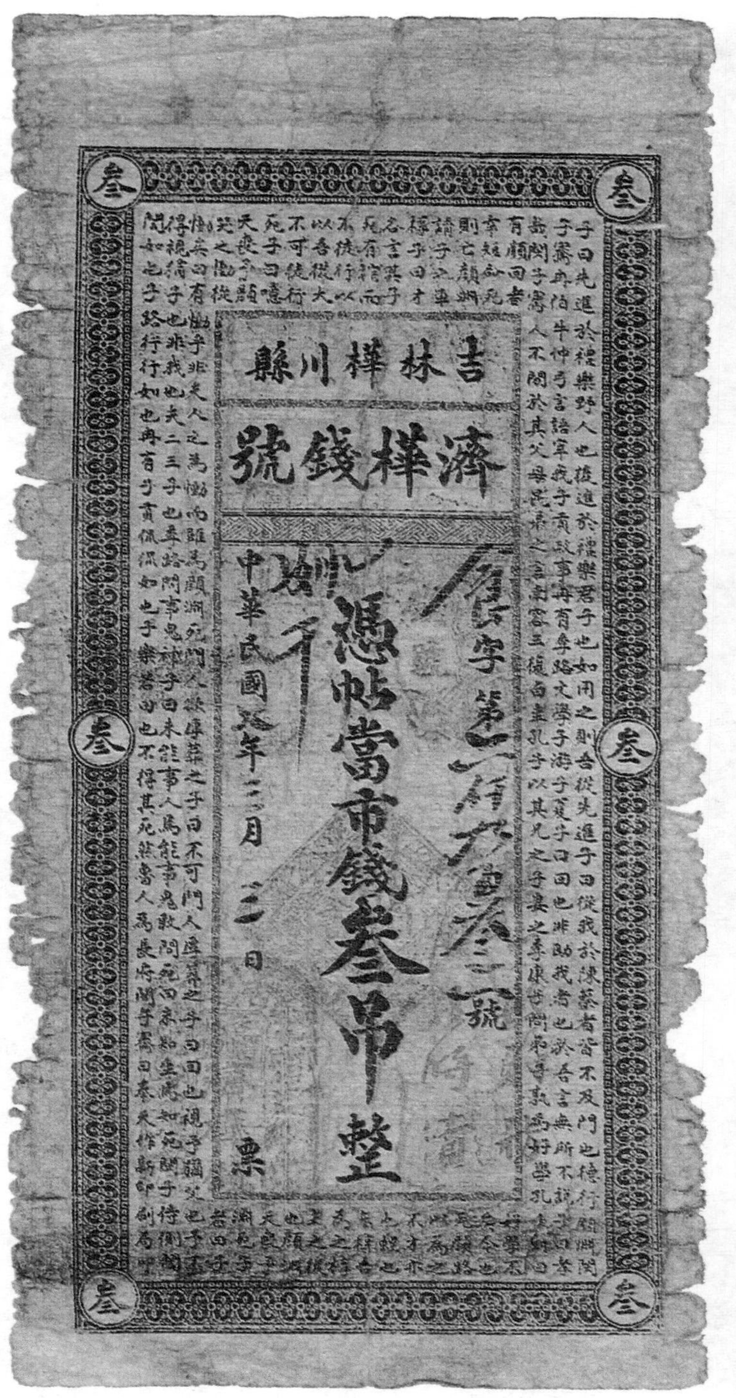

1431
石長有 藏

一百九十四、宣化福利銀號

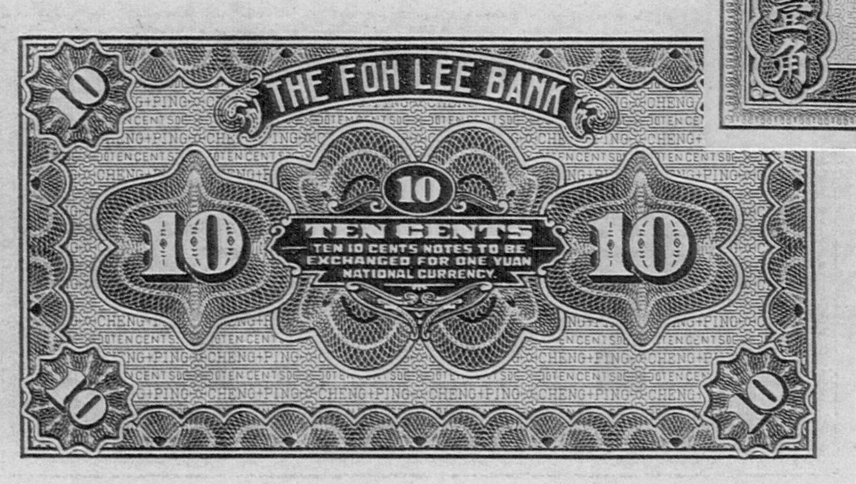

1432
劉文和 藏

1433
徐風 藏

1434
徐風 藏

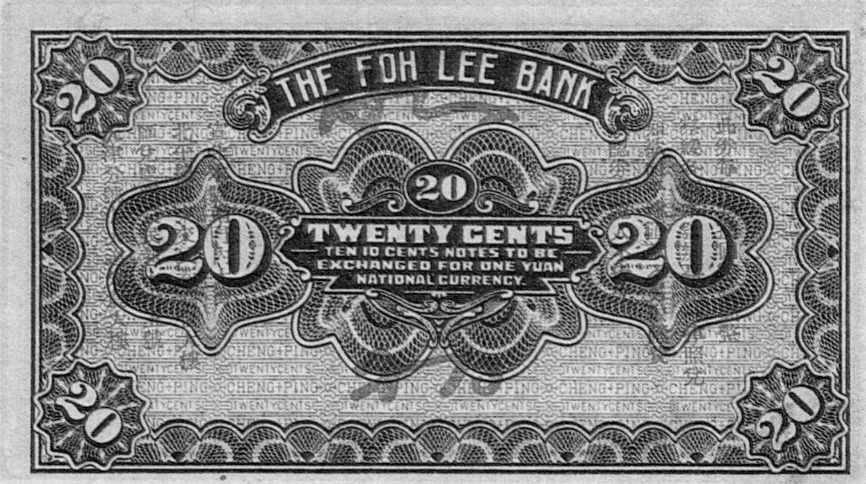

1435
徐風 藏

1436
石長有 藏

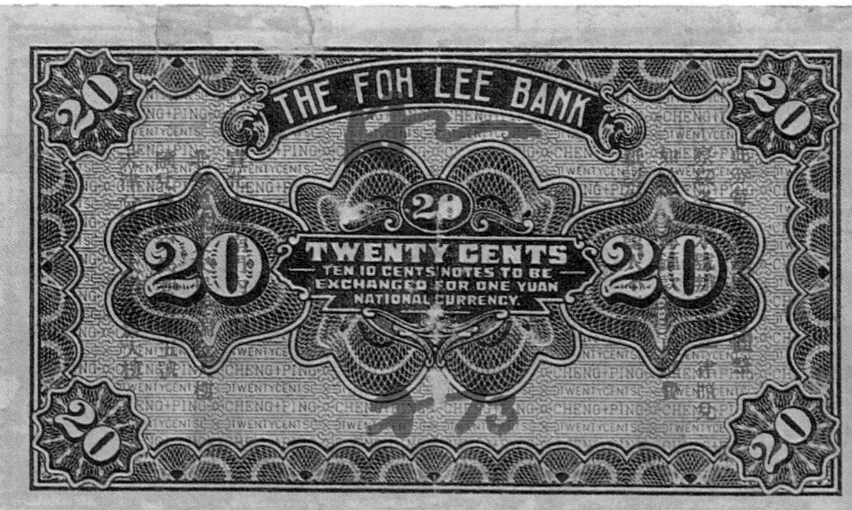

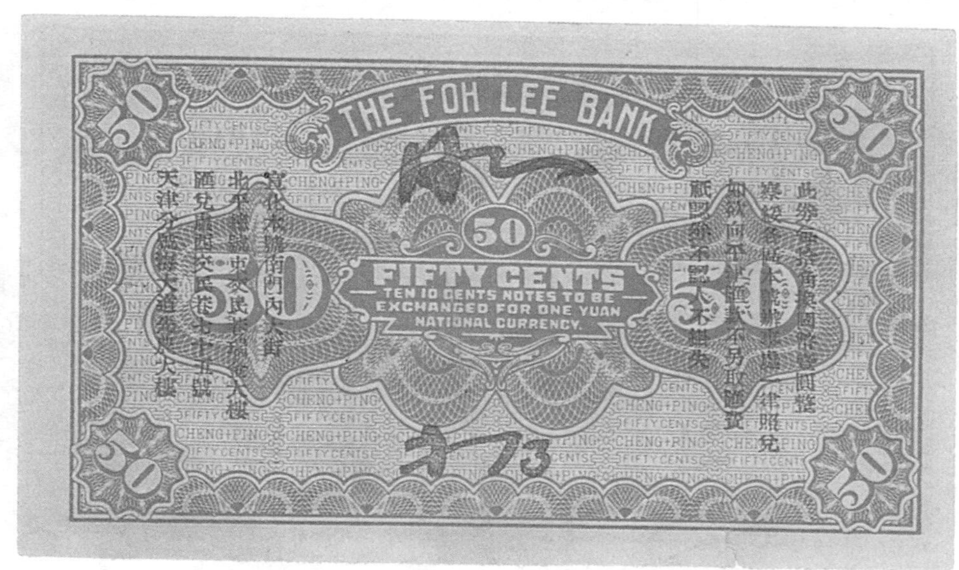

1437
中國人民銀行上海分行 藏

1438
徐風 藏

1439
徐風 藏

一百九十五、包頭商會九行金融所

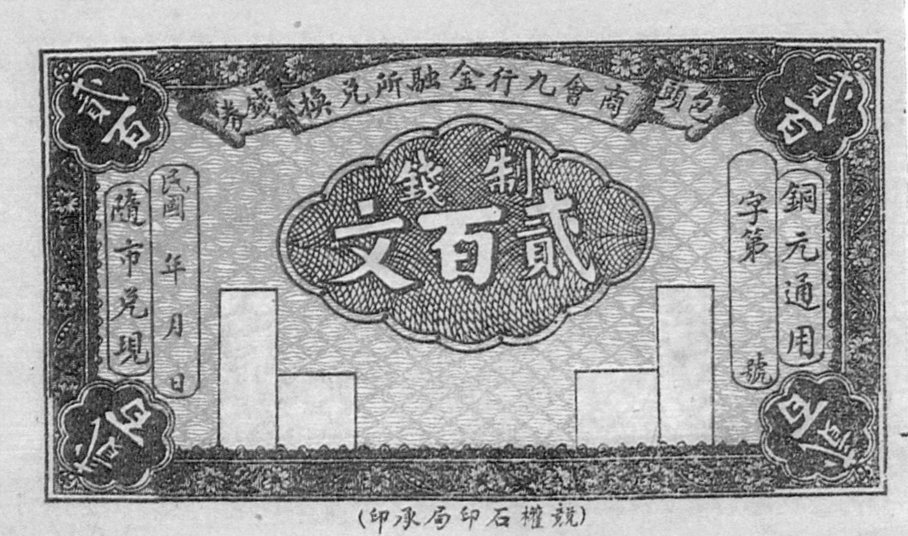

1440
石長有 藏

一百九十六、商辦隴東銀號

1441
趙隆業 藏

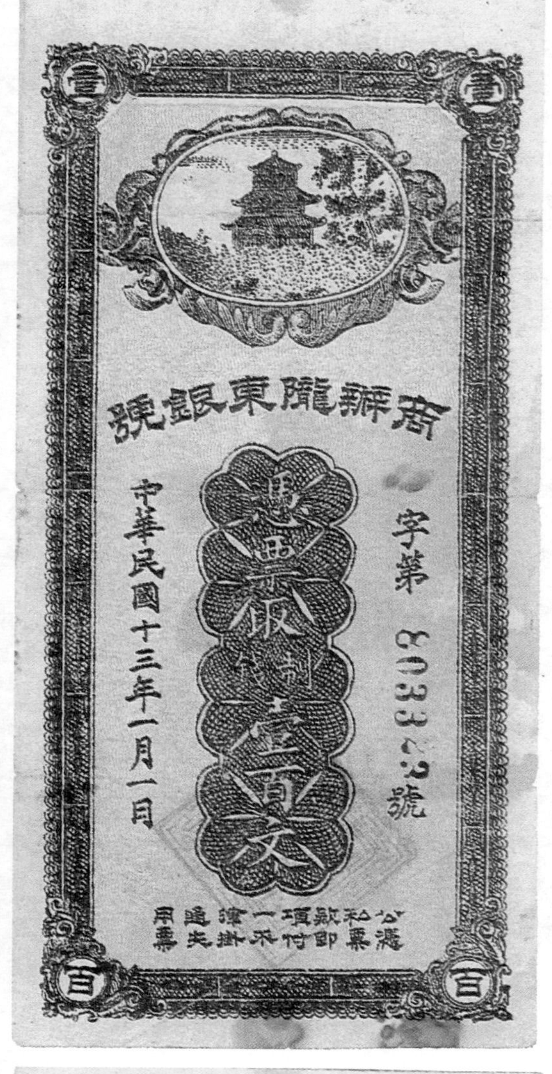

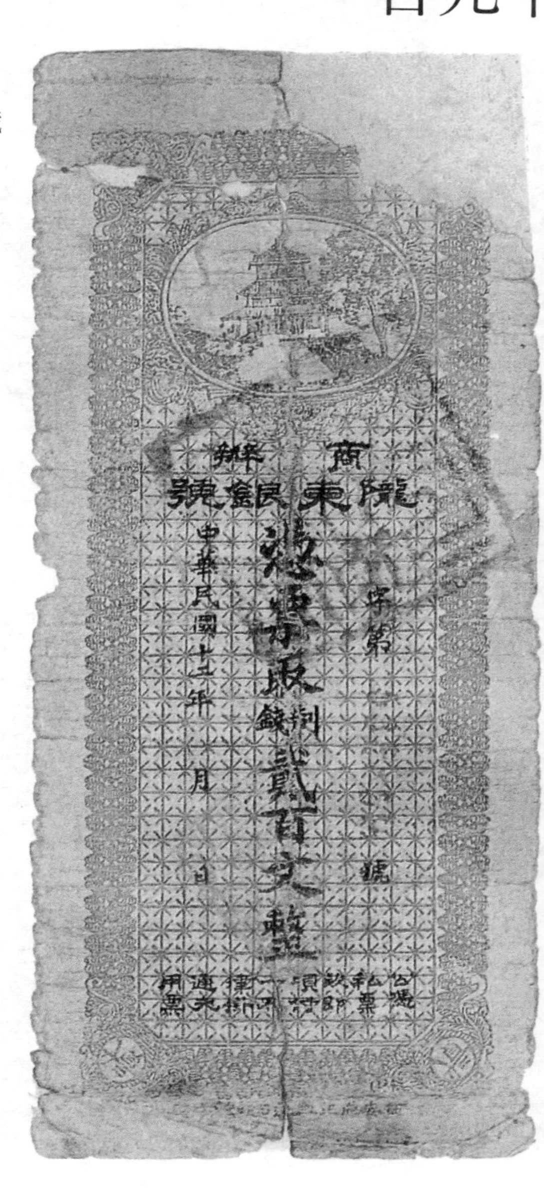

1443
孫彬 藏

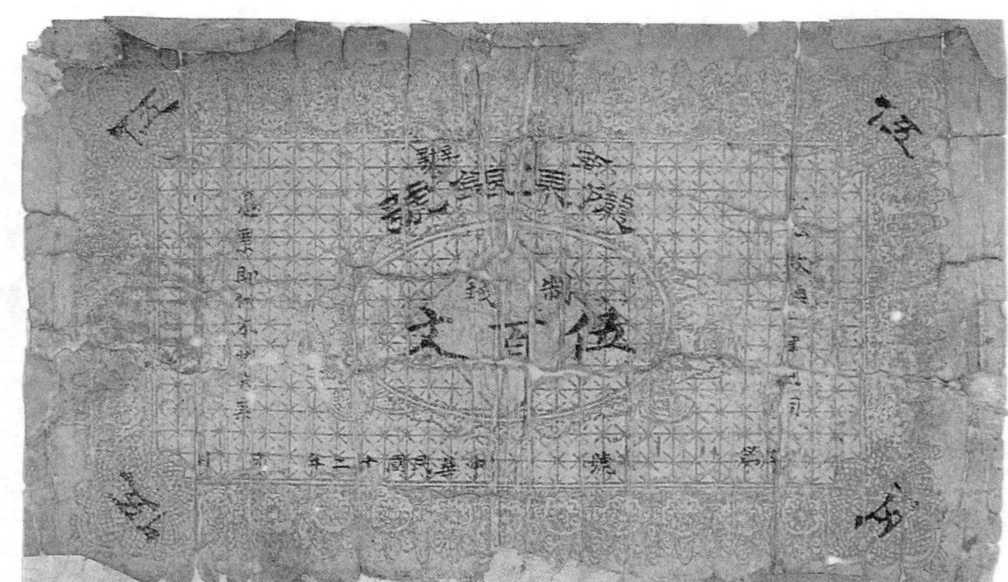

1442
趙隆業 藏

1444
江蘇省錢幣學會 提供

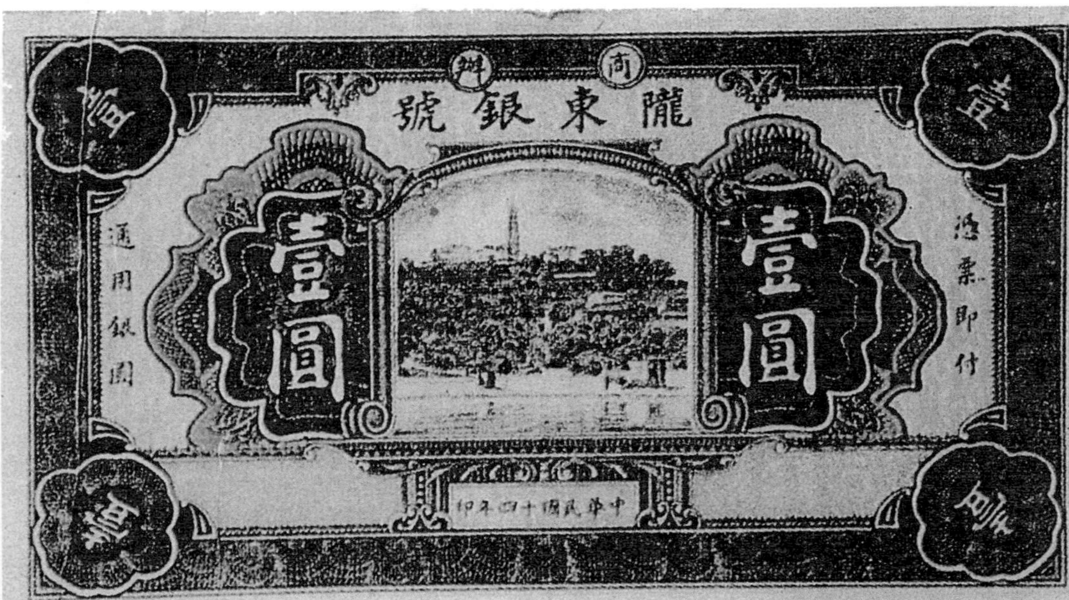

1445
選自《甘肅歷史貨幣》

一百九十七、隴南鎮守使署糧餉局

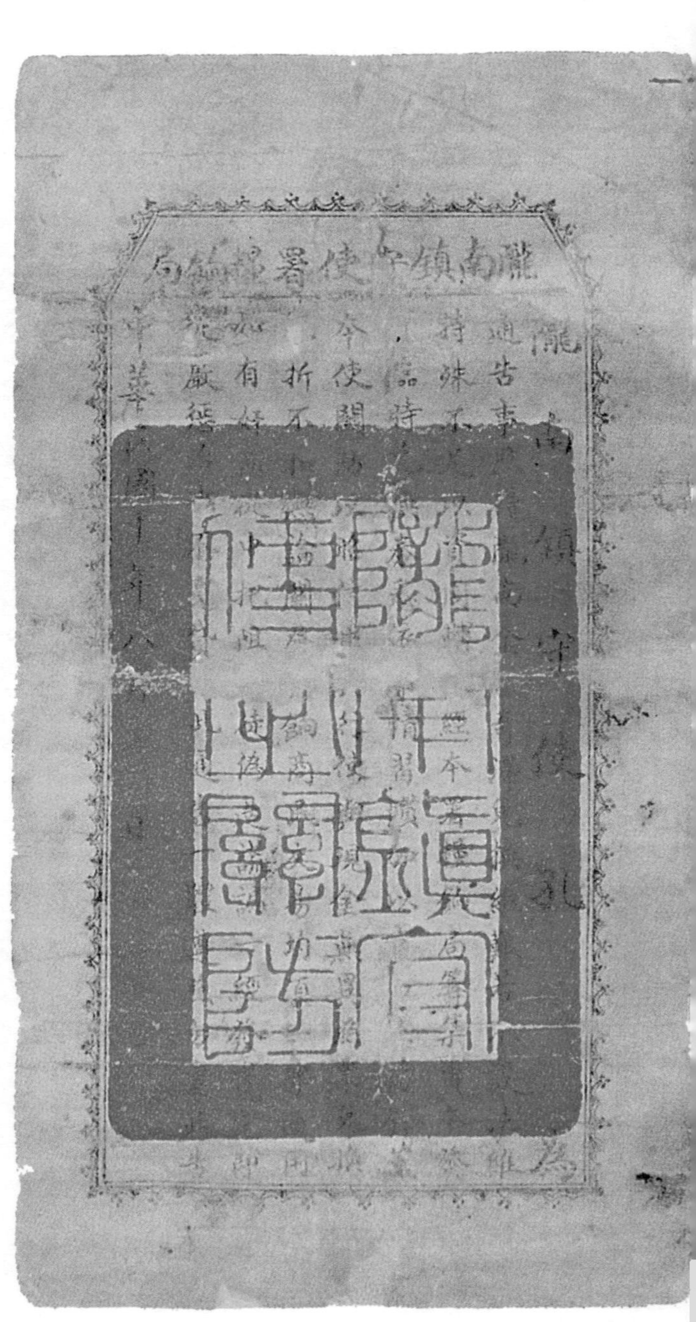

1446
江蘇省錢幣學會 提供

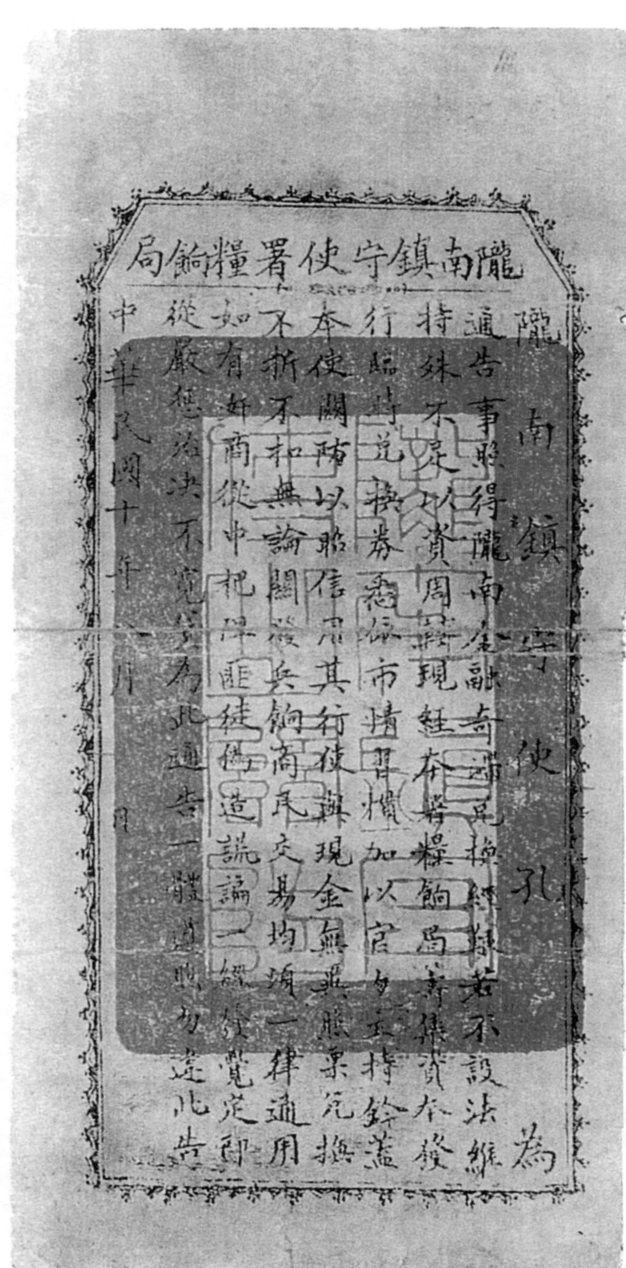

1447
江蘇省錢幣學會 提供

一百九十八、隴南實業銀號

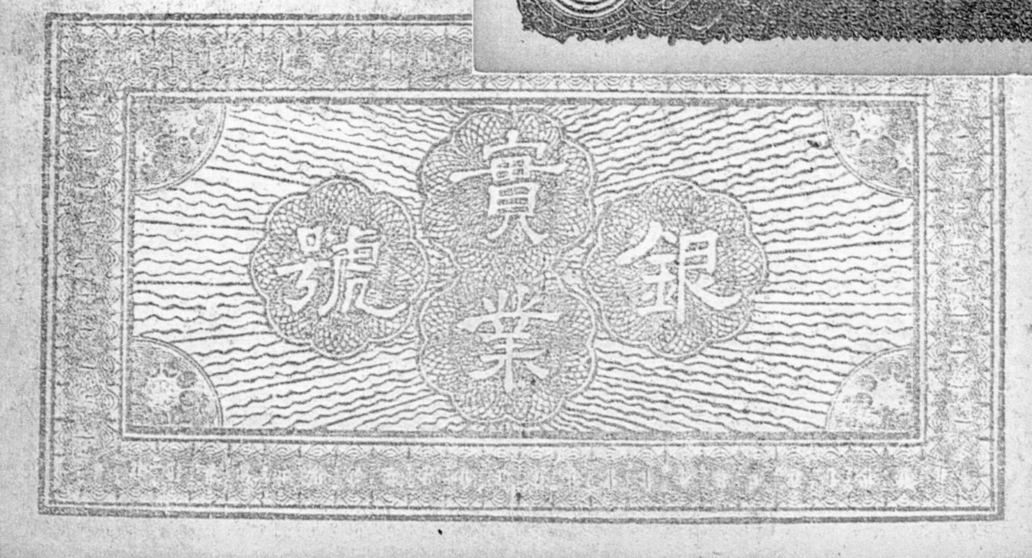

1448
石長有 藏

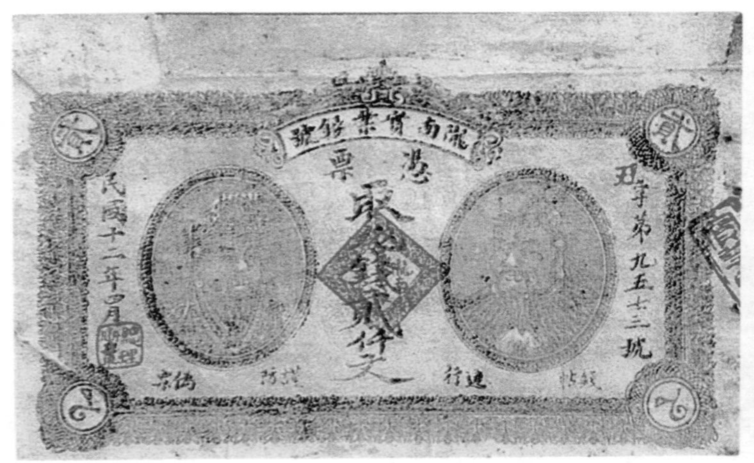

1449
選自《甘肅歷史貨幣》

一百九十九、呼倫貝爾官商錢局

1450
張傑 提供

1451
張傑 提供

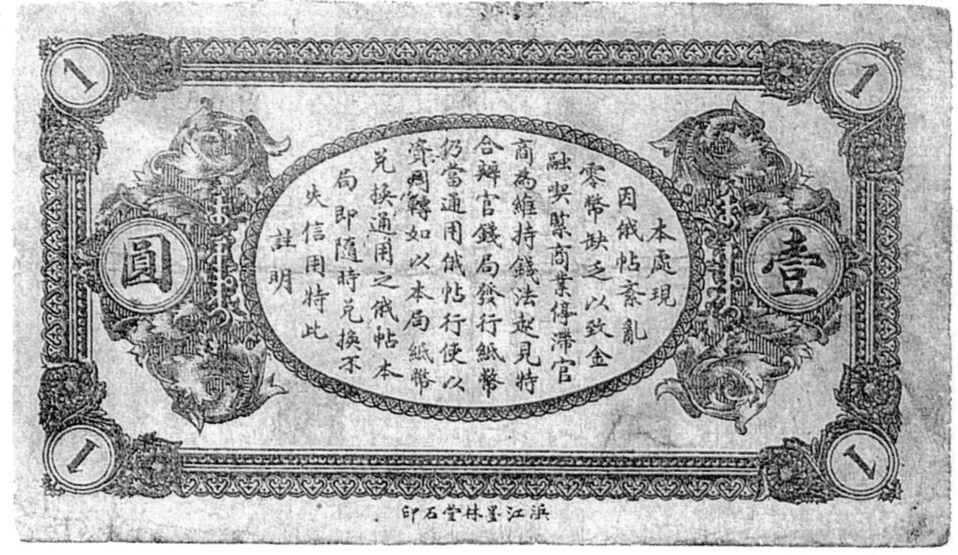

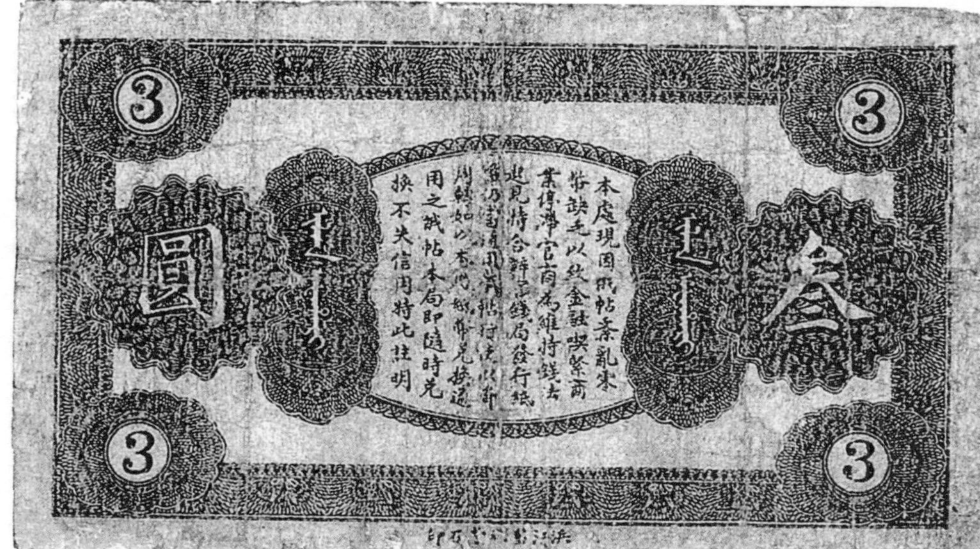

1452
張傑 提供

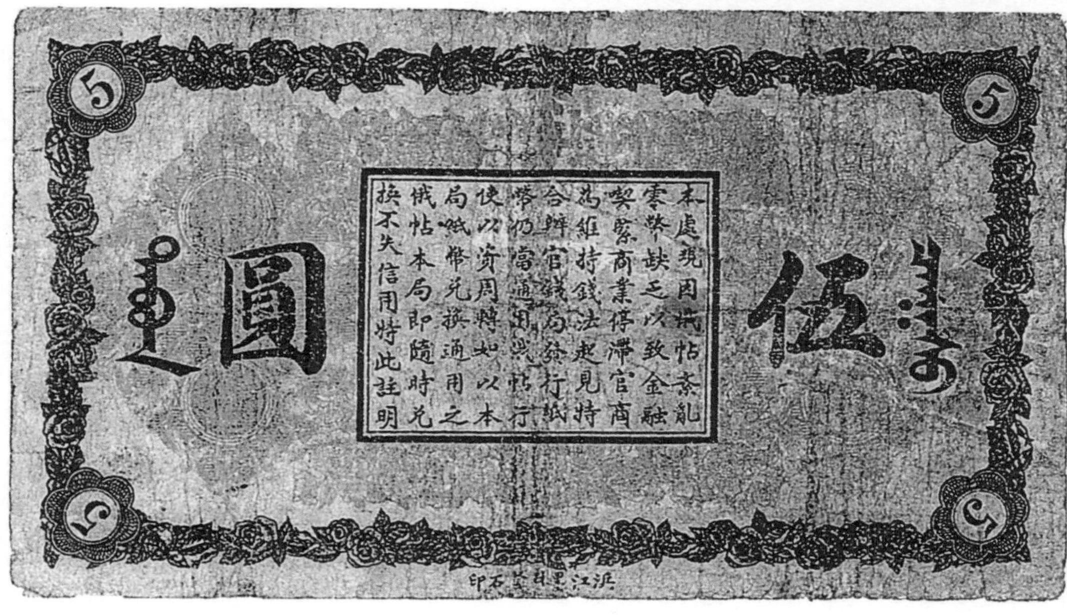

1453
張傑 提供

1454
張傑 提供

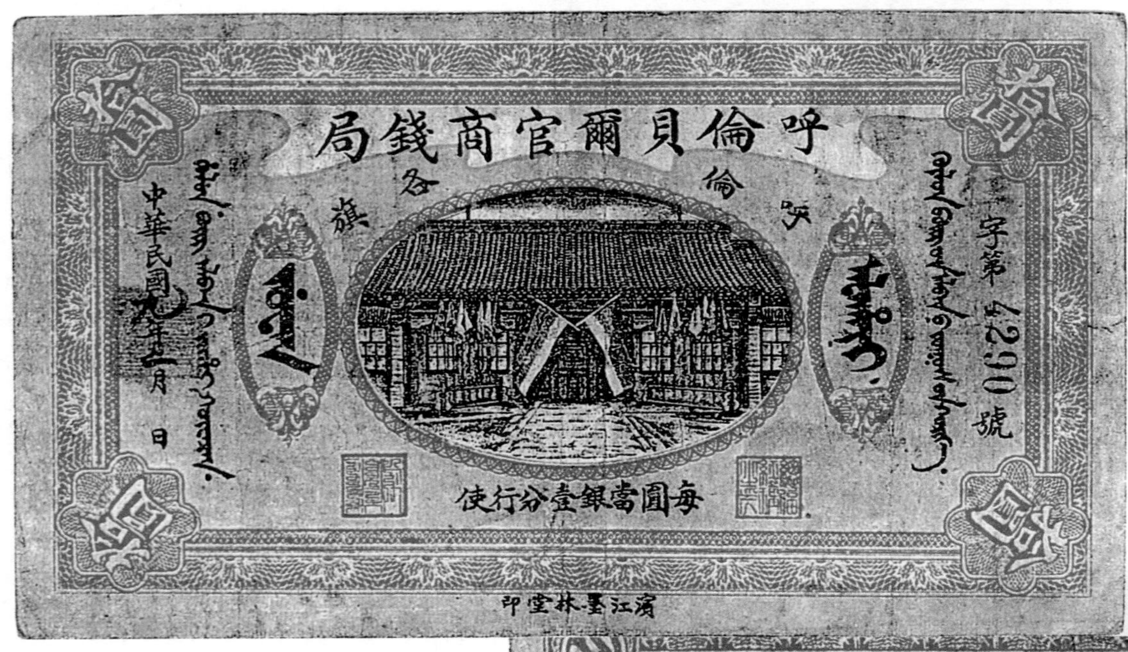

1455
張傑 提供

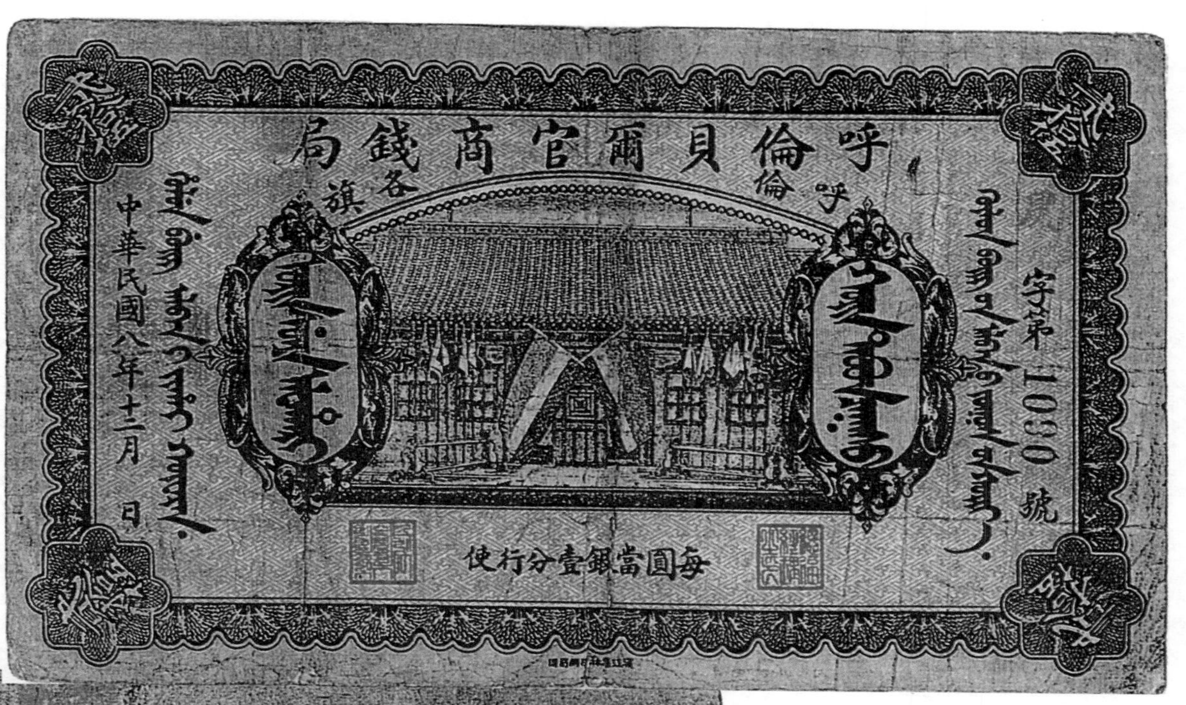

1456
張傑 提供

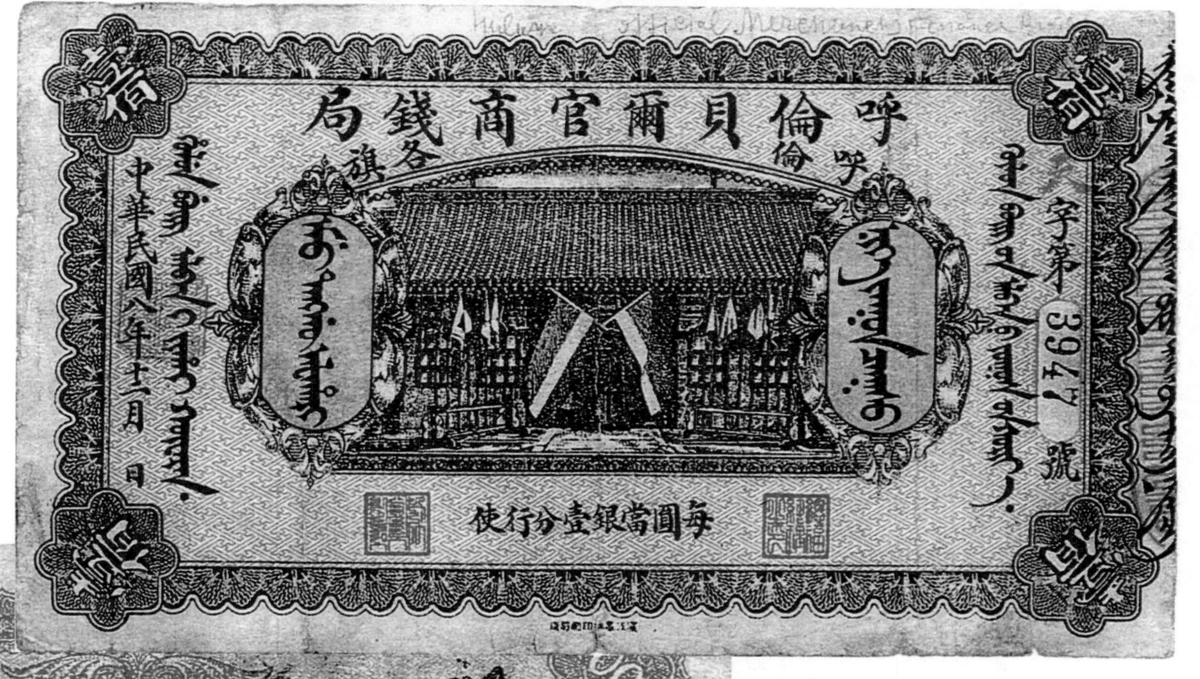

1457
張傑 提供

二百、喀什區行政長公署

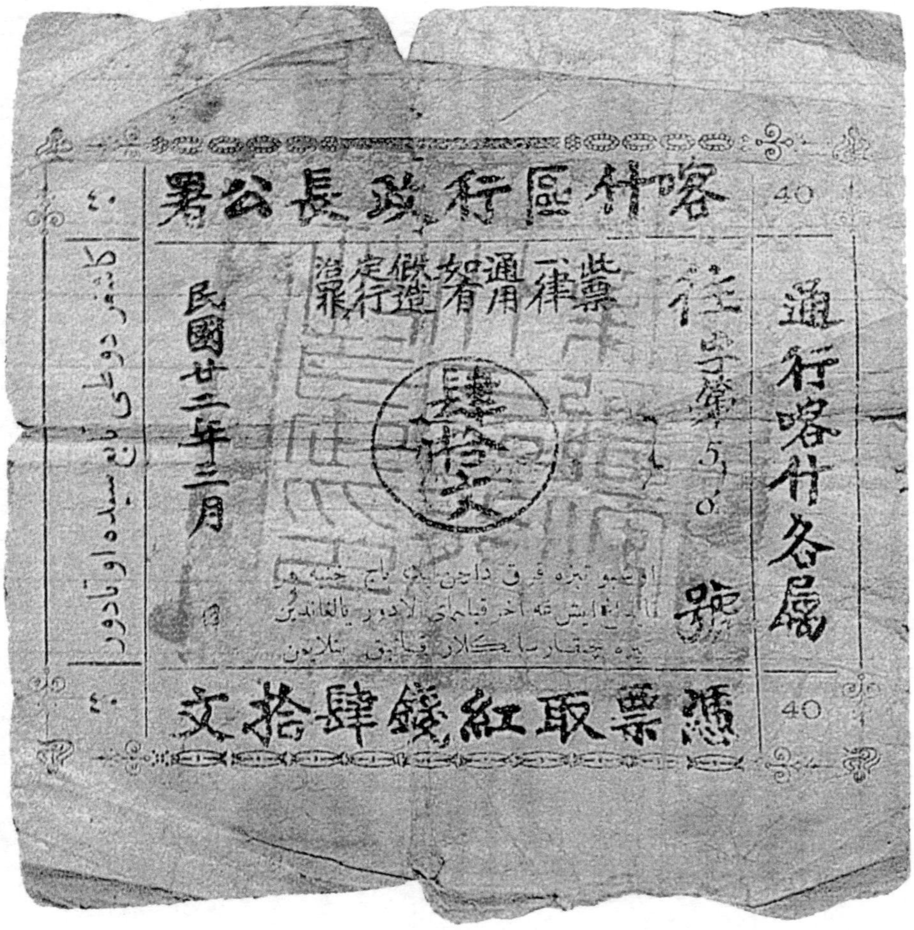

喀什區行政長公署

通行喀什各屬

民國廿二年二月

肆拾文

憑票取紅錢肆拾文

1458
選自《新疆錢幣》

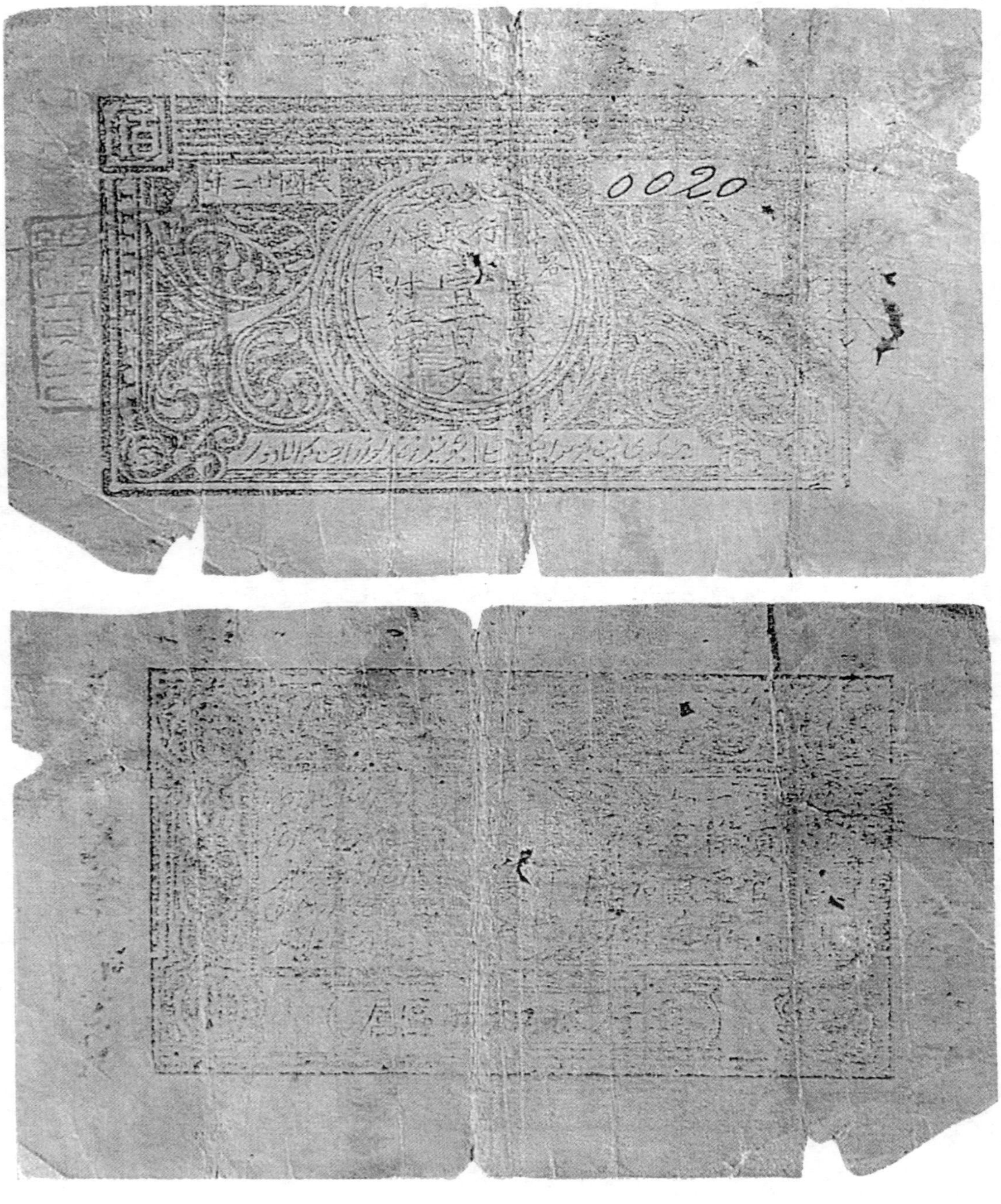

1459
選自《新疆錢幣》

二百零一、和闐行政長公署

1460
選自《新疆錢幣》

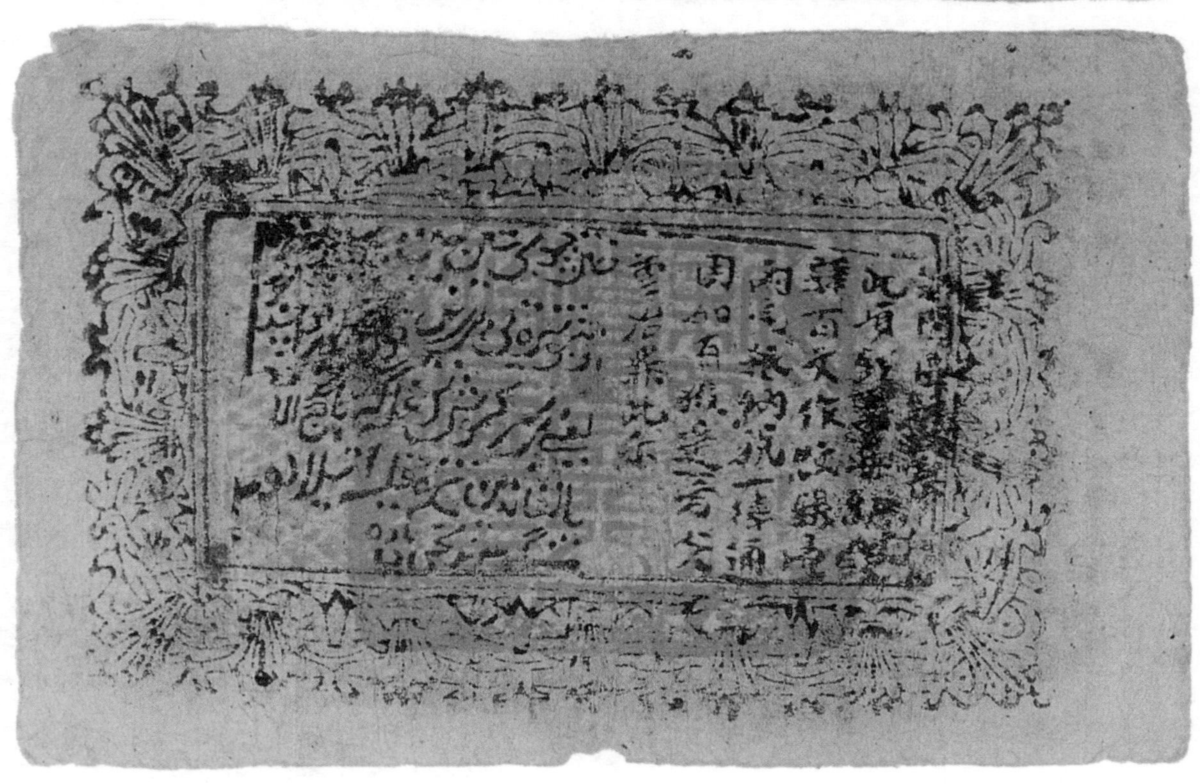

1461
中國人民銀行上海分行 藏

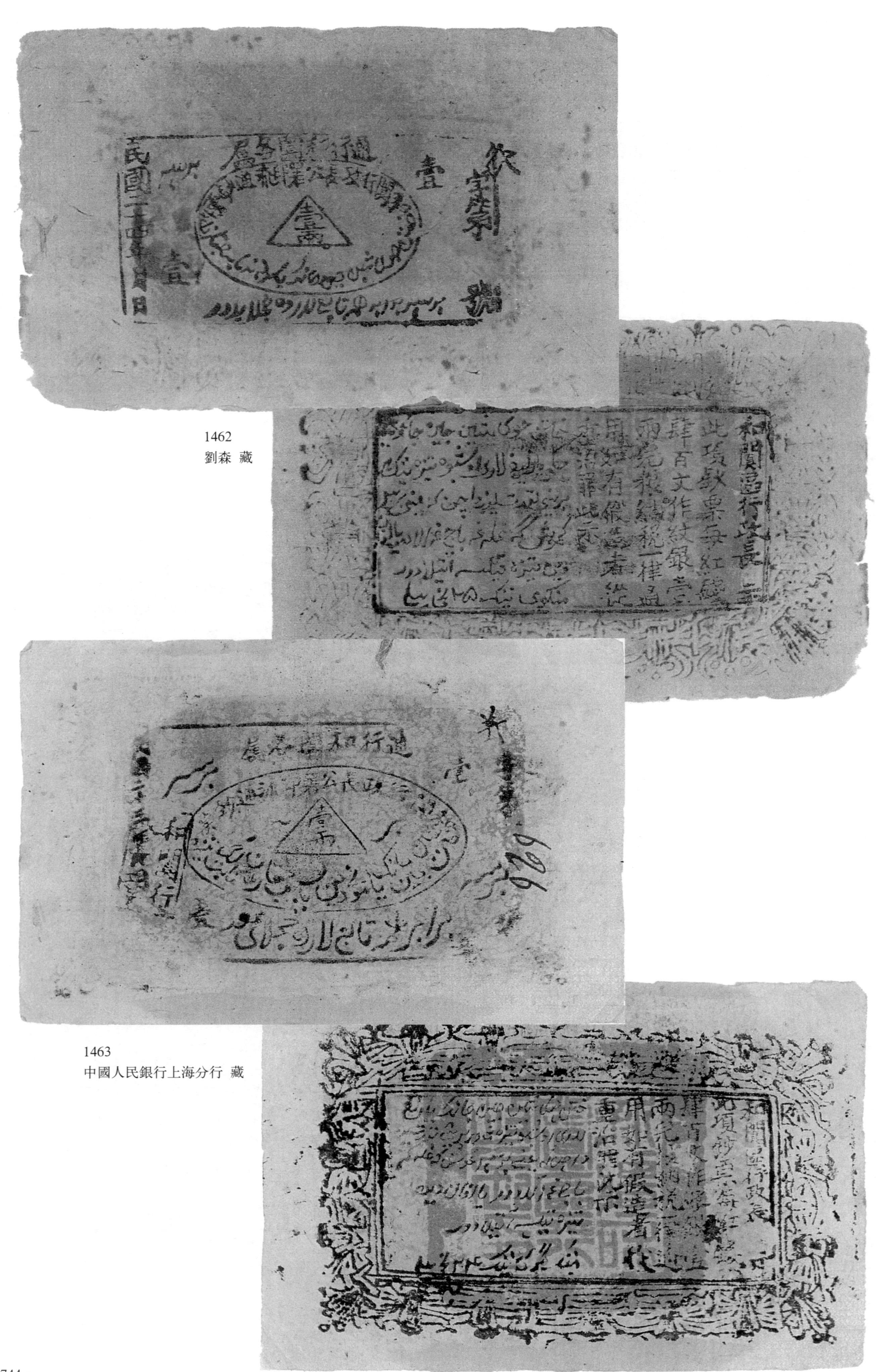

1462
劉森 藏

1463
中國人民銀行上海分行 藏

1464
中國人民銀行上海分行 藏

1465
選自《新疆錢幣》

二百零二、鎮西公民會

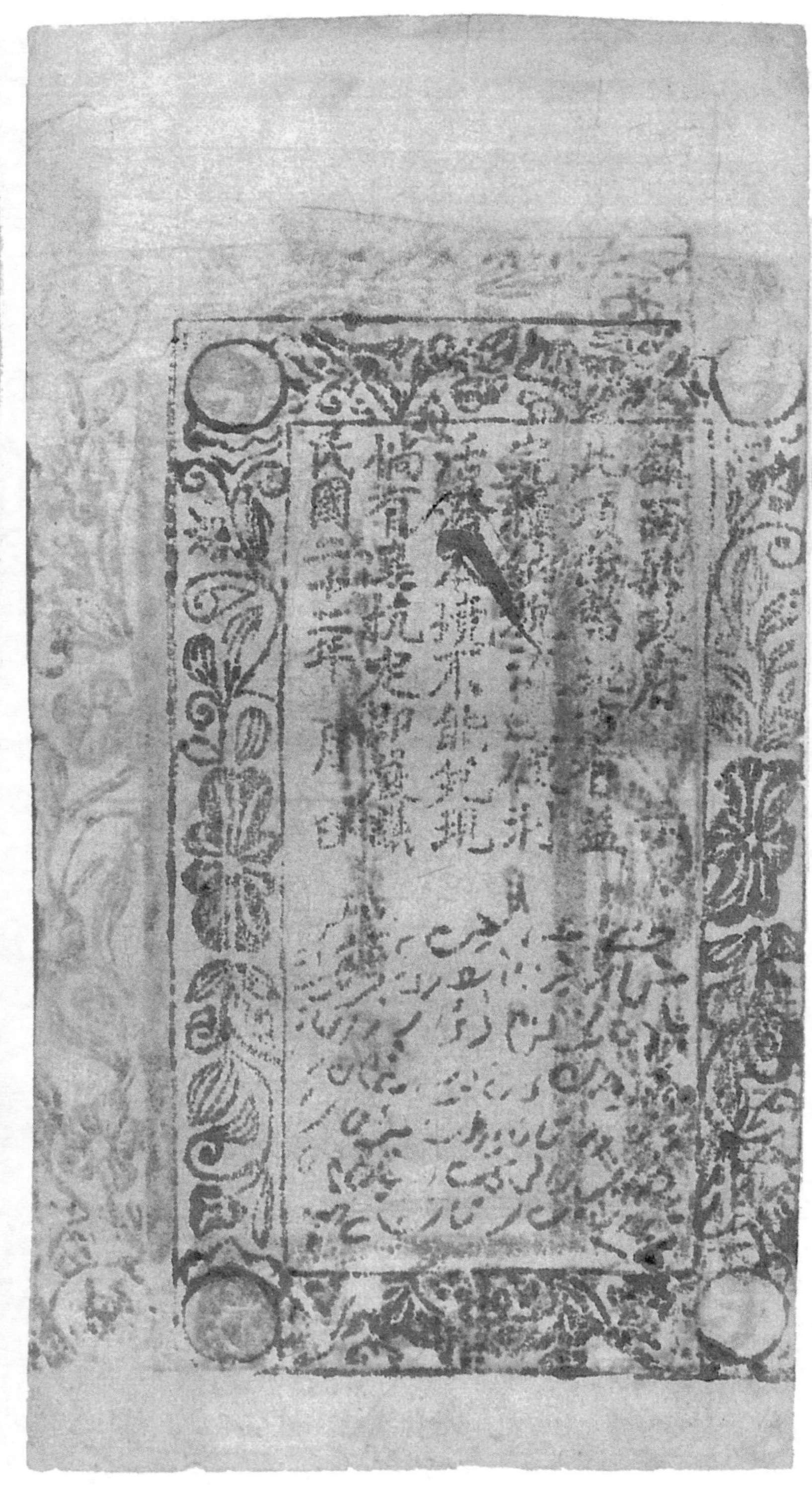

1466
郭乃興 藏

二百零三、阿爾泰行政公署財政局

1467
趙隆業 藏

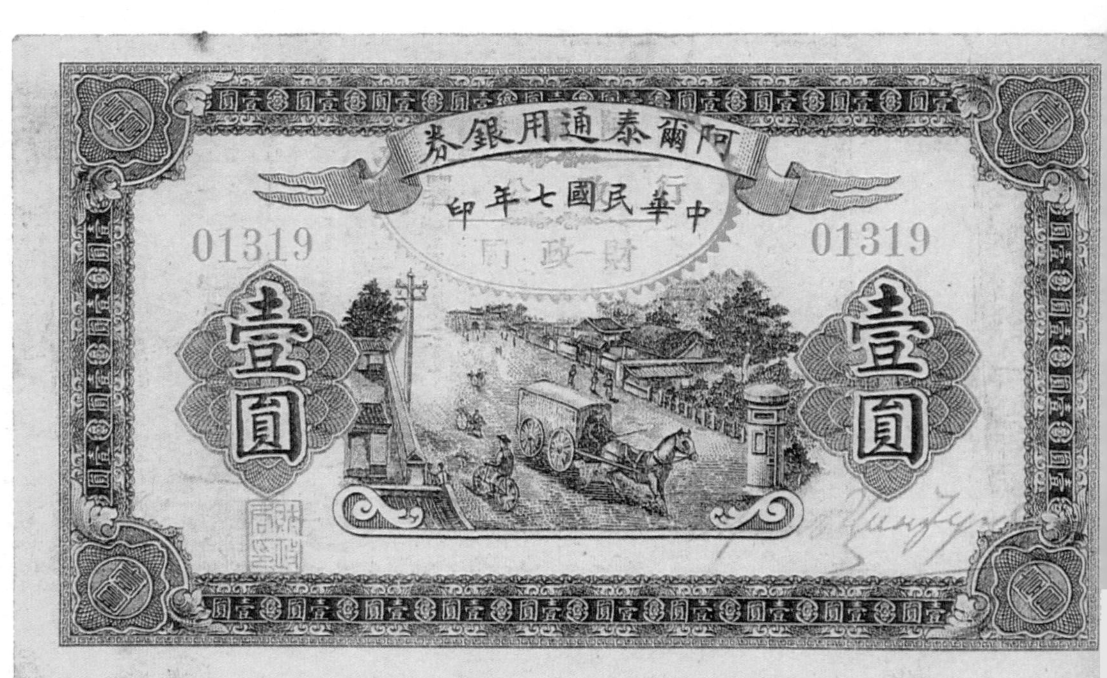

(背圖見下頁)

1468
江蘇省錢幣學會 提供

（1467 背圖）

1469
選自《新疆錢幣》

二百零四、科爾沁左翼三旗聯合交易局

1470
江蘇省錢幣學會 提供

（背圖見下頁）

二百零五、多倫裕盛魁錢莊

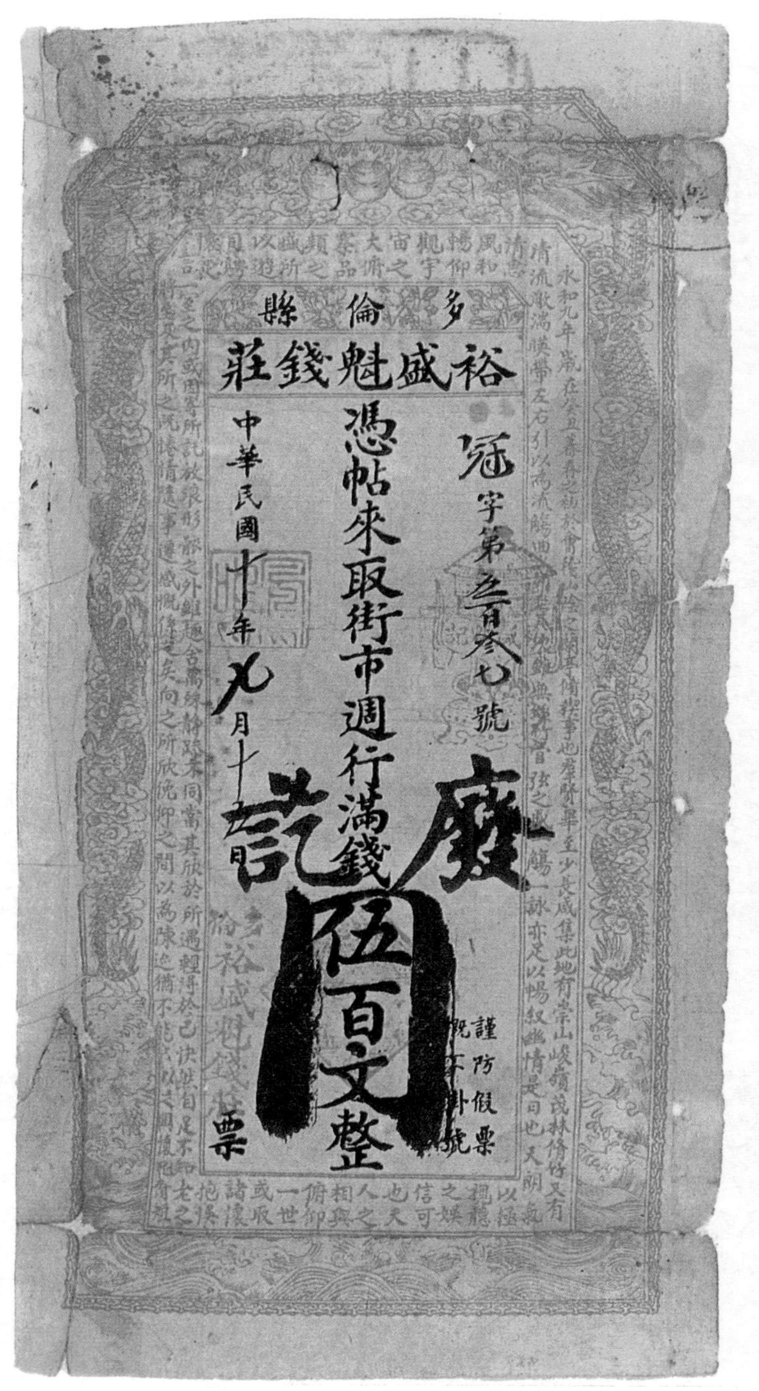

1471
徐風 藏

(1470 背圖)

二百零六、濟民銀號

1472
張傑 提供

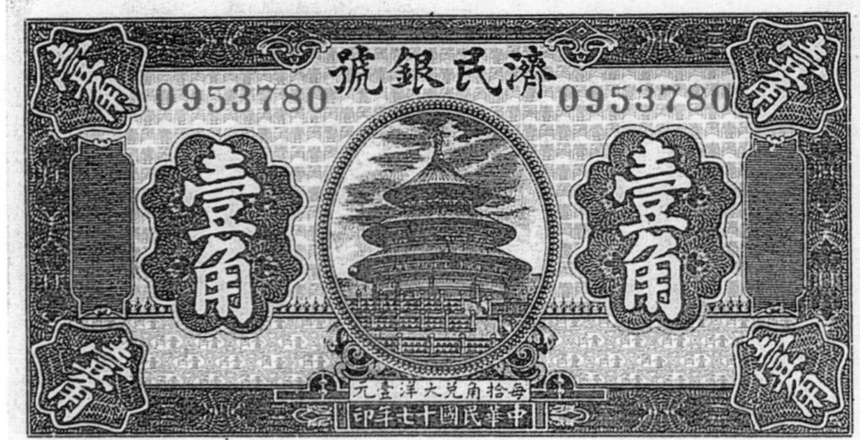

1473
張傑 提供

1474
張傑 提供

1475
張傑 提供

二百零七、和記錢莊

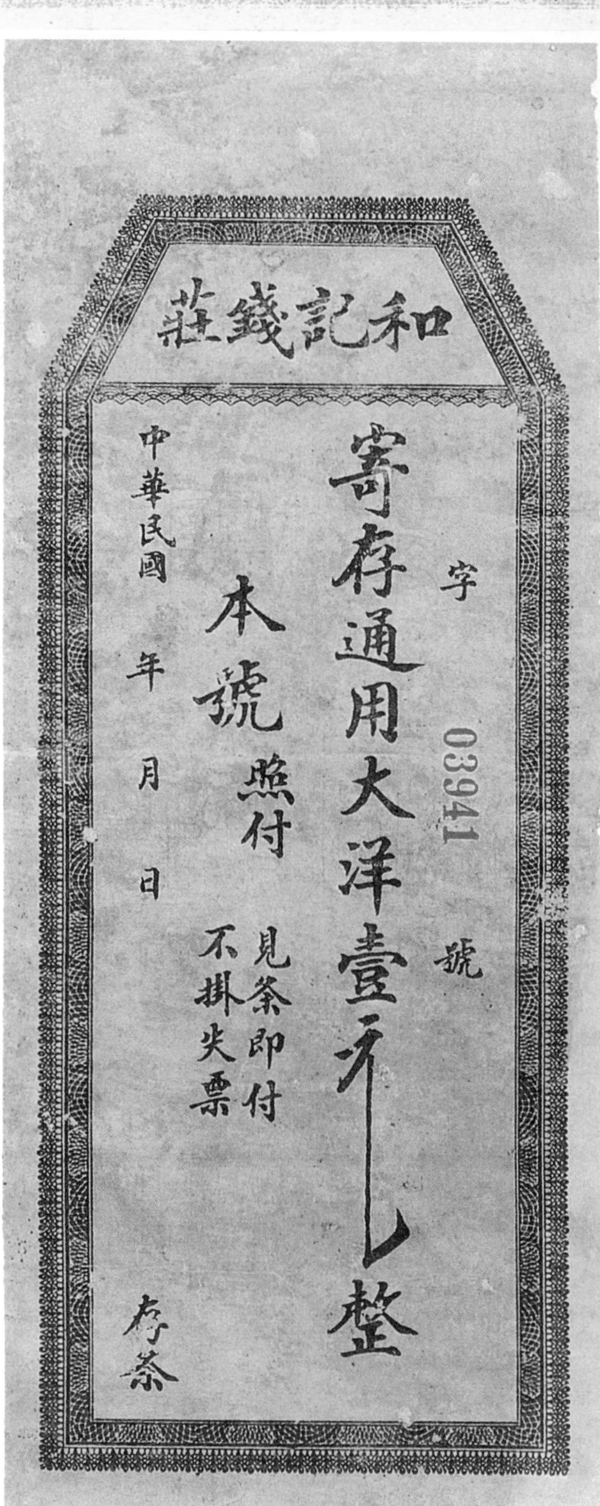

1476
李春曉 藏

二百零八、德源錢莊

1477
石長有 藏

二百零九、廣寶錢莊

1478
石長有 藏

（背圖見下頁）

（1478 背圖）

二百一十、東昌銀號

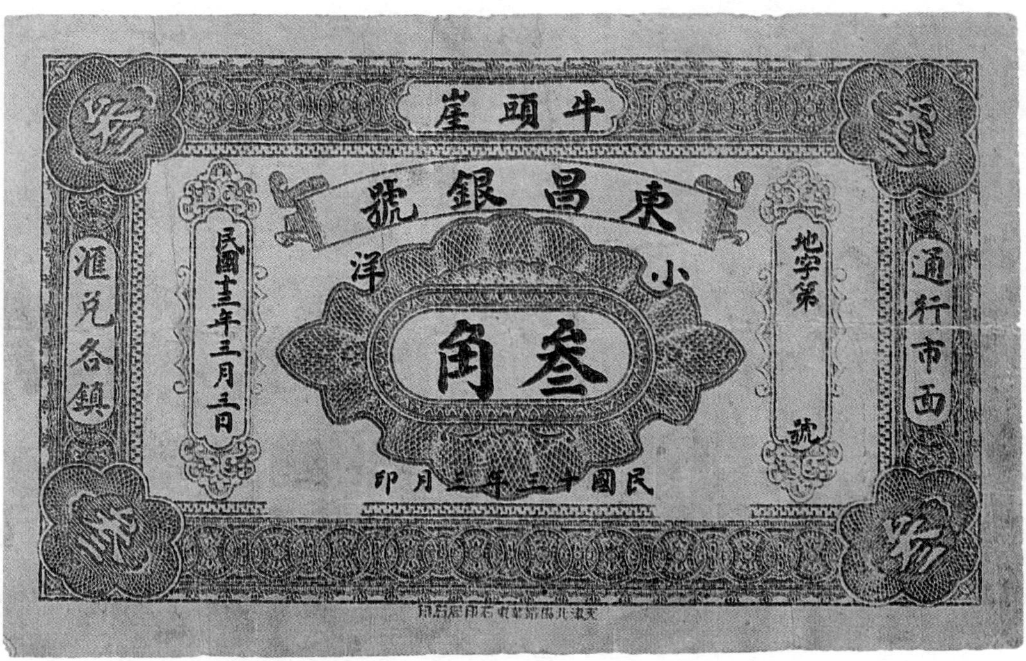

1479
石長有 藏

附録

一、日本侵華時期發行的軍用票

1. 日本侵佔中國青島時發行的軍用票

1480
選自《日本貨幣》

1481
選自《日本貨幣》

1482
選自《日本貨幣》

1483
選自《日本貨幣》

1484
選自《日本貨幣》

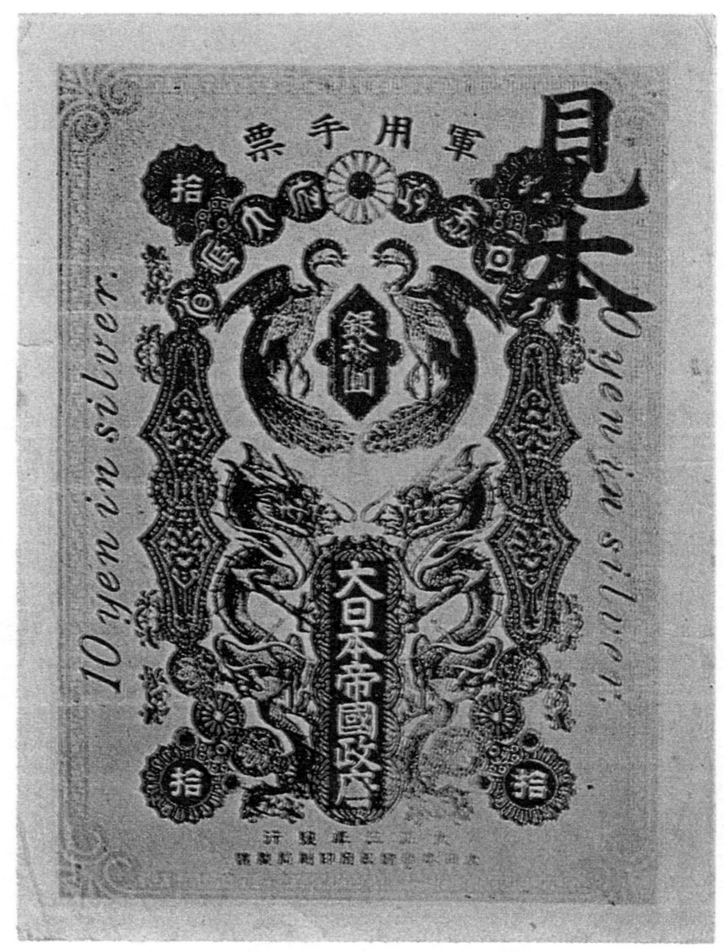

1485
選自《日本貨幣》

2. 日本侵佔中國北滿時發行的軍用票

1486
選自《日本貨幣》

1487
選自《日本貨幣》

1488
選自《日本貨幣》

1489
選自《日本貨幣》

1490
選自《日本貨幣》

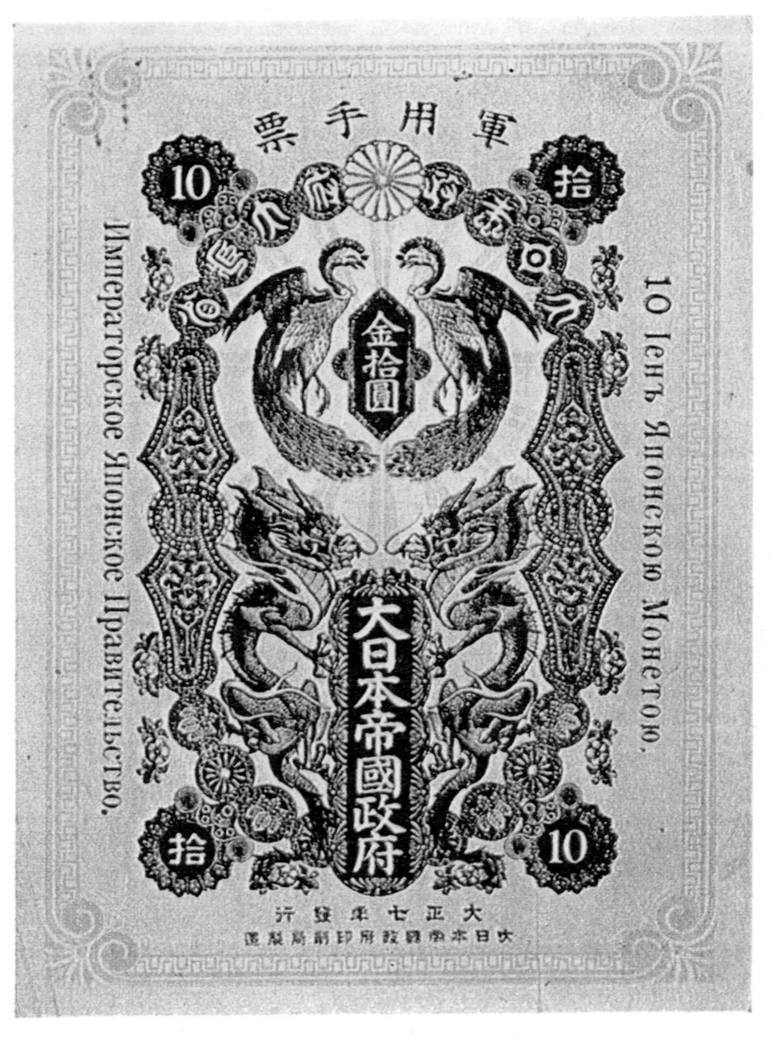

1491
選自《日本貨幣》

3.日本全面侵華時發行的甲號軍用票

1492
中國人民銀行上海分行 藏

1493
中國人民銀行上海分行 藏

(背圖見下頁)

1494
選自《日本紙幣 · 在外銀行軍票圖鑑》

1495
選自《日本紙幣·在外銀行軍票圖鑑》

1496
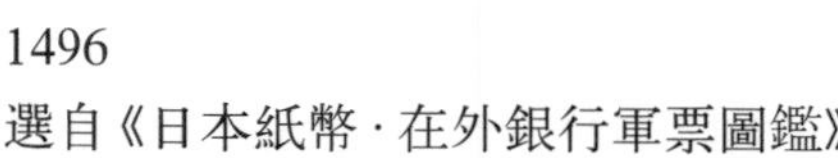
選自《日本紙幣·在外銀行軍票圖鑑》

(1493 背圖)

4.日本全面侵華時發行的乙號軍用票

1497
中國人民銀行上海分行 藏

1498
中國人民銀行上海分行 藏

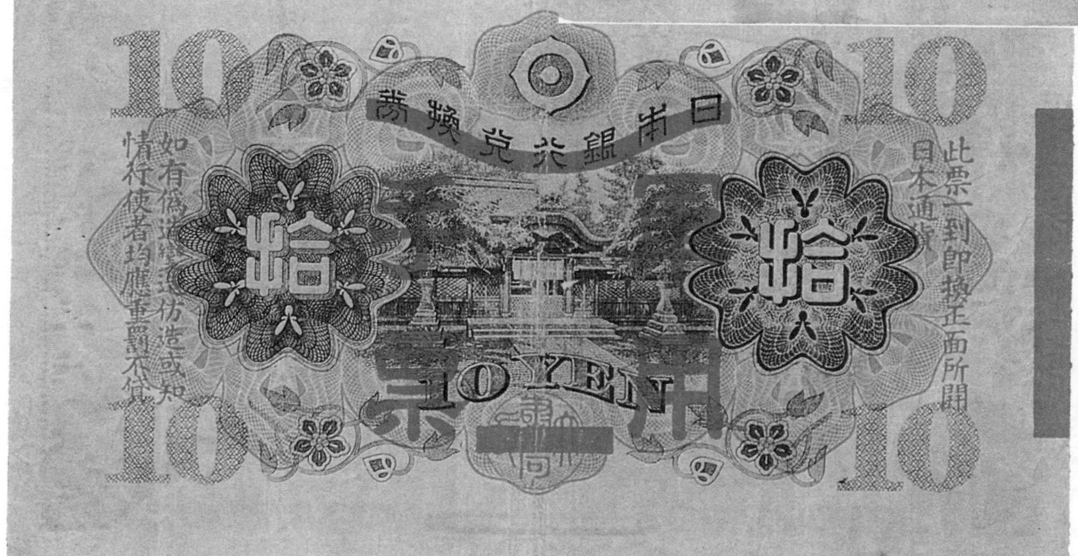

1499
中國人民銀行上海分行 藏

1500
中國人民銀行上海分行 藏

5.日本全面侵華時發行的丙號軍用票

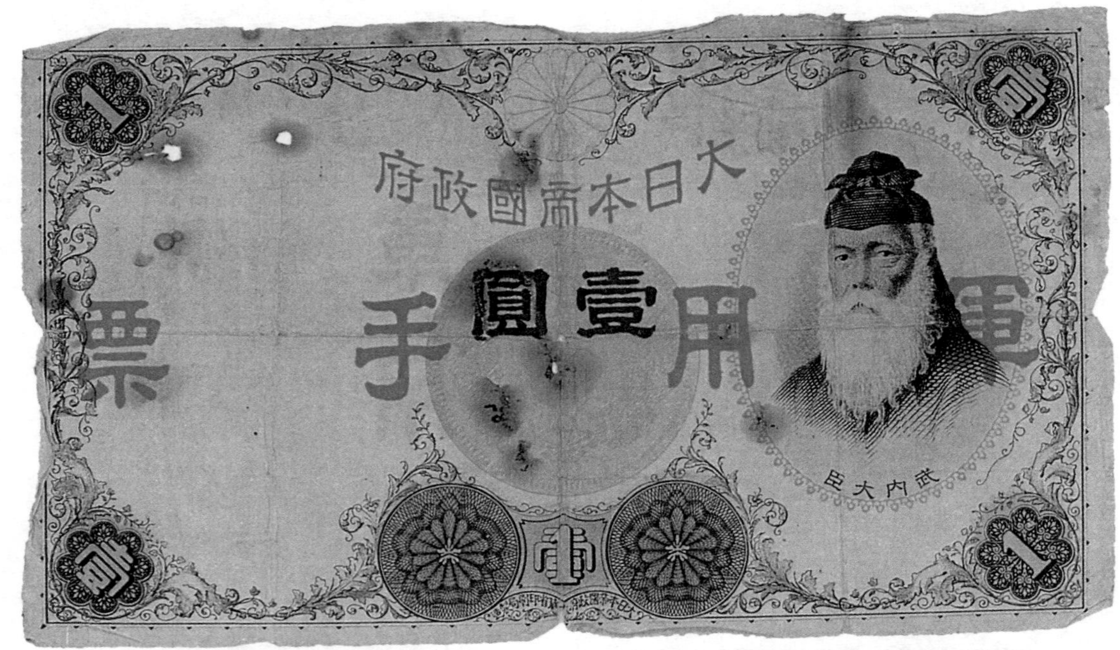

1501
中國人民銀行上海分行 藏

1502
中國人民銀行上海分行 藏

1503
中國人民銀行上海分行 藏

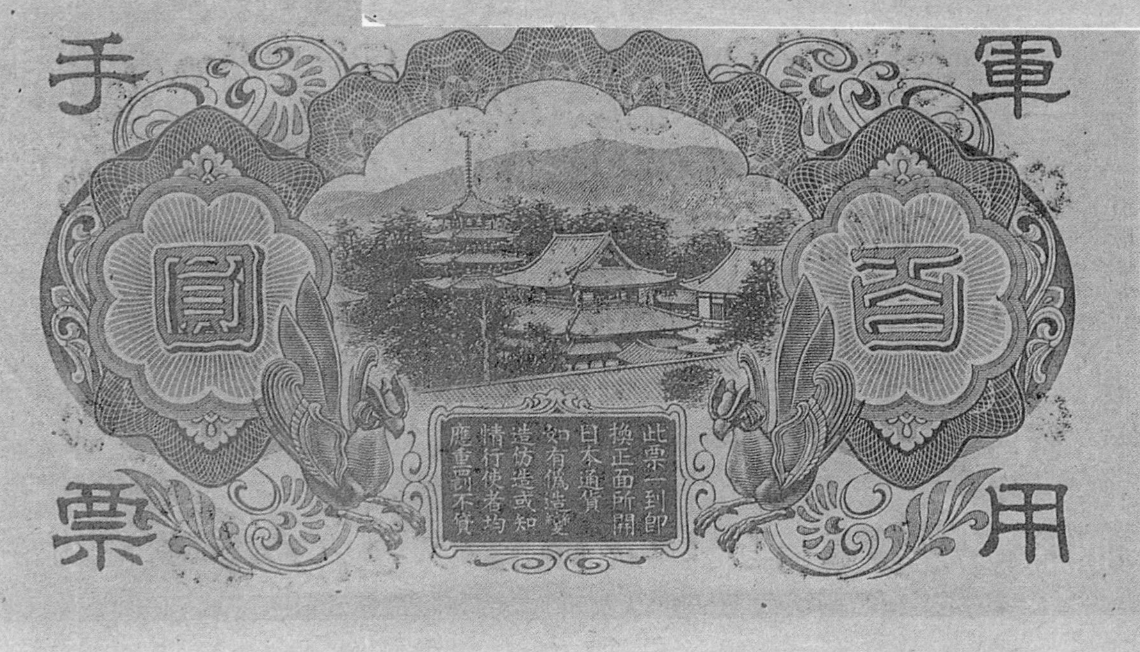

1504
中國人民銀行上海分行 藏

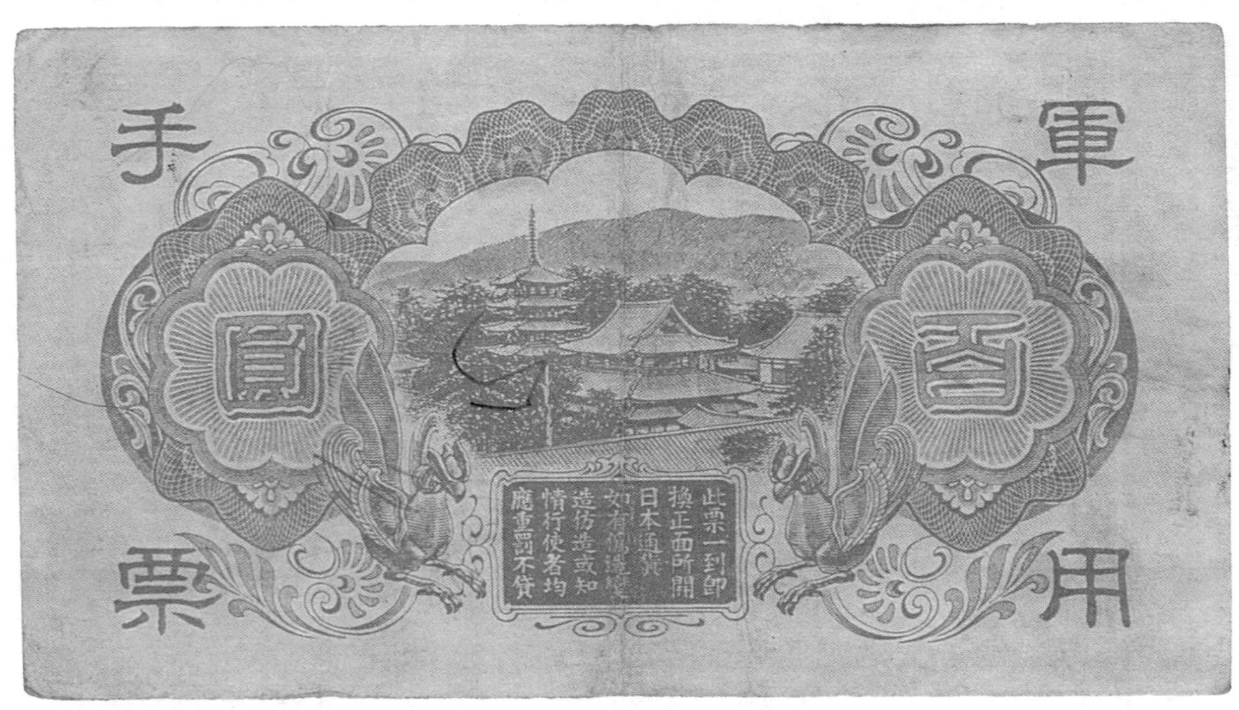

1505
中國人民銀行上海分行 藏

6.日本全面侵華時發行的丁號軍用票

1506
中國人民銀行上海分行 藏

1507
中國人民銀行上海分行 藏

1508
中國人民銀行上海分行 藏

1509
中國人民銀行上海分行 藏

1510
中國人民銀行上海分行 藏

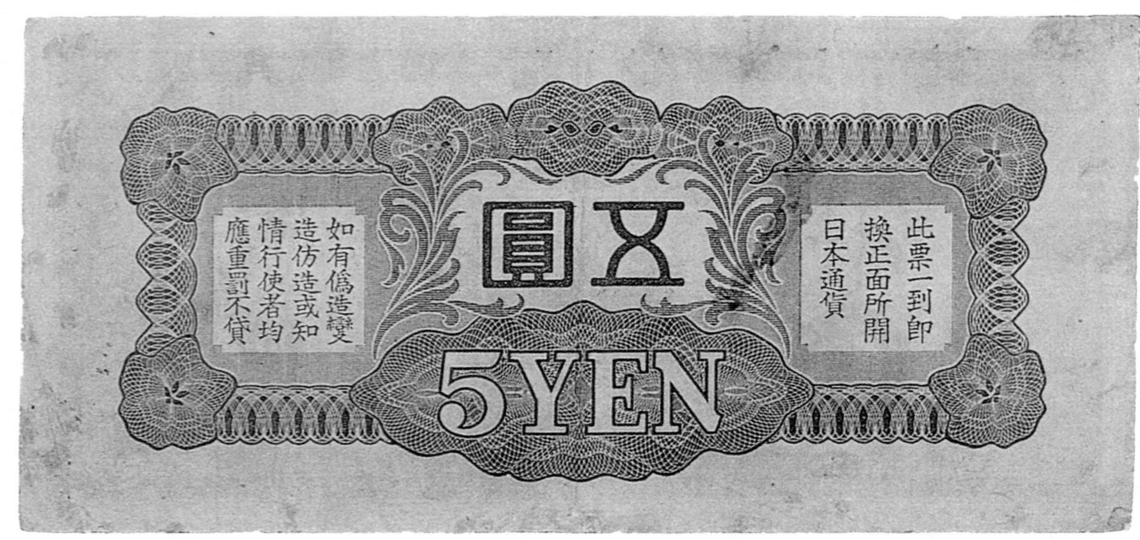

1511
郭乃興 藏

1512
中國人民銀行上海分行 藏

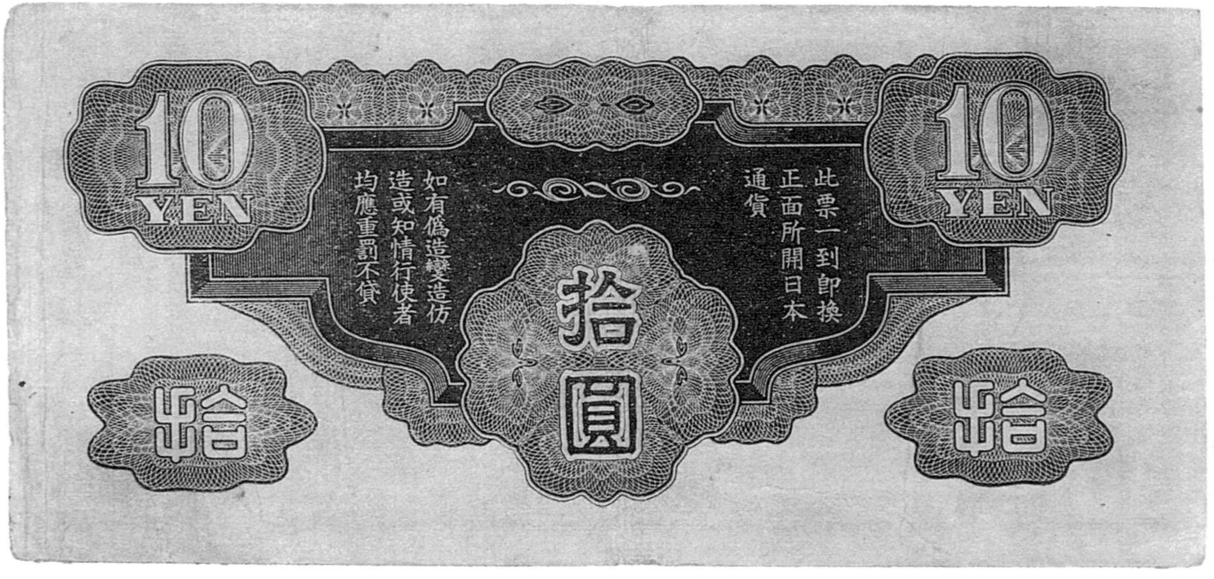

7.日本全面侵華時發行的戊號軍用票

1513
中國人民銀行上海分行 藏

1514
選自《日本紙幣 · 在外銀行軍票圖鑑》

1515
選自《日本紙幣 · 在外銀行軍票圖鑑》

1516
選自《日本紙幣 · 在外銀行軍票圖鑑》

1517
選自《日本紙幣 · 在外銀行軍票圖鑑》

1518
選自《日本紙幣 · 在外銀行軍票圖鑑》

（背圖見下頁）

1519
中國人民銀行上海分行 藏

1520
選自《日本紙幣 · 在外銀行軍票圖鑑》

(1518 背圖)

1521
選自《日本紙幣·在外銀行軍票圖鑑》

8.日本全面侵華時發行的己號軍用票

1522
選自《日本貨幣》

1523
選自《日本貨幣》

1524
選自《日本貨幣》

1525
選自《日本貨幣》

1526
選自《日本貨幣》

9.日本全面侵華時發行的號外軍用票

1527
江蘇省錢幣學會 提供

(背圖見下頁)

二、傀儡政權銀行發行的紙幣

1.“滿洲中央銀行”

1528
選自《僞滿洲國貨幣研究》

(1527 背圖)

1529
選自《僞滿洲國貨幣研究》

1530
選自《僞滿洲國貨幣研究》

1531
選自《偽滿洲國貨幣研究》

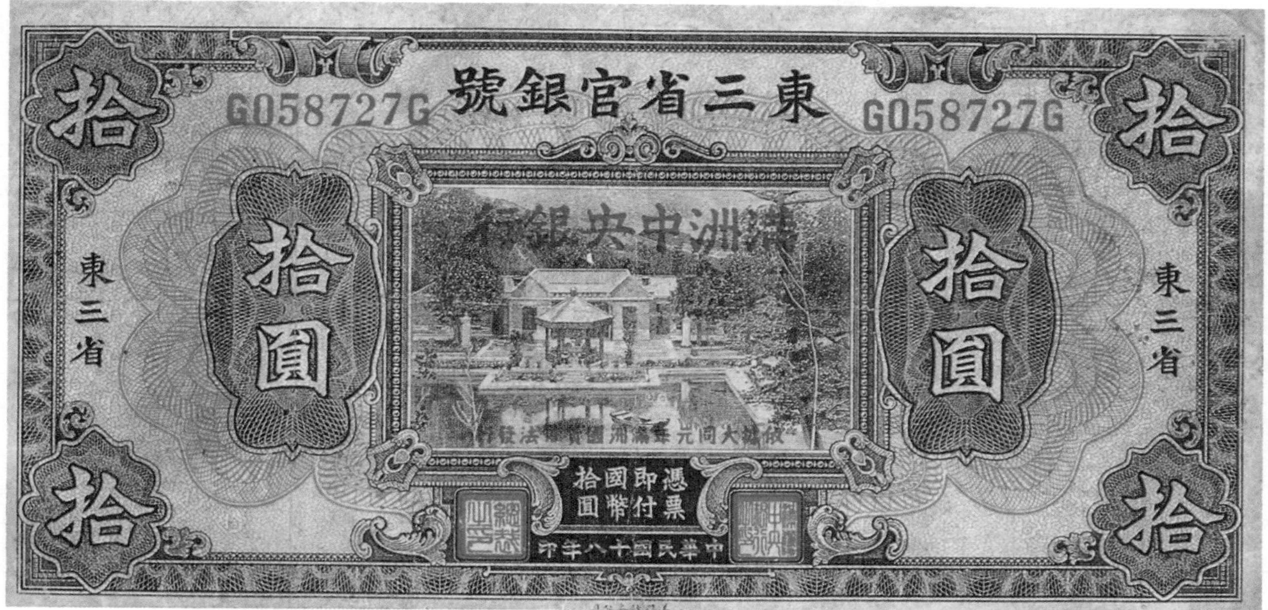

1532
選自《偽滿洲國貨幣研究》

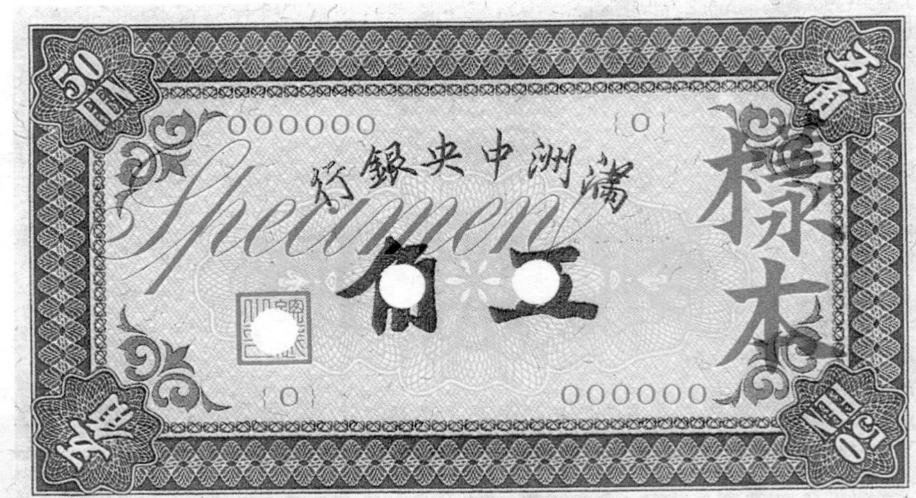

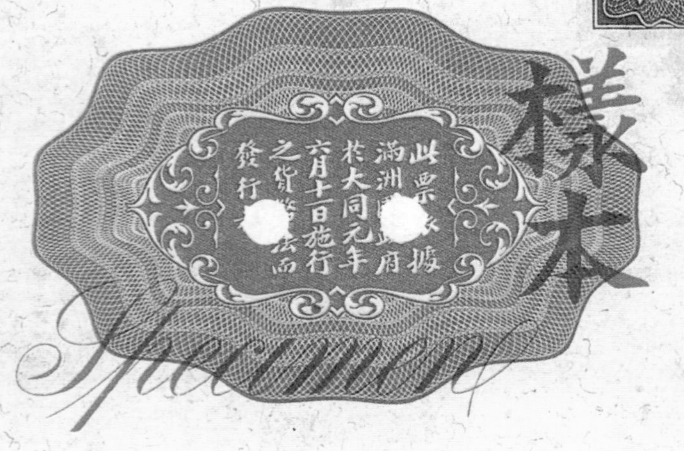

1533
石長有 藏

1534
趙隆業 藏

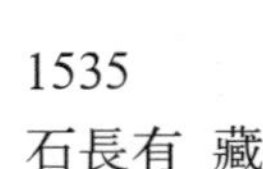
1535
石長有 藏

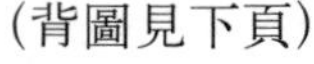
(背圖見下頁)

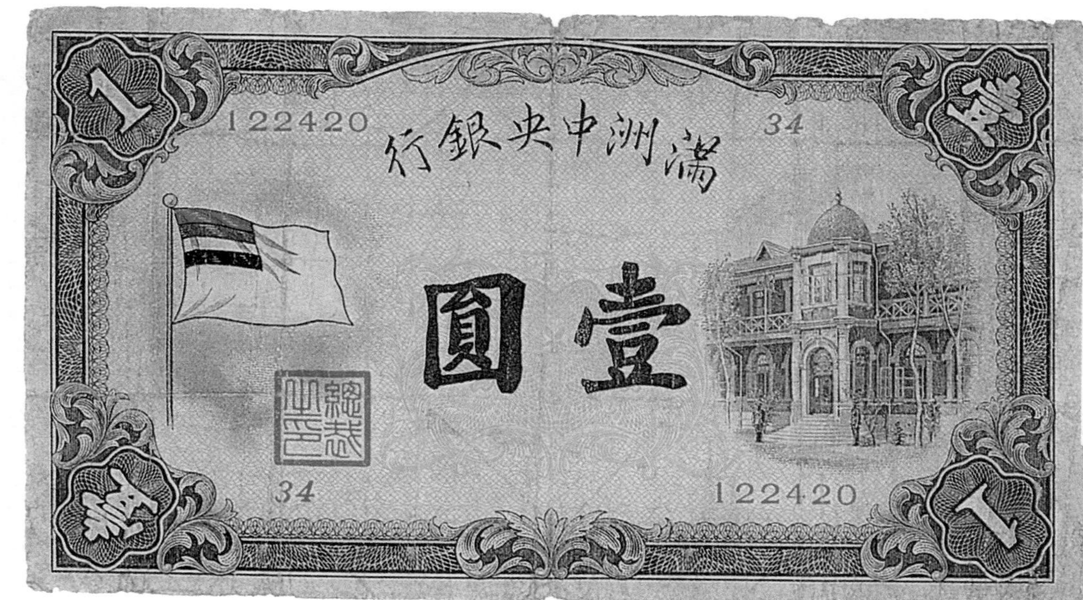

1536
郭乃全 藏

1537
石長有 藏

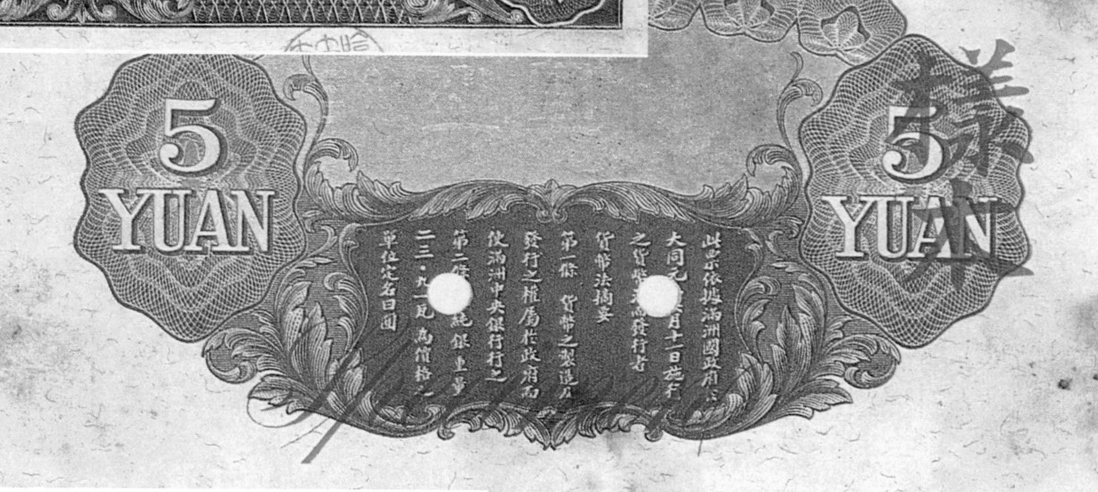

(1535 背圖)

1538
中國人民銀行上海分行 藏

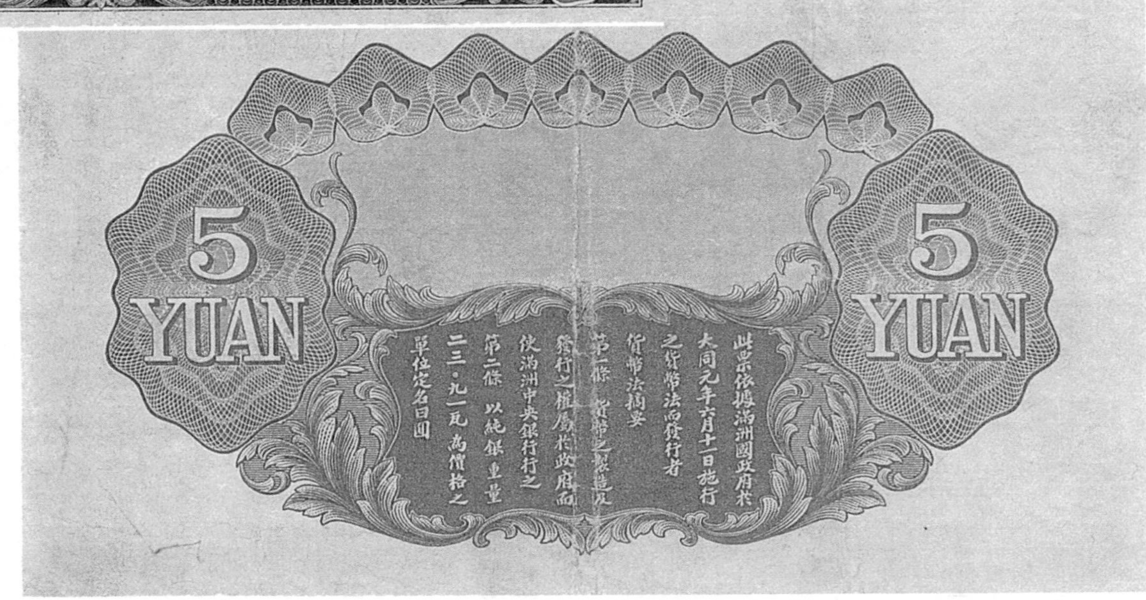

1539
石長有 藏

1540
中國人民銀行上海分行 藏

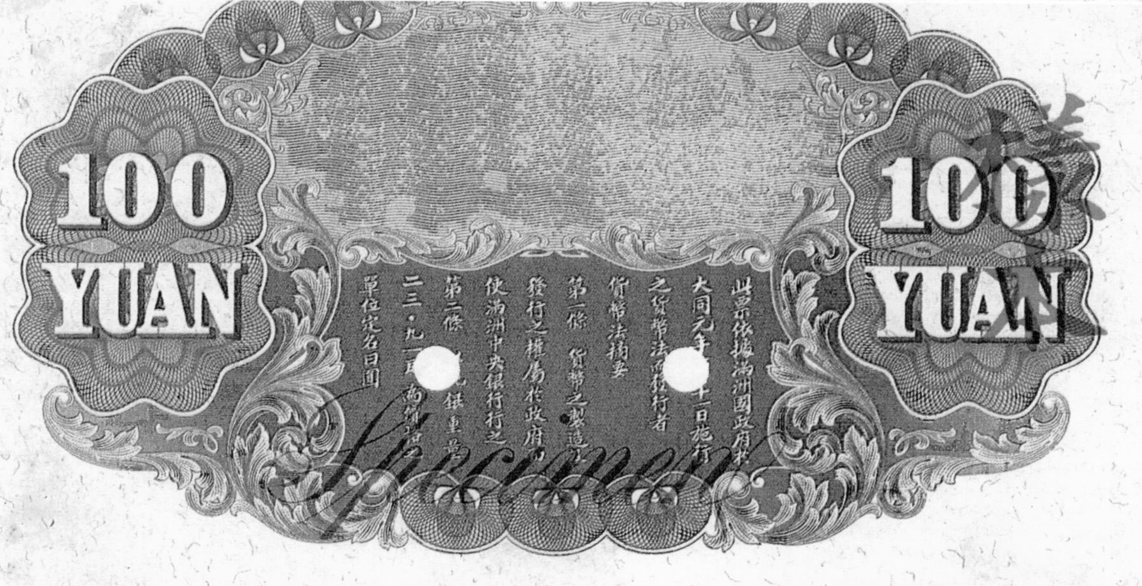

1541
石長有 藏

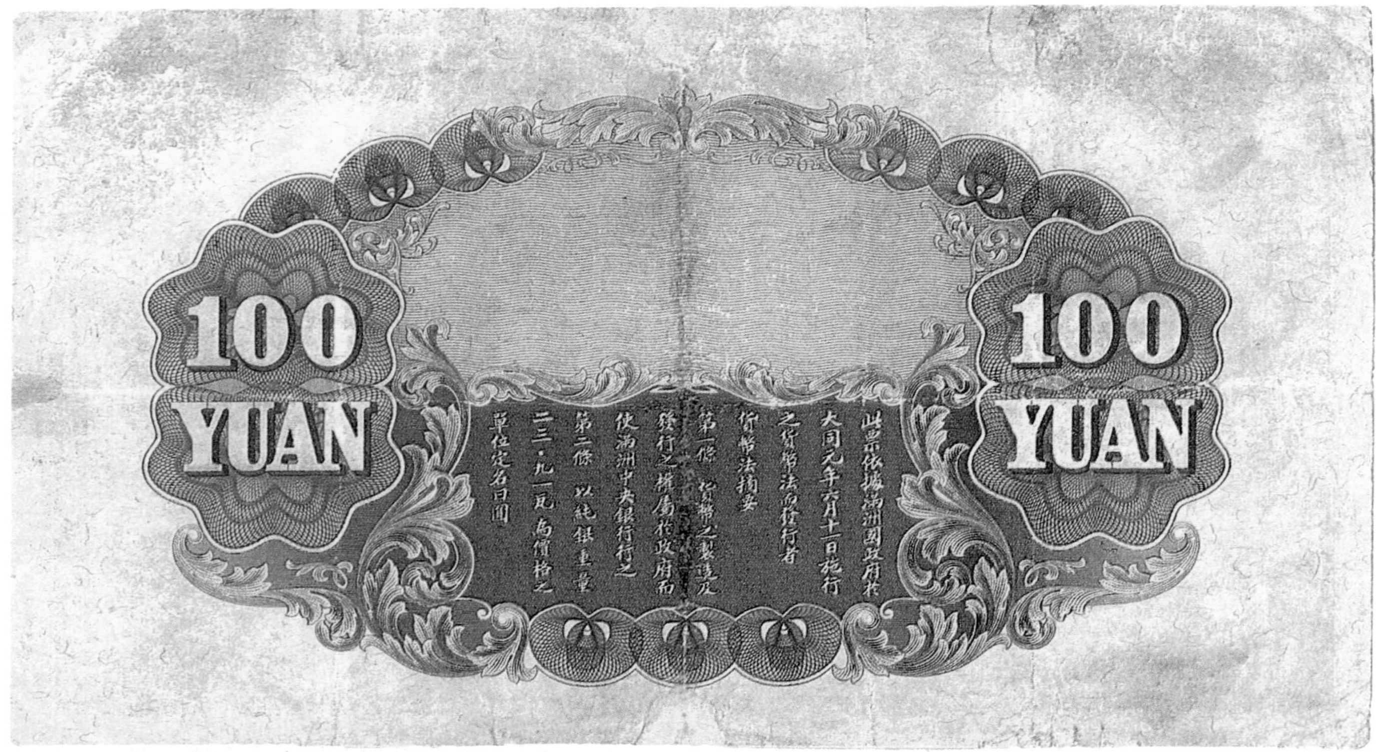

1542
石長有 藏

1543
選自《偽滿洲國貨幣研究》

1544
吴籌中 藏

1545
選自《僞滿洲國貨幣研究》

1546
中國人民銀行上海分行 藏

1547
選自《僞滿洲國貨幣研究》

1548
選自《僞滿洲國貨幣研究》

1549
選自《僞滿洲國貨幣研究》

（背圖見下頁）

1550
中國人民銀行上海分行 藏

1551
選自《僞滿洲國貨幣研究》

(1549 背圖)

1552
選自《僞滿洲國貨幣研究》

1553
吴籌中 藏

1554
選自《僞滿洲國貨幣研究》

1555
選自《僞滿洲國貨幣研究》

1556
吴籌中 藏

1557
中國人民銀行上海分行 藏

1558
選自《僞滿洲國貨幣研究》

1559
中國人民銀行上海分行 藏

1560
選自《僞滿洲國貨幣研究》

1561
吴籌中 藏

1562
選自《僞滿洲國貨幣研究》

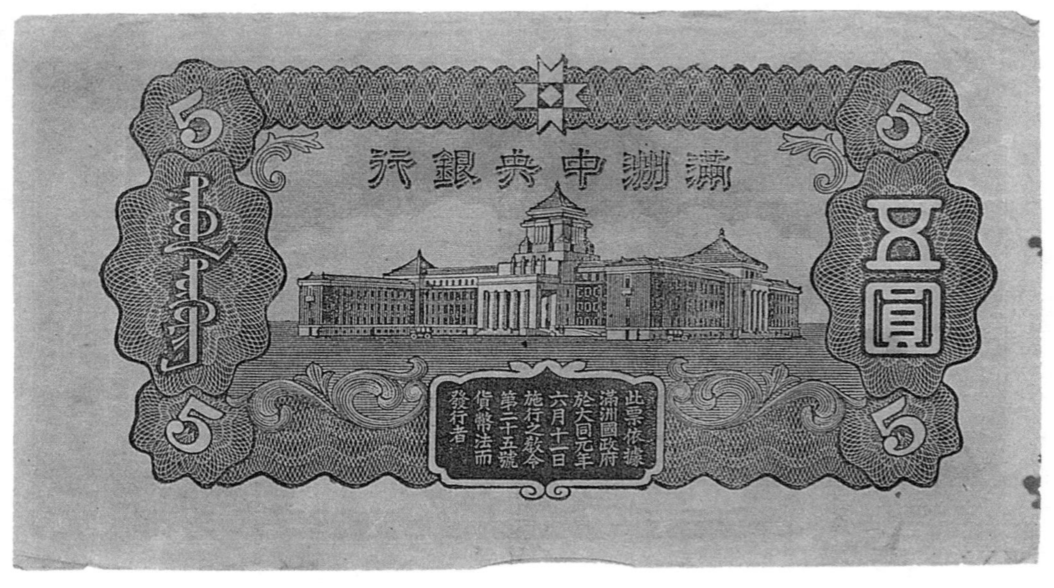

1563
中國人民銀行上海分行 藏

1564
選自《僞滿洲國貨幣研究》

1565
吴籌中 藏

1566
選自《僞滿洲國貨幣研究》

1567
中國人民銀行上海分行 藏

1568
吴籌中 藏

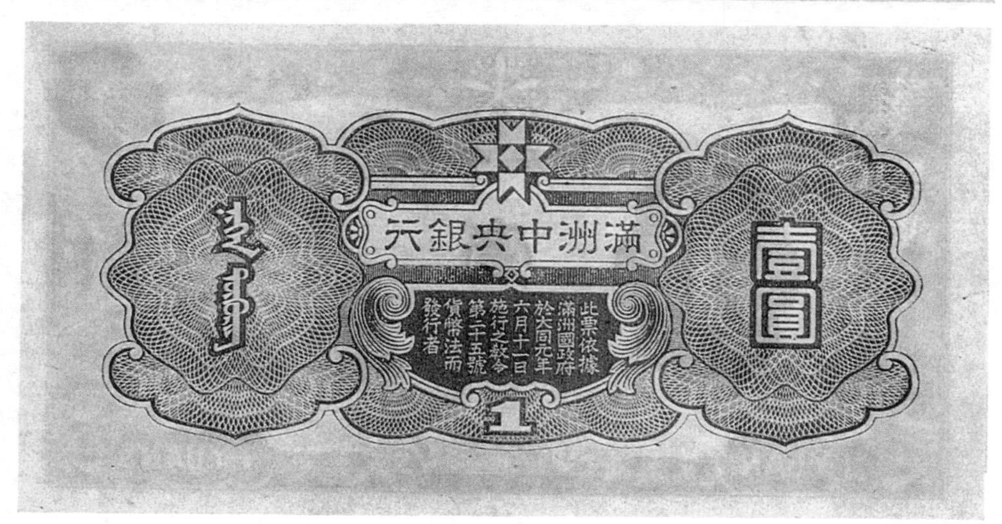

1569
苗培貴 藏

1570
郭乃興 藏

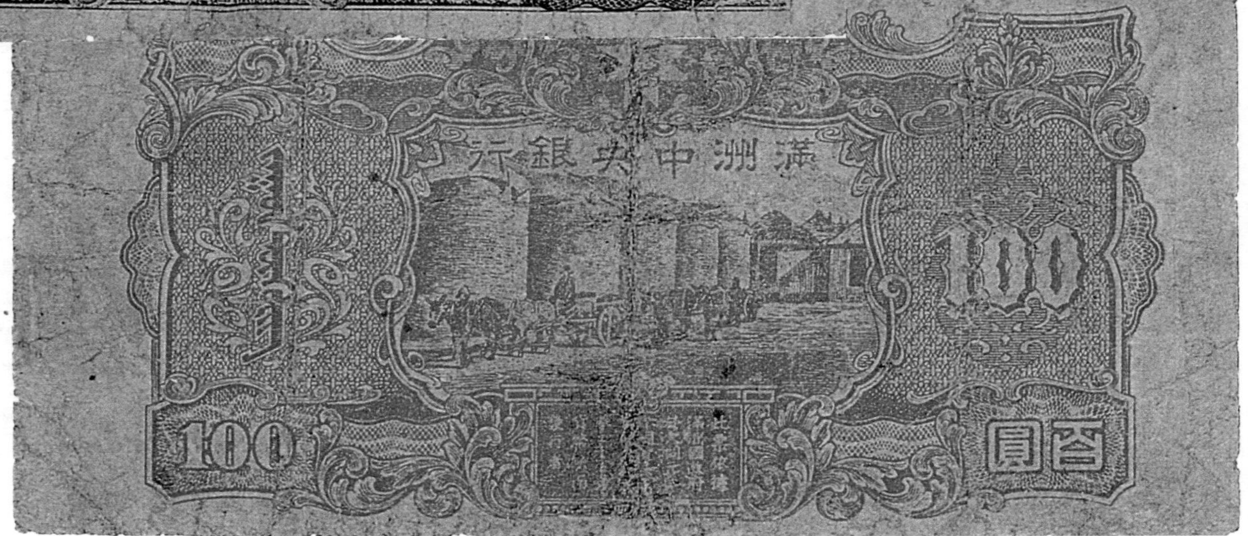

1571
中國人民銀行上海分行 藏

1572
苗培貴 藏

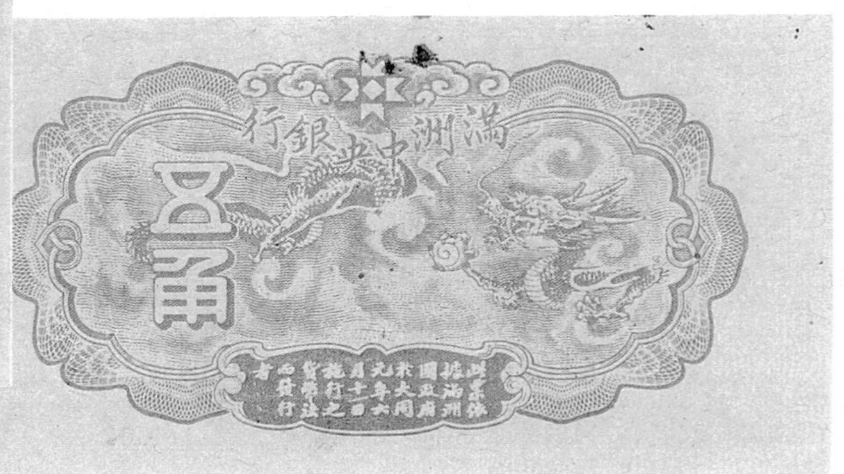

1573
中國人民銀行上海分行 藏

1574
孫彬 藏

1575
上海博物館 藏

1576
石長有 藏

（背圖見下頁）

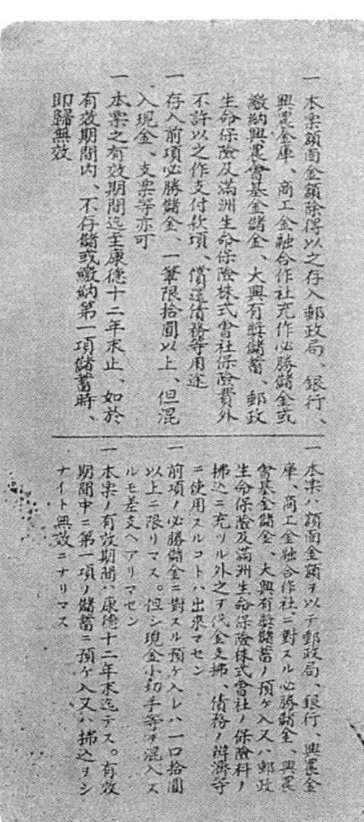

1577
王煒 藏

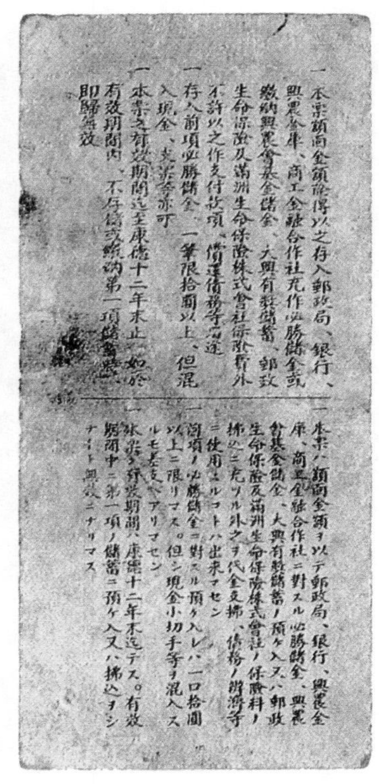

1578
趙隆業 藏

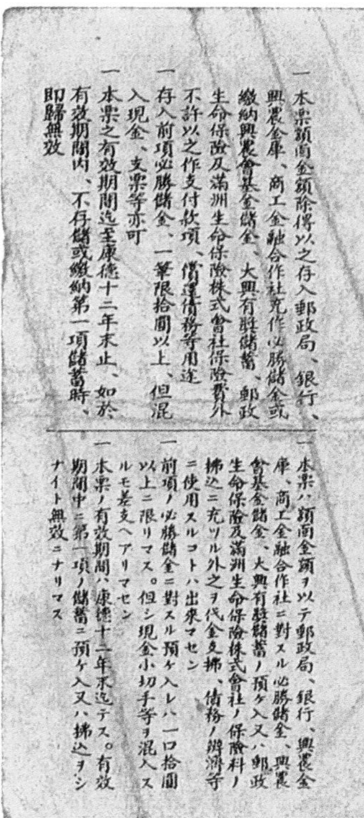

1579
趙隆業 藏

1580
趙隆業 藏

(1576 背圖)

1581
選自《僞滿洲國貨幣研究》

1582
選自《僞滿洲國貨幣研究》

1583
趙隆業 藏

1584
選自《僞滿洲國貨幣研究》

1585
選自《僞滿洲國貨幣研究》

1586
選自《僞滿洲國貨幣研究》

2. "冀東銀行"

1587
選自《資本主義國家在舊中國發行和流通的貨幣》

1588
上海博物館 藏

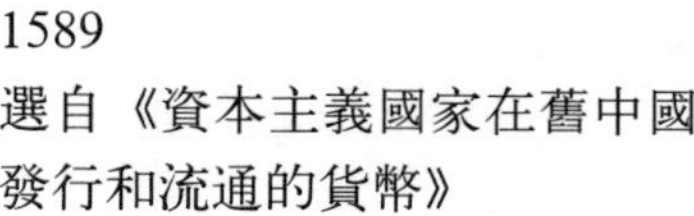
1589
選自《資本主義國家在舊中國發行和流通的貨幣》

1590
上海博物館 藏

1591
選自《資本主義國家在舊中國發行和流通的貨幣》

1592
中國人民銀行上海分行 藏

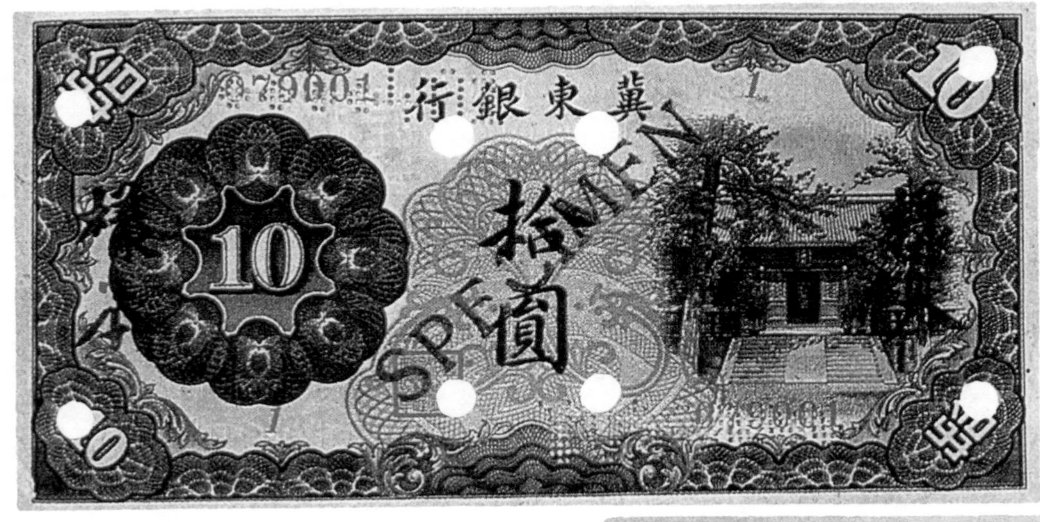

1593
選自《資本主義國家在舊中國發行和流通的貨幣》

1594
上海博物館 藏

（背圖見下頁）

1595
選自《資本主義國家在舊中國發行和流通的貨幣》

1596
上海博物館 藏

(1594 背圖)

3. “察南銀行”

1597
選自《資本主義國家在舊中國發行和流通的貨幣》

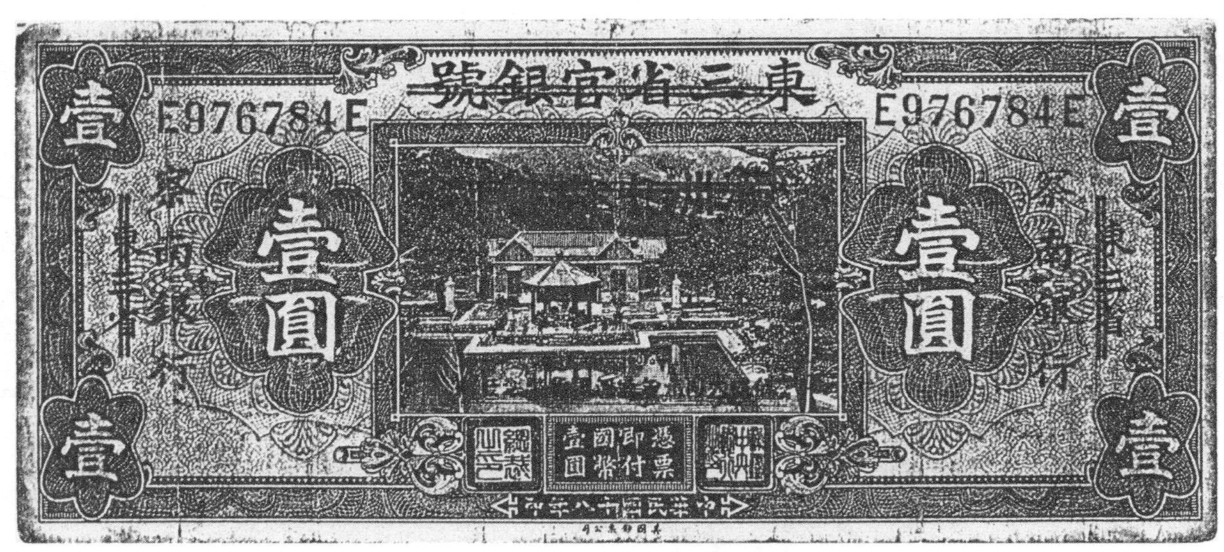

1598
吴籌中 藏

1599
選自《資本主義國家在舊中國發行和流通的貨幣》

（背圖見下頁）

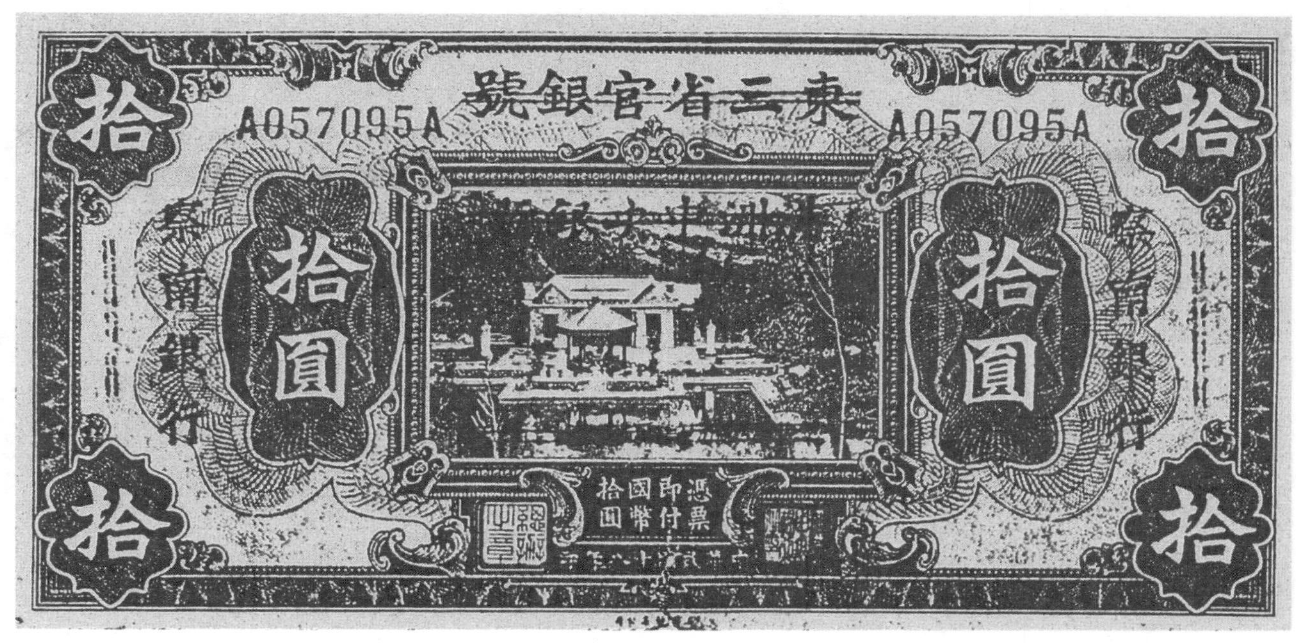

1600
上海博物館 藏

(1599 背圖)

4.“蒙疆銀行”

1601
吴籌中 藏

1602
吴籌中 藏

1603
上海博物館 藏

1604
吴籌中 藏

1605
中國人民銀行上海分行 藏

1606
吴籌中 藏

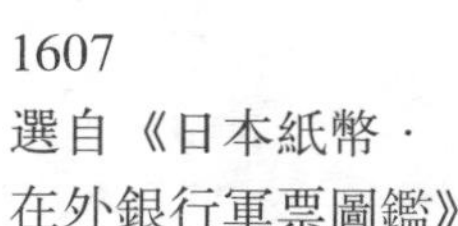

1607
選自《日本紙幣·
在外銀行軍票圖鑑》

1608
吴籌中 藏

1609
吴籌中 藏

1610
吴籌中 藏

1611
吴籌中 藏

1612
選自《日本紙幣·
在外銀行軍票圖鑑》

1613
中國人民銀行上海分行 藏

1614
吴籌中 藏

(背圖見下頁)

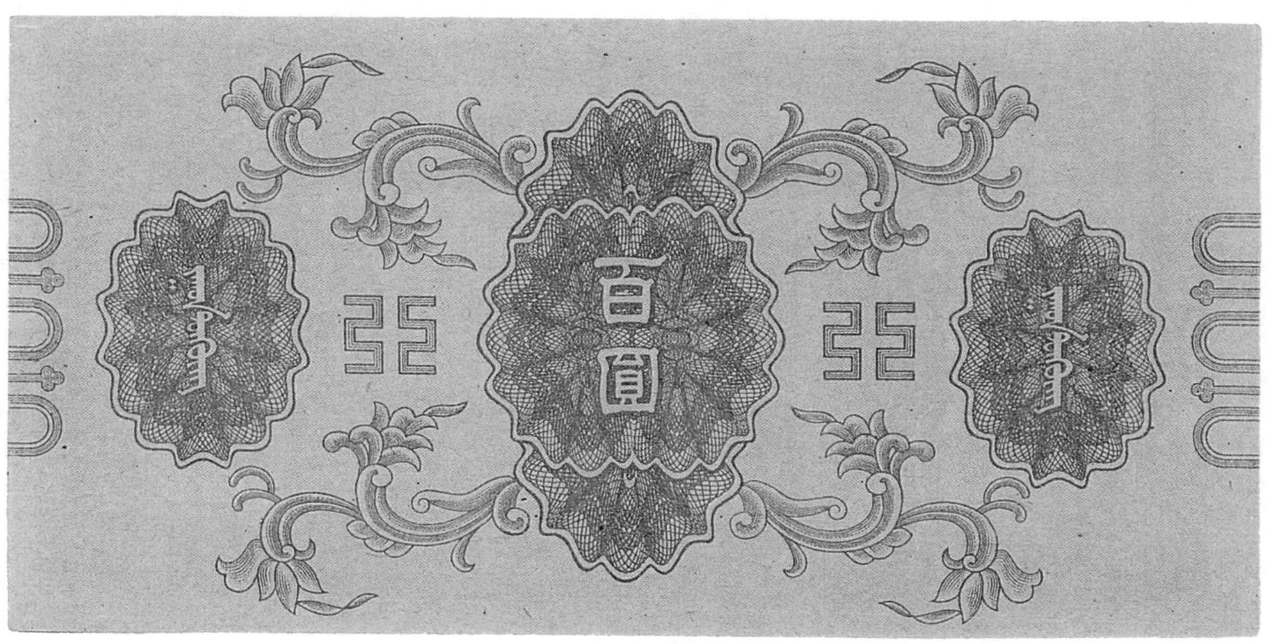

1615
中國人民銀行上海分行 藏

(1614 背圖)

1616
中國人民銀行上海分行 藏

5.“中國聯合準備銀行”

1617
馮志苗 藏

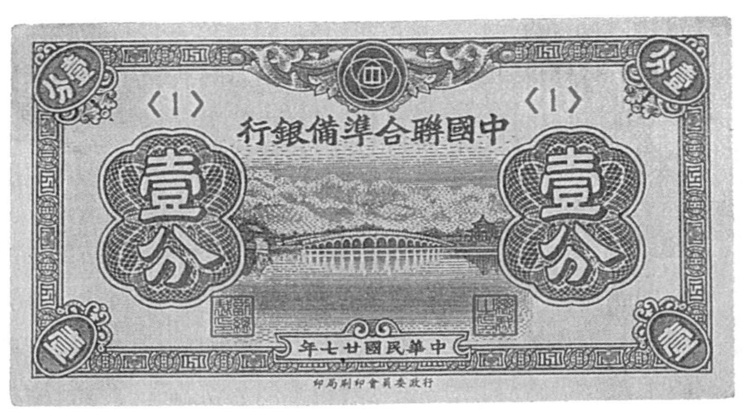

1618
馮志苗 藏

1619
選自《日本的紙幣》

1620
吴籌中 藏

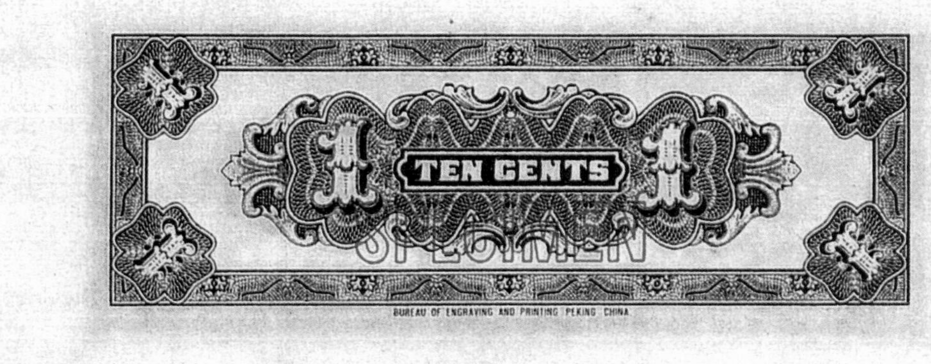

1621
張傑 提供

1622
中國人民銀行上海分行 藏

(背圖見下頁)

1623
張傑 提供

1624
中國人民銀行上海分行 藏

（1622 背圖）

1625
張傑 提供

1626
中國人民銀行上海分行 藏

1627
張傑 提供

1628
郭乃興 藏

(背圖見下頁)

1629
張傑 提供

(1628 背圖)

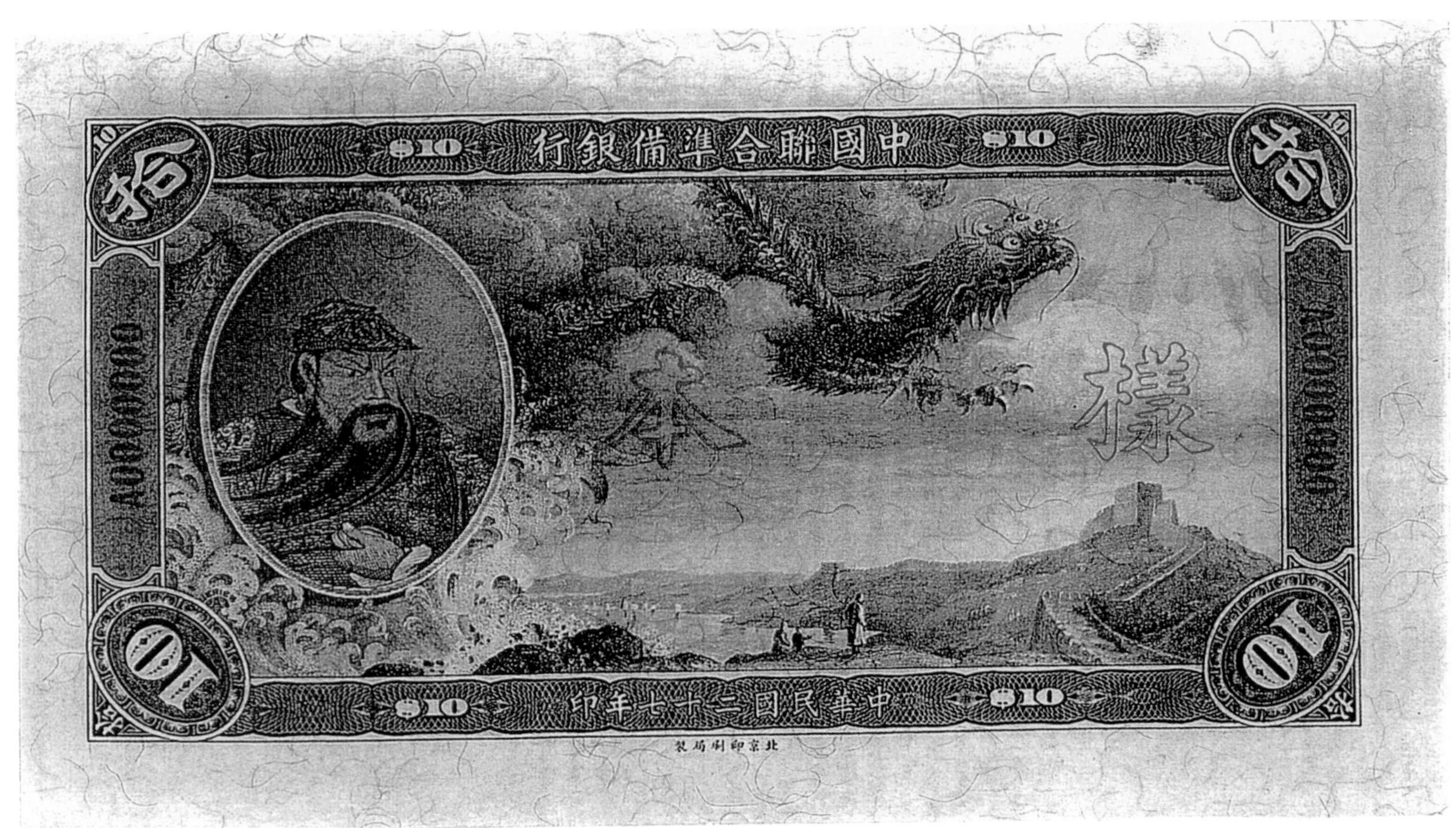

1630
張傑 提供

1631
郭乃興 藏

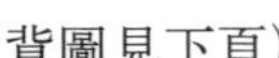
（背圖見下頁）

1632
張傑 提供

(1631 背圖)

1633
馮志苗 藏

1634
郭乃全 藏

1635
吴籌中 藏

1636
吴籌中 藏

1637
苗培貴 藏

1638
中國人民銀行上海分行 藏

（背圖見下頁）

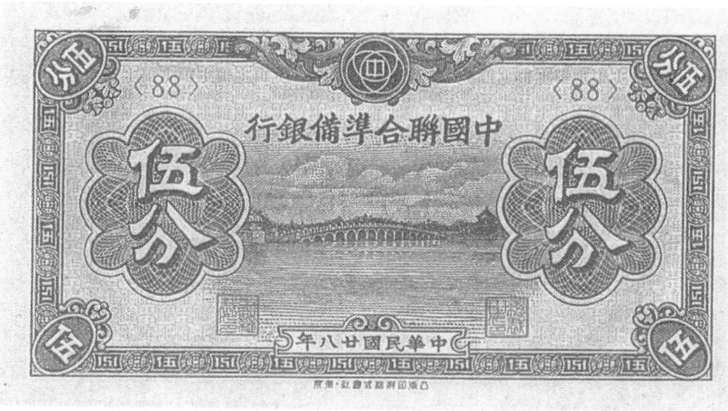

1639
中國人民銀行上海分行 藏

1640
吴籌中 藏

1641
吴籌中 藏

（1638 背圖）

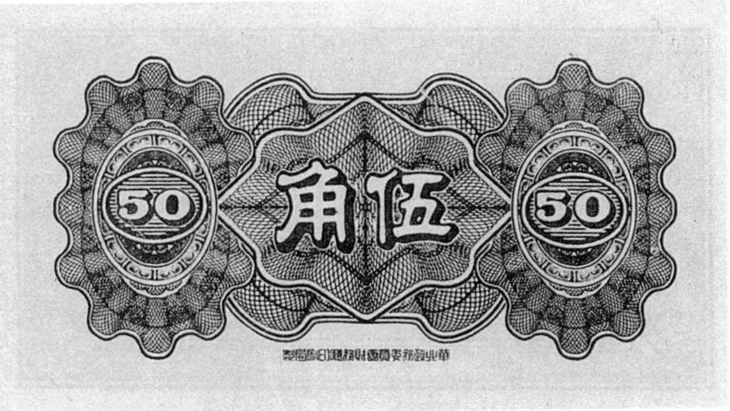

1642
中國人民銀行上海分行 藏

1643
吴籌中 藏

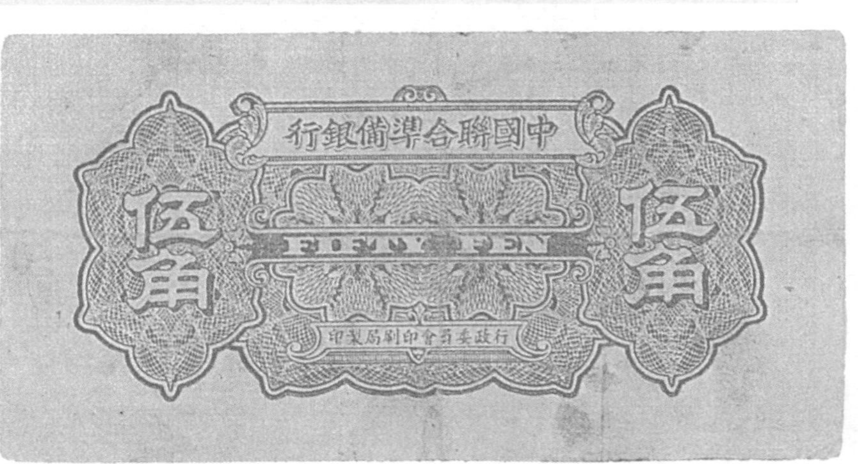

1644
馮志苗 藏

1645
吴籌中 藏

(背圖見下頁)

1646
選自《日本的紙幣》

1647
中國人民銀行上海分行 藏

（1645 背圖）

1648
中國人民銀行上海分行 藏

1649
吴籌中 藏

1650
吴籌中 藏

1651
吴籌中 藏

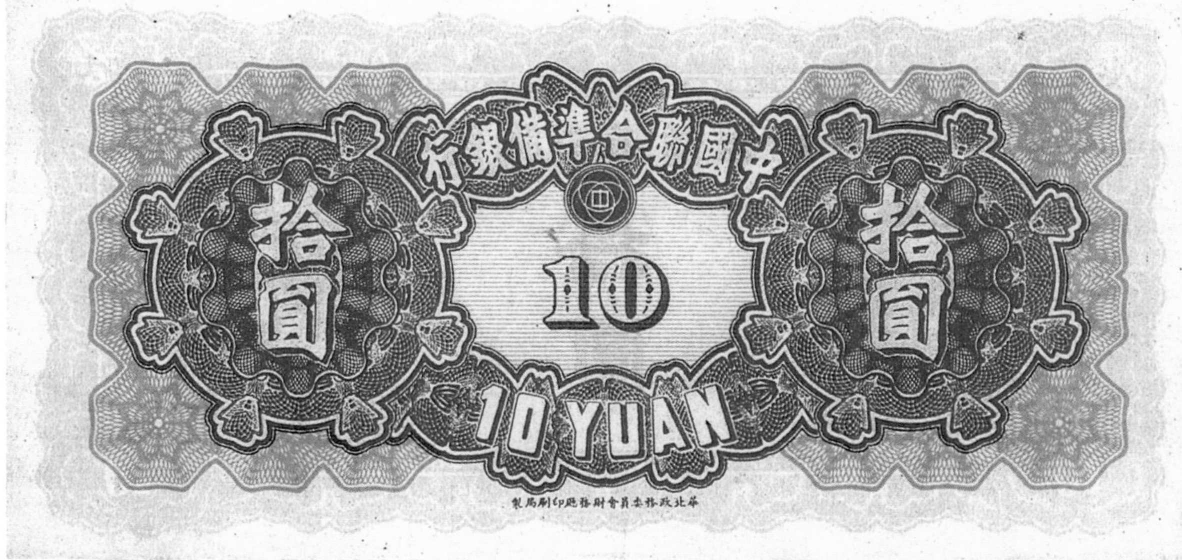

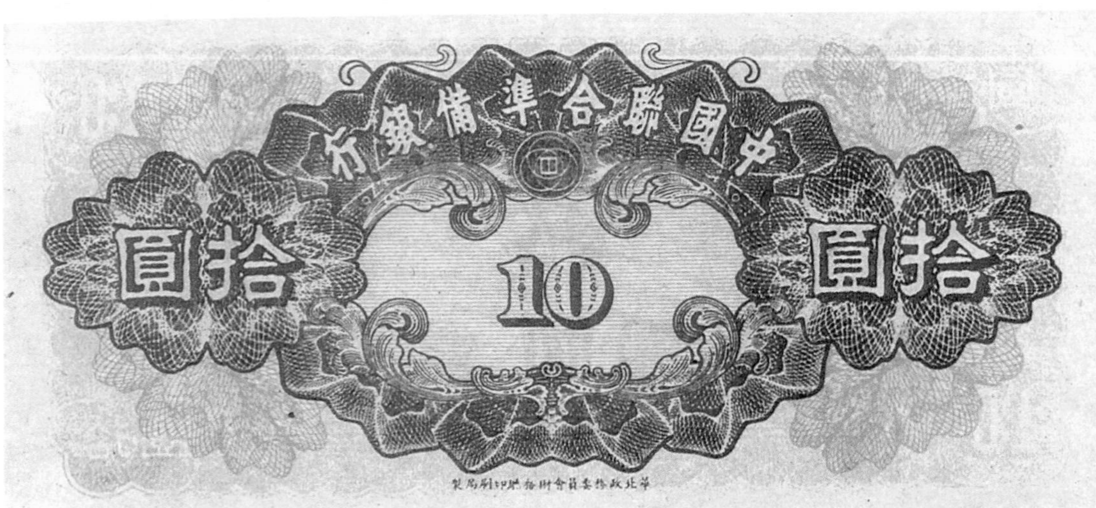

1652
吴籌中 藏

1653
吴籌中 藏

1654
吴籌中 藏

1655
吴籌中 藏

1656
馮志苗 藏

1657
中國人民銀行上海分行 藏

1658
吴籌中 藏

1659
吴籌中 藏

1660
吴籌中 藏

1661
馮志苗 藏

1662
吴籌中 藏

1663
馮志苗 藏

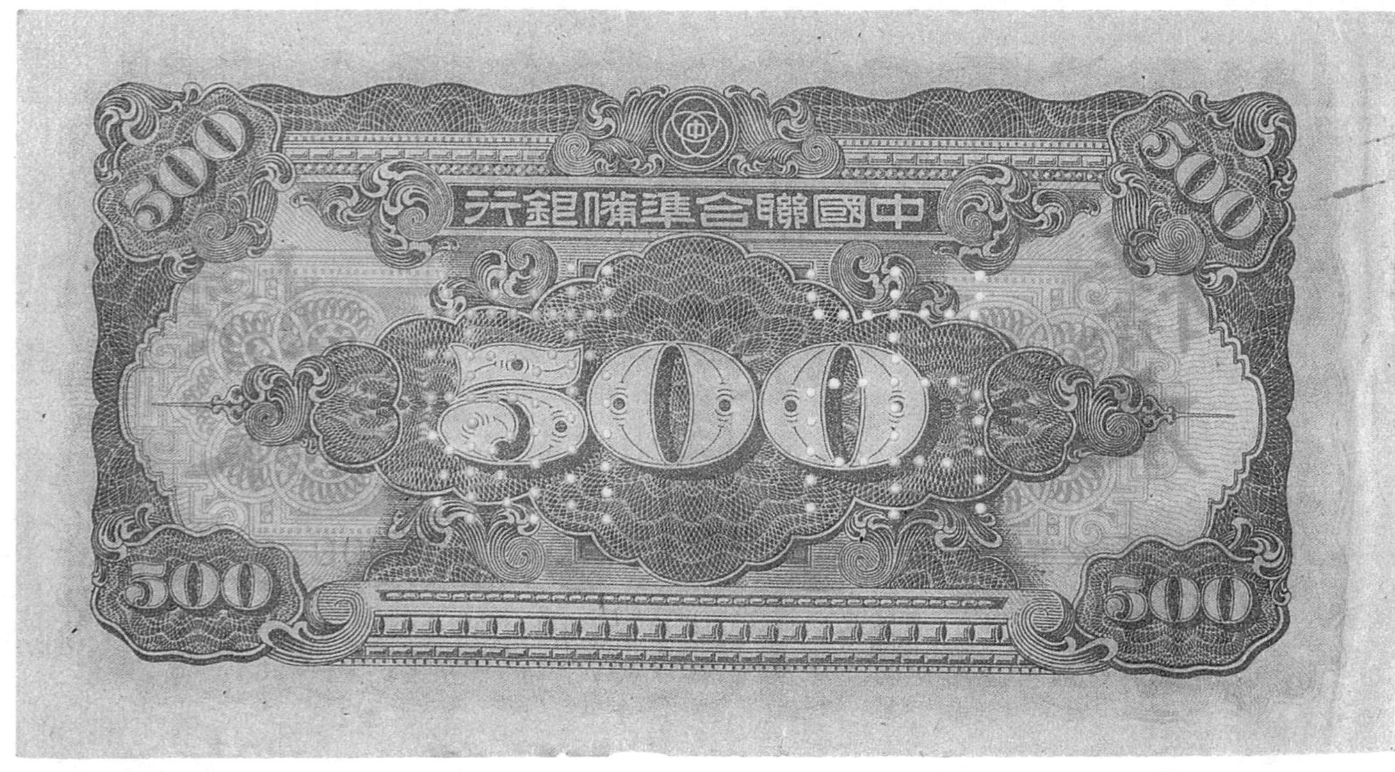

1664
中國人民銀行
上海分行 藏

1665
苗培貴 藏

(背圖見下頁)

1666
吴籌中 藏

(1665 背圖)

1667
中國人民銀行上海分行 藏

1668
苗培貴 藏

1669
苗培貴 藏

6."華興商業銀行"

1670
張傑 提供

1671
中國人民銀行上海分行 藏

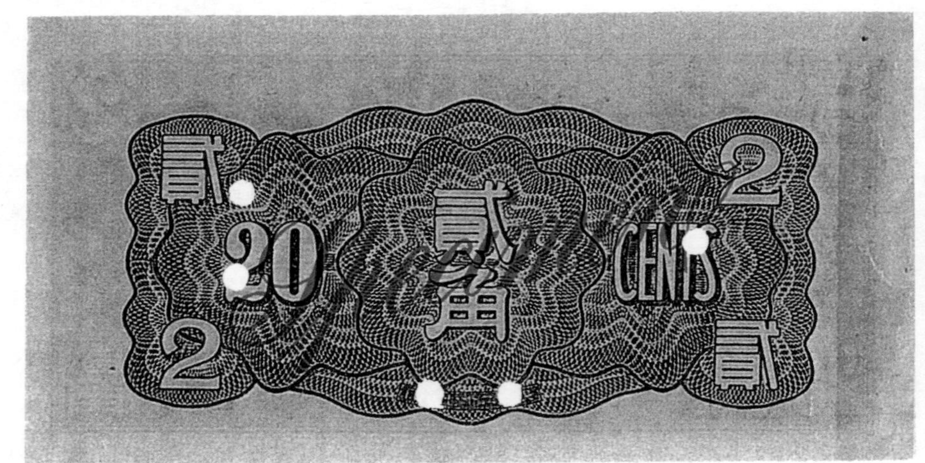

1672
張傑 提供

1673
中國人民銀行上海分行 藏

1674
張傑 提供

1675
中國人民銀行上海分行 藏

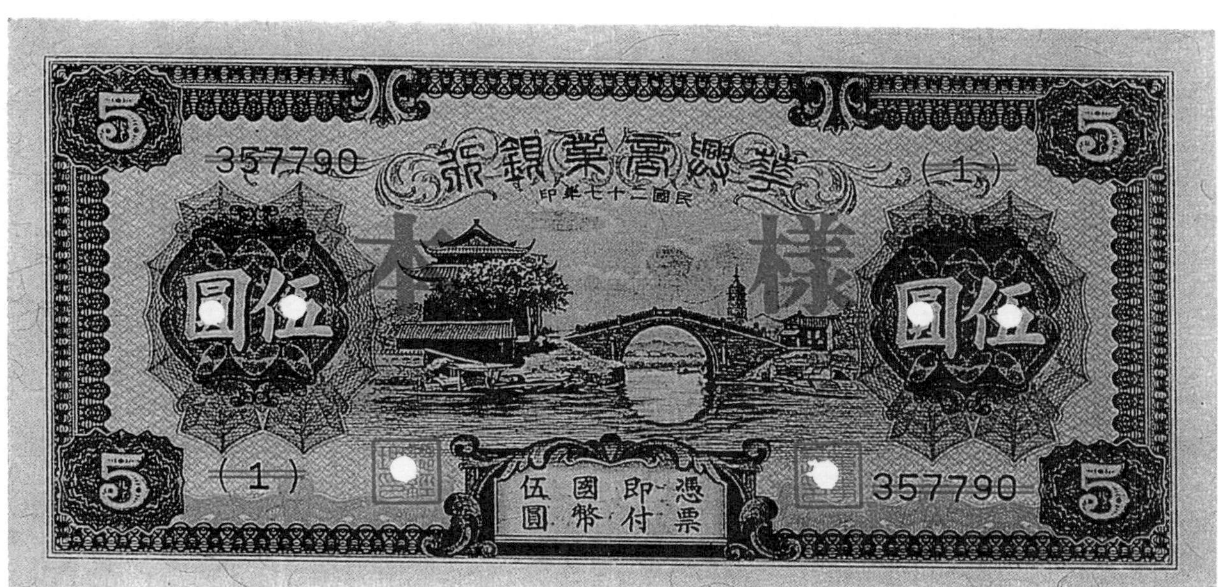

1676
張傑 提供

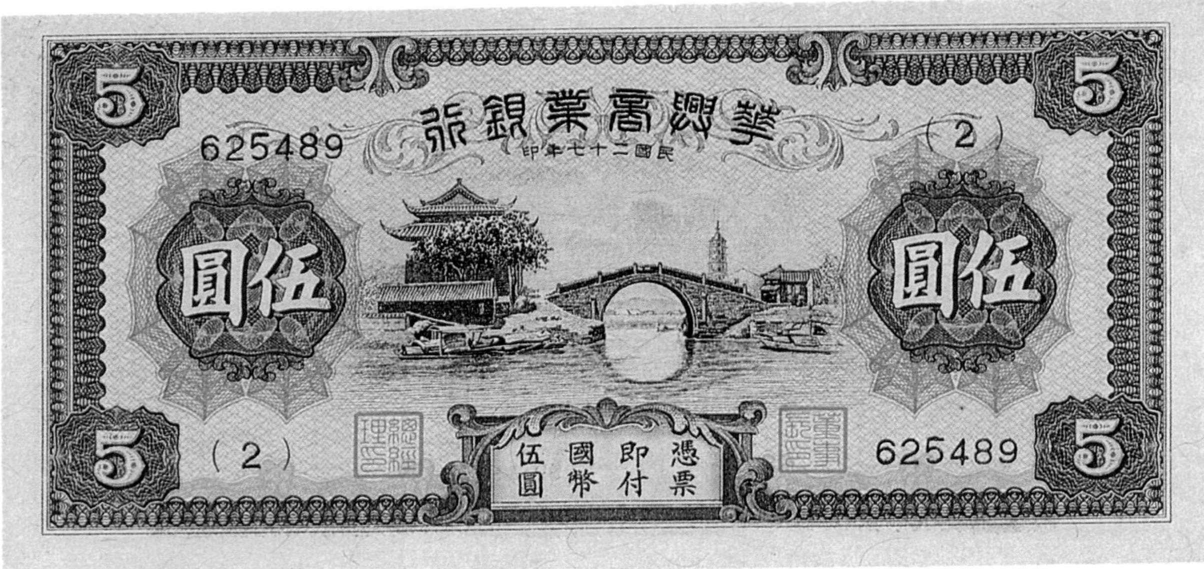

1677
中國人民銀行上海分行 藏

1678
張傑 提供

1679
中國人民銀行
上海分行 藏

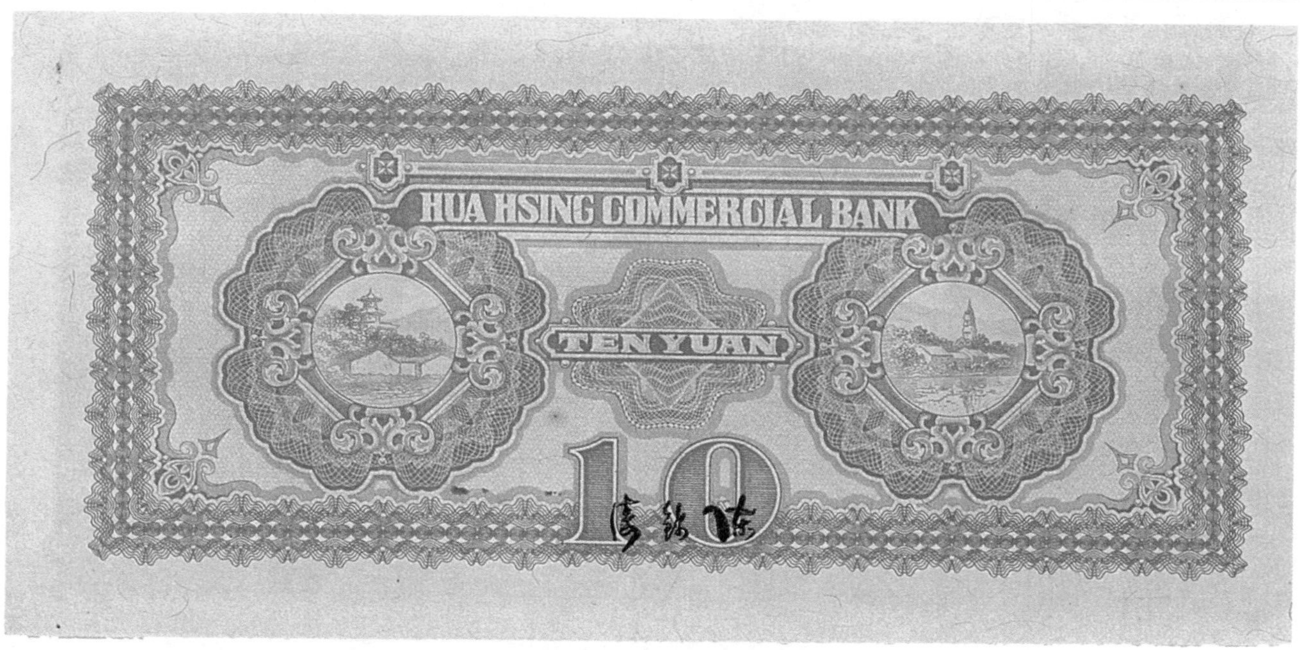

1680
吴籌中 藏

1681
選自《資本主義國家在舊中國發行和流通的貨幣》

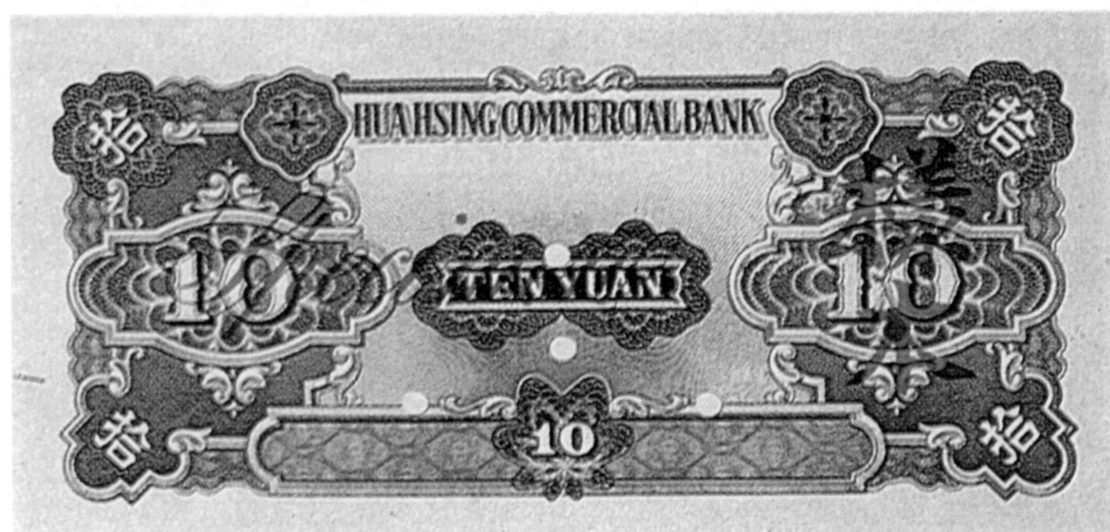

1682
選自《資本主義國家在舊中國
發行和流通的貨幣》

1683
上海博物館 藏

7."中央儲備銀行"

1684
中國人民銀行上海分行 藏

1685
吴籌中 藏

1686
存雲亭 藏

1687
中國人民銀行
上海分行 藏

1688
吴籌中 藏

1689
存雲亭 藏

1690
中國人民銀行上海分行 藏

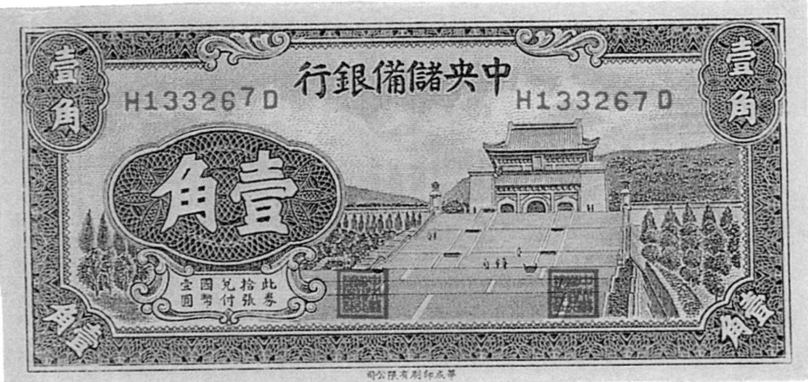

1691
存雲亭 藏

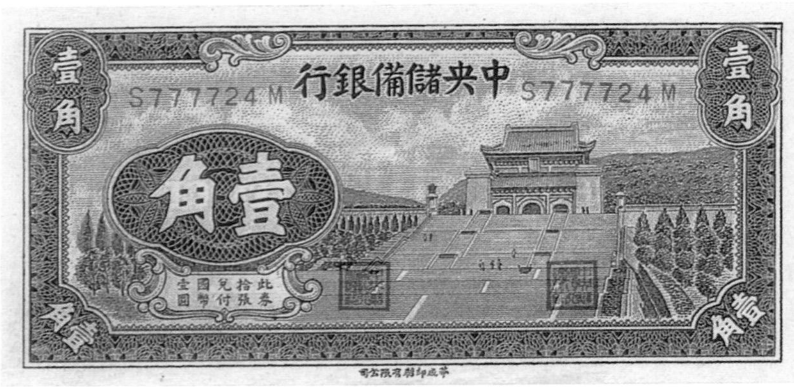

1692
吴籌中 藏

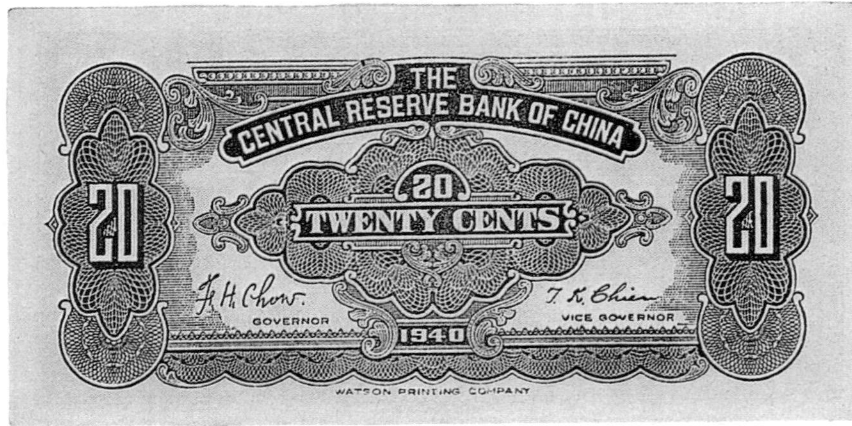

1693
存雲亭 藏

1694
中國人民銀行上海分行 藏

(背圖見下頁)

1695
存雲亭 藏

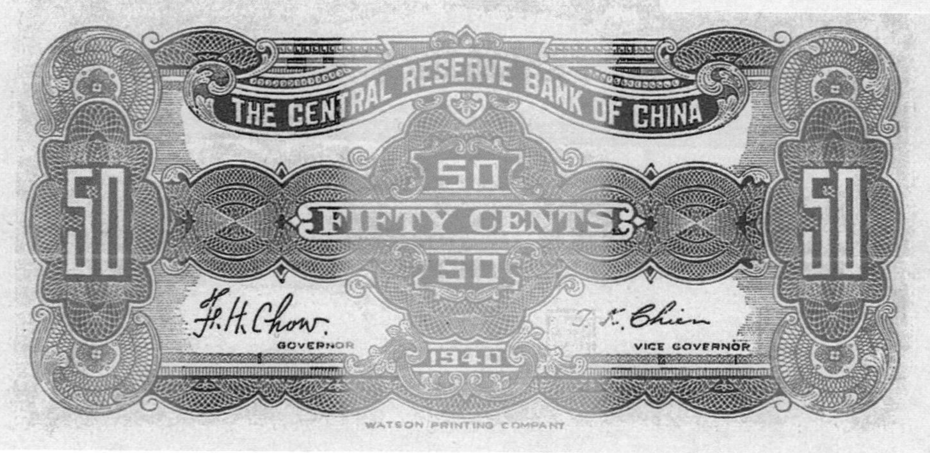

1696
吴籌中 藏

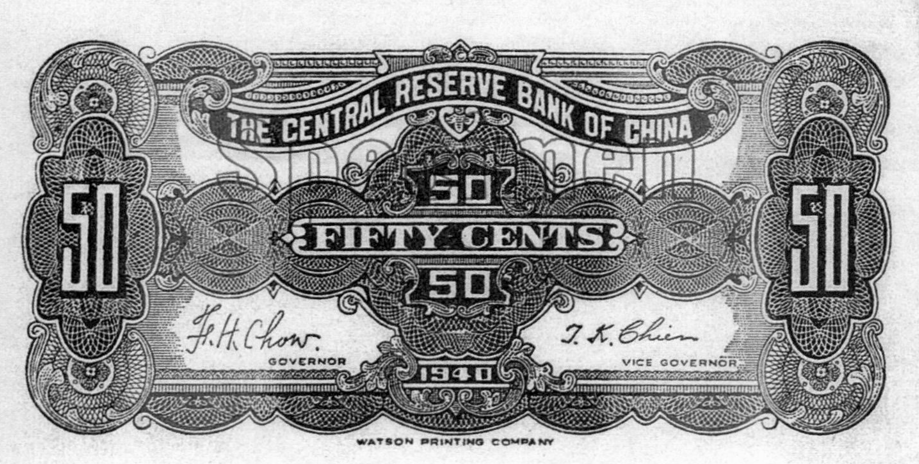

(1694 背圖)

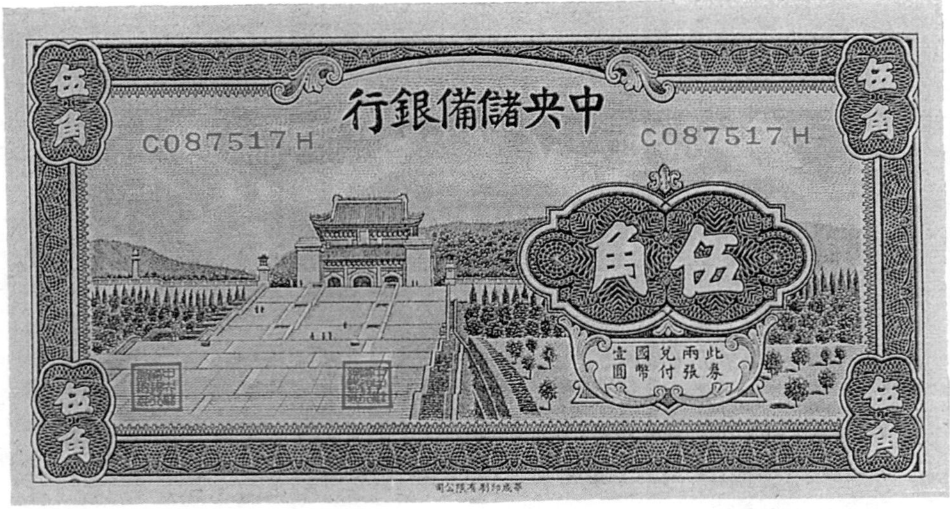

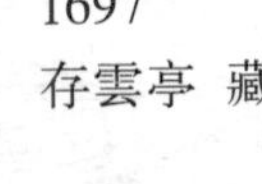
1697
存雲亭 藏

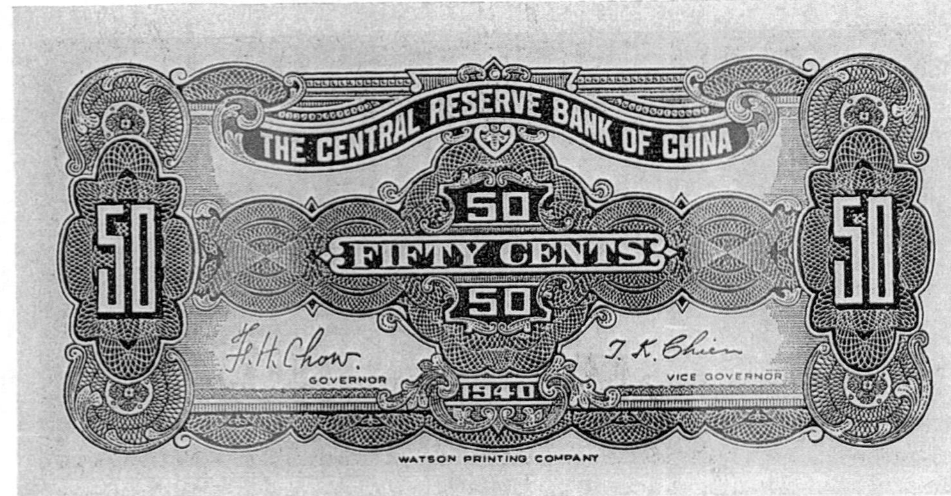

1698
中國人民銀行上海分行 藏

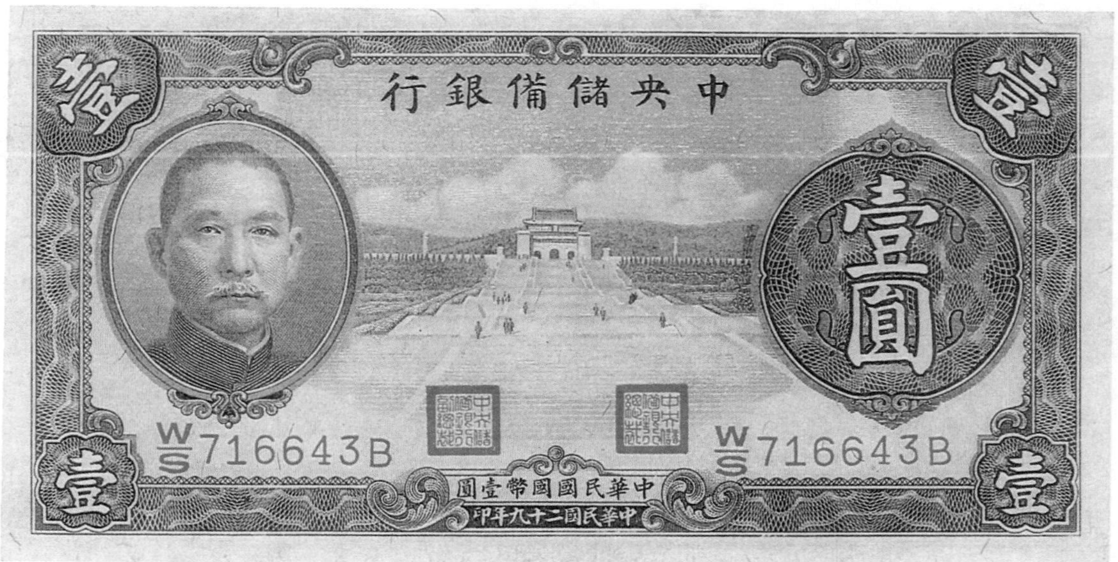

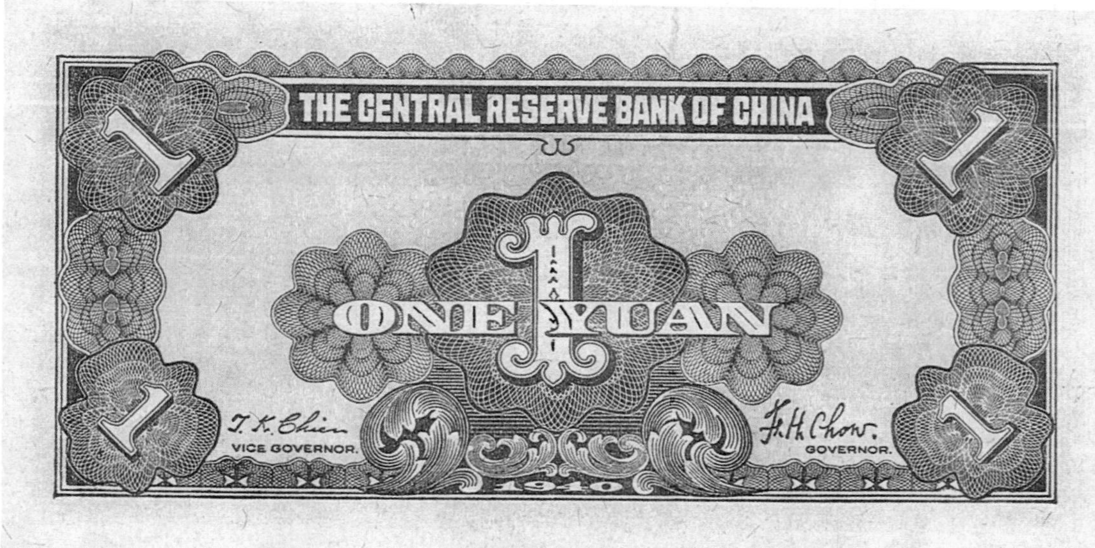

1699
吴籌中 藏

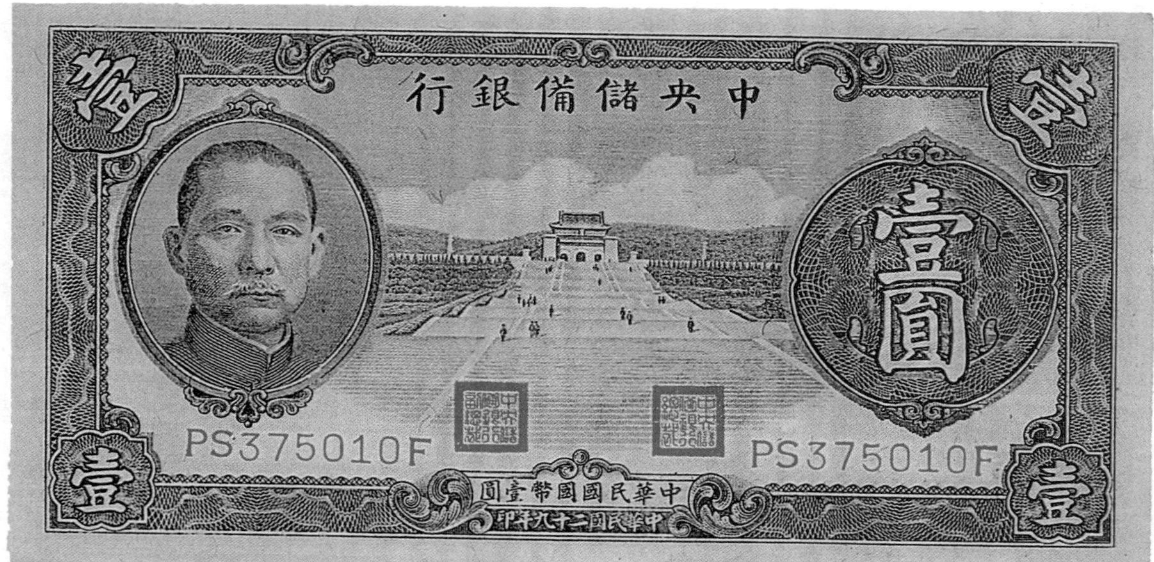

1700
存雲亭 藏

1701
存雲亭 藏

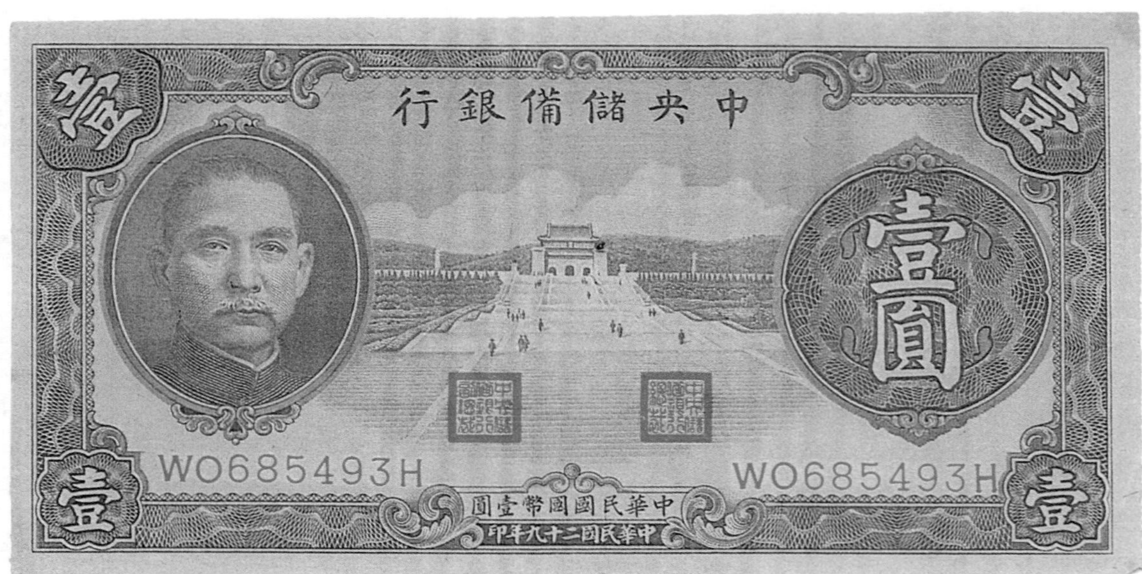

1702
存雲亭 藏

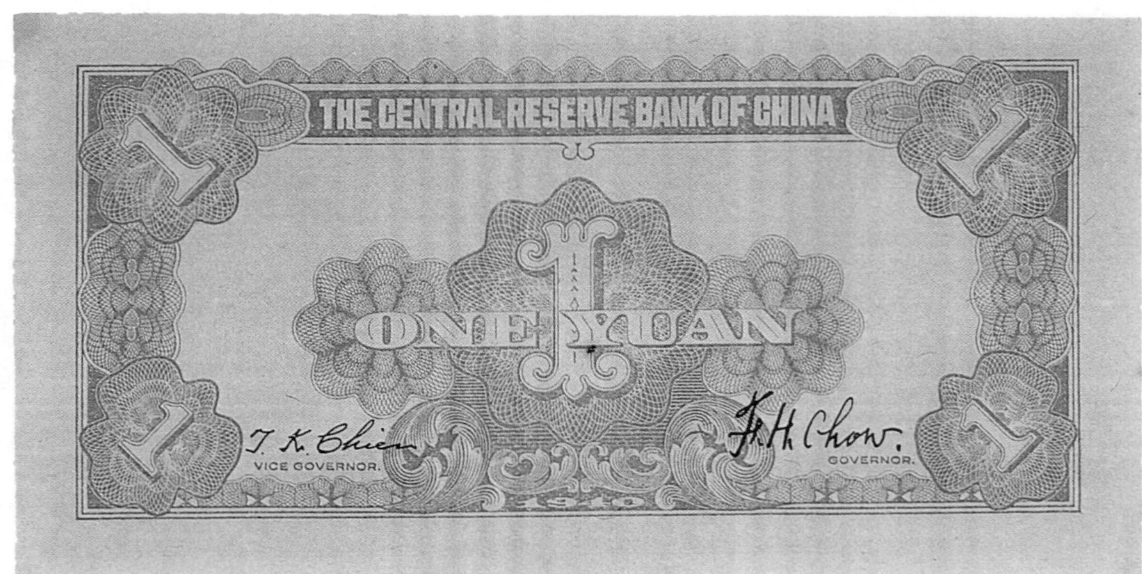

1703
中國人民銀行上海分行 藏

1704
存雲亭 藏

1705
存雲亭 藏

1706
中國人民銀行上海分行　藏

1707
存雲亭 藏

1708
選自《日本的紙幣》

1709
存雲亭 藏

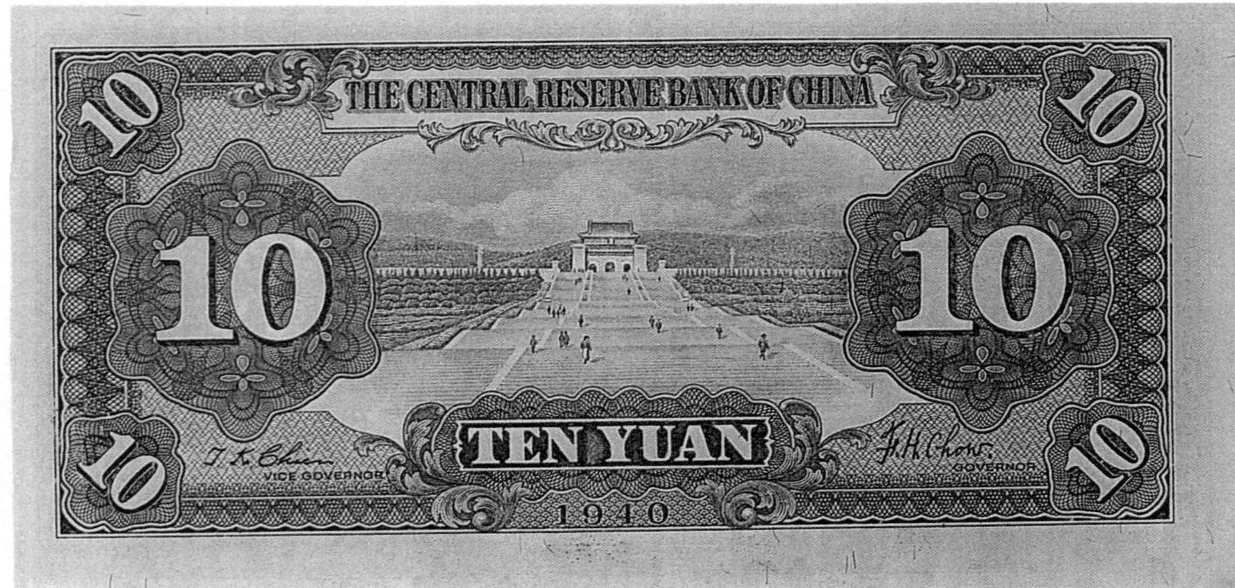

1710
選自《日本的紙幣》

1711
選自《日本的紙幣》

1712
選自《日本的紙幣》

1713
選自《日本的紙幣》

1714
存雲亭 藏

1715
吴籌中 藏

(背圖見下頁)

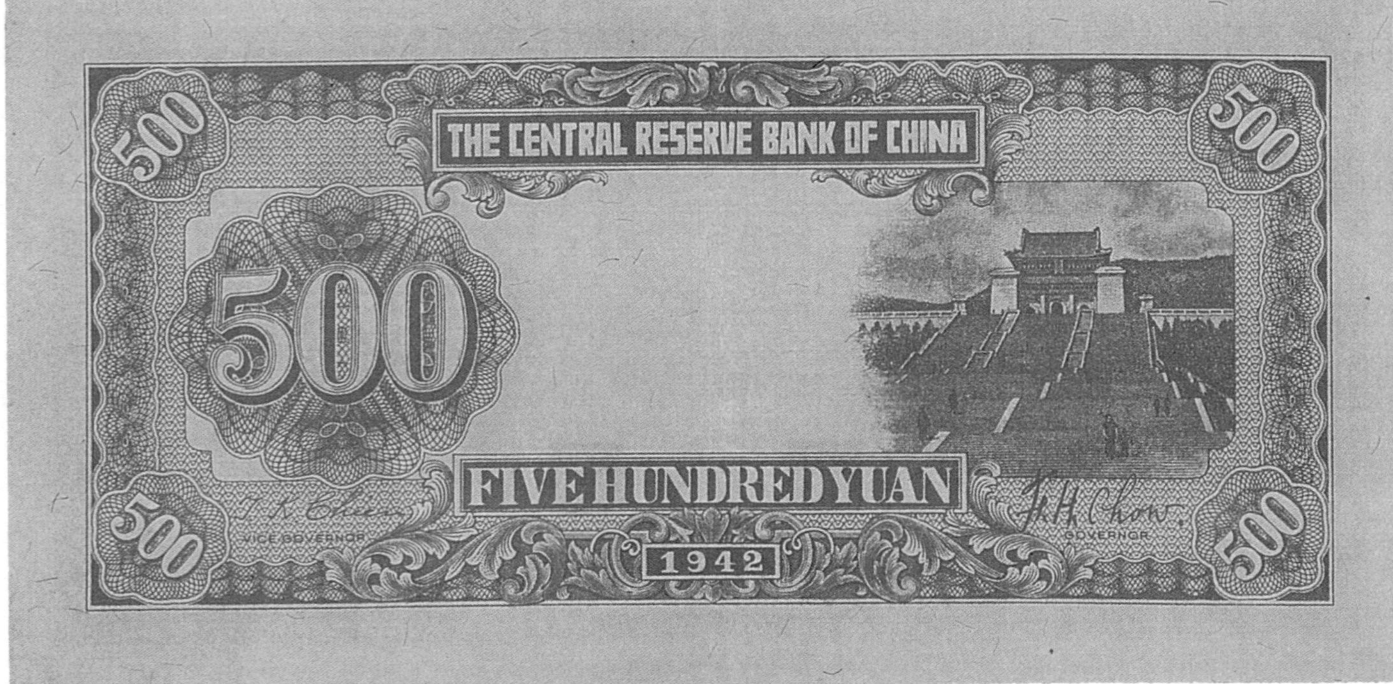

1716
馮志苗 藏

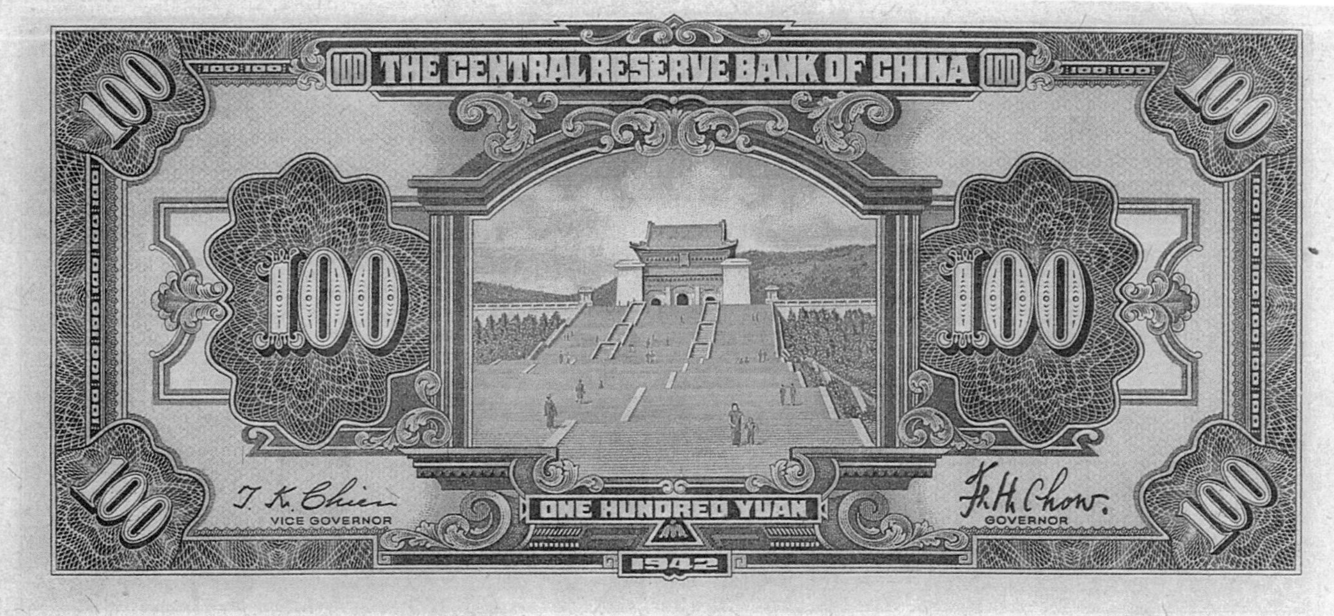

(1715 背圖)

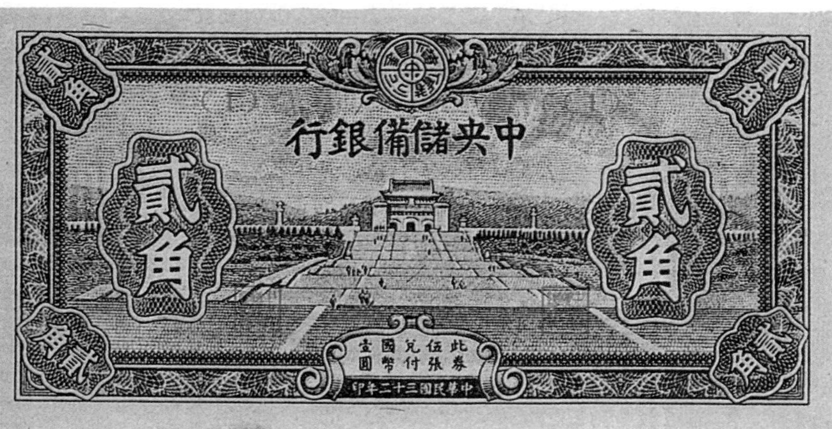

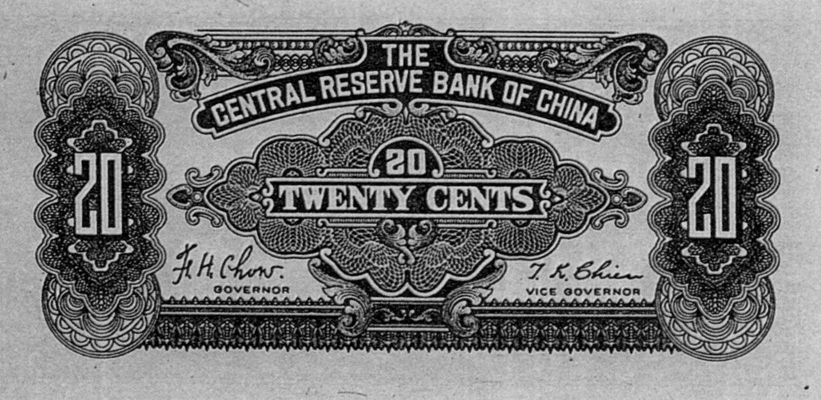

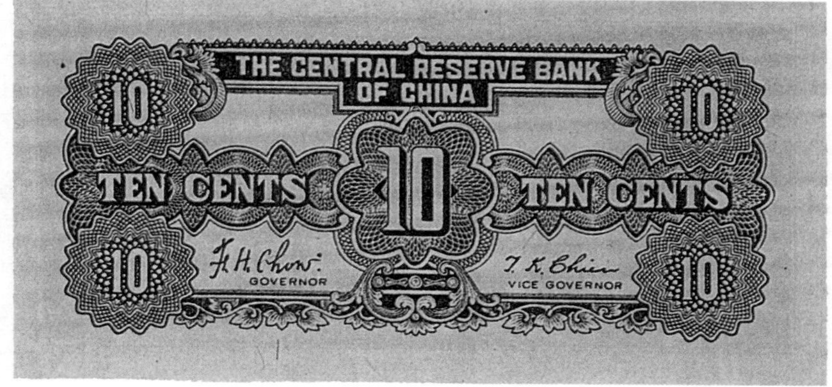

1717
存雲亭 藏

1718
存雲亭 藏

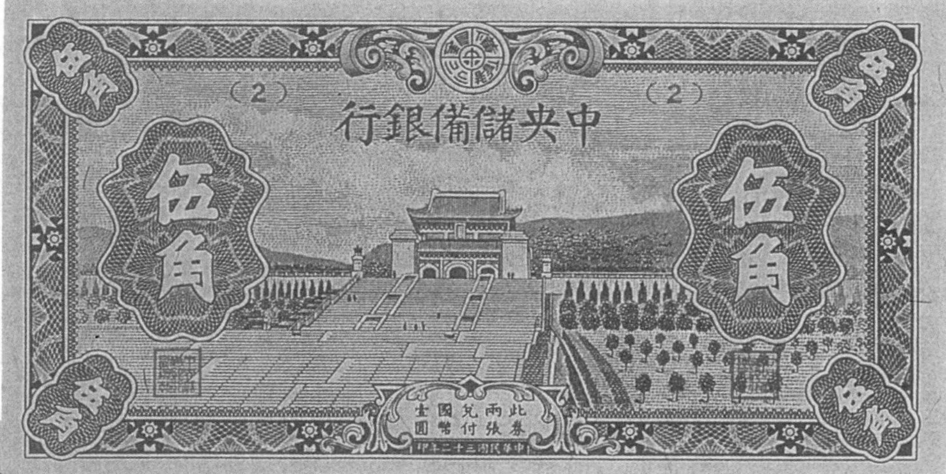

1719
存雲亭 藏

1720
吴籌中 藏

1721
中國人民銀行上海分行 藏

1722
存雲亭 藏

1723
存雲亭 藏

1724
存雲亭 藏

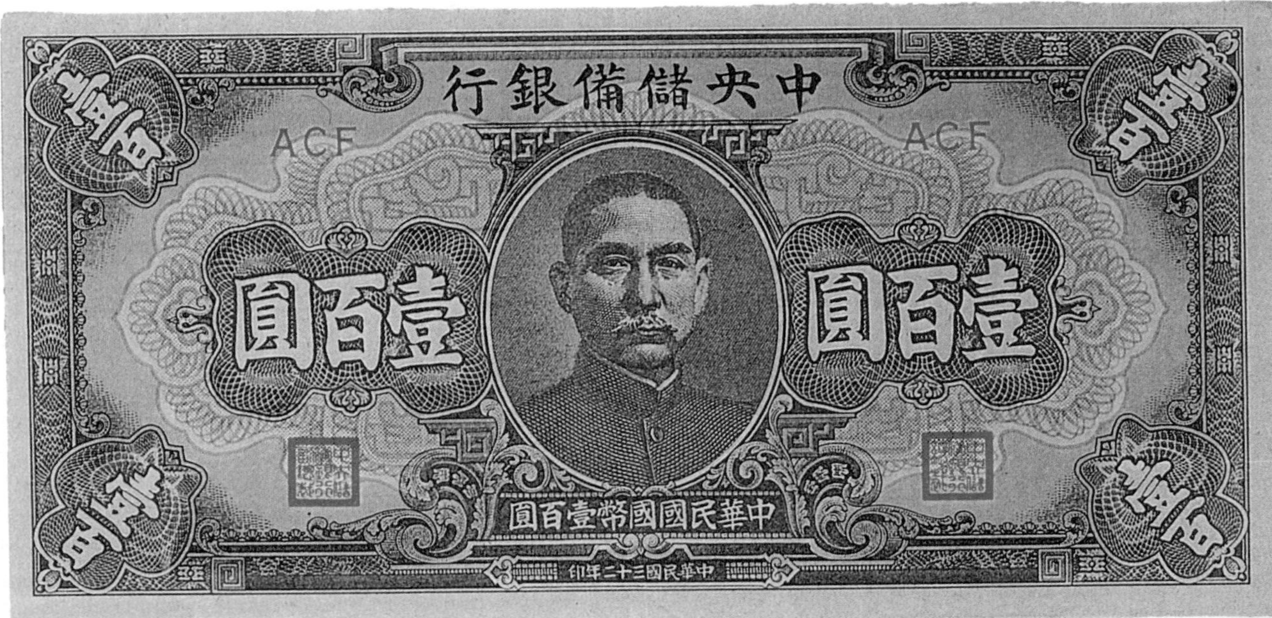

1725
存雲亭 藏

1726
存雲亭 藏

1727
中國人民銀行
上海分行 藏

1728
存雲亭 藏

1729
選自《日本的紙幣》

1730
選自《日本的紙幣》

1731
中國人民銀行
上海分行 藏

1732
存雲亭 藏

1733
存雲亭 藏

1734
吴籌中 藏

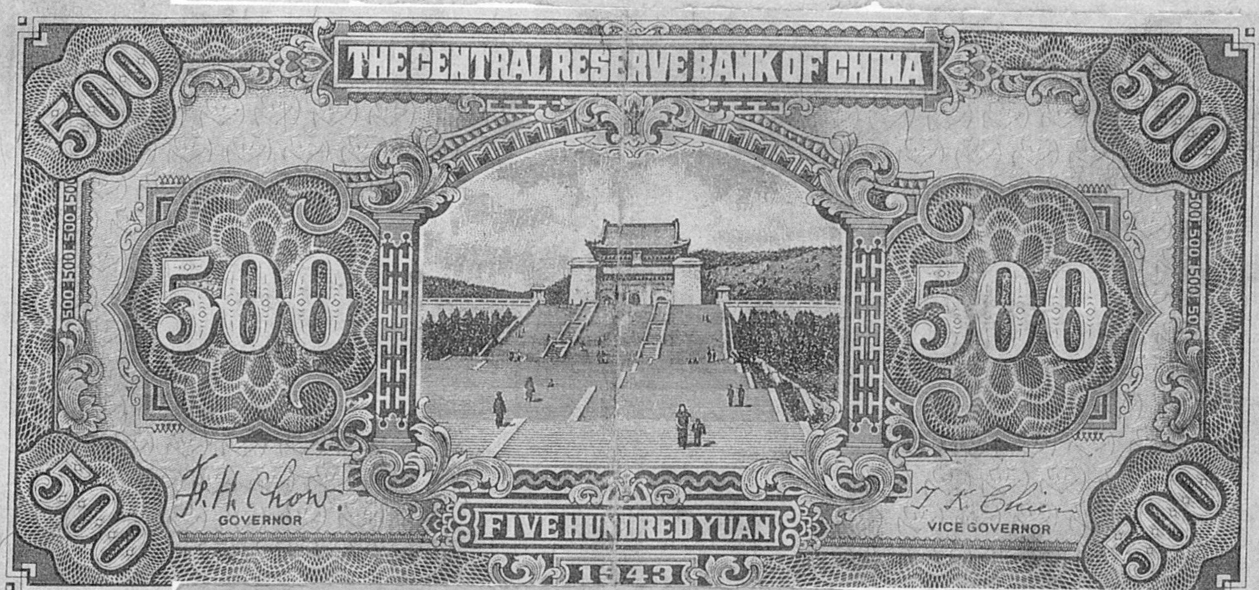

1735
中國人民銀行
上海分行 藏

1736
中國人民銀行
上海分行 藏

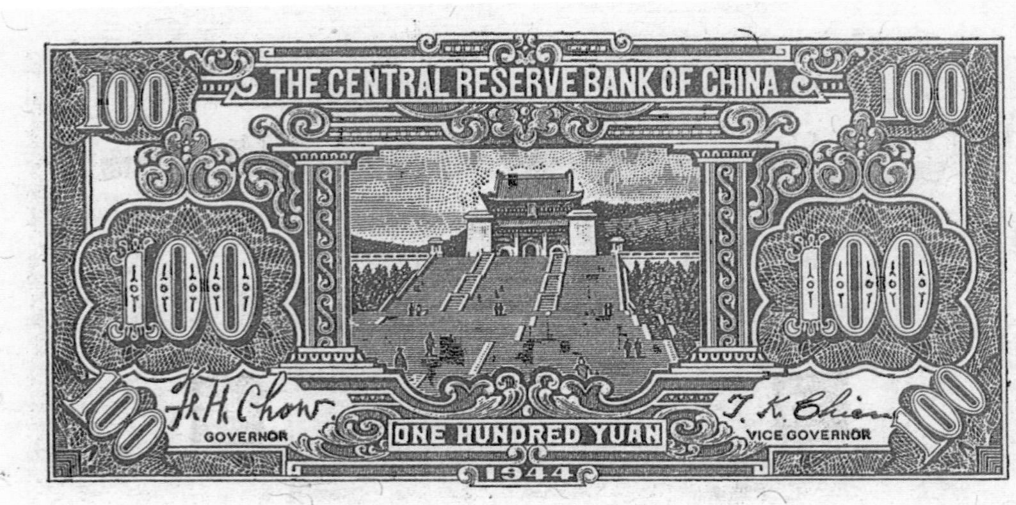

1737
吴籌中 藏

1738
存雲亭 藏

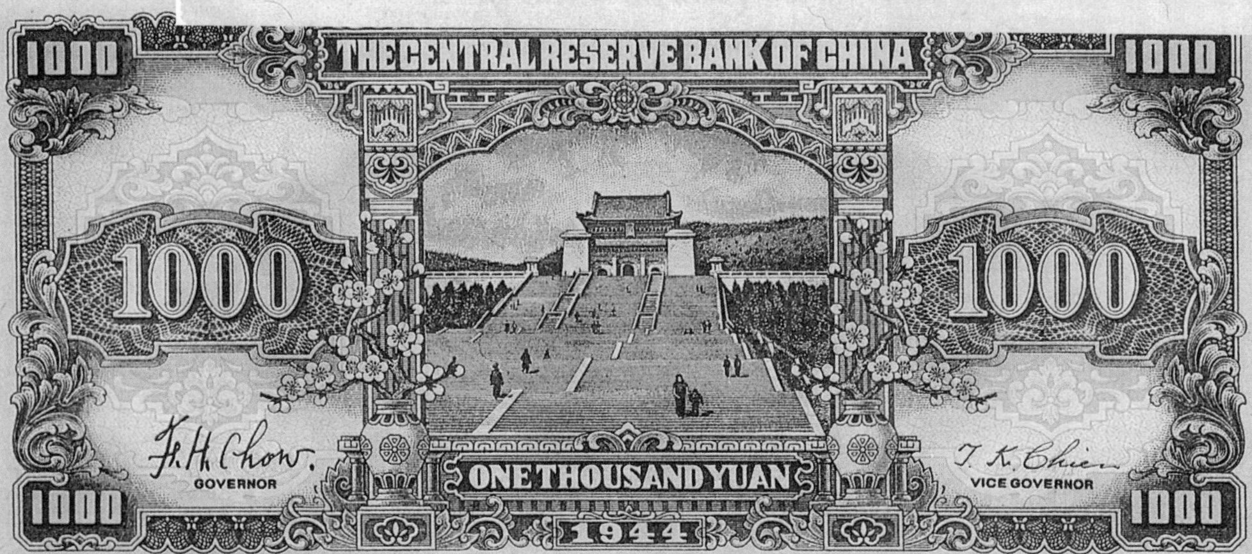

1739
中國人民銀行
上海分行 藏

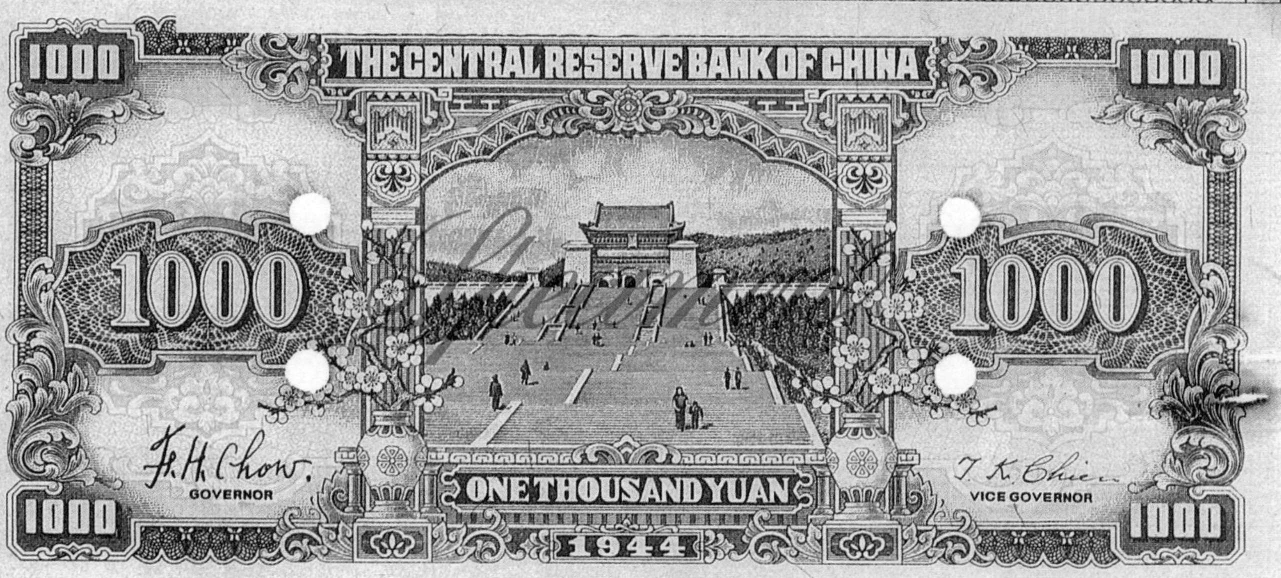

1740
中國人民銀行
上海分行 藏

1741
存雲亭 藏

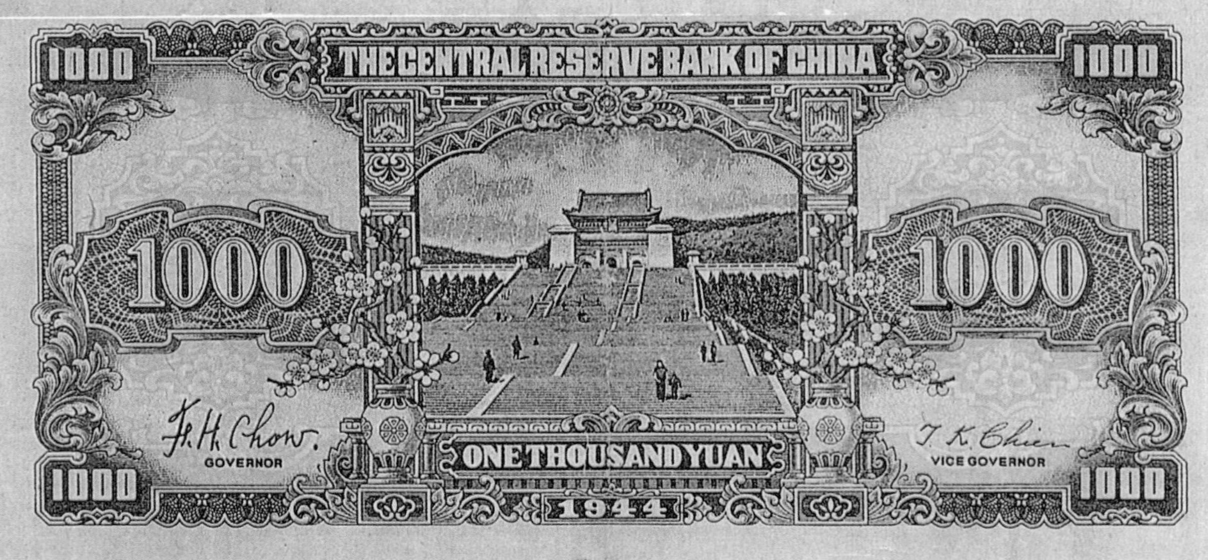

1742
存雲亭 藏

1743
中國人民銀行上海分行 藏

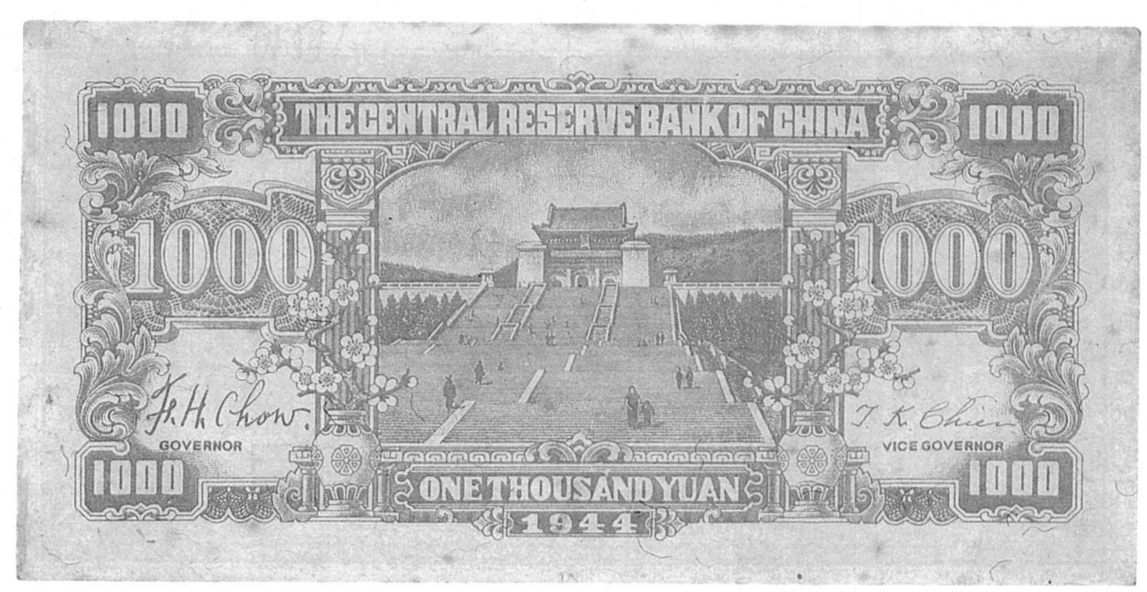

1744
中國人民銀行上海分行 藏

1745
吴籌中 藏

1746
中國人民銀行
上海分行 藏

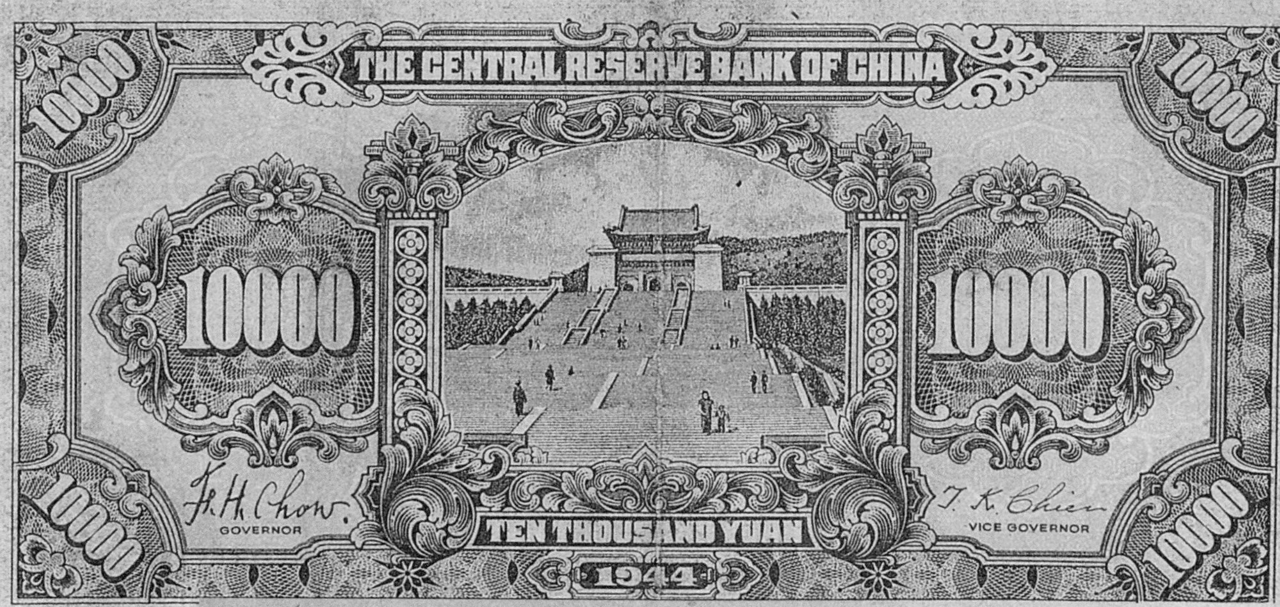

1747
中國人民銀行
上海分行 藏

1748
存雲亭 藏

1749
中國人民銀行
上海分行 藏

1750
中國人民銀行
上海分行 藏

1751
吴籌中 藏

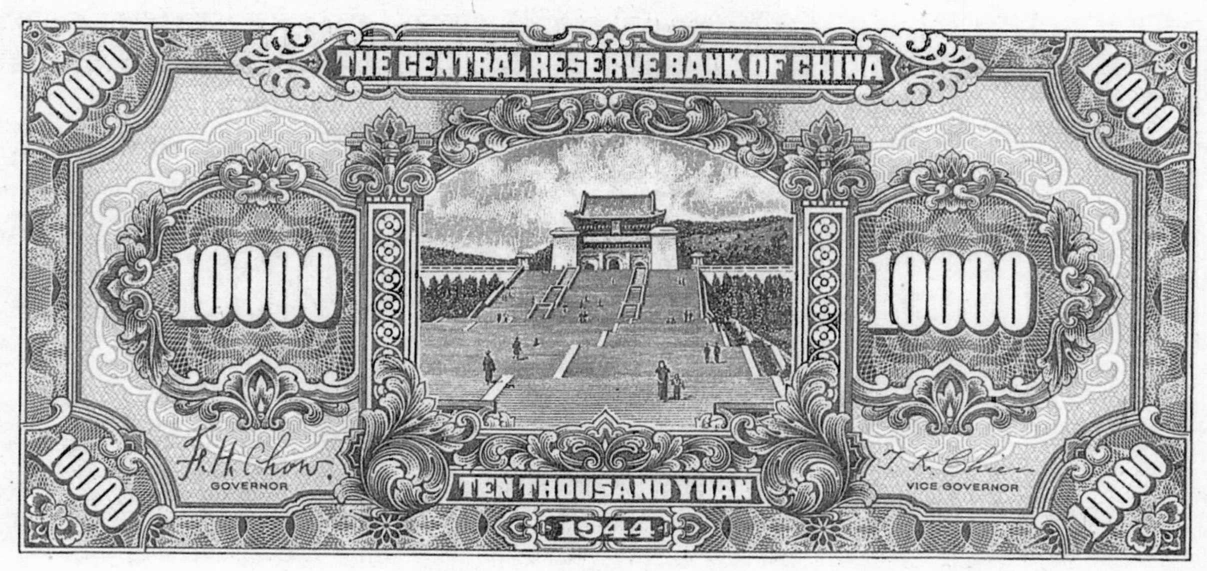

1752
馮志苗 藏

1753
存雲亭 藏

1754
存雲亭 藏

1755
中國人民銀行上海分行 藏

1756
中國人民銀行上海分行 藏

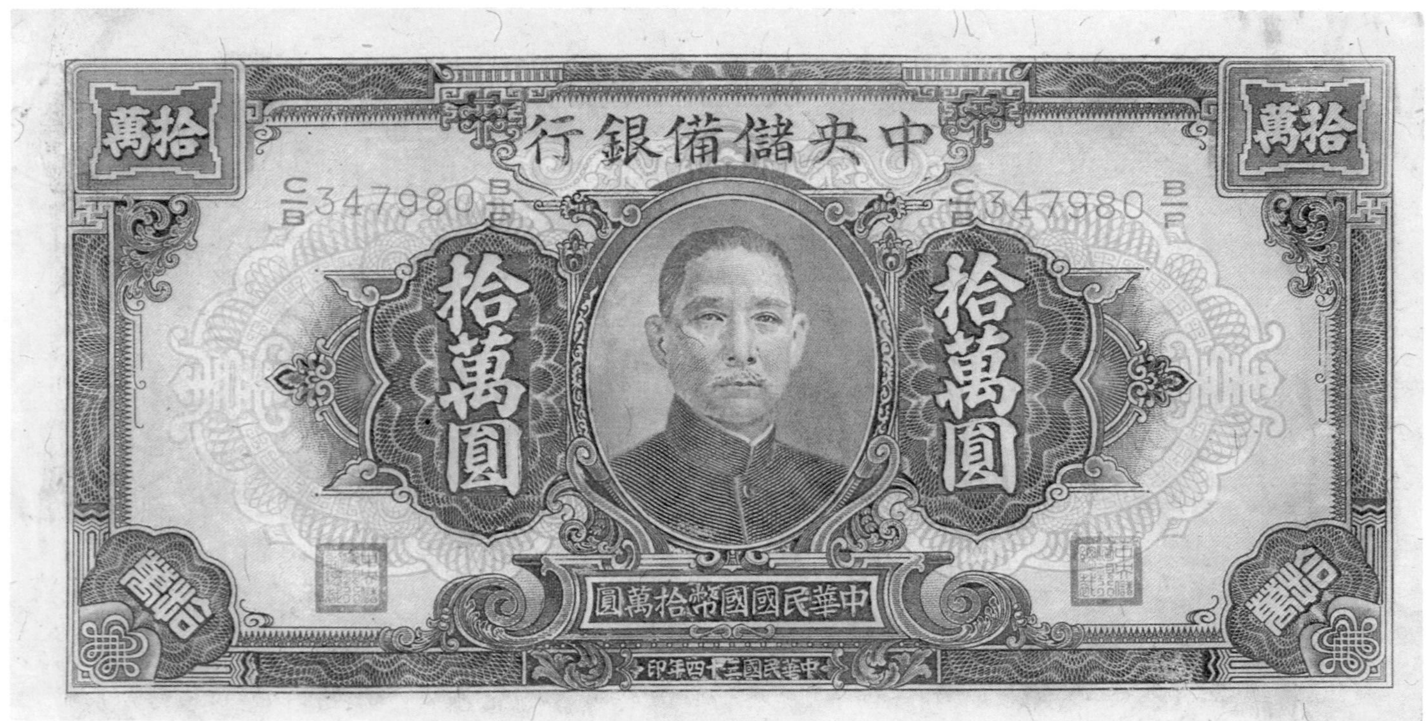

1757
上海博物館 藏

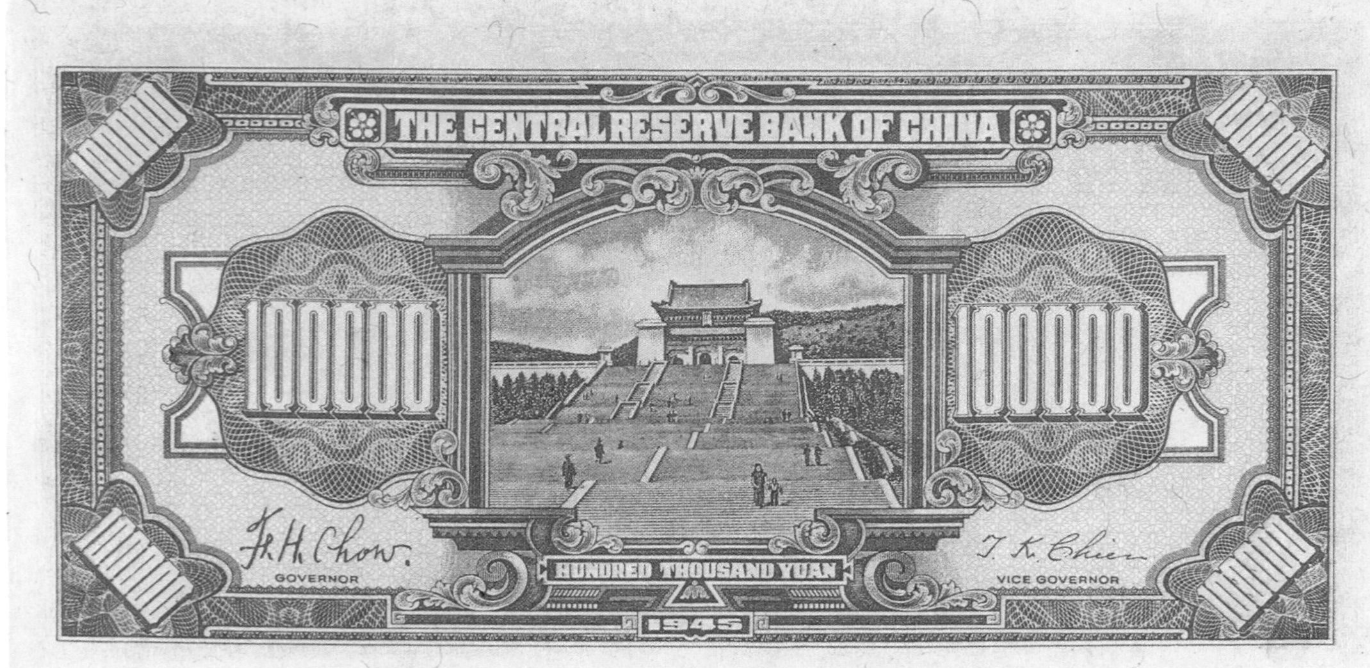

1758
上海博物館 藏

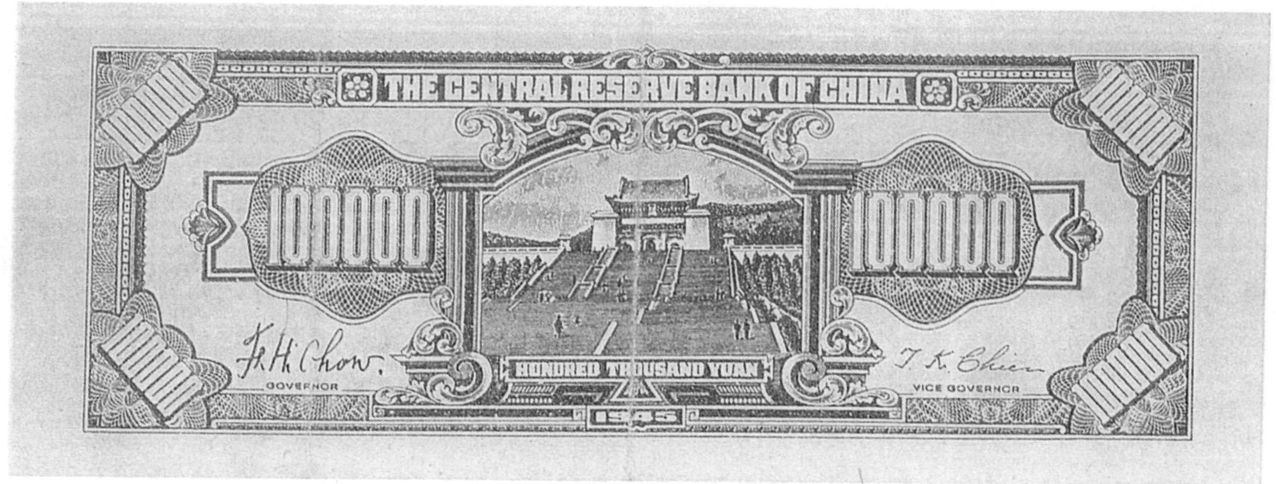

1759
選自《日本的紙幣》

8.“廈門勸業銀行”

1760
上海博物館 藏

1761
上海博物館 藏

1762
王煒 藏

1763
王煒 藏

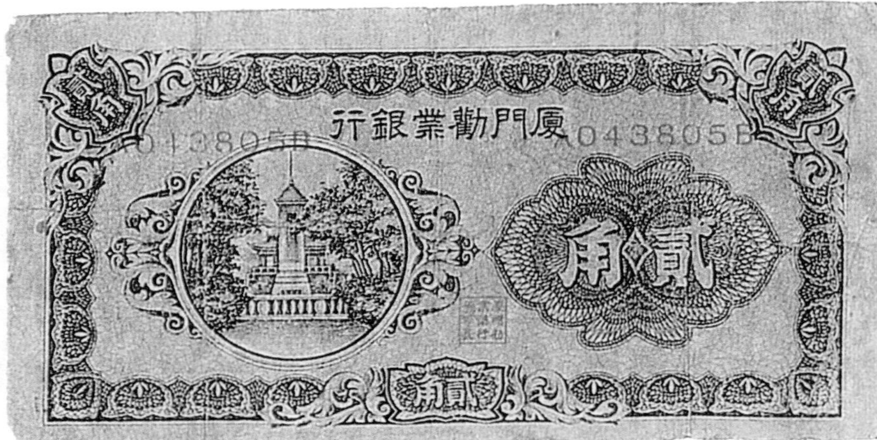

1764
存雲亭 提供

1765
中國人民銀行上海分行藏

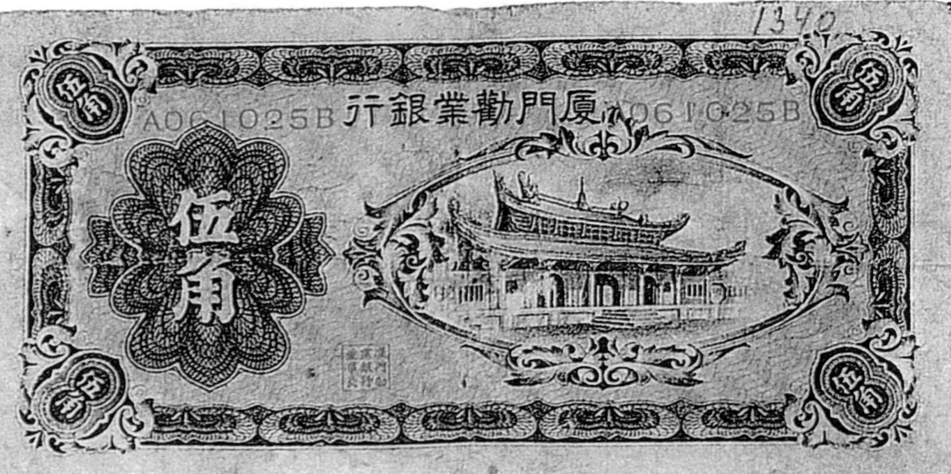

1766
存雲亭 提供

1767
中國人民銀行上海分行 藏

1768
存雲亭 提供

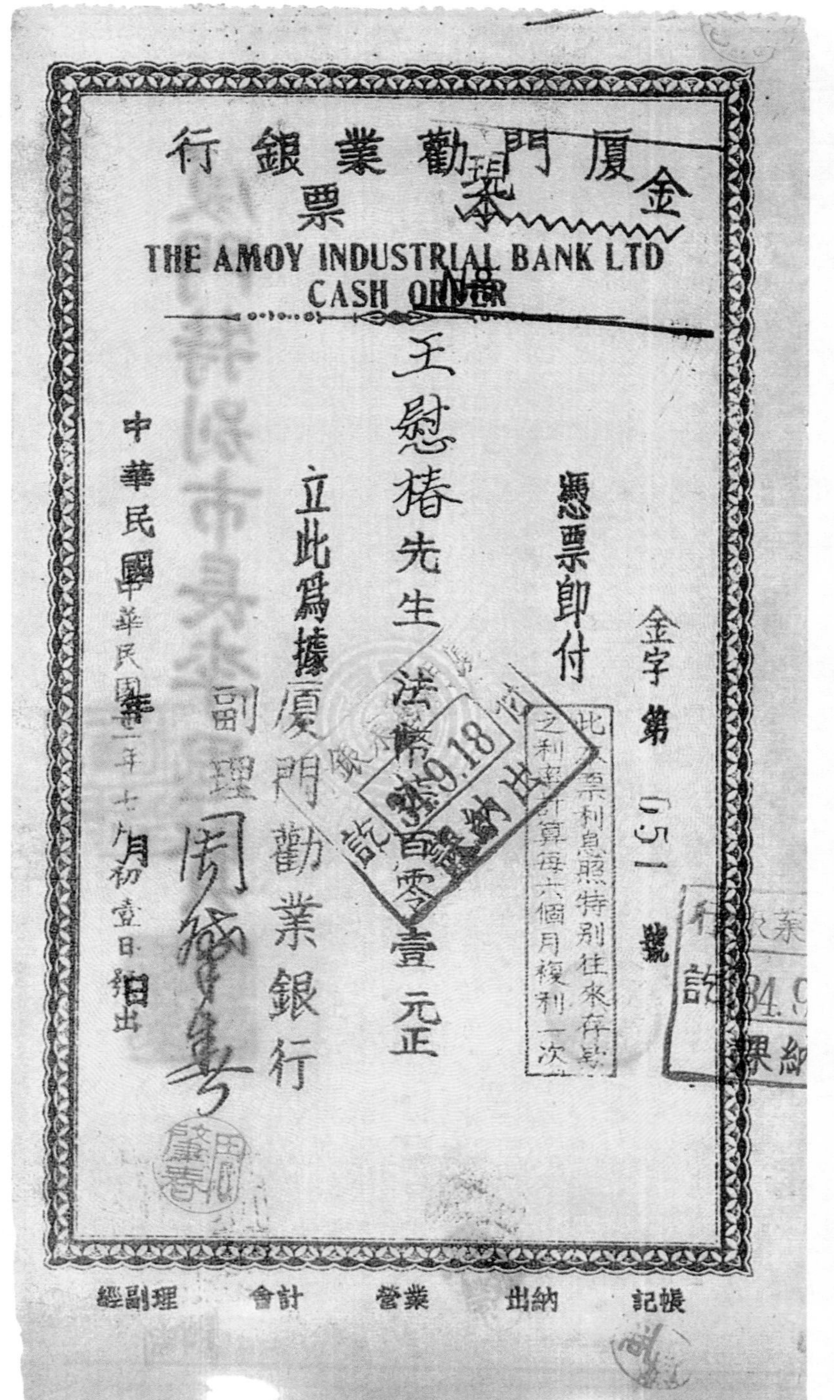

厦門勸業銀行
金 現本票
THE AMOY INDUSTRIAL BANK LTD
CASH ORDER
金字第 051 號
憑票即付
王慰椿先生
法幣百零壹元正
此票利息照特別往來存款之利率計算每六個月複利一次
立此爲據
厦門勸業銀行
副理 周
中華民國　年七月初壹日發出

經副理　會計　營業　出納　記帳

厦門特別市長李思賢
大日本帝國總領事
厦門在勤海軍武官 松本一郎

1769
存雲亭 提供

9. “厦門特别市政府”

1770
趙隆業 藏

1771
存雲亭 提供

10.“新京益發銀行”

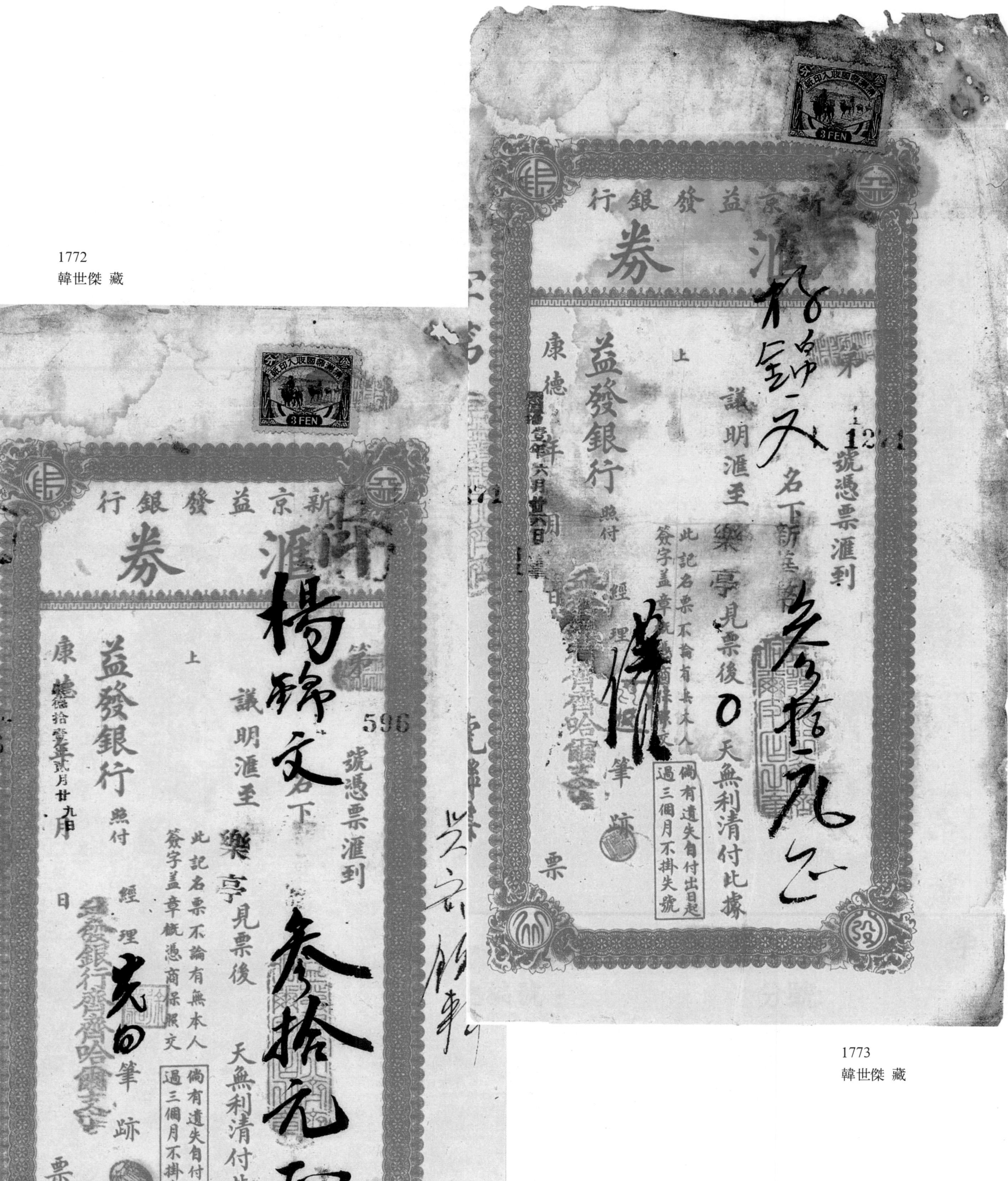

新京益發銀行
匯券
第 596 號憑票匯到
楊錦文 名下
議明匯至 樂亭 見票後 天無利清付此據
參拾元正
此記名票不論有無本人簽字蓋章統憑商保照交
倘有遺失自付出日起過三個月不掛失號
上
益發銀行 照付
康德拾壹年貳月廿九日
經理 筆跡
票

1772
韓世傑 藏

1773
韓世傑 藏

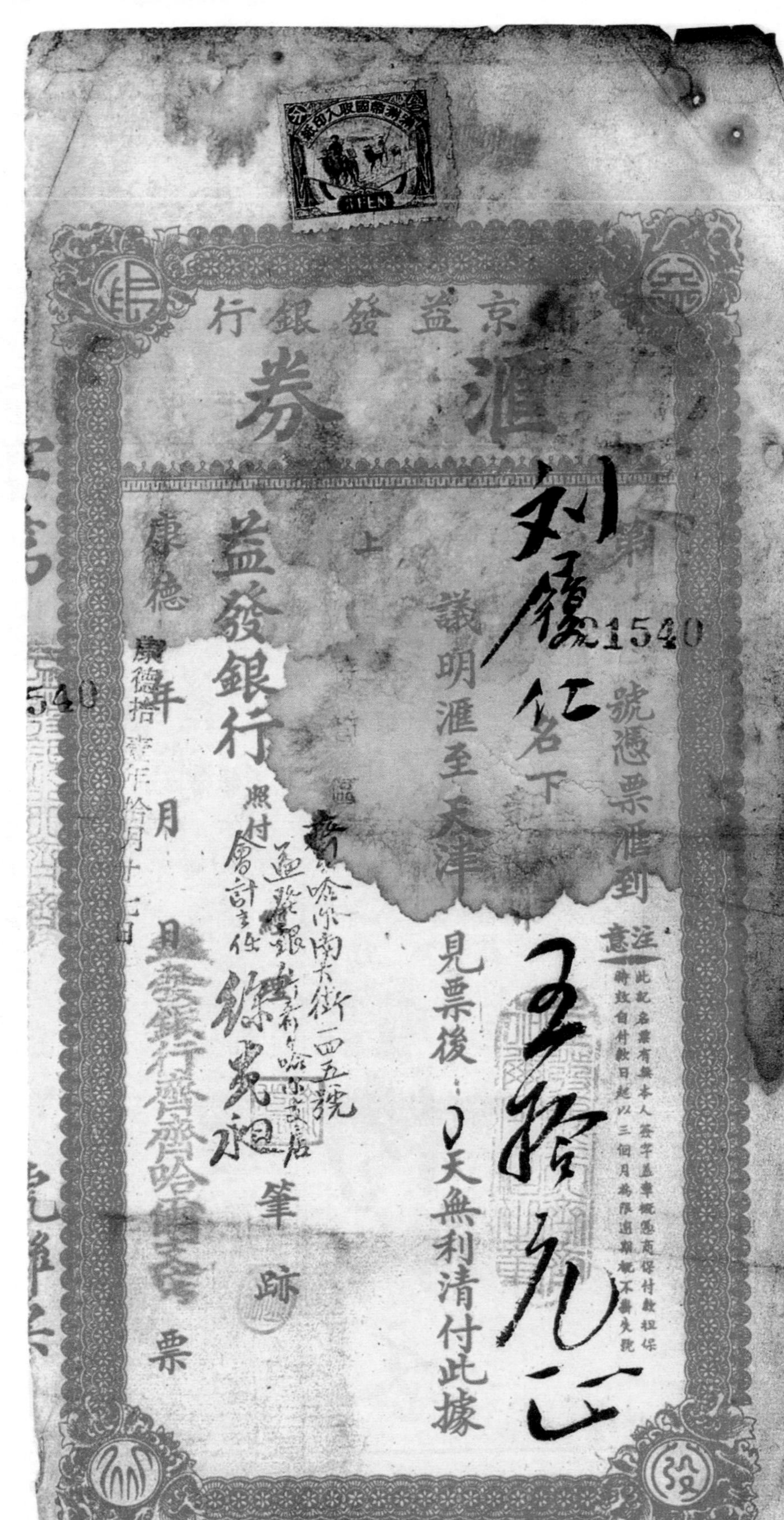

1774
韓世傑 藏

三、英佔香港時期發行的紙幣

1.香港有利銀行

1775
選自《香港貨幣》

（背圖見下頁）

1776
選自《香港貨幣》

(1775 背圖)

1777
選自《香港貨幣》

1778
選自《香港貨幣》

（背圖見下頁）

1779
選自《香港貨幣》

(1778 背圖)

1780
選自《香港貨幣》

1781
選自《香港貨幣》

（背圖見下頁）

1782
選自《香港貨幣》

(1781 背圖)

1783
選自《香港貨幣》

1784
選自《香港貨幣》

（背圖見下頁）

1785
選自《香港貨幣》

(1784 背圖)

1786
選自《香港貨幣》

1787
選自《香港貨幣》

（背圖見下頁）

2.香港上海滙豐銀行

1788
選自《香港貨幣》

(1787 背圖)

香港上海滙豐銀行
HONGKONG & SHANGHAI
BANKING CORPORATION
Nº A668716
Nº A668716
Promise to pay the Bearer on demand at its Office here
FIVE DOLLARS
or the equivalent in the Currency of the Colony
VALUE RECEIVED.
HONGKONG, 1st July 1916.
By Order of the BOARD OF DIRECTORS
CHIEF ACCOUNTANT.
CHIEF MANAGER.
5
5
FIVE

FIVE DOLLARS
THE HONGKONG & SHANGHAI
BANKING CORPORATION
伍圓
伍圓

1789
選自《香港貨幣》

香港上海滙豐銀行
10
拾
Nº
A783142
THE
HONGKONG & SHANGHAI
BANKING CORPORATION
Promises to pay the Bearer on demand at its Office here
TEN DOLLARS
or the equivalent in the Currency of the Colony. Value received.
Hongkong, 1st January, 1921.
By Order of the Board of Directors.
Chief Manager
Chief Accountant
拾圓
香港

THE HONGKONG & SHANGHAI
BANKING CORPORATION
10
拾
圓
TEN DOLLARS

1790
選自《香港貨幣》

1791
選自《香港貨幣》

1792
存雲亭 藏

(背圖見下頁)

1793
選自《香港貨幣》

(1792 背圖)

1794
選自《香港貨幣》

1795
存雲亭 提供

1796
選自《香港貨幣》

1797
存雲亭 藏

1798
存雲亭 提供

1799
存雲亭 提供

香港上海滙豐銀行
500
伍百
THE HONGKONG & SHANGHAI BANKING CORPORATION
Promises to pay No B249,789
No B249,789
the Bearer on demand
at its Office here
FIVE HUNDRED DOLLARS
伍百圓
伍百圓
or the equivalent in the Currency of the Colony Value received
HONGKONG 1ST JULY 1930.
BY ORDER OF THE BOARD OF DIRECTORS
伍百
500
500
HONGKONG
香港
香港

B249,789
B249,789
500
伍百
THE HONGKONG & SHANGHAI
500
DOLLARS
伍百
500
BANKING CORPORATION
B249,789
B249,789

1800
選自《香港貨幣》

1801
存雲亭 提供

1802
選自《資本主義國家在舊中國發行和流通的貨幣》

1803
存雲亭 提供

1804
中國人民銀行上海分行 藏

1805
選自《香港貨幣》

1806
徐風 藏

（背圖見下頁）

1807
郭乃全 藏

(1806 背圖)

1808
選自《香港貨幣》

1809
選自《香港貨幣》

（背圖見下頁）

1810
選自《香港貨幣》

(1809 背圖)

1811
石長有 藏

1812
石長有 藏

（背圖見下頁）

1813
上海博物館 藏

(1812 背圖)

1814
吴籌中 藏

1815
吴籌中 藏

1816
吴籌中 藏

1817
吴籌中 藏

1818
存雲亭 提供

1819
存雲亭 提供

1820
存雲亭 提供

3.印度新金山中國渣打銀行

1821
選自《香港貨幣》

中國渣打銀行
印度新金山
100
壹佰
140000
140000
THE
CHARTERED BANK OF
INDIA, AUSTRALIA & CHINA
香港
香港
Promises to pay the Bearer on Demand at its Office here
ONE HUNDRED DOLLARS
or the equivalent in the Currency of the Colony
VALUE RECEIVED
100
壹佰
HONGKONG, 1st February, 1912.
By Order of the Court of Directors.
壹佰員
HONGKONG
壹佰員

壹佰
THE CHARTERED BANK OF
INDIA, AUSTRALIA AND CHINA
100 DOLLARS
壹佰
壹佰
100 DOLLARS
壹佰

1822
選自《香港貨幣》

1823
選自《香港貨幣

1824
選自《香港貨幣》

（背圖見下頁）

1825
選自《香港貨幣》

(1824 背圖)

1826
選自《香港貨幣》

1827
選自《香港貨幣》

（背圖見下頁）

1828
選自《香港貨幣》

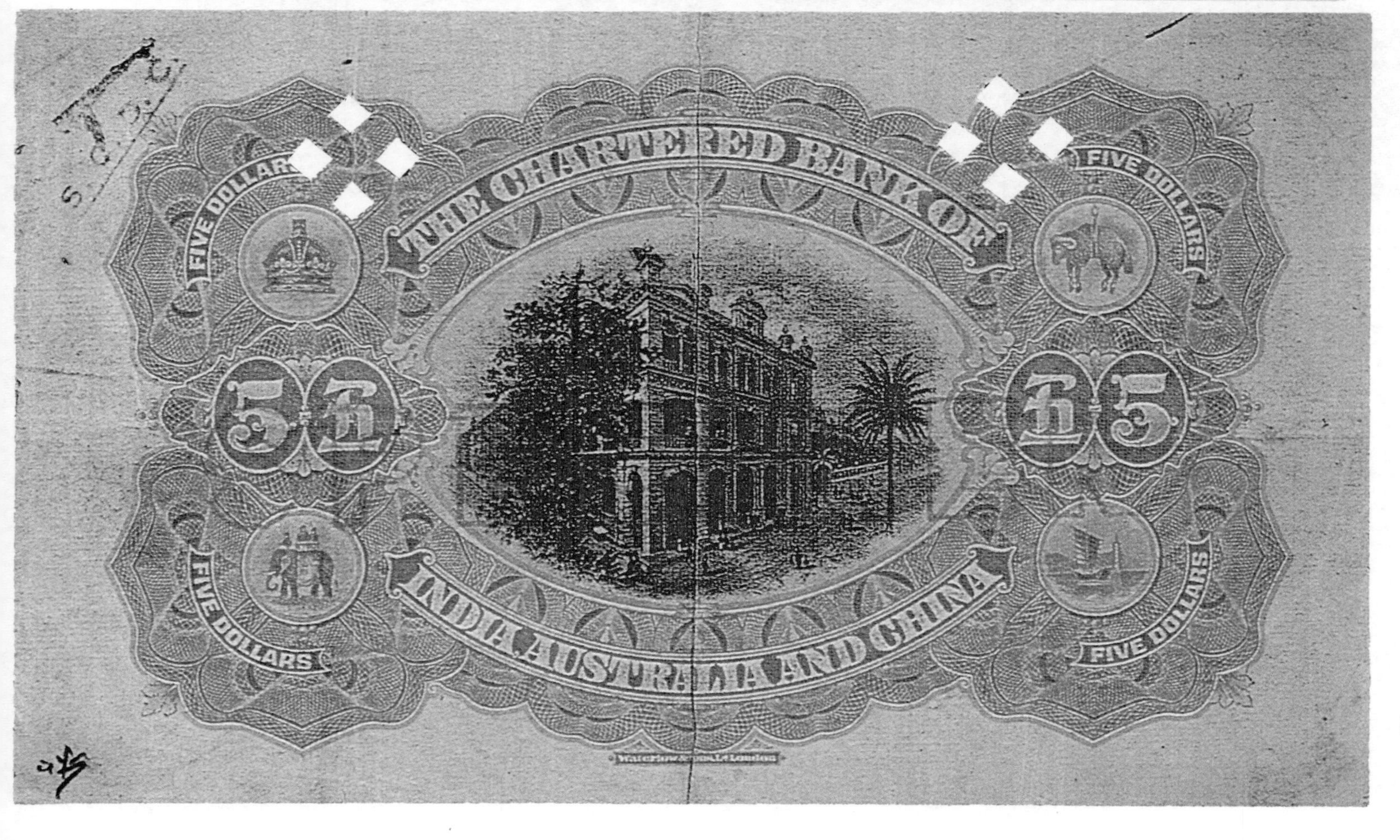

(1827 背圖)

1829
選自《香港貨幣

1830
選自《香港貨幣》

（背圖見下頁）

1831
選自《香港貨幣》

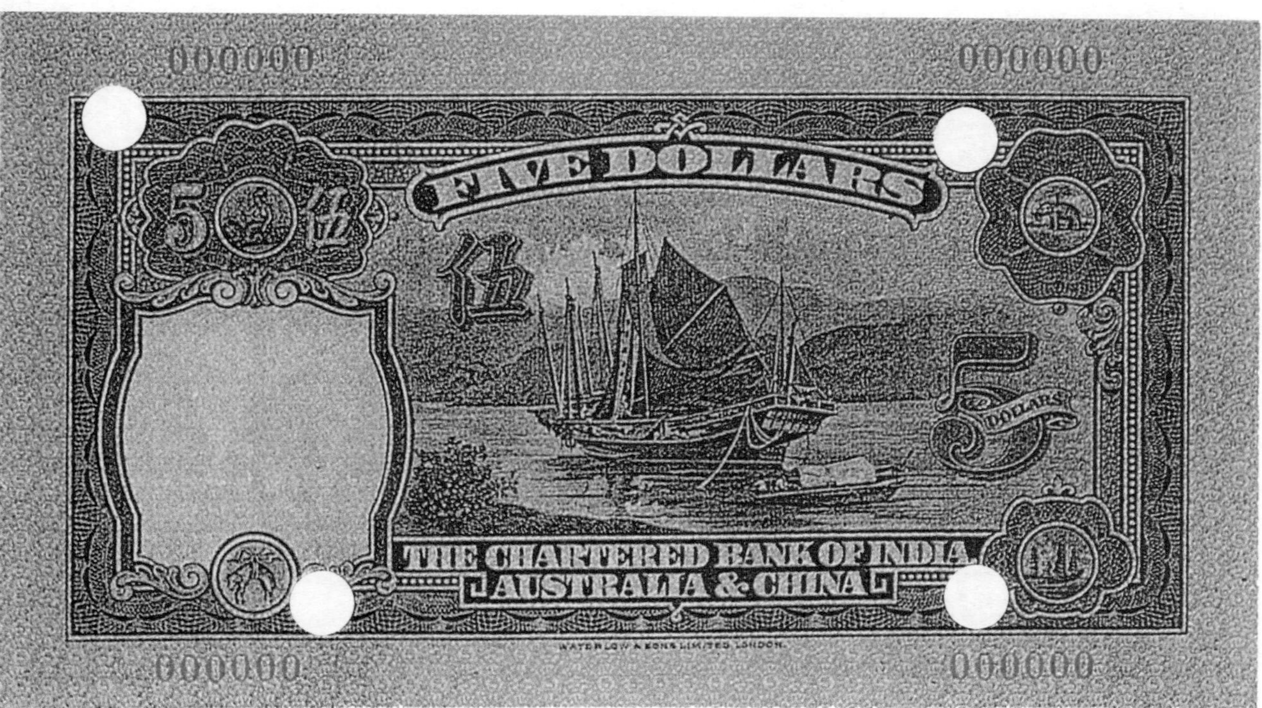

(1830 背圖)

1832
選自《香港貨幣》

1833
存雲亭 提供

(背圖見下頁)

1834
選自《香港貨幣》

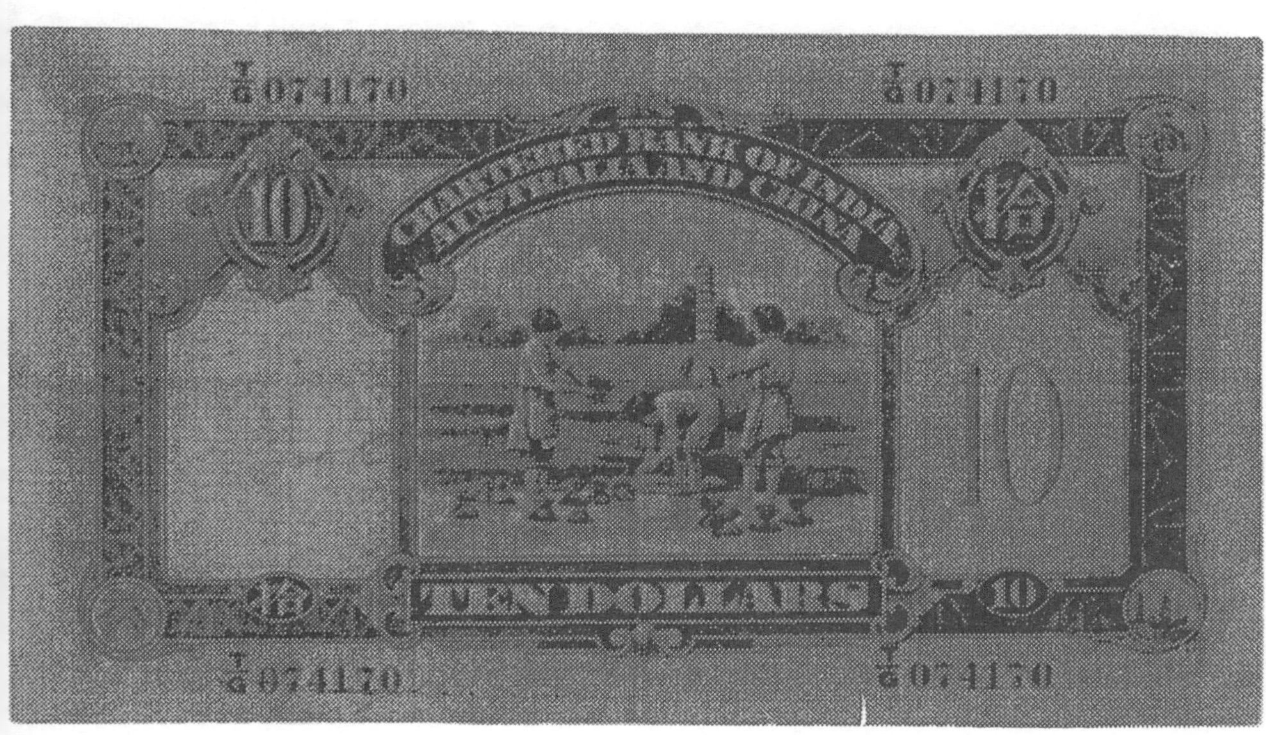

(1833 背圖)

1835
選自《香港貨幣》

1836
選自《資本主義國家在舊中國發行和流通的貨幣》

（背圖見下頁）

1837
選自《香港貨幣》

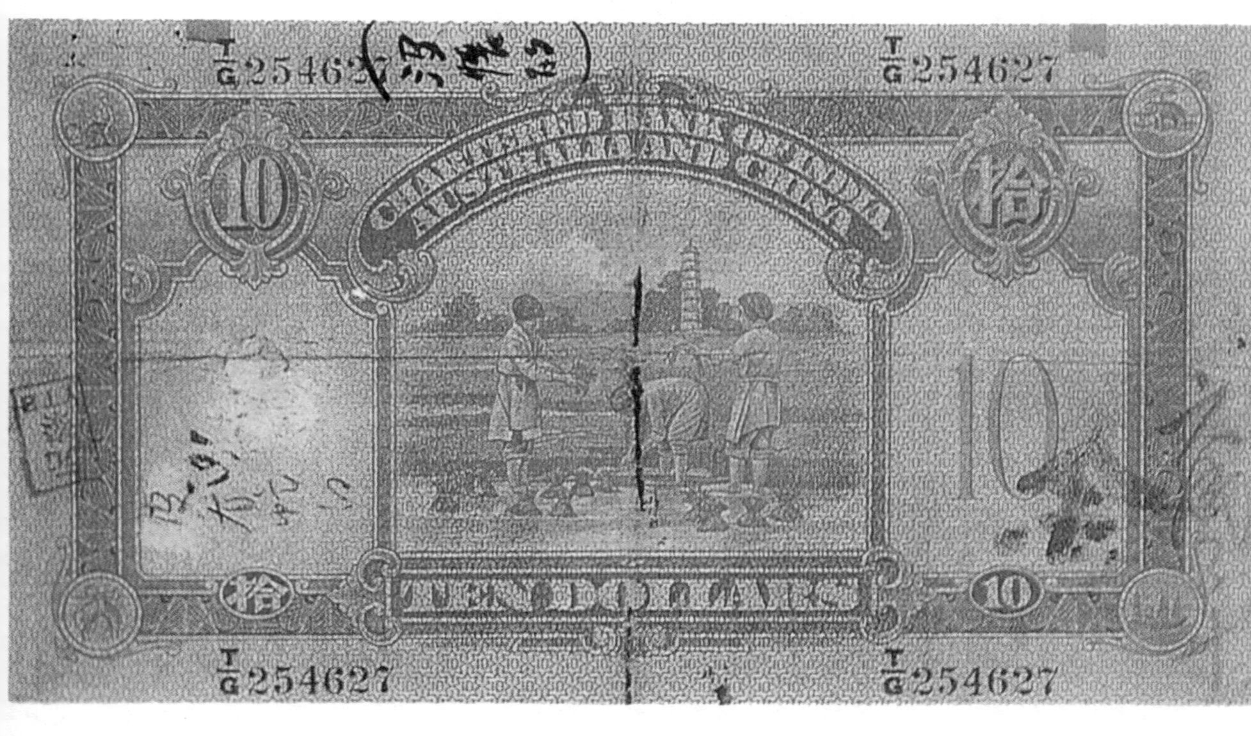

(1836背圖)

1838
選自《香港貨幣》

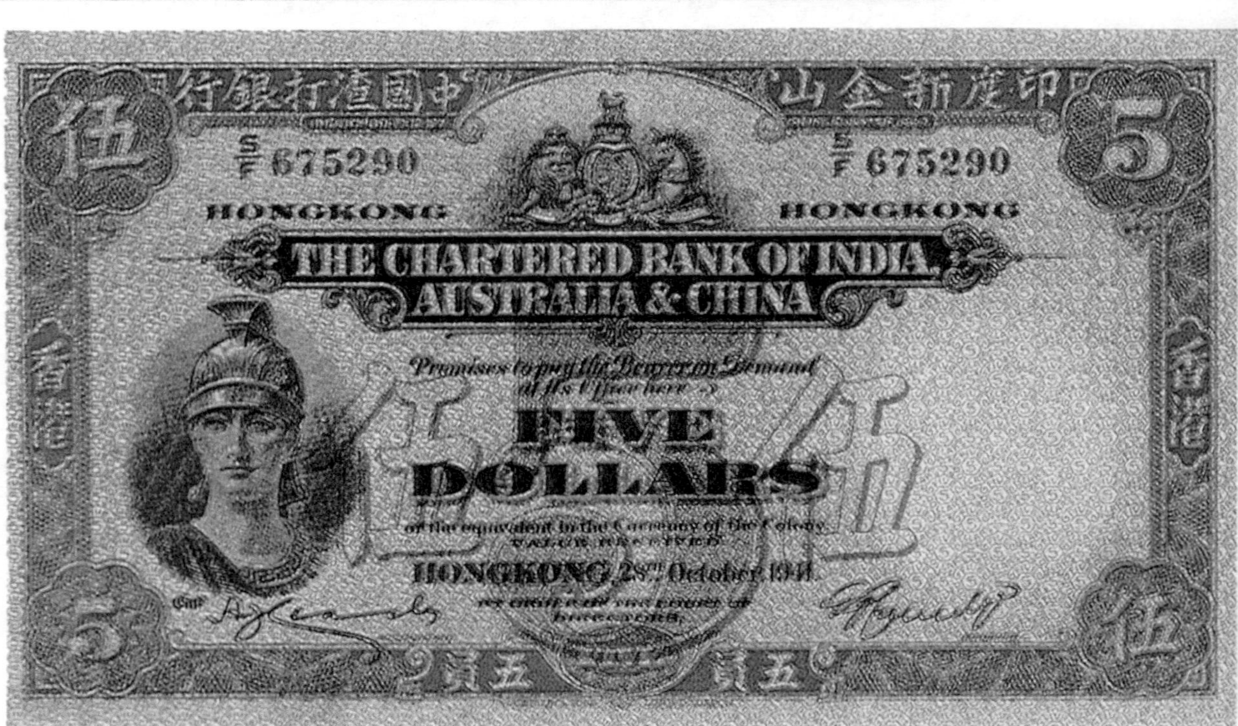

1839
選自《資本主義國家在舊中國發行和流通的貨幣》

（背圖見下頁）

1840
選自《香港貨幣》

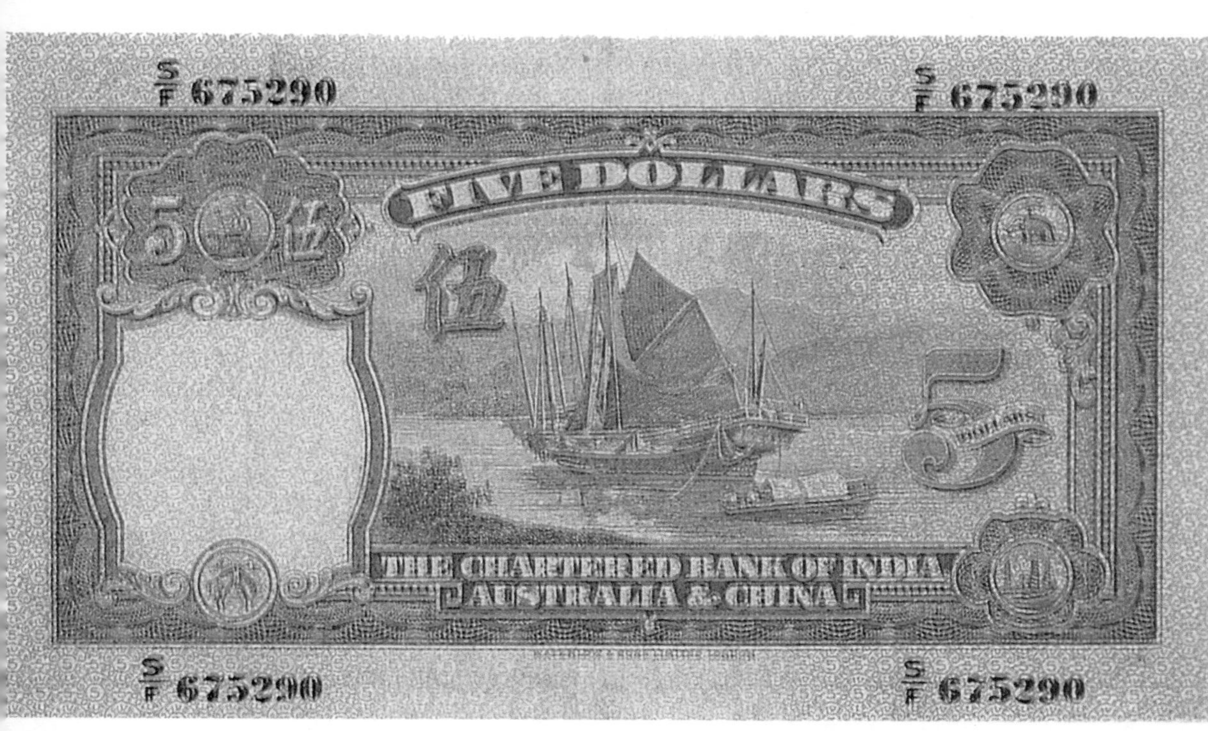

(1839 背圖)

1841 存雲亭 提供

4.香港政府

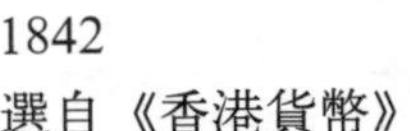

1842
選自《香港貨幣》

（背圖見下頁）

1843
徐風 藏

1845
金立夫 藏

1844
徐風 藏

1846
選自《香港貨幣》

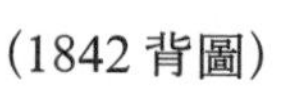
(1842 背圖)

1847
選自《香港貨幣》

1848
金立夫 藏

1849
徐風 藏

1850
金立夫 藏

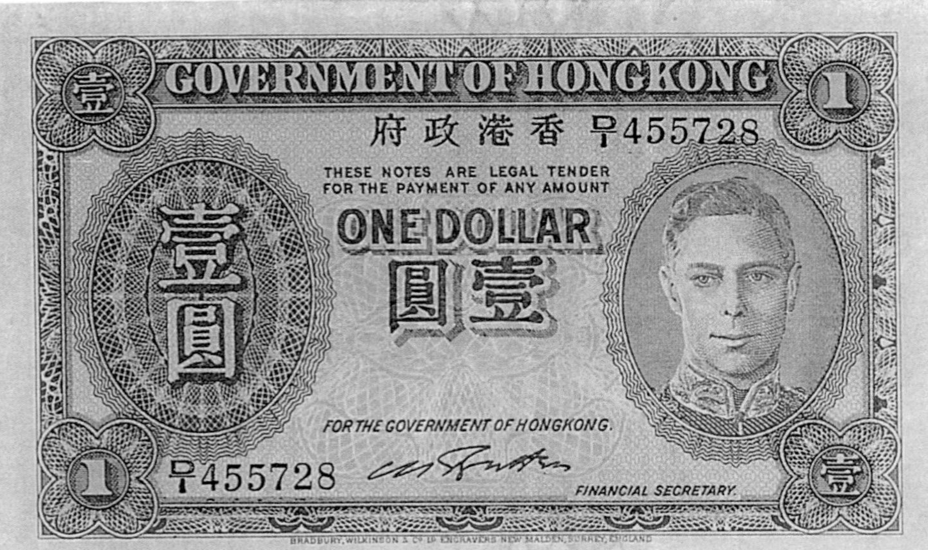

1851
金立夫 藏

1852
吴籌中 藏

1853
徐風 藏

四、葡佔澳門時期發行的紙幣

大西洋國海外滙理銀行

1854
選自《澳門貨幣》

1855
選自《澳門貨幣》

(背圖見下頁)

1856
選自《澳門貨幣》

1857
選自《澳門貨幣》

1858
選自《澳門貨幣》

（1855 背圖）

大西洋國海外滙理銀行
伍
5
BANCO NACIONAL ULTRAMARINO
FILIAL DE MACAU
Nº 033399
Nº 033399
CINCO PATACAS
伍圓
伍圓
PAGAVEIS EM MACAU
EM
MOEDA CORRENTE
LISBOA, 1 de Janeiro de 1924.
COLONIAS COMMERCIO AGRICULTURA
O VICE GOVERNADOR
O GOVERNADOR
5
伍
澳門

5
伍
BANCO NACIONAL ULTRAMARINO
CINCO
PATACAS
伍圓
伍
5
MACAU

1859
選自《澳門貨幣》

1860
江蘇省錢幣學會 提供

1861
選自《澳門貨幣》

1862
選自《澳門貨幣》

1863
徐風 藏

1864
徐風 藏

1865
選自《澳門貨幣》

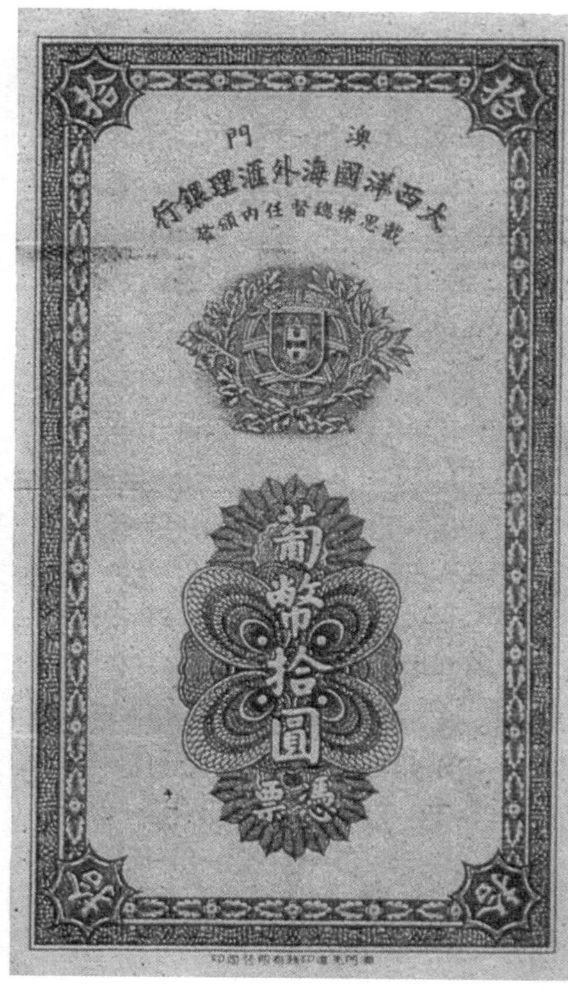

1866
選自《澳門貨幣》

1867
選自《澳門貨幣》

1868
選自《澳門貨幣》

1869
選自《澳門貨幣》

1870
選自《澳門貨幣》

1871
選自《澳門貨幣》

1872
選自《澳門貨幣》

1873
徐風 藏

1874
選自《澳門貨幣》

1875
選自《澳門貨幣》

1876
選自《澳門貨幣》

1877
選自《澳門貨幣》

1878
選自《澳門貨幣》

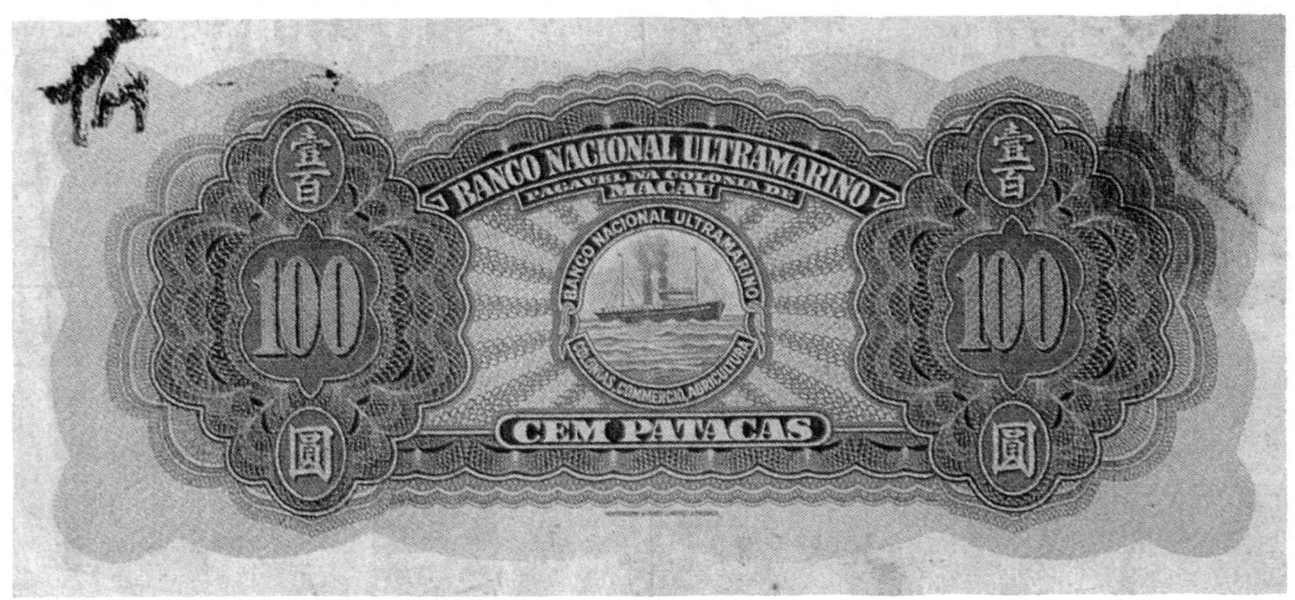

1879
選自《澳門貨幣》

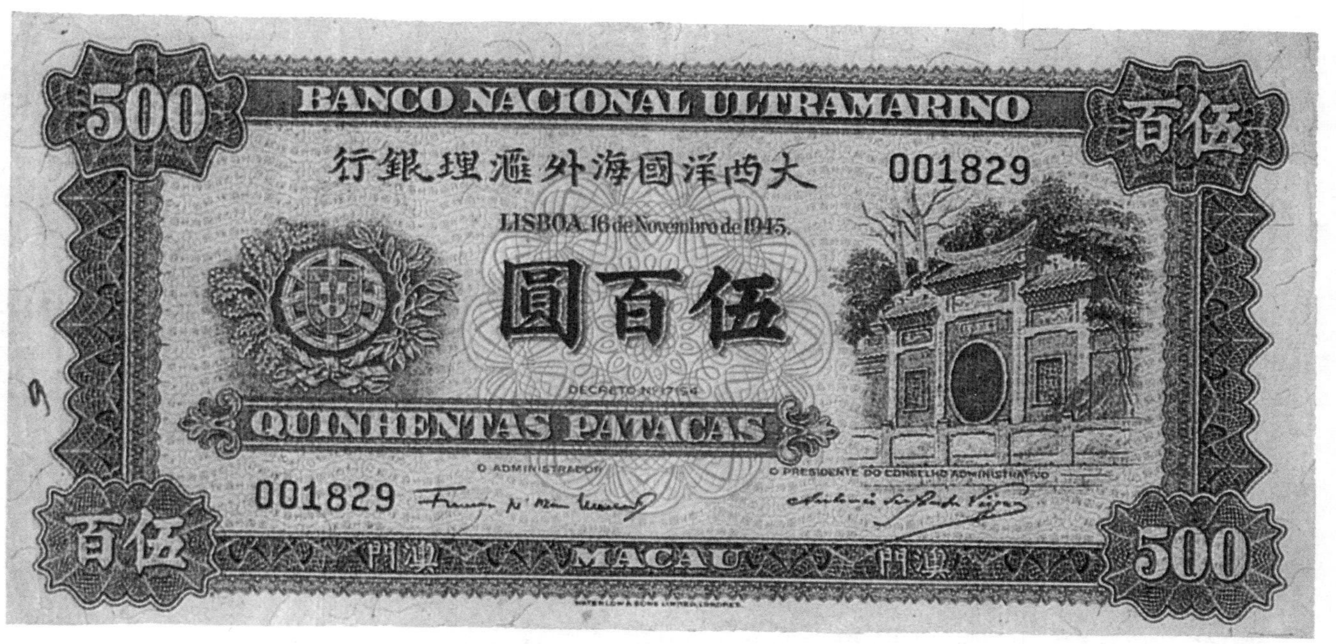

1880
選自《澳門貨幣》

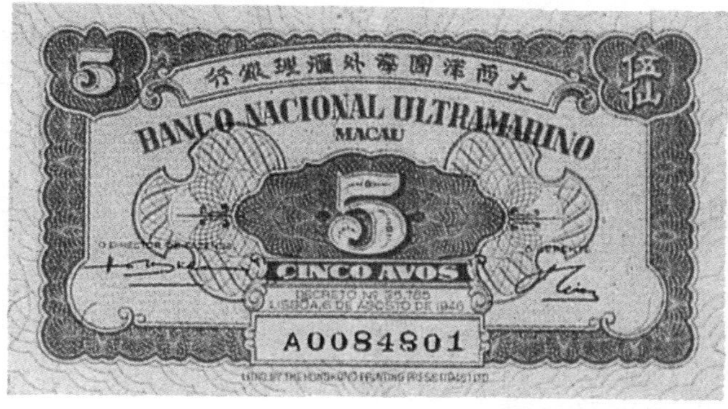

1881
選自《澳門貨幣》

1882
徐風 藏

1883
選自《澳門貨幣》

1884
徐風 藏

1885
選自《澳門貨幣》

五、日佔臺灣時期發行的紙幣

臺灣銀行

1886
選自《日本貨幣》

1887
中國人民銀行上海分行 藏

1888
中國人民銀行上海分行 藏

1889
選自《日本貨幣》

1890
選自《資本主義國家在舊中國發行和流通的貨幣》

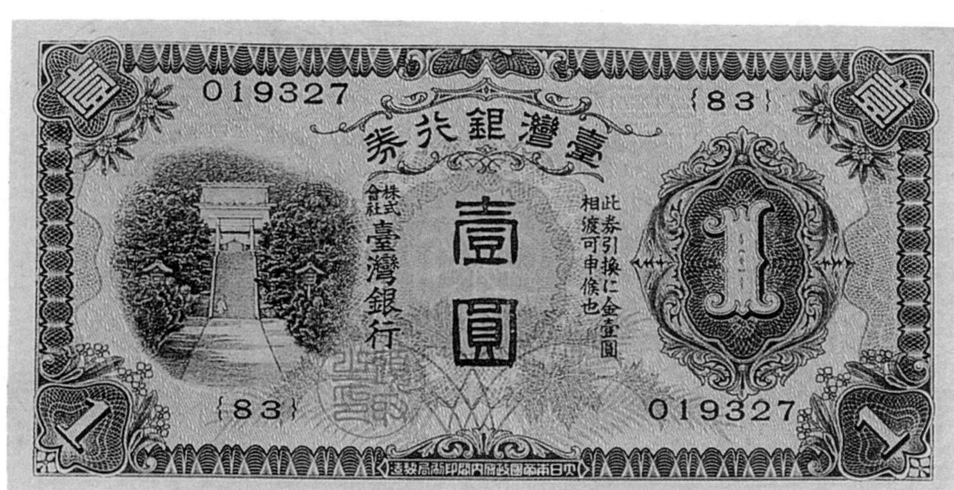

1891
中國人民銀行上海分行 藏

1892
中國人民銀行上海分行 藏

1893
中國人民銀行上海分行 藏

1894
選自《資本主義國家在舊中國發行和流通的貨幣》

1895
選自《日本貨幣》

1896
選自《日本貨幣》

1897
中國人民銀行上海分行 藏

1898
選自《資本主義國家在舊中國發行和流通的貨幣》

1899
選自《資本主義國家在舊中國發行和流通的貨幣》

1900
選自《日本貨幣》

1901
選自《日本貨幣》

1902
存雲亭 提供

1903
存雲亭 提供

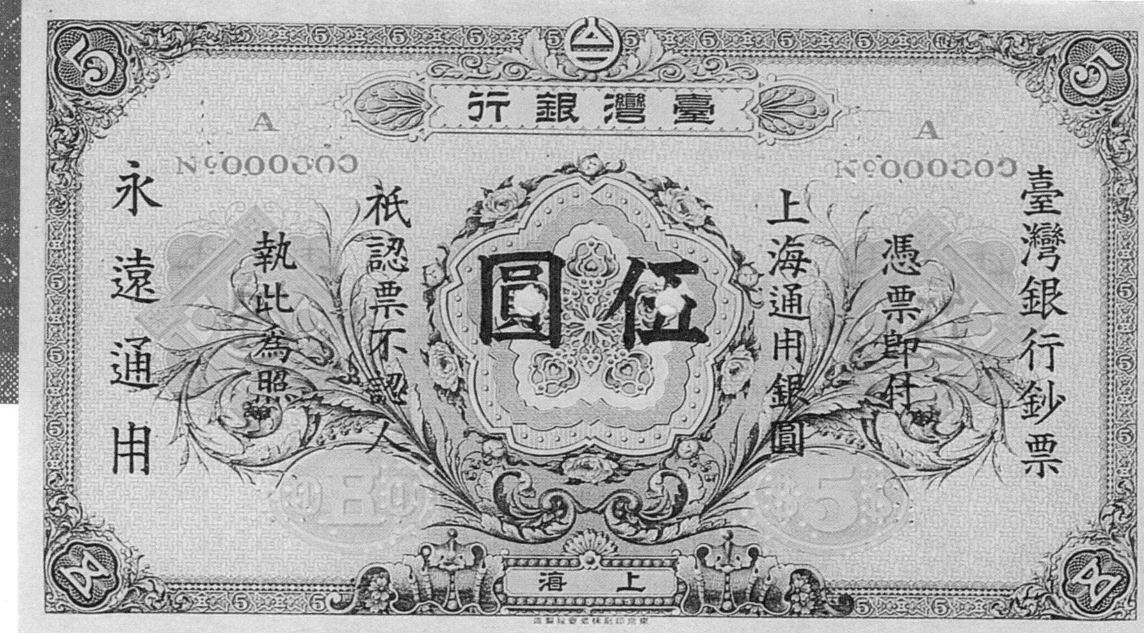

1904
中國人民銀行上海分行 藏

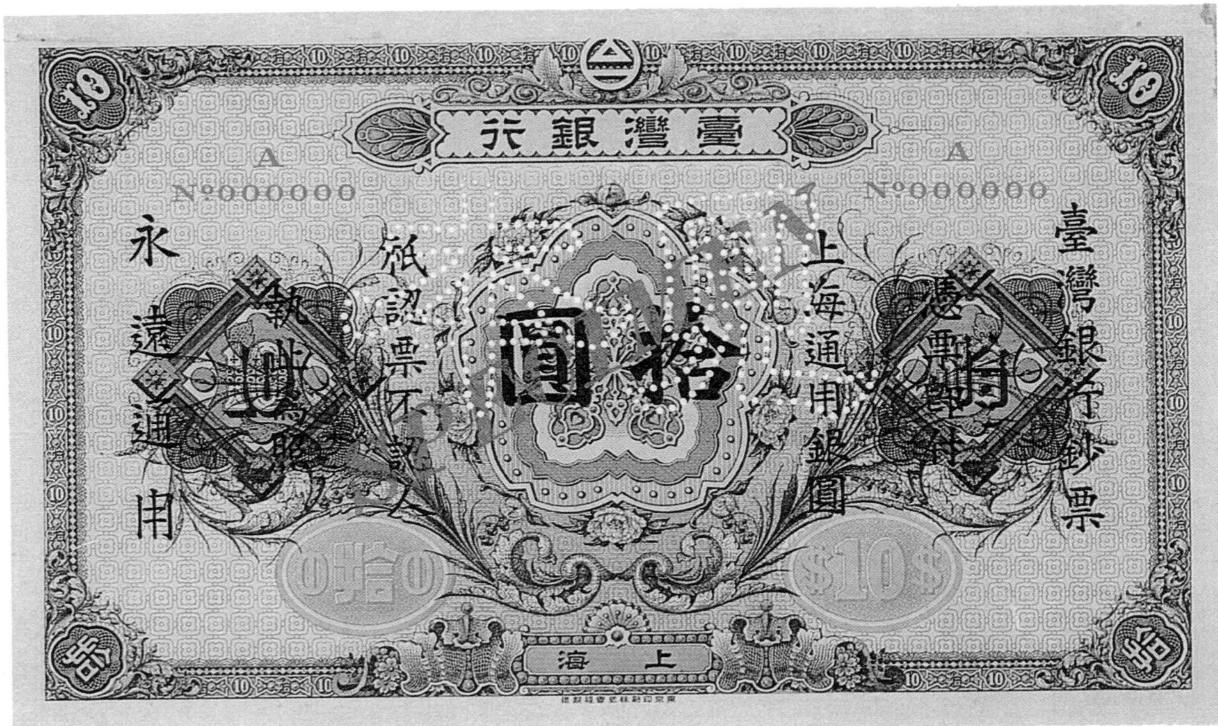

1905
中國人民銀行上海分行 藏

1906
存雲亭 提供

(背圖見下頁)

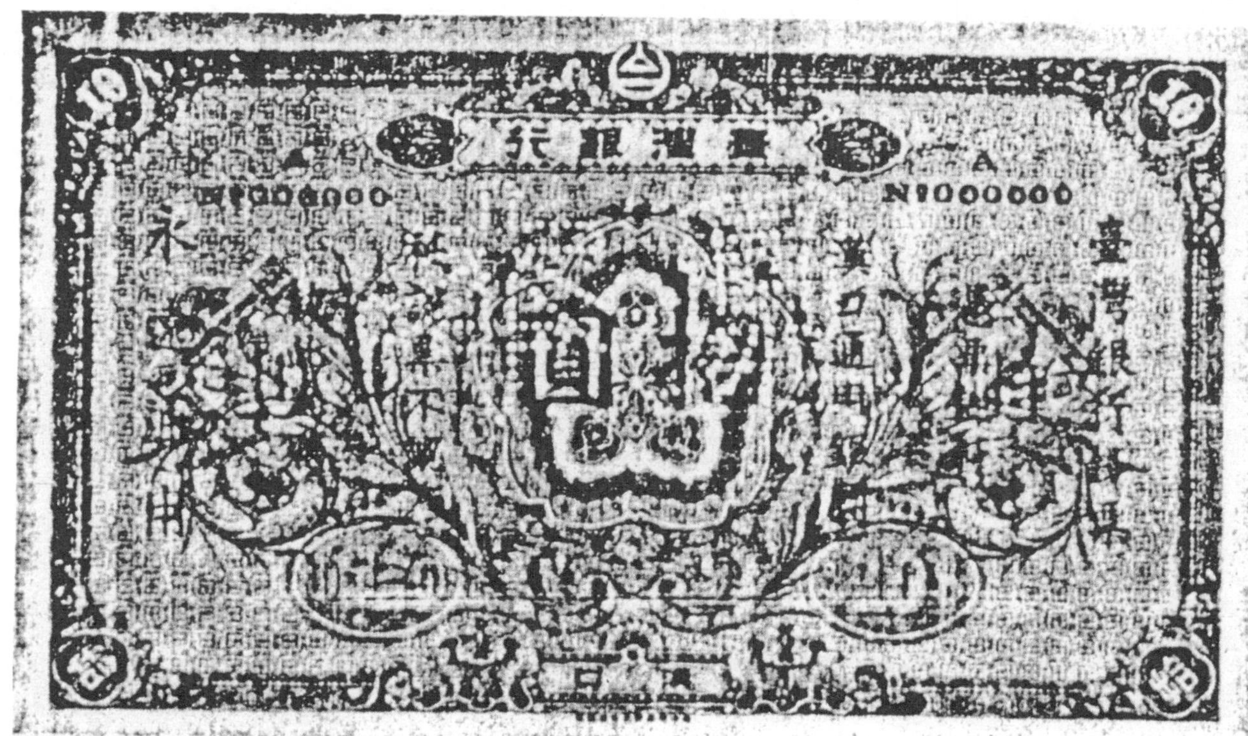

1907
存雲亭 提供

（1906 背圖）

六、其他組織機構發行的流通券或證券

1. 中東鐵路公司

1908
徐風 藏

1909
王煒 藏

1910
徐風 藏

1911
徐風 藏

1912
徐風 藏

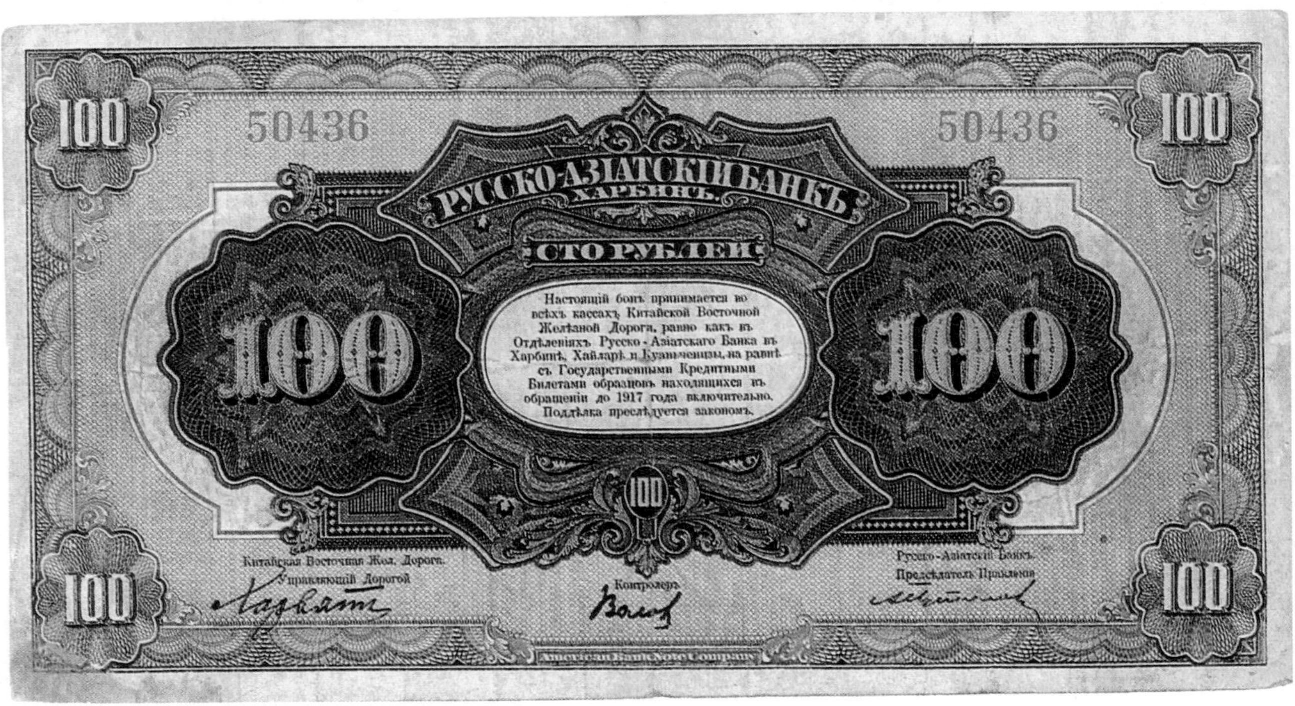

2. 西伯利亞臨時政府

1913
趙隆業 藏

1914
趙隆業 藏

1915
趙隆業 藏

1916
王煒 藏

1917
王煒 藏

3. 鄂木斯克政府

1918
選自《資本主義國家在舊中國發行和流通的貨幣》

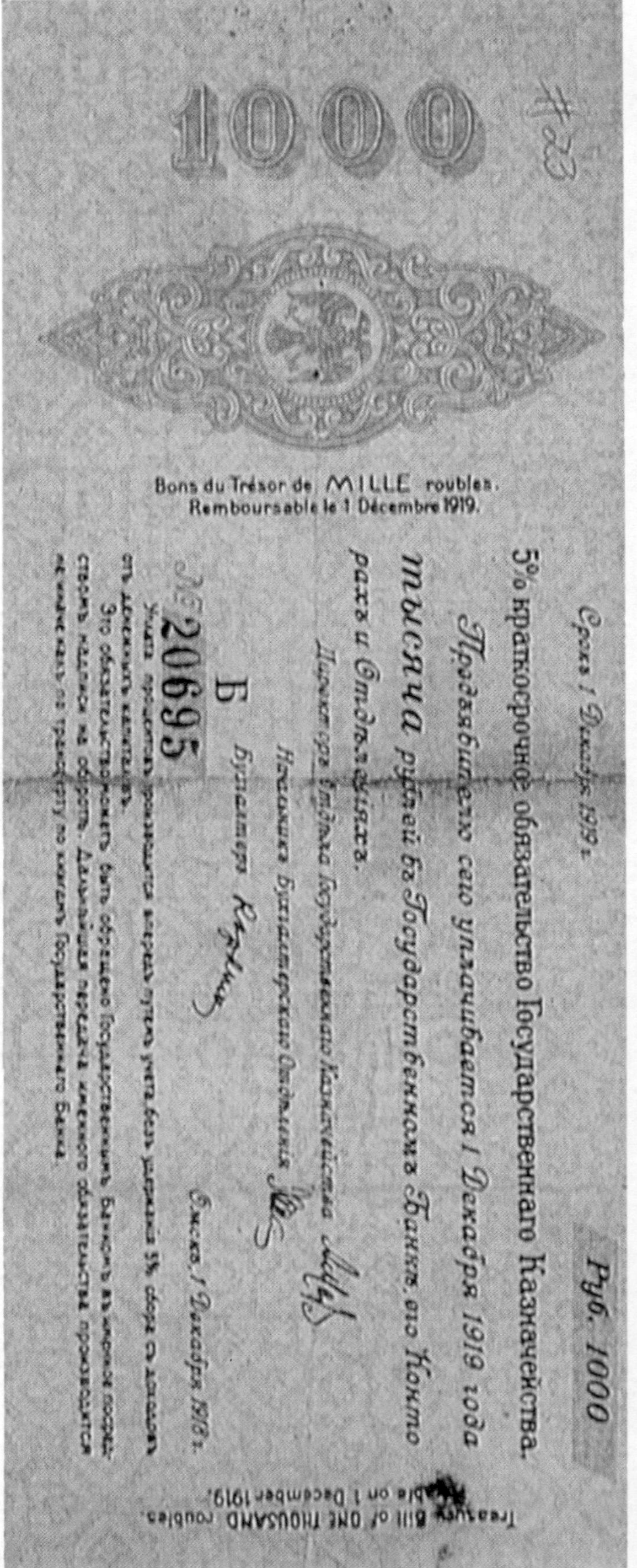

1919
選自《資本主義國家在舊中國發行和流通的貨幣》

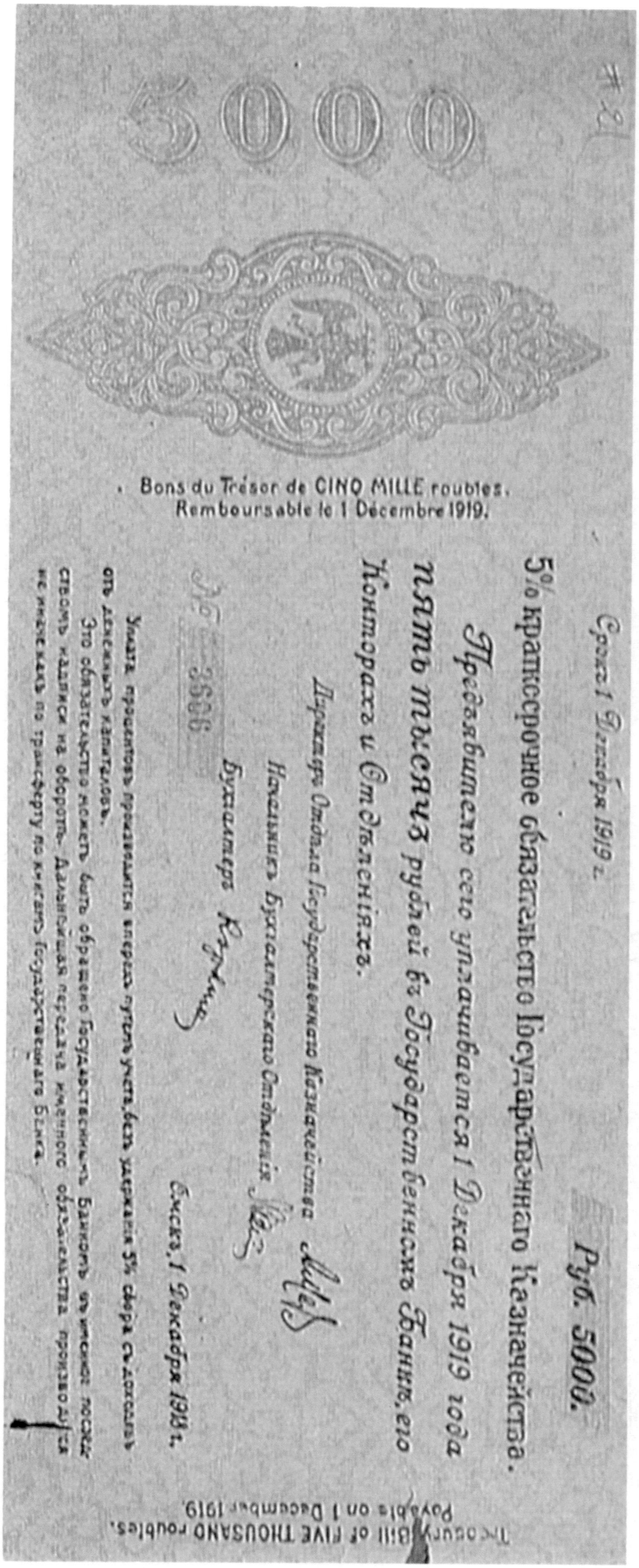

1920
選自《資本主義國家在舊中國發行和流通的貨幣》

1921
趙隆業 藏

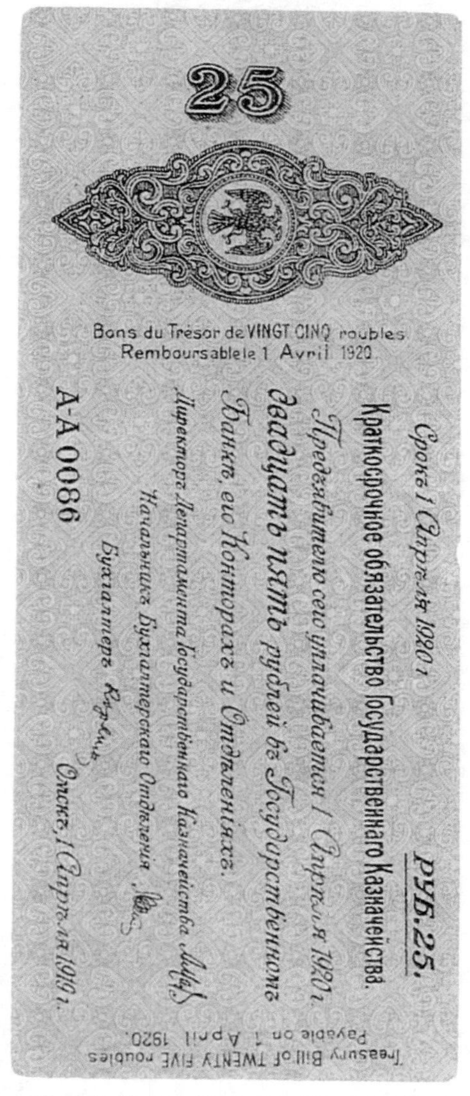

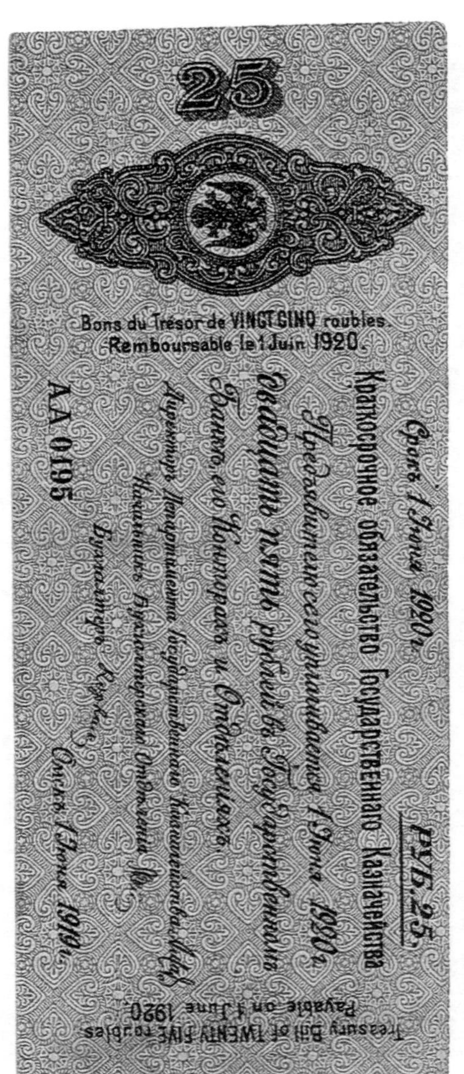

1922
趙隆業 藏

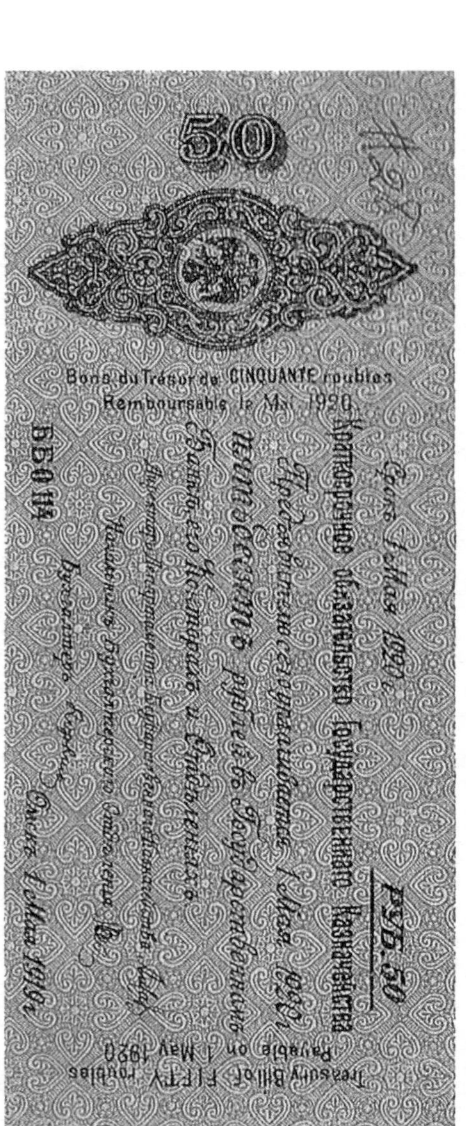

1923
選自《資本主義國家在舊中國發行和流通的貨幣》

1924
選自《資本主義國家在舊中國發行和流通的貨幣》

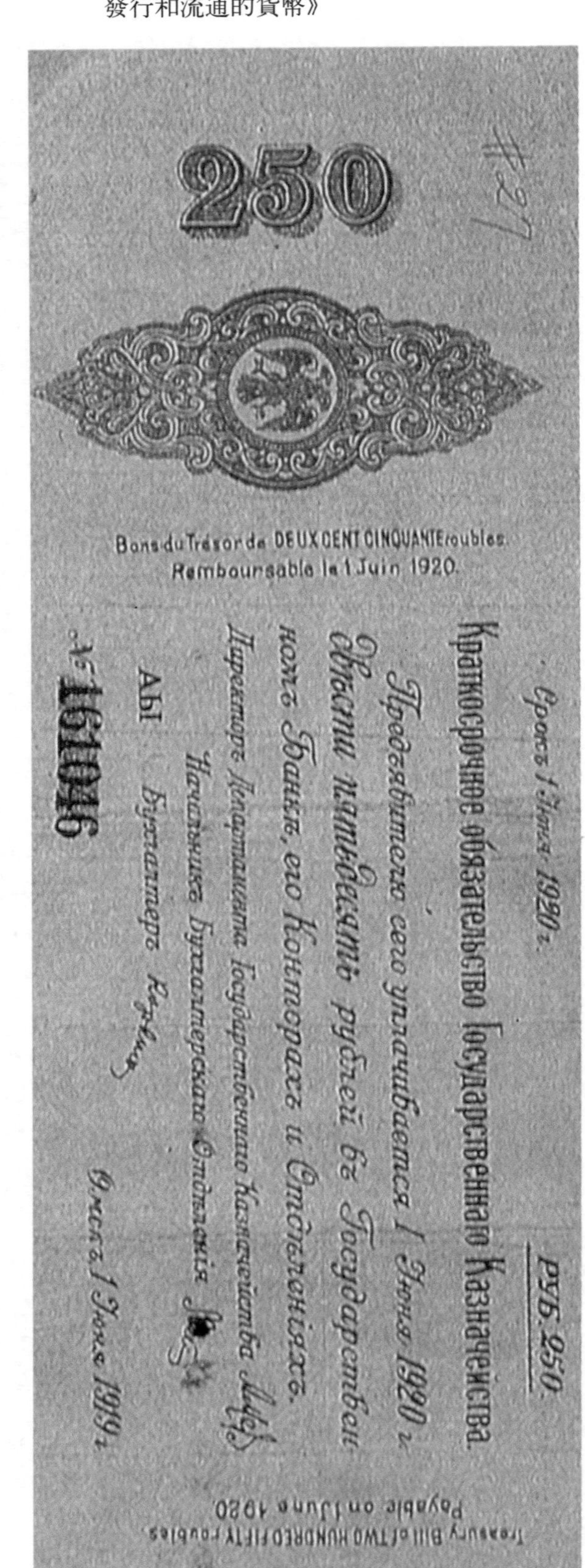

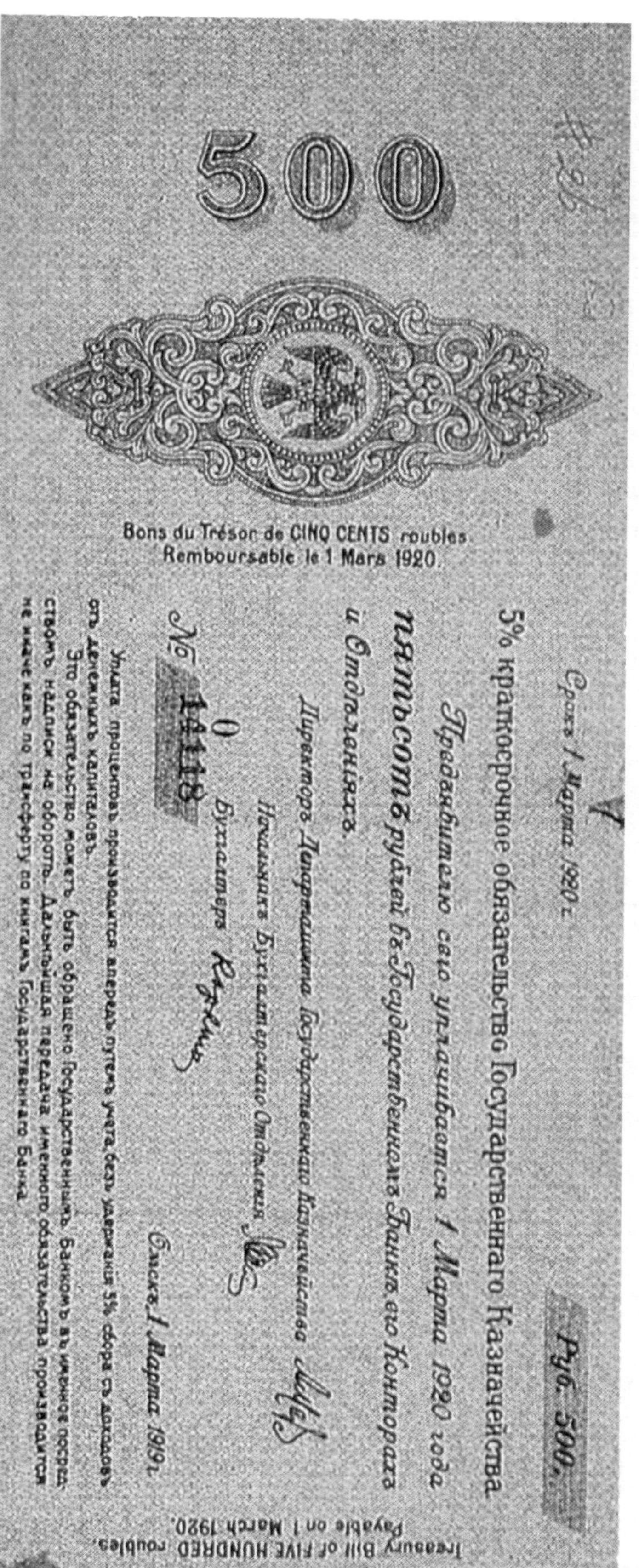

1925
選自《資本主義國家在舊中國
發行和流通的貨幣》

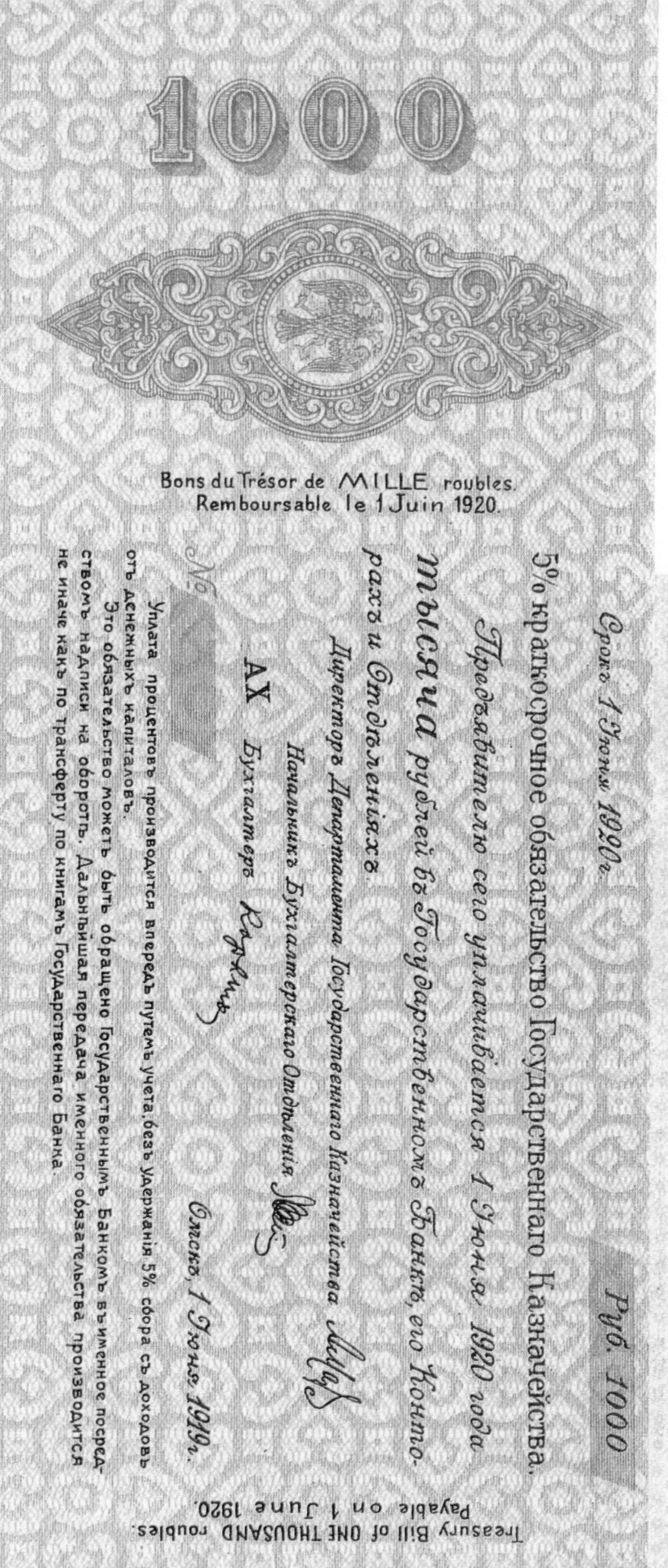

1926
趙隆業 藏

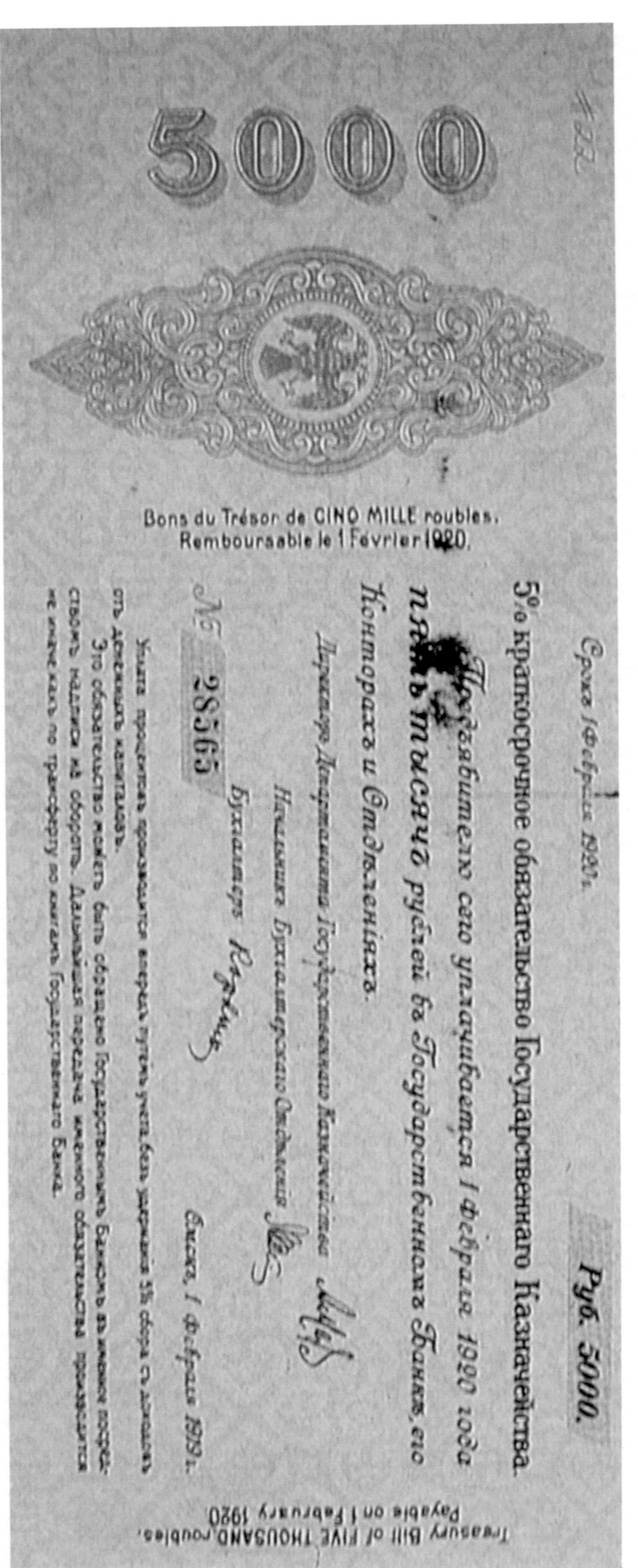

1927
選自《資本主義國家在舊中國發行和流通的貨幣》

4. 横道河銀行

1928
孫彬 藏

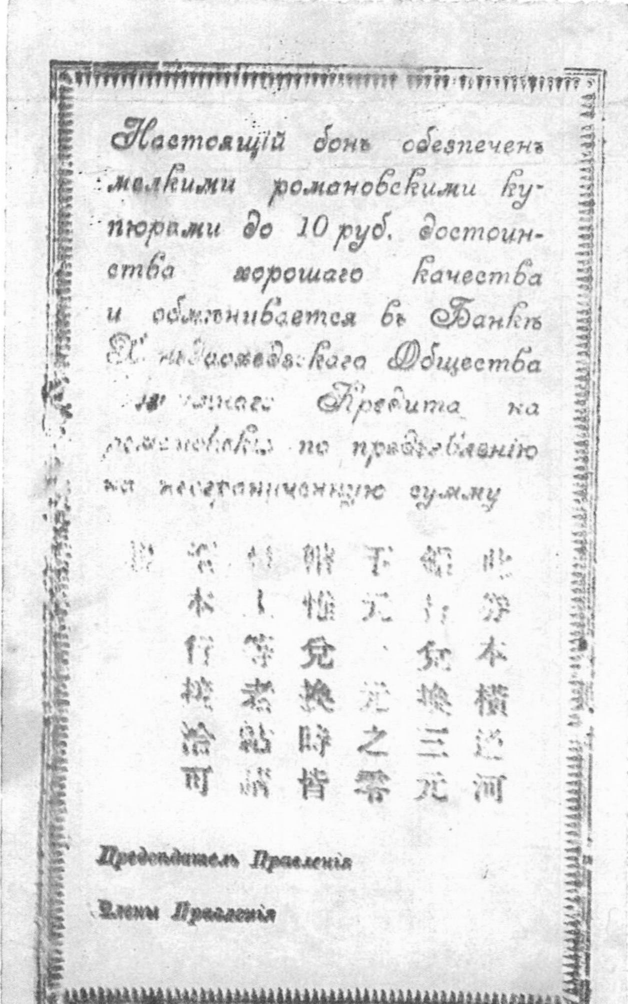

1929
孫彬 藏

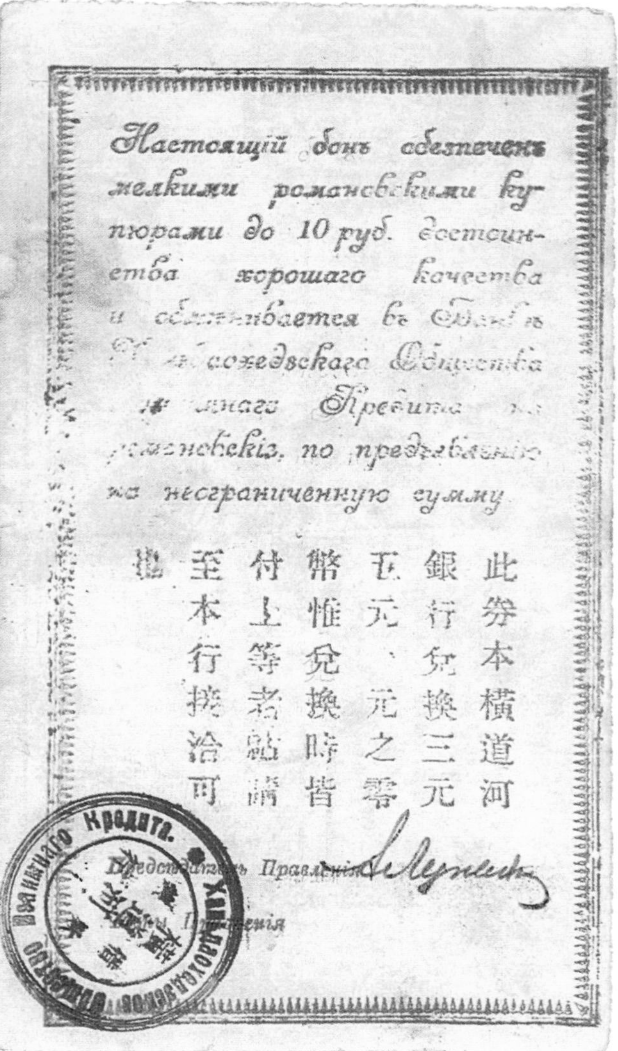

1930
孫彬 藏

5. 天津大英國工部局

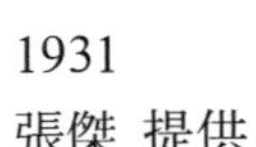

1931
張傑 提供

(背圖見下頁)

1932

張傑 提供

(1931 背圖)

七、新疆喀什、和闐地區的民族分裂主義組織發行的票券

1.“東突厥斯坦伊斯蘭共和國”

1933
選自《新疆錢幣》

1934
選自《新疆錢幣》

2．“伊斯蘭共和國和闐政府”

1935
選自《新疆錢幣》

1936
選自《新疆錢幣》

- 中國錢莊與錢莊票
- 試論近代外國在華銀行的紙幣發行
- 日本侵華時期傀儡政權銀行紙幣發行概況

叁 專論

中國錢莊與錢莊票

傅爲群

錢莊是中國舊式的金融機構，在新式銀行尚未興起之前，錢莊在中國社會經濟中起過非常重要的作用。

中國錢莊以長江中下游爲基地，以江浙一帶爲中心，上海是龍頭，其輻射偏重中國整個南部地區。錢莊發行的莊票成爲近代國內外貿易的重要媒介。長期以來，儘管中國的幣制不統一，且貨幣流通具有地區性特點，但整個社會經濟得以正常運轉，其中錢莊所起的作用是不容置疑的。

一、錢莊的變遷

有關錢莊的起源，根據文獻記載可追溯到明代中後期。隨着當時江南地區商品經濟的發展，在蘇州、常熟等地出現了“錢肆”①，“錢肆”又稱“錢鋪”。明萬曆五年(1577年)龐尚鵬奏准設立錢鋪，應爲錢鋪法定之始。今流貫上海市區的蘇州河(吴淞江)，在古代它是蘇州到上海縣的重要商業通道。明末清初，在此流域的上海、松江②、嘉定一帶出現了許多“兑店”、“銀鋪”、“兑換銀店”(有的地方又稱“錢桌”、“錢攤”，與錢鋪性質相同)，其業務主要從事銀錢兑换。有些銀鋪甚至爲納税人從傾銀到完納賦額實行一條龍服務，號稱“代客包攬”，後因不斷發生銀鋪利用銀色上的差異及在衡器上做手脚剥削納户，導致糾紛不斷，因而遭到地方政府明令禁止。

從錢鋪發展到錢莊，開始的時候，許多錢莊並非單純做銀錢兑换，往往兼營其他行業。如上海錢莊的鼻祖爲“浙江紹興人”，傳説在乾隆年間，他在南市老城厢開設炭棧兼做銀錢兑换生意③；寧波錢業鼻祖稱“方七”者，原是個鞋匠。又如南京、九江錢莊有“兼做彩票”者，樂平地方有“布店兼營者”，在南昌、上海有些錢莊因兼營米業又稱“錢米店”。

隨着錢莊業的發展，錢莊的增多，到清代各地先後出現了錢莊的行業組織，如下表：

各地錢業組織建立簡表④

年　代	城　市	名　稱	地　址	備　注
乾隆四十一年(1776年)	上海	内園(錢業會館)	南市豫園内	光緒年又成立滬南錢業公所，又稱“集益堂”，地址在北施家弄133號；1891年又成立滬北錢業會館，地址在塘沽路；1917年成立上海錢業公會，地址在寧波路。
康熙六年(1667年)	北京	正乙祠(銀號錢業公所)	正陽門外護城河西	爲銀錢業行會組織，由浙江慈谿、餘姚人創立。
康熙十三年(1674年)	廣州	忠信堂	十三行馬路	

續表

年　代	城　市	名　稱	地　址	備　注
清中葉	厦門	華洋錢莊公會 厦門錢莊公會 思明縣錢莊業公會		
同治三年(1864年)	寧波	錢業會商處	江厦濱江廟(濱江侯廟)	1926年成立"錢業公所",地址在建船廠(今戰艦街)。
光緒年間	武進	准直堂(錢業公會)	鐵市巷	
清末	蘇州	錢業公所 錢業公會	閶門東中市 閶門德馨里	
清末	無錫	錢業公會	北塘	
清末	九江	錢業公會	舊西門外大中路	
清末	揚州	錢業會館	城之中央(左衛街)	
1918年	温州	錢業公會	南大街第一橋巷	
1947年	南京	中華民國錢商業同業公會聯合會	介壽堂	由上海、南京兩錢業公會發起,各地響應成立。

各地錢莊因投資者和經理人的籍貫不同,形成錢莊中的地區性幫别,以上海爲例:上海有紹興幫、寧波幫、蘇州(洞庭山)幫、鎮揚幫、廣東幫、松江幫、南潯幫、安徽幫及本幫(上海幫)等九個幫别,其中紹興幫和寧波幫勢力最大。據1932年統計:在原上海黄浦區内的六十四家錢莊中,紹興幫佔51.4%,寧波幫佔22.2%。尤其是紹興幫,當北方票號盛行時,其力量能阻止北方票號勢力越過長江。⑤

錢莊等級一般根據資本大小及業務範圍來分。錢莊資本大小差别很大,大錢莊可達幾萬、幾百萬乃至上千萬兩(如上海一些大的滙劃莊),小錢莊僅幾千兩。一般大錢莊業務爲存款、滙兑,小錢莊以收兑銀錢爲主。上海錢莊分滙劃莊及元、亨、利、貞四等。滙劃莊稱"大同行"、"入園錢莊"(因錢業會館稱"内園",加入錢業公會的故稱"入園錢莊");元、亨、利、貞四等錢莊稱"小同行"、"未入園錢莊"(因不能參加錢業公會,故稱)。1936年,"未入園錢莊"組織了"錢兑業公會",並取消原等級,另按各會員資本額及業務範圍編爲福、禄、壽三種,上海全市有福字莊二十一家、禄字莊四家、壽字莊三十二家,共五十七家。其他地方也有類似情况。

在錢莊的興衰變遷中歷經數次風潮,如貼票風潮⑥、橡皮股票風潮⑦、辛亥革命、五四運動及信交風潮⑧。出現這些風潮或社會變動有的是政治原因有的是經濟原因,因而對錢莊的影響也不同。但上海錢莊直到1927年之前,它的勢力仍在中國本國銀行之上。在1843年上海開埠後的七十餘年時間裏,上海錢莊作爲本地金融機構,在利用外資及促進中外貿易方面發揮了突出的作用。上海錢莊發行的莊票,如同現金,被稱爲"上海頭寸",受到中外客商好評,也爲外國銀行所接受。當時一些外資銀行,由於對中國情况的不熟悉,在對中國資本輸出時考慮到資金安全,也是利用錢莊並通過錢莊將它的經濟勢力滲透到中國内地並攫取可觀的利潤。清同治、光緒年間是中國錢莊業發展的高峰期,表現爲錢莊數的增加和各地錢業公所、公會的相繼建立及錢業規章制度的進一步健全。辛亥革命後至二十世紀二三十年代錢莊業又有一次發展高潮。厦門在光緒二十八年(1902年)有錢莊二十家,到1930年達八十多家;南昌在1930年多達六十二家;廣州在同治十二年(1873年)有六十八家,到1930年達一百二十家;寧波在同治三年(1864年)有三十六家,到1926年達六十二家。漢口錢莊自民國元年(1912年)至十四年爲全盛期,有錢莊一百八十家,其間主要業務以申鈔爲主營;上海錢莊因資金豐厚,常有委託漢口錢莊代理放借之舉,其款項常達千萬兩之巨,由此漢口錢莊也獲得長足發展。上海在光緒二十九年(1903年)有錢莊八十二家,到1926年有八十七家。以上這些不完全的統計數據大致説明同治、光緒年間及民國中期錢莊業發展的兩次高潮。據1942年統計,當年在上海、南京、北平、天津、重慶、廣州、青島、江蘇、浙江、安徽、山東、江西、福建、廣東、廣西、四川、河南、河北、湖南、湖北、山西、陝西、貴州、雲南、綏遠、西康、寧夏、新疆、吉林、遼寧、香港、澳門、南洋各部總計有錢莊、銀號、錢兑莊、滙兑莊、銀公司共計一千三百餘家,而上海就佔了五百十八家⑨。

二十世紀二十年代,在沿海商埠特别是在五口通商之地,錢莊、外資銀行和中國本國銀行一度成爲三足鼎立之勢。隨着三方實力的此消彼長,錢莊的地位漸次爲中國本國銀行所取代。1933年,國民政府實行廢兩改元後,錢莊在銀元、銀兩和兑换業務上的利益所剩無幾,加上金融壟斷資本的擠壓,錢莊處境更趨困難。1945年抗日戰爭勝利後,錢莊業又重燃發展希望。1947年10月16日,由上海、南京兩地錢業發起在南京介壽堂舉行"中華民國錢商業同業公會聯合會"成立大會。但是,由於國民黨發動内戰以及軍事上的慘敗導致中國國内經濟崩潰,錢莊業更是每況愈下。1949年中國解放後,各地錢莊於二十世紀五十年代分别併入了當地的公私合營銀行,錢莊業終於走完了它數百年的成長歷程。

二、錢莊票與通行貨幣

1. 各式錢莊票

錢莊票即錢莊所發行的有價票據,大約有以下幾種:

莊票　發行兑换券性質的莊票是錢莊的首要業務。錢莊按寄存户存錢(銀)額填發存款收據,不記名,認票不認人,可流通市面。莊票多爲直式,票面僅直書文字三行。中間一行記載金額,右旁爲莊票號及印章,左旁記日期及蓋有莊號印章。上海南市曾有一家元大亨錢莊,它開出的莊票,甚至不蓋莊章,莊名却用筆書寫⑩。這説明,過去錢莊衹重信用,不重手續,這是莊票粗簡的主要原因。莊票分爲即期、遠期兩種,即期者係見票即付,遠期者則須至票面載明付款之日時方能付款。遠期票初時有五日、十日、二十日之分,後錢業規定"遠期至多以十日爲限,不得再遲"。現存上海豫園的道光二十一年(1841年)上海縣告示碑(這是有關莊票的最早官方文件)規定:"遺失票銀千兩,有人拾取送還,酬謝銀十兩,視票銀多少增減";又説到當年"治錢莊生意或買賣豆、麥、花、布,皆憑銀票往來,或到期轉换,或收劃銀錢",可見莊票用途之廣。1923年公佈的《上海錢業營業規則》第十三條規定:莊票"不論何人,凡執有莊票者,視爲現款";又第十五條規定:"凡接受莊票者,如遇面生中外人等持票……必須詢明店號住處,並覓妥人擔保之"。由於錢莊營業信守商業秘密,所發莊票數量歷來難有統計。僅以上海爲例,估計1919年發出的莊票"約80萬枚(平均每家出票1萬號)……大約每莊發出票面金額每年最少者約1,500萬兩,最多約3,500萬兩,平均約2,000萬兩,其總額約十六七萬萬兩"。⑪莊票在錢莊付款後即銷毁,所以流傳至今的莊票實物極罕見。如"上海滙劃莊所發之莊票,爲可以轉移之票據,本埠各銀行商號,一律接受視同現銀。所以然者,即當1911年橡皮風潮之時,凡屬於公會之錢莊,雖已停業清理者,而所發之莊票,莫不完全付清,固未嘗有絲毫之拖欠也"。⑫這正説明,上海錢莊重信用,爲了避免糾紛,兑付勾銷後的廢票極難從錢莊流出,大多内部銷毁。

錢票　票型直式多見,票面印有錢櫃式緣框,框内直書錢值;緣框外層密密麻麻地滿書小字,内容多爲《古文觀止》内容,其目的主要用於防僞。票頭爲某某莊及地名。早期用木刻版、宣紙或棉皮紙印刷,多爲單色,蓋有朱印。後石印技術由西方傳入,一些大城市很快採用,出現"五彩石印",票面趨於精美,圖案除了傳統的神話傳説、發財至福等畫面外,也出現了一些新的反映時代風貌的内容,如火車、地球、洋房、工廠等。在上海這類用洋紙石印的錢票,號稱"洋印新版"。各地錢票許多是在上海印製,如上海著名的點石齋書局即代山西、湖南、江蘇、浙江等地印製錢票。民國之後,出現横式票型錢票,蓋仿自外國銀行紙幣樣式。錢票幣值,以"制錢"或"銅元"等輔幣名稱出現。錢票的發行者多爲中小錢莊,存世錢票極多,特别是山東省的,可見當年發行濫矣!德國的白爾文先生搜集有中國錢票達一萬五千種⑬。

代價券　1939年正值中國抗日戰爭時期,銅元作爲戰略物資被奸商大量走私出境,造成市面銅輔幣奇缺,商店找零困難,在此背景下,一些錢兑莊和商家紛紛自行印製代價券,以救燃眉。上海錢莊印發的代價券以壹分、貳分、伍分等小額爲主。據衛聚賢《最近上海行使的輔幣代價券》一書記載:"在民國十八年時(按:其實更早)因銅元缺乏,錢莊等有發行二十枚等銅元票,後被收回不用,兹次(指1939年)使用代價券時,該錢莊將舊日用過的銅元票,加蓋印章,作壹分、貳分、伍分之用。"今所見這種老票再用的代價券有源豐恒、永盛昌裕記、瑞和烟號(加入烟兑業公會,屬小錢莊)等數家。上海錢莊代價券從1939年始,至第二年即廢除。錢莊代價券具有臨時性,印製粗簡,流通範圍小並作爲輔幣券等特點。

滙票　滙票即錢莊對於委託滙款者所發的支付滙款書,亦即收款人收取滙款的憑證。滙票有即期、注期及板期三種。即期滙票爲錢莊見票即付現款,無可延諉;注期滙票即於票面注明見票後遲若干日付款,按錢業公會營業規程,注明之後不得止付;板期滙票則載明付款日期於票面,到期付款,期前不得通融。早期錢莊滙票留傳極罕，近年來衹見光緒年間河北博陵到上海順號絲寳棧並轉滬北滙劃錢莊承兑滙票數張，這些承兑的錢莊都是大錢莊，有厚德莊、成泰莊、萃和源記莊、申公大莊、延康莊等，地址都在北市或夷場(租界)，相當今南京東路、河南路、寧波路和江西路一帶。

支票　此種票據亦稱聯票，與銀行發行的支票相似。錢莊支票照票據法規定不能開付遠期，但習慣上則沿用五日或十日期。立票人可於票面記載掉换莊票字樣，持票人可於到期前持支票向錢莊預换莊票並流行市面。這種支票，現所見以中國抗日戰爭後期的爲多，支票上年份一般集中在1949年前後，因此有“國幣”、“金圓券”、“人民幣”等貨幣名稱，此類票上無掉换莊票字樣，一般印有票據交换所會員編號。

本票　本票即莊票，可以流通，相當現款。本票與支票最大的區别是：本票是錢莊開出的，而支票是由客户填寫的。所以本票領款人一般不受存户存款限制，責任由錢莊負之，故受者比較放心。

上票　此種票據與期票不同，票上不列號碼數，不由錢莊蓋戳，錢莊僅負兑换之勞，責任由出票人完全擔負，如到期前一日，出票人不將現款滙劃到錢莊，則到期時由持票人向出票人清理。

水條　此種條據係兑换銀洋時所用，其龍洋、角洋、銅元等行市均須一一填注於折合數目之下。

以上所列錢莊票，莊票、錢票、代價券等帶有紙幣性質，或稱“準紙幣”；而滙票、支票、本票、上票、水條等純屬票據性質，不是紙幣。

2. 各地錢莊通行貨幣

由於近代中國幣制不統一及貨幣流通的地區性特點，形成各地錢莊通行的貨幣不盡相同。

上海　1933年廢兩改元前，通行銀兩和銀元。銀兩有清海關道鑄重五十兩寳銀，民國之後上海租界所鑄五十兩大錠稱“夷場新”(即“租界新造之元寳也”，又稱“二七寳”，因上海銀兩衡法稱漕平，漕平爲漕糧折銀征收時的衡量標凖，後漸爲民間採用。重漕平五十兩的寳銀，因其成色高於紋銀，折合紋銀一般可升水二兩七錢，故稱“二七寳銀”，即相當於五十二兩七錢紋銀)，另外有十兩重的“圓絲錠”等。銀元有外國銀元，如早期的西班牙本洋、英屬東印度公司發行的站人洋和墨西哥鷹洋(又稱“英洋”、“光洋”，通行於長江流域一帶)，以及清末各省鑄造的龍洋；民國期間，除鷹洋外另有清代龍洋，以江南、湖北、廣東、北洋和大清宣統三年製造者多見，另外國幣即袁世凱壹圓、孫中山開國紀念幣、船洋等銀元在各種銀元流通比重中逐年增多。輔幣以廣東雙毫小銀幣爲普遍。紙幣有清、民國中央銀行及上海地方商業銀行發行的兑换券；另有英、日、俄、美、法、荷、比等國發行的“客鈔”流通，其中以英國滙豐、麥加利銀行及華俄道勝銀行發行的鈔票爲多見。1919年五四運動後，紙幣發行方面，中國國内銀行逐漸取代外資銀行，佔了主導地位。

南京　通行銀元分四種：①國幣；②龍洋，如北洋、江南、湖北、廣東和大清宣統三年造的龍洋通行無阻；而安徽、浙江、福建等省的龍洋每元約貼水三分，東三省、雲南、貴州、四川等省的龍洋每元約貼水四五分；③英洋，即墨西哥鷹洋；④站洋，即英屬東印度公司發行的站人洋。輔幣分三種：①新輔幣(民國後鑄)，有壹角、貳角、半圓三種，均係大洋，通行無阻；②舊輔幣，有壹角、貳角，係江南、廣東、湖北所造小龍洋；③雜角，指湖南、安徽、浙江、福建、吉林、香港、四川、東三省所造小銀幣，成色不足，兑换銀元需貼水。銀兩，通行上海“二七寳”。紙幣通行中國銀行的兑换券，上有“江蘇、南京、上海”字樣；交通銀行的紙幣，上有“浦口、南京、上海”字樣；外資銀行如滙豐、麥加利、東方滙理、横濱正金等銀行的紙幣都爲錢莊認可，均可兑换。銅幣不分省界一律通用。

福州　銀元通行墨西哥鷹洋、日本龍洋(中國龍洋在此處不通行)、站洋(即站人洋、杖洋，舊時通用京津地區)、新幣(即“袁大頭”、孫中山開國紀念幣)。銀兩稱“紋銀”，銅元稱“另找”。紙幣用港紙，即英滙豐銀行在香港發行的紙幣；臺伏〔“臺”即臺南之“臺”，“伏”者由“佛”字轉音，意即“番佛”(洋錢)之意〕是當地銀行、錢莊發行的紙幣，在福州最通行，這種貨幣授受雖以“元”稱，而兑换實以兩計，以當地習慣，每臺伏1元合“臺棒”七錢；臺棒(“臺”即臺南之“臺”，所謂“棒”者，因其銀多係破碎，須以手捧之之意也)又名“臺新議平番銀”(“新議”爲“平碼”之名稱，銀元俗稱“洋錢”，閩語稱“番銀”)；申票俗稱“上海頭寸”，由上海錢莊承兑或簽發的商業滙票，可以轉手買賣，屬“硬通貨”。

廣州　銀元通行港幣及本地銀毫；銀兩稱“靴銀”，即一般稱“馬蹄銀”重五十兩的元寳；紙幣有中國紙幣與香港滙票。

揚州、鎮江　銀兩通行上海的“二七寳”；銀元有英洋、龍洋之分，英洋較龍洋價高一二釐，市面交易以龍洋爲多，其中又以北洋造龍洋多數；小銀元亦甚通用。

温州　銀兩通行上海的“二七寳”；銀元通行墨西哥鷹洋和浙江、湖北、江南、廣東、安徽、福建、大清宣統三年造等龍洋及“袁大頭”。須貼水的有：北洋造每元貼一二釐；奉天機器局造和吉林、東三省造銀元各貼角許。二十世紀三十年代通行的角幣有福建、湖北、浙江、安徽、江南、廣東造銀毫;不能流通的有東三省、吉林及民國十二、十三年廣東造低質銀毫。

以上所列爲長江流域及南方一些城市貨幣通行的簡況。就銀元流通地區看:墨西哥鷹洋、站人洋和廣東雙毫在整個長江流域地區通行無阻(劣質廣東雙毫除外);而"大頭"、"小頭"則通行全國。清末各省所造龍洋,雖成色不一,但其流通的地域性明顯,有些龍洋兑換時視成色高低還須貼水。銀兩,由於中國政府允許民間自熔自鑄,作爲稱量貨幣在形狀上也並無規定,因此各地多有五十兩及五十兩以下各等寶銀的鑄造。作爲近代中國金融中心的上海,上海所鑄的"二七寶"(即"夷場新")廣泛通行於長江流域及東南沿海各地,現從全國各地留傳至今的五十兩大錠看,其中以"二七寶"居多即爲明證。

紙幣的流通較爲複雜,在1935年"法幣"政策推行前,由於各省銀行(原爲清各省官銀錢局)及各地商業銀行濫發紙幣時有發生,致使各地紙幣信用程度不一,所以有些地方錢莊告示牌上寫明"不兑外省鈔票"。外資銀行發行的紙幣流通較集中在通商口岸。另外,外幣的價值受政治因素影響較大,如1905年爆發的日俄戰争以俄國失敗告終,導致盧布大幅貶值,許多中國人手中的俄幣頓時變成廢紙。

---

① 明陸粲:《庚巳編》卷2《洞簫記》,中華書局1997年版。據葉世昌《錢鋪到錢莊的産生》(載《學術月刊》1990年第五期)一文考證,錢肆出現以《庚巳編》最早,時間在明正德年間,地點在蘇州;彭信威:《中國貨幣史》也講到,明末在常熟出現錢肆。

② 明范濂:《雲間據目抄》,載《筆記小説大觀》第13册,江蘇廣陵古籍刻印社1983年影印本。

③ 《上海錢莊史料》第7頁,上海人民出版社1960年版。

④ 《各省錢業調查》,載《錢業月報》民國十年、十一年第2卷到第16卷,上海錢業公會發行。彭澤益:《清代工商行業碑文集粹》,中州古籍出版社1997年版。

⑤ 《黄浦區志》第286頁,上海社會科學院出版社1996年版。

⑥ 光緒二十三年(1897年),有潮州幫鄭姓錢莊首創貼票方法,以高利吸收存款,以遠期莊票到時貼現,後實行貼票錢莊越來越多,貼票利息由二三分增至五六分,至年底許多錢莊無法付現,倒閉的達數十家。

⑦ 宣統二年(1910年),中國商人和官員受英國人麥邊的蠱惑,競相購買橡皮股票,之後該股票狂漲二十七八倍,許多人向錢莊借款買股票,錢莊自己亦出錢購買。騙子們看到股票市價已漲足,乘機抛掉手中股票,然後帶巨款潛逃。該股票市價一瀉千里,頓時變爲廢紙。錢莊受此拖累,倒閉十之五六。

⑧ 二十世紀二十年代初,證券、物品等交易所争相設立並形成高潮,後爆發了信託公司和交易所的倒閉風潮,稱爲"信交風潮"。

⑨ 《舊中國交易所股票金融市場資料録編》(下),北京書目文獻出版社1993年影印本。

⑩⑪ 《上海錢莊史料》第543、551頁,上海人民出版社1960年版。

⑫ 朱彬元:《貨幣銀行學》第277頁,黎明書局1930年版。

⑬ 《宣和幣鈔》第74頁,2001年第6期,臺灣出版。

試論近代外國在華銀行的紙幣發行

洪葭管　張繼鳳

鴉片戰争後,中國貨幣金融領域發生巨大變化,資本主義國家在中國開始設立銀行。銀行發行紙幣是近代銀行的一種功能和業務,這種銀行發行紙幣的模式與機制,也隨着外國在華銀行的設立由國外傳入中國。1845 年在香港和廣州、1847 年在上海設立分支機構的英商麗如銀行,於 1847 年起即在香港發行紙幣 58,305 元①。十九世紀六十年代前後進入中國的麥加利、滙豐等銀行亦相繼在上海、廣州等地發行紙幣,連曇花一現的利彰銀行(1860—1866,Asiatic Banking Corp,中文又名"利華銀行")也留下了它在上海曾發行紙幣的痕迹,此後發行紙幣的又有法、德、美、日、俄、比、荷等國在華的十幾家銀行。外國銀行在中國境内廣泛發行紙幣的活動,直到 1935 年中國政府進行幣制改革實行法幣後才宣告基本結束。此外,由境外發行而流入中國境内流通的外幣,數量大、影響廣的,早期有沙俄國家銀行發行的盧布(在東三省流通,俗名"羌帖")、日本政府控制的朝鮮銀行在中國東北流通的所謂"金票"、東方滙理銀行在越南等法國殖民地發行而流入中國雲南等西南幾省的"貢紙";後期,在抗日戰争時期的重慶、昆明和抗日戰争勝利後的上海、廣州、天津、青島等城市流通的大量港幣和美鈔等。

一、外國在華銀行發行的紙幣和外國銀行紙幣在中國境内的流通概況

外國在華銀行發行的紙幣和外國銀行紙幣在中國的流通時間長達八十多年,按其變化情況可分爲三個時期。

(一) 發行範圍不斷擴大,發行金額逐步增加時期(1847—1924)

這一時期,以 1900 年前後爲分水嶺,分爲兩個階段:

第一階段(1847—1900),終十九世紀,幾乎全是英國在華銀行發行紙幣的時期。1860 年在上海設立的法蘭西銀行 (Comptoir d'Escompte de Paris,1860—1894) 尚無發行紙幣的記録,華俄道勝銀行衹是在 1898 年發行面額爲壹兩的僅爲試驗性質的少量直型票,其餘的全是英國銀行發行的紙幣。當時中國人自己創辦的中國通商銀行甫於 1897 年開業,翌年才有少量銀兩券和銀元券發行。因此,英商銀行紙幣的流通空間十分巨大,但發行紙幣的五家英商銀行在這段時間亦有不同的結局。利彰銀行早於 1866 年停業而退出發行的行列,第一家進入中國的麗如銀行因經營不善亦於 1884 年改組,於 1892 年倒閉。衹有滙豐和麥加利兩家銀行業務日增,紙幣發行額不斷擴大,尤以滙豐銀行最爲突出。英商在上海創刊的《北華捷報》在十九世紀八十年代初載文説:"東方的本地居民正在年復一年地越來越欣賞一種對他們説來保持固定價值的通貨。"到了八十年代末它又載文説:"本地人寧愿要滙豐銀行的鈔票而不要他們自己錢莊的票子","有些交易契約還特别規定須用滙豐銀行的鈔票付款"。②滙豐銀行的紙幣發行額節節上昇,1867 年爲 121.6 萬港元(港元值與中國元基本相同),1900 年增加到 1,251.3 萬港元。麥加利銀行由 1874 年的 57.5 萬鎊增加到 1891 年的 138.2 萬鎊,同期的英商有利銀行由 76.9 萬港元增加到 143.8 萬港元。

外國在華銀行發表的紙幣發行統計數字是全行性的,要了解它們在中國境内的發行數額相當困

難,歷來學術界對此都採取約計的辦法。例如《香港的通貨》的作者認爲,滙豐銀行發行的紙幣"留在中國的不下三分之二"。[③]當時香港是外國在華銀行發行紙幣的大本營,隨着香港與内地貿易及其他經濟交往的密切和頻繁,滯留在内地流通的紙幣數額往往比香港流通的數額爲大。1891 年時,前者佔 48.6%,後者佔 51.4%,已在一半以上[④]。又據滙豐銀行的行史記載,1926 年的 4,295 萬港元總發行額中,在中國境内包括香港流通的爲 4,100 萬港元,在其他國家流通的僅爲 195 萬港元,前者佔 95.5%,後者僅佔 4.5%。在中國境内流通的,其中香港爲 1,044 萬港元,佔境内流通額的 25.5%;内地爲 3,056 萬港元,佔境内流通額的 74.5%[⑤]。當然,在香港或内地發行的比重也並不是一成不變的,而是隨着不同時期政治、經濟環境的不同而有所變化,内地發行量有時低於 50%,有時則高於 50%,少數年份甚至佔三分之二。

第二階段(1901—1924)。進入二十世紀,發行紙幣的外國在華銀行多了起來,俄國的華俄道勝銀行於 1901 年發行上海地名的紙幣,日本的横濱正金銀行於 1902 年發行上海、天津和牛莊地名的紙幣,比利時的華比銀行於 1902 年發行上海、天津、漢口地名的紙幣,美國的花旗銀行於 1905 年開始在上海發行紙幣;日本的臺灣銀行於 1905 年發行厦門地名的紙幣,德國的德華銀行於 1907 年在上海、北京、濟南、青島發行紙幣,荷蘭銀行於 1909 年在上海發行紙幣,法國的東方滙理銀行於 1910 年後在雲南、廣州、貴州等地發行紙幣,日本的朝鮮銀行於 1913 年在瀋陽設立分行並於 1914 年發行紙幣,美商 1918 年設立的上海美豐銀行於 1921 年發行紙幣。還有一批名爲中外合資而實權操在外人手裏的銀行也先後在中國境内發行紙幣,按發行年份先後分别是中法實業銀行 (1913)、中法振業銀行 (1917)、中華滙業銀行 (1918)、中華懋業銀行 (1919)、震義銀行 (1921) 和華威銀行 (1922)[⑥]。這些中外合資銀行因有中方資本,發行紙幣獲得中國政府的批准,但實際操作均按外國資本的意旨行事。

現將這一時期發行紙幣的十家主要外國銀行於 1916 年至 1924 年間,紙幣發行的增長情况列表如下:

在華外國銀行 1916 年至 1924 年間紙幣發行的增長情况表[⑦]

行　名	1916年發行數	1924年發行數	1924年比1916年增長比例
滙豐銀行	2,925.0	4,961.0	169.6%
麥加利銀行	92.6(1917年)	173.2	187.0%
東方滙理銀行	9,402.4	83,109.4	883.9%
花旗銀行	78.9	437.1	554.0%
横濱正金銀行	1,805	326.3	因在東北調整發行範圍,發行數鋭减
臺灣銀行	2,629.8	5,126.0	194.9%
朝鮮銀行	5,822.6	14,888.4	255.7%
華比銀行	114.6(1918年)	216.3	188.7%
有利銀行	13.0(1918年)	29.3	225.4%
上海美豐銀行	30.0(1921年)	205.2	684.0%

注:

(1) 貨幣單位: 滙豐銀行爲港元,麥加利、有利銀行爲英鎊,東方滙理、華比銀行爲法郎,花旗銀行爲美元,横濱正金、朝鮮、臺灣銀行爲日元,上海美豐銀行爲中國元,單位均爲萬元。

(2) 本表資料數字來自《中華民國貨幣史資料》(第一輯)有關各表,有的銀行缺當年統計數字,以該年後的統計數字代替。

(3) 上表所列各銀行紙幣發行數字,除花旗、華比、美豐三家銀行爲中國境内發行數字外,其餘的均爲全行性數字。

(二) 發行額互有消長時期(1925—1935)

與上一時期外國在華銀行紙幣發行額基本處於直綫上昇不同,這一時期外國在華銀行的紙幣發行額有上昇,也有下降,發行進展受到阻礙,並且出現分化,有的被淘汰,有的則進一步增長。

首先,1925 年五卅反帝愛國鬭争中提出"不在外國銀行存款,不用外國銀行鈔票"的口號,特别是鎮壓中國人民反帝愛國鬬争的英、日兩國的銀行受到的打擊更大，如滙豐銀行發行額 1923 年爲 4,909 萬元，到 1928 年五年過去不僅未增還減少至 4,836 萬元；麥加利銀行由 1923 年的 227.6 萬鎊降至 1928 年的 174.9 萬鎊，日本的横濱正金銀行由 1921 年的 754.2 萬元降至 1930 年的 367.3 萬元，臺灣銀行亦由 1924 年的 5,136 萬元降至 1926 年的 4,865 萬元。

其次，第一次世界大戰後已有幾家外國銀行倒閉，如德華銀行於 1917 年被清理；中法實業銀行於 1921 年停業，發行的 225 萬元紙幣無法兑現，由北京、上海兩地銀行公會墊款代爲收兑；美國友華銀行於 1924 年停業併入花旗銀行；1926 年 9 月在中國境内擁有十幾家分行的華俄道勝銀行與其在巴黎的總行一起宣告停業清理，給中國存户和紙幣持有人帶來巨大損失。這一系列事實使中國人民認識到，外國銀行和外國銀行紙幣並不可靠，逐漸失去了對它們的信任。而與此同時，華商銀行中的中國銀行、中南銀行等發行的紙幣聲譽卓著，流通中國各地，也使外國銀行紙幣的流通空間相對地有所縮小。但這時期也出現了美籍銀行勢力的擴張，日籍銀行的獨霸東北、華北等。然而總的説來，外國銀行發行紙幣的勢頭已非北洋政府時期可比了。

1935 年 11 月幣制改革時，中國政府規定：全國貨幣發行權集中於中央、中國、交通、中國農民四家銀行，其他銀行所發紙幣仍准流通，但應逐漸收回。對這一決定，英國政府首先予以響應，其駐華公使立即發出英皇敕令，要在華的英商和英國僑民遵守這一法令，接受法幣，不再使用現銀，英國在華的滙豐、麥加利等銀行率先將庫存白銀移交給中央銀行收兑。當時，即使有一些外國銀行紙幣尚在邊境一帶流通，但爲數不多。所以説，此時外國在華銀行發行紙幣的業務已基本宣告結束。

（三）掠奪性爲主的外幣流通時期（1936—1949）

1935 年前，外國在華銀行擅自發行紙幣有兩種情況：一種爲滙豐、麥加利、花旗、華比等銀行，其發行紙幣雖屬蔑視中國主權、破壞中國金融秩序的經濟侵略行爲，但從銀行業務來説又是謀求高額利潤的一種商業性盈利活動；而另一種情況，如沙俄國家銀行發行的盧布（即"羌帖"）以驚人數量輸入東北地區，日本的朝鮮銀行在東北地區大量發行所謂"金票"，則已屬於代表俄、日等國政府的侵略謀劃以追求超經濟利潤的政治性掠奪活動了。

在日本侵佔東三省和發動全面侵華戰争後，朝鮮銀行和横濱正金銀行進一步充當政府的侵略工具。1937 年後，朝鮮銀行和横濱正金銀行一起在淪陷區内大量發行軍用票。日本在中國發行軍用票在近代史上已有多次，但這一次數量最大、持續時間也最長。朝鮮銀行、正隆銀行、滿洲銀行三家日本系統銀行合併改名爲滿洲興業銀行，爲日本軍部的産業開發提供長期巨額資金，以貫徹侵華戰争後日本侵略者"以戰養戰"的圖謀。

在中國的八年抗日戰争中，日本侵略者的經濟榨取手段多種多樣，並且達到窮凶極惡的程度，其做法之一是，原由日籍銀行發行的紙幣，現通過僞政權的銀行發行。在東北，通過"滿洲中央銀行"套取資金；在華北，通過"中國聯合準備銀行"套取資金；在華中，通過"中央儲備銀行"套取資金。横濱正金銀行上海分行與汪僞中央儲備銀行簽訂了《軍用票與中儲券之互相存放契約》，按契約規定，横濱正金銀行需用"中儲券"時，祇需在賬面上空收一筆軍用票作爲"中央儲備銀行"的存款，就可按 18:100 的比率折合，向"中央儲備銀行"提取"中儲券"；在"中央儲備銀行"賬上，也收有等額的軍用票作爲横濱正金銀行的存款，但不能動用。一個可以無限制、無節制連續不斷地提取"中儲券"充作軍政費用和搜購物資；一個却不能支取分文，祇能作爲"中儲券"的所謂"發行準備"，其侵略性掠奪的險惡用心昭然若揭。

由於戰時和戰後中國法幣發行數的劇烈膨脹，法幣急劇貶值，外幣成爲國内保持購買力和交易計價的手段和工具。東方滙理銀行在西貢發行的越幣即所謂"貢紙"，大量流入中國西南邊境幾個省份。滙豐銀行的港幣發行量亦扶摇直上，它的發行額 1937 年爲 20,035 萬元，1945 年爲 25,656 萬元，1949 年 4 月達到 81,437 萬元，流入華南一帶的估計爲 6 億元⑧。美鈔發行量亦在增加，1939 年爲 75.98 億美元，1948 年已增至 281.18 億美元，較第二次世界大戰前增加 3.7 倍，至於以上海、青島等地爲流通中心的美鈔數量則估計爲 6,000 萬至 1 億美元之間。這種流入中國境内的美鈔對中國經濟、金融所起的破壞作用，也屬於超經濟掠奪的性質了。

二、外國在華銀行發行紙幣的實質與特點

從十九世紀中葉到二十世紀中葉長達一個世紀中，外國銀行紙幣在中國的發行和流通，是近代金融史上非常突出的事件，可從下列各點來看它的性質與特點。

（一）典型的侵犯别國主權的行爲

一個國家到别的國家開設銀行總行或分行，未經這個國家主管機關准許，這是地地道道的侵犯别國主權的行爲。而銀行開業後未經當地政府同意，擅自發行紙幣並投入流通更是蔑視别國主權的經濟侵略行爲。近代英、法、德、美、日、俄、荷、比等國金融資本集團擅自到中國設立銀行和發行紙幣，正是依仗其治外法權，利用不平等條約作庇護，明目張膽地侵犯中國的主權。而且侵入的國家之多、範圍之廣、時間之長，實爲世界金融史所罕見。其中如朝鮮、横濱正金、華俄道勝銀行等，還明顯地、露骨地配合其政府的侵略意圖。

（二）外國在華銀行各按其本國政府的有關政策、法令行事

幾乎所有外國在華銀行發行紙幣，都是由其本國政府授權或經本國政府批准並按其有關法規行事的。如 1890 年開業的德華銀行，直到 1904 年德國政府頒布殖民地發行貨幣的法規後才提出發行紙幣的申請，1906 年經德國政府批准，1907 年開始發行。華俄道勝銀行於 1896 年在中國設立分行時，即被沙俄政府授予征收税款、經營國庫、鑄造貨幣等宛如中央銀行行使的特權，開業後即發行金盧布紙幣、銀兩紙幣和銀元紙幣，全部在我國東北及新疆等地流通。日本是缺乏資本的國家，它在國外設立的執行其擴張政策的横濱正金、臺灣、朝鮮三家銀行更是露骨地、最大限度地以掠取資金爲其目標。法國政府授予東方滙理銀行發行紙幣的特權，1875 年至 1888 年尚限於在法國殖民地發行，1888 年至 1900 年間擴大到東至太平洋、西至印度洋的廣大地區，1900 年後再擴大到其他外國，並准許它以準備金的 3 倍爲額度大量發行紙幣。美國在華開設的銀行一般在其國内的各個州注册，因而隨各州法律的不同而在執行上也有所不同，如友華銀行在紐約州注册，該州法律規定：銀行發行紙幣必須有 50% 以上的準備；而美豐銀行則是根據康涅狄格州的法律立案的，該州法律對銀行發行紙幣的準備未作具體規定，衹要求有“適當準備”即可⑨。

再看滙豐銀行發行紙幣的有關法規，按照香港政府核准的該行章程，紙幣發行額不能超過資本實收額，故 1894 年前資本額爲 1,000 萬元時，它的發行額爲 997 萬元。1922 年修改章程，規定發行額如超過資本額 2,000 萬元必須有足額的硬幣和金銀塊存放於殖民地秘書處或財政處，這樣它的發行額就大幅度增加了。1929 年，香港政府對它的超額發行不加限制後，1930 年發行額就上昇到 1 億元。1935 年成爲不兑現紙幣之後更是猛烈增長，1937 年達到 20,025 萬元，比 1920 年的 2,933 萬元增加 5.8 倍，發行額對存款額的比例也從 1920 年的 6.5% 增大爲 23.3%。各國政府對在華銀行發行紙幣的政策、法令五花八門，不僅嚴重損害中國主權，而且更增加了中國貨幣制度的混亂。

（三）北洋政府的軟弱和媚外使外幣蔓延各地

外國在華銀行發行紙幣，涉及面最廣、參與數最多的是 1912 年至 1927 年的北洋政府統治時期。北洋政府腐敗無能，各軍閥之間争權奪利，對内連年混戰，對外則是處處退讓，乃至屈辱應對、媚外求榮。北洋政府對外國在華銀行擅自發行紙幣不加干涉，致使外國銀行羣起仿效，形成一種“慣例”，即凡有外國租界的地方，外國銀行就可不經中國政府審核批准任意發行紙幣。當局承認：“查外國銀行在租界地方發行紙幣，事非一日，惟其發行地點均以租界爲限，既非法權所及，自難加以禁止。”⑩1915 年，北洋政府財政部頒佈了《取締紙幣條例》，規定：“凡新設之銀錢行號，或現已設立向未發行紙幣者，皆不得發行。”但當 1919 年美國友華銀行在長沙設立分行並發行紙幣時，儘管當時社會團體竭力反對，認爲長沙並非外國租界，且 1915 年《取締紙幣條例》已發佈，自無援用“先例”的理由，可北洋政府

没有任何禁止或制止的措施。正由於北洋政府這種軟弱無能,外國銀行也就得寸進尺,如花旗銀行1921年擬在中國已收回法權的哈爾濱發行紙幣時,它所持的理由竟是:"外國商行和中國商行應享有同様權利。"

北洋政府所謂外幣"發行地點以租界爲限",也是自欺欺人之談。貨幣流通是無孔不入的,它一經被持票人所接受就可由大城市流入中、小城市乃至鄉鎮。外國銀行發行的紙幣使用和流通的地點决不會局限在租界一隅,而是要輻射到周邊的廣大區域。由於十九世紀末、二十世紀初形成的外國入侵者的勢力範圍這一歷史因素,這些外國銀行紙幣的流通也就産生了各自的重點流通區域。例如,以香港、上海爲發行中心的滙豐銀行紙幣,暢行於廣東及長江流域一帶;以越南爲基地的東方滙理銀行紙幣,成爲雲南、貴州、廣西廣泛流行的通貨;沙俄時代的華俄道勝銀行所發行的連同沙俄國家銀行發行的盧布票(即"羌帖"),在北滿一帶流通極爲廣泛;横濱正金銀行和朝鮮銀行發行的紙幣則佔東北流通貨幣中的很大比重,臺灣銀行發行的紙幣通行於福建及華南;花旗銀行的紙幣則在上海、北京、漢口及沿江、沿海的通商口岸流通。因此,外國銀行發行的紙幣在流通上也形成了各自大體上的"勢力範圍"。

(四) 外幣發行缺乏透明度,以致對它的流通額難以估算

外國銀行在華發行和流通的紙幣數額由於不受中國政府的管理監督,加上這些銀行又多屬國際性的公司組織,公佈的資産負債表數額是全行性的(除了花旗、華比銀行有一段時期公佈的發行額曾單列出在中國發行的),因此作爲研究的素材,對於絶大多數銀行的紙幣發行額,學術界歷來衹能是估計和測算。

著名經濟學家馬寅初在1926年華俄道勝銀行倒閉後曾説過:"中國受羌帖(即'俄國盧布')的損失,有人統計過説有二萬萬至三萬萬之巨,數目雖不能確定,但至少總在二萬萬以上,是我們敢决定的。"⑪

對於兩家日本銀行在東北的發行額,據《滿洲年鑒》記載:"在民國二十年末,朝鮮銀行金票的發行額達一億零九十萬元,其中流通在東北的達六千萬以上,佔十分之六,而在朝鮮境内的衹佔十分之四。同時,横濱正金銀行在大連所發行的銀票達一千四百三十七萬餘元。"⑫對於法國殖民銀行中最重要的紙幣發行銀行——東方滙理銀行,在華發行和流通的紙幣數額,據估計1919年爲6,332.9萬法郎、1933年爲12,871.7萬法郎、1936年爲16,023.7萬法郎⑬。對於某一年度全部外幣發行額的估計,上海《銀行週報》曾刊載文章,對1918年時的各類銀行的發行額加以測算,其中外國銀行發行額爲4,621.2萬元,佔當年中外銀行總發行額的17.4%⑭。

至於更具侵略性的戰時日本,通過銀行發行的軍用票,在1941年"中央儲備銀行"開始發行"中儲券"時,僅爲2.44億元,到1945年8月日本戰敗投降前夕已增達25.16億元⑮。到了解放戰争時期,法幣通貨膨脹日益嚴重,乘機流入的美鈔和港幣,據估計美鈔約6,000萬至1億,港幣(主要是滙豐銀行發行的紙幣)約4億元左右⑯。中國的貨幣流通領域中,這些外幣的泛濫最觸目驚心地反映了中國受壓迫、受掠奪和受損害的狀况。

三、外國銀行在華發行紙幣的行爲對中國社會經濟的影響

(一) 破壞中國貨幣金融主權的統一,造成中國貨幣制度的進一步混亂

近代外國銀行在中國,開業不經中國主管機關的准許,營業不受中國法規的限制,發行紙幣不徵得中國政府的同意,這是它們依仗治外法權、利用不平等條約作庇護,肆意踐踏中國貨幣金融領域的主權、破壞中國幣制政令統一的罪惡行爲,也是資本主義列强對别國進行殖民統治和經濟侵略的一個重要步驟和重要措施。

從十九世紀末以來,中國的幣制一直處於十分混亂的狀態,有銀兩和銀元,有制錢或銅元,白銀和銀元有外國流入的也有中國自己熔製和鑄造的;紙幣有國家銀行發行的,有省市銀行發行的,又有商業銀行發行的,現在又多了一種外國銀行發行的紙幣,其中有銀兩券和銀元券之分,又有以中國貨幣

爲單位和以外國貨幣爲單位之別。本來已經混亂不堪的幣制，經外幣的滲入，就變得更加錯綜複雜，本想趨於統一的幣制就更難以趨向統一。臭名昭著的日本軍國主義頭子田中義一在給天皇的奏摺中說："蓋支那銀行之紙幣信用如不打倒，則我國金票之於滿、蒙永無發展之日。"打倒中國金融機構發行的紙幣，"使其政府無有實力壟斷滿、蒙特産之時，其實權當然屬我，我則藉此而擴張金票爲本位，以期壟斷滿、蒙經濟及財政……以操縱其金融"。⑰這一赤裸裸的侵略宣言，明白無誤地道出了日本帝國主義破壞中國金融幣制的統一，從而進一步併吞滿蒙的侵略野心。

（二）使外國在華銀行在競争中處於更加有利的地位

外國銀行挾其雄厚資本和管理經驗，與中資銀行的競争本已處於强勢地位，現在除經營存款以吸收資金外，又從事紙幣發行業務，這就猶如爲虎添翼，更增其運用資金的能力。

外國在華銀行發行紙幣，有的曾以全額準備爲標榜，但這衹是極個别或極短時期内的特例，絶大多數是既有現金、現銀又有證券或房地産契據作準備。以有價證券作準備，使本來儲藏在庫房中的死財産變成可以充作支付工具的活財産；即使是現金準備，這些現金中也有是充作支付準備的，衹要經過内部調節，便也成爲可賺取利息的現實資金了。

這些外國銀行通過吸收存款和發行紙幣集中了大量貨幣資金，在中國的貨幣市場上拆放更能運用自如。貨幣市場又是與外滙市場相聯繫的，外國本幣資金的壯大也有利於加强其在外滙市場上的支配地位。

外國銀行掌握的資金越多，對其在華外資工業和貿易企業的信貸資金的支持力度也越大，而這種貸款和透支的利率又較中資銀行爲低。外國銀行扶植外資企業的結果，必然會使中資企業處於更加不利的處境。

（三）外國資本多了一種套購物資、掠取資源的工具

貨幣作爲流通手段和支付工具，本是進行商品貿易和物資貿易的利器，外國在華銀行將它所發行的紙幣直接投入到商貿中，有利於外資企業收購物資等商品交易和進行投資活動，例如中東鐵路的建設，使俄國銀行的盧布大量侵入東北市場。此外，有的地方認爲外幣的幣值較穩定而採用外幣進行交易，如廣州沙面的中國商人在向一位法國製造商出口生絲時，其作法是由法國製造商出具法郎滙票給沙面的銀行以换取滙豐銀行發行的港幣，然後將港幣付給中國商人。這説明，即使這筆交易與香港商人無關，但以港幣在廣州沙面受人歡迎和使用的程度，便可以在香港以外地區起到其特有的媒介作用。

至於日本横濱正金銀行、朝鮮銀行和臺灣銀行，則成爲讓其本國商人乃至本國政府利用本國紙幣套購别國物資、掠取别國資源的强盗機構。特别在抗日戰争期間，日籍銀行利用紙幣從僞政權銀行中套取資金，提供給日本軍方和開發公司，大量套購各種物資以達到其"以戰養戰"的目的，更體現了其利用本國紙幣爲其侵華戰争服務的罪惡用心。

（四）外國銀行在中國大規模發行紙幣必然激起中國人民的抗議與抵制

外國紙幣在某些時期、某些場合以其幣值穩定、使用方便，曾受到中國商人、富有貲財者和一般市民的使用、持有乃至窖藏。但在另一面，拒絶使用、争相擠兑、反對發行乃至大規模集會抗議、請愿等正義行動也屢有發生。

1921年，漢口滙豐銀行發生市民持該行紙幣向其兑現的擠兑事件。同年，中法實業銀行停業後也因紙幣的兑付發生糾紛問題。1924年，美國友華銀行在長沙發行紙幣遭到各界社會團體和市民的反對。1926年，華俄道勝銀行倒閉後發生紙幣不能立即兑現等事件。1930年，廣州花旗銀行發生擠兑風潮。東北人民反對"羌帖"和"金票"之禍害，紛紛起來抗争並發展爲政治鬬争。至於1925年在五卅反帝愛國鬬争中提出的"不收受和使用外鈔，不存款到外國銀行"的口號，則已經成爲抵制外國銀行在華發行紙幣的革命性的偉大壯舉了。

中華人民共和國成立後，禁止外國紙幣的流通和計價使用。外國銀行紙幣在中國境内非法發行、使用和流通的歷史從此就一去不復返了。

① 汪敬虞:《外國資本在近代中國的金融活動》第435頁,人民出版社1999年版。

② 載於《北華捷報》1881年6月3日、1889年11月29日、1892年7月8日。

③ 《香港的通貨》第26—27頁,香港殖民部1931年版;轉見《中華民國貨幣史資料》(第一輯)第909頁,上海人民出版社1986年版。

④ 《滙豐銀行營業報告》有關年份。

⑤ F. H. H. King:《The History of the Hongkong and Shanghai Banking Corp oration》第64頁,1988年版。

⑥ 吴籌中:《中國紙幣研究》,上海古籍出版社1998年版。

⑦ 《諸外國之對支投資》上卷第32頁;轉見吴羣敢:《外商銀行概況》第53頁,現代經濟通訊社1949年版。

⑧ 楊培新:《舊中國的通貨膨脹》第117頁,人民出版社1985年版。

⑨ [美]李福瑞:《中國的貨幣、銀行及財政》第102、103頁,1926年版;轉見《中華民國貨幣史資料》第895、896頁,上海人民出版社1986年版。

⑩ 北洋政府財政部檔案,轉見《花旗銀行在中國的史料》第695頁,中國金融出版社1990年版。

⑪ 《中華民國貨幣史資料》(第一輯)第933、934頁。

⑫ 《中國經濟的道路》第31頁,轉見吴羣敢:《外商銀行概況》第53頁,現代經濟通訊社1949年版。

⑬ 《中華民國貨幣史資料》(第一輯)第1128頁,上海人民出版社1986年版。

⑭ 《銀行週報》第3卷第31期第36頁。

⑮ [日]淺田喬二等著:《1937—1945年日本在中國淪陷區的經濟掠奪》(袁愈佺等譯)第188頁,復旦大學出版社1997年版。

⑯ 《現代經濟通訊》,轉見吴羣敢:《外商銀行概況》第55頁,現代經濟通訊社1949年版。

⑰ 《田中奏章》載《東北經濟建設雜志》第一卷,轉見《中華民國貨幣史資料》(第一輯)第1006、1007頁,上海人民出版社1986年版。

日本侵華時期傀儡政權銀行紙幣發行概況

張繼鳳

自1931年九一八事變起，至1945年8月15日日本戰敗投降止，在這長達十四年的時間裏，日本侵佔了中國大片領土。在那些淪陷地區，日本侵略者勾結漢奸，炮製了僞滿洲國、"冀東防共自治政府"、"察南自治政府"、"蒙疆政府"、"華北臨時政府"、"南京維新政府"、汪僞國民政府等傀儡政權，並開設僞銀行，在東北、華北、華中三個地區大肆發行紙幣。如東北地區(自九一八事變起至抗戰勝利止)有"滿洲中央銀行"發行的"中銀券"；華北地區(自七七事變至抗戰勝利止)有"冀東銀行"、"察南銀行"發行的紙幣，以及"蒙疆銀行"發行的"蒙銀券"、"中國聯合準備銀行"發行的"聯銀券"；華中地區(自八一三事變起至抗戰勝利止)有"華興銀行"發行的"華興券"，"中央儲備銀行"發行的"中儲券"等。日僞政府通過發行僞鈔，一方面排斥法幣在該地區的流通，以破壞中國的貨幣金融制度；另一方面利用僞鈔掠奪物資，以實現其"從戰争中攫取戰費"和"以戰養戰"的罪惡目的。據不完全統計，截至1943年6月底止，"蒙銀券"、"聯銀券"、"華興券"和"中儲券"發行量的總和，如將其實際價值折合成戰前法幣，共約666,000萬元(敵方發行的軍用票估計約合戰前法幣10億元，尚未計算在内)。此數大大超過了戰前法幣141,000萬元的發行額。這一巨大的紙幣發行額，充分揭示了敵僞大肆掠奪中國人民財富、榨取中國人民血汗的强盗行徑，其對中國人民犯下的罪行是何等深重！①

現將日本侵華時期各地傀儡政權銀行發行的紙幣概述如下。

一、"滿洲中央銀行"發行的紙幣

1931年九一八事變後，日本軍國主義侵佔了中國東三省。翌年3月1日成立了僞滿洲國，隨即謀劃建立銀行。日本關東軍統治部財務課長五十嵐保司，被委派辦理"滿洲中央銀行"籌建的一切事務。他同僞滿洲國首腦人物臧式毅、熙洽等議訂了關於合併東三省官銀號建立中央銀行的決定。11日召開創建準備會議，宣佈創建委員會名單，以五十嵐爲委員長。②經過三個月的籌備，"滿洲中央銀行"於1932年6月15日建立，同年7月1日開業。該行資本初定爲3,000萬元，後改定爲1億元，實收資本2,500萬元。總行設在長春，在東北重要城市及日本東京等地均設分支機構。該行總裁由僞滿洲國財政部總長熙洽的親信、原吉林省財政廳廳長榮厚擔任，副總裁由臺灣銀行理事、僞國務院總務長官駒井德三的親屬山成喬六擔任。理事六人，中日各半，另設監事一人。總行的課長、部長基本上是正金、朝鮮兩銀行和南滿鐵路公司派出的日本人；凡大中城市和邊境地區分支機構的經理，也幾乎全由日本人擔任。③

"滿洲中央銀行"成立後，首先强行統一幣制。一方面發行"滿洲中央銀行"的紙幣"中銀券"，另一方面對當地流通的舊紙幣加以整理收兑。對舊紙幣的整理，據該行的記録所載，當時在東北流通的鈔券計有十五種之多(按券别分類則達一百三十六種)。④幣值參差不齊，發行又不集中，幣制十分紊亂。該行成立後，即以"中銀券"按一定换算率收兑舊鈔。被整理之舊幣名稱及其换算率如下：⑤

原發行銀行及紙幣名稱	社會通稱	合“中銀券”1元兑换率
東三省官銀號兑换券	現大洋票	1元
邊業銀行兑换券	現大洋票	1元
遼寧四行號聯合發行準備庫發行兑换券	現大洋票	1元
東三省官銀號兑换券	奉天票	50元
公濟平市銀號銅元票	奉天票	60元
東三省官銀號哈爾濱大洋票	哈爾濱大洋票	1.25元
吉林永衡官銀號哈爾濱大洋票	哈爾濱大洋票	1.25元
黑龍江官銀號哈爾濱大洋票	哈爾濱大洋票	1.25元
邊業銀行哈爾濱大洋票	哈爾濱大洋票	1.25元
吉林永衡官銀錢號官帖	吉林官帖	500吊
吉林永衡官銀錢號小洋票	吉林小洋票	50元
吉林永衡官銀錢號大洋票	吉林大洋票	1.30元
黑龍江省官銀號官帖	黑龍江官帖	1,680吊
黑龍江省官銀號四釐債券	黑龍江四釐債券	14元
黑龍江省官銀號大洋票	黑龍江省大洋票	1.40元

同時規定自1932年7月起,准許舊鈔在兩年内可按上述换算率在市面流通。據估計,當時各種舊鈔發行總額折合“中銀券”達142,234,881元。[⑥]1934年6月末(即兩年期屆滿之時),其回收率達93.1%。對於當時尚未收回的舊鈔又延長一年兑换期,至1935年8月末,回收總額折合“中銀券”達138,214,120元,回收率爲97.2%。[⑦]

新幣的印製及發行權本屬於僞滿洲國政府,依據1932年6月僞滿政府頒佈的《貨幣法》規定,委託“滿洲中央銀行”辦理執行。

僞滿洲國貨幣名義上採取銀本位制,每1元含純銀23.91公分(Gram),但不鑄造本位幣,而以“滿洲中央銀行”發行的紙幣作爲無限法償幣。紙幣面額有五分、壹角、五角、壹圓、五圓、拾圓、百圓七種。因發行日期不同,樣式版次各異,計分“改造票”及甲、乙、丙、丁四種票。除改造票係“滿洲中央銀行”開業時因新鈔未印好臨時借用舊東三省官銀號未蓋印的壹圓、伍圓、拾圓券並加蓋“滿洲中央銀行”紅色戳記外,其餘甲、乙、丙、丁四種票,均爲日本内閣印刷局及僞滿洲國印刷局印製。

1944年以後,“中銀券”發行額急劇增加,紙幣的印刷質量每況愈下。由以往之七色印刷,減爲五色、三色印刷;後用凹版(橡皮版)印刷百圓券和壹仟圓券。其中壹仟圓券已印10億元左右,未及發行而僞滿洲國已經瓦解。

“滿洲中央銀行”紙幣自1932年下半年至1935年底,三年半中發行量增加30%。從1936年起發行量大幅增加,至1942年底已是1932年的10倍以上。1943年以後,通貨膨脹變本加厲,至1945年7月底,發行量達80餘億元。日本投降後,根據最後結算,“中銀券”發行總額超過136億元,[⑧]是1932年發行額的90倍。1945年12月21日起,國民政府以中央銀行發行的東北九省流通券,平價收兑“中銀券”。

二、“冀東銀行”、“察南銀行”、“蒙疆銀行”發行的紙幣

日本軍國主義侵佔中國東北後,從1933年3月起又先後强佔熱河、察哈爾和河北省東部地區的大片土地。同年5月31日,國民政府與日本帝國主義簽訂賣國的“塘沽協定”,承認日本侵佔東三省和熱河爲合法,並把察北、冀東的大片國土拱手送給日本。日本侵略者爲了要完全吞併華北,極力推行“以華制華”的侵略方針,積極導演所謂華北“自治”醜劇。1935年11月25日炮製“冀東防共自治委員會”(後改爲“冀東防共自治政府”)。翌年11月成立“冀東銀行”,總行設在通縣,發行“冀東銀行

券"。計有伍角、壹圓、伍圓、拾圓、壹佰圓等五種票面,均由日本内閣印刷局印製。

"冀東銀行"發行紙幣 600 萬元、輔幣券 150 萬元。⑨1938 年 2 月,"冀東自治政府"與"華北臨時政府"合流。3 月 1 日,"中國聯合準備銀行"開業,"冀東銀行"的紙幣遂停止發行。已發行紙幣,由"中國聯合準備銀行"收回。

1937 年 7 月抗日戰争全面爆發後,日本侵略軍於 8 月間攻佔張家口、大同和歸綏。9 月 4 日,在上述地區成立"察南自治政府",27 日設立"察南銀行",資本定爲 100 萬元,係由"察南自治政府"向"滿洲中央銀行"借入。⑩總行設在張家口,10 月 1 日開業,發行壹圓及拾圓紙幣,稱爲"察南銀行券"。係在"滿洲中央銀行"改造過而未發行的舊東三省官銀號鈔票上加印"察南銀行"字樣,是一種"改造票"。

後來敵佔區擴大,同年 10 月 15 日,山西省北部地區成立"晉北自治政府";隨後,蒙綏地區成立"蒙古聯盟自治政府"。11 月 22 日,察南、晉北、蒙古三個僞組織合併爲"蒙疆聯合委員會",各出資 400 萬元(先繳 100 萬元)⑪,將"察南銀行"改組爲"蒙疆銀行",於 12 月 1 日開業。總行仍設在張家口,在大同、厚和(即歸綏)、包頭、平地泉、宣化、懷來、涿鹿、北平、多倫、張北、豐鎮等地設立分行。"蒙疆銀行"發行的"蒙銀券",流通於張家口、綏遠及山西北部,爲"蒙疆聯合委員會"範圍内的惟一通貨,也是日本侵略者控制内蒙和内蒙金融,搜括戰略物資的重要侵略手段。"蒙銀券"面額有五分、壹角、五角、壹圓、五圓、拾圓、百圓七種,票面圖案多是綿羊或駱駝,以示内蒙地區特色。

"蒙銀券"1937 年底發行額爲 1,400 多萬元,至 1943 年底增至 34,500 萬元,⑫發行額擴大 23.6 倍多。抗日戰争勝利後,"蒙疆銀行"總行由晉察冀邊區銀行接收。

三、"中國聯合準備銀行"發行的紙幣

1937 年 7 月 7 日蘆溝橋事變後,日本帝國主義開始向中國内地大舉進攻。7 月 28 日,日軍佔領北平。同年 12 月 14 日,在北平成立以漢奸王克敏爲首的"華北臨時政府"。1940 年 3 月 30 日,汪僞國民政府成立後改名爲"華北政務委員會"。

日本侵佔華北後,急於籌建"中央銀行"。1938 年 2 月 11 日在北平成立"中國聯合準備銀行",3 月 10 日正式營業。

"中國聯合準備銀行"股本總額爲 5,000 萬元,計 50 萬股,每股 100 元。"華北臨時政府"認購 25 萬股,其餘由地方銀行承購,並規定先繳納半數。其中"華北臨時政府"應繳的 1,250 萬元,係從日本興業銀行借入 300 萬元、朝鮮銀行借入 650 萬元、横濱正金銀行借入 300 萬元,期限十年,年息四分五釐;地方銀行承擔的 1,250 萬元,强迫在平津的中國銀行出資 450 萬元,交通銀行出資 350 萬元,河北省銀行和鹽業銀行各出資 80 萬元,"冀東銀行"出資 50 萬元等等。⑬"中國聯合準備銀行"總行設在北平,在河北、山東、河南、山西等省及天津、青島兩市設分支機構。以"華北臨時政府"財政部部長汪時璟爲總裁,總行和各主要分支行均設顧問室或顧問分室,派有日籍顧問。總行設發行局,專司貨幣發行事宜。

"中國聯合準備銀行"成立後大量發行紙幣,俗稱"聯銀券",與日元等值,限於河北、河南、山東、晉南等地區行使,即流通範圍北至長城,南至徐州,西至開封,東至山海關、海州一帶。"聯銀券"開始發行時,規定以一比一收兑法幣,旋即規定凡持有華南地名法幣者祇有三個月的流通期限,在此期間准予等價兑换,1938 年 6 月 10 日起禁止流通。持有華北地名法幣者,則有一年的流通期。故自 1938 年 6 月 10 日以後,華南地名的法幣已禁止在華北區域内流通。同年 8 月 8 日起,將華北地名法幣貶值一成,後於 1939 年 2 月 20 日再貶值三成,即以六折兑换"聯銀券",至 3 月 10 日以後,不准法幣再流通。但在北平使館區、天津租界以及内地鄉村中,人們依然相信法幣,不僅收藏法幣,而且還以"聯銀券"兑换法幣,每千元貼水三四百元。後來,由於"聯銀券"信用低落,當地老百姓稱它爲"壞票子"。

"聯銀券"的種類,根據"中國聯合準備銀行"貨幣發行章程規定,面額有壹圓、伍圓、拾圓、壹百圓四種主幣券,以及半分、壹分、伍分、壹角、貳角、伍角的輔幣券。由於通貨膨脹,後又加發伍拾圓、伍百圓、壹仟圓、伍仟圓等大面額的紙幣。

"聯銀券"發行後,隨着日本侵華戰争的持續和搜括物資的擴大,發行額不斷增加,到日僞垮臺時其發行總額已高達 1,423 億元,⑭爲 1938 年 3 月發行額的 7,000 倍。

四、"華興商業銀行"發行的紙幣

上海、南京淪陷後,在日本侵略者的扶植下,1938年3月在南京成立以漢奸梁鴻志爲首的"維新政府"。同年5月,"維新政府"在上海設立"華興商業銀行"。資本總額爲5,000萬元,由"維新政府"出資2,500萬元,其餘半數由日本興業銀行出資500萬元,臺灣、朝鮮、三井、三菱、住友等五銀行各出資400萬元。[15]該行除經營一般商業銀行業務外,並享有發行紙幣及代理公庫的特權,實際上是僞政權下的"官方"銀行。

"華興商業銀行"發行的紙幣,稱"華興券"。以"法幣"作爲發行準備,名義上不屬於日元集團,與"聯銀券"、"蒙銀券"也無聯繫,企圖利用法幣原來在華中享有的地位,以法幣作準備並與之等價流通,便於其掠奪物資,套取外滙。不久"華興券"即脱離法幣的滙價水準,單獨訂立滙價。但由於它並無外滙儲備,因此這種取代法幣的企圖最終没有實現。當時,華中地區特别是滬寧一帶,法幣仍有相當勢力。雖然,僞政府一再規定,官吏薪給、人民納税均須使用"華興券";向海關繳納進出口税,也須以"華興券"折成關金計算,而不收法幣。但"華興券"在市場上仍不能暢行無阻,其紙幣發行額僅徘徊在五六百萬元左右。1941年1月"中央儲備銀行"成立後,該行的發行權被取消。已發行之紙幣,經董事會議決,以"華興券"100元折合"中儲券"240元的比率,由"中央儲備銀行"收回。[16]

"華興券"有面額壹圓、伍圓、拾圓三種主幣券以及壹角、貳角兩種輔幣券。

五、"中央儲備銀行"發行的紙幣

1940年3月,在日本侵略者的扶持下,汪僞國民政府在南京成立。翌年1月6日,成立"中央儲備銀行",由汪僞政府財政部部長周佛海任總裁,發行"中央儲備銀行券",簡稱"中儲券"。聲稱:"所發鈔券,概爲法幣,舉凡納税、滙兑,及一切公私往來,一律行使,關於現在流通之各種舊法幣,暫准與中儲券等價流通。"可是"中儲券"一出籠即遭到各方面的抵制,汪僞政府不得不公佈《妨害新法幣治罪暫行條例》,規定一切税收和支付款項必須使用"中儲券"。隨着上海租界局勢的變化,"中儲券"大量出籠。太平洋戰爭發生的當月即1941年12月,就發行了8,000萬元,[17]佔全年紙幣發行額的三分之一。這時,汪僞政府將法幣與"中儲券"等價流通的辦法,改爲用"中儲券"以機動比率收兑法幣。稍後又故意緊縮"中儲券"的發行,把掌握的法幣盡量投放到市場中去,造成市場上法幣充斥,"中儲券"缺乏的假象,從而把收兑比率壓低到一百比五十,即法幣100元衹能兑换"中儲券"50元。至1942年5月31日,汪僞政府財政部正式公告,禁止市場行使法幣,持有法幣者必須以二比一的比率兑换"中儲券"。與此同時,對華中和華南地區的法幣,也準備全面收兑。爲此,"中央儲備銀行"特增設分支機構,從7月7日起在廣州、厦門,8月10日起在漢口,9月5日起在九江、南昌、沙市等地區先後對法幣進行全面收兑。本來這些地區是日本軍票的流通區,此時起由"中儲券"代替。爲了使"中儲券"完全獨佔華中市場,汪僞政府財政部佈告:自1942年11月1日至同月30日止,在"蘇、浙、皖三省及南京、上海兩市全境以内,再行實施新舊幣最後一次兑换",强迫"各界人士從速兑换",否則"一經查出,即予没收充公,從嚴懲處"。從12月1日起,未經兑换之法幣除禁止使用、攜帶外,還不准保存和持有。這一禁令又於1943年1月26日起在廣東、2月10日起在武漢地區實行。

此外,汪僞政府還利用日益濫發的"中儲券"支持一批執行日僞統制政策的壟斷組織,如棉花、米糧、食油、煙葉等物資統制委員會,用手中掌握的大量"中儲券",到各地去搶購物資,居奇轉手,大發其財。

"中儲券"剛發行時,面額爲壹圓、伍圓和拾圓三種主幣,以及壹分、伍分、壹角、貳角、伍角五種輔幣券。1942年開始發行壹百圓券。後來隨着通貨膨脹的不斷加劇,貳百圓、伍百圓、壹仟圓、伍仟圓、壹萬圓、拾萬圓券陸續出籠。到日僞政權垮臺時,已發行面額拾萬圓的大鈔。

於是,"中儲券"越發越多,從其發行起到垮臺的四年八個月裏,共發行46,000餘億元,其中21,000

多億元(佔發行總額的 45.7%)是在日本無條件投降後的短短一個月中增發的,主要用來支持蔣介石政府復員到上海後的"接收"行動。其垮臺時的紙幣總發行額,爲剛發行時的 10,300 倍。⑱

---

① 陳建智:《抗日戰爭時期國民政府對日僞的貨幣金融戰》,載《近代史研究》1987 年第 2 期第 62 頁。

② 《中國近代紙幣史》第 968 頁,中國金融出版社 2001 年版。

③④ 吉林省金融研究所編:《僞滿洲中央銀行史料》第 3、8 頁。

⑤ 僞滿洲中央銀行調查部:《滿洲國金融關係法規集》第 28 頁,康德五年版。

⑥⑦ 櫪倉正一:《滿洲中央銀行十年史》第 95、96 頁,康德九年版。

⑧ 國民政府接收僞滿洲中央銀行清理處檔案。

⑨ 今村忠男著,李文治摘譯:《華北通貨工作論》,載中國人民銀行北京市分行金融研究所編:《北京金融史料》(內部資料)第 45 頁。

⑩⑪ 湯心儀:《六年來華北幣制之變遷與現狀》,《銀行週報》第 27 卷第 25、26 期合刊,1943 年 7 月 15 日發行。

⑫ 《銀行週報》第 29 卷第 13—16 期合刊,1944 年 4 月 1 日發行。

⑬⑭ 中國人民銀行北京市分行金融研究所編:《中國聯合準備銀行簡史》(內部資料)第 8、16頁。

⑮⑯ 湯心儀:《六年來華中華南幣制之變遷與現狀》,《銀行週報》第 27 卷第 35、36 期合刊,1943 年 9 月 30 日發行。

⑰⑱ 中國人民銀行總行金融研究所編:《中國近代金融史稿》下册第 27—29頁。

- 民國時期商業銀行紙幣大事記
- 民國時期商業銀行紙幣概況表

肆 資料

民國時期商業銀行紙幣大事記

張繼鳳

民國元年(1912年)

一月	一日	中華民國臨時政府在南京成立,孫中山任臨時大總統、黎元洪任副總統。
三月		孫中山辭臨時大總統職,薦舉袁世凱繼任大總統;遷都北京,南京臨時政府取消。
是年		辛亥革命前已成立的商業銀行:中國通商銀行、浙江興業銀行、北洋保商銀行(中外合辦)、四明銀行、信成銀行等均繼續營業;各行所發紙幣亦照常流通。其中,中國通商銀行將光緒二十四年版和三十年版各類紙幣的英文行名"THE IMPERIAL BANK OF CHINA"的"IMPERIAL"蓋去,加印"COMMERCIAL"字樣。

民國二年(1913年)

一月		財政部提出《商業銀行條例》於國務院,規定:"一、銀行發行紙幣總額,不得超過資本金總額十分之六。二、各銀行欲取得紙幣發行權者,必須呈交政府發行之公債證書於財政部,而其紙幣發行額亦不得超過呈交公債證書之總額。三、發行紙幣各銀行,對於發行額,須有四分之一以上之現金準備,而此準備金,須存儲於中央銀行。四、銀行發行紙幣額,不得超過政府規定。五、銀行遇有破產時,政府得令中央銀行將該銀行所呈交之公債證書全數賣却,以充兑現之用。"與此同時,財政部還擬訂《收回各省商業銀行紙幣辦法》三條:"一、自財政部規定之紙幣條例公佈後三個月内,各銀行須將紙幣總額呈報於財政部,並須先交紙幣發行總額三分之一之政府公債證書,一面向財政部領取同額之紙幣。二、銀行收納紙幣後,三個月内,須收回舊紙幣三分之一,並須呈繳財政部。三、銀行依前二條之規定,在一年以内,須將三分之二之舊紙幣,全部收回,並須呈報財政部。"以上擬訂的"條例"和"辦法",後均未實行。
本月		中、法合資創辦的中法實業銀行成立,總行設在巴黎,北京設營業局,並在北京、上海、天津、漢口、廣州、福州、汕頭、瀋陽、濟南、昆明等地設立分行。資本總額爲4,500萬法郎,法方認股三分之二,中方認股三分之一。以經營工商實業爲主要業務,可在中國境内發行兑换券。
是年	秋	上海信成銀行協理沈懋昭因參加"二次革命"失敗出走,行務無人負責,遂停止營業,進行清理。

民國三年(1914年)

一月二十二日		殖邊銀行在北京成立,由徐紹楨、王揖唐、許世英等人發起創辦。資本總額爲2,000萬元,實收199萬元。成立之初獲准在中國銀行未設分行的邊疆地區發行紙幣,但該行爲了擴大營業範圍,在津、京、滬、杭地區相繼設立分行並發行紙幣。爲此,財政部幣制局從民國五年起迭令該行收縮發行業務,要求内地分行停止發行紙幣,對已發行的限期收回;邊疆地區各分行也衹能維持已發行的數額,不得

擅自增發。由於發行過濫，各地分行時常發生擠兑風波。民國十四年五月一日，因積案所累而被政府查封。

八月　第一次世界大戰爆發後，日本乘機出兵佔領中國山東半島。在佔領期間，發行軍用手票六種。發行總額爲1,181萬餘日元，市場流通額約300萬日元。後由橫濱正金銀行以該行紙幣收回該票，至民國四年四月大部收回。

十二月　北洋政府設置平市官錢局，發行銅元票。表面上的理由是維持市面，實際上作爲支撑財政的一種手段。平市官錢局設總局於保定，後陸續在北京、天津、濟南、開封、洛陽、太原、西安、張家口等地設立分局。

民國四年（1915年）

三月二十六日　鹽業銀行開業，總行設在北京。主要發起人爲總統府顧問張鎮芳。原擬由鹽務署撥給官款，實行官商合辦，後未成爲事實，改爲商辦。

本月　聚興誠銀行在重慶成立，爲當地富商楊文光及其族人所創辦，是四川省較早成立的商業銀行之一。曾於民國十二年發行"無息存單"，民國十九年全部收回。

五月　十三日　浙江地方實業銀行與中國銀行簽訂領用兑换券合同，這是商業銀行向國家銀行領用票券的開始。

六月　上海商業儲蓄銀行成立。創辦時資本不足10萬元，由於總經理陳光甫經營得法，到二十世紀三十年代初已成爲中國最大的商業銀行之一，與浙江興業銀行、浙江實業銀行合稱爲"南三行"。

九月　浙江興業銀行放棄發行權，與中國銀行簽訂領用兑换券合同，並將流通在外的舊幣陸續收回。

十月　二十日　北洋政府公佈《取締紙幣條例》，計九條。規定："凡新設之銀錢行號，或現已設立向未發行紙幣者，皆不得發行。"除中國銀行外，"業經設立之銀錢行號，有特别條例之規定，准其發行紙幣者，於營業年限内仍准發行，限滿應即全數收回。無特别條例規定者，自本條例施行之日起，以最近三個月平均數目爲限，不得增發；並由財政部酌定期限，分飭陸續收回"。但條例公佈後未能實施。

民國五年（1916年）

是年　北京、天津等地發生了震驚全國的中國、交通兩銀行紙幣停兑事件。五月十二日，北洋政府國務院下達中、交兩行紙幣停兑令，遭到各界多數人士的反對。中國銀行上海分行在地方實力派和江浙財團的支持下，公然抗令，照常兑現，並得到多數分行的響應。七月十二日，天津中國銀行先行開兑；十一月，天津交通銀行亦恢復兑現。由於財政部向兩行透支過多，所籌現金難以應付，時兑時停，不能維持，造成幣值不斷下跌，變成了京鈔問題。後迭經曲折，多次發行整理京鈔金融公債。至民國十年一月三十一日止，京鈔問題才獲得解决。

民國六年（1917年）

五月　金城銀行開業，總行設在天津，另在北京設立總經理處。創辦時實收資本爲50萬元，民國十六年增至700萬元。主要股東爲安徽督軍倪嗣冲和安武軍後路局總辦王郅隆等。總經理爲曾任北洋政府財政部庫藏司司長的周作民。該行營業作風大膽果斷，業務發展迅速，爲民國時期最大的商業銀行之一。它與鹽業銀行和後來成立的中南銀行、大陸銀行合稱爲"北四行"。

八月　中國政府對德宣戰，成立於清光緒十五年（1889年）的德華銀行被接管，停業清理。翌年大戰結束後重新開業，但在金融界的地位和重要性，已不能與戰前相比。

民國七年(1918 年)

二月　一日　中、日合資創辦的中華滙業銀行成立,總行設在北京,在上海、天津、瀋陽等地設立分行。資本總額爲 1,000 萬日元,先收二分之一,中、日雙方各半出資。日方出資者爲日本興業銀行、朝鮮銀行、臺灣銀行及其他銀行;中方最大股東爲中國銀行和交通銀行。該行在開業前即呈准北洋政府獲得紙幣發行權。後因反日運動高漲,京、津兩地曾發生擠兑提存風潮,民國十七年十二月被迫停業清理。

十二月　大宛農工銀行成立,總行設在北京,資本總額成立時僅 20 萬元,後增至 100 萬元。民國十六年改組爲中國農工銀行,成立總管理處,並在上海、天津設立分行。

是年　在滬美國商人雷文創辦上海美豐銀行。在美國康涅狄格州注册,總行設在上海,在天津設立分行,實收資本 389 萬元。民國十三年曾發行紙幣 205.2 萬元。

民國八年(1919 年)

二月　美國友華銀行在上海設立機構,爲其遠東地區總行,在中國的其他分行均歸其管轄。民國九年,遠東總行發行紙幣 72 萬美元。後因買賣生金銀虧損嚴重,造成資金周轉不靈,漢口、長沙等地分行發生擠兑。1924 年,友華銀行歸併於花旗銀行。

四月　中國實業銀行成立,由周學熙、李士偉等人發起創立。總行設在天津,民國二十一年四月遷至上海。實收資本 350 萬元。該行成立時即由政府特許發行兑换券。

本月　大陸銀行開業,總行設在天津。由談荔孫、張嘉璈聯合馮國璋、張勛等出資設立,談荔孫任總經理兼董事長。

五月　"五四"運動爆發,中國人民自發地展開抵制日貨的鬬爭。由於各地民衆拒用日鈔,一時間横濱正金、臺灣、朝鮮等日籍銀行的紙幣,幾乎完全不能流通。

七月二十一日　大中銀行開業,由渝商汪雲松、汪墨園等發起創辦,總行設在重慶(後遷天津,再遷上海)。原定資本爲 100 萬元,民國十年增至 400 萬元。同年九月呈准財政部幣制局發行兑换券,以 200 萬元爲限。至民國二十四年十一月國民政府實施法幣政策前夕,該行的紙幣發行額爲 1,712,521 元,後由交通銀行接收。

本月　邊業銀行成立,由前西北籌邊使徐樹錚創辦,總行設在庫倫。資本總額爲 1,000 萬元,官三商七,實收 250 萬元,享有紙幣發行權。民國九年受時局影響進行改組,並遷總行於北京。民國十四年四月,由奉系軍閥張作霖家族接辦,資本總額改爲 2,000 萬元,實收 525 萬元,以天津分行爲總行。翌年秋,總行遷至瀋陽,並在東北各地設立分行二十六處,所發紙幣也在東北各地廣爲流通。民國二十年九一八事變後,該行在中國關外的財産悉被日軍侵佔。同年十月在天津重建總行,並在上海、北平、西安、漢口四地設立分行。在國民政府實施法幣政策前,其紙幣發行額尚有 351,700 元,後由天津交通銀行接收。抗日戰爭爆發後,該行於民國二十六年十月停業清理。

十月　一日　外資匯興銀行在上海成立分行,並在華發行紙幣,民國十一年停業清理,其業務由友華銀行接收。

十二月　中、美合資創辦的中華懋業銀行成立,總行設在北京,上海設執行部,在天津、漢口、濟南、石家莊、哈爾濱等地設立分行。資本總額爲 1,000 萬美元,實收 750 萬美元,中、美各半。美方主要由紐約大通銀行出資,中方除官股外還有商股。該行成立之初,即呈經北洋政府批准取得紙幣發行權。

民國九年(1920 年)

一月　淮海實業銀行成立,由原北洋政府農商部總長張謇籌建。總行設在南通,在上海、揚州、鎮江、蘇州等地設立分行。資本總額爲 500 萬元,先收四分之一計 125

萬元。開辦後即獲准發行紙幣，曾印製兑换券 100 萬元，在南通發行，可在上海兑現。民國十四年因工商業不景氣，貸款無法收回，宣告停業清理。

四月　中、意合資創辦的華義銀行在天津意大利領事館注册成立。資本總額爲意幣 400 萬里拉，華幣 120 萬元。中方代表任總裁，意方代表任副總裁。創辦時呈准發行銀元券 100 萬元。民國十二年底，華商全部退出，翌年改組爲完全由意商開辦的在華外資銀行，紙幣發行權亦隨之消失。

六月二十八日　財政部與幣制局將前頒《取締紙幣條例》增擴爲十四條，作爲《修正取締紙幣條例》呈准公佈，重付實施。條例要點前後相似。但這個修正條例六月底公佈，七月即爆發直皖戰争。條例所定仍不能有效實施。

七月　成立於清宣統二年 (1910 年) 四月的中、日、德合辦的北洋保商銀行，改組爲純粹的華資商業銀行。改組後由周自齊爲董事長，設總辦事處於天津，並在北京、天津設立分行，繼續享有紙幣發行權。民國二十四年十一月國民政府實施法幣政策前夕，該行紙幣發行額爲 658 萬元，後由天津中國銀行接收。抗日戰争爆發後，於民國二十八年停業。

十月　勸業銀行成立，係虞和德、李雲書等人發起組織。總行設在北京，在上海、天津、南京、寧波、濟南等地設立分行。資本總額爲 500 萬元，實收 239 萬元。民國十年一月財政部幣制局批准該行有紙幣發行權，發行限額爲 100 萬元。民國十四年十二月底其實際發行額爲 178 萬餘元。翌年因時局關係，宣告停業。

民國十年(1921 年)

五月　中、意合資創辦的震義銀行成立。總行設在北京，在上海、天津、漢口設立分行。資本總額爲 1,000 萬元，實收僅 250 萬餘元。由財政部核准發行兑换券 100 萬元。民國十四年，該行停業清理。

六月　中南銀行成立，由南洋僑商黄奕住發起創設。總行設在上海，在天津、北京、漢口、厦門等地設立分行。資本總額爲 2,000 萬元，實收 500 萬元。該行成立之初，即由政府特許，享有紙幣發行權，後與鹽業、金城、大陸銀行共同發行“中南券”。

七月　中法實業銀行巴黎總行倒閉，在華分行亦同時停業，已發行的紙幣停止兑現。北洋政府在輿論壓力下，由財政部出面，責成各地銀行公會協助收兑該行紙幣。自七月十三日起至八月十三日止，京、津、滬、漢四地銀行公會共代爲兑付 2,099,162 元，但此項墊款該行拖延至民國十四年九月才同意撥還，墊款利息則不肯支付，結果由財政部予以負擔。

八月　官商合辦的農商銀行成立，由齊耀珊奉農商部令籌辦。設總管理處於北京，在上海、天津、漢口等地設立分行。募集商股 123 萬元、官股 50 萬元，共計實收資本 173 萬餘元，開辦時即享有發行銀行兑换券的特權。民國十八年三月，因時局影響呈奉國民政府財政部批准停業整理。民國二十三年八月復業，改設總管理處於上海。

九月　中、法合資創辦的中法振業銀行成立，總行設在北京，在天津、上海、漢口等地設立分行。資本總額號稱 1,000 萬元，實收 250 萬元。民國十二年以借給財政部 25 萬元爲條件，取得了紙幣發行權。二十世紀三十年代早期，該行停業清理。

十月　上海發生信託公司和交易所大批倒閉而導致的金融風潮(簡稱“信交風潮”)。在這次風潮中，造成滬市金融緊迫，但由於銀錢業及時採取防範措施，没有捲入這次風潮的漩渦中。

民國十一年(1922 年)

一月　中國、挪威、丹麥合資創辦的華威銀行開業。總行設在北京，在上海、天津、漢口、重慶等地設立分行。資本總額爲 1,000 萬元，實收 250 萬元，中外各半。同年八月，北洋政府幣制局核准該行發行銀元券 100 萬元。民國十五年十一月，京、津兩地銀元兑换券流通額爲 49 萬餘元、輔幣券爲 34 萬餘元。民國十八年，該行因經營證券失敗而倒閉。

二月　　大中銀行北京分行發生擠兑風潮。

四月　　中、美合資創辦的四川美豐銀行成立，總行設在重慶。資本總額爲美金 100 萬元，實收國幣 25 萬元，美方出資 13 萬元，中方出資 12 萬元。該行未經中國政府准許，徑自發行紙幣並流通於重慶市場。民國十六年三月，中方收買全部美股，成爲華商銀行。後得到四川善後督辦公署准許繼續發行紙幣。直至民國二十四年，四川省政府遵照財政部整理川省紙幣的指示，令飭重慶各商業銀行停止發行紙幣後，該行紙幣纔於是年十二月全部收回。

九月　　鹽業、金城、中南、大陸銀行設立四行準備庫，聯合發行中南銀行紙幣。該準備庫獨立於四行之外，專營紙幣的發行、準備金的存儲以及印票兑現等事務，不兼做其他業務。民國二十四年十一月國民政府實施法幣政策後，該庫遵令結束，並將全部現金準備、保證準備連同未發鈔券，一併移交中央銀行接收。

本月　　中美合資創辦的福建美豐銀行成立，總行設在福州，在厦門設立分行。資本總額爲 100 萬美元，美方認股 52%，中方認股 48%。民國十八年，因銀行資金周轉不靈而倒閉。

民國十二年(1923 年)

三月　　浙江實業銀行成立，由浙江地方實業銀行官商分股後的商股組成。設總管理處於上海，在漢口、杭州、上海等地設立分行。

六月　　蒙藏銀行成立，由蒙藏院總裁貢桑諾爾布主持創辦，以扶助蒙藏地區民族經濟發展爲宗旨。總行設在北京，享有紙幣發行權。實收資本 125 萬元。民國十八年初，因準備金不足發生擠兑以致停業。

本月　　北洋政府財政部因無款可籌，密令平市官錢局提借銅元票，向私商抵押借款，以致引發銅元票擠兑大風潮。

民國十三年(1924 年)

八月　　勸業銀行在上海、天津、北京等地的分行先後發生擠兑、停兑風波。

民國十四年(1925 年)

二月　　廣州國民政府制定《行使外幣取締條例》，計八條，在粤省頒佈施行。三月十五日又重申禁令，港幣曾一度在廣州市面上絶迹。

五月　三十日　　上海發生英捕槍殺市民、學生的五卅慘案，激起了全國人民的義憤。全國各大城市爆發了工人罷工、商人罷市、學生罷課的運動。上海、天津等各大商埠在抵制英、日貨的同時，提出了“不用英籍、日籍銀行鈔票”的口號，同英、日帝國主義進行了英勇的鬬争。

六月　三日　　上海的華商銀行以及錢莊爲抗議五卅慘案停止營業，直至二十六日開始營業。

九月　　中元實業銀行成立，總行設在天津。資本總額爲 400 萬元，實收 200 萬元。享有紙幣發行權，限額爲 200 萬元。翌年春夏間開始發行，至民國十六年十月該行停業時，僅發行紙幣 10 餘萬元，後陸續收回銷毁。

民國十五年(1926 年)

一月　　中國絲茶銀行成立，總行設在天津，在北京、漢口等地設立分行。資本總額爲 500 萬元，實收 125 萬元。經政府批准享有紙幣發行權，當年在天津、北京、保定等地發行紙幣。

九月二十四日　　華俄道勝銀行巴黎董事會電令上海總管理處，轉令在華各分行於九月二十五日正午閉市後即行停業，自行清理，不再開市。

三十日　中國政府特派前國務總理、司法總長王寵惠督辦中國境内道勝銀行清理事宜，委派法國記名公使、中國政府法律顧問寶道會辦中國境内道勝銀行清理事宜。同年十月十七日公佈清理中國境内道勝銀行章程施行細則。

是年　中國通商銀行因時局影響，發生擠兑風潮，由於準備充足，旋即平息。

民國十六年(1927 年)

二月　北京大宛農工銀行改組爲中國農工銀行，成立總管理處，並在上海、天津添設分行。民國十七年呈准國民政府特許發行銀行兑换券，並將資本增至 1,000 萬元，實收半數爲 500 萬元。民國二十年三月將總管理處移設上海。

四月　十八日　蔣介石在南京成立國民政府，北洋政府解體。

是年　中國墾業銀行成立，總行設在天津。民國十八年由上海金融界秦潤卿、王伯元、李馥蓀等人接辦，將總行遷往上海，天津改爲分行。資本改定爲 250 萬元，一次收足，享有紙幣發行權。

民國十七年(1928 年)

五月　中國絲茶銀行發生擠兑，宣告停業。

六月　二十日　國民政府在上海召開全國經濟會議，擬訂了《國家銀行制度大綱》，討論了整理舊債等問題。

七月　一日　國民政府在南京召開全國財政會議，商定《整理財政大綱》，確定組織國家銀行。

十月　六日　國民政府頒佈《中央銀行條例》，計二十條。規定中央銀行資本總額爲 2,000 萬元，總行設在上海，任命財政部部長宋子文兼總裁，陳行爲副總裁。

二十六日　國民政府頒佈《中國銀行條例》，計二十四條。特許該行爲“國際滙兑銀行”，同時加入官股 500 萬元，民國二十四年增至 2,000 萬元。

十一月　一日　中央銀行總行在上海正式開業。

十六日　國民政府頒佈《交通銀行條例》，計二十三條。特許該行爲“發展全國實業之銀行”，同時加入官股 200 萬元，民國二十四年增至 1,200 萬元。

民國十八年(1929 年)

一月　三日　財政部公佈《取締地方錢莊、商號私發紙幣》佈告，規定“自佈告之日起，不得再另發行。其業已發行者，限於一個月内將發行數目及準備實況，呈由地方政府查明，轉報本部核定，分期限令收回”。

三十日　財政部公佈《兑换券印製及運送規則》，計八條，目的在於從用途上嚴加審核，以漸達管制發行之目的。

四月　蔣桂戰爭期間，中華懋業銀行漢口分行被桂系收買，桂系失敗後被蔣介石下令查封，不久，京、滬兩地分行相繼停業清理。民國十九年，各地分行也都相繼關閉，所發紙幣從該年下半年開始收兑，至翌年收兑完畢。

八月　財政部通令各華商銀行“所有各該發行銀行，不論在本國或外國定印紙幣，均應遵照《兑换券印製及運送規則》第二條規定，呈由本部核准後，方准印製”。

民國十九年(1930 年)

三月　十五日　國民政府在原郵政局經營儲金、滙兑業務的基礎上，成立郵政儲金滙業總局於上海，直屬交通部。民國二十四年改組爲郵政儲金滙業局，改隸郵政總局。

五月　十五日　世界銀價暴跌，對中國的財政金融和國際貿易影響至深。爲此，行政院令財政部發文《禁止金貨出口及外國銀幣進口》。此後，對進口貨物改以海關金單位征税，1 海關金單位＝英幣 19.726,5 便士＝美幣 0.40 元＝日幣 0.802,5 元＝法幣 10.184 法郎……

民國二十年(1931年)

三月　三十日　國民政府公佈《銀行法》。

八月　一日　國民政府公佈《銀行兑换券發行税法》,計十一條。規定:"凡國民政府特許發行兑换券之銀行,應依本法,完納兑换券發行税","兑换券發行税税率,依照實際保證準備數額,定爲百分之二點五"。

九月　十八日　日本帝國主義在瀋陽發動九一八事變,旋即侵佔中國的東北三省,當地的華資銀行悉數落入敵手。

民國二十一年(1932年)

一月二十八日　當日夜,日本帝國主義悍然進攻上海,駐防上海的國民革命軍第十九路軍奮起抗擊,一·二八淞滬抗戰爆發。上海市商會決定全市停業。

二月　四日　上海銀行業根據需要先行復業,並成立銀行聯合準備委員會,實現同業互助,應付緊急狀態。

七月　一日　"滿洲中央銀行"開業,總行設在長春。開始發行僞滿洲國紙幣,簡稱"中銀券"。

八月　二十日　中國銀行、交通銀行、中南銀行、四明銀行、中國實業銀行、中國通商銀行、浙江興業銀行、中國墾業銀行、中國農工銀行聯名上書財政部,請從緩實行銀行兑换券發行税。嗣又呈文請將發行税税率减爲1.25%。

十月二十九日　國民政府公佈《修正銀行兑换券發行税法》,兑换券發行税税率改定爲1.25%。

民國二十二年(1933年)

四月　五日　財政部發佈《廢兩改元佈告》,規定在全國實行廢兩改元。佈告規定:"兹定四月六日起,所有公私款項之收付與訂立契約、票據及一切交易,須一律改用銀幣,不得再用銀兩。其在是日以前原訂以銀兩爲收付者,在上海應以規元銀7錢1分5釐折合銀幣1元爲標準,概以銀幣收付。如在上海以外各地方,應按四月五日申滙行市先行折合規元,再以規元7錢1分5釐折合銀幣1元爲標準,概以銀幣收付。其在是日以後新立契約、票據與公私款項之收付,及一切交易而仍用銀兩者,在法律上無效。"

本月　財政部致關務署訓令:"兹定四月六日起,凡有以銀條、銀塊、銀錠及其他可供鑄幣之銀類運送出口者,除中央造幣廠廠條外,征税百分之二點二五。"

十二月　十九日　財政部致各省市政府函,重申禁止錢莊、商號私發紙幣。

民國二十三年(1934年)

三月　四日　國民政府公佈《儲蓄銀行法》。

八月　十五日　農商銀行經財政部、實業部批准正式復業,繼續享有紙幣發行權。

十月　十五日　財政部重行制定"銀出口税税率如次:一、銀本位幣及中央造幣廠廠條,征出口税百分之十,减去鑄費二點二五,净征百分之七點七五;二、大條寶銀及其他銀類,加征出口税百分之七點七五,合原定百分之二點二五,共爲百分之十。如倫敦銀價折合上海滙兑之比價,與中央銀行當日照市核定之滙價相差之數,除繳納上述出口税而仍有不足時,應按其不足之數並行加征平衡税。"

十七日　中央、中國、交通三銀行受財政部委託組織成立外滙平市委員會,"每日應征平衡税之標準由委員會核定之"。

是年　受美國購銀政策的影響,中國的白銀大量外流,全年净流出達25,673萬元,即比以往任何一年超過5倍還多。以往最高的一年是光緒三十三年(1907年)的4,900萬元。大量白銀的外流,使中國貨幣的銀本位制受到嚴重威脅。

民國二十四年(1935 年)

一月　　財政部復呈准行政院,將原財政部核准,已停業尚在清理以及未開始發行紙幣的各銀行之發行權,概行取消。

五月　　上海美豐銀行因經營外滙投機失敗,宣告停業清理。

六月　四日　　國民政府公佈《中國農民銀行條例》,在原豫、鄂、贛、皖四省農民銀行基礎上改組而成的中國農民銀行正式成立,資本總額爲 1,000 萬元,總行設在漢口,民國二十六年遷至南京,享有兑换券發行權。

本月　　中國通商銀行、四明銀行和中國實業銀行在白銀風潮中發生擠兑,周轉困難,岌岌可危,國民政府財政部乘機對這三家銀行進行改組。隨後,又於民國二十五年和翌年上半年進一步對這幾家銀行分别增加官股,使之成爲官商合辦銀行。

十月　一日　　國民政府設立中央信託局,資本總額爲 1,000 萬元。總局設在上海,由中央銀行總裁孔祥熙兼任理事長。

十一月　三日　　國民政府宣佈實施法幣政策,規定:"自本年十一月四日起,以中央、中國、交通三銀行(翌年三月十日增加中國農民銀行)所發行之鈔票定爲法幣。""中央、中國、交通三銀行以外,曾經財政部核准發行之銀行鈔票,現在流通者,准其照常行使;其發行數額,即以截至十一月三日止流通之總額爲限,不得增發;由財政部酌定限期,逐漸以中央銀行鈔票换回,並將流通總額之法定準備金,連同已印未發之新鈔,及已收回之舊鈔,悉數交由發行準備管理委員會保管;其核准印製中之新鈔,並俟印就時,一併照交保管。""凡銀錢行號商店及其他公私機關或個人,持有銀本位幣或其他銀幣、生銀等類者,應自十一月四日起,交由發行準備管理委員會或其指定之銀行,兑换法幣。""由中央、中國、交通三銀行,無限制買賣外滙。"後又根據民國十九年至二十三年五年間,上海與倫敦間國幣與英鎊平均的滙率爲準,規定法幣 1 元等於英鎊 1 先令 2.5 便士。

本月　下旬　　中央、中國、交通三銀行奉令接收九家指定發鈔之商業銀行的發行準備,由中央銀行接收中國農工、中南、農商三行;中國銀行接收四明、中國農民(翌年成爲法幣發行銀行之一)、中國實業三行;交通銀行接收中國墾業、中國通商、浙江興業三行。接收中規定對六成現金準備暫不兑换法幣,暫時封存在各該銀行的保管庫,四成保證準備分别移送中央、中國、交通三銀行保管,按月付給利息。

是年　　以中央銀行爲首,包括中國銀行、交通銀行、中國農民銀行、郵政儲金滙業局、中央信託局(俗稱"四行兩局")組成了國家壟斷資本的信用體系,加强了對中國金融、貨幣的統制。

民國二十五年(1936 年)

一月二十八日　　財政部致函發行準備管理委員會和中央銀行,各行的準備金劃歸中央、中國、交通三銀行,但四成保證準備的利益,暫仍歸原發行行享受,期限自當年一月一日起,爲期二年。

五月　十八日　　國民政府與美國簽訂《中美白銀協定》,由美國按世界市場白銀的平均價格收購中國白銀 5,000 萬盎司,以維持法幣滙率。確定法幣與美元的滙率爲法幣 1 元等於美金 0.297,5 元,法幣又與美元掛鈎,成爲美元的附庸。法幣同英鎊和美元連繫在一起,形成英、美兩國共同支配中國幣制的局面。

十一月　　"冀東銀行"成立,總行設在通縣,開始發行"冀東銀行券",由日本内閣印刷局印製。

民國二十六年(1937 年)

七月　七日　　日本侵略軍在中國的蘆溝橋發動事變,抗日戰爭全面爆發。戰爭引起金融恐慌,上海發生擠提存款、搶購外滙的風潮。

本月　中央銀行、中國銀行、交通銀行、中國農民銀行四行聯合辦事處在上海成立，作爲共同審核貸款的業務機構。

八月　五日　財政部授權中央、中國、交通三銀行在上海合組放款委員會，調劑金融。

九日　上海中央、中國、交通、中國農民四行聯合貼放委員會正式成立。

十三日　日軍在上海發動侵略戰争。國民政府令全國銀行業自十三日起停業兩天。

十五日　財政部頒佈《非常時期安定金融辦法》，計七條，命令自十六日起在全國實行。上海銀錢兩業公會爲便利工商業營業資金的周轉，擬定補充辦法四條，呈准財政部同時實行。主要内容是：一、銀行(包括錢莊)活期存款，其全部提款額不得超過一周的存款額的5%；存户提款每周不得超過150元；定期存款不到期不得提款，到期後，得改存活期；作爲抵押用的存單在未到期前限提1,000元。二、銀錢同業所出本票，一律加蓋同業滙劃戳記，此項票據，衹准在上海同業滙劃，不付法幣及轉購外滙。採取此項措施後，將上海的大部分資金暫時予以凍結，以防止外滙供應和滙率受到壓力。據估計自七月十日至八月十二日止，各政府銀行售出各項外滙，合計額達750萬鎊，至於向銀行提出存款爲數亦極巨，僅浙江興業銀行一家就提取1,700萬元以上，佔其存款總額的17%。

十月　一日　"察南銀行"在張家口開業，並發行"察南銀行券"，係在加蓋"滿洲中央銀行"字樣的原東三省官銀號紙幣上再加蓋"察南銀行"，故稱"雙加蓋票"。

十一月　中國軍隊撤離上海。日軍在杭州灣登陸時，攜帶大量軍用票，在其軍隊所到之處强迫中國人民使用。

本月　孔祥熙在漢口組建四聯辦事總處，原上海成立的四聯辦事處改爲辦事分處。

十二月　一日　國民政府宣佈重慶爲戰時陪都。

同日　由"察南自治政府"、"晋北自治政府"、"蒙古聯盟自治政府"三個傀儡政權共同設立的"蒙疆聯合委員會"，將"察南銀行"改組爲"蒙疆銀行"，並在張家口正式開業。發行"蒙銀券"，流通於綏遠、察哈爾及山西北部。

民國二十七年(1938年)

三月　十日　"華北臨時政府"籌設的"中國聯合準備銀行"在北平正式開業。發行"聯銀券"，與日幣等值。同時發佈《舊通貨整理辦法》，限期禁止法幣流通。

十二日　財政部頒佈《中央銀行辦理外滙請核辦法》，計三條，及《購買外滙請核規則》，計六條。開始實行外滙管理，停止按固定滙率無限制供應外滙。

五月　一日　在日軍操縱下，南京"中華民國維新政府"在上海成立"華興商業銀行"，十六日開業，發行"華興券"。

六月　十日　"華北臨時政府"公告，自六月十日以後，禁止中央、中國、交通、中國農民四銀行紙幣在華北流通。

八月　八日　"華北臨時政府"公告，舊法幣貶值，規定中國、交通兩銀行紙幣以九折兑换"聯銀券"。

十月　廣州、武漢相繼撤守，抗日戰争進入相持階段。

十一月　日軍佔領武漢、廣州後，於11月1日頒佈《華中、華南使用軍用票辦法》，在中國的華中、華南佔領區(上海除外)强行使用軍用票。

十二月　三十日　"華北臨時政府"再度公告，自翌年二月二十日起，對中國、交通兩銀行紙幣再度貶值，按六折兑换"聯銀券"，以加速用僞幣統一華北地區的金融市場。

是年　法幣的對外滙價步步下跌，十月以後，徘徊於英鎊8便士、美元15.625,0分左右。中、日雙方的貨幣金融戰進入激烈交鋒狀態，重心在中國的華北地區。

民國二十八年(1939年)

三月　十日　中英貨幣平準滙兑基金管理委員會成立，基金總額1,000萬英鎊，中、英兩國銀行各認半數，基金會在上海、香港買賣外滙，用以平抑滙價。

十月　一日　四聯總處在重慶正式成立，設理事會，由蔣介石任理事會主席。財政部授權四聯總處理事會主席，在非常時期内對四行"可爲便宜之措施，並代行其職權"。

是年　法幣發行額已達429,000萬元，較民國二十六年六月增加2倍。法幣對外滙價繼續下跌，十二月份的平均價爲英鎊4.271便士、美元6.911,5分。

民國二十九年(1940年)

三月　三十日　汪僞國民政府在南京成立。

八月　七日　財政部公佈《非常時期管理銀行暫行辦法》，計十條(翌年十二月修正爲十五條)。

十二月　十九日　汪僞國民政府公佈《中央儲備銀行法》。

是年　重慶物價上漲指數已遠遠超過貨幣增發指數，標志着法幣已進入惡性膨脹階段。

民國三十年(1941年)

一月　六日　"中央儲備銀行"在南京開業，發行汪僞國民政府"本位幣"，簡稱"中儲券"。

同日　財政部通過四聯總處電令上海四行拒收僞鈔，不與僞行往來。

三月二十二日　上海各銀行抵制"中儲券"的流通，汪僞特務在上海極司非而路(今萬航渡路)中行别業内將中國銀行職員及家屬一百二十八人强行捕去，經交涉後於四月八日交保釋放。

同日　汪僞特務將霞飛路(今淮海中路)江蘇省農民銀行宿舍中的十一名職工集體槍殺。

二十四日　在亞爾培路(今陝西南路)和白克路(今鳳陽路)的中央銀行兩辦事處，被汪僞特務放置定時炸彈，炸死十五人。

四月　一日　中英、中美分别簽訂《中英平準基金協定》和《中美平準基金協定》，並成立中英平準基金委員會和中美平準基金委員會。由英國財政部墊款英金500萬鎊，美國財政部墊款美金5,000萬元，中國由中央、中國、交通、中國農民四銀行合墊美金2,000萬元，民國二十八年三月簽訂的中英貨幣平準滙兑基金1,000萬鎊亦由該會接收和運用，合計共有英金1,500萬鎊、美金7,000萬元，用以穩定法幣在外滙市場上的價格。民國三十三年三月該會結束，英、美財政部墊款均予以償還。

十六日　汪僞特工總部傳訊中國銀行上海分行主任級以上職員九人，在分批送回時，被埋伏在中行别業門前的汪僞特務槍擊，死二人，傷一人，是爲震驚一時的上海中行别業血案。

六月　一日　僞滿洲國政府爲加强金融統制，規定"滿洲國"境内衹准保留中國銀行一家，其餘華商銀行如交通、金城等銀行一律關閉。

七月二十六日　美國、英國分别宣佈凍結中國和日本在該國的資金。中國被封存資金的解封之權授予國民政府中央銀行，從而使中國居民在英、美的外滙資金悉歸國民政府控制，以制止日本侵略軍及其傀儡政權利用法幣套購外滙。

十二月　八日　太平洋戰争爆發，日軍進佔上海租界，上海中央、中國、交通、中國農民四銀行及英、美、荷、比等國的銀行均被日軍接管。

民國三十一年(1942年)

二月　一日　中央銀行發行貳拾圓、伍拾圓、壹佰圓、伍佰圓面額的關金券流通市面，按一比二十兑换法幣。面額伍佰圓的關金券，即等於面額壹萬圓的法幣券。

五月三十一日　汪僞政府公佈《整理舊幣條例》，限期禁止法幣流通，中央、中國、交通三銀行所發鈔券按二比一的比率换取"中儲券"。

六月　十八日　四聯總處理事會正式通過《統一發行實施辦法》，規定全國鈔券發行應集中於中央銀行辦理，中國、交通、中國農民三銀行停止發行各種鈔券，並將發行準備金移交中央銀行接收。

七月　一日　國民政府正式宣佈，鈔券發行集中於中央銀行。

是年　法幣在中國的華中、華南淪陷區被禁止流通，强迫回收。據統計，日本侵略軍及其傀儡政權在中國的淪陷區共回收法幣 91,270 萬元，大部分由日軍運往雙方交戰前沿，在中國的非淪陷區搶購物資，從而造成中國內地物資奇缺，同時衝擊中國戰時貨幣金融體制。

民國三十二年(1943 年)

四月　一日　日本侵略軍停止軍用票在中國的華中、華南地區流通(香港、海南島除外)，而以"中央儲備銀行"發行的"中儲券"代替之，其兑换率爲日本軍用票 18 元兑换"中儲券"100元。

六月　日軍侵華時期的貨幣金融戰，給中國政府造成了巨大的損失。據不完全統計，迄至該月，"蒙疆券"、"聯銀券"、"華興券"、"中儲券"的發行量折合戰前法幣 6.66 億元，軍用票的發行量折合戰前法幣 10 億元，二者實際價值折合戰前法幣 16.66 億元，達到戰前法幣發行額 14.1 億元的 118%。日本侵略者基本上達到了"以戰養戰"的目的。

民國三十三年(1944 年)

六月二十八日　財政部委託中央銀行，先就重慶、成都、昆明、西安、桂林、蘭州各地試辦黄金存款及法幣折合黄金存款，以吸收游資，平抑物價。

九月　十三日　財政部發佈《黄金存款及法幣折合黄金存款辦法》公告，由中央銀行委託中國銀行、交通銀行、中國農民銀行、中央信託局、郵政儲金滙業局，於本月十五日起在重慶、成都、昆明、貴陽、桂林、西安、蘭州舉辦黄金存款及法幣折合黄金存款。據統計，到翌年六月停辦時爲止，共收回法幣 800 億元(包括出售黄金現貨)。

民國三十四年(1945 年)

八月　十五日　日本宣告無條件投降，中國的抗日戰爭勝利結束。

九月　中旬　財政部京滬區財政金融特派員辦公處在上海成立，四行二局亦同時回滬籌備復業。同時，財政部京滬區財政金融特派員辦公處由該辦公處設立"中央儲備銀行"清理處，對該行進行接收清理；並指定中國銀行對德華銀行和横濱正金銀行，中國農民銀行對朝鮮銀行和臺灣銀行分别負責接管和清算。

二十六日　財政部公告，"中儲券"以二百比一兑换法幣，期限自十一月一日起至翌年三月三十一日止。

十月　財政部規定：凡在日本侵略軍佔領期内新設立的商業銀行而未領有國民政府財政部執照者，一律停業清理。

十二月二十一日　財政部佈告，"聯銀券"以五比一兑换法幣，期限自翌年一月一日起至四月三十日止。

本月　被日軍强佔封閉的英、美、荷、比等外資銀行均陸續在滬復業。

是年　年底，中央銀行持有外滙約值 14,000 萬美元以及接收敵僞的黄金和白銀約值 6,000 萬美元，再加上剩餘的美國借款、美軍在中國開支的結還，中央銀行自有的資産總計值美金 85,805 萬美元，其中美元外滙爲 57,137 萬美元，英鎊合值 4,429 萬美元，黄金合值 19,892 萬美元，白銀合值 4,347 萬美元。

民國三十五年(1946 年)

二月二十五日　國防最高委員會通過《開放外滙市場案》，規定"現行官價外滙滙率(即法幣 20 元合美金 1 元)應予廢止，中央銀行應察酌市面情形，並依照供求實況，隨時供給或收買外滙，以資調節"。

同日　國民政府公佈《中央銀行管理外滙暫行辦法》，計三十二條。其中第二十九條規定:“黄金得自由買賣,中央銀行並得察酌市面情形隨時買賣之。”該辦法定於三月四日起實施。

三月　　四日　中央銀行核定二十九家銀行爲經營外滙的指定銀行,同日公佈對美金滙率爲法幣 2,020 元合美金 1元。

四月　十七日　國民政府行政院通過財政部制定的《管理銀行辦法》,同時廢止《非常時期管理銀行暫行辦法》。

八月　十七日　中央銀行提高美滙牌價,法幣 3,350 元合美金 1 元。

十一月　十七日　國民政府公佈《修正進出口貿易暫行辦法》,實行“輸入許可證”制度,規定無許可證不准結滙,以重新限制和管理外滙。

是年　從三月四日外滙市場正式開放起, 至十一月十七日止的八個多月裏, 中央銀行以及各指定銀行共售出外滙計美元 381,552,461 元、英鎊 16,761 鎊、港幣 24,325,589 元。

民國三十六年(1947 年)

二月　十七日　國民政府公佈《經濟緊急措施方案》和《加强金融業務管制辦法》,凍結商品價格和工資,禁止黄金買賣和外國幣券在中國境内流通,私人藏有的外滙須向有關機構申報。同日提高美滙牌價,法幣 12,000 元合美金 1元。

七月二十一日　國民政府全國經濟委員會通過《經濟改革方案》,以挽救其日趨嚴重的經濟危機。

八月　十六日　國民政府公佈《中央銀行管理外滙辦法》和《進出口貿易辦法》,其要點爲:“設置外滙平衡基金委員會,調節外滙供需。”並定法幣 12,000 元合美金 1 元爲官價外滙,其適用範圍遵照政府命令辦理;另定外滙市價一種,由外滙平衡基金委員會“察酌市場供需情形,調節外滙市價”,並逐日予以公佈,以作進出口貨物結滙滙價。

十八日　公佈美滙牌價爲法幣 39,000 元合美金 1 元,其他各滙照此推算。

九月　　一日　國民政府公佈新《銀行法》(民國二十年三月三十日公佈之《銀行法》着即廢止,又二十三年三月四日公佈之《儲蓄銀行法》着即廢止)。

十二月　　二日　國民政府政務會議決定在滬、津、漢、穗四市設立金融管理局。

民國三十七年(1948 年)

八月　十九日　國民政府頒佈《財政經濟緊急處分令》以及《金圓券發行辦法》十七條和《人民所有金銀外幣處理辦法》十五條。宣佈實行幣制改革,廢除法幣、關金券和流通券,改“以金圓爲本位幣,每元之法定含金量爲純金 0.222,17 克,由中央銀行發行金圓券,十足流通行使”。金圓券發行總額以 20 億元爲限。以前發行的法幣以 300 萬元兑换金圓券 1 元,關金券以 15 萬元兑换金圓券 1 元,東北九省流通券以 30 萬元兑换金圓券 1 元,收兑的截止時間爲十一月二十日。同時,規定“黄金、白銀、銀幣及外國幣券在中華民國境内禁止流通、買賣或持有”,人民手中持有的黄金、白銀、銀幣、外幣等,必須在九月三十日(後延長至十月三十一日)前向中央銀行兑换成金圓券。後據中央銀行統計,十月三十一日前各地收兑金、銀、外幣數字,共計黄金 165.5 萬兩、白銀 900.4 萬兩、銀元 2,354.7 萬元、美鈔 4,796.7 萬元、港幣 8,747.1 萬元。

十一月　十一日　國民政府行政院通過《修正人民所有金銀外幣處理辦法》,計十四條;同時以總統令頒佈《修正金圓券發行辦法》,計二十條。宣佈“黄金、白銀、銀幣或外國幣券准許人民持有;但除銀幣外,禁止流通買賣”。並宣佈把每元金圓券的法定含金量由純金 0.222,17 克降爲 0.044,434 克,即由原黄金每兩合 200 元金圓券提高到每兩合 1,000 元金圓券。修正辦法還規定,撤銷金圓券原定 20 億元的發行限額,新的“發行總額另以命令定之”。

十二月　　中旬　上海發生黄金存兑風潮,二十二日,存兑人羣勢如潮湧,釀成傷亡慘劇,擠死七人,擠傷四十五人。

本月　　中央銀行根據蔣介石的密令,於一日午夜將黃金 200 餘萬兩,由海軍護送運往臺灣;隨後,又南運銀元 1,000 萬元至廣州。翌年一月,再運黃金 57 萬餘兩、銀元 2,200 萬元至厦門。國民黨京滬杭警備總司令湯恩伯逃離上海前夕,又拿走了中央銀行庫存黃金 19.8 萬兩、銀元 146 萬元。

民國三十八年(1949 年)

二月二十五日　　總統令頒佈《財政金融改革案》。其中,關於金融幣制方面的規定爲:“黄金、白銀准許人民買賣”,“銀元准許流通買賣”,“外國幣券仍禁止流通。中央銀行收兑外幣,應參照黄金市價及外滙移轉證價格計算”。然而,在上海、廣州等地,美鈔、港幣不僅成爲投機對象,而且由支付手段變成了流通手段。在中國大陸全部解放前,據估計在中國的美鈔流通額約有 3 億美元、港幣約有 5.8 億元。

五月二十七日　　上海解放。次日,上海市軍事管制委員會發佈命令,宣佈金圓券爲非法貨幣,在六月五日前暫准在市面流通,過期即嚴禁使用。持有金圓券者應按金圓券 10 萬元折合人民幣 1 元(舊幣)的比價,向人民銀行及其代理處繳兑。從五月三十日至六月五日,共收兑金圓券 359,000 多億元,兑出人民幣 35,900 餘萬元(舊幣),佔全部金圓券流通總額的 53%。

七月　二日　　敗退到廣州的國民政府行政院公佈《銀元及銀元兑换券發行辦法》,計十五條。規定:“國幣以銀元爲本位”,銀元 1 元“含純銀 23.493,448 克”。所發銀元券可十足兑現銀元,在“銀元鑄造未充分時,銀元兑换券之兑現,得以黄金爲之”,各種銀元一律等價流通行使。並規定金圓券 5 億元可向中央銀行兑换銀元券 1 元。銀元券僅在廣州、重慶等地行用過。中國大陸完全解放後,銀元券即被徹底廢除。

民國時期商業銀行紙幣概況表

王　煒

一、民國時期中國商業銀行發行的紙幣

編　號	券　名	票型	面額	年　份	票　幅（毫米）	印　刷　者	來　源	等級	説　明
0001	中國通商銀行銀兩票	横	壹兩	1920年(民國9年)	125×77	美國鈔票公司	中國人民銀行上海分行　藏	2	財政部核發·上海通用銀兩
0002	中國通商銀行銀兩票	横	伍兩	1920年(民國9年)	149×83	美國鈔票公司	苗培貴　藏	3	財政部核發·上海通用銀兩、樣本
0003	中國通商銀行銀兩票	横	伍兩	1920年(民國9年)	153×84	美國鈔票公司	中國人民銀行上海分行　藏	3	財政部核發·上海通用銀兩
0004	中國通商銀行銀兩票	横	拾兩	1920年(民國9年)	154×89	美國鈔票公司	孫彬　藏	3	財政部核發·上海通用銀兩、樣本
0005	中國通商銀行銀兩票	横	拾兩	1920年(民國9年)	156×90	美國鈔票公司	中國人民銀行上海分行　藏	3	財政部核發·上海通用銀兩
0006	中國通商銀行銀元券	横	壹圓	1920年(民國9年)	125×77	美國鈔票公司	上海博物館　藏	2	財政部核發·上海、通用銀元
0007	中國通商銀行銀元券	横	伍圓	1920年(民國9年)	152×82	美國鈔票公司	苗培貴　藏	3	財政部核發·上海、通用銀元、棕色、樣本
0008	中國通商銀行銀元券	横	伍圓	1920年(民國9年)	139×76	美國鈔票公司	上海博物館　藏	3	財政部核發·上海、通用銀元、棕色
0009	中國通商銀行銀元券	横	伍圓	1920年(民國9年)	151×82	美國鈔票公司	中國人民銀行上海分行　藏	1	財政部核發·上海、通用銀元、紫色
0010	中國通商銀行銀元券	横	拾圓	1920年(民國9年)	157×89	美國鈔票公司	上海博物館　藏	3	財政部核發·上海、通用銀元、紅色
0011	中國通商銀行銀元券	横	拾圓	1920年(民國9年)	154×89	美國鈔票公司	吴籌中　藏	3	財政部核發·上海、通用銀元、黄色
0012	中國通商銀行銀元券	横	伍拾圓	1920年(民國9年)	159×94	美國鈔票公司	選自《老上海貨幣》	4	財政部核發·上海、通用銀元
0013	中國通商銀行銀元券	横	壹百圓	1920年(民國9年)	159×100	美國鈔票公司	上海博物館　藏	4	財政部核發·上海、通用銀元
0014	中國通商銀行銀元券	横	伍圓	1926年(民國15年)	152×81	倫敦華德路公司印	中國人民銀行上海分行　藏	1	財政部核發·上海
0015	中國通商銀行銀元券	横	拾圓	1926年(民國15年)	155×90	倫敦華德路公司印	上海博物館　藏	2	財政部核發·上海
0016	中國通商銀行銀元券	横	壹圓	1929年(民國18年)	138×74		上海博物館　藏	1	財政部核發·上海通用銀元、藍黑色
0017	中國通商銀行銀元券	横	壹圓	1929年(民國18年)	138×74		上海博物館　藏	1	財政部核發·上海通用銀元、藍色
0018	中國通商銀行銀元券	横	壹圓	1929年(民國18年)	138×74		中國人民銀行上海分行　藏	1	財政部核發·上海
0019	中國通商銀行銀元券	横	壹圓	1929年(民國18年)	138×74		上海博物館　藏	2	財政部核發·厦門改上海
0020	中國通商銀行銀元券	横	壹圓	1929年(民國18年)	138×74		吴籌中　藏	2	財政部核發·厦門
0021	中國通商銀行銀元券	横	壹圓	1929年(民國18年)	138×74		吴籌中　藏	2	財政部核發·漢口
0022	中國通商銀行銀元券	横	伍圓	1932年(民國21年)	151×81	倫敦華德路公司印	苗培貴　藏	1	財政部核發·上海、三字冠
0023	中國通商銀行銀元券	横	伍圓	1932年(民國21年)	145×79	倫敦華德路公司印	上海博物館　藏	1	財政部核發·上海、四字冠
0024	中國通商銀行銀元券	横	拾圓	1932年(民國21年)	157×86	倫敦華德路公司印	苗培貴　藏	2	財政部核發·上海、樣本
0025	中國通商銀行銀元券	横	拾圓	1932年(民國21年)	155×91	倫敦華德路公司印	中國人民銀行上海分行　藏	2	財政部核發·上海
0026	中國通商銀行銀元券	横	伍圓	1932年(民國21年)	152×81	倫敦華德路公司印	吴籌中　藏	2	財政部核發·厦門
0027	中國通商銀行銀元券	横	伍圓	1932年(民國21年)	151×81	倫敦華德路公司印	吴籌中　藏	2	財政部核發·漢口
0028	浙江興業銀行國幣券	横	伍圓	1923年(民國12年)	170×83		吴籌中　藏	4	財政部核發·上海、樣本、背錯印爲“1929”
0029	浙江興業銀行國幣券	横	拾圓	1923年(民國12年)	174×95		吴籌中　藏	4	財政部核發·上海、樣本、背錯印爲“1929”
0030	浙江興業銀行國幣券	横	壹圓	1923年(民國12年)	144×83	美國鈔票公司	中國人民銀行上海分行　藏	2	財政部核發·南京、樣本
0031	浙江興業銀行國幣券	横	伍圓	1923年(民國12年)	158×89	美國鈔票公司	中國人民銀行上海分行　藏	2	財政部核發·南京、樣本
0032	浙江興業銀行國幣券	横	伍圓	1923年(民國12年)	158×89	美國鈔票公司	上海博物館　藏	2	財政部核發·南京
0033	浙江興業銀行國幣券	横	拾圓	1923年(民國12年)	169×94	美國鈔票公司	中國人民銀行上海分行　藏	3	財政部核發·南京、樣本
0034	浙江興業銀行國幣券	横	壹圓	1923年(民國12年)	144×81	美國鈔票公司	中國人民銀行上海分行　藏	2	財政部核發·上海、樣本
0035	浙江興業銀行國幣券	横	壹圓	1923年(民國12年)	144×81	美國鈔票公司	上海博物館　藏	1	財政部核發·上海、無字冠
0036	浙江興業銀行國幣券	横	壹圓	1923年(民國12年)	146×83	美國鈔票公司	中國人民銀行上海分行　藏	1	財政部核發·上海、單字冠

續表

編號	券名	票型	面額	年份	票幅(毫米)	印刷者	來源	等級	説明
0037	浙江興業銀行國幣券	横	伍圓	1923年(民國12年)	158×93	美國鈔票公司	中國人民銀行上海分行　藏	2	財政部核發・上海、樣本
0038	浙江興業銀行國幣券	横	伍圓	1923年(民國12年)	158×93	美國鈔票公司	中國人民銀行上海分行　藏	1	財政部核發・上海、無字冠
0039	浙江興業銀行國幣券	横	伍圓	1923年(民國12年)	158×93	美國鈔票公司	苗培貴　藏	1	財政部核發・上海、單字冠
0040	浙江興業銀行國幣券	横	拾圓	1923年(民國12年)	159×84	美國鈔票公司	中國人民銀行上海分行　藏	3	財政部核發・上海、樣本
0041	浙江興業銀行國幣券	横	拾圓	1923年(民國12年)	170×94	美國鈔票公司	中國人民銀行上海分行　藏	3	財政部核發・上海
0042	浙江興業銀行國幣券	横	壹圓	1923年(民國12年)	146×83	美國鈔票公司	中國人民銀行上海分行　藏	2	財政部核發・天津
0043	浙江興業銀行國幣券	横	拾圓	1923年(民國12年)	156×88	美國鈔票公司	上海博物館　藏	3	財政部核發・湖北
0044	浙江興業銀行本票	直	貳佰億元	1948年(民國37年)	115×230	中西印刷公司承印	中國人民銀行上海分行　藏	1	財政部核發
0045	浙江興業銀行本票	直	伍拾肆億肆仟捌佰玖拾萬元	1948年(民國37年)	88×199	中西印刷公司承印	中國人民銀行上海分行　藏	1	財政部核發
0046	浙江興業銀行本票	直	陸拾柒億陸仟萬元		88×199	中西印刷公司承印	中國人民銀行上海分行　藏	1	財政部核發
0047	浙江興業銀行支票	直			85×175		存雲亭　藏		財政部核發・金圓、福州支行
0048	浙江興業銀行禮券	直	拾萬圓	1942年(民國31年)	98×164	中西印刷公司承印	中國人民銀行上海分行　藏		財政部核發・上海總行、國幣
0049	四明銀行銀元券	横	壹圓	1920年(民國9年)	130×75	美國鈔票公司	上海博物館　藏	2	財政部核發・上海
0050	四明銀行銀元券	横	伍圓	1920年(民國9年)	153×82	美國鈔票公司	中國人民銀行上海分行　藏	2	財政部核發・上海、樣本、紅色
0051	四明銀行銀元券	横	伍圓	1920年(民國9年)	153×82	美國鈔票公司	吴籌中　藏	1	財政部核發・上海、紅色、三字冠
0052	四明銀行銀元券	横	伍圓	1920年(民國9年)	154×82	美國鈔票公司	中國人民銀行上海分行　藏	1	財政部核發・上海、紅色、三字冠、黑$
0053	四明銀行銀元券	横	伍圓	1920年(民國9年)	154×82	美國鈔票公司	上海博物館　藏	2	財政部核發・上海、藍色、雙字冠
0054	四明銀行銀元券	横	伍圓	1920年(民國9年)	154×82	美國鈔票公司	中國人民銀行上海分行　藏	2	財政部核發・上海、藍色、雙字冠、紅$
0055	四明銀行銀元券	横	拾圓	1920年(民國9年)	161×89	美國鈔票公司	中國人民銀行上海分行　藏	2	財政部核發・上海、紅$
0056	四明銀行銀元券	横	伍拾圓	1920年(民國9年)	164×94	美國鈔票公司	上海博物館　藏	4	財政部核發・上海、樣本
0057	四明銀行銀元券	横	壹圓	1925年(民國14年)	133×77	德國鈔票公司	吴籌中　藏	2	財政部核發・上海、行屋圖、雙字冠
0058	四明銀行銀元券	横	壹圓	1925年(民國14年)	134×76	德國鈔票公司	中國人民銀行上海分行　藏	2	財政部核發・上海、行屋圖、雙字冠、黑$
0059	四明銀行銀元券	横	伍圓	1925年(民國14年)	154×80	德國鈔票公司	吴籌中　藏	3	財政部核發・上海、行屋圖、三字冠
0060	四明銀行銀元券	横	拾圓	1925年(民國14年)	161×88	德國鈔票公司	吴籌中　藏	3	財政部核發・上海、行屋圖、雙字冠
0061	四明銀行銀元券	横	壹圓	1925年(民國14年)	134×77	德國鈔票公司	中國人民銀行上海分行　藏	2	財政部核發・上海、樣本、四明山圖
0062	四明銀行銀元券	横	壹圓	1925年(民國14年)	135×77	德國鈔票公司	中國人民銀行上海分行　藏	2	財政部核發・上海、四明山圖、雙字冠、黑$
0063	四明銀行銀元券	横	伍圓	1925年(民國14年)	154×82	德國鈔票公司	中國人民銀行上海分行　藏	3	財政部核發・上海、四明山圖、三字冠、咖啡$
0064	四明銀行銀元券	横	拾圓	1925年(民國14年)	161×88	德國鈔票公司	中國人民銀行上海分行　藏	3	財政部核發・上海、四明山圖、雙字冠、黑$
0065	四明銀行銀元券	横	壹百圓	1925年(民國14年)	174×100	德國鈔票公司	選自《老上海貨幣》	4	財政部核發・上海、樣本、四明山圖
0066	四明銀行銀元券	横	壹百圓	1925年(民國14年)	172×101	德國鈔票公司	吴籌中　提供	4	財政部核發・上海、四明山圖、雙字冠
0067	四明銀行銀元券	横	壹圓	1933年(民國22年)	136×76	英國華德路公司製	中國人民銀行上海分行　藏	2	財政部核發・上海、樣本
0068	四明銀行銀元券	横	壹圓	1933年(民國22年)	136×76	英國華德路公司製	中國人民銀行上海分行　藏	1	財政部核發・上海、面绿號、背紅號
0069	四明銀行銀元券	横	壹圓	1933年(民國22年)	136×76	英國華德路公司製	馮志苗　藏	1	財政部核發・上海、面藍號、背紅號
0070	四明銀行銀元券	横	壹圓	1933年(民國22年)	136×76	英國華德路公司製	中國人民銀行上海分行　藏	1	財政部核發・上海、面無號、背紅號
0071	四明銀行銀元券	横	拾圓	1934年(民國23年)	161×87	英國華德路公司製	中國人民銀行上海分行　藏	3	財政部核發・上海、樣本、單字冠
0072	四明銀行銀元券	横	拾圓	1934年(民國23年)	161×87	英國華德路公司製	中國人民銀行上海分行　藏	3	財政部核發・上海、樣本、雙字冠
0073	四明銀行銀元券	横	拾圓	1934年(民國23年)	161×87	英國華德路公司製	中國人民銀行上海分行　藏	2	財政部核發・上海、黑$、雙字冠
0074	上海四明銀行銀元券	横	壹圓	1921年(民國10年)	134×77	財政部印刷局製	上海博物館　藏	3	財政部核發・上海通用銀元、樣本,無號
0075	上海四明銀行銀元券	横	壹圓	1921年(民國10年)	134×77	財政部印刷局製	中國人民銀行上海分行　藏	3	財政部核發・上海通用銀元、樣本
0076	上海四明銀行銀元券	横	壹圓	1921年(民國10年)	134×77	財政部印刷局製	中國人民銀行上海分行　藏	3	財政部核發・上海通用銀元、樣本
0077	上海四明銀行銀元券	横	壹圓	1921年(民國10年)	134×77	財政部印刷局製	中國人民銀行上海分行　藏	3	財政部核發・上海通用銀元

續表

編號	券名	票型	面額	年份	票幅(毫米)	印刷者	來源	等級	説明
0078	中南銀行國幣券	横	伍圓	1921年(民國10年)	177×85	美國鈔票公司	中國人民銀行上海分行 藏	3	財政部核發·中文字樣本
0079	中南銀行國幣券	横	伍圓	1921年(民國10年)	177×85	美國鈔票公司	中國人民銀行上海分行 藏	3	財政部核發·英文字樣本
0080	中南銀行國幣券	横	壹圓	1921年(民國10年)	129×83	美國鈔票公司	中國人民銀行上海分行 藏	2	財政部核發·上海、樣本
0081	中南銀行國幣券	横	壹圓	1921年(民國10年)	129×83	美國鈔票公司	上海博物館 藏		財政部核發·上海
0082	中南銀行國幣券	横	伍圓	1921年(民國10年)	176×83	美國鈔票公司	中國人民銀行上海分行 藏	2	財政部核發·上海
0083	中南銀行國幣券	横	拾圓	1921年(民國10年)	179×87	美國鈔票公司	中國人民銀行上海分行 藏	4	財政部核發·上海、樣本
0084	中南銀行國幣券	横	拾圓	1921年(民國10年)	179×87	美國鈔票公司	上海博物館 藏	3	財政部核發·上海
0085	中南銀行國幣券	横	伍拾圓	1921年(民國10年)	181×88	美國鈔票公司	中國人民銀行上海分行 藏	4	財政部核發·上海、樣本
0086	中南銀行國幣券	横	壹百圓	1921年(民國10年)	185×91	美國鈔票公司	中國人民銀行上海分行 藏	4	財政部核發·上海、樣本
0087	中南銀行國幣券	横	壹百圓	1921年(民國10年)	185×91	美國鈔票公司	吴籌中 藏	4	財政部核發·上海
0088	中南銀行國幣券	横	壹圓	1921年(民國10年)	134×84	美國鈔票公司	中國人民銀行上海分行 藏	1	財政部核發·天津
0089	中南銀行國幣券	横	伍圓	1921年(民國10年)	179×85	美國鈔票公司	上海博物館 藏	2	財政部核發·天津、前雙字冠
0090	中南銀行國幣券	横	伍圓	1921年(民國10年)	179×85	美國鈔票公司	中國人民銀行上海分行 藏	2	財政部核發·天津、前後雙字冠
0091	中南銀行國幣券	横	拾圓	1921年(民國10年)	181×87	美國鈔票公司	中國人民銀行上海分行 藏	2	財政部核發·天津
0092	中南銀行國幣券	横	伍拾圓	1921年(民國10年)	184×87	美國鈔票公司	吴籌中 藏	4	財政部核發·天津
0093	中南銀行國幣券	横	壹圓	1921年(民國10年)	135×84	美國鈔票公司	中國人民銀行上海分行 藏	3	財政部核發·漢口
0094	中南銀行國幣券	横	伍拾圓	1921年(民國10年)	182×87	美國鈔票公司	中國人民銀行上海分行 藏	4	財政部核發·厦門、樣本
0095	中南銀行國幣券	横	壹百圓	1921年(民國10年)	186×91	美國鈔票公司	中國人民銀行上海分行 藏	4	財政部核發·厦門
0096	中南銀行國幣券	横	拾圓	1924年(民國13年)	177×87	美國鈔票公司	中國人民銀行上海分行 藏	4	財政部核發·樣本、背錯印爲"1921"
0097	中南銀行國幣券	横	拾圓	1924年(民國13年)	176×86	美國鈔票公司	中國人民銀行上海分行 藏	4	財政部核發·樣本
0098	中南銀行國幣券	横	伍圓	1924年(民國13年)	177×86	美國鈔票公司	上海博物館 藏	2	財政部核發·上海、樣本
0099	中南銀行國幣券	横	伍圓	1924年(民國13年)	177×86	美國鈔票公司	中國人民銀行上海分行 藏	1	財政部核發·上海
0100	中南銀行國幣券	横	拾圓	1924年(民國13年)	177×85	美國鈔票公司	上海博物館 藏	2	財政部核發·上海、英文簽名不同
0101	中南銀行國幣券	横	拾圓	1924年(民國13年)	177×85	美國鈔票公司	中國人民銀行上海分行 藏	2	財政部核發·上海、英文簽名不同
0102	中南銀行國幣券	横	壹百圓	1924年(民國13年)	184×99	美國鈔票公司	上海博物館 藏	4	財政部核發·上海
0103	中南銀行國幣券	横	伍圓	1924年(民國13年)	175×83	美國鈔票公司	中國人民銀行上海分行 藏	1	財政部核發·天津
0104	中南銀行國幣券	横	拾圓	1924年(民國13年)	177×86	美國鈔票公司	上海博物館 藏	2	財政部核發·天津
0105	中南銀行國幣券	横	伍圓	1924年(民國13年)	176×85	美國鈔票公司	上海博物館 藏	1	財政部核發·漢口
0106	中南銀行國幣券	横	伍圓	1924年(民國13年)	185×89	美國鈔票公司	上海博物館 藏	1	財政部核發·厦門
0107	中南銀行國幣券	横	拾圓	1924年(民國13年)	177×87	美國鈔票公司	中國人民銀行上海分行 藏	2	財政部核發·厦門、樣本
0108	中南銀行國幣券	横	拾圓	1924年(民國13年)	188×90	美國鈔票公司	上海博物館 藏	1	財政部核發·厦門
0109	中南銀行國幣券	直	壹圓	1927年(民國16年)	65×122	倫敦華德路公司印	中國人民銀行上海分行 藏	3	財政部核發·樣本、五女圖
0110	中南銀行國幣券	横	伍圓	1927年(民國16年)	182×87	美國鈔票公司	中國人民銀行上海分行 藏	2	財政部核發·中英文字樣本、紫色
0111	中南銀行國幣券	横	伍圓	1927年(民國16年)	182×87	美國鈔票公司	中國人民銀行上海分行 藏	2	財政部核發·英文字樣本、紫色
0112	中南銀行國幣券	横	伍圓	1927年(民國16年)	182×87	美國鈔票公司	中國人民銀行上海分行 藏	2	財政部核發·中英文字樣本、紅色
0113	中南銀行國幣券	横	伍圓	1927年(民國16年)	182×87	美國鈔票公司	中國人民銀行上海分行 藏	2	財政部核發·英文字樣本、紅色
0114	中南銀行國幣券	横	拾圓	1927年(民國16年)	179×90	倫敦華德路公司印	中國人民銀行上海分行 藏	4	財政部核發·樣本、五女圖
0115	中南銀行國幣券	直	壹圓	1927年(民國16年)	65×122	倫敦華德路公司印	上海博物館 藏	2	財政部核發·上海、五女圖
0116	中南銀行國幣券	横	伍圓	1927年(民國16年)	182×87	美國鈔票公司	中國人民銀行上海分行 藏	1	財政部核發·上海、紫色
0117	中南銀行國幣券	横	伍圓	1927年(民國16年)	182×87	美國鈔票公司	上海博物館 藏	1	財政部核發·上海、紅色
0118	中南銀行國幣券	横	拾圓	1927年(民國16年)	177×89	倫敦華德路公司印	中國人民銀行上海分行 藏	3	財政部核發·上海、五女圖、英文簽名不同
0119	中南銀行國幣券	横	拾圓	1927年(民國16年)	177×89	倫敦華德路公司印	上海博物館 藏	3	財政部核發·上海、五女圖、英文簽名不同
0120	中南銀行國幣券	直	壹圓	1927年(民國16年)	65×122	倫敦華德路公司印	中國人民銀行上海分行 藏	2	財政部核發·天津、五女圖
0121	中南銀行國幣券	横	伍圓	1927年(民國16年)	183×87	美國鈔票公司	中國人民銀行上海分行 藏	3	財政部核發·天津
0122	中南銀行國幣券	直	壹圓	1927年(民國16年)	65×122	倫敦華德路公司印	徐風 藏	2	財政部核發·漢口、五女圖
0123	中南銀行國幣券	横	伍圓	1927年(民國16年)	182×87	美國鈔票公司	徐風 藏	3	財政部核發·漢口

續表

編號	券名	票型	面額	年份	票幅(毫米)	印刷者	來源	等級	説明
0124	中南銀行國幣券	横	伍圓	1927年(民國16年)	182×87	美國鈔票公司	陳亞元　藏	3	財政部核發・厦門
0125	中南銀行國幣券	横	壹圓	1931年(民國20年)	135×85	倫敦華德路公司印	中國人民銀行上海分行　藏	2	財政部核發・樣本
0126	中南銀行國幣券	横	壹圓	1931年(民國20年)	135×85	倫敦華德路公司印	上海博物館　藏	1	財政部核發・上海小字
0127	中南銀行國幣券	横	壹圓	1931年(民國20年)	135×85	倫敦華德路公司印	上海博物館　藏	1	財政部核發・上海大字
0128	中南銀行國幣券	横	壹圓	1931年(民國20年)	135×85	倫敦華德路公司印	中國人民銀行上海分行　藏	1	財政部核發・上海、上海天津一律通用
0129	中南銀行國幣券	横	壹圓	1931年(民國20年)	135×85	倫敦華德路公司印	中國人民銀行上海分行　藏	1	財政部核發・天津
0130	中南銀行國幣券	横	壹圓	1931年(民國20年)	135×85	倫敦華德路公司印	中國人民銀行上海分行　藏	1	財政部核發・漢口
0131	中南銀行國幣券	横	壹圓	1931年(民國20年)	135×85	倫敦華德路公司印	吴籌中　藏	1	財政部核發・厦門
0132	中南銀行國幣券	横	伍圓	1932年(民國21年)	165×98	德納羅印鈔公司	上海博物館　藏	2	財政部核發・上海
0133	中國實業銀行國幣券	横	壹圓	1922年(民國11年)	140×74	財政部印刷局製	吴籌中　藏	3	財政部核發・北京、樣本
0134	中國實業銀行國幣券	横	伍圓	1922年(民國11年)	150×80	財政部印刷局製	江蘇省錢幣學會　提供	3	財政部核發・北京、樣本
0135	中國實業銀行國幣券	横	伍圓	1922年(民國11年)	150×80	財政部印刷局製	吴籌中　藏	3	財政部核發・北京、樣本
0136	中國實業銀行國幣券	横	拾圓	1922年(民國11年)	156×83	財政部印刷局製	吴籌中　藏	3	財政部核發・北京、樣本
0137	中國實業銀行國幣券	横	拾圓	1922年(民國11年)	156×83	財政部印刷局製	江蘇省錢幣學會　提供	3	財政部核發・北京、樣本
0138	中國實業銀行國幣券	横	拾圓	1922年(民國11年)	156×83	財政部印刷局製	吴籌中　藏	3	財政部核發・北京
0139	中國實業銀行國幣券	横	伍拾圓	1922年(民國11年)	162×88	財政部印刷局製	吴籌中　藏	4	財政部核發・北京、樣本
0140	中國實業銀行國幣券	横	伍拾圓	1922年(民國11年)	162×88	財政部印刷局製	江蘇省錢幣學會　提供	4	財政部核發・北京、樣本
0141	中國實業銀行國幣券	横	壹百圓	1922年(民國11年)	169×88	財政部印刷局製	吴籌中　藏	4	財政部核發・北京、樣本
0142	中國實業銀行國幣券	横	壹圓	1922年(民國11年)	142×73	財政部印刷局製	吴籌中　藏	3	財政部核發・上海、樣本
0143	中國實業銀行國幣券	横	壹圓	1922年(民國11年)	142×73	財政部印刷局製	選自《老上海貨幣》	3	財政部核發・上海
0144	中國實業銀行國幣券	横	伍圓	1922年(民國11年)	151×81	財政部印刷局製	吴籌中　藏	3	財政部核發・上海、樣本
0145	中國實業銀行國幣券	横	拾圓	1922年(民國11年)	156×82	財政部印刷局製	吴籌中　藏	3	財政部核發・上海、樣本
0146	中國實業銀行國幣券	横	拾圓	1922年(民國11年)	156×82	財政部印刷局製	吴籌中　藏	3	財政部核發・上海
0147	中國實業銀行國幣券	横	伍拾圓	1922年(民國11年)	158×87	財政部印刷局製	吴籌中　藏	4	財政部核發・上海、樣本
0148	中國實業銀行國幣券	横	壹百圓	1922年(民國11年)	169×89	財政部印刷局製	吴籌中　藏	4	財政部核發・上海、樣本
0149	中國實業銀行國幣券	横	壹圓	1922年(民國11年)	129×67	財政部印刷局製	江蘇省錢幣學會　提供	3	財政部核發・天津
0150	中國實業銀行國幣券	横	伍圓	1922年(民國11年)	147×80	財政部印刷局製	吴籌中　藏	3	財政部核發・漢口
0151	中國實業銀行國幣券	横	壹圓	1924年(民國13年)	138×82	美國鈔票公司	中國人民銀行上海分行　藏	2	財政部核發・北京、樣本
0152	中國實業銀行國幣券	横	壹圓	1924年(民國13年)	138×82	美國鈔票公司	苗培貴　藏	1	財政部核發・北京
0153	中國實業銀行國幣券	横	伍圓	1924年(民國13年)	152×89	美國鈔票公司	中國人民銀行上海分行　藏	3	財政部核發・北京、樣本
0154	中國實業銀行國幣券	横	伍圓	1924年(民國13年)	152×89	美國鈔票公司	中國人民銀行上海分行　藏	3	財政部核發・北京
0155	中國實業銀行國幣券	横	拾圓	1924年(民國13年)	150×98	美國鈔票公司	中國人民銀行上海分行　藏	4	財政部核發・北京、樣本
0156	中國實業銀行國幣券	横	壹圓	1924年(民國13年)	148×86	美國鈔票公司	吴籌中　藏	2	財政部核發・上海、樣本
0157	中國實業銀行國幣券	横	壹圓	1924年(民國13年)	144×84	美國鈔票公司	上海市歷史博物館　藏	2	財政部核發・上海、單字冠
0158	中國實業銀行國幣券	横	壹圓	1924年(民國13年)	144×84	美國鈔票公司	中國人民銀行上海分行　藏	2	財政部核發・上海、雙字冠
0159	中國實業銀行國幣券	横	伍圓	1924年(民國13年)	161×90	美國鈔票公司	上海博物館　藏	3	財政部核發・上海、樣本
0160	中國實業銀行國幣券	横	伍圓	1924年(民國13年)	161×90	美國鈔票公司	上海博物館　藏	2	財政部核發・上海、單字冠
0161	中國實業銀行國幣券	横	伍圓	1924年(民國13年)	161×90	美國鈔票公司	中國人民銀行上海分行　藏	2	財政部核發・上海、藍色字號、雙字冠
0162	中國實業銀行國幣券	横	伍圓	1924年(民國13年)	161×90	美國鈔票公司	中國人民銀行上海分行　藏	2	財政部核發・上海、黑色字號、雙字冠
0163	中國實業銀行國幣券	横	拾圓	1924年(民國13年)	156×98	美國鈔票公司	上海博物館　藏	2	財政部核發・上海、樣本
0164	中國實業銀行國幣券	横	拾圓	1924年(民國13年)	156×98	美國鈔票公司	上海博物館　藏	1	財政部核發・上海、無字冠
0165	中國實業銀行國幣券	横	拾圓	1924年(民國13年)	156×98	美國鈔票公司	中國人民銀行上海分行　藏	1	財政部核發・上海、單字冠
0166	中國實業銀行國幣券	横	拾圓	1924年(民國13年)	156×98	美國鈔票公司	苗培貴　藏	1	財政部核發・上海、雙字冠
0167	中國實業銀行國幣券	横	伍拾圓	1924年(民國13年)	174×104	美國鈔票公司	上海博物館　藏	3	財政部核發・上海、樣本
0168	中國實業銀行國幣券	横	伍拾圓	1924年(民國13年)	174×104	美國鈔票公司	苗培貴　藏	3	財政部核發・上海
0169	中國實業銀行國幣券	横	壹百圓	1924年(民國13年)	170×110	美國鈔票公司	上海博物館　藏	4	財政部核發・上海、樣本

續表

編號	券名	票型	面額	年份	票幅(毫米)	印刷者	來源	等級	説明
0170	中國實業銀行國幣券	橫	壹百圓	1924年(民國13年)	170×110	美國鈔票公司	吴籌中　藏	4	財政部核發·上海
0171	中國實業銀行國幣券	橫	壹圓	1924年(民國13年)	144×84	美國鈔票公司	中國人民銀行上海分行　藏	2	財政部核發·天津
0172	中國實業銀行國幣券	橫	伍圓	1924年(民國13年)	154×88	美國鈔票公司	中國人民銀行上海分行　藏	1	財政部核發·天津、無字冠
0173	中國實業銀行國幣券	橫	伍圓	1924年(民國13年)	154×88	美國鈔票公司	苗培貴　藏	1	財政部核發·天津、單字冠
0174	中國實業銀行國幣券	橫	伍圓	1924年(民國13年)	154×88	美國鈔票公司	上海博物館　藏	1	財政部核發·天津、雙字冠
0175	中國實業銀行國幣券	橫	拾圓	1924年(民國13年)	153×97	美國鈔票公司	上海博物館　藏	1	財政部核發·天津
0176	中國實業銀行國幣券	橫	壹圓	1924年(民國13年)	144×84	美國鈔票公司	中國人民銀行上海分行　藏	1	財政部核發·青島
0177	中國實業銀行國幣券	橫	伍圓	1924年(民國13年)	158×87	美國鈔票公司	徐風　藏	1	財政部核發·青島、英文簽名不同
0178	中國實業銀行國幣券	橫	伍圓	1924年(民國13年)	158×87	美國鈔票公司	徐風　藏	1	財政部核發·青島、英文簽名不同
0179	中國實業銀行國幣券	橫	拾圓	1924年(民國13年)	153×97	美國鈔票公司	上海博物館　藏	1	財政部核發·青島
0180	中國實業銀行國幣券	橫	伍圓	1924年(民國13年)	161×89	美國鈔票公司	苗培貴　藏	1	財政部核發·漢口
0181	中國實業銀行國幣券	橫	拾圓	1924年(民國13年)	153×97	美國鈔票公司	上海博物館　藏	1	財政部核發·漢口
0182	中國實業銀行國幣券	橫	壹圓	1924年(民國13年)	144×84	美國鈔票公司	苗培貴　藏	1	財政部核發·山東、濟南
0183	中國實業銀行國幣券	橫	伍圓	1924年(民國13年)	158×87	美國鈔票公司	苗培貴　藏	1	財政部核發·山東、濟南、單字冠
0184	中國實業銀行國幣券	橫	伍圓	1924年(民國13年)	158×87	美國鈔票公司	存雲亭　提供	1	財政部核發·山東、濟南、雙字冠
0185	中國實業銀行國幣券	橫	拾圓	1924年(民國13年)	155×98	美國鈔票公司	上海博物館　藏	1	財政部核發·山東、濟南
0186	中國實業銀行國幣券	橫	壹圓	1924年(民國13年)	143×84	美國鈔票公司	上海博物館　藏	1	財政部核發·威海衛
0187	中國實業銀行國幣券	橫	伍圓	1924年(民國13年)	161×89	美國鈔票公司	苗培貴　藏	1	財政部核發·威海衛
0188	中國實業銀行國幣券	橫	伍圓	1931年(民國20年)	161×90	美國鈔票公司	中國人民銀行上海分行　藏	2	財政部核發·此券由交通銀行發行
0189	中國實業銀行國幣券	橫	拾圓	1931年(民國20年)	163×90	美國鈔票公司	中國人民銀行上海分行　藏	2	財政部核發·此券由交通銀行發行
0190	中國實業銀行國幣券	橫	壹圓	1931年(民國20年)	144×82	美國鈔票公司	上海博物館　藏		財政部核發·上海、單字冠
0191	中國實業銀行國幣券	橫	壹圓	1931年(民國20年)	144×82	美國鈔票公司	王煒　藏		財政部核發·上海、雙字冠、英文簽名不同
0192	中國實業銀行國幣券	橫	壹圓	1931年(民國20年)	144×82	美國鈔票公司	中國人民銀行上海分行　藏		財政部核發·上海、雙字冠、英文簽名不同
0193	中國實業銀行國幣券	橫	伍圓	1931年(民國20年)	162×90	美國鈔票公司	中國人民銀行上海分行　藏		財政部核發·上海、英文簽名不同
0194	中國實業銀行國幣券	橫	伍圓	1931年(民國20年)	162×90	美國鈔票公司	王煒　藏		財政部核發·上海、英文簽名不同
0195	中國實業銀行國幣券	橫	拾圓	1931年(民國20年)	160×89	美國鈔票公司	中國人民銀行上海分行　藏		財政部核發·上海
0196	中國實業銀行國幣券	橫	壹圓	1931年(民國20年)	144×84	美國鈔票公司	中國人民銀行上海分行　藏	1	財政部核發·天津、樣本
0197	中國實業銀行國幣券	橫	壹圓	1931年(民國20年)	144×84	美國鈔票公司	吴籌中　藏	1	財政部核發·天津
0198	中國實業銀行國幣券	橫	伍圓	1931年(民國20年)	160×91	美國鈔票公司	中國人民銀行上海分行　藏	1	財政部核發·天津、樣本
0199	中國實業銀行國幣券	橫	伍圓	1931年(民國20年)	160×91	美國鈔票公司	上海博物館　藏	1	財政部核發·天津
0200	中國實業銀行國幣券	橫	拾圓	1931年(民國20年)	159×89	美國鈔票公司	中國人民銀行上海分行　藏	2	財政部核發·天津、樣本
0201	中國實業銀行國幣券	橫	壹圓	1931年(民國20年)	144×82	美國鈔票公司	苗培貴　藏	1	財政部核發·漢口
0202	中國實業銀行國幣券	橫	壹圓	1931年(民國20年)	144×82	美國鈔票公司	趙隆業　藏	1	財政部核發·福建、英文簽名不同
0203	中國實業銀行國幣券	橫	壹圓	1931年(民國20年)	144×82	美國鈔票公司	苗培貴　藏	1	財政部核發·福建、英文簽名不同
0204	中國實業銀行國幣券	橫	伍圓	1931年(民國20年)	159×89	美國鈔票公司	苗培貴　藏	1	財政部核發·福建、福州
0205	中國實業銀行國幣券	橫	伍圓	1931年(民國20年)	159×89	美國鈔票公司	苗培貴　藏	1	財政部核發·福建、厦門
0206	中國實業銀行國幣券	橫	拾圓	1931年(民國20年)	159×89	美國鈔票公司	上海博物館　藏	1	財政部核發·福建、厦門
0207	中國實業銀行國幣券	橫	壹圓	1931年(民國20年)	144×82	美國鈔票公司	苗培貴　藏	1	財政部核發·山東、濟南、英文簽名不同
0208	中國實業銀行國幣券	橫	壹圓	1931年(民國20年)	144×82	美國鈔票公司	趙隆業　藏	1	財政部核發·山東、濟南、英文簽名不同
0209	中國實業銀行國幣券	橫	伍圓	1931年(民國20年)	161×89	美國鈔票公司	苗培貴　藏	1	財政部核發·山東、濟南、英文簽名不同
0210	中國實業銀行國幣券	橫	伍圓	1931年(民國20年)	161×89	美國鈔票公司	苗培貴　藏	1	財政部核發·山東、濟南、英文簽名不同
0211	中國實業銀行國幣券	橫	壹圓	1931年(民國20年)	144×82	美國鈔票公司	吴籌中　藏	1	財政部核發·青島、英文簽名不同
0212	中國實業銀行國幣券	橫	壹圓	1931年(民國20年)	144×82	美國鈔票公司	苗培貴　藏	1	財政部核發·青島、英文簽名不同
0213	中國實業銀行國幣券	橫	拾圓	1931年(民國20年)	159×89	美國鈔票公司	中國人民銀行上海分行　藏	1	財政部核發·青島
0214	農商銀行銀元券	橫	伍圓	1922年(民國11年)	170×90	北京豫豐公司經理德國印刷廠製	苗培貴　藏	3	財政部核發·北京、樣本

續表

編號	券名	票型	面額	年份	票幅(毫米)	印刷者	來源	等級	説明
0215	農商銀行銀元券	横	拾圓	1922年(民國11年)	187×98	北京豫豐公司經理德國印刷廠製	苗培貴　藏	4	財政部核發・北京、樣本
0216	農商銀行銀元券	横	壹圓	1922年(民國11年)	144×77	財政部印刷局製	上海博物館　藏	3	財政部核發・北京
0217	農商銀行銀元券	横	壹圓	1922年(民國11年)	151×79	北京豫豐公司經理德國印刷廠製	上海博物館　藏	3	財政部核發・上海、樣本
0218	農商銀行銀元券	横	伍圓	1922年(民國11年)	169×88	北京豫豐公司經理德國印刷廠製	上海博物館　藏	3	財政部核發・上海、樣本
0219	農商銀行銀元券	横	拾圓	1922年(民國11年)	184×98	北京豫豐公司經理德國印刷廠製	上海博物館　藏	4	財政部核發・上海、樣本
0220	農商銀行銀元券	横	壹圓	1922年(民國11年)	144×77	財政部印刷局製	張傑　提供	3	財政部核發・上海
0221	農商銀行銀元券	横	伍圓	1922年(民國11年)	149×83	財政部印刷局製	上海博物館　藏	3	財政部核發・上海、樣本、零號票
0222	農商銀行銀元券	横	伍圓	1922年(民國11年)	149×83	財政部印刷局製	上海博物館　藏	3	財政部核發・上海、樣本、有號票
0223	農商銀行銀元券	横	壹圓	1922年(民國11年)	152×81	北京豫豐公司經理德國印刷廠製	張傑　提供	3	財政部核發・天津、樣本
0224	農商銀行銀元券	横	壹圓	1922年(民國11年)	153×81	北京豫豐公司經理德國印刷廠製	中國人民銀行上海分行　藏	3	財政部核發・天津
0225	農商銀行銀元券	横	伍圓	1922年(民國11年)	168×89	北京豫豐公司經理德國印刷廠製	張傑　提供	3	財政部核發・天津、樣本
0226	農商銀行銀元券	横	拾圓	1922年(民國11年)	187×98	北京豫豐公司經理德國印刷廠製	張傑　提供	4	財政部核發・天津、樣本
0227	農商銀行銀元券	横	壹圓	1922年(民國11年)	144×76	財政部印刷局製	張傑　提供	3	財政部核發・天津、樣本
0228	農商銀行銀元券	横	壹圓	1922年(民國11年)	144×76	財政部印刷局製	江蘇省錢幣學會　提供	3	財政部核發・天津
0229	農商銀行銀元券	横	伍圓	1922年(民國11年)	148×83	財政部印刷局製	張傑　提供	3	財政部核發・天津、樣本
0230	農商銀行國幣券	横	伍圓	1925年(民國14年)	165×89	美國鈔票公司	上海博物館　藏	4	財政部核發・上海
0231	農商銀行銀元券	横	壹圓	1926年(民國15年)	153×81	美國鈔票公司	吴籌中　藏	2	財政部核發・北京、樣本
0232	農商銀行銀元券	横	壹圓	1926年(民國15年)	153×81	美國鈔票公司	上海博物館　藏	2	財政部核發・北京
0233	農商銀行銀元券	横	伍圓	1926年(民國15年)	164×90	美國鈔票公司	吴籌中　藏	2	財政部核發・北京、樣本
0234	農商銀行銀元券	横	拾圓	1926年(民國15年)	173×94	美國鈔票公司	吴籌中　藏	3	財政部核發・北京、樣本
0235	農商銀行銀元券	横	壹圓	1926年(民國15年)	153×80	美國鈔票公司	上海博物館　藏	2	財政部核發・上海、樣本
0236	農商銀行銀元券	横	壹圓	1926年(民國15年)	153×80	美國鈔票公司	吴籌中　藏	2	財政部核發・上海
0237	農商銀行銀元券	横	伍圓	1926年(民國15年)	165×90	美國鈔票公司	中國人民銀行上海分行　藏	2	財政部核發・上海、樣本
0238	農商銀行銀元券	横	伍圓	1926年(民國15年)	165×90	美國鈔票公司	上海博物館　藏	2	財政部核發・上海
0239	農商銀行銀元券	横	拾圓	1926年(民國15年)	173×94	美國鈔票公司	中國人民銀行上海分行　藏	3	財政部核發・上海、樣本
0240	農商銀行銀元券	横	拾圓	1926年(民國15年)	173×94	美國鈔票公司	上海博物館　藏	3	財政部核發・上海
0241	農商銀行銀元券	横	壹圓	1926年(民國15年)	153×81	美國鈔票公司	吴籌中　藏	2	財政部核發・天津
0242	農商銀行銀元券	横	壹圓	1926年(民國15年)	153×81	美國鈔票公司	上海博物館　藏	2	財政部核發・漢口
0243	農商銀行銀元券	横	伍圓	1926年(民國15年)	165×89	美國鈔票公司	苗培貴　藏	2	財政部核發・漢口
0244	農商銀行銀元券	横	拾圓	1926年(民國15年)	171×92	美國鈔票公司	上海博物館　藏	3	財政部核發・漢口
0245	農商銀行銀元券	横	壹圓	1926年(民國15年)	152×78	美國鈔票公司	上海博物館　藏	2	財政部核發・長沙
0246	農商銀行銀元券	横	伍圓	1926年(民國15年)	166×90	美國鈔票公司	上海博物館　藏	2	財政部核發・長沙
0247	農商銀行銀元券	横	拾圓	1926年(民國15年)	171×91	美國鈔票公司	上海博物館　藏	3	財政部核發・長沙
0248	中國農工銀行國幣券	横	壹圓	1927年(民國16年)	146×78	財政部印刷局製	中國人民銀行上海分行　藏	2	財政部核發・樣本
0249	中國農工銀行國幣券	横	伍圓	1927年(民國16年)	157×86	財政部印刷局製	中國人民銀行上海分行　藏	2	財政部核發・樣本
0250	中國農工銀行輔幣券	横	壹角	1927年(民國16年)	109×61	財政部印刷局製	馮志苗　藏	2	財政部核發・北京、樣本、京津通用
0251	中國農工銀行輔幣券	横	壹角	1927年(民國16年)	109×61	財政部印刷局製	苗培貴　藏	1	財政部核發・北京、京津通用、無字冠
0252	中國農工銀行輔幣券	横	壹角	1927年(民國16年)	109×61	財政部印刷局製	中國人民銀行上海分行　藏	1	財政部核發・北京、京津通用、單字冠
0253	中國農工銀行輔幣券	横	貳角	1927年(民國16年)	113×64	財政部印刷局製	上海博物館　藏	2	財政部核發・北京、樣本、京津通用、無號碼
0254	中國農工銀行輔幣券	横	貳角	1927年(民國16年)	113×64	財政部印刷局製	馮志苗　藏	2	財政部核發・北京、樣本、京津通用、零號票

續表

編　號	券　　名	票型	面 額	年　　份	票　幅（毫米）	印 刷 者	來　　源	等級	説　　明
0255	中國農工銀行輔幣券	橫	貳角	1927年(民國16年)	113×64	財政部印刷局製	中國人民銀行上海分行　藏	1	財政部核發・北京、京津通用、單字冠
0256	中國農工銀行輔幣券	橫	伍角	1927年(民國16年)	111×66	財政部印刷局製	上海博物館　藏	1	財政部核發・北京、京津通用
0257	中國農工銀行國幣券	橫	壹圓	1927年(民國16年)	147×79	財政部印刷局製	上海博物館　藏	1	財政部核發・北京
0258	中國農工銀行國幣券	橫	伍圓	1927年(民國16年)	159×85	財政部印刷局製	中國人民銀行上海分行　藏	2	財政部核發・北京、樣本
0259	中國農工銀行國幣券	橫	伍圓	1927年(民國16年)	159×85	財政部印刷局製	上海博物館　藏	2	財政部核發・北京
0260	中國農工銀行國幣券	橫	拾圓	1927年(民國16年)	170×92	財政部印刷局製	中國人民銀行上海分行　藏	3	財政部核發・北京、樣本、英文簽名不同
0261	中國農工銀行國幣券	橫	拾圓	1927年(民國16年)	170×92	財政部印刷局製	中國人民銀行上海分行　藏	3	財政部核發・北京、樣本、英文簽名不同
0262	中國農工銀行國幣券	橫	壹圓	1927年(民國16年)	149×77	財政部印刷局製	中國人民銀行上海分行　藏	2	財政部核發・上海、樣本
0263	中國農工銀行國幣券	橫	壹圓	1927年(民國16年)	149×77	財政部印刷局製	上海博物館　藏	1	財政部核發・上海
0264	中國農工銀行國幣券	橫	伍圓	1927年(民國16年)	156×87	財政部印刷局製	中國人民銀行上海分行　藏	2	財政部核發・上海、樣本
0265	中國農工銀行國幣券	橫	拾圓	1927年(民國16年)	167×94	財政部印刷局製	中國人民銀行上海分行　藏	3	財政部核發・上海、樣本
0266	中國農工銀行輔幣券	橫	貳角	1927年(民國16年)	111×63	財政部印刷局製	上海博物館　藏	1	財政部核發・天津、京津通用
0267	中國農工銀行國幣券	橫	壹圓	1927年(民國16年)	145×77	財政部印刷局製	上海博物館　藏	1	財政部核發・天津
0268	中國農工銀行國幣券	橫	伍圓	1927年(民國16年)	147×87	財政部印刷局製	上海博物館　藏	2	財政部核發・天津
0269	中國農工銀行國幣券	橫	壹圓	1927年(民國16年)	148×77	財政部印刷局製	中國人民銀行上海分行　藏	2	財政部核發・漢口、樣本
0270	中國農工銀行國幣券	橫	壹圓	1927年(民國16年)	148×77	財政部印刷局製	上海博物館　藏	1	財政部核發・漢口
0271	中國農工銀行國幣券	橫	伍圓	1927年(民國16年)	158×86	財政部印刷局製	中國人民銀行上海分行　藏	3	財政部核發・漢口、樣本
0272	中國農工銀行國幣券	橫	伍圓	1927年(民國16年)	158×86	財政部印刷局製	中國人民銀行上海分行　藏	2	財政部核發・漢口
0273	中國農工銀行國幣券	橫	拾圓	1927年(民國16年)	170×92	財政部印刷局製	吴籌中　藏	3	財政部核發・漢口、樣本
0274	中國農工銀行國幣券	橫	伍圓	1932年(民國21年)	158×84	美國鈔票公司	上海博物館　藏	1	財政部核發
0275	中國農工銀行國幣券	橫	伍圓	1932年(民國21年)	158×84	美國鈔票公司	中國人民銀行上海分行　藏	2	財政部核發・北平、樣本
0276	中國農工銀行國幣券	橫	伍圓	1932年(民國21年)	158×84	美國鈔票公司	苗培貴　藏	1	財政部核發・北平
0277	中國農工銀行國幣券	橫	壹圓	1932年(民國21年)	154×78	美國鈔票公司	中國人民銀行上海分行　藏	2	財政部核發・上海、樣本
0278	中國農工銀行國幣券	橫	壹圓	1932年(民國21年)	154×78	美國鈔票公司	中國人民銀行上海分行　藏	1	財政部核發・上海、無字冠、藍號碼
0279	中國農工銀行國幣券	橫	壹圓	1932年(民國21年)	154×78	美國鈔票公司	上海博物館　藏	1	財政部核發・上海、無字冠、黑號碼
0280	中國農工銀行國幣券	橫	壹圓	1932年(民國21年)	154×78	美國鈔票公司	中國人民銀行上海分行　藏	1	財政部核發・上海、單字冠
0281	中國農工銀行國幣券	橫	伍圓	1932年(民國21年)	156×83	美國鈔票公司	中國人民銀行上海分行　藏	2	財政部核發・上海、樣本
0282	中國農工銀行國幣券	橫	伍圓	1932年(民國21年)	156×83	美國鈔票公司	上海博物館　藏	1	財政部核發・上海、無字冠
0283	中國農工銀行國幣券	橫	伍圓	1932年(民國21年)	156×83	美國鈔票公司	中國人民銀行上海分行　藏	1	財政部核發・上海、單字冠
0284	中國農工銀行國幣券	橫	拾圓	1932年(民國21年)	160×90	美國鈔票公司	中國人民銀行上海分行　藏	2	財政部核發・上海、樣本
0285	中國農工銀行國幣券	橫	拾圓	1932年(民國21年)	160×90	美國鈔票公司	上海博物館　藏	2	財政部核發・上海
0286	中國農工銀行輔幣券	橫	貳角	1932年(民國21年)	110×65	美國鈔票公司	苗培貴　藏	2	財政部核發・漢口、樣本
0287	中國農工銀行輔幣券	橫	貳角	1932年(民國21年)	110×65	美國鈔票公司	中國人民銀行上海分行　藏	1	財政部核發・漢口
0288	中國農工銀行國幣券	橫	伍圓	1932年(民國21年)	157×84	美國鈔票公司	中國人民銀行上海分行　藏	2	財政部核發・漢口、樣本
0289	中國農工銀行國幣券	橫	伍圓	1932年(民國21年)	157×84	美國鈔票公司	中國人民銀行上海分行　藏	1	財政部核發・漢口
0290	中國農工銀行國幣券	橫	伍圓	1932年(民國21年)	157×84	美國鈔票公司	徐風　藏	1	財政部核發・漢口、此票在長沙兑現
0291	中國農工銀行國幣券	橫	拾圓	1932年(民國21年)	160×90	美國鈔票公司	中國人民銀行上海分行　藏	2	財政部核發・漢口
0292	中國農工銀行國幣券	橫	壹圓	1934年(民國23年)	156×78	英國華德路公司製	中國人民銀行上海分行　藏	1	財政部核發
0293	中國農工銀行國幣券	橫	壹圓	1934年(民國23年)	156×78	英國華德路公司製	中國人民銀行上海分行　藏	2	財政部核發・北平、樣本
0294	中國農工銀行國幣券	橫	壹圓	1934年(民國23年)	156×78	英國華德路公司製	上海博物館　藏	1	財政部核發・北平
0295	中國農工銀行國幣券	橫	壹圓	1934年(民國23年)	156×78	英國華德路公司製	選自《老上海貨幣》	2	財政部核發・上海、樣本
0296	中國農工銀行國幣券	橫	壹圓	1934年(民國23年)	156×78	英國華德路公司製	上海博物館　藏	1	財政部核發・上海
0297	中國農工銀行國幣券	橫	壹圓	1934年(民國23年)	156×78	英國華德路公司製	中國人民銀行上海分行　藏	1	財政部核發・天津
0298	中國懇業銀行國幣券	橫	壹圓	1926年(民國15年)	157×83	英國華德路公司製	中國人民銀行上海分行　藏	2	財政部核發・上海
0299	中國懇業銀行國幣券	橫	伍圓	1926年(民國15年)	170×90	英國華德路公司製	中國人民銀行上海分行　藏	2	財政部核發・上海
0300	中國懇業銀行國幣券	橫	拾圓	1926年(民國15年)	179×94	英國華德路公司製	中國人民銀行上海分行　藏	3	財政部核發・上海

續表

編號	券名	票型	面額	年份	票幅(毫米)	印刷者	來源	等級	説明
0301	中國懇業銀行國幣券	横	壹圓	1926年(民國15年)	157×83	英國華德路公司製	上海博物館　藏	2	財政部核發・天津
0302	中國懇業銀行國幣券	横	伍圓	1926年(民國15年)	170×90	英國華德路公司製	上海博物館　藏	2	財政部核發・天津
0303	中國懇業銀行國幣券	横	拾圓	1926年(民國15年)	179×94	英國華德路公司製	上海博物館　藏	3	財政部核發・天津
0304	中國懇業銀行國幣券	横	壹圓	1931年(民國20年)	156×82	英國華德路公司製	上海博物館　藏	2	財政部核發・上海
0305	中國懇業銀行國幣券	横	壹圓	1931年(民國20年)	156×82	英國華德路公司製	徐風　藏	2	財政部核發・上海、津滬一律通用
0306	中國懇業銀行國幣券	横	伍圓	1931年(民國20年)	170×89	英國華德路公司製	中國人民銀行上海分行　藏	2	財政部核發・上海
0307	中國懇業銀行國幣券	横	拾圓	1931年(民國20年)	177×93	英國華德路公司製	中國人民銀行上海分行　藏	4	財政部核發・上海、樣本
0308	中國懇業銀行國幣券	横	拾圓	1931年(民國20年)	177×93	英國華德路公司製	苗培貴　藏	3	財政部核發・上海
0309	大中銀行銀元券	横	壹圓	1921年(民國10年)	155×83	財政部印刷局製	上海博物館　藏	2	財政部核發・通用銀圓、樣本
0310	大中銀行銀元券	横	伍圓	1921年(民國10年)	162×81	財政部印刷局製	上海博物館　藏	2	財政部核發・通用銀圓、樣本
0311	大中銀行銀元券	横	拾圓	1921年(民國10年)	158×87	財政部印刷局製	上海博物館　藏	3	財政部核發・通用銀圓、樣本
0312	大中銀行銀元券	横	壹圓	1921年(民國10年)	145×76	財政部印刷局製	上海博物館　藏	2	財政部核發・北京、通用銀圓、樣本
0313	大中銀行銀元券	横	伍圓	1921年(民國10年)	145×77	財政部印刷局製	上海博物館　藏	2	財政部核發・北京、通用銀圓、樣本
0314	大中銀行銀元券	横	拾圓	1921年(民國10年)	148×81	財政部印刷局製	上海博物館　藏	3	財政部核發・北京、通用銀圓、樣本
0315	大中銀行輔幣券	横	壹角	1921年(民國10年)	112×54	財政部印刷局製	上海博物館　藏	1	財政部核發・天津
0316	大中銀行輔幣券	横	貳角	1921年(民國10年)	114×56	財政部印刷局製	上海博物館　藏	1	財政部核發・天津、單字冠
0317	大中銀行輔幣券	横	貳角	1921年(民國10年)	114×56	財政部印刷局製	中國人民銀行上海分行　藏	1	財政部核發・天津、雙字冠
0318	大中銀行銀元券	横	壹圓	1921年(民國10年)	147×78	財政部印刷局製	中國人民銀行上海分行　藏	1	財政部核發・天津
0319	大中銀行銀元券	横	伍圓	1921年(民國10年)	154×83	財政部印刷局製	上海市錢幣學會　提供	1	財政部核發・天津、樣本
0320	大中銀行國幣券	横	壹圓	1921年(民國10年)	158×67	財政部印刷局製	上海博物館　藏	1	財政部核發・天津
0321	大中銀行國幣券	横	伍圓	1921年(民國10年)	163×72	財政部印刷局製	上海博物館　藏	1	財政部核發・天津
0322	大中銀行輔幣券	横	壹角	1921年(民國10年)	112×54	財政部印刷局製	上海博物館　藏	1	財政部核發・漢口、樣本
0323	大中銀行輔幣券	横	貳角	1921年(民國10年)	114×56	財政部印刷局製	上海博物館　藏	1	財政部核發・漢口、樣本
0324	大中銀行輔幣券	横	伍角	1921年(民國10年)	116×58	財政部印刷局製	上海博物館　藏	1	財政部核發・漢口、樣本
0325	大中銀行國幣券	横	壹圓	1921年(民國10年)	158×67	財政部印刷局製	上海博物館　藏	2	財政部核發・漢口、樣本
0326	大中銀行國幣券	横	伍圓	1921年(民國10年)	166×73	財政部印刷局製	上海博物館　藏	2	財政部核發・漢口、樣本
0327	大中銀行國幣券	横	拾圓	1921年(民國10年)	172×76	財政部印刷局製	上海博物館　藏	3	財政部核發・漢口、樣本
0328	大中銀行輔幣券	横	壹角	1921年(民國10年)	112×54	財政部印刷局製	中國人民銀行上海分行　藏	1	財政部核發・青島、樣本
0329	大中銀行輔幣券	横	貳角	1921年(民國10年)	114×56	財政部印刷局製	中國人民銀行上海分行　藏	1	財政部核發・青島、樣本
0330	大中銀行輔幣券	横	伍角	1921年(民國10年)	116×58	財政部印刷局製	中國人民銀行上海分行　藏	1	財政部核發・青島、樣本
0331	大中銀行國幣券	横	壹圓	1921年(民國10年)	161×68	財政部印刷局製	中國人民銀行上海分行　藏	2	財政部核發・青島、樣本
0332	大中銀行國幣券	横	伍圓	1921年(民國10年)	167×73	財政部印刷局製	中國人民銀行上海分行　藏	2	財政部核發・青島、樣本
0333	大中銀行國幣券	横	拾圓	1921年(民國10年)	174×78	財政部印刷局製	中國人民銀行上海分行　藏	3	財政部核發・青島、樣本
0334	大中銀行銀元券	横	壹圓	1921年(民國10年)	146×77	財政部印刷局製	上海博物館　藏	2	財政部核發・重慶
0335	大中銀行銀元券	横	伍圓	1921年(民國10年)	150×80	財政部印刷局製	上海博物館　藏	2	財政部核發・重慶、樣本
0336	大中銀行銀元券	横	拾圓	1921年(民國10年)	155×85	財政部印刷局製	上海博物館　藏	3	財政部核發・重慶
0337	大中銀行國幣券	横	伍圓	1932年(民國21年)	147×80	財政部印刷局製	中國人民銀行上海分行　藏	1	財政部核發・上海、樣本
0338	大中銀行輔幣券	横	壹角	1932年(民國21年)	107×55	財政部印刷局製	中國人民銀行上海分行　藏	2	財政部核發・天津
0339	大中銀行輔幣券	横	貳角	1932年(民國21年)	113×62	財政部印刷局製	上海博物館　藏	2	財政部核發・天津
0340	大中銀行國幣券	横	壹圓	1938年(民國27年)	159×66	北京印刷局製	上海博物館　藏	1	財政部核發・北京、京津通用
0341	大中銀行國幣券	横	伍圓	1938年(民國27年)	165×71	北京印刷局製	中國人民銀行上海分行　藏	2	財政部核發・北京、京津通用
0342	勸業銀行國幣券	横	壹百圓	1921年(民國10年)	180×93	美國鈔票公司	上海博物館　藏	4	財政部核發
0343	勸業銀行國幣券	横	壹圓	1921年(民國10年)	133×69	美國鈔票公司	中國人民銀行上海分行　藏	3	財政部核發・北京
0344	勸業銀行國幣券	横	伍圓	1921年(民國10年)	147×77	美國鈔票公司	中國人民銀行上海分行　藏	2	財政部核發・北京
0345	勸業銀行國幣券	横	拾圓	1921年(民國10年)	160×83	美國鈔票公司	上海博物館　藏	2	財政部核發・北京、黑號碼
0346	勸業銀行國幣券	横	拾圓	1921年(民國10年)	160×83	美國鈔票公司	中國人民銀行上海分行　藏	2	財政部核發・北京、藍號碼
0347	勸業銀行國幣券	横	壹圓	1921年(民國10年)	134×70	美國鈔票公司	中國人民銀行上海分行　藏	2	財政部核發・天津
0348	勸業銀行國幣券	横	伍圓	1921年(民國10年)	146×77	美國鈔票公司	徐風　藏	2	財政部核發・天津
0349	勸業銀行國幣券	横	壹圓	1921年(民國10年)	134×70	美國鈔票公司	中國人民銀行上海分行　藏	2	財政部核發・鄭州

續表

編號	券名	票型	面額	年份	票幅(毫米)	印刷者	來源	等級	說明
0350	勸業銀行國幣券	橫	伍圓	1921年(民國10年)	146×77	美國鈔票公司	上海博物館　藏	2	財政部核發・鄭州
0351	勸業銀行國幣券	橫	壹圓	1921年(民國10年)	135×79	財政部印刷局製	上海市錢幣學會　提供	2	財政部核發・北京、樣本
0352	勸業銀行國幣券	橫	壹圓	1921年(民國10年)	135×79	財政部印刷局製	上海博物館　藏	2	財政部核發・北京
0353	勸業銀行國幣券	橫	壹百圓	1921年(民國10年)	158×90	財政部印刷局製	上海市錢幣學會　提供	4	財政部核發・北京、樣本
0354	勸業銀行國幣券	橫	壹百圓	1921年(民國10年)	158×90	財政部印刷局製	中國人民銀行上海分行　藏	4	財政部核發・北京、背面號碼倒印
0355	勸業銀行國幣券	橫	壹圓	1921年(民國10年)	133×78	財政部印刷局製	上海博物館　藏	2	財政部核發・南京
0356	勸業銀行國幣券	橫	伍圓	1921年(民國10年)	140×79	財政部印刷局製	上海博物館　藏	2	財政部核發・南京
0357	勸業銀行國幣券	橫	壹圓	1921年(民國10年)	136×79	財政部印刷局製	選自《老上海貨幣》	2	財政部核發・上海、樣本
0358	勸業銀行國幣券	橫	壹圓	1921年(民國10年)	136×79	財政部印刷局製	中國人民銀行上海分行　藏	3	財政部核發・上海
0359	勸業銀行國幣券	橫	伍圓	1921年(民國10年)	142×80	財政部印刷局製	上海博物館　藏	2	財政部核發・上海、樣本
0360	勸業銀行國幣券	橫	伍圓	1921年(民國10年)	142×80	財政部印刷局製	中國人民銀行上海分行　藏	3	財政部核發・上海、加蓋南京
0361	勸業銀行國幣券	橫	伍圓	1921年(民國10年)	142×80	財政部印刷局製	選自《老上海貨幣》	3	財政部核發・上海、樣本、紅色
0362	勸業銀行國幣券	橫	拾圓	1921年(民國10年)	147×83	財政部印刷局製	上海博物館　藏	2	財政部核發・上海、樣本
0363	勸業銀行國幣券	橫	壹圓	1921年(民國10年)	135×79	財政部印刷局製	上海博物館　藏	2	財政部核發・天津、樣本
0364	勸業銀行國幣券	橫	壹圓	1921年(民國10年)	135×79	財政部印刷局製	中國人民銀行上海分行　藏	2	財政部核發・天津
0365	勸業銀行國幣券	橫	伍圓	1921年(民國10年)	141×81	財政部印刷局製	上海市錢幣學會　提供	2	財政部核發・天津、樣本
0366	勸業銀行國幣券	橫	伍圓	1921年(民國10年)	141×81	財政部印刷局製	上海博物館　藏	2	財政部核發・天津
0367	勸業銀行國幣券	橫	拾圓	1921年(民國10年)	149×75	財政部印刷局製	上海市錢幣學會　提供	2	財政部核發・天津、樣本
0368	勸業銀行輔幣券	直	貳角	1927年(民國16年)	55×104	財政部印刷局製	上海市錢幣學會　提供	1	財政部核發・樣本
0369	勸業銀行輔幣券	直	壹角	1927年(民國16年)	53×103	財政部印刷局製	劉文和　藏	1	財政部核發・天津、京津通用
0370	勸業銀行輔幣券	直	貳角	1927年(民國16年)	55×104	財政部印刷局製	中國人民銀行上海分行　藏	1	財政部核發・天津、京津通用
0371	勸業銀行輔幣券	橫	壹角	1928年(民國17年)	105×58	財政部印刷局製	劉文和　藏	1	財政部核發・北平
0372	勸業銀行輔幣券	橫	貳角	1928年(民國17年)	112×63	財政部印刷局製	中國人民銀行上海分行　藏	1	財政部核發・北平
0373	勸業銀行輔幣券	橫	壹角	1928年(民國17年)	105×58	財政部印刷局製	上海博物館　藏	1	財政部核發・天津
0374	勸業銀行輔幣券	橫	貳角	1928年(民國17年)	112×63	財政部印刷局製	上海博物館　藏	1	財政部核發・天津
0375	邊業銀行銀元券	橫	伍圓	1919年(民國8年)	148×89	財政部印刷局製	中國人民銀行上海分行　藏	3	財政部核發・北京、樣本
0376	邊業銀行銀元券	橫	拾圓	1919年(民國8年)	153×99	財政部印刷局製	上海博物館　藏	3	財政部核發・北京、樣本
0377	邊業銀行銀元券	橫	壹圓	1919年(民國8年)	141×85	財政部印刷局製	吴籌中　藏	2	財政部核發・張家口
0378	邊業銀行輔幣券	橫	壹角	1920年(民國9年)	105×61	財政部印刷局製	上海博物館　藏	2	財政部核發・張家口
0379	邊業銀行銀元券	橫	壹圓	1921年(民國10年)	139×83	財政部印刷局製	上海博物館　藏	2	財政部核發・天津
0380	邊業銀行銀元券	橫	壹圓	1921年(民國10年)	143×84	財政部印刷局製	中國人民銀行上海分行　藏	2	財政部核發・哈爾濱、樣本
0381	邊業銀行銀元券	橫	伍圓	1921年(民國10年)	149×89	財政部印刷局製	上海博物館　藏	2	財政部核發・哈爾濱、樣本
0382	邊業銀行銀元券	橫	拾圓	1921年(民國10年)	150×93	財政部印刷局製	上海博物館　藏	3	財政部核發・哈爾濱、樣本
0383	邊業銀行輔幣券	橫	壹角	1925年(民國14年)	107×61	財政部印刷局製	中國人民銀行上海分行　藏	2	財政部核發・京津通用
0384	邊業銀行輔幣券	橫	貳角	1925年(民國14年)	112×63	財政部印刷局製	中國人民銀行上海分行　藏	2	財政部核發・京津通用
0385	邊業銀行輔幣券	橫	壹角	1925年(民國14年)	107×61	財政部印刷局製	上海博物館　藏	1	財政部核發・天津
0386	邊業銀行輔幣券	橫	貳角	1925年(民國14年)	112×63	財政部印刷局製	上海博物館　藏	1	財政部核發・天津
0387	邊業銀行國幣券	橫	伍圓	1925年(民國14年)	150×79	美國鈔票公司	上海博物館　藏	2	財政部核發・天津
0388	邊業銀行輔幣券	橫	壹角	1925年(民國14年)	108×61	財政部印刷局製	上海博物館　藏	1	財政部核發・奉天
0389	邊業銀行輔幣券	橫	貳角	1925年(民國14年)	113×63	財政部印刷局製	中國人民銀行上海分行　藏	1	財政部核發・奉天
0390	邊業銀行國幣券	橫	壹圓	1925年(民國14年)	138×74	美國鈔票公司	中國人民銀行上海分行　藏	3	財政部核發・奉天、樣本
0391	邊業銀行國幣券	橫	伍圓	1925年(民國14年)	150×81	美國鈔票公司	中國人民銀行上海分行　藏	3	財政部核發・奉天、樣本
0392	邊業銀行國幣券	橫	拾圓	1925年(民國14年)	163×87	美國鈔票公司	中國人民銀行上海分行　藏	3	財政部核發・奉天、樣本
0393	邊業銀行國幣券	橫	拾圓	1925年(民國14年)	163×87	美國鈔票公司	上海博物館　藏	2	財政部核發・奉天
0394	邊業銀行國幣券	橫	壹百圓	1925年(民國14年)	190×96	美國鈔票公司	吴籌中　提供	2	財政部核發・奉天
0395	邊業銀行國幣券	橫	壹圓	1925年(民國14年)	136×73	美國鈔票公司	吴籌中　藏	2	財政部核發・哈爾濱、樣本、監理官印
0396	邊業銀行國幣券	橫	壹圓	1925年(民國14年)	136×73	美國鈔票公司	上海博物館　藏	1	財政部核發・哈爾濱、監理官印
0397	邊業銀行國幣券	橫	伍圓	1925年(民國14年)	150×81	美國鈔票公司	中國人民銀行上海分行　藏	2	財政部核發・哈爾濱、樣本、監理官印

續表

編號	券名	票型	面額	年份	票幅(毫米)	印刷者	來源	等級	説明
0398	邊業銀行國幣券	横	伍圓	1925年(民國14年)	150×81	美國鈔票公司	中國人民銀行上海分行　藏	1	財政部核發·哈爾濱、監理官印
0399	邊業銀行國幣券	横	拾圓	1925年(民國14年)	163×87	美國鈔票公司	中國人民銀行上海分行　藏	3	財政部核發·哈爾濱、樣本、監理官印
0400	邊業銀行國幣券	横	拾圓	1925年(民國14年)	163×87	美國鈔票公司	中國人民銀行上海分行　藏	2	財政部核發·哈爾濱、監理官印
0401	邊業銀行國幣券	横	伍圓	1925年(民國14年)	150×81	美國鈔票公司	中國人民銀行上海分行　藏	2	財政部核發·東三省、聯合發行準備庫
0402	邊業銀行國幣券	横	拾圓	1925年(民國14年)	163×87	美國鈔票公司	上海博物館　藏	2	財政部核發·東三省、聯合發行準備庫
0403	邊業銀行輔幣券	横	貳角	1929年(民國18年)	111×62		中國人民銀行上海分行　藏	1	財政部核發·奉天
0404	邊業銀行輔幣券	横	伍角	1929年(民國18年)	116×66		上海博物館　藏	1	財政部核發·奉天
0405	邊業銀行輔幣券	横	壹角	1929年(民國18年)	107×59		中國人民銀行上海分行　藏	2	財政部核發·哈爾濱、樣本、監理官印
0406	邊業銀行輔幣券	横	壹角	1929年(民國18年)	107×59		上海博物館　藏	1	財政部核發·哈爾濱、監理官印
0407	邊業銀行輔幣券	横	貳角	1929年(民國18年)	111×62		中國人民銀行上海分行　藏	2	財政部核發·哈爾濱、樣本、監理官印
0408	邊業銀行輔幣券	横	貳角	1929年(民國18年)	111×62		中國人民銀行上海分行　藏	1	財政部核發·哈爾濱、監理官印
0409	邊業銀行輔幣券	横	伍角	1929年(民國18年)	116×66		中國人民銀行上海分行　藏	2	財政部核發·哈爾濱、樣本、監理官印
0410	邊業銀行輔幣券	横	伍角	1929年(民國18年)	116×66		中國人民銀行上海分行　藏	1	財政部核發·哈爾濱、監理官印
0411	邊業銀行國幣券	横	壹圓	1932年(民國21年)	146×77	財政部印刷局製	上海博物館　藏	1	財政部核發·天津
0412	邊業銀行國幣券	横	拾圓	1932年(民國21年)	171×95	財政部印刷局製	上海博物館　藏	2	財政部核發·天津
0413	殖邊銀行兑换券	横	壹圓	1914年(民國3年)	154×87	財政部印刷局製	上海博物館　藏	1	財政部核發·上海
0414	殖邊銀行兑换券	横	伍圓	1914年(民國3年)	166×93	財政部印刷局製	上海博物館　藏	1	財政部核發·上海
0415	殖邊銀行兑换券	横	拾圓	1914年(民國3年)	175×95	財政部印刷局製	中國人民銀行上海分行　藏	2	財政部核發·上海
0416	殖邊銀行兑换券	横	壹圓	1914年(民國3年)	155×86	財政部印刷局製	中國人民銀行上海分行　藏	1	財政部核發·江蘇
0417	殖邊銀行兑换券	横	伍圓	1914年(民國3年)	168×93	財政部印刷局製	吴籌中　藏	1	財政部核發·江蘇
0418	殖邊銀行兑换券	横	拾圓	1914年(民國3年)	175×95	財政部印刷局製	中國人民銀行上海分行　藏	2	財政部核發·江蘇
0419	殖邊銀行兑换券	横	壹圓	1914年(民國3年)	155×86	財政部印刷局製	中國人民銀行上海分行　藏	1	財政部核發·浙江
0420	殖邊銀行兑换券	横	伍圓	1914年(民國3年)	168×93	財政部印刷局製	吴籌中　藏	1	財政部核發·浙江
0421	殖邊銀行兑换券	横	伍圓	1914年(民國3年)	168×93	財政部印刷局製	中國人民銀行上海分行　藏	1	財政部核發·奉天
0422	殖邊銀行兑换券	横	拾圓	1914年(民國3年)	175×95	財政部印刷局製	中國人民銀行上海分行　藏	2	財政部核發·奉天
0423	殖邊銀行兑换券	横	壹圓	1914年(民國3年)	155×86	財政部印刷局製	中國人民銀行上海分行　藏	1	財政部核發·雲南改奉天
0424	殖邊銀行兑换券	横	伍圓	1914年(民國3年)	168×93	財政部印刷局製	中國人民銀行上海分行　藏	1	財政部核發·雲南改奉天
0425	殖邊銀行兑换券	横	伍圓	1914年(民國3年)	168×93	財政部印刷局製	上海博物館　藏	1	財政部核發·吉林
0426	殖邊銀行兑换券	横	拾圓	1914年(民國3年)	175×95	財政部印刷局製	上海博物館　藏	2	財政部核發·吉林
0427	殖邊銀行兑换券	横	壹圓	1914年(民國3年)	155×86	財政部印刷局製	吴籌中　藏	1	財政部核發·長春
0428	殖邊銀行兑换券	横	伍圓	1914年(民國3年)	168×93	財政部印刷局製	上海博物館　藏	1	財政部核發·長春
0429	殖邊銀行兑换券	横	拾圓	1914年(民國3年)	175×95	財政部印刷局製	吴籌中　藏	2	財政部核發·長春
0430	殖邊銀行兑换券	横	伍圓	1914年(民國3年)	168×93	財政部印刷局製	吴籌中　藏	1	財政部核發·上海改長春
0431	殖邊銀行兑换券	横	拾圓	1914年(民國3年)	175×95	財政部印刷局製	吴籌中　藏	2	財政部核發·上海改長春
0432	殖邊銀行兑换券	横	壹圓	1914年(民國3年)	155×86	財政部印刷局製	吴籌中　藏	1	財政部核發·天津改長春
0433	殖邊銀行兑换券	横	伍圓	1914年(民國3年)	168×93	財政部印刷局製	上海博物館　藏	1	財政部核發·天津改長春
0434	殖邊銀行兑换券	横	拾圓	1914年(民國3年)	175×95	財政部印刷局製	吴籌中　藏	2	財政部核發·天津改長春
0435	殖邊銀行兑换券	横	壹圓	1914年(民國3年)	155×86	財政部印刷局製	吴籌中　藏	1	財政部核發·漢口改長春
0436	殖邊銀行兑换券	横	伍圓	1914年(民國3年)	168×93	財政部印刷局製	吴籌中　藏	1	財政部核發·漢口改長春
0437	殖邊銀行兑换券	横	壹圓	1914年(民國3年)	155×86	財政部印刷局製	吴籌中　藏	1	財政部核發·江蘇改長春
0438	殖邊銀行兑换券	横	拾圓	1914年(民國3年)	175×95	財政部印刷局製	上海博物館　藏	2	財政部核發·江蘇改長春
0439	殖邊銀行兑换券	横	壹圓	1914年(民國3年)	155×86	財政部印刷局製	上海博物館　藏	1	財政部核發·浙江改長春
0440	殖邊銀行兑换券	横	伍圓	1914年(民國3年)	168×93	財政部印刷局製	吴籌中　藏	1	財政部核發·浙江改長春
0441	殖邊銀行兑换券	横	拾圓	1914年(民國3年)	175×95	財政部印刷局製	吴籌中　藏	2	財政部核發·張家口改長春
0442	殖邊銀行兑换券	横	壹圓	1914年(民國3年)	155×86	財政部印刷局製	吴籌中　藏	1	財政部核發·多倫改長春

續表

編 號	券 名	票型	面額	年 份	票幅(毫米)	印刷者	來 源	等級	説 明
0443	殖邊銀行兑换券	横	伍圓	1914年(民國3年)	168×93	財政部印刷局製	吴籌中 藏	1	財政部核發·多倫改長春
0444	殖邊銀行兑换券	横	拾圓	1914年(民國3年)	175×95	財政部印刷局製	吴籌中 藏	2	財政部核發·多倫改長春
0445	殖邊銀行兑换券	横	壹圓	1914年(民國3年)	155×86	財政部印刷局製	吴籌中 藏	1	財政部核發·東三省、吉黑
0446	殖邊銀行兑换券	横	伍圓	1914年(民國3年)	168×93	財政部印刷局製	上海博物館 藏	1	財政部核發·東三省、吉黑
0447	殖邊銀行兑换券	横	拾圓	1914年(民國3年)	175×95	財政部印刷局製	上海博物館 藏	2	財政部核發·東三省、吉黑
0448	殖邊銀行輔幣券	横	貳角	1915年(民國4年)	115×64	財政部印刷局製	中國人民銀行上海分行 藏	1	財政部核發·東三省
0449	殖邊銀行輔幣券	横	伍角	1915年(民國4年)	120×72	財政部印刷局製	中國人民銀行上海分行 藏	1	財政部核發·東三省
0450	殖邊銀行兑换券	横	壹圓	1915年(民國4年)	159×85	商務印書館天津印刷局印	吴籌中 藏	1	財政部核發·庫倫、裕國籌邊
0451	殖邊銀行兑换券	横	伍圓	1915年(民國4年)	164×91	商務印書館天津印刷局印	吴籌中 藏	2	財政部核發·庫倫、裕國籌邊
0452	殖邊銀行兑换券	横	拾圓	1915年(民國4年)	173×99	商務印書館天津印刷局印	中國人民銀行上海分行 藏	3	財政部核發·庫倫、裕國籌邊
0453	殖邊銀行銅元票	横	壹百文	1916年(民國5年)	105×57		上海博物館 藏	1	財政部核發·紅錢
0454	殖邊銀行銅元票	横	貳百文	1916年(民國5年)	136×75		徐風 藏	2	財政部核發·紅錢
0455	殖邊銀行銅元票	横	肆百文	1916年(民國5年)	165×90		選自《新疆錢幣》	3	財政部核發·紅錢
0456	殖邊銀行輔幣券	横	壹角	1916年(民國5年)	89×57		上海博物館 藏	1	財政部核發·小洋
0457	殖邊銀行輔幣券	横	壹角	1916年(民國5年)	89×57		上海博物館 藏	1	財政部核發·長春、小洋
0458	殖邊銀行輔幣券	横	肆角	1916年(民國5年)	121×73		中國人民銀行上海分行 藏	1	財政部核發·長春、小洋
0459	殖邊銀行輔幣券	横	肆角	1916年(民國5年)	121×73		張日炎 藏	2	財政部核發·長春改哈爾濱、小洋
0460	殖邊銀行國幣券	横	壹圓	無年份	148×82	美國鈔票公司	上海博物館 藏	1	財政部核發
0461	殖邊銀行國幣券	横	伍圓	無年份	172×89	美國鈔票公司	上海博物館 藏	2	財政部核發
0462	殖邊銀行國幣券	横	拾圓	無年份	176×97	美國鈔票公司	中國人民銀行上海分行 藏	2	財政部核發
0463	殖邊銀行國幣券	横	伍拾圓	無年份	182×98	美國鈔票公司	上海博物館 藏	4	財政部核發·樣本
0464	殖邊銀行國幣券	横	壹圓	無年份	148×83	美國鈔票公司	吴籌中 藏	1	財政部核發·天津
0465	殖邊銀行國幣券	横	伍圓	無年份	171×89	美國鈔票公司	中國人民銀行上海分行 藏	2	財政部核發·天津
0466	殖邊銀行國幣券	横	拾圓	無年份	175×98	美國鈔票公司	中國人民銀行上海分行 藏	2	財政部核發·天津
0467	殖邊銀行國幣券	横	壹圓	無年份	148×83	美國鈔票公司	上海博物館 藏	1	財政部核發·長春
0468	殖邊銀行國幣券	横	壹圓	無年份	148×83	美國鈔票公司	中國人民銀行上海分行 藏	1	財政部核發·張家口
0469	殖邊銀行國幣券	横	伍圓	無年份	172×90	美國鈔票公司	中國人民銀行上海分行 藏	2	財政部核發·張家口
0470	東南銀行銀元券	横	壹圓	1928年(民國17年)	146×80		中國人民銀行上海分行 藏	2	福建·樣張
0471	東南銀行銀元券	横	壹圓	1928年(民國17年)	146×80		陳亞元 藏	2	福建
0472	東南銀行銀元券	横	伍圓	1928年(民國17年)	170×88		中國人民銀行上海分行 藏	3	福建·樣張
0473	東南銀行銀元券	横	伍圓	1928年(民國17年)	170×88		苗培貴 藏	3	福建
0474	東南銀行銀元券	横	拾圓	1928年(民國17年)	171×91		中國人民銀行上海分行 藏	3	福建·樣張
0475	中國絲茶銀行國幣券	横	壹圓	1925年(民國14年)	146×78	財政部印刷局製	上海博物館 藏	1	北京
0476	中國絲茶銀行國幣券	横	伍圓	1925年(民國14年)	162×84	財政部印刷局製	中國人民銀行上海分行 藏	2	北京
0477	中國絲茶銀行國幣券	横	壹圓	1925年(民國14年)	148×78	財政部印刷局製	上海博物館 藏	1	天津
0478	中國絲茶銀行國幣券	横	伍圓	1925年(民國14年)	138×73	財政部印刷局製	上海博物館 藏	2	天津
0479	中國絲茶銀行國幣券	横	拾圓	1925年(民國14年)	171×89	財政部印刷局製	上海博物館 藏	3	天津
0480	中國絲茶銀行國幣券	横	伍圓	1925年(民國14年)	159×84	財政部印刷局製	上海博物館 藏	2	鄭州
0481	中國絲茶銀行輔幣券	横	壹角	1927年(民國16年)	106×60	財政部印刷局製	上海博物館 藏	2	樣本
0482	中華國寶銀行銀元券	横	壹圓	1922年(民國11年)	143×82	美國鈔票公司	張傑 提供	2	上海·樣本
0483	中華國寶銀行銀元券	横	伍圓	1922年(民國11年)	148×85	美國鈔票公司	張傑 提供	2	上海·樣本
0484	中華國寶銀行銀元券	横	拾圓	1922年(民國11年)	159×88	美國鈔票公司	選自《老上海貨幣》	3	上海·樣本
0485	中華國寶銀行銀元券	横	伍拾圓	1922年(民國11年)	168×95	美國鈔票公司	選自《老上海貨幣》	4	上海·樣本
0486	中華國寶銀行銀元券	横	壹百圓	1922年(民國11年)	175×99	美國鈔票公司	選自《老上海貨幣》	4	上海·樣本
0487	中華建設銀行輔幣券	横	壹角	1930年(民國19年)	107×60	北平印刷局製	上海博物館 藏	2	樣本
0488	北平市銀行銅元券	横	貳拾枚	1936年(民國25年)	108×59	財政部北平印刷局	存雲亭 提供	1	樣本
0489	北平市銀行銅元券	横	貳拾伍枚	1936年(民國25年)	112×59	財政部北平印刷局	存雲亭 提供	1	樣本

續表

編號	券名	票型	面額	年份	票幅(毫米)	印刷者	來源	等級	説明
0490	北平市銀行輔幣券	横	貳角	1936年(民國25年)	104×52	財政部北平印刷局製	存雲亭　提供	1	樣本
0491	北平市銀行國幣券	横	壹圓	1936年(民國25年)	132×61	財政部北平印刷局製	存雲亭　提供	2	樣本
0492	北平市銀行國幣券	横	伍圓	1936年(民國25年)	138×66	財政部北平印刷局製	存雲亭　提供	2	樣本
0493	北平市銀行輔幣券	横	貳分	1937年(民國26年)	115×64	財政部北平印刷局	孫彬　藏	1	樣本
0494	北平市銀行輔幣券	横	貳分	1937年(民國26年)	115×64	財政部北平印刷局	中國人民銀行上海分行　藏		
0495	北京德華銀行銀元券	横	貳圓	1914年(民國3年)	134×90	北平印刷局製	存雲亭　提供	3	北京
0496	明華銀行國幣券	横	壹圓	1923年(民國12年)	123×81	財政部印刷局製印	上海博物館　藏	2	樣本
0497	上海商業儲蓄銀行輔幣券	圓	三角		18		郭乃興　藏	2	
0498	浦東銀行銅元券	直	壹百枚	1931年(民國20年)	47×94	中國凹版公司印製	選自《老上海貨幣》	2	上海浦東
0499	上海永亨銀行兑换券	横	壹圓	1920年(民國9年)	150×71	美國鈔票公司	中國人民銀行上海分行　藏	2	
0500	上海永亨銀行兑换券	横	伍圓	1920年(民國9年)	157×76	美國鈔票公司	中國人民銀行上海分行　藏	3	
0501	上海永亨銀行兑换券	横	拾圓	1920年(民國9年)	161×83	美國鈔票公司	中國人民銀行上海分行　藏	3	
0502	美華銀行銀元券	横	壹圓	1926年10月1日	131×78	上海中華印書館印	上海博物館　藏	2	上海
0503	上海興華銀行銀元券	横	伍圓	1915年(民國4年)	149×93		張傑　提供	3	
0504	道生銀行國幣券	横	壹圓	1922年(民國11年)	146×76	財政部印刷局製	上海博物館　藏	2	樣本
0505	道生銀行國幣券	横	伍圓	1922年(民國11年)	152×82	財政部印刷局製	上海博物館　藏	3	樣本
0506	蒙藏銀行輔幣券	横	壹角	1924年(民國13年)	111×61		上海博物館　藏	1	政府特許發行·天津
0507	蒙藏銀行輔幣券	横	貳角	1924年(民國13年)	115×63		上海博物館　藏	1	政府特許發行·天津
0508	商辦青島地方銀行國幣券	横	拾圓	1926年(民國15年)	174×94	財政部印刷局製	上海博物館　藏	3	樣本
0509	豐縣地方銀行流通券	横	貳拾圓	1943年(民國32年)	128×69		石長有　藏	1	
0510	豐縣地方銀行流通券	横	貳拾圓	1943年(民國32年)	132×70		石長有　藏	1	江蘇豐縣
0511	贛省民國銀行銅元券	直	壹百文	黄帝紀元4609年	75×150		選自《集幣會刊》	2	
0512	贛省民國銀行銅元券	直	拾枚	1912年(民國元年)	75×150		選自《集幣會刊》	2	
0513	全贛公共銀行銅元券	横	拾枚	1923年(民國12年)	123×68	南昌百花洲佛記石印所代印	徐風　藏	2	
0514	全贛公共銀行銅元券	横	壹百枚	1923年(民國12年)	144×83	南昌百花洲佛記石印所代印	吴籌中　提供	2	
0515	江西惠通銀行銅元券	横	拾枚	1923年(民國12年)	121×73	南昌榮記石印局代印	徐風　藏	1	
0516	裕贛商業銀行銅元券	横	拾枚	1925年(民國14年)	135×68	南昌百花洲豐記石印所代印	徐風　藏	1	南昌
0517	裕贛商業銀行銅元券	横	壹百枚	1925年(民國14年)	153×90	南昌百花洲豐記石印所代印	劉文和　藏	2	江西南昌
0518	華泰銀行銅元券	横	拾枚	1923年(民國12年)	126×67		徐風　藏	1	江西
0519	振華銀行銅元券	横	拾枚	1923年(民國12年)	135×72	南昌榮記石印局代印	江蘇省錢幣學會　提供	1	
0520	振華銀行銅元券	横	拾枚	1923年(民國12年)	135×72	南昌榮記石印局代印	郭乃興　藏	1	
0521	振商銀行銅元券	横	拾枚	1923年(民國12年)	124×73	南昌銘記石印局代印	徐風　藏	1	南昌
0522	振商銀行銅元券	横	拾枚	1924年(民國13年)	134×70	南昌百花洲銘記石印所代印	趙隆業　藏	1	南昌
0523	振商銀行銅元券	横	拾枚	1924年(民國13年)	134×70	南昌百花洲銘記石印所代印	徐風　藏	1	南昌、修水
0524	福利商業銀行銅元券	横	拾枚	1924年(民國13年)	126×72		上海博物館　藏	1	河口鎮、小河沿
0525	甯都縣銀行輔幣券	横	伍角	1949年(民國38年)	126×57	驥友印刷所代印	郭乃興　藏		
0526	河南實業銀行本票	直		無年份	150×203		孫彬　藏		連存根
0527	湖南通商銀行輔幣券	横	貳拾枚	1920年(民國9年)	134×78	湘鄂印刷公司代印	上海博物館　藏	2	政府特許發行
0528	湖南通商銀行銀元券	横	伍圓	1920年(民國9年)	165×86	湘鄂印刷公司代印	吴籌中　藏	3	政府特許發行
0529	長沙銀行國幣券	横	壹圓	1928年(民國17年)	141×79	美國鈔票公司	徐風　藏	1	此鈔票由湖南省銀行發行兑現

續表

編 號	券 名	票型	面額	年 份	票 幅(毫米)	印 刷 者	來 源	等級	説 明
0530	長沙銀行國幣券	横	伍圓	1928 年(民國 17 年)	151×82	美國鈔票公司	徐風 藏	2	此鈔票由湖南省銀行發行兑現
0531	長沙銀行國幣券	横	拾圓	1928 年(民國 17 年)	164×88	美國鈔票公司	徐風 藏	2	此鈔票由湖南省銀行發行兑現
0532	湖南瀏陽銀行大洋券	横	壹圓	1927 年(民國 16 年)	169×89	瀏陽銀行造幣廠製	劉文和 藏	1	
0533	瀏陽縣銀行輔幣券	直	伍角	1948 年(民國 37 年)	60×129		郭乃興 藏	1	
0534	湘潭縣銀行本票	直	壹角	1949 年(民國 38 年)	49×124		江蘇省錢幣學會 提供	1	
0535	四川商業銀行本票	直		無年份	182×205		孫彬 藏		連存根
0536	四川建設銀行無息存票	横	壹圓	1934 年	130×69		中國人民銀行上海分行 藏	2	
0537	四川建設銀行無息存票	横	壹圓	1934 年	130×69		上海博物館 藏	2	重慶
0538	重慶銀行輔幣券	横	貳角	1934 年(民國 23 年)	117×58		上海博物館 藏	2	重慶
0539	重慶銀行銀元券	横	壹圓	1934 年(民國 23 年)	150×86		胡誠 提供	3	
0540	重慶市民銀行輔幣券	横	壹角	1930 年(民國 19 年)	103×57		中國人民銀行上海分行 藏	3	樣本
0541	重慶市民銀行銀元券	横	壹圓	1930 年(民國 19 年)	119×67		上海博物館 藏	2	樣本
0542	重慶市民銀行銀元券	横	壹圓	1930 年(民國 19 年)	119×67		張傑 提供	2	重慶
0543	重慶市民銀行銀元券	横	伍圓	1930 年(民國 19 年)	145×80		中國人民銀行上海分行 藏	2	樣本
0544	重慶市民銀行銀元券	横	拾圓	1930 年(民國 19 年)	173×88		上海博物館 藏	2	樣本
0545	重慶平民銀行兒童儲金禮券	直	伍角	1930 年(民國 19 年)	55×113		中國人民銀行上海分行 藏	2	
0546	重慶中和銀行無息存票	横	壹圓	1930 年(民國 19 年)	138×62		中國人民銀行上海分行 藏	2	樣本
0547	重慶中和銀行無息存票	横	伍圓	1930 年(民國 19 年)	147×69		中國人民銀行上海分行 藏	2	樣本
0548	重慶中和銀行無息存票	横	拾圓	1930 年(民國 19 年)	160×74		中國人民銀行上海分行 藏	3	樣本
0549	萬縣市市民銀行輔幣券	直	壹仟文	1930 年(民國 19 年)	63×109		上海博物館 藏	2	
0550	萬縣市市民銀行無息存票	横	伍圓	1930 年(民國 19 年)	157×83		上海博物館 藏	2	樣本
0551	萬縣市市民銀行無息存票	横	拾圓	1930 年(民國 19 年)	164×89		吴籌中 藏	3	
0552	萬縣市市民銀行輔幣券	横	壹仟文	1932 年(民國 21 年)	108×63		上海博物館 藏	2	
0553	忠縣縣銀行小額本票	直	壹圓	1949 年(民國 38 年)	65×132		江蘇省錢幣學會 提供		
0554	裕通銀行大洋票	横	壹圓	1931 年(民國 20 年)	118×70		上海博物館 藏	2	
0555	裕通銀行大洋票	横	壹圓	1931 年(民國 20 年)	121×72		上海博物館 藏	2	瀘縣
0556	裕通銀行大洋票	横	壹圓	1931 年(民國 20 年)	118×69		上海博物館 藏	2	叙府
0557	裕通銀行大洋票	横	伍圓	1931 年(民國 20 年)	131×76		上海博物館 藏	2	自流井
0558	裕通銀行大洋票	横	拾圓	1931 年(民國 20 年)	134×81		吴籌中 藏	3	自流井
0559	裕通銀行大洋票	横	伍拾圓	1931 年(民國 20 年)	144×84		上海博物館 藏	4	
0560	辛泰銀行福州分行本票	直	壹圓	1934 年(民國 23 年)	66×149	上海大東書局	中國人民銀行上海分行 藏	3	樣本
0561	辛泰銀行福州分行本票	直	伍圓	1934 年(民國 23 年)	72×161	上海大東書局	中國人民銀行上海分行 藏	3	樣本
0562	廣東大信銀行銀元券	横	拾圓	1912 年(民國元年)	159×97		江蘇省錢幣學會 提供	2	
0563	汕頭陳源大銀行銀元券	横	壹圓	1924 年(民國 13 年)	140×83		張傑 提供	2	汕頭
0564	汕頭陳源大銀行銀元券	横	伍圓	1924 年(民國 13 年)	160×89		張傑 提供	2	汕頭
0565	汕頭陳源大銀行銀元券	横	拾圓	1924 年(民國 13 年)	174×96		張傑 提供	3	汕頭
0566	桂林地方銀行流通券	横	壹圓	1922 年(民國 11 年)	130×80		選自《廣西歷史貨幣》	1	
0567	桂林地方銀行流通券	横	貳圓	1922 年(民國 11 年)	130×77		選自《廣西歷史貨幣》	1	
0568	桂林市銀行本票	横	壹圓	1949 年	154×69	桂林印製廠	江蘇省錢幣學會 提供	2	
0569	山東工商銀行銀元券	横	伍圓	無年份	150×86		趙隆業 藏	2	
0570	山東工商銀行銀元券	横	拾圓	無年份	160×87		上海博物館 藏	3	濟南
0571	山東當業銀行銀元券	横	壹圓	無年份	132×79		選自《中國商業銀行紙幣目録》	3	濟南
0572	山東豐大銀行銀元券	横	壹圓	1920 年(民國 9 年)	135×80		中國人民銀行上海分行 藏	2	濟南
0573	企業銀行輔幣券	横	壹角	無年份	98×64	濟南西門裡華中石印局印	上海博物館 藏	3	濟南
0574	企業銀行輔幣券	横	貳角	無年份	100×66	濟南西門裡華中石印局印	江蘇省錢幣學會 提供	3	濟南

續表

編號	券名	票型	面額	年份	票幅(毫米)	印刷者	來源	等級	説明
0575	周村商業銀行銀元券	横	伍圓	1916年(民國5年)	140×83		中國人民銀行上海分行 藏	2	濟南
0576	周村商業銀行銀元券	横	拾圓	1916年(民國5年)	150×89		上海博物館 藏	3	濟南
0577	裕民銀行輔幣券	横	貳角	1941年(民國30年)	101×54		石長有 藏		壽光
0578	裕民銀行輔幣券	横	叁角	1941年(民國30年)	102×54		石長有 藏		壽光
0579	裕民銀行輔幣券	横	伍角	1941年(民國30年)	112×57		石長有 藏		壽光
0580	裕民銀行流通券	横	貳拾圓	1943年(民國32年)	129×68		石長有 藏		壽光
0581	裕民銀行流通券	直	伍拾圓	1944年(民國33年)	57×104		石長有 藏		壽光
0582	裕民銀行流通券	横	伍拾圓	1944年(民國33年)	129×66		石長有 藏		壽光
0583	裕民銀行流通券	横	壹百圓	1944年(民國33年)	134×68		石長有 藏		壽光
0584	裕民銀行流通券	横	壹百圓	1944年(民國33年)	115×60		石長有 藏		壽光
0585	裕民銀行流通券	横	貳百圓	1944年(民國33年)	135×67		石長有 藏		壽光
0586	裕民銀行流通券	横	伍百圓	1944年(民國33年)	135×67		石長有 藏		壽光
0587	裕民銀行流通券	直	貳拾伍圓	1945年(民國34年)	55×102		石長有 藏		壽光
0588	壽光縣裕民銀行流通券	直	伍拾圓	1943年(民國32年)	62×127		石長有 藏		
0589	壽光縣裕民銀行流通券	直	壹佰圓	1944年(民國33年)	65×136		石長有 藏		
0590	山西裕華銀行本票	直		無年份	98×199		石長有 藏		
0591	蔚豐商業銀行銅元券	直	伍拾枚	無年份	102×208		上海博物館 藏	2	平遥
0592	蔚豐商業銀行銅元券	直	壹百枚	無年份	103×208		上海博物館 藏	2	平遥
0593	奉省商業銀行輔幣券	横	壹角	1914年(民國3年)	116×70		上海博物館 藏	2	四位數
0594	奉省商業銀行輔幣券	横	壹角	1914年(民國3年)	116×70		劉文和 藏	2	五位數
0595	奉省商業銀行輔幣券	横	伍角	1914年(民國3年)	126×76	作新印刷局印	上海博物館 藏	2	
0596	奉省商業銀行輔幣券	横	伍角	1914年(民國3年)	135×73		上海博物館 藏	2	
0597	奉省商業銀行輔幣券	横	貳角	1915年(民國4年)	116×70		上海博物館 藏	2	
0598	遼中零集總銀行輔幣券	横	拾角	1917年(民國6年)	130×69	奉天關東印書館石印	上海博物館 藏	3	高家窩堡
0599	廣濟銀行輔幣券	横	拾角	1917年(民國6年)	102×60	奉天作新印刷局印	劉文和 藏		北鎮縣、錦縣分行
0600	廣寗廣益銀行兑换券	横	伍拾角	無年份	149×92	北洋印刷局印	胡誠 提供	4	奉天·樣本
0601	豐業銀行國幣券	横	壹圓	1921年(民國10年)	146×78	財政部印刷局製	張傑 提供	2	歸綏·樣本
0602	豐業銀行國幣券	横	壹圓	1921年(民國10年)	146×78	財政部印刷局製	上海博物館 藏	2	歸綏
0603	豐業銀行國幣券	横	壹圓	1921年(民國10年)	146×78	財政部印刷局製	徐風 藏	2	歸綏·民國廿貳年發行
0604	豐業銀行國幣券	横	伍圓	1921年(民國10年)	155×82	財政部印刷局製	張傑 提供	3	歸綏·樣本
0605	豐業銀行國幣券	横	伍圓	1921年(民國10年)	155×82	財政部印刷局製	徐風 藏	3	歸綏·民國廿貳年發行
0606	豐業銀行國幣券	横	拾圓	1921年(民國10年)	157×86	財政部印刷局製	張傑 提供	3	歸綏·樣本、民國廿貳年發行
0607	河口福利商業銀行銀元券	直	壹圓	無年份	86×176	上海中華書局代印	劉文和 藏		
0608	西南商業儲蓄銀行暫時收據	直	伍圓	1930年(民國19年)	83×183		劉文和 藏		成都
0609	湖南實業銀行銀兩票	横	壹兩	1912年(民國元年)	141×90	楚南印刷公司代印	劉文和 藏	3	
0610	湖南實業銀行銀兩票	横	伍兩	1912年(民國元年)	150×99	楚南印刷公司代印	劉文和 藏	3	
0611	湖南實業銀行銅元票	横	壹百枚	1912年(民國元年)	137×81	湘鄂印刷公司代印	上海博物館 藏	3	
0612	湖南實業銀行銀元票	横	壹元	1912年(民國元年)	135×86	湘鄂印刷公司代印	劉文和 藏	2	
0613	湖南實業銀行銅元票	横	貳拾枚	1913年(民國2年)	136×85	湘鄂印刷公司代印	中國人民銀行上海分行 藏	2	
0614	湖南實業銀行銅元票	横	叁拾枚	1913年(民國2年)	139×85	湘鄂印刷公司代印	中國人民銀行上海分行 藏	3	
0615	湖南實業銀行銅元票	横	壹百枚	1913年(民國2年)	135×82	湘鄂印刷公司代印	吴籌中 藏	2	
0616	湖南實業銀行銅元票	横	壹百枚	1916年(民國5年)	128×70		中國人民銀行上海分行 藏	2	長沙
0617	湖南實業銀行銅元票	横	壹百枚	1916年(民國5年)	128×70		上海博物館 藏	2	常德
0618	湖南實業銀行銀元票	横	壹元	1916年(民國5年)	126×70		中國人民銀行上海分行 藏	2	長沙
0619	湖南實業銀行銀元票	横	壹元	1916年(民國5年)	126×70		中國人民銀行上海分行 藏	3	平江
0620	湖南實業銀行銅元票	横	貳百枚	1917年(民國6年)	134×73		中國人民銀行上海分行 藏	3	長沙
0621	山東商辦實業銀行銀元券	横	伍圓	無年份	139×83	濟南西門裡華中石印局印	江蘇省錢幣學會 提供	3	濟南

續表

編號	券名	票型	面額	年份	票幅(毫米)	印刷者	來源	等級	説明
0622	淮海實業銀行滙兑券	横	壹圓	無年份	158×82		吴籌中　藏	2	
0623	淮海實業銀行滙兑券	横	伍圓	無年份	165×89		吴籌中　藏	3	
0624	淮海實業銀行滙兑券	横	拾圓	無年份	170×98		吴籌中　藏	4	
0625	粤南實業銀行大洋券	横	壹圓	無年份	133×80	香港商務印書館承印	黄福和　藏	2	
0626	粤南實業銀行大洋券	横	拾圓	無年份	165×90	香港商務印書館承印	上海博物館　藏	3	
0627	粤南實業銀行毫洋券	横	壹圓	無年份	133×75	香港商務印書館承印	黄福和　藏	2	
0628	陝北地方實業銀行輔幣券	横	壹角	1931年(民國20年)	110×66	榆林船務印刷局製	徐風　藏	2	榆林
0629	陝北地方實業銀行輔幣券	横	貳角	1931年(民國20年)	113×69	榆林船務印刷局製	徐風　藏	2	
0630	陝北地方實業銀行銅元券	横	伍拾枚	1932年(民國21年)	113×58		徐風　藏	2	
0631	陝北地方實業銀行國幣券	横	壹圓	1934年(民國23年)	157×72	財政部印刷局製	上海博物館　藏	2	樣本
0632	陝北地方實業銀行國幣券	横	壹圓	1934年(民國23年)	157×72	財政部印刷局製	徐風　藏	1	榆林
0633	陝北地方實業銀行國幣券	横	壹圓	1934年(民國23年)	157×72	財政部印刷局製	徐風　藏	1	神木
0634	陝北地方實業銀行國幣券	横	壹圓	1934年(民國23年)	157×72	財政部印刷局製	徐風　藏	1	府谷
0635	陝北地方實業銀行國幣券	横	壹圓	1934年(民國23年)	157×72	財政部印刷局製	徐風　藏	1	葭縣
0636	陝北地方實業銀行國幣券	横	壹圓	1934年(民國23年)	157×72	財政部印刷局製	徐風　藏	1	膚施
0637	陝北地方實業銀行國幣券	横	壹圓	1934年(民國23年)	157×72	財政部印刷局製	徐風　藏	1	安定
0638	陝北地方實業銀行國幣券	横	壹圓	1934年(民國23年)	157×72	財政部印刷局製	中國人民銀行上海分行　藏	1	安邊
0639	陝北地方實業銀行國幣券	横	壹圓	1934年(民國23年)	157×72	財政部印刷局製	中國人民銀行上海分行　藏	1	綏德
0640	陝北地方實業銀行國幣券	横	壹圓	1934年(民國23年)	157×72	財政部印刷局製	中國人民銀行上海分行　藏	1	米脂
0641	陝北地方實業銀行銅元券	横	拾枚	1935年(民國24年)	109×58	太原範華製版印刷廠承印	徐風　藏	1	
0642	陝北地方實業銀行銅元券	横	貳拾枚	1935年(民國24年)	117×56	西北印刷廠製	徐風　藏	1	
0643	陝北地方實業銀行輔幣券	横	壹角	1935年(民國24年)	109×57	西北印刷廠製	徐風　藏	1	
0644	陝北地方實業銀行輔幣券	横	貳角	1935年(民國24年)	114×56	西北印刷廠製	張日炎　藏	1	
0645	陝北地方實業銀行銅元券	横	拾枚	1938年	108×55		徐風　藏	2	
0646	陝北地方實業銀行銅元券	横	貳拾枚	1938年	112×59		徐風　藏	2	
0647	甌海實業銀行銀元券	直	壹圓	無年份	76×130		吴籌中　藏	2	樣本
0648	中元實業銀行國幣券	横	拾圓	1926年(民國15年)	161×88		上海博物館　藏	3	樣本
0649	湖南實興礦業銀行銀兩券	横	壹兩	1912年(民國元年)	136×89	長沙南陽印刷局印製	劉文和　藏	2	
0650	湖南實興礦業銀行銀兩券	横	叁兩	1912年(民國元年)	141×92	長沙南陽印刷局印製	吴籌中　藏	2	
0651	湖南實興礦業銀行銀兩券	横	伍兩	1912年(民國元年)	152×98	長沙南陽印刷局印製	劉文和　藏	3	
0652	湖南實興礦業銀行銀兩券	横	拾兩	1912年(民國元年)	159×98	長沙南陽印刷局印製	吴籌中　藏	4	

續表

編號	券名	票型	面額	年份	票幅(毫米)	印刷者	來源	等級	說明
0653	湖南實興礦業銀行銀兩券	横	拾兩	1912年(民國元年)	174×105	楚南印刷公司代印	張傑 提供	4	
0654	湖南實興礦業銀行銀元券	横	壹圓	1912年(民國元年)	139×88	長沙府正街商業代印	張傑 提供	4	
0655	湖南實興礦業銀行銅元券	直	壹拾枚	1912年(民國元年)	73×179	長沙南陽印刷局印	劉文和 藏	2	
0656	湖南實興礦業銀行銅元券	直	伍拾枚	1912年(民國元年)	81×189	長沙南陽印刷局印	劉文和 藏	2	
0657	湖南實興礦業銀行銅元券	直	壹佰枚	1912年(民國元年)	86×196	長沙南陽印刷局印	中國人民銀行上海分行 藏	2	
0658	雲南箇碧鐵路銀行銀元券	横	壹圓	1922年(民國11年)	149×79	美國鈔票公司	中國人民銀行上海分行 藏	2	
0659	雲南箇碧鐵路銀行銀元券	横	伍圓	1922年(民國11年)	151×83	美國鈔票公司	中國人民銀行上海分行 藏	2	
0660	雲南箇碧鐵路銀行銀元券	横	拾圓	1922年(民國11年)	158×87	美國鈔票公司	吴籌中 藏	3	
0661	雲南箇碧鐵路銀行銀元券	横	伍拾圓	1922年(民國11年)	161×91	美國鈔票公司	黄中行 藏	4	
0662	雲南箇碧鐵路銀行銀元券	直	壹圓	1927年(民國16年)	82×128		上海博物館 藏	2	
0663	雲南箇碧鐵路銀行銀元券	直	伍圓	1927年(民國16年)	79×157		黄中行 藏	3	
0664	雲南官商合辦殖邊銀行兑换券	横	壹圓	1927年(民國16年)	135×77	美國鈔票公司	《中國歷代貨幣大系》編輯委員會 提供	2	雲南・様本
0665	雲南官商合辦殖邊銀行兑换券	横	伍圓	1927年(民國16年)	149×88	美國鈔票公司	《中國歷代貨幣大系》編輯委員會 提供	2	雲南・様本
0666	雲南官商合辦殖邊銀行兑换券	横	伍拾圓	1927年(民國16年)	168×100	美國鈔票公司	胡誠 提供	2	雲南
0667	雲南官商合辦殖邊銀行兑换券	横	壹百圓	1927年(民國16年)	168×98	美國鈔票公司	《中國歷代貨幣大系》編輯委員會 提供	2	雲南・様本
0668	華富殖業銀行債券	横	壹圓	1915年(民國4年)	134×71	財政部印刷局製	上海博物館 藏	2	様本
0669	華富殖業銀行債券	横	壹圓	1915年(民國4年)	134×70	財政部印刷局製	劉文和 藏	2	奉天
0670	華富殖業銀行債券	横	伍圓	1915年(民國4年)	144×80	財政部印刷局製	上海博物館 藏	2	様本
0671	華富殖業銀行債券	横	伍圓	1915年(民國4年)	140×78	財政部印刷局製	上海博物館 藏	2	奉天
0672	華富殖業銀行債券	横	伍角	1916年(民國5年)	131×82	東華印書館代印	上海博物館 藏	2	營口
0673	吉林裕華殖業銀行債票	直	伍吊	無年份	103×198		上海博物館 藏	2	
0674	方正滿蒙殖業銀行錢票	直	拾吊	1919年(民國8年)	84×164		選自《中國商業銀行紙幣圖録》	2	
0675	川康殖業銀行無息存票	直	壹元	1930年(民國19年)	60×137		中國人民銀行上海分行 藏	2	様本
0676	川康殖業銀行無息存票	直	壹元	1930年(民國19年)	60×137		張傑 提供	2	重慶
0677	川康殖業銀行無息存票	直	伍元	1930年(民國19年)	68×146		中國人民銀行上海分行 藏	2	様本
0678	川康殖業銀行無息存票	直	拾元	1930年(民國19年)	74×160		中國人民銀行上海分行 藏	2	四川・様本
0679	山東聊城農工銀行國幣券	横	壹圓	1923年(民國12年)	149×78	財政部印刷局製	上海博物館 藏	2	
0680	山東聊城農工銀行國幣券	横	伍圓	1923年(民國12年)	151×78	財政部印刷局製	上海博物館 藏	2	
0681	青島市農工銀行銅元券	横	拾枚	1924年(民國13年)	115×65	財政部印刷局製	中國人民銀行上海分行 藏	2	青島地方銀行改青島市農工銀行
0682	青島市農工銀行銅元券	横	壹百枚	1924年(民國13年)	137×77	財政部印刷局製	選自《中國商業銀行紙幣圖録》	2	青島地方銀行改青島市農工銀行
0683	北平農工銀行銅元券	横	拾枚	1935年(民國24年)	102×52	財政部北平印刷局	上海博物館 藏	2	財政部特准・平津保通用
0684	北平農工銀行銅元券	横	貳拾枚	1935年(民國24年)	108×63	財政部北平印刷局	上海博物館 藏	2	財政部特准
0685	北平農工銀行銅元券	横	貳拾枚	1935年(民國24年)	108×65	財政部北平印刷局	中國人民銀行上海分行 藏	2	財政部特准・平津保通用
0686	北平農工銀行銅元券	横	叁拾枚	1935年(民國24年)	114×65	財政部北平印刷局	中國人民銀行上海分行 藏	2	財政部特准・平津保通用
0687	北平農工銀行銅元券	横	肆拾枚	1935年(民國24年)	117×68	財政部北平印刷局	郭乃興 藏	2	財政部特准・平津保通用
0688	北平農工銀行銅元券	横	伍拾枚	1935年(民國24年)	116×67	財政部北平印刷局	中國人民銀行上海分行 藏	2	財政部特准・平津保通用
0689	北平農工銀行銅元券	横	壹百枚	1935年(民國24年)	117×67	財政部北平印刷局	上海博物館 藏	2	財政部特准

續表

編號	券名	票型	面額	年份	票幅（毫米）	印刷者	來源	等級	説明
0690	德惠縣農工銀行銅元券	直	伍吊	1919年(民國8年)	105×209	長春印刷局印	上海市錢幣學會　提供	2	
0691	莆仙農工銀行銀元券	横	壹圓	1927年(民國16年)	152×85	上海南市外城爪街民永昌印局	上海博物館　藏	3	福建
0692	交城農工銀行輔幣券	横	壹角	1931年(民國20年)	109×59	敦化印刷社印	徐風　藏	1	
0693	太谷農工銀行銅元券	横	壹百枚	無年份	130×74	天津北馬路華東石印局印	選自《山西歷代貨幣》	3	範村鎮
0694	太谷農工銀行輔幣券	横	貳分	無年份	90×57	天津北馬路華東石印局印	上海博物館　藏	1	
0695	太谷農工銀行輔幣券	横	貳角	無年份	107×58	天津北馬路華東石印局印	上海博物館　藏	2	
0696	太谷農工銀行銀元券	横	壹圓	無年份	126×66	天津北馬路華東石印局印	徐風　藏	3	
0697	文水縣農工銀行輔幣券	横	壹角	1932年(民國21年)	105×55		徐風　藏	2	
0698	沛縣農民銀行國幣券	横	貳拾圓	1943年(民國32年)	130×69		石長有　藏	2	
0699	沛縣農民銀行國幣券	横	伍拾圓	1943年(民國32年)	132×70		江蘇省錢幣學會　提供	2	
0700	醴陵農民銀行輔幣券	横	壹角	1935年(民國24年)	101×53	中國洞庭凹凸版公司代印	徐風　藏	2	
0701	醴陵農民銀行輔幣券	横	貳角伍分	1935年(民國24年)	117×58	中國洞庭凹凸版公司代印	上海博物館　藏	2	
0702	醴陵農民銀行輔幣券	横	伍角	1935年(民國24年)	121×66	中國洞庭凹凸版公司代印	江蘇省錢幣學會　提供	2	
0703	魚台縣地方農民銀行國幣券	横	伍拾圓	1944年(民國33年)	129×70		江蘇省錢幣學會　提供	2	
0704	威海農業儲蓄銀行銅元券	横	壹仟文	無年份	156×87		李春曉　藏	2	威海
0705	威海農業儲蓄銀行銀元券	横	伍圓	1916年(民國5年)	136×79	烟台泗興印務公司代印	郭乃興　藏	2	煙台
0706	濱江農業銀行存票	直	壹圓	無年份	68×144	濱江墨林堂石印	中國人民銀行上海分行　藏	2	
0707	濱江農業銀行存票	直	叁圓	無年份	68×149	濱江墨林堂石印	上海博物館　藏	2	
0708	濱江農業銀行存票	直	伍圓	無年份	75×160	濱江墨林堂石印	中國人民銀行上海分行　藏	2	
0709	修銅農工銀行銅元債券	横	拾枚	1926年(民國15年)	110×60		選自《中國商業銀行紙幣圖録》	3	修銅兩縣
0710	廣東銀行有限公司銀元券	横	伍圓	1917年	174×99	美國鈔票公司	張傑　提供	3	上海・樣本
0711	廣東銀行有限公司銀元券	横	拾圓	1917年	179×103	美國鈔票公司	上海博物館　藏	3	上海
0712	廣東銀行有限公司銀元券	横	伍拾圓	1917年	181×109	美國鈔票公司	張傑　提供	4	上海・樣本
0713	廣東銀行有限公司銀元券	横	壹百圓	1917年	179×109	美國鈔票公司	張傑　提供	4	上海・樣本
0714	廣東銀行有限公司銀元券	横	伍百圓	1917年	177×100	美國鈔票公司	選自《老上海貨幣》	4	上海・樣本
0715	廣東銀行有限公司銀元券	横	壹圓	1920年	148×82	美國鈔票公司	選自《老上海貨幣》	3	上海・樣本
0716	廣東銀行有限公司銀元券	横	壹圓	1920年	148×82	美國鈔票公司	趙隆業　藏	2	上海
0717	廣東銀行有限公司銀元券	横	壹圓	1922年	148×82	美國鈔票公司	上海博物館　藏	2	漢口
0718	工商銀行銀元券	横	壹圓	1923年	143×77	美國鈔票公司	選自《老上海貨幣》	3	上海・樣本
0719	工商銀行銀元券	横	壹圓	1923年	143×77	美國鈔票公司	張傑　提供	3	上海・樣本
0720	工商銀行銀元券	横	伍圓	1923年	167×85	美國鈔票公司	選自《老上海貨幣》	3	上海・樣本
0721	工商銀行銀元券	横	伍圓	1923年	167×85	美國鈔票公司	張傑　提供	3	上海・樣本
0722	工商銀行銀元券	横	拾圓	1923年	173×93	美國鈔票公司	選自《老上海貨幣》	3	上海・樣本
0723	工商銀行銀元券	横	拾圓	1923年	173×93	美國鈔票公司	張傑　提供	3	上海・樣本
0724	工商銀行銀元券	横	伍拾圓	1923年		美國鈔票公司	選自《老上海貨幣》	3	上海・樣本
0725	香港國民商業儲蓄銀行有限公司銀元券	横	壹圓	1924年(民國13年)	148×83	美國鈔票公司	中國人民銀行上海分行　藏	2	上海・樣子

續表

編 號	券 名	票型	面額	年 份	票幅(毫米)	印刷者	來 源	等級	説 明
0726	香港國民商業儲蓄銀行有限公司銀元券	横	壹圓	1924年(民國13年)	148×83	美國鈔票公司	上海博物館 藏	1	上海
0727	香港國民商業儲蓄銀行有限公司銀元券	横	伍圓	1924年(民國13年)	183×99	美國鈔票公司	上海博物館 藏	1	上海
0728	香港國民商業儲蓄銀行有限公司銀元券	横	拾圓	1924年(民國13年)	174×101	美國鈔票公司	中國人民銀行上海分行 藏	3	上海・樣子
0729	香港國民商業儲蓄銀行有限公司銀元券	横	拾圓	1924年(民國13年)	174×101	美國鈔票公司	上海博物館 藏	2	上海
0730	香港國民商業儲蓄銀行有限公司銀元券	横	伍拾圓	1924年(民國13年)	177×102	美國鈔票公司	中國人民銀行上海分行 藏	4	上海・樣子
0731	香港國民商業儲蓄銀行有限公司銀元券	横	壹佰圓	1924年(民國13年)	180×103	美國鈔票公司	中國人民銀行上海分行 藏	4	上海・樣子
0732	香港國民商業儲蓄銀行有限公司銀元券	横	壹圓	1924年(民國13年)	150×83	美國鈔票公司	中國人民銀行上海分行 藏	2	漢口
0733	香港國民商業儲蓄銀行有限公司銀元券	横	拾圓	1924年(民國13年)	177×101	美國鈔票公司	中國人民銀行上海分行 藏	2	漢口
0734	香港國民商業儲蓄銀行有限公司銀元券	横	伍拾圓	1924年(民國13年)	180×101	美國鈔票公司	吴籌中 藏	4	漢口
0735	香港國民商業儲蓄銀行有限公司銀元券	横	壹佰圓	1924年(民國13年)	182×102	美國鈔票公司	吴籌中 藏	4	漢口
0736	東亞銀行上海枝行有限公司銀元券	横	壹員	1924年	141×77	倫敦華德路公司印	徐風 提供	2	上海・樣本
0737	東亞銀行上海枝行有限公司銀元券	横	伍員	1924年	175×79	倫敦華德路公司印	徐風 提供	3	上海・樣本
0738	東亞銀行上海枝行有限公司銀元券	横	拾員	1924年	193×84	倫敦華德路公司印	徐風 提供	4	上海・樣本
0739	東亞銀行上海枝行有限公司銀元券	横	伍拾員	1924年	191×115	倫敦華德路公司印	徐風 提供	4	上海・樣本
0740	東亞銀行上海枝行有限公司銀元券	横	壹佰員	1924年	201×128	倫敦華德路公司印	徐風 提供	4	上海・樣本
0741	華僑實業銀行國幣券	横	壹圓	1931年(民國20年)	157×89	上海南京路美文印刷公司印	陳亞元 藏	3	上海、福州、福清
0742	華僑實業銀行國幣券	横	伍圓	1931年(民國20年)	173×93	上海南京路美文印刷公司印	陳亞元 藏	3	上海、福州、福清
0743	華僑實業銀行國幣券	横	拾圓	1931年(民國20年)	175×96	上海南京路美文印刷公司印	陳亞元 藏	3	上海、福州、福清

二、民國時期中外合辦銀行發行的紙幣

編 號	行 名	票型	面額	年 份	票幅(毫米)	印刷者	來 源	等級	説 明
0744	俄華道勝銀行	横	壹分	1913年	133×78		選自《新疆錢幣》	3	寗遠、喀什、塔城
0745	俄華道勝銀行	横	貳分	1913年	171×95		中國人民銀行上海分行 藏	3	寗遠、喀什、塔城
0746	俄華道勝銀行	横	壹錢	1913年	183×103		中國人民銀行上海分行 藏	3	寗遠、喀什、塔城
0747	俄華道勝銀行	横	伍錢	1913年	191×102		選自《新疆錢幣》	3	寗遠、喀什、塔城
0748	俄華道勝銀行	横	壹兩	1913年	197×109		中國人民銀行上海分行 藏	4	寗遠、喀什、塔城
0749	華俄道勝銀行	横	壹圓	無年份	153×103		劉文和 藏	3	北京
0750	華俄道勝銀行	横	伍圓	無年份	193×119		上海博物館 藏	3	天津
0751	華俄道勝銀行	横	拾圓	無年份	213×139		上海博物館 藏	3	天津
0752	上海華俄道勝銀行	横	拾圓	1914年	168×94		中國人民銀行上海分行 藏	3	上海
0753	上海華俄道勝銀行	横	伍拾圓	1914年	185×101		上海博物館 藏	4	上海
0754	上海華俄道勝銀行	横	伍圓	1917年	155×87		吴籌中 藏	3	上海
0755	天津華俄道勝銀行	横	壹兩	無年份	135×79		中國人民銀行上海分行 藏	3	天津
0756	天津華俄道勝銀行	横	壹百兩	無年份	187×102		江蘇省錢幣學會 提供	4	天津改哈爾濱

續表

編 號	行 名	票型	面 額	年 份	票 幅(毫米)	印 刷 者	來 源	等級	説 明
0757	中法實業銀行	横	壹圓	1914 年	162×93		劉文和 藏	2	北京
0758	中法實業銀行	横	伍圓	1914 年	171×105		劉文和 藏	3	北京・樣本
0759	中法實業銀行	横	伍圓	1914 年	171×105		中國人民銀行上海分行 藏	3	北京
0760	中法實業銀行	横	拾圓	1914 年	183×117		劉文和 藏	2	北京・樣本
0761	中法實業銀行	横	伍拾圓	1914 年	196×137		吴籌中 藏	4	北京・樣本
0762	中法實業銀行	横	壹佰圓	1914 年	197×135		選自《資本主義國家在舊中國發行和流通的貨幣》	4	北京
0763	中法實業銀行	横	壹圓	1914 年	164×93		吴籌中 藏	2	上海
0764	中法實業銀行	横	伍圓	1914 年	197×135		選自《老上海貨幣》	3	上海
0765	中法實業銀行	横	拾圓	1914 年	182×116		選自《老上海貨幣》	4	上海
0766	中法實業銀行	横	伍佰圓	1914 年	228×157		選自《老上海貨幣》	4	上海
0767	中法實業銀行	横	拾圓	1914 年	183×117		上海市錢幣學會 提供	2	天津
0768	中法實業銀行	横	壹圓	1914 年	161×91		上海市錢幣學會 提供	3	漢口
0769	中法實業銀行	横	拾圓	1920 年	183×117		吴籌中 藏	2	汕頭
0770	中法實業銀行	横	壹圓	1914 年	164×93		劉文和 藏	3	上海改汕頭・龍銀
0771	中法實業銀行	横	伍圓	1914 年	171×104		劉文和 藏	3	上海改汕頭・龍銀
0772	中法實業銀行	横	拾圓	1914 年	182×115		孫彬 藏	3	上海改汕頭・龍銀
0773	北洋保商銀行	直	壹兩	1912 年(民國元年)	100×183	北洋公絮簾印刷廠印	張傑 提供	3	北京打磨廠
0774	北洋保商銀行	直	叁兩	1912 年(民國元年)	100×186	北洋公絮簾印刷廠印	劉文和 藏	3	北京打磨廠
0775	北洋保商銀行	直	伍兩	1912 年(民國元年)	102×185	北洋公絮簾印刷廠印	張傑 提供	3	北京打磨廠
0776	北洋保商銀行	直	拾兩	1912 年(民國元年)	102×185	北洋公絮簾印刷廠印	張傑 提供	3	北京打磨廠
0777	北洋保商銀行	直	伍拾兩	1912 年(民國元年)	107×185	北洋公絮簾印刷廠印	中國人民銀行上海分行 藏	4	北京打磨廠、鑒本
0778	北洋保商銀行	直	壹百兩	1912 年(民國元年)	104×189	北洋公絮簾印刷廠印	張傑 提供	4	北京打磨廠
0779	北洋保商銀行	直	伍百兩	1912 年(民國元年)	109×192	北洋公絮簾印刷廠印	張傑 提供	4	北京打磨廠
0780	北洋保商銀行	横	壹百兩	1912 年(民國元年)	190×105		選自《資本主義國家在舊中國發行和流通的貨幣》	4	天津北馬路
0781	北洋保商銀行	横	壹圓	1919 年	145×78	美國鈔票公司	張傑 提供	2	樣本
0782	北洋保商銀行	横	伍圓	1919 年	163×85	美國鈔票公司	張傑 提供	2	樣本
0783	北洋保商銀行	横	拾圓	1919 年	171×88	美國鈔票公司	中國人民銀行上海分行 藏	3	樣本
0784	北洋保商銀行	横	伍圓	1919 年	161×86	美國鈔票公司	中國人民銀行上海分行 藏	1	北京
0785	北洋保商銀行	横	拾圓	1919 年	172×89	美國鈔票公司	劉文和 藏	2	北京
0786	北洋保商銀行	横	伍圓	1919 年	155×79	美國鈔票公司	吴籌中 藏	1	北平・面"伍"字地紋不同
0787	北洋保商銀行	横	伍圓	1919 年	167×86	美國鈔票公司	中國人民銀行上海分行 藏	1	北平・面"伍"字地紋不同
0788	北洋保商銀行	横	拾圓	1919 年	177×90	美國鈔票公司	中國人民銀行上海分行 藏	2	北平
0789	北洋保商銀行	横	壹圓	1919 年	143×76	美國鈔票公司	中國人民銀行上海分行 藏	1	天津・英文簽名不同
0790	北洋保商銀行	横	壹圓	1919 年	143×76	美國鈔票公司	上海博物館 藏	1	天津・英文簽名不同
0791	北洋保商銀行	横	伍圓	1919 年	158×85	美國鈔票公司	上海博物館 藏	1	天津・面"伍"字地紋不同
0792	北洋保商銀行	横	伍圓	1919 年	167×86	美國鈔票公司	吴籌中 藏	1	天津・面"伍"字地紋不同
0793	北洋保商銀行	横	拾圓	1919 年	172×84	美國鈔票公司	選自《資本主義國家在舊中國發行和流通的貨幣》	2	天津
0794	北洋保商銀行	横	壹圓	1933 年(民國 22 年)	143×76	英國華德路公司製	孫彬 藏		北平小字
0795	北洋保商銀行	横	壹圓	1933 年(民國 22 年)	143×76	英國華德路公司製	孫彬 藏		北平大字・緑色
0796	北洋保商銀行	横	壹圓	1933 年(民國 22 年)	145×77	英國華德路公司製	中國人民銀行上海分行 藏		北平大字・紅色
0797	北洋保商銀行	横	壹圓	1933 年(民國 22 年)	145×77	英國華德路公司製	中國人民銀行上海分行 藏		天津
0798	保商銀行	横	拾圓	無年份	163×100		劉文和 藏	4	

續表

編號	行名	票型	面額	年份	票幅(毫米)	印刷者	來源	等級	説明
0799	中法振業銀行	横	壹圓	1923年(民國12年)	153×77	財政部印刷局製	徐風　藏	3	樣本
0800	中法振業銀行	横	壹圓	1923年(民國12年)	149×79	財政部印刷局製	中國人民銀行上海分行　藏	2	北京・二人英文簽名
0801	中法振業銀行	横	壹圓	1923年(民國12年)	149×79	財政部印刷局製	中國人民銀行上海分行　藏	3	北京・三人英文簽名
0802	中法振業銀行	横	伍圓	1923年(民國12年)	153×85	財政部印刷局製	中國人民銀行上海分行　藏	2	北京
0803	中法振業銀行	横	伍圓	1923年(民國12年)	160×92	財政部印刷局製	選自《資本主義國家在舊中國發行和流通的貨幣》	3	北京・樣本
0804	中法振業銀行	横	拾圓	1923年(民國12年)	158×93	財政部印刷局製	劉文和　藏	3	北京
0805	中華懋業銀行	横	壹圓	1920年(民國9年)	141×73	美國鈔票公司	中國人民銀行　藏	3	北京・樣本、左邊大自由女神像
0806	中華懋業銀行	横	伍圓	1920年(民國9年)	141×75	美國鈔票公司	中國人民銀行　藏	3	北京・樣本、中間大自由女神像
0807	中華懋業銀行	横	壹圓	1920年(民國9年)	141×71	美國鈔票公司	中國人民銀行上海分行　藏	3	上海・樣本、左邊大自由女神像
0808	中華懋業銀行	横	壹圓	1920年(民國9年)	143×73	美國鈔票公司	中國人民銀行上海分行　藏	2	上海・左邊大自由女神像、英文簽名不同
0809	中華懋業銀行	横	壹圓	1920年(民國9年)	143×73	美國鈔票公司	上海博物館　藏	2	上海・左邊大自由女神像、英文簽名不同
0810	中華懋業銀行	横	壹圓	1920年(民國9年)	143×73	美國鈔票公司	中國人民銀行上海分行　藏	2	上海・左邊大自由女神像、英文簽名不同
0811	中華懋業銀行	横	伍圓	1920年(民國9年)	144×76	美國鈔票公司	中國人民銀行上海分行　藏	3	上海・樣本、中間大自由女神像
0812	中華懋業銀行	横	伍圓	1920年(民國9年)	144×76	美國鈔票公司	中國人民銀行上海分行　藏	3	上海・中間大自由女神像、英文簽名不同
0813	中華懋業銀行	横	伍圓	1920年(民國9年)	144×76	美國鈔票公司	吴籌中　藏	3	上海・中間大自由女神像、英文簽名不同
0814	中華懋業銀行	横	壹圓	1920年(民國9年)	141×73	美國鈔票公司	中國人民銀行　藏	2	天津・樣本、左邊大自由女神像
0815	中華懋業銀行	横	伍圓	1920年(民國9年)	144×76	美國鈔票公司	中國人民銀行　藏	3	天津・樣本、中間大自由女神像
0816	中華懋業銀行	横	伍圓	1920年(民國9年)	144×76	美國鈔票公司	中國人民銀行　藏	3	漢口・中間大自由女神像
0817	中華懋業銀行	横	壹圓	1920年(民國9年)	141×73	美國鈔票公司	吴籌中　藏	2	山東・左邊大自由女神像
0818	中華懋業銀行	横	壹百圓	1920年(民國9年)	153×81	美國鈔票公司	胡誠　提供	4	樣本・右邊小自由女神像、英文戳位置不同
0819	中華懋業銀行	横	壹百圓	1920年(民國9年)	153×81	美國鈔票公司	胡誠　提供	4	樣本・右邊小自由女神像、英文戳位置不同
0820	中華懋業銀行	横	壹圓	1920年(民國9年)	150×77	美國鈔票公司	中國人民銀行　藏	2	北京・樣本、右邊小自由女神像
0821	中華懋業銀行	横	伍圓	1920年(民國9年)	152×83	美國鈔票公司	中國人民銀行　藏	3	北京・樣本、右邊小自由女神像
0822	中華懋業銀行	横	拾圓	1920年(民國9年)	150×80	美國鈔票公司	中國人民銀行　藏	3	北京・樣本、右邊小自由女神像
0823	中華懋業銀行	横	拾圓	1920年(民國9年)	151×82	美國鈔票公司	中國人民銀行上海分行　藏	3	上海・樣本、右邊小自由女神像
0824	中華懋業銀行	横	拾圓	1920年(民國9年)	151×82	美國鈔票公司	張傑　提供	3	上海・右邊小自由女神像
0825	中華懋業銀行	横	壹圓	1920年(民國9年)	150×76	美國鈔票公司	中國人民銀行　藏	2	天津・樣本、右邊小自由女神像
0826	中華懋業銀行	横	伍圓	1920年(民國9年)	151×80	美國鈔票公司	中國人民銀行　藏	3	天津・樣本、右邊小自由女神像
0827	中華懋業銀行	横	拾圓	1920年(民國9年)	150×77	美國鈔票公司	中國人民銀行　藏	3	天津・樣本、右邊小自由女神像
0828	中華懋業銀行	横	伍圓	1920年(民國9年)	145×77	美國鈔票公司	上海市錢幣學會　提供	3	哈爾濱・樣本、右邊小自由女神像
0829	中華懋業銀行	横	拾圓	1920年(民國9年)	151×84	美國鈔票公司	上海市錢幣學會　提供	4	哈爾濱・樣本、右邊小自由女神像
0830	四川美豐銀行	横	壹圓	1922年	161×64	美國鈔票公司	秦藝　提供	4	重慶
0831	四川美豐銀行	横	拾圓	1922年	167×74	美國鈔票公司	秦藝　提供	4	重慶・樣本
0832	福建美豐銀行	直	伍員	1922年(民國11年)	85×217		存雲亭　提供	4	福州通用・樣本、台伏
0833	福建美豐銀行	直	拾員	1922年(民國11年)	87×213		存雲亭　提供	4	福州通用・樣本、台伏
0834	福建美豐銀行	横	伍圓	1922年	161×64	美國鈔票公司	中國人民銀行上海分行　藏	2	福州
0835	福建美豐銀行	横	拾圓	1922年	175×77	美國鈔票公司	中國人民銀行上海分行　藏	3	福州
0836	華威銀行	横	伍圓	1922年(民國11年)	156×82	財政部印刷局製	中國人民銀行上海分行　藏	2	樣張
0837	華威銀行	横	拾圓	1922年(民國11年)	170×90	財政部印刷局製	中國人民銀行上海分行　藏	2	樣張
0838	華威銀行	横	壹圓	1922年(民國11年)	144×77	財政部印刷局製	中國人民銀行上海分行　藏	1	北京
0839	華威銀行	横	伍圓	1922年(民國11年)	156×82	財政部印刷局製	徐風　藏	1	北京
0840	華威銀行	横	拾圓	1922年(民國11年)	168×89	財政部印刷局製	徐風　藏	2	北京
0841	華威銀行	横	壹圓	1922年(民國11年)	144×77	財政部印刷局製	上海博物館　藏	1	天津改北京
0842	華威銀行	横	拾圓	1922年(民國11年)	170×91	財政部印刷局製	中國人民銀行上海分行　藏	2	天津改北京
0843	華威銀行	横	壹圓	1922年(民國11年)	144×77	財政部印刷局製	上海博物館　藏	1	天津

續表

編號	行名	票型	面額	年份	票幅(毫米)	印刷者	來源	等級	説明
0844	華威銀行	横	伍圓	1922年(民國11年)	156×82	財政部印刷局製	上海博物館　藏	1	天津
0845	華威銀行	横	拾圓	1922年(民國11年)	170×91	財政部印刷局製	上海博物館　藏	2	天津
0846	華威銀行	横	拾圓	1922年(民國11年)	168×90	財政部印刷局製	選自《資本主義國家在舊中國發行和流通的貨幣》	2	北京改天津
0847	華威銀行	横	壹圓	1922年(民國11年)	144×77	財政部印刷局製	徐風　藏	2	北京改張家口
0848	華威銀行	横	壹圓	1922年(民國11年)	144×77	財政部印刷局製	中國人民銀行上海分行　藏	1	北京改昌黎
0849	華威銀行	横	伍圓	1922年(民國11年)	155×82	財政部印刷局製	選自《資本主義國家在舊中國發行和流通的貨幣》	1	北京改昌黎
0850	華威銀行	横	拾圓	1922年(民國11年)	170×90	財政部印刷局製	徐風　藏	2	北京改昌黎
0851	華威銀行	横	壹角	1925年(民國14年)	109×62	財政部印刷局製	中國人民銀行上海分行　藏		天津・單字冠
0852	華威銀行	横	壹角	1925年(民國14年)	110×62	財政部印刷局製	中國人民銀行上海分行　藏		天津・雙字冠
0853	華威銀行	横	貳角	1925年(民國14年)	113×64	財政部印刷局製	中國人民銀行上海分行　藏		天津
0854	華威銀行	横	拾陸枚	1926年(民國15年)	116×68	財政部印刷局製	上海博物館　藏	2	秦皇島
0855	華威銀行	横	貳拾枚	1926年(民國15年)	124×71	財政部印刷局製	上海博物館　藏	2	秦皇島
0856	華威銀行	横	叁拾枚	1926年(民國15年)	138×75	財政部印刷局製	上海博物館　藏	2	秦皇島
0857	華威銀行	横	叁拾貳枚	1926年(民國15年)	126×72	財政部印刷局製	中國人民銀行上海分行　藏	2	樣張
0858	華威銀行	横	叁拾貳枚	1926年(民國15年)	126×72	財政部印刷局製	上海博物館　藏	2	秦皇島
0859	華威銀行	横	肆拾捌枚	1926年(民國15年)	137×74	財政部印刷局製	中國人民銀行上海分行　藏	2	樣張
0860	華威銀行	横	肆拾捌枚	1926年(民國15年)	137×74	財政部印刷局製	上海博物館　藏	2	秦皇島
0861	華威銀行	横	捌拾枚	1926年(民國15年)	144×77	財政部印刷局製	中國人民銀行上海分行　藏	2	樣張
0862	震義銀行	横	壹圓	1921年(民國10年)	123×69	財政部印刷局製	選自《資本主義國家在舊中國發行和流通的貨幣》	1	樣張・園景圖
0863	震義銀行	横	伍圓	1921年(民國10年)	128×71	財政部印刷局製	選自《資本主義國家在舊中國發行和流通的貨幣》	1	園景圖
0864	震義銀行	横	拾圓	1921年(民國10年)	132×77	財政部印刷局製	選自《資本主義國家在舊中國發行和流通的貨幣》	1	樣張・園景圖
0865	震義銀行	横	壹圓	1921年(民國10年)	131×69	美國鈔票公司	上海博物館　藏	1	亭橋圖
0866	震義銀行	横	伍圓	1921年(民國10年)	145×76	美國鈔票公司	上海博物館　藏	1	亭橋圖
0867	震義銀行	横	拾圓	1921年(民國10年)	157×83	美國鈔票公司	上海博物館　藏	1	亭橋圖
0868	震義銀行	横	伍拾圓	1921年(民國10年)	167×86	美國鈔票公司	上海博物館　藏	2	亭橋圖
0869	震義銀行	横	壹百圓	1921年(民國10年)	181×94	美國鈔票公司	中國人民銀行上海分行　藏	4	亭橋圖
0870	中華匯業銀行	横	伍圓	1918年(民國7年)	149×103	大日本東京印刷株式會社製造	上海博物館　藏	3	北京・樣本
0871	中華匯業銀行	横	拾圓	1918年(民國7年)	149×102	大日本東京印刷株式會社製造	上海博物館　藏	3	北京・樣本
0872	中華匯業銀行	横	伍拾圓	1918年(民國7年)	159×110	大日本東京印刷株式會社製造	上海博物館　藏	4	北京・樣本
0873	中華匯業銀行	横	佰圓	1918年(民國7年)	173×117	大日本東京印刷株式會社製造	上海博物館　藏	4	北京・樣本
0874	中華滙業銀行	横	伍圓	1920年(民國9年)	129×71	財政部印刷局製	上海博物館　藏	2	北京・樣本
0875	中華滙業銀行	横	伍拾圓	1920年(民國9年)	147×89	財政部印刷局製	上海博物館　藏	4	北京・樣本
0876	中華滙業銀行	横	壹百圓	1920年(民國9年)	153×94	財政部印刷局製	上海博物館　藏	4	北京・樣本
0877	中華滙業銀行	横	壹圓	1920年(民國9年)	120×68	財政部印刷局製	中國人民銀行上海分行　藏	2	上海・樣本
0878	中華滙業銀行	横	伍圓	1920年(民國9年)	130×72	財政部印刷局製	中國人民銀行上海分行　藏	3	上海・樣本
0879	中華滙業銀行	横	拾圓	1920年(民國9年)	136×77	財政部印刷局製	選自《老上海貨幣》	4	上海・樣本
0880	中華滙業銀行	横	壹圓	1920年(民國9年)	127×74	財政部印刷局製	中國人民銀行上海分行　藏	1	天津
0881	中華滙業銀行	横	伍圓	1920年(民國9年)	132×77	財政部印刷局製	中國人民銀行上海分行　藏	1	天津
0882	中華滙業銀行	横	伍圓	1920年(民國9年)	132×77	財政部印刷局製	中國人民銀行上海分行　藏	1	天津・無英文簽名
0883	中華滙業銀行	横	拾圓	1920年(民國9年)	142×83	財政部印刷局製	中國人民銀行上海分行　藏	2	天津
0884	中華滙業銀行	横	伍拾圓	1920年(民國9年)	153×92	財政部印刷局製	徐風　藏	4	天津・樣本
0885	中華滙業銀行	横	壹百圓	1920年(民國9年)	157×97	財政部印刷局製	上海博物館　藏	4	天津
0886	中華滙業銀行	横	壹角	1928年(民國17年)	109×62	財政部印刷局製	中國人民銀行上海分行　藏		天津
0887	中華滙業銀行	横	貳角	1928年(民國17年)	112×63	財政部印刷局製	上海博物館　藏		天津

三、民國時期外資銀行在中國發行的紙幣

編 號	行 名	票型	面 額	年 份	票 幅（毫米）	印 刷 者	來 源	等級	説 明
0888	印度新金山中國滙理銀行麥加利銀行	横	伍兩	1911 年	199×121		上海市錢幣學會 提供	3	上海
0889	印度新金山中國滙理銀行麥加利銀行	横	壹圓	1912 年	132×86		中國人民銀行上海分行 藏	3	上海
0890	印度新金山中國滙理銀行麥加利銀行	横	伍圓	1912 年	206×125		吴籌中 藏	3	上海
0891	印度新金山中國滙理銀行麥加利銀行	横	壹圓	1913 年	132×86		中國人民銀行上海分行 藏	3	上海・英文簽名不同
0892	印度新金山中國滙理銀行麥加利銀行	横	壹圓	1913 年	132×86		中國人民銀行上海分行 藏	3	上海・英文簽名不同
0893	印度新金山中國滙理銀行麥加利銀行	横	伍圓	1918 年	206×125		吴籌中 藏	2	上海
0894	印度新金山中國滙理銀行麥加利銀行	横	伍圓	1919 年	206×125		吴籌中 藏	2	上海
0895	印度新金山中國滙理銀行麥加利銀行	横	拾圓	1919 年	207×124		中國人民銀行上海分行 藏	3	上海
0896	印度新金山中國滙理銀行麥加利銀行	横	伍拾圓	1919 年	207×124		存雲亭 提供	4	上海
0897	印度新金山中國滙理銀行麥加利銀行	横	伍圓	1921 年	201×127		上海博物館 藏	2	上海・英文簽名不同
0898	印度新金山中國滙理銀行麥加利銀行	横	伍圓	1921 年	201×127		徐風 藏	2	上海・英文簽名不同
0899	印度新金山中國滙理銀行麥加利銀行	横	拾圓	1921 年	205×128		選自《老上海貨幣》	3	上海
0900	印度新金山中國滙理銀行麥加利銀行	横	伍拾圓	1921 年	190×126		選自《老上海貨幣》	4	上海
0901	印度新金山中國滙理銀行麥加利銀行	横	伍圓	1922 年	199×120		徐風 藏	2	上海・英文簽名不同
0902	印度新金山中國滙理銀行麥加利銀行	横	伍圓	1922 年	199×120		上海博物館 藏	2	上海・英文簽名不同
0903	印度新金山中國滙理銀行麥加利銀行	横	拾圓	1922 年	180×110		存雲亭 提供	3	上海
0904	印度新金山中國滙理銀行麥加利銀行	横	壹佰圓	1922 年	200×125		選自《老上海貨幣》	4	上海・英文簽名不同
0905	印度新金山中國滙理銀行麥加利銀行	横	壹佰圓	1922 年	200×125		上海市錢幣學會 提供	4	上海・英文簽名不同
0906	印度新金山中國滙理銀行麥加利銀行	横	伍圓	1927 年	196×120		上海博物館 藏	2	上海
0907	印度新金山中國滙理銀行麥加利銀行	横	拾圓	1927 年	196×120		上海博物館 藏	3	上海
0908	印度新金山中國滙理銀行麥加利銀行	横	伍拾圓	1927 年	199×121		存雲亭 提供	4	上海
0909	印度新金山中國滙理銀行麥加利銀行	横	拾圓	1929 年	196×122		上海博物館 藏	3	上海
0910	印度新金山中國滙理銀行麥加利銀行	横	伍圓	1924 年	151×89		上海博物館 藏	2	漢口
0911	印度新金山中國滙理銀行麥加利銀行	横	拾圓	1924 年	175×97		徐風 藏	2	漢口
0912	印度新金山中國滙理銀行麥加利銀行	横	伍拾圓	1924 年	196×114		上海博物館 藏	4	漢口
0913	印度新金山中國麥加利銀行	横	貳拾伍圓	1917 年	尺寸不明		吴籌中 藏	2	天津
0914	印度新金山中國麥加利銀行	横	拾圓	1925 年	196×129		吴籌中 藏	3	天津

續表

編號	行名	票型	面額	年份	票幅(毫米)	印刷者	來源	等級	説明
0915	印度新金山中國麥加利銀行	横	伍圓	1927年	200×123		吴籌中　藏	2	天津
0916	印度新金山中國麥加利銀行	横	拾圓	1928年	204×125		中國人民銀行上海分行　藏	3	天津
0917	印度新金山中國麥加利銀行	横	伍圓	1930年	166×96		徐風　藏	2	天津
0918	印度新金山中國麥加利銀行	横	拾圓	1930年	170×99		徐風　藏	3	天津
0919	上海有利銀行	横	伍員	1916年	195×113	英國華德路公司製	中國人民銀行上海分行　藏	3	
0920	上海有利銀行	横	拾員	1916年	194×113	英國華德路公司製	中國人民銀行上海分行　藏	3	
0921	上海有利銀行	横	伍拾員	1916年	200×118	英國華德路公司製	選自《老上海貨幣》	3	
0922	上海有利銀行	横	壹佰員	1916年	200×118	英國華德路公司製	選自《老上海貨幣》	4	
0923	上海有利銀行	横	壹員	1924年	160×90	英國華德路公司製	中國人民銀行上海分行　藏	2	
0924	英商香港上海滙豐銀行	横	伍圓	1912年	198×121		存雲亭　提供	2	上海
0925	英商香港上海滙豐銀行	横	拾圓	1913年	203×127		上海博物館　藏	2	上海
0926	英商香港上海滙豐銀行	横	伍圓	1914年	191×119		馮志苗　藏	2	上海・英文簽名不同
0927	英商香港上海滙豐銀行	横	伍圓	1914年	191×119		劉文和　藏	2	上海・英文簽名不同
0928	英商香港上海滙豐銀行	横	拾圓	1914年	212×131		存雲亭　提供	2	上海
0929	英商香港上海滙豐銀行	横	伍圓	1916年	190×118		選自《資本主義國家在舊中國發行和流通的貨幣》	1	上海
0930	英商香港上海滙豐銀行	横	伍拾圓	1916年	202×126		劉文和　藏	4	上海
0931	英商香港上海滙豐銀行	横	伍圓	1919年	190×118		選自《資本主義國家在舊中國發行和流通的貨幣》	1	上海
0932	英商香港上海滙豐銀行	横	拾圓	1919年	202×128		劉文和　藏	2	上海
0933	英商香港上海滙豐銀行	横	伍拾圓	1919年	202×128		上海市錢幣學會　提供	4	上海
0934	英商香港上海滙豐銀行	横	伍圓	1920年	193×119		吴籌中　藏	1	上海
0935	英商香港上海滙豐銀行	横	拾圓	1920年	198×126		張傑　提供	2	上海・英文簽名不同
0936	英商香港上海滙豐銀行	横	拾圓	1920年	198×126		徐風　藏	2	上海・英文簽名不同
0937	英商香港上海滙豐銀行	横	伍拾圓	1920年	203×118		吴籌中　藏	4	上海
0938	英商香港上海滙豐銀行	横	壹百圓	1920年	201×127		劉文和　藏	4	上海
0939	英商香港上海滙豐銀行	横	伍圓	1923年	187×120		馮志苗　藏	1	上海・英文簽名不同
0940	英商香港上海滙豐銀行	横	伍圓	1923年	187×120		郭乃興　藏	1	上海・英文簽名不同
0941	英商香港上海滙豐銀行	横	伍圓	1923年	187×120		上海博物館　藏	1	上海・英文簽名不同
0942	英商香港上海滙豐銀行	横	拾圓	1923年	203×126		存雲亭　提供	2	上海・英文簽名不同
0943	英商香港上海滙豐銀行	横	拾圓	1923年	203×126		徐風　藏	2	上海・英文簽名不同
0944	英商香港上海滙豐銀行	横	拾圓	1923年	203×126		選自《資本主義國家在舊中國發行和流通的貨幣》	2	上海・英文簽名不同
0945	英商香港上海滙豐銀行	横	拾圓	1923年	203×126		上海博物館　藏	2	上海・英文簽名不同
0946	英商香港上海滙豐銀行	横	伍拾圓	1923年	198×124		選自《老上海貨幣》	4	上海
0947	英商香港上海滙豐銀行	横	壹百圓	1923年	200×124		選自《老上海貨幣》	4	上海
0948	英商香港上海滙豐銀行	横	伍圓	1924年	188×114		選自《老上海貨幣》	1	上海
0949	英商香港上海滙豐銀行	横	拾圓	1924年	185×113		上海博物館　藏	2	上海
0950	英商香港上海滙豐銀行	横	伍圓	1920年	201×120		選自《資本主義國家在舊中國發行和流通的貨幣》	1	天津
0951	英商香港上海滙豐銀行	横	伍圓	1921年	尺寸不明		吴籌中　藏	1	漢口
0952	美商北京花旗銀行	横	伍拾圓	1917年	200×123	美國鈔票公司	劉文和　藏	4	北京・樣本
0953	美商北京花旗銀行	横	伍拾圓	1917年	200×123	美國鈔票公司	劉文和　藏	4	北京
0954	美商花旗銀行	横	拾兩	1918年	185×111	美國鈔票公司	張傑　提供	4	上海・英文簽名不同
0955	美商花旗銀行	横	拾兩	1918年	185×111	美國鈔票公司	吴籌中　提供	4	上海・英文簽名不同
0956	美商花旗銀行	横	壹伯兩	1918年	206×130	美國鈔票公司	張傑　提供	4	上海・樣本
0957	美商花旗銀行	横	壹伯兩	1918年	206×130	美國鈔票公司	張傑　提供	4	上海

續表

編　號	行　名	票型	面額	年　份	票幅(毫米)	印刷者	來　源	等級	説　明
0958	美商花旗銀行	橫	伍圓	1918 年	175×107	美國鈔票公司	趙隆業　藏	2	天津・5 位數編號
0959	美商花旗銀行	橫	伍圓	1918 年	175×107	美國鈔票公司	徐風　藏	2	天津・6 位數編號
0960	美商花旗銀行	橫	拾圓	1918 年	186×113	美國鈔票公司	徐風　藏	2	天津・英文簽名不同
0961	美商花旗銀行	橫	拾圓	1918 年	186×113	美國鈔票公司	趙隆業　藏	2	天津・英文簽名不同
0962	美商花旗銀行	橫	伍圓	1918 年	171×103	美國鈔票公司	劉文和　藏	2	漢口・樣本
0963	美商花旗銀行	橫	伍圓	1918 年	172×104	美國鈔票公司	徐風　藏	2	漢口・英文簽名不同
0964	美商花旗銀行	橫	伍圓	1918 年	172×104	美國鈔票公司	趙隆業　藏	2	漢口・英文簽名不同
0965	美商花旗銀行	橫	伍圓	1918 年	172×104	美國鈔票公司	徐風　藏	2	漢口・英文簽名不同
0966	美商花旗銀行	橫	拾圓	1918 年	186×112	美國鈔票公司	劉文和　藏	2	漢口・樣本
0967	美商花旗銀行	橫	拾圓	1918 年	186×112	美國鈔票公司	上海博物館　藏	2	漢口
0968	美商花旗銀行	橫	壹圓	1919 年	125×77	美國鈔票公司	中國人民銀行上海分行　藏	1	北京
0969	美商花旗銀行	橫	壹圓	1919 年	125×77	美國鈔票公司	中國人民銀行上海分行　藏	1	上海・英文簽名不同
0970	美商花旗銀行	橫	壹圓	1919 年	125×77	美國鈔票公司	中國人民銀行上海分行　藏	1	上海・英文簽名不同
0971	美商花旗銀行	橫	壹圓	1919 年	125×77	美國鈔票公司	上海博物館　藏	1	天津
0972	美商花旗銀行	橫	壹圓	1919 年	125×77	美國鈔票公司	徐風　藏	1	漢口
0973	美國友華銀行	橫	伍圓	1918 年	175×79	美國鈔票公司	江蘇省錢幣學會　提供	3	樣本
0974	美國友華銀行	橫	拾圓	1918 年	180×76	美國鈔票公司	江蘇省錢幣學會　提供	4	樣本
0975	美國友華銀行	橫	壹圓	1918 年	182×102	美國鈔票公司	劉文和　藏	3	北京・樣本編號 5 個零
0976	美國友華銀行	橫	壹圓	1918 年	186×84	美國鈔票公司	吴籌中　藏	3	北京・樣本編號 6 個零
0977	美國友華銀行	橫	伍圓	1918 年	183×102	美國鈔票公司	劉文和　藏	3	北京・樣本編號 5 個零
0978	美國友華銀行	橫	伍圓	1918 年	186×84	美國鈔票公司	吴籌中　藏	3	北京・樣本編號 6 個零
0979	美國友華銀行	橫	拾圓	1918 年	183×101	美國鈔票公司	劉文和　藏	3	北京・樣本編號 5 個零
0980	美國友華銀行	橫	拾圓	1918 年	183×84	美國鈔票公司	吴籌中　藏	3	北京・樣本編號 6 個零
0981	美國友華銀行	橫	拾圓	1918 年	181×83	美國鈔票公司	上海博物館　藏	3	北京
0982	美國友華銀行	橫	貳拾圓	1918 年	182×101	美國鈔票公司	劉文和　藏	3	北京・樣本編號 5 個零
0983	美國友華銀行	橫	貳拾圓	1918 年	180×82	美國鈔票公司	吴籌中　藏	3	北京・樣本編號 6 個零
0984	美國友華銀行	橫	伍拾圓	1918 年	182×101	美國鈔票公司	劉文和　藏	4	北京・樣本
0985	美國友華銀行	橫	壹佰圓	1918 年	182×101	美國鈔票公司	劉文和　藏	4	北京・樣本
0986	美國友華銀行	橫	壹圓	1918 年	181×82	美國鈔票公司	上海市錢幣學會　提供	3	上海
0987	美國友華銀行	橫	伍圓	1918 年	182×83	美國鈔票公司	選自《老上海貨幣》	3	上海
0988	美國友華銀行	橫	拾圓	1918 年	182×83	美國鈔票公司	選自《老上海貨幣》	3	上海
0989	美國友華銀行	橫	壹圓	1918 年	186×83	美國鈔票公司	《中國歷代貨幣大系》編輯委員會　提供	3	天津
0990	美國友華銀行	橫	壹圓	1918 年	183×81	美國鈔票公司	存雲亭　提供	3	漢口
0991	美國友華銀行	橫	壹圓	1918 年	186×104	美國鈔票公司	劉文和　提供	3	長沙・樣本
0992	美國友華銀行	橫	伍圓	1918 年	183×106	美國鈔票公司	劉文和　提供	3	長沙・樣本
0993	美國友華銀行	橫	拾圓	1918 年	180×106	美國鈔票公司	劉文和　提供	3	長沙・樣本
0994	美國友華銀行	橫	貳拾圓	1918 年	184×106	美國鈔票公司	劉文和　提供	3	長沙・樣本
0995	美國友華銀行	橫	伍拾圓	1918 年	186×107	美國鈔票公司	劉文和　提供	4	長沙・樣本
0996	美國友華銀行	橫	壹佰圓	1918 年	188×106	美國鈔票公司	劉文和　提供	4	長沙・樣本
0997	上海美豐銀行	橫	伍圓	1919 年	169×71	美國鈔票公司	上海博物館　藏	2	上海・樣本
0998	上海美豐銀行	橫	伍圓	1919 年	165×69	美國鈔票公司	上海博物館　藏	2	上海・下印“伍”和“5”
0999	上海美豐銀行	橫	拾圓	1919 年	174×76	美國鈔票公司	上海博物館　藏	3	上海・樣本
1000	上海美豐銀行	橫	壹百圓	1919 年	184×83	美國鈔票公司	中國人民銀行上海分行　藏	4	上海・樣本
1001	天津美豐銀行	橫	伍圓	1924 年(民國 13 年)	169×70	美國鈔票公司	中國人民銀行上海分行　藏	2	天津
1002	滙興銀行	橫	伍圓	1922 年	158×75	美國鈔票公司	選自《老上海貨幣》	4	上海・樣本
1003	東方滙理銀行	橫	壹百元	1924 年	213×143		郭乃興　藏	2	
1004	東方滙理銀行	橫	伍元	1926 年	179×91		王煒　藏	2	
1005	東方滙理銀行	橫	壹元	1927 年	149×93		中國人民銀行上海分行　藏	1	

續表

編號	行名	票型	面額	年份	票幅(毫米)	印刷者	來源	等級	説明
1006	東方滙理銀行	横	壹元	1932 年	128×81		王煒　藏		
1007	東方滙理銀行	横	伍元	1932 年	141×91		中國人民銀行上海分行　藏	3	
1008	東方滙理銀行	横	貳拾元	1936 年	160×85		劉文和　藏		
1009	東方滙理銀行	横	壹元	1942 年	127×64		選自《資本主義國家在舊中國發行和流通的貨幣》		
1010	東方匯理銀行	横	伍元	1942 年	130×72		劉文和　藏	1	
1011	東方匯理銀行	横	壹佰元	1942 年	173×88		中國人民銀行上海分行　藏		
1012	東方滙理銀行	横	壹元	1945 年	128×63		選自《資本主義國家在舊中國發行和流通的貨幣》		
1013	東方匯理銀行	横	壹元	1949 年	128×64		劉文和　藏		
1014	德華銀行	横	壹佰圓	1914 年	202×142		劉文和　提供	4	北京
1015	德華銀行	横	貳佰圓	1914 年	181×121		存雲亭　提供	4	上海
1016	上海和囒銀行	横	伍拾元	1922 年(民國 11 年)	147×88		徐風　提供	4	樣本
1017	上海和囒銀行	横	壹百元	1922 年(民國 11 年)	180×99		劉文和　提供	4	樣本
1018	華比銀行	横	拾圓	1912 年	194×118	美國鈔票公司	吳籌中　提供	4	上海
1019	華比銀行	横	伍圓	1921 年	130×85	美國鈔票公司	劉文和　藏	2	北京・樣本
1020	華比銀行	横	拾圓	1921 年	150×91	美國鈔票公司	劉文和　藏	3	北京・樣本
1021	華比銀行	横	伍拾圓	1921 年	195×117	美國鈔票公司	劉文和　提供	3	北京・樣本
1022	華比銀行	横	伍圓	1921 年	131×85	美國鈔票公司	中國人民銀行上海分行　藏	2	上海
1023	華比銀行	横	伍圓	1921 年	131×85	美國鈔票公司	上海市錢幣學會　提供	2	上海
1024	華比銀行	横	拾圓	1921 年	151×91	美國鈔票公司	中國人民銀行上海分行　藏	3	上海
1025	華比銀行	横	拾圓	1921 年	149×90	美國鈔票公司	選自《老上海貨幣》	3	上海
1026	華比銀行	横	伍圓	1921 年	129×82	美國鈔票公司	趙隆業　藏	2	漢口・英文簽名不同
1027	華比銀行	横	伍圓	1921 年	129×82	美國鈔票公司	劉文和　藏	2	漢口・英文簽名不同
1028	華比銀行	横	伍圓	1921 年	129×82	美國鈔票公司	徐風　藏	2	漢口・英文簽名不同
1029	華比銀行	横	拾圓	1921 年	150×89	美國鈔票公司	徐風　藏	3	漢口
1030	華比銀行	横	伍拾圓	1921 年	179×105	美國鈔票公司	吳籌中　提供	4	漢口
1031	横濱正金銀行	横	壹圓	1920 年	126×78		選自《日本紙幣・在外銀行軍票圖鑑》	2	北京・票樣、大清改民國
1032	横濱正金銀行	横	拾圓	1920 年	169×106	大日本帝國政府印刷局製造	上海博物館　藏	3	北京
1033	横濱正金銀行	横	伍拾圓	1921 年	178×114	大日本帝國政府印刷局製造	中國人民銀行　藏	4	北京・見本
1034	横濱正金銀行	横	壹百圓	1927 年	206×127	大日本帝國政府内閣印刷局製造	中國人民銀行　藏	4	北京・見本
1035	横濱正金銀行	横	拾圓	1914 年(民國 3 年)	166×103	大日本帝國政府印刷局製造	選自《日本紙幣・在外銀行軍票圖鑑》	3	上海・票樣
1036	横濱正金銀行	横	伍圓	1918 年(民國 7 年)	158×99		選自《日本紙幣・在外銀行軍票圖鑑》	2	上海・票樣
1037	横濱正金銀行	横	拾圓	1918 年(民國 7 年)	167×104	大日本帝國政府印刷局製造	選自《日本紙幣・在外銀行軍票圖鑑》	3	上海・票樣
1038	横濱正金銀行	横	伍拾圓	1918 年(民國 7 年)	166×105		選自《日本紙幣・在外銀行軍票圖鑑》	4	上海・票樣
1039	横濱正金銀行	横	百圓	1918 年(民國 7 年)	185×125		選自《日本紙幣・在外銀行軍票圖鑑》	4	上海・票樣
1040	横濱正金銀行	横	壹圓	1918 年(民國 7 年)	129×77		堀本正　藏	2	天津
1041	横濱正金銀行	横	伍圓	1918 年(民國 7 年)	153×95		選自《日本紙幣・在外銀行軍票圖鑑》	2	天津・見本
1042	横濱正金銀行	横	拾圓	1918 年(民國 7 年)	175×110		選自《日本紙幣・在外銀行軍票圖鑑》	3	天津・見本
1043	横濱正金銀行	横	壹百圓	1918 年	205×127	大日本帝國政府印刷局製造	堀本正　藏	4	天津・票樣

續表

編號	行名	票型	面額	年份	票幅(毫米)	印刷者	來源	等級	説明
1044	横濱正金銀行	横	壹圓	1937年	128×80	大日本帝國政府印刷局製造	中國人民銀行 藏	2	青島改天津・1924年改1937年、票様
1045	横濱正金銀行	横	伍圓	1937年	160×100	大日本帝國政府印刷局製造	中國人民銀行 藏	2	青島改天津・1915年改1937年、票様
1046	横濱正金銀行	横	壹百圓	1937年	203×124	大日本帝國政府印刷局製造	中國人民銀行 藏	4	青島改天津・1917年改1937年、票様
1047	横濱正金銀行	横	壹圓	1917年	127×77	大日本帝國政府印刷局製造	選自《日本紙幣・在外銀行軍票圖鑑》	2	漢口・票様
1048	横濱正金銀行	横	壹圓	1917年	127×77	大日本帝國政府印刷局製造	趙隆業 藏	2	漢口
1049	横濱正金銀行	横	伍圓	1917年	158×98	大日本帝國政府印刷局製造	選自《日本紙幣・在外銀行軍票圖鑑》	2	漢口・見本
1050	横濱正金銀行	横	伍圓	1917年	159×101	大日本帝國政府印刷局製造	上海市錢幣學會 提供	2	漢口
1051	横濱正金銀行	横	拾圓	1917年	167×103	大日本帝國政府印刷局製造	堀本正 藏	3	漢口
1052	横濱正金銀行	横	壹百圓	1917年	206×127	大日本帝國政府印刷局製造	吴籌中 藏	4	漢口
1053	横濱正金銀行	横	壹百圓	1917年	205×130	大日本帝國政府印刷局製造	上海市錢幣學會 提供	4	漢口
1054	横濱正金銀行	横	壹圓	1915年	128×78	大日本帝國政府印刷局製造	選自《日本紙幣・在外銀行軍票圖鑑》	2	青島・見本
1055	横濱正金銀行	横	壹圓	1915年	127×77	大日本帝國政府印刷局製造	張傑 提供	2	青島
1056	横濱正金銀行	横	伍圓	1915年	154×97	大日本帝國政府印刷局製造	堀本正 藏	2	青島
1057	横濱正金銀行	横	拾圓	1915年	174×98	大日本帝國政府印刷局製造	選自《日本紙幣・在外銀行軍票圖鑑》	3	青島・票様
1058	横濱正金銀行	横	壹百圓	1917年	204×127	大日本帝國政府印刷局製造	選自《日本紙幣・在外銀行軍票圖鑑》	4	青島・見本
1059	横濱正金銀行	横	拾錢	1918年	93×61	大日本帝國政府印刷局製造	堀本正 藏	1	青島・圓銀
1060	横濱正金銀行	横	五拾錢	1918年	99×65	大日本帝國政府印刷局製造	選自《日本紙幣・在外銀行軍票圖鑑》	2	青島・圓銀、見本
1061	横濱正金銀行	横	壹圓	1924年	137×82	大日本帝國政府印刷局製造	選自《日本紙幣・在外銀行軍票圖鑑》	2	青島・票様
1062	横濱正金銀行	横	壹圓	1924年	129×79	大日本帝國政府印刷局製造	張傑 提供	2	青島・面票號
1063	横濱正金銀行	横	壹圓	1924年	130×79	大日本帝國政府印刷局製造	張傑 提供	2	青島・背票號
1064	横濱正金銀行	横	壹圓	1924年	127×77		選自《日本紙幣・在外銀行軍票圖鑑》	2	濟南・票様
1065	横濱正金銀行	横	伍圓	1920年	159×99		選自《日本紙幣・在外銀行軍票圖鑑》	2	濟南・票様
1066	横濱正金銀行	横	拾圓	1920年	173×106		選自《日本紙幣・在外銀行軍票圖鑑》	3	濟南・票様
1067	横濱正金銀行	横	壹圓	1921年	128×79		選自《日本紙幣・在外銀行軍票圖鑑》	2	哈爾濱・票様
1068	横濱正金銀行	横	伍圓	1921年	159×99		選自《日本紙幣・在外銀行軍票圖鑑》	2	哈爾濱・票様
1069	横濱正金銀行	横	拾圓	1921年	174×107		選自《日本紙幣・在外銀行軍票圖鑑》	3	哈爾濱・票様
1070	横濱正金銀行	横	壹百圓	1921年	204×126		選自《日本紙幣・在外銀行軍票圖鑑》	4	哈爾濱・票様
1071	横濱正金銀行	横	伍拾圓	1921年	177×112		選自《日本紙幣・在外銀行軍票圖鑑》	4	上海改哈爾濱・票様

續表

編號	行名	票型	面額	年份	票幅(毫米)	印刷者	來源	等級	説明
1072	横濱正金銀行	横	百圓	1921 年	186×124		選自《日本紙幣・在外銀行軍票圖鑑》	4	上海改哈爾濱・票樣
1073	横濱正金銀行	横	壹圓	1916 年	126×77		選自《日本紙幣・在外銀行軍票圖鑑》	2	濟南改哈爾濱・票樣
1074	横濱正金銀行	横	伍圓	1921 年	158×99		選自《日本紙幣・在外銀行軍票圖鑑》	2	濟南改哈爾濱・票樣
1075	横濱正金銀行	横	拾圓	1916 年	172×108		選自《日本紙幣・在外銀行軍票圖鑑》	3	濟南改哈爾濱・票樣
1076	横濱正金銀行	横	百圓	1915 年	183×105	大日本帝國政府印刷局製造	堀本正　藏	4	大連・舊金票、票樣
1077	横濱正金銀行	横	壹圓	1916 年	131×86	大日本帝國政府印刷局製造	選自《日本紙幣・在外銀行軍票圖鑑》	2	大連・舊金票、票樣
1078	横濱正金銀行	横	五圓	1916 年	161×100	大日本帝國政府印刷局製造	上海市錢幣學會　提供	2	大連・舊金票、票樣
1079	横濱正金銀行	横	拾圓	1917 年	177×113	大日本帝國政府印刷局製造	選自《日本紙幣・在外銀行軍票圖鑑》	3	大連・舊金票、票樣
1080	横濱正金銀行	横	拾圓	1913 年	150×87	大日本帝國政府印刷局製造	選自《日本紙幣・在外銀行軍票圖鑑》	3	大連・金票、票樣
1081	横濱正金銀行	横	壹百圓	1913 年	203×123	大日本帝國政府印刷局製造	選自《日本紙幣・在外銀行軍票圖鑑》	4	大連・圓銀、票樣
1082	横濱正金銀行	横	壹圓	1916 年	132×75	大日本帝國政府印刷局製造	選自《日本紙幣・在外銀行軍票圖鑑》	2	大連・金票
1083	横濱正金銀行	横	五圓	1916 年	143×79	大日本帝國政府印刷局製造	堀本正　藏	2	大連・金票、票樣
1084	横濱正金銀行	横	壹百圓	1918 年	205×128		選自《日本紙幣・在外銀行軍票圖鑑》	4	大連・圓銀、票樣
1085	横濱正金銀行	横	壹百圓	1918 年	205×128		選自《日本紙幣・在外銀行軍票圖鑑》	4	北京改大連・銀圓改圓銀、票樣
1086	横濱正金銀行	横	壹百圓	1918 年	205×128		選自《日本紙幣・在外銀行軍票圖鑑》	4	天津改大連・銀圓改圓銀、票樣
1087	横濱正金銀行	横	壹百圓	1918 年	205×128		選自《日本紙幣・在外銀行軍票圖鑑》	4	青島改大連・票樣
1088	横濱正金銀行	横	壹百圓	1925 年	205×128		選自《日本紙幣・在外銀行軍票圖鑑》	4	大連・圓銀
1089	横濱正金銀行	横	拾錢	1930 年	95×62	大日本帝國政府内閣印刷局製造	選自《日本紙幣・在外銀行軍票圖鑑》	1	大連・票樣
1090	横濱正金銀行	横	拾錢	1930 年	97×63	大日本帝國政府内閣印刷局製造	徐風　藏	1	大連
1091	横濱正金銀行	横	五拾錢	1930 年	99×65	大日本帝國政府内閣印刷局製造	選自《日本紙幣・在外銀行軍票圖鑑》	2	大連・票樣
1092	横濱正金銀行	横	壹圓	1930 年	134×83	大日本帝國政府内閣印刷局製造	選自《日本紙幣・在外銀行軍票圖鑑》	2	大連・圓銀、見本
1093	横濱正金銀行	横	壹圓	1930 年	127×77	大日本帝國政府内閣印刷局製造	徐風　藏	2	大連・圓銀
1094	横濱正金銀行	横	伍圓	1930 年	159×99		選自《日本紙幣・在外銀行軍票圖鑑》	2	大連・圓銀、見本
1095	横濱正金銀行	横	拾圓	1930 年	178×110		選自《日本紙幣・在外銀行軍票圖鑑》	3	大連・圓銀、見本
1096	横濱正金銀行	横	空額	無年份	242×120	大阪昌榮堂印刷所印	存雲亭　藏		青島・小切手
1097	朝鮮銀行	横	百圓	1914 年	167×97	大日本帝國政府内閣印刷局製造	郭乃興　藏	2	
1098	朝鮮銀行	横	壹圓	1915 年	130×70	大日本帝國政府内閣印刷局製造	選自《日本貨幣》	1	
1099	朝鮮銀行	横	伍圓	1915 年	136×77	大日本帝國政府内閣印刷局製造	選自《資本主義國家在舊中國發行和流通的貨幣》	2	

續表

編號	行名	票型	面額	年份	票幅(毫米)	印刷者	來源	等級	說明
1100	朝鮮銀行	橫	拾圓	1915年	150×90	大日本帝國政府內閣印刷局製造	選自《日本貨幣》	2	
1101	朝鮮銀行	橫	拾錢	1916年	93×61	朝鮮總督府印刷	選自《資本主義國家在舊中國發行和流通的貨幣》	2	
1102	朝鮮銀行	橫	貳拾錢	1916年	92×60	朝鮮總督府印刷	選自《日本貨幣》	3	
1103	朝鮮銀行	橫	伍拾錢	1916年	92×60	朝鮮總督府印刷	選自《日本貨幣》	3	
1104	朝鮮銀行	橫	拾錢	1919年	92×51	朝鮮總督府印刷	選自《日本貨幣》	1	
1105	朝鮮銀行	橫	貳拾錢	1919年	97×55	朝鮮總督府印刷	中國人民銀行上海分行　藏	2	
1106	朝鮮銀行	橫	伍拾錢	1919年	103×57	朝鮮總督府印刷	選自《日本貨幣》	2	
1107	朝鮮銀行	橫	壹圓	1932年	122×69	大日本帝國政府內閣印刷局製造	王煒　藏	2	
1108	朝鮮銀行	橫	五圓	1932年	131×76	內閣印刷局製造	中國人民銀行上海分行　藏	1	
1109	朝鮮銀行	橫	拾圓	1932年	141×80	大日本帝國政府內閣印刷局製造	王煒　藏		
1110	朝鮮銀行	橫	百圓	1932年	161×93	大日本帝國印刷局製造	選自《資本主義國家在舊中國發行和流通的貨幣》	1	
1111	朝鮮銀行	橫	拾錢	1937年	91×50	大日本帝國內閣印刷局製造	中國人民銀行上海分行　藏	2	
1112	朝鮮銀行	橫	拾錢	1937年	93×51	大日本帝國內閣印刷局製造	中國人民銀行上海分行　藏	2	
1113	朝鮮銀行	橫	伍拾錢	1937年	103×57	大日本帝國內閣印刷局製造	選自《資本主義國家在舊中國發行和流通的貨幣》	2	
1114	朝鮮銀行	橫	壹圓	1937年	123×70	大日本帝國政府內閣印刷局製造	選自《日本紙幣・在外銀行軍票圖鑑》		
1115	朝鮮銀行	橫	五圓	1938年	131×65	大日本帝國內閣印刷局製造	選自《日本紙幣・在外銀行軍票圖鑑》	1	
1116	朝鮮銀行	橫	拾圓	1938年	142×81	內閣印刷局製造	選自《日本紙幣・在外銀行軍票圖鑑》	1	
1117	朝鮮銀行	橫	拾圓	1938年	141×83	內閣印刷局製造	中國人民銀行上海分行　藏	1	
1118	朝鮮銀行	橫	拾圓	1938年	144×81	內閣印刷局製造	中國人民銀行上海分行　藏	1	
1119	朝鮮銀行	橫	百圓	1938年	162×92	大日本帝國印刷局製造	選自《日本紙幣・在外銀行軍票圖鑑》	1	
1120	朝鮮銀行	橫	百圓	1938年	162×92	大日本帝國印刷局製造	選自《日本紙幣・在外銀行軍票圖鑑》	1	
1121	朝鮮銀行	橫	五圓	1944年	132×76	大日本帝國印刷局製造	選自《日本貨幣》		
1122	朝鮮銀行	橫	拾圓	1944年	143×80	內閣印刷局製造	王煒　藏		
1123	朝鮮銀行	橫	百圓	1944年	160×93	大日本帝國印刷局製造	中國人民銀行上海分行　藏		
1124	朝鮮銀行	橫	壹圓	1945年	122×70	大日本帝國政府內閣印刷局製造	選自《日本貨幣》		
1125	朝鮮銀行	橫	百圓	1945年	162×93	大日本帝國印刷局製造	選自《日本貨幣》		
1126	朝鮮銀行	橫	千圓	1945年	170×92	內閣印刷局製造	選自《日本貨幣》	2	
1127	朝鮮銀行	橫	千圓	1945年	172×100	內閣印刷局製造	選自《日本貨幣》	2	
1128	朝鮮銀行	橫	拾圓	1946年	142×81	朝鮮書籍印刷株式會社製造	選自《日本貨幣》		
1129	朝鮮銀行	橫	百圓	1946年	162×93	大日本帝國印刷局製造	選自《日本貨幣》		
1130	朝鮮銀行	橫	百圓	1946年	163×93	朝鮮書籍印刷株式會社製造	中國人民銀行上海分行　藏		
1131	朝鮮銀行	橫	百圓	1947年	163×93	朝鮮書籍印刷株式會社製造	郭乃興　藏		
1132	英比實業銀行	橫	伍兩	1913年	169×103		郭乃興　藏	4	湖南通用銀幣

四、民國時期中國地方行政機構及經營性部門發行的紙幣

編　號	單　位　名	票型	面 額	年　　份	票　幅(毫米)	印　刷　者	來　　源	等級	説　　明
1133	北京豫豐銀號	横	拾圓	1915年(民國4年)	146×85		劉文和　藏		北京
1134	南苑商民合作銀號	横	伍拾枚	1929年(民國18年)	124×73	前門外門後胡同寶墉局	石長有　藏		
1135	上海源昌茂記錢莊	横	念枚	1927年(民國16年)	148×85		徐風　藏		廣西路弍百零八號半
1136	上海仁泰銀號	横	壹分	1939年(民國28年)	76×45	上海法大馬路七十九號	中國人民銀行上海分行　藏		
1137	天津乾亨當銀號	横	伍角	民國年間	153×98		劉文和　藏		石山站・票樣
1138	蘇州鴻盛錢莊	直	空額	民國年間	184×207		孫彬　藏		本票・連存根
1139	揚州通惠銀號	横	壹圓	1912年(民國元年)	151×91	民國第弌圖書局代印	劉文和　藏		揚州通用銀圓
1140	揚州鈞益錢莊	直	柒圓	1934年(民國23年)	103×165		孫彬　藏		本票
1141	鎮江通惠銀號	横	壹圓	1912年(民國元年)	150×85	民國第弌圖書局代印	劉文和　藏		鎮江通用銀圓
1142	鎮江通惠銀號	横	伍圓	1912年(民國元年)	172×105	民國第弌圖書局代印	郭乃全　藏		鎮江通用銀圓
1143	六安縣地方銀號	横	壹圓	1930年(民國19年)	148×83		上海博物館　藏		安徽
1144	亳州萬豐源錢莊	横	壹千文	1928年(民國17年)	155×93		石長有　藏		亳州爬子巷
1145	湘陰米商錢局	横	壹伯枚	民國年間	134×85	靖港裕湘代印	郭乃興　藏		
1146	瀏陽公錢局	横	伍拾文	1912年(民國元年)	103×70	瀏湘公司代印	劉文和　藏		湖南省
1147	瀏陽商錢局	横	貳伯文	1913年(民國2年)	140×90	瀏陽印刷局代印	劉文和　藏		合成壹串、撥兑官票
1148	澧縣合口農錢局	横	壹伯枚	民國年間	133×77	津市交通石印局代印	孫彬　藏		湖南澧縣、駐津常滙兑
1149	甯遠廣益錢局	横	壹百枚	1923年(民國12年)	133×76		徐風　藏		
1150	寧遠九疑錢局	直	拾毫	1925年(民國14年)	84×172		石長有　藏		九疑圖
1151	桃源積善堂錢莊	横	壹串文	1917年(民國6年)	132×78		石長有　藏		桃源甘潭市源源碓村坊照兑
1152	公安兩儀錢號	横	壹伯枚	1918年(民國7年)	130×77	津市交通石印局代印	石長有　藏		公安鄭公渡
1153	成都公濟錢莊	横	伍百文	民國年間	134×79		存雲亭　提供		
1154	成都恒裕銀號	横	伍圓	無年份	174×101	上海大業印刷公司代印	張傑　提供		存票
1155	福建廣豫滙兑局	横	壹圓	1932年(民國21年)	141×79		王煒　提供		福建
1156	福建廣豫滙兑局	横	叁圓	1932年(民國21年)	147×82		陳亞元　藏		福建
1157	福建廣豫滙兑局	横	伍圓	1932年(民國21年)	153×86		陳亞元　藏		福建
1158	福州厚光錢莊	横	伍圓	1929年(民國18年)	169×91		王煒　提供		福州
1159	福州明興滙兑局	横	壹圓	1932年(民國21年)	153×79		王煒　提供		福建・福州萬侯街
1160	福州明興滙兑局	横	伍圓	1931年(民國20年)	172×90		王煒　提供		福建・福州萬侯街
1161	福州華通兑莊	横	壹圓	1932年(民國21年)	142×80		王煒　提供		福建・向福州東孚銀行籌備處支
1162	厦門裕大銀莊	横	壹圓	無年份	135×74		王煒　提供		
1163	漳州民興股份有限銀公司	直	貳角	無年份	57×103		王煒　提供		漳州
1164	漳州民興股份有限銀公司	横	伍圓	1930年	145×83		王煒　提供		漳州
1165	漳州民興股份有限銀公司	横	拾圓	民國年間	175×97		陳亞元　藏		漳州
1166	永泰縣逸珍滙兑局	横	壹圓	1929年(民國18年)	155×81	福州百城印務局代印	王煒　提供		福建・永泰縣
1167	莆田久大滙兑局	横	伍角	1934年(民國23年)	113×62		王煒　提供		福建・莆田、涵江支理
1168	莆田久大滙兑局	横	伍角	1934年(民國23年)	113×62		王煒　提供		福建・莆田、涵江支理、由省滙過
1169	莆田東升支票局	直	壹角	1933年(民國22年)	55×102		王煒　提供		莆田、笏平
1170	莆田永安匯兑局	横	伍角	無年份	120×65	莆田文英印刷所印	林學智　提供		莆田、笏石

續表

編 號	單位名	票型	面額	年 份	票 幅(毫米)	印 刷 者	來 源	等級	説 明
1171	莆仙源有滙兑局	横	貳角	1932年(民國21年)	109×56	福州百城印務局代印	王煒 提供		福建·涵江代兑
1172	僊遊長春滙兑局	横	壹角	1927年(民國16年)	113×64	上海證票公司代印	王煒 提供		
1173	仙遊阜通滙兑局	横	拾角	1927年(民國16年)	127×78	上海南市外城爪街民永昌印局	王煒 提供		福建·仙遊、東區
1174	興化信儀滙兑局	横	伍角	1933年(民國22年)	115×65		林學智 提供		福建·興化
1175	興化仙邑恒成滙兑局	横	伍角	1926年(民國15年)	134×77	上海南市外城爪街民永昌印局	王煒 提供		福建·興化
1176	興化楓江美楓滙兑局	横	壹角	1926年(民國15年)	125×68	上海南市外城爪街民永昌印局	王煒 提供		興化、仙邑
1177	興化楓江大中滙兑局	横	伍角	1926年(民國15年)	133×76	上海證票公司代印	王煒 提供		支票
1178	興化楓江恒通滙兑局	直	貳角	1926年(民國15年)	74×131	上海證票公司代印	王煒 提供		
1179	興化利民滙兑局	横	貳角	1934年(民國23年)	110×57		王煒 提供		興化、仙遊
1180	興化民有滙兑局	横	壹角	1933年(民國22年)	103×49		王煒 提供		興化、仙慈
1181	中仙萬盛滙兑莊	横	貳角	無年份	110×62		王煒 提供		中仙
1182	南安玉壺春	直	壹圓	1929年(民國18年)	74×136		張傑 提供		南安、七都
1183	惠北德源公司滙兑局	横	伍角	1931年(民國20年)	132×78	泉州同文齋	王煒 提供		福建·惠北、後龍港街
1184	惠北寶通滙兑局	横	拾角	1928年(民國17年)	172×110	上海南市外城爪街民永昌印局	陳亞元 藏		福建·峰尾
1185	惠楓農民交换有價證券局	横	壹角	1927年(民國16年)	123×65	上海成都路四二三號美術印書館承印	王煒 提供		福建·惠楓
1186	惠楓農民交换有價證券局	横	貳角	1927年(民國16年)	129×70	上海成都路四二三號美術印書館承印	王煒 提供		福建·惠楓
1187	惠楓農民交换有價證券局	横	伍角	1927年(民國16年)	140×77	上海成都路四二三號美術印書館承印	王煒 提供		福建·惠楓
1188	惠楓農民交换有價證券局	横	伍角	1927年(民國16年)	140×77	上海成都路四二三號美術印書館承印	王煒 提供		福建·惠楓、改作伍分
1189	惠楓農民交换有價證券局	横	伍角	1927年(民國16年)	140×77	上海成都路四二三號美術印書館承印	王煒 提供		福建·惠楓、改作拾分
1190	惠楓久善滙兑局	横	伍角	1928年(民國17年)	140×77	上海成都路四二三號美術印書館承印	王煒 提供		福建·惠楓
1191	龍巖縣銀元輔幣代用券發行委員會	直	壹角	1949年(民國38年)	53×98		王煒 提供		代理兑换銀行指定省銀行龍巖分行
1192	龍巖縣銀元輔幣代用券發行委員會	直	伍角	1949年(民國38年)	57×115		王煒 提供		代理兑换銀行指定省銀行龍巖分行
1193	長汀汀南銀莊	直	壹毫	1931年(民國20年)	72×118	汕頭五洲印務公司承印	郭乃興 藏		峯市
1194	長汀汀南銀莊	直	貳毫	1931年(民國20年)	74×118	汕頭五洲印務公司承印	王煒 提供		峯市
1195	涵江寶豐滙兑局	直	貳角	無年份	71×119	上海南市外版反出興承局製造	王煒 提供		
1196	涵江滙通滙兑局	横	伍角	1925年(民國14年)	124×70		王煒 提供		支票
1197	三都建南滙兑局	横	貳角	1933年(民國22年)	123×63		陳亞元 藏		三都
1198	廣東裕廣銀號	横	壹圓	1923年(民國12年)	140×71		石長有 藏		廣東·財政部批准發行
1199	汕頭鼎新銀莊	横	壹圓	1913年(民國2年)	137×95		石長有 藏		
1200	汕頭塔頭吴集成莊	横	壹圓	1913年(民國2年)	138×96		郭乃興 藏		
1201	汕頭外砂利益昌銀莊	横	壹圓	1914年(民國3年)	127×86		王煒 藏		汕頭、外砂
1202	汕頭外砂萬益銀莊	横	壹圓	1914年(民國3年)	128×88		王煒 藏		
1203	汕頭東里陳華隆銀莊	直	拾員	1914年(民國3年)	127×215		石長有 藏		汕頭、東里
1204	澳門廣源銀號	直	伍拾員	1924年	121×245		孫彬 藏		
1205	澳門廣源銀號	直	壹百員	1930年	122×249		徐風 藏		
1206	濟南華記鴻信銀號	直	壹千文	無年份	102×187	濟南西門裡華中石印局印	石長有 藏		商埠緯四路·樣本
1207	濟南華記鴻信銀號	直	壹千文	1929年(民國18年)	102×187	濟南西門裡華中石印局印	戴建兵 藏		商埠緯四路

續表

編號	單位名	票型	面額	年份	票幅(毫米)	印刷者	來源	等級	説明
1208	濟南厚昌銀號	橫	壹角	1929年(民國18年)	116×65	濟南四馬路恒豐公司印	石長有　藏		濟南
1209	烟台市銀錢局	橫	壹佰文	1938年(民國27年)	105×60		郭乃興　藏		
1210	烟台市銀錢局	橫	肆佰文	1938年(民國27年)	110×66		王煒　藏		
1211	烟台市銀錢局	橫	壹圓	1938年(民國27年)	137×77		李春曉　藏		
1212	烟臺德成公錢莊	直	壹千文	無年份	110×183		石長有　藏		
1213	烟台聚源湧錢莊	橫	壹仟文	1916年	136×84		郭乃興　藏		烟台南鴻街聚源湧
1214	烟台餘積銀號	橫	壹圓	1924年(民國13年)	128×81	烟台泗興印務公司代印	李春曉　藏		烟台總商會註册
1215	煙台雙盛銀號	橫	壹吊	無年份	151×91	烟台泗興印務公司代印	李春曉　藏		煙台
1216	威海威通錢莊	橫	拾圓	民國年間	160×95		李春曉　藏		威海・樣本
1217	威海衛復豐錢莊	橫	貳角	1921年(民國10年)	100×57		石長有　藏		威海衛
1218	周村元興銀號	直	叁吊	民國年間	96×182	濟南西門裡興業印刷局膠版印	石長有　藏		樣本
1219	周村裕源錢局	直	壹吊	民國年間	92×189	濟南后宰門華復齋印	石長有　藏		周村東北鄉新民莊・樣本
1220	膠東商業銀號	直	壹仟元	1944年(民國33年)	69×221		石長有　藏		
1221	章丘裕泰銀號	直	壹吊	民國年間	95×183	濟南西關估衣市街華西印刷局印	李春曉　藏		章邑城東劉家趙莊、樣本
1222	章丘裕泰銀號	直	壹吊	1920年(民國9年)	95×183	濟南西關估衣市街華西印刷局印	石長有　藏		章邑城東劉家趙莊
1223	章丘裕泰銀號	直	貳吊	民國年間	95×183	濟南西關估衣市街華西印刷局印	李春曉　藏		章邑城東劉家趙莊、樣本
1224	章丘源祥銀號	直	貳吊	1925年(民國14年)	93×174	濟南普利門外紀東石印局印	石長有　藏		章邑西南鄉埠東莊
1225	博興滙豐錢局	直	壹吊	民國年間	105×198	濟南西關估衣市街華西印刷局膠版印	李春曉　藏		博興陳户店、樣本
1226	博興滙豐錢局	直	貳吊	民國年間	105×198	濟南西關估衣市街華西印刷局膠版印	石長有　藏		博興陳户店、樣本
1227	博興滙豐錢局	直	叁吊	民國年間	105×198	濟南西關估衣市街華西印刷局膠版印	石長有　藏		博興陳户店、樣本
1228	甯津縣財務局	直	壹吊	民國年間	104×187		石長有　藏		
1229	滕縣裕魯儲蓄社	直	伍千文	民國年間	108×231	滕縣晋亨泰石印局石印	石長有　藏		滕縣城裡、北門裡路西
1230	臨沂震東錢莊	直	伍千文	民國年間	75×251	濟南西門裡華中石印局膠版印	石長有　藏		
1231	臨沂廣利銀號	直	伍吊文	民國年間	107×195	濟南西門裡華中石印局膠版印	石長有　藏		
1232	曹縣濟美銀號	直	壹千文	1928年(民國17年)	103×177		石長有　藏		曹郡城裡
1233	堂邑縣農商銀號	橫	伍角	1941年(民國30年)	122×67		石長有　藏		堂邑縣、梁永鎮
1234	博平永順錢莊	直	壹吊文	民國年間	104×185	濟南西關估衣市街華西印刷局膠版印	石長有　藏		博平城裡
1235	博平永順錢莊	直	貳吊文	1918年(民國7年)	104×185	濟南西關估衣市街華西印刷局膠版印	石長有　藏		博平城裡
1236	蓬萊東興錢莊	橫	壹吊	1924年(民國13年)	143×83	烟台豐源印書館印	李春曉　藏		蓬萊・馬格莊
1237	蓬萊長生銀樓	橫	叁角	1938年(民國27年)	118×68		李春曉　藏		蓬萊・蔡家莊
1238	棲霞福記錢莊	橫	壹仟文	1924年(民國13年)	154×96	烟台誠文德印	李春曉　藏		棲邑
1239	棲霞華茂錢莊	橫	壹吊	1926年(民國15年)	151×90	烟台誠文信代印	李春曉　藏		棲邑・松山
1240	招遠元興利錢莊	橫	壹吊	1927年	153×92	烟台誠文信代印	石長有　藏		招邑・杜家集
1241	萊陽同茂錢莊	橫	伍圓	1927年(民國16年)	159×91		王煒　藏		萊邑・趙格莊
1242	萊陽謙盛錢莊	橫	壹圓	1928年	137×82	烟台泗興印務公司代印	李春曉　藏		萊邑
1243	萊陽謙盛錢莊	橫	伍圓	1928年	146×87	烟台泗興印務公司代印	李春曉　藏		萊邑

續表

編號	單位名	票型	面額	年份	票幅(毫米)	印刷者	來源	等級	説明
1244	牟平萬聚錢莊	横	壹吊文	無年份	155×95	烟台東華裕代印	郭乃興　藏		牟平西鄉要節村
1245	牟平福聚錢莊	横	壹仟文	1926年	142×92	威海華豐印務所印	王煒　藏		牟平・上莊集
1246	文登永合銀樓	直	壹仟文	民國年間	99×175	威海華豐印務所印	石長有　藏		文邑・緑陽村
1247	文登葛家滙通錢莊	横	伍圓	1923年	149×87		石長有　藏		文登葛家大家街
1248	濰縣濰東裕興誠銀號	横	壹圓	1942年(民國31年)	123×68		石長有　藏		濰東、清池
1249	濰縣濰東新華銀號	横	壹圓	1943年(民國32年)	125×65		石長有　藏		濰東、聯洋
1250	濰縣振東銀號	横	伍角	1942年(民國31年)	110×59		石長有　藏		濰縣、東鄉
1251	濰縣振東銀號	横	伍圓	1942年(民國31年)	147×79		石長有　藏		濰縣
1252	濰縣大中銀號	横	壹百圓	1945年(民國34年)	112×62		石長有　藏		濰縣
1253	青州興業錢莊	直	貳千文	無年份	81×224		石長有　藏		
1254	益都青州公立兑换所	横	壹圓	1930年(民國19年)	150×84	青州統濟印	石長有　藏		益都、青州
1255	青州裕寶銀樓	直	壹吊	1933年(民國22年)	65×260	青州東門外慶文齋印刷局印	石長有　藏		城北朱良鎮
1256	益都益豐銀號	横	貳角	1939年(民國28年)	121×59		石長有　藏		山東、益都
1257	益都益豐銀號	横	伍角	1938年(民國27年)	117×63		郭乃興　藏		益都
1258	壽光大有錢莊	直	貳千文	民國年間	72×203	烟台東華裕印刷局代印	中國人民銀行上海分行　藏		壽光衙前
1259	壽光農民錢局	直	壹角	1938年(民國27年)	60×105	壽光北梅記石美閣印刷所印	石長有　藏		
1260	壽光農民錢局	直	伍角	1938年(民國27年)	60×105	壽光北梅記石美閣印刷所印	石長有　藏		
1261	内鄉縣地方合作金庫	横	壹串文	1937年(民國26年)	118×65	河口大通代印	石長有　藏		
1262	潢川蠶業銀號	横	壹角	1928年(民國17年)	95×57	上海北泥城橋堍中華印書館代印	中國人民銀行上海分行　藏		
1263	商城張隆慶錢店	直	壹串文	1928年(民國17年)	107×226		石長有　藏		商邑、南鄉、盛家店
1264	商城張隆慶錢店	直	伍串文	1928年(民國17年)	109×230		惠泉　提供		商邑、南鄉、盛家店
1265	商城張隆慶錢店	直	伍串文	1928年(民國17年)	109×230		石長有　藏		商邑、南鄉、盛家店
1266	京兆銀錢局	横	貳拾枚	1926年(民國15年)	122×68	財政部印刷局製	劉文和　藏		北京・財政部核准發行
1267	京兆銀錢局	横	貳拾枚	1928年(民國17年)	122×68	財政部印刷局製	劉文和　藏		北京・財政部核准發行
1268	京兆銀錢局	横	肆拾枚	1928年(民國17年)	124×67	財政部印刷局製	劉文和　藏		北京・財政部核准發行
1269	京兆銀錢局	横	伍拾枚	1928年(民國17年)	127×69	財政部印刷局製	劉文和　藏		北京・財政部核准發行、樣本
1270	啟泰銀號	横	伍圓	1913年(民國2年)	158×101		石長有　藏		天津、估衣街
1271	京兆涿縣廣順錢號	横	叁拾枚	1928年(民國17年)	122×70		劉文和　藏		粉子胡同、口外路東
1272	通縣豫豐銀號	横	貳拾枚	1929年(民國18年)	104×64		劉文和　藏		通縣
1273	通縣豫豐銀號	横	肆拾枚	1929年(民國18年)	105×62		劉文和　藏		通縣
1274	慶雲德聚昌錢莊	直	伍吊	1925年(民國14年)	81×179	濟南西門外華北印刷局石印	石長有　藏		慶雲、姚千家鎮
1275	河間廣信銀號	直	壹吊	民國年間	89×171	天津宮北東華石印局石印	石長有　藏		河間、景和鎮
1276	河間榮昇銀局	直	叁吊	民國年間	93×177	天津宮北東華石印局石印	石長有　藏		河間、城南北皇親莊
1277	任丘華成銀號	横	貳拾伍枚	民國年間	135×86	鄭州聚興石印局石印	郭乃興　藏		直隸・任丘鄭州、樣本
1278	任丘華成銀號	横	貳拾伍枚	1917年(民國6年)	135×86	鄭州聚興石印局石印	石長有　藏		直隸・任丘鄭州
1279	任丘華成銀號	横	伍拾枚	民國年間	133×85	鄭州聚興石印局石印	徐風　藏		直隸・任丘鄭州、樣本
1280	任丘華成銀號	横	壹佰枚	民國年間	132×80	鄭州聚興石印局石印	石長有　藏		直隸・任丘鄭州、樣本
1281	故城縣貸欵所	横	壹圓	無年份	153×69	天津宮北東華石印局石印	石長有　藏		
1282	遷安縣公立錢局	横	拾吊	1918年(民國7年)	169×92	天津北馬路華英印刷公司印	郭乃興　藏		沙河驛鎮、官准立案、商會注册

續表

編號	單位名	票型	面額	年份	票幅(毫米)	印刷者	來源	等級	説明
1283	昌黎公濟錢莊	直	伍吊	民國年間	104×180	天津北馬路華東石印局印	石長有　藏		昌黎劉家林子鎮、泥井鎮
1284	束鹿福裕興銀號	橫	壹吊	民國年間	146×93		石長有　藏		束鹿舊城
1285	束鹿福裕興銀號	橫	壹圓	1916年(民國5年)	147×93		石長有　藏		束鹿舊城
1286	晉縣蚨雲錢莊	直	叁吊	1914年(民國3年)	104×210	辛集繪文石印局印	石長有　藏		晉縣商會印發此票
1287	深縣志成銀號	橫	叁角	無年份	120×65	北平打磨巷興華印刷局印	石長有　藏		河北深縣、大染莊村
1288	新河利新實業錢局	橫	貳角	1931年(民國20年)	111×63	北平財政部印刷局製	石長有　藏		新河城内
1289	棗强縣錢業同業公會	橫	拾吊	1936年(民國25年)	115×66	鎮德縣文華書局石印	石長有　藏		棗强縣
1290	聚寶銀樓	橫	貳角	1938年(民國27年)	105×55		郭乃興　藏		阿邑北、張家山
1291	聚寶銀樓	橫	叁角	1938年(民國27年)	107×54		郭乃興　藏		阿邑北、張家山
1292	山西省縣銀號	橫	壹角	1933年(民國22年)	107×56	山西省銀行代印	徐風　藏		岢嵐
1293	山西省縣銀號	橫	壹角	1933年(民國22年)	107×56	山西省銀行代印	徐風　藏		定襄
1294	山西省縣銀號	橫	壹角	1933年(民國22年)	107×56	山西省銀行代印	石長有　藏		五台
1295	山西省縣銀號	橫	壹角	1933年(民國22年)	107×56	山西省銀行代印	徐風　藏		崞縣
1296	山西省縣銀號	橫	壹角	1933年(民國22年)	107×56	山西省銀行代印	徐風　藏		永和
1297	山西省縣銀號	橫	貳角	1933年(民國22年)	109×58	山西省銀行代印	徐風　藏		五台
1298	山西省縣銀號	橫	貳角	1933年(民國22年)	109×58	山西省銀行代印	徐風　藏		崞縣
1299	山西省縣銀號	橫	貳角	1933年(民國22年)	109×58	山西省銀行代印	徐風　藏		永和
1300	太原縣銀號	橫	壹圓	1933年(民國22年)	133×68		徐風　藏		
1301	太谷縣縣銀號	橫	壹圓	1933年(民國22年)	130×69	山西省城晉新書社印	徐風　藏		太谷、範村
1302	太谷實業銀號	橫	壹圓	1934年(民國23年)	132×70	山西省城晉新書社印	徐風　藏		
1303	文水縣銀號	橫	壹角	1934年(民國23年)	96×56	西北印刷廠製	選自《山西歷史貨幣》		
1304	文水縣銀號	橫	貳角	1934年(民國23年)	103×60	西北印刷廠製	選自《山西歷史貨幣》		
1305	文水縣銀號	橫	壹圓	1934年(民國23年)	135×73	西北印刷廠製	選自《山西歷史貨幣》		
1306	文水縣銀號	橫	壹角	1935年(民國24年)	94×54	西北印刷廠製	徐風　藏		
1307	文水縣銀號	橫	貳角	1935年(民國24年)	94×54	西北印刷廠製	徐風　藏		
1308	文水信義亨銀號	橫	貳拾枚	無年份	119×70	大康成書齋印	選自《山西歷史貨幣》		
1309	文水信義亨銀號	橫	壹百枚	無年份	131×75	大康成書齋印	石長有　藏		
1310	文水信義亨銀號	橫	伍角	無年份	114×63	大康成書齋印	選自《山西歷史貨幣》		石侯
1311	文水裕商銀號	橫	叁角	1926年(民國15年)	119×62		上海圖書館　藏		
1312	興縣銀號	橫	貳角	1935年(民國24年)	95×55	西北印刷廠製	石長有　藏		財政局
1313	岢嵐縣銀號	橫	拾枚	1938年(民國27年)	93×56		徐風　藏		
1314	岢嵐縣縣銀號	橫	貳拾枚	1938年(民國27年)	99×59		徐風　藏		
1315	岢嵐縣銀號	直	壹圓	1939年(民國28年)	110×193		徐風　藏		
1316	岢嵐勸業錢局	橫	壹圓	1922年(民國11年)	184×62		石長有　藏		岢嵐
1317	孝義縣縣銀號	橫	壹圓	1938年(民國27年)	135×68		徐風　藏		
1318	汾陽縣銀號	橫	壹角	1935年(民國24年)	96×53	西北印刷廠製	石長有　藏		汾陽縣財政局借發
1319	汾陽縣銀號	橫	壹圓	1934年(民國23年)	137×74	西北印刷廠製	石長有　藏		汾陽縣財政局借發
1320	平遥縣銀號	橫	壹圓	1933年(民國22年)	133×68	山西省城晉新書社印	徐風　藏		平遥縣金融救濟會發
1321	石樓縣銀號	橫	壹角	1935年(民國24年)	95×52	西北印刷廠製	徐風　藏		
1322	石樓縣銀號	橫	壹圓	1934年(民國23年)	137×74	西北印刷廠製	徐風　藏		
1323	臨縣銀號	橫	壹角	1935年(民國24年)	94×54	西北印刷廠製	徐風　藏		
1324	臨縣銀號	橫	貳角	1935年(民國24年)	96×53	西北印刷廠製	徐風　藏		
1325	方山縣銀號	橫	壹圓	1937年(民國26年)	136×72	臨縣恒博壽局石印	徐風　藏		
1326	方山縣銀號	橫	壹圓	1939年(民國28年)	149×67	臨縣恒博壽局石印	徐風　藏		
1327	長子縣銀號	橫	壹角	1940年(民國29年)	114×57		石長有　藏		

續表

編號	單位名	票型	面額	年份	票幅(毫米)	印刷者	來源	等級	說明
1328	長子縣銀號	横	伍角	1940年(民國29年)	119×59		石長有　藏		
1329	潞城縣銀號	横	貳角	1938年(民國27年)	109×63		石長有　藏		
1330	陽城縣銀號	横	伍角	1940年(民國29年)	132×71		石長有　藏		
1331	沁縣銀號	横	壹角	1934年(民國23年)	97×57	西北印刷廠製	石長有　藏		
1332	沁縣銀號	横	壹圓	1934年(民國23年)	138×76	西北印刷廠製	石長有　藏		
1333	武鄉縣銀號	横	壹圓	1934年(民國23年)	136×74	西北印刷廠製	石長有　藏		
1334	盂縣銀號	横	壹圓	1934年(民國23年)	138×73	西北印刷廠製	徐風　藏		
1335	陽高縣銀號	横	壹圓	1934年(民國23年)	138×74	西北印刷廠製	徐風　藏		
1336	廣靈縣廣利錢局	横	伍拾枚	民國年間	135×90	天津北馬路華東石印局印	石長有　藏		
1337	廣靈縣廣利錢局	横	叁百枚	民國年間	134×90	天津北馬路華東石印局印	石長有　藏		
1338	靈邱縣銀號	横	壹角	1935年(民國24年)	96×53	西北印刷廠製	徐風　藏		
1339	靈邱縣銀號	横	壹圓	1934年(民國23年)	139×74	西北印刷廠製	徐風　藏		
1340	渾源恒裕銀號	横	伍角	1928年(民國17年)	115×63	前門外門後胡同寶墉局	石長有　藏		
1341	渾源恒興銀號	横	伍角	1933年(民國22年)	110×66	前門外門後胡同寶墉局	石長有　藏		
1342	甯武縣銀號	横	壹角	1935年(民國24年)	95×53	西北印刷廠製	徐風　藏		
1343	甯武縣銀號	横	貳角	1935年(民國24年)	95×53	西北印刷廠製	石長有　藏		
1344	甯武縣銀號	横	壹圓	1934年(民國23年)	138×74	西北印刷廠製	徐風　藏		
1345	神池縣銀號	横	壹圓	1934年(民國23年)	138×74	西北印刷廠製	徐風　藏		
1346	五寨縣銀號	横	壹角	1939年(民國28年)	120×60		徐風　藏		
1347	五寨縣銀號	横	伍角	1939年(民國28年)	120×60		徐風　藏		
1348	五寨縣縣銀號	横	壹角	無年份	114×53	西北實業公司印刷廠製	徐風　藏		
1349	五寨縣縣銀號	横	貳角	無年份	117×55	西北實業公司印刷廠製	徐風　藏		
1350	忻縣銀號	横	壹角	1934年(民國23年)	109×57	山西省城晋新書社印	石長有　藏		
1351	忻縣銀號	横	壹圓	1934年(民國23年)	134×69	山西省城晋新書社印	徐風　藏		
1352	忻縣義興恒錢莊	横	貳拾枚	無年份	111×62	天津北馬路華東石印局印	石長有　藏		
1353	五臺縣銀號	横	貳分	1935年(民國24年)	91×53	西北印刷廠製	石長有　藏		
1354	五臺縣銀號	横	伍分	1935年(民國24年)	93×53	西北印刷廠製	徐風　藏		
1355	五臺縣銀號	横	壹圓	1933年(民國22年)	130×66	山西省城晋新書社印	徐風　藏		
1356	五臺廣生錢莊	横	貳拾枚	無年份	121×70	太原中鼎長印	石長有　藏		五臺、東冶
1357	五臺廣生錢莊	横	叁拾枚	無年份	131×73	太原中鼎長印	徐風　藏		五臺、東冶
1358	崞縣公立錢局	横	伍佰文	無年份	129×71		徐風　藏		
1359	崞縣公立錢局	横	壹仟文	無年份	134×76		徐風　藏		
1360	崞縣公立錢局	横	壹角	1928年(民國17年)	105×56	固利承文新石印	徐風　藏		原平
1361	崞縣公立錢局	横	貳角	1928年(民國17年)	114×58	固利承文新石印	徐風　藏		原平
1362	崞縣公立錢局	横	壹角	1931年(民國20年)	108×58	北平財政部印刷局製	徐風　藏		原平
1363	崞縣公立錢局	横	壹圓	1931年(民國20年)	143×77	北平財政部印刷局製	戴建兵　藏		原平
1364	崞縣縣銀號	横	壹圓	1933年(民國22年)	135×69	太原範華製版印刷廠承印	徐風　藏		
1365	繁峙縣銀號	横	壹角	1935年(民國24年)	97×53	西北印刷廠製	徐風　藏		
1366	保德縣銀號	横	伍角	1939年(民國28年)	115×57		石長有　藏		保德
1367	保德縣銀號	横	貳角	無年份	116×56		石長有　藏		
1368	臨汾縣銀號	横	壹圓	1934年(民國23年)	137×74	西北印刷廠製	徐風　藏		

續表

編 號	單 位 名	票型	面額	年 份	票 幅(毫米)	印 刷 者	來 源	等級	説 明
1369	曲沃縣銀號	横	壹圓	1934 年(民國 23 年)	137×74	西北印刷廠製	徐風 藏		
1370	襄陵縣銀號	横	壹圓	1934 年(民國 23 年)	138×74	西北印刷廠製	徐風 藏		
1371	臨晉縣銀號	横	壹角	1935 年(民國 24 年)	95×54	西北印刷廠製	徐風 藏		
1372	臨晉縣銀號	横	壹圓	1934 年(民國 23 年)	137×74	西北印刷廠製	徐風 藏		
1373	新絳縣銀號	横	壹圓	1934 年(民國 23 年)	137×74	西北印刷廠製	徐風 藏		
1374	聞喜縣銀號	横	壹圓	1934 年(民國 23 年)	137×74	西北印刷廠製	徐風 藏		
1375	霍縣義聚恆錢局	横	壹圓	1932 年(民國 21 年)	124×71	太原範華製版印刷廠承印	石長有 藏		霍縣
1376	靈石公益銀號	直	壹千文	民國年間	107×217	介休通文局石印	石長有 藏		靈石縣城内
1377	靈石公益銀號	直	貳千文	民國年間	107×217	介休通文局石印	石長有 藏		靈石縣城内
1378	晉高長陵壺五縣銀號	横	壹圓	1942 年(民國 31 年)	126×65		石長有 藏		
1379	晉高長陵壺五縣銀號	横	貳圓	1942 年(民國 31 年)	127×66		石長有 藏		
1380	銅盂郭聚茂銀號	横	壹圓	1935 年(民國 24 年)	135×94	香港新華雕刻公司承印	劉文和 藏		銅盂・樣張
1381	晉北鹽業銀號	横	壹角	1935 年(民國 24 年)	106×56	西北印刷廠製	上海圖書館 藏		樣本
1382	晉北鹽業銀號	横	壹角	1935 年(民國 24 年)	106×56	西北印刷廠製	徐風 藏		太原
1383	晉北鹽業銀號	横	壹角	1935 年(民國 24 年)	106×56	西北印刷廠製	石長有 藏		岱岳
1384	晉北鹽業銀號	横	貳角	1935 年(民國 24 年)	113×61	西北印刷廠製	上海圖書館 藏		樣本
1385	晉北鹽業銀號	横	貳角	1935 年(民國 24 年)	113×61	西北印刷廠製	徐風 藏		太原
1386	晉北鹽業銀號	横	貳角	1935 年(民國 24 年)	113×61	西北印刷廠製	石長有 藏		岱岳
1387	晉北鹽業銀號	横	壹圓	1934 年(民國 23 年)	139×72	西北印刷廠製	上海圖書館 藏		樣本
1388	晉北鹽業銀號	横	壹圓	1934 年(民國 23 年)	139×72	西北印刷廠製	徐風 藏		太原
1389	晉北鹽業銀號	横	壹圓	1934 年(民國 23 年)	139×72	西北印刷廠製	張日炎 藏		岱岳
1390	晉北鹽業銀號	横	壹圓	1934 年(民國 23 年)	139×72	西北印刷廠製	趙隆業 藏		大同
1391	晉北鹽業銀號	横	伍圓	1934 年(民國 23 年)	149×82	西北印刷廠製	上海圖書館 藏		樣本
1392	晉北鹽業銀號	横	伍圓	1934 年(民國 23 年)	149×82	西北印刷廠製	石長有 藏		太原
1393	晉綏地方鐵路銀號	横	壹角	1934 年(民國 23 年)	116×53	財政部印刷局製	中國人民銀行上海分行 藏		太原
1394	晉綏地方鐵路銀號	横	壹角	1934 年(民國 23 年)	116×53	財政部印刷局製	選自《山西歷史貨幣》		交城
1395	晉綏地方鐵路銀號	横	壹角	1934 年(民國 23 年)	116×53	財政部印刷局製	上海圖書館 藏		洪洞
1396	晉綏地方鐵路銀號	横	貳角	1934 年(民國 23 年)	118×56	財政部印刷局製	徐風 藏		太原
1397	晉綏地方鐵路銀號	横	壹圓	1934 年(民國 23 年)	157×68	財政部印刷局製	上海圖書館 藏		樣本
1398	晉綏地方鐵路銀號	横	壹圓	1934 年(民國 23 年)	157×68	財政部印刷局製	中國人民銀行上海分行 藏		太原
1399	晉綏地方鐵路銀號	横	壹圓	1934 年(民國 23 年)	157×68	財政部印刷局製	郭乃全 藏		交城
1400	晉綏地方鐵路銀號	横	壹圓	1934 年(民國 23 年)	157×68	財政部印刷局製	郭乃全 藏		洪洞
1401	晉綏地方鐵路銀號	横	伍圓	1934 年(民國 23 年)	162×70	財政部印刷局製	郭乃全 藏		太原
1402	晉綏地方鐵路銀號	横	拾圓	1934 年(民國 23 年)	167×71	財政部印刷局製	選自《山西歷史貨幣》		太原
1403	晉綏地方鐵路銀號	横	貳角	1936 年(民國 25 年)	124×58	西北印刷廠製	選自《山西歷史貨幣》		
1404	晉綏地方鐵路銀號	横	伍角	1936 年(民國 25 年)	125×62	西北印刷廠製	中國人民銀行上海分行 藏		
1405	晉綏地方鐵路銀號	横	伍圓	1936 年(民國 25 年)	152×86	西北印刷廠製	上海圖書館 藏		山西
1406	綏西墾業銀號	横	壹角	1932 年(民國 21 年)	107×61	太原廣新鑫社製	趙隆業 藏		包頭
1407	綏西墾業銀號	横	壹圓	1932 年(民國 21 年)	143×78	西北印刷廠製	徐風 藏		太原
1408	綏西墾業銀號	横	伍圓	1932 年(民國 21 年)	148×83	西北印刷廠製	石長有 藏		太原
1409	綏西墾業銀號	横	伍圓	1932 年(民國 21 年)	148×83	西北印刷廠製	趙隆業 藏		包頭
1410	綏西墾業銀號	横	壹角	1933 年(民國 22 年)	107×54	西北印刷廠製	徐風 藏		太原
1411	綏西墾業銀號	横	貳角	1933 年(民國 22 年)	106×61	西北印刷廠製	徐風 藏		太原
1412	朝邑公和祥錢號	横	壹角	1917 年(民國 6 年)	103×57	奉天關東印書館石印	石長有 藏		朝邑東北八大股子
1413	朝邑福興來錢號	横	伍角	1917 年(民國 6 年)	110×65	奉天關東印書館石印	石長有 藏		朝邑東北楊家窩鋪
1414	平遥興隆信錢莊	直	無面值	民國年間	137×167		存雲亭 藏		本票、樣票

續表

編號	單位名	票型	面額	年份	票幅(毫米)	印刷者	來源	等級	説明
1415	錦縣寶興當錢號	横	伍角	1917年(民國6年)	154×89		石長有 藏		錦縣北関
1416	錦縣志同當錢號	横	壹角	民國年間	96×50		石長有 藏		錦縣城内
1417	法庫縣公益興總銀號	横	伍角	1917年(民國6年)	110×65	奉天作新印刷局製造	郭乃興 藏		
1418	法庫縣公益興總銀號	横	拾角	1917年(民國6年)	123×74	奉天作新印刷局製造	郭乃興 藏		
1419	凌源福興德滙兑莊	横	叁拾角	1918年(民國7年)	139×89	天津宫北東華石印局石印	石長有 藏		内厲綏中前衛福盛德代換市票
1420	舒蘭純聚永錢號	直	拾吊	民國年間	106×217		石長有 藏		吉林·舒蘭、珠琦河街
1421	扶餘縣德興福錢號	直	貳拾吊	民國年間	95×186		石長有 藏		吉林·扶餘縣蔡家溝站、務字大八號分此
1422	扶餘縣德興福錢號	直	伍拾吊	民國年間	100×182		石長有 藏		吉林·扶餘縣蔡家溝站、務字大八號分此
1423	五常縣實業錢號	直	叁拾吊	民國年間	100×200		石長有 藏		吉林·五常縣
1424	五常縣大德錢號	直	拾吊	民國年間	104×213	永衡印書局製	石長有 藏		吉林·五常縣、五常堡
1425	五常縣福生錢號	直	拾吊	民國年間	106×210		石長有 藏		吉林·五常縣、向陽山
1426	五常縣吉升錢號	直	拾吊	1919年(民國8年)	96×181		惠泉 提供		吉林·五常縣、太平山
1427	五常縣東亞錢號	直	貳拾吊	1920年(民國9年)	98×187		石長有 藏		吉林·五常縣、冲河鎮
1428	榆樹縣天增錢號	直	貳拾吊	1919年(民國8年)	107×214		石長有 藏		吉林·榆樹縣、務字八號
1429	榆樹縣公興錢局	直	拾吊	民國年間	107×224		石長有 藏		吉林·榆樹縣、五棵樹
1430	榆樹縣通遠錢號	直	拾吊	民國年間	96×193		石長有 藏		吉林·榆樹、弓棚子鎮
1431	樺川縣濟樺錢號	直	叁吊	1918年(民國7年)	93×187		石長有 藏		吉林·樺川縣
1432	宣化福利銀號	横	壹角	1933年(民國22年)	117×68	財政部印刷局製	劉文和 藏		化平改宣化
1433	宣化福利銀號	横	壹角	1933年(民國22年)	117×68	財政部印刷局製	徐風 藏		化平改宣化
1434	宣化福利銀號	横	壹角	1933年(民國22年)	117×68	財政部印刷局製	徐風 藏		宣化、平津匯兑
1435	宣化福利銀號	横	貳角	1933年(民國22年)	120×71	財政部印刷局製	徐風 藏		宣化、平津匯兑
1436	宣化福利銀號	横	貳角	1933年(民國22年)	120×71	財政部印刷局製	石長有 藏		宣化、平津匯兑
1437	宣化福利銀號	横	伍角	1933年(民國22年)	123×75	財政部印刷局製	中國人民銀行上海分行 藏		宣化、平津匯兑
1438	宣化福利銀號	横	伍角	1933年(民國22年)	123×75	財政部印刷局製	徐風 藏		宣化、平津匯兑
1439	宣化福利銀號	横	伍圓	1933年(民國22年)	165×88	財政部印刷局製	徐風 藏		
1440	包頭商會九行金融所	横	貳百文	民國年間	121×76	競權石印局承印	石長有 藏		
1441	商辦隴東銀號	直	貳百文	1923年(民國12年)	67×151	西安成記雕版石印館代印	趙隆業 藏		
1442	商辦隴東銀號	横	伍百文	1923年(民國12年)	130×80	西安成記雕版石印館代印	趙隆業 藏		
1443	商辦隴東銀號	直	壹百文	1924年(民國13年)	70×145	西安成記雕版石印館代印	孫彬 藏		
1444	商辦隴東銀號	直	壹仟文	1924年(民國13年)	82×139	西安成記雕版石印館代印	江蘇省錢幣學會 提供		
1445	商辦隴東銀號	直	壹圓	1925年(民國14年)	146×84	西安成記雕版石印館代印	選自《甘肅歷史貨幣》		
1446	隴南鎮守使署糧餉局	直	壹千文	1921年(民國10年)	91×172		江蘇省錢幣學會 提供		
1447	隴南鎮守使署糧餉局	直	貳千文	1921年(民國10年)	81×172		江蘇省錢幣學會 提供		
1448	隴南實業銀號	横	壹仟文	1923年(民國12年)	146×92		石長有 藏		甘肅
1449	隴南實業銀號	横	貳仟文	1923年(民國12年)	102×54		選自《甘肅歷史貨幣》		甘肅
1450	呼倫貝爾官商錢局	横	伍角	1919年(民國8年)	108×63	浜江墨林堂石印	張傑 提供		呼倫各旗
1451	呼倫貝爾官商錢局	横	壹圓	1919年(民國8年)	124×74	浜江墨林堂石印	張傑 提供		呼倫各旗
1452	呼倫貝爾官商錢局	横	叁圓	1919年(民國8年)	128×75	浜江墨林堂石印	張傑 提供		呼倫各旗
1453	呼倫貝爾官商錢局	横	伍圓	1919年(民國8年)	139×80	浜江墨林堂石印	張傑 提供		呼倫各旗
1454	呼倫貝爾官商錢局	横	拾圓	1919年(民國8年)	146×84	濱江墨林堂石印	張傑 提供		呼倫各旗
1455	呼倫貝爾官商錢局	横	拾圓	1920年(民國9年)	146×84	濱江墨林堂石印	張傑 提供		呼倫各旗
1456	呼倫貝爾官商錢局	横	貳拾伍圓	1919年(民國8年)	154×91	濱江墨林堂石印	張傑 提供		呼倫各旗
1457	呼倫貝爾官商錢局	横	壹佰圓	1919年(民國8年)	154×90	濱江墨林堂石印	張傑 提供		呼倫各旗

續表

編號	單位名	票型	面額	年份	票幅(毫米)	印刷者	來源	等級	説明
1458	喀什區行政長公署	横	肆拾文	1933年(民國22年)	116×111		選自《新疆錢幣》		紅錢
1459	喀什區行政長公署	横	壹百文	1933年(民國22年)	143×81		選自《新疆錢幣》		紅錢
1460	和闐行政長公署	横	一百文	民國年間	98×77		選自《新疆錢幣》		紅錢
1461	和闐行政長公署	横	壹兩	1934年(民國23年)	155×100		中國人民銀行上海分行　藏		
1462	和闐行政長公署	横	壹兩	1935年(民國24年)	150×100		劉森　藏		
1463	和闐行政長公署	横	壹兩	1934年(民國23年)	151×103		中國人民銀行上海分行　藏		
1464	和闐行政長公署	横	叁兩	1935年(民國24年)	154×102		中國人民銀行上海分行　藏		
1465	和闐行政長公署	横	叁兩	1937年(民國26年)	153×102		選自《新疆錢幣》		
1466	鎮西公民會	直	伍兩	1933年(民國22年)	105×201		郭乃興　藏		
1467	阿爾泰行政公署財政局	横	壹圓	1918年(民國7年)	147×88		趙隆業　藏		
1468	阿爾泰行政公署財政局	横	伍圓	1918年(民國7年)	146×88		江蘇省錢幣學會　提供		
1469	阿爾泰行政公署財政局	横	拾圓	1918年(民國7年)	160×102		選自《新疆錢幣》		
1470	科爾沁左翼三旗聯合交易局	横	壹百圓	1945年	155×86		江蘇省錢幣學會　提供		此券兑换前滿洲中央銀行紙幣百圓
1471	多倫縣裕盛魁錢莊	直	伍百文	1921年(民國10年)	94×185		徐風　藏		多倫縣
1472	濟民銀號	横	壹串文	1929年(民國17年)	135×77		張傑　提供		
1473	濟民銀號	横	壹角	1929年(民國17年)	115×62		張傑　提供		
1474	濟民銀號	横	貳角	1929年(民國17年)	118×69		張傑　提供		
1475	濟民銀號	横	壹圓	1929年(民國17年)	151×84		張傑　提供		
1476	和記錢莊	直	壹元	民國年間	80×205		李春曉　藏		
1477	德源錢莊	直	叁吊	民國年間	95×188		石長有　藏		
1478	廣寶錢莊	直	貳吊	民國年間	97×190		石長有　藏		
1479	東昌銀號	横	叁角	1924年(民國13年)	136×88	天津北馬路華東石印局印	石長有　藏		牛頭崖

五、附録：(一)日本侵華時期發行的軍用票

編號	券名	票型	面額	年份	票幅(毫米)	印刷者	來源	等級	説明
1480	日本侵占中國青島時發行的軍用票	直	銀拾錢	1914年(大正3年)	69×100	大日本帝國政府印刷局製造	選自《日本貨幣》		
1481	日本侵占中國青島時發行的軍用票	直	銀貳拾錢	1914年(大正3年)	69×100	大日本帝國政府印刷局製造	選自《日本貨幣》		
1482	日本侵占中國青島時發行的軍用票	直	銀伍拾錢	1914年(大正3年)	69×100	大日本帝國政府印刷局製造	選自《日本貨幣》		
1483	日本侵占中國青島時發行的軍用票	直	銀壹圓	1914年(大正3年)	90×129	大日本帝國政府印刷局製造	選自《日本貨幣》		
1484	日本侵占中國青島時發行的軍用票	直	銀五圓	1914年(大正3年)	93×130	大日本帝國政府印刷局製造	選自《日本貨幣》		見本
1485	日本侵占中國青島時發行的軍用票	直	銀拾圓	1914年(大正3年)	92×127	大日本帝國政府印刷局製造	選自《日本貨幣》		見本
1486	日本侵占中國北滿時發行的軍用票	直	金拾錢	1918年(大正7年)	70×99	大日本帝國政府印刷局製造	選自《日本貨幣》		
1487	日本侵占中國北滿時發行的軍用票	直	金貳拾錢	1918年(大正7年)	70×99	大日本帝國政府印刷局製造	選自《日本貨幣》		
1488	日本侵占中國北滿時發行的軍用票	直	金五拾錢	1918年(大正7年)	70×99	大日本帝國政府印刷局製造	選自《日本貨幣》		
1489	日本侵占中國北滿時發行的軍用票	直	金壹圓	1918年(大正7年)	101×142	大日本帝國政府印刷局製造	選自《日本貨幣》		
1490	日本侵占中國北滿時發行的軍用票	直	金五圓	1918年(大正7年)	101×142	大日本帝國政府印刷局製造	選自《日本貨幣》		
1491	日本侵占中國北滿時發行的軍用票	直	金拾圓	1918年(大正7年)	98×136	大日本帝國政府印刷局製造	選自《日本貨幣》		

續表

編號	券名	票型	面額	年份	票幅(毫米)	印刷者	來源	等級	説明
1492	日本全面侵華時發行的甲號軍用票	直	拾錢	1937年(昭和12年)	72×118	内閣印刷局製造	中國人民銀行上海分行　藏		
1493	日本全面侵華時發行的甲號軍用票	直	五拾錢	1937年(昭和12年)	75×123	内閣印刷局製造	中國人民銀行上海分行　藏		
1494	日本全面侵華時發行的甲號軍用票	直	壹圓	1937年(昭和12年)	79×131	内閣印刷局製造	選自《日本紙幣·在外銀行軍票圖鑑》		
1495	日本全面侵華時發行的甲號軍用票	直	五圓	1937年(昭和12年)	86×134	内閣印刷局製造	選自《日本紙幣·在外銀行軍票圖鑑》		
1496	日本全面侵華時發行的甲號軍用票	直	拾圓	1937年(昭和12年)	96×147	内閣印刷局製造	選自《日本紙幣·在外銀行軍票圖鑑》		
1497	日本全面侵華時發行的乙號軍用票	横	壹圓	1938年	145×86	大日本帝國政府大藏省印刷局製造	中國人民銀行上海分行　藏		日本銀行改印軍用手票
1498	日本全面侵華時發行的乙號軍用票	横	五圓	1938年	132×75	大日本帝國政府内閣印刷局製造	中國人民銀行上海分行　藏		日本銀行改印軍用手票
1499	日本全面侵華時發行的乙號軍用票	横	拾圓	1938年	142×81	大日本帝國政府内閣印刷局製造	中國人民銀行上海分行　藏		日本銀行改印軍用手票
1500	日本全面侵華時發行的乙號軍用票	横	百圓	1944年	163×92	大日本帝國印刷局製造	中國人民銀行上海分行　藏		日本銀行改印軍用手票
1501	日本全面侵華時發行的丙號軍用票	横	壹圓	1938年	145×86	大日本帝國政府大藏省印刷局製造	中國人民銀行上海分行　藏		加印大日本帝國政府軍用手票
1502	日本全面侵華時發行的丙號軍用票	横	五圓	1938年	133×75	大日本帝國政府内閣印刷局製造	中國人民銀行上海分行　藏		加印大日本帝國政府軍用手票
1503	日本全面侵華時發行的丙號軍用票	横	拾圓	1938年	143×81	大日本帝國政府内閣印刷局製造	中國人民銀行上海分行　藏		加印大日本帝國政府軍用手票
1504	日本全面侵華時發行的丙號軍用票	横	百圓	無年份	162×94	大日本帝國印刷局製造	中國人民銀行上海分行　藏		加印軍用手票、緑色
1505	日本全面侵華時發行的丙號軍用票	横	百圓	無年份	160×92	大日本帝國印刷局製造	中國人民銀行上海分行　藏		加印軍用手票、紅色
1506	日本全面侵華時發行的丁號軍用票	横	壹錢	1939年	94×45	大日本帝國内閣印刷局製造	中國人民銀行上海分行　藏		無票號
1507	日本全面侵華時發行的丁號軍用票	横	五錢	1939年	100×49	大日本帝國内閣印刷局製造	中國人民銀行上海分行　藏		無票號
1508	日本全面侵華時發行的丁號軍用票	横	拾錢	1939年	106×50	大日本帝國内閣印刷局製造	中國人民銀行上海分行　藏		無票號
1509	日本全面侵華時發行的丁號軍用票	横	五拾錢	1939年	120×58	大日本帝國内閣印刷局製造	中國人民銀行上海分行　藏		無票號
1510	日本全面侵華時發行的丁號軍用票	横	壹圓	1939年	139×66	大日本帝國内閣印刷局製造	中國人民銀行上海分行　藏		無票號
1511	日本全面侵華時發行的丁號軍用票	横	五圓	1939年	148×71	大日本帝國内閣印刷局製造	郭乃興　藏		無票號
1512	日本全面侵華時發行的丁號軍用票	横	拾圓	1939年	159×77	大日本帝國内閣印刷局製造	中國人民銀行上海分行　藏		無票號
1513	日本全面侵華時發行的戊號軍用票	直	貳厘五毛	1940年	38×76	内閣印刷局製造	中國人民銀行上海分行　藏		
1514	日本全面侵華時發行的戊號軍用票	横	壹錢	1940年	94×43	大日本帝國内閣印刷局製造	選自《日本紙幣·在外銀行軍票圖鑑》		
1515	日本全面侵華時發行的戊號軍用票	横	五錢	1940年	99×47	大日本帝國内閣印刷局製造	選自《日本紙幣·在外銀行軍票圖鑑》		
1516	日本全面侵華時發行的戊號軍用票	横	拾錢	1940年	105×48	大日本帝國内閣印刷局製造	選自《日本紙幣·在外銀行軍票圖鑑》		
1517	日本全面侵華時發行的戊號軍用票	横	五拾錢	1940年	119×54	大日本帝國内閣印刷局製造	選自《日本紙幣·在外銀行軍票圖鑑》		
1518	日本全面侵華時發行的戊號軍用票	横	壹圓	1940年	139×65	大日本帝國内閣印刷局製造	選自《日本紙幣·在外銀行軍票圖鑑》		
1519	日本全面侵華時發行的戊號軍用票	横	五圓	1940年	149×71	大日本帝國内閣印刷局製造	中國人民銀行上海分行　藏		

續表

編 號	券 名	票型	面 額	年 份	票 幅（毫米）	印 刷 者	來 源	等級	説 明
1520	日本全面侵華時發行的戊號軍用票	横	拾圓	1940年	157×73	大日本帝國内閣印刷局製造	選自《日本紙幣·在外銀行軍票圖鑑》		
1521	日本全面侵華時發行的戊號軍用票	横	百圓	1940年	169×80	大日本帝國内閣印刷局製造	選自《日本紙幣·在外銀行軍票圖鑑》		
1522	日本全面侵華時發行的己號軍用票	横	五拾錢	1940年(昭和15年)	120×58	大日本帝國内閣印刷局製造	選自《日本貨幣》		
1523	日本全面侵華時發行的己號軍用票	横	壹圓	1940年(昭和15年)	140×67	大日本帝國内閣印刷局製造	選自《日本貨幣》		
1524	日本全面侵華時發行的己號軍用票	横	五圓	1940年(昭和15年)	150×72	大日本帝國内閣印刷局製造	選自《日本貨幣》		
1525	日本全面侵華時發行的己號軍用票	横	拾圓	1940年(昭和15年)	160×77	大日本帝國内閣印刷局製造	選自《日本貨幣》		
1526	日本全面侵華時發行的己號軍用票	横	拾圓	1940年(昭和15年)	160×77	大日本帝國内閣印刷局製造	選自《日本貨幣》		改己號票
1527	日本全面侵華時發行的號外軍用票	横	壹千圓	1944年(民國33年)	163×104		江蘇省錢幣學會　提供		

(二)傀儡政權銀行發行的紙幣

編 號	行 名	票型	面 額	年 份	票 幅（毫米）	印 刷 者	來 源	等級	説 明
1528	"滿洲中央銀行"	横	壹圓	1932年(大同元年)	155×71	美國鈔票公司	選自《僞滿洲國貨幣研究》		東三省官銀號改滿洲中央銀行、1929年(民國18年)改1932年(大同元年)、樣本
1529	"滿洲中央銀行"	横	壹圓	1932年(大同元年)	155×71	美國鈔票公司	選自《僞滿洲國貨幣研究》		東三省官銀號改滿洲中央銀行、1929年(民國18年)改1932年(大同元年)
1530	"滿洲中央銀行"	横	伍圓	1932年(大同元年)	160×77	美國鈔票公司	選自《僞滿洲國貨幣研究》		東三省官銀號改滿洲中央銀行、1929年(民國18年)改1932年(大同元年)、樣本
1531	"滿洲中央銀行"	横	拾圓	1932年(大同元年)	167×85	美國鈔票公司	選自《僞滿洲國貨幣研究》		東三省官銀號改滿洲中央銀行、1929年(民國18年)改1932年(大同元年)、樣本
1532	"滿洲中央銀行"	横	拾圓	1932年(大同元年)	167×85	美國鈔票公司	選自《僞滿洲國貨幣研究》		東三省官銀號改滿洲中央銀行、1929年(民國18年)改1932年(大同元年)
1533	"滿洲中央銀行"	横	五角	1932年(大同元年)	122×70	大日本帝國内閣印刷局製造	石長有　藏		樣本
1534	"滿洲中央銀行"	横	五角	1932年(大同元年)	122×70	大日本帝國内閣印刷局製造	趙隆業　藏		
1535	"滿洲中央銀行"	横	壹圓	1932年(大同元年)	143×81	大日本帝國内閣印刷局製造	石長有　藏		樣本
1536	"滿洲中央銀行"	横	壹圓	1932年(大同元年)	143×81	大日本帝國内閣印刷局製造	郭乃全　藏		
1537	"滿洲中央銀行"	横	五圓	1933年(大同2年)	151×86	大日本帝國内閣印刷局製造	石長有　藏		樣本
1538	"滿洲中央銀行"	横	五圓	1933年(大同2年)	151×86	大日本帝國内閣印刷局製造	中國人民銀行上海分行　藏		
1539	"滿洲中央銀行"	横	拾圓	1932年(大同元年)	162×93	大日本帝國内閣印刷局製造	石長有　藏		樣本
1540	"滿洲中央銀行"	横	拾圓	1932年(大同元年)	162×93	大日本帝國内閣印刷局製造	中國人民銀行上海分行　藏		
1541	"滿洲中央銀行"	横	壹百圓	1933年(大同2年)	181×103	大日本帝國内閣印刷局製造	石長有　藏		樣本
1542	"滿洲中央銀行"	横	壹百圓	1933年(大同3年)	181×103	大日本帝國内閣印刷局製造	石長有　藏		

續表

編號	行名	票型	面額	年份	票幅（毫米）	印刷者	來源	等級	説明
1543	"滿洲中央銀行"	横	五角	1935年(康德2年)	118×64	大日本帝國内閣印刷局製造	選自《僞滿洲國貨幣研究》		樣本
1544	"滿洲中央銀行"	横	五角	1935年(康德2年)	118×64	大日本帝國内閣印刷局製造	吴籌中　藏		
1545	"滿洲中央銀行"	横	壹圓	1937年(康德4年)	128×67	大日本帝國内閣印刷局製造	選自《僞滿洲國貨幣研究》		樣本
1546	"滿洲中央銀行"	横	壹圓	1937年(康德4年)	128×67	大日本帝國内閣印刷局製造	中國人民銀行上海分行　藏		6位编號
1547	"滿洲中央銀行"	横	壹圓	1937年(康德4年)	128×67	大日本帝國内閣印刷局製造	選自《僞滿洲國貨幣研究》		7位编號
1548	"滿洲中央銀行"	横	五圓	1938年(康德5年)	138×73	大日本帝國内閣印刷局製造	選自《僞滿洲國貨幣研究》		樣本
1549	"滿洲中央銀行"	横	五圓	1938年(康德5年)	138×73	大日本帝國内閣印刷局製造	選自《僞滿洲國貨幣研究》		6位编號
1550	"滿洲中央銀行"	横	五圓	1938年(康德5年)	138×73	大日本帝國内閣印刷局製造	中國人民銀行上海分行　藏		7位编號
1551	"滿洲中央銀行"	横	拾圓	1937年(康德4年)	148×80	大日本帝國内閣印刷局製造	選自《僞滿洲國貨幣研究》		樣本
1552	"滿洲中央銀行"	横	拾圓	1937年(康德4年)	148×80	大日本帝國内閣印刷局製造	選自《僞滿洲國貨幣研究》		6位编號
1553	"滿洲中央銀行"	横	拾圓	1937年(康德4年)	148×80	大日本帝國内閣印刷局製造	吴籌中　藏		7位编號
1554	"滿洲中央銀行"	横	百圓	1938年(康德5年)	165×92	大日本帝國内閣印刷局製造	選自《僞滿洲國貨幣研究》		樣本
1555	"滿洲中央銀行"	横	百圓	1938年(康德5年)	165×92	大日本帝國内閣印刷局製造	選自《僞滿洲國貨幣研究》		6位编號
1556	"滿洲中央銀行"	横	百圓	1938年(康德5年)	165×92	大日本帝國内閣印刷局製造	吴籌中　藏		7位编號
1557	"滿洲中央銀行"	横	壹角	1944年(康德11年)	103×52	滿洲帝國印刷廠製造	中國人民銀行上海分行　藏		
1558	"滿洲中央銀行"	横	五角	1941年(康德8年)	119×65	大日本帝國内閣印刷局製造	選自《僞滿洲國貨幣研究》		樣本
1559	"滿洲中央銀行"	横	五角	1941年(康德8年)	119×65	大日本帝國内閣印刷局製造	中國人民銀行上海分行　藏		
1560	"滿洲中央銀行"	横	壹圓	1944年(康德11年)	128×68	大日本帝國内閣印刷局製造	選自《僞滿洲國貨幣研究》		樣本
1561	"滿洲中央銀行"	横	壹圓	1944年(康德11年)	128×68	大日本帝國内閣印刷局製造	吴籌中　藏		
1562	"滿洲中央銀行"	横	五圓	1944年(康德11年)	137×74	大日本帝國内閣印刷局製造	選自《僞滿洲國貨幣研究》		樣本
1563	"滿洲中央銀行"	横	五圓	1944年(康德11年)	137×74	大日本帝國内閣印刷局製造	中國人民銀行上海分行　藏		
1564	"滿洲中央銀行"	横	拾圓	1944年(康德11年)	147×81	大日本帝國内閣印刷局製造	選自《僞滿洲國貨幣研究》		樣本
1565	"滿洲中央銀行"	横	拾圓	1944年(康德11年)	147×81	大日本帝國内閣印刷局製造	吴籌中　藏		
1566	"滿洲中央銀行"	横	百圓	1944年(康德11年)	168×91	大日本帝國内閣印刷局製造	選自《僞滿洲國貨幣研究》		樣本
1567	"滿洲中央銀行"	横	百圓	1944年(康德11年)	168×91	大日本帝國内閣印刷局製造	中國人民銀行上海分行　藏		
1568	"滿洲中央銀行"	横	壹圓	1944年(康德11年)	128×66	大日本帝國内閣印刷局製造	吴籌中　藏		
1569	"滿洲中央銀行"	横	拾圓	1944年(康德11年)	147×79	大日本帝國内閣印刷局製造	苗培貴　藏		
1570	"滿洲中央銀行"	横	百圓	1944年(康德11年)	165×88	滿洲帝國印刷廠製造	郭乃興　藏		

續表

編號	行名	票型	面額	年份	票幅(毫米)	印刷者	來源	等級	説明
1571	"滿洲中央銀行"	横	五分	1944年(康德11年)	94×48	滿洲帝國印刷廠製造	中國人民銀行上海分行　藏		樣本
1572	"滿洲中央銀行"	横	五分	1944年(康德11年)	94×48	滿洲帝國印刷廠製造	苗培貴　藏		
1573	"滿洲中央銀行"	横	五角	1944年(康德11年)	127×64	大日本帝國内閣印刷局製造	中國人民銀行上海分行　藏		
1574	"滿洲中央銀行"	横	五角	1944年(康德11年)	261×132	大日本帝國内閣印刷局製造	孫彬　藏		四連票
1575	"滿洲中央銀行"	横	壹仟圓	1944年(康德11年)	180×104	滿洲帝國印刷廠製造	上海博物館　藏		
1576	"滿洲中央銀行"	横	壹仟圓	1944年(康德11年)	180×104	滿洲帝國印刷廠製造	石長有　藏		
1577	"滿洲中央銀行"	直	五角	1944年(康德11年)	45×99	滿洲帝國印刷廠製造	王煒　藏		
1578	"滿洲中央銀行"	直	壹圓	1944年(康德11年)	45×99	滿洲帝國印刷廠製造	趙隆業　藏		
1579	"滿洲中央銀行"	直	叁圓	1944年(康德11年)	45×99	滿洲帝國印刷廠製造	趙隆業　藏		
1580	"滿洲中央銀行"	直	五圓	1944年(康德11年)	45×99	滿洲帝國印刷廠製造	趙隆業　藏		
1581	"滿洲中央銀行"	直	拾圓	1944年(康德11年)	45×99	滿洲帝國印刷廠製造	選自《僞滿洲國貨幣研究》		
1582	"滿洲中央銀行"	直	五角	1945年(康德12年)	45×99	滿洲帝國印刷廠製造	選自《僞滿洲國貨幣研究》		
1583	"滿洲中央銀行"	直	壹圓	1945年(康德12年)	45×99	滿洲帝國印刷廠製造	趙隆業　藏		
1584	"滿洲中央銀行"	直	叁圓	1945年(康德12年)	45×99	滿洲帝國印刷廠製造	選自《僞滿洲國貨幣研究》		
1585	"滿洲中央銀行"	直	五圓	1945年(康德12年)	45×99	滿洲帝國印刷廠製造	選自《僞滿洲國貨幣研究》		
1586	"滿洲中央銀行"	直	拾圓	1945年(康德12年)	45×99	滿洲帝國印刷廠製造	選自《僞滿洲國貨幣研究》		
1587	"冀東銀行"	横	伍角	無年份	125×62		選自《資本主義國家在舊中國發行和流通的貨幣》		樣本
1588	"冀東銀行"	横	伍角	無年份	125×62		上海博物館　藏		
1589	"冀東銀行"	横	壹圓	無年份	133×69		選自《資本主義國家在舊中國發行和流通的貨幣》		樣本
1590	"冀東銀行"	横	壹圓	無年份	133×69		上海博物館　藏		
1591	"冀東銀行"	横	伍圓	無年份	139×72		選自《資本主義國家在舊中國發行和流通的貨幣》		樣本
1592	"冀東銀行"	横	伍圓	無年份	139×72		中國人民銀行上海分行　藏		
1593	"冀東銀行"	横	拾圓	無年份	137×76		選自《資本主義國家在舊中國發行和流通的貨幣》		樣本
1594	"冀東銀行"	横	拾圓	無年份	137×76		上海博物館　藏		
1595	"冀東銀行"	横	壹佰圓	無年份	177×93		選自《資本主義國家在舊中國發行和流通的貨幣》		樣本
1596	"冀東銀行"	横	壹佰圓	無年份	177×93		上海博物館　藏		
1597	"察南銀行"	横	壹圓	1937年	156×70	美國鈔票公司	選自《資本主義國家在舊中國發行和流通的貨幣》		東三省官銀號改滿洲中央銀行再改察南銀行、1929年(民國18年)改1937年、樣本
1598	"察南銀行"	横	壹圓	1937年	156×70	美國鈔票公司	吴籌中　藏		東三省官銀號改滿洲中央銀行再改察南銀行、1929年(民國18年)改1937年
1599	"察南銀行"	横	拾圓	1937年	169×83	美國鈔票公司	選自《資本主義國家在舊中國發行和流通的貨幣》		東三省官銀號改滿洲中央銀行再改察南銀行、1929年(民國18年)改1937年、樣本

續表

編號	行名	票型	面額	年份	票幅(毫米)	印刷者	來源	等級	説明
1600	"察南銀行"	横	拾圓	1937年	169×83	美國鈔票公司	上海博物館　藏		東三省官銀號改滿洲中央銀行再改察南銀行、1929年(民國18年)改1937年
1601	"蒙疆銀行"	横	五分	1937年	103×58		吳籌中　藏		群羊圖
1602	"蒙疆銀行"	横	壹角	1937年	104×62		吳籌中　藏		駱駝圖
1603	"蒙疆銀行"	横	五角	1937年	110×61		上海博物館　藏		廟圖
1604	"蒙疆銀行"	横	五角	1937年	102×64		吳籌中　藏		駱駝圖
1605	"蒙疆銀行"	横	壹圓	1937年	121×70		中國人民銀行上海分行　藏		長城圖
1606	"蒙疆銀行"	横	壹圓	1937年	149×69		吳籌中　藏		群羊圖
1607	"蒙疆銀行"	横	五圓	1937年	132×74		選自《日本紙幣·在外銀行軍票圖鑑》		金剛寶座舍利塔圖
1608	"蒙疆銀行"	横	五圓	1937年	156×72		吳籌中　藏		寶塔、長城圖
1609	"蒙疆銀行"	横	拾圓	1937年	162×81		吳籌中　藏		群羊圖
1610	"蒙疆銀行"	横	拾圓	1937年	160×78		吳籌中　藏		駱駝圖、長編號、藍色
1611	"蒙疆銀行"	横	拾圓	1937年	160×78		吳籌中　藏		駱駝圖、短編號、藍色
1612	"蒙疆銀行"	横	拾圓	1937年	160×78		選自《日本紙幣·在外銀行軍票圖鑑》		駱駝圖、長編號、紫色
1613	"蒙疆銀行"	横	百圓	1937年	145×78		中國人民銀行上海分行　藏		牧羊圖
1614	"蒙疆銀行"	横	百圓	1937年	167×85		吳籌中　藏		亭子、駱駝圖
1615	"蒙疆銀行"	横	百圓	1937年	166×85		中國人民銀行上海分行　藏		房圖、紫色
1616	"蒙疆銀行"	横	百圓	1937年	165×85		中國人民銀行上海分行　藏		房圖、绿色
1617	"中國聯合準備銀行"	横	半分	1938年(民國27年)	96×52	行政委員會印刷局印	馮志苗　藏		
1618	"中國聯合準備銀行"	横	壹分	1938年(民國27年)	96×53	行政委員會印刷局印	馮志苗　藏		
1619	"中國聯合準備銀行"	横	伍分	1938年(民國27年)	100×55	凸版印刷株式會社·東京	選自《日本的紙幣》		
1620	"中國聯合準備銀行"	横	壹角	1938年(民國27年)	101×56	凸版印刷株式會社·東京	吳籌中　藏		
1621	"中國聯合準備銀行"	横	壹角	1938年(民國27年)	148×80	北京印刷局製	張傑　提供		樣本
1622	"中國聯合準備銀行"	横	壹角	1938年(民國27年)	118×48	北京印刷局製	中國人民銀行上海分行　藏		
1623	"中國聯合準備銀行"	横	貳角	1938年(民國27年)	148×80	北京印刷局製	張傑　提供		樣本
1624	"中國聯合準備銀行"	横	貳角	1938年(民國27年)	120×53	北京印刷局製	中國人民銀行上海分行　藏		
1625	"中國聯合準備銀行"	横	伍角	1938年(民國27年)	148×80	北京印刷局製	張傑　提供		樣本
1626	"中國聯合準備銀行"	横	伍角	1938年(民國27年)	121×56	北京印刷局製	中國人民銀行上海分行　藏		
1627	"中國聯合準備銀行"	横	壹元	1938年(民國27年)	195×111	北京印刷局製	張傑　提供		樣本
1628	"中國聯合準備銀行"	横	壹元	1938年(民國27年)	181×93	北京印刷局製	郭乃興　藏		
1629	"中國聯合準備銀行"	横	伍元	1938年(民國27年)	197×112	北京印刷局製	張傑　提供		樣本
1630	"中國聯合準備銀行"	横	拾圓	1938年(民國27年)	193×112	北京印刷局製	張傑　提供		樣本
1631	"中國聯合準備銀行"	横	拾圓	1938年(民國27年)	189×103	北京印刷局製	郭乃興　藏		
1632	"中國聯合準備銀行"	横	百元	1938年(民國27年)	196×111	北京印刷局製	張傑　提供		樣本
1633	"中國聯合準備銀行"	横	壹圓	1938年(民國27年)	149×72	行政委員會印刷局製	馮志苗　藏		
1634	"中國聯合準備銀行"	横	伍圓	1938年(民國27年)	153×75	行政委員會印刷局製	郭乃全　藏		
1635	"中國聯合準備銀行"	横	拾圓	1938年(民國27年)	165×82		吳籌中　藏		
1636	"中國聯合準備銀行"	横	壹百圓	1938年(民國27年)	177×95	行政委員會印刷局製	吳籌中　藏		藍色
1637	"中國聯合準備銀行"	横	壹百圓	1938年(民國27年)	177×95	行政委員會印刷局製	苗培貴　藏		棕色
1638	"中國聯合準備銀行"	横	壹百圓	1938年(民國27年)	178×95		中國人民銀行上海分行　藏		绿色
1639	"中國聯合準備銀行"	横	伍分	1939年(民國28年)	98×55	凸版印刷株式會社·東京	中國人民銀行上海分行　藏		

續表

編號	行名	票型	面額	年份	票幅(毫米)	印刷者	來源	等級	説明
1640	"中國聯合準備銀行"	横	壹角	1940年(民國29年)	100×55	凸版印刷株式會社·東京	吴籌中　藏		
1641	"中國聯合準備銀行"	横	貳角	1940年(民國29年)	103×59	凸版印刷株式會社·東京	吴籌中　藏		
1642	"中國聯合準備銀行"	横	伍角	1944年(民國33年)	99×57	華北政務委員會財務廳印刷局製	中國人民銀行上海分行　藏		
1643	"中國聯合準備銀行"	横	壹圓	1944年(民國33年)	126×63	華北政務委員會財務廳印刷局製	吴籌中　藏		
1644	"中國聯合準備銀行"	横	伍角	無年份	112×59	行政委員會印刷局製印	馮志苗　藏		
1645	"中國聯合準備銀行"	横	壹圓	無年份	148×70	華北政務委員會印刷局製	吴籌中　藏		
1646	"中國聯合準備銀行"	横	壹圓	無年份	124×63		選自《日本的紙幣》		
1647	"中國聯合準備銀行"	横	伍圓	無年份	151×74	華北政務委員會印刷局製	中國人民銀行上海分行　藏		
1648	"中國聯合準備銀行"	横	伍圓	無年份	139×69	華北政務委員會財務廳印刷局製	中國人民銀行上海分行　藏		
1649	"中國聯合準備銀行"	横	拾圓	無年份	162×85	華北政務委員會印刷局製	吴籌中　藏		三字冠
1650	"中國聯合準備銀行"	横	拾圓	無年份	164×83	華北政務委員會印刷局製	吴籌中　藏		無字冠、長號碼
1651	"中國聯合準備銀行"	横	拾圓	無年份	158×78	華北政務委員會財務廳印刷局製	吴籌中　藏		無字冠、短號碼
1652	"中國聯合準備銀行"	横	拾圓	無年份	147×70	華北政務委員會財務廳印刷局製	吴籌中　藏		
1653	"中國聯合準備銀行"	横	拾圓	無年份	148×71	華北政務委員會印刷局製	吴籌中　藏		
1654	"中國聯合準備銀行"	横	拾圓	無年份	159×77		吴籌中　藏		面藍色、背黄花蕊
1655	"中國聯合準備銀行"	横	拾圓	無年份	157×77		吴籌中　藏		面藍色、背藍花蕊
1656	"中國聯合準備銀行"	横	拾圓	無年份	157×78		馮志苗　藏		面紫色、背藍花蕊
1657	"中國聯合準備銀行"	横	伍拾圓	無年份	158×84		中國人民銀行上海分行　藏		
1658	"中國聯合準備銀行"	横	百圓	無年份	177×95	華北政務委員會印刷局製	吴籌中　藏		
1659	"中國聯合準備銀行"	横	百圓	無年份	176×93	華北政務委員會印刷局製	吴籌中　藏		
1660	"中國聯合準備銀行"	横	百圓	無年份	178×98		吴籌中　藏		
1661	"中國聯合準備銀行"	横	壹百圓	無年份	171×89		馮志苗　藏		樣本、單面
1662	"中國聯合準備銀行"	横	壹百圓	無年份	170×89		吴籌中　藏		
1663	"中國聯合準備銀行"	横	伍百圓	無年份	179×99	華北政務委員會財務廳印刷局製	馮志苗　藏		立鳳凰
1664	"中國聯合準備銀行"	横	伍百圓	無年份	183×102		中國人民銀行上海分行　藏		飛鳳凰、樣本
1665	"中國聯合準備銀行"	横	伍百圓	無年份	183×102		苗培貴　藏		飛鳳凰
1666	"中國聯合準備銀行"	横	伍百圓	無年份	184×83		吴籌中　藏		長编號
1667	"中國聯合準備銀行"	横	伍百圓	無年份	166×77		中國人民銀行上海分行　藏		短编號
1668	"中國聯合準備銀行"	横	壹仟圓	無年份	178×98		苗培貴　藏		
1669	"中國聯合準備銀行"	横	伍仟圓	無年份	174×99		苗培貴　藏		
1670	"華興商業銀行"	横	壹角	1938年(民國27年)	105×55		張傑　提供		樣本
1671	"華興商業銀行"	横	壹角	1938年(民國27年)	105×55		中國人民銀行上海分行　藏		
1672	"華興商業銀行"	横	貳角	1938年(民國27年)	118×60		張傑　提供		樣本
1673	"華興商業銀行"	横	貳角	1938年(民國27年)	118×60		中國人民銀行上海分行　藏		
1674	"華興商業銀行"	横	壹圓	1938年(民國27年)	138×73		張傑　提供		樣本
1675	"華興商業銀行"	横	壹圓	1938年(民國27年)	138×73		中國人民銀行上海分行　藏		
1676	"華興商業銀行"	横	伍圓	1938年(民國27年)	161×78		張傑　提供		樣本

續表

編號	行名	票型	面額	年份	票幅(毫米)	印刷者	來源	等級	説明
1677	"華興商業銀行"	橫	伍圓	1938年(民國27年)	161×78		中國人民銀行上海分行 藏		
1678	"華興商業銀行"	橫	拾圓	1938年(民國27年)	168×84		張傑 提供		樣本
1679	"華興商業銀行"	橫	拾圓	1938年(民國27年)	168×84		中國人民銀行上海分行 藏		
1680	"華興商業銀行"	橫	壹圓	無年份	133×71		吴籌中 藏		樣本
1681	"華興商業銀行"	橫	伍圓	無年份	136×72		選自《資本主義國家在舊中國發行和流通的貨幣》		樣本
1682	"華興商業銀行"	橫	拾圓	無年份	157×77		選自《資本主義國家在舊中國發行和流通的貨幣》		樣本
1683	"華興商業銀行"	橫	拾圓	無年份	152×76		上海博物館 藏		
1684	"中央儲備銀行"	橫	壹分	1940年(民國29年)	75×45	華成印刷有限公司	中國人民銀行上海分行 藏		樣本
1685	"中央儲備銀行"	橫	壹分	1940年(民國29年)	75×45	華成印刷有限公司	吴籌中 藏		雙字冠長編號
1686	"中央儲備銀行"	橫	壹分	1940年(民國29年)	76×45		存雲亭 藏		無字冠短編號
1687	"中央儲備銀行"	橫	伍分	1940年(民國29年)	85×49	華成印刷有限公司	中國人民銀行上海分行 藏		樣本
1688	"中央儲備銀行"	橫	伍分	1940年(民國29年)	85×49	華成印刷有限公司	吴籌中 藏		雙字冠長編號
1689	"中央儲備銀行"	橫	伍分	1940年(民國29年)	85×49		存雲亭 藏		無字冠短編號
1690	"中央儲備銀行"	橫	壹角	1940年(民國29年)	108×52	華成印刷有限公司	中國人民銀行上海分行 藏		樣本
1691	"中央儲備銀行"	橫	壹角	1940年(民國29年)	108×52	華成印刷有限公司	存雲亭 藏		咖啡色英文簽字
1692	"中央儲備銀行"	橫	壹角	1940年(民國29年)	108×52	華成印刷有限公司	吴籌中 藏		藍色英文簽字
1693	"中央儲備銀行"	橫	貳角	1940年(民國29年)	113×58	華成印刷有限公司	存雲亭 藏		
1694	"中央儲備銀行"	橫	伍角	1940年(民國29年)	124×67	華成印刷有限公司	中國人民銀行上海分行 藏		樣本
1695	"中央儲備銀行"	橫	伍角	1940年(民國29年)	125×67	華成印刷有限公司	存雲亭 藏		紫紅色
1696	"中央儲備銀行"	橫	伍角	1940年(民國29年)	125×67	華成印刷有限公司	吴籌中 藏		橘黄色
1697	"中央儲備銀行"	橫	伍角	1940年(民國29年)	125×67	華成印刷有限公司	存雲亭 藏		雪青色
1698	"中央儲備銀行"	橫	壹圓	1940年(民國29年)	150×78		中國人民銀行上海分行 藏		樣本
1699	"中央儲備銀行"	橫	壹圓	1940年(民國29年)	147×76		吴籌中 藏		雪青色、直三字冠
1700	"中央儲備銀行"	橫	壹圓	1940年(民國29年)	151×77		存雲亭 藏		紫色、橫三字冠
1701	"中央儲備銀行"	橫	壹圓	1940年(民國29年)	147×77		存雲亭 藏		紫色、直三字冠
1702	"中央儲備銀行"	橫	壹圓	1940年(民國29年)	150×77		存雲亭 藏		緑色、橫三字冠
1703	"中央儲備銀行"	橫	伍圓	1940年(民國29年)	157×79		中國人民銀行上海分行 藏		樣本
1704	"中央儲備銀行"	橫	伍圓	1940年(民國29年)	157×79		存雲亭 藏		紅色英文簽字
1705	"中央儲備銀行"	橫	伍圓	1940年(民國29年)	157×79		存雲亭 藏		黑色英文簽字
1706	"中央儲備銀行"	橫	拾圓	1940年(民國29年)	165×83		中國人民銀行上海分行 藏		樣本
1707	"中央儲備銀行"	橫	拾圓	1940年(民國29年)	165×83		存雲亭 藏		藍色大英文簽字、單面編號
1708	"中央儲備銀行"	橫	拾圓	1940年(民國29年)	165×83		選自《日本的紙幣》		藍色大英文簽字、雙面編號
1709	"中央儲備銀行"	橫	拾圓	1940年(民國29年)	165×83		存雲亭 藏		藍色小英文簽字
1710	"中央儲備銀行"	橫	拾圓	1940年(民國29年)	165×83		選自《日本的紙幣》		直廣東
1711	"中央儲備銀行"	橫	拾圓	1940年(民國29年)	165×83		選自《日本的紙幣》		橫廣東
1712	"中央儲備銀行"	橫	拾圓	1940年(民國29年)	165×83		選自《日本的紙幣》		直武漢
1713	"中央儲備銀行"	橫	拾圓	1940年(民國29年)	165×83		選自《日本的紙幣》		橫武漢
1714	"中央儲備銀行"	橫	壹百圓	1942年(民國31年)	182×89		存雲亭 藏		紫色
1715	"中央儲備銀行"	橫	壹百圓	1942年(民國31年)	181×88		吴籌中 藏		藍色
1716	"中央儲備銀行"	橫	伍百圓	1942年(民國31年)	186×96		馮志苗 藏		廣東
1717	"中央儲備銀行"	橫	壹角	1943年(民國32年)	108×53		存雲亭 藏		
1718	"中央儲備銀行"	橫	貳角	1943年(民國32年)	114×58		存雲亭 藏		
1719	"中央儲備銀行"	橫	伍角	1943年(民國32年)	126×68		存雲亭 藏		無字冠
1720	"中央儲備銀行"	橫	伍角	1943年(民國32年)	125×66		吴籌中 藏		單字冠
1721	"中央儲備銀行"	橫	壹圓	1943年(民國32年)	130×67		中國人民銀行上海分行 藏		樣本
1722	"中央儲備銀行"	橫	壹圓	1943年(民國32年)	130×67		存雲亭 藏		
1723	"中央儲備銀行"	橫	拾圓	1943年(民國32年)	152×78		存雲亭 藏		
1724	"中央儲備銀行"	橫	壹百圓	1943年(民國32年)	170×84		存雲亭 藏		緑色

續表

編號	行名	票型	面額	年份	票幅(毫米)	印刷者	來源	等級	説明
1725	"中央儲備銀行"	横	壹百圓	1943年(民國32年)	170×84		存雲亭 藏		藍色
1726	"中央儲備銀行"	横	伍百圓	1943年(民國32年)	185×95		存雲亭 藏		灰底
1727	"中央儲備銀行"	横	伍百圓	1943年(民國32年)	185×95		中國人民銀行上海分行 藏		藍底
1728	"中央儲備銀行"	横	伍百圓	1943年(民國32年)	183×97		存雲亭 藏		咖啡色
1729	"中央儲備銀行"	横	伍百圓	1943年(民國32年)	185×95		選自《日本的紙幣》		廣東
1730	"中央儲備銀行"	横	伍百圓	1943年(民國32年)	185×95		選自《日本的紙幣》		武漢
1731	"中央儲備銀行"	横	伍百圓	1943年(民國32年)	170×85		中國人民銀行上海分行 藏		樣本
1732	"中央儲備銀行"	横	伍百圓	1943年(民國32年)	169×84		存雲亭 藏		小型票
1733	"中央儲備銀行"	横	伍百圓	1943年(民國32年)	182×96		存雲亭 藏		大型票
1734	"中央儲備銀行"	横	伍百圓	1943年(民國32年)	170×85		吴籌中 藏		藍黄色
1735	"中央儲備銀行"	横	伍百圓	1943年(民國32年)	183×96		中國人民銀行上海分行 藏		廣東
1736	"中央儲備銀行"	横	伍百圓	1943年(民國32年)	182×96		中國人民銀行上海分行 藏		武漢
1737	"中央儲備銀行"	横	壹百圓	1944年(民國33年)	139×73		吴籌中 藏		
1738	"中央儲備銀行"	横	貳百圓	1944年(民國33年)	166×83		存雲亭 藏		
1739	"中央儲備銀行"	横	壹仟圓	1944年(民國33年)	184×96		中國人民銀行上海分行 藏		長编號
1740	"中央儲備銀行"	横	壹仟圓	1944年(民國33年)	184×94		中國人民銀行上海分行 藏		樣本
1741	"中央儲備銀行"	横	壹仟圓	1944年(民國33年)	183×95		存雲亭 藏		大型票、短编號
1742	"中央儲備銀行"	横	壹仟圓	1944年(民國33年)	170×82		存雲亭 藏		小型票、短编號
1743	"中央儲備銀行"	横	壹仟圓	1944年(民國33年)	149×77		中國人民銀行上海分行 藏		绿色
1744	"中央儲備銀行"	横	壹仟圓	1944年(民國33年)	164×65		中國人民銀行上海分行 藏		樣本
1745	"中央儲備銀行"	横	壹仟圓	1944年(民國33年)	164×65		吴籌中 藏		
1746	"中央儲備銀行"	横	壹萬圓	1944年(民國33年)	186×96		中國人民銀行上海分行 藏		樣本
1747	"中央儲備銀行"	横	壹萬圓	1944年(民國33年)	185×94		中國人民銀行上海分行 藏		棕色
1748	"中央儲備銀行"	横	壹萬圓	1944年(民國33年)	183×94		存雲亭 藏		绿色、横三字冠
1749	"中央儲備銀行"	横	壹萬圓	1944年(民國33年)	183×94		中國人民銀行上海分行 藏		绿色、直三字冠
1750	"中央儲備銀行"	横	壹萬圓	1944年(民國33年)	170×84		中國人民銀行上海分行 藏		樣本
1751	"中央儲備銀行"	横	壹萬圓	1944年(民國33年)	170×84		吴籌中 藏		
1752	"中央儲備銀行"	横	壹萬圓	1944年(民國33年)	168×65		馮志苗 藏		
1753	"中央儲備銀行"	横	伍仟圓	1945年(民國34年)	166×89	中央儲蓄銀行印刷所	存雲亭 藏		三字冠長编號
1754	"中央儲備銀行"	横	伍仟圓	1945年(民國34年)	170×84		存雲亭 藏		三字冠無编號
1755	"中央儲備銀行"	横	伍仟圓	1945年(民國34年)	166×65		中國人民銀行上海分行 藏		樣本
1756	"中央儲備銀行"	横	伍仟圓	1945年(民國34年)	166×65		中國人民銀行上海分行 藏		
1757	"中央儲備銀行"	横	拾萬圓	1945年(民國34年)	186×97		上海博物館 藏		四字冠長编號、大型票
1758	"中央儲備銀行"	横	拾萬圓	1945年(民國34年)	162×63		上海博物館 藏		樣本、小型票
1759	"中央儲備銀行"	横	拾萬圓	1945年(民國34年)	166×65		選自《日本的紙幣》		小型票
1760	"厦門勸業銀行"	横	壹分	無年份	81×42		上海博物館 藏		
1761	"厦門勸業銀行"	横	伍分	無年份	79×42		上海博物館 藏		
1762	"厦門勸業銀行"	横	壹角	無年份	107×54		王煒 藏		前编號
1763	"厦門勸業銀行"	横	壹角	無年份	107×54		王煒 藏		後编號
1764	"厦門勸業銀行"	横	貳角	無年份	115×60		存雲亭 提供		前编號
1765	"厦門勸業銀行"	横	貳角	無年份	117×62		中國人民銀行上海分行 藏		後编號
1766	"厦門勸業銀行"	横	伍角	無年份	128×67		存雲亭 提供		前编號
1767	"厦門勸業銀行"	横	伍角	無年份	131×68		中國人民銀行上海分行 藏		後编號
1768	"厦門勸業銀行"	直	柒百零壹元	民國年間	105×193		存雲亭 提供		本票
1769	"厦門勸業銀行"	直	貳佰元	民國年間	79×163		存雲亭 提供		支票
1770	"厦門特别市政府"	横	壹分	無年份	77×42	東京・共同印刷株式會社印製	趙隆業 藏		
1771	"厦門特别市政府"	横	伍分	無年份	78×41	東京・共同印刷株式會社印製	存雲亭 提供		

續表

編號	行名	票型	面額	年份	票幅(毫米)	印刷者	來源	等級	説明
1772	"新京益發銀行"	直	叁拾元	1944年(康德11年)	128×250		韓世傑　藏		樂亭、滙券
1773	"新京益發銀行"	直	叁拾元	1944年(康德11年)	130×252		韓世傑　藏		樂亭、滙券
1774	"新京益發銀行"	直	五拾元	1944年(康德11年)	116×241		韓世傑　藏		齊齊哈爾南大街一四五號

(三)英佔香港時期發行的紙幣

編號	行名	票型	面額	年份	票幅(毫米)	印刷者	來源	等級	説明
1775	香港有利銀行	横	伍員	1912年	196×114	英國華德路公司製	選自《香港貨幣》		
1776	香港有利銀行	横	拾員	1912年	196×113	英國華德路公司製	選自《香港貨幣》		
1777	香港有利銀行	横	貳拾伍員	1912年	196×114	英國華德路公司製	選自《香港貨幣》		
1778	香港有利銀行	横	伍拾員	1924年	194×114	英國華德路公司製	選自《香港貨幣》		
1779	香港有利銀行	横	壹佰員	1930年	192×114	英國華德路公司製	選自《香港貨幣》		
1780	香港有利銀行	横	伍拾員	1935年	195×114	英國華德路公司製	選自《香港貨幣》		
1781	香港有利銀行	横	伍員	1936年	196×114	英國華德路公司製	選自《香港貨幣》		
1782	香港有利銀行	横	拾員	1936年	196×113	英國華德路公司製	選自《香港貨幣》		
1783	香港有利銀行	横	壹佰員	1936年	192×114	英國華德路公司製	選自《香港貨幣》		
1784	香港有利銀行	横	伍員	1941年	196×114	英國華德路公司製	選自《香港貨幣》		
1785	香港有利銀行	横	拾員	1941年	196×113	英國華德路公司製	選自《香港貨幣》		
1786	香港有利銀行	横	伍拾員	1941年	195×114	英國華德路公司製	選自《香港貨幣》		
1787	香港有利銀行	横	壹佰員	1948年	192×114	英國華德路公司製	選自《香港貨幣》		
1788	香港上海滙豐銀行	横	壹百圓	1912年	202×126	英國華德路公司製	選自《香港貨幣》		香港・樣票
1789	香港上海滙豐銀行	横	伍圓	1916年	206×124	英國華德路公司製	選自《香港貨幣》		香港
1790	香港上海滙豐銀行	横	拾圓	1921年	206×126	英國華德路公司製	選自《香港貨幣》		香港
1791	香港上海滙豐銀行	横	壹圓	1923年	131×90	英國華德路公司製	選自《香港貨幣》		香港
1792	香港上海滙豐銀行	横	壹圓	1926年	128×93	英國華德路公司製	存雲亭　藏		香港
1793	香港上海滙豐銀行	横	伍圓	1927年	178×102	英國華德路公司製	選自《香港貨幣》		香港
1794	香港上海滙豐銀行	横	拾圓	1927年	183×108	英國華德路公司製	選自《香港貨幣》		香港
1795	香港上海滙豐銀行	横	伍拾圓	1927年	188×112	英國華德路公司製	存雲亭　提供		香港
1796	香港上海滙豐銀行	横	壹百圓	1927年	194×118	英國華德路公司製	選自《香港貨幣》		香港
1797	香港上海滙豐銀行	横	壹圓	1929年	131×95	英國華德路公司製	存雲亭　藏		香港
1798	香港上海滙豐銀行	横	伍拾圓	1930年	175×104	英國華德路公司製	存雲亭　提供		香港
1799	香港上海滙豐銀行	横	伍百圓	1930年	213×124	英國華德路公司製	存雲亭　提供		香港・英文簽名不同
1800	香港上海滙豐銀行	横	伍百圓	1930年	213×124	英國華德路公司製	選自《香港貨幣》		香港・英文簽名不同
1801	香港上海滙豐銀行	横	伍百圓	1930年	213×124	英國華德路公司製	存雲亭　提供		香港・英文簽名不同
1802	香港上海滙豐銀行	横	拾圓	1934年	182×107	英國華德路公司製	選自《資本主義國家在舊中國發行和流通的貨幣》		香港
1803	香港上海滙豐銀行	横	壹百圓	1934年	183×109	英國華德路公司製	存雲亭　提供		香港
1804	香港上海滙豐銀行	横	壹圓	1935年	133×95	英國華德路公司製	中國人民銀行上海分行　藏		香港
1805	香港上海滙豐銀行	横	伍百圓	1935年	201×123	英國華德路公司製	選自《香港貨幣》		香港
1806	香港上海滙豐銀行	横	伍圓	1941年	178×101	英國華德路公司製	徐風　藏		香港
1807	香港上海滙豐銀行	横	拾圓	1941年	184×106	英國華德路公司製	郭乃興　藏		香港
1808	香港上海滙豐銀行	横	壹百圓	1941年	194×118	英國華德路公司製	選自《香港貨幣》		香港
1809	香港上海滙豐銀行	横	伍百圓	1941年	201×123	英國華德路公司製	選自《香港貨幣》		香港
1810	香港上海滙豐銀行	横	伍圓	1946年	178×102	英國華德路公司製	選自《香港貨幣》		香港
1811	香港上海滙豐銀行	横	拾圓	1947年	184×106	英國華德路公司製	石長有　藏		香港
1812	香港上海滙豐銀行	横	壹百圓	1947年	193×117	英國華德路公司製	石長有　藏		香港
1813	香港上海滙豐銀行	横	伍圓	1922年	202×123	英國華德路公司製	上海博物館　藏		北京支取
1814	香港上海滙豐銀行	横	拾圓	1922年	179×102	英國華德路公司製	吴籌中　藏		北京・樣張

續表

編號	行名	票型	面額	年份	票幅(毫米)	印刷者	來源	等級	說明
1815	香港上海滙豐銀行	橫	伍拾圓	1922 年	183×112	英國華德路公司製	吴籌中　藏		北京・樣張
1816	香港上海滙豐銀行	橫	壹百圓	1922 年	187×117	英國華德路公司製	吴籌中　藏		北京・樣張
1817	香港上海滙豐銀行	橫	伍圓	1922 年	尺寸不明	英國華德路公司製	吴籌中　藏		烟台支取・英文簽名不同
1818	香港上海滙豐銀行	橫	伍圓	1922 年	137×86	英國華德路公司製	存雲亭　提供		烟台支取・英文簽名不同
1819	香港上海滙豐銀行	橫	拾圓	1922 年	155×95	英國華德路公司製	存雲亭　提供		烟台支取・英文簽名不同
1820	香港上海滙豐銀行	橫	拾圓	1922 年	147×88	英國華德路公司製	存雲亭　提供		烟台支取・英文簽名不同
1821	印度新金山中國渣打銀行	橫	伍拾員	1912 年	183×120	英國華德路公司製	選自《香港貨幣》		香港
1822	印度新金山中國渣打銀行	橫	壹佰員	1912 年	201×122	英國華德路公司製	選自《香港貨幣》		香港
1823	印度新金山中國渣打銀行	橫	伍佰員	1921 年	201×126	英國華德路公司製	選自《香港貨幣》		香港
1824	印度新金山中國渣打銀行	橫	拾員	1922 年	190×118	英國華德路公司製	選自《香港貨幣》		香港
1825	印度新金山中國渣打銀行	橫	伍員	1923 年	207×125	英國華德路公司製	選自《香港貨幣》		香港
1826	印度新金山中國渣打銀行	橫	伍拾員	1923 年	200×125	英國華德路公司製	選自《香港貨幣》		香港
1827	印度新金山中國渣打銀行	橫	伍員	1924 年	207×124	英國華德路公司製	選自《香港貨幣》		香港
1828	印度新金山中國渣打銀行	橫	拾員	1924 年	160×120	英國華德路公司製	選自《香港貨幣》		香港
1829	印度新金山中國渣打銀行	橫	伍拾員	1924 年	200×127	英國華德路公司製	選自《香港貨幣》		香港
1830	印度新金山中國渣打銀行	橫	五員	1930 年	167×95	英國華德路公司製	選自《香港貨幣》		香港
1831	印度新金山中國渣打銀行	橫	壹佰員	1930 年	181×109	英國華德路公司製	選自《香港貨幣》		香港
1832	印度新金山中國渣打銀行	橫	伍佰員	1930 年	191×120	英國華德路公司製	選自《香港貨幣》		香港
1833	印度新金山中國渣打銀行	橫	拾員	1931 年	166×95	英國華德路公司製	存雲亭　提供		香港
1834	印度新金山中國渣打銀行	橫	伍拾員	1931 年	178×106	英國華德路公司製	選自《香港貨幣》		香港
1835	印度新金山中國渣打銀行	橫	五員	1934 年	163×95	英國華德路公司製	選自《香港貨幣》		香港
1836	印度新金山中國渣打銀行	橫	拾員	1934 年	166×95	英國華德路公司製	選自《資本主義國家在舊中國發行和流通的貨幣》		香港
1837	印度新金山中國渣打銀行	橫	壹佰員	1934 年	183×112	英國華德路公司製	選自《香港貨幣》		香港
1838	印度新金山中國渣打銀行	橫	伍佰員	1934 年	191×120	英國華德路公司製	選自《香港貨幣》		香港
1839	印度新金山中國渣打銀行	橫	五員	1941 年	165×95	英國華德路公司製	選自《資本主義國家在舊中國發行和流通的貨幣》		香港
1840	印度新金山中國渣打銀行	橫	壹佰員	1941 年	184×110	英國華德路公司製	選自《香港貨幣》		香港
1841	印度新金山中國渣打銀行	橫	壹佰員	1947 年	176×112	英國華德路公司製	存雲亭　提供		香港
1842	香港政府	橫	壹圓	1935 年	125×77	英國華德路公司製	選自《香港貨幣》		
1843	香港政府	橫	壹圓	1936 年	124×79	英國華德路公司製	徐風　藏		
1844	香港政府	橫	壹仙	1941 年	75×42		徐風　藏		
1845	香港政府	橫	伍仙	1941 年	84×48		金立夫　藏		
1846	香港政府	橫	壹毫	1941 年	94×55		選自《香港貨幣》		
1847	香港政府	橫	壹分	1941 年	87×40		選自《香港貨幣》		

續表

編號	行名	票型	面額	年份	票幅(毫米)	印刷者	來源	等級	説明
1848	香港政府	横	伍分	1941年	95×45		金立夫　藏		
1849	香港政府	横	拾分	1941年	102×51		徐風　藏		
1850	香港政府	横	拾分	1941年	101×51		金立夫　藏		
1851	香港政府	横	壹圓	1941年	125×80	英國華德路公司製	金立夫　藏		
1852	香港政府	横	伍圓	1941年(民國30年)	155×79	商務印書館有限公司製	吴籌中　藏		中國銀行改香港政府
1853	香港政府	横	壹圓	1949年	125×79	英國華德路公司製	徐風　藏		

(四)葡佔澳門時期發行的紙幣

編號	行名	票型	面額	年份	票幅(毫米)	印刷者	來源	等級	説明
1854	大西洋國海外滙理銀行	横	壹圓	1912年	130×90		選自《澳門貨幣》		澳門
1855	大西洋國海外滙理銀行	横	壹佰圓	1919年	183×116		選自《澳門貨幣》		澳門
1856	大西洋國海外滙理銀行	横	伍仙	1920年	84×46		選自《澳門貨幣》		澳門
1857	大西洋國海外滙理銀行	横	壹毫	1920年	98×54		選自《澳門貨幣》		澳門
1858	大西洋國海外滙理銀行	横	伍毫	1920年	122×66		選自《澳門貨幣》		澳門
1859	大西洋國海外滙理銀行	横	伍圓	1924年	185×117		選自《澳門貨幣》		澳門
1860	大西洋國海外滙理銀行	横	拾圓	1924年	195×121		江蘇省錢幣學會　提供		澳門
1861	大西洋國海外滙理銀行	横	壹毫	1941年	100×55		選自《澳門貨幣》		澳門
1862	大西洋國海外滙理銀行	横	壹仙	1942年	74×42		選自《澳門貨幣》		澳門
1863	大西洋國海外滙理銀行	横	貳毫	1942年	102×60		徐風　藏		澳門
1864	大西洋國海外滙理銀行	横	伍毫	1943年	124×65		徐風　藏		澳門
1865	大西洋國海外滙理銀行	直	伍圓	1944年	76×133		選自《澳門貨幣》		澳門·戴思樂總督任内頒發
1866	大西洋國海外滙理銀行	直	拾圓	1944年	75×132		選自《澳門貨幣》		澳門·戴思樂總督任内頒發
1867	大西洋國海外滙理銀行	直	貳拾伍圓	1944年	77×152		選自《澳門貨幣》		澳門·戴思樂總督任内頒發
1868	大西洋國海外滙理銀行	直	伍拾圓	1944年	84×165		選自《澳門貨幣》		澳門·戴思樂總督任内頒發
1869	大西洋國海外滙理銀行	直	壹佰圓	1944年	97×170		選自《澳門貨幣》		澳門·戴思樂總督任内頒發
1870	大西洋國海外滙理銀行	直	伍佰圓	1944年	100×205		選自《澳門貨幣》		澳門·戴思樂總督任内頒發
1871	大西洋國海外滙理銀行	横	伍仙	1945年	87×47		選自《澳門貨幣》		澳門
1872	大西洋國海外滙理銀行	横	壹毫	1945年	48×85		選自《澳門貨幣》		澳門
1873	大西洋國海外滙理銀行	横	貳毫	1945年	99×54		徐風　藏		澳門
1874	大西洋國海外滙理銀行	横	壹圓	1945年	142×65		選自《澳門貨幣》		澳門
1875	大西洋國海外滙理銀行	横	伍圓	1945年	145×67		選自《澳門貨幣》		澳門
1876	大西洋國海外滙理銀行	横	拾圓	1945年	151×70		選自《澳門貨幣》		澳門
1877	大西洋國海外滙理銀行	横	貳拾伍圓	1945年	160×70		選自《澳門貨幣》		澳門
1878	大西洋國海外滙理銀行	横	伍拾圓	1945年	165×78		選自《澳門貨幣》		澳門
1879	大西洋國海外滙理銀行	横	壹百圓	1945年	170×80		選自《澳門貨幣》		澳門
1880	大西洋國海外滙理銀行	横	伍百圓	1945年	175×85		選自《澳門貨幣》		澳門
1881	大西洋國海外滙理銀行	横	伍仙	1946年	85×50		選自《澳門貨幣》		澳門
1882	大西洋國海外滙理銀行	横	壹毫	1946年	96×55		徐風　藏		澳門
1883	大西洋國海外滙理銀行	横	貳毫	1946年	110×58		選自《澳門貨幣》		澳門
1884	大西洋國海外滙理銀行	横	伍毫	1946年	117×61		徐風　藏		澳門
1885	大西洋國海外滙理銀行	横	貳拾伍圓	1948年	160×75		選自《澳門貨幣》		澳門

(五)日佔臺灣時期發行的紙幣

編 號	行 名	票型	面額	年 份	票 幅(毫米)	印 刷 者	來 源	等級	説 明
1886	臺灣銀行	橫	五圓	1914年	145×87	大日本帝國政府内閣印刷局製造	選自《日本貨幣》		
1887	臺灣銀行	橫	壹圓	1915年	134×80	大日本帝國政府内閣印刷局製造	中國人民銀行上海分行 藏		
1888	臺灣銀行	橫	拾圓	1916年	161×95	大日本帝國政府内閣印刷局製造	中國人民銀行上海分行 藏		
1889	臺灣銀行	橫	五拾圓	1921年	172×102	大日本帝國政府内閣印刷局製造	選自《日本貨幣》		
1890	臺灣銀行	橫	拾圓	1932年	140×74	大日本帝國政府内閣印刷局製造	選自《資本主義國家在舊中國發行和流通的貨幣》		
1891	臺灣銀行	橫	壹圓	1933年	126×66	大日本帝國政府内閣印刷局製造	中國人民銀行上海分行 藏		
1892	臺灣銀行	橫	五圓	1934年	133×72	大日本帝國政府内閣印刷局製造	中國人民銀行上海分行 藏		
1893	臺灣銀行	橫	百圓	1937年	152×86	内閣印刷局製造	中國人民銀行上海分行 藏		
1894	臺灣銀行	橫	壹圓	1942年	128×68	大日本帝國政府内閣印刷局製造	選自《資本主義國家在舊中國發行和流通的貨幣》		
1895	臺灣銀行	橫	五圓	1942年	136×73	大日本帝國政府内閣印刷局製造	選自《日本貨幣》		
1896	臺灣銀行	橫	拾圓	1942年	142×75	大日本帝國印刷局製造	選自《日本貨幣》		
1897	臺灣銀行	橫	百圓	1942年	152×84	内閣印刷局製造	中國人民銀行上海分行 藏		
1898	臺灣銀行	橫	拾圓	1943年	143×77	大日本帝國印刷局製造	選自《資本主義國家在舊中國發行和流通的貨幣》		
1899	臺灣銀行	橫	拾圓	1944年	141×75	大日本帝國印刷局製造	選自《資本主義國家在舊中國發行和流通的貨幣》		
1900	臺灣銀行	橫	千圓	1945年	172×100	内閣印刷局製造	選自《日本貨幣》		
1901	臺灣銀行	橫	百圓	1944—1945年間	153×82	大日本帝國印刷局製造	選自《日本貨幣》		
1902	臺灣銀行	直	拾員	1914年(大正3年)	98×209	大日本帝國印刷局製造	存雲亭 提供		福州
1903	臺灣銀行	直	拾元	1911年(明治44年)	105×220	内閣印刷局製造	存雲亭 提供		汕頭
1904	臺灣銀行	橫	伍圓	1916年	153×92	東京印刷株式會社印製造	中國人民銀行上海分行 藏		上海
1905	臺灣銀行	橫	拾圓	1917年	161×99	東京印刷株式會社印製造	中國人民銀行上海分行 藏		上海
1906	臺灣銀行	橫	伍圓	1917年	151×89	東京印刷株式會社印製造	存雲亭 提供		漢口
1907	臺灣銀行	橫	拾圓	1918年	160×98	東京印刷株式會社印製造	存雲亭 提供		漢口

(六)其他組織機構發行的流通券或證券

編 號	券 名	票型	面額	年 份	票 幅(毫米)	印 刷 者	來 源	等級	説 明
1908	中東鐵路公司證券	橫	50戈比	1917年	125×77	美國鈔票公司	徐風 藏		
1909	中東鐵路公司證券	橫	1盧布	1917年	146×80	美國鈔票公司	王煒 藏		
1910	中東鐵路公司證券	橫	3盧布	1917年	150×82	美國鈔票公司	徐風 藏		
1911	中東鐵路公司證券	橫	10盧布	1917年	157×86	美國鈔票公司	徐風 藏		
1912	中東鐵路公司證券	橫	100盧布	1917年	171×93	美國鈔票公司	徐風 藏		
1913	西伯利亞臨時政府流通券	橫	1盧布	1918年	122×75		趙隆業 藏		

續表

編號	券名	票型	面額	年份	票幅(毫米)	印刷者	來源	等級	説明
1914	西伯利亞臨時政府流通券	横	5 盧布	1918 年	122×75		趙隆業 藏		
1915	西伯利亞臨時政府流通券	横	10 盧布	1918 年	122×77		趙隆業 藏		
1916	西伯利亞臨時政府流通券	横	50 戈比	1919 年	93×58		王煒 藏		
1917	西伯利亞臨時政府流通券	横	3 盧布	1919 年	120×73		王煒 藏		
1918	鄂木斯克政府證券	直	500 盧布	1919 年	93×234		選自《資本主義國家在舊中國發行和流通的貨幣》		
1919	鄂木斯克政府證券	直	1000 盧布	1919 年	91×233		選自《資本主義國家在舊中國發行和流通的貨幣》		
1920	鄂木斯克政府證券	直	5000 盧布	1919 年	124×315		選自《資本主義國家在舊中國發行和流通的貨幣》		
1921	鄂木斯克政府證券	直	25 盧布	1920 年	59×147		趙隆業 藏		
1922	鄂木斯克政府證券	直	25 盧布	1920 年	57×144		趙隆業 藏		
1923	鄂木斯克政府證券	直	50 盧布	1920 年	60×146		選自《資本主義國家在舊中國發行和流通的貨幣》		
1924	鄂木斯克政府證券	直	250 盧布	1920 年	78×216		選自《資本主義國家在舊中國發行和流通的貨幣》		
1925	鄂木斯克政府證券	直	500 盧布	1920 年	90×232		選自《資本主義國家在舊中國發行和流通的貨幣》		
1926	鄂木斯克政府證券	直	1000 盧布	1920 年	93×234		趙隆業 藏		
1927	鄂木斯克政府證券	直	5000 盧布	1920 年	122×313		選自《資本主義國家在舊中國發行和流通的貨幣》		
1928	横道河銀行借款券	横	1 盧布	無年份	145×83		孫彬 藏		
1929	横道河銀行借款券	横	3 盧布	無年份	145×83		孫彬 藏		
1930	横道河銀行借款券	横	5 盧布	無年份	145×83		孫彬 藏		
1931	天津大英國工部局流通券	横	壹角	1939 年	128×107		張傑 提供		
1932	天津大英國工部局流通券	横	伍角	1939 年	128×107		張傑 提供		

(七)新疆喀什、和闐地區的民族分裂主義組織發行的票券

編號	券名	票型	面額	年份	票幅(毫米)	印刷者	來源	等級	説明
1933	"東突厥斯坦伊斯蘭共和國"票券	横	壹兩	1933 年	157×103		選自《新疆錢幣》		紙質
1934	"東突厥斯坦伊斯蘭共和國"票券	横	壹兩	1933 年	158×91		選自《新疆錢幣》		布質
1935	"伊斯蘭共和國和闐政府"票券	直	壹百文	1934 年	75×96		選自《新疆錢幣》		布質
1936	"伊斯蘭共和國和闐政府"票券	横	壹兩	1934 年	158×105		選自《新疆錢幣》		紙質

索　引

貨幣發行單位（筆劃）	總論（頁）	圖録（編號）	圖録（頁）	專論（頁）
廿四劃				
靈石公益銀號		1376—1377	704—705	
靈邱縣銀號		1338—1339	692	
贛省民國銀行		0511—0512	285	

後　記

一、本卷“總論”主要由中國人民銀行上海分行副研究員張繼鳳撰寫。

二、本卷“圖録”由國家文物鑒定委員會委員、中國紙幣專家吴籌中和上海市錢幣學會經濟師王煒選編，王煒、馮文華參加圖版的徵集、整理和排版工作。

三、本卷收録民國時期中國商業銀行紙幣743張，中外合辦銀行紙幣144張，外資銀行在中國發行的紙幣245張，民國時期中國地方行政機構及經營性部門發行的紙幣347張，日本侵華時期發行的軍用票和傀儡政權銀行發行的紙幣295張，英佔香港、葡佔澳門、日佔臺灣時期的紙幣133張，以及其他紙幣29張，全卷共計紙幣1936張。

四、本卷圖版由中國人民銀行上海分行、上海博物館、上海圖書館等單位提供，國内外紙幣學者和研究者、收藏者、愛好者以及讀者也熱心予以提供，有的還選自書刊，均在圖版下一一注明。

五、本卷“專論”按内容性質排列次序，《中國錢莊與錢莊票》由上海市歷史博物館副研究員傅爲群撰寫，《試論近代外國在華銀行的紙幣發行》由中國人民銀行上海分行研究員洪葭管、副研究員張繼鳳合寫，《日本侵華時期傀儡政權銀行紙幣發行概況》由張繼鳳撰寫。

六、本卷“資料”部分，《民國時期商業銀行紙幣大事記》由張繼鳳編寫，《民國時期商業銀行紙幣概况表》由王煒編寫。

七、本卷得到上海博物館副館長、研究員李朝源和青銅器研究部副研究員周祥的支持並提供館藏資料，上海博物館出版部孫建明參與拍攝彩色照片。中國工商銀行上海市分行高級經濟師陳則平對本卷總論的編寫提供了寶貴意見。

八、中國人民銀行上海分行、上海博物館、上海市錢幣學會在本卷編寫過程中給予多方面的指導和支持，許多單位和個人熱情參加本卷的編寫、出版、印刷和發行工作，在此表示誠摯的謝意。

九、本卷的遺漏、差錯仍難避免，望讀者批評指正。

編　者

2003年8月

圖書在版編目(CIP)數據

民國時期商業銀行紙幣/馬飛海,黄朝治,張繼鳳編著.—上海:上海辭書出版社,2003.12
(中國歷代貨幣大系·第10卷)
ISBN 7-5326-1365-8

Ⅰ.民... Ⅱ.①馬...②黄...③張... Ⅲ.紙幣—中國—民國
Ⅳ.F822.9

中國版本圖書館 CIP 數據核字(2003)第 086477 號

馬飛海 總主編
中國歷代貨幣大系
10
民國時期商業銀行紙幣
黄朝治 吴籌中 張繼鳳 主編
世紀出版集團
上海辭書出版社 出版、發行
(上海陝西北路457號 郵政編碼 200040)
上海麗佳分色製版有限公司製版 利豐雅高印刷(深圳)有限公司
開本787×1092 1/8 印張132 插頁6 字數307 000 圖版921頁
2003年12月第1版 2003年12月第1次印刷
書號 ISBN 7-5326-1365-8/K·220
定價:1,580 圓